DIE ZEIT

 J.B.METZLER

DIE ZEIT

Literatur-Lexikon

Autoren und Begriffe
in sechs Bänden

Mit dem Besten aus der ZEIT

**Band 6
Begriffe: Lai – Zynismus**

**Verlag J. B. Metzler
Stuttgart · Weimar**

Bibliografische Information der Deutschen Nationalbibliothek
Die Deutsche Nationalbibliothek verzeichnet diese Publikation in der Deutschen Nationalbibliografie; detaillierte bibliografische Daten sind im Internet über http://dnb.d-nb.de abrufbar.

Gedruckt auf chlorfrei gebleichtem, säurefreiem und alterungsbeständigem Papier

ISBN 978-3-476-02287-5

Dieses Werk einschließlich aller seiner Teile ist urheberrechtlich geschützt. Jede Verwertung außerhalb der engen Grenzen des Urheberrechtsgesetzes ist ohne Zustimmung des Verlages unzulässig und strafbar. Das gilt insbesondere für Vervielfältigungen, Übersetzungen, Mikroverfilmungen und die Einspeicherung und Verarbeitung in elektronischen Systemen.

© 2008 J. B. Metzler'sche Verlagsbuchhandlung und Carl Ernst Poeschel Verlag GmbH in Stuttgart
© 2008 Zeitverlag Gerd Bucerius GmbH & Co KG, Hamburg

www.metzlerverlag.de
info@metzlerverlag.de

Einbandgestaltung: Melanie Weiß – die Abbildungen zeigen Voltaire, Doris Lessing (© Interfoto), Thomas Mann (© Interfoto), James Baldwin, Arundhati Roy (© Interfoto)
Satz: Typomedia GmbH, Scharnhausen
Druck und Bindung: CPI – Ebner & Spiegel, Ulm
Printed in Germany

September 2008

Verlag J. B. Metzler Stuttgart · Weimar

Inhalt

Band 1
Autorinnen und Autoren
Abe Kōbō – Dos Passos S. 1–556
ZEIT-Aspekte S. 557–601

Band 2
Autorinnen und Autoren
Dostoevskij – Kästner S. 1–575
ZEIT-Aspekte S. 577–602

Band 3
Autorinnen und Autoren
Kateb – Pope S. 1–572
ZEIT-Aspekte S. 573–618

Band 4
Autorinnen und Autoren
Pound – Zwerenz S. 1–609
ZEIT-Aspekte S. 611–638
Mitarbeiterinnen und Mitarbeiter S. 639–649

Band 5
Abkürzungen / Benutzerhinweise S. VII
Begriffe und Definitionen
Abbreviatio – Kyklus S. 1–460

Band 6
Begriffe und Definitionen
Lai – Zynismus S. 1–452
Mitarbeiterinnen und Mitarbeiter S. 453
Quellen / Bildquellenverzeichnis S. 454

L

Lai, m. [lɛ; afrz. von altir. lôid, laid = Lied, Vers, Gedicht], im Afrz. seit dem 12. Jh. Bez. für
1. reine Instrumentalstücke;
2. gereimte Kurzerzählungen, die Stoffe v. a. aus der Artus-Welt behandeln (*l.s narratifs*; bedeutendste Autorin: Marie de France, 2. Hä. 12. Jh.);
3. eine Gattung der Liedkunst (*l.s lyriques*, Minne- und relig. Lieder), die nicht auf Strophen (*concordia*) aufbaut, sondern auf einer meist großen Anzahl unterschiedl. langer Abschnitte (*discordia*, vgl. im 12./13. Jh. ↗ Descort und den dt. ↗ Leich); späte Blüte des lyr. L. im 14. Jh.: E. Deschamps, G. Machaut, J. Froissart, Christine de Pisan. – Nur indirekt durch die afrz. Dichter bezeugt und in ihrer Wesensart unbestimmbar sind die sagenhaften sog. *l.s bretons*. – L., Leich u. ↗ Sequenz scheinen einen gemeinsamen vorliterar. Ursprung zu haben. MS

Laienspiel, Theaterspiel von Laien; kann unterhaltenden, pädagog., religiösen, polit.-ideolog. (Arbeiter-, Agitproptheater), neuerdings auch psychotherapeut. Zwecken dienen. – Aus dem elementaren menschl. Spiel- und Nachahmungstrieb erwachsend, geht es als ältere *vor*künstler. Erscheinung dem *kunstmäß*. Theaterspiel vorauf und begleitet dieses von Anfang an, z. T. eng verknüpft mit Tanz und Pantomime; L. ist vielfach Bestandteil ländl. (weltl. u. religiöser) Jahreszeitenfeste (↗ Volksschauspiel, ↗ Bauerntheater, bes. im alpenländ. Raum, z. B. Oberammergauer Passion seit 1634). Städt. L., getragen von der ganzen Gemeinde (wie das ländl. L.), von einzelnen Gilden, Zünften, (Kloster)schulen, Universitäten u. a. Korporationen, ist das ↗ geistl. Spiel, das ↗ Fastnachtsspiel, das Theater der ↗ Meistersinger, ↗ Rederijker, der ↗ Basoche, der ↗ Passionsbrüder, Jesuiten etc. L. ersetzte oder überwog zeitweilig das Berufstheater (z. B. im späten MA.; im 18. Jh. allein in Tirol 161 theaterspielende Gemeinden). Bis heute bestehen zahlreiche, in Vereinen aller Art organisierte L.gruppen, z. T. unter professioneller Leitung. Es gibt spezielle Verlage (Dt. L.-Verlag Weinheim, Bärenreiter Kassel/Basel u. a.), die Textsammlungen, Zeitschriften (z. B. »Der L.er«, 1949 ff., »Festl. Stunde«, 1950 ff., »Die L.-Gemeinde« [seit 1957 u. d. T. »Spiel«], 1950 ff. u. a.), Werkblätter, Ratgeber (z. B. von J. Gentges, 1949, R. Mirbt, 1959), Hand- und Taschenbücher für L.er herausgeben. Seit 1946 besteht eine L.-Beratungsstelle (Archiv, Lehrgänge, Tagungen mit Aufführungen usw.) in Wilhelmsfeld bei Heidelberg (Leiter H. Bernhard). – Der gelegentl. Inkongruenz von Wollen und Können der L.er stehen bei geeigneter Stückwahl (flächige, personenreiche Stücke in Prosa, bes. Dialekt) Begeisterung und Unmittelbarkeit gegenüber. Auf dieser eth. Basis strebte die aus der Jugendbewegung erwachsene sog. *L.-Bewegung* seit etwa 1912 eine Erneuerung des Berufstheaters an. Ihre jugendl. L.gruppen gaben dem modernen Bühnenstil befruchtende Impulse durch bewussten Verzicht auf herkömml. bühnen- und darstellungstechn. Mittel, durch Rückgriffe auf Volksstücke und mal. Spiele (»Jedermann«, Totentänze, Hans-Sachs-Spiele), aber auch auf Shakespeare oder G. Büchner u. a., durch einen spätmal. Aufführungsstil (Massenszenen, chor.-rhythm. Bewegungen), durch festspielart. Aufführungen in Sälen, Höfen, Kirchen, bes. aber im Freien (↗ Freilichttheater). Hauptvertreter der L.-Bewegung waren R. Mirbt

(Theorie, Texte), M. Luserke (seit 1911), G. Haaß-Berkow (seit 1919), H. Holtorf, M. Gümbel-Seiling u. a.   IS

Laisse, f. [lɛːs; altfrz. = Dichtung in Versen, Lied, Melodie; auch: Abschnitt eines Heldenepos], Versabschnitt des altfrz. Heldenepos (↗chanson de geste); besteht aus einer wechselnden Anzahl isometr. Verse, die durch gleichen Reim (sog. Tiradenreim, deshalb z. T. auch als *Tirade* bez.), in älteren Dichtungen auch durch gleiche Assonanz zusammengehalten werden. Gängige Versformen sind der 10-Silber, der 12-Silber und (seltener) der 8-Silber. Die Zahl der Verse pro L. schwankt im »Rolandslied« zwischen 5 und 35; kurze L.n von nur 2 Versen begegnen im »Wilhelmslied«; eine bes. umfangreiche L. findet sich im späten Epos »Hervi« (1443 Verse!). L.n sind stets Sinnabschnitte.   K

Lake School [engl. = Seeschule], auch: Lake Poets oder Lakers (Byron). Freundeskreis der drei engl. romant. Dichter S. T. Coleridge, R. Southey und W. Wordsworth; die Bez. spielt auf deren zeitweil. Aufenthalt (seit 1797) im engl. Lake District, dem Seengebiet von Cumberland und Westmorland an. Sie erschien (in abschätzigem Sinne) zuerst in einem Artikel F. Jeffreys in der Edinburgh Review, Aug. 1817. Die Dichter bildeten jedoch keine »Schule« im eigentl. Sinne.   GG

Lakonismus, m., knappe und pointiert-sachl., ›unterkühlte‹ Ausdrucksweise (z. B. die Antwort Ciceros auf die drängenden Fragen im Senat nach dem Schicksal der Verschwörer: »vixerunt« – sie haben gelebt); im Altertum v. a. den Lakedaimoniern (Spartanern) zugeschrieben und nach ihnen benannt. Eine Sammlung ›lakon.‹ Aussprüche gab schon Plutarch (1. Jh. n. Chr.) heraus (»Apophthegmata Lakonika«).   ED

Hamsun: »Hunger«

Landlebenliteratur, s. ↗Bauerndichtung ↗Dorfgeschichte.

Landsknechtslied, Sonderform des histor Kriegs- und Soldatenliedes, von den freiwilligen Söldnern Kaiser Maximilians (seit 1486) gepflegt, lebendig bis zur Ablösung der Landsknechte durch ein stehendes Heer um 1620. L.er sind Erlebnis-, Berichts- und ↗Ständelieder in mehrstroph., oft kunstvollen balladesken Tönen. Sie schildern geschichtl. Ereignisse oder das Leben und ordensmäßige Selbstverständnis der Landsknechte. Die bekanntesten, im 16. Jh. auch in Einzeldrucken verbreiteten L.er behandeln die flandr. Kriege Kaiser Maximilians, die Fehden Sickingens und Huttens (1523), die Schlacht von Pavia (1525) und die Taten und Verdienste des Landsknechtsführers Frundsberg. Unter den sich am Liedende selbst nennenden Autoren sind die bedeutendsten: Meinhart von Hamm, Jörg Graff, Nikolaus Manuel und Wilhelm Kirchhof. Die erhaltenen Melodien lassen erkennen, dass L.er eher Vortragslieder mit rezitativ. oder choralhaften Tönen und teilweise kurzem chor. Refrain waren als Marsch- und Schlachtgesänge. Durch die Erforschung des histor. Volksliedgutes im 19. Jh. und die Wandervogelbewegung des 20. Jh. haben einige L.er neue Popularität gewonnen: z. B. »Gott gnad dem großmächtigen Kaiser frumme« (J. Graff), »Wir zogen in das Feld …« oder »Unser liebe Fraue vom kalten Brunnen …«.   HW

Landstreicherroman, auch: Vagabundenroman, Typus des ↗Abenteuerromans, in dem sich der Held als Landstreicher aus freiheitl.-vitalen, religiös-eth., philosoph. oder gesellschaftskrit. Motiven heraus freiwillig außerhalb der Gesellschaft stellt; oft Nähe zum ↗Schelmenroman. L.e entwickelten sich v. a. im Gefolge antibürgerl. Tendenzen zu Beginn des 20. Jh.s, Höhepunkt zwischen 1920 und 1930. Sie benutzen z. T. bewusst die Strukur und gesellschaftskrit. Intention des traditionellen Abenteuerromans, erschöpfen sich ber, bes. im Rahmen der Jugend- und ↗ Heimatkunstbewegung, oft auch in unrealist., einseit.-ideolog. Verklärung eines natur- und instinkthaften antiintellektuellen Daseins. Nach H. Bahrs L. »O Mensch« (1910) sind v. a. zu nennen: H. Hesse (»Knulp«, 1915), Klabund (»Bracke«, 1918), K. Hamsun (»Landstreicher«, 1928 ff.), M. Hausmann (»Lampion küßt Mädchen und kleine Birken«, 1928), ferner W. Bonsels, H. Sterneder, H. Reiser, nach 1945: O. Brües, G. Weisenborn, Georg Schwarz, H. Risse u. a.   IS

Länge, in der antiken quantitierenden Metrik der mit einer langen Silbe gefüllte Versteil; Ggs. *Kürze*, der mit kurzer Silbe gefüllte Versteil. L. und Kürze entsprechen in der akzentuierenden Metrik ↗ Hebung und Senkung.   S

Langvers, vgl. ↗ Langzeile.

Langzeile, aus zwei kürzeren rhythm. Perioden (*Kurz-* oder *Halbzeilen*, An- und Abvers) gebildete metr. Einheit, bei der An- und Abvers zueinander in einem strukturalen Spannungsverhältnis stehen, das durch unterschiedl. Zahl der Silben, der Hebungen oder unterschiedl. Kadenzen konstituiert wird, und durch das die Kurzzeilen fest aufeinander bezogen werden und ihre rhythm. Selbständigkeit verlieren, im Unterschied zum additiven, jeweils rhythm. selbständ. Vers- (oder Reim-)paar oder zum *Langvers*, einem Vers von mehr als 5/6 Hebungen oder Takten, der eine geschlossene rhythm. Periode darstellt, die gewisse Binnengliederungen (Zäsuren) aufweisen kann, die aber nur ihrer inneren Strukturierung dienen. – L.n begegnen v. a. in älteren Perioden der einzelnen Literaturen; sie sind bes. beliebt als Verse der ep. Dichtung. Typ. Formen sind der sog. german. ↗ Stabreimvers (angelsächs., altsächs., ahd., altnord., modifiziert auch mittelengl.): 2 Kurzzeilen mit je 2 Haupthebungen werden durch Stabreim zur L. verknüpft; ferner die aus L.n gebildeten *altdt.* ep. *Strophenformen* (↗ Nibelungenstrophe, ↗ Kudrunstrophe, ↗ Titurelstrophe, ↗ Hildebrandston u. a.), die in den Anfängen des dt. Minnesangs auch als lyr. Strophenmaße Verwendung finden (Kürenberg, Meinloh von Sevelingen, Dietmar von Aist): Grundform ist der Vers der Nibelungenstrophe: eine L. aus einem Vierheber mit klingender und einem Dreiheber mit männl. Kadenz. – L.n und L.nstrophen außerhalb der dt. Literatur sind der altlat. ↗ Saturnier, der altind. Śloka, sowie der ep. Vers der akkad. Dichtung (z. B. des »Gilgamesch-Epos«).   K

Laokoon-Problem, Bez. für den Problemkreis der prinzipiellen Unterschiede zwischen darstellender Kunst und Dichtung. Die Bez. geht zurück auf den Titel einer kunsttheoret. Schrift G. E. Lessings (»Laokoon oder über die Grenzen der Malerei und Poesie«, 1766), mit der er zu einer Streitfrage der zeitgenöss. Aesthetik Stellung nahm. Er wendet sich insbes. gegen die Herrschaft der bildenden Kunst, die im Gefolge der ↗ ut pictura poesis-Theorie als Maßstab für Dichtung angesehen wurde (J. Spence, A. C. Ph. v. Caylus), und damit gegen die beschreibende Literatur, die sog. dichtende Malerei und malende Dichtung. Ausgehend von der hellenist. Figurengruppe des ster-

Laokoongruppe

Laokoon-Problem

benden Laokoon im Vergleich zu Vergils Schilderung des Laokoonschicksals (»Aeneis«, 2), versucht Lessing eine Grenzziehung zwischen den Künsten: Deren unterschiedl. Darstellungsmedien (Stein/Farbe – Wort) erfordere ein jeweils anderes Verhältnis zur ↗ Mimesis: die darstellende Kunst (Plastik, Malerei) erfasse ihren Gegenstand im *räuml. Nebeneinander* von Figuren und Farben, in einem »fruchtbaren Moment«, d. h. einem der Dauer standhaltenden (nicht rasch vorübergehenden, verzerrten) ›schönen‹ Anblick. Die Dichtung dagegen kann ihren Gegenstand nur in einem *zeitl. Nacheinander,* in bewegter Handlung erfassen (z. B. beschreibt Homer Achills Schild durch die Schilderung seiner Herstellung); sie kann dadurch auch Verzerrtes, Hässliches darstellen. Das L.-P. gehört zum Entwurf einer ↗ Wirkungsästhetik im Rahmen der Bestrebungen der Aufklärung, sich von normativen Regeln zu befreien. S

Lapidarium, n. [zu lat. lapis = Stein], auch: (liber) lapidarius, lat. Bez. für ein mal. Steinbuch oder -verzeichnis, in dem Eigenschaften, Heil- u. Zauberkräfte der Edelsteine abgehandelt und z. T. allegor.-moral. gedeutet werden (vgl. ↗ Bestiarium). Unter griech.-lat., seit dem 11. Jh. auch unter arab. Einfluss entstehen im MA zahlreiche Lapidarien. Die bekanntesten *in mlat. Sprache* stammen von Marbod von Rennes (11. Jh.), Arnold dem Sachsen, Albertus Magnus (beide 13. Jh.), *dt.-sprach.* Lapidarien sind v. a. das Edelsteinverzeichnis im »Parzival« Wolframs v. Eschenbach (vv. 791,1 ff.) und das »Steinbuch« Volmars (Mitte 13. Jh.). MS

Lapidarstil, m. [zu lat. lapis = Stein], knappe, wuchtige Ausdrucksweise in der Art der in Stein gemeißelten, sich auf Wesentliches beschränkenden lat. Inschriften in der röm. Kapital- oder Monumentalschrift. S

L'art pour l'art [larpur'la:r; frz. = die Kunst um der Kunst willen], von Victor Cousin (»Du vrai, du beau et du bien«, Paris 1836) stammende Formel für eine Kunsttheorie, die in Frankreich etwa zwischen 1830 und 1870 verbreitet und am entschiedensten von Théophile Gautier (zuerst in der Vorrede zu seinem Roman »Mademoiselle de Maupin«, 1835) vertreten wurde. Sie propagiert die Autonomie der Kunst in radikalisierender Fortführung gewisser sensualist. gerichteter Impulse der franz. Aufklärung und dann der Romantik mit Anklängen an die Kunstphilosophie des dt. Idealismus: Kunst ist Selbstzweck, abgelöst von allen ihr fremden Zielen und Interessen religiöser, moral., polit., weltanschaul. Art, sie ist Gestaltung des »Schönen«, das verstanden wird als das Nutzlose schlechthin, das Überflüssige und damit das über jede Art von Bedürfnis Hinausgehende u. eth. Werten Überlegene. Künstler. Wirkung wird nur der ästhet. Gestaltung zugeschrieben, d. h. den verabsolutierten formalen Kunstmitteln, zu deren bloßem Material das Inhaltliche degradiert ist (autonome, absolute Dichtung, poésie pure). Auf die reine Schönheit ist nicht nur das künstler. Schaffen ausgerichtet, an ihr haben sich auch Rezeption und Beurteilung zu orientieren. In der zum ↗ Ästhetizismus tendierenden Verherrlichung einer zweckfreien und das Natürliche übertreffenden Schönheit verknüpfen sich ein verfeinerter Epikureismus, der Befriedigung im ästhet. Genuss sucht, und ein rationalist. Einschlag, der zu einer späteren Annäherung des L. p. l. an die im 19. Jh. erstarkende Wissenschaft führt.

Die Theorie des L. p. l. ist in Verbindung mit der in diesen Jahren verbreiteten Selbsteinschätzung der Künstler zu sehen; die mit dem Untergang der Aristokratie erworbene größere Unabhängigkeit des Künstlers ist eine histor. Voraussetzung für die These von der Unabhängigkeit der Kunst und bestimmt schließl. auch noch das Verhältnis des Künstlers zum nunmehr bürgerl. Publikum: die selbstgewählte Isolierung des nur mit seinesgleichen verkehrenden Künstlers begründet die betonte Distanz zum Publikum mit der Ablehnung utilitarist., vom Fortschrittsdenken bestimmter bürgerl. Lebens- und Wertvorstellungen (↗ Bohème); die Abwehr (dem Künstler von verschiedenen polit. Parteien angetragenen) sozialen Engagements folgt aus der pronuncierten Interesselosigkeit an öffentl.

Angelegenheiten (»Unparteilichkeit« und Unpersönlichkeit« gelten als künstler. Tugenden), für sein Werk wie für die eigene Person lehnt der Künstler die Verbindlichkeit moral. und religiöser Normen ab (↗ Dekadenzdichtung, ↗ Dandyismus). Anhänger des ... p.l. waren in Frankreich bes. G. Flaubert, Ch. Baudelaire, die Brüder Goncourt, Ch. Leconte de Lisle, Th. de Banville, J.-K. Huysmans, in Engl. O. Wilde und W. Pater; die Symbolisten und die ↗ Parnassiens standen ihm nahe wie in Dtld. später der ↗ George-Kreis; der russ. ↗ Formalismus vertrat ähnl. Vorstellungen. GMS

Latinismus, m. [latinus = lat.], Nachbildung einer syntakt. oder idiomat. Eigenheit des Lateinischen in einer anderen Sprache, im Dt. z.a. Endstellung des Verbs oder Partizipialkonstruktionen (vgl. z.B. Goethes Novellendefinition: »eine *sich ereignete unerhörte Begebenheit*«). Als Latinismen werden gelegentl. auch die aus dem Lat. stammenden Lehn- und Fremdwörter bezeichnet. Verbale und syntakt. Latinismen begegnen seit dem Ahd. in Übersetzungen aus dem Lat., im Stil der (lat. Vorbildern verpflichteten) spätmal. Formelbücher und Briefsteller, in der aus diesen entwickelten Kanzleisprache und in der wissenschaftl. Sprache. S

Latinität, f., ↗ Silberne, ↗ Goldene Latinität.

Latinitas, f. [= lat. Sprache, latin. Recht], neuzeitl. literaturwissenschaftl. Bez. für den Bereich der mittelalterl. Literaturen, der in lat. Sprache verfasst ist (auch: ›lat. MA.‹, ›Mittellatein‹), im Unterschied zu den mittelalterl. volkssprachl. Literaturen. S

Lauda, f., Pl. laude [it. = Lobgesang], geistl. Lobgesang zu Ehren Gottes, Christi, der Jungfrau Maria, der Heiligen, aber auch allegor. Figuren wie der Tugend u.a. in der spätmal. volkssprachl. Dichtung Italiens. – Seit dem 13. Jh. nachweisbar, entwickelt sich am Schluss der Frühmette gesungenen lat. *laudes* des Breviers; sie wird zunächst innerhalb der geistl. Bruderschaften *(compagni dei laudesi)* gepflegt und ist dabei metr. noch nicht festgelegt – die ältesten Laude sind in ↗ Laissenstrophen, Reimpaaren oder 6-Zeilern (Reimschema: ababcc) abgefasst. Seit der Flagellantenbewegung von 1258/60 ist die L. v.a. das geistl. Prozessionslied der Geißlerbruderschaften *(compagni dei disciplinati);* hier erhält sie die feste Form der ↗ Ballata. Aus diesen häufig dialog. gestalteten Prozessionsliedern entwickelt sich durch deren Ausgestaltung zu kleinen dramat. Szenen die *L. drammatica,* ein ↗ Prozessionsspiel, neben der Devozione (dem ↗ Predigtspiel) und der späteren ↗ Sacra rappresentazione die bedeutendste Form des ↗ geistl. Spiels im mal. Italien. In der L. drammatica setzen sich neben der Ballata auch andere metr. Formen durch, so die ↗ Sestine, ↗ Oktave und ↗ Terzine. – Laude stammen u.a. von Jacopone da Todi (2. Hä. 13. Jh.), Lionardo Giustiniani (1. Hä. 15. Jh.), Lorenzo de Medici und Savonarola. Seit dem Anfang des 16. Jh.s kommt die L. aus der Mode. K

Laudatio funebris, f. [lat.], im antiken Rom die private oder staatl. Leichenrede zur Verherrlichung der Taten und Tugenden eines Verstorbenen; bezeugt seit Ende 3. Jh. v.Chr., z.B. Q. Caecilius Metellus, L. f. für seinen Vater, 221 v.Chr.; schon in der Antike auf Grund des biograph. Gehalts als – allerdings histor. unzuverläss. – Geschichtsquelle benutzt; auch: ↗ Epitaphios, ↗ Elogium, ↗ Eloge. HD

Lautgedicht, verzichtet auf das Wort als Bedeutungsträger, besteht nur aus rhythm., z.T. auch gereimten Buchstaben und Lautfolgen; findet sich als Kinderlied und in Kinderrätseln oder Abzählversen, ferner im Bereich der ↗ Unsinnspoesie vereinzelt bei J.H. Voss (»Lallgedicht« oder »Klingsonate«), J.L. Runeberg (»Höstsång«, »Herbstlied«), Ch. Morgenstern (»Das große Lalula«), P. Scheerbart (»Kikakoku«), dann programmat. als Möglichkeit einer sog. ↗ akust. Dichtung in der russ. Futurismus, Dadaismus, Lettrismus und wieder seit 1950 (vgl. ↗ konkrete, ↗ abstrakte Dichtung). S

Lautmalerei, auch: Klangmalerei, Onomatopoeie, Wiedergabe von sinnl. Eindrücken

Lautmalerei

meist akust. (z. B. Tierstimmen), mittels ↗ Synästhesie auch opt. Art (Bewegungen) durch sprachl. Bildungen (Einzelwort und Satz). L. ist als ursprüngl. Element in allen (natürl.) Sprachen vorhanden (im Dt. z. B.: *quaken, Kuckuck, Ticktack, zittern, watscheln*), sie wird in der Dichtung genutzt, um eine bes. intensive Verknüpfung von Sprachklang und Bedeutung zu erreichen und um durch solche Ausdruckssteigerung auch sinnl.-affektive Werte in erhöhter Unmittelbarkeit wiederzugeben (Schiller, »Der Taucher«: »Und hohler und hohler hört mans heulen, ... Und es wallet und siedet und brauset und zischt«). L. ist immer an die Kenntnis des Bedeutungsinhalts gebunden (und somit in unbekannten Sprachen nicht möglich), da die L. von dem Artikulationssystem einer jeweiligen Sprache abhängig ist und daher keine exakte Schallnachahmung erreichen kann. Wie jedoch die auffällige Ähnlichkeit metaphor. Lautbezeichnungen in sehr vielen Sprachen zeigt (»heller«, »dunkler« Vokal; »harter«, »weicher« Konsonant), besteht eine weitverbreitete Neigung, Lautqualitäten mit den gleichen Vorstellungen und Empfindungen zu verknüpfen und ihnen eine ursprüngl. Beziehung zu bestimmten Bedeutungen zuzuschreiben (Vokal *-i-* als Ausdruck für Helligkeit, Höhe, Freude, Vokal *-u-* als Ausdruck für Dunkelheit, Tiefe, Trauer; kurzer bzw. langer Laut für schnelle bzw. langsame Bewegung usw.). Man spricht hier von *Laut- oder Klangsymbolik* und meint damit entweder die (mehr oder minder subjektive, meist durch Lauthäufung intensivierte) Verbindung von Klangfarben und Bedeutungsinhalten im dichter. Zusammenhang oder aber die sich auf die Sprache überhaupt beziehende Auffassung, bestimmte Laute verkörperten von Anfang an bestimmte Bedeutungen. Im Hintergrund von L. und Lautsymbolik steht allgemein das *Problem des Bezugs von Sprachlaut und Wortsinn*, die Streitfrage, ob die Übereinstimmung zwischen Wort und Sache von Natur aus bestehe kraft einer verborgenen Verwandtschaft oder aufgrund einer Übereinkunft innerhalb einer Sprachgemeinschaft. Seit Plato (»Kratylos«) und bes. wieder seit J. G. Herder und W. v. Humboldt wurde diese Frage immer erneut behandelt (mehrfach in Verbindung mit der heute allgemein abgelehnten Theorie, dass die menschl. »Ursprache« eine reine Nachahmung von Naturlauten, also insgesamt lautmalerisch gewesen sei). Seitens der Linguistik schließt man heute keine der beiden Behauptungen aus und lässt den konventionalist. Aspekt neben den lautmaler. Momenten bestehen, indem man Letztere, soweit möglich, von den akust. und physiolog. Qualitäten der Sprachlaute her erklärt (die Artikulationsart von -*p*- und -*b*- z. B. lässt die Unterscheidung »hart« – »weich« leicht einsehen). L. begegnet bereits in der antiken Lit. (Vergil, Ovid), im dt. Sprachbereich dann, von den Poetiken (Opitz) unter Berufung auf Scaliger befürwortet, in der Dichtung des Barock als Mittel zur Bereicherung der Ausdrucksmöglichkeiten, mit zahlreichen Wortneuschöpfungen und in bisweilen übermäßiger Häufung. Behutsamer findet sie Verwendung in der Volksdichtung und als kunstvoll eingesetztes Mittel der Integration von Form und Bedeutung in der Dichtung der Klassik. Eine rhythm.-musikal. Verfeinerung erlebt die L. (gefördert durch vielfältige sprachtheoret. Erörterungen; bes. A. F. Bernhardi »Sprachlehre«, 1801–03) seit der Romantik in der Literatur des 19. Jh. (C. Brentano, E. Mörike, A. v. Droste-Hülshoff, R. Wagner); die Auffassung der Lautsymbolik wird von A. Rimbaud (in seinem Sonett »Voyelles«) vertreten, z. T. auch von den Impressionisten (D. v. Liliencron). Vielfach verschwimmen hier je doch (unter dem Einfluss des franz. ↗ Symbolismus) die Grenzen zwischen L. und Lautsymbolik. In der Dichtung des 20. Jh. nach dem Expressionismus ist die L. (wohl im Zusammenhang mit der stärkeren Berücksichtigung gedankl. Momente) geringer an der dichterischen Gestaltung beteiligt, ohne freilich deshalb ausgeschlossen zu sein. GMS

Lautreim, ↗ Alliteration

Lay [lei, engl. v. afrz. lai (↗ Lai)], engl. Bez. für kurzes, zum Gesang bestimmtes lyr. oder ↗ Erzähl-Lied, verwandt mit ↗ Ballade; bevorzugt gebraucht für mittelalterl. Lieder mit geschichtl. oder abenteuerl. Thematik. Der Mitelalterkult des 19. Jh.s ließ neue L.s entstehen, z. B. W. Scotts »L. of the Last Minstrel« u. W. E. Aytouns »L.s of the Scottish Cavaliers«. MS

Lebende Bilder, Schaubilder (auch Schautheater, stummes Theater, frz. *tableaux vivants*), z. T. mit Musik untermalte tableauartige (stumme, unbewegte) Darstellungen von Szenen aus der antiken Mythologie, christl. Überlieferung oder nationalen Geschichte u. a. durch lebende Personen auf einer Bühne, häufig nach dem Vorbild bekannter Werke aus der Malerei und Plastik, v. a. als prunkvolle Einlagen bei festl. Anlässen. – L. B. sind seit der Antike bezeugt (Kaiserin Theodora von Byzanz). Im Spät-MA. waren sie beliebt im Rahmen des ↗ geistl. Spiels, so v. a. bei ↗ Prozessionsspielen (auf Prozessionswagen) und ↗ Predigtspielen zur szen. Vergegenwärtigung der Heilsgeschichte oder des Predigtstoffes, aber auch als Einlagen in größere dramat. Spiele, häufig mit der Funktion szen. Vergegenwärtigung präfigurativen Geschehens. Verwandt mit den mal. l. B.n sind die frz. pantomim. *mystères mimés* und die niederländ. *stommen spelen* in der Tradition der ↗ Mysterienspiele. – Eine Blütezeit erlebten die l. B. in Renaissance und Barock, wo allegor., mytholog., christl. und histor. Darstellungen (Schaubilder) mit Hilfe einer raffinierten Bühnentechnik und prunkvoller Ausstattung eine zentrale Stelle in kirchl., höf. und städt. Festlichkeiten einnahmen (vgl. ↗ Sacra rappresentazione, ↗ Auto sacramental, ↗ Jesuitendrama, ↗ Intermezzi, ↗ Maskenzüge, ↗ Trionfi, Schluss-↗ Apotheosen im höf. Barocktheater usw.), berühmt waren z. B. die *stommen vertoningen* der ↗ Rederijkers im 16. Jh. Diese Tradition ist noch greifbar in den Schlusstableaux vieler Opern, z. T. auch Schauspielen (Schluss des »Egmont« oder »Faust II« von Goethe). – Ende des 18. Jh.s wurde die Tradition der l. B. durch die Contesse de Genlis (1746–1830), die Erzieherin der Kinder des Herzogs von Orléans, wiederaufgenommen; sie benutzte die l. B. zur Belehrung und Unterhaltung ihrer Zöglinge; an sie knüpfte dann Lady Hamilton mit ihren »Attitudes« (l. B. nach antiken Statuen) an. Das 19. Jh. pflegte l. B. v. a. im Rahmen bürgerl. Vereinsfestlichkeiten (Darstellungen aus der vaterländ. Geschichte). K

Lebenserinnerungen, im 18. Jh. entstandene dt. Bez. für autobiograph. Schriften (↗ Autobiographie, ↗ Memoiren).

Leberreim, kurzes, aus dem Stegreif verfasstes Gelegenheitsgedicht mit beliebigem, meist scherzhaftem Inhalt (Wunsch, Rätsel, Spott, Trinkspruch), meist als Vierzeiler, dessen Eingangsvers das Stichwort Leber enthält, am häufigsten in der Form: »Die Leber ist von einem Hecht und nicht von einem(r)«, worauf ein Tiername folgt, auf den die nächste Zeile reimt, z. B. »und nicht von einer Schleie,/ Der Fisch will trinken, gebt ihm was,/ daß er vor Durst nicht schreie.« (Fontane). Die Lehre vom Sitz der Affekte in der Leber war wohl die Voraussetzung, das gemeinsame Verzehren der Leber der Anlass. Nach wahrscheinl. mündl. Tradition 1601 erste Sammlung ndt. L.e von Johannes Junior, »Rhythmi Mensales«, diese waren Quelle für die hdt. Sammlung »Epatologia Hieroglyphica Rhythmica« (1605) des J. Sommer (Therander). Im 17. Jh. zahlreiche Sammlungen, z. B. als Anhang zu Georg Grefflingers Komplimentierbuch der von Heinrich Schaeve verfassten »Jungfer Euphrosinens von Sittenbach züchtige Tisch- und Leberreime« (1665), ferner von A. M. Coller 1669, H. Brenner 1679 und verschiedene anonyme Sammlungen. Im 18. Jh. ›wenig geachtet‹ erhält sich der L. in ländl. Kreisen länger (1711 J. F. Rothmann »Lustiger Poet«, aber auch bei G. A. Bürger; später bei Hoffmann von Fallersleben »Weinbüchlein« 1829; und bei Fontane »Wanderungen durch die Mark Brandenburg«, 1882). GG

Lectio difficilior, f. [lat. = die schwierigere Lesart], Begriff der ↗ Textkritik, der besagt, dass die schwierigere Lesart anderen, ›einfacheren‹ Lesarten vorzuziehen sei, da diese sich aufgrund der Tendenz zur Vereinfachung beim Abschreiben eher als fehlerhaft erklären ließen als umgekehrt. Der Grundsatz der l. d. ist seit K. Lachmann, der solchen »inneren Kriterien« der Textherstellung mechan. Kriterien vorzog, umstritten. K

LEF, f. [Abk. für russ. *Lewi Front iskusstva* = linke Front der Kunst], Name einer 1923 in Moskau von W. Majakowski begründeten Literatengruppe um die Zeitschrift gleichen Namens (1923–25; 1927/28 als ›Novyj [neue] LEF‹). Das (wahrscheinl.) von Majakowski verfasste Manifest (»Wir wollen keinen Unterschied zwischen der Poesie, der Prosa und der Sprache des wirklichen Lebens zulassen. Unser einziger Rohstoff ist das Wort, und das bearbeiten wir mit modernen Mitteln«) steht in der Tradition des ↗ Futurismus, von dem sich die LEF dadurch abhob, dass ihre Vertreter keine Hohepriester der Kunst, sondern Arbeiter, die einen sozialen Auftrag ausführen, sein wollten. Das in H. 1 der Zeitschrift veröffentlichte Manifest nennt die Namen N. Assejew, W. Kamenski, A. J. Krutschenych, B. Pasternak, W. Chlebnikow, W. Majakowski, O. Brik und K. A. Wittfogel. Ihnen zugerechnet werden müssen v. a. noch S. M. Tretjakow und – wegen seines Beitrages »Die Marxisten und die formalist. Literatur« (H. 3, 1923) – A. Zeitlin. Wegen der von der LEF propagierten, Leben und Literatur verschmelzenden »Literatura fakta« (»Faktographie«) offiziell durchaus anerkannt, wurde sie schließl. in Folge des Formalismusstreites (↗ Formalismus) immer schärfer kritisiert und schließl. unterdrückt.

D

Legende, f. [mlat. legenda, Pl. Von legendum = das zu Lesende; später auch als Sg. gebraucht], Darstellung einer heiligmäß., vorbildhaften Lebensgeschichte oder einzelner exemplar. Geschehnisse daraus. Die Bez. L. rührt von dem mal. kirchl. Brauch her, am Jahrestag eines Heiligen erbaul. Erzählungen aus seinem Leben in Kirchen und Klöstern vorzulesen. Sie wurden zu einem kirchl.-relig. Gegenstück der profanen Sage, gleichsam zur »Heldendichtung des Gottesstaates« (Ehrismann). Entscheidender als die Aufzeichnung histor. Zeugnisse und Traditionen zum Leben eines Heiligen (wie in den theolog.-historiograph. Heiligenviten der Hagiographie) war die Demonstration eines vorbildl., gottgefälligen Erdenwandels, in dem sich Wunderbares manifestiert. Anders als in den ↗ Mirakelspielen spielen jedoch in der L. transzendente Mächte eine geringere Rolle gegenüber der be lehrenden Exemplifizierung personifizierter Tugenden. Die Grenzen zwischen L. u. Mirakel sind indes fließend. *Darbietungsformen der* L. sind 1. die volkstüml. Erzählung, die literar zu den ↗ einfachen Formen gehört, 2. die poet Ausgestaltung. – Nach den jeweiligen Vorbild figuren unterscheidet man Christus-, Marien- und Heiligen-L.n. Letztere fanden ihre stärkste Verbreitung durch die Propagierung lokaler Schutz-, Kloster- und Kirchenpatrone. Die ältesten L.n finden sich bereits in apokrypher Evangelien und Apostelgeschichten. Die seelsorger. Eignung solcher Erzählstoffe wurde früh erkannt: Schon im 3. Jh. empfahl Paps Eutychianus in einem in seiner Echtheit allerdings angezweifelten Dekret, *L.nsammlunger* (in sog. *Legendarien* oder *Passionalen*) für homilet. Zwecke anzulegen. Die älteste erhaltene lat. Prosa-Slg. stammt von Papst Gregor d Großen (»Dialogi de miraculis patrum Italicorum«, 6. Jh.), die bedeutendste mal. Slg. ist die lat. »Legenda aurea« des Jacobus de Voragine (2. Hä. 13. Jh.), mit reicher Nachwirkung; die umfassendste hagiograph. Slg. wurde im 17. Jh. von Jean Bolland begonnen und von den sog. Bollandisten fortgeführt (»Acta sanctorum«, 63 Bde., bis 1902, ca. 25000 L.n). – Wie die Sagenstoffe fanden auch die L.n die verschiedensten *dichter. Ausformungen* in L.s epen, -romanen, -erzählungen, -balladen und -dramen. Eine Sonderform bilden die Heiligenhymnen, in welchen legendäre Geschehnisse der Panegyrik und Fürbitte dienen. – Einen ersten breiteren Aufschwung nahm die L. mit der Verbreitung der Heiligenverehrung im 6. Jh. Aus dieser Zeit sind auch die ältesten poet. Gestaltungen (Gregor v. Tours, »Siebenschläfer-L.« u. a., Venantius Fortunatus etc.) überliefert. Eine zweite Blütezeit fällt in die Karolingik (z. B. Alkuins L. über den Heiligen Willibrord, Walahfrid Strabos Gallus-Vita). Im 10. Jh. schuf Hrotsvit von Gandersheim acht L.nerzählungen in Reimprosa und sechs L.ndramen in Hexametern. Die ältesten *volkssprachl.* Heiligendichtungen stammen aus dem 9. Jh., so die afrz. »Eulaliasequenz«, das ahd. Georgs- und Petruslied

u. a. Erst im 11. Jh. begegnen L.nerzählungen, z. B. das afrz. »Alexiusleben«, das mhd. »Annolied«, der »Trierer Silvester« u. a.; L.n finden sich auch eingestreut in die »Kaiserchronik« (1150; Crescentia, Faustinian). Die Ausbreitung der Marienverehrung im 12. Jh. förderte die Entstehung von ↗ Mariendichtungen. Auch die höf. Epiker greifen L.nstoffe auf, so Heinrich v. Veldeke (»Sente Servaes«), Hartmann v. Aue (»Der arme Heinrich«, »Gregorius«), dann im 13. Jh. Reinbot v. Dürne (»Der Heilige Georg«), Rudolf v. Ems (»Der gute Gerhard«, »Barlaam u. Josaphat«), Konrad v. Würzburg (»Silvester«, »Alexius«, »Pantaleon«), Heinrich v. Freiberg (»L. vom Kreuzesholz«). Um 1300 entstanden die großen gereimten L.n-Slg.en des dt. Ritterordens (↗ Deutschordensdichtung): das »Passional« (über 100000 Reimverse), das »Väterbuch«, um 1340 auch die ersten dt.sprach. Prosasammlungen, z. B. das »Heiligenleben« Hermanns v. Fritzlar, weiter in breiter Fülle Sammlungen von Christus- (z. B. »Der Saelden Hort«, 13. Jh.) und Heiligen-L.n, u. a. eine weiblichen Heiligen gewidmete gereimte L.n-Slg. »Der maget Krône« (15. Jh.), dann die L.n um vorbildl. dt. Fürsten wie »Heinrich u. Kunigunde« von Ebernand v. Erfurt (13. Jh.) oder die »Hl. Elisabeth« (von Thüringen). Aus dem 14. u. 15. Jh. sind auch L.nspiele bezeugt, z. B. Spiele um St. Dorothea (ostmdt. Zeugnisse, 14. Jh.), St. Katharina, Maria, Helena, St. Nikolaus, Alexius, Oswald, Georg (15. Jh.), aufgeführt an den Festtagen der Heiligen oder im Anschluss an liturg. bestimmte Spiele wie ↗ Passions- und ↗ Fronleichnamsspiele; auch in Frankreich häufig (zw. 1400 u. 1510 sind 37 Legendenspiele überliefert, vgl. auch ↗ Mirakelspiel). Mit der Reformation trat das Interesse an der L. v. a. durch Luthers Kritik am Heiligenkult zurück. Erst im Zuge der Gegenreformation und im Barock erfolgte u. a. im Rahmen der Predigtliteratur (Abraham a Santa Clara) und des ↗ Jesuitendramas eine Wiederbelebung. Das 18. Jh. entdeckte dann auch den poet. Reiz der L. (Herder), Goethe schuf mehrere L.ngedichte (»L. vom Hufeisen«, »Der Gott und die Bajadere«, »Paria«, »Siebenschläfer«). Eine besondere Vorliebe für die L. entwickelte sich im Gefolge der Romantik, vgl. die L.ndramen L. Tiecks, die L.nballaden Heines, Uhlands (»Der Waller«), Kerners, Mörikes (»Erzengel Michaels Feder«). – Mit G. Kellers L.nzyklus (»Sieben L.n«) beginnt die Phase der L.ndichtung, in der an die Stelle naiver Gläubigkeit oder ästhet. Faszination mehr und mehr die psycholog. Fundierung oder die iron. Distanz treten. Im 20. Jh. verfassten L.nerzählungen G. v. Le Fort, G. Binding, E. G. Kolbenheyer, H. Hesse (»Drei L.n aus der Thebais«), Th. Mann (»Der Erwählte«), L.nspiele M. Mell u. a., ein L.nballett »Josefs-L.« H. Graf Kessler und H. von Hofmannsthal. Auch in anderen europ. Sprachen entstanden in der Neuzeit bedeutsame L.ndichtungen, wie die altchristl. L.n von N. Leskow, die Christus-L.n von Selma Lagerlöf, die L.ndramen von Paul Claudel und T. S. Eliot. Die L. ist nicht nur eine christl. Literaturgattung; sie begegnet auch im Islam und im Buddhismus. S

Legendenspiel, ↗ Legende, ↗ Mirakelspiel.

Lehrdichtung, auch: lehrhafte, didakt. Dichtung (oder Poesie). Wissensvermittlung und Belehrung in poet. Form. Der Begriff ›L.‹ wird gelegentl. recht weit gefasst: im Anschluss an die Horazische Formel »prodesse et delectare« (nützen und ergötzen) wird er oft auch auf Dichtungen bezogen, die nur implizit didakt. Tendenzen ausgedehnt (sog. ›indirekte L.‹ oder ›L. im weiteren Sinne‹). Entscheidend für die Zuordnung zur Kategorie ›L.‹ ist aber der primär didakt. Zweck: die vom Verf. beabsichtigte Wissensvermittlung (im Ggs. zur zweckfreien ästhet. Gestaltung eines Stoffes). Die Grenzen sind jedoch fließend, zumal innerhalb der L. formal und gehaltl. mustergült. Ausprägungen (Vergil, Goethe) neben simplen Versifizierungen eines Wissensgebietes stehen. Manche poet. Gattungen gehören wesensmäßig oder stoffbedingt zum Grenzbereich: ↗ Fabel, ↗ Priamel, ↗ Parabel, ↗ Bispel, ↗ Gnome, ↗ Legende, ↗ Spruchdichtung, ↗ Allegorie. – Die L. spielte im Altertum, MA. und in der frühen Neuzeit so bedeutende Rolle, dass sie den drei formalen Gattungen Lyrik, Epik, Dramatik als vierte, inhaltl. bestimmte Gattung an die Seite gestellt wurde (Ch. Batteux, J. G. Sulzer, vgl. ↗ Dichtung). In L.en wurden alle Wissensgebiete von der Religion über Philosophie, Morallehre, Naturkunde, Landwirtschaft bis zu Dichtungstheorien behandelt. In buchfernen Zeiten hatte die poet. Form einen doppelten Zweck: der Vers diente 1. als Gedächtnisstütze und hob 2. das Mitgeteilte seiner Bedeutsamkeit entsprechend aus der Alltagssprache heraus. – Die *ältesten* erhaltenen L.en (in Hexametern) sind Hesiods »Theogonie«, eine Entstehungsgeschichte der Götter und der Welt, und die »Erga« (»Werke«, über Recht und Arbeit, um 700 v. Chr.). Im 5. Jh. v. Chr. folgen die versifizierten philosoph. L.en der Vorsokratiker Xenophanes, Parmenides und Empedokles (»Über die Natur«, »Reinigungen«). – In der *hellenist.* Literatur nimmt dann die systemat., wissenschaftl. L. einen breiten Raum ein; so handelt Menekrates von Ephesos (4. Jh. v. Chr.) über Bienenzucht, Aratos von Soloi (3. Jh. v. Chr.) über Himmelserscheinungen (»Phainomena«), Nikandros von Kolophon (2. Jh. v. Chr.) über Mittel gegen Schlangengifte (»Theriaka«) und gegen Speisevergiftungen (»Alexipharmaka«), Dionysios Perihegetes (2. Jh. n. Chr.) über Geographie. – Die älteste *röm. L.* sind die »Heduphagetica« des Ennius (239–169), ein gastronom. Lehrgedicht im Anschluss an Archestratos. Von weitreichender Wirkung waren im 1. Jh. v. Chr. Lukrez' »De rerum natura«, Vergils »Georgica« (über das Landleben, zugleich Natur-, Staats- und Lebenslehre) und Horaz' »De arte poetica«. L.en sind auch die »Didascalia« des Accius (170–85 v. Chr., Fragen der Lit., des Theaters und der Grammatik); eine literarhistor. L. in trochä. Septenaren verfasste Porcius Licinus (2. Jh. v. Chr.), von Buchstaben, Silben und Versmaßen handelt die grammat. L. des Terentianus Maurus (2. Jh. n. Chr.), literar. ↗ Kataloge u. a. finden sich bei Ausonius (4. Jh. n. Chr.); Manilius (1. Jh. n. Chr.) schrieb ein Lehrbuch der Astrologie in Hexametern. – Die scherzhafte L. wurde v. a. von Ovid (45 v.–17 n. Chr.) gepflegt (»Ars amatoria«, »Remedia amoris«), Moraldidaxe bieten Spruchsammlungen wie die weitwirkenden anonymen »Disticha Catonis« (3. Jh. n. Chr.). – Die

christl.-apologet. L. beginnt im 4. Jh. mit Commodianus (»Instructiones«, »Carmen apologeticum«) mit langer Tradition; zu nennen wäre auch Theodulfs vierbänd. L. in Distichen »Documenta fidei« (um 800). Auch in der *mal. volkssprachl.* Literaturen war die L. die populärste Form der Wissensvermittlung, vgl etwa die altnord. Spruchdichtung »Hávamál« (10./11. Jh.) u. a., oder die mhd. Morallehren wie die höf. Tugendlehre »Der welsche Gast« des Thomasin von Circlære (1216), die Spruchsammlung Freidanks (»Bescheidenheit«, 13. Jh.), die Moralenzyklopädie »Der Renner« Hugos von Trimberg (1300). Neber diesen umfangreichen Werken finden sich bis ins Spät-MA. eine Fülle von gereimten Stände-, Minne- und Morallehren, von moral. Spruchsammlungen, Sitten-↗ Spiegeln, ↗ Tischzuchten, ↗ Kalendern, Koch-, ↗ Schach-, Wahrsageund Traumbüchern, ferner von naturkundl. Darstellungen (z. B. Volmars »Steinbuch«, 13. Jh., vgl. ↗ Lapidarium, s. auch ↗ Bestiarium. ↗ Fürstenspiegel, Erbauungsliteratur). Eine Grenzform bilden die ↗ Reimchroniken. Auch im Zeitalter des ↗ *Humanismus* hält die Vorliebe für systemat., rhetor. ausgeschmückte L.en an. Thomas Naogeorg z. B. schrieb eine religiöse L. »Agricultura sacra« (1550); in lat. Hexametern verfasste der Dichtungstheoretiker Vida seine einflussreiche Poetik (1527), der im 17. Jh. N. Boileaus »L'art poétique« in Alexandrinern (1674) folgte. – Die letzte fruchtbare Zeit für die L. war die ↗ *Aufklärung,* deren Dichtungstheorien die Verbreitung von Moral und Wissen forderten. Epochale Wirkung hatten die anthropolog., philosoph. und religiösen L.en von A. Pope (»Essay on Man«, 1733), J. Thomson (»Seasons«, 1726 ff.) u. a., in der dt. Literatur insbes. auf B. H. Brockes (»Ird. Vergnügen in Gott«, 1721–48), J. v. Haller (»Alpen«, 1732), Ch. A. Tiedge (»Urania«, 1801) u. a.; Schillers philosoph. Gedicht »Der Spaziergang« (1795) und Goethes »Metamorphose der Pflanzen« (1798) und »Metamorphose der Tiere« (Frgm. v. 1798/99?) sind Höhepunkte und zugleich die Gegensätze zwischen Didaktik und Dichtung aufhebender Abschluss der L., die im Gefolge eines neuen, fiktionalen Dichtungsbegriffes im 19. Jh. mehr und mehr zurücktrat. Als *Nachzügler* sind u. a. noch F. Rückerts gnom. »Weisheit des Brahmanen« (1836–39) zu nennen. Eine gewisse Aufwertung erfuhr die L. erst wieder im 20. Jh., vgl. B. Brechts Lehrgedichte; erstmals wurde von ihm auch die dramat. Form für didakt. Zwecke, insbes. für polit. Tendenzdichtung gewählt, vgl. die durch russ. Vorbilder (Tretjakow) angeregten ↗ Lehrstücke Brechts u. a. S

Lehrstück, Bez. B. Brechts für eine Gruppe kleinerer Dramen aus den Jahren 1929/30, die, einer aggressiven marxist.-leninist. Gesellschaftslehre verpflichtet, an Modellsituationen Missstände der Gesellschaft aufzeigen sollen (u. a. »Der Jasager und der Neinsager«, »Die Maßnahme«, »Die Ausnahme und die Regel«, »Die Rundköpfe und die Spitzköpfe«, »Das Badener Lehrstück vom Einverständnis«, »Der Brotladen«, »Die Mutter«). Brechts L.e sind vor allem für Schüler gedacht und verfolgen das Ziel, »die jungen Leute durch Theaterspielen zu erziehen«: die Praxis des Theaterspiels soll einen Erkenntnisprozess auslösen, der wiederum in gesellschaftl. Praxis umschlägt. Die L.e stellen damit eine wichtige Station in der Entwicklung des Brecht'schen ↗ ep. Theaters dar, das nicht emotionales Erleben, sondern praxisbezogene Erkenntnis vermitteln will. K

Leich, m. [mhd., Pl.: L.s], Großform der mhd. (Sangvers-)Lyrik, vokales Musikstück, aufgebaut aus formal verschiedenen Abschnitten (Perikopen), die sich aus mehreren stroph. Elementen (Versikeln) zusammensetzen. Musikal. handelt es sich um eine Reihungsform. Strukturell dem mhd. L. verwandt sind die lat. ↗ Sequenz und der frz. ↗ Lai (einschließl. ↗ Descort und ↗ Estampie – Instrumentallai). Je nachdem, welcher dieser Formen die einzelnen mhd. L.s bes. nahekommen, kann unterschieden werden zwischen dem *Sequenz-Typ* (Bauform der Versikelgruppen: A BB CC ... YY Z oder, mit ›doppeltem Cursus‹, A BB CC ... XX Y BB CC ... YY Z), dem *Estampie-Typ* (im ›Großbau‹ triad. Gliederung: 3 meist wiederum dreifach unterteilbare ›Hauptteile‹), und dem *Lai-Typ* (keine rationale Bauform, sondern freie Reihung der Bauelemente) (Hugo Kuhn). – Die *Herkunft der L.form* in der mhd. Lyrik ist umstritten. Die ältere Forschung (F. Gennrich) leitet L. und Lai von der lat. Sequenz ab und führt die strukturellen Abweichungen auf Freiheiten zurück, die sich mit der Übernahme der lat. Form in die Volkssprache einstellten. Seit J. Handschin wird auch die Möglichkeit einer gemeinsamen vorliterar. Wurzel kelt. Ursprungs für Sequenz, Lai, L., Descort usw. erwogen, wobei der mhd. L. vom frz. Lai abgeleitet wird. Für diese Auffassung spricht die Etymologie: altfrz. *lai* geht auf altir. *lóid, laid*, Lied zurück; mhd. *leih* ist zwar germ. Ursprungs (got. *laiks*, Tanz; altnord. *leikr*, altengl. *lác*, Spiel, Kampf), hat jedoch seine spezif. mhd. Bedeutung (›L.‹) wohl erst unter dem Einfluss des klangähnl. altfrz. *lai* erhalten, evtl. gefördert durch die in Lai und L. gleichermaßen häufig eingebauten ›Tanzteile‹. Auch die literaturgeschichtl. Daten stimmen zu dieser These: Der frz. Lai ist seit dem 1. Drittel des 12. Jh.s nachweisbar, in der mhd. Lit. ist der L. seit dem Ende des 12. Jh.s belegt. Den literaturgeschichtl. Hintergrund bildet die zweite Welle ir.-kelt. Einflusses auf die kontinentalen Literaturen im 12. Jh.; Ausgangspunkt wäre der zwar nicht überlieferte, jedoch vielfach bezeugte *Lai breton*, auf den sowohl der ep. *Lai narratif* mit seinen kelt. Märchen- und Sagenstoffen als auch der *Lai lyrique* zurückgeführt werden können. Die ältere Sequenz könnte auf die erste, frühmal. Welle ir. Einflusses auf die christl. Dichtung des Kontinents zurückgehen(?). – Die ältesten mhd. L.s stammen von Heinrich von Rugge (Kreuzl.), Ulrich von Gutenburg (Minnel.), beide Ende 12. Jh., und Walther von der Vogelweide (Mariewnl.). Die Blütezeit des mhd. L.s fällt im 13. Jh.; kennzeichnend sind themat. und formale Vielfalt (Minnethematik, religiöse, polit. Thematik; häufig mehr Tanzl.s); seine Hauptvertreter sind Otto von Botenlauben, Ulrich von Liechtenstein, Ulrich von Winterstetten, Tannhäuser, Rudolf von Rotenburg, Reinmar von Zweter, Konrad von Würzburg, Hermann von der Damen und Frauenlob. Seit dem 14. Jh. nimmt die dt. L.dichtung ab und beschränkt sich im Spät-MA. auf geistl. Thematik. L.melodien sind nur aus dem 13. und 14. Jh. überliefert: vollständ. erhalten sind insgesamt 10 Melodien, u. a. vom Tannhäuser (L. IV), je 1 L. von Reinmar von Zweter und Hermann dem Damen, 3 L.s von Heinrich Frauenlob und das »Goldene ABC« des Mönchs von Salzburg (letzter mit einer Melodie überlieferter L. vom Ende des 14. Jh.s). K

Leimon-Literatur [gr. leimon = wasser- und grasreicher Ort, Aue; lat. prata], literar. Sammelwerke mit verschiedenartigem Inhalt, Bez. nach der mit »Leimon« betitelten griech. Exzerptensammlung des Pamphilos (2. Hä. 1. Jh., Alexandria), vgl. auch das fragmentar. erhaltene lat. Sammelwerk »Prata« des Sueton (1. Hä. 2. Jh., Rom), vgl. auch ↗ Silvae. GG

Leipogrammatisch, Adj. [gr. leipein = weglassen, gramma = Buchstabe], Bez. für lyr. oder ep. Verse, in denen absichtl. ein bestimmter Buchstabe vermieden ist. Ältester formaler Manierismus, schon im 6. Jh. v. Chr. bezeugt (Gedichte ohne s[σ] von dem Dichter u. Musiker Lasos); findet sich dann v. a. in der alexandrin. Literatur im Gefolge der gnost.-kabbalist. Zahlen- und Buchstabenmystik (Tryphiodoros, 5. Jh.: in jedem Buch seiner [nicht erhaltenen] »Odyssee« kommt ein bestimmter Buchstabe nicht vor, Fulgentius: l.e Weltgeschichte; in seiner Tradition auch im lat. MA.: Petrus Riga, 12. Jh.) und wieder in der Literatur des europ. ↗ Manierismus (16. Jh., bes. Spanien) und den daran anknüpfenden Strömungen der Moderne: ↗ Dadaismus, russ. ↗ Imaginismus (N. R. Erdmann, 1902–70) oder bei J. Weinheber (Gedichte ohne e, r, s). Bemerkenswert ist weiter der Roman ohne den Buchstaben e »La Disparition« (1969) von Georges Perec (dt. u.d. Titel »Anton Voyls Fortgang«, 1986), entstanden im Rahmen des ›Ouvroir de littérature potentielle‹ (Werkstatt f. potentielle Lit.), gegr. 1960 von R. Queneau u. F. Le Lionnais zur Erprobung neuer lettrist.-kombinator. Schreibverfahren; in diesen Zus.hängen auch Versuche von L. Harig, E. Helmlé u. a.; ↗ pangrammatisch. IS

Leis, m., Pl. Leise(n) [mhd. kirleis, leise = geistl. Lied], früh bezeugte Bez. (etwa im »Herzog Ernst«) für die ersten geistl. volkssprachl. Gemeindelieder. Unklar ist, ob die Benennung ›L.‹ auf den jeweiligen Schlussvers dieser Lieder, den Anruf »Kyrie eleis(on)« zurückgeht, oder, wie bislang meist angenommen, auf eine Entstehung der L.en aus den Kyrie-Rufen, mit denen die Gemeinde denen des Priesters antwortete. Der L. wurde innerhalb der lat. Liturgie hoher Festtage verwendet. Ältestes dichter. Zeugnis ist das ahd. Petruslied (9. Jh., mit Neumen [Notenzeichen] überliefert), weitere mal. Beispiele sind der Oster-L. »Krist ist erstanden« und der Pfingst-L. »Nu bitten wir den heiligen geist« (bezeugt in einer Predigt Bertholds von Regensburg, 13. Jh.). ↗ Kirchenlied. MS

Leitmotiv, in der Musik wiederkehrende, einprägsame Tonfolge, die einer bestimmten Person, Situation oder auch Stimmung zugeordnet ist und durch ihr mehrfaches Auftreten voraus- und zurückweisende symbol. Bezüge zwischen einzelnen Werkpartien herstellt. Wegen seines gedankl.-literar. Einschlags findet sich das L. vorwiegend in instrumentaler Programmusik und in sog. sinfon. Dichtungen (z. B. bei Berlioz [»idée fixe«], Liszt, Richard Strauss, Fauré, Debussy und noch A. Schönberg), v. a. aber in wortgebundener Musik: Schon die barocken Oratorien und Passionen kennen wiederkehrende Ausdrucksmelismen. Bewusster eingesetzt wird das L. erstmals in der romant. Oper als sog. Erinnerungsmotiv (Spohr, E. T. A. Hoffmann, C. M. v. Weber, Marschner, Flotow, auch bei Schumann usw.). Zum beherrschenden Bauprinzip wurde es dann in den Musikdramen Richard Wagners. Die Bez. L. erschien erstmals 1871 in einem themat. Verzeichnis der Werke Webers, dann 1876 bei H. v. Wolzogen in einem Leitfaden durch R. Wagners »Der Ring des Nibelungen«; von ihm hat Wagner übernommen. Seine mit einer fortschreitenden Auflösung der Tonalität verbundene L.technik wird maßgebend für die Opernkunst seiner Nachfolger. Begegnet in trivialisierter Form heute v. a. auch in Begleitmusiken zu Filmen und Fernsehspielen. – *In der Literatur:* analog dem L. in der Musik eine einprägsame, im selben oder im annähernd gleichen Wortlaut wiederkehrende Aussage, die einer bestimmten Gestalt, Situation, Gefühlslage oder Stimmung, auch einem Gegenstand, einer Idee oder einem Sachverhalt zugeordnet ist, die oft auch rhythm. und klangl. Mittel wie Reim und Alliteration verwendet und durch ihr mehrfaches Auftreten gliedernd und akzentuierend wirkt, Zusammenhänge vorausdeutend oder rückverweisend hervorhebt sowie zur literar. Symbolbildung eines Werkes beiträgt. Das L. erscheint z. B. als ↗ Refrain in Lied und Ballade, vor allem aber als eine Bauform des Erzählens, sehr klar ausgebildet etwa in Goethes »Wahlverwandtschaften«, später bei Ch. Dickens, E. Zola, W. Raabe, Th. Fontane, M. Proust und Thomas Mann, der sich bewusst an der L.-Technik Richard Wagners orientierte. Im Drama verwandt haben das L. insbes. H. Ibsen und A. Tschechow, aber auch schon Goethe im »Faust«. Ähnlich wie in der Musik ist die L.-Technik heute gängiges Klischee der Trivial- und Unterhaltungsliteratur, aber auch immer noch Kunstmittel, z. B. bei Heinrich Böll. Häufig, aber irreführend bezeichnet man das vorherrschende ↗ Motiv oder Thema eines Werkes, seine Grundhaltung oder Grundstimmung selbst dann als L., wenn wörtl. oder annähernd wörtl. Wiederkehr von Aussagen nicht vorliegt. Vereinzelt geblieben sind Versuche (von Sperber, Körner und insbes. Krogmann), bei der Strukturanalyse eines Einzelwerks den Begriff ›L.‹ durch den Begriff ›Kehrmotiv‹ zu ersetzen. RS

Lektion, f. [lat. lectio = Lesen, Vorlesen], ursprüngl. Bez. für die Schriftlesung im Gottesdienst, dann auch übertragen auf die gelesenen (Bibel-)Abschnitte (die im *Lektionar* gesammelt wurden). Im 16. Jh. in die Schulsprache übernommen für die Behandlung (Vorlesen und Kommentieren) eines Textabschnittes aus einem Lehrbuch, für diesen Text oder Lehrstoff selbst, auch für Lernabschnitt, Lehrpensum oder Unterrichtsstunde. In übertragener Bedeutung: Zurechtweisung. S

Lektionar, ↗ Lektion, ↗ Epistolar.

Lektor, m. [lat. = Leser],
1. wissenschaftlich oder literarisch gebildeter Verlagsangestellter, der die Buchproduktion eines ↗ Verlages steuert, indem er an den Möglichkeiten des Buchmarktes orientierte Buchkonzepte ausarbeitet und realisiert, eingehende Manuskripte begutachtet, Autoren für den Verlag sucht und Manuskripte mit ihnen berät. Die Tätigkeit des L.s hat sich im letzten Jahrzehnt unter dem Einfluss betriebswirtschaftl. Gesichtspunkte und neuer technol. Möglichkeiten immer mehr in Richtung auf Methoden verschoben, wie sie vom industriellen Produktmanagement gefordert sind;
2. wissenschaftl. Lehrbeauftragter an den Universitäten, der Vorlesungen und Seminare ergänzende praktische Kurse, z. B. Fremdsprachenübungen, abhält. BL

Lekythion, n. [gr. = Fläschchen], altgriech. Vers der Form $-\cup-\overline{\cup}-\cup-$; gedeutet als 2. Hälfte des jamb. ↗ Trimeters nach dem Penthemimeres, benannt nach einem gegen Euripides gerichteten Scherzwort der »Frösche« des Aristophanes, daher bisweilen auch ↗ Euripideus genannt, obgleich diese Bez. meist für eine andere archiloch. Versform, die Verbindung eines jamb. Dimeters + L. (oder ↗ Ithyphallikus) steht. HD

Lemma, n. [gr. = Aufgenommenes, Aufgegriffenes],
1. Stichwort in Nachschlagewerken (Lexika, Wörterbüchern);
2. das im textkrit. ↗ Apparat oder in den ↗ Anmerkungen eines Kommentars aufgegriffene Stichwort aus dem Haupttext;
3. in älterem Sprachgebrauch: Motto, auch Titel eines literar. Werkes, der dessen zentrale Thematik thesenhaft zusammenfasst, oder eine entsprechende ↗ Kapitel- oder Bildüberschrift (↗ Emblem). K

Leoninischer Vers, auch versus leoninus (lat.): daktyl. ↗ Hexameter (seltener ↗ Pentameter) mit ↗ Zäsurreim; ↗ Penthemimeres und Versende sind durch Reime (nach dem 11. Jh.

meist zweisilbig) gebunden: »Nobilis hoc Hagano / fuerat sub tempore tiro« (»Waltharius«, v. 27). – Die Bez. stammt (nach Erdmann) evtl. von dem *cursus leoninus*, dem von Papst Leo dem Großen in seiner ↗ Kunstprosa gepflegten rhythm. Satzschluss (↗ Cursus), der durch syntakt. Parallelismus zu Gleichklängen führen konnte; von daher wurde die Bez. möglicherweise auf das ähnl. Phänomen im binnengereimten Hexameter übertragen. Als Namengeber wird teilweise auch ein (nicht belegter) Dichter Leo (12. Jh.) oder Leoninus (v. St. Victor) angenommen. – Der l. V. erscheint selten im klass. Latein (Vergil), häufiger erst in der Spätantike (Sedulius); in der Karolingerzeit gemieden (Einfluss der Klassik), nimmt seine Verbreitung seit dem 9. Jh. zu (z. B. »Ecbasis captivi«, Legenden der Hrotsvit, »Waltharius«, 10. Jh.), im 11. Jh. übertrifft er bereits die Zahl der reimlosen Verse (»Ruodlieb«). Im 12. Jh. geht seine Bedeutung im Rückgriff auf die Antike zeitweilig wieder zurück. Nachahmungsversuche in dt. Sprache finden sich im 15. Jh. bei Eberhard von Cersne (»Regel der Minne«) und Johannes Rothe (»Von den Ämtern der Städte und den Ratgebern der Fürsten«), im 16. Jh. bei Johannes Fischart. **GG**

Lesart, überlieferte oder durch Emendation bzw. ↗ Konjektur hergestellte Fassung einer Textstelle. Die von der L. des Haupttextes abweichenden L.n (↗ Varianten) werden im textkrit. ↗ Apparat zusammengestellt. ↗ Textkritik. **K**

Lesebuch, Sammlung literar. Texte aller Gattungen u. Formen, bei umfangreicheren Werken in Auszügen, z. T. mit Illustrationen, eine Art ↗ Anthologie. Obwohl man unter L. vorwiegend das Schul-L. versteht, gibt es L.er auch für ein breiteres Leserpublikum (z. B. H. v. Hofmannsthals »Dt. L.«, 1922; in neuerer Zeit z. B. »Ein dt. L.« I, II, III, IV, hrsg. v. W. Killy, 1958 ff., oft auch mit krit.-provozierender Tendenz, sog. »Anti-L.«, z. B. »Versäumte Lektionen. Entwurf eines L.s«, hrsg. v. P. Glotz u. W. R. Langenbucher, 1965; »vorwärts u. nicht vergessen – ein l. klassenkämpfe in der weimarer republik« hrsg. v. H.

Boehncke, 1976). – *L.er f. den schul. Gebrauch* können als informierende Realienbücher, als rein literar. Sammlungen nach Gattungen (z. B. »L.« des Klett-Verlages, Stuttg. 1966 ff.) oder Themengruppen und auch als literar. und sprachl.-grammat. Arbeitsbuch (z. B. »Lesen, Darstellen, Begreifen«, Hirschgrabenverlag, Frankfurt a. M. 1970 ff.) konzipiert sein, wobei die Auswahl der Texte grundsätzl. von den relig., gesellschaftl., polit. oder ideolog. beeinflussten pädagog. Zielen einer Epoche bestimmt sind. So war das L. in seinen frühesten Formen (↗ Fibel, Elementar-, ABC-Bücher) religiös ausgerichtet, das L. des aufklärer. 18. Jh.s sittl.-moral. (vgl. das 1. L. für Gymnasien, hrsg. v. J. G. Sulzer, 1768), das L. im 19. Jh. propagierte die philosoph. Ethik des dt. Idealismus oder, seit ca. 1870, nationalist. Ideologien, das L. der pädagog. Reformbewegung Anfang 20. Jh. die Weckung des Gemüthaften, des Heimatgefühls (↗ Dt.kunde), das nationalsozialist. L. die »völk.« Erziehung. Das *L. seit 1945* versucht in vielfält. Ansätzen die Erziehung zum toleranten, sozialen Menschen und krit.denkenden Demokraten, wobei allerdings, als Reaktion auf die polit. Indoktrination der L.s im ›Dritten Reich‹, zunächst nach vorwiegend formal-ästh. Gesichtspunkten zus.gestellt L.er benutzt wurden. Von etwa 1963 ab sahen sich dann diese L.er im Rahmen der bildungsreformer. Bestrebungen starker Kritik ausgesetzt: Vorherrschaft konservativer Leitbilder, Darstellung einer heilen Welt in Religion, Familie, Berufsleben, Gesellschaft, Nichtberücksichtigung der modernen Arbeitswelt usw. Folge war eine neue L.-Generation: Das L. wurde vordringl. zum Sach- und Arbeitsbuch, das z. B. auch aktuelle sachbezogene, soziale und kulturkrit. Texte berücksichtigt, außerdem Beispiele aus dem Gebiet der Trivialliteratur aufnimmt (z. B. »Krit. Lesen«, Diesterweg-Verlag Frkft. a. M. 1974; »Widerspruch – ein L.«, Schöningh-Verlag, Paderborn 1971), oft mit Fragen zum Text, der sich unmittelbar an den Schüler wenden und an nach den Curricula und Lernzielen des Deutschunterrichts formulieren Fragen frühester wichtige Auswahlkriterium der Altersgemäßheit der Texte spielt bei den neuerl. Bestrebungen nach Vereinheitlichung des Schulwesens eine geringere Rolle. Die Kritik an diesen modernen L.ern richtet sich u. a. wieder gegen neue einseitige Ideologismen. In den 80er Jahren gab es Vorschläge, das L. wieder stärker an der Lit.geschichte zu orientieren (H. Schanze). Diese Tendenz schlägt sich in einigen Anthologien nieder (z. B. ›Dt. Dichtung in Epochen, ein lit.geschichtl. L.‹, hg. v. W. Kissling, Stuttg. 1988), findet sich aber kaum in den eigentl. L.n. Weiterführende Ansätze ergänzen den Lit.begriff durch Kinderbücher, Filme u. Inszenierungsberichte; sie präsentieren das Material in themat. Blöcken, so dass Projektarbeit möglich wird (›Lesezeichen‹, Klett 1986 ff.). Heute werden indes auf der Oberstufe des Gymnasiums vorwiegend originale Texte oder sog. ›Ganzschriften‹ (Dramen, Romane, Novellen usw.) verwendet, v. a. solche, die als Taschenbücher vorliegen. Das rechtl. geregelte (und ungeregelte) Fotokopieren hat das L. etwas zurückgedrängt. OB

Lesedrama, auch: Buchdrama, literar. Werk, das gattungsbestimmende Merkmale des dramat. Genres übernimmt (Darstellung von Handlung und Kommunikation durch redende, rollenfixierte Personen), ohne primär für eine theatral. Realisierung bestimmt zu sein, d. h. ohne Rücksichten auf techn. und personelle Ausführbarkeit, Begrenzung der Spieldauer u. a. dramaturg. Forderungen zu nehmen. Ein gewandeltes Regieverständnis (weitreichende ↗ Bühnenbearbeitungen, Verzicht auf naturalist. Illusionskulissen), eine perfektionierte Bühnentechnik und der Einfluss der von B. Brecht praktizierten Wiederentdeckung elisabethan. Bühnenstilisierung haben viele Dramen, die lang als L.en galten, für die theatral. Aufführung erschlossen, so Goethes »Faust II«, P. Claudels »Der seidene Schuh«, K. Kraus' »Die letzten Tage der Menschheit«. Als L.en werden auch Werke bez., die möglicherweise nicht für eine bühnengemäße Darstellung, aber doch für die öffentl. Rezitation bestimmt waren wie evtl. die Dramen Senecas oder Hrotsvits von Gandersheim, die dialogisierten Streitschriften des

Humanismus und der Reformationspublizistik, die ↗ Bardiete F. G. Klopstocks und die romant. Satiren L. Tiecks, A. v. Arnims oder A. v. Platens. In neuerer Zeit hat v. a. R. Hochhuth einen Typ des L.s geschaffen, der wohl (mit starken Kürzungen) spielbar ist, doch dessen Lesecharakter dadurch betont wird, dass die Geschehnisse nicht werkimmanent, sondern nur durch eine große beigefügte Dokumentation beglaubigt werden, z. B. im »Stellvertreter« (1963) und in »Soldaten« (1967) u. a.
HW

Lesegesellschaft,
1. im Rahmen des aufklär. bürgerl. Bildungsenthusiasmus seit 1750 entstandene private Zirkel zur Lektüre und Diskussion neuerschienener (gegenseit. verliehener) Bücher und Zeitschriften, seit 1775 auch *Lesekabinette* mit oft gemeinsam erworbener Lit. – L.en bestehen als gesellig-kulturelle Vereinigungen z. T. bis heute. ↗ Aufklärung.
2. Als ›Dt. L. e. V.‹ 1977 gegründet, seit 1988 als ›Stiftung Lesen‹ bundesweit tätige Organisation (Sitz Mainz) zur Förderung von Buch u. Lesen. Ziel ist weniger die Hinführung zum ›wertvollen‹ Buch als vielmehr, Lesemotivationen zu schaffen. Zielgruppen sind v. a. Kinder u. erwachsene Nicht-Leser. Zu den Leseförderungsprogrammen gehören die Zus.arbeit mit den Medien (eigene Sendungen, Buchempfehlungslisten zu ausgewählten Sendungen u. a.), Vorlesewettbewerbe, Buchwochen usw. (die allerdings in ihrer Wirkung von der Leseforschung, [↗ Lesergeschichte] nicht durchweg positiv beurteilt werden). IS

Leser
In einer L.-Typologie lassen sich unterscheiden:
1. der *reale* L. als Teil des außerhalb des Textes existierenden literar. ↗ Publikums; er ist Forschungsgegenstand der ↗ Literatursoziologie, speziell der ↗ Lesergeschichte;
2. der *intendierte* L. oder Adressat: die L.-Idee, die sich in der Vorstellung des Autors gebildet hat und Form und Thematik des Textes bedingt. Als *idealer* L., dessen Kompetenz mit der des Autors deckungsgleich ist, wird er nur

Leser

selten unter den realen L.n zu finden sein, in der Regel bleibt er Fiktion;
3. der *fiktive L.*: die in den Text eingezeichnete L.-Figur, die eine *Rolle* spielt, als Partner des Erzählers auftreten und diesem antworten, zustimmen und widersprechen kann. Beliebt ist die Figur des f.n L.s im ↗ auktorialen Erzählen seit dem 18. Jh. (aber auch schon im ↗ höfischen Roman des MA.s);
4. der *implizite L.* (Bez. W. Isers): er besitzt keine reale Existenz, sondern verkörpert »den im Text vorgezeichneten Aktcharakter des Lesens«, wodurch die von einem bekannten Horizont abweichende Intention des Textes als dessen Sinn konstituiert wird. Der L. hat dem Text gegenüber die Funktion der »Entdeckung«, indem er dessen »Unbestimmtheitsstellen« (Ingarden) oder »Leerstellen« (Iser) durch seine Vorstellung besetzt (↗ Rezeption). MS

Lesergeschichte, interdisziplinärer Forschungszweig (unter Beteiligung v. a. von ↗ Literatursoziologie, Erziehungswissenschaft, Psychologie, Kommunikationsforschung, Demoskopie), der die Geschichte der Lektüre und der verschiedenen Haltungen, die Menschen zu Texten einnehmen, untersucht. Themen der L. sind u. a.: die Motivationen des Umgangs mit Büchern und anderen Lesestoffen, das Funktionieren des Leseprozesses, die Reaktionen des Lesers auf einen Text *(response)*, alters-, schichten- und bildungsspezif. Leseverhalten (z. B. Jugendliche als Leser, Lektüre bei der ländl. Bevölkerung). Des Weiteren erforscht die L. die gesellschaftl. Formen und Konstellationen, in denen sich die moderne Lesekultur herausgebildet hat, befasst sich mit deren Institutionen (z. B. Schule, ↗ Bibliothek, ↗ Buchgemeinschaft, ↗ Buchhandel) und sucht eine Typologie von Lesergruppen zu erarbeiten (der »eifrige Leser«, der »Durchschnittsleser«, der »Nichtleser«). Besonders in neuerer Zeit richten sich die Bemühungen der L. auch auf Methoden der Leseerziehung (vgl. die Institution der »Dt. ↗ Lesegesellschaft«). MS

Letrilla, f. [letr'ilja; span. zu letra = Buchstabe, Schrift, Brief], in span. Dichtung stroph.

Gedicht oft satir. oder burlesken Charakters in (meist vertonten) Kurzversen; am Ende jeder Strophe wird deren Hauptgedanke oder Pointe als Estribillo (d. h. ↗ Refrain) wiederholt. Hauptvertreter im 17. Jh.: L. de Góngora und F. G. de Quevedo, im 19. Jh.: Bréton de los Herreros. MS

Lettrismus, m. [frz. lettre = Buchstabe], 1945 in Paris von Isidor Isou begründete und fast ausschließl. repräsentierte literar. Bewegung, die die von den Futuristen/Dadaisten begonnene Reduktion der Sprache auf sinnfreie Buchstaben- und Lautfolgen konsequent fortsetzte und systematisierte. »Wir haben das Alphabet aufgeschlitzt, das seit Jahrhunderten in seinen verkalkten vierundzwanzig Buchstaben hockte, haben in seinen Bauch neunzehn neue Buchstaben hineingesteckt (Einatmen, Ausatmen, Lispeln, Röcheln, Grunzen, Seufzen, Schnarchen, Rülpsen, Husten, Niesen, Küssen, Pfeifen usw. ...)«. Derart erweitert, stellt das Alphabet für den L. ledigl. ein materiales Repertoire akust. Zeichen dar, über das der Dichter kompositorisch verfügt. Als ↗ akustische Dichtung stellen die Arbeiten des L. ein wichtiges Verbindungsglied zwischen der akust. Experimenten der Literaturrevolution und der akust. Arbeiten einer ↗ konkreten Dichtung seit etwa 1950 dar. D

Lever de rideau [lə've de ri'do; frz. Aufziehen des Vorhanges], ↗ Vorspiel (2).

Lexikon, n. [gr. lexikon (biblion) = das Wort betreffen(des Buch)], im 17. Jh. eingeführtes Kunstwort für ein alphabet. geordnetes Nachschlagewerk, entweder für alle Wissensgebiete (↗ Enzyklopädie, Universal-L.), für ein spezif. Sachgebiet (↗ Real-L., Fachenzyklopädie) oder dem Wortschatz einer oder mehrerer Sprachen (auch Fach-, Sonder-, Gruppensprachen), Wörterbuch. S

Leys d'Amors, ↗ Gai Saber.

Libretto, n., Pl. Libretti [it. = kleines Buch], Textbuch einer ↗ Oper, Operette, eines Musikdramas, Singspiels usw. – Gedruckte Textbücher gibt es seit den Anfängen der Oper (Ende 16. Jh.). Die Bez. ›L.‹ hat sich jedoch erst im 19. Jh. allgem. durchgesetzt. – Ein L. ist von Anfang an zur Vertonung bestimmt und erhält von daher seine spezif. Eigenart (Hauptkriterien: Bühnenwirksamkeit und Eignung zur Komposition). Es ist selten eigenständ. Dichtung von literar. Wert, häufig die Bearbeitung eines Schauspiels, wobei dessen Dialoge vereinfacht, dafür lange Monologe (für wirkungsvolle Arien) eingeführt werden. – Seit dem 19. Jh. konzipieren Komponisten zunehmend ihre L.i nach eigenen Intentionen selbst. In der Oper der Gegenwart wird häufig ein literar. bedeutender Text durch Musik zu deuten versucht (Literaturoper, ↗ Musiktheater). In der von der Camerata fiorentina um 1600 entwickelten Oper (gedacht als Wiederbelebung des antiken Dramas) hatte das L. anfangs durchaus literar. Gewicht (Texte von O. Rinuccini und A. Striggio zur Musik von J. Peri und C. Monteverdi). – Mit der Entwicklung zur historisch-pathet. Opera seria trat der Text immer mehr hinter der Musik zurück. Statt einer geschlossenen Handlung sollte das L. Rahmen für belkantist. Virtuosität abgeben, Texte für Rezitative und Arien reihen. Vertreter solcher L.i sind im 18. Jh. A. Zeno u. P. Metastasio, Erfinder der sog. Intrigenoper u. mit 57 L.i der erfolgreichste Librettist seiner Zeit. – Die Rückkehr zur geschlossenen überschaubaren Handlung kennzeichnen dagegen die L.i von R. da Calzabigi für Glucks (gegen die opera seria konzipierten) Reformopern (»Orfeo«, 1762; »Alceste«, 1767; »Paris und Helena«, 1769). – Im Anschluss an Metastasio entstand das rein kom. L. für das dramma giocoso in der Tradition der ↗ Commedia dell'arte: Hauptvertreter sind C. Goldoni u. L. da Ponte, Mozarts bedeutendster Librettist (»Figaros Hochzeit«, 1786; »Don Giovanni«, 1787; »Cosi fan tutte«, 1790). In Frankreich verfassten L.i für den von J. B. Lully entwickelten Typus der tragédie en musique (nach dem Vorbild des klassizist. Sprechtheaters) so bedeutende Dichter wie Molière, Corneille, Racine, dann v. a. Ph. Quinault. Dieser erfolgreiche Operntypus wurde erst im 19. Jh. von der ↗ Grand opéra abgelöst. Ihr Librettist wurde E. Scribe, der fruchtbarste und theatergewandteste Dramatiker seiner Zeit. Die dt. Librettistik war in ihren Anfängen von der italien. bestimmt: der Text der 1. dt. Oper, »Daphne« (1627, Musik von H. Schütz), ist eine Bearbeitung des L.s von Rinuccini durch M. Opitz. Ansätzen zu einer dt. (vaterländ.-histor.) Oper dienen die L.i von Ch. F. Hunold, Ph. Harsdörffer und v. a. Ch. Postel (allein 28 L.i für die Hamburger Oper). Ab 1740 herrscht dann v. a. der italien. Opernstil. Im 18. Jh. verfassten u. a. E. Schikaneder (Mozarts »Zauberflöte«), aber auch Wieland, Ch. F. Weisse, J. W. Goethe Texte für Opern oder Singspiele. Das L. der 1. romant. Oper (»Freischütz«, C. M. v. Weber, 1821) stammt v. J. F. Kind. – Das musikal. Durchkomponieren seit dem 19. Jh. beendete auch in der Librettistik die Nummerneinteilung. Insbes. seit R. Wagners eigenen Textdichtungen zu seinem musikdramat. ↗ Gesamtkunstwerk hat sich der Grundsatz immer stärker durchgesetzt, dass Musik und Text sich wechselseitig bedingen, so dass viele Komponisten ihre Texte, die v. a. nun auch sozialkrit. oder philos. Themen aufgreifen, selbst verfassten (vor Wagner schon A. Lortzing, später P. Cornelius, F. Busoni, H. Pfitzner, L. Janáček, P. Hindemith, F. Schreker, A. Schönberg, A. Berg, E. Krenek, W. Egk, G. v. Einem, C. Orff, L. Dallapiccola). Häufig wurde auch der Rückgriff auf literar. Vorlagen (vgl. z. B. die L.i für Strawinskis Werke nach Sophokles, A. Puschkin, H. Chr. Andersen, A. Gide, oder für Fortners Werke nach F. García Lorca) und die Zusammenarbeit von Komponist und Dichter (W. H. Auden/Strawinski; B. Brecht/K. Weill; H. von Hofmannsthal/R. Strauß u. a.). Ohne Nachfolge blieb vorerst die »Abstrakte Oper Nr. 1« (1953) von B. Blacher und W. Egk, die auf der Basis eines L.s aus Wortneubildungen, Silben und Lauten ohne Handlung und Wortsinn menschl. Grundsituationen musikal. auszudrücken versucht. Experiment ist auch H. W. Henzes und H. M. Enzensbergers ›Recital‹ »El Cimarron« (1970), ein musiktheatral. Stück für kleines Ensemble mit polit. Tendenz. GG

Liebesdichtung, Liebe als Phänomen menschl. Kommunikation, als eines der

Liebesdichtung

menschl. Grunderlebnisse ist ein literar. Zentralthema. Im Allg. werden unter ›L.‹ diejenigen Dichtungen subsumiert, die vordringl. den gefühlhaften, seel.-geist. Bereich einer Liebesbeziehung thematisieren. Die grundsätzl. Problematik einer Definition des Phänomens Liebe, die unterschiedl. Auffassung bei den einzelnen Dichtern und in verschiedenen Epochen erschweren jedoch eine Klassifizierung, z. B. sind die Grenzen zur sog. ↗ erot. Lit. fließend, je nachdem, welche Bedeutung die sinnl.-körperl. Komponente einnimmt, wie z. B. bei den unbefangen sinnenfrohen ind. und asiat. Dichtungen (Liebe hier mit Sinnengenuss ident.) oder die L. der griech. u. röm. Antike (Sappho, Catull, Ovid). L. findet sich in allen literar. Gattungen; es überwiegen jedoch die lyr. Formen. Bis zum 18. Jh. ist diese lyr. L. nicht Selbstaussprache des Gefühls (↗ Erlebnisdichtung), sondern ↗ Rollenlyrik, der zwar durchaus persönl. Erlebnisgehalte zugrundeliegen können, die aber normativ und toposhaft gestaltet werden. Höhepunkte einer bis ins Metaphys. gesteigerten, inhaltl. u. formal höchst artifiziellen L. ist die Trobador- und Trouvèrelyrik und der dt. ↗ Minnesang und, mit ähnl. Vergeistigung, die lyr. L. Dantes (»Vita nuova«, 1295) und Petrarcas (Canzoniere, hg. 1470). Berühmte L.en in seiner Nachfolge schrieben auch Frauen wie Louise Labé oder Gaspara Stampa (16. Jh.). Seit der Mitte des 18. Jh.s wird in der lyr. L. immer mehr das persönl. Liebesgefühl unmittelbar ausgesprochen, die je nach dem dichter. Rang des Autors überzeitl. Gültigkeit erreicht (Goethe, Mörike, Baudelaire) oder mehr oder weniger privat bleibt (Bürgers Molly-Gedichte). Aber auch die Rollenlyrik wird fortgeführt (Goethes »Westöstl. Diwan«). – In Drama und Epos, Roman und Novelle ist das Liebesthema oft mit anderen Themenbereichen verknüpft und anderen Intentionen dienstbar gemacht, so im Abenteuerroman, Bildungsroman (z. B. Wielands »Agathon«, Goethes »Wilhelm Meister«), Familien-, Zeit- oder Gesellschaftsroman usw. Beliebt sind die Gestaltungen großer mytholog. oder histor. Liebespaare wie Dido u. Äneas (Vergil, Heinrich von Veldeke, Jodelle, zahlr. Melodramen des 18. Jh.s), Hero und Leander (Grillparzer), Romeo u. Julia (Shakespeare, Keller), Abälard u. Heloise (Hofmannswaldau, Pope, Rousseau). Oft werden geistig-seel. und sexuell-erot. Beziehungen kontrastiert (Herren-Diener-Sphäre, z. B. bei H. v. Kleist, »Amphitryon« oder Tannhäuser-Stoff bei L. Tieck, R. Wagner). Thematisiert werden hauptsächl. grundlegende, z. T. trag. Aspekte der Liebe wie Treue, Bewährung, Opfer, Verzicht (Racine, Mme de Lafayette,»Prinzessin von Cleve«, 1678; Abbé Prevost,»Manon Lescaut«, 1756; Goethe, »Clavigo«, »Stella« u.v. a.), seit dem 18. Jh. auch die Problematik der Tugend (S. Richardson) und der Gefühlshingabe (»Werther«, E. Brontë). L. im 19. Jh. ist gekennzeichnet durch emanzipator. Infragestellen der Institution der Ehe (G. Flaubert,»Madame Bovary«; Fontane,»Effi Briest«; Tolstoi,»Anna Karenina«), durch psycholog. Verfeinerungen (Proust, Schnitzler), durch das Ausloten, Durchkosten und Durchleiden der eigenen Empfindungen bis hin zu deren Analysen und Zergliederungen (sog. Selbstentblößungsliteratur), wobei seit dem 20. Jh. entsprechend der Enttabuisierung der überkommenen Moralbegriffe und einer zunehmenden Skepsis gegenüber menschl. Bindungen (F. Sagan) die L. immer mehr in sexuell-erot. Bereiche ausgreift (D. H. Lawrence, L. Durrell, Nabokov u. a.). S

Liebesgruß, ↗ Minnebrief.

Liebhabertheater (Liebhaberbühne), Theaterspiel privater Gruppen (Dilettanten), vorwiegend das von Hofgesellschaften und, seit dem 18. Jh., auch bürgerl. Zirkeln gepflegte Bühnenspiel zur eigenen Unterhaltung. L. waren oft Ausgangspunkt literar. oder theatergeschichtl. Innovationen; bes. die bürgerl. L. entwickelten sich häufig als literar. engagiertes Regulativ zum offiziellen Kommerztheater. – Berühmt sind die L. der frz. Höfe des 16. und 17. Jh.s (Entstehung des Balletts). des Weimarer Hofes 1775–1784 (bzw. in Ettersburg bis 1795) durch die Mitwirkung Goethes als Autor, Schauspieler, Regisseur (1779 erste Aufführung der Prosa-»Iphigenie« mit Goethe als Orest, das L. des Fürsten B. Radziwill in

Berlin (21.5.1819 erste Aufführung von Szenen aus »Faust I«, z.T. mit Berufsschauspielern und der theatergeschichtl. bahnbrechenden Ausstattung von C. F. Schinkel: der ersten geschlossenen Zimmerdekoration), das Düsseldorfer L. (K. Immermanns zukunftsweisende Shakespeare-Inszenierungen seit 1828). – Ende des 19. Jh.s lösten sich die L. aus dem privaten Bereich und organisierten sich zu jedermann zugängl. Amateurtheatern (s. ↗ Laienspiel). IS

Lied, sangbare lyr. Gattung, meist aus mehreren gleichgebauten u. gereimten Strophen (vgl. dagegen ↗ Leich oder das altgr. ↗ Chor-L.). Die geläufige Assoziation von L. und individuell erlebnishafter Gefühlssprache gründet auf dem von Goethe geschaffenen L.typus, ist nicht grundsätzl. mit dem histor. geprägten und in seiner Definition problemat. L.begriff verbunden. ›L.‹ bez. im German. ursprüngl. allgem. Gesungenes, zunächst wohl 1. die bei allen Frühkulturen vorauszusetzende *Kult- und Gebrauchs-›Lyrik‹*: formal durch Parallelismus, Assonanz, Reim, Alliteration etc. gebundene Versgruppen (vgl. ↗ Carmenstil); noch im Mhd. bez. *liet* eine Strophe oder ein *ein*stroph. L., der Plural *diu liet* ein mehrstroph. L. Bezeugt sind altnord. gesungene Zaubersprüche (ljoð), ferner altengl., ahd. u. mhd. Klage-, Zauber-, Spott-, Freundschafts-, Braut- und ↗ Arbeits-L.er. ›L.‹ bez. aber in der Frühzeit auch 2. balladeske und ep., im Sprechgesang vorgetragene Dichtung, vgl. ↗ Helden-*L.* (↗ Heldendichtung) und noch im Mhd. ›Nibelungen-*L.*‹, ›Rolands-*L.*‹, »*Liet* v. Troye« usw., sogar ›*L.*‹ für ↗ Geschichtsdichtungen wie die »Kaiserchronik« (so in v. 2). – Der heute geläufige (verengte) lyr. L.begriff ist bis ins 17. Jh. essentiell mit der Melodie verbunden, wie jetzt noch beim anonymen ↗ Volks-L. und dem Gemeinschafts- oder Gesellschafts-L.; das sog. Kunst-L. (das Werk eines namentl. bekannten Verfassers) tritt seit dem 17. Jh. auch als nur literar. Produkt auf, das gelegentl. auch vertont werden kann. Das L. in seinen vielfält. histor. Ausprägungen wird außerdem differenziert nach seinem Inhalt: geistl.-relig. L. (Marien-, Kirchen-, Prozessions-L. etc.) und weltl. L. (Liebes-, Natur-, histor.-polit. L. etc.), nach seiner jeweil. soziolog. Zuordnung: höf. L., Stände-, Studenten-, Vaganten-, Soldaten-, Kinder-L. etc., nach der Art des Vortrags: Gemeinschafts-, Chor-, Tanz-, Solo-, Klavier-L. etc. und nach seiner Grundintention: Distanz- und Ausdrucks-L. (G. Müller). – *Geschichte*: Literar. fassbar wird das dt. L. erstmals als *relig. L.* (Petrus-, Gallus-L. 9., 10. Jh., Melker Marien-L., 12. Jh. u. a.), das im Gefolge der Ambrosian. ↗ Hymnen-Tradition entstand, dann v. a. als weltl. L. im ↗ *Minnesang* (12. Jh.), als Ausdrucksmedium einer feudalen Gesellschaft von höchstem gehalt., formalen und wohl auch musikal. Raffinement (Melodien sind meist verloren). Vollender dieser mit Kürenberg beginnenden L.kunst sind Heinrich von Morungen und Reinmar der Alte, weiterführende gehalt. Ausweitungen erfährt sie durch Walther v. d. Vogelweide (Liebes-L.er) und Neidhart (parodist. Minne-L.er). – Aus diesem höf. Minne-L. entsteht, entsprechend der sich wandelnden sozialen Struktur seit dem 13. Jh., in vielfach sich überlagernden Entwicklungen als neuer L.typus das *ständ.-bürgerl. Gemeinschafts-L.*: themat. verflacht oder ins Ep.-Didakt. ausgeweitet (Trink-, Scherz-, Schwank-, Handwerker-, Legenden-L.er), formal z. T. überbetont (↗ Meistersang), meist aber mit einfacherer Vers-, Strophen-, Reim- und Melodiestruktur (Einstimmigkeit). Blüte dieser Meister- und (meist anonymen) Gemeinschafts- oder Gesellschafts-L.er in der 1. Hä. des 16. Jh.s (zahlreiche handschriftl. u. gedruckte ↗ L.erbücher. Daneben behaupten sich als zumeist aus der lat. ↗ Cantio entstandene volkssprachl. ↗ Kirchen-L. (seit Luther) und das ↗ Volks-L. Die formale und musikal. Neuanknüpfung an italien. L-traditionen (Madrigal, Kanzone, Villanelle) Ende des 16. Jh.s beendet das Ende des Gesellschaftsl. und der Meistersangtradition. J. Regnarts Sammlung ↗ *Villanellen* (ungekünstelte rein lyr. Strophen mit Refrain, 1576) und die Kanzonetten H. L. Haßlers (1590 u. 96) leiten die Geschichte des neueren L.es ein. Während die breite Bürgerschaft dieses schlichten, oft volkstüml. L.typus Regnarts, Haßlers, Th. Hoecks, J. H. Scheins u. a. (mehrstimm.) Gesellschafts-L.

pflegte, entwickelte ihn das humanist. gebildete Bürgertum themat., formal u. musikal. fort: Die literar. Traditionen der lat. humanist. Kunstlyrik des 15. u. 16. Jh.s werden in die L.dichtung aufgenommen, die sich allmähl. als eigenständ. Text von der Musik trennt. Typ. für das *barocke Kunst- (oder Distanz-)L.* ist daher die rational-ästhet. Verarbeitung humanist. Bildungsgutes in reflektierter, top. und rhetor., d. h. eigenwertiger Formulierung. Vertreter sind M. Opitz, die ↗ Sprachgesellschaften, insbes. in Nürnberg u. Königsberg (S. Dachs u. H. Alberts »Arien«, 1638–50), ferner, z. T. mit zukunftsweisenden Intentionen, P. Fleming, H. v. Hofmannswaldau, Ph. v. Zesen, K. Stieler u. a. Eine gefühlhafte Ausweitung erfährt dieser barocke L.typus zuerst in geistl. (kath. und protestant.) L.ern (F. v. Spee, J. Scheffler; J. Rist, P. Gerhardt u. a.), dann im Pietismus (G. Arnold, G. Tersteegen, N. L. v. Zinzendorf), dessen schwärmer. relig. Gefühlsaussprache im 18. Jh. säkularisiert auch im weltl. L. auftritt (J. Ch. Günther, J. W. Gleim, F. Hagedorn, ↗ Anakreontik, sog. *rationales Seelen-L.*). Im Gefolge der Ausdrucksdichtung Klopstocks dienen Form und Sprache auch im L. dem Ausdruck (zunächst) sentimental. Empfindens (Pyra u. Lange, J. G. Jacobi, E. K. Klamer Schmidt, L. F. G. Goeckingk, sog. *empfindsames Seelen-L.*); neu entdeckt werden auch die gemüthaft-natürl. Volksliedtraditionen (M. Claudius, G. A. Bürger, ↗ Göttinger Hain, »Des Knaben Wunderhorn«, 1806). Vollender dieser Tendenzen hin zum sog. Ausdrucks-L. ist Goethe, dessen L. die Echtheit unmittelbaren, individuellen Erlebens (insbes. der Natur) und gesetzhaft-klass. Form, d. h. Subjektivität und Objektivität, organ. verbindet (sog. *klass.-humanes Seelen-L.*). Sein L.typus bestimmt heute die L.definition (vgl. auch frz. ›le lied‹), mit gewissem Recht insofern, als die weitere Entwicklung des L.es im 19. Jh. vornehml. den Goetheschen Typus modifiziert, z. T. durch Übersteigerung des Gefühlhaften oder der Klangreize (C. Brentano, L. Tieck, Novalis, N. Lenau), die Betonung des Volksliedhaften (J. v. Eichendorff, A. v. Arnim, L. Uhland, J. Kerner), durch neue Themen (polit.-nationale L.er; M. Arndt, das Junge Dtschld.), Exotisches (Freiligrath, V. v. Scheffel) oder Überbetonung des Formalen (F. Rückert, ↗ Münchner Dichterkreis). Als Meister des L. es sind noch H. Heine, A. v. Droste, E. Mörike, ferner Th. Storm und der alte G. Keller zu nennen. Während der Goethesche L.typus zu musikal. Schöpfungen von höchstem Rang anregte, wurde das L. gegen Ende des 19. Jh.s, seit dem Symbolismus und Impressionismus (C. F. Meyer, R. M. Rilke, St. George; D. v. Liliencron, O. J. Bierbaum), immer weniger sangbar und trat seit dem Expressionismus immer mehr hinter anderen lyr. Ausdrucksformen zurück. Künstl. Wiederbelebungsversuche der histor. Formen verblieben im Epigonalen (Wandervogel-L.er um 1900, H. Hesse, H. Carossa, J. Weinheber u. a.). Weiterentwickelt wurden nur die seit den Bauernkriegen nachzuweisenden Ansätze zu einem polit. engagierten sozialkrit. L. (sog. Bauernklagen), und zwar durch Rückgriffe auf den Volks-L.- und -Balladenton, v. a. aber (seit B. Brecht) auf formal und musikal. rezeptionsorientierte Elemente des distanziert-parodist. ↗ Bänkelsangs, des (frz.) polit. Chansons und Couplets. Insbes. seit den Protestbewegungen der 60er Jahre ist das sozial- und gesellschaftskrit. L. (W. Biermann, F. J. Degenhardt) eine wichtige Form polit. Öffentlichkeit. IS

Liederbuch,

1. Sammlung von Volks-, Gesellschafts- oder Studentenliedern (Bez. im Unterschied zu der ↗ Liederhandschrift des Minne- oder Meistersangs); zunächst noch handschriftl. (z. T. aus persönl. Interesse, z. T. gewerblich) angelegt (z. B. das Locheimer und Rostocker L., L. der Clara Hätzlerin, 15. Jh.); seit dem 16. Jh. auch Drucke (etwa das Ambraser L., 1582 oder das Raaber L., um 1600). Oft mit beigegebenen Noten (der wenigstens Angabe der Melodien (frühestes Beispiel das 1512 bei Erhart Öglin in Augsburg erschienene L., meister u. a. Forsters »Schöne, fröhliche, frische, alte und neue teutsche Liedlein«, 1539–1556; das Antwerpener L., 1544 oder das »Groß L.«, Frkft. a. M. 1599).

2. In der Minnesangforschung auch Bez. für eine erschlossene (konzeptionelle oder zykl.)

Folge von Liedern, wie sie sich in den erhaltenen Handschriften als Vorlage z. T. noch abzeichnen oder zumindest rekonstruieren lassen. MS

Liederhandschrift, mal. handschriftl. Lyriksammlung; in Klöstern oder im Auftrag adliger oder bürgerl. Mäzene entstanden und nach unterschiedl. Gesichtspunkten angelegt: a) *Sammlungen (meist) anonymer Lieder* in z. T. sachl. Gruppierung, z. B. die (außer wenigen mhd. und altfrz. Strophen) hauptsächl. lat. Vagantenlyrik enthaltende Hs. der ›Carmina burana‹ (13. Jh., benannt nach dem Kloster Benediktbeuren) oder die spätmhd. Kolmarer L. (2. Hä. 15. Jh.). b) *Sammlungen von Liedern benannter Dichter*, wie die drei bekanntesten (um 1300 entstandenen) mhd. L.en, die Kleine Heidelberger L. mit 34 Autorenabschnitten oder die Weingartner L. mit 31 oder die Große Heidelberger L. mit 140 Autorennamen. c) *Sammlungen des Werkes eines einzigen Lyrikers*, wie z. B. die Riedsche L. (mit Liedern Neidharts, 2. Hä. 15. Jh.) oder die Hss. mit Liedern Oswalds von Wolkenstein. Solche Einzelsammlungen sind erst aus der Zeit nach 1400 überliefert; vor dieser Zeit finden sie sich in gemischte Handschriften (mit ep. und didakt. Werken) eingegliedert, z. B. Lieder Walthers v. d. Vogelweide und Reinmars des Alten in der Würzburger Hs. des Michael de Leone (um 1350), oder Lieder Neidharts in der Riedegg'schen Hs. (Ende 13. Jh., neben Hartmanns »Iwein«, Strickers »Pfaffe Amis« u. a.). Die L.en bieten entweder nur den Text (wie die Heidelberger und Weingartner L.en) oder *Texte mit Noten*: (mit Neumen die ›Carmina burana‹, mit Quadratnoten die Jenaer L., mit Hufnagel-Notation die Kolmarer L., erstmals mit Mensuralnoten die L.en Oswalds. – Nach ihrem Inhalt lassen sich Minnesang-Hss. (Große Heidelberger L.), Sammlungen von Spruchdichtung (Jenaer L.), Meistersinger-Hss. (Kolmarer L.), L.en mit Vagantenlyrik (›Carmina burana‹) unterscheiden. Beträchtl. Unterschiede finden sich auch bei der *Ausstattung*: neben schlichten Textaufzeichnungen (Kleine Heidelberger L.) stehen prachtvolle, mit Miniaturen und Initialen geschmückte Kodizes (Große Heidelberger L.); auf die frühen Pergament-Hss. folgen seit dem 15. Jh. zunehmend Papier-Hss. (Kolmarer L., Riedsche L.). – Während die Zahl der vollständig oder fragmentar. erhaltenen L.en zur dt. mal. Lyrik relativ beschränkt ist (rund 30), ist z. B. die prov. Lyrik wesentl. reicher überliefert (nahezu 100 prov., afrz., it. Hss.). Eine dichter. Darstellung der Entstehung einer solchen L. (Große Heidelberger L.) bietet G. Keller in seiner Novelle »Hadlaub«. S

Liedermacher, Bez. erstmals im 18. Jh. (bei F. v. Hagedorn) belegt; allgem. als Bez. für ›Autor‹; diese erhielt dann seit Anfang der 60er Jahre des 20. Jh.s im Zusammenhang mit der Ostermarsch-Bewegung und der Studentenrevolte eine konkretere polit. Bedeutung: als Verfasser engagierter, nicht selten agitator. Lieder (↗ Protestsong), deren Komposition und Textdichtung in aller Regel von den Interpreten selbst geschaffen wurden und Einflüsse etwa von G. Kreisler, Leonard Cohen u. Georges Moustaki aufweisen, mit tagesaktuellen, meist system- u. gesellschaftskrit. Inhalten, die von antibürgerl., anarchist. Tendenzen über pazifist. u. antiimperialist. Botschaften bis zu linkschristl. u. sozialist. Aussagen reichen (vgl. etwa F. J. Degenhardt, W. Moßmann, W. Biermann oder H. Wader). Weitere Themen bezogen die L. aus der Umwelt-, der Friedens- und Frauenbewegung. Unter dem Einfluss restaurativer Kräfte in den 70er u. 80er Jahren gab die L.-Kultur der zunehmenden Kommerzialisierung durch die Unterhaltungsindustrie nach. Die Folge war eine wachsende Neigung zu Nabelschau (etwa André Heller), unverbindl. Unterhaltung (R. Mey), und seichtem Blödelbardentum (u. a. Mike Krüger, U. Roski). An die ursprüngl. Tradition knüpfen die leisen, resignativen Lieder von K. Wecker an. Kr

Liedertheorie, von K. Lachmann geprägte Bez. für eine auf den Homerforscher F. A. Wolf zurückgehende Theorie über die Entstehung der großen ↗ Heldenepen der Antike und des MA.s. Wolf stellte die These auf (1795), die

Liedertheorie

homer. Epen seien das Werk vieler Dichter, ihr Kern seien kleine, durch ↗ Rhapsoden mündl. verbreitete und von Generation zu Generation weitergegebene Episodenlieder, die erst unter Peisistratos zu den beiden großen Epen zusammengestellt worden seien, und zwar durch gelehrte Redaktoren, die ↗ Diaskeuasten, an ihrer Spitze Onomakritos. Wolfs Schüler Lachmann arbeitete diese Theorie aus, indem er 16 Lieder rekonstruierte, die nach seiner Auffassung den Urbestand des Werkes darstellten (»Betrachtungen über Homers Ilias«, 3 Abhandlungen, 1837–43, zusammengefasst 1847) und indem er diese Theorie auf das mhd. Nibelungenlied übertrug und damit verallgemeinerte; für das Nibelungenlied nahm Lachmann einen Kernbestand von 20 Liedern an (»Über die ursprüngl. Gestalt des Gedichts ›Der Nibelunge Noth‹«, 1816; Ausgabe »Der Nibelunge Noth und Die Klage«, 1836, Kommentar 1837). Lachmanns Schüler wandten die L. auch auf andere mal. Heldenepen an, so K. Müllenhoff auf die »Kûdrûn«, für die als Grundbestand ein Zyklus von 5 Liedern angesetzt wurde. – Die L. konnte sich trotz der großen wissenschaftsgeschichtl. Bedeutung ihrer Vertreter in der Forschung nie ganz durchsetzen; zu ihren Gegnern gehörten Goethe und Schiller ebenso wie die Philologen J. Grimm, A. Holtzmann und F. Zarncke; seit den Epik-Studien P. W. Kers und A. Heuslers gilt sie als überholt. K

Limerick, m. ['lɪmərɪk; engl., wohl nach dem Kehrreim »Will you come up to L.?« (bei Stegreifversen, die in Gesellschaft vorgetragen wurden)], engl. Gedichtform nicht sicher geklärter Herkunft, seit dem 19. Jh. nachweisbar; wegen ihres kom.-grotesken, häufig ins Unsinnige umschlagenden Inhalts der ↗ Unsinnspoesie zuzurechnen. Besteht aus 5 Versen mit anapäst. Grundrhythmus, wobei die dreiheb. Verse 1, 2 und 5 und die zweiheb. Verse 3 und 4 unter sich reimen (Reimschema aabba, oft phonet. Reime); der 1. Vers beginnt fast immer mit der Nennung einer Person in Verbindung mit einer Ortsangabe:

There was a young lady of Riga
Who smiled as she rode on a tiger;
They came back from the ride,
With the lady inside
And a smile on the face of the tiger.

Als Meister des L. gilt Edward Lear (»Book of Nonsense«, 1846); die Form wird in den angelsächs. Ländern im 19. und v. a. im 20. Jh. auch von bedeutenden Dichtern (A. Tennyson, A. Ch. Swinburne, L. Carroll) gepflegt; gelegentl. auch in Deutschland nachgeahmt. GG

Lindenschmidstrophe, ↗ Morolfstrophe.

Linguistische Poetik, interdisziplinärer Bereich zwischen ↗ Literaturtheorie und Linguistik, in dem die linguist. Methoden der Sprachbeschreibung zur Analyse poet. Texte (↗ Literatursprache) genutzt werden. Teilbereiche sind, gegliedert nach den Ebenen der Sprachbeschreibung:
a. Laut- und Formenlehre (Phonologie, insbesondere Modelle der metrischen Phonologie, und Morphologie); b. Syntax (Satzlehre: syntakt. Besonderheiten poet. Texte; ↗ Stilistik); c. Bedeutungstheorien (Semantik, Pragmatik); d. Text- und ↗ Diskursanalyse (Textlinguistik). Erste systemat. Untersuchungen im Bereich der linguist. Poetik entstanden im Umfeld der Prager Schule des ↗ Strukturalismus und der Moskauer Schule des ↗ Formalismus. HH

Lipogrammatisch, ↗ leipogrammatisch.

Lira, f. [span. = Leier (nach einem Gedicht Garcilasos de la Vega, in dem der Dichter seine Kunst mit einer Leier vergleicht)], Bez. mehrerer span. Strophenformen, jeweils Kurzstrophen von 4–6 Zeilen mit regelmäß. Wechsel von 7- u. 11-silb. Zeilen und festem Reimschema, meist aus 2 Reimklängen. Die L. sind Adaptionen ital. Strophenformen, die ihrerseits Versuche freier Nachbildungen horaz. Strophenmaße sind und in der ital. Dichtung des frühen 16. Jh.s die ältere prunkvolle (petrarkist.) ↗ Kanzone ablösen. – Bedeutendste Form der L. ist die *L. garcilasiana* oder *L. de Fra Luís de León*: eine 5-zeil. Strophe mit 7-Silbern in den Zeilen 1, 3 u. 4, 11-Silbern in den Zeilen 2, 5, Reimschema: ababb. Sie wurde im 16. Jh. durch Garcilaso de la Vega nach dem Vorbild des Bernardo Tasso in die span. Dichtung eingeführt; sie begegnet v. a. in der Lyrik (Fra Luís de León, San Juan de la Cruz) und im Drama (Jerónimo Bermúdez, Guillén de Castro, Tirso de Molina) des 16. Jh.s, dann wieder im Klassizismus und in der span. Romantik. – Weitere Formen der L. sind die 4-zeil. *Cuarteto-L.* (Zeilen 1 u. 3: 11-Silber, Zeilen 2 und 4: 7-Silber, Reimschema: abab), die sich v. a. in den span. Horazübersetzungen des 16. Jh.s findet (Fra Luís de León, Francisco de la Torre) und die 6-zeil. *Sexteto-L.* oder *L. sestina* (Zeilen 1, 3, 5: 7-Silber, Zeilen 2, 4, 6: 11-Silber, Reimschema ababcc), die vom 16. Jh. bis zur Romantik in der Lyrik und im Drama (Cervantes, Lope de Vega) häufig verwandt wird. K

Literalsinn [lat. littera = Buchstabe], buchstäblicher (wörtl.) Sinn einer Textstelle, im Ggs. zu deren metaphorischem, allegor. etc. Sinn, von Bedeutung für die Bibelauslegung; vgl. ↗ Schriftsinn, ↗ Exegese. S

Literarische Fälschungen, ↗ Fälschungen in d. Lit.

Literarische Geschmacksbildung, ›literar. Geschmack‹ meint entsprechend der von der 2. Hälfte des 17. bis zum 1. Drittel des 18. Jh. auch im Span. (gusto), Franz. (goût) und Engl. (taste) eingebürgerten Übertragung des Geschmacks-Begriffs auf das Ästhetische (zuerst Baltasar Gracián:»Handorakel«, 1647) das zunächst spontan-intuitive Reagieren auf die von einem dichter. Kunstwerk vermittelten Eindrücke, die Ansprechbarkeit auf künstler. Wirkungen bes. hinsichtl. der Formwerte (weniger der im Kunstwerk enthaltenen außerästhet. Momente religiöser, weltanschaul., eth., polit. Art usw.). Dabei soll aber das individuelle ästhet. Empfinden als ein zugleich in hohem Maße gesellschaftl. bestimmtes, geistiges Unterscheidungs- und Auswahl-Vermögen von allgemeinen und jeweils differenziert angemessenen ästhet. Beurteilungskriterien her begründbar sein. Neben der überwiegenden Beziehung auf die Urteilsfähigkeit des Kunstrezipienten wird der Begriff »Geschmack« ge-

legentl. auch selbst als ein künstler.-produktives Vermögen bestimmt. Bereits in der mhd. Blütezeit lässt sich ein differenzierteres Bewusstsein ästhet. Wertegrade als Voraussetzung für Geschmacksurteile beobachten (Literaturschau im »Tristan« Gottfrieds v. Straßburg). Ein Diskussionsgegenstand wird jedoch der literar. Geschmack erst im (an Geschmacksdebatten so reichen) 18. Jh. Bewegt von den krit.-ästhet. und pädagog. Interessen der ↗ Aufklärung, wird die l. G. verstanden als die sich am vorbildl. Kunstwerk orientierende Bildung und Erziehung des Publikums, als Förderung des Lesers hinsichtl. einer selbständigen, krit. Beurteilung ästhet. Werte. Der Literaturkritiker wird damit zum Geschmacks-Erzieher (Gottsched, Bodmer, Breitinger, Nicolai, Wieland, Mendelssohn, Lessing, Winckelmann, Kant, Herder, Schiller). Gegen Ende des 18. und im 19. Jh. verliert die l. G. den pädagog. Aspekt, der zumeist an eher normative ästhet. Gesichtspunkte und an mehr oder minder starr festgelegte Wertmaßstäbe gebunden war (auch zugunsten einer wachsenden Einsicht in die [allerdings relative] Eigengesetzlichkeit von Kunstwerken), und wird im 20. Jh. zu einem bevorzugten Gegenstand der weitgehend deskriptiv-empirisch orientierten ↗ Literatursoziologie, die die Ausprägung eines literar. Geschmacks auf ihre hist.-sozialen Bedingungen hin untersucht. L. G. gilt demnach als Leistung der kulturell führenden Gesellschaftsschicht; Geschmackswandel in großem Ausmaß wird als Ergebnis sozialer Umschichtung gesehen, die zumeist auch eine Verschiebung der sozialen Stellung des Künstlers und damit veränderter Abhängigkeiten bedeutet (Ministerialer, Günstling eines Mäzens, freier Schriftsteller usw.). Über die allgemeinere Differenzierung nach Kulturkreis, Nation, Epoche hinaus wird die geschmacksbestimmende Wirkung hist. Ereignisse, geistesgeschichtl. Umstürze, der Entdeckung neuer Interessenbereiche sowie die Bedeutung von (hinsichtl. Geschlecht, Alter, Beruf, Interessengemeinsamkeit usw. unterschiedlichen) sozialen Gruppen untersucht; Beachtung gilt ebenso dem Einfluss von Verlagen, Buchhandel und Buchgemeinschaften, Literaturvereinen,

Literarische Geschmacksbildung

Schule und Universität, Massenmedien und der von ihnen verbreiteten Literaturkritik, Werbung usw. Unter veränderten Vorzeichen finden Probleme der l. G. Aufnahme in Fragestellungen der sog. Rezeptions- und Wirkungsästhetik. ↗ Publikum, ↗ Stil, Mode, ↗ literar. Wertung, ↗ Literaturkritik.   GMS

Literarische Gesellschaften, Vereinigungen von Gelehrten und interessierten Laien zur Verbreitung und wissenschaftl. Erschließung literar. Werke. Während bis zum 19. Jh. die l. n G. ihr Interesse allgemein der jeweils zeitgenöss. Literatur und Sprache zuwandten (vgl. z. B. die ↗ Sprachgesellschaften des 17. Jh.s, die ↗ Dt. Gesellschaften des 18. Jh.s), entstanden seit dem 19. Jh. auch l. G., die sich dem Werk eines Dichters, bzw. der durch ihn repräsentierten Epoche widmen (jährl. Tagungen, Vortragsreihen, Aufführungen, Ausstellungen, auch Editions- und Forschungsvorhaben). Zur Veröffentlichung wissenschaftl. Forschungsergebnisse geben die l. n G. z. T. eigene Jahrbücher u. a. Publikationsreihen heraus; sie unterhalten ferner nicht selten auch bedeutende ↗ Literaturarchive, Bibliotheken, Museen, Gedenkstätten. *Wichtige l. G.* sind: die *Dt. Shakespeare-Gesellschaft*, als älteste der dt. l. n G. gegründet 1864, Sitz Weimar, seit 1963 auch in Bochum (Dt. Shakespeare-G. West, 1500 Mitglieder); sie gehört, wie auch die Shakespeare-Gesellschaften in England (seit 1840), den USA (seit 1923), Japan (seit 1961) u. a. zur 1974 gegründeten Dachorganisation, der ›International Shakespeare-Association‹, Sitz Stratford-upon-Avon. – Die bedeutendste literar. G. ist die heute internationale *Goethe-Gesellschaft*, nach dem Vorbild der Shakespeare-G. gegründet 1885, Sitz Weimar, 1986 mit über 5000 Mitgliedern in 19 Ländern, zahlreichen Ortsvereinigungen, bes. in der Bundesrepublik. Unabhängig von den ausländ. Tochtergesellschaften der Weimarer Goethe-Gesellschaft gibt es in mehreren Ländern selbständ. Goethe-Gesellschaften, so in England (seit 1886), Österreich, den USA, Kanada, Japan, Australien. – Die *Dt. Schiller-Gesellschaft* wurde 1895 als ›Schwäb. Schillerverein‹ gegründet, Sitz Marbach a. N.,

1988 über 3350 Mitglieder; sie ist Trägerin des Schiller-Nationalmuseums (seit 1903) und des ›Dt. Literaturarchivs‹ (seit 1955). Die *Dante-Gesellschaft* bestand erstmals 1865–78 in Dresden; sie wurde 1914 neu gegründet, Sitz Weimar, seit 1945 auch in München-Gräfelfing. Nach dem Muster der 1. Gründung entstanden weitere Dante-Gesellschaften in den USA (1881 Cambridge/Mass., 1890 New York), Italien (1888: Società Dantesca Italiana, heute wichtigstes Zentrum der Danteforschung, bedeutend die ›Studi Danteschi‹ seit 1920) und England (1896). – Eine *vollständ. Übersicht* über die l. n G. (Akademien u. Stiftungen) in der Bundesrepublik, der Schweiz und Österreich bietet Kürschners Dt. Literaturkalender. 60. Jg. Bln., New York 1988 (Anschrift, Gründungsjahr, Ziele, Mitgliederzahl, Präsident); über die ausländ. l. n G. vgl. Cassel's Encyclopaedia of Literature. I., ed. v. S. H. Steinberg. Ldn. 1953.   IS

Literarische Wertung, Disziplin der ↗ Literaturkritik, Beurteilung der ästhet. Qualität literar. Kunstwerke. Die Probleme der l. W. wurden v. a. im Zusammenhang mit der Selbstreflexion der Geisteswissenschaften im Anschluss an Dilthey zu einem wichtigen Gegenstand literaturwissenschaftl. Theorie. Zwar gab es literar. Kritik seit der Antike als Bestandteil der literar. Produktion selbst (im MA. etwa die Abwehr weltl. Dichtung seitens der geistlichen und später umgekehrt) und seit dem 18. Jh. den neuen Typ des Literaturkritikers, jedoch wurde erst seit dem Ende jenes Jh.s (Herder) und dann im Verlaufe des alle normativen ästhet. Gesichtspunkte erschütternden Historismus das Bedürfnis wach, die Wertungskriterien ihrerseits zu legitimieren; dies führte schließl. zu der Erkenntnis, dass sich die Probleme der l. W. nicht von der wissenschaftl. Beschäftigung mit Literatur abtrennen lassen und dass (gegenüber der nur analysierend und referierend verstandenen Literaturwissenschaft) selbständigen ↗ Literaturkritik als einer eigenen Disziplin zuordnen lassen. Allgemein hat sich heute die Einsicht durchgesetzt, dass literaturwissenschaftl. Arbeit immer schon wertend verfährt, indem sie näml. logisch verschiedenartige Argumentationsweisen miteinander verknüpft, in denen in unterschiedl. Maße Wertung wirksam wird; so zum einen deskriptive Aussagen, deren Wahrheitsgehalt zwar nachprüfbar ist, die aber, insofern sie aus dem überhaupt Beschreibbaren auswählen, ein wertendes Moment enthalten, weiterhin interpretative Behauptungen, die mehr oder minder adäquat und einleuchtend sind, und die eine Zustimmung nur erheischen, nicht erzwingen können, je nach dem Grad der Plausibilität der in ihnen sich durchsetzenden Perspektiven, und schließl. die Werturteile, die zwar nicht subjektiv-willkürl. sein wollen, da sie sich auf deskriptive und interpretative Feststellungen stützen, die aber ebenso wenig objektiv-notwendig sein können, da Wertung immer die Anwendung (bewusster oder unbewusster) normativer Gesichtspunkte einschließt, deren intersubjektive Gültigkeit nicht vorausgesetzt werden kann. Sowenig Wertung auf eine psycholog. Basis, »Wertgefühl«, »Werterlebnis«, reduzierbar ist, sowenig sind Werte objektivierbare Gegebenheiten, die sich ›messen‹ ließen. Letzteres bildet das Kernproblem jeder Wertungstheorie, da derartige Gesichtspunkte wohl jeweils einem zu beurteilenden Kunstwerk angemessen sein müssen, im Grunde aber nur durch eine ihrer Anwendung immer vorausgehende Wesensbestimmung von Dichtung legitimiert werden können. Wird das Wesen von Dichtung in ihrem geschlossenen Gefüge-Charakter gesehen, in der Ganzheit des einzelnen Werks, so sind Wertungskriterien etwa innere Übereinstimmung, Harmonie (die aber Spannungsweite und Vielschichtigkeit einschließt), Abwechslung und Kontraststeigerung (bei Konstanz der Intention), Reichtum und Variabilität und zugleich Konsonanz und adäquate Funktionalität der Stilmittel; Bildhaftigkeit, Anschaulichkeit, Ausdrucksintensität sind dort Kriterien, wo die Dichtung als sinngeprägte, fiktionale Gestaltung streng von jeder begrifflichen, zweckhaften Aussage getrennt wird. Alle diese Gesichtspunkte zielen auf eine mehr oder minder werkimmanente Betrachtung von Literatur und orientieren sich an Forderungen (die für allgemeingültig gehalten werden) wie Einheit von Gehalt und Gestalt, Übereinstimmung von Bild und Sinn, Ausgewogenheit von Gedanklichem und Bildhaftem.

– Gegenüber diesen Kriterien, die sich auf eine Erkenntnis der Seinsweise von Dichtung, ihrer ontolog. Struktur, berufen, gibt es andere, die Dichtung eher von ihrer Funktion im menschl. Lebenszusammenhang her bestimmen und außerästhetische Wahrheitsfragen einschließen, die in jeder Wertung mitspielen und durchaus legitim sind: Sinnbildhaftigkeit, Ideengehalt, Fähigkeit, die gesellschaftl. Situation einer bestimmten Zeit und ihre Geistestätigkeit zu dokumentieren, einen jeweiligen Zeitgehalt auszudrücken, finden als Kriterien der l. W. dort bes. Beachtung, wo der Dichtung als einem Organ des Weltverständnisses und der menschl. Selbstreflexion eine grundsätzl. Erkenntnisbedeutsamkeit zugesprochen wird, während Gesichtspunkte wie konkreter Lebensgehalt, Lebenswahrheit, Natürlichkeit, das Menschlich-Allgemeine, das Zeitlos-Gültige eher auf Lebensbedeutsamkeit von Dichtung in einem allg. Sinn ausgerichtet sind. Schließl. sind die Kriterien zu nennen, die das Einzelwerk in eine literaturgeschichtl. Perspektive stellen und in der Originalität und Individualität, in der Schaffung einer ›neuen‹ Sprache, neuer Gefühls- und Sinngehalte einen besonderen Wert verwirklicht sehen. Alle diese Gesichtspunkte gehen häufig wechselnde Verbindungen ein, z. T. stehen sie auch in eher gespanntem Verhältnis zueinander. Ihre Vielfalt und scheinbare Beliebigkeit korrespondiert mit der Vielfalt der vorausgesetzten Konzepte von Wesen und Funktion der Dichtung; die Pluralität der Standpunkte ist unlösbar mit der Geschichtlichkeit des literar. Kunstwerks wie des Interpreten verbunden. Wertmodelle und ihre histor. Abfolge könnten helfen, den historischen Stellenwert der gegenwärtigen Position zu erkennen, sie könnten in Verbindung mit literatursoziolog. und rezeptionsgeschichtl. Fragestellungen dazu führen, die starre Trennung von ↗ Dichtung von Unterhaltungsliteratur und Trivialliteratur aufzugeben zugunsten einer differenzierten Stufenleiter künstler. Werte. GMS

Literarische Zeitschriften, auch: Literaturzeitschriften: erscheinen period. (wöchentl., monatl., vierteljährl.); zu unterscheiden sind: 1. *l. (Fach-)Z.* mit philolog.-literaturwissenschaftl. Forschungsergebnissen und Rezensionen literaturwissenschaftl. Werke, 2. *l. Z. mit literar.* Originalbeiträgen (auch in Fortsetzungen, Auszügen): allgem. ästhet., literatur- u. kulturkrit. Abhandlungen (auch über Kunst, Musik, Philosophie, Film usw.), mit literar. Programmen und Rezensionen (auch: kulturkrit. Z.), 3. ausschließl. Berichts- und Rezensionsorgane literar. Neuerscheinungen. Der Übergang von Typus 2 zum anspruchsvollen ↗ Familienblatt ist fließend (z. B. zu Westermanns Monatsheften, Velhagen- u. Clasings Monatsheften »Nord-Süd«). Zum 2. u. 3. Typus gehören auch die ↗ Feuilletons und Literaturbeilagen der großen Tagesu. Wochenzeitungen (daher und vom Format mancher l. Z. auch die Bez. ›Literaturzeitung‹). – L. Z. sind ein wichtiger Faktor in der Geschichte der Literatur; sie sind Sprachrohr für neue literar. Richtungen und oft erster Publikationsort für viele bedeutende Dichtungen. *Geschichte:* L. Z. kamen im frühen *18. Jh.* auf, als sich im Rahmen eines allgemeinen, v. a. bürgerl. Bildungsstrebens (↗ Aufklärung) ein breites Interesse insbes. literar. Fragen zuwandte. *Die erste dt. l. Z.,* »Beyträge zur Crit. Historie der Dt. Sprache, Poesie u. Beredsamkeit« (1732–44) schuf J. Ch. Gottsched in Anlehnung an die vordringl. an der Sprache interessierten Zeitschriften der ↗ Sprachgesellschaften, an die engl. ↗ moral. Wochenschriften und im Erfahrungsaustausch mit den Hrsg.n der 1. wissenschaftl. Zeitschrift Deutschlands, den »Acta eruditorum« (1682–1782 in lat. Sprache). L. Z. gewannen rasch an Bedeutung (im 18. Jh. über 300 l. Z.!); in ihnen spielte sich im Folgenden z. B. der sog. ↗ Literaturstreit ab (vgl. ↗ Bremer Beiträger). Durch G. E. Lessing insbes. wurden die l.n Z. zu Trägern der ↗ Literaturkritik und damit ein wichtiges Forum für die Bemühungen um die Herausbildung eines modernen Dichtungsverständnisses. Einflussreich u. weit verbreitet waren als wissenschaftl. Rezensionsorgan die (noch heute bestehenden) »Göttingischen gelehrten Anzeigen« (gegr. 1739) und F. Nicolais »Bibliothek der schönen Wissenschaften und freyen Künste« (1757–59, fortgeführt von Ch. F. Weiße bis 1806) und v. a. seine ›Rezensieranstalt‹, die »Allgem. Dt. Bibliothek« (1765–1806), ferner das »Dt. (ab 1788 Neues Dt.) Museum« (hrsg. v. H. C. Boie, 1776–91) und, als Rezensionsorgan des ↗ Sturm und Drang, einige Jahrgänge (bes. 1772) der »Frankfurter Gelehrten Anzeigen« (Mitarbeiter Goethe, J. H. Merck, J. G. Schlosser, J. G. Herder u. a.). Führende l. Z. der ↗ Weimarer Klassik waren Ch. M. Wielands »Teutscher Merkur« (1773–1810), F. J. Bertuchs »Allgem. Literaturzeitung« (1785–1849) und, exklusiver, Schillers »Horen« (1795–97) u. Goethes »Propyläen« (1798–1800). Entscheidend für die weitere Ausbildung der l.n Z. wurde das »Athenäum« der Brüder Schlegel (1798–1800), das als programmat. Zeitschrift der romant. Bewegung gemäß den neu gewonnenen histor. Perspektiven *erstmals auch wissenschaftl.-philolog. Abhandlungen* aufnahm. Aus diesen Ansätzen entstehen *im 19. Jh. die wissenschaftl. l.n Z.:* Die 1. noch heute existierende lit.Zeitschrift dieses Typs ist die »Zeitschr. f. dt. Altertum« (hrsg. v. M. Haupt, 1841). Von den zahlreichen l.n Z., Almanachen und Taschenbüchern des 19. Jh.s (darunter die programmat.-krit. des ↗ Jungen Deutschland) sind die langlebigen »Blätter für literar. Unterhaltung« (hrsg. v. A. Kotzebue, 1818–1898) zu nennen, ferner das »Literar. Zentralblatt« (begründet v. F. Zarncke, 1855–1924) und, als Organ der poet. Realismus (von höchstem Niveau) J. Rodenbergs »Dt. Rundschau« (1874–1942; 1945–1964, Beiträge von Storm, Keller, Heyse, C. F. Meyer, Fontane, s. auch ↗ innere Emigration) und die urspüngl. progressive »Neue Rundschau« (gegr. 1890 von O. Brahm als »Freie Bühne für modernes Leben«, s. ↗ Freie Bühne; Beitr. von Th. Mann, G. Haupt-

»Teutscher Merkur«, Titel 1773

mann, Hofmannsthal, Hesse, Kafka, Rilke; besteht bis heute). Neben diesen beiden allen literar. Strömungen in ausgewogenem Urteil offenen l. n Z. waren bedeutsam: die kurzlebigen Programmzeitschriften des ↗ Naturalismus wie die »Krit. Waffengänge« (Hrsg. die Brüder Hart, 1882–84), »Die Gesellschaft« (Hrsg. M. G. Conradi, 1895–1902) oder des ↗ Jugendstils wie »Pan« (hrsg. v. R. Dehmel, E. v. Bodenhausen, 1895–1899), »Insel« (Hrsg. R. A. Schröder u. a., 1899–1902), »Jugend« (hrsg. v. G. Hirth, 1896–1940, bedeutsam allerdings nur bis 1914), die »Blätter für die Kunst« (Hrsg. St. George, 1892–1919): alles exklusive, literar.-künstler. Blätter wie später noch die »Corona« (gegr. v. M. Bodmer, H. Steiner; Verlag der »Bremer Presse«, 1930–1944). *Im 20. Jh.* steigt die Zahl der l. n Z. nochmals an, jedoch durch eine immer stärker werdende polit.-weltanschaul. Ausrichtung ist bis etwa 1930 die Zahl der rein l. n Z. rückläufig. Diese Tendenz zeigt sich etwa seit 1918 in den wichtigsten l. n Z. des ↗ Expressionismus wie »Sturm« (hrsg. v. H. Walden, 1910–32), »Aktion« (Hrsg. F. Pfemfert, 1911–32), »Weiße Blätter« (Hrsg. E. E. Schwabach, seit 1915 R. Schickele, 1913–20) und bes. in den letzten Jahrgängen der zunächst progressiven l. n Z. wie den »Südd. Monatsheften« (1904–36), der »Schaubühne« (ab 1918 »Weltbühne«, 1905–33, bzw. Prag/Paris 1939) und der »Neuen Bücherschau« (1919–29), ebenso in den bürgerl.-konservativen l. n Z. wie dem weitverbreiteten »Kunstwart« (Hrsg. F. Avenarius, 1887–1932, dem volkspädagog. orientierten Bildungsblatt des bürgerl. Mittelstands) und der »Schönen (Neuen) Literatur« (Hrsg. Zarncke, W. Vesper 1900–1943). Eine Sonderstellung nimmt das kath. »Hochland« ein (Hrsg. K. Muth 1903–41 und wieder seit 1945, vgl. ↗ innere Emigration). – Neutrale literar. Informationsblätter waren »Das literar. Echo«, seit 1923 »Die Literatur« (1898–1942, die führende literar. Informationsschrift, die 1943 in der Zs. »Europ. Lit.« aufging) und »Der neue Merkur« (1914–25). Eine unabhängige progressive l. Z. blieb »Die literar. Welt« (Hrsg. W. Haas, 1925–33). Nach 1933 wurden die l. n Z. gleichgeschaltet oder verboten, manche wurden von Exilverlagen fortgeführt oder neu gegründet (s. ↗ Exilliteratur). Der Neuanfang 1945 zeitigte eine Fülle l. r Z., die zunächst v. a. über die internationale Literaturentwicklung informierten (»Dt. Beiträge«, 1946–50; »Die Fähre«, 1946–49; »Die Gegenwart«, 1945–58; »Lancelot«, 1946–51; »Das Lot«, 1947–52) und über die literar. Information hinaus eine Aufarbeitung des Vergangenen anstrebten (»Die Wandlung«, 1945–49; »Der Ruf«, 1946–49; »Das goldene Tor«, 1946–51). Heute werden die Vielzahl alter und neuer l. r Z. und die vielen darin vertretenen literar. Tendenzen und Programme weniger von mangelndem literar. Interesse als von ökonom. Schwierigkeiten bedroht. Wichtige allgemeine dt.-sprach. l. Z. sind: a) *rein literar. Z.*: »Welt u. Wort« (1946–73), »Theater d. Zeit« (1946 ff.), »Sinn und Form« (1949 ff.), »Neue dt. Lit.« (1953 ff.), »Akzente« (1954 ff.), »Neue Dt. Hefte« (1954 ff.), »Lyr. Hefte« (1959 ff.), »Theater heute« (1960 ff.), »Tintenfaß« (1974 ff.), »Litfaß« (1976 ff.), »Schreibheft« (1977 ff.), »Zibaldone« (1986 ff.); b) *kulturkrit. orientierte Z.*: Neben »Neue Rundschau« und »Hochland« (s. o.) »Dokumente« (1945 ff.), »Universitas« (1946 ff.), »Frankfurter Hefte« (1946 ff.; ab 1984 als »Neue Gesellschaft/Frankf. Hefte«), »Merkur« (1947 ff.), »Der Monat« (1948–71); c) *vorwiegend theoret.-polit. orientierte l. Z.*: »Das Argument« (1959 ff.), »Kürbiskern« (1965–1987), »Kursbuch« (1965 ff.); »konkursbuch« (1978 ff.). *Schweiz:* »Schweizer Monatshefte« (1921 ff.), »Der Rabe« (1982 ff.). *Österreich:* »Wort u. Wahrheit« (1946 ff.), »Neues Forum« (1954 ff.), »Lit. u. Kritik« (1955 ff., bis 1966 u. d. T. »Wort in der Zeit«), »Manuskripte« (1960 ff.); umfassender Überblick in Kürschners Dt. Lit.Kalender. IS

Literarisches Colloquium Berlin (LCB),
1963 mit Hilfe der Ford-Foundation von Wal-

ter Höllerer gegründetes Institut, das den Zweck verfolgt, den Meinungs- und Erfahrungsaustausch zwischen Schriftstellern, Künstlern, Theater- und Filmregisseuren zu fördern; durch Zusammenarbeit mit Fernsehen und Rundfunk neue Möglichkeiten der Verbindung der Literatur mit den Massenmedien zu erproben; durch öffentl. Veranstaltungen, Diskussionen und durch Publikationen das literar. Leben Berlins anzuregen und Kontakte mit in- und ausländ. Autoren herzustellen. Die jährl. Veranstaltungen gelten jeweils der Theorie u. Praxis eines künstler. Problems u. vereinen Anfänger u. arrivierte in- und ausländ. Künstler sowie experimentelle Theatergruppen (Teilnahme u. a. des ↗ Living Theatre, Theater am Geländer, Prag, Centro Universitario Teatrale Parma). Daneben stehen Abteilungen für Film u. Photographie. Im eigenen Verlag erscheinen sowohl poet. Texte (Autoren u. a. G. Eich, G. Grass, L. Gustafsson, H. M. Enzensberger, G. Kunert, Th. Bernhard) als auch literaturtheoret. Abhandlungen. Organ des LCB ist die (seit 1961 bestehende) Zs. ›Sprache im techn. Zeitalter‹ (hg. v. W. Höllerer u. N. Miller). Seit 1989 vergibt das LCB auch einen ↗ Literaturpreis (Berliner Preis f. dt.-sprach. Lit.; 1. Preisträger: Volker Braun, 1989). JT

Literatur, f. im umfassendsten Sinne jede Form *schriftl.* Aufzeichnung, im Unterschied zu ursprüngl. nur mündl. tradierten vor- oder unterliterar. sprachl. Formen (z. B. Sage, Märchen usw.), häufig v. a. für geistesgeschichtl. bedeutsame oder stilist. hochstehende fiktionale und nicht-fiktionale Schriftwerke, oft auch speziell nur für Sprachkunstwerke (gleichbedeutend mit ↗ Dichtung) gebraucht. Der Begriff L. erscheint auch unterteilt in ›hohe‹, ›schöne‹, ›schöngeist.‹ L. (Dichtung, ↗ Belletristik), ↗ Unterhaltungs-, ↗ Trivial-, ↗ Gebrauchs-, ↗ Tendenz-, Zweck-L., in natur- und geisteswissenschaftl., techn., medizin., kirchl., polit. usw. L. Die Hauptwerke der verschiedenen ↗ National-L.en werden unter der Bez. ›Welt-L.‹ zusammengefasst. – Die ältere Schreibweise ›Litteratur‹ verweist auf lat. litteratura (von littera = Buchstabe, in gleicher Weise gebildet wie griech. Grammatik aus gramma = Buchstabe) und bedeutete ursprüngl. ›Buchstabenlehre‹, ›Kunst des Lesens u. Schreibens‹, seit hellenist. Zeit dann auch ›Deutung dichter. Schriften‹ (vgl. z. B. bei Quintilian, 1. Jh. n. Chr.: L. = richtiger Sprachgebrauch und Dichtererklärung). Das Wort ›L.‹ ist in dt. Sprachgeschichte erstmals belegt 1571 bei Simon Roth (»Ein Teutscher Dictionarius«) im Sinne von ›Schrift‹, ›Schriftkunst‹, ›Schriftgelehrsamkeit‹. In der Bedeutung ›Wissenschaft‹, ›Gelehrsamkeit‹ wird es bis ins 18. Jh. verwendet, erst danach wird es eingeengt auf (bedeutsame) Schriftwerke. Bes. seit den 60er Jahren wird der L.begriff wieder in umfassenderem Sinne (jede Art schriftl. Kommunikation) diskutiert. S

Literaturarchiv, n. [zu lat. archium, archivum von gr. archeion = Rathaus, Regierungs-, Amtsgebäude], Institution zur Sammlung, Erhaltung, Erschließung und wissenschaftl. Auswertung literar. Dokumente (Manuskripte, Entwürfe, Briefe, Tagebücher, oft ganze Nachlässe, Erstdrucke und -ausgaben, auch Bilder u. a. Lebensdokumente). L.e sind literar. Epochen, einzelnen Dichtern oder Dichterkreisen, literar. Gattungen (z. B. Theater-Archive) oder Sachgebieten (z. B. Lit. einer Landschaft, Arbeiter-, Exilliteratur) gewidmet. Sie entwickelten sich im 19. Jh. innerhalb größerer Bibliotheken als *Sonderabteilungen* (vgl. z. B. das Hölderlin-L. der LB Stuttgart, das L. des ↗ Tunnels über der Spree der UB Berlin, das Barock-L. der Herzog-August-Bibliothek Wolfenbüttel, das L. zur Emblem-Literatur der LB Weimar). Dazu kamen in zunehmender Zahl auch L.e als *Bestandteil von Dichtermuseen* (etwa das Gleimhaus in Halberstadt, das Wieland-Museum in Biberach, das Goethe-Museum in Düsseldorf, das F.-Hebbel-Museum in Wesselburen, das Thomas-Mann-Archiv im Bodmerhaus in Zürich, das B.-Brecht-Archiv in Berlin u. v. a.). Auf Anregung W. Diltheys (1889) wurden L.e auch als *selbständ. Institute* gegründet, die inzwischen zu den wichtigsten Sammelstätten literarhistor. Quellenmaterials und damit bedeutenden wissenschaftl. Forschungszentren (oft mit großen Spezialbiblio-

theken) geworden sind. *Die bedeutendsten selbständ. dt. L.e sind:*
1. das Goethe- und Schiller-Archiv in Weimar: gegründet 1885, *Sammelgebiet:* dt. Literatur des 18. und 19. Jh.s, insbes. der klass. dt. Literatur 1750–1850; 800000 Handschrifteneinheiten, angeschlossen die ›Zentralbibliothek der dt. Klassik‹, ca. 150000 Bde.;
2. das *Deutsche L. im Schiller-Nationalmuseum Marbach:* gegr. 1955 aus den Beständen des Museums, *Sammelgebiet:* schwäb. Dichter, Literatur seit 1750 nach Schwerpunkten, seit 1880 in vollständ. Dokumentation; 500000 Autographen, 500 Nachlässe, zahlreiche Sonderarchive (z. B. Cotta-Archiv mit 150000 Handschriften), Forschungsbibliothek zum 18. Jh. bis zur Gegenwart, 1980 etwa 230000 Bde.;
3. das *Freie Deutsche Hochstift* in Frankfurt: gegründet 1859, *Sammelgebiet:* Klassik und Romantik, etwa 25000 Handschriften, Fachbibliothek 1750–1875, ca. 120000 Bde.;
4. das *L. des Instituts für dt. Sprache und Literatur Berlin* (Dichter- und Gelehrte des 19. Jh.s);
5. das *L. der Akademie der Künste* in Berlin (Sonderarchive zur Literatur des 20. Jh.s);
6. das Fritz Hüser-Institut für dt. u. ausländ. Arbeiterliteratur in Dortmund. – Auf Grund der polit. Ereignisse im 20. Jh. (nationalsozialist. Kulturpolitik, Emigration) entstanden bedeutende L.e dt. Dichter auch *im Ausland,* z. B. in Jerusalem (u. a. Stefan Zweig, H. Heine), London (NS-Literatur, Exilliteratur), Cambridge/Mass. Harvard (Hofmannsthal, Beer-Hofmann, Rilke, Heine), New York (Joseph Roth), Los Angeles (F. Werfel), New Haven, Yale University (Kurt-Wolff-Verleger-Archiv, E. Toller, H. Broch), Princeton (Th. Mann). Eine genaue Übersicht über L.e dt.-sprach. Literatur gibt das Informationshandbuch Dt. Lit. wiss., hg. v. H.-J. Blinn, Saarbrücken ²1990 u. das Quellenrepertorium zur neueren dt. Literaturgeschichte von P. Raabe u. G. Ruppelt, Stuttg. ³1981. IS

Literaturatlas, Sammlung graph. und bildl. Darstellungen zur Literatur:
1. *geograph. Karten* mit Herkunfts- und Wirkungsorten, Reiserouten etc. einzelner Dichter, Zentren literar. Strömungen, Verbreitungsgebieten einzelner Werke usw.: z. B. Heimatskarte der dt. Lit. (85 × 66 cm), hrsg. v. K. Ludwig (Wien 1903, in Buchform mit Text Wien 1906);
2. *Karten und Werktabellen,* Diagramme u. a. schemat. Darstellungen, Zahlenmaterial zu literar. Entwicklungen, z. B. Dt. Kulturatlas, hrsg. v. G. Lüdtke und L. Mackensen (6 Bde. Bln. u. Lpz. 1928–40), dtv-Atlas z. dt. Lit., hrsg. v. H. D. Schlosser (Mchn. 1983).
3. ausschließl. *Bilddokumente,* z. B. Faksimiles, Illustrationen zu einzelnen Werken, Portraits der Dichter, Bilder aus ihrem Lebensumkreis, Abbildungen literar. Stätten usw., z. B. G. Könnecke, Bilderatlas zur Gesch. der dt. National-Litteratur (Marburg 1887, ²1895, als Auszüge z. B. Goethe [Marbg. 1900] oder Dt. L. [Marbg./Wien/N. Y. 1909]), G. v. Wilpert, Dt. Literatur in Bildern (Stuttg. 1957, ²1965) oder G. Albrecht, Dt. Lit.Gesch. in Bildern. 2 Bde. Lpz. 1969–71. IS

Literaturbriefe, fingierte Briefe als Einkleidung literaturtheoret. oder allgemein kulturkrit. Erörterungen, z. T. als Einzelschrift, z. T. period. in Zeitschriften; bes. im 18. (und 19.)Jh. beliebte Form literaturkrit. Auseinandersetzungen, z. B. spielte sich der ↗Literaturstreit des 18. Jh.s zum großen Teil in L.n ab. Als erster verwendet diese Form J. J. Bodmer (»Crit. Briefe«, 1746), dann F. Nicolai (»Briefe über den itzigen Zustand der schönen Wissenschaften in Deutschland«, 1755) und v. a. G. E. Lessing, dessen period. erscheinenden »Briefe, die neueste Literatur betreffend« (1759/60, bis 1765 fortgeführt von Nicolai) die ästhet. Anschauungen der ↗Aufklärung prägten. Bedeutung für den ↗Sturm und Drang hatten die L. von W. v. Gerstenberg, H. P. Sturz u. a. (»Briefe über Merckwürdigkeiten der Litteratur«, 1766/67) und J. G. Herder (»Briefwechsel über Ossian ...«, 1773). Literatur- und Kulturkritik in Briefen sind auch typ. für das ↗Junge Deutschland (Heine, Börnes »Briefe aus Paris«, 1832/34), F. Hebbel u. a. Literaturtheoret. bedeutsam ist ferner der fingierte »Brief des Lord Chandos« von H. v. Hofmannsthal (1902). S

Literaturdidaktik, Wissenschaft, die sich mit dem Lehren von Literatur beschäftigt. In der Zusammensetzung mit dem Grundwort ›Didaktik‹ (Lehrkunst) ist die Bez. erst seit 1960 gebräuchlich, als die L. zur wissenschaftl. Disziplin wurde. Ihre wissenschaftl. Begründung kann die L. erkenntnistheoret. vornehmen, etwa mit Husserls Beschreibung der Wahrnehmung, die immer einen Objektpol (Noema) und einen Subjektpol (Noesis) besitze, die beide so eng miteinander verknüpft seien wie die beiden Brennpunkte einer Ellipse, bei der die Veränderung des einen Pols auch den anderen beeinflusse. In der L. geht es somit um die Erforschung von Literatur in Verbindung mit den Wahrnehmungen des Subjekts, beides zusammengebunden durch die Methoden der Vermittlung und durch die Reflexion über die Ziele dieses Tuns. Entstanden ist die wissenschaftl. L. in einer histor. Situation, in der die Auswahl literar. Texte für den Unterricht von den Stichworten ›Lebenshilfe‹, ›abendländ. Werte‹ und ›Erlebnispädagogik‹ bestimmt war. Die Kritik von Fachwissenschaftlern (Killy, Kayser) rief eine öffentl. Diskussion über das ↗ Lesebuch hervor, in deren Verlauf wichtige literaturdidakt. Prinzipien für die Zusammenstellung literar. Texte erarbeitet wurden: Gattungsanalysen als immer wieder anwendbares Mittel des Verstehens, Textstrukturen als Kennzeichnung auch des gesellschaftl. bestimmten Sinns, Literatur als Ort für interpretative und grammat. Sprachbetrachtungen, Texte in ihren Kontextuierungen als Informationen über die Welt und als Hilfe zum histor. Verstehen.
In den siebziger Jahren trat in der Fachdidaktik die Diskussion über die Zielsetzung des Literaturunterrichts in den Vordergrund: Literatur galt als Mittel zur Emanzipation des Menschen; der Deutschunterricht sollte die gesellschaftl. Unterschiede ausgleichen – die Unterrichtsmethode wurde demokratisiert (weg vom alles bestimmenden Lehrer), der Textbegriff wurde erweitert, so dass alle pragmat. und trivialen Texte im Unterricht benutzt werden konnten. Ein neuer Ansatz kam von der Rezeptionsästhetik (↗ Rezeption), die den Blick zum Leser (zum Schüler) hin wandte, dem ein wesentl. Anteil an der Sinnherstellung zuerkannt wurde. Didakt. wirkten sich diese Einsichten zunächst so aus, dass die Lese-Interessen der Schüler die Textauswahl bestimmen sollten. Erst in den achtziger Jahren erlaubten die neuen Methoden des produktionsorientierten Literaturunterrichts den Schülern eine größere Subjektivität, indem sie Eingriffe am Text vorschlugen, die zu Deutungen des ästhet. Arrangements führen können.
In letzter Zeit beschäftigt sich die L. mit der zunehmenden Macht der Bildmedien, die den Leser durch den ›Seher‹ zu ersetzen droht. Hilfe kommt der L. hier wie auf anderen Gebieten durch die Psychologie, deren kognitive Wende auf die Verarbeitungstätigkeiten der Subjekte gerichtet ist. In der fachdidakt. Unterrichtsforschung werden Einsichten über die Verfugung des gesamten Unterrichts angestrebt (Text; Lehrer mit Methode und Medium; Schüler; Ziele). Dabei ist die L. auf dem Wege, ein eigenes Forschungskonzept zu entwickeln, das weder in der reinen Quantifizierung noch in der bloßen Fallstudie gefunden werden kann. Es etabliert sich eine sog. Handlungsforschung, in der die Wissenschaftler praxisnahe sind und dem Lehrer Handlungseinsichten vermitteln, die diesen in die Lage versetzen, Forscher im eigenen Unterricht zu werden. W

Literaturfehde, ↗ Dichterfehde, ↗ Literaturstreit.

Literaturgeschichte, Literarhistorie.
1. Literatur in ihren histor. Zusammenhängen und Entwicklungen.
2. Darstellung einer in einer bestimmten Sprache verfassten Literatur (z. B. dt. L., die in der Regel auch österreich. u. schweizer. Autoren umfasst) oder der europ. (und teilweise auch außereurop.) Nationalliteraturen oder der aus europ. Sicht überzeitl. und übernationalen ›Weltliteratur‹, auch Darstellungen einzelner Epochen (z. B. H. Hettner, Gesch. d. dt. Literatur im 18. Jh., 1870) oder die Geschichte einzelner Gattungen (z. B. G. Müller, Gesch. des dt. Liedes, 1925). Am bekanntesten sind meist diejenigen literarhistor. Publikationen gewor-

den, die eine Übersicht über die L. einer Nationalsprache von den Anfängen bis zur jeweil. Gegenwart bieten. – In der L. werden Biographik und Werkinterpretation verbunden, erweitert bisweilen durch den Versuch zur Einordnung der literar. Entwicklungen in die Ideen- und Geistesgeschichte und einer Deutung vor dem kulturhistor., auch ökonom.-sozial. Hintergrund. Die Abkehr von der Biographik in der sog. geistesgeschichtl. Strömung gipfelte schließl. in einer L. ohne Namen (J. Wiegand, Gesch. der dt. Dichtung in strenger Systematik nach Gedanken, Stoffen, Formen. Köln 1922, ²1928). Literaturgeschichtsschreibung führt, meist auf Grund einer implizierten Wertung, zu einer gewissen Kanonbildung, die bisweilen durch die ↗ Literaturkritik oder durch ideolog. Dogmatik (im Nationalsozialismus, Marxismus) in Frage gestellt werden kann. Während eine L. früher i.d. Regel das Werk eines einzelnen Verfassers war, entstehen L.n im 20. Jh. meist als Gemeinschaftsunternehmen mehrerer Autoren. *Geschichte:* Als ↗ Kataloge kanon. Werke finden sich literar. histor. Darstellungen seit der *Antike und dem MA.,* sie sind nicht immer von der Literaturkritik zu trennen. Der histor. Aspekt ist bei diesen Werken oft nicht Ausgangspunkt der Darstellung, sondern nur eine sekundäre Folge, so bei bibliothekar. Bestandsaufnahmen (Kallimachos, 3. Jh. v. Chr., Alexandria) oder Sammlungen mustergült. Texte im Dienste der Rhetorik und Poetik (Quintilian, 1. Jh. n. Chr.). Von weitreichender Bedeutung war die Vitensammlung Suetons »De viris illustribus« (1./2. Jh.). An sie knüpfte Hieronymus (4. Jh.) mit seinem Werk gleichen Titels an, in dem er die literatura heidn. Autoren von der scriptura christl. Autoren trennte. Dieses für das MA. vorbildhafte Werk gilt als *erste christl. L.* Fortgeführt wurde es von Gennadius (5. Jh.), der 90 Autoren nennt; ihm folgen Sigebert von Gembloux (11. Jh., 171 Namen), Honorius Augustodunensis (»De luminaribus ecclesiae«, um 1100, 290 Namen); in Gesprächsform stellte Konrad von Hirsau (12. Jh.) die heidn. und christl. Schulautoren zusammen. Diese Reihung chronolog. biograph. Übersichten gipfelt in der bedeutendsten lat. Schul-L. des MA.s, dem versifizierten »Registrum multorum auctorum« Hugos von Trimberg (1280). – Literarhistor. Aspekte ergaben sich auch in mhd. Literaturexkursen, z. B. bei Rudolf v. Ems (1. Hä. 13. Jh.). Ein später Nachläufer der im Gefolge des Hieronymus entstandenen Schriftstellerkataloge ist der »Catalogus illustrium virorum Germaniam suis ingeniis ...« (1486) des humanist. Abtes J. Trithemius. Von einer statist. Aufzählung zu einer Erklärung des Gewordenen gelangt erstmals D. G. Morhof, der ›*Vater der dt. L.*‹, der in seinem »Unterricht von der Teutschen Sprache u. Poesie« (1682) den Entwicklungen eines Dichters nachspürt. In seinem »Polyhistor litterarius« (1688–92) legte er die bis dahin umfassendste Welt-L. vor. Obwohl im 18. Jh. das histor. Interesse (Gottsched, Bodmer, Breitinger, Lessing, Herder) gerade an altdt. Literatur im Wachsen war, entstand keine eigentl. L. Die Kräfte waren offenbar absorbiert durch die Erschließung des Materials. Erst in der *Romantik* führte das 18. Jh. sich ausbreitende Interesse an der älteren dt. Nationalliteratur zu Versuchen umfassenderer Überblicke, zunächst in Vorlesungen: J. A. Nasser, »Vorlesungen über die Geschichte der dt. Poesie« (gedruckt 1798/1800 mit Ansätzen einer Periodisierung); Adam Müller, »Über die dt. Wissenschaft und Literatur« (1806), A. W. Schlegel, »Vorlesungen über dramat. Kunst und Literatur« (Wien 1808), F. Schlegel, »Geschichte der alten und neuen Literatur« (Wien 1812, L. v. a. als Stilgeschichte), A. W. Schlegel, »Geschichte der dt. Sprache und Poesie« (Bonn 1818, hrsg. 1913). 1795/98 veröffentlichte E. J. Koch eine v. a. Handschriften und Drucke registrierende Bücherkunde: »Compendium der dt. L. von den ältesten Zeiten bis auf Lessings Tod«, eine Art ›Vor-Goedeke‹ (mit den Kategorien Chronologie und Biographie. Ein ähnl. angelegtes, polyhistor. Werk ist auch J. G. Eichhorns »Gesch. der Literatur« (1805). Die *erste als Lese- und Hausbuch angelegte* L. ist auf der Folgenden immer wieder erweiterte »Grundriß der Geschichte der dt. Nationalliteratur« von A. Koberstein (1827, 5. Aufl. von K. Bartsch 1872 ff., 5 Bde.). Die jungdt. L., z. B. die »Gesch. d. dt. Lit.« von H. Laube (1839), ist mehr ein

Literaturgeschichte

Apologetik der neueren Literaturformen, ebenso die publizist. L. Th. Mundts (1842). Einen *Markstein in der Entwicklung* der Literaturgeschichtsschreibung stellt die im Zeichen des Historismus geschriebene »Gesch. der dt. Dichtung« des Historikers G. G. Gervinus (1835 ff.) dar, in welcher die Literatur in die polit. Geschichte eingeordnet wird und als Ersatz für die fehlende polit.-nationale Einheit dient. Seit der Mitte des 19. Jh.s nimmt die Zahl der L.n, z. T. mit popularisierender, volksbildner. Tendenz, zu. Auffällig ist, dass ein Teil der einflussreichen L.n von Nicht-Philologen stammt: so schon die L. von Gervinus, weiter die des Theologen A. F. Ch. Vilmar (1845, christl. nationale Aspekte) oder des Journalisten Julian Schmidt (1853); weiter sind zu nennen die L.n von R. Prutz (1845, freiheitl.-antinationalist.), W. Menzel (1858, national-konservativ), H. Kurz (1851 ff. mit breiten Textbeispielen). W. Wackernagel berücksichtigte dagegen die philolog.-literarhistor. Forschung (1851/53); einen späten Versuch einer L. unter romant. Blickwinkel unternahm J. v. Eichendorff (1857). – K. Goedeke baute in seinem »Grundriß zur Gesch. der dt. Dichtung« (3 Bde., 1859/81) die bücherkundl. Vorarbeiten Kochs aus und schuf so das grundlegende Nachschlagewerk der dt. Literatur (weitergeführt in mehreren Aufl.: 1884 ff., 1910 ff., 1955 ff., bis jetzt 15 Bde.), neu bearb. Bln.-Ost 1985. Als *Höhepunkt der Literaturgeschichtsschreibung* des 19. Jh.s gilt W. Scherers »Gesch. der dt. Literatur« (1883), in der (im Gefolge H. Taines) die Prinzipien der positivist. Literaturbetrachtung (kausale Bedingtheiten und die Gesetzmäßigkeit histor. Abläufe) die Konzeption bestimmen (↗ Literaturwissenschaft). – Neben die chronolog. Werkbeschreibungen (mit Biographien) des 19. Jh.s treten *im 20. Jh.* immer mehr Versuche, L. als Geistes- und Problemgeschichte oder L. in ihrer soziolog.-ökonom. Abhängigkeit zu erfassen. Gefördert wurde die Literaturgeschichtsschreibung des 20. Jh.s v. a. auch durch *Einzeldarstellungen bestimmter Epochen und Gattungen* oder *Sammelwerke*. S

Literaturkalender, 1. period. Erscheinendes Verzeichnis biograph. u. bibliograph. Daten lebender Schriftsteller. Maßgebl. Werk für die dt.sprach. Literatur ist ›Kürschners Dt. L.‹, 1879 u. d. T. ›Allgem. Dt. L.‹ gegründet und hrsg. von den Brüdern H. u. J. Hart, ab 1883 (Jg. 5–24) u. d. T. ›Dt. L.‹ hg. v. J. Kürschner, ab Jg. 25 (1903 ff.): ›Kürschners Dt. L.‹: Berücksichtigte bis 1924 Autoren schöngeist. und wissenschaftl. Literatur, seit 1925 erscheint gesondert ›Kürschners Dt. Gelehrtenkalender‹ (enthält außerdem einen Nekrolog, ein Verzeichnis der ↗ literar. Zeitschriften, Autorenverbände, ↗ lit. Gesellschaften, Akademien, Stiftungen u. ↗ Lit.Preise). 2. Von Verlagen jährl. hg. Lese-, Merk- u. Notizbücher, meist mit literar. Kalendarium (Geburts-, Todestage v. Autoren) und themat., gattungs- oder autororientierten literar. Beiträgen, meist zus.gestellt aus verlagseigenen Produktionen, z. B. »Mit Goethe durch d. Jahr« (Artemis, hg. v. E. Biedrzynski, seit 1949), Reclams L. (hg. v. A. Haueis, seit 1955; seit 1981 auch rückschauende »Jahresüberblicke«), Arche-L. (Arche Verlag Zürich) u. v. a. – *Vorläufer* dieser L. können in den ↗ Musen-↗ Almanachen und ↗ Taschenbüchern des 18. Jh.s gesehen werden (1. dt.-sprach. L. etwa der »Göttinger Musenalmanach«, 1770 ff.). ↗ Biobibliographie, ↗ Personalbibliographie. IS

Literaturkritik, Behandlung literar. Werke u. Stile, bei der die krit. Interpretation, Reflexion und ↗ literar. Wertung im Vordergrund stehen. Stellt im Sinne einer prakt. Literaturtheorie einen vierten Bereich der Beschäftigung mit Literatur neben der histor. Erfassung und Darstellung der Literatur (↗ Literaturgeschichte) und der theoret. Reflexion der Literatur (↗ Literaturtheorie) oder dem übergeordneten, u. a. systematisierenden Klassifikation (↗ Literaturwissenschaft) unter fakultativer Einbeziehung der Kriterien der allgem. Kunstkritik sowie der philolog. u. histor. Forschung. Zwischen den vier Bereichen finden sich zeit-, personenund programmbedingt mannigfache Übergänge. L. wendet sich vornehml. der krit. Erfassung des jeweils *zeitgenöss.* Literatur zu. Es finden sich daneben auch Ansätze zu einer Revision literarhistor. Schulmeinungen, d. h. Versuche, eine vermeintl. Über- oder Unterbewertung eines Autors zu korrigieren (z. B. Arno Schmidt zu Stifter oder Fouqué). Die L. entnahm bis zum 18. Jh. ihre Maßstäbe meist bestimmten poetolog. Normen- und Regelkatalogen, literar. Traditionen und Autoritäten (vgl. die Rolle der antiken Autoren und der vermeintl. auf diesen basierenden Poetiken in Renaissance und Barock oder die Shakespeares im 18. Jh.), wobei diese selbst ins Kreuzfeuer der L. geraten konnten (vgl. im 17. Jh. in Frankreich »La querelle des anciens et des modernes«, im 18. Jh. der ↗ Literaturstreit zw. Gottsched und Bodmer/Breitinger). Seit dem Ende des 18. Jh.s entfaltet sich ein gewisser Kategorienpluralismus entsprechend den sich überlagernden literar. Strömungen: die Maßstäbe wurden z. B. teilweise aus den Entstehungsbedingungen des Werkes (Herder), aber auch aus dem betreffenden Werk selbst abgeleitet (L. des ↗ Sturm u. Drang). Außer den jeweils für bestimmte literar. Richtungen verbindl. literar.-formalen, ästhet. Kategorien wirken auf die L. bisweilen auch außerpoet. Gesichtspunkte, u. a. moral., eth., religiöse Bewertungen des Inhalts, aber auch Urteile über die geist., weltanschaul. oder polit. Haltung eines Autors (vgl. Schiller gegen Bürger, Heine gegen Platen). Der polit. Aspekt hat eine spezif. Relevanz im 20. Jh. bekommen (vgl. die russ. L. nach 1930, die nazist. L.). Zur Problematik der Wertungskategorien vgl. ↗ literar. Wertung. – Das Forum der L. bilden v. a. die ↗ literar. Zeitschriften; mit bes. Gewicht auf der Vermittlung zwischen dem zeitgenöss. Literaturbetrieb und einem breiteren Publikum auch Zeitungen (↗ Feuilleton). Der L. dienen Rezensionen, Essays, Abhandlungen; ältere, mehr indirekte Formen sind ↗ Literatursatiren und Parodien (↗ Dichterfehden). L. wurde bis ins 20. Jh. häufig auch von bedeutenden Dichtern geübt. Erst im 20. Jh. tritt mehr und mehr der berufsmäßige L.er in den Vordergrund. *Geschichte der L.:* Literar. Kritik lässt sich bereits in der Antike feststellen, z. B. in literar. ↗ Agonen: literar. Niederschlag fand sie u. a. in Werken wie dem »Certamen Homeri et Hesiodi«, dem Dichterwettstreit in den »Fröschen« des Aristophanes, in sophist. und hellenist. Dichterkommentaren und ↗ Scholien. In der *röm. L.* tritt der criticus (Richter der Literatur) neben den grammaticus (Kenner der Literatur); Maßstäbe lieferten Regeln der antiken Rhetorik und Poetik. Im *lat. MA.* findet sich daneben auch die religiös motivierte L. (vgl. Hrotsvits Vorreden zu ihren Dramen), in der *mhd. Literatur* dann ästhet., stilist.-wertende L., erstmals bei Gottfried von Straßburg (Prolog und Literaturstelle des »Tristan«), später bei Rudolf von Ems u. Konrad von Würzburg; moral. wertet dagegen wieder vornehm. Hugo von Trimberg (im »Renner«). Als ein Höhepunkt mal. Literaturbetrachtung gilt Dantes Selbstinterpretation seiner »Divina Commedia« (13. Brief). – Im Zeitalter des Humanismus bleibt L. meist in polit.-religiöser Polemik befangen. Erst *im 17. Jh.* beginnt im Anschluss an J. C. Scaliger (16. Jh.) mit M. Opitz wieder eine krit. Auseinandersetzung mit überkommenen literar. Traditionen, wobei Formfragen im Vordergrund stehen (vgl. ↗ Sprachgesellschaften sowie D. G. Morhofs »Unterricht von der Teutschen Sprache und Poesie«, 1682). – L. auf breiterer Basis förderte jedoch erst der aufklärer. Impetus des 18. Jh.s: Die *L. der Aufklärung* orientierte sich themat. an eth.-humanitären Aspekten, formal an den Normen der frz. Poetik (Boileau). Hauptvertreter aufklärer. L. waren J. Ch. Gottsched (»Versuch einer Crit. Dichtkunst«, 1730) und der Berliner Literatenkreis mit den Verleger F. Nicolai (Sulzer, Ramler, Mendelssohn, Lessing), dessen literar. Zeitschriften (»Bibliothek d. schönen Wissenschaften ...«, seit 1757, »Allgem. Dt. Bibliothek«, seit 1765) weitverbreitete Organe dieser L. waren. Eine Gegenbewegung gegen deren rationalist. Grundlegung zeichnet sich schon vor der Jahrhundertmitte ab durch die Schriften der Schweizer Bodmer und Breitinger (vgl. J. J. Breitingers »Crit. Dichtkunst« 1740, auch ↗ Literaturstreit). An die Stelle der Autoritäten der frz. Aufklärung werden im Zeichen des beginnenden Irrationalismus Milton und Shakespeare gesetzt. Höhepunkt einer die Gegensätze klärenden L. ist das Wirken Lessings (»Briefe, die neueste Literatur betreffend«, 1759/60, »Hamburg. Dramaturgie« 1767/69).

Literaturkritik

Diese Reaktion führt dann im *Sturm und Drang* zum jede äußere Regel missachtenden Kult des Genies, das sich seine Maßstäbe selbst setzt (lit.krit. Aufsätze Herders, des jungen Goethe). Die ↗ *Weimarer Klassik* stellte dann ihre L. wieder unter objektive Wesensgesetze, v. a. der Gattungen (im Anschluss an die Ästhetik Kants, vgl. Schillers »Briefe über die ästhet. Erziehung des Menschen«, 1795, »Über naive u. sentimental. Dichtung«, 1795, und seine Zeitschrift »Die Horen« 1795–97, d. klass. Goethe, W. v. Humboldt). Dagegen führte die *romant.* L. unter Auflösung der klass. Normen mehr die Tendenzen der L. des Sturm und Drang fort (insbes. F. und A. W. Schlegel, L. Tieck, Novalis, Solger, Organ: »Athenäum«, 1798/1800) unter Einbeziehung literaturtheoret. (im Gefolge Fichtes und der Hermeneutik Schleiermachers) entwickelter Kategorien des Organischen, Geschichtlichen u. psycholog. Einfühlens. Die Entwicklung der L. seit dem *19. Jh.* ist gekennzeichnet durch ein Pendeln zwischen der Abhängigkeit von außerkünstler. Gesichtspunkten und einer z. T. esoter. Besinnung auf das Poetische. Eine erste Politisierung der L. zeigt sich im ↗ Jungen Deutschland (Heine, Börne, Laube, Gutzkow, vgl. auch die Ablehnung Goethes). Die Strömungen des Historismus, Nationalismus, Ästhetizismus, Positivismus usw. wirken mannigfach auf die L. ein. Sie wird aber im 19. Jh. immer noch vornehml. von Dichtern getragen (Grabbe, Keller, Hebbel, Fontane, Hofmannsthal); im 20. Jh. tritt dann neben den Dichter als Literaturkritiker (Th. Mann, R. A. Schröder, B. Brecht, A. Schmidt, M. Walser u. a.) mehr und mehr der berufsmäßige Kritiker (journalist. Rezensionstätigkeit; vgl. im Ags. wird unterschieden zwischen review = Buchbesprechung und criticism = wissenschaftl. Kritik), vgl. z. B. die Berliner L. der Brüder Hart, P. Schlenthers, A. Kerrs, K. Tucholskys, H. Iherings, J. Babs u. a. oder der Wiener Kritikerschule (H. Bahr, K. Kraus, A. Polgar u. a.), oder v. M. Rychner, M. Reich-Ranicki, H. Krüger, J. Kaiser u. a., oder von Literaturwissenschaftlern, im 19. Jh. noch vereinzelt F. Th. Vischer, im 20. Jh. v. a. Hans Mayer, W. Jens, P. Wapnewski, F. J. Raddatz, u. a. Die frz. und engl. L. war immer wieder von beträchtl. Einfluss auf die dt.: Am Beginn der neueren frz. L. stehen der Abbé d'Aubignac (»Pratique du Théâtre«, 1657) und v. a. Boileau (»Art poétique«, 1674), im 18. Jh. Diderot (»Paradoxe sur le comédien«, 1770), im 19. Jh. Sainte-Beuve, Brunetière, J. Lemaître, Zola, im 20. Jh. P. Valéry, J. P. Sartre u. a. In England beginnt die eigentl. L. ebenfalls in der Aufklärung (Addison, A. Pope, J. Dennis, E. Young), im 19. Jh. prägen S. T. Coleridge, M. Arnold (»Essays in Criticism«, 1865 u. 88) u. W. Pater die L., im 20. Jh. E. K. Chambers, W. P. Ker, T. S. Eliot, T. E. Hulme (↗ Imagismus), I. A. Richards, V. Woolf. – Die amerikan. L. steht anfangs unter engl. Einfluss. Verschiedene literar. Strömungen und Organe bildeten Zentren der L., z. B. die Zeitschrift »Scrutiny« (1932–53) und der international anerkannte ↗ New Criticism (J. C. Ransom, 1941). Der Einfluss der auf den literaturkrit. Arbeiten von K. Marx und F. Engels aufbauenden marxist. L. ist in den letzten Jahrzehnten in allen Bereichen der westl. L. deutl. zu spüren (G. Lukács, W. Benjamin, P. Rilla, Hans Mayer; B. Brecht, J. R. Becher; M. Gorki, W. Majakowski), während sie zu Beginn des 20. Jh.s (F. Mehring) zunächst noch relativ unbeachtet blieb. S

Literaturlexikon, alphabet. Geordnetes Nachschlagewerk zur Literatur, das entweder diese in ihrer Gesamtheit oder gewissen Teilbereichen zu erfassen sucht. Zu unterscheiden sind 1. *Autorenlexika* zur Weltliteratur, zu einzelnen Nationalliteraturen und zu literar. Epochen mit biograph. Daten, Werkregister, z. T. auch Werkcharakterisierungen und (meist) bibliographischen Angaben. 2. *Werklexika* mit Inhaltsangaben (mit Interpretationen), Informationen über Entstehungszeit und Erscheinungsjahr sowie Spezialbibliographien der in ihnen vertretenen Titel; 3. *Reallexika*, die über literar. Formen, Gattungen, Arten, Stile, Epochen, Institutionen, Metrik, Rhetorik u. a. m. handeln; 4. *Stoff- und Motivlexika* und 5. *Mischformen*, die Autoren-, Werk- und Reallexika kombinieren. PH

Literaturpreis

Literaturpreis, period. vergebene, meist mit einem Geldpreis verbundene Auszeichnung von Schriftstellern zur Würdigung ihres Gesamt- oder eines Einzelwerkes oder zu ihrer Förderung. – L.e sollen das öffentl. Interesse an Literatur bestätigen. Sie können zugleich Instrument kulturpolit. Planung (und evtl. sogar Steuerung), Mittel der Kultursozialpolitik, der kulturellen Wirtschaftsförderung oder mäzenat. Repräsentation sein. Man unterscheidet nationale und *internationale* L.e, wie z. B. den ↗ Nobelpreis (1901), den Veillonpreis (1947), den Europapreis Paolo Marzotto (1950), den Hansischen Goethepreis der Stiftung F. V. S. Hamburg (1950), den Großen internationalen Poesiepreis (gestiftet 1956 vom ›Maison International de la poésie‹), den Balzanpreis (1957), den Internat. Verlegerpreis und den Prix Formentor (gestiftet 1960/61 von den Verlagshäusern Einaudi, Gallimard, Grove Press, Rowohlt u. a.). *Nationale L.e* werden gestiftet
1. von *Staaten:* im dt.-sprach. Bereich z. B. der Dt. Jugendliteratur-Preis (Bundesministerium für Jugend, Familie, Frauen, Gesundheit, 1956), der Andreas-Gryphius-Preis (Bundesministerium d. Innern, 1957) oder die Österreich. Staatspreise für Literatur (1950) und für Kinder- und Jugendbücher (1955/56);
2. von *Bundes-Ländern;* z. B. der Berliner Kunstpreis Junge Generation und der Fontane-Preis (Berlin, 1948), der Johann-Peter-Hebel-Preis (Baden, jetzt Bad.-Württ., 1935), der Schiller-Gedächtnispreis (Baden-Württ., 1955), der Georg-Büchner-Preis (u. a. Hessen, 1923), der Große Kunstpreis des Landes Nordrhein-Westfalen (1953), der Staatl. Förderungspreis für junge Künstler und Schriftsteller (Bayern, 1965); – der Georg-Trakl-Preis für Lyrik (Salzburger Landesregierung, 1952), der Kulturpreis d. Landes Kärnten (1971);
3. von *Städten:* z. B. der Frankfurter Goethe-Preis (1927); der Förderungspreis für Literatur (1928) und der Tukanpreis (1965) der Stadt München; der Lessing-Preis der Freien Hansestadt Hamburg (1929); Sie Schiller-Preis d. Stadt Mannheim (1954); der Nelly-Sachs-Kulturpreis (Dortmund, 1961); der Heinrich-Heine-Preis (Düsseldorf 1972); der Thomas-Mann-Preis (Lübeck 1975) u. viele andere (über 40 Städte der Bundesrepublik verleihen L.e); der Ingeborg-Bachmann-Preis (Klagenfurt 1977); die L.e der Stadt Zürich (1930) und der Stadt Bern (1939), der Premio Campiello (Venedig 1963) u. a.
4. von *Verbänden:* z. B. die L.e des Förderungswerkes des Kulturkreises im Bundesverband der dt. Industrie (1953), der Kulturpreis des DGB (1964), der Gerhart-Hauptmann-Preis (Freie Volksbühne, 1953), der Hörspielpreis der Kriegsblinden (Bund der Kriegsblinden, 1951), der Kritikerpreis für Literatur (Verband dt. Kritiker, 1950/51);
5. von *Stiftungen:* z. B. der Eichendorff-L. (Eichendorff-Stiftung, 1923), die L.e der Stiftung F. V. S. Hamburg (Shakespeare-Preis, 1937/67, Johann Gottfried-von-Herder-Preis, 1964; Klaus-Groth-, Fritz-Reuter-Preis, 1954, Fritz-Stavenhagen-, Hans-Böttcher-Preis, 1958 u. a.); der Arno-Schmidt-Preis (A. Schmidt-Stiftung, 1982);
6. von *Akademien:* z. B. der Georg-Büchner-Preis, der Johann-Heinrich-Merck-, Sigmund-Freud- und Dt. Übersetzer-Preis (Dt. Akademie für Sprache und Dichtung), der Große L. (1950), der Adelbert-v.-Chamisso-Preis (f. dt. Lit. von Autoren nicht-dt. Muttersprache, 1984) u. der Preis für Exilliteratur (1988) der Bayer. Akademie der schönen Künste, der Grand Prix littéraire de l'Académie française (1912) u. a.;
7. von *Zeitschriften:* z. B. der Prix Fémina (Zeitschriften ›Fémina‹ und ›Vie heureuse‹, 1904) und der Aspekte-L. (Zs. Aspekte, 1979);
8. von *Verlagen:* z. B. der Kleistpreis (1912–32, wieder seit 1985), der Prix Renaudot (1926), der Premio Viareggio (1929), der Prix Interallié (1930, s. auch internationale L.e), von *Einzelpersönlichkeiten,* z. B. der Nobelpreis, Prix Goncourt (1903) u. die Pulitzerpreise (1917), der Villa-Massimo-Preis (Eduard Arnhold, 1912), der Gottfried-Keller-Preis (Martin Bodmer, 1922), der Premio Strega (G. Alterti, G. u. M. Bellonci, 1947), der Lion-Feuchtwanger-Preis (Marta Feuchtw., 1971), der Petrarca-Preis (H. Burda, 1975), der Döblin-Preis (G. Grass, 1978). IS

Literaturrevolution, Sammelbez. für die literar. Umwälzungen zu Beginn des 20. Jh.s, die sich in einer Vielzahl z. T. heterogener literar. Tendenzen und Gruppierungen in Europa herausbildeten: ↗ Futurismus (in Italien und Russland), ↗ Expressionsmus, insbes. ↗ Sturmkreis (in Dtschld.), ↗ Dadaismus (in der Schweiz, in Dtschld. u. Frankr.), Kubismus, ↗ Surrealismus (in Frankr.), ↗ Poetismus (in der Tschechoslowakei) u. a. Oft werden auch bereits der ↗ Naturalismus als eine 1. Phase und die ästhetisierenden Gegenbewegungen (Symbolismus, Impressionismus) als 2. Phase (auch: 1. und 2. ›Moderne‹) einer L. bezeichnet. Gemeinsam ist den oft kurzlebigen und rasch fluktuierenden Gruppierungen der L. die Ablehnung des Bildungsbürgertums und seines Dichtungsverständnisses, überhaupt der traditionellen Dichtungsformen u. der bürgerl. Ästhetik, die Suche nach neuen Ausdrucksmöglichkeiten, insbes. durch akust. Experimente (↗ abstrakte, ↗ konkrete Dichtung, ↗ Collage), die Radikalisierung ihrer jeweil. Methoden, ihr Engagement innerhalb der gesellschaftl. Bewegungen und ihre jeweil. Bindung an Ideologien. Sie stellen oft widersprüchl. Teilaspekte, Teilphasen umfassender kultureller Veränderungen dar, indem sie, entsprechend der Polarität Kunst-Wirklichkeit, die Frage nach der Kunst für eine zu verändernde oder geänderte Wirklichkeit neu stellen. Eine Unterscheidung der einzelnen -ismen nach formalen (Stil)kriterien ist oft schwierig, da sie gelegentl. mit denselben Methoden ganz andere Ziele verfolgen, z. B. der italien. Futurismus die Verherrlichung des Krieges, der Züricher Dadaismus dagegen einen bedingungslosen Pazifismus. Sie sind zudem in sich selbst vielschichtig und widerspruchsvoll (z. B. Züricher gegen Berliner Dadaismus), überdies oft in sich zerstritten (z. B. Surrealismus). Eine reine Abgrenzung ist nur da mögl., wo Gruppen der L. innerhalb bestimmter gesellschaftl. Umwälzungen auch polit. Partei ergriffen, z. B. der russ. Futurismus für den Marxismus/Kommunismus, der italien. Futurismus für den Faschismus. Konsequenterweise sprechen deshalb verschiedene Autoren statt von ›L.‹ von ›Literatur und Revolution‹ (u. a. L. Trotzkij, vgl. auch sein mit A. Breton gemeinsam verfasstes Manifest »Für eine unabhäng. revolutionäre Kunst«, 1938). Aber im Hinblick darauf, dass sich in den ästhet. Radikalisierungen und Erneuerungen aller Gruppen gleichsam auch die tiefgreifenden gesellschaftl. Veränderungen spiegeln, ist unter den gegebenen Einschränkungen die Sammelbez. ›L.‹ berechtigt. – Seit den 50er Jahren des 20. Jh.s entstanden eine Reihe experimenteller Versuche, *mit* statt *in* der Sprache zu arbeiten, z. T. in literar. Gruppierungen (↗ Darmstädter Kreis, ↗ Wiener Gruppe, ↗ Stuttgarter Schule), z. T. durch Einzelgänger (erstmals H. Heissenbüttel in »Kombinationen«, 1954, »Topographien«, 1956; ferner A. Schmidt, H. C. Artmann u. a.), die an die Ergebnisse der L. anschließen; vgl. auch ↗ konkrete Lit., ↗ akustische Dichtung, ↗ visuelle Dichtung, ↗ Mischformen, ↗ Computertexte, ↗ Lettrisme, ↗ Antiroman, ↗ experimentelles Theater, ↗ Antitheater. D

Literatursatire, Sonderform der Literaturkritik, die weniger durch Argumentation als vielmehr durch die sprachl. Kunstmittel des Spottes, der Übertreibung und der Parodie zu wirken sucht. L. wendet sich gegen Stile, Gattungen, Einzelwerke oder Personen, selbst gegen Sprachmoden, Denkschablonen und philosoph. Schulen. Sie bedient sich fast aller poet. Mittel und Gattungen (vom Epos bis zum Epigramm, vom Strophenlied bis zur dramat. Form, von der Burleske bis zur Cento-Collage). Vielfach eine L. nur episod. in literar. Werke eingearbeitet, die selbst insgesamt nicht der Gattung L. angehören, vgl. z. B. die Komödien des Aristophanes, die polem. Passagen des »Ars poetica« des Horaz, die als Antiromanzen konzipierten Romane von Rabelais und Cervantes oder die frühen Satiren von Jean Paul (»Grönländische Prozesse«). In der mal. Dichtung können sie gegen den höf. Minnesang gerichteten Gedichte Neidharts, mehr noch die von Geltar und Kol von Niunzen als L. verstanden werden, ferner gegen Wolfram zielende Invektive in der ›Literaturschau‹ von Gottfrieds »Tristan« (v. 4638–4690) und die zahlreichen parodist. Verwendungen der Minnesangterminologie in den Mären und Spielen des Spät-MA.s. Von großer Wirkung auf die polit. Auseinandersetzungen im 16. Jh. waren die humanist. Epistolarsatire der »Dunkelmännerbriefe« von Crotus Rubeanus (1515) und U. v. Hutten (1517) oder die L. auf die Eberlinschen »Bundsgenossen« in Murners »Großem Lutherischen Narren«; die L. des 17. Jh. ist dagegen weithin innerliterar. Kritik: A. Gryphius (»Absurda comica oder Herr Peter Squenz«, 1647) und Ch. Wernicke (»Heldengedicht Hans Sachs genannt«, 1701) wenden sich gegen die Reste der Meistersingerrezeption; Moscherosch und Schorer (»Unartiger deutscher Sprachverderber«, 1643) tadeln die Sprachmode. In den poetolog. Auseinandersetzungen zwischen barockem Stilverständnis und der Kunstauffassung von Aufklärung und späterer Klassik wird zunehmend Literaturkritik mit satir. Mitteln betrieben: so von Ch. L. Liscow (»Vortrefflichkeit und Nothwendigkeit der elenden Scribenten«, 1734), von Ch. O. von Schönaich in der gegen Klopstock gerichteten L. »Die ganze Ästhetik in einer Nuß« (1756), von Lessing an einzelnen Stellen seiner »Literaturbriefe«. Goethe pflegte die L. in »Götter, Helden und Wieland« (1774), im »Faust« (erste Walpurgisnacht) und in den mit Schiller herausgegebenen »Xenien« (1796). Von den L.n der nachklass. Zeit sind die dramat. Werke von Tieck (»Der gestiefelte Kater«, 1797), Grabbe (»Scherz, Satire, Ironie und tiefere Bedeutung«, 1827) und Platen (»Der romant. Ödipus«, 1829) bedeutsam, ebenso die Literaturparodien Nestroys gegen Hebbel und R. Wagner. In Heines Platen-Schmähschrift »Die Bäder von Lucca« (1828) bedient sich die literar. Kritik des Mittels der Personalpolemik in der Form des journalist. Reiseberichts. Im 20. Jh. erscheint L. meist als Einzelzug in Werken (Dichter- und Künstlerkarikaturen bei Wedekind, Th. Mann u. a.) oder als Parodie (A. Holz, R. Neumann). Der Rückgang der L. in neuester Zeit kann z. T. erklärt werden aus der pluralist. Verunsicherung des Geschmacksurteils, der Ablehnung jeder normativen Poetik und dem nachlassenden Interesse an innerliterar. Auseinandersetzungen. ↗ Satire. HW

Literatursoziologie, untersucht die Literatur in ihrer gesellschaftl. Verflechtung. Ihr Gegenstand ist das Werk selbst (als sprachl., geformte und deutende Vorstellung der Welt) und die sozialen und ökonom. Voraussetzungen seiner Hervorbringung, Verbreitung, Aufnahme und Weiterverarbeitung. Beides zusammen erst liefert Einsicht in die – nicht einlinige – gesellschaftl. Bedingtheit des ästhet. Gebildes. Gegenstandsbestimmung, Theoriebildung und Untersuchungsverfahren der L. sind bis heute kontrovers. Geschichte. Die Problematik der Verankerung literar. Werke in der Gesellschaft war im 18. und 19. Jh. nur vereinzelt deutlich, auch wurde das Thema nicht systemat. behandelt. P. Merker proklamierte 1921 die »sozialliterar. Methode«, welche »die seel. und ästhet. Wandlungen von Dichtern und Publikum« aufdecken sollte. Er forderte, wie auch L. L. Schücking, eine Geschichte des Geschmacks (↗ literar. Geschmacksbildung). Die L. verlor sich bald in bloßem Empirismus, etwa in Untersuchungen über Mäzenatentum, Genie, Dichterkreise und Lesergeschmack; verloren wurde auch der Zusammenhang mit der Literaturwissenschaft, die, von der Geschichte absehend, nach dem Wesen des Kunstwerks fragte. Eine erste Blütezeit für literatursoziolog. Arbeiten entstand im Zus.hang mit der Entwicklung der Soziologie in den 20er und 30er Jahren des 20. Jh.s. Die Arbeiten von Kohn-Bramstedt, Balet, Auerbach u. a. lenkten das Interesse auf die gesellschaftl. Funktion der Literatur in der Kontaktzone von Text und Lesergruppen. Solche weiterführenden Untersuchungen wurden in die materialist. Literaturgeschichte eingelegt, für die G. Lukács eine umfassende Theorie entwarf. Für ihn gilt als das Eigentümliche jeder großen Kunst, dass sie die Phänomene und Probleme der Realität, die das Individuum nur unmittelbar, vereinzelt und verstellt wahrnimmt, auf einer höheren Stufe der histor. Typik zusammenfasst. Auf dem Wege der Konzentrierung und Intensivierung gewähre das Kunstwerk einen objekt. Einblick in das Wesen der jeweiligen Gesellschaft. – Die Wirkung von Lukács war im westeurop. L. größer als in der marxist. Literaturwissenschaft

Literatursoziologie

der ehem. DDR, die eigene Wege ging und erst spät einen literatursoziolog. Ansatz herausarbeitete. In der Bundesrepublik erfolgte nach 1945 zunächst die Auseinandersetzung mit der L. der frühen 30er Jahre anhand der Bücher von A. Hauser. Man knüpfte stark an die angelsächs. Soziologie und deren empir. Untersuchungen der Leserkulturen und des Verhältnisses von Kunst und Massenmedien an. Damit war die L. in der Bundesrepublik lange Zeit empir. bestimmt und Partikularproblemen zugewandt. Die Monographie von H. N. Fügen (1964) fasste diese Arbeiten zusammen und lieferte ein freilich zu enges theoret. Gerüst. Ihm zufolge hat sich L. als »spezielle Soziologie« zu verstehen, deren Gegenstand nicht das ästhet. Gebilde, sondern die soziale Interaktion der an Literatur Beteiligten sei. In der Gegenwart verarbeitet die L. Anstöße aus dem frz. Strukturalismus und der marxist. Literaturwissenschaft. Ferner werden der Leser, seine Bildungsgeschichte, seine Erwartung an Literatur und seine Lesemotivation wie auch deren Steuerung durch die Vermittlungsinstanzen untersucht, d. h. generell die Rezeption von Literatur im Zus.hang mit den gesellschaftl. Mechanismen der Sozialisation.
Probleme. 1. Vielfach bleiben literatursoziolog. Arbeiten bei der Erarbeitung von Fakten über Herkunft, Klassenzugehörigkeit und ökonom. Situation von Leser und Autor. Eine Analyse solcher empir. Befunde muss auf literar. Werke bezogen sein. Gute Ergebnisse dazu brachte die Erforschung der Massenliteratur. Sie zeigte, wie die techn. und ökonom. Bedingungen der Literaturproduktion (neue Maschinen, Verteilerapparate, Abhängigkeit des Autors) hineinreichen in die Schreibform (Fortsetzungszwänge, Serienfertigung) und in die Qualität der Produkte und wie durch solche Literatur echte Bedürfnisse des Lesers durch Scheinbefriedigung korrumpiert werden.
2. Der Zus.hang zw. der Verfassung der Gesellschaft, dem Kollektivbewusstsein und der Literatur ist hingegen komplizierter klarzulegen am hochwertigen ästhet. Gegenstand. An einer missverstehenden gradlin. Abhängigkeit des Einzelwerkes von der Art der sozial-ökonom. Situation hat man nicht lange festgehalten: Zu bedenken sind die komplexen Beziehungen zwischen der direkt wahrnehmbaren Wirklichkeit und den diese motivierenden Kräften, damit ein Verständnis der Kulturprodukte der Industriegesellschaft entwickelt werden kann, das nicht vorgestanzte ideolog. Muster übernimmt. Die ältere marxist. orientierte L. hatte die Zus.hänge zw. Literaturproduktion und Produktionsweise der Gesellschaft mit Begriffen wie ›Abbildung‹ und ›Widerspiegelung‹ beschrieben. Neuere Ansätze fragen genauer und am Einzelfall, *wie* die Zus.hänge auftreten und ob es sich bei ihnen um Kausalität, Abhängigkeit, Analogie o. Ä. handle, vgl. die Arbeiten von L. Goldmann: Er spricht von einer »Homologie« zw. der Struktur des gesellschaftl. Bewusstseins (einer Klasse oder deren Gruppe), an der Autor und Leser teilhaben, und der Struktur ästhet. Konventionen und literar. Gattungen (besonders des modernen Romans).
3. Die L. spürt trotz der Vorarbeiten von W. Benjamin, Th. W. Adorno und G. Lukács nur zögernd den sozialen Implikationen des Kunstwerks, seines ästhet. Charakters, seiner Form und seines Sprachstils nach. Damit man aber »in der autonomen Gestalt der Gebilde, als ihres ästhet. Gehalts, eines Gesellschaftlichen innewerde« (Adorno), muss L. den gesellschaftl. Zeichencharakter literar. Werke aufschlüsseln. Der Weg führt über das strukturelle Detail, über das einzelne sprachl. Moment. Die Vieldeutigkeit der literar. Sprache kann die L. nicht ohne Mitwirkung anderer Disziplinen angemessen untersuchen. In der Kooperation etwa von Literaturwissenschaft, L. und Semiotik sind Kunstgebilde mit verschiedenen aufeinander bezogenen Fragestellungen, method. Verfahren und Techniken zu untersuchen. JB

Literatursprache, formal Teil der ↗ Schriftsprache, mit dieser in enger Wechselbeziehung stehend, jedoch nicht durchweg mit ihr gleichzusetzen. Es gibt Epochen starker Annäherung, in denen die L. generell den Normen der Schriftsprache verpflichtet ist, auf diese jedoch Einfluss nehmen kann durch Bestätigung ihrer Normen, Etablierung anderer Normen, Neubildungen etc. In Epochen großer Distanz öffnet sich die L. dagegen weitgehend Sprachschichten unter dem Niveau der Schriftsprache oder entfernt sich von ihr durch extreme Stilisierung bis hin zum Gebrauch ferner Sprachstufen oder fremder Sprachformen (z. B. J. Joyce, »Finnegans Wake«). Im Verhältnis von L. und Schriftsprache ist außerdem der qualitativ andere Gebrauch von Sprache in der Dichtung zu berücksichtigen, der sich in der Aktualisierung und vielfält. Funktionalisierung aller Sprachebenen niederschlägt (↗Dichtung). Die mehr oder minder klar umrissene Gesamtstruktur von Tendenzen und Merkmalen der L. einer Epoche versucht man im Begriff des (Epochen)↗Stils zu erfassen. – *In Dtschld.* zeigt sich zum ersten Mal ein Bestreben zu überregionaler, einheitl. Sprachgestaltung in der mal. Blütezeit: dies führte zu einer L., die als erste dt. Schriftsprache angesprochen werden kann, jedoch den Verfall der höf. Dichtung nicht überdauerte. Nach der Begründung der nhd. Schriftsprache durch Luther entwickelt das Barock wieder eine relativ einheitl., durch Nachahmung lat., auch roman. Stilideale geprägte L., die Grundlage der weiteren Entwicklung ist. Nachdem seit der Mitte des 18. Jh.s L. und Gemeinsprache von der gleichen bürgerl. Schicht getragen werden, nähert sich die L. bei vielfältigsten Stiltendenzen wieder immer mehr der Gemeinsprache an. Im 19. Jh. tritt der Ggs. zw. der gesprochenen Umgangssprache und der Schrift- und L. wieder stärker ins Bewusstsein. Die daraus resultierende Skepsis und Kritik an der L. fördert allgem. eine Annäherung an die gesprochene Sprache, insbes. die Neigung zur Dialektliteratur. Prakt. wirksam wird diese Entwicklung im ↗Naturalismus, der bisher ausgeschlossene, niedrige und regionale Schichten der Sprache aufnimmt. Im 20. Jh. wird die Leitfunktion der L. nach und nach von der Zeitungssprache übernommen; sie zeigt seit der Jahrhundertwende, die allgem. durch eine Sprachkrise gekennzeichnet ist, widersprüchl. Tendenzen: einmal entfernt sie sich wieder von der Gemeinsprache in bewusster Suche nach Distanz (z. B. Symbolismus, Expressionismus), zum

andern wird aber auch die vom Naturalismus eingeschlagene Richtung weiter verfolgt. Gerade die Synthese dieser widersprüchl. Elemente scheint das Charakteristikum eines Großteiles der L. des 20. Jh.s zu sein. ED

Literaturstreit, Auseinandersetzung zwischen Vertretern verschiedener Dichtungskonzeptionen, Stilrichtungen, Literaturtheorien. Während sich in Antike und MA. ein L. dichtungsimmanent, d. h. innerhalb der poet. Gattungen selbst, abspielte (in spezif. ↗Streitgedichten, Exkursen in ep. Werken [Gottfried, Wolfram], als ↗Literatursatiren, vgl. ↗Dichterfehde), verlagerte sich der L. in der Neuzeit mehr in die nicht-fiktionalen Formen der Abhandlung, des Essays, des Pamphlets, der Streitschrift, die selbständig oder in literar. Zeitschriften erschienen. – *Der erste bedeutsame moderne L.* ist die von der Académie française ausgehende sog. »↗Querelle des anciens et des modernes« (2. Hälfte 17. Jh.) zwischen den Anhängern der antiken und der modernen Dichtung. Eine vergleichbare Auseinandersetzung findet zur selben Zeit in England statt. Ebenso bedeutsam ist der L. zwischen J. Ch. Gottsched in Leipzig (als Vertreter der rationalist. klassizist. Ästhetik) und den Zürchern Bodmer und Breitinger (als Vertreter eines eigengesetzl., schöpfer., von Phantasie und Intuition geprägten Dichtungsverständnisses). Diesem L. folgten weitere literaturtheoret. und ästhet. Diskussionen, z. B. zwischen Lessing/Herder und Ch. A. Klotz, den Vertretern des Sturm und Drang und F. Nicolai, den Romantikern und Schiller, die zur Konsolidierung (und Variierung) der modernen Literaturauffassung (d. h. der Abkehr von einer normativen Poetik) führten. Der L. der Naturalisten (A. Holz) gegen Neuromantik u. a. konservative Strömungen z. B. steht am Beginn der modernen Lyrik. – Bis heute sind dichtungstheoret. Auseinandersetzungen wichtige Phasen der Selbstfindung neuer künstler. Richtungen. ↗Literaturkritik, ↗Poetik. S

Literaturtheorie

Literaturtheorie,
1. prinzipielle oder programmat. Überlegungen eines Autors zum literar. Schaffen. Solche liegen implizit in mehr oder weniger reflektierter Form jeder Art Literatur zugrunde. Oft jedoch werden sie als grundlegende Richtlinien von Dichtern oder Dichterkreisen in theoret. Schriften, in Manifesten oder Programmen formuliert (vgl. z. B. Goethe-Schiller-Briefwechsel; É. Zola,»Le roman expérimental«, 1880, die Manifeste des Naturalismus, Expressionismus, des russ. Formalismus usw.) oder in Prologen und Exkursen dichter. Werke angesprochen (erste Ansätze literaturtheoret. Äußerungen solcher Art finden sich in ahd. Zeit bei Otfried von Weißenburg, in mhd. Zeit bei Gottfried von Straßburg, Rudolf von Ems u. a.).
2. Solche expliziten Darlegungen, aber auch implizite Kriterien bilden die Ausgangspunkte für die moderne wissenschaftl. L., die im Rahmen der Literaturwissenschaft entwickelt wurde und die versucht, die älteren Disziplinen der ↗ Poetik, ↗ Rhetorik oder ↗ Stilistik zu ersetzen. Sie sucht systemat. nach allgemeinverbindl., über die nationalsprachl. Grenzen hinausreichenden Prinzipien literar. Schaffens (sog. Universalien), reflektiert Methoden der Erfassung und Deutung von Literatur (↗ Interpretation, ↗ Hermeneutik – krit. Methodologie), sie erörtert grundlegende Problem des Verhältnisses von Inhalt und Form (Gehalt und Gestalt), der Stofforganisation und -verarbeitung, fragt nach stilist.-formalen Kategorien, erforscht Aspekte der Publikumsbezüge (synchron: Lesererwartung, diachron: Rezeption), der Literaturpsychologie, der sozialen Einbindung und Funktion von Literatur und ihrer Position innerhalb von gesellschaftl. und geistesgeschichtl. Entwicklungen. In der neueren L. lassen sich im Wesentl. vier Richtungen unterscheiden: eine *abstrakt-zeichentheoret.* (Frage nach dem von der Normalsprache abweichenden semiot. System), eine *linguist.-strukturale* (Frage nach den sprachl. Medien und Vermittlungsfunktionen), eine *literatursoziologische* (Frage nach dem Verhältnis von Produzent und Rezipient im Rahmen gesellschaftl.-ökonom. Entwicklungen, nach den emanzipator. Ansätzen der Literatur) und eine *marxistische* (fasst Literatur als Ausdruck eines allgemeinen Bewusstseins, als Produkt einer objektiven gesellschaftl. Wirklichkeit, was die Frage nach der Autonomie der Künste aufwirft). L. setzt sich ab von einer eher werkorientierten, wertenden ↗ Literaturkritik und einer stärker histor. orientierten (deskriptiven) ↗ Literaturgeschichte. Ihre verschiedenen Ansätze vereinigt und reflektiert als übergeordnete Instanz die systematisierende ↗ Literaturwissenschaft (engl. als literary theory bez.). Eine Gefahr der L. liegt in ihrer Tendenz zu weitgehender Abstraktion, bei der die Fülle konkreter literar. Phänomene nicht immer genügend erfasst und berücksichtigt wird. Sie schiebt sich bisweilen als eigenständiges Philosophieren über eine Vorstellung von Literatur zwischen die Texte und ihre konkreten Deutungsmöglichkeiten. Neuere lit.theoret. Überlegungen laufen auch unter Begriffen wie ↗ Poststrukturalismus, ↗ Diskursanalyse, ↗ Semiotik, weiter unter Kulturanthropologie, Methodendiskussion, Narratologie, Postmoderne. Vgl. auch ↗ Methodologie. Sie bewegen sich z. T. in einer eigenen Begriffswelt. S

Literaturwissenschaft,
1. umfassende Bez. für die wissenschaftl. Beschäftigung mit Literatur, oft nur als nicht näher bestimmtes Synonym für eine der nationalsprachl. Philologien (Germanistik, Anglistik usw.) oder als deren Oberbegriff gebraucht.
2. programmat. wird der Begriff ›L.‹ verwendet, meist mit dem Attribut *allgem.e L.* im Ggs. zu Methode und Praxis der Literarhistorie und der Philologie (z. T. im Unterschied zu ›vergleichender L.‹). L. in diesem Sinne strebt eine theoret. Durchdringung und Systematisierung der Literaturforschung an. Sie versteht sich als eine Disziplin (fasst Ästhetik und knüpft häufig an die idealist. Ästhetik Hegels und ihrer Fortbildungen, der intuitionist. (B. Croce), der phänomenolog. (Scheler), der psychoanalyt. (Th. Lipps, J. Volkelt) und der marxist. Ästhetik an. Ihr Interesse gilt den Zeitlos-Schöpferischen, den allgem. Prinzipien des Sprachschaffens, den inneren Gesetzen der Formfin-

dung, dem Typologischen, den Theorien der Interpretation, der Hermeneutik (s. auch ↗ Literaturtheorie). Die L. versucht damit z. T., die althergebrachte ↗ Poetik auszuweiten und zu ersetzen (R. Ingarden: Das literar. Kunstwerk. Eine Untersuchg. aus dem Grenzgebiet der Ontologie, Logik u. L. Halle 1931, ³1965; W. Kayser: Das sprachl. Kunstwerk. Eine Einf. in die L. Bern 1948, ¹⁵1971). Sie versucht weiter, allgem. Strukturen, formale, motivl. oder themat. Kategorien aller Literaturen zu erfassen, Methoden und Ergebnisse der Poetik, Stilistik, Literaturtypologie, -soziologie, -psychologie und -philosophie zu kombinieren. Sie weitet ihr Aufgabengebiet nicht nur über die nationalsprachl. Grenzen der traditionellen Studienfächer (Germanistik, Anglistik, Romanistik usw.) hinweg aus (↗ Weltliteratur im wirkungsästhet. Sinne), sondern auch über die herkömml. Gegenstände der älteren Literaturgeschichtsschreibung und Philologie (bei denen jedoch auch immer wieder Ausweitungen im Sinne einer allgem. Kultur- und Geistesgeschichte zu beobachten sind, vgl. ↗ Germanistik, ↗ dt. Philologie, ↗ german. Philologie). Das Interesse der L. gilt ferner nicht nur der sog. hohen Literatur, der Dichtung, sondern allen literar. Produktionszweigen, den Gebrauchstexten ebenso wie der Trivialliteratur, den Comics oder Kinderbüchern usw. Sie geht damit noch über die weitgefasste Gegenstandsdefinition des anglo-amerikan. literary criticism hinaus, zu dessen Aufgabengebiet immer schon theolog., histor., polit. Schriften zählten. Ferner untersucht sie Formen und Bedingungen der literar. ↗ Rezeption. Eine weitere kennzeichnende Grenzüberschreitung der L. liegt auch in einer gegenüber den traditionellen Philologien stärkeren *interdisziplinären Orientierung,* so an Philosophie (Dilthey: Geistesgeschichte; Heidegger, Sartre: Existentialismus; Husserl: Phänomenologie), Psychoanalyse (Freud, Jung), Entwicklungspsychologie (Kretschmer, Spranger), Kunstgeschichte (Wölfflin, Worringer), Soziologie (Troeltsch, M. Weber, Simmel) oder am dialekt. Materialismus. – Der *Begriff* ›*L.*‹ taucht erstmals in der Einleitung des »Geschichte der Literatur der Gegenwart« (1842) des jungdt. Kritikers Th.

Mundt auf, dann bei dem Hegelianer K. Rosenkranz (1848). Es ist für die spätere programmat. Fixierung des Begriffes kennzeichnend, dass er bei solchen Literaturforschern zuerst begegnet, die nicht von der Philologie her kommen. Zunächst machte die ↗ *positivist. L.* method. Anleihen bei den Naturwissenschaften. Unter dem Einfluss des Historismus wurden diese aber noch vornehml. für die Literaturgeschichtsschreibung fruchtbar gemacht (Taine, Scherer). Erst die Reaktion auf eine bisweilen beziehungslose Faktenhäufung der positivist. L. und einen wertungsfreien Historismus förderte die theoret. Ansätze zu einer allgem. L. So forderte dann E. Elster im Rahmen seiner psycholog. Literaturbetrachtung erstmals konsequent, die Literaturgeschichte der Philologie zu trennen und Letztere zur allgem. L. auszuweiten (Prinzipien der L., 1897). Ihm folgen zunächst v. a. die Vertreter der sog. *geistesgeschichtl. Richtung* im Anschluss an W. Dilthey (»Das Erlebnis u. d. Dichtung«, 1905), eine philosoph. Vertiefung des Ansatzes der histor. Schule u. eine Lösung von naturwissenschaftl. Methodik verfochten und an die Stelle des kausalgenet. Erklärens das ›Verstehen‹ setzten. Ihr Organ wurde die von R. Rothacker u. P. Kluckhohn begründete ›Dt. Vierteljahrsschrift f. L. u. Geistesgeschichte‹, 1. Jg. 1923. – Die Offenheit der L. gegenüber den verschiedenartigsten Einflüssen führte zu einem die westl. L. der Gegenwart kennzeichnenden, z. T. kritisierten und befehdeten Methodenpluralismus. Gewisse Gemeinsamkeiten lassen sich ledigl. in der jeweils verschieden starken Ausrichtung auf das dichter. Werk beobachten. In den geistesgeschichtl. Darstellungen war der histor. Aspekt sublimiert; es erhielten größere Zusammenhänge und Strömungen den Vorrang vor dem Einzelwerk und positivist. Faktizität. Dies zeigt sich nicht nur in einer der Geisteswissenschaft an sich fernliegenden Sparte, der Biographie (vgl. z. B. F. Gundolfs biograph. ›Mythologie‹ »Goethe«, 1916), sondern auch in ideen- und problemgeschichtl.- ontolog. Arbeiten über Themen des Irrationalismus wie denen von H. Nohl, R. Unger (über Hamann), P. Kluckhohn (über die Romantik),

W. Rehm (über das Todesproblem). Als Gegenbewegungen gegen eine spekulative Geisteswissenschaft und die Unterordnung der Literatur unter außerliterar. Aspekte entstanden die *formalästhet. Besinnungen* auf das literar. Werk, so die in der Romanistik entwickelten Stilanalysen, die ›explication de texte‹ (L. Spitzer, K. Voßler, B. Auerbach, H. Hatzfeld) und die durch diese romanist. Impulse angeregte Formanalyse (M. Kommerell, K. May, G. Müller), die schließl. in die ↗ werkimmanente Interpretation mündete (Staiger, vgl. auch die zahlreichen Interpretationsbände der letzten Jahrzehnte, u.a. von B. von Wiese). Der von Russland ausgehende ↗ Formalismus wandte sich unter Berücksichtigung linguist. Methoden (Trubetzkoy) vornehml. der Formensprache literar. Texte zu. Der mit ihm in vielem gleichstrebende amerikan. ↗ New criticism fand sein Hauptinteressengebiet in der poet. Sprache (T. S. Eliot, W. Empson, J. C. Ransom), mit Berücksichtigung der Ergebnisse der modernen Anthropologie, Psychologie und Soziologie (K. Burke, E. Wilson, R. Wellek, A. Warren). Eine vierte, auf das literar. Werk zentrierte Richtung nahm ihren Ausgang vom *anthropolog. Strukturalismus* (C. Lévi-Strauss) unter Einbeziehung gesellschaftl. Strukturen (L. Goldmann) oder der von N. Chomsky begründeten strukturalist. Linguistik. Die neuere Linguistik förderte auch in der L. Versuche, wie schon einmal im Positivismus, durch Anlehnung an die naturwissenschaftl. Methoden, jetzt der Informatik und Statistik, eine stärkere Exaktheit der wissenschaftl. Erfassung von Literatur zu gewinnen (M. Bense, W. L. Fischer, W. Fucks, vgl. auch ›Mathematik u. Dichtung‹, hg. v. H. Kreuzer u. R. Gunzenhäuser. Mchn. ²1971); vgl. auch ↗ Textlinguistik. Der histor. Materialismus hat eine ideolog. sich scharf gegenüber der bürgerl. L. abgrenzende L. hervorgebracht (F. Mehring, G. Plechanow, A. Lunatscharski, G. Lukács, die auf der westl. L. mannigfach einwirkt, v. a. auf die ↗ Literatursoziologie, die Rezeptionsforschung und auf die Versuche einer Entlarvung der sozialen, ideolog. u. systemerhaltenden Hintergründe der Literatur. – Die Eckpositionen der literaturwissenschaftl. Strömungen im 20. Jh. bilden die nach 1945 v. a. gepflegte, z.T. esoter. werkimmanente Interpretation (vgl. auch ↗ Dichtungswissenschaft) auf der einen Seite und eine ideologiebeladene, gesellschaftsorientierte Theoriebildung auf der anderen. Eine Scheidung der L. und der ↗ Literaturkritik ist dabei nicht immer möglich. S

Litotes, f. [gr. = Schlichtheit], rhetor. Stilmittel, ↗ Tropus, Mittel der ↗ Meiosis, der untertreibenden Ausdrucksweise oder des Understatement: statt eines Superlativs oder Elativs wird die Verneinung des Gegenteils gesetzt, z. B. »nicht unbekannt« (eigentlich: *sehr bekannt, berühmt*). Indem weniger gesagt als gemeint wird, ist die L. der ↗ Emphase, durch den Gebrauch des Gegenteils der ↗ Ironie verwandt. ED

Littérature engagée [literatyrãga'ʒe; frz. = engagierte Literatur], von Jean-Paul Sartre im Zusammenhang seiner Existenzialphilosophie vorgeschlagene Bez. für eine von ihm geforderte »Literatur der Praxis«, der »Stellungnahme« des »in der Literatur« stehenden Dichters im Ggs. zu einer reinen »Seins-Literatur« (vgl. ↗ existentialist. Literatur). Für Sartre, der in seinem literar. Werk eine derartige l. e. zu praktizieren versuchte, ist Literatur dabei wesentl. »das Werk einer totalen Freiheit, die sich an vollkommene Freiheiten wendet und auf ihre Weise, als freies Produkt einer schöpfer. Aktivität, die Totalität der menschl. Situation manifestiert« (»Über Literatur«, 1950). Im Rahmen einer Ende der 50er Jahre als Reaktion auf den Sartreschen Begriff einer l. e. einsetzenden Entwicklung setzt sich Claus Bremer 1966 mit seinen »engagierenden Texten« bewusst vom »engagierten« Text ab mit dem Ziel, Engagement und Experiment sinnvoll zu verbinden (operationelle Lit.; vgl. die Veröffentlichungen z. B. in »Augenblick. Zeitschrift für Tendenz und Experiment«, 1958–1961). D

Living Newspaper [engl. = lebende Zeitung], amerikan. Variante des ↗ Lehrstücks im Stil des nicht-aristotel., ↗ epischen Theaters, eine Art dramatisierten Journalismus' mit pot.-gesellschaftl. Thematik; die L. N.s experimentierten im Formalen mit Elementen aus Zirkus, Varieté, Ballett, Film, Musik. Geschaffen in den 30er Jahren am New Yorker ›Federal Theatre‹ von Joseph Losey, Arthur Arent u. Morris Watson, übte das L. N. bes. mit seinen filmischen Momenten einen großen Einfluss auf das amerikan. Theater aus; im Zweiten Weltkrieg wurde es in England der Erwachsenenbildung u. der Heerespropaganda dienstbar gemacht. MS

Living Theatre [engl.], 1951 von Julian Beck und seiner Frau Judith Malina (Schülern von E. Piscator) in New York gegründete Theatertruppe (ca. 30 Spieler, z. T. Laien), die durch die Verbindung von Stückwahl, Aufführungsstil, kollektiver Lebensform und polit. Engagement internationale Berühmtheit erlangte. Das L. Th. war in den 1960er Jahren in Amerika und Europa die einflussreichste off-Broadway Truppe. – Der Name L. Th. benennt das Programm: in erklärter Opposition zu den verkrusteten Formen und konventionellen Inhalten des etablierten Theaters sollte Theater für die Lebenspraxis lebendig werden, inhumanes Verhalten angeprangert und die Utopie friedfertigen Zusammenlebens der Menschen u. Nationen modellhaft vorgeführt werden. Aus den Theorien K. S. Stanislawskis, E. Piscators und A. Artauds entwickelte das L. Th. sein eigenes Konzept: mit den formalen Mitteln des ↗ Theaters d. Grausamkeit (exzessive, ritualisierte Gebärdensprache und Choreographien, Einsatz v. Sprechchören, naher Kontakt zum Publikum) Brutalität von Herrschaft, die Situation der sozial Ausgestoßenen, der rassisch und moralisch Diffamierten, die Unerträglichkeit von Krieg und Gewalt auf der Szene körperl. spürbar und verständl. zu machen, um die Notwendigkeit friedl. Zusammenlebens zu erweisen. – Das L. Th. spielte zunächst in Privatwohnungen, ab 1952 im Cherry-Lane-Theatre, 1957–63 im eigenen Theater. Das *Repertoire* umfasste neben Stücken von B. Brecht (»Mann ist Mann«), G. Stein (»Dr. Faustus lights the lights«), J. Genet (»Die Zofen«), J. Gelber (»The Connection«) v. a. auch eigene Produktionen wie »The Apple« (1961) und, mit weltweitem Erfolg, »The Brig« (1963, Text von Kenneth Brown), mit der das L. Th. einen Weltgeneralstreik für den Frieden zu organisieren suchte, was ihm Verfolgungen einbrachte. 1963 wurde das L. Th. in New York zwangsweise geschlossen. Nach Tourneen durch Europa (1964–68 mit den Stücken »Mysteries«, 1964 und »Paradise now«, 1968) und die USA und dem Versuch eines Neuanfangs in Brasilien 1970, wirkte das L. Th. ab 1971 wieder in den USA und Europa (1974–78) als polit. ↗ Straßentheater für eine neue Zielgruppe der Arbeiter, Bauern, Arbeitslosen und Entfremdeten. Nach dem Tod J. Becks 1985 wurde es von J. Malina und Hanon Reznikow (dem Hauptdarsteller der Truppe) weitergeführt. JT

Ljoðaháttr, m. [ljoðahɔ:tər; altnord. = Spruchweise, zu ljoð = Vers, Strophe und háttr = Art u. Weise, Maß, Metrum], altnord. Strophenmaß v. a. der edd. Merk-, Spruch- und Zauberdichtung (»Havamál«), »Versmaß der (Zauber)lieder« (A. Heusler), besteht aus einer doppelten, bisweilen auch dreifachen Folge von je einer Langzeile aus zwei 2-heb., durch Stabreim verbundenen Kurzzeilen und einer 2- bis 3-heb. sog. Vollzeile (die in sich stabt). Die Versfüllung ist im Ggs. zu den meisten anderen altnord. Strophenformen relativ frei. – Eine Variante des L., bei dem die Abfolge von Lang- und Vollzeilen unregelmäßig ist, heißt *Galdralag* (Weise der Zaubergesänge). K

Loa, f. [span. = Lob, Lobgedicht], im älteren span. Drama dialog. Vorspiel, Rede oder Prolog; dann auch kurze dramat. Dichtung *vor* dem eigentl. Schauspiel, mit dem es in losem Zusammenhang stand und dem es als Einführung oder Praeludium diente (vor einem ↗ Auto als *L. sacramental*, vor einer ↗ Comedia als *L. humana*); enthält Lob des Autors oder der Persönlichkeit, für das das Stück gewidmet war, des Publikums, der Stadt oder des Stückes selbst, hat dem Zweck, auf das Stück vorzubereiten, das Verdienst der Schauspieler zu rühmen oder das Wohlwollen des Publikums zu erlangen (↗ Captatio benevolentiae); anfangs in Prosa (z. B. »Introitus« von B. de Torres

Naharro, 15./16. Jh.), dann in den gebundenen Formen der ↗ Oktave, ↗ Redondilla und ↗ Romanze. – Auch Bez. für ein Drama von geringem Umfang, das allegor. eine berühmte Person oder ein glückl. Ereignis feiert. GG

Locus amoenus, m. [lat. = lieblicher Ort], literar. ↗ Topos, fiktive Landschaft aus bestimmten stereotypen Elementen (Hain, Quelle usw.) zusammengesetzt, Requisit und Kulisse insbes. der ↗ Schäferdichtung und ↗ Idylle (Theokrit, Vergil); gelangte aus antiker und spätlat. Dichtung in die mal. Literatur (↗ Minnesang, insbes. ↗ Pastorelle, aber auch Epik, vgl. *Minnegrotte* im »Tristan« Gottfrieds von Straßburg) und v. a. barocke Literatur (↗ arkad. Poesie); konnte auch christl. als Paradieslandschaft umgedeutet werden, wobei die Vorstellung des ›entlegenen Gartens‹ hereinspielt. ED

Logaödische Reihen [zu gr. Logaoidikos (aus logos = Prosa und ode = Gesang, Poesie) = aus Prosa und Poesie bestehend], von R. Westphal und A. Roßbach im Anschluss an eine Hephaistion-Stelle eingeführte, heute nicht mehr gebräuchl. Bez. für die ↗ äol. Versmaße und ihre zahlreichen Kombinationen und Fortentwicklungen in der gr.(-lat.) Metrik. K

Logographen, m. Pl. [zu gr. logos = Wort, Prosa, graphein = schreiben],
1. heute umstrittene Bez. F. Creuzers für frühgriech.-ion. Historiker u. Geographen (7.–5. Jh. v. Chr.), die ihre teils legendär-myth., teils sachl. fundierten Berichte über Städte, Landschaften, Götter- u. Königsgenealogien usw. *in* ↗ *Prosa* abfassten. Da sie am Beginn der Entwicklung einer frühgriech. Prosaliteratur stehen, wurde die Bez. später auch ausgeweitet auf ›Prosaschriftsteller‹. Bedeutende L. waren Hekataios von Milet und Hellanikos von Mytilene; ihre nur fragmentar. erhaltenen Werke gelten als stoffl. Quellen Herodots.
2. Bez. für att., jurist. geschulte Redner, die gegen Honorar Gerichtsreden für prozessierende Bürger verfassten, die diese dann vor Gericht in eigener Sache vortrugen. Der 1. bekannte Logograph war Antiphon aus Rhamnus (5. Jh v. Chr.; 15 Reden erhalten), er gehört wie de berühmteste, Lysias (von 233 Reden 34 erha ten), zum Kanon der 10 att. Redner. I

Lokalstück, Theaterstück, das lokale Eigen tümlichkeiten (meist) einer Stadt (seltener ei ner Landschaft), d. h. Typen, Dialekt, lokal Sitten und Verhältnisse, spiegelt; kann als rei unterhaltende oder satir. ↗ Posse (oft mit Ge sang), als moralisierendes ↗ Sittenstück ode soziales ↗ Volksstück konzipiert sein, wobe die Grenzen untereinander sowie zu andere Formen des ↗ Volkstheaters fließend sind, z. B zu ↗ Zauberstück, Literaturparodie, mytholog Karikatur, z. T. auch zum ↗ Bauerntheater. – L. entstanden jeweils aus lokalen städt. Theater traditionen (Intermedien, Possen, bürger Rührstücken) im 18. Jh.; Blütezeiten ware der polit. restriktive *Vormärz* mit zeitsatir. u zeitkrit. Lokalpossen, insbes. in Wien (J. Nest roy), Hamburg (G. N. Bärmann, J. H. David) Darmstadt (E. E. Niebergall), Berlin (D. Ka lisch, A. Glaßbrenner), und der *Naturalismu* (L.e mit sozialer Tendenz: L. Anzengruber. Wien, G. Hauptmann/Berlin, J. Stinde/Ham burg). IS

Losbuch, mal. Gebrauchsbuch meist antiker oder arab. Ursprungs, das in großer Verbrei tung und method. Vielfalt der Prognostikatior epidemologischer, metereologischer, poli tischer, religiöser und alltäglicher Inhalte diente. Im Spektrum der mal. ↗ Artes fällt die Erstellung und Benutzung von L.ern unter die ›Verbotenen Künste‹ (Magie, Mantik, Berufs gaunertum, betrügerische Praktiken von Handwerkern und Kaufleuten), die dem Ver dikt von Kirche und Rechtsprechung unterla gen. – Das *wichtigste* und lange Zeit verbind lich gebliebene *mantische System* des MA.s ha Isidor v. Sevilla im 7. Jh. entworfen, unter dem er (analog zur antiken Vierelementetheorie) die mant. Künste der Geomantie, Hydroman tie, Aeromantie und Pyromantie begriff. Wei tere Systementwürfe stammten von Hrabanus Maurus, Hugo v. St. Victor, Thomas v. Aquin, Berthold v. Regensburg u. a. Das systemat. Hauptwerk spätmal. Mantik hat der in zahleichen Wissensgebieten seiner Zeit versierte Hans Hartlieb mit seinem »Puoch aller verpoten kunst« (1455/56) verfasst, in dem er trotz einer vermutl. durch den päpstlichen Legaten Nikolaus v. Kues bewirkten Konversion eine breite Kenntnis der in L.ern angewandten Losmethoden zeigte. BL

Lost generation [engl. = verlorene Generation], eine Gruppe amerikan. Schriftsteller der zwanziger Jahre, die das Erlebnis des Ersten Weltkrieges pessimist. gestimmt und desillusioniert hatte. Die Bez. wurde geprägt nach der an E. Hemingway gerichteten Bemerkung G. Steins »you are all a lost generation«, die Hemingways Roman »The Sun also Rises« (1926) als Motto vorangestellt war. Zur Gruppe der l. g. werden neben Hemingway E. E. Cummings, M. Cowley, J. Dos Passos und F. S. Fitzgerald gerechnet. Ihre gegen die amerikan. Traditionen rebellierenden Werke sind geprägt durch Illusionslosigkeit und einen bis zum Zynismus und Nihilismus gesteigerten Bindungsverlust. – Die Bez. wurde auch auf europ. Schriftsteller der Zeit nach dem Ersten Weltkrieg ausgedehnt (E. M. Remarque, E. Toller, W. E. S. Owen, L. Aragon, A. Huxley). GG

Hemingway: »The Sun also Rises«

Lösungsdrama, von P. Kluckhohn geprägte Bez. für Dramen, in denen eine trag. Situation durch positive Lösung des Konfliktes überwunden wird und zwar 1. durch göttl. Eingreifen (Gnaden- oder Erlösungsdrama), z. B. in der Antike die »Eumeniden« des Aischylos (↗ deus ex machina), in der Neuzeit christl. Dramen wie Calderóns »Standhafter Prinz«; eine Umkehrung und Persiflage dieses Typus des L.s zeigt B. Brechts »Der gute Mensch von Sezuan«, 2. durch innere Wandlung des Menschen (Läuterungsdrama), z. B. Calderóns »Das Leben ein Traum«, Goethes »Iphigenie«, H. v. Kleists »Prinz von Homburg«. HD

Ludi, m. Pl., Sg. ludus [lat. = Spiel], öffentl. Kampf- und Theaterspiele im antiken Rom; es gab sog. *l. circenses* (Zirkusspiele, z. B. Pferde- und Wagenrennen, Gladiatorenkämpfe, Tierhetzen) und *l. scaenici* (dramat. Aufführungen). – Die röm. l. sind etrusk. Ursprungs; sie fanden jährl. im Rahmen der großen kult. Feste statt. Von den grundsätzl. vergleichbaren griech. Festspielen (etwa den Dionysien) unterscheiden sie sich v. a. dadurch, dass die röm. Bürger an den Wettkämpfen und Aufführungen nicht aktiv beteiligt sind. Hervorzuheben sind die in die Zeit der Republik zurückgehenden *kult. l.* gegenüber den oft nur kurzleb. l. der Kaiserzeit (oft zu Ehren bestimmter Kaiser, Siege usw.), denn Dramenaufführungen fanden nur an den wichtigen republikan. l. statt, so an den *l. Romani* (auch: *l. Magni*, seit 366 v. Chr., 12.–15. Sept., zu Ehren des Jupiter Optimus Maximus), die *l. Florales* (seit 240 [38] v. Chr., 28. April, zu Ehren der Flora), die *l. Plebei* (seit 216 v. Chr., 15. Nov., zu Ehren Jupiters), die *l. Apollinares* (seit 212 v. Chr., 13. Juli, zu Ehren Apollos), die *l. Megalenses* (seit 204 v. Chr., 10. April, zu Ehren der Magna Mater), die *Cerialia* (seit 202 v. Chr., 12.–19. April, zu Ehren der Ceres). Im Anschluss an die lat. *l. scaenici* wurden auch die lat. ↗ geistl. Spiele des MA.s als l. bez., z. B. *ludus paschalis* (Osterspiel), *ludus de Antichristo* (Antichristspiel) u. a. K

Ludlamshöhle, Wiener gesell. Kreis von Schauspielern, Dichtern und Musikern u. a., 1817 von dem Burgschauspieler Karl Schwarz gegründet, benannt nach A. G. Oehlenschlägers gleichnam. Theaterstück von 1817; Mitglieder u. a. J. Ch. v. Zedlitz, J. F. Castelli, F. Grillparzer, K. v. Holtei, E. v. Bauernfeld, C. M. v. Weber, der Maler M. M. Daffinger, der Ästhetiker J. Jeitteles. 1826 von der Polizei wegen angebl. staatsgefährdender Tätigkeit aufgelöst, wurde die L. danach unter verschiedenen Namen (z. B. »Baumannshöhle«, »Grüne Insel«, zuletzt »Neue L.«) wieder eingerichtet, bestand bis 1973. HD

Lügendichtung, unterscheidet sich von anderer fiktionaler phantast., märchenhafter oder symbol.-allegor. Dichtung (die ebenfalls durch keine unmittelbaren Wirklichkeitserfahrungen bestätigt wird) dadurch, dass die Lügen als spieler. Affront gegen einen von Dichtung ohnedies nicht einlösbaren Wahrheitsanspruch, nicht aber als dichter. Chiffren für rekonstruierbare Wirklichkeit verstanden werden sollen. Dabei ist das Lügen stets an histor. Wirklichkeitsbegriffe und Wahrhaftigkeitsansprüche gebunden, die durch ihre radikale Umkehrung ins Unglaubhafte zugleich kritisiert oder karikiert werden können. Erlogenes kann aber zu späteren Zeiten den Wert einer Realität erhalten, z. B. die Entdeckung der Neuen Welt in Lukians »Wahren Geschichten« oder die zu einem Topos der L. gewordenen Mondreisen, soweit sie nicht, wie Cyrano de Bergerac oder Jules Verne, dem Genre des ↗ utop. Romans angehören, der im Ggs. zur L. nicht das evident Unmögliche, sondern das potentiell Mögliche darstellen will. – L. kann entweder 1. das Lügen zum dichter. Verfahren machen, wie es insbes. im Lügen*roman* geschieht, der sich seit der Antike an Stoff u. Form der homer. »Odyssee« orientiert; kennzeichnend sind die Perspektive der Ich-Erzählung, pikareske Episodenfolge und oft das Handlungsschema des Reiseberichts, z. B. die »Wahren Geschichten« Lukians, die oriental. »Abenteuer Sindbads des Seefahrers«, die »Wunderbaren Reisen« Münchhausens und seiner zahlreichen, z. T. parodist. Nachfolger (↗ Münchhausiade). Diesem Modell sind auch Lügenmären wie das mal. »Schneekind« (Modus Liebinc), Wunschlügen-Erzählungen wie das »Schlaraffenland« verpflichtet. – Dieser Gattung des lügenden Erzählens stehen 2. zahllose Werke gegenüber die das Lügen als menschl., moral. defekte Verhalten mit satir. oder kom. Absicht darstellen: von Plautus' »Miles gloriosus« über Rabelais' »Gargantua«, Gryphius' »Horribilicribrifax Teutsch«, Ch. Reuters »Schelmuffsky« bi hin zu Daudets »Tartarin de Tarascon« ist de verlogene Aufschneider ein beliebter Typ de ep. und dramat. Lügendichtung. Wo allerding der moral. Anspruch eines Werkes das ästhet Vergnügen am dargestellten Lügen übersteigt pflegt man die Bez. ›Lügendichtung‹ nicht z verwenden, z. B. bei Molières »Tartüff« ode H. v. Kleists »Zerbrochenem Krug«. HW

Lullaby, n. [lʌləbai; engl., von lautmalenden to lull = beruhigen, vgl. dt. einlullen], engl Wiegenlied oder Refrain eines solchen; forma u. entstehungsgeschichtl. meist den ↗ Carol zugerechnet. Blütezeit im 15. (damals meist al *Lullay* bezeichnet) u. 16. Jh. MS

Lustige Person, kom. Person, kom. Bühnenfigur; begegnet in vielfach variierter Gestalt unter verschiedenen Namen und nationalen Ausprägungen; typ. Eigenschaften sind Gefräßigkeit, sexuelle Triebhaftigkeit, Possenreißerei, Tölpelhaftigkeit, Prahlsucht, Spottlust, kom. Räsonierbedürfnis, Gerissenhei und Intrigantentum; hervorgekehrt sind be den einzelnen Vertretern die jeweils als typ angesehenen nationalen Eigenschaften in grotesker Vergrößerung; häufiges Rollenetikett Diener oder Bote. Die *Funktion* der l. P. besteh 1. in der Erheiterung der Zuschauer durch die Ausdrucksmittel der mim. und gest. bestimmten Sprache, durch Scherzformeln, Stegreifeinlagen, Akrobatenakte usw., 2. in der Durchbrechung der Bühnenillusion durch direkte Anrede des Publikums (↗ Beiseitesprechen) im publikumsnahen Aktionsraum (Bühnenrand). 3., sofern die l. P. nicht als Zentrum einer Posse, sondern als Nebenfigur im ernsten Drama auftritt, in der Relativierung des Bühnengeschehens; sie wiederholt und kontrastiert als antithet. Parallelfigur zum Helden das Geschehen auf niederer Ebene, parodiert edle Gefühle und held. Tugenden und dekouvriert das Verstiegene aus der Perspektive des ›ge-

Reuter: »Schelmuffsky«, 1696

unden Menschenverstandes‹ (Hinck). Frühormen finden sich schon in ↗Mimus und ntiker Komödie als ↗Parasit, gerissener klave, soldat. Maulheld (Epicharm, Menaner, Plautus, Terenz), im mal. dt. Osterspiel als albenverkäufer oder Gehilfe unter den Naien Pusterbalk, Lasterbalk oder Rubin, im rz. Mysterienspiel als Schäfer Riflart, Le Fou Narr) oder Le Sot (Tor). Die l. P. ist Hauptperon im ↗Fastnachtsspiel des 15./16. Jh.s in der Gestalt des teils tölp., teils verschlagenen Bau- rn (H. Sachs), ferner im ↗Stegreifspiel der engl. Komödianten des 16./17. Jh.s als Clown an Bouchet, Stockfisch und ↗Pickelhering, owie in den Improvisationen der ↗Commedia dell'arte als gerissener Diener ↗Arlecchino, n Frankreich als ↗Guignol, Harlequin (Harlein) oder Jean Potage, in Spanien als ↗Gracioso (Lope de Vega). Die dt. Ausprägung dieser yp. Figur ist der ↗Hanswurst. In der Tradition lieser internat. l. P. steht auch Stranitzkys Neuschöpfung des Salzburger Hanswurst (Anang 18. Jh.), der unter verschiedenen Namen Kasperl, Staberl) die zentrale Figur des ↗Wiener Volkstheaters blieb (Kurz-Bernardon, Hafner, Raimund, Nestroy). PH

Lustspiel, dt. Übersetzung von lat. *comoedia*, erstmals 1536 im Titel eines anonymen Stückes (»ein L. und vast ehrliche kurtzweile«), dann erst wieder im 17. Jh. gebraucht (A. Gryphius), seit dem 18. Jh. allgem. übl. (Gottsched 1757) und mit ↗Komödie synonym verwendet. – In der modernen Literaturwissenschaft wurde z. T. versucht, die Bez. ›L.‹ einzuengen auf Werke, in denen das ↗Kom. stoffl., formal oder strukturell in gedämpften leisen Ausprägungen gestaltet oder durch den Aspekt des ↗Humors gedeutet wird, deren Wirkung also nicht im spött.-aggressiven Lachen (wie in der Komödie) sondern in Lächeln und versöhnl. Heiterkeit bestehe. Die Problematik dieser Versuche liegt (abgesehen von der nur im dt. sprach. und niederländ. Bereich mögl. Anwendung dieser terminolog. Differenzierung und der von Autoren meist nicht praktizierten Unterscheidung) 1. in der fragwürd. kategorialen Gleichsetzung des (objekt.) Komischen mit (subj.) Humor, 2. in der nur subj. Ermessen anheimgestellten Grenzziehung zwischen aggressiver und versöhnl.-heiterer Aussage, so dass die Klassifizierung einzelner Werke als L.e schwankt. Allgem. gelten als L.e Shakespeares Komödien, nicht unumstritten aber z. B. Lessings »Minna von Barnhelm«, die Märchenspiele der Romantiker (L. Tieck, C. Brentano, G. Büchner, »Leonce und Lena«), F. Raimunds Zauberstücke und H. v. Hofmannsthals »Der Schwierige« und »Der Unbestechliche«. Problemat. sind auch Differenzierungen, die die Komödie als dem roman. Wesen gemäßer vom L. als german. oder nur dt. Wesen gemäßer absetzen. IS

Lyoner Dichterschule, ↗École Lyonnaise.

Lyrik, f. [nach griech. Lyra = Leier], poet. ↗Gattung, ursprüngl. zur Lyrabegleitung vorgetragene Gesänge. Literar. fassbar im Abendld. erstmals bei den Griechen; erwuchs wie auch in anderen Kulturkreisen (oriental., chines., ind., polynes. usw.) aus der Einbettung in den Mythos (↗Zauberspruch, mag. Beschwörung, ↗Totenklage, Segensformel, Kinder-, ↗Arbeits-, Kriegslied; ↗einfache Formen, ↗Kultlied) und entwickelte im Lauf ihrer Geschichte einen großen Formenreichtum; sie gestaltet die unterschiedlichsten Inhalte des menschl. Seins und Erlebens und der Arbeitswelt, wobei die ursprüngl. Bindung an Gesang und Musik (↗Lied) nie gänzl. verlorengeht (vgl. ↗Protestsong). L. wurde erst im 18. Jh. als dritte Hauptgattung der Poesie (neben Epik und Drama) klassifiziert (↗Dichtung). Sie wird bis heute verschiedentl. als Urform der Dichtung angesprochen, lässt aber im Hinblick auf die Vielfalt ihrer historisch, kulturell und gesellschaftlich unterschiedl. ausgeprägten Erscheinungsweisen keine einheitl. und vollständige Begriffsbestimmung zu, zumal der längere Zeit vorherrschende, an Goethe-Zeit und Romantik orientierte L.-Begriff (↗lyrisch) sich heute zunehmend einer Kritik ausgesetzt sieht. Neue Definitionsversuche möchten die Wesensbestimmung von L. als empfindsam-subjektivem Ausdruck von Unmittelbarkeit, Gemüt, Gefühl (Erlebnis, Verinnerung des Gegenstands in einer Stimmung,

Lyrik

Abstandslosigkeit zwischen Subjekt und Objekt, Inhalt und Form, Dichter und Leser, musikal. Wirkung) in ihrer Gültigkeit histor. eingeschränkt wissen, und verweisen mit stärkerer Betonung des Artifiziellen gegenüber dem Liedhaften auf die lange Reihe des lyr. ↗ Manierismus, v. a. aber auf die von der Antike bis ins 18. Jh. reichende Tradition einer von der ↗ Poetik in ihrem gesellschaftl.-öffentl. Stellenwert bestimmten L. (↗ Rollen-L.), ebenso wie auf die durch neuartige weltanschaul.-gehaltl. Momente bedingte L. der Moderne. Relativ konstante Elemente der L. (in typologischer, nicht klassifikator. Hinsicht) in Bezug auf die *äußere Form* sind ↗ Rhythmus (Betonung in nahezu regelmäßiger Abfolge; vgl. auch ↗ freie Rhythmen) und ↗ Vers; gegebenenfalls ↗ Metrum, ↗ Reim und ↗ Strophe; ↗ Bild; Kürze. Dem entspricht hinsichtl. *der inneren Form:* Konzentration, Abbreviatur komplexer Verhältnisse, Sinnverdichtung und Bedeutungsintensität, also die Qualität des Lakonischen als Ergebnis sprachl. Verdichtung und Ökonomie, die v. a. durch Wiederholungen ein Gewebe von (gedichtimmanenten) Verweisungen und Bezügen herstellt und deren Addition und Variation in einer (mehr oder minder akzentuierten) Summation zusammenfasst (die Wiederholung kann inhaltl. oder formale Kennzeichen betreffen: Wörter, Wortgruppen, Verse [↗ Refrain], rhythm. oder syntakt. Strukturen, bes. auch Klangidentitäten). *Arten der L.* lassen sich (unter Vernachlässigung der hist. Perspektive) unterscheiden nach dem Gegenstand (Liebes-L., polit. L. usw.), nach dem Grad der lyr. Gestaltung (vom ↗ Lied als formal anspruchslosem, unmittelbarem Ausdruck naturbezogenen Gefühls bis zur höchst bewusst durchgeformten, durchgeistigten Kunst-L., deren künstler. Gestalt zum Eigenwert werden kann, der den sachl. Gehalt weitgehend verdrängt) und nach Maß und Art des Anteils der dichterischen Subjektivität (Verhältnis Subjekt – Objekt). In letzterer Hinsicht lassen sich Lied und ↗ Gnome (Spruch) schemat. einander gegenüberstellen, mit der Einschränkung, dass das Lied ebenso wenig rein subjektive Empfindung ausdrückt wie die Gnome rein objektiven Gehalt. Demgemäß bildet das eine Extrem die *Stimmungs-L.*, in der die subjektiv Empfindung das Objektive durchtränkt und auflöst, um so die Verschmelzung von Ich und Wirklichkeit zu gestalten. Häufig mit ih gleichgesetzt wird der eigentl. weitere Begrif der *Erlebnis-L.*, die die Einheit von Subjek und Objekt nicht nur als gefühlvolles Ineinan derfließen, sondern auch als bewusste Einstel lung des Ich auf erfahrene Wirklichkeit zeigt Als ein Überindividuell-Allgemeines erschein das Gegenständliche in der *hymnischen L* (↗ Hymne, ↗ Dithyrambus), die auch noch di leidenschaftl.-enthusiast. Subjektivität als Er griffensein von einer höheren Lebensmacht einer Idee, einem Objektiv-Allgemeingültige darstellt, wie andererseits die ↗ *Gedanken-L* (im Unterschied zur ↗ Lehrdichtung) philos. theoret. Gegenstände immer unter der Per spektive persönl. Betroffenheit bietet. Fließen sind die Übergänge zur ↗ Ode, deren Ton häu fig strenger, gemessener, feierlicher ist und di durchaus eine Distanz zwischen Subjekt un Objekt bestehen lässt. Als Gegenextrem zu Stimmungs-L. versucht das ↗ Dinggedicht, eir Gegenständliches in seinem Wesen objektiv neutral zu erfassen (vgl. auch den Versuch den naturalist. ↗ Sekundenstil in die L. einzu führen). Nicht in dieses Schema passt di ↗ *absolute Dichtung* (↗ poésie pure, ↗ abstrakt Dichtung) mit ihrer Absicht, die Sprach selbst, deren Strukturen und Eigenwerte zum Gegenstand zu machen und abgelöst von sub jektiven Intentionen und objektiven Gehalter Dichtung als Selbstzweck zu verwirklichen wobei die Subjektivität z. T. dennoch wie derum als willkürlich-diktatorische Phantasie sich in den Vordergrund rückt. – *Geschichte der L.:* Im alten *China* ist L. die höchstgeach tete Form der Dichtung, es überwiegt Volks liedartiges, oft mit lehrhaftem Charakter (»Shih-ching« = »Buch der Lieder«, L. von 1500–500 v. Chr.), in der Zeit der Klassik (Tang-Dynastie, 618–907) dichten Li T'ai Po und Tu Fu (beide 8. Jh.). Auch in *Japan* gilt L. als vorbildl. Dichtung, Regelformen sind Tanka und Haikai (Haiku) (Matsuo Bascho, 17. Jh.). Der zunächst religiös-hymn. Dich tung der *Inder* (»Rig-Weda«) gesellen sich spä ter lehrhafte Spruchdichtung und L. mit erot.

nhalten (Kalidasa, Ende 4./Anfang 5. Jh.). In Ägypten wird hymn. Dichtung gepflegt: Totenklagen (»Totenbuch«) und Verehrung der Sonne (Hymnus auf Aton). Der Parallelismus der Versteile als Stilmittel der babyl.-assyr. Hymnen begegnet auch in der enthusiast.-Hymn., von religiösem Pathos erfüllten, aber auch dem Sinnlich-Diesseitigen zugewandten hebräischen L. (↗ Psalmen, »Das Hohelied«, Siegeshymne Mirjams, Kriegsgesang Deborahs), die im MA. in der L. des span. Judentums (mit Einflüssen von arab. und prov. L.) erneut aufblüht (Jehuda ben Halevy, 1085–1140). Die arab. L. des MA. enthält Totenklagen, dann Kriegs- und Liebeslieder und Spruchdichtung, ihre Gedichtform des ↗ Ghasel (vgl. auch ↗ Kasside) wird von der pers. L. übernommen, die nach der vorchristl. Lehrdichtung (»Awesta«) im MA. in teils mystisch-pantheist. Spruchdichtung und teils sinnenfroher, weltzugewandter Liebes-L. eine neue Blüte erlebt (Omar Ibn Chayyâm, Rumi, Sa'di, Hafes, Djami). Die abendländ. L. beginnt bei den Griechen vorwiegend als Festdichtung zu den verschiedensten Anlässen (Lobes-, Sieges-, Trauergesänge, Trink-, Hochzeitslieder usw.). Zur L. im engeren Sinne zählt nur das zur Leier gesungene Lied (die sog. Melik): das dor. ↗ Chorlied (Alkman, Stesichoros, Ibykos, Simonides, Pindar, Bakchylides) und die dem äol.-jon. Sprachraum (Lesbos) entstammende, von einem Einzelinterpreten vorgetragene monodische L. (Terpander, Alkaios, Sappho, Anakreon). Heute rechnet man zur L. auch die ↗ Jambendichtung (vorwiegend Spottdichtung; Archilochos, Semonides, Hipponax), die ↗ Elegie (Totenklage, aber auch andere Themen; Tyrtaios, Mimnermos, Solon, Theognis) und das ↗ Epigramm (ursprüngl. Aufschrift auf Grab und Weihgegenstand; Simonides, später Leonidas von Tarent, Asklepiades). Unter dem Einfluss der hellenist. steht die röm. L. An alexandrin. Künstlern (Kallimachos) geschult, dichten Catull und wenig später Tibull und Properz; wie auch Ovid übernehmen sie v. a. die Elegie, Horaz die Ode, Martial das Epigramm, und entwickeln sie mit artist. Virtuosität zu einer höchst differenzierten Formkunst. Die zunächst noch vorwiegend lat. L. des MA. s

wurzelt in antik-christl. Bildungstraditionen, seit dem 9./10. Jh. werden in Klosterschulen geistl. Gesänge und Lehrdichtung (↗ Sequenzen: Notker Balbulus; Marien-L.; später Thommaso da Celano: »Dies irae«) gepflegt; zu ihnen gesellt sich die auch weltl. L. der ↗ Vaganten. Daneben entwickelt sich die nationalsprachl. Dichtung einerseits ebenfalls als geistl. L., andererseits (nach Anfängen in heim. Tradition: Kürenberg) in der klass. Periode (1170–1230) unter dem Einfluss der höfischen Kultur des Rittertums als ↗ Minnesang, der sich von der Provence (↗ Trobadors) her verbreitet und als Gesellschaftsdichtung mit höchst kunstvollen Formen der Bestätigung der ritterl. Kultur dient (Friedrich von Hausen, Reinmar, Heinrich von Morungen, Walther von der Vogelweide), weiterhin als polit. Spruchdichtung (Walther). Die Motive und Formen bilden eine verbindl. Konvention (Dienst an der Dame, Tugend und »Maß«, hohe und niedere Minne: Walther; ↗ Tagelied), die sich in der Abwandlung und Bereicherung des Bekannten und Gültigen manifestiert, und die erst mit dem Verfall der Ritterkultur und den vordringenden satir.-iron. auf Realistik ausgerichteten Zügen ihre Vorbildlichkeit verliert (Neidhart), wobei einerseits der Individualisierung, andererseits das Beharren auf traditionellen Formen (↗ Meistersang) unter freilich veränderten sozialen Bedingungen (Aufkommen des Bürgertums) für entschiedene Wandlung sorgt. – Die nationalsprachl. ital. L. findet zu den übernommenen provenzal. Formen (↗ Kanzone, ↗ Sestine) neue hinzu (↗ Sonett, ↗ Madrigal) und erlebt mit den Dichtungen Dantes und Petrarcas (14. Jh.) einen Höhepunkt bereits zu Beginn der Renaissance, wobei v. a. Petrarca bis ins 16. Jh. großen Einfluss ausübt (↗ Petrarkismus). Bedeutende Lyriker sind in der Folgezeit Michelangelo, Tasso (16. Jh.), Metastasio (18. Jh.) im 19. u. 20. Jh. Leopardi, Carducci, D'Annunzio, Ungaretti, Montale. – Die franz. L. nach Villon (15. Jh.) gerät im 16. Jh. unter ital. Einfluss (Margarethe von Navarra, C. Marot) und wendet sich dann antiken Motiven und Formen zu (Ronsard, ↗ Pléiade). Eine Blüte erlebt sie nach der L. des 18. Jh.s (↗ poésie fugitive, später Chénier), der

Romantik (Lamartine, Hugo, de Vigny, de Musset) und der strengen Formkunst der ↗ Parnassiens (↗ L'art pour l'art) erst mit der (die Moderne einleitenden) L. Baudelaires und des ↗ Symbolismus: Rimbaud, Mallarmé, daneben Verlaine, Lautréamont, Laforgue. Bedeutende Lyriker auf der Wende zum und im 20. Jh. sind Valéry, Apollinaire, Saint-John Perse, Char. Über Frankreich hinaus greifen Bewegungen wie ↗ Dadaismus und ↗ Surrealismus (Aragon, Eluard). – Auch die *engl. L.* steht zunächst unter ital. Einfluss (engl. Sonett). Ihre Entwicklung geht über den ↗ Euphuismus, eine engl. Variante des ↗ Manierismus über Spenser, Shakespeare, Donne (↗ metaphysical poets), Milton zur franz. beeinflussten L. des 18. Jh. (Pope), zur empfindsamen (Thomson, Gray, Akenside), dann volkstüml. (Burns) und romant. L. (Blake, Byron, Shelley, Keats) und im späteren 19. Jh. zur L. Tennysons, Brownings, Swinburnes, Hopkins', Thompsons. Im 20. Jh. gilt die L. von Yeats, Eliot und Auden als die bedeutendste, wobei Einflüsse nordamerikan. Lyriker (Poe, Whitman, Emily Dickinson, Pound [↗ Imagismus], Frost, MacLeish) eine unterschiedl. große Rolle spielen. – Die *L. der Humanisten in Dtld.* ist Gelehrtendichtung nach lat. Mustern. Neben ihr entsteht im Zusammenhang mit der Reformation das protestant. ↗ Kirchenlied (Luther; ↗ geistl. ↗ Kontrafaktur, ↗ Volkslied). Das *Barock* mit seinen großen Gegensätzen und Spannungen vereinigt ↗ Gesellschaftsdichtung (galante Dichtung, Nymphenlieder, Scherzgedichte, Nachahmung gelehrter Muster, Schäferidylle, heroische Gedichte: Opitz, Weckherlin, Dach, Fleming, Harsdörffer, Zesen, Hofmannswaldau, Lohenstein, Logau) und relig. L. (Catharina R. von Greiffenberg, Czepko, Gryphius, Spee, Gerhardt und, mit myst. Einflüssen, Angelus Silesius und Kuhlmann). – Das *18. Jh.* bringt eine stärkere Differenzierung (wachsendes Leserpublikum, vermehrte Publikationsmöglichkeiten, Moral. Wochenschriften), es ist zugleich jene Jh., in dem der gesellschaftl. befestigte, prinzipielle Konsensus zwischen Dichter und Rezipienten über den traditionsgebundenen und verbindl. gültigen Kanon der Motive und Formen sich verliert. Gedanken-L. und Lehrdichtung eher nüchternen Zuschnitts (Brockes, Haller, E. v. Kleist) stehen neben rokokohaften Gesellschafts-L. (Hagedorn, Gleim, Uz, Wieland), L. der Empfindsamkeit mit pietist. Einflüssen (Gellert), Klopstocks L. (↗ Göttinger Hain), die mit ihrer Befreiung des Gefühls zum Wegbereiterin des ↗ Sturm und Drang wird (Herder: Volkslieder, der junge Goethe, Lenz, Hölty, Bürger). Die Zeit der sog. ↗ Weimarer Klassik (vor dem Hintergrund der dt. Idealismus) dauert nur kurz (Goethes symbol. L. Schillers Gedanken-L.; Hölderlins L. besitzt eine Sonderstellung). Während in Goethes Symbolverständnis Realität und individuelle Erfahrensweise einen Ausgleich in ihrer Verbindung zu einem beides vermittelnden Sinn (Idee, das Allgemeine) finden, emanzipiert sich die Subjektivität in der Folgezeit stetig bis hin zur modernen L., in der die Individualität des Sprechenden sich abgelöst hat von einer als unverfügbar und unergründlich angesehenen Wirklichkeit. An die spekulativ-idealist., relig., zugleich von irrationalen Tendenzen bewegte *Frühromantik* (Novalis, Brüder Schlegel) knüpfen die Modernen an, nachdem die naturinnige Stimmungs-L. der *Hoch-* und *Spätromantik* (Brentano, Eichendorff) abgelöst ist durch eine teils eher gedankl. orientierte, teils ins Private gewendete (Mörike, Grillparzer, Lenau; ↗ Biedermeier), dann realist. L. (Droste, Hebbel, Storm, Keller), durch formkünstlerische (Platen, Rückert) und sozialkrit.-polit. L. (Heine, ↗ Junges Dtld.). Neben der symbolischen (C. F. Meyer) steht die sog. Epigonen-L. (↗ Münchner Dichterkreis), gegen die der ↗ Naturalismus antritt (Conradi, Holz) ebenso wie der ↗ Symbolismus (George; z. T. Hofmannsthal, Rilke). Um die Jh.wende begegnet impressionist. L. (Liliencron), später ↗ Arbeiterdichtung unter dem Einfluss von Naturalismus und ↗ Expressionismus. Letzterer vereinigt in sich mannig-

RAINER MARIA RILKE
DAS BUCH DER BILDER

VERLAG VON AXEL JUNCKER IN BERLIN

Rilke: »Das Buch der Bilder«

altige Richtungen (vgl. auch ↗ Charonkreis): Polit. Aktivismus (Becher), experimenteller Dadaismus, Bürgerschrecks-L. (früher Benn, früher Brecht; vgl. auch ↗ Kabarett), kosmische Naturpoesie (Mombert), Visionen und Sozialutopien (Ehrenstein, Goll), imaginativ-melancholl. Verinnerlichung, Magisches (Trakl, Heym, E. Lasker-Schüler). Der Expressionismus wird abgelöst durch Natur-L. (Loerke), relig. L. (R. A. Schröder), sog. Gebrauchs-L. Brecht) und die heroisierende nationalsozialist. L. Nach 1945 gibt es neben einer eher rückwärts gewandten Richtung die sog. Kahlschlag-L. (Eich, Schnurre), die weiterentwickelte L. der Antipoden Benn und Brecht und in der Nachfolge des Letzteren sozialkrit. L. Enzensberger, Fried), daneben Natur-L. Eich, Bobrowski) und hermet. L. (Celan, I. Bachmann, Huchel, ↗ Hermetismus). Als eine Folge der im 18. Jh. eingeleiteten Subjektivierung lässt sich die seit dem letzten Jh. stetig wachsende Tendenz ansehen, die lyr. Produktion mit dichtungstheoret. Reflexion zu begleiten, wobei lyr. und theoret. Hervorbringung verschiedentlich (vgl. ↗ konkrete Literatur) als zwei aufeinander angewiesene Momente einer einheitlichen Sprachübung gedeutet worden sind. In letzter Zeit scheint die konkrete Literatur an eine Grenze gelangt zu sein. Zu konstatieren ist eine Hinwendung zum Dialekt, eine Rückkehr zu traditionellen Formen (Reime), andererseits eine neue resignative Sensibilität, die auch das Naturgedicht (Klagen um zerstörte Natur) wieder einbezieht (P. Huchel, Walter H. Fritz, R. D. Brinkmann, R. Kirsch, Sarah Kirsch, R. Kunze, G. Kunert, W. Wondratschek, P. Turrini, K. Konjetzky, J. Becker u.v.a.). GMS

Lyrisch, bezeichnet 1. die Zugehörigkeit eines literar. Werkes zur poet. Gattung ↗ Lyrik, 2. eine der drei poet. Grundhaltungen oder der drei »Naturformen der Poesie« (Goethe), von E. Staiger (anthropolog.) auch als »fundamentale Seinsmöglichkeit« (neben ↗ episch, ↗ dramat.) definiert, die sich im idealtyp. Sinne in den einzelnen Dichtungen jedoch nie rein verwirklichen. Als l. gilt demnach die stimmungshafte Verschmelzung von Subjekt und Objekt als Ergebnis der Verinnerlichung (»Verinnerung«) der gegenständl. Wirklichkeit, wobei in der Dichtung die sprachl. Gestaltung unter Preisgabe des gedankl. Moments und der präzisen gegenständl. Konturierung v. a. auf musikal. Klangwirkungen abzielt. Als allgem. Qualität aufgefasst, ist das L. nicht an eine bestimmte Darbietungsform gebunden, es kann auch im Drama (lyr. Drama, z. B. früher Hofmannsthal, Maeterlinck) und in der Epik (Goethe, »Werther«, Hölderlin, »Hyperion«) begegnen. Der Begriff ›l.‹ bleibt aber insofern problemat., als er trotz seines Anspruchs auf (anthropolog.) Allgemeinheit an einer bestimmten Art von Lyrik, am ↗ Lied und an der sog. Stimmungslyrik, orientiert ist, so dass andere Qualitäten wie bewusste künstler. Formung oft ausgeschlossen bleiben. GMS

Lyrisches Drama, Dramentyp, in dem lyr. Elemente (Stimmungen und Formen) stark hervortreten u. der durch Kürze (oft Einakter), Handlungs- und Figurenarmut gekennzeichnet ist. Ein dem lyr. Ich vergleichbarer ↗ ›Held‹ und seine innere Welt stehen im themat. Zentrum, während die dramat. Konstellation (Ereignis, Figuren-Interaktion) nur illustrative, gelegentl. (z.B. bei Hofmannsthal) auch krit. Funktion besitzt. Unterarten des l.D.s wie *drama statique*, bzw. ↗ Mono- und ↗ Duodrama sind Extremformen des Typus. – Der Begriff ›l.D.‹, der im 18. Jh. aufkommt, bezeichnete ursprüngl. die Textvorlage musikal. Formen wie Oper, Singspiel, Kantate, Oratorium. Er subsumiert histor. recht disparate Phänomene wie die mit Instrumentalmusik untermalten Mono- und Duodramen des 18. Jh.s (z. B. J. J. Rousseau, »Pygmalion«, 1762, Goethe, »Proserpina«, 1778, Schiller, »Semele«, 1782), die lyr.-dramat. Dichtungen des Symbolismus (z.B. Maeterlinck, »Princesse Maleine«, 1889, »Les Aveugles«, 1890, »L'Intruse«, 1890, Hofmannsthal, »Der Tod des Tizian«, 1892, »Der Tor und der Tod«, 1893, »Das Kleine Welttheater«, 1897, »Das Bergwerk zu Falun«, 1899) und die lyr.-ekstat. Dramen des Expressionismus (u.a. von O. Kokoschka, H. Walden, A. Stramm, A. Mombert, A. Wolfenstein). Das l. D. der Moderne schert

Lyrisches Drama

aus der Gattungstradition aus, wie sich an der Zusammensetzung des Kanons literar. Vorbilder zeigt, an dem es sich formal orientiert: er reicht vom Proverbe dramatique des 17. Jh.s über die europ. Romantik, die japan. ↗ Nô-Spiele bis hin zur Moderne selbst (Strindberg), enthält aber das eigentl. Gattungsvorbild des 18. Jh.s nicht. In engem Zusammenhang mit anderen, ebenfalls spezif. modernen Spielarten der dramat. Gattung (etwa dem ↗ ep. und ↗ absurden Theater) erweist es sich als Beitrag zu einer umfassenden Revision der dramat. Form, die mit der Einsicht in die Unwiederholbarkeit des klass. Dramas in der Moderne notwendig geworden war (vgl. u. a. T. S. Eliot, Ch. Fry, W. B. Yeats). VD

Lyrisches Ich, Ich-Sprecher (oder Sprecherin) eines lyr. Gedichts, der nicht mit dem Verfasser (dem ›Autor-Ich‹) gleichgesetzt werden kann, der auch nicht das (oft im Titel zu identifizierende) Ich eines Rollengedichts (↗ Rollenlyrik) ist. Vielmehr ist das 1. I. Aussagesubjekt eines (zwar beim Autor durchaus zugrundeliegenden subjektiven) Gefühls, einer Erfahrung oder Erkenntnis, die durch den Grad der ästhet. Objektivierung und symbol. Verdichtung zu einer persönlichkeitsüberhobenen emotionalen oder fakt. Wirklichkeitsaussage werden, die über das subjektive Erlebnis eines Autors hinausführt. Das solche Wirklichkeitsaussagen tragende, formulierende 1. I. bietet damit zugleich Identifikationsmöglichkeiten für den Leser (vgl. z. B. Liebes-, Klagegedichte, Gedankenlyrik u. Ä.). – Oft ist es indes nicht möglich, genau zwischen persönl.-individuellem (autobiograph.) und dem überpersonalen 1. I. zu unterscheiden. Der Reiz vieler lyr. Gedichte liegt geradezu in den vielen Bedeutungsnuancen des ›Ichs‹. K. Hamburger spricht von der »Variabilität und Unbestimmtheit der Ich-Bedeutungen« eines lyr. Gedichts, dem »Unbestimmtheitscharakter«, zu dem »auch die Differenz oder Identität zwischen 1. I. und Dichter-Ich« gehöre. IS

Lysiod<u>ie</u>, f. ↗ Hilarodie.

M

Mädchenlied, ↗ Minnesang.

Mädchenliteratur, analog zu dem Begriff der intentionalen ↗ Kinder- und Jugendliteratur (KJL) die Literatur, die explizit für Mädchen herausgegeben oder verfasst worden ist. Intentionale M. gibt es bereits im MA und in der frühen Neuzeit: sie ist überwiegend religiöser und lehrhafter Art. Im *letzten Drittel des 18. Jh.s* setzt unter dem Einfluss der aufklärer. Pädagogik eine stärkere Ausdifferenzierung und quantitative Ausweitung ein. Es dominieren (nichtfiktionale) moralisch-belehrende Schriften, die das ältere Mädchen auf ihre dreifache Bestimmung als Hausfrau, Gattin und Mutter vorbereiten sollen (J. H. Campe: »Väterl. Rath für meine Tochter«, 1789). Daneben gibt es Romane und Monatsschriften sowie, v. a. für das jüngere Mädchen, unterhaltende Lesebücher. Seit *Beginn des 19. Jh.s* tritt die nichtfiktionale M. zurück zugunsten des sentimental-religiösen Prüfungs- und Läuterungsromans (Ch. F. W. Jacobs) und insbes. der moral. Erzählung (J. Glatz). Religiosität wird als eines der wesentl. Merkmale des weibl. ›Geschlechtscharakters‹ angesehen. Aus den volkstümlichen, episch weiter ausholenden »Erzählungen und Novellen für die reifere weibl. Jugend« der Biedermeier- und Nachbiedermeierzeit (z. B. R. Koch) entsteht die *Backfischerzählung*, die sich auf die Darstellung der engen Welt des wohlbehüteten jungen bürgerl. (oder adeligen) Mädchens bis zur Verlobung oder Verheiratung beschränkt. Die Backfischzeit wird verstanden als Schonraum, in dem das Mädchen noch möglichst lange Kind sein darf und soll, und gleichzeitig als Übergangsphase, in der es sich zur ›Dame‹ zu wandeln hat (die gleichwohl auch noch kindl.-spontan bleiben soll: Th. von Gumpert, C. Helm, E. von Rhoden). Der große Erfolg von E. von Rhodens »Der Trotzkopf« (1885) führte zu einer Unzahl von Neuauflagen, Fortsetzungsbänden und zahllosen Nachahmungen sowie Abwandlungen des »Trotzkopf«-Modells, die das Mädchen jeweils in einer moderneren, der eigenen Zeit angepassten Rolle zeigen. Seit *Beginn des 20. Jh.s* verschiebt sich das Mädchenbild noch mehr in Richtung auf die Betonung des Spontan-Kindlichen bzw. Natürl.-Liebenswerten (E. Ury: »Nesthäkchen«-Reihe). In einer anderen Tradition, näml. der des ↗ Familien- und Heimatromans, stehen dagegen die »Heidi«-Bücher von J. Spyri (1880/81). – Im Ersten Weltkrieg zeigt die M. starke militarist. und nationalist. Tendenzen, die sich bereits seit der Reichsgründung abzuzeichnen beginnen. Die konservative Entsagungsideologie der M. geht gegen Ende der Weimarer Zeit bruchlos über in die NS-M., die je nach den polit.-ökonom. Erfordernissen entweder die mütterl.-aufopfernde Komponente oder das Kämpferische im Mädchenbild betont. – Das Gros der M. nach 1945 bis zum Beginn der 70er Jahre und noch darüber hinaus ist geprägt von der traditionellen Backfischliteratur und ihren modernen Varianten; die Bücher für jüngere Mädchen werden bestimmt durch Internatsgeschichten wie E. Blytons »Hanni-und-Nanni«-Serie. Trotz den modernen Abwandlungen des Mädchenbildes wird dem Mädchen kein selbstbestimmtes Leben zugestanden. Erst unter dem Einfluss der Studenten- und später der Frauenbewegung entstehen seit Beginn der 70er Jahre auch Mädchenbücher, die die geschlechtsspezif. Sozialisation in Frage stellen oder den Rahmen des traditionellen

Mädchenliteratur

Mädchenbuchs verlassen, indem sie realist. den Alltag oder die Probleme eines Mädchens schildern (emanzipatorische M.); hier kann sich das Geschlechtsspezifische des Adressatenbezugs auch tendenziell auflösen. DG

Madrasha, Pl. Madrashe ↗ Hymne.

Madrigal, n. [von lat. cantus materialis = einfacher Gesang (im Ggs. zum cantus formalis) oder von cantus matricalis = muttersprachl. Gesang; schon früh jedoch mit it. mandriano = Hirt in Zusammenhang gebracht, was auch die Inhalte der Gattung beeinflusste], seit 1313 in Italien bezeugte volkssprachl. Gattung gesungener Lyrik, meist polem., satir. oder moral. Inhalts. Sie wird jedoch bald, bes. unter dem Einfluss der Dichtung Petrarcas, *bukol.-idyll. Liebesdichtung.* Die älteren M.e zeigen einen festeren Formtyp: Einstrophigkeit aus 2–3 Terzetten und 1–2 angeschlossenen Reimpaaren (2–3stimm., textadäquate Vokalkomposition, Vertreter J. da Bologna, F. Landino). Im 16. Jh. wird das M. formal weitgehend freier: es umfasst 6–13 Verse verschiedener Länge (7–11 Silben) in freier Anordnung und Reimstellung, die auch reimlose Zeilen (↗ Waisen) zulässt. Ist die M.strophe länger als das 14-zeil. Sonett, spricht man von *Madrigalon*. Ende des 16. Jh.s, v. a. aber im 17. Jh., wird wieder eine verbindlichere Form (13 Zeilen, in 3 Terzette und 2 Reimpaare gegliedert) angestrebt, vgl. die poetolog. Abhandlung C. Zieglers »Von den M.n« (1653). Dieses M. wurde zur wichtigsten europ. Gattung weltl. Vokalmusik (4- und mehrstimm., mit reicher harmon. und klangmalerischer Ausgestaltung). Vertont wurden hauptsächl. Texte von F. Petrarca, P. Bembo, L. Ariost, T. Tasso, G. Guarini; (bedeutende Madrigalisten des 16. und 17. Jh.s waren in Italien A. Gabrieli, L. Marenzio, C. Gesualdo und C. Monteverdi, in Frankreich C. Janequin, in Deutschland H. L. Haßler, L. Lechner, J. Gallus, H. Schütz und Ch. Demantius, in England W. Byrd, Th. Morley und J. Wilbye. Palestrina und O. di Lasso schrieben auch geistl. M.e. Das M. bildet ferner die wichtigste Textform der barocken Opern und Oratorien. Es wird überdies im sog. galanten Stil (B. Neukirch, E. Neumeister, Ch. Hölmann, J. Ch. Günther), in der ↗ Anakreontik (F. v. Hagedorn, Ch. F. Gellert, Goethes »Leipziger Lieder«) und Romantik (A. W. Schlegel, L. Uhland, J. v. Eichendorff) zu einer selbständ. literar. Gattung. HW

Madrigalverse, in italien. ↗ Madrigalen u. a. verbreitete unstroph. Kombination von akzentuierenden Reimversen unterschiedl. Hebungszahl. Sie wurden im Dt. zunächst in mit Musik verbundenen Texten nachgebildet (Kantate, Oratorium, Singspiel, Oper); begegnen aber auch in von Musik unabhängigen Texten, z. B. bei A. Gryphius (»Catharina von Georgien«, 1647), bei Lessing (Fabeln und Erzählungen) und v. a. in Goethes »Faust« (vgl. Schülerszene), daher auch *Faustverse*; finden sich auch in moderner Lyrik, etwa bei Ernst Stadler (»Zwiegespräch«). S

Magazin, n. [arab. machzan, Pl. Machazin = Warenlager, Lagerhaus], Bez. und Titel(bestandteil) für period. Zeitschriften, Rundfunk- und Fernsehsendungen mit locker zusammengefügten Beiträgen, oft zu bestimmten Themen oder für bestimmte Rezipientengruppen (Reise-, Kultur-, Literatur-, Wirtschafts-, Jugend-M.). – Als Titel erstmals 1731 in England (»The Gentleman's Magazine«, hg. v. E. Cave), seit 1741 in den USA, seit 1748 in Deutschland, bes. für Familienblätter und wissenschaftl. Zeitschriften (z. B. »M. für die Philosophie des Rechts«, 1798 ff., »Pfennig-M.«, 1833 f.). Bekanntestes modernes Nachrichten-M. ist »Der Spiegel« (1947 ff.). IS

Magischer Realismus, Ende der zwanziger Jahre aus dem Spätexpressionismus entstandene, diesen ablösende Nebenströmung zur ↗ Neuen Sachlichkeit. Gegenüber der von ihr vertretenen Auffassung einer ›objektiven‹ Wirklichkeit fühlt sich der m. R. die hinter der Wirklichkeit verborgenen, irrealen und irrationalen, ›magischen‹ Sinnzusammenhänge deutl. machen, hier neben dem ↗ Expressionismus auch dem ↗ Surrealismus in manchem verpflichtet. Der m. R. wurde v. a. in der westdt. Nachkriegsliteratur bedeutsam, u. a. durch

ine bevorzugte Todesmotivik. H. Kasacks
»Die Stadt hinter dem Strom« (geschrieben
1942–44 u. 1946, erstmals 1946 im Berliner
Tagesspiegel« veröffentlicht) gilt zus. mit E.
Langgässers ebenfalls im Kriege geschriebenem Roman »Das unauslöschliche Siegel«
(1946) als Hauptwerk dieser literar. Richtung,
der ferner (z. T. nur mit einzelnen Werken) die
Autoren E. und G. F. Jünger, E. Kreuder, H. E.
Nossack und als Nachzügler W. Warsinsky
»Kimmerische Fahrt«, 1953) zugerechnet
werden. Die Bez. dieser nicht erst heute krit.
gesehenen literar. Bewegung bürgerte sich erst
nach 1945 ein, inhaltl. wurde der m. R. u. a.
1948 in der Zeitschrift »Aufbau« diskutiert.
D

Magodie, f. ↗ Hilarodie.

Maikäferbund, rhein. Dichterkreis in Bonn
1840–46, begr. von J. G. Kinkel und dessen
Frau Johanna. Vereinsabzeichen war ein Maikäfer am grünseidenen Band. Die Mitglieder
neben J. G. und J. Kinkel u. a. A. Kaufmann,
W. Müller von Königswinter, A. Schlönbach,
zeitweilig auch K. Simrock und J. Burckhardt)
sollten in die wöchentl. Sitzungen einen Bogen
mit eigenen oder fremden Versen oder mit
Prosa zur krit. Besprechung mitbringen; die
poet. Briefe der Mitglieder, deren Verse in der
Nachfolge Geibels standen, hießen »Maikäferbriefe« (abgekürzt »M. K.-Briefe«) oder »Maubriefe«. (Der einzig erhaltene siebente – und
letzte – Sitzungsbericht befindet sich in der
Bonner Univ. Bibliothek). GG

Makame, f. [arab. maqāma = ursprüngl.
Stammeszusammenkunft, dann die dort gehaltenen Reden, schließl. auch: literar. Kunstvortrag], arab. rhetor.-poet. Kunstform in
metr. freier ↗ Reimprosa mit Verseinlagen,
Sinnsprüchen und einer Vorliebe für seltene
Wörter, literar. Zitate oder Anspielungen. Die
einzelnen M.n, meist Schelmengeschichten,
sind verbunden durch eine fiktive Gestalt, von
deren Kunst, sprachl. Treffsicherheit und moral. Pointierung ein Erzähler berichtet. Trotz
dem hohen Schwierigkeitsgrad der Texte blieben die sprachl. Schmuckmittel der M. bis in

neuere Zeit für die arab. Lit. stilbildend. – Das
Prinzip der aneinandergereihten Schelmengeschichten wirkte auf die hebrä. Literatur des
MA.s (der span. Jude Charisi, gest. vor 1235,
verfasste ein weit verbreitetes, seit 1578 mehrfach gedrucktes M.n-Werk »Taschkemoni«)
und auf den späteren pikaresken Roman. Als
Schöpfer der literar. Form der M. gilt Al-Hamadhāni (966–1008). Höhepunkt der Gattung sind die 50 »Maqāmāt« des Al-Hariri
(1054–1122), die durch F. Rückerts Übersetzung (»Die Verwandlungen des Abu Seid von
Serug, oder die M.n des Hariri«, 1826) Einfluss auf dt. Reimprosa (R. M. Rilke) gewannen. HW

Makaronische (maccaron.) Dichtung,
Spielart d. kom. Dichtung, vorwiegend Verserzählungen (aber auch Epigramme u. a.), deren
Wirkung auf der spieler. Verschmelzung
zweier Sprachen beruht, wobei die eine außer
einem Teil des Wortmaterials das grammat.
und syntakt. Grundgerüst liefert, dem das
Wortmaterial aus der anderen Sprache angepasst wird, z. B. *Quisquis habet Schaden, pro
Spott non sorgere debet.* Die m. D. setzt bei Autor und Rezipient Kenntnis der benutzten
Sprachen voraus, ist also scherzhafte Gelehrtendichtung, meist ↗ Parodie oder ↗ Satire. –
Der *Name* ›m. D.‹ bezieht sich auf den Helden
des ersten größeren Werkes dieser Dichtart,
einen Makkaroni-Hersteller aus Padua. – Nach
Vorläufern in der Spätantike, z. B. bei Ausonius, hat die m. D. ihre *Blütezeit im Humanismus* des 15./16. Jh.s. Grundlage ist dabei das
Lat. als internationale Gelehrten- und Dichtersprache, durchsetzt mit Elementen der
westeurop. Volkssprachen. Den muster-(und
namen)gebenden Anfang macht die 1490/93
posthum erschienene, 684 Verse umfassende
Satire des Paduaners Tifi degli Odassi »Carmen Macaronicum de Patavinis quibusdam
arte magica delusis«. Hauptvertreter der m. D.
ist dann Teofilo Folengo (Pseudonym Merlinus Coccaius) mit »Baldus« (1517/21), einer
Parodie auf die Großepik Vergils und Dantes
und die Ritterromane, »Zanitonella« (1519),
einer travestierten Schäferidylle, und mit dem
am kom. Tierepos der Antike orientierten

Makkaronische (maccaron.) Dichtung

»Moscaea« über einen Krieg zwischen Fliegen und Ameisen (häufig übersetzt; dt. 1580 u. 1612, frz. 1606, meist ohne die charakterist. Sprachmischung) und vielen anderen m. D. n. Nachfolger sind C. Orsini mit »Magister Stoppinus« und C. Scrofa (Pseudonym Fidenzio Glottocrisio), der kom. Dichtungen in ital. Sprache mit lat. Einsprengseln schrieb, also umgekehrt wie die damalige m. D. verfuhr. Diese sog. *Poesia Fidenciana* wird aufgrund ihres Inhalts, der Verspottung unfähiger oder hochmütiger Gelehrter (Pedanten), auch als *pedanteske Dichtung* bez. – In *Frankreich* wurde die m. D. aufgegriffen von Antonius de Arena, R. Belleau und noch verwendet von Molière in der Travestie einer Doktorprüfung im »Eingebildeten Kranken« (1673). – In *Deutschland* finden sich Ansätze zu einer m. D. in Th. Murners Satiren »Von dem großen luther. Narren« (1522) und »Ketzerkalender« (1527), später in anonymen Streitschriften, in manchen Fastnachtsspielen von H. Sachs und bes. bei J. Fischart, der in seiner »Geschichtklitterung« (1590) den Begriff ›m. D.‹ mit *Nuttelverse* (Nudelverse) eindeutscht, und an dessen »Flöhhatz« (1573) die erste größere dt. m. D. anknüpft: die anonyme ndt.-lat. (später auch obdt.-lat.) »Floia« (1593), eine Parodie auf Vergils »Aeneis«. Stärker zeitsatir. ist das ebenfalls anonyme »Cortum Carmen de Rohtrockis atque Blaurockis« (um 1600) über das schlimme Treiben der Hilfstruppen des Herzogs von Braunschweig. Auch manche Schwänke über Student und Bauer, etwa in M. Lindeners »Katzipori« (1558) oder J. Flitners »Nebula Nebulorum« (1620) haben Züge der m. D., wie überhaupt die dt. m. D. des 16./17. Jh.s v. a. Studentendichtung ist. Daneben stehen, abgesehen von Elementen der m. D. in vielen dt. Lustspielen des Barock, die Burleske »Fahrimus in Schlittis« von J. M. Moscherosch (17. Jh.), die anonymen »Rhapsodiae ad Brautsuppam« (18. Jh.) oder die anonyme Kölner Fastnachtsdichtung »Frauias« (19. Jh.?), die mit folgendem Verspaar beginnt: »Jungfras Weibrasque singam, quae possunt corpore schoeno/ Et wortis blickisque behexere menschulos jungos«. Danach blieb die m. D. auf knappe Scherzworte beschränkt wie das bekannte »Totschlago vos sofortissime nisi vo benehmitis bene!« von B. v. Münchhausen. Auch in *England* findet sich m. D. seit der 16. Jh., etwa bei J. Skelton, in der dem Schotte W. Drummond (17. Jh.) zugeschriebenen »Polemo Midinia«, bei R. Brathwait, insbes. bei A Geddes (»Epistola macaronica ad fratrem« 1790), sowie vereinzelt noch im 19. Jh. bei G Abbot à Beckett und bei dem Amerikaner Appleton Morgan. Eine *sprachl.-graph. Abar* der m. D. schuf E. Lear in seinem »Book o Nonsense« (1846) als ›Nonsense Botany‹ mi Pflanzennamen wie ›Armchairia comfortabi lis‹ und entsprechender Zeichnung, woran noch K. Halbritter mit seiner »Tier- und Pflan zenwelt« (1975) anknüpft. Eine weitere Abar der m. D. ergab sich aus der Verschmelzun; von dt. und engl. Sprachzügen im sog. Penn sylvania-Dutch, erstmals im 19. Jh. in Gedich ten von H. Harbaugh, im 20. Jh. bei Kurt M Stein, z. B. »Durch das sungekisste Landscape Motorn wir auf concrete Blazes«. R

Málaháttr, m. [altnord. = Redeton, zu mál = Rede, Geschichte, u. háttr = Art u. Weise Maß], altnord. Strophenmaß der ↗ edd. Dich tung aus 4 Langzeilen, Bez. nach Snorri Stur lusons »Jüngerer Edda« (»Hattatal«), Spielar des ↗ Fornyrðislag, von dem es sich durch schwerere Zeilenfüllung (mehr Silben, in de Regel der Halbzeile fünf und mehr – stat vier im Fornyrðislag) und durch häufiger Stabsetzung unterscheidet (drei Stäbe in einer Langzeile); zieml. regelmäßig durchgeführt in »Jüngeren Atlilied« (»Atlamál en groen lenzko«). MS

Manier, f. [zu lat. manus = Hand, mlat. manuarius = handlich, frz. manière = Art u Weise],

1. *allgem.*: Art u. Weise eines Tuns oder Verhaltens; in diesem Sinne erstmals als Fremdwort (*maniere*) bei Gottfried v. Straßburg (»Tristan«, um 1210), häufiger gebraucht sei dem 16. Jh.; im 17. Jh. v. a. in der Bedeutung ›gutes Benehmen, gesellschaftl. Sitte‹ (vgl noch heute im Plural: gute Manieren).

2. in *Kunst u. Literatur*: ursprüngl. Synonym für ›Stil‹, für die einem Künstler oder einer

Epoche eigentüml. Darstellungsweise (vgl. E. T. A. Hoffmann, »Fantasiestücke in Callots M.«). Goethe ordnete M. zwischen »simpler Naturnachahmung und dem Stil« als Ausdruck des original Schöpferischen ein. In negativem Sinne, wohl unter dem Einfluss von manieriert‹ = gekünstelt (Winckelmann, 18. Jh.), meint M. die epigonale, äußerl., übertriebene, oft auch routinierte Nachahmung eines Stils. – Vgl. dagegen ›manierist. Stil‹ im Sinne der Kunstauffassung des ↗ Manierismus.

S

Manierismus, m., gesamteurop. Epochenbegriff, aus der Kunstgeschichte in die Literaturwissenschaft übernommen für die Übergangsphase von der Renaissance zum Barock (1530–1630); umfasst die einzelnen nationalen Ausprägungen (den italien. ↗ Marinismus / concettismo, den span. ↗ Gongorismus / cult(eran)ismo, ↗ conceptismo, den engl. ↗ Euphuismus, die frz. ↗ preziöse Literatur und einzelne Stilhaltungen des dt. Barock, ↗ Schwulst), tendiert jedoch zu einem weiteren Umfang. Die Abgrenzung des M. von Renaissance und Barock wird in formalstilist. Hinsicht dadurch erschwert, dass Ausdrucksmittel und -gebärden des M. z. t. schon in der Hochrenaissance entwickelt werden und sich noch im Barock finden. In inhaltl. Hinsicht lässt sich aber der M. gegenüber dem Ordnungsstreben, Rationalismus und Naturalismus dieser Epochen absetzen. Der M. erscheint geistesgeschichtl. als Epoche der Krise von Kultur und Gesellschaftsordnung. Er ist gekennzeichnet durch ein antithet. ambivalentes Weltgefühl, antinaturalist. Affekt, irrationalist. Grundhaltung und exklusives, elitäres Gebaren. Die Wirklichkeit wird durch einseitiges Interesse am Problemat.-Interessanten, Bizarren und Monströsen ins Groteske und Phantastische verzerrt, ins Traumhafte aufgelöst und, im Rückgriff auf esoter. Wissenschaften und Sprachalchemie, oft zur Überwirklichkeit gesteigert. Die Grundpositionen des M. stehen jeweils in charakterist. Spannung zu ihrem Gegenteil: Das Irrationale erscheint als Umschlag höchster intellektueller Anspannung; Vision steht neben Kalkül, verzerrte Wirklichkeit neben realist. Detail; Hässliches wird als schön bez. Die Vereinigung des Disparaten zu einer künstlichen Einheit (discordia concors) wird zum Stilprinzip. Sprachl. wird eine hermet. dunkle, durch überreiche Verwendung von Tropen, Metaphern, ↗ Concetti und gelehrten Anspielungen verrätselte, uneigentl. Sprechweise angestrebt, die bei aller Betonung der Phantasie durchaus intellektualist. Grundcharakter hat, jedoch auf den Umschlag ins Paradoxe, den Choc, den neuen überraschenden Effekt abzielt (vgl. auch die Vorliebe für ↗ Embleme). Diese Grundkategorien der manierist. Ästhetik sind letztl. nicht originell, sondern Hypertrophien, Deformationen und Forcierungen traditioneller, schon im ↗ Asianismus entwickelter Stilmittel (vgl. auch ↗ hermet. Lit.). Von den Theoretikern des M. sind bes. der Spanier B. Gracián (»Agudeza y Arte de Ingenio«, 1648) und der Italiener E. Tesauro (»Cannocchiale Aristotelico«, 1654) hervorzuheben. Als bedeutendster Dichter des M. gilt der Spanier Luis de Góngora; der zu seiner Zeit bekannteste und einflussreichste war der Italiener G. Marino; zu nennen sind ferner in Spanien A. de Ledesma, L. Vélez de Guevara, F. G. Quevedo y Villegas; in Frankreich M. Scève, J. de Sponde, A. d'Aubigné, Th. de Viau. Im Umkreis des M., ohne in ihm aufzugehen, meist auch an seiner zeitl. Peripherie, stehen bedeutende Werke u. a. von T. Tasso, M. de Cervantes, W. Shakespeare, den ↗ metaphysical poets und des ↗ Petrarkismus. In Deutschland wurde der M. auf Grund der polit.-sozialen Verhältnisse und fehlender geistesgeschichtl. Voraussetzungen erst relativ spät rezipiert. Er findet sich z. B. bei G. Ph. Harsdörffer (»Poetischer Trichter ...«, 1647–53) und den Schlesiern D. C. von Lohenstein und Hofmannswaldau. – Der *Begriff des lit. M.* ist noch relativ neu (E. R. Curtius 1948); seine Notwendigkeit überhaupt und insbes. die Abgrenzung vom teilweise gleichzeitigen Barock (der wie jener auf die Krise der Renaissance zurückgeht) ist bis heute umstritten. Dies gilt noch in höherem Maß von der Überführung des Epochenbegriffs M. in den eines geistesgeschichtl. und literar-histor. konstanten ›antiklassischen‹ Typus (Curtius, Hocke), der in verschiedenen

Manierismus

Epochen dominiere (nach Hocke in Hellenismus, Silberner Latinität, spätem Mittelalter, ›bewusstem‹ M., der Romantik, insbes. der romanischen Länder, u. der Moderne zwischen 1880 und 1950). Auf jeden Fall hat die Entdeckung struktureller Ähnlichkeiten zwischen manierist. und moderner Lyrik (auf die schon manche der Dichter hinwiesen) einen Prozess der Neubewertung des literar. M. in Gang gesetzt, der die meist übliche Abwertung auf Grund klassizist. Normen ablöst. ED

Manifest, n. [lat. manifestus = handgreiflich, offenbar], Programmschrift; im Bereich der Literatur, Musik, bildenden Kunst und Architektur Grundsatzerklärung zumeist einer Gruppe, aber auch einzelner Künstler, in der sie ihre künstler. Auffassungen veröffentlichen, bzw. eine Stil- und Kunstrichtung in zumeist scharfer Abgrenzung gegenüber herrschenden Tendenzen proklamieren. Wenn auch im Grunde jede künstler. Programmschrift ein M. ist, spricht man von ›M.‹ i. allgem. erst seit der Kunst- und ↗ Literaturrevolution um die Jahrhundertwende. Dabei wird unter M. sowohl die Proklamation eines neuen -ismus (z. B. F. T. Marinetti: »Fondazione e Manifesto del Futurismo«, 1909) als auch die nachträgliche programmat. Fundierung einer bereits herrschenden Stil- und Kunstrichtung (z. B. K. Edschmid: »Über den Expressionismus in der Literatur und die neue Dichtung«, 1918) verstanden. D

Männlicher Reim, einsilbiger, auf eine Hebung endender ↗ Reim: *Tanz : Kranz*, Ggs. ↗ weibl. Reim. Die Bez. ›männl.‹ und ›weibl. Reim‹ stammen aus der silbenzählenden franz. Metrik: einsilb. Formen sind maskulin *(fils, grand)*, zweisilb. feminin *(fille, grande)*. GG

Mantel- und Degenstück [Übersetzung für span. comedia en capa y espada, auch: comedia de ingenio (= Geist, Witz, Erfindungsgabe)], bes. im 17. Jh. verbreitete Untergattung der span. ↗ Comedia, span. Variante des europ. ↗ Sittenstücks, benannt nach der Alltagskleidung der Hauptfiguren (Kavaliere und vornehme Bürger); behandelt Themen und Gestalten des span. Alltagslebens (z. B. gesellschaftl. Normverletzungen, Ehrenhändel u. a.) Charakterist. für das M. ist das weitgehende Fehlen der Dekoration (Seitenbehänge), ein festes, aber nicht im Stil der ↗ Commedia dell'arte typisiertes Personal (Kavalier, Dame oder Mädchen von Stand, kom. Figur des ↗ Gracioso u. a.), eine kunstvoll entwickelte Handlung mit Verwechslungen und ↗ Intrigen, die realist. Darstellung und der Vorrang des Mimischen. Wichtigste Autoren sind Lope de Vega (mit zahllosen Stücken, z. B. »Der Ritter vom Mirakel«, 1621), P. Calderón de la Barca (»Dame Kobold«, 1629), Tirso de Molina (»Don Gil mit den grünen Hosen«, 1635), A. Moreto y Cabaña, J. Ruiz de Alarcón y Mendoza. HR

Manuskript, n. [lat. manu scriptum = mit der Hand geschrieben],
1. handgeschriebener Text,
2. jede Art Druckvorlage, ob handschriftl. maschinengeschrieben (Typoskript) oder ein früherer (meist korrigierter) Druck;
3. handschriftl. Buch der Antike und des MA.s

Märchen, n. [seit dem 15. Jh. bezeugte Diminutivform zu ›Mär‹ < mhd. *maere* = Kunde, Bericht, Erzählung], phantast., realitätsüberhobene, variable Erzählung, deren Stoff aus mündl. volkstüml. Traditionen stammt und bei jeder mündl. oder schriftl. Realisierung je nach Erzähltalent und -intention oder stilist. Anspruch anders gestaltet sein kann: fest bleibt jeweils der Erzählkern (Handlungsfolge, Figurenkonstellation, Motive, auch Bildsymbole wie z. B. die Dornenhecke im ›Dornröschen‹-stoff, vgl. seine schriftl. Ausformung bei Basile, Perrault, Grimm.) Von solchen auf volkstümliches, anonymes Erzählgut zurückgehenden Volks-M. unterscheiden sich die einmaligen Erfindungen und Fassungen der ↗ Kunst-M. namentl. bekannter Autoren. – M. wurden in Europa erst in der Neuzeit – nach vermutl. meist längerer mündl. Überlieferung – in breiterem Maße gesammelt und literarisiert (Buch-M.). Sache und Begriff wurden v. a. durch die verbreitete M.-sammlung der Brüder Grimm (1812/15) bestimmt. Während aber in dieser Sammlung mündl. Erzählgut im ursprünglichen, weitgefassten Sinne vereinigt ist (enthält auch Legenden, Sagen, Fabeln, Schwänke), versteht die Forschung heute unter dem Begriff ›M.‹ i. d. Regel das *Zauber-M.* (im frz. Kulturkreis: Feen-M., s. ↗ Feengeschichten). Als Erzähltypus wird das M. (nach A. Jolles) neben ↗ Legende, ↗ Sage, ↗ Mythe zu den ↗ einfachen Formen, den Grundtypen sprachl. Gestaltens, gezählt; es wird auch als abgesunkener Mythos gedeutet (Grimm). Von diesem lässt es sich durch das Fehlen der Göttersphäre abgrenzen, von der Sage durch fehlende histor. und geograph. Bezüge, von der Legende durch das Fehlen der relig. Dimension. Eine strikte Abgrenzung ist allerdings nicht immer möglich, da in diesen Gattungen z. T. dieselben Bauelemente (in unterschiedl. Gewichtung) verwendet werden.

Das als ›wunderbare Erzählung‹ eingegrenzte M. ist in d. Regel gekennzeichnet durch Raum- und Zeitlosigkeit, die wie selbstverständl. wirkende Aufhebung der Natur- und Kausalgesetze (Verwandlungen, sprechende Tiere, Pflanzen, Gegenstände usw.), das Auftreten von Fabelwesen (Riesen, Zwerge, Hexen, Drachen usw.), Einschichtigkeit (Zentrierung auf Heldin oder Held), Handlungsstereotypen (Auszug, Vertreibung, Missachtung des Helden, seine Bewährung durch Aufgaben- oder Rätsellösung), v. a. stereotypem Schluss (ausgleichende Gerechtigkeit, Sieg des Guten oder Wiederherstellung einer harmon. Ordnung, mit – z. T. grausamer – Bestrafung des Bösen; selten ist der Triumph des Bösen, vgl. »Herr Korbes«, »Das Lumpengesindel«), durch stereotype Schauplätze (Schloss, Häuschen, Wald, Höhle, Quelle usw.), Requisiten (Brunnen, Zauberring, -spiegel, -lampe usw.) und Farben (gold, schwarz-weiß, rot-weiß), durch eine Strukturierung mit Symbolzahlen (Dreizahl: 3facher Kursus der Handlung, 3 Wünsche usw. – Siebenzahl: 7 Zwerge, 7 Jahre Frist usw.) und v. a. typisiertes Personal (König, Königstochter, -sohn, Heldin oder Held meist von niederer Herkunft, missachtet oder abhängig von bösen Schwestern, Brüdern, Stiefmüttern usw.), meist namenlos oder mit Allerweltsnamen (Hans, Gretel) oder sprechenden Namen (Allerleirauh, Schneewittchen u. a.) belegt – meist auch dualist. gruppiert (arm – reich; gut – böse; schön – hässlich), wobei die positiven Eigenschaften häufig den sozial Niederen zukommen (arm = gut = schön oder tapfer; reich = böse = hässlich oder feige). Kennzeichnend ist ferner die Formelhaftigkeit der Sprache (Eingangs-, Schlussformeln, stereotype Wiederholungen, Beschwörungs- und Merkverse), auch in der Literarisierung geprägt von den Elementen der ↗ oral poetry. – Je nach Präferenz, Variation und Kombination der einzelnen Motive und Strukturelemente ergeben sich histor. und ethn. M. typen: etwa Unterschiede zwischen europäischen (kelt., german., roman.) und oriental.- ind. M. – Randtypen sind *Legenden-M.* (»Marienkind«), *Schwank-M.* (»Unibos«), *Lügen-M.* (»Dietmarsisches Lügenm.«), Rätsel-M.

Trotz dem naiven Grundton waren M. ursprüngl. nicht für Kinder gedacht, sondern gehörten zum Fundus des mündl. Erzählguts für die gesellige Unterhaltung der Erwachsenen (Spinnstubengeschichten, vgl. noch heute oriental. M.-erzähler auf Märkten und in Kaffeehäusern). M. waren Versuche, die als unzulängl. erfahrene Welt in einer erzählten Utopie zurechtzurücken, ein »wunschgeborener Gegenentwurf zum Alltag« (Klotz). Im M. können auch innere Erlebnisse, krit. Phasen der Reifung, zwischenmenschl. Beziehungsprobleme oder existentielle Schuldgefühle in metaphor. Bilder transponiert sein. *Geschichte:* M.motive finden sich international seit den ersten literar. Überlieferungen, so etwa in den babylon.-assyr. Gilgameschgeschichten (2. Jt. v. Chr.: Tiermensch, Lebenskraut), in altägypt., arab.-islam., jüd., griech. und röm. Literatur, vgl. z. B. Homers »Odysseus« (9./8. Jh. v. Chr.: Kirke, Polyphem) oder die »Metamorphosen« des Ovid (1. Jh. n. Chr.), weiter im mittelalterl. lat. und volkssprachl. Werken, z. B. im lat. »Ruodlieb« (11. Jh.: Zwerg, sprechender Vogel), in den anfz. Lais der Marie de France (um 1200: »Lanval«) oder der ↗ matière de Bretagne (»Yvain«: Zauberbrunnen; »Perceval«: Dümmlingsmotiv, s. ↗ Artusdichtung); in mhd. Literatur enthalten etwa die Jugendgeschichte Siegfrieds (Tarnkappe, Drachenkampf) oder »Herzog Ernst« (Orientfahrt) M.motive, wie sie – in verschiedensten Funktionen und Ausprägungen – in Werken aller Gattungen bis zur Gegenwart verarbeitet sind (vgl. etwa G. Grass' »Blechtrommel«, 1959). Das M. als *selbständige* Gattung begegnet ebenfalls, wenn auch seltener, seit den frühesten literar. Aufzeichnungen: so in der altägypt. Literatur (2-Brüder-M. des Papyrus Westcar, 2. Jt. v. Chr.), in röm. Literatur das M. von Amor und Psyche im »Goldenen Esel« des Apuleius (2. Jh. n. Chr.), in mittellat. Überlieferung etwa der »Asinarius« (M. vom Tierbräutigam, um 1200) oder die in die »Gesta Romanorum« (um 1300) eingefügten M. wie »De perfectione vite« (Nr. 17, ein Bewährungsm.). – Vereinzelt stehen dann in der dt. Literatur der beginnenden Neuzeit eine Fassung des Aschenputtel in der »Gartengesellschaft« des Martin Montanus oder den Predigten des J. Geiler von Kaisersberg (16. Jh.) und eine Bärenhäuterversion in den Simplizianischen Schriften Grimmelshausens (17. Jh.). – In italien. Literatur finden sich M. erstmals häufiger in den Erzählsammlungen von G. F. Straparola (»Le piacevoli notti«, 1550/53: Geschichte vom Tierprinzen, vom Wilden Mann, gestiefelten Kater u.a.) und G. Basile (»Lo cunto de li cunti«, dt. ›M. aller M‹, 1634/36, darunter Aschenputtel, Rapunzel, Schneewittchen, Dornröschen). Durch ihre kunstvolle Erzähltechnik stehen diese Texte jedoch an der Grenze zum Kunstm. Auf ihnen basiert dann die Sammlung von Ch. Perrault »Contes de ma mère l'Oye« (1697), die wie die Feenmärchen beliebten Unterhaltungsstoff für die frz,. Salonkultur lieferten. Mit der Übersetzung der oriental. Erzählsammlung »1001 Nacht« ins Franz. durch J. A. Galland (1704/17) wurde der oriental. Stoffbereich, der z. T. auf ind. und pers. Quellen des 8.–10. Jh.s zurückgeht und der durch Kaufleute, Reisende und Pilger vereinzelt schon seit dem 14. Jh. in Italien bekannt gewesen war, breiter erschlossen. – Seit Mitte des 18. Jh.s wurden die frz. M. sammlungen auch in der dt. Literatur rezipiert: Es entstehen Übersetzungen und freie Bearbeitungen von Ch. M. Wieland (»Dschinnistan«, 1786–89), F. J. Bertuch (Blaue Bibliothek, 1790–1800) u.a., die indes durch ihre artifizielle Stilhaltung und z. T. freie Kombination von M.motiven zum Kunstm. tendieren. Gegen die frz. Moderichtung wendet sich J. K. A. Musäus mit seiner Sammlung »Volksm. der Deutschen« (1782–86), die jedoch ebenfalls kunstvoll ausgearbeitet sind. – Gegenüber diesen zwischen Kunst- und Volksm. stehenden, dem galanten Zeitstil angepassten Bearbeitungen überlieferter Stoffe setzt mit der Romantik die Besinnung auf das M. als *volkstümliche mündl. Erzählung* ein. Die Brüder J. und W. Grimm versuchen als erste, M. in volkstüml. einfachen Erzählformen zu fixieren (»Kinder- und Hausmärchen«, 2 Bde. 1812/15: 156 Texte, 7. Aufl. 1857: 210 Texte). Allerdings sind auch die M. der Grimms in zweifacher Weise Kunstprodukte, da sie sowohl den Inhalt ›reinigten‹ (und damit die M. auch für Kinder geeignet machten) und die Sprache nach ihren Vorstellungen des Volkstümlichen stilisierten (insbes. seit der 2. Aufl., 1819). In ihrem Gefolge verstärkte sich im 19. Jh. die Sammeltätigkeit sog. Volksdichtungen. Unter den zahlreichen Sammlungen sind die populäre M.sammlung von L. Bechstein (1845 ff.) und die forschungsorientierten regionalen M.sammlungen von K. Müllenhoff (schleswig-holstein. M., 1845), S. Grundtvig (dän. M., 1854/61), A. N. Afanasjev (russ. M., 1855/73), J. F. Campbell (schott. M., 1860/62), P. Sébillot (frz. M., 1884) u.a. hervorzuheben. Die Übersetzung der ind. M.- und Fabelsammlung »Pañcatantra« (entstanden 1.–6. Jh. n. Chr.) durch Th. Benfey, 1859, leitete die Erschließung weiterer außereurop. M. ein. – M. stoffe wurden auch in ↗ M.dramen, M.opern, M.filmen verarbeitet.

Forschung: Die wissenschaftl. Beschäftigung mit M. setzt bei den Brüdern Grimm ein (vgl. ihre Anmerkungen zu den »Kinder- u. Haus-M.«, seit 1822 als Bd. 3). Das 19. Jh. wandte sich insbes. der Frage nach der *Herkunft* zu und entwickelte u.a. die Mythen- und Erbtheorie (M. als Überreste von Mythen; Grimm) und mehrere monogenet. Herkunftstheorien (Wandertheorien: Herkunft aus Indien: Th. Benfey; aus dem babylon. Kulturraum: H. Winckler, H. Jensen; aus Ägypten: H. Braun, oder der kret.-minoischen Welt: W.-E. Peuckert); dagegen richtete sich die polygenet. (anthropolog. oder ethnolog.) Theorie (Entstehung gleichartiger M.motive bei allen Völkern gleicher Erlebnisstrukturen und ähnl. kultureller Bedingungen: A. Bastian, E. B. Taylor, W. Wundt u. a.). – Untersuchungen zur M.-*Deutung* reichen von frühen Auffassungen der M. als Symbole für Naturvorgänge (A. Kuhn, E. Schwartz, F. M. Müller) über aitiolog. Deutungen bis hin zu tiefenpsycholog. (Verdichtung und Verschiebung des Sexualtriebs: S. Freud; M. als Spiegel des kollektiven Unbewussten: C. G. Jung, Ch. Bühler u. a.) und anthroposoph. Deutungen (M. als Bilder leibseel. Menschheitsentwicklung: R. Steiner). – Gegenüber diesen mehr spekulativen Theorien widmet sich die Forschung im 20. Jh. v. a. der klassifizierenden Sammlung und Sichtung des vorhandenen M.materials, seinen Oikotypen (regionalen Ausprägungen), Varianten und Schichten, und komparatist., histor.-geograph. und typolog. Untersuchungen (insbes. durch die Finn. Schule). Bedeutend wurde die Erarbeitung eines Klassifizierungssystems und die Anlage von internationalen und regionalen Typen- und Motivregistern durch A. Aarne (1910) und St. Thompson (seit 1928). – Weitere Forschungsrichtungen befassen sich mit *M.strukturen* (Unterscheidung von *Konglomerat-M.* als loser Ereignisfolge und *Ketten-M.* als wiederholte Abwandlung eines Motivs: C. W. v. Sydow, auch V. Propp, A. Dundes), *Form- und Stilfragen* des M.s (A. Jolles), *Wechselbeziehungen* von oralen und literar. Traditionen (A. Wesselski), Fragen der *Realitätsbezüge* (M. als kulturhistor. und sozialgeschichtl. Quellen: L. Röhrich, H. Bausinger), ›Lebensraum‹ und Lebensbedingungen von M., M.erzähler und Erzählgemeinschaften (sog. biolog. M.-forschung: G. Henßen, L. Dégh u. a.). Die marxist. M.-forschung stellt die soziale Problematik des M.s heraus und kehrt mit ihrer kollektivist. Ursprungsthese zu der der Romantik zurück (M. als Produkt des ›schöpfer. Volksgeistes‹). Ferner wird das M. auch als Werk einer schöpfer. anonymen Einzelpersönlichkeit und damit als ästhet. Gebilde zu erfassen versucht (R. Petsch, C. J. Obenauer, M. Lüthi: »Kleinformen symbol. Dichtung«). Schließl. gelten neuere amerikan. (feminist. orientierte) Untersuchungen den Rollenstereotypen und Verhaltensmustern der M. (R. Bottigheimer, M. Tatar). Wichtige Forschungsstätten sind das ›Intern. Institut für M.forschung‹ in Kopenhagen und das ›Zentralarchiv der dt. Volkserzählungen‹ in Marburg. Forum für die wissenschaftl. Diskussion ist v. a. die Zs. ›Fabula‹, hrsg. v. K. Ranke, seit 1957. S

Märchendrama, Bühnendichtung, deren Handlung, Personen, dramaturg. Mittel (Vermeidung histor. Zeit- u. Ortsangaben, Bevorzugung von bühnentechn. Illusionskünsten) dem beim Publikum als bekannt vorausgesetzten Fundus der Volks- oder Kunstmärchen entlehnt sind. Dem M. werden zuweilen auch Bühnenwerke zugerechnet, die nur einzelne Märchen- oder Legendenmotive (H. v. Kleist, »Käthchen v. Heilbronn«) oder Traumerlebnisse (Calderón, Grillparzer, Strindberg) gestalten. – Das M. im engeren Sinne ist gekennzeichnet durch eine konsistente Märchenwelt, die mit illusionären, z. T. parodist. eingesetzten Mitteln Zeit- und Literaturkritik beabsichtigt. So sind schon z. B. C. Gozzis M.en polem. und travestierende Stücke gegen zeitgenöss. Literaten (z. B. C. Goldoni); sie hatten entscheidenden Einfluss auf die dt. Literatur, z. B. F. Schiller (»Turandot«), L. Tieck (»Ritter Blaubart«, »Der gestiefelte Kater«, »Prinz Zerbino«), C. Brentano (»Ponce de Leon«), G. Büchner (»Leonce u. Lena«), A. v. Platen (»Der gläserne Pantoffel«), F. Hebbel (»Rubin«). G. Hauptmann dagegen hat in seinen M.en (»Die versunkene Glocke«, »Und Pippa tanzt«) die Märchenmotive nicht mehr als Spiel mit der Illusion benutzt, um Wirklichkeit verschlüsselt aufzuzeigen, sondern stilisierte das Unwirkliche als myst.-allegor. Gegenwelt zur Realität. – Das M. als Möglichkeit chiffrierter Gesellschaftskritik haben in neuerer Zeit u. a. Jewgeni L. Schwarz (»Der Drache«, 1943 u. a.) u. W. Biermann (»Der Dra-Dra. Die große Drachentöterschau«, 1970) versucht. HW

Märe, n. [mhd. daz mære = Kunde, Bericht, Erzählung, Pl. diu mære = Nachricht, Rede, Dichtung, daher nhd. f. *die Mär*], *im MA*. Bez. sowohl f. Heldenepos, höf. Roman, dessen Stoff oder Überlieferung, aber auch für andere Formen des ep. Erzählens. Da das Wort ›M.‹ seit Mitte 13. Jh.s in zahlreichen Belegen v. a. auf die kleinep. Reimpaardichtungen angewandt ist, wurde *in neuerer Forschung* der Begriff ›M.‹ *(n.)* als Gattungsbez. auf mhd. Verserzählungen eingegrenzt, d. h. für jene etwa 220 aus der Zeit zw. 1250 u. 1500 (von Stricker bis H. Folz) überlieferten weltl., in vierheb. Reimpaaren verfassten, etwa 100–2000 Verse umfassenden Erzählungen schwankhaften, höf.-galanten oder moral.-exemplar. Inhalts. Die M.nstoffe, fast ausnahmslos internationales Erzählgut, finden sich ebenso in den lat. *ridicula* wie in den afrz. ↗ Fabliaux und später in den Versschwänken der Meistersinger (H. Sachs), in den Prosa-Schwanksammlungen, Predigtmärlein, teilweise auch in den ↗ Fastnachtsspielen des 16. Jh.s. HW

Marginalien, f. Pl. [zu lat. margo = Rand], Randbemerkungen:
1. handschriftl. ↗ Glossen, krit. Anmerkungen usw. in Handschriften, Akten, Büchern;
2. auf den Rand einer Buchseite *(marginal)* gedruckte Verweise (Quellen, Zahlen, Inhaltsangaben zum Text), insbes. bei theolog. u. (rechts-)wissenschaftl. Werken. IS

Mariendichtung, poet. Darstellungen um die bedeutendste christl. Heilige in allen Gattungen, Stilen u. Tendenzen, von der liturg. distanzierten Verehrung bis zum volkstüml. Schwankhaften. Die *Stoffe* entstammen v. a. den Apokryphen des NT, die *Bilder* u. *Symbole* der mariolog. Dogmenauslegung (Augustin, 5. Jh.), der Marienpredigt und -mystik (insbes. seit dem 12. Jh.). – Früheste M. ist aus dem byzantin. Raum bezeugt, im Abendland setzt sie nach Vorläufern (Sedulius, Ennodius, 5. Jh.) ein mit der Einrichtung der Marienfeste (7. Jh.), zunächst in *lat. Sprache* mit Hymnen (Hrabanus Maurus, 9. Jh.) und Sequenzen (Notker Balbulus, † 912, Hermann der Lahme, 11. Jh.), von denen einige bis heute lebendig blieben, z. B. »Ave maris stella« (9. Jh.), »Ave praeclara«, »Salve regina« (10. Jh.?) oder »Stabat mater« (13. Jh.?) – aber auch mit ep. Marienviten (z. B. Hrotsvit v. Gandersheim, 10. Jh.). Die Voraussetzung für eine *volkssprachl. M.* schuf im 12. Jh. die kluniazens. Reform durch die Erweiterung des Marienkults (durch Zisterzienser u. Prämonstratenser): Vertreter dt. sprach. *ep. M.* sind Priester Wernher (»Marienleben«, 1172), Walther v. Rheinau (Ende 13. Jh.), Bruder Philipp (Anf. 14. Jh., 88 Handschriften!), der Schweizer Wernher (Ende 14. Jh.) oder Konrad v. Heimesfurt (»Von unser vrowen hinvart«, 13. Jh. u. a.). Diese Werke basieren mehr oder weniger auf der weitverbreiteten lat. »Vita beatae Mariae virginis et salvatoris rhythmica« (13. Jh.), die Stoff und Formtypen für die weitere Ausgestaltung der M.en bereitstellt, insbes. für die zahlreichen *Marien-↗ Legenden* in Reim und Prosa, die sich seit Anfang 13. Jh.s in Sammlungen (»Passional«: 25 Marienlegenden, »Der maget crône«, 14. Jh.) oder in andere Werke eingelagert finden. Die *Marienlyrik,* die Lobpreis mit Fürbitte und Gebet verbindet, ist noch enger an lat. Vorbildern orientiert, so die dt. ↗ Sequenzen, ↗ Leichs, ↗ Hymnen und ↗ Leisen) des 12. Jh.s (Melker und Arnsteiner Marienlied, Mariensequenzen aus Muri und St. Lambrecht, Vorauer Sündenklage, Walthers Marienleich. Seit dem 13. Jh. entstehen im Gefolge relig. Massenbewegungen (Marienbruderschaften, später Geißler) volkstüml. Marienlieder, oft als Eindeutschungen lat. Hymnen oder Cantiones oder als Kontrafakturen (Mönch v. Salzburg, 14. Jh., Heinrich von Laufenberg, 15. Jh.); daneben findet sich vom späthöf. Minnesang beeinflusste didakt.-spekulative mariolog. Spruchlyrik (Reinmar v. Zweter, Marner, F. v. Sonnenburg), oft manieristisch. Formkünsteleien (Frauenlob, Heinrich v. Mügeln), die im ↗ Meistersang allegor. und formal übersteigert bis ins 16. Jh. weitergepflegt wird (Muskatblüt, Hans Folz, Hans Sachs, vgl. auch Kolmarer Liederhs.). Umfangreiche *Sonderformen* innerhalb der Marienlyrik sind kunstvolle Reihungen der internationalen mariolog., insbes. des myst. Formel- und Bilderschatzes wie z. B. das »Rhein. Marienob« (um 1230), die von Manierismen überwucherte »Goldene Schmiede« (1275, 2000 Verse) Konrads v. Würzburg, die zwischen Legende u. Hymne steht und weithin vorbildhaft wurde (Eberhard v. Sax, 1300, Bruder Hansen, Ende 14. Jh., Hermann v. Sachsenheim,»Goldener Tempel«, 1455) oder die aus den Ave-Maria-Gebeten (Marienpsalterien, Rosarien) entwickelten, ebenfalls von Formspielereien geprägten, bis zu 50 Strophen umfassenden *Mariengrüße* (Brun v. Schonebeck, 13. Jh., Mönch v. Salzburg, 14. Jh.), die noch von den Humanisten in antiken Strophen gepflegt werden (S. Brant, 1498). – Eine weitere Sonderform ist die dramat.-lyr. *Marienklage*, Anf. 13. Jh. aus den lat. Karfreitagssequenzen (v. a. dem »Planctus ante nescia« Geoffroys de Breteuil, 12. Jh.) mehr oder weniger frei entwickelte Klagemonologe Marias am Fuße des Kreuzes (bes. ostmdt. Zeugnisse, die zu Dialogen mit Christus und Johannes ausgebaut (Königsberger, Lichtenthaler Klage, 13. Jh., Bordesholmer, 15. Jh. und Prager Klage, 16. Jh.) und aus der Liturgie in das ↗ geistl. Spiel übernommen wurden (z.B. Benediktbeurer, Alsfelder ↗ Passionsspiel), wie auch die mal. ↗ *Legenden-* und ↗ *Mirakelspiele* Wundertaten Mariae dramat. gestalteten – eine Tradition, die bis ins Barock (↗ Jesuitendrama, Bidermann; in Spanien: Lope de Vega) lebendig blieb. Mit dem Ende des MA.s endet zugleich die Blütezeit der M., deren Entwicklung in den anderen westeurop. Kulturen ähnl. verlief: In *Frankreich* ragen die ep. Marienviten von Robert Wace und Hermann von Valenciennes (12. Jh.), die Legendensammlungen Gautiers de Coinci (»Les miracles de la Sainte Vierge«, ca. 1220), die Mirakelspiele Rutebeufs (13. Jh.) und die Marienlyrik der Trobadors (Peire Cardenal, 13. Jh.) und der Trouvères hervor, in *Spanien* die bedeutenden, von König Alfons X. v. Kastilien u.a. verfassten 422 ep. und lyr. Marienlieder »Cantigas de Santa Maria« (um 1250) oder die Legendensammlung Gonzalos de Berceo »Miraclos de Nuestra Señora« (13. Jh.); in den *Niederlanden* entstanden im 13. Jh. die schönsten Gestaltungen der weitverbreiteten Marienlegenden »Theophilus« und »Beatrijs«. – Nach der Reformation wird die Tradition der M., abgesehen von volkstüml. Überlieferung (Volksbücher), nur im ↗ Kirchenlied und in den barocken Kunstliedformen der Jesuiten F. v. Spee, Angelus Silesius, L. von Schnüffis und (neulat.) von J. Balde u. N. Avancini fortgeführt. Erst Ende des 18. Jh.s erfährt die M. eine sentimental.-künstler., auch von Protestanten getragene Neubelebung durch die frühromant. Rückwendung zum MA. (Herder, F. u. A. W. Schlegel, Novalis, Brentano, Eichendorff). Daneben erscheint M. nur noch als Ausfluss individueller Glaubenserfahrung, nicht mehr von kollektiver Glaubensgewissheit getragen, so bei A. v. Droste-Hülshoff, R. M. Rilke, R. A. Schröder, R. J. Sorge, R. Schaumann, G. von Le Fort, R. Schneider, F. Werfel, im Rahmen des Renouveau Catholique P. Claudel.   IS

Marinismus, m., (it. marinismo), italien. Ausprägung des literar. ↗ Manierismus, benannt nach G. Marino, dessen lyr. und ep. Werke (»La lira«, Ged. 1608/14,»Adone«, Epos 1623) viel bewundert und nachgeahmt wurden (C. Achillini, G. Lubrano u.a.) und zu gesamteurop. Einfluss gelangten. Theoretiker des M. war E. Tesauro (»Cannocchiale Aristotelico«, 1654); wegen der stilprägenden Verwendung des ↗ *concetto* wird der M. auch als *concettismo* (Konzettismus), mit Bezug auf seine Blütezeit auch als *secentismo* (it. se(i)cento = 17. Jh.) bez.   IS

Marionettentheater, Form des ↗ Puppentheaters. Marionetten sind bereits im alten China, in Ägypten, Griechenland und Rom bezeugt. – Seit dem MA. ist Italien das klass. Land des M.s, beliebt war es aber auch in anderen europ. Ländern; Paris z. B. besaß seit dem Ende des 16. Jh.s verschiedene M.; am bekanntesten das M. Brioché und dessen Sohn Jean Am Pont-Neuf (um 1650). In ganz Europa gab es Wanderbühnen mit Typen, die jeweilige Mentalität des Herkunftsvolkes spiegelten (vgl. etwa it. Pulcinella, frz. Polichinelle, engl. Punch, russ. Petruschka, türk. Karagöz, dt. Hanswurst). In Deutschland bestanden Wanderbühnen bis ins 20. Jh., daneben seit früh auch schon stehende M., etwa die

Marionettentheater

Theater von J. A. Stranitzky (1676–1726) in München, Augsburg, Nürnberg (um 1709), von der Puppenspielerfamilie Hilverding in Wien (1672), Prag (1698), Danzig, Stockholm, Lübeck, Lüneburg, mit Puppen bis 1m Größe. Gespielt wurden Spektakel-, Rühr- und Heimatstücke, Komödien, Opern und Operetten: 1674 z. B. führte La Grille das M. in Paris als »Opéra des Bamboches« ein (zum Spiel der lebensgroßen Puppen wurde hinter der Bühne gesungen). Joseph Haydn komponierte verschiedene Opern für das M. in Wien (»Dido«, »Philemon und Baucis oder Jupiters Reise auf die Erde«, 1773). Das neuere M. wurde 1858 von Franz Graf Pocci und Joseph L. Schmid (»Papa Schmid«) in München begründet, wo 1900 auch das erste M.-Gebäude eröffnet wurde. Im 20. Jh. bekannt geworden sind in *Deutschland* bes. die stehenden Bühnen von Paul Brann (M. Münchner Künstler) und Ivo Puhonny (M. Baden-Baden), daneben die M. in Augsburg (›Puppenkiste‹), Bad Tölz, Köln, Düsseldorf, Stuttgart, Steinau, in *Österreich* das Wiener M. von R. Teschner und das Salzburger M. (A. Aicher, Programm u. a. Opern von Mozart), in der *Schweiz* das Züricher M. (gegr. 1918), in *Italien* das ›Teatro dei Piccoli‹ in Rom; vgl. ↗ Puppenspiel.   GG

Marschlied, das zum Marschieren gesungene Chorlied, charakterisiert durch einen gleichförm. Rhythmus, dessen Geradtaktigkeit die natürl. Bewegungsform des menschl. Gehens aufnimmt. Gehört zu den primitiven Formen des Gemeinschaftsgesangs (vgl. auch ↗ Arbeitslied). Frühen Eingang in die Literatur hat es in der ↗ Parodos (Einzugslied des Chors) der griech. Tragödie gefunden.   K

Martinslieder, ↗ Brauchtumslieder, gesungen am Abend des 11. Nov., dem Jahrestag der Beisetzung des hl. Martin v. Tours († um 400), oder am Vorabend:
1. oft alte Kinderlieder u. volkstüml. Verse, die beim Martinsfeuer, beim Sammeln des Brennmaterials u. beim Gabenheischen gesungen wurden. Verbreitung v. a. in N.- u. W.-Deutschland, Holland u. Flandern.
2. ↗ Gesellschaftslieder, die seit dem MA. bei Gelagen zu Ehren des als Patron der Winzer gefeierten Heiligen erklangen u. vielfach fahrenden Scholaren zugeschrieben werden.   MS

Märtyrerdrama, dramat. Darstellung des Lebens, Leidens und Sterbens von Blutzeugen des Christentums. Schon *das MA.* kannte sowohl lat. (»Gallicanus«, »Dulcitius« von Hrotsvit von Gandersheim, 10. Jh.) wie volkssprachl. (»Ludus de beata Katarina«, Thüringen um 1350) szen. Darstellungen des Lebens meist heiliggesprochener Märtyrer, sog. Legendenspiele (vgl. ↗ Mirakelspiel, ↗ geistl. Spiel). In der *Reformationszeit* wurde vereinzelt das Handlungsmodell des M.s auf Personen angewandt, die nicht zu den von der Kirche kanonisierten Märtyrern zählten (J. Agricola, »Tragedia Johannis Huss«, 1537, vgl. ↗ Reformationsdrama). Auch das lat. ↗ Jesuitendrama gestaltet gelegentl. Märtyrerstoffe (J. Bidermann, »Cassianus«, 1602; »Philemon Martyr«, 1618). In der *barocken Tragödie* (↗ schlesisches Kunstdrama) wurde das M. zu einer wichtigen Form geistl. Haupt- und Staatsaktionen. So sind in den drei bedeutendsten M.en von A. Gryphius (»Catharina von Georgien«, 1647, »Carolus Stuardus«, 1650, »Papinianus« 1659) die Märtyrer höchste histor. Standespersonen, die gegenüber tyrann. Mächten ihr Bekenntnis und ihre ›bewährte Beständigkeit‹ mit dem Tode bezahlen müssen (M. daher auch als *Tyrannendrama* bez.). Neben hohem rhetor. Sprachprunk und der ausführlichen dialog. Diskussion eines christl. Stoizismus zeichnete sich die szen. Darbietung zuweilen durch theatral. Drastik aus: z. B. wird Papinian auf offener Bühne gefoltert und ermordet. Neben Gryphius sind J. Ch. Hallmann (»Mariamne«, 1669, »Sophia«, 1671) und A. A. von Haugwitz (»Schuldige Unschuld Oder Maria Stuarda«, 1683) Repräsentanten des M. Die M.s, Lope de Vega und Calderón des span., Ph. Massinger des engl. und P. Corneille (»Polyeucte Martyr«, 1641) des franz. M.s.   HW

Maske, *(im Theater)* [wohl aus arab. maschara = Scherz, Maskerade, Spaßmacher, maskierte Person], man unterscheidet
1. die *Schminkmaske*, d. h. die Veränderung

des Gesichtes eines darstellenden Künstlers Schauspielers, Tänzers, Sängers usw.) mittels Schminke, Bart, Perücke entsprechend seiner Rolle und den Bühnenbedingungen (Fernwirkung, Scheinwerferlicht). Die Tradition der Schmink-M. als fiktionales Mittel geht zurück bis zu den Ursprüngen des ↗ Dramas: vgl. die Bleiweiß-M. des ↗ Mimus.

2. *die abnehmbare, plast. M.* verschiedensten Materials. Sie ist v. a. Kennzeichen der att. Tragödie und Komödie entsprechend deren kult. Wurzeln (Dionysoskult, Identifikationsriten, totemist. Vorstellungen, Heraushebung des myth. Geschehens aus dem Bereich des Alltäglichen). Als künstler. und, bei der beschränkten Zahl von 1–3 Schauspielern, auch prakt. Mittel vermutl. von Thespis (6. Jh. v. Chr.) eingeführt; sie bestand aus Kork, Holz, später v. a. stuckierter, helmart. geformter und seit Aischylos naturwahr bemalter Leinwand mit Augen- und Mundöffnungen und fest angefügter Perücke, meist in Form eines hohen Dreiecks oder Bogens. Die klass. Zeit kannte wenige Typen mit harmon. Zügen für die Tragödie, mit verzerrten für die Komödie (und die ↗ Phlyaken), tierähnl. für das ↗ Satyrspiel. Seit dem Hellenismus und bes. dann im röm. Theater werden die Typen vermehrt und die Formen ins Pathetisch-Groteske übersteigert (übergroße Augen- und Mundöffnungen, hoher Perückenaufsatz, vgl. die Entwicklung des ↗ Kothurn), jedoch in Rom erst seit dem 1. Jh. v. Chr. (bis zum 4. Jh.) allgem. üblich: zuvor war den Schauspielern, als Unfreien, das Tragen von M.n verboten; nur in der von freien Bürgern aufgeführten ↗ Atellane waren M.n zugelassen. – 4 feste Typen mit dunklen Lederhalbm.n tauchen dann auch in der italien. ↗ Commedia dell'arte (16. Jh.) auf. Sonst wird (abgesehen von ausdrückl. M.nspielen, Balletten u. Pantomimen an den Renaissance- und Barockhöfen; ↗ Intermezzo) seit dem MA. die plast. M. von der Schmink-M. verdrängt. Nach vereinzelten Versuchen (Goethe, Terenzaufführung, 1801) wurde sie erst seit ca. 1920 ab und zu wieder verwendet bei historisierenden Aufführungen antiker Stücke, z. B. seit 1936 im röm. Freilichttheater Augst (bei Basel) oder den Ödipusaufführungen Sellners 1952, J. L.

Barraults 1955 u. a., aber auch bei modernen Stücken als Mittel der Stilisierung oder Verfremdung (z. B. Brechts Inszenierung seines »Kaukas. Kreidekreises«, 1954) oder Psychologisierung (z. B. E. O'Neill, »The great god Brown«, 1926 oder J. Genet, »Les Nègres«, 1957). Schmink- und plast. M.n sind im asiat. Theater noch heute wichtiges, aus rituellen, mag.-kult. Wurzeln tradiertes Requisit. IS

Maskenzüge, auch: Maskenspiele, eine in der Renaissance in ganz Europa verbreitete theatral. Unterhaltung, die v. a. in Italien zu hoher Blüte gelangte. Aus ihren Ursprüngen in alten Karnevalsbräuchen (die u. a. in student. Spielen weiterlebten) entfalteten sich (zuerst in der ital. Frührenaissance) prunkvolle Umzüge und Maskenspiele mit revueart. Abfolgen lose verbundener Schaunummern, u. a. mit allegor. und antik-mytholog. Gestalten und Themen. Szen. u. dramaturg. bedeutsam ist die Entwicklung der ↗ Wagenbühne *(carro).* In der Folge entwickelte sich daraus eine Reihe verwandter Formen wie die ital. ↗ Trionfi, die frz. *entrées,* die Hochzeitsspiele, die ↗ Intermezzi, die sakralen Prozessionen. In Frankreich und v. a. in England entstand aus diesen Ansätzen die ↗ Masque. HR

Mas**que**, f. [ma:sk; engl.-frz. = Maske], im 17. Jh. in Frankr. und England geläuf. Bez. für eine theatral. Mischform, bei der sich Pantomime, Tanz, Musik, Bühneneffekte und Prachtausstattung zu einem höf. Spektakel verbanden, das zusammen mit den erhabenen, meist mytholog. Inhalten mehr der Selbstdarstellung des Hofes als der Vorführung dramat. Konflikte diente. Die M. verdankt ihre Entstehung einerseits heim. Traditionen des Mummenschanz, die entscheidenden Anstöße aber von ↗ Maskenzügen oder -spielen der franz. und v. a. der ital. Renaissance, deren Bühnentechnik (u. a. höf. Stilisierung) sie übernahm. Sie gelangte u. a. unter den Stuarts zu hoher Blüte. Die adeligen Laiendarsteller wurden zunehmend von Berufsschauspielern abgelöst, bes. im burlesk-kom. ↗ Nachspiel, der *Antimasque.* Ihren Höhepunkt erreichte sie durch die Beiträge so berühmter Künstler wie I. Jones als Ausstatter und B. Jonson als Autor. Die M. wurde insbes. für die Weiterentwicklung der Bühnentechnik und des Musik- und Tanztheaters (Purcell, Händel) bedeutungsvoll. HR

Massenszenen, Szenen in dramat. und musikdramat. Werken, in denen sich eine größere Menschenmenge (meist Komparsen und Laien) auf der Bühne bewegt. M. stehen im Ggs. zu Monologen und Dialogszenen und stellen andere spezif. Anforderungen an die dramentechn. und inszenator. Gestaltung: M. können dramaturg. motiviert sein (vgl. z. B. das ›Volk‹ als handelnde ›Person‹ bei Schiller, »Tell« [Rütliszene II, 2], »Räuber« [II, 3], bei G. Hauptmann, »Weber«, oder A. Schönberg, »Moses u. Aaron« u. a.) oder nur Rahmen oder Hintergrund bilden (wie z. B. in vielen Opern-Chorszenen). Gelegentl. ist eine dramaturg. Motivation nur dadurch gegeben, dass einzelne Personen aus der Masse ›heraustreten‹, reden und handeln (z. B. Goethe, »Egmont«, Ch. D. Grabbe, »Napoleon oder die hundert Tage« I, 1). M. sind häufig im Drama der ↗ offenen Form mit histor., lokalgeschichtl. und nationalen Stoffen; solche Dramen sind bes. auch für Freilichtaufführungen geeignet. – M. begegnen schon im griech. Drama (↗ Chor), im mal. ↗ geistl. Spiel und in der Barocktragödie, insbes. im ↗ Jesuitendrama oder in Shakespeares ↗ Historien; sie sind kennzeichnend dann für viele (↗ Geschichts-)Dramen des 19. Jh.s (Büchner, Grabbe, Hebbel, vgl. auch den Inszenierungsstil der ↗ Meininger), des Expressionismus (G. Kaiser, »Gas I«, »Gas II«, Toller u. a.), z. T. auch noch der Gegenwart (T. Dorst, P. Weiss). OB

Materialer Text, auf das sprachl. Material (Silben, Buchstaben) ↗ reduzierter Text; die Bez. begegnet v. a. im Umkreis der ↗ Informationsästhetik.

Matière de Bretagne, f. [maˈtjɛːr, frz. = Stoff], Bez. f. den kelt.-breton. Sagenkreis um ›König Artus‹; literar. fassbar in der ↗ Artusdichtung.

Mauerschau, ↗ Teichoskopie.

Maxime, f. [lat. von maxima regula = höchster Grundsatz], Grundsatz, Richtschnur de Lebensführung. – Zunächst in der Logik, von Boëthius ausgehend, die obersten Grundsätze die weder beweispflichtig noch beweisbar sind und von denen andere Sätze hergeleitet werden können, dann bereits im lat. MA. die Lebensregel. Als literar. Kunstform zuerst bei La Rochefoucauld (1665) und Vauvenargues (1746), dann bei Goethe (seit 1809) und A Schopenhauer (1851). I. Kant verwendet in seiner Ethik ›M.‹ im Sinne von subjekt. prakt Grundsatz im Ggs. zum Imperativ, dem obj Grundsatz.

Mäzenatentum [nach Maecenas (ca. 70–8 v. Chr.), Berater des Kaisers Augustus und Förderer röm. Dichter, z. B. Vergil, Horaz, Properz].
Die Unterstützung durch Gönner war über Jh. e die wichtigste Voraussetzung für die Entstehung von Literatur, deren Autoren in aller Regel ökonom. nicht abgesichert waren. Die hohen Materialkosten (etwa für Pergament u. Farben) setzten überdies erhebl. Mittel voraus. Schon bei den Griechen gab es Mäzene wie Hieron von Syrakus (6./5. Jh. v. Chr.), der u. a. Aischylos u. Pindar, – oder König Archelagos (400 v. Chr.), der Euripides förderte. Im MA. waren es meist geistl. u. weltl. Herren, die aus Neigung oder repräsentativen Bedürfnissen als Auftraggeber und Mäzene auftraten. Entstehung u. Entwicklung der ↗ höf. Dichtung sind anders nicht vorstellbar. Berühmte Literatur-Zentren waren etwa der Hof Hermanns von Thüringen, die Residenz der Babenberger in Wien oder der Stauferhof. Im Spät-MA. übernimmt auch das städt. Patriziat diese Funktion. In der Renaissance sind v. a. die Medici als Förderer der Dichtung bezeugt. Höf. M. führte im Barock zu der Gattung des Widmungsgedichts (↗ Dedikation; späte Auswirkungen noch bei Rilke). In der Neuzeit wurde die mäzenat. Förderung durch Gönner, die auf Willkür und Abhängigkeit beruhen konnte, immer stärker von einem System öffentl. Förderung und vertragl. Absicherung abgelöst. Im 20. Jh. kamen neue Formen der Unterstützung durch Stiftungen und Sponsoren auf. ↗ Hofdichter. Kr

Mediaevistik, f. [lat. medius = mittel, aevum = Zeitalter], Sammelbez. für die verschiedenen wissenschaftl. Disziplinen, die sich mit mal. Literatur, Kunst, Geschichte usw. beschäftigen, meist über nationale Ausrichtungen hinausführend; Bez. abgeleitet von *Mediaevist* = Erforscher des MA.s. Organe: Répertoire des médiévistes européens. Poitiers 1960; 2. u. 3. Aufl. u.d. T.: Répertoire international des médiévistes. Poitiers ²1965, ³1971. – Medium Aevum. Hrsg. v. C. T. Onions. Oxford. Bd. 1 ff. 1932 ff. S

Mediengermanistik, Bez. für Bestrebungen der jüngeren Germanistik, die Medien, Mediensprünge und -bedingungen der Literatur (↗ Gesamtkunstwerk, Mündlichkeit und Schriftlichkeit, ↗ Theater, ↗ Bänkelsang, ↗ Buch, Rundfunk [↗ Hörspiel], Film, Fernsehen [↗ Fernsehspiel]) in den Mittelpunkt des Forschungsinteresses zu rücken. Der Begriff subsumiert dabei sowohl die Forderungen einer künftigen Film- (K. Kanzog, 1980) und Hörspielphilologie (R. Döhl, 1982) als auch Bestrebungen zu interdisziplinärer Forschung zwischen Literaturwissenschaft einerseits und Kunst-, Musik-, Theater-, Rundfunk-, Film und Kommunikationswissenschaft andererseits. D

Meininger, Hoftheatertruppe des Herzogs Georg II. von Sachsen-Meiningen (1826–1914), der nach einschläg. Studien (Historienmalerei, Archäologie, Geschichte) zusammen mit der Schauspielerin Ellen Franz ein Musterensemble aufbaute, das Ch. Kean viel verdankte und »eine ›Summa‹ des realist. deutschsprach. Theaters« (Kindermann) bot. Die M. strebten, teilweise mit den Methoden des zeitgenöss. Positivismus, nach szen. und psycholog. Realismus der Darstellung. Dem diente die Ausstattung mit histor. getreuen Kostümen aus »echtem Material« (die Figurinen sind im sog. Meininger Kostümkodex erhalten), ein histor. exaktes ↗ Bühnenbild (meist »echte« Versatzstücke vor gemaltem Horizont statt Soffitten, ↗ Ausstattungsstück), eine naturalist. Geräuschkulisse und eine raffiniert stimmungsmalende Beleuchtung (Anfänge der Lichtregie, Gas u. Elektrizität), psycholog. durchgearbeitete, individualisierte ↗ Massenszenen u. a. – Studien des Geschichtshintergrundes, des Milieus, Analyse der Texte, obligates Sprechtraining, extrem lange und gründl. Proben dienten der Schauspielererziehung und sollten das psycholog. Rollenverständnis und Ausdrucksvermögen vertiefen. Die Bemühungen um ein homogenes Ensemble, um ein stilist. geschlossenes Bühnen-↗ Gesamtkunstwerk und die Musteraufführungen verbanden die M. mit Bestrebungen R. Wagners und F. v. Dingelstedts. – Die M. spielten möglichst die Originaltexte (ungekürzt), am häufigsten Schiller und Shakespeare, doch als erste auch Ibsen. Der Zusammenklang von historisierendem Detail und suggestiver Atmosphäre, von psycholog. Ensemble- und Einzeldarstellung zerbrach bei den Nachahmern ins Zerrbild der »Meiningerei«. Die M. selbst unternahmen von 1874–1890 triumphale Gastspielreisen (2591 Vorstellungen) in Europa und Amerika; sie beeinflussten die weitere Entwicklung des Theaterstils nachhaltig: M. Reinhardt, K. Stanislawski, A. Antoine, A. Appia und P. de Leur haben von ihnen gelernt und manche ihrer Ideen sind bis heute fruchtbar (Chorregie bei W. Felsenstein). HR

Meiosis, f. [gr. = Verringerung, lat. Minutio = Verminderung], in der ↗ Rhetorik bewusste, oft parteil. Verkleinerung, Verharmlosung oder gar Unterschlagung eines gewichtigen Sachverhaltes (bei Quintilian daher auch Bez. für *fehlerhaftes* Auslassen von Wörtern oder Satzteilen). Häufige Mittel sind ↗ Litotes, ↗ Euphemismus, ↗ Ironie, ↗ Emphase, engl. understatement. RS

Meistersang, zunftmäßig betriebene Liedkunst in den Städten sesshaften Dichter-Handwerker des 15. u. 16. Jh.s. *Vorläufer* des M.s sind die fahrenden Spruchdichter des Spät-MA.s, die sich selbst als *meister* bezeichnen, etwa Frauenlob oder Heinrich v. Mügeln; diese weisen in ihren Werken bereits wesentl. Merkmale des M.s auf; ebenso fahrende Dichter des 15. Jh.s wie Michel Beheim. Bald nach dem Tod von Hans Sachs (1576) setzte der

Meistersang

Niedergang des M.s ein, sein Ende kam jedoch erst spät im 19. Jh. (Meistersingervereinigungen bestanden in Ulm bis 1839, in Memmingen bis 1875). Als *Stifter* verehrte der M. die »4 gekrönten Meister« Frauenlob, Regenbogen, Marner, Mügeln, als den Ursprungssitz Mainz, wo Frauenlob um 1315 die erste Meistersingerschule begründet haben soll. Bis ins Jahr 962 weist die Sage vom Ursprung des M.s, nach der die »12 alten Meister«, darunter neben den Genannten Walther v. d. Vogelweide u. Wolfram v. Eschenbach, von Papst u. Kaiser (Otto d. Großen) autorisiert u. privilegiert worden seien. Darin bekunden sich Selbstverständnis u. Selbstwertung des M.s: ein bewusstes Epigonentum; der Glaube an die Lehrbarkeit der Kunst; das Bestreben, mit den Vorbildern zu wetteifern. Die Anlehnung an ↗ Minnesang u. ↗ Spruchdichtung zeigt sich in der Form der Meisterlieder (↗ Meistersangstrophe, ↗ Stollenstrophe) wie in ihrem *Inhalt*: Tendenzen der Spruchdichter weiterverfolgend, legen die Meistersinger großen Wert auf den *sin*, betonen ihre gelehrte Bildung u. neigen stark zum Lehrhaften u. Erbaulichen. Die Norm wird beherrschend: Alles lässt sich in Regeln fassen, schön ist, was der Regel gemäß ist. Im *Stoff*repertoire des M.s haben geistl. Themen Vorrang: Zunächst werden mariolog. Themen bevorzugt, mit dem Fortschreiten der Reformation stellt sich der M. mehr u. mehr in den Dienst des Protestantismus. Formale Neuerungen des M.s sind u. a. das Prinzip der Silbenzählung, die strenge Alternation (z. T. mit ↗ Tonbeugung), Regeln, Praktiken und Terminologie sind niedergelegt in sog. Schulkünsten, in Protokollen u. Schulordnungen u. bes. in der ↗ *Tabulatur* (einflussreich war v. a. die Nürnberger Tabulatur). Die Meistersinger einer Stadt organisierten sich in der Vereinigung der *Singschule*, die auch die einzelne Singveranstaltung bezeichnen konnte. Hier unterscheidet man zwischen dem *Hauptsingen* in der Kirche, das relig. Stoffen, später auch ernsten weltl. Stoffen vorbehalten blieb, u. dem Unterhaltung dienenden *Zechsingen,* das im Wirtshaus stattfand. Der Vortrag der Lieder war durchweg solistisch u. ohne Instrumentalbegleitung. In der *Anfangsphase* des M.s durften die Dichter nur poetisch produktiv sein, d. h. keine eigenen Weisen erfinden, sondern lediglich den Tönen der 12 alten Meister neue Texte unterlegen; *gegen 1480* vollzog der von Worms nach Nürnberg gekommene Hans Folz eine grundlegende Reform: Fortan konnte nur der ein Meister werden, der einen neuen ↗ Ton (d. h. Text u. Melodie) geschaffen hatte. Die oft eigenartigen Namen der Töne (z. B. »Kurze Affenweise«) verhalfen ihren Schöpfern zu einem gewissen Urheberschutz. Meisterlieder durften nicht gedruckt werden, sie gingen in den Besitz der jeweiligen Schule über. Die Meistersingerzunft legte Wert auf eine strenge Hierarchie: Auf der untersten Stufe standen die ledigl. reproduzierenden *Singer;* wer auf eine der autorisierten Melodien einen eigenen Text verfassen konnte, durfte sich *Dichter* nennen; als *Meister* galt der Schöpfer eines neuen Tons; an der Spitze dieser Pyramide schließlich rangierten die ↗ *Merker.* Die Zentren des M.s lagen in S.- u. SW.-Deutschland. In der ersten Phase galt *Mainz* als führender Ort des M.s, später gingen die wesentl. Impulse von *Nürnberg* aus, das seinen Ruhm bes. Hans Sachs (1494–1576) verdankte, mit Georg Hager, Hans Glöckler u. a. aber eine ganze Reihe weiterer bedeutender Meistersinger aufzuweisen hatte. Der *Augsburger* Singschule (Blütezeit ebenfalls im 16. Jh.) gehörten z. B. Onofrius Schwarzenbach u. Martin Dir an. Von anderen Orten, an denen der M. gepflegt wurde, sind v. a. zu nennen: *Straßburg, Freiburg, Colmar* (1546 durch Jörg Wickram gegr.), *Ulm, Memmingen, Steyr, Iglau, Breslau.* Die bedeutendste erhaltene *Sammlung von Meisterliedern* ist die sog. Kolmarer Liederhandschrift (heute Staatsbibl. München). Beschreibungen von Theorie u. Praxis des M.s lieferten u. a. A. Puschman: »Gründtlicher Bericht des Deudschen Meistergesanges« (Görlitz 1571, Neuausg. 1888), C. Spangenberg: »Von der Musica und den Meistersängern« (Straßburg 1598, Neuausg. 1861) u. J. Ch. Wagenseil: »Von der Meister-Singer holdseligen Kunst ...« (Altdorf 1697). Die wissenschaftl. Forschung hat sich mit dem M. seit der Frühzeit der Germanistik beschäftigt; gleichwohl ist der Quellenbestand noch immer nicht zureichend erschlossen. Ein spätromant. Bild des M.s lebt fort in Richard Wagners »Meistersingern von Nürnberg«. MS

Meistersangstrophe, von den Meistersingern aus dem mhd. Minnesang übernommene ↗ Stollenstrophe. Das Normalschema (musikal. *Barform* genannt) AA/B wird i.d. Regel durch Hinzufügung eines Stollens oder Stollenteils nach dem Abgesang erweitert (Reprisenbar AA/BA oder AA/BA'). Eine M. umfasst durchschnittl. 20–30 Verse, doch kommen auch überkurze (5 Verse) u. überlange (100 Verse u. mehr) Strophen vor. Ein Meistersingerlied besteht aus mindestens 3 M.n. Terminolog. beschrieben von den Theoretikern des ↗ Meistersangs. Auch ↗ Bar, ↗ Ton. MS

Melancholie, f. [gr. = Schwarzgalligkeit], Schwermut; bereits in der Antike, die den Begriff in der Säfte- und anschließenden Temperamentenlehre medizin. entwickelte, auch mit außerordentl. menschl. Begabung verbunden. Nach der einseitig moral.-theolog. Abwertung der M. im MA greift die ↗ Renaissance den Zusammenhang von M. und Genie neu auf, der fortan in der auf Philosoph.-Literarisches konzentrierten Auseinandersetzung mit den negativen und positiven Aspekten der M. bestimmend wirkt: Durch alle Veränderungen der psycholog. und sozialgeschichtl. Begründungen hindurch erscheint M. nun als Folge zunehmender Säkularisation und Individuation, als Begleitung selbstbestimmten Denkens in der Verunsicherung durch den Verlust vorgegebener transzendenter Normen, als Ausdruck der Handlungshemmung in der entfremdend erfahrenen Diskrepanz zwischen Wollen und Können, Theorie und Praxis. So hat W. Benjamin die M. wie die ↗ Allegorie im Trauerspiel des 17. Jh.s unter der Voraussetzung geschichtl. Immanenz gedeutet; so wird die M. gerade im 18. Jh. der bürgerl. Aufklärung zu deren Konsequenz und Widerspruch. Der melanchol. Rückzug in die ↗ Innerlichkeit, in Natur und Einsamkeit, die Selbstreflexion und Selbstbeobachtung bis hin zur Hypochondrie bedeuten nicht nur gesellschaftl. ↗ Eskapismus (W. Lepenies), sondern gleichzeitig Kritik am rationalen Optimismus und abstrakt behaupteten Fortschritt durch die weiterreichenden Forderungen einer durch die realen Verhältnisse unbefriedigten Subjektivität (z. B. Goethe, »Die Leiden des jungen Werthers«, K. Ph. Moritz, »Anton Reiser«). In dieser Spannung zeichnet sich die untergründige Verbindung von M. und ↗ Utopie ab. Konstitutiv wird sie im klass.-romant. Programm, das die Idealisierung der Kunst geschichtsphilosoph. aus der Reflexion der Entfremdung ableitet (z. B. in Schillers Ästhetik des ›Sentimentalischen‹ oder in Fr. Schlegels Konzept der ›Universalpoesie‹ und der ›Neuen Mythologie‹); weiter zu verfolgen ist die Verbindung in der bis heute ununterbrochenen Tradition auch themat. explizierter M.-Dichtungen, die melanchol. Erfahrung in stellvertretender ästhet. Praxis aufheben (z. B. G. Benn). H

Melische Dichtung, Melik, f. [zu gr. melos = Lied, Gedicht], Bez. für die (griech.) gesungene (chor. und monod.) Lyrik, Lieddichtung (↗ Chorlieder, ↗ Hymnen, ↗ Oden). OB

Melodram, gleichzeitige oder abwechselnde Verwendung von Sprechstimme und Musik in einer szen. Darbietung; bekannt seit dem Altertum (griech. ↗ Tragödie), erscheint dann im ↗ Schuldrama, in der Oper (»Fidelio«, Kerkerszene; »Freischütz«, Wolfsschluchtszene), in Schauspielmusiken (Beethoven, »Egmont«) und im modernen ↗ Musiktheater. Hier werden neue Differenzierungen entwickelt, zuerst durch Fixierung von Tonhöhe und Rhythmus der Sprechstimme (E. Humperdinck, »Die Königskinder«, 1897), dann durch Verfeinerung ihrer Notation bei A. Schönberg (»Moses und Aaron«). Eine Mischung verschiedener M.formen enthalten A. Bergs Opern (»Wozzeck«). HR

Melodrama, 1. *musikal.-dramat. Mischgattung*, die auf dem Prinzip des ↗ Melodrams basiert (auch: ↗ lyr. Drama, ↗ Mono-, ↗ Duodrama). Nach den beliebten, galant-empfindsamen Mono- oder Duodramen des 18. Jh.s pflegt die Romantik das *Konzert-M.*, d. h. die Rezitation von Gedichten, v. a. Balladen, zu Klavier- oder Orchesterbegleitung (z. B. R. Schumann, »Balladen«, op. 122, 1852; »Manfred«, 1848; F. Liszt, »Lenore«, 1858). – Das 20. Jh. übernimmt das herkömml. M. (zuerst R. Strauß, »Enoch Arden«, 1900) oder differenziert es (A. Schönberg, u. a. »Pierrot lunaire«, 1912): Es wird mannigfach kombiniert mit Ballett oder Pantomime (A. Honegger, »Amphion«, 1931), mit Solo- oder Chorgesang (A. Honegger, »Johanna auf dem Scheiterhaufen«, 1935), mit szen. Formen überhaupt (W. Walton, »Façade«, 1931; I. Strawinsky, »Persephone«, 1934; H. W. Henze, »Das Wundertheater«, 1949). Melodramat. Formen beherrschen auch die Anfänge des Hörspiels.

2. aus dem musikal.-dramat. M. hervorgegangene *Dramenform mit charakterist. Inhalt und Aufführungsstil;* sie entwickelte sich zu einer der populärsten Theaterformen der europ. Romantik, in England und Frankreich mitbedingt durch Gesetze, die das Sprechstück auf wenige lizenzierte Bühnen beschränkten und damit die anderen Bühnen zwangen, auf Singspiel, Musikpantomime, Burletta und das musikal.-dramat. M. auszuweichen. Die Musik trat in Letzterem jedoch bald zurück: charakterist. wurde ein aufwendiger, pathet. Inszenierungsstil, der Vorrang schauriger und rührender Effekte vor einer glaubhaften Handlung, mittelalterl. (»gothick«) oder oriental. Schauplätze und Helden. Teilweise in der Tradition des sentimentalen ↗ Rührstücks wurde das M. um 1800 in Frankreich begründet von G. de Pixérécourt (120 M.en), in England von Th. Holcroft (»A Tale of Mystery«, 1802). Wichtiges *Vorbild* waren Schillers »Räuber«, sowohl für die Massenproduktion von M.en als auch für die anspruchsvollen romant. Dramatiker (F. Grillparzer, »Die Ahnfrau«, 1817; G. G. N. Byron, »Manfred«, 1817; P. B. Shelley, »The Cenci«, 1819; V. Hugo, »Hernani«, 1830), die sämtlich Elemente des M.s verwendeten. – Das M. bereicherte die Bühnentechnik (Hulins »Clous sensationnels«, L. J. M. Daguerres Lichteffekte und Panoramadekorationen zur Illusion unendl. Weite). Die Autoren planten den Stimmungsreiz von Bühnenbild, Kostüm, Beleuchtung und Musik bewusst in ihre Stücke ein und gaben oft präzise Vorschriften (vgl. »Hernani«, Karlsgruft und Schlussszene).

HR

Melos, n. [gr. = Glied, übertragen: 1. Lied, Gedicht, Wehklage, 2. Melodie], in der Literatur, ausgehend von der schon im Griech. übl. weiteren Bedeutung ›Ton des Redners‹, Bez. für Sprachklang(-melodie), ↗ Klanggestalt einer Dichtung.

OB

Memoiren, n. Pl. [frz. = Denkwürdigkeiten, von lat. memoria = Erinnerung, Gedenken], literar. Darstellung des eigenen Lebens oder eines ›denkwürd.‹ Teils daraus, wobei die Schilderung öffentl., polit. und kulturgeschichtl. Ereignisse, die Erinnerung an berühmte Zeitgenossen oder das eigene polit., kulturelle oder gesellschaftl. Wirken im Vordergrund stehen. Jedoch sind die Grenzen zur (mehr den eigenen geist.-seel. Entwicklungsprozess nachvollziehenden) ↗ Autobiographie fließend, zumal für beide dieselben Strukturen (chronolog. Gestaltung aus der Retrospektive unter systematisierenden und einheitl. wertenden Kategorien) typ. sind. Als M. werden gemeinhin v. a. die Erinnerungen von Persönlichkeiten des öffentl. Lebens bezeichnet. Sie sind wichtige, allerdings krit. zu würdigende Quellen für den Historiker und Kulturkritiker, da sie oft auch bislang unbekanntes Material (Briefe, Dokumente usw.) enthalten. *Antike und MA.* überliefern nur toposhaft objektivierte Darstellungen (↗ Hypomnemata, Commentarii, vgl. Caesars »Commentarii de bello Gallico«, die gelegentl. als ›M.‹ bez. werden). – Die früheste und reichste M.-Literatur besitzt *Frankreich.* Nach eher chronikart. Anfängen (J. de Joinville, 13. Jh.; J. Froissart, 14. Jh. und Ph. de Commynes, 15. Jh.) erlebt sie eine Blüte im 17. Jh. (P. de Brantôme, Richelieu, La Rochefoucauld, Kardinal Retz, Herzog v. Saint-Simon u. v. a.). In dieser Tradition stehen die der frz. Revolutionsepoche (C. Desmoulins, P. A. de Beaumarchais, Mirabeau, J. Necker, G. de Lafayette, Madame de Staël u. a.), der Napoleonischen und Nachnapoleon. Epoche (E. de Las Cases, B. Constant, G. Sand, F. R. de Chateaubriand u. v. a.). – Mit ähnl. Höhepunk-

Mentalitätsforschung

en verläuft die Entwicklung in *England* 17. Jh.: E. Hyde Earl of Clarendon, H. of Cherbury; 18. Jh.: H. Bolingbroke, Robert Walpole, D. Hume, E. Gibbon u. a.) und *Italien* 18. Jh.: C. Goldoni, G. G. Casanova), während in *Deutschland* nach chronikart. Versuchen seit dem 16. Jh. (Götz von Berlichingen u. a.), den v. a. bekenntnishaften Werken im 18. Jh. und den (frz. geschriebenen) M. Friedrichs II. v. Preußen erst im 19. Jh. eine eigentl. M.-Literatur entsteht (K. A. Varnhagen von Ense, 1824/30; K. L. Immermann, 1840/43; E. M. Arndt, 1858; M. von Meysenbug, 1876; Fürst K. von Metternich, postum 1880/84; O. von Bismarck, 1898/1921). Auch in neuerer Zeit ist das Interesse an den M. von Politikern, Schauspielern, Schriftstellern usw. groß (vgl. z. B. die M. von W. Churchill, 1948/54; Ch. de Gaulle, 1955/59 und 1971; K. Adenauer, 1965/68; H. Brüning, 1970, H. A. Kissinger 1979/82; E. Canetti, 1977/80/85; Hans Mayer, 1982/84: W. Brandt und F. J. Strauß, 1989 u. a.). – Die Bedeutung der M.-Literatur für die jeweilige Zeitgeschichte wird auch durch *M.sammlungen* dokumentiert, vgl. die »Collection des mémoires relatives à la révolution d'Angleterre« (33 Bde., Paris 1823 ff.) oder die »Dt. M.-Bibliothek« (100 Bde., Stuttg. 1890 ff.). – Eine gewisse Opposition gegen die Beliebtheit vordergründiger M. signalisieren A. Malraux' »Anti-M.« (1967). OB

Memorabile, n. [lat. memorabilis = denkwürdig], archaischer Poesietypus (↗ einfache Formen), der histor. fixierte einmalige Ereignisse erzählt, die zum Beweis der Glaubwürdigkeit mit unverwechselbaren Einzelzügen ausgestattet sind, im Unterschied zum verallgemeinernden ↗ Kasus. GG

Memorabilien, f. Pl. [aus lat. memorabilis = denkwürdig], Denkwürdigkeiten, Erinnerungen, gelegentl. Titel von ↗ Memoiren, z. B. bei K. L. Immermann (»M.«, 1840/43) oder seit dem 19. Jh. für Xenophons von Athen »Apomnemoneumata Sokratous« (Erinnerungen an Sokrates, 4. Jh. v. Chr.: Memorabilia Socratis). S

Ménestrel, m. [prov.-altfrz., von spätlat. ministerialis = Beamter], in der frz. Literatur des MA.s Bez. für den im Dienst eines Hofes stehenden Jongleur (↗ Spielmann, ↗ Joculator), dann (im 13. Jh.) auch für den Jongleur überhaupt; auch ↗ Minstrel. MS

Menippea, f., eigentl. Satura Menippea, menippeische ↗ Satire.

Mentalitätsforschung

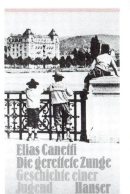

Canetti: »Die gerettete Zunge«

[Neubildung, abgeleitet von frz. mentalité = Sinnesart, zu mlat. mentalis = geistig], in jüngerer Zeit stark beachtetes Sondergebiet histor. Wissenschaften, in dem versucht wird, individuelle und kollektive, spontane und vermittelte Verhaltensweisen in Denken, Fühlen und Handeln bestimmter histor. Epochen zu erfassen und zu beschreiben. Zu einem bestimmenden Fragekomplex erhoben wurde das Verhältnis von Wirklichkeit und Wissen, von Materialem und Mentalem (z. B. erlaubt die Quantität des zu Kirchenkerzen verarbeiteten Wachses Rückschlüsse auf die Qualität der gleichzeitigen Frömmigkeitskultur). Durch diese method. Voraussetzungen kann sich M. von herkömml. Geistes- und Ideengeschichte abgrenzen, und sich zugleich von der dominierenden kausalitätsbestimmten Geschichtsmetaphysik distanzieren. – Die M. etabliert sich als Spezialdisziplin mit der 1929 von M. Bloch und L. Febvre herausgegebenen Zeitschrift ›Annales. Économies, Sociétés, Civilisations‹ und blieb lange Zeit ein Forschungsgebiet der französischen Historiographie. Deren Postulat einer *histoire totale* zielte darauf, umfassende Bezüge innerhalb eines histor. Zeitraumes als Mentalitätskonstitution und ›Meinungsklimate‹ zu erfassen, wobei die Fülle

Mentalitätsforschung

der zu berücksichtigenden Faktoren von myth. Überlieferungen bis zum ökonom. System, von familiaren Lebensformen bis zu den Herrschaftsinstitutionen reichen, um daraus eine Totale der *atmosphère mentale* eines Zeitalters zu rekonstruieren. Neben vielen umfänglichen Mentalitätsmonographien (z. B. Geschichte des Todes, der Kindheit etc.) ist ein wichtiges Ergebnis der M. die Erschließung und begriffl. Konstatierung weitreichender Fremdheiten vergangener Epochen, die als method. Ansatz verhindern, vergangene Signale identifikatorisch zu empfangen. Zugleich wird M. damit für die eigene Zeit aktualisierbar: Sie reflektiert (nicht zuletzt durch die betonte Hinwendung zu mal. Mentalitäten) so die Innovationen und Defizite der eigenen Epoche. Die M. als übergreifende Bemühung ist auf Interdisziplinarität angewiesen: es beteiligen sich an ihr Humanethologie, Psychologie, Philologie, Sozialanthropologie. Trotz der Unschärfe des Begriffes ›Mentalität‹ wird aus der (inzwischen internationalen) Forschung und ihren Ergebnissen deutlich, dass im Mittelpunkt des Interesses die vitalen Empfindungen und deren gesellschaftl. Regulierungen, die emotionalen Wunschprojektionen und das davon aktivierte Denken stehen. Als Rekonstruktion vergangener und verlorener Gefühlskultur ist die M. auch für die Literaturwissenschaft fruchtbar gemacht worden, z. B. bei Versuchen, Minnedichtung, Mystik, mal. Schwankdichtung in mentalitätsgeschichtl. Zusammenhang neu zu verstehen und zu bewerten. HW

Merkdichtung, auch: Katalog- oder Memorialdichtung, Katalogverse: archaische Dichtungsform, die Wissensstoff (v. a. aus Mythologie, Helden- und Fürstengeschichte) in gebundener Rede (Versen) zur kult. Überhöhung – und als Gedächtnisstütze – aufzählt. Sowohl in der antiken als auch german. Literatur (bes. aus Island, Norwegen, England: Stabreimverse) überliefert. ↗ Katalog. – Vgl. auch die seit dem mal. Grammatikunterricht üblichen (bisweilen sinnlosen) *Merkverse* der Schüler zum Behalten von Regeln oder Fakten. S

Merker, 1. im ↗ Minnesang fiktive Aufpasser u. Neider (*merkaere*), die die Begegnung der Liebenden verhindern oder überwachen u. deren Existenz wie das zugrundeliegende Prinzip der *huote* überhaupt vom lyr. Ich meist beklagt wird. Im späteren MA. erscheint gelegentl. die Unterscheidung von guten u. schlechten M.n. 2. Im ↗ Meistersang die (realen) Zensoren u. Schiedsrichter, die – meist zu viert im ›Gemerk‹, einem durch Vorhänge abgeteilter Raum, sitzend – als Vorsteher der Singschule die Liedvorträge nach den Regeln der ↗ Tabulatur beurteilen u. Verstöße registrieren. MS

Merkvers, ↗ Merkdichtung.

Merzdichtung, spezif. Ausformung des ↗ Dadaismus in Deutschland: Teil der sog. *Merzkunst*, eine Sammelbez., unter der K. Schwitters seine Arbeiten in den verschiedensten Kunstgattungen subsumierte und z. T. in seiner Zeitschrift »Merz« (1923–32, insges. 24 Hefte) veröffentlichte. Das Wort »Merz«, ein Kürzel aus ›Kommerz‹ soll den Objet-trouvé-Charakter der Merzkunst signalisieren: »Die M. ist abstrakt. Sie verwendet analog der Merzmalerei als gegebene Teile fertige Sätze aus Zeitungen, Plakaten, Katalogen, Gesprächen usw., mit und ohne Abänderung« (vgl. hierzu auch die ›i-Theorie‹ Schwitters; ferner ↗ abstrakte Dichtung, ↗ Collage). Das berühmteste (wenn auch nicht typischste) Merzgedicht ist »An Anna Blume« (1919). K. Schwitters verstand sich als Gesamtkünstler, intendierte ein ↗ Gesamtkunstwerk, das aber künstler. Utopie blieb, auch die propagierte »Merzbühne«, auf der das »Merzgesamtkunstwerk« inszeniert werden sollte, war nicht realisierbar. Die »Merzbauten« in Hannover und Oslo wurden zerstört, ein dritter Merzbau in Little Langdale blieb unvollendet. D

Mesodos, m. [gr. = Zwischengesang], ↗ Proodos.

Mesostichon, n. [gr. *mésos* = mitten, *stichos* = Vers], schmückende Figur in Gedichten, bei der die in der Mitte der Verse stehen-

Messiade, f. [von Messias = der Gesalbte, Titel des im AT verheißenen Heilskönigs], geistl. Epos über Leben u. Leiden Christi; die Gebundenheit an die Evangelienvorlage behindert im Allg. eine freie künstler. Entfaltung des Stoffes. M.n sind z. B. die ⁊ Evangelienharmonien (»Diatessaron« des Syrers Tatian, um 170 n. Chr., der altsächs.»Heliand«, um 830, Otfrieds ahd. Evangelienbuch, vor 870). Am einflussreichsten war das Hexameter-Epos »Der Messias« (1748–73) von F. G. Klopstock, das zahlreiche Nachahmungen fand, etwa J. K. Lavaters »Jesus Messias oder die Zukunft des Herrn« (1780) und »Jesus Messias. Oder die Evangelien u. die Apostelgeschichte, in Gesängen« (1783/86), im 19. Jh. F. Rückerts »Leben Jesu. Evangelienharmonie in gebundener Rede« (1839), F. W. Helles Christusepen (1870–96 u. 1886) u. a. Im Anschluss an E. Renans populärwissenschaftl. Werk »La Vie de Jésus« (1863) entstanden auch romanhafte Darstellungen, oft mit Neudeutungen des bibl. Stoffes, im 20. Jh. z. B. W. v. Molo, »Legende vom Herrn« (1927), Emil Ludwig, »Der Menschensohn« (1928), R. Ranke-Graves, »King Jesus« (1954), M. Brod, »Der Meister« (1952). Nicht als M. bez. werden die Spiegelungen des histor. Heilands in modernen Christusgestalten, z. B. die Romane »Der Narr in Christo Emanuel Quint« (1920) v. G. Hauptmann, »Jesus im Böhmerwald« (1927) von R. Michael, »Der wiederkehrende Christus« (1926) von R. Huch, und – trotz des Titels – die Ekloge »The Messiah« (1712) v. A. Pope, welche die Prophezeiungen Jesaias behandelt, oder G. F. Händels Oratorium »Der Messias« (1742).

GG

Messkatalog, gedrucktes, nach Sachgebieten geordnetes Verzeichnis der auf den Messen im 16.–19. Jh. feilgebotenen Bücher und Musikalien des dt. und z. T. auch ausländ. Buchhandels, mit Vorankündigungen projektierter Bücher. Begründet 1564 von G. Willer (Augsburg), erschienen M.e zu den bis 1574 jährl. (Michaelismesse 29.9.), dann halbjährl. (Ostern und Michaelis) in Frankfurt abgehaltenen ⁊ Buchmessen (von 1598–1749 vom Rat der Stadt hrsg.); seit 1594 auch für die neueingerichtete Leipziger Buchmesse (begr. v. H. Grosse, seit 1759, hrsg. von der Weidmann'-schen Verlags-Buchhandlung). Ende des 18. Jh.s verloren M.e allmähl. ihre Bedeutung zugunsten zuverlässigerer Halbjahreskataloge (J. C. Hinrichs) und Bücherlexika (W. Heinsius, Ch. G. Kayser); sie erschienen letztmals 1860. Für bibliograph. und statist. Auswertung meist zu ungenau und lückenhaft, sind M.e jedoch literarhistor. immer noch eine unschätzbare Fundgrube für die Quellen- und Werksgeschichte.

IS

Mester de clerecía, (span.), ⁊ Cuaderna vía.

Metabole, f. [gr. = Veränderung, Wechsel], s. ⁊ Variation (1).

Metalepsis, f. [gr. = Vertauschung], ⁊ Tropus zwischen ⁊ Metapher und ⁊ Metonymie: Ersetzung eines polysemant. Wortes durch ein synonymes Wort zu einer im gegebenen Kontext nicht gemeinten Teilbedeutung, z. B.: er ist ein *Gesandter*, aber kein ›*Geschickter*‹ (gesandt = *geschickt:* kann auch bedeuten: *gewandt, fähig*); begegnet auch bei ⁊ Homonymen; gern für Wortspiele verwendet, in der Literatur schon bei Homer, vgl. »Ilias« 8, 164, »Odyssee«, 15, 299).

GG

Metamorphose, f. [gr. Metamorphosis = Verwandlung], Gestaltwandel, v. a. die Verwandlung eines Menschen in ein Tier, eine Pflanze oder auch in unbelebte Natur; begegnet in Mythologie (Zeus als Stier, Schwan, Daphne als Lorbeerbaum), Märchen (Froschkönig u. a.) und aitiolog. Sagen (Watzmannsage), sowie in *Dichtungen* aller Zeiten: vgl. schon bei Homer (»Odyssee«: Zauberin Kirke, Verwandlung in Schweine), dann v. a. in hellenist. Literatur (Apuleius, »Der goldene Esel«, 2. Jh.); die berühmteste Zusammenfassung antiker Verwandlungsgeschichten sind Ovids

Metamorphose

Kafka: »Die Verwandlung«

»Metamorphosen« (15 Bücher, ca. 10 n. Chr.). M.n finden sich auch in altnord. Dichtung (Lied vom Drachenhort: Otr – Fischotter, Fafnir – Drache), in der Neuzeit u. a. in Shakespeares »Sommernachtstraum« (Zettel – Esel) oder in F. Kafkas Erzählung »Die Verwandlung« (Käfer), in E. Ionescos Stück »Die Nashörner« u. a.

S

Metanoia, f. ↗ Correctio.

Metapher, f. [gr. metaphora = Übertragung], uneigentl. sprachl. Ausdruck (↗ Tropus): das eigentl. gemeinte Wort (verbum proprium) wird ersetzt durch ein anderes (immutatio), das eine sachl. oder gedankl. Ähnlichkeit (similitudo) oder dieselbe Bildstruktur aufweist, z. B. Quelle für ›Ursache‹. Die Sprache springt dabei, im Unterschied zur ↗ Metonymie, gleichsam von einem Vorstellungsbereich in einen anderen (Sprungtropus). Der antike Rhetoriker Quintilian (1. Jh. n. Chr.) definierte die M. als verkürzten ↗ Vergleich (brevior est similitudo), bei dem ledigl. die Vergleichspartikel weggefallen sei: das Gold ihrer Haare (M.) – ihr Haar ist wie Gold (Vergleich). Bei einem beträchtl. Teil der M.n lässt sich auch jeweils ein tertium comparationis ausmachen. Diese rationale Erklärung reicht bei M.n, die sich bildl. verselbständigen, so dass das Assoziationsgefüge nicht mehr eindeutig aufzuschlüsseln ist, allerdings nicht immer hin. Solche absoluten M.n begegnen v. a. in der Dichtung der Neuzeit. – M.n treten phänomenolog. in einer solchen Vielfalt auf, sie berühren sich zudem bisweilen mit anderen Tropen wie ↗ Allegorie, ↗ Symbol, ↗ Personifikation, dass eine eindeutige Klassifizierung und Abgrenzung nicht immer mögl. ist. Eine prinzipielle Scheidung ergibt sich *funktional* zwischen der meist unbewusst verwendeten M.n und den bewussten. *Unbewusste M.n*, von denen die Alltagssprache voll ist, sind einmal die sog. *notwendigen M.n:* sie treten für Lücken im semant. Katalog ein, wenn die Sprache für die Bez. einer Sache keine eigentl. Benennung kennt, sie sind Übertragungen au Grund von bildhaften Gemeinsamkeiten, z. B Fluss-Arm, Fuß des Berges, Stuhl-Bein (↗ Katachrese). Notwendige M.n entstehen stets von neuem, wo das Bedürfnis nach Benennung neuer Sachen und Phänomene auftritt, also auch in Wissenschaft und Technik: Motor-Haube, Glüh-Birne, elektr. Strom, Satz-Glied Zu diesen M.n treten die *verblassten, konventionalisierten, selbstverständl. M.n* (auch: *Ex-M.n, tote M.n*) je nach ihrem Verfremdungsgrad und ihrer bildhaften Potenz: das kalte Herz, schreiende Farben, faule Ausrede; Aktien fallen, der Motor heult auf; Baumkrone Schweigen des Waldes, Leitfaden usw. – Von diesen unbewussten, habituellen M.n sind die *bewussten, akzidentiellen* M.n zu trennen, die ihrer poet., stilist. Wirkung wegen gesetzt werden und die insbes. der dichter. Sprache durch Analogie und Assoziation eine zusätzl. expressive Tiefendimension erschließen, ihren Bedeutungsraum erweitern, da mit der übertragenen Benennung außer der Information emotionale Wirkungen und bildhafte Vorstellungen geweckt werden. Die M. ist deshalb ein bes. Kennzeichen schöpfer. Phantasie, sie kann für den Grad der Versinnlichung und der Vergeistigung einer Aussage bedeutsam sein (↗ Poetizitätsgrad als Moment der ↗ Wirkungsästhetik). – Die Typologie kann sich weiter an folgenden Aspekten orientieren: 1. *formal* nach der ersetzten Wortart: Adjektiv-M.n (flammender Zorn), Verb-M.n (Zorn entflammen), Substantiv-M.n (Flammen des Zorns), 2. *syntakt.:* ein- und mehrgliedrige M.n (Auge des Himmels für ›Mond‹), 3. *semant.* (im Anschluss an Quintilian): Übertragungen von Leblosem auf Belebtes (Schiff der Wüste für ›Kamel‹), von Belebtem auf Lebloses (Bauch von Paris), von Belebtem auf Belebtes (Beschimpfung eines Menschen mit Tiernamen), von Leblosem auf Lebloses (Luftschiff für ›Zeppelin‹, vgl. ↗ Metonymie), weiter Versinnlichung von geist. oder abstrakten Eigenschaften (ein kühler Kopf, Glanz des Ruhms), Übertragung eines prakt. Begriffs auf einen geistigen (lesen – ursprüngl. ›auf-lesen‹), Wiedergabe von Sinnlichem durch Geistiges (drohende Wolke). Nach den verschiedenen Graden der semant. Divergenz zwischen den Bezugswörtern werden noch differenziert *direkte* M.n (Steine reden) und *indirekte* M.n (Steine schweigen), 4. modal: *kühne* M.n (»der Märkte runder Wirbel stockt zu Eis«, G. Heym), *absolute* M.n (d. h. M.n, welche sich über die unmittelbare Anschauung erheben, z. B. im Symbolismus, Surrealismus, in moderner hermet. Lyrik), 5. nach ihrer Frequenz *stereotype* M.n (entsprechen dem ↗ Epitheton ornans). – Die Häufigkeit bestimmter M.ntypen kann kennzeichnend für einen Epochen- oder Individualstil sein, bei Homer fällt z. B. die stereotype M. auf, im Barock und in der Neuzeit z. T. eine Vorliebe für die kühne M. – Bei der Verwendung von M.n bei Erkenntnisvorgängen, v. a. in der Philosophie (Heidegger) kann der M. auch kognitive Funktion zukommen. – Metaphor. Begriffsneubildung und deren Konventionalisierung sind ein ständiger Prozess, der wesentl. den dynam., schöpfer. Charakter der Sprache ausmacht, grundsätzl. der Bereicherung der sprachl. Ausdrucksmöglichkeiten dient. ED/S

Metaphorik, f. [gr. metaphora = Übertragung], zus.fassende Bez. für den uneigentl., anschauungs- und assoziationsreichen Sprachstil, für die poet. Bildlichkeit, die durch Tropen (↗ Tropus) wie ↗ Metapher, ↗ Metonymie, ↗ Metalepse, ↗ Vergleich, ↗ Gleichnis, ↗ Personifikation, ↗ Allegorie, ↗ Kenning usw. konstituiert wird und als Mittel der Wirkungsästhetik der Vorstellungsintensivierung dient. Vgl. auch ↗ Bild. S

Metaphrase, f. [aus gr. meta = nächst, nahe bei u. phrasis = Wort, Rede], 1. wortgetreue Übertragung einer (auch fremdsprachl.) Versdichtung in Prosa (im Ggs. zur ↗ Paraphrase), 2. erläuternde Wiederholung eines Wortes durch ein Synonym. GG

Metaphysical poets [mɛtəˈfizikəl ˈpouits; engl. = metaphysische Dichter], Sammelbez. für eine Reihe engl. Lyriker des 17. Jh.s, wie J. Donne, G. Herbert, R. Crashaw, H. Vaughan, A. Marvell u. a., erstmals verwendet von J. Dryden, eingebürgert im 18. Jh. durch S. Johnson. Im 18. u. 19. Jh. weithin unbeachtet oder unterschätzt, wurden die m. p. in den ersten Jahrzehnten des 20. Jh.s wiederentdeckt (v. a. von T. S. Eliot). Hauptcharakteristika der vielfach religiös, auch myst. getönten Gedichte der m. p. sind: Ironie, Satire, Vorliebe für das Paradoxe (conceit, s. ↗ Concetto), dialekt. Räsonnement, eine Verbindung des Emotionalen mit dem Intellektuellen, die Kunst psycholog. Beobachtung und eine gelehrte Bildersprache, vgl. ↗ Euphuismus, ↗ Manierismus. MS

Metaplasmus, m. [gr. = Umformung], in ↗ Rhetorik und ↗ Metrik (↗ Prosodie) Abweichung von der sprachl. korrekten Form eines Wortes oder Satzteils; gilt im Ggs. zum meist als Fehler oder Stilbruch abgelehnten ↗ Barbarismus als erlaubte dichter. Freiheit zum Ausdruck einer bestimmten individuellen, archaisierenden oder mundartl. Getönten Stilhaltung, ist aber auch des Wohllauts oder des metr. Gleichmaßes wegen zugelassen. – M. entsteht durch *Hinzufügung oder Auslassung von Lauten am Wortanfang*: Prothese (lat. gnatus statt natus) und ↗ Aphärese (lat. mittere statt omittere, dt. 'raus statt heraus), *im Wortinnern*: ↗ Epenthese (span. corónica statt cronica) und ↗ Synkope (span. espirtu statt espiritu, dt. drin statt darin) oder *am Wortende*: Paragoge (frz. avecque poet. für avec, dt. niemand statt mhd. nieman) und ↗ Apokope (ich hatt' einen ...), manchmal verbunden mit ↗ Synalöphe u. a. – Als M. gelten auch Dehnung oder Kürzung von Lauten oder Silben, also ↗ Dihärese (2) und ↗ Synizese. Häufig als M. verwendet werden veraltete (archaische) oder mundartl. Formen und Ausdrücke, daraus ergibt sich oft der sog. *Reim-M.*, sei es als ↗ unreiner Reim (brennen : können), sei es als ↗ Assonanz (neige : reiche) auch sog. ↗ Augenreim (rauchen : Frauchen). RS

Methodologie, f. [gr. meta = nach, ˈodos = Weg > methodos = Weg zu etwas, logos = Lehre], auch: Methodik (Zus.-fassung von Methoden). Lehre von den Wegen und Verfahren, den Methoden zur Erfassung und Deutung von Objekten und Phänomenen; handelt prinzipiell von Möglichkeiten der Erkenntnisgewinnung (Heuristik) und der Darstellung von so gewonnenen Erkenntnissen. M. umfasst begriffserweiternd auch den jeweiligen Erkenntnisrahmen und die Erkenntnisziele. – Bei literar. Werken dienen die einzelnen Methoden insbes. der Erfassung und Deutung von inhaltl. und formalen Ausprägungen, deren histor., sozialen und biograph. Bedingtheiten, ihrer Wirkung und Rezeption. *Basis der M.* sind verschiedene allgemeine method. *Modi* (Grundoperationen): Sie können sein: *induktiv* (aus lat. inducere = hinführen): vom Einzelnen zum Ganzen fortschreitend (kennzeichnend für die philolog. Meth.) – *deduktiv* (lat. deducere = ableiten): vom Ganzen aufs Einzelne schließend, oft ausgehend von apriorist. Setzungen (z. B. ↗ Literaturtheorie) – *analytisch* (gr. analysis = Auflösung): Aufschlüsselung eines Ganzen, Rückführung auf seine Elemente (z. B. ↗ Poetik) – *synthetisch* (gr. Synthesis = Zusammensetzung): Gewinnung einer höheren Ordnung aus Einzelelementen (z. B. ↗ Literaturgeschichte: Zusammenschau unterschiedl. Erkenntnisbereiche) – *dialektisch* (gr. dialektikos = zur Disputierkunst gehörig): Bildung einer Synthese aus Thesis und Antithesis, Abwägung des Für und Wider (sic et non) einer Hypothese – *typologisch* (gr. typos = Muster, Vorbild): Ordnen nach Grundmustern (meist diachron, z. B. Gattungsgeschichte, ↗ Poetik, ↗ Rhetorik) – *taxonomisch* (gr. taxis = Ordnung): Ordnen nach gemeinsamen Merkmalen (meist synchron, z. B. Epochendarstellungen) – *genetisch* (gr. genesis = Werden): Verfolgung der Entstehung eines Werkes (z. B. Stoffgeschichte, ↗ Biographie) – *genealogisch* (gr. genealogia = Stammbaum): Ordnen nach verwandten Zusammenhängen (z. B. ↗ Überlieferungsgeschichte) – *aitiologisch* (gr. aitía = Ursache): Suche nach Ursprüngen und Gründen eines Phänomens (z. B. Märchenforschung) – *strukturalistisch* (lat. structura = Zusammenfügung, Bau): Suche nach gemeinsamen geistigen oder formalen Grund-Strukturen – *axiologisch* (gr. axía = Wert): wertende Darstellung (z. B. ↗ Literatur-

kritik) – *axiomatisch* (gr. axioma – Rang, Ansehen): auf einer (vermeintl.) absoluten Wahrheit aufbauend (z. B. marxist. Lit.theorie) – *komparatistisch* (lat. comparare = vergleichen): Suche nach (relativen) Maßstäben aus dem Vergleich (innerhalb eines dichter. Werks, aber auch bei Werken verschiedener Autoren einer oder verschiedener Sprachen oder Epochen). – Über diesen Grundoperationen (Modi) baut sich eine zunehmend größere Zahl von werkbezogenen und werktranszendierenden Interessen-, Frage- und Forschungs-*Richtungen* auf, deren Prämissen und Erkenntnisziele nicht immer klar definiert, kategorial geschieden – und zu scheiden sind, die sich z. T. überschneiden und (notwendig) ergänzen. Meist ergibt sich schon durch die Heterogenität der Gegenstände ›Literatur‹ und ›Sprache‹ ein (im Grunde zweckdienlicher) Methoden-Pluralismus, dem sich gelegentlich ein meist ideolog. fixierter Methoden-Monismus entgegenstellt. Unterschiedl. Methoden führen bisweilen zu einem nicht immer fruchtbaren theoret. Methodenstreit. Manche Forschungsrichtungen konnten sich als eigenständige Disziplinen (mit eigenen Lehrstühlen) etablieren (z. B. ↗ Literatursoziologie, Komparatistik). – Methoden können ausgesprochen werkbezogen (Inhalt oder Sprache, Stil, Metaphorik usw.), andere autor-, rezipienten-, überlieferungs- oder allgemein gesellschafts- und zeitbezogen sein, wobei auch Kombinationen, etwa geschichts- und autorbezogen, werk- und gesellschaftsbezogen usw. auftreten. Eine beträchtl. Zahl method. Richtungen lehnt sich in Fragestellungen und method. Instrumentarium an umfassendere geistige (Zeit-)Strömungen an, v. a. an philosoph. Richtungen (Positivismus, Phänomenologie, Marxismus, Existentialismus u. a.), aber auch an Geschichts- und Kunstwissenschaft, Behaviorismus, Ethnologie, Soziologie, Linguistik, Informatik, Semiotik oder den ↗ Poststrukturalismus. Primär *werkbezogene Methoden* sind: 1. die ↗ *werkimmanente Interpretation* (vgl. frz. explication de texte, engl. intrinsic approach): mit wechselndem Zugriff wird versucht, Texte unter weitgehendem Verzicht auf histor. und biograph. Daten aus ihrem gegebenen Wortlaut heraus zu verstehen, Wörter und Sachen der Texte zu erklären (vgl. ↗ Exegese, ↗ New Criticism, russ. ↗ Formalismus). 2. *die textphilolog. Methode* (↗ Textphilologie): bemüht sich um die Herstellung eines authent. Textes, meist aus vom Autor nicht autorisierten Hss. oder Drucken, um die Reinigung eines überlieferten Textes von tatsächlichen oder vermeintl. späteren Ergänzungen und Verunklärungen. Arbeitsziel ist meist eine wissenschaftl. ↗ Edition (↗ Textkritik, ↗ Hermeneutik). *Primär werktranszendierende Methoden* sind 1. *die literarhistor. Methode*, eine Grundmethode a) der *Literaturgeschichtsschreibung* jeder Provenienz, entwickelt im Gefolge des Historismus: versucht Abläufe, Konstellationen und Tendenzen nationaler und internationaler literar. Entwicklungen mit mehr oder weniger engem Textbezug herauszuarbeiten und darzustellen (verbunden mit einer gewissen ↗ Kanon-Bildung); dabei können bestimmte Fragerichtungen Akzente setzen, vgl. z. B. die positivist. Literaturgeschichtsschreibung (W. Scherer), die geistesgeschichtl. (J. Schwietering), die sozialgeschichtl. (A. Hauser, H. A. Glaser) oder die marxist. materialist. Literaturgeschichtsschreibung (K. Gysi/K. Böttcher). b) Die histor. Methode wird auch bestimmend für eine Reihe unterschiedl. histor. Zugriffe, in denen bestimmte Einzelaspekte ins Zentrum rücken, z. B. Stilgeschichte (im Gefolge des Kunsthistorikers H. Wölfflin etwa F. Strich), Formgeschichte (P. Böckmann), Ideengeschichte (H. A. Korff), Stoff- und Motivgeschichte (E. Frenzel), Gattungsgeschichte (der Elegie: F. Beißner, der Ode: K. Viëtor, der Novelle: J. Kunz u. a.) – 2. Auf geistige, mentale oder soziale Hintergründe literar. Schaffens (mit Hilfe entsprechender übergreifender Disziplinen) nehmen Bezug: a) *die soziolog. Methode* (↗ Literatursoziologie): bemüht sich um die sozialen Bedingtheiten und ökonom. Abhängigkeiten von Literatur, b) die *psycholog.* oder *psychoanalyt. Methode:* sie versucht im Anschluss (und im Gegensatz) zu den Lehren von S. Freud, C. G. Jung u. a. Reflexe des Unbewussten (und des Bewusstseins) bei den Autoren und ihren Werken aufzuspüren.

Autorenbezogen ist die biographisch-genet. Methode: sie wurde v. a. entwickelt im Positivismus: unter der Formel vom »Ererbten, Erlernten, Erlebten« wird die Entwicklung eines Autors, seines Werkes und seines Verhältnisses zu seiner Zeit untersucht. Vgl. auch ↗ positivist. Lit.wiss., ↗ geistesgeschichtl. Lit.wiss., ↗ morpholog. Lit.wiss., ↗ literar. Wertung, ↗ vergleichende Lit.wiss., ↗ wechselseitige Erhellung, ↗ Strukturalismus, ↗ Informationsästhetik, ↗ Texttheorie, ↗ Poststrukturalismus. S

Metonomasie, f. [gr. = Umbenennung], Veränderung eines Eigennamens durch Übersetzung in eine fremde Sprache, z. B. Schwarzerd in ›Melanchthon‹, Bauer in ›Agricola‹; bes. bei den humanistischen Gelehrten des 15. u. 16. Jh.s beliebt. S

Metonymie, f. [gr. = Umbenennung], Mittel der uneigentl. Ausdrucksweise (↗ Tropus): Ersetzung des eigentl. gemeinten Wortes (verbum proprium) durch ein anderes, das in einer realen geist. oder sachl. Beziehung zu ihm steht, im Unterschied zur ↗ Synekdoche, die innerhalb desselben Begriffsfeldes bleibt (Dach für Haus) und zur ↗ Metapher, die in eine andere Bildsphäre springt. Nach Art des Zusammenhangs ergeben sich verschiedene Typen der M.: z. B. steht der Erzeuger für das Erzeugnis (*vom Bauern* leben), der Erfinder für die Erfindung (*einen Porsche fahren, Zeppelin* fliegen), der Autor für dessen Werk (*Goethe lesen*), eine Gottheit für deren Zuständigkeitsbereich (*Venus* für Liebe), ein Gefäß für dessen Inhalt (*ein Glas trinken*), Ort, Land, Zeit für Personen (*England erwartet ..., das 20. Jh. glaubt*), ein Sinnbild für Abstraktes (*Lorbeer* für Ruhm) usw. Nach dem Grad der Abweichung des Begriffsinhalts des Tropus zwischen Metapher als extremer und Synekdoche als geringer Abweichung; die Abgrenzung bes. gegenüber der Letzteren ist fließend und z. T. willkürlich. M. und Metapher können als polare Typen der Begriffsverknüpfung aufgefasst werden. ED

Metrik, f. [gr. metriké téchnē = Kunst des Messens], Verslehre, systemat. und histor. Erfassung der ästhet. relevanten u. strukturbildenden Gesetzmäßigkeiten der Verssprache wie Lautwiederholungen (↗ Alliteration, ↗ Reim u. Ä.) und v. a. die quantitativ und evtl. qualitativ geordneten Silbenabfolgen (M. im engeren Sinn). Metr. Grundeinheit ist der ↗ Vers als rhythm. Ganzes; er kann Teil einer ungegliederten Folge formal gleicher Verse sein (↗ stich. Anordnung) oder Teil einer größeren Einheit, bestehend aus einer bestimmten Zahl gleicher oder in der Abfolge geregelter ungleicher Verse (↗ Strophe); trifft keiner der beiden Fälle zu, besteht ein Minimum an Regularität (↗ freie Rhythmen). – Baustein des Verses ist die Silbe. Zu unterscheiden sind 1. silbenzählende M.en, die nur die Anzahl der Silben pro Vers festlegen und Zäsuren und Versschluss durch feste Druckakzente markieren (z. B. franz. M.) von solchen, die zwei Silbenklassen unterscheiden – und zwar 2. nach Dauer (lang – kurz: quantitierende M., z. B. die griech.-lat. M.), 3. nach dynam. Akzent (betont-unbetont: akzentuierende, z. B. engl., dt. M.) oder 4. nach dem Ton (hoch – tief: umstrittenes Beispiel der klass. chines. M.) – und deren Abfolge regeln. Der Vers kann entweder eine feste, nicht weiter gegliederte Binnenstruktur haben oder durch feste ↗ Zäsuren unterteilt und in kleinere Einheiten (↗ Dipodien, ↗ Versfüße, ↗ Takte) zerfallen. Durch fixierte Klangwiederholungen (End-, Zäsur-, Binnenreime usw.) können bestimmte Silben hervorgehoben und der Vers weiter strukturiert werden. – Die Anwendung eines der vier metr. Prinzipien in einer Sprache hängt von deren phonet. Struktur, die bestimmte Möglichkeiten ausschließt, sowie von Tradition und Vorbild ab. Die Nachahmung der Metrik einer Einzelsprache in einer anderen ist daher oft nur durch Umdeutung der versbildenden Prinzipien möglich (etwa betont für lang, unbetont für kurz bei der Nachahmung antiker Metren im Dt.). – Aussagen über die ästhet. Wirkung metr. Strukturen und das Verhältnis von ↗ Metrum und ↗ Rhythmus sind, streng genommen, jeweils nur für eine Sprache und deren Literatur möglich. Sie sind neben der Beschreibung des metr. Prinzips, des Bestandes an Vers-, Strophen- und Gedichtformen und ihrer Genese und Entfaltung sowie ihrem Auftreten in der Dichtung Gegenstand der M.en der einzelnen Sprachen und Literaturen. ED

Metrum, n. [lat. = Vers-, Silbenmaß, gr. metron], im weiteren Sinn: Versmaß, d. h. das abstrakte Schema der nach Zahl und gegebenenfalls Qualität der Silben mehr oder minder fest geordneten Silbenabfolge eines Verses (↗ Metrik), z. B. ↗ Dimeter, ↗ Trimeter, ↗ Hexameter, ↗ Blankvers, ↗ Alexandriner, ↗ Endecasillabo, ↗ Vierheber usw. – Die vielfält. Variationsbreite der konkreten Realisierungen des abstrakten M.s auf Grund der Spannung oder des Widerstands der autonomen Sprachbewegung gegen die metr. Organisation wird vielfach (bei akzentuierenden Metriken) als Quelle des ↗ Rhythmus angesehen. Im engeren Sinn: kleinste metr. Einheit: ↗ Versfuß (z. B. ↗ Daktylus, ↗ Jambus) oder ↗ Dipodie. ED

Migrantenliteratur, Sammelbegriff, der die nicht immer scharf abgrenzbaren Teilbereiche oder Alternativbezeichnungen *Gastarbeiterliteratur, Migrantenliteratur* und *Exilantenliteratur* umfasst. Die Kriterien für die Zuordnung sind nicht eindeutig, meist jedoch handelt es sich um literar. Texte von Migranten, die sich unbefristet (Exilanten, Arbeitsmigranten oder deren Kinder, mit Deutschen verheiratete Ausländer/innen) oder vorübergehend (meist zu Arbeits- oder Studienzwecken) in dt.-sprach. Ländern aufhalten, ihre Werke direkt in dt. Sprache schreiben oder sie im Zusammenhang mit dem Entstehungsprozess übersetzen oder übersetzen lassen und im dt. Sprachgebiet veröffentlichen. Von der Thematik her spiegeln viele dieser Texte die Identitätssuche und die Auseinandersetzung mit der Situation als Fremder in Deutschland (dt. Sprachgebiet) und deren individuelle und sozialpolit. Probleme und Erfahrungen. Aber auch diese themat. Aussage ist kein eindeutiges Zuordnungskriterium, da die Autoren, die aus der Migrantensituation schreiben, sich nicht auf diese festlegen lassen.

Noch weniger kann diese Literatur, auch wenn sie von »Gastarbeitern« geschrieben ist, als Beitrag zur ↗ Arbeiterliteratur angesehen werden.

Bis Mitte des 20. Jh.s gibt es nur ganz wenige Autoren anderer Muttersprache, die einen Platz in der dt. Literatur einnehmen Adelbert von Chamisso, Elias Canetti). Die Entwicklung einer eigenständ. M. steht im Zusammenhang mit der Migrationsbewegung in die dt.-sprach. Länder durch Exil und Arbeitsmigration. Von der Ausgangsposition ist dabei zu unterscheiden nach Autoren, die bereits in ihrer Heimat und in ihrer Muttersprache einen Status als Autoren erworben hatten (Ota Filip, Milo Dor, Antonio Skármeta, Fakir Baykurt, Aysel Özakin, Tezer Kiral und andere Autoren, meist in der Exilsituation) und solchen, die erst in oder durch die Erfahrung der Fremde zum Schreiben kommen und sich dann meist gleich der dt. Sprache bedienen (Franco Biondi, Gino Chiellino, Suleman Taufiq, Şinasi Dikmen und fast alle Autoren der zweiten Generation). Nachdem Aras Ören bereits seit Anfang der siebziger Jahre der Situation der Ausländer in Berlin eindringlichen literar. Ausdruck verschafft hat, konnte die M., bis dahin auf muttersprachl. oder versteckte dt.-sprachige Publikationen beschränkt, in stärkerem Maße seit dem Ende der siebziger Jahre auch an die dt. Öffentlichkeit treten. Eine Reihe von Anthologien, meist mit Autoren verschiedener Nationalität, aber in zunehmendem Maße auch selbständige Publikationen einzelner Autoren, machen das breite Spektrum dieser Literatur sichtbar. Literar. Preisausschreiben bringen manche dieser Autoren ans Licht. 1984 wurde ein ↗ Literaturpreis für Autoren nichtdeutscher Muttersprache (Adelbert-von-Chamisso-Preis) eingerichtet, der 1989 an den Türken Yüksel Pazarkaya, 1990 an Cyrus Atabay aus dem Iran verliehen wurde. Neben Romanen (Güney Dal, Fakir Baykurt, Ota Filip, Hisako Matsubara, Libuše Moníková, Torkan

Franco Biondi: Passavantis Rückkehr Erzählungen

dtv

u. a.), Erzählungen (Franco Biondi, Aysel Özakin, Alev Tekinay, Jusuf Naoum, Kemal Kurt u. a.) und Gedichten (Gino Chiellino, Said, Suleman Taufiq, Zafer Şenocak, Yüksel Pazarkaya u. a.) sind auch Märchen (Rafik Schami), Satiren (Sinasi Dikmen, Osman Engin), ep. Gedichtformen, als »Poeme« bez. (Aras Ören) und dokumentar. Texte (Saliha Scheinhardt, Vera Kamenko, Dursun Akçam u. a.) vertreten.

Der Beitrag der M. zur dt. Literaturszene und zur dt. Alltagswirklichkeit liegt auf mehreren Ebenen: in dem anderen Blickwinkel, der sich aus dem Erlebnis der Spannung zwischen den Kulturen und Sprachen ergibt; in der Sensibilisierung für die dt. Sprache, die durch sprachl. Distanz, Bereicherung durch die Muttersprache und sprachl. Differenzierung gestützt wird; in der Übernahme und Weiterentwicklung von Formen der Erzähltradition oder literarischer Gestaltung, die in der dt. Literatur weniger bekannt sind; in der literar. Realisierung eines multikulturellen Gesprächs mit dem Ziel der Öffnung für eine multikulturelle Gesellschaft. IA

Milieudrama, Bühnenwerk, in dem der Held nicht durch eigene Aktivität in ein individuelles, selbstverschuldetes oder numinoses Schicksal, in eine trag. oder kom. Handlung verwickelt wird, sondern in dem seine sozialen Bindungen, die Moralvorstellungen und Verhaltensnormen einer gesellschaftl. Schicht sein Schicksal bestimmen. Der eher passive Held als Repräsentant und Opfer einer Gesellschaftsschicht begegnet schon in einzelnen Dramen des ↗ Sturm und Drang (J. M. R. Lenz, »Die Soldaten«), selbst in der ↗ Weimarer Klassik (F. Schiller, »Wallensteins Lager«) und im frühen ↗ Realismus (G. Büchner, Grabbe). Im ↗ Naturalismus wird dann diese Form des M.s zur bestimmenden Gattung (H. Ibsen, A. Tschechow, G. Hauptmann). Seine reinste Ausprägung wird dort erreicht, wo als Held ein soziales Kollektiv eingesetzt wird, d. h. wo das Geschehen nicht durch eine ausgeprägte, verantwortl. handelnde Individualität bestimmt wird (G. Hauptmann,»Die Weber«, M. Gorki,»Nachtasyl«, in der Oper G. Puccini,»La Bohème«). Den heute herrschenden Gesellschaftstheorien (»pluralist. Gesellschaft« oder»Klassengesellschaft«) kann das M. nicht mehr gerecht werden, da ein isoliertes Milieu nicht mehr repräsentativ für gesellschaftl. oder individuelles Handeln ist. Dennoch wirkt die Dramaturgie des M.s weiter in der Dramatik um soziale Randgruppen, im sozialkrit. (Fernseh-)Film und im milieuorientierten Boulevardstück. HW

Mime, m. [gr. mimos = Nachahmer], im 18. Jh. eingeführte Bez. für Schauspieler (statt des abschätzigen ›Komödiant‹), heute veraltet. – Ursprüngl. der antike fahrende Tänzer, Gaukler und Possenspieler, bezeugt seit 5. Jh. v. Chr. (↗ Mimus), der als ehrlos galt und streng vom Schauspieler (↗ *Hipokrites*) der staatl. Theater geschieden war. IS

Mimesis, f. [gr. = Nachahmung], Zentralbegriff der Ästhetik und Kunsttheorie seit der Antike: bez. das Verhältnis von Erfahrungswirklichkeit und künstler.-nachschaffender Gestaltung (↗ Fiktion), wobei im Laufe der Begriffsgeschichte sich sowohl die Auffassung von Nachahmung als auch von Wirklichkeit gewandelt hat (vgl. ↗ Poetik, passim). Dabei konnten unter M. (auch mit ›nachbildender Darstellung‹ übersetzt) einmal Wirklichkeitskopie, dann wieder Wirklichkeits*verwandlung*, ja selbst *Entwürfe neuer Realitätsvorstellungen* verstanden werden (vgl. dagegen ↗ Imitatio). In der Antike bez. M. zunächst die mit Musik und Tanz nachvollzogene Darstellung eines kult. Vorgangs. Bei Platon (»Politeia« 3 u. 10) und Aristoteles (Poetik) bez. der Begriff dann eine allen Künsten gemeinsame Grundlage. Während aber Platon den M.-Begriff einsetzt, um die Künste der Unwahrhaftigkeit zu verdächtigen und sie als Wirklichkeitsfälschung abzuwerten, sucht Aristoteles mit der v. a. an den literar. Gattungen exemplifizierten M. die Künste als realitätsbezogen und aus dem psychol. Nachahmungstrieb des Menschen ab geleitet zu rechtfertigen. – Mit der Wiederentdeckung der aristotel. Poetik in der Renaissance (Erstdruck 1481) gewann der M.-Begriff wieder an Bedeutung, er wurde zu einem wesentl. Terminus der poetolog. Auseinandersetzungen in der Kunsttheorie der frz. und dt. Klassik (G. E. Lessing,»Laokoon«, 1766, K. Ph. Moritz,»Über die bildende Nachahmung des Schönen«, 1788); er gelangte zu neuer Bedeutung in der Realismus-Debatte des 20. Jh.s, deren ↗ Widerspiegelungstheorie (G. Lukács) auf das M.-Problem zurückweist, wobei jedoch die Fragen nach dem, was Wirklichkeit sei und welchen Grad der Totalität die M. in der Kunst zu erreichen habe, in den Vordergrund der Kontroverse gerückt wird. – E. Auerbach nahm den Begriff ›M.‹ wieder auf in der eingeschränkten Bedeutung einer Interpretation der Wirklichkeit in literar. Darstellung. ↗ Poesie. HW

Mimiamben, m. Pl. [gr.], meist dialog. kom. oder satir. Gedichte im ↗ Choliambus (Hinkjambus) des Hipponax (6. Jh. v. Chr.), die in der Art des ↗ Mimus alltägl. Leben realist. abbildeten. In hellenist. Zeit v. a. von Hero(n)das von Kos (3. Jh. v. Chr.; z. B. »Die Kupplerin«, »Der Bordellwirt« u. a.), in röm. Zeit von Gnaeus Matius (1. Jh. v. Chr.) gepflegt. Vorgetragen wurden sie wohl auf ähnl. Weise wie der Mimus von einer Hauptperson und verschiedenen Nebenpersonen oder von nur einem Schauspieler. Vgl. auch ↗ Jambendichtung. GG

Mimus, m. [lat., gr. mimos = Possenspiel(er)], antike Bez. sowohl für den Possenreißer als auch für seine Darbietungen, insbes. für die improvisierten, volkstüml., drast.-realist. szen. Darstellungen aus dem Alltagsleben. – Die Schwierigkeiten, die sich einer Rekonstruktion der Geschichte der Gattung M. entgegenstellen, sind durch die schlechten Quellenverhältnisse bedingt (keine Texte), die mit dem nicht-literar. Charakter der Gattung zusammenhängen. Seine Wurzel hat M. vermutl. im mim. Gebärdentanz (Verwandlungstänze, Imitationen bestimmter Tiere, Fruchtbarkeitsdämonen

1. a.). Histor. greifbar wird der *griech. M.* zuerst im dor. Peloponnes und in den dor. Kolonien Unteritaliens und Siziliens, wo er sich bis ins 8. Jh. v. Chr. zurückverfolgen lässt (↗ Phlyaken). Die literar. Zeugnisse (nur Verfassernamen und Titel erhalten) reichen bis ins 5. Jh. v. Chr. zurück: Hauptvertreter sind Epicharmos in Megara und Syrakus und Sophron in Syrakus. Der *sophron. M.* (als Hochform der Phlyakenposse) bringt Stoffe aus dem Leben des kleinen Mannes (Kauf und Betrug, Diebstahl, Ehebruch und Kuppelei, Gerichtsszenen usw.), seine Bühne ist das schlichte, auf öffentl. Plätzen aufgeschlagene Brettergerüst ohne Ausstattung. Die Personen sind fest umrissene Typen wie der Narr, der Dümmling, der geprellte Wirt, der betrogene Ehemann, das buhler. Weib, der aufschneider. Soldat, der Parasit, der Advokat u. a. Die Kostüme des Narren (Bleiweißbemalung, Trikot, Riesenbauch, Lederphallus, Spitzmütze), des Dümmlings (Eselsohren) und des geprellten Ehemanns (Hörner) erinnern an den phall. und morphast. Ursprung des mim. Spiels. Der in vulgärer Alltagssprache abgefasste (Prosa)dialog des sophron. M. ist improvisiert. Formale und genet. Verwandtschaft zwischen dem sophron. M. und dem klass. att. Drama ist vorhanden, doch unterscheidet sich der M. vom att. Drama grundsätzl. dadurch, dass Chöre, Masken und Kothurn fehlen, und dass neben männl. auch weibl. Mimen auftreten. Seit dem 4. Jh. v. Chr. sind Gruppen wandernder Berufsmimen bezeugt. Durch sie wird der M. dann im hellenist. Raum verbreitet. In dieser Zeit ist der griech. M. in einer *Fülle von Formen* belegt, so das mim. ↗ *Paignion* (Vorführen von Tieren [Tanzbären u. a.], Imitation von Tierstimmen, akrobat. Kunststücke, Possenreißereien bis zum mim. Spiel mehrerer Personen), der *dor. M.* mit den Themen und Typen der Phlyakenposse und der sophron. Mimen, der *ion. M.,* der den Themenkreis der mim. Darbietung erweitert und neue, mehr literar. Formen entwickelt: hierher gehören etwa die solist. vorgetragenen Formen der *Magodie,* ↗ *Hilarodie, Lysiodie* und *Simodie* oder die ↗ *Kinädenpoesie.* Ferner unterscheidet man stoffl. den *biolog. M.* (gr. biologos = das Leben abschildernd) mit den volkstüml. Stoffen der dor. Tradition und den *mytholog. M.,* zu dem etwa die ion. Mythentravestien gehören, formal die der dor. Tradition verpflichtete *Mimologie* (Prosa, allenfalls aufgehöht zu Jamben) und die ursprüngl. ion. *Mimodie* (lyr. Maße, Gesangsvortrag, als Kostüm – gänzl. abweichend – ein feierl. weißes Gewand und ein Kranz im Haar), weiter nach der Darbietungsform den *dramat. M.* und den *rezitativen M.* (in dem Texte in Dialogform von einem Solorezitator vorgetragen werden); zu diesem gehören auch die rein literar. ↗ *Mimiamben* des Hero(n)das und der ebenfalls literar. bukol. M. des Theokrit (realist. Darstellungen aus dem Hirtenleben, meist in Dialogform). – Wieweit die osk.-latin. ↗ Atellane genet. vom südital.-sizil. M. abhängt, ist nicht geklärt, doch sind die Parallelen in Stoff und Darbietungsform (feste Typen) unübersehbar. – Der seit dem 3. Jh. v. Chr. bezeugte *röm. M.* dagegen ist sicher griech. Ursprungs. Er begegnet zuerst als Gebärdentanz bei den Ludi Apollinares des Jahres 212 v. Chr., seit dem 2. Jh. v. Chr. sind mim. Spiele fester Bestandteil der Ludi Florales. Typ. Formen sind Ehebruchs-, Räuber- und Banditenstücke, Märchen- und Zauberpossen, stets mit zahlreichen Personen und buntem Szenenwechsel. Die Personen sind nach wie vor die Typen der dor. Spiels: der phall. Narr begegnet als Sannio (= Grimassenschneider) und Scurra (Possenreißer), der Dümmling als Stupidus, beide mit Glatze *(mimus calvus),* Spitzhut *(mimus apiciosus)* und Pritsche (oder Prügel); Männer tragen den *centiculus* (Flickenrock), sonst ist die Kleidung die des tägl. Lebens, Masken und Kothurne fehlen wie beim griech. M. (daher *mimus planipes* = M. auf ebenen Füßen). Neben extemporiertem Prosadialog sind auch Gesangseinlagen *(cantica)* nach dem Muster der lat. Mimodien mögl. Die Bühne wird zwar Dionysostheater verlegt (M. als Nachspiel, s. Atellane), doch spielt er zunächst nur auf einem der Orchestra aufgestellten Brettergerüst; erst in der Kaiserzeit wird die große Bühne benützt. – Trotz kirchl. Widerstände gegen die Unmoralität des M. (Cyprianus, Arnobius, Lactantius, Ambrosius, Augustinus u. a.) ist der M. in Rom bis ins

6. Jh. lebendig, ein Verbot erfolgte 525 durch Justinian, dessen Gattin Theodora selbst Mimin war. – *Im MA.* lebt der antike M. fort in den Darbietungen der ↗ Joculatores (Gaukler), die als Akrobaten, Schausteller und Tierbändiger, Musiker, Sänger, Erzähler vielfach bezeugt sind und meist in Gruppen auftreten; auch weibl. Mimen gehören zu ihnen. Von anderen Gruppen der ↗ Fahrenden wie ↗ Vaganten und Spielleuten (mhd. *spilman, spilwip*) sind sie nur schwer zu unterscheiden. Mim. Spiele der Gaukler sind nicht belegt, doch sind seit dem 13. Jh. (Adam de la Halle, *Adamsspiel*) lat. und volkssprach. Formen des Dramas greifbar, deren Themen und Typen ebenso wie ihre Darbietungsform denen des antiken M. entsprechen, so dass mit einer durchgehenden unterliterar. Tradition auch hier zu rechnen ist. Hierzu gehören das lat. *Interludium*, die frz. ↗ *Farce*, der span. ↗ *Entremés*, wobei die frz. Bez. des Narren als *maistre mimin* auf seine Herkunft aus dem M. weist. In die Tradition des M. gehört auch der spätmal. Hofnarr, in Frankreich bis in die Zeit Ludwigs XIV. bezeugt; seine Tracht ist die des *mimus calvus* oder *mimus apiciosus* (Glatze oder Spitzhut), seltener das Eselskostüm des Dümmlings oder das Hahnenkostüm, hinzu kommt die Pritsche. – Mim. Tradition ist im spätmal. ↗ *Fastnachtsspiel* ebenso gegenwärtig wie bei Shakespeare (der Narr, die »Lustigen Weiber von Windsor« mit Falstaff als literarisiertem M. großen Stils) und den ↗ *engl. Komödianten*, in der it. ↗ *Commedia dell'arte*, in der ↗ *Hanswurstiade*, im ↗ *Kasperltheater* und im ↗ *Puppenspiel*, ebenso wie im ↗ *Wiener Volkstheater*. – Da der antike und mal. M. zahlreiche Parallelen im Drama Vorder- und Mittelasiens (z. B. die ind. Narrenfigur des *vidūṣaka*) hat, scheint H. Reichs These, der M. sei die Grundlage der dramat. Weltliteratur überhaupt, mindestens diskutierenswert. K

Minneallegorie, in eine allegor. Handlung eingekleidete Minnereflexion und ↗ Minnelehre. Zu unterscheiden ist bei den mannigfachen Mischformen zwischen eigentl. ↗ Allegorien, die der Auslegung (Allegorese) bedürfen und Personifikationsdichtungen, in denen nur allegor. Figuren (z. B. Frau Minne) in einem für sich verständl. Geschehen auftreten. – M.n begegnen zunächst als Teil größerer Werke z. B. die Minnegrotte-Episode im »Tristan« Gottfrieds v. Straßburg oder *Joie de la curt* in »Erec« Hartmanns von Aue. Seit dem 13. Jh finden sich auch selbständ. M.n wie der im MA. hochberühmte »Rosenroman« des Guillaume de Lorris u. J. de Meung (um 1230/80), die »Minneburg«, »Das Kloster der Minne« (14. Jh.), »Der Minne Regel« Eberhards von Cersne (nur teilweise allegorisiert), »Die Mörin« Hermanns von Sachsenheim (15. Jh.). Charakterist. für diese M.n sind Eingangstopoi wie Spaziergang, Traum oder Vision des Dichters, Begegnung mit Personifikationen (Minne, *Âventiure* oder Tugenden); meist symbol. Örtlichkeiten des Geschehens (Grotte, Burg, Garten), die oft noch bes. allegor. ausgedeutet werden. Die v. a. im Spät-MA. beliebte Form der M. ist oft im ↗ geblümten Stil gestaltet. Eine *Sonderform* der M. ist die *Jagdallegorie*, in der das Verhältnis der Liebenden im Ablauf einer Jagd dargestellt wird: der Liebende als Jäger, die Geliebte als Wild, der Jagdablauf als Werbungsprozess; Jagdhunde repräsentieren einzelne Haltungen, Eigenschaften und Zustände des Liebenden *(Canifizierung)*, vgl. »Die Jagd« Hadamars von Laber (1. Hä. 14. Jh.) mit zahlreichen Nachahmungen wie die »Königsberger J.« (2. Hä. 14. Jh.), P. Suchenwirts »Geiaid« u. a., z. T. noch unveröffentl. Texte. Eine polit. J. findet sich im »Seifried Helbling« (Gedicht IV, zur Adelsverschwörung von 1295). S/HSt

Minnebrief, auch: Liebesbrief, Liebesgruß, mal. Briefgedicht, an einen Liebespartner unmittelbar gerichtetes Minnelied oder Reimpaargedicht. Das *brieve und schanzune tihten* gehörte nach Gottfried von Straßburg (»Tristan«, v. 8139) zur höf. Bildung. – M.e finden sich zuerst in handlungsbestimmender Funktion in ep. Werken (u. a. »Ruodlieb«, 11. Jh., »König Rother«, »Eneit« Heinrichs v. Veldeke, 12. Jh., »Parzival« Wolframs v. Eschenbach, nach 1200); in Form eines M.s beginnt der Leich Ulrichs v. Gutenburg (Ende 12. Jh.); ein M.wechsel findet sich in der ↗ »Minnelehre«

Minnesang

Johanns v. Konstanz (13. Jh.). – Selbständ. M.e sind erst aus dem Spät-MA. überliefert (z. B. von Hugo von Montfort, 14. Jh.); seit dem 14. Jh. sind außerdem Musterbriefe in sog. Liebesbriefstellern erhalten. – Ein umfangreicherer M. wird auch als ↗ Büchlein bez. – Eine Sonderform, einen M. in Prosa, enthält der »Frauendienst« Ulrichs v. Lichtenstein.   MS

Minnehof, ↗ Cour d'amour.

Minneklage, ↗ Minnesang.

Minnelehre, Minnedidaktik, begegnet in der mal. Lit. in verschiedenen Formen: 1. als selbständ., meist umfangreicheres Werk in Form eines *Prosatraktats* (z. B. die lat. Abhandlung »De amore« des Andreas Capellanus, um 1180) oder als *Reimpaardichtung* (z. B. das als älteste dt. Tugend- und M. geltende Fragment »Der heiml. Bote«, 2. Hä. 12. Jh., oder die »M.« Johanns v. Konstanz, 13. Jh.); 2. als kürzere gereimte ↗ *Minnerede (↗ Büchlein)*; 3. als ↗ *Minneallegorie*. – M. begegnet 4. integriert in ep. Werken als handlungsbedingte Unterweisung einer bestimmten Person (z. B. Belehrung Lavinias in der »Eneit« Heinrichs v. Veldeke) oder als erläuternder Exkurs (z. B. »Parzival« Wolframs v. Eschenbach, v. 532, 1 ff.); 5. kann eine M. auch die implizierte Quintessenz eines gesamten ep. oder lyr. Werkes sein (z. B. Veldekes »Eneit«, »Moriz von Craûn« oder manche Minnelieder Reinmars des Alten und Walthers v. d. Vogelweide u. a.); Vorbild für mal. M.n war oft Ovids »Ars amatoria«. Persiflagen auf M.n finden sich später etwa in Wittenwilers »Ring« (um 1400) oder in »Der Geuchmatt« Th. Murners (1519).   S

Minnelied ↗ Minnesang.

Minnelyrik ↗ Minnesang.

Minneparodie ↗ Minnesang, ↗ dörperl. Poesie.

Minnerede, Sonderform der im Spät-MA. beliebten ↗ Reimrede: didakt. Reimpaargedicht (100–2000 Verse), im Unterschied zum Minnelied gesprochen, nicht gesungen, vorgetragen. Enthält neben den aus dem Minnesang überkommenen Themen des Frauenpreises, der Minneklage v. a. Erörterungen des Wesens der Minne, ihrer Gebote und Regeln (↗ Minnelehre). – M.n sind häufig als Streitgespräch, als (Mutter-Tochter-)Dialog, als ↗ Minneallegorie gestaltet; ältestes Beispiel ist das »Büchlein« Hartmanns von Aue (Ende 12. Jh., Minncklage und Streitgespräch über die Minne); bes. verbreitet waren M.n dann im 14. u. 15. Jh. (Meister Altswert, Teichner, P. Suchenwirt und zahlreiche Anonyma).   S

Minnesalut, ↗ Salut d'amour.

Minnesang, im eigentl. Sinne die verschiedenen Formen mhd. Liebeslyrik (Minnelyrik), manchmal auch undifferenziert zus.fassend für alle Arten mhd. Lyrik, z. B. auch für Kreuzzugslyrik, moral., religiöse, polit. ↗ Spruchdichtung. – Der mhd. M. entwickelt sich seit der 2. Hä. Des 12. Jh.s Er bildet bis ins Spät-MA. eine Fülle von Formen und Themen aus, die teilweise auf unterliterar. heim. Lyriktraditionen zurückgehen (Frings), teilweise von der damit zusammenhängenden lat. ↗ Vagantendichtung beeinflusst sind (H. Brinkmann), aber auch Anregungen von den provenzal. ↗ Trobadors und den frz. ↗ Trouvères aufnehmen, gelegentl. sogar von der antiken Liebeslyrik (Schwietering). Inwieweit die früh-mal. arab. Hoflyrik für den M. von Bedeutung war (Burdach), ist ebenso eine offene Frage wie überhaupt der Anteil und das Gewicht der verschiedenen vermuteten Vorbilder und parallelen Strömungen in den Nachbarliteraturen. Einer einsinnigen Herleitung des Phänomens M. steht auf alle Fälle die Vielschichtigkeit seiner Erscheinungsformen, aber auch die Eigenständigkeit vieler Texte entgegen. Der M. ist ↗ höf. Dichtung; er entfaltet sich mit der Entstehung einer höf.-ritterl. Kultur unter den Stauferkaisern (von Friedrich I. bis Friedrich II.; Heinrich VI. dichtete selbst Minnelieder). Er war ↗ Gesellschaftsdichtung, war Sprach-

Minnesang

rohr und Medium der Selbstdarstellung der höf. Gesellschaft. Er fand sein Publikum an den kulturellen Zentren, z.B. am Stauferhof (rhein. Minnesänger, Walther v. d. Vogelweide), bei Reichstagen (Mainzer Hoffest 1184), an Fürstenhöfen (in Wien, auf der Wartburg) oder in Städten. – Der M. entwickelte sich zu einer subtilen, variantenreichen Formkunst. Wort und Melodie stammen meist vom selben Verfasser, der seine Lieder i.d. Regel auch selbst vortrug. M. ist anfangs primär auch Vortragskunst (vgl. z.B. Gottfrieds von Straßburg Literaturstelle im »Tristan«, Nachruf Walthers v. d. Vogelweide auf Reinmar); erst im Laufe des 13. Jh.s wird er mehr und mehr auch zur Leselyrik, wie die erhaltenen Hss. aus der Zeit um 1300 zeigen. In seiner Geschichte zeichnen sich verschiedene Phasen ab: Die *1. Phase* bildet der sog. *donauländ. M.* (ca. 1150–1170), zu ihm zählen hauptsächl. an der Donau zu lokalisierende Dichter wie Kürenberg, der Burggraf von Regensburg, Meinloh von Sevelingen, Dietmar von Aist. Ihre Lieder handeln von wechselweisem Liebessehnen von Frau und Mann, sind einfache Liebeslyrik. Formales Kennzeichen ist die ↗ Langzeile. Typ. sind *Frauenstrophen*, in denen eine Frau ihre Liebessehnsucht ausspricht. – Mit der *2. Phase* beginnt der eigentl. (sog. hohe) M. Er erscheint erstmals nach 1170 bei den rhein., unter westl. Einfluss stehenden Minnesängern um Friedrich von Hausen und Heinrich von Veldeke (Rudolf von Fenis, Bligger von Steinach u. a.). Zentrales Thema wird nun der höf. ↗ *Frauendienst*: Die Liebenden begegnen sich jetzt nicht mehr als Partner, vielmehr wird ein fiktives Dienstverhältnis zu einer Frau gestaltet, das zwar auf Belohnung durch Liebesgunst abzielt, aber als hoffnungslos dargestellt wird, da die Frau zu einem unerreichbaren Ideal emporstilisiert ist. Weniger die ↗ Merker und die *huote* (die Aufsicht durch die beobachtende Gesellschaft), als vielmehr diese Idealität entrückt sie dem Werbenden, der jedoch durch diesen nimmer erlahmenden Minnedienst eth. geläutert und geadelt wird (vgl. Albrecht v. Johansdorf). M. thematisiert v. a. zwei leidbedrohte Grenzsituationen, Werbung und Abschied (Kreuzzug, Tagelied).

Zentralbegriffe sind *triuwe, mâze* und der *hôhe muot*. Dieser spirituelle M. ist nicht Erlebnis-, sondern Rollenlyrik, ästhet. Spiel mit einem poet. Formelschatz in einem fiktionalen Ideenraum. So wie das lyr. Ich keine bestimmte Person darstellt, wendet sich diese Lyrik auch nicht an eine individuelle Herrin. Die *frouwe* ist vielmehr Inbegriff des Weiblichen, darüber hinaus Inbegriff aller eth., schwer zu erringenden Werte (auch Personifikation der höf. Gesellschaft). Damit wird das lyr. Ich zum Träger einer kollektiven Gefühlshaltung (s. ↗ Mentalitätsforschung). Im Minnedienst wird einerseits (soziolog.) eine Transponierung der sozialen Abhängigkeit des zahlenmäßig größten Teils des Publikums, des sich neu konstituierenden Standes der Ministerialen, ins Erotische gesehen, eine Sublimierung der sozialen Bindung dieser höf. Dienstmannen, andererseits, vielleicht wesentlicher, ein poet. Ausdruck eines allgemeinen ritterl. Bewährungsethos vor letztl. unbegreifl. Mächten, eines Strebens nach einem selbstgesetzten hohen Ziel mit ungewissem Erfolg. – Für die Ausbildung dieses Minnekultes wurden neben roman.-arab. Einflüssen auch Einwirkungen der in der 2. Hä. des 12. Jh.s aufkommenden Marienverehrung vermutet. Der *Höhepunkt* dieser kollektiven Leidenserotik wird in der *3. Phase* nach 1190 mit den Liedern Reinmars des Alten und Heinrichs von Morungen (mit sensualist. Transzendierung des Frauenbildes) erreicht. Walther v. d. Vogelweide, der bedeutendste mhd. Lyriker, stellt dann, z. T. in einer ↗ Dichterfehde gegen Reinmars Minneprogramm, die v. ihm propagierte Hochstilisierung des Frauenbildes in Frage und preist (evtl. im Anschluss an vagant. Lieder) statt der spiritualisierten hohen Minne die *herzeliebe* (niedere Minne), in der die Frau wieder als Partnerin (*wîp* oder in der Figur des *frouwelîn* auch unhöf. *maget*) auftritt. In diesen als Gegentypus zu den Liedern der hohen Minne geschaffenen sog. *Mädchenliedern* wird auch die Liebesvereinigung angesprochen, oft im Stil der ↗ Pastorelle (»Under der linden«). Liebesvereinigung thematisieren auch die ↗ Tagelieder, wobei die eigenen Wolframs von Eschenbach schließl. im Preis der ehel. Liebe gipfeln. Die Abkehr dieser beiden bedeutenden Dichter vom Ritual der hohen Minne leitet in gewissem Sinne zur letzten Entwicklungsstufe des M.s über, der 4. *Phase* seiner *Parodierung* und *Persiflierung* (↗ Gegensang) bei Neidhart (nach 1210); dieser führt in seinen Sommer- und Winterliedern die übersteigerten Werbetopoi durch Übertragung in ein außerhöfisches Milieu ad absurdum (↗ dörperl. Poesie). – Mit Neidhart ist der Themenbereich des M.s im Wesentl. ausgeschritten. Die Minnesänger des 13. u. 14. Jh.s beschränken sich weitgehend darauf, die vorgegebenen Form- und Themenmuster zu variieren und zu spezifizieren. Sie führen z. T. die Tradition des hohen M. weiter (Burkhard von Hohenfels, Gottfried von Neifen), oft durch äußerstes Formraffinement gesteigert (Neifen, Konrad v. Würzburg), oder folgen Neidharts Spuren (wie wiederum Neifen oder Steinmar u. a.). Im 14. Jh. wurde mit dem Niedergang der höf. Ritterkultur und dem Aufkommen einer bürgerl. Kultur in den Städten der M. weitgehend durch den ↗ Meistersang abgelöst. Zwischen den beiden Kunsttraditionen stehen Dichter wie Frauenlob (um 1300) oder Heinrich von Mügeln (14. Jh.); eine individuelle Sonderstellung nimmt der bisweilen als letzter Minnesänger apostrophierte Oswald von Wolkenstein ein.

Zur wichtigsten *Strophenform* des M.s wurde nach dem Beginn mit einfachen Reimpaarstrophen und durchgereimten Strophen (nach roman. Vorbild) die ↗ *Stollen-* oder *Kanzonenstrophe* mit immer kunstvolleren Vers- und Reimkombinationen. Neben den *Hauptgattungen* (Minneklage, Frauenpreis- und Werbelieder) finden sich als bes. Gattungen ↗ Wechsel, ↗ Kreuzzugslieder, ↗ Tage-, Mädchen-, ↗ Tanz-, ↗ Herbst-, ↗ Ereignislieder u. a. – Naturtopoi begegnen v. a. im frühen M. und in den Liedern des 13. Jh.s (↗ Natureingang). Nach vereinzelten Anfängen im 12. Jh. (Ulrich von Gutenburg, Heinrich von Rugge) tritt die kunstvolle Form des ↗ Leichs v. a. im 13. Jh. vermehrt auf (Tannhäuser; Ulrich v. Winterstetten u. a.). – *Überliefert* ist der M. in der Hauptsache in Handschriften aus dem Ende des 13. Jh.s und dem 14. Jh., in der sog. Kleinen und Großen Heidelberger (A u. C) u. der Stuttgarter oder Weingartner Liederhandschrift (B), ferner der Würzburger Handschrift (E); vgl. ↗ Liederhandschriften. Zum mhd. M. sind im Unterschied zum roman. in den Haupthandschriften in d. Regel keine *Melodien* verzeichnet. Eine ungefähre Kenntnis der musikal. Vortragsform vermögen aber vermutete Kontrafakturen zu roman. Liedern zu geben. Melodieaufzeichnungen liegen erst seit dem 14. Jh. vor, in größerer Zahl zu Texten von Neidhart, Hugo von Montfort und Oswald von Wolkenstein. In der Großen Heidelberger Liederhandschrift sind bis zum Anfang des 14. Jh.s rund 140 Autoren genannt, davon entfallen ins 12. Jh. die 21 in der Sammlung »Des Minnesangs Frühling« aufgeführten Dichter und Walther v. d. Vogelweide mit seinen Frühliedern. *Wiederentdeckt* wurde der M. im 18. Jh.; die ersten Ausgaben stammen von J. J. Bodmer (»Proben der alten schwäb. Poesie des Dreyzehnten Jahrhunderts«, 1748, »Sammlung von Minnesingern aus dem schwäb. Zeitpuncte«, 2 Bde. 1758/59); nachgebildet wurden die Themen des M.s erstmals von J. W. L. Gleim (»Gedichte nach den Minnesingern«, 1773); zuerst übersetzt wurde er von L. Tieck (1803). Die wissenschaftl. Beschäftigung setzte mit der krit. Waltherausgabe Karl Lachmanns (1827) ein. Gegen seine an altphilolog. Methoden orientierte idealtyp. Textherstellung wendet sich eine neuere, stärker überlieferungsorientierte ↗ Textphilologie (Schweikle, Moser/Tervooren). S

Minnesänger (Minnesinger), Dichter, Komponist und Vortragender mhd. Lyrik, i. e. Sinne von mhd. ↗ Minnesang. Als ältester M. gilt Kürenberg (Mitte des 12. Jh.s), als einer der letzten Oswald von Wolkenstein (1377–1445). Die bekanntesten M. (Friedrich von Hausen, Reinmar der Alte, Heinrich von Morungen, Walther von der Vogelweide, Gottfried von Neifen) dichteten in der Zeit der stauf. Herrscher, die neben manchen Landesfürsten, wie Landgraf Hermann von Thüringen, auch ihre Mäzene waren. Im Unterschied zu den provenzal. ↗ Trobadors und den frz. ↗ Trouvères ist über das Leben der meisten M.

Minnesänger (Minnesinger)

wenig bekannt. Unter ihnen finden sich Vertreter aller Stände: Hochadel (Kaiser Heinrich, König Konrad, Herzog Heinrich von Breslau, Markgraf Otto von Brandenburg, Graf Rudolf von Neuenburg-Fenis), Geistliche (Bruder Eberhard von Sax), Ministerialen (Friedrich von Hausen, Heinrich von Rugge), Städter (Johannes Hadloub) und ↗ Fahrende unbekannter Herkunft (Niune, evtl. auch Reinmar der Alte, Walther v. d. Vogelweide u. a.). S

Minstrel, m. ['minstrəl; engl., von altfrz. ↗ ménestrel, ministerel], berufsmäßiger Rezitator u. Sänger im mal. England. Oft mit ↗ Spielmann, ↗ Joculator, Jongleur gleichbedeutend gebraucht, in den Konturen aber ähnl. unscharf wie diese. Von der engl. Romantik wurde der m. poet. überhöht und mit einer pittoresken Aura versehen, vgl. W. Scotts »Lay of the last m.« (1805). MS

Mirakelspiel, [von lat. miraculum = Wunder], ↗ geistl. Spiel des MA.s, das Leben u. Wundertaten der Heiligen u. der Jungfrau Maria behandelt. Grenzen zum Legendenspiel (↗ Legende), in dem das Moralische gegenüber dem Wunderbaren stärker betont ist, sind fließend. Seit dem 12. u. 13. Jh. bes. in Frankr. verbreitet (»Li jus de Saint Nicholai« von Jehan Bodel d'Arras, um 1200; »Le Miracle de Théophile« von Rutebeuf, um 1260), dann auch in England, den Niederlanden u. Deutschland (im 15. Jh. das nddt. »Spiel von Theophilus« u. Dietrich Schernbergs »Spiel von Frau Jutten«, 1480). Im 14. u. 15. Jh. werden Marienmirakel, häufig Bearbeitungen von erzählenden Vorlagen, beliebt: vgl. die 40 afrz. »Miracles de Nostre Dame par personnages« (14. Jh.) oder das in Drucken des 16. Jh.s überlieferte halbdramat. Marienmirakel »Marieken van Nijmegen«. Bedeutsam für die Geschichte des ↗ Dramas ist die Einführung kom. Elemente (↗ Farce). Die Tradition des M.s wurde im 20. Jh. wiederaufgenommen (z. B. K. G. Vollmoellers Pantomime »Das Mirakel«, Urauff. 1911). – Von der engl. Forschung werden die Bez. M. *(Miracle play)* u. ↗ Mysterienspiel *(Mystery play)* oft unterschiedslos gebraucht. MS

Mischformen, 1. gelegentl. Bez. für literar. Formen, die durch *Gattungsvermischung* entstanden, etwa ↗ Ballade, ↗ Prosagedicht, ↗ ep. Theater, ↗ Schäferdichtung, romant. Roman, im Bereich der techn. Medien etwa das ↗ Hörspiel. 2. werden als M. künstler. Ausdrucksmöglichkeiten bezeichnet, die sich durch *Annäherung der einzelnen Kunstarten,* durch dabei entstandene Grenzverwischungen herausgebildet haben, etwa im Bereich zwischen bildender Kunst und Literatur die sog. *Textgraphik,* das *Text- und Buchstabenbild* (mit den Vorstufen der ↗ visuellen Dichtung), im Bereich zwischen Musik und Literatur etwa die sog. *Text-Sound-Composition* (mit den Vorstufen der ↗ akust. Dichtung), im Bereich zwischen bildender Kunst und Musik etwa eine sog. *musikal. Grafik.* – Geschichtl. haben sich derartige M., bedingt u. a. auch durch die Versuche, die traditionellen Kunstgattungen und -arten aufzubrechen und neu zu beleben, v. a. im Umkreis und in der Folge einer sog. Kunst- und Literaturrevolution herausgebildet. Sie sind in den 60er und 70er Jahren mehrfach durch umfangreiche, auch internationale Ausstellungen belegt worden (u. a. »Schrift und Bild«, Amsterdam und Baden-Baden, 1963; »akust. texte/ konkrete poesie/ visuelle texte«, Amsterdam, Antwerpen, Stuttgart, Nürnberg, Liverpool u. a., 1970 ff.; »Grenzgebiete der bildenden Kunst. Konkrete Poesie. Bild, Text, Textbilder. Computerkunst. Musikal. Graphik.« Stuttgart u. a. 1972 f.). D

Mischprosa, Verquickung lat. und deutscher Wörter, Satzteile und ganzer Sätze in der Übersetzungs- und kommentierenden Gelehrtenprosa bes. des 11. Jh.s (Notker von St. Gallen, Williram von Ebersberg). Die lat. Wörter oder Partien sind dabei meist Zitate aus der Bibel oder antiken Vorlagen, Abstrakta oder geistl.- allegor. Interpretationen. Im 16. Jh. wird M., bedingt durch die lat. Schultradition, als Mittel der Rede (Luthers Tischgespräche), der Satire (Quodlibet-Disputationen) und der Sprachspiel-Virtuosität (Fischart) wieder gepflegt (vgl. auch ↗ makkaron. Dichtung). HW

Missale, n. [lat. missa = Messe], liturg. Buch (Messbuch), das Zeremonien, Gebete, Gesänge und Lesungen für die Messen des Kirchenjahres enthält. Ältestes Beispiel ist das M. von Bobbio (um 700), bedeutendstes das *M. Romanum* (13. Jh.), das von 1570–1969 für die kath. Messe verbindl. war. Initiiert durch Papst Paul VI., erscheint seit 1969 ein neues M.   S

Miszellen, f. Pl., auch: Miszellaneen [lat. aus miscellus = gemischt], Sammelbez. für (meist kleinere) Aufsätze verschiedenen Inhalts, bes. für kurze Beiträge (½–1 Druckseite) in wissenschaftl. Zeitschriften.   IS

Mittelreim, Reim zwischen Wörtern im Innern aufeinanderfolgender Verse (nicht an Zäsuren), z. B. *Nu muoz ich ie min alten nôt/... / ir gruoz mich vie, diu mir gebôt* (Reinmar d. Alte).   S

Mittenreim, Reim zwischen Versende und einem Wort im Innern eines vorangehenden oder nachfolgenden Verses: *Wa vund man sament so manic liet / man vunde ir niet im kunicriche* (Hadloub, SMS XXVII, 8).   S

Moderne [nach frz. moderne aus spätlat. modernus = neu; Anf. 18. Jh. als Fremdwort übernommen],
1. *Das M.*, insbes. im ↗ Jungen Deutschland eingebürgerter Begriff für dessen emanzipator. künstler., gesellschaftspolit. und kulturphilosoph. Bestrebungen. Ebenso wie der ältere, in seinem sachl. Gehalt vielfach schwankende literaturtheoret. Begriff ›modern‹, mit welchem jeweils neue literar. Strömungen histor., typolog. und ästhet. fixiert wurden (meist in Kontrastspannung zu ›antik‹), entzieht sich auch ›das M.‹ einer genaueren Definition.
2. *Die M.*, von Eugen Wolff (im Verein ↗ Durch) für das literaturtheoret. Programm des ↗ Naturalismus geprägte Bez. (»Die M., zur Revolution u. Reform der Literatur«, 1887); die Bez. wurde dann von H. Bahr grundsätzl. ausgedehnt auf *alle* neueren, v. a. jedoch auf die antinaturalist. Literaturströmungen (↗ Impressionismus, ↗ Symbolismus, ↗ Neuromantik, ↗ Dekadenzdichtung), insbes. die diesen folgenden literar. Tendenzen ↗ Jung-Wiens (»Zur Kritik der M.«, 1890, »Studien zur Kritik der M.«, 1894, vgl. auch die Halbmonatsschrift »Die M.« 1891 ff., hrsg. v. L. Berg und E. M. Kafka). Zur Differenzierung der beiden Phasen der sog. ↗ Literaturrevolution werden auch ›erste M.‹ und ›zweite‹ oder ›Wiener M.‹ unterschieden.
3. Gelegentl. findet sich der Begriff ›die M.‹ auch als allgem., unprogrammat. Bez. für die neuere literar. Entwicklung seit ca. 1914 (vgl. »Literatur« II, 2, hrsg. v. W.-H. Friedrich u. W. Killy, Fischer Tb 35, 2, 1973) oder zur Kennzeichnung der jeweils neuesten avantgardist. künstler. Strömungen.   IS

Modernismo, m. [span. = Modernismus], lateinamerikan. und literar. Strömung, ca. 1890–1920, die die Thematik und Sprache des literar. Realismus ablehnte und im Gefolge des franz. ↗ Symbolismus (v. a. P. Verlaines) eine Erneuerung der Dichtung nach der Kunsttheorie des ↗ l'art pour l'art anstrebte: themat. durch die (z. T. hermet.-verschlüsselte) Gestaltung auch des Gedankl.-Subjektiven, des Irrationalen und Wirklichkeitsüberhobenen, v. a. aber *sprachl.-formal* durch die Erschließung neuer subtiler rhythm. und klangl. Ausdrucksmöglichkeiten und durch syntakt. und metr. Experimente, wobei auch Anregungen der ↗ Parnassiens und Rückgriffe auf altspan. Traditionen (Góngora, Mystiker, Romanzeros, Cancioneros) bedeutsam wurden.
– Nach dem kuban. Vorläufer J. Martí wurde der Nicaraguaner Rubén Darío der führende Repräsentant des M.; seine Werke (»Azul«, 1888, »Prosas profanas«, 1896, »Cantos de vida y esperanza«, 1905) beeinflussten nachhaltig die gesamte lateinamerikan. und span. Dichtung. Weitere Vertreter sind der Bolivianer R. Jaimes Freyre, der Argentinier L. Lugones, in Uruguay J. Herrera y Reissig, der Kolumbianer G. Valencia, die Guatemalteken E. Gomez Carillo R. Arévalo Martínez, der Peruaner C. Vallejo und der Spanier R. M. del Valle-Inclán (»Sonatas«, 1902–05), A. und M. Machado y Ruiz, F. Villaespesa, J. R. Jiménez, J. Guillén und L. Cernuda. Der M. stand z. T. in enger Wechselbeziehung (Jiménez, M.

Machado y Ruiz) zu den Bestrebungen der ↗Generation von 98. ↗Ultraismo. IS

Modus, m. [lat. = Maß, Melodie, Weise], 1. mal. Bez. a) für die 8 Kirchentonarten (seit dem 8. Jh. nach byzantin.-syr. Vorbild) dorisch, hypodor., phryg., hypophryg., lyd., hypolyd., mixolyd., hypomixolyd.); b) für rhythm. Typen der lat. (rhythm.-akzentuierenden) Dichtung, die 6 Metren der antiken Dichtung entsprechen (trochäisch, jamb., daktyl., anapäst., spondäisch, tribrachisch). 2. Bez. für lat., in den *Carmina Cantabrigiensia* überlieferte Gedichte des 10. u. 11. Jh.s, in denen zu einer damals geläuf. ↗Sequenz-melodie neue geistl. oder weltl. (anekdot., humorist.) Stoffe gestaltet wurden (↗Kontrafaktur). Die Bez. ›M.‹ geht zurück auf eine Wolfenbüttler Handschrift, in der vor jedem Gedicht als eine Art Titel die zugehör. Melodie *(modus)* vermerkt ist, z. B. »M. qui et Carelmannic«: Sequenz über Christi Leben – nach der Melodie eines älteren Liedes auf einen Karlmann, oder »M. Ottinc«: Panegyricus auf alle drei Ottonenkaiser – nach der Melodie zu einem älteren Text auf Otto I.; ähnl. »M. Liebinc« (Schwank vom Schneekind) oder »M. Florum« (Lügenschwank). S

Molossus, m., antiker Versfuß aus drei langen Silben (– – –); begegnet i.d. Regel nur als Ersatz (Kontraktionsform) anderer Versmaße, z. B. für eine jamb. oder troch. Dipodie, einen Choriambus (–⏑⏑–), einen Ionicus a minore (⏑⏑– –) oder a maiore (– –⏑⏑); Bez. nach den Molossern in Epirus. S

Monodie, f. [gr. *monodía* = Einzelgesang], allgemein: einstimmiger (begleiteter oder unbegleiteter) Gesang im Ggs. zur mehrstimm. Polyphonie. Monod. war aller Gesang bis ins 9. Jh., die Instrumente spielten die Melodie mit (vgl. Gregorianik, Minne- und Meistersang). M. wird auch ein mehrstimm. Satz genannt, in dem eine Melodie eindeutig führt (z. B. Opernarien, ferner der Sologesang v. a. in Madrigalen des Barock. Speziell: 1. *in der altgriech. Lyrik* das zu Instrumentalbegleitung vorgetragene Sololied (Ggs. ↗Chor-lied). Zur monod. Lyrik rechnen ↗Elegie ↗Jambendichtung und die sog. mel. M (↗Oden); bekannte Dichter dieser Form sind Alkaios, Anakreon, Archilochos, Hipponax Sappho, Tyrtaios u. a. 2. *in der att. Tragödie* eine vom Schauspieler zum Instrument (Aulos, Lyra, Kithara) gesungene Partie von größerem Umfang, meist mit klagendem Charakter. Bei Euripides tritt der Anteil des Chors deutl. zugunsten der M. zurück, in der sich Wort, Musik, Mimetik und Requisit effektvoll vereinigen. Kritik dieser sich zunehmend verselbständigenden Form bei Aristophanes; Fortführung der M. in der röm. Tragödie und bes. der röm. Komödie (Plautus), vgl. ↗Cantica (1). GG

Monodistichon, n. [zu gr. monos = allein] für sich konzipiertes, einzelnes ↗Distichon (Zweizeiler), häufig als ↗Epigramm, z. B. Goethe/Schiller, »Xenien«(1796, eleg. Disticha) oder als didakt., relig., polit. Sentenz, z. B. D. v. Czepko, »Sexcenta monodisticha sapientium« (1655), Angelus Silesius, »Cherubin. Wandersmann« (1675; beides Monodisticha aus Alexandrinern). S

Monodrama, Ein-Personen-Stück, eine der Sonderformen des ↗lyr. Dramas (vgl. ↗Duodrama, ↗Melodrama). Der Begriff stammt aus der Lit.theorie des 18. Jh.s u. bez. eine *literar. Modeerscheinung*: einen von Instrumentalmusik untermalten heroisch-sentimentalen oder lyr. Monolog einer (meist weibl.) Gestalt. Wurde von J. J. Rousseau geschaffen (»Pygmalion«, 1762) und, v. a. nach dem erfolgreichen dt. M. von J. Ch. Brandes (»Ariadne auf Naxos«, 1772), auch von Herder, Goethe (»Proserpina«, 1778) u. a. gepflegt. – Unter modernen Ein-Personenstücken sind zu nennen: »Ostpolzug« (1926) von A. Bronnen; »Geliebte Stimme« (1930) von J. Cocteau; »Krapps letztes Band« (1959) von S. Beckett; »Der Herr Karl« (1962) von H. Qualtinger; »Wunschkonzert« (1972) von F. X. Kroetz. VD

Monographie, f. [Kunstwort aus gr. monos = allein u. graphein = schreiben], Einzelschrift; im Unterschied zu Zeitschriften,

Handbüchern, Kongressberichten oder Sammelwerken (›Buchbindersynthesen‹) ist die M. ein von einem Verfasser einem begrenzten Thema gewidmetes, abgeschlossenes Buch, das systematische, historische, biographische Informationen so vereint, dass zugleich Wissens- und Forschungsstand zum Zeitpunkt der Fertigstellung der M. in ihr dokumentiert werden. Der umfängl. und ganzheitl. Anspruch dieser Wissenschaftsgattung und ihre Herkunft aus dem Positivismus des 19. Jh.s haben die M. in jüngerer Zeit in den geistes- und gesellschaftswissenschaftl. Fächern seltener werden lassen, wogegen Wort und Sache in den Naturwissenschaften, namentl. der Biologie, noch verbreitet sind. HW

Monolog, m. [gr. monos = allein, logos = Rede], Rede einer einzelnen Person, Ggs. ↗ Dialog.

1. M. im engeren Sinn (›Selbstgespräch‹) kommt als Kunstform in bestimmten Formen der Lyrik oder in Tagebuchaufzeichnungen vor (Ich-Aussprache): enthält sowohl rein gefühlsbestimmte Aussagen als auch gedankl. Auseinandersetzungen. Zu unterscheiden davon ist der ↗ innere M., der zwar durch die gleiche Rederichtung bestimmt wird, aber durch Äußerung von Gedanken und Bewusstseinsvorgängen neue Möglichkeiten der Mitteilung (Wiedergabe des Unterbewussten) erschließt.

2. *M. im weiteren Sinne* ist im Ggs. zum M. als Selbstgespräch an bestimmte konkrete (nichtliterarische) Kommunikationssituationen gebunden, die sachl. (etwa durch größeres Wissen des Sprechenden) oder psych. (durch ›über die Köpfe der anderen hinwegreden‹) motiviert sein können. Die Erzählung, der Vortrag, die Predigt vor schweigenden Zuhörern werden in diesem Sinn als M. verstanden. Auch in Romanen oder Dramen findet sich diese Form häufig. Als *Sonderform* können M.-Serien mehrerer Personen angesehen werden, bei denen es zu keinem Dialog kommt, entweder weil das Aneinandervorbeireden konstitutiv für die Aussage wird (z.B. monolog. Sprechen mehrerer Personen in Becketts Dramen) oder weil eine ›höhere Regie‹ durch Rollenverteilung den Dialog verhindert wie in den Typen der Weltheater- oder Totentanzspiele.

3. *der dramat. M.* ist auf der Illusionsebene Selbstgespräch, von der Kommunikationsebene her hat er dagegen wicht. Mitteilungsfunktion für den Zuschauer. R. Petsch unterscheidet nach der Stellung im Drama den *Rahmen-M.* am Anfang oder Ende des Dramas, den *Brückenm.* als Verbindung zwischen den einzelnen Teilen der Handlung, den *Kernm.* als Zentrum des dramat. Vorgangs und die *M.kette* aus mehreren M.en, die sich innerhalb des Dramas zu einer Kette zusammenschließen. – W. Kayser unterscheidet nach der Funktion den *techn. M.* als Übergang zwischen verschiedenen Auftritten (z.B. häufig bei J. Nestroy, etwa »Der Zerrissene«, III, 8 u.ö.), den *ep. M.* zur Mitteilung von auf der Bühne nicht dargestellten oder nicht darstellbaren Vorgängen, oft in der Exposition (z.B. Goethe, »Iphigenie«, I, 1), den *lyr. M.*, der die seel. Gestimmtheit einer Person ausdrückt (z.B. Gretchens M. »Meine Ruh' ist hin«, »Faust«I), den *Reflexionsm.*, der eine Situation durch eine Figur reflektiert oder einen Kommentar der Lage gibt; er übernimmt die ursprüngl. Aufgabe des griech. Chors (z.B. F. Grillparzer, »König Ottokars Glück u. Ende«, V, v. 2818–2874), den eigentl. *dramat. M.*, der zur Entscheidung in Konfliktsituationen führt und konstitutiv ist für den Fortgang der Handlung (z.B. Goethe, »Die natürl. Tochter«, V, 6 oder Schiller, »Die Räuber«, IV, 5). Er findet seinen reinsten Ausdruck im Drama der ↗ geschlossenen Form, wo er meist den dramat. Höhepunkt darstellt, oft gipfelnd in einer ↗ Sentenz. Den Sprechenden charakterisiert ein hoher Reflexions- und Bewusstseinsgrad, was auch in der Gliederung, der rhetor. und stilist. Geformtheit des M.s ausdrückt. M. und Dialog sind im Drama der geschlossenen Form nach Funktion deutl. voneinander abgegrenzt, während im Drama der ↗ offenen Form der Übergang fließender ist. – Nicht in allen Epochen der Literaturgeschichte nimmt der dramat. M. die gleiche Stellung ein. In der antiken Tradition gewinnt er v.a. mit dem Zurücktreten des Chors an Bedeutung. Im Drama der Renaissance und des Barock dient er als Mittel

Monolog

der Darstellung einer prunkvoll ausgeschmückten Rhetorik, aber auch als Darstellung der Höhepunkte in sittl. Entscheidungen. J. Chr. Gottsched gibt ihm v. a. eine dramentechn. Funktion. Nach Shakespeares Vorbild wird er im Drama G. E. Lessings als Reflexionsm. eingesetzt. Im Sturm und Drang dient er in erster Linie der Selbstanalyse und charakterenthüllenden Stimmungen und Affekten. In der Klassik findet der M. seinen Höhepunkt als Mittel der Seelenanalyse und als integriertes dramat. Element in Entscheidungssituationen vor der Lösung oder Katastrophe. Im Realismus, wo die psycholog. Wechselwirkung im Dialog in den Vordergrund rückt, v. a. aber im Naturalismus, wo der M. als dem Gesetz der Natürlichkeit widersprechend verstanden wird, tritt er immer mehr zurück und lässt nur noch Raum für den stummen *Gebärdenm*. Im Drama des Expressionismus wie des Symbolismus wird er wieder aufgenommen als Ausdrucks- und Stimmungsmittel. Im Drama der Moderne spielt der M. eine Rolle in der Form des monolog. Aneinandervorbeisprechens, Ausdruck der Unmöglichkeit des Dialogs. IA

Döblin: »Berlin Alexanderplatz«

Monometer, m. [gr. = Einzelmaß], Bez. der antiken Metrik für einen Vers, der aus nur einer metr. Einheit besteht, z. B. einer jamb., troch. oder anapäst. ↗ Dipodie; findet sich hauptsächl. als ↗ Klausel (troch. Dipodie, Ditrochäus); vgl. ↗ Dimeter, ↗ Trimeter etc. S

Monopodie, f. [gr. = Einzel-(Vers)fuß], Maßeinheit für Versfüße, die nur einzeln (monopodisch), nicht zu einer ↗ Dipodie zusammengefasst gemessen werden, z. B. ↗ Daktylus, ↗ Kretikus, ↗ Choriambus u. a. In den freien lat. Nachbildungen griech. Versmaße herrscht durchweg M. S

Monostichisch, ↗ stichisch.

Monostrophisch,
1. Bez. für ein nur aus einer Strophe bestehen des Gedicht oder Lied, kennzeichnend z. B. fü den frühen dt. Minnesang;
2. Dichtung aus lauter gleichen Strophen, z. B »Nibelungenlied«, »Oberon« (von Ch. M Wieland, Stanzen), im Ggs. zu Dichtungen mi wechselnden Strophenformen wie z. T. da griech. ↗ Chorlied (↗ Epode) oder die Pindar ↗ Ode.

Montage, f. [frz. = Zusammenfügen, -bauen], aus dem Bereich de Filmtechnik übernommene Bez. für das Zusammenfüger von Texten (Textteilen) sprachl. stilistisch, inhaltl. unterschiedlicher, oft heterogener Herkunft. In die Vorgeschichte wären u. a. die ↗ Cento-Dichtung, das ↗ Cross-Reading zu rechnen. Die Technik der M. begegnet bes. seit der ↗ Literatur-Revolution in allen Gattungen: in der Lyrik (G. Benn, H. M. Enzensberger), der Erzählprosa (J. Dos Passos, »Manhattan Transfer«, A. Döblin, »Berlin Alexanderplatz«, auch: ↗ Collage, im Drama (G. Kaiser, »Nebeneinander«, F. Bruckner, »Die Verbrecher«, P. Weiss, »Die Verfolgung und Ermordung Jean Paul Marats [...]«) und im Hörspiel. – So vielfältig wie die techn. Möglichkeiten der M. (entsprechend den film. Techniken der Ein-, Vor- und Rückblende, dem harten Schnitt, der Gegenüberstellung von Großaufnahme und Totale, von stehendem Bild und Kameraschwenk), so vielfältig sind auch die Funktionen: Benn z. B. strebte mit seiner »M. kunst« eine neue Totalität an, den Dadaisten diente die M. heterogensten Materials zur ästhet. Provokation, zur Hervorbringung eines ästhet. Schocks, das ep. Theater Brechts versuchte die zur Kritik herausfordernde Konfrontation (↗ Verfremdungseffekt), im montierten Roman sollen v. a. verschiedene Wirklichkeitsbereiche durchsichtig und durchlässig gemacht werden. – Bis Mitte der 60er Jahre werden dabei die Bez. M. und Collage etwa synonym verwendet, seither setzt sich jedoch auch in Opposition zur Bennschen Vorstellung von ›Artistik‹ zunehmend die Bez. Collage durch, wobei wiederholt der durch sie mögliche Realitätsbezug hervorgehoben wird.   D

Mora, f. [lat. = Verweilen, Verzögerung], von G. Hermann für die antike Metrik eingeführter Begriff für die kleinste metr. Zeiteinheit, eine metr. Kürze (⌣); eine metr. Länge besteht demnach aus zwei Moren (⌣⌣=−); von A. Heusler auch für die ↗ Taktmetrik übernommen (x).   S

Moralische Wochenschriften, Zeitungstypus der ↗ Aufklärung. Entstand in *England* aus der bürgerl.-puritan. Protesthaltung gegen die galanten Sitten der Aristokratie; vorbildhaft in ganz Europa wurden die von den ↗ Essayisten R. Steele und J. Addison herausgegebenen m. W. »The Tatler« (1709–11), »The Spectator« (1711–12) und »The Guardian« (1713). M. W. waren in ganz Europa (u. z. T. in Nordamerika, s. Rau) außerordentl. beliebt: in Dtschld. sind für das 18. Jh. über 500 Titel nachgewiesen; *Blütezeit* um 1750–80. – Die m. W. verarbeiteten das rationalist., später auch das pietist.-empfindsame Gedankengut der Zeit mit dem Ziel der Belehrung und v. a. sittl.-moral. Erziehung des Bürgertums. Sie enthalten Beiträge zur Jugenderziehung, Frauen- und Geschmacksbildung, prakt. Ratschläge zur Lebensgestaltung, moral.-erbaul. oder relig. Betrachtungen und – typ. für die dt. m. W. – aesthet. Diskussionen, insbes. literarische Beiträge (Rezensionen, Übersetzungen, Sprachpflege, literaturtheoret. Fragen). Ausgespart blieben, im Ggs. zum engl. Vorbild, polit. Themen. Beliebte *Darbietungsformen* sind das Gespräch (meist zw. feststehenden Typen), Briefe, Tagebücher neben gelehrten Abhandlungen (↗ Essay), als fiktive Formen ↗ Fabel, Satire, Portrait, Allegorie. Die Beiträge erschienen anonym; sie stammten häufig von den Herausgebern selbst; von allen wichtigen Dichtern der Zeit ist indes die Mitarbeit an m. W. bezeugt. – Trotz der Beliebtheit waren die m. W. meist kurzlebig (maximal 3 Jahre), das Erscheinen unregelmäßig (tägl., monatl., i. d. Regel 1–3-mal wöchentl.). Jahrgänge beliebter m. W. wurden bereits im 18. Jh. mehrmals nachgedruckt. Wichtiges Zentrum für dt. m. W. war Hamburg: dort erschien die *1. dt. m. W.*, »Der Vernünftler« (1713–14, v. J. Mattheson, z. T. nur Auszüge aus den engl. Vorbildern) und eine der populärsten und mehrfach nachgeahmten, »Der Patriot« (1724–26 u. a. v. B. Brockes und M. Richey). Die für die dt. Literatur *bedeutendsten m. n W.* kamen in Zürich und Leipzig heraus: In Zürich J. Bodmers und J. Breitingers »Discourse der Mahlern« (1721–22) und bes. (als wichtige 4. Serie) »Die Mahler oder Discourse von den Sitten der Menschen« (1723); in Leipzig J. Ch. Gottscheds »Die vernünftigen Tadlerinnen« (1725–27) und »Der Biedermann« (1727–29). In diesen m. W. wurde literaturtheoretischen und ästhet. Fragen ein breiter Raum zugestanden; insbes. der sog. ↗ Literaturstreit spielte sich in ihnen ab. – Aus den m. W. entwickelten sich später einerseits spezielle Erziehungsorgane (z. B. »Pädagog. Unterhaltungen«, 1777, hrsg. v. Basedow und Campe), Frauenzeitschriften (z. B. »Die dt. Zuschauerin«, 1747 hrsg. v. J. Möser), religiöse (z. B. »Christl. Sonntagsblatt«, 1792 f. v. Lavater) oder schöngeistig-↗ literar. Zeitschriften, andererseits die mehr unterhaltenden ↗ Familienblätter. Eine durch Originalität und Qualität herausragende Zeitschrift ist »Der Wandsbecker Bote« (1771–75) von M. Claudius. Die m. W. waren ein entscheidender Faktor bei der Entwicklung des bürgerl. Selbstverständnisses im 18. Jh.; Haltung und Stil der bürgerl. Literatur des 19. Jh.s wurden nachhaltig von ihnen beeinflusst.   IS

Moralisten, 1. allgem. Philosophen und Schriftsteller, die in ihren Werken den menschl. Tun und Verhalten unter bestimmten Moralgesetzen behandeln.
2. spezielle Bez. für eine Gruppe franz. Schriftsteller des 17. Jh.s, die sich im Anschluss an Montaigne (16. Jh.), im Rahmen der ↗ Salon-Literatur bes. der Analyse der menschl. Psyche widmeten und ihre pessimist.-misanthrop. Le-

benserfahrungen in kunstvoller Rhetorik zur Belehrung ihrer Zeitgenossen darboten. Bevorzugte literar. Formen sind Maximen oder Aphorismen, der Essay und Briefe. Zu den M. werden gezählt F. de La Rochefoucauld (Hauptwerk »Réflexions ou sentences et maximes morales«, 1665), Saint-Évremond u. J. de La Bruyère (Hauptwerk: »Les caractères de Théophraste traduits du grec avec les caractères ou les moeurs de ce siècle«, 1688). Bisweilen werden auch ähnl. Ziele verfolgende Schriftsteller der frz. Aufklärung (18. Jh.) wie der Marquis de Vauvenargues und S.-R. N. Chamfort (»Maximes, pensées, caractères et anecdotes«, 1795) dazugerechnet. S

Moralität, f. [von frz. moralité, spätlat. moralitas = Sittlichkeit], Sonderform des spätmal. Dramas, von betont lehrhafter Tendenz: Personifizierung und Allegorisierung abstrakter Begriffe und Eigenschaften (Tugenden und Laster, Leben und Tod und dergl.), die sich meist im Widerstreit um die Seele der als Typus dargestellten Zentralfigur (Humanum Genus, Jedermann) befinden. Charakterist. ist die Verbindung frühhumanist. Gelehrsamkeit und rhetor. Sprachgestaltung mit volkstüml. Elementen und ↗ lebenden Bildern. Die Aufführungen fanden meist zur Fastenzeit auf mehrteil. Etagen- oder ↗ Wagenbühnen statt. – Seit dem ausgehenden 14. Jh. vertreten in Frankreich und bes. in England (»The Castell of Perseverance«, 1. Viertel d. 15. Jh.s; »Everyman«, Druck nach 1500), dann auch in Italien und den Niederlanden (*Zinnespel*, bekanntestes Werk »Spieghel der salicheit van Elckerlijc« von Pieter van Diest [Petrus Dorlandus?] vor 1495). In Deutschland nennt ein Lübecker Titelverzeichnis mehrere M.en noch aus der 1.Hä. d. 15. Jh.s; erst kurz vor und während der Reformationszeit aber gewinnt die M. unter humanist. Einfluss weitere Verbreitung; wichtige Vertreter der Gattung sind »Die X alter dyser welt« (um 1515) von Pamphilus Gengenbach, der »Hecastus« (1538) des Reformkatholiken Georg Macropedius und der »Mercator« (1540) des Protestanten Thomas Naogeorg. Obwohl vom ↗ geistl. Spiel ausgehend, weist die M. Züge auf, die zum weltl.

Drama hinführen (Personen und Handlung außerhalb des bibl. Rahmens). Wiederbeleb wurde die M. im 20. Jh. u. a. durch H. v. Hofmannsthals »Jedermann« (1903–11). MS

Moritat, f. [Etymologie ungeklärt (erste Belege aus dem 17. Jh.), entweder von lat. moritas = erbaul. Geschichte, Moralität, von rotwelsch moores (aus jidd. mora) = Lärm, Schrecken oder Verballhornung aus ›Mordtat‹ (in diesem Sinne erstmals im Lahrer Kommersbuch, 1862)], Bez. für Lied- (und Prosa-) texte des ↗ Bänkelsangs, bes. für die parodist. übertreibenden Lieder. GG

Morolfstrophe, die im mhd. Spielmannsepos »Salman und Morolf« (12. Jh.) verwendete Strophenform aus Vierhebern: auf ein Reimpaar folgt eine Waisenterzine (aabxb; Kadenzen: mmmklm; auch Varianten kommen vor). Mit Abwandlungen (z. B. der Kadenzen der letzten drei Verse [klmkl]: *Lindenschmidstrophe*) und Erweiterungen (↗ Tirolstrophe) bis ins Spät-MA. beliebt, bes. auch im Volkslied. MS

Morpholog. Literaturwissenschaft, [zu Morphologie (Wortbildung des Physiologen K. F. Burdach, von Goethe aufgegriffen) nach gr. morphe = Form, Gestalt], Versuch einer theoret. Fundierung der Literaturwissenschaft im Anschluss an die morpholog. Schriften Goethes. Hauptvertreter: G. Müller und H. Oppel. – Die m. L. begreift die dichter. »Gestalt« als Erscheinung der organ. Natur. Sie betrachtet Dichtung als »Gestaltganzes«, d. h. als lebendigen Organismus, der durch ein »Gestaltgesetz«, eine der Schöpferkraft der Natur vergleichbare »organisierende Mitte«, zusammengehalten wird. Die einzelnen Elemente und Ebenen der Gestaltung, die am dichter. Kunstwerk sichtbar werden, fasst sie als »Metamorphosen« dieses Gestaltungsgesetzes auf, durch die hindurch das »Werden der Ganzheit« verfolgt werden könne. Einen bewussten dichter. Schaffensprozess lehnt sie ebenso ab wie die Möglichkeit rationaler Analyse und Erklärung von Dichtung; auch die Persönlichkeit des Dichters deutet sie nur als

Erscheinungsform des dichter. Gestaltungsgesetzes; den einzigen Zugang zur Dichtung sieht sie im »erkennenden Anschauen und anschauenden Erkennen«. – Der morpholog. Ansatz blieb in der Literaturwissenschaft ohne spürbare Resonanz. K

Motet, f. [frz. m., von mot = Wort], Form der altfrz. Sangverslyrik des 12.–14. Jh.s: mehrstimm. Komposition mit einer Grundstimme (Tenor) und zwei bis drei Oberstimmen mit jeweils verschiedenen Texten: Der Text der Grundstimme besteht i. d. R. nur aus einem Wort (daher die Bez.) oder einer kurzen Wortgruppe, meist in lat. Sprache und liturg. Ursprungs. Demgegenüber können die Texte der Oberstimmen in frz. Sprache abgefasst sein und weltl. Inhalte haben; diese Texte sind heterometr. gebaut, unstroph. u. ungleich lang, die Reimstellung ist frei. Hauptvertreter: Guillaume de Machaut. Seit dem 14. Jh. in ganz Europa als wicht., musikal. artist.-variationsreiche Gattung der Kirchenmusik *(Motette)* verbreitet (Palestrina, Orlando di Lasso). K

Motiv, n. [von mlat. motivus = bewegend], allgem. Beweggrund einer menschl. Haltung oder Handlung, *speziell* in Kunst und Literatur ein stoffl.-themat., situationsgebundenes Element, dessen inhaltl. Grundform schematisiert beschrieben werden kann, z. B. das mit vielen histor. Stoffen verbundene M. des ›Dreiecks‹-Verhältnisses, des unerkannten Heimkehrers, des Doppelgängers, der feindl. Brüder etc. Neben diesen *Situations-M.en* sind auch die sog. *Typus-M.e* (Einzelgänger, Bohemien, böse Frau etc.) den M.en zuzuordnen, deren Kontinuität bei allem histor. Wandel ihrer stoffl. Verwirklichung auf der Annahme menschl. Verhaltenskonstanten beruht. Dagegen sind *Raum- und Zeitm.e* (Schloss, Ruine, Nebel, Wettlauf mit der Zeit etc.) in stärkerem Maße abhängig vom geschichtl. Standort. Außer diesen inhaltl. Unterscheidungen grenzt man M.e nach ihrer formalen Funktion voneinander ab: *primäre* oder *Kernm.e, sekundäre* oder *Rahmenm.e* und *detailbildende* oder *Füllm.e,* wozu auch die *blinden* oder *ornamentalen M.e* gerechnet werden, die eher für den Stil als für den Stoff eines Werkes bestimmend sind, jedoch im Kriminalroman häufig zur Verunsicherung des Lesers eingesetzt werden. Drittens wird noch nach der vorherrschenden Gattungszugehörigkeit von M.en unterschieden, so dass man spezif. *Dramen-M.e* (Bruderzwist), *lyr. M.e* (Dämmerung, Liebesleid, Waldeinsamkeit) und vor allem *Volkslied-* und *Märchen-M.e* gesondert und in ihrer Funktion wie in ihren histor. Ausprägungen untersucht und z. T. katalogisiert hat. – Aus der Musik wurde die Technik des bedeutungsvoll ornamentalen ↗ Leitmotivs v. a. durch Th. Mann eingeführt. HW

Motto, n. Pl. -s [ital. von vulgärlat. muttum = Wort], 1. der einer Schrift vorangestellte Leitspruch, meist dem Werk als ganzem vorangestellt, kann aber auch auf einzelne Teile (Kapitel, Akte, Bücher) bezogen sein (vgl. Goethe, »West-östl. Divan«, Büchner, »Leonce und Lena«); findet sich bes. häufig in erzählender Prosa, aber auch in wissenschaftl. u. essayist. Werken (z. B. Goethe: »Materialien zur Geschichte der Farbenlehre«; Nietzsche: »Die fröhliche Wissenschaft«, Hofmannsthal: »Das Gespräch über Gedichte«), in Reisebeschreibungen (Goethe: »Italienische Reise«, Heine: »Harzreise«), autobiograph. Schriften (Goethe: »Dichtung und Wahrheit«), im Drama (Schiller: »Die Räuber«, Halbe: »Jugend«, Bernhard: »Der Ignorant und die Wahnsinnige«) und in der Lyrik (Goethe: »Elegie«, Schiller: »Das Lied von der Glocke«, Enzensberger: »Die Macht der Gewohnheit«). M.s sind häufig Zitate aus antiken Werken (z. B. Sophokles in Hölderlin: »Hyperion«, Sallust in Schiller: »Fiesko«, Ariost in Hofmannsthal: »Andreas oder die Vereinigten«); der Bibel (z. B. Böll: »Ansichten eines Clowns«); klassischen Werken der Weltliteratur (z. B. Dante: »Göttliche Komödie« in Th. Mann: »Doktor Faustus« sowie in Koeppen: »Tod in Rom«, Shakespeare: »Sommernachtstraum« in Eichendorff: »Viel Lärmen um Nichts«, Chamisso: »Peter Schlemihl« in Raabe: »Akten des Vogelsangs«); Werken der Philosophie (z. B. Kierkegaard: »Entweder – Oder« in Frisch: »Stiller«); und der Volksweisheit (Nietzsche:

Koeppen: »Der Tod in Rom«

»Die fröhliche Wissenschaft«, jap. Redensart in S. Lenz: »Brot und Spiele«). Manchmal dient das M. der ausdrückl. Beziehung auf das literar. Vorbild (Broch: »Tod des Vergil«). Der Traditionszusammenhang kann durch den Gebrauch eines M.s auch gerade in Frage gestellt werden. Unter dem Aspekt der Kommunikationssituation und Funktion des M.s ist zunächst zu unterscheiden zwischen stärker aussagebetonten, also auf den Produktionsprozess des Textes bezogenen Formen (z. B. Frisch: »Biografie«, Koeppen: »Tauben im Gras«) und stärker adressatenbezogenen, also den Rezeptionsprozess lenkenden Formen (Droste-Hülshoff: »Die Judenbuche«, Werfel: »Der veruntreute Himmel«, H. Kant: »Die Aula«, Ch. Wolf: »Nachdenken über Christa T.«). Bes. in programmat. verstandener Literatur wie etwa im sozialist. Realismus findet sich häufig die zweite Form des M.s. – Im Unterschied zum M. im wissenschaftl. Werk liegt im literar. Werk meist eine Wechselwirkung zwischen M. und Werkaussage vor: Die Aussage des M.s kann durch die Aussage des Werkes eine neue Nuance oder eine neue Bedeutung erhalten, die Aussage des Werkes kann aber ebenso durch das M. nuanciert, akzentuiert, kontrastiert oder vertieft werden. Die genaue Bestimmung der Funktion des M.s kann daher von großer Bedeutung für die Analyse eines literar. Werkes sein.
2. Bestandteil des ↗ Emblems (auch Lemma, Inscriptio). IA

Muckrakers, Pl. [ˈmʌkˈreɪkəz; engl. = Schmutzwühler, amerik. auch Sensationsmacher, zu engl. muckrake = Mistgabel], von Th. Roosevelt 1906 geprägte Bez. (nach einem Zitat aus »The Pilgrim's Progress« von J. Bunyan) für eine Gruppe amerikan. Editoren, Journalisten und Schriftsteller, die seit etwa 1890 die polit., wirtschaftl. und sozialen Missstände geißelten und für Reformen kämpften. Höhepunkt ihres Kampfes, des später sog. *muckraking movement*, waren 1903 die aufrüttelnden, schonungslosen Aufsätze von L. Steffens, R. St. Baker und Ida M. Tarbell in »McClure's Magazine« (insbes. über die Korruptionsversuche der Industrietrusts). Weitere M. (die meist auch naturalist., sozialkrit. Romane verfassten) waren u. a. Ch. E. Russel, U. Sinclair (»The Jungle«, 1906), D. G. Phillipps (seine Artikelserie »The Treason of the Senate«, 1906, war Anlass für Roosevelts Rede) und E. Markham (»Children in Bondage«, 1914 über Kinderarbeit). Die muckraking period endete etwa 1910/12. IS

Muiderkring, m. [ˈmoeỹdərkriŋ; niederl. = Muiderkreis], holländ. Freundeskreis in der 1. Hälfte des 17. Jh.s um den Dichter und Historiker P. C. Hooft im Muiderschloss in Muiden, Provinz Nordholland. Die seit 1621 jeden Sommer stattfindenden Zusammenkünfte dienten der Pflege von Literatur (formvollendete Lyrik, Drama) und Musik. Regelmäß. Teilnehmer waren u. a. die Gelehrten C. von Barlaeus (Baerle) und G. Vossius, gelegentl. Gäste die Dichter J. van den Vondel und C. Huygens; zu den bedeutenden Frauen zählte die Sängerin Francisca Duarte. Der M. hatte entscheidenden Anteil an der Entwicklung der Literatur zur Hochblüte innerhalb der niederländ. Renaissance-Kultur (sog. ›Goldenes Zeitalter der Lit.‹). HD

Multimediaveranstaltung, auch: Multi-Mediaschau, Bez. für Versuche seit den 60er Jahren, mehrere Kunstarten, ihre ↗ Mischformen unter Einbeziehung verschiedener techn. (audiovisueller) Medien (Film, Projektion, Lichtorgel, Tonband usw.) in zeitl. Abfolge, aber auch simultan vorzustellen. Mit M.en experimentierte z. B. F. Kriwet (Graphik und Dichtung) und D. Schönbach (kinet.

Kunst und Musikcollage). Happenings oder Environments können M.en sein. Gegen ein traditionelles Kunstverständnis, eine traditionelle Kunstdarstellung gerichtet, stellen die M.en eine dem ↗ Gesamtkunstwerk und seinen Absichten vergleichbare Erscheinung dar, wobei der bes. Akzent nicht nur auf eine Aufhebung der Kunstgattungen, sondern auch auf eine Aufhebung der Diskrepanz von Leben und Kunst gelegt wird. Vorläufer hat es bes. im ↗ Dadaismus gegeben. Trotz mehrfacher, z. T. aufwendiger Versuche haben sich die M.en bisher jedoch nicht überzeugend durchsetzen können. Dagegen werden auf ihnen erprobte und als wirkungsvoll erkannte Darbietungsmöglichkeiten von der Unterhaltungsindustrie (u. a. bei sog. Pop-Shows, Pop-Festivals u. Ä.) gezielt eingesetzt. D

Münchhausiade, f., seit der Mitte des 18. Jh.s gebräuchl. Bez. für eine spezielle Ausprägung der ↗ Lügendichtungen (meist Reise-, Kriegs- oder Jagderlebnisse), die sich mit dem Namen des ersten Erzählers dieses Genres, des Freiherrn K. F. H. von Münchhausen (1720–1797), verbinden. Die Ur-M.n wurden ohne Wissen und Willen des Erfinders von einem anonymen Autor 1781 und 1783 in Berlin im »Vademecum für lustige Leute« als »M-h-s-nsche Geschichten« veröffentlicht. R. E. Raspe publizierte 1785 anonym eine engl. Übersetzung der M.n, doch mit vollem Namen des ›Lügenbarons‹. Dieses Werk wurde noch im gleichen Jahr von G. A. Bürger – wohl unter Mitarbeit von G. Ch. Lichtenberg – ins Deutsche rückübersetzt und um einige Geschichten erweitert (Entenfang, Kanonenkugelritt etc.); in der 1. und 2. Auflage (1788) fügte Bürger insgesamt 13 M.n hinzu. Schon wenig später erschienen zu dem erfolgreichen Buch epigonale Fortsetzungen, darunter der »Nachtrag zu den wunderbaren Reisen« von H. T. L. Schnorr (1789) und der »Lügenkaiser« von L. von Alvensleben (1833 und 1835). Neben diesen M.n, die vom Erfolg des Vorbilds durch Ergänzungen, Fortsetzungen oder Bearbeitungen für die Jugend zu profitieren suchten, stehen literar. Werke, die sich mit der histor. und exemplar. Person Münchhausens beschäftigen: Romane (K. L. Immermann 1839, P. Scheerbart 1906, C. Haensel 1933), Dramen (F. Lienhard 1900, W. Hasenclever 1933–35), Opern (M. Lothar 1933) und Drehbücher (E. Kästner 1943). HW

Münchner Dichterkreis, von König Maximilian II. v. Bayern 1852 initiierter Kreis hauptsächl. norddt. Schriftsteller. Die einheim. Literaten (u. a. F. Graf Pocci, F. von Kobell, F. Trautmann, L. Steub) standen dem Kreis eher reserviert gegenüber. Seine führenden Köpfe waren E. Geibel und P. Heyse; ferner gehörten dazu F. Bodenstedt, M. Carrière, F. Dahn, F. Dingelstedt, M. Greif, J. Grosse, W. Hertz, H. Leuthold, H. Lingg, Melchior Meyr, W. H. Riehl, A. F. von Schack, J. V. v. Scheffel. Sie trafen sich bei den nicht nur-literar. königl. »Symposien«. 1856 regte Heyse die Gründung einer gesellig.-literar., auch Einheimischen offenstehenden Vereinigung nach dem Vorbild des ↗ Tunnels über der Spree an. Diese nannte sich nach H. Linggs Gedicht »Das Krokodil zu Singapur« *Gesellschaft der Krokodile* (mit amphib. Decknamen der Mitglieder). – Die wichtigsten Anthologien des M. D.es sind das 1862 von Geibel hrsg. »Münchner Dichterbuch« und das 1882 von Heyse hrsg. »Neue Münchner Dichterbuch«. Nach Maximilians Tod (1864) und Geibels Fortgang (1868) verlor der Kreis seinen Elan. (Das Krokodil bestand jedoch bis 1883). Die *literar. Bedeutung des M. D. es* liegt in der Pflege nicht-polit., klassizist. Dichtung, die zuerst gegen das ↗ Junge Deutschland, später gegen ↗ Realismus und ↗ Naturalismus gerichtet war. Der im Kreis geschätzten Virtuosität im Formalen entspricht die rege Übersetzertätigkeit seiner Mitglieder, doch führten der Formkult, das Vermeiden des Hässlichen, die Betonung der Dichterwürde, wie auch die histor. und romant. Thematik zu epigonalem Ästhetizismus, der sich v. a. in den Verserzählungen, den Epen und den undramat. Schauspielen zeigt. GG

Mundartdichtung, auch Dialektdichtung, gibt es im eigentl. Sinne erst seit der Entwicklung einer allgem. verbindl. Hoch- oder Schriftsprache, in Deutschland etwa seit dem

Mundartdichtung

17. Jh. Vorher war jede Dichtung mehr oder weniger mundartl. geprägt (Schriftdialekte), auch wenn sich durch eine sog. Literatursprache seit der mhd. Blütezeit, durch die Amtssprache der Kanzleien und schließl. den Buchdruck gewisse Ausgleichstendenzen abzeichnen. – In der griech. Antike blieben indes die literar. Gattungen auch nach der Ausbildung der Koinē denjenigen Mundarten verbunden, in denen sie entstanden waren, etwa die Lyrik dem äol. Dialekt. – M. entsteht in der dt. Literatur neben der hochsprachl. Dichtung aus unterschiedl. Gründen: aus regionaler Selbstbehauptung (niederdt. Bewegung im 19. Jh.), aus volkstüml., folklorist., aber auch eskapist. Motiven, aus dem Bestreben nach stärkeren Realitätsbezügen, einer behagl. bis satir.-kom. Wirkung wegen, aber auch zur Gesellschaftskritik oder als Sprachspiel. In echter M. sollte der Dialekt das tragende Medium sein. Grenzfälle stellen solche Werke dar, in denen vor einem hochsprachl. Hintergrund mundartl. Elemente in verschiedenen Funktionen (Milieuechtheit, Komik, Behagen) verwendet werden, meist in Dialogen, aber auch ep. Genreszenen (J. Gotthelf). – Die phonet. Umsetzung des Dialekts (als grundsätzl. gesprochener Sprache) ins Schriftbild ist schwierig und z. T. kontrovers. Da es hier keine Lesetraditionen gibt, ist M. im mündl. Vortrag (Lyrik, Drama) am wirkungsvollsten und kann am ehesten auch regionale Grenzen überschreiten. Die Rezeption gedruckter M. ist dagegen meist regional beschränkt. *Geschichte:* Als *1. literar. bedeutsame M.* gilt das ›Schertz-Spill‹ »Die Gelibte Dornrose« (in schles. Mundart) in A. Gryphius' Doppeldrama »Verlibtes Gespenste«, 1660. In der Tradition der barocken Rustikaltravestie steht die bibl. Komödie »Schwäb. Schöpfung« von S. Sailer (aufgef. seit 1743, gedr. 1819). Als Nachahmung Theokrits verstand J. H. Voß seine Idyllen in ndt. Sprache (»De Winterawend«, 1777, »De Geldhapers«, 1778). Schwanktraditionen verpflichtet sind die Nürnberger Gedichte von J. K. Grübel (1798–1812). – Auf breiterer Basis entwickelt sich eine *M. in Romantik und Biedermeier* im Gefolge der Entdeckung und Wertschätzung vor- und unterliterar. Volksdichtung und der wissenschaftl. Bemühungen um die Erweiterung und Vertiefung des Sprachbewusstseins im Allgem. und um eine elementare, älterer Sprachstufen nähere Volkssprache im Besonderen, die man u. a. in den Dialekten zu fassen glaubte. Nach dem Vorbild von Voß entstand eine M. von beträchtl. Stilhöhe (z. T. in Hexametern u. a. klass. Formen!), wurde der Dialekt literaturfähig gemacht: vgl. v. a. J. P. Hebel (»Alemann. Gedichte«, 1803), J. F. Castelli, F. Stelzhamer (österr.), J. M. Usteri (Zürich) oder J. G. D. Arnold (elsäss. Alexandrinerkomödie). Aus philolog. Interesse (oft im Zusammenhang mit Mundartwörterbüchern) verfassten ferner Wissenschaftler (z. T. mit Worterklärungen versehene) M. in ihnen fremden Dialekten (A. H. Hoffmann von Fallersleben, F. von Kobell, M. Rapp u. a.). M. war also zunächst Literatur für Gebildete und Kenner, während volkstüml. Literatur eine einfache Hochsprache verwendete (Hebels »Schatzkästlein«). Parallel entfaltete sich, rezipiert von allen Schichten, die Tradition des Volkstheaters, meist mit Dialektmischungen (Wien: Raimund, Nestroy), aber auch reinen Dialektstücken (K. Malß, E. E. Niebergalls hess. »Datterich«, 1841), wie sie bis heute gepflegt werden (L. Anzengruber, H. Boßdorf, H. Ehrke, P. Schurek, L. Thoma, K. Valentin u. a.). – Erst etwa *seit 1850* entsteht eine volkstüml.-realist., meist humorist. unterhaltende M. im Rahmen der ↗ Heimat- und Bauernliteratur, vorwiegend idyll. Lyrik. Bemerkenswert sind die (von dem Germanisten K. Müllenhoff geförderte) Gedichtsammlung »Quickborn« (1852/57), eine poet. Gestaltung der Dithmarscher Landschaft, von K. Groth und die sozialkrit. Werke F. Reuters (das Versepos »Kein Hüsung«, 1858, die Romane »Ut mine Festungstid« 1862, »Ut mine Stromtid«, 1863 u. a. in mecklenb. Dialekt). Reuter setzte sich auch (gegen Groth) theoret. mit den mögl. Implikationen eines Literaturdialekts auseinander (Schreibung, Provinzialität, Ideologisierungsgefahr u. a.). – Programmat. wird der Dialekt (als Zeichen hilflosen Gefangenseins) eingesetzt im ↗ Naturalismus (G. Hauptmann, F. Stavenhagen u. a.), eine Tradition, die bis in die Gegenwart reicht (F. X. Kroetz, M. Sperr), und – mit

umgekehrter Tendenz – in der ↗ Heimatkunst, in welcher der Dialekt als Symbol der Stammesbindung und des Gemüthaft-Echten zum ideolog. genützten Element wird. Diese konservative bis restaurative M. ist mehr oder weniger ausgeprägt bis heute lebendig (in z. T. qualitätvollen Beispielen: L. Thoma [bayr.], S. Blau [schwäb.], R. Kinau [ndt.]) und wird bes. durch Funk (Hörspiele) und Fernsehen (Ohnsorg-Theater, Komödienstadl), Klein- und Freilichtbühnen gepflegt (immer wieder auch mit Dialektfassungen von Weltliteratur, z. B. Molière, hessisch von W. Deichel, schwäb. von Th. Troll, Goethe, »Faust« v. F. H. Schaefer). *Neue Dimensionen* einer M. erprobten in den 50er Jahren die ↗ Wiener Gruppe durch sprachspieler. Experimente (v. a. visuelle Verfremdungen: H. C. Artmann, »med ana schwoazzn dintn«, 1958, G. Rühm, F. Achleitner), ähnl. der Schweizer K. Marti, der Frankfurter K. Sigel oder der Münchner H. Achternbusch. – Seit Mitte der 70er Jahre tritt verstärkt eine progressive M. hervor, die den Dialekt zur Gesellschaftskritik von unten und innen (Entlarvung kleinbürgerl. Verhaltensweisen), z. T. auch für Protest und Agitation (Umweltprobleme) einsetzt, meist im breiter rezipierbaren mündl. Vortrag, oft als Songs (wobei Elemente des amerik. folksongs verarbeitet werden). Gedruckter M. sind oft Platten beigelegt, vgl. z. B. die M. von O. Andrae (ndt.), L. Soumagne (Köln), A. Gulden (saarld.), F. Kusz (Nürnbg.), G. C. Krischker (Bambg.), W. Staudacher (hohenl.), G. Holzwarth, P. Schlack (schwäb.), M. Bosch (bad.), C.-L. Reichert (München), J. Berlinger (bayr. Wald), H. Bucher (Wien), A. Weckmann (elsäss.). Eigene (konservative und progressive) Verlage, Zeitschriften (seit 1981 z. B. »Allmende, internat. Regionalzeitschr.«, hrsg. u. a. v. A. Muschg und M. Walser, »schwädds«, hrsg. v. W. König) und Gesellschaften (von der konservat. ndt. ›Fehrgilde‹, der schwäb. ›August-Lämmle-Gesellschaft‹ bis zum progressiven ›Verein für Mundartfreunde Bayern‹), Tagungen und Preisverleihungen dokumentieren M. als einen literar. Trend ebenso wie ihre Parodierung durch den Phantasiedialekt ›Starkdeutsch‹ von M. Koeppel (seit 1979). – Ähnl. Entwicklungen sind auch in anderen Ländern zu beobachten, in England z. B. seit der Romantik (bes. in Schottland: R. Burns), in Frankreich v. a. im 19. Jh. (M. der Provence [↗ Félibrige, F. Mistral], der Gascogne und Bretagne, ↗ Regionalismus), in Italien mit bes. ausgeprägter Tradition infolge der langen polit. Zerrissenheit (vgl. v. a. neapolitan., venezian. M. [C. Goldoni], seit dem 20. Jh. erneut auch sizilian., toskan., friulan. M. [P. P. Pasolini]). In allen diesen Ländern u. Regionen wird seit ca. 1970 Mundart u. M. in Protestbewegungen eingesetzt. OB/IS

Musenalmanach, seit Mitte des 18. bis ins 19. Jh. beliebtes belletrist. Publikationsorgan nach dem Vorbild des Pariser »Almanach des Muses« (1765–1833): jährl. erscheinende Anthologie meist noch unveröffentl. Dichtungen, vorwiegend von Lyrik u. a. poet. Kleinformen, aber auch Dramen- und Epen(auszügen), Übersetzungen, Kompositionen, oft auch mit Kalendarium und Illustrationen (Kupfern). M.e wurden v. a. vom gebildeten Bürgertum rezipiert (dagegen ↗ Kalender); sie waren meist kurzlebig und durch häufigen Wechsel der Hrsg. in Tendenz und Niveau schwankend. Neben allgemeinen M.en gab es themat. oder regional gebundene und sehr viele, die auf Grund ihres rein unterhaltenden Inhalts zu den anspruchsloseren ↗ Taschenbüchern zu rechnen sind. – *Bedeutsam* sind einige M.e, in denen sich durch Hrsg. und Beiträger literar. Strömungen manifestierten oder in denen bedeutende literar. Werke erstmals publiziert wurden: so der »Göttinger M.« (1770–1804) [Nachdr. 1979], als 1. dt. M. begründet von H. Ch. Boie und F. W. Gotter, wichtig als Publikationsorgan des ↗ Göttinger Hains, insbes. Jg. 1774–1776), nachgeahmt u. a. im Leipziger »Almanach der dt. Musen« (1770–87) und im »Hamburger M.« (1776–87 [Nachdr. 1979], hrsg. v. J. H. Voß, Mitarbeit von Klopstock, Boie, F. v. Stolberg, Matthisson, J. G. Jacobi); ferner nur in einem Jg. erschienene u. fast allein von F. Schiller bestrittene »Anthologie auf Jahr 1782« (Nachdr. 1973) mit den meisten seiner Frühgedichte und als bedeutendste Schillers »M.« 1796–1800 (Nachdr. 1969; Mitarbeit Goethe, Herder, A. W. Schlegel, L.

Tieck, Hölderlin), in dem die »Venetian. Epigramme« (1796), die »Xenien« (1797) und die Balladen (1798) erschienen. Die Romantiker A. W. Schlegel und L. Tieck gaben in Jena den »M. für das Jahr 1802« (Nachdr. 1972; Mitarbeit: Novalis, Schelling), A. v. Chamisso und K. A. Varnhagen den »Grünen M.« (1804–1806, Organ des ↗ Nordsternbundes), J. Kerner den »Poet. Almanach« (1812 f.: Mitarbeit Fouqué, Uhland, Schwab, Hebel); A. Wendt, A. v. Chamisso und G. Schwab den »Dt. M.« (1830–39; Nachdr. 1979; Mitarbeit Eichendorff, Rückert, Schwab, Lenau, A. Grün, Freiligrath) heraus. Ein Wiederbelebungsversuch war der »Cotta'sche M.« (1891: C. F. Meyer, P. Heyse, Bodenstedt, Lingg), dem der programmatischere und progressivere »Moderne M.« von O. J. Bierbaum (1893–94: A. Holz, M. Halbe, R. Dehmel, J. Schlaf, M. Dauthendey, H. Bahr) folgte. Im 20. Jh. wurde die Tradition der M.e v. a. von Verlagen (mit Proben ihrer Neuerscheinungen) weitergeführt (Fischer, Insel, Piper, Suhrkamp u. a.); programmat. Bedeutung gewann der »Almanach neuer Dichtung: Vom Jüngsten Tag« (1917 mit expressionist. Dichtung) des Kurt-Wolff-Verlages. IS

Musenanruf, ↗ Topos, gehört zu den festen Versatzstücken der altgriech. u. röm. Dichtung, vgl. etwa bei Homer, Vergil, Horaz u. a. (daneben trat in der röm. Kaiserzeit die ↗ Apotheose der Caesaren). Musen waren in der griech. Antike Quellgottheiten, Schutzgöttinnen der Künste und Wissenschaften; zunächst 3, dann 9 Schwestern im Gefolge Apollons (»Musagetes« = Musenführer), Töchter von Zeus und Mnemosyne (gr. Gedächtnis), die in Kultstätten (Museion) verehrt wurden: u. a. Erato (Liebeslied), Kalliope (Epik), Euterpe (Lyrik), Melpomene (Tragödie) und Thalia (Komödie). – In der altchristl. Dichtung wurde der M. wegen seiner Herkunft aus heidn. Bräuchen abgelehnt; als poet. Topos etablierte sich dafür aber die Distanzierung vom Anruf der Musen. Schon der karoling. Humanismus greift indes auf die Tradition des M.s zurück. Auch im Tristanroman Gottfrieds v. Straßburg (v. 4862 ff.) findet sich ein (für das MA unüblicher) M., der als Kontrafakt eines christl. Inspirationsgebetes zu deuten ist. In der Literatur der Neuzeit belebt sich das Musen-Motiv neu – sei es auf dem Wege der christl. Aneignung (Calderón), sei es in bewusster Anknüpfung an antike Traditionen (17./18. Jh.). Kr

Musikdrama, von Th. Mundt geprägte Bez. für eine künstler. Einheit von Dicht- und Tonkunst im Ggs. zur Tonuntermalung im Schauspiel mit Musik (z. B. »Rosamunde« v. H. v. Chézy/F. Schubert, 1823, »L'Arlésienne« von A. Daudet/G. Bizet, 1873 u. a.). Da dies R. Wagners Forderung nach dem dichter.-musikal. ↗ Gesamtkunstwerk vorwegnimmt, wird ›M.‹ seit je für seine Werke und ihre Nachfolge verwendet. Wagner hat ›M.‹ und ›musikal. Drama‹ zwar in seinen späteren Schriften selbst gebraucht, als Bez. für seine Werke aber abgelehnt, denen er selbst andere Benennungen gegeben habe (z. B. ›Handlung‹, ›Bühnenfestspiel‹). – Die Bez. ›M.‹ wird auch gebraucht, um eine literar., szen. und musikal. anspruchsvolle Alternative zur rein musikal. ›Opernkulinarik‹ zu betonen. ↗ Oper. HR

Musiktheater,
1. Bez. für die verschiedenen *Verbindungen von Wort, Musik und Bühne* im 20. Jh., die sich im Zuge der Reformversuche der ↗ Oper in den ersten Jahrzehnten des 20. Jh.s einbürgerte, zunächst für Gegenpositionen zu Spätromantik und Verismo. Man erstrebte neue, mehr als bloß illustrative Beziehungen von Wort und Musik, griff dazu auf histor. und volkstüml. Formen zurück und entwickelte gleichzeitig neue musikal. und dramaturg. Formen. Charakterist. ist das Aufbrechen erstarrter Opernschemata und ihre Kombination mit den Mitteln des Sprechtheaters und Balletts (Strawinsky, Orff, Blacher), des Oratoriums (Strawinsky, Honegger, Milhaud), des Films (Brecht/Weill, Claudel/Milhaud, des Funks und Fernsehens (Blacher, Menotti, Henze), der Pantomime und des Melodramas (Schönberg, Kagel, Bartok, Dallapiccola). Häufig werden literar. anspruchsvolle (oft zeitgenössische) Texte und Stoffe vertont, z. B. in A. Bergs »Wozzeck«, W. Fortners »Bluthoch-

zeit« (Literaturoper). – Nach der Experimentierphase vor dem Zweiten Weltkrieg trat die Entwicklung neuer musikal. und theatral. Ausdrucksmittel zurück gegenüber der gelegentl. eklekt. Verfügung über Bekanntes (Britten, Henze, Egk, Fortner).
2. Bez. (gelegentl. sogar als Fremdwort im Englischen) für einen *Aufführungsstil* musikdramat. Werke, der sich mit den Opernreformen seit Beginn des 20. Jh. entwickelt hat. Konzepte für eine spezif. Opernregie wurden v. a. von dt. Regisseuren entwickelt: M. Reinhardt, G. Gründgens, O. F. Schuh, G. R. Sellner u. a. Sie verlangten den Singschauspieler nicht als geniale Ausnahme (W. Schröder-Devrient, F. Schaljapin), sondern als Regel, die Integration des musikal. und szen. Ausdrucks im Interesse psycholog. Wahrheit. Entscheidende Anstöße kamen von W. Felsenstein und seinen Schülern (J. Herz, G. Friedrich), welche psycholog. Realismus und die Herausarbeitung gesellschaftl. Bezüge betonten und dazu auch Methoden Stanislawskis (Subtext) heranzogen, weiter von Wieland Wagner, der psycholog. Intensität mit symbolstarker Abstraktion verband, wobei er Ideen A. Appias und G. Craigs zur Bühnen- und Beleuchtungsreform nutzte. Einflussreiche Vertreter des neueren M.s sind weiter etwa G. Rennert, J. P. Ponnelle und O. Schenk. HR

Mysterienspiel [spätlat. ministerium = Altardienst], ↗ geistl. Spiel des MA.s, das aus der kirchl. Liturgie abzuleiten ist und dessen Handlung auf bibl. Erzählungen basiert (vgl. z. B. Dreikönigsspiele u. a.). Begegnet seit dem 12. Jh. in Frankreich (Mystère) und England (Mystery play). Insbes. das franz. M. ist durch gelegentl. kunstvolle Verssprache, theolog.-intellektuelle Durchdringung des Stoffes und zahlreiche allegor. Szenen ausgezeichnet; neben anonymen M.en finden sich hier auch Werke namentl. bekannter Dichter wie J. Bodel, Eustache Marcadé, Arnoul Gréban, Jean Michel. Die M. waren z. T. extrem umfangreich (bis zu 62 000 Verse), ihre Spieldauer betrug z. T. Tage und Wochen; in England gab es ganze M.-Zyklen, z. B. der »York Cycle« mit 48 erhaltenen Stücken (Aufführungen zwischen 1378 u. 1580). – In neuerer Zeit Wiederbelebungsversuche. Die Forschung (bes. in England) setzt das M. häufig mit dem ↗ Mirakelspiel gleich; in Deutschland werden speziellere Gattungsbezeichnungen wie ↗ Osterspiel, ↗ Weihnachtsspiel meist bevorzugt. MS

Mystifikation, f. [gr.-lat. = Täuschung, Vorspiegelung], irreführende, ungenaue oder verschlüsselte Angaben über Autorschaft, Entstehungsbedingungen, Erscheinungsjahr, auch Verlag und Druckort eines literar. Werkes ohne zwingende (polit., moral.) Gründe, aus Freude am Versteckspiel, Herausforderung der Kritik, auch zur Erfolgssteigerung (hier Grenze zur ↗ literar. Fälschung fließend). Mittel sind halbgelüftete Anonymität, ↗ Pseudonyme, fingierte Quellen, mehrdeutige Untertitel, geheimnisvolle Begleitbriefe (an Verlage), Pressenotizen usw., vgl. z. B. die stets wechselnden Pseudonyme Tucholskys, die verschlüsselten Titelblätter der Werke Grimmelshausens u. a. Barock-Autoren, die als ›freie Übersetzungen‹ berühmter oder angebl. verschollener Autoren deklarierten Romane »Castle of Otranto« (H. Walpole), »Walladmor« (W. Alexis) u. a.; auch ↗ Pastiche. S

Mystik, f. [von gr. mýein = sich schließen, die Augen schließen], Sonderform relig. Anschauung und relig. Verhaltens, die einen bestimmten Frömmigkeitstypus hervorbrachte, den v. a. folgende *Merkmale* kennzeichnen:
1. Das Ziel des Mystikers richtet sich auf eine erfahrbare Verbindung mit Gott bis hin zu einer der ›Vereinigung‹ bzw. ›Identität‹ mit ihm (unio mystica) erlebten Nähe.
2. Dieses Ziel wird mit Hilfe verschiedener bewusstseinserweiternder Praktiken (u. a. Kontemplation, Meditation, Askese) erstrebt.
3. ist für den myst. Frömmigkeitstypus eine anti-institutionalist. Grundtendenz gegenüber der etablierten Religion charakterist., v. a. gegenüber der häufig als Erstarrung aufgefassten Orthodoxie (was zur Verurteilung vieler Mystiker als Ketzer führte: Meister Eckhart. Im Zusammenhang mit diesem der M. eigenen krit. Potential steht häufig die Höherbewertung der individuellen relig. Vorstellungswelt

Mystik

gegenüber einer kollektiven oder sozialen Objektivation von Religion. Die abendländ.-christl. myst. Bewegungen wurden gespeist durch hellenist. Mysterienkulte, durch christl.-gnost. Systeme (Origenes, 3. Jh., Athanasios, 4. Jh.) und v. a. die myst.-neuplaton. Schriften des sog. Pseudo-Dionysius Areopagita (um 500). Von Bedeutung waren die spezif. Ausformungen im 12. Jh. durch Hugo von St. Victor und Bernhard von Clairvaux (gefühlsbetonte Braut- und Christus-M., relig. Erotik im Anschluss an das Hohe Lied, Einfluss bes. auf Frauenklöster); in Deutschland bes. verbreitet vom 13.–15. Jh., Höhepunkt 14. Jh. Die Bedeutung der M. für die Literatur liegt in der Erfahrung u. Erschließung vordem unbekannter Gefühlsbereiche und deren Darstellung in der Sprache, die zu einem differenzierten Instrument von hoher Prägekraft und weitreichender Wirkung entwickelt wurde: Aus der Spannung zw. dem Drang des Mystikers, sich mitzuteilen u. dem Wissen um die Inadäquatheit der Worte für die Beschreibung myst. Erlebens (der via oder unio mystica) entsteht eine expansive, unruhig in immer neuen Ansätzen nach Bildern, Vergleichen, Symbolen suchende Sprache. Hervorstechende Merkmale sind oft poet.-kühne Metaphorik (bes. Natur-, Liebes-, Lichtmetaphern), sind Paradoxa, Oxymora, Hyperbeln, Ellipsen, Reihungen, Wiederholungen, Steigerungen, (oft antithet.) Parallelismen, Intensiv- und Zärtlichkeitsbildungen (überheilig, übernamenlos, schreiendes Herz, sterbende Not), sodann eine bei allem Bilderreichtum abstrahierende Tendenz durch ›uneigentl.‹ Verwendung des konkreten Wortschatzes (z. B. Anstoß, Aus-bruch, in sich gehen, außer sich sein), Substantivierungen (das Sein, das Tun usw.), neue Wortbildungen (Zus.setzungen mit Vor- und Endsilben: be-greifen, er-fahren, ent-blößen, durch-schauen; Erhaben-heit, Beweglich-keit, Verzück-ung u. a.). Diese Sprach- und Stilmerkmale und die Vermeidung scharf umrissener Aussagen verleihen der myst. Sprache eine fließende Bewegtheit, schwebende Leichtigkeit von großem ästhet. Reiz als adäquatem Ausruck myst. Entgrenzungsstrebens. Literar. myst. Äußerungen stehen auf der Grenze zwischen fiktionaler und nicht-fiktionaler Literatur. Sie verwendeten v. a. folgende literar. Gattungen: Bibelkommentar, Predigt, Traktat, Gebet, Brief, Lebensbeschreibung (Vita), Bericht von Visionen und anderen Offenbarungen, Lehrgedicht oder lyr. Dichtungsformen, die sich, entsprechend der zur Expansion neigenden myst. Prosa, zu Großzyklen weiten (vgl. die Werke myst. Barockdichter). Aus der Vielzahl der myst. Literatur ragen als Werke hoher künstler. Qualität, zugleich auch als Beispiele der verschiedenen myst. Erfahrensweisen heraus: Das St. Trudperter Hohe Lied (12. Jh.), die Schriften der Hildegard von Bingen (12. Jh.) und der Mechthild von Magdeburg (»Das fließende Licht der Gottheit«, um 1260, Visionen in der Tradition Bernhards von Clairvaux: affektiv erlebte ekstat.-begeisterte Rückschau auf die unio mystica, reiche Braut- und Liebesmetaphorik aus der Hohe-Lied- und Minnesangtradition, die erste unmittelbare Erlebnisaussprache in dt. Prosa). Sodann die spekulativen Predigten (seit 1314) Meister Eckharts über die Gottesgeburt in der Seele und die Erkenntnis göttl. Natur. Ihm gelingt es erstmals, die dt. Sprache zum Medium für rein geist. Formen myst. Erfahrung zu machen, indem er Erkenntnismethoden der negativen Theologie des Pseudo-Dionysius-Areopagita übernimmt und weiterentwickelt. Zu seinen bedeutendsten Schülern zählen J. Tauler und H. Seuse. Während Tauler in seinen Predigten die spekulative M. Meister Eckharts in prakt. Lebenslehre ummünzt, entwickelt Seuse in seinen Werken, v. a. in seiner Autobiographie, neue Formen in poet. Stilisierung myst. Denkens und myst. Lebenserfahrung. – Myst. Literatur entsteht wieder im Barock, aus der mal. myst. Sprachgebärde zu affekthaft-dynam. Bewegtheit steigert (J. Böhme,»Morgenröte im Aufgang«, 1612, ersch. 1634; J. V. Andreae,»Chym. Hochzeit«, 1616, A. v. Franckenberg); bedeutend sind v. a. auch die umfangreichen myst. Gedichtsammlungen von F. von Spee (»Trutznachtigall«, 1649), D. v. Czepko (»Sexcenta Monodisticha Sapientium«, 1655), J. Scheffler, d. i. Angelus Silesius (»Der Cherubin. Wandersmann«, 1675: 6 Bücher mit 1665 Sinnsprüchen), Q.

Kuhlmann (»Himml. Liebesküsse«, 1671: 50 Sonette; »Kühlpsalter«, 1684/86: 8 Bücher). Myst. Traditionen prägen auch die Sprache des ↗ Pietismus und, säkularisiert, der ↗ Empfindsamkeit. Myst. Ideengut und myst. Sprachduktus (v. a. die Tendenz zur stilist. Entgrenzung) kennzeichnen auch die Werke der ↗ Romantik (Wiederentdeckung Meister Eckharts und J. Böhmes durch F. X. Baader; Novalis, »Hymnen an die Nacht«, 1800; C. Brentano). – Im 20. Jh. lassen sich myst. Motive v. a. bei R. M. Rilke, Else Lasker-Schüler, Elisabeth Langgässer nachweisen. OB/IS

Mythe, f. [gr. mythos, m. = Geschichte; Genus im Dt. in Anlehnung an Sage, Legende usw.], archaischer Poesietypus (↗ einfache Formen), der im Mythos wurzelnde Ereignisse erzählt (z. B. Tells Apfelschuss) oder ird. Phänomene deutet (z. B. Erklärung des Fadens an der Bohne). S

Mythos, m. [gr. = Rede, Geschichte, (sagenhafte) Erzählung], Götter-(und Helden)sage, Versuche früher Kulturstufen, Fragen des Ursprungs der Welt (kosmogon. M.), ihres Endes (eschatolog. M.), der Entstehung der Götter (theogon. M.), der Menschen (anthropogon. M.) und bestimmter Naturphänomene (aitiolog. M.) in Bildern, durch Personifikationen (Anthropomorphismus) oder mehr oder weniger ausgeschmückte Geschehnisfolgen zu erfassen. Der M. lässt sich auch als Versuch erklären, Moralisches, Existentielles oder Mystisches in Symbolen zu gestalten. Der M. weist enge Bezüge zum Kult auf: Um die bestehende Ordnung der Welt zu sichern, wurden myth. Geschehnisse (insbes. kosmogon. und die mit ihnen oft verbundenen Kämpfe der Mächte des Lichts gegen die der Finsternis und des Chaos) zu bestimmten Zeiten als kult. Spiel rituell wiederholt (↗ Drama, ↗ Tragödie). Die Gesamtheit der myth. Überlieferung eines Volkes wird als *Mythologie* bez., ein Begriff, der ursprüngl. den Vortrag eines M. bezeichnete (von gr. mýthous légein = Mythen sagen). M. als mündl. vorgetragene (affirmative) Aussage gehört zu den ↗ einfachen Formen (↗ Mythe). Mythenkerne wurden jedoch schon früh ästhet. geformt, *in Dichtung transformiert*, wobei ihre ursprüngl. Glaubensrealität gebrochen wurde: Die Literarisierung des M. ist eine Form seiner Auflösung. Dieser Prozess beginnt schon bei den ältesten europ. Mythendarstellungen (Homer, Hesiod), die die griech. Mythen verstofflichten oder systematisierten und in genealog. Zusammenhänge brachten (Göttergeschlechter, vgl. ↗ Kataloge), durch diese Rationalisierung aber ihren urtüml.-naiven Charakter reduzierten. Dies geschah auch bei der späteren *Mythenexegese* der Stoiker und Neupythagoräer, bei der Handlung und Sinn auseinandertreten, dem ursprüngl. Geschehen eine sekundäre Bedeutung gegeben wird (so wenn z. B. das Netz, in dem Ares und Aphrodite von Hephaistos gefangen werden, als die Verstrickung der Seele bei ihrer Inkarnation gedeutet wurde, wobei Aphrodite mit der Seele, Ares mit dem Körper gleichgesetzt und Hephaistos als Demiurg verstanden wurde). – In der Tradition der myth. Überlieferung wurden die alten Kerne immer wieder abgewandelt und kombiniert, traten neue Motive und Themenkreise hinzu, die auch Eingang in das griech. Drama und die griech. Epik fanden. – Der M. der Römer steht, soweit literar. fassbar, ganz unter griech. Einfluss, der selbst den röm. Gründungsm. (die Aeneassage) bestimmte, der zur Grundlage des röm. Nationalepos, der »Aeneis« Vergil wurde. Im *christl. Abendland* wird der M. auf verschiedenen Ebenen rezipiert: als bloßer Stoff, als Kunstwerk, als Modell neuer Mythenbildung, als histor. Objektivierung eines überzeitl. Phänomens. – Die stoffl. Rezeption des *MA.s* verwendet den M. in rationalist. Deutung (M. als die in die Sphäre der Götter gehobene Geschichte früher Perioden der Menschheit: ↗ Euhemerismus, ↗ Allegorese) als pseudo-histor. Substrat und zur ↗ Personifikation von abstrakten Begriffen. – In der *Renaissance*, einer Epoche der breiten Neurezeption der antiken Mythologie, werden die Mythen re-individualisiert und einem ästhet.-rhetor. Kanon einverleibt; die Mythologie wird ästhet. Ausdruck der platon.-christl. Spaltung von Ideal und Wirklichkeit. Bemerkenswert ist die Herausbildung neuer Mythologeme wie Faust,

Mythos

Don Juan u.a. – *Im 18. Jh.* tritt neben die griech. die nord. Mythologie (↗ Bardendichtung) und, als Folge aufklärer. Bibelkritik, die Bibel. – Seit G. Vico, J.G. Hamann und J.G. Herder verlagert sich die Mythenrezeption von der Deutung des Stoffes auf die Erklärung der Entstehung von M. – Die Ästhetisierung des M. in der *Klassik* als bildhaft-symbol. Sprache der Phantasie schlägt um in eine Mythologisierung der Ästhetik in der *Romantik*: Bestimmte Qualitäten des M. (Einheit in der Vielfalt, Synthese von Imagination und Reflexion, kollektive Entstehung und Allgemeinbesitz u. Ä.) werden zum Modell einer Poetik, die in Berücksichtigung der Distanz von myth. und modernem Bewusstsein utop. Züge hat. Entsprechend verlagert sich der Schwerpunkt von der Neugestaltung und -deutung des M. auf die Schöpfung neuer Mythen, ›mythopoesis‹ (F. Hölderlin, Novalis). Als Bewahrerin des Mythischen tritt die Kunst noch in R. Wagners Neubelebung nord. Mythologie auf; in Zuspitzung der romant. Position wird der myth. Wahrheitsbegriff Konkurrent des begriffl.-abstrakten. – Für die Dichtung *des 20. Jh.s* war v. a. die psychoanalyt. Deutung durch S. Freud (M. als Ausdruck verdrängter individueller Wünsche) und insbes. C.G. Jung (M. als seel. Erfahrung überindividueller Wahrheiten) folgenreich. M. und Literatur können in dieser Auffassung in gleicher Weise als Objektivierungen von im kollektiven Unterbewusstsein verankerten Archetypen verstanden werden; die Aktualisierung arch. Mythen in der modernen Dichtung kann so unmittelbar wirklichkeitsdeutenden Anspruch erheben. Neben Jung und K. Kerényi üben bes. auch die älteren Mytheninterpretationen von J.J. Bachofen und im angelsächs. Raum von J.G. Frazer einen starken Einfluss auf die Dichtung aus (Th. Mann, H. Broch, A. Döblin, J. Joyce, T.S. Eliot, E. Pound). ED

Mythologie, ↗ Mythos.

N

Nachahmung, ↗ Mimesis, ↗ Imitatio, ↗ Pastiche.

Nachdichtung, formbedachte und gehaltkonforme (sehr) freie Übersetzung einer Dichtung als Versuch einer Nachschöpfung (z. B. die Übersetzungen Dantes, Shakespeares oder der Symbolisten durch St. George), auch geistesverwandte Neuschöpfung (z. B. die meist fälschl. als Übersetzungen bez. mhd. Artusromane nach frz. Vorbildern). S

Nachdruck,
1. unveränderter Wiederabdruck (Reprint) eines Schriftwerkes, bes. häufig seit 1945 v. a. bei älteren wissenschaftl. Ausgaben und Standardwerken (auch ↗ Neudruck).
2. widerrechtl. Vervielfältigung eines gedruckten Werkes (auch: *Raubdruck, editio spuria*); war ein schon von Luther beklagtes verleger. Problem seit der Frühzeit des Buchdrucks, dem erst die Urheberrechtsgesetze des 18. (preuß. Landrecht 1794) und 19. Jh.s begegneten. Da N.e wegen der Honorarersparnis billiger waren, brachten sie den Autoren und den rechtmäß. Druckern oder Verlegern beträchtl. Einbußen. – Polit. motivierte N.e (sog. »sozialisierte Drucke«) fanden sich in den 70er und 80er Jahren (neben polit., philosoph., soziolog. Lit. etwa auch von Arno Schmidt, »Zettels Traum«). S

Nachlese, postum herausgegebene Sammlung von Werken eines Dichters, die nicht in die gesammelten Werke aufgenommen waren oder sich unveröffentlicht im Nachlass fanden; vgl. ↗ Paralipomena.

Nachspiel, kurzes, heiter bis derb possenhaftes Spiel (*Nachcomoedie*, auch Pantomime, Ballett usw.), das in der europ. Theatertradition bis Ende des 18. Jh.s der Hauptaufführung eines dramat. Werkes folgte, ohne mit diesem in themat. Zusammenhang zu stehen: vgl. das ↗ Satyrspiel als Abschluss der griech. Tragödientrilogie, das Exodium (meist eine ↗ Atellane) im röm. Theater, die ↗ Kluchtam Ende der mal. ↗ Abele-spelen und ↗ Moralitäten, die volkssprachl. Schwänke als N.e des lat. ↗ Schuldramas (Humanistendrama, Jesuitendrama), die ↗ Jigs, Pickelheringspiele und ↗ Hanswurstiaden der engl. Komödianten und dt. ↗ Wanderbühnen (erstes dt. N. »Vom Bauern Mopsus, der seine Frau verprügelt«, 1581 bezeugt), die ↗ Entreméses und Sainetes des span. Theaters, die Farcen um Arlecchino (aus der Tradition der ↗ Commedia dell'arte) im europ. Theater des 17. u. 18. Jh.s (verfasst u. a. auch von Molière). N.e waren beim dt. Theaterpublikum äußerst beliebt, so dass Gottscheds Theaterreformversuch zwar den ↗ Hanswurst (nb. in einem N!) als Zentralfigur zeitweilig von der Bühne verbannen (Lpz. 1737), nicht aber überhaupt die burlesken N.e abschaffen konnte: er empfahl als N.e dagegen ausgearbeitete Einakter (oft Schäferspiele), wie sie i. d. Folge die Gottschedin, J. Ch. Krüger, J. Quistorp, aber auch Gellert, Lessing, Marivaux oder Lesage verfassten. Aber noch 1757 folgte z. B. auf Lessings »Miß Sara Sampson« in Lübeck das N. »Der vom Arlekin betrogene Pantalon u. Pierrot« als pantomim. Ballett. Erst Ende d. 18. Jh.s erlosch allmähl. die Sitte der N.e. – Von dieser Tradition zu unterscheiden sind N.e, die mit dem Hauptstück in themat. Zus.hang stehen, es z. B. allegor. ausdeuten (so z. T. im Jesuitendrama) oder einen themat.

Nachspiel

Nachtrag oder Ausblick bieten (so vielfach seit dem 19. Jh., z.B. M. Frisch,»Biedermann u.d. Brandstifter«, A. Miller,»Tod eines Handlungsreisenden«). IS

Nachtstück, ursprüngl. Bez. für Gemälde, auch Graphiken mit figürl. oder landschaftl. Darstellung einer nächtl. Szene in vorwiegend dunkler Farbgebung, seit dem 17. Jh. eigene Bildgattung. – Im 18. Jh. auch Bez. für mehrsätz., aus der Suite entwickelte Musikstücke meist unterhaltender Art (auch als Nachtmusik oder Notturno bez.); dabei meint die Bez. anfangs nur die Aufführungszeit bei Nacht, seit der Romantik auch einen entsprechenden Stimmungswert. In Anlehnung an Bildkunst und möglicherweise auch Musik wird um 1800 auch die *literar. Gestaltung einer nächtl. Szene* mit ›N.‹ (seltener ›Vigilie‹) bez., vorbereitet durch die in England schon um 1700 geläuf. Bez. night-piece für literar. Texte (R. Herrick, 1648, insbes. Th. Parnell, 1718) sowie E. Youngs»Night-Thoughts« (1742/45); hinzu kommt das Interesse der Romantik an Geistererscheinungen, Träumen, Magnetismus u. Ä., wofür die romant. Naturphilosophie Material und gedankl. Rüstzeug lieferte (Mesmer, Schelling, Baader, insbes. aber die populären »Ansichten von der Nachtseite der Naturwissenschaft«, 1808 von G.H. Schubert). – Als ›N.‹ gilt zunächst eine Passage entsprechenden Stimmungsgehaltes innerhalb eines Textes, etwa von Dante oder aus Schauerromanen oder der ⁊ Gräberpoesie. Durchgehend als N. gestaltet sind die pseudonymen»Nachtwachen des Bonaventura« (1804); als charakterisierender Titel (oder Untertitel) erscheint es bei E. T. A. Hoffmann, vgl.»Der goldene Topf« (1814, gegliedert in zwölf ›Vigilien‹) und den Novellenzyklus»N.e« (1817, der insgesamt acht Erzählungen und damit die wichtigsten Spielarten der literar. Ausdrucksform N. umfasst). Von den literar. N.en gingen wiederum Anregungen auf die anderen Künste aus (abgesehen von den Buchillustrationen Hoffmannscher Texte); v. a. auf R. Schumann; seine »N.e« op. 23 (1839) beziehen sich eindeutig auch auf Hoffmann. Ähnl. verhält es sich mit der Vertonung von Nacht- und Mondgedichten Goethes, Eichendorffs, Heines und Mörikes durch Schubert, Schumann und Hugo Wolf, aber auch mit instrumentalen Nachtmusiken nach literar. Vorlagen (W. H. Veit nach Goethe, Heine, Mosen; H. Huber nach Tennyson; E. Hartog nach Lamartine; H. Rabaud nach Lenau u. a.). Wie eng gerade der Bezug zwischen Musik und Literatur im Umfeld N. bis ins 20. Jh. blieb, zeigen Gedichte wie»Chopin« und»Notturno« bei G. Benn. RS

Naiv und sentimentalisch [frz. naïf aus lat. nativus = natürlich, angeboren; sentimentalisch: frz. sentimental = empfindsam], typolog. Begriffspaar, von F. Schiller für zwei schöpfer., reziproke Grundhaltungen entwickelt in der Abhandlung»Über naive und sentimentalische Dichtung« (›Horen‹ 1795/96) aus der Gegenüberstellung seiner Dichtung und Dichtungsauffassung mit der Goethes. N. meint dabei Einklang, Übereinstimmung mit der Natur, realist. Beobachtung und anschaul. Nachahmung des Wirklichen (⁊ Mimesis/Realismus). Für diese Dichtung gelten als repräsentativ Homer, Shakespeare und Goethe. Als s. wird ein Dichter bezeichnet, der aus einem Zwiespalt zwischen sich und der Natur heraus schafft und diesen spekulativ, in der Reflexion und der Idee durch die Darstellung des Ideals zu überwinden sucht (Idealismus). Hierzu zählt Schiller Euripides, Horaz, sich selbst und die Dichter der Moderne. Ihre spezifischen Gattungen sind die ⁊ Satire, ⁊ Elegie, ⁊ Idylle. – Neben diesem Begriffspaar wurden in der Kunsttheorie weitere ähnl. intendierte Begriffe gebildet: intuitiv-spekulativ (Schiller bereits 1794 im Briefwechsel mit Goethe), objektiv-interessant (F. Schlegel), antik-romantisch (A.W. Schlegel, vgl. dazu auch die ⁊ ›Querelle des anciens et des modernes‹ im 17. Jh. in Frankreich, vgl. ⁊ Literaturstreit), apollinisch-dionysisch (Nietzsche). S

Nänie, f. [lat. nenia, naenia = Totenklage], in der röm. Antike in ursprüngl. Bedeutung die nicht literar. fixierte und bereits im 3. Jh. v. Chr. bei den Dichtern verachtete primitive Totenklage, die von Verwandten des Toten oder von bezahlten Klageweibern beim Leichenbegängnis zur Flöte gesungen wurde. Später Bez. für die an ihre Stelle tretende förml. ↗ Laudatio funebris; von Horaz (Carm. II 1, 38) auch mit den kunstgemäßen Trauerliedern (↗ Threnos, ↗ Epikedeion) von Simonides und Pindar gleichgesetzt (in dieser Tradition und im Anschluss an Odyssee 24, 55 ff. Schillers »N.«). HD

Narrativik, f. [lat. narrare = erzählen], neuere Bez. für Erzählforschung, deren Interesse über die ältere, primär an der Erzählkunst orientierte Gattungspoetik hinaus sich bes. der Erzähltheorie, den Situationen und Strukturen des Erzählens und bestimmten Epochenspezifika zuwendet, die aber auch den Akt des Erzählens, Fragen der Kommunikation und der Erzählerpsychologie ins Blickfeld rückt. Vgl. ↗ Epik, ↗ Erzählforschung, ↗ Perspektive, ↗ personales, ↗ auktoriales Erzählen, ↗ Ichform, ↗ oral poetry. S

Narrenliteratur, satir., meist in Versen verfasste Literaturgattung mit moral.-didakt. Anspruch, in welcher Zeit- und Moralkritik begründet wird mit der allgemeinmenschl., angeborenen oder verschuldet erworbenen Narrheit. Durch die umgekehrte Vermittlungsperspektive, die Darstellung des Widersinnigen als des Normalen, erscheint die N. als Negativbild der populareth. Weisheitslehren; Belehrung und Besserung soll durch Polemik und Karikatur erreicht werden. – N. ist international verbreitet und findet sich seit der Antike. Bes. im Spät-MA. wird der Narr, u. a. auch unter dem Einfluss der seit dem 14. Jh. bezeugten Hofnarren, zu einer beliebten Figur in Schwänken und Fastnachtsspielen. N. wird eine der erfolgreichsten Gattungen des späten 15. u. 16. Jh.s. Nach einigen akadem. Vorläufern, z. B. »Monopolium philosophorum vulgo schelme zunfft« (gedruckt Straßburg 1489), erreicht die N. ihre Blüte mit S. Brants 1494 in Basel erschienenem »Narren Schyff« (mit vielen z. T. Dürer zugeschriebenen Holzschnitten): es wird bestimmend für die ↗ Satire des 16. Jh.s; es erlebte viele Auflagen und wurde darüber hinaus ins Lat. übersetzt (J. Locher 1497), als Grundlage für 146 Predigten von Geiler v. Kaisersberg (1498) gewählt und von vielen Humanisten als ein Homer, Dante und Petrarca übertreffendes Werk gefeiert. Zu den bedeutenden Werken der N. zählen weiter das lat. verfasste »Morias enkomion seu Laus stultitiae« (Lob der Torheit) von Erasmus von Rotterdam (1511), Th. Murners reiche polem. N. (»Narrenbeschwörung«, 1512; »Schelmenzunfft«, 1512; »Die Geuchmatt«, 1519; »Von dem großen Lutherischen Narren«, 1522), P. Gengenbachs »Gouchmat der Buhler« (1521), H. Sachs' »Das Narren Schneiden« (1558). Im 17. und frühen 18. Jh. lebt die N. fort in Grimmelshausens »Simplizissimus« (1668), Ch. Weises »Die drey ärgsten Ertz-Narren In der gantzen Welt« (1672), J. Beers »Narren-Spital« (1681) oder Abraham a Santa Claras »Centifolium stultorum« (1703). Närrisches und Narrenfiguren bei Shakespeare, Cervantes, in Schwanksammlungen (»Klaus Narr« 1552, »Lalebuch«, 1597) oder bei Dichtern des 19. Jh.s (G. Büchner, Ch. D. Grabbe, L. Tieck) sind Reflexe der Gattung, stehen aber außerhalb der N. im eigentl. Sinne. HW

Murner: »Schelmenzunft«, 1512

Nationalepos, Bez. für dasjenige (Helden-)Epos einer Nation, das angebl. deren nationale Eigenart am reinsten gestaltet. Im Unterschied zum Begriff ↗ Volksepos, der die Genese eines Epos erklären will, zielt der Begriff ›N.‹ auf das Wesen und den Geist der Dichtung, die er in Beziehung zu dem ›unverwechselbaren‹ Nationalcharakter des Volkes setzt, in dessen Kulturkreis sie entstanden ist. Fragwürdig ist bei dieser Definition die Reduktion nationaler Eigenschaften auf einen ahistor. Idealtypus und die Reduktion der Dichtung auf ein nationales Identifikationsmuster. – Der Begriff leitet sich her aus dem Herder'schen Konzept der ↗ Nationalliteraturen; er erhält in Deutschland sein Gepräge im Zusammenhang mit dem seit der Romantik und den ›Befreiungskriegen‹ erstar-

Nationalepos

kenden Nationalbewusstsein und findet sich in der nationalen Literaturgeschichtsschreibung des 19. Jh.s. Als N.epen gelten u. a. das »Gilgameschepos« für Sumer, Babylonien und Assyrien, »Ilias« und »Odyssee« für Griechenland, die »Aeneis« für Rom, das »Rolandslied« für Frankreich, »Beowulf« für England, das »Nibelungenlied« für Deutschland, das »Kalevalaepos« für Finnland, die »Lusiaden« für Portugal, das »Mahābhārata-Epos« für Indien, das »Shāh-Namé« (Königsbuch) für Persien.

GG

Nationalliteratur, das in einer bestimmten Nationalsprache verfasste Schrifttum. Der *Begriff* begegnet erstmals 1780 bei Leonhard Meister (»Beiträge zur Geschichte der dt. Sprache und N.«). Ein vertieftes Konzept einer N. wurde im 18. Jh. im Rahmen des Bemühens um ein eigenes (bürgerl.) histor. Selbstverständnis entwickelt, v. a. von J. G. Herder: Sein Entwurf einer Literaturtheorie fordert eine N. aus dem Bewusstsein der Spannung ästhet. und polit. Perspektiven, klass. und moderner Elemente und aus dem Wissen um die charakterist. Eigenschaften einer nationalen Sprache, d. h. eine Literatur, die nationale Verhältnisse, Impulse und Energien als spezif. Leistung der Sprache zur Darstellung bringt (vgl. später Goethes Konzept einer ↗ Weltliteratur). – Im 19. Jh., insbes. seit den sog. Befreiungskriegen und dem darauf folgenden verstärkten Nationalbewusstsein, erscheint der Begriff häufig verflacht und eingeengt auf (auch als Forderung erhobene) Literatur, die in der ›Muttersprache‹ Wesenszüge eines unverwechselbaren, typ. ›Nationalcharakters‹ gestalte (vgl. ↗ Nationalepos).

S

Nationaltheater, staatl. subventioniertes, für eine Nation repräsentatives, vorbildliches Theater, z. B. die Comédie française in Paris oder das London National Theatre (seit 1961). – In Deutschland wurde die Idee eines N.s im 18. Jh. entwickelt (J. E. Schlegel 1746/47, Ch. F. Gellert 1751, J. G. Sulzer 1760) im Gefolge der Bemühungen um eine Reform des Theaterwesens und um ein *nationales*, d. h. das dt. bürgerl. Selbstverständnis widerspiegelndes ↗ Drama (als Ersatz für die zahllosen aus dem Frz. übersetzten Dramen). Aufführungsort und damit zugleich Diskussionsforum politischer u. sozialer dt. Zustände sollte ein »N.« sein, eine stehende, vom Bürgertum getragene (vom Hof und seiner Zensur unabhäng.) Institution. 1767 suchten erstmals J. F. Löwen und G. E. Lessing in Hamburg ein privat finanziertes N. zu verwirklichen. Ihr Scheitern 1769 an organisator. und finanziellen Schwierigkeiten war symptomat. für die damal. Versuche, stehende N. einzurichten: Durch die unzureichende Förderung des Bürgertums wurden oder blieben die stehenden Theater vom Adel mehr oder weniger finanziell (und ideolog.) abhängig. Einige dieser ↗ Hoftheater wurden jedoch in »N.« umbenannt, allerdings nur im

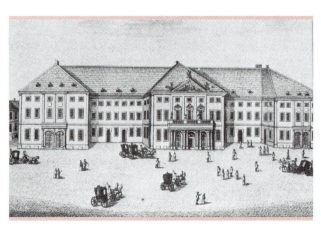

Das Mannheimer Nationaltheater, 1782

Sinne eines für alle Stände offenen ↗ Volkstheaters: so in Wien (1776), Stuttgart (1778), Mannheim (1779), Berlin (1786) u. a. Im 19. Jh. verstärkten sich die Bemühungen um ein repräsentatives, künstler. unabhäng. N., z. B. auch in Osteuropa, Skandinavien und der Schweiz (E. Devrient 1848, R. Wagner 1849, G. Keller 1860, vgl. auch ↗ Festspiel). Das 1919 in Weimar eingerichtete »Dt. N.« (unter E. Hardt, Pflege der ↗ Moderne!) blieb der vorläufig letzte Versuch in Deutschland. – Durch hervorragende Persönlichkeiten erreichten einige Bühnen zeitweilige repräsentative Bedeutung im Sinne eines N., z. B. das Hoftheater Weimar 1791–1817 durch Goethe, 1856–67 durch F. v. Dingelstedt, das »K. K. Hof- und N.« Wien 1814–32 durch J. Schreyvogel, 1849–67 durch H. Laube oder die Bühne der ↗ Meininger 1870–1890. IS

Natur in der Dichtung, Bedeutung und Funktion der N. i. d. D. der verschiedenen Zeiten und Völker ist je nach Kulturstufe, kollektivem oder individuellem Verhältnis zur Natur mannigfachen Wandlungen unterworfen. Neben der radikalen Aussparung der Natur v. a. in Phasen einer stark transzendierenden Geistigkeit begegnen solche der realen, sachl.-objektiven Spiegelung, der Mythisierung und Mystifizierung, der Beseelung (Anthropomorphisierung, mit aitiolog. Funktion in Naturmythen, -sagen und -märchen) oder der poet.-ästhet. Stilisierung. Neben naivem Naturgefühl steht Natursentimentalisierung. N. i. d. D. reicht von ihrer Beschwörung als allgemeinstem Daseinsraum des Menschen bis zu der detaillierten Naturbeschreibung (Kleinwelt von Blumen, Steinen, Käfern usw.). Natur kann affektiv, kosmisch oder religiös (insbes. Natur- und ↗ Erlebnislyrik seit Goethe) oder lehrhaft erfahren werden, kann Ausdruck eines Einheits- und humanen Ordnungsempfindens, Allbewusstseins, Pantheismus etc., aber auch des Unterlegenheits- und Distanzgefühls, einer Trennungsangst zwischen Mensch u. Natur sein (Hymnen, Oden, Elegien, Mythendichtung). Natur kann weiter Rahmen oder Träger charakterist. Existenzformen sein, dabei zivilisationskritische (»Zurück zur Natur«, Sehnsucht nach einer ›heilen‹ Welt), utop. oder antitechn. Tendenzen implizieren (heroische Landschaft, ↗ locus amoenus, ↗ Schäferdichtung, ↗ Dorfgeschichte, ↗ Bauerndichtung). Sie kann innere Situationen u. Veränderungen spiegeln (»Sympathie der Natur«) oder, oft eth. interpretiert, kontrastiv begleiten (Romane der Romantik u. des Realismus). Die Natur kann alleiniges Thema einer Dichtung, kann aber auch nur metaphor. u. gleichnishaft als Einkleidung anderer Themen gebraucht sein, da sie einen unerschöpfl. Vorrat poet. Bilder liefert (insbes. in manierist. Dichtung).

Grundsätzl. kann Natur in allen Dichtungsgattungen gestaltet sein, sie zeigen jedoch unterschiedl. Affinität zu Naturelementen: im Ggs. zum Drama insbes. die Lyrik und bestimmte ep. Gattungen (↗ Idylle). In der *antiken Dichtung* begegnet Natur v. a. in Idylle und Elegie (Theokrit, Properz, Tibull, Horaz, Vergil). In der *frühmal. Lit.* tritt die Natur stark zurück, entsprechend der durch das Christentum bedingten Spiritualisierung, die zu Naturferne oder gar Naturfeindlichkeit führt (contemptus mundi). Wenige Ausnahmen schließen sich an antike Vorbilder an wie etwa Walahfrid Strabo, »Buch vom Gartenbau« (9. Jh.). Mit Beginn der volkssprachl. weltl. Dichtung findet Natur, allerdings in poetolog. Topoi eingegrenzt (↗ Natureingang, locus amoenus), erstmals einen breiteren Raum, v. a. in der Lyrik und im ↗ höf. Roman (Gottfried von Straßburg, »Tristan«). *Humanismus und Renaissance* knüpfen wieder an antike, insbes. die arkad. Dichtung an, z. T. überformt durch gesellschaftl. oder theolog. Zweckbestimmungen (breite Ausbildung u. Naturmetaphorik). Die stilisierende Fixierung der Natur ändert sich eigentl. erst mit der *Aufklärung*. Natur wird jedoch immer noch nur in einer vom Menschen gestalteten Form akzeptiert (vgl. etwa die frz. Gartenbaukunst im Gegensatz zur ›natürlicheren‹ engl. des 18. Jh., dazu höf.-barocke ›Natur‹theater oder ›Ruinentheater‹ usw.). Noch ganz auf rationalist. Religiosität gestellt Naturauslegung findet sich bei B. H. Brockes, pathet. Lehrdichtung bei A. v. Haller. Erst mit dem Gefühlskult (↗ Empfindsamkeit) wird dann

Natur in der Dichtung

ein originäres Erleben der Natur (J. J. Rousseau, E. Youngs ⁊ Gräberpoesie, J. G. Hamann, J. G. Herder) möglich. Dies äußert sich in schwärmer. Naturpreis in ⁊ Ossian. Dichtung, bei F. G. Klopstock, der volksliedhaften Lyrik des ⁊ Göttinger Hains u. M. Claudius' und der hymn. Dichtung des ⁊ Sturm und Drang (insbes. die Hymnen des frühen Goethe; »Werther«). In der *Romantik* weitet sich das Naturerlebnis einerseits zur Naturschau und -mystik (Novalis, F. Hölderlin), andererseits zum sehnsücht. Wunsch nach Einklang und Verschmelzung (C. Brentano, L. Tieck, J. v. Eichendorff, W. Wordsworth, P. B. Shelley u. a.) oder weltschmerzler. Dämonie (Lord Byron, ⁊ Nachtstücke). *Im 19. Jh.* wird die romant. Natursymbolik abgelöst durch minutiöse (Biedermeierdichtung, E. Mörike) oder exot. Detailmalerei (F. Rückert, F. Freiligrath) oder Versuche genauer Landschaftsbeschreibung, teilweise in Parallelisierung von Naturgewalt und Menschenschicksal (A. Stifter, Th. Storm, »Schimmelreiter«, G. Keller, C. F. Meyer, W. Raabe u. a.). Im Naturalismus ist die Natur kein literar. Thema, umso mehr in den Gegenbewegungen, im ⁊ *Impressionismus* und ⁊ *Symbolismus* mit extrem subjektiven Naturstimmungen oder alltagsverklärender Idyllik (J. Schlaf, A. Holz, D. von Liliencron, O. Loerke, H. v. Hofmannsthal, R. M. Rilke), in der *Neuromantik* mit religiös-myth. Naturschau, ebenso dann im ⁊ Expressionismus, bes. in der Lyrik (A. Mombert, R. Dehmel, Th. Däubler, M. Dauthendey). Im 20. Jh. hatte die N. i. d. D. zunächst, nicht zuletzt in Entfaltung von F. Nietzsches Lehre der »Wiederkehr des Gleichen«, eine Hochkonjunktur. Extreme in der Auffassung von Natur bildeten negative Darstellungen (Fäulnis, Verwesung, z. B. bei G. Benn, B. Brecht) und positiv-utop. Konzeptionen der Natur als einer heilen Welt, als Zuflucht und Gegenwelt zur zerstörer. modernen Zivilisation (K. Hamsun, E. Wiechert). Diese Aspekte wurden abgelöst durch eine Tendenz zur Naturmagie (vgl. die Lyrik Celans, H. Pionteks, I. Bachmanns). In den 60er Jahren schien die Zeit des ›reinen‹ Naturdichtung vergangen: »Heute hat die Natur etwas Unnatürliches und Wind und Wetter wirken übertrieben«, stellte G. Benn im »Fazit der Perspektiven« fest und für G. Eich, der sich vom Naturlyriker zum sozialkrit. Warner entwickelte, war Natur »eine Form der Verneinung«. Die Verdrängung der Natur aus der Literatur fand in der gegenstandslosen abstrakten Kunst ihren adäquaten Ausdruck. Eine neuerl. literar. Hinwendung zur Natur (insbes. in der Lyrik) angesichts der zunehmenden Naturzerstörung durch den zivilisatorisch blind gewordenen Menschen zeichnet sich seit den 70er Jahren ab (Sarah Kirsch u. a.). ⁊ Naturlyrik. S/WG

Naturalismus,
1. *Stiltendenzen* in Literatur und Kunst, die versucht, die Wirklichkeit genau abzubilden ohne subjekt. Beimischung oder Stilisierung; findet sich schon in der Antike (z. B. bei Homer »Odyssee« V., 313 ff.) oder im MA. (z. B. Boccaccio, »Decamerone«: Schilderung der Pest).
2. *Europ. literar. Richtung,* ca. 1870–1900, in der die genaue Beschreibung der ›Natur‹, d. h. der sinnl. erfahrbaren Erscheinungen, zum ästhet. Prinzip erhoben ist. Wird gelegentl. als die 1. Phase innerhalb der europ. ⁊ Literaturrevolution verstanden. Der N. wurzelt geistesgeschichtl. im ⁊ Realismus: Dessen weitgespannte analyt.-konkrete, implizit krit. Beschreibung existentieller Möglichkeiten wird verengt auf die Darstellung moral. u. wirtschaftl. Elends, insbes. in Kleinbürgertum und Proletariat, auf die Situation der Ausgestoßenen in den Großstädten, auf Armut, Krankheit, Laster, Verbrechen usw. Verbunden damit sind eine engagierte Kritik am Bürgertum, an dessen Optimismus, doppelter Moral u. Gleichgültigkeit gegenüber den ungelösten zivilisator. Problemen der entstehenden Industriegesellschaft, ferner soziales Mitgefühl und z. T. auch konkrete Vorschläge zur Verbesserung der bestehenden Zustände. Der N. wird daher auch als Radikalisierung des Realismus, als »Realismus in Angriffstellung« (Hermand) bez. Seine Vertreter empfanden sich als ›konsequente Realisten‹ oder ›Neu-Realisten‹, erst seit G. Hauptmann wird ›N.‹ die allgem. übl. Bez. – *Grundlagen des N.* sind die Erkenntnisse der Naturwissenschaft, die darauf

fußende Philosophie des Positivismus (A. Comte), die Physiologie C. Bernards, die Evolutionstheorie Ch. Darwins, insbes. aber die Milieutheorie H. Taines, d.h. die Auffassung des Menschen als eines von Milieu u. Rasse bzw. Erbanlagen oder sozialen Verhältnissen (Marx/Engels) determinierten Wesens. Konsequenzen aus diesem materialist.-mechanist. Weltbild für eine literar. Theorie zogen erstmals die Brüder Goncourt mit der Auffassung der Literatur als ↗ Document humain, als Resultat einer wissenschaftl. exakten Erforschung u. authent. Dokumentation des Stoffes (vgl. ihr »Journal« v. 24.10.1864 und ihre Romane, insbes. »Germinie Lacerteux« 1864, mit programmat. Einleitung). Zum eigentl. Programmatiker und unbestrittenen Haupt des europ. N. wurde É. Zola. Beeinflusst v. a. von Diderot u. Balzac und in direktem Anschluss an die Brüder Goncourt entwickelte er eine naturalist. Ästhetik: Kunst wird definiert als literar. Experiment mit naturwissenschaftl. Methoden, das durch genaueste Beobachtung und Beschreibung lückenlos die ursächl. Zusammenhänge des determinierten menschl. Daseins beweisen müsse. Auswahl u. Ordnungsprinzipien des Stoffes sind dem Dichter noch überlassen: »Kunst ist ein Stück Natur, gesehen durch ein Temperament«. Dieses Programm wurde seit ca. 1870 erarbeitet im sog. ↗ Kreis von Médan und als Sammlung von 6 Essays unter dem Titel des ersten Beitrags »Le roman expérimental« 1880 veröffentlicht. Verwirklicht wurde diese Konzeption in einer Novellensammlung des Kreises (»Les Soirées de Médan«, 1880) und in Zolas 20-bänd. Romanwerk »Les Rougon Macquart« 1872–93, der ›Naturgeschichte einer Familie‹ über fünf Generationen hinweg, in der die Kausalzusammenhänge zwischen kranker Erbmasse und Milieu, Charakter und Schicksal herausgearbeitet sind. Zola verbindet hier die minutiöse Beobachtungstechnik des ↗ Impressionismus mit objektivierender Darstellung in einem sachl.-exakten Erzählstil, der oft auch in rein deskriptiven Partien Umgangssprachliches, Dialektismen, ja Argot einschließt. Vorbildhaft wurden insbes. die Romane »L'Assomoir« (Die Schnapsbude, 1877), »Nana« 1880) und »Germinal« (1884, die ›Bibel des N.‹). Neben Zola sind v. a. noch G. de Maupassant (Novellen) und H. Becque (Dramen) zu nennen. – Eine ähnl. Entwicklung vollzog sich gleichzeitig in Skandinavien seit ca. 1870. Im Anschluss an die Forderungen des Literaturkritikers G. Brandes nach unparteiischer, exakter Analyse der Zeittendenzen in der Literatur (vgl. »Literatur des modernen Durchbruchs«, 1883) entstanden die gesellschaftskrit. Dramen H. Ibsens und die ep. u. dramat. Werke A. Strindbergs der 80er Jahre, die sowohl in ihrem psycholog. N. als auch durch neue dramat. Strukturen (Einakter, Auflösung der geschlossenen Dramenform, Stationendrama) für den dt. N. von großer Bedeutung waren. Ähnl. starke Impulse gingen von dem soziale u. existentielle Probleme ergründenden Werk F. M. Dostojewskijs aus, v. a. aber von L. N. Tolstois scharf beobachteten psycholog. Analysen menschl. Erscheinungen. Neben seinem Romanwerk wirkte hier bes. sein Bauerndrama »Nacht der Finsternis« (1886; dt. 1890) vorbildhaft. Der dt. N. steht zunächst ganz unter dem Einfluss Zolas, seit ca. 1887 auch Ibsens, Tolstois u. Dostojewskijs. Seine 1. Phase (ca. 1880–86) ist bestimmt von programmat. Diskussionen. Zentren sind München (M. G. Conrad, K. Alberti, K. Bleibtreu, O. E. Hartleben) und Berlin, wo in zahlreichen, sich rasch bildenden, oft fluktuierenden, auch befehdenden Zirkeln um die Brüder H. und J. Hart, in einer Fülle von Pamphleten, Programmen u. Manifesten ein eigenes Selbstverständnis erarbeitet wird. Dieses orientiert sich neben den europ. Vorbildern auch an früheren revolutionären Bewegungen wie dem ↗ Sturm u. Drang und v. a. dem ↗ Jungen Deutschland, wie bes. auch die Bez. wie ›Die ↗ Moderne‹ (E. Wolff) oder ↗ ›Jüngstes Deutschland‹ (Brüder Hart) für den naturalist. Bewegung ausweisen. Charakterist. ist für die Vertreter des N. einer seits ende der 70er Jahre geforderten literar. Neubesinnung (Hinweis auch der frz. N. durch M. G. Conrad und O. Welten) in der Forderung nach polit. nationaler Erneuerung durch sozialist. Ideen (Brüder Hart) und aggressive Ablehnung der sog. ↗ Gründerzeitliteratur. Diese Tendenzen bestimmten die

Naturalismus

Zeitschrift »Krit. Waffengänge« (1882–84) der Brüder Hart, mit der die Bewegung einsetzt, ferner das programmat. Vorwort (von H. Conradi und K. Henckell) der Lyrik-Anthologie »Moderne Dichtercharaktere« (1885 hg. v. W. Arent u. a.), K. Bleibtreus »Revolution der Literatur« (1886) und weitgehend noch das 1. literar. Organ des dt. N., »Die Gesellschaft« (seit 1885 hg. von M. G. Conrad in München). Die Klärung u. Systematisierung des naturalist. Kunstverständnisses leistet der Berliner Verein ↗›Durch‹ (K. Küster, L. Berg, E. Wolff, B. Wille, W. Bölsche, A. Holz, J. Schlaf, die Brüder Hart u. a.), der auch die *wichtigsten Programmschriften* hervorbringt, so von W. Bölsche: »Die naturwissenschaftl. Grundlagen der Poesie« (1887, eine rationalist. Begründung der naturalist. Ästhetik im Gefolge von Zolas Experimentalroman) und von A. Holz: »Die Kunst. Ihr Wesen u. ihre Gesetze« (1891); Holz entwickelt hier erstmals klar auch eine neue naturalist. Stil- und Darstellungstechnik (photograph. getreues Abschildern eines Geschehens in zeitl.-genauem Ablauf, den sog. ↗ Sekundenstil, Ablehnung jegl. Freiheit der Erfindung, Auswahl oder Anordnung des Stoffes, Bevorzugung des Dialogs vor der Deskription). Er prägt für diesen über Zola hinausführenden »konsequenten N.« die Formel: »Die Kunst hat die Tendenz, wieder die Natur zu sein. Sie wird sie nach Maßgabe ihrer jeweiligen Reproduktionsbedingungen und deren Handhabung«, abgekürzt: »Kunst = Natur – ×«. – Mit der Verwirklichung dieser Theorien beginnt die produktive *Hauptphase des N.* (ca. 1886–1895); sie ist bestimmt durch

Plakat von Emil Orlik, 1897

das dramat. Werk G. Hauptmanns (der bedeutendsten Leistung des dt. N.). Hauptmann verarbeitet die Einflüsse Zolas (Milieuschilderung, Bloßlegung der sozialen u. psych Mechanismen), A. Holz' (minutiöse Beschreibungstechnik) und Ibsens (analyt. Dramenstruktur, offener Schluss, genaueste Bühnenanweisungen) zu eigenständ.-eindringl. sozialen Dramen wie v. a. »Vor Sonnenaufgang« (1889) oder die das kollektive Schicksal einer sozialen Schicht beschreibenden »Weber« (1892/93), die Komödie »Biberpelz« (1893) oder »Florian Geyer« (1896; Anwendung des naturalist. Prinzips auf das histor. Drama), »Fuhrmann Henschel« (1898), »Rose Bernd« (1903) u. a. Daneben sind als Dramatiker zu nennen: A. Holz/J. Schlaf (»Familie Selicke«, 1889), H. Sudermann (»Ehre«, 1890), J. Schlaf (»Meister Oelze«, 1892), M. Halbe (»Jugend«, 1893), G. Hirschfeld (»Die Mütter«, 1896), O. E. Hartleben (»Rosenmontag«, 1900) u. a.
– Die einen Skandal entfesselnde Aufführung der »Gespenster« Ibsens 1887 führte 1889 zur Gründung des Theatervereins ↗ »Freie Bühne« (Mitglieder u. a. M. Harden, E. Wolff, die Brüder Hart, 1. Direktor O. Brahm), der die z. T. von der Zensur verbotenen naturalist. Dramen in geschlossenen Vorstellungen in einem neuen perfektionist. Bühnenstil realisiert (absolute Wirklichkeitstreue in Bühnenbild, Maske, Kostüm, Sprechtechnik, Gestik usw.). Wichtiges krit. Forum zur Durchsetzung der neuen Dramatik wurde die von O. Brahm gegründete Zs. »Freie Bühne f. modernes Leben« (1890, ab 1894 u. d. T. »Neue dt. Rundschau«, seit 1904 »Neue Rundschau«). – Während die dt. naturalist. Drama europ. Rang erreichte, blieb *die naturalist. Prosa* hinter der Frankreichs und Russlands zurück. Stilgeschichtl. bedeutend sind die Prosaskizzen und -studien von J. Schlaf/A. Holz, in denen die neue Technik des Sekundenstils erprobt wird: »Papierne Passion« (1887) u. »Papa Hamlet« (1889 u. d. Pseudonym Bjarne P. Holmsen) oder G. Hauptmanns »Bahnwärter Thiel« (1888); sie sind jedoch gegenüber dem ↗ Impressionismus nicht eindeutig abzugrenzen. Aber weder die gesellschaftskrit. Großstadt- oder Sozialromane (M. Kretzer, »Meister Timpe«, 1888 u.

viele andere, P. Lindau, F. Mauthner), die oft als Zyklen geplant wurden (M.G. Conrad, »Was die Isar rauscht«, München-Zyklus, 3 Bde. 1888–93; K. Alberti, »Der Kampf ums Dasein«, Berlin-Zyklus, 6 Bde. 1888–95), noch die Künstlerromane aus dem Berliner Milieu (H. Conradi, »Adam Mensch«, 1889; K. Bleibtreu; W. Bölsche u. a.) sind mehr als Zeitbilder mit sozialkrit. Tendenz. – Dasselbe gilt für die *naturalist. Lyrik,* die v. a. neue Stoffe (soziale Not, Großstadt, Technik) erschloss und mit nationalem und sozialrevolutionärem Pathos, jedoch in traditionellen Formen gestaltete, vgl. die Anthologie von 1885 (W. Arent, K. Henckell, J. u. H. Hart, J. H. Mackay, H. Conradi, J. Schlaf u. a.) oder das »Buch der Zeit« (1886) von A. Holz. Eine formale Erneuerung versuchte nur A. Holz in seinen »Phantasus«-Heften (seit 1886; erschienen 1898): sprachl. Musikalität, Reim, Vers u. Strophe werden zugunsten einer nur vom Rhythmus bestimmten ›Prosalyrik‹ aufgegeben. – Um 1895 verliert die Bewegung an Stoßkraft, beginnt ein Trend zur Vereinzelung; einige Vertreter schließen sich neuen literar. Richtungen, z. T. Gegenströmungen (↗ Neuromantik, ↗ Heimatkunst, ↗ Impressionismus, ↗ Dekadenzdichtung, ↗ Symbolismus) an, in denen Intuition, Phantasie und Irrationalismus wieder Bedeutung gewinnen, und die z. T. wesentl. breiter als der N. rezipiert werden (H. Bahr, vorübergehend G. Hauptmann). Der N. wirkte aber nachhaltig auf die gesamte nachfolgende Entwicklung 1) durch die Erschließung neuer Stoffbereiche, 2) neuer dramat. Strukturen (Einflüsse auf das expressionist. Drama und bis zu Piscator u. B. Brecht), 3) durch die Präzisierung der beschreibenden Darstellungsmittel und 4) die Verwendung von Umgangssprache und Dialekt im literar. Text (Einflüsse allgem. auf die Erzählprosa, insbes. aber auf ↗ Milieudrama u. ↗ Volksstück z. B. bei L. Thoma, Ö. v. Horváth, C. Zuckmayer bis zu F. X. Kroetz oder W. Bauer). – Demgegenüber wiegen die außerliterar. Vorwürfe der Konzentration auf extreme Ausnahmesituationen ohne Öffnung einer Alternative (F. Mehring), des Mangels an Einsicht in die eigentl. Problematik gesellschaftl. Realität, der Faszination des Elends, der nur innerhalb der ästhet. Fiktion geäußerten Kritik, gering. Auch: ↗ Verismus, Verismo. OB/IS

Natureingang, die im Minnesang und in der (daran anknüpfenden) Volksliedtradition gängige Naturdarstellung im Einleitungsteil eines Liebesgedichts, – nicht realist. Naturschilderung, sondern eine toposhafte, stereotype Aufreihung bestimmter Requisiten der Frühlings- oder Winterlandschaft *(diu grüene heide, bluomen und klê; diu linde; diu kleinen vogelîn; der kalte snê)*. Entscheidend ist der parallele oder gegenläufige Bezug der Naturdarstellung zur Minnethematik: Frühlingsfreude weist auf Minnehoffnung, Winterklage auf Minneleid. – Im 12. Jh. noch selten (Dietmar von Aist, Heinrich von Veldeke), im Minnesang des 13. Jh.s besonders beliebt (Neidhart, Gottfried von Neifen, Ulrich von Winterstetten). K

Naturformen der Dichtung, Bez. Goethes für die Gattungstrias Epik, Lyrik, Dramatik. – In den »Noten und Abhandlungen zu besserem Verständnis des west-östl. Divans« (1819) unterscheidet Goethe im Rahmen seiner Erörterung poetolog. Grundbegriffe zwischen »Dichtarten« und »N. d. D.«. Als »*Dichtarten*« bezeichnet er dabei die inhaltl.-stoffl. oder formal-stilist. mehr oder weniger fest umreißbaren und histor. fixierbaren Werktypen wie Elegie, Epigramm, Fabel usw., die im Mittelpunkt der bis ins 18. Jh. dominierenden normativen Gattungspoetik standen. Ihnen stellt er als »N. d. D.« Epos, Lyrik und Drama« gegenüber, die er als zeitl. nicht fixierbare Manifestationen menschl. Grundhaltungen deutet und als »klar erzählend«, »enthusiast. aufgeregt« und »persönl. handelnd« charakterisiert. Sie können in jedem individuellen Gedicht zusammenwirken, z. B. in der ↗ Ballade und, als Großform, in der att. ↗ Tragödie, aber auch in reiner Form auftreten, z. B. im homer. Epos, da hier alles durch die distanzierende Haltung des Erzählers geprägt sei. Goethes Begriff für den N. d. D. berührt sich damit weitgehend mit dem modernen, anthropolog. begründeten Gattungsbegriff E. Staigers

Naturformen der Dichtung

(»Grundbegriffe der Poetik«, 1946). – ↗ Gattungen. K

Naturlyrik, ist themat. entweder auf Natur als Grundlage und allgem. Daseinsraum des Menschen oder auf einzelne Naturerscheinungen und ›Dinge‹ bezogen. Sie kann sowohl auf *einheitssuchendes Naturgefühl* wie auf erfahrungskrit. Naturbewusstsein zurückgehen. Dank der Bedeutung zentraler Naturerfahrungen (Heilkraft, Wiederkehr des Gleichen, Vergänglichkeit) bezieht sich N. meist auf *Naturphilosophie*, geht damit über ihren gegenständl. Charakter (Gedichte über Landschaften, Blumen usw.) hinaus: es kommen zivilisationskrit., utop., antitechn. Haltungen zum Ausdruck. Sofern der Dichter als Genie (↗ Geniezeit) unmittelbaren Zugang zur Natur beansprucht, kann N. auch prophet. fordernde bzw. warnende Impulse geben. Seit dem Wiederaufleben antiker Naturreligiosität am Ende des 18. Jh.s werden Naturerscheinungen mit bekenntnishafter Anteilnahme gedeutet. Das Fremde der Natur (Magiebegriff) wird in den offenen Zeichenraum poet. Bilder, Chiffren, Metaphern einbezogen und vermag dies so zu vermenschlichen, allerdings unter Gefahr anthropomorph harmonisierenden Denkens (Ausstattung der außermenschl. Natur mit humanen, geist. sittl. Attributen). Folge ist oft eine betonte Abkehr von sozialen, polit., histor. Motiven, die Hinwendung zu subjektiver Naturmystik oder -mythologie, die Bildungswissen mit poetisierter Wahrnehmung durchsetzt. Freiwerdend von aufklär.-didakt. Lehrzweck wie von stimmungshafter Liedseligkeit des Einsseins mit Natur als verlässlicher Umwelt (Lob des einfachen Lebens), kann N. auch Traditionen der religiös-hymn. Naturbegeisterung erneuern. Ohne die Bedeutung der Natur als Erbin der fragwürdig gewordenen christl. Religion lässt sich die an religiösen Anspielungen und Säkularisationen reiche N. nicht verstehen. Unterschiedl. Grade der Vergeistigung, gegensätzl. kulturpolit. Positionen treffen sich in der Aufwertung der poet.-ästhet. Aura, so dass die Spannweite der N. von harmloser Idyllik (Antwort auf Verstädterung, Technifizierung) bis zu pathet., eleg. und spruchart. Formen reicht. *Antike Dichtung* gestaltet Naturgefühl vorzügl. in Idyll und Elegie (Theokrit, Properz, Tibull). MA. und *Barock* überformen N. durch gesellschaftl. bzw. theolog. Zweckbestimmungen, so dass im eigentl. Sinn erst mit der *Aufklärung* von N. gesprochen werden kann: Noch ganz auf rationalist. Religiosität gestellte Naturauslegung bei B. H. Brockes (»Irdisches Vergnügen in Gott«, 1721–48), pathet. Lehrdichtung bei A. v. Haller (»Die Alpen«, 1732), Naturpreis und Überhöhung der Landschaft im Aufschwung hymn. und odischer Formen bei F. G. Klopstock, bei Dichtern des ↗ Göttinger Hain und im ↗ Sturm und Drang (der frühe Goethe: »Ganymed«). M. Claudius dichtet in pastoralem Rahmen. Hohen Eigenwert erhalten Naturanrufung und -deutung der mit Liebenden und Dichtern sympathisierenden Naturelemente bei Novalis und Hölderlin (»An den Äther«, »Menons Klage von Diotima«, »Der gefesselte Strom«). Naturwissenschaftl. und histor. Anregungen bestimmen *Sonderausprägungen* eleg.-lehrhafter (»Die Metamorphose der Pflanzen«) und universalist.-meditativer N. im klass. und späten Werk Goethes (»Chinesisch-deutsche Jahres- und Tageszeiten«). Gegenüber der »idealisch« und schwärmerisch geschauten Natur am Ende des 18. Jh.s offenbart sich deren Wesen hier im Geheimnis und in Gedanken des nach inneren Wachstumsgesetzen sich wandelnden Organismus. *Romantische* N. zielt dagegen auf stimmungshafte, sehnsücht. Einstimmung und Begegnung (C. Brentano, J. v. Eichendorff). An die Stelle symbol. Struktur treten wieder allegor. und personifizierende Momente, was einen erneuten Zwiespalt zwischen ›Geist‹ und ›Welt‹ andeutet (Natur erscheint bei E. Mörike vorsichtig mythisiert, in den weltschmerzl. Gedichten N. Lenaus als formelhafte Adressatin von Leid und seltenem Glück). Aus spätaufklär. Naturkunde gewinnt A. v. Droste-Hülshoff Material für ihre Dämonik und Gefährdung gestaltende N.; ihr beschreibendes, ding- und situationsbenennendes Verfahren führt weiter zur *N. des 19. und 20. Jh.s*: C. F. Meyer, Th. Storm, G. Keller suchen dabei klass. Ausgleich zwischen Abstraktion und Einfühlung, während

Freude am (oft exot.) Detail die N. von F. Rückert, F. Freiligrath und D. v. Liliencron bestimmt. Die Erfahrung der Eigenständigkeit der Natur trägt zur Aufwertung der »Gott-Natur« bei (E. Haeckels Weiterführung der Spinoza- und Goethetradition) – im Poetischen wird damit das objektivierende ›Dinggedicht‹ vorbereitet. Religiöse Motive speisen die neuromant. Reaktion auf den Naturalismus, die mit myth. und spekulativ kosmolog. Redeweisen in Lyrik und Versepos hochgradige Subjektivität verwirklicht, daneben alltagsverklärende Idyllik pflegt (J. Schlaf: »In Dingsda«, 1892; »Frühling«, 1894; A. Holz: »Phantasus«, 1898/99; Th. Däubler: »Das Nordlicht«, 1910). Kosm. Überschwang und ekstat.-visionäre Selbststilisierung kennzeichnen »vorexpressionist.« Dichter wie A. Mombert (»Die Blüte des Chaos«, 1905; »Der himmlische Zecher«, 1909), R. Dehmel, M. Dauthendey, O. zur Linde (in dessen Umkreis östl. Philosophie, die seit Schopenhauer wirkt, gegen szientif. Bewusstsein eingesetzt wird). R. Steiners Anthroposophie hilft Ch. Morgenstern zu naturgläubiger ›Überwindung‹ Nietzsches, der weltanschaul. Weisungen wichtiger als neue lyr. Formen sind. Strengere ästhet. Maßstäbe werden vom ›Begründer‹ der spezifischen N. des 20. Jh.s, O. Loerke, gesucht, um einen krit.-reflexiven, der anthropomorphen Kurzschlussproblematik bewussten Dialog mit »Frau Welt« zu führen, der zur Entwicklung moderner Metaphorik beiträgt. Auch seine dichtungstheoret. Schriften haben Tiefenwirkung in der Literatur der Jahrhundertmitte, so bei W. Lehmann (»Bewegliche Ordnung«, 1947), der den substantiv. verknappten, Mythologie und Naturwissen verschmelzenden Ausdruck sucht. Im Gegensatz zu ihm halten K. Weiss und E. Langgässer an christl. Erlösungsbedürftigkeit auch im »Sinnreich der Erde« fest. Weltanschaul. ungebunden, greift K. Krolow lyr. Errungenschaften der modernen roman. Literatur in zunehmend entpathetisierter N. auf. Bei G. Eich übernimmt der Verweis auf die vieldeutigen »Botschaften des Regens« (1955) gesellschaftl. warnende Funktion, auch in P. Huchels und J. Bobrowskis Lyrik zielt die Naturthematik zunehmend auf histor. und eth. Selbsterfahrung. Die Zeit der ›reinen‹, mit Mythenzitat sich überzeitl. einrichtenden N. wird seit den 60er Jahren als vergangen betrachtet. WG

Naturtheater, ↗ Freilichttheater.

Négritude, f. [negriˈtyd, zu frz. Nègre = Neger], von A. Césaire (Martinique) in einem freirhythm. Gedicht »Cahier d'un retour au pays natal« (Zurück ins Land der Geburt, 1939) geprägter Begriff für die Gesamtheit der kulturellen Werte der Schwarzen Welt. Er impliziert die Rückbesinnung auf afrikan. Bewusstsein u. afrikan. Formtraditionen (ekstat. Rhythmus, mag.-affektive Bildsprache), verbunden mit der Forderung der Loslösung aus europ.-kolonialist. Bevormundung. – Zu den bedeutendsten Vertretern einer N.-Literatur (in frz. Sprache) zählen weiter L. G. Damas (Frz. Guayana), A. Diop (Senegal), Gründer der wichtigsten Zeitschrift der N., »Présence Africaine«, 1947 ff., und v. a. der Theoretiker der N., der Präsident der Republik Senegal, L. S. Senghor, der in seinen myst. Gedichten (»Chants d'ombre« 1945, »Chants pour Naett«, 1949) versucht, eine Assimilation afrikan. und europ. Geistigkeit zu erreichen. – Die N. wirkte auf die in Europa, Amerika, Afrika und in der Karibik lebende schwarze Intelligenz als philosoph. und polit. Basis einer erstrebten ›Afrikanität‹, eines auf Humanität gegründeten Selbstwertgefühls. S

Neidhartspiel, ältester greifbarer Typus eines weltl. Dramas in dt. Sprache, bereits in der Mitte des 14. Jh.s nachweisbar; stoffl. steht es in enger Beziehung zu den Schwankerzählungen um die Figur des histor. Dichters Neidhart (1. Hälfte 13. Jh., vereint im Schwankbuch »Neidhart Fuchs«; um 1500) und gehört wie diese entstehungsgeschichtl. nach Österreich. Neidhart, der dem Minnesang eine neue Wendung gegeben hatte, indem er seine Motive durch Übertragung in ein fiktives dörperl. Milieu travestierte, erscheint in den N.en als ritterl. Bauernfeind. Im Mittelpunkt steht der sog. *Veilchenschwank*: Neidhart findet im Frühling das erste Veilchen; er deckt es mit

seinem Hut zu und geht, es der Herzogin von Österreich anzuzeigen; in seiner Abwesenheit ersetzen die Bauern das Veilchen durch ihre Exkremente; Neidhart kommt mit der Herzogin und ihrem Hofstaat zurück; man tanzt den Frühlingsreigen um den Hut; die »Untat« wird entdeckt, die Herzogin erhebt laut Klage über die augenscheinl. Beleidigung; Neidhart rächt sich blutig an den Bauern. – Die Forschung sieht die Wurzel der N.e aufgrund des Veilchenschwankes in vorliterar. volkstüml. Jahreszeitenspielen und Frühlingsfeiern. – Im Einzelnen sind überliefert:
1. *Das St. Pauler N.* (um 1350; Handschrift des Benediktinerstiftes St. Paul/Kärnten; 58 Verse; höf. stilisierte Sprache; an sprechenden Personen treten außer dem *Praecursor* [Prologsprecher] nur Neidhart und die Herzogin auf);
2. das *Sterzinger Szenar eines N.s* (eine ↗ Dirigierrolle, 15. Jh.; Sterzinger Spielsammlung Vigil Rabers) und das dazugehörige, erst kürzl. aufgefundene *Sterzinger N.* (15. Jh.; 796 Verse; ca. 60 Mitwirkende, davon ca. 40 sprechende Personen; die Handlung ist um einen weiteren Neidhart-Schwank erweitert);
3. das *Große N.* (15. Jh.; Wolfenbütteler Sammelhandschrift; 2268 Verse; 103 Mitwirkende, davon 68 sprechende Personen; höf. stilisierte Sprache, formale Nähe zum ↗ geistl. Spiel; außer dem Veilchenschwank werden noch sechs weitere Neidhart-Schwänke und eine Teufelsszene dargestellt);
4. das *Kleine N.* (Ende 15. Jh.; überliefert in derselben Wolfenbütteler Sammelhandschrift; 207 Verse; formale Nähe zum Nürnberger ↗ Fastnachtspiel; beschränkt sich auf den Veilchenschwank und eine Teufelsszene). Unabhängig von der Tradition der spätmal. N.e ist H. Sachsens Fastnachtsspiel »Der Neidhart mit dem feyhel«(1557). K

Nekrolog, m. [gr. nekros = Leiche, logos = Rede],
1. biograph. Nachruf auf einen Verstorbenen, auch Sammlung solcher Biographien.
2. Kalender- oder annalenart. Verzeichnis der Todestage bzw. der Toten, v. a. mal. kirchl. oder klösterl. Gemeinschaften (Äbte, Vorsteher, Stifter) für die jährl. Gedächtnisfeier, auch Obituarium, liber defunctorum, Totenannalen, Jahrtag-, Toten- oder Seelbuch. Genealog u. sprachwiss. bedeutende N.e sind u. a. aus den Klöstern Fulda, Prüm u. Lorch (8. Jh.) erhalten. GG

Neologismus, m. [aus gr. neos = neu, logos = Wort], in der Sprachgeschichte verbreitete Neubildung von Wörtern zur Erweiterung des Wortschatzes für neue Begriffe und Sachen. Neologismen können gebildet werden:
1. aus dem vorhandenen Wortmaterial durch Ableitungen (z. B. *Leiden-schaft*, N. des 17. Jh.s. von v. Ph. v. Zesen), durch Zusammensetzungen *(Null-Wachstum),* überhaupt durch Kombination vorgegebener Sprachelemente,
2. durch Übersetzungen von Fremdwörtern (z. B. *empfindsam* für engl. sentimental, von G. E. Lessing), 3. durch Bedeutungsverlagerung (z. B. *Zweck* = urspüngl. ›Nagel‹, seit dem 16. Jh. ›konkreter Zielpunkt zum abstrakten Ziel‹).
Besonderen Bedarf an Neologismen haben die verschiedenen Fach- und Sondersprachen; die wissenschaftl.-techn. Sprache bildet N.en oft aus griech. oder lat. Elementen *(Automobil, Monem)* oder formt Kunstwörter *(DIN-Norm).* Viele N.en wurden habitualisiert und werden nicht mehr als solche empfunden, sind in den allgemeinen Sprachschatz aufgenommen. Davon zu unterscheiden sind einmalige, meist auf einen dichter. Kontext beschränkte N.en *(feuchtverklärt,* Goethe). N.en werden bes. in manierist. Literatur auch als Stilmittel eingesetzt, von daher nimmt die Bez. ›N.‹ häufig auch den Nebensinn ›gekünstelte, gewaltsame Neubildung‹ an. S

Neorealismo, m. [it. = Neu-Realismus], auch: Neoverismo, italien. literar. Richtung, die unmittelbar nach dem Zweiten Weltkrieg insbes. die erzählende Prosa bestimmte: Durch Rückgriff auf Aussagetechniken des Realismus und Naturalismus (↗ Verismo: G. Verga) und nach Vorbildern wie W. Faulkner, J. Dos Passos, J. Steinbeck, E. Hemingway u. a. zielt der N. auf die schonungslose Bloßlegung der sozialen und polit. Wirklichkeit während des Faschismus, der Widerstandsbewegung, der Kriegs- und Nachkriegszeit. Bevorzugte Formen sind Chronik, Reportage (autobiograph.) Berichte, in oft dialektgefärbter Alltagssprache und immer mit starkem sozialkrit., linksorientiertem Engagement. – *Vorläufer* des N. sind A. Moravia (»Gli indifferenti«, 1929 u. a.), C. Bernari, I. Silone (»Fontamara«, 1930). Als Begründer des N. gilt E. Vittorini (»Uomini e no«, 1945); weitere Vertreter sind V. Pratolini (»Il quartiere«, 1944, »Cronache di poveri amante«, 1947), C. Levi (»Cristo si è fermato a Eboli«, 1945: eines der Hauptwerke des N.), C. Pavese, F. Jovine, J. Calvino, B. Fenoglio. Über Italien hinausgehende Resonanz erhielt der N. durch *neorealist. Filmkunstwerke* (Manifest des film. N. bereits 1943 in der Zeitschrift »Cinema«); bes. durch die Filme von R. Rossellini (»Roma, città aperta«, 1945, »Paisà«, 1946), V. de Sica (»Ladri di biciclette«, 1948), L. Visconti (»La terra trema«, 1948) und P. Germi (»In nome della legge«, 1949). – Ende der 50er Jahre wandten sich einige Vertreter des literar. N. neuen artifiziell-manierist. Strömungen zu (E. Vittorini, J. Calvino, vgl. ↗ Gruppo 63). Im Film griffen in den 60er Jahren P. P. Pasolini, B. Bertolucci und E. Petri die Tendenzen des N. wieder auf. IS

Neostrukturalismus, s. ↗ Poststrukturalismus.

Neoteriker, m. Pl. [gr. neóteroi = die Neueren, die Modernen], sog. jungröm. Dichterkreis (in Rom, Mitte des 1. Jh. v. Chr.), dessen lat. schreibende Mitglieder vorwiegend aus den kelt. Gebieten Oberitaliens u. Südfrankreichs stammten. *Vorbild* der N. ist die alexandrin. Kunst aus dem Umkreis des Kallimachos – vom Zeitgenossen Cicero deshalb als ›Neuerer‹ und ›modern‹ verurteilt. *Kennzeichnend* sind eine artist. Kunstauffassung und eine gelehrt anspielungsreiche, empfindungsvolle, ausgefeilte Schreibweise, die Ablehnung der Großformen Epos und Tragödie, die Vorliebe für Kleinformen wie ↗ Epyllion, ↗ Elegie (als Liebesdichtung) und ↗ Epigramm. Im Unterschied zum reservierten Akademismus der Alexandriner zeigen sich Leben und Dichtung der N. aber bestimmt durch ein starkes persönl., teils auch polit. Engagement und einen ausgeprägten Individualismus, zu verstehen als Antwort auf die geschichtl. Situation im Übergang von der röm. Republik zum Prinzipat (vgl. als eine bevorzugte Form der N. die ↗ Invektive als persönl. oder polit. Schmähgedicht). Als Vermittler der alexandrin. Vorbilder gelten der Grieche Parthenios und der aus Oberitalien gebürtige C. Helvius Cinna. *Die führenden Köpfe* sind Valerius Cato und C. Licinius Calvus. Als N. gelten ferner M. Furius Bibaculus, Caecilius Memmius, Q. Cornificius, Ticida und der junge Asinius Pollio, außerdem eine Reihe hochbegabter, geist. und gesellschaftl. sehr selbständiger Frauen wie Sempronia (Gattin des Decius Iunius Brutus), Cornificia (Schwester des Cornificius), Hortensia (Tochter des Redners Hortensius) und später Sulpicia (Gattin des Staatsmanns und Kunstfreunds Marcus Valerius Messala Corvinus). Die Werke dieser N. blieben nicht erhalten (außer den Elegien der Sulpicia unter den Schriften Tibulls), gut überliefert aber sind die Dichtungen des genialen *Hauptvertreters* der Gruppe, des Gaius Valerius Catullus aus Verona. Mit Catulls frühem Tod ist auch die Blütezeit der N. vorüber. Den N.n nahe stehen Cornelius Gallus (aus Südfrankreich) und Cornelius Nepos, möglicherweise auch der junge Vergil mit den ihm zugeschriebenen Frühwerken »Culex« und »Ciris«. Der reife Vergil und auch Horaz distanzierten sich zwar von den Dichtungen und Manierismen der N., denen jedoch die Herausbildung der augusteischen Dichtung stark verpflichtet ist. Als Vorbilder bewundert und nachgebildet wurden die N. von der Renaissance (Ulrich v. Hutten) bis ins 19. Jh. (E. Mörike), als Vorlage für Musik sogar bis ins 20. Jh. (Carl Orff u. a.). Als N. bezeichnet man gelegentl. auch die sog. ›poetae novelli‹ des 2. Jh. n. Chr., insbes. Alfius Avitus, Septimius Serenus und Terentianus Maurus und zwar wegen ihrer gelehrten Stoffe und ihrer sprachl. wie metr. Kunstfertigkeit, die aber meist über virtuose oder verspielte Künstelei nicht hinausgeht. RS

Neoverismo, [it.], ↗ Neorealismo.

Neudruck, im Unterschied zum unveränderten ↗ Nachdruck eines Werkes meist Bez. für einen Abdruck eines älteren Werkes, der mit Textbesserungen, einer allgemein einführenden oder der neueren Forschungslage Rechnung tragenden Einleitung, neuer Bibliographie usw. versehen wurde, z. B. die »Dt. Neudrucke«, hg. v. der Dt. Forschungsgemeinschaft. S

Neue Sachlichkeit, ursprüngl. eine Bez. der Kunstkritik (1925), die zur Benennung ähnl. Tendenzen in der Literatur übernommen wurde (u. a. H. Kindermann: »Vom Wesen der n. S.«, in: Jb. des Freien Dt. Hochstifts, 1930). Die n. S. erwuchs aus der Spannung irrationaler und rationaler Tendenzen der damaligen Literatur. Sie ist eine Reaktion auf das Pathos, auf die das Irrationale betonende, subjektiv-gefühlsbeladene, utop.-idealisierende Geisteshaltung des (Spät)Expressionismus. Dennoch können der n.n S. zuzurechnende Werke durchaus noch expressionist. Züge tragen. Zum ausländ. *Vorbild* wurde Upton Sinclair. Bei unterschiedl. ausgeprägter polit. Konzeption und Haltung (neben marxist. und dem Marxismus nahestehenden Autoren umfasst die n. S. durchaus auch Rechtstendenzen, u. a. bei E. Jünger, H. Johst, E. W. Moeller) erstreben die Autoren der n. S. die Darstellung einer ›objektiven‹ Wirklichkeit, die Behandlung der zeitgenöss. Umwelt mit ihren sozialen u. wirtschaftl. Zuständen. Der Begriff n. S. bez. dabei nicht nur das intendierte Resultat, sondern eher eine vielperspektiv., oft widersprüchl. Tendenz, nachdem sich die ›neue Wirklichkeit‹, mit der man sich auseinandersetzte, vielfach verändert und differenziert hatte (S. Freud, A. Einstein, Marxismus usw.). An inhaltl. Fragen mehr als an formalen interessiert, bevorzugen die Autoren der n.n S. die Aussagemöglichkeiten einer tatsachenorientierten, im weitesten Sinne dokumentar. Literatur: das dokumentar. Theater (E. Piscator), spezielle Sonderformen des Rundfunks (Aufriss, Hörbericht, Hörfolge) die ↗ Reportage (E. E. Kisch), die (wissenschaftl. Quellen aufbereitende) Biographie den desillusionierenden Geschichtsroman (R. Neumann, L. Feuchtwanger), u. a. in der Überzeugung, dass »Tatsachen« gegenüber »verlogener Gefühlsdichtung (...) erlebter, erschütternder als alle Einfälle der Dichter« wirken (H. Kenter). – Im *Drama* und auf dem Theater dominiert das ↗ Zeit- und ↗ Lehrstück (B. Brecht, F. Bruckner, Ö. v. Horváth, G. Kaiser, C. Zuckmayer, die nachexpressionist. Dramen E. Tollers und W. Hasenclevers), in der *Prosa* wird eine bes. Form des Gegenwartsromans gepflegt (A. Döblin, H. Fallada, E. Kästner, L. Renn, A. Seghers). Als Autoren neusachl. Gebrauchs*lyrik*, sog. Zivilisations-Chansons, treten hervor: Brecht, W. Mehring, E. Kästner, J. Ringelnatz; von diesen Lyrikern einer gelegentl. auch sog. »polit.-sozialen Sachlichkeit« heben sich mit »Gedichten der n. S. und Naturmagie« (H. R. Paucker) Lyriker wie O. Loerke, W. Lehmann, E. Langgässer, G. Britting, G. Eich und P. Huchel ab (vgl. auch ↗ mag. Realismus). Eine der n. nS. vergleichbare Tendenz, die allerdings aus anderen Entwicklungsbedingungen abzuleiten ist, lässt sich in den sechziger Jahren in der Malerei und in der Literatur beobachten (↗ Dokumentarliteratur). Etwa zu dieselbe Zeit fallen auch die ersten Bemühungen, die n. S. histor. aufzuarbeiten. D

Neuklassizismus, auch: Neuklassik; Strömung der dt. Literatur um 1900, die als Reaktion sowohl auf den ↗ Naturalismus als auch auf die sog. ↗ Dekadenzdichtung (↗ Impressionismus, ↗ Neuromantik) ein Neuanknüpfen an die klass. Kunsttraditionen forderte, d. h. Objektivität der Darstellung, Sprachzucht, Formstrenge (insbes. die Rückbesinnung auf die Gattungsgesetze) und die Gestaltung ideell-sittl. Werte. Der N. wurde theoret. begründet und weitgehend getragen von Paul Ernst (»Das moderne Drama«, 1898, »Der Weg zur Form«, 1906, zahlreiche Dramen und Novellen), ferner von Samuel Lublinski (»Bilanz der Moderne«, 1904, zahlreiche Tragödien), zeit-

Fallada: »Kleiner Mann was nun?«

weilig auch von Wilhelm von Scholz; dem N. zugerechnet werden u. a. auch Isolde Kurz und Rudolf G. Binding. IS

Neulat. Dichtung, lat. Dichtung der Neuzeit; ihre Anfänge fallen ins 14. Jh. (it. Frühhumanismus u. Renaissance), sie ist orientiert am klass. Vorbild der röm. Antike und löst damit das Mittellat. ab (d. h. die durch zahlreiche ↗ Barbarismen gekennzeichnete mal. Verkehrs- u. Gelehrtensprache). Die neulat. Literatursprache erobert im Laufe des 15. Jh.s das ganze christl. Europa und setzt sich später auch in den europ. Kolonien Nord- u. Südamerikas durch. An Bedeutung verliert die durch nationale Grenzen in ihrer Wirkung nicht beschränkte n. D. erst mit der Ausbildung der modernen europ. Nationalliteraturen. N. D. steht damit am Anfang der neueren europ. Literaturgeschichte. Im Einzelnen lassen sich folgende Entwicklungsphasen unterscheiden:
1. ↗ Humanismus von den Anfängen bis ins 1. Drittel des 16. Jh.s; 2. Reformation, in der die n. D. zum Instrument aktueller polit. Auseinandersetzungen wird; 3. der durch Gegenreformation und Absolutismus charakterisierte ↗ Barock. – Soziolog. ist die n. D. an den *Gelehrtenstand* gebunden: Philologen und Geistliche (seit dem letzten Drittel des 16. Jh.s namentl. Jesuiten), daneben auch Ärzte, Advokaten und Beamte. Der neulat. *Literaturbetrieb* wird weitgehend vom akadem. Ritual bestimmt – hierzu gehören die Einrichtung von Lehrstühlen für Poesie und Poetik, die Gründung poet. Sozietäten oder etwa die Verleihung des Dichterlorbeers durch den Kaiser bzw. die Universität Wien (vgl. ↗ poeta laureatus) oder die Ausschreibung poet. Wettbewerbe (zuletzt der seit 1845 – ! – jährl. ausgeschriebene Hoeufft-Wettbewerb für lat. Dichtung in Amsterdam). – *Themat. und formal* ist die n. D. zunächst durch die antike Tradition bestimmt, doch entwickelt sie, besonders seit der Reformation, auch neue Themen und Formen. Besonders beliebt sind Elegie und ↗ Ekloge, ↗ Heroide, ↗ Ode und ↗ Hymne, das hero. ↗ Epos (mit bibl. und legendar., histor. und biograph. Inhalten), das allegor. Epos (mit geistl. Thematik) und das kom. Epos, ↗ Satire und ↗ Epigramm, Lehrgedicht, ↗ Fabel und namentl. das ↗ Schuldrama, dem zunächst didakt. Bedeutung innerhalb der Rhetorikausbildung zukommt und das im 16. und 17. Jh. zu den wirksamsten Instrumenten reformator. und gegenreformator. Agitation und Volksmission wird (↗ Humanistendrama, ↗ Jesuitendrama); zahlreich ist auch lat. ↗ Gelegenheitsdichtung, insbes. Lobgedichte auf Städte und Landschaften.

Zu den *Begründern der n. D.* gehören Petrarca, Boccaccio und Enea Silvio de Piccolomini, zu ihren ersten *Vertretern in Deutschland* J. Wimpfeling und M. Ringmann in Straßburg, Beatus Rhenanus in Schlettstadt, W. Pirckheimer in Nürnberg, C. Celtis und C. Mutianus Rufus in Erfurt, J. Nauclerus und H. Bebel in Tübingen, J. Locher in Ingolstadt. Die n. D. Deutschlands im 16. Jh. wird repräsentiert durch den Erfurter Kreis (den »Mutian. Orden«) um Eobanus Hessus, Euricius Cordus, J. Micyllus und J. Camerarius, den Wittenberger Dichterkreis um Melanchthon, G. Sabinus und J. Stigel, und durch die Rektoren der Sächs. Fürstenschulen wie G. Fabricius; ihre überragenden Vertreter sind Erasmus von Rotterdam und Ulrich von Hutten, Johannes Secundus, Th. Naogeorgus, P. Lotichius Secundus und P. Melissus Schede, N. Cythraeus und N. Frischlin sowie F. Dedekind. Zu den neulat. Dichtern des späten 16. und des 17. Jh.s in Deutschland zählen der Benediktiner S. Rettenbacher und die Jesuiten J. Pontanus, J. Gretser, J. Bidermann, J. Masen sowie J. Balde. In lat. Sprache dichteten auch M. Opitz, P. Fleming und A. Gryphius. Zu den (meist zweisprachigen) neulat. Dichtern Europas gehören auch die Italiener Ariost und Tasso, der Franzose Du Bellay, die Briten G. Buchanan, F. Bacon und J. Milton, der Pole Sarbievus, der Niederländer D. Heinsius, der Däne L. Holberg. *Zeitgenöss. Vertreter* der n. D. sind H. Weller (seit 1922 17facher Preisträger des Hoeufftianums) und J. Eberle (1963 Krönung zum »poeta laureatus«). K

Neu-↗ Philologie, zusammenfassende Bez. für die Literatur- und Sprachwissenschaften,

Neu-Philologie

die sich mit den *neuzeitl.* europ. Sprachen und Literaturen (und ihren überseeischen Zweigen) beschäftigen; sie gliedert sich entsprechend in german., dt., engl. Philologie (auch: Germanistik, Anglistik, Romanistik usw.). Bez. gebildet im Unterschied zur ›Alt-Philologie‹, die sich mit der griech.-röm. Antike befasst. – Vgl. auch Zeitschriften wie ›Neuphilolog. Mitteilungen‹ (Helsinki 1899 ff.), ›Neophilologus‹ (Groningen 1915 ff.), ›Studia neophilologica‹ (Uppsala 1928 ff.). ↗ Literaturwissenschaft. S

Neuromantik, Ende des 19. Jh.s geprägte Bez. für eine literar. Strömung, die als Reaktion auf den ↗ Naturalismus im Rahmen einer breiteren geist. Auseinandersetzung mit der dt. ↗ Romantik um 1890 entstand (H. Bahr: ›neue Romantik‹ bereits 1891; auch ›Wieder-Romantik‹: J. Bab; ›Moderne Romantik‹: R. Huch; ›nervöse Romantik‹: H. Bahr). Neben wissenschaftl. Beschäftigung mit der Romantik (R. Huch 1899 u. 1902), neben Neuausgaben u. Anthologien wurden auch Themen u. Motive der Romantik (histor., exot., relig. Stoffe, Märchen, Mythen, Träume usw.) aufgegriffen u. literar. gestaltet. Zentrum dieser wieder gefühlsbestimmten, harmonisierenden u. sehr erfolgreichen lit. Richtung war der Verlag Eugen Diederichs, Lpz. (vgl. die Versuche eines literar. Progamms 1900 u. bes. 1906 »N.« v. L. Coellen). Entscheidender als die stoffl. Rückgriffe wurden aber die kunsttheoret. u. ästhet. Einflüsse und Anregungen aus franz. Literaturströmungen wie ↗ Impressionismus, ↗ Dekadenzdichtung (↗ l'art pour l'art) und bes. dem ↗ Symbolismus. Nach Art und Grad der Umsetzung entstanden verschiedene heterogene Ausprägungen (vgl. z. B. ↗ George-Kreis, Wiener ↗ Moderne, Rilke u. a.). Da diese Differenzierungen mit der Bez. ›N.‹ nicht erfasst werden, wird sie heute meist durch ›Symbolismus‹, »Stilkunst um 1900« (Hermand) oder ›literar. ↗ Jugendstil‹ (Jost) ersetzt. Den neuromant. Zielsetzungen (romant. Stoffe in traditionellen Formen) entsprechen aber z. B. die Balladen von A. Miegel und B. von Münchhausen u. a., die ep. oder dramat. Werke R. Huchs, A. Schaeffers, K. G. Vollmoellers, E. Stuckens, E. Hardts und v. a. einzelne Werke G Hauptmanns (»Hanneles Himmelfahrt«, 1893, »Die versunkene Glocke«, 1896 u. a.). IS

New Criticism [ˈnju: ˈkritisizm; engl. = neue Kritik], anglo-amerikan. literaturwissenschaftl. Richtung, entstanden zu Beginn des 20. Jh.s als Gegenbewegung zur positivist.-soziolog. Literaturwissenschaft, bei der Dichtung zum Dokument für außerliterar. Fragestellungen abzusinken drohte. Dagegen konzentriert sich der N. C. ganz auf das literar. Kunstwerk als organ., vielschicht., autonome Einheit und auf seine Rezipienten. Er propagiert ausschließl. die Arbeit eng am Text *(close reading)* und behandelt – unter weitgehendem Verzicht auf histor. und biograph. Hintergründe – u. a. Fragen der deskriptiven ↗ werkimmanenten, funktionalen Interpretation, der Stil- und Strukturanalyse, Probleme der Bildlichkeit, der Metaphorik, des Symbolcharakters der Dichtung, d. h. der sprachl. Ambiguität *(intrinsic method)*. Grundlagen für die sprachl. Textanalysen sind die semant. Untersuchung der Sprache als eines Systems von Zeichen von J. A. Richards/Ch. K. Ogden (»The Meaning of Meaning«, 1923) und bes. das speziell die »emotive« Sprache der Dichtung untersuchende Werk Richards' »Principles of Literary Criticism« (1925). Als method. neuen Ansatz zur Interpretation eines (v. a. lyr.) Textes wird die Entschlüsselung der semant. Vielschichtigkeit (der Ambiguität) des Mediums Sprache, ihrer *denotations* (Bezeichnungen) und *connotations* (Nebenbedeutungen) verstanden. Die Bez. ›N. C.‹, die der literaturkrit. Richtung den Namen gab, entnahm J. C. Ransom einem Vortragstitel J. E. Spingarns (»The N. C.«, 1910), eines Schülers B. Croces, der bereits 1910 zahlreiche method. Überlegungen der späteren ›new critics‹ (in z. T. extremen Formulierungen) vorweggenommen hatte. Der N. C. entwickelte sich dann seit den 20er Jahren und gilt als eine der bedeutendsten Leistungen der modernen Literaturkritik (Höhepunkt anfangs der 40er Jahre). Vertreter sind zunächst die Dichterkritiker T. S. Eliot (mit zahlreichen wichtigen und sehr erfolgreichen, aber eher unsystemat. methodolog. Essays wie »The sacred Word«, 1920 u.v.a.), Th.E. Hulme, W.B. Yeats und E. Pound, ferner als bedeutende Theoretiker W. Empson (»Seven Types of Ambiguity«, 1930), J.C. Ransom (»N.C.«, 1941), C. Brooks, der einflussreichste Vertreter des N.C. neben Ransom (»The well wrought Urn«, 1947), R.P. Blackmur (»Language as Gesture«, 1952), weiter A. Tate, W.K. Wimsatt und R.P. Warren (alle meist als ehemalige ↗ Fugitives auch Lyriker). Mitte der 50er Jahre vollzieht sich eine Wendung, z. T. durch die Vertreter selbst (Ransom, Brooks), von der reinen Textanalyse zu histor., soziolog. und sozial-psycholog. Fragestellungen (schon bei K. Burke, »The Philosophy of literary Form«, 1941), zumal die Methoden des N.C. eher für die Lyrik und für Prosa-Kurzformen als für Drama und Roman geeignet waren. Sie begünstigten jedoch die Verbindung von literar. Kritik und Linguistik (als Werkzeug der Stilbeschreibung), vgl. die Arbeiten aus der Prager Schule (R. Wellek, R. Jakobson), vgl. auch ↗ Formalismus.). S

Nibelungenstrophe, mhd. Strophenform, Bez. nach ihrer Verwendung im »Nibelungenlied«: vier paarweise reimende ↗ Langzeilen; die Anverse sind vierhebig, meist mit weibl. klingender, selten männl. Kadenz, die ersten drei Abverse dreihebig, der letzte Abvers vierhebig, jeweils mit männl. Kadenz:
V. 1–3: (x) / x́x/x́x / –́ / x̀ // (x)/x́x/x́x/x́
uns íst in álten máerèn // wúnders víl geséit
V. 4: (x) / x́x / x́x / –́ / x̀ //(x)/x́x/ –́ /x̀x/x́
mán gesách an héldèn // níe so hérlìch gewánt.
Auftakt und Versfüllung sind relativ frei; neben zweisilb. Senkung (x́⌣: *heleden*) begegnet v.a. Senkungsausfall (einsilb. Takt oder ↗ beschwerte Hebung), in d. Regel im 2. Takt des 4. Abverses. Diese erweiterte Schlusskadenz, die wohl durch »Austexieren eines gesungenen Melismas am Strophenschluß« (Mohr) entstanden ist, verleiht dem letzten Vers einen bes. Nachdruck und macht die Sinneinheit der Strophe hörbar; diese Schlussbeschwerung trägt auch zum Eindruck der blockhaften Fügung der N.n bei. Der letzte Vers enthält oft Sentenzen, Zusammenfassungen und die für die mhd. Epik characterist. ↗ Vorausdeu-

tungen. Kadenzwechsel findet sich relativ selten (z. B. NL, Str. 13). Nach der Reimordnung gliedert sich die N. in die Paare 2+2, nach der rhythm. in 3+1; die Syntax schwankt zwischen beiden oder umspielt diese Ordnung durch häuf. Verwendung von Enjambements (↗ Haken- oder Bogenstil, z.B. NL, Str. 32), auch über die Strophengrenze hinaus (Strophenenjambement, Strophensprung, z.B. NL, Str. 30/31). Gelegentl. erscheinen Zäsurreime (vgl. Str. 1, 17 u.a.). – Verwendet ist die N. auch in der Lyrik des Kürenbergers (um 1160), in der Elegie Walthers v.d. Vogelweide und in der »Kûdrûn« (um 1230, etwa 6% der Strophen). Die Genese ist umstritten; erwogen werden Zusammenhänge mit einer mündl. tradierten ahd. Langzeilenstrophe, auch mit der mittellat. Vagantenstrophe (↗ Vagantenzeile). – Verwandte Strophen sind die ↗ Kudrunstrophe, ↗ Walther-Hildegund-, und ↗ Rabenschlachtstrophe und der ↗ Hildebrandston, der zur oft benutzten Variante der N. in Volksballade, im Volks- und Kirchenlied wird. GG

Niederländ. Komödianten, in Wandertruppen organisierte niederländ. Berufsschauspieler, in Deutschland von der Mitte des 17. Jh.s (1649 Gastspiel einer Brüsseler Truppe in Schloss Gottrop/Holstein) bis ins 18. Jh. nachweisbar. Vorbild sind die ↗ engl. Komödianten, deren Bedeutung und Einfluss sie jedoch nicht erreichen. Wirkungsgebiete der n. K. waren vor allem Niederdeutschland und Skandinavien. Die namhaftesten Truppen waren von J.B. van Fornenbergh (1648 Brüssel, 1649 Den Haag, 1665 Hamburg, 1666 Riga und Stockholm), B. van Velsen (1652 Köln), J. Sammers, J. van Rijndrop (1703 Hamburg) und A. Spatsier. Gespielt wurden fast ausschließl. niederländ. Stücke (Trauerspiele von Vondel, Hooft, Bredero; Lustspiele u.a. von P. Langendijk). Der Theaterstil entsprach im Wesentl. dem der engl. Komödianten (Aktionstheater; ↗ lust. Person: ↗ Pickelhering; vgl. auch ↗ Nachspiel); die Bühnenausstattung war jedoch aufwendiger (Verwendung der Kulissenbühne mit 4 Grunddekorationen: Wald, Garten, Thronsaal und Bauern- oder Wirtstube); die Kostüme waren nach histor. Gesichtspunkten gestaltet. Zu den Besonderheiten der Aufführung gehören die ↗ lebenden Bilder *(Vertoningen)* zwischen den einzelnen Akten. K

Nō, n. [jap. = Fertigkeit, Fähigkeit, Kunst], jap. dramat. Kunstwerk, in dem Dichtung, pantomim. Darstellung, stilisierter Tanz, Gesang und Musik eine Einheit bilden. Durch die Darstellung des Übersinnlichen im Sinnlichen, des Unsagbaren hinter dem Ausgesagten ist das N. eng mit der Tradition des Zen-Buddhismus verknüpft: Es zielt auf Befreiung von der Welt der äußeren Erscheinungen und auf myst. Kontemplation. Zeit, Ort und Charaktere werden im N. nicht realist. behandelt, tatsächliche Ereignisse erscheinen abgeschwächt, nur das Wesentliche der Erfahrung des Lebens erscheint in konzentrierter Form. Durch diese hohen geistigen Ansprüche, durch die streng stilisierte Form, Armut an Handlung, Kunst der Verweise, Anspielungen und Beziehungen ist das N. eine höchst aristokrat. Kunstform. Im Gegensatz zum ↗ Kabuki, dem Theater der Kaufmannsschicht, wurde das N. daher in der Zeit seiner Blüte von der Adelsschicht der Samurai getragen. Das N. in seiner heutigen Form geht zurück auf Kan'ami Kiyotsugu (1333–1384) und dessen Sohn Zeami Motokiyo (1363–1443), die sich vom kult. Theater lösten und dabei auf die Tradition des Sarugaku (volkstüml. Spiele mit Gesang und Tanz) u. a. zurückgriffen. Sie schrieben eine große Zahl von N.-Stücken und gründeten eine Schauspielschule, die Kanze-Schule (aus Kan'ami und Zeami). Später wurden von Rivalen weitere Schulen gegründet, so dass heute fünf verschiedene Schulen und Stilrichtungen des N. bestehen, die ihre eigene Tradition besitzen. Durch strenge Familientradition und mündl. Überlieferung wurde das N. in allen Einzelheiten der Aufführung und Darstellung verhältnismäßig getreu bewahrt und gibt heute noch weitgehend ein Bild der Darbietungen im 14. Jh.

Nach den *äußeren Formen* ist das N. strengen Gesetzen unterworfen. Äußerste Stilisierung zeigt schon die Bühne, die ursprüngl. im Freien stand: eine quadrat., in den Zuschauerraum vorspringende Plattform von 5½ m Seitenlänge wird von vier Eckpfeilern begrenzt, die ein Giebeldach tragen. Hinten links liegt der Auftrittsteg, an dessen Seite drei Kiefern gepflanzt sind. Einziger Bühnenschmuck ist das Bild einer stilisierten Kiefer auf der Rückwand und einer Bambusstaude auf der Seitenwand. An der Rückwand sitzen die Musiker (Flöte und Trommeln), auf der rechten Bühnenseite der Chor (8–12 Personen). Auch Requisiten werden nur angedeutet; verbindl. ist ein Fächer: er kann z. B. Messer, Schwert, Laterne, Tablett, Schreibgerät oder gar fallenden Regen oder Schnee darstellen. Prächtig dagegen sind die Kostüme, v. a. des Hauptdarstellers, der oft auch eine holzgeschnitzte Maske trägt. Dieser Hauptdarsteller, Shite genannt, meist ein übernatürl. Wesen, hat die großen Gesang- und Tanzpartien auszuführen. Sein Gegenspieler, Waki, ist der Mittler zwischen übernatürlicher Welt und Zuschauer. Beider Begleiter, Tsure genannt, erscheinen ledigl. als Verlängerungen der beiden Hauptfiguren, so dass das N. eigentl. ein Zweipersonenstück ist. Aber auch die beiden Hauptrollen unterliegen dem Gesetz der künstler. Reduktion, stellen also keine naturalist. Charakterstudien dar. Frauenrollen werden von Männern gespielt, nur für einige festgelegte Rollen werden Kinder eingesetzt.

Die *Stücke* sind personen- und handlungsarm und nach festem Schema aufgebaut: Einleitung: Auftritt des Waki – »Entwicklung«: Auftritt des Shite, Dialog zwischen Shite und Waki, Erzählung des Shite – Höhepunkt und Abschluss: meist Tanz des Shite. Ursprüngl. bestand eine Vorstellung aus fünf N.stücken, deren Zusammenstellung streng festgelegt war; zwischen den einzelnen Stücken war jeweils ein derb-kom., jedoch auch stilisiertes Zwischenspiel (als reines Sprechtheater), ein sog. *Kyōgen*, eingelagert. Heute besteht eine Aufführung meist aus zwei Stücken mit einem Kyōgen. Die Fünfteilung der ursprüngl. Aufführungen zeigt sich noch heute in der Einteilung der N.-Spiele in fünf verschiedene Gruppen mit streng unterschiedenen Inhalten: 1. Eröffnungsspiele um Gottheiten, die zunächst unerkannt auftreten und sich im Laufe des

Stückes im Tanz offenbaren. 2. Stücke von gefallenen Kriegern und Helden, die ihren Todeskampf noch einmal erleben. 3. Stücke von Geistern schöner Frauen und Liebender, die ihr Leben in Lied und Tanz noch einmal darstellen. Eine vierte Gruppe zeigt den größten Reichtum an Themen: die Handlung spielt hier zu Lebzeiten des Helden. Eine bes. bedeutende Form innerhalb dieser Gruppe bilden die N. der Rasenden, in denen der Wahnsinn des Helden den Höhepunkt darstellt. In der fünften Gruppe stehen im Zentrum Dämonen und Geister der Unterwelt, mit einer Darstellung des Dämonischen im Tanz. Die *Stoffe* zu diesen Stücken sind aus der jap. literar. Tradition genommen, aus Historie und Legende, die dem Zuschauer durch ep. Dichtungen vertraut sind. Die *Texte,* in denen Prosapassagen in der Hochsprache des 14. Jh.s mit Versen wechseln, enthalten daher ein reiches Gefüge von Anspielungen auf histor. Ereignisse oder Legenden und Sagen (erhalten sind 240 Stücke).

Der Einfluss des N. auf das europ. Theater setzt mit der Jahrhundertwende ein. Wesentl. Voraussetzungen dafür sind Bestrebungen wie die Abwendung vom aristotel. Dramenbegriff, von der naturalist. Darstellung des Geschehens, die wachsende Bedeutung der Pantomime, die Aufhebung der Illusionsbühne sowie die Erneuerung durch das ↗ episch Theater. Stoffl. Übernahmen aus N.-Dramen finden sich bei W. B. Yeats, M. Maeterlinck, P. Claudel und B. Brecht. IA

Nobelpreis für Literatur, jährl. verliehener internat. Literaturpreis (neben Preisen für Physik, Chemie, Medizin und Erhaltung des Friedens) der Nobelstiftung, 1901 nach einer testamentar. Verfügung des schwed. Chemikers A. Nobel (gest. 1896) eingerichtet. Jury ist die Schwed. Akademie der Künste; ausgezeichnet werden stets international anerkannte Schriftsteller, z. T. allerdings auch solche, deren Bedeutung oder Wirkung bereits historisch ist. Das Durchschnittsalter der Preisträger liegt zw. 60 und 70 Jahren; bis 1989 waren nur 9 Autoren jünger als 50 (jüngster: R. Kipling: 42); 4 Preisträger waren über 80

Jahre alt. Ausgezeichnet werden auch stilist. brillante Philosophen, Historiker oder Politiker (Th. Mommsen 1902, R. Eucken 1908, H. Bergson 1927, W. Churchill 1953). Der N. gilt als der am weitesten anerkannte Literaturpreis; allerdings wurde er auch zweimal *verweigert* (1958 gezwungenermaßen von B. Pasternak, 1964 von J.-P. Sartre). Viermal wurde er an je zwei Schriftsteller vergeben (1904 an den Spanier J. Echegaray y Eizaguirre und den Franzosen F. Mistral, 1917 an die Dänen K. A. Gjellerup und H. Pontoppidan, 1966 an Nelly Sachs und S. J. Agnon, Israel, 1974 an die Schweden H. Martinson und E. Johnson). 1909 wurde mit Selma Lagerlöf erstmals eine Frau ausgezeichnet; weitere *Preisträgerinnen* sind die Italienerin G. Deledda (1926), die Norwegerin S. Undset (1928), die Amerikanerin P. S. Buck (1938), die Chilenin G. Mistral (1945) und Nelly Sachs (1966). – Bereits 1913 wurde der Inder R. Tagore ausgezeichnet, aber erst seit 1945 wird neben europäischer und angloamerikan. auch allgem. außereurop. Literatur in breiterem Maße in das Bewertungsfeld einbezogen. So fiel der N. an Chile 1945 (G. Mistral) und 1971 (P. Neruda), Israel 1966 (S. J. Agnon), Guatemala 1967 (M. A. Asturias), Japan 1968 (J. Kawabata), Australien 1973 (P. White), Kolumbien 1982 (G. García Márquez), Nigeria 1986 (Wole Soyinka), Ägypten 1988 (Nagib Machfus). – Die meisten N.e für Literatur erhielt Frankreich (14), es folgen England/Irland (11), USA (10), Schweden (7), Italien (6), Spanien (5), Russland (UdSSR) und Polen (4), Norwegen, Dänemark (3). – 8 N.e für Literatur fielen an *Deutschland:* 1902 Th. Mommsen (85-jährig), 1908 R. Eucken, 1910 P. Heyse (80-jährig), 1912 G. Hauptmann, 1929 Th. Mann, 1946 H. Hesse, 1972 H. Böll, 1999 G. Grass. Die N.e für Literatur *der letzten fünf Jahre* wurden vergeben: 2003 an den Südafrikaner John M. Coetzee, 2004 an die Österreicherin E. Jelinek, 2005 an den Briten H. Pinter, 2006 an den Türken O. Pamuk, 2007 an die Britin D. Lessing. 1914 und 1918, ferner 1935 und 1940–1943 wurde der N. für Literatur nicht vergeben. IS

Noël, m. [frz. nɔːɛl; von lat. natalis (dies) = Geburtstag], seit dem 16. Jh. schriftl. bezeugte Weihnachtslieder, die sich teilweise an ältere Volksliedtraditionen anschlossen (vgl. engl. ↗ Carol). S

Nom de guerre, m. [frz. nõd'gɛːr = Kriegsname], ↗ Pseudonym, ↗ Deck-, Künstler-, auch Spottname, evtl. mit Anspielung auf ›kämpferische‹ literar. Auseinandersetzungen (in Polemiken, Streitschriften usw.), die zur Pseudonymität zwangen. Ursprüngl. Name, den ein Soldat beim Eintritt in die Armee annahm, vgl. ähnl. die Klosternamen der Mönche. S

Nom de plume, m. [frz. nõd'plym = (Schreib)federname], ↗ Pseudonym eines Schriftstellers, eines *homme de plume* (Mannes der Feder). S

Nomenklatur, f. [lat. = Namenverzeichnis], 1. Benennung wissenschaftl. Gegenstände und Methode der Klassifizierung der Begriffe. 2. Gesamtheit der Fachausdrücke einer Wissenschaft oder Kunst, auch deren systemat. Ordnung; auch ↗ Terminologie. S

Nominalstil, s. ↗ Verbalstil, ↗ Stil.

Nonarime, f. [it. = Neunzeiler, Neunreimer], s. ↗ Stanze.

Nonsense-Dichtung, -Verse ['nɔnsəns, engl. = Unsinn], auch ↗ Unsinnspoesie.

Nordsternbund, Berliner Dichterkreis der ↗ Romantik im 1. Jahrzehnt des 19. Jh.s; angeregt durch Theorie und Dichtung A. W. Schlegels und L. Tiecks. Publikationsorgan war der »Grüne Almanach« (1804–06); Mitglieder: A. von Chamisso, F. de la Motte-Fouqué, J. E. Hitzig, D. F. Koreff, F. W. Neumann und K. A. Varnhagen von Ense. GG

Nostalgie, f. [zu gr. nostos = Heimkehr, álgos = Schmerz, Traurigkeit], Heimweh und Sehnsucht nach Vergangenem. Wortschöpfung des Basler Arztes J. Hofer (»Dissertatio medica de Nostalgia oder Heimwehe«, 1678) für die durch unbefriedigte Sehnsucht nach der Heimat begründete Art von Melancholie oder Monomanie. Seit der Romantik setzt sich N. als Fachbegriff der Psychiatrie und medizin. Psychologie durch. Bis zur Jh.wende galt N. als Ursache schwerer Depressionen (heute durch Begriffe wie ›Nostomanie‹, ›Pathopatridalgia‹ ersetzt). Das Adjektiv ›nostalgisch‹ entsteht um 1800. Ausdrücke wie ›regard nostalgique‹ oder ›pensée nostalgique‹ häufen sich bes. in der franz. Literatur der Romantik. Das ital. ›nostalgico‹ bezeichnet auch romant. Lieder (vgl. franz. ›chanson nostalgique‹). Als früheste Zeugnisse von N. in der Literatur gelten Odysseus' Sehnsucht nach der Heimat, Ovids Heimweh nach Rom (desiderium patriae) und Vergils Gedicht von dem aus der Heimat vertriebenen Bauern. Abgesehen von Vorläufern im Humanismus begegnet die N. v. a. in der Literatur des 18. Jh.s. Neben dem Heimweh auf Grund der Isolierung von der Familie kommt als neue Komponente die Sehnsucht nach einfachen, unverdorbenen Sitten der ländl. Welt hinzu (Albrecht von Haller, »Die Alpen«, J. J. Rousseau). Beide Linien setzen sich im 19. Jh. fort (A. W. und F. Schlegel). Das Wort ›N.‹ selbst dringt erst in der Romantik in die Literatursprache ein. Im Ggs. zu Deutschland wird das Wort in Frankreich seit V. Hugo, H. de Balzac, Ch. Baudelaire in verschiedenen Bedeutungsvarianten verwendet: 1. als heftiges Heimweh (Hugo), 2. als Sehnsucht nach fremden Ländern (Baudelaire, »Spleen de Paris«, G. de Maupassant, »Au soleil«), 3. als melanchol. Sehnsucht nach Verlorenem (G. Duhamel), 4. als Sehnsucht nach dem Nichts (J.-P. Sartre). Seit der Jh.wende rückt N. einerseits die räuml. Heimatlosigkeit des Menschen in den Vordergrund, andererseits die Suche des Menschen nach der »verlorenen Zeit« (M. Proust). An die Stelle von Heimweh tritt ferner eine unbestimmte Sehnsucht. Verbunden wird damit die Paralysierung von Signalen und Symbolen einer vermeintl. besseren Vergangenheit, vgl. in Deutschland die sog. Literatur des einfachen Lebens (↗ Heimatkunst: J. Langbehn, F. Lienhard, A. Bartels, G. Frenssen, H. Stehr, G. Kolbenheyer, E. Wiechert), die neben

Wissenschaftsfeindlichkeit, Großstadtfeindlichkeit, Schicksalsfrömmigkeit, Verinnerung und Innerlichkeit N. als literar. Ideologie kennt. Daneben tritt der Begriff auch in kulturkrit. Arbeiten auf (D. Riesman, A. Mitscherlich). – In der sog. N.-Welle (seit etwa 1972) gilt N. als Schlüsselwort für die schwärmer. Rückwendung zu Jugendstil, zu Kitsch und Kunst der frühindustriellen Kultur und umschreibt das Bedürfnis nach Idylle und sentimentaler Verspieltheit. Mode, Musik, Film und Literatur propagieren mit N. die dekorative Hinwendung zu Hollywood und den Zwanziger Jahren (F. S. Fitzgerald,»The Great Gatsby«, 1925, Verfilmung mit sensationellem Erfolg); dabei ist N. als Modewort raschem Verschleiß ausgesetzt. GK

Nota, f. [lat. = Zeichen, Merkmal], textkrit. Zeichen, z. B. ↗ Asteriskus (für eine unvollständ. überlieferte Stelle, eine Crux, als Hinweis für Anmerkungen) oder ↗ Paragraph u. a. Erstmals bei der Edition antiker Schriftsteller von alexandrin. Philologen (Zenodotus, 3. Jh. v. Chr., Aristarchos, 2. Jh. v. Chr.) verwendet, von mal. Gelehrten übernommen. S

Nouveau roman, m. [nuvoɔˈmã; frz. = neuer Roman], nach 1945 in Frankreich entstandene experimentelle Form des ↗ Romans (auch: Dingroman), die sich von den Strukturen und Bedingtheiten des herkömml. Romans löst, insbes. vom allwissenden Erzähler und von einem realitätsorientierten, von bestimmten Gestalten getragenen Handlungsverlauf und Geschehniszusammenhang (↗ Antiheld). Die Kategorien von Raum und Zeit werden überspielt; in der Darstellung fallen die Welt der Erscheinungen und die Ebene der Sinnbezüge auseinander, Oberflächen- und Tiefenstruktur divergieren. Der N.r. bildet einen realitätsunabhängigen, eigenen Sinnkosmos, in dem die Dinge ein isoliertes, von der Kausalität befreites Gewicht erhalten. Die Dingwelt wird mit laboratoriumsähnl. Distanziertheit registriert, der Erzählvorgang ebenso in Frage gestellt wie die Möglichkeit des Schreibens überhaupt. Beliebte Motive sind das Buch im Buch (Nathalie Sarraute,»Les fruits d'or«,

1963) und die Suche nach neuen Identitäten. Der subjektive Perspektivismus reicht zurück bis zur Desillusionierungstechnik in G. Flauberts»Éducation sentimentale« (1869) und zu theoret. Überlegungen bei Stendhal. Der N.r. knüpft v. a. an M. Proust und J. Joyce an; vorbereitet wurde er durch die bereits vor 1945 entstandenen Werke N. Sarrautes (»Tropismes«, 1938), die eine der wichtigsten Vertreterinnen des N.r. wurde, neben A. Robbe-Grillet (»Les gommes«, 1953;»Le voyeur«, 1955;»La jalousie«, 1957;»Dans le labyrinthe«, 1959, auch Drehbuch»Letztes Jahr in Marienbad«) und M. Butor (»L'emploi du temps«und»La modification«, 1957,»Degrés«, 1960, daneben umfangreiche theoret. Darstellungen zum N. r., z. B. »Répertoire« I-III, 1960–68 u. a.); weitere Vertreter sind F. Ponge, J.-M. Clézier, J. Cayrol, Claude Simon. ↗ Anti-Roman. S

Novelle, f. [it., eigentl. = kleine Neuigkeit, zu lat. novus, novellus = neu], Erzählung in Prosa, seltener Versform, gestaltet ein real vorstellbares Ereignis oder eine Folge weniger, aufeinander bezogener Ereignisse, die gemäß dem Namen ›N.‹ den Anspruch auf Neuheit erheben. Die Ereignisfolge beruht auf einem *zentralen Konflikt*, der inhaltlich meist einen Gegensatz von Außergewöhnlichem oder Neuartigem mit Normalem bzw. Hergebrachtem herausstellt; *formal* bedingt er die straffe, überwiegend einlinige Handlungsführung, das pointierte Hervortreten von Höhe- und Wendepunkten sowie die Tendenz zur ↗ geschlossenen Form, bei der ein Konflikt bis zur Entscheidung durchgeführt ist. Dies bedingt weiter einen stark raffenden und funktional auswählenden Handlungsbericht, besondere Vorausdeutungs- und Integrationstechniken (oft schon im Titel), etwa durch ein sprachliches ↗ Leitmotiv oder durch ein Dingsymbol, ferner den gezielten Einsatz szen. Partien an Höhepunkten und das Zurücktreten ausführlicher Schilderungen äußerer Umstände oder psych. Zustände. Der N. schreibt man deshalb oft ein hohes Maß an Objektivität der Darstellung zu, doch steht dem ebenso häufig eine ganz bestimmte, durchaus subjektive Erzählhaltung gegenüber. Deutlichstes Anzeichen

Novelle

für den Anspruch der N. auf Aktualität ist die beliebte Zusammenstellung von mehreren N.n zu einem *Zyklus,* der nicht nur gesellige Erzählsituationen, sondern eben auch einen gesellschaftl. und jeweils zeitnahen Bezugsrahmen für jeden Einzeltext abgibt; gleiches leistet unter anderen Voraussetzungen die ebenfalls häufige Verfugung von Rahmen- und Binnenhandlung in Einzel-N.n. Die N. unterscheidet sich durch solche Aktualität und durch ihren ausdrücklichen Realitätsbezug von ↗ Legende, ↗ Fabel und ↗ Märchen, durch konsequente Ausformulierung des zentralen Konflikts und die Tendenz zur geschlossenen Form von der jüngeren ↗ Kurzgeschichte, durch bewusst kunstvollen Aufbau und gehaltliches Gewicht von ↗ Anekdote, ↗ Schwank, ↗ Kalendergeschichte und anderen Kleinformen des Erzählens, durch die Konzentration auf Ereignis und Einzelkonflikt vom ↗ Roman. Geschichte: Ansätze zur Gestaltung von *Erzählungen nach Art der N.* finden sich in der Volksliteratur, in pers., ind. und arab. Sammelwerken (wie »1001 Nacht«), bei antiken Historikern (Herodot, Livius) und Erzählern wie Aristides von Milet (»Milesische Geschichten«, um 100 v. Chr.), Petronius (»Satyricon«, um 50 n. Chr.) und Apuleius (»Der Goldene Esel«, 2. Jh. n. Chr.), zuletzt in den kürzeren Verserzählungen des MA.s, den altfrz. (u. altprovenzal.) ↗ Fabliaux und ↗ Lais oder in einem Werk wie dem mhd. »Moriz von Craûn« (um 1200). *Bewusst als Prosakunstwerk* gestaltet (und entsprechend mit der aus dem Provenzal. ins Italien. übernommenen Bezeichnung ›novela‹ versehen) erscheint die N. gegen Ende des MA.s in der Toskana, zunächst im anonymen »Novellino«, dann vor allem im »Decamerone« (1348–53) des G. Boccaccio, der damit auch die zykl. und zugleich zeitbezogene Rahmenform für lange Zeit verbindlich macht. Ihm folgen in England G. Chaucers »Canterbury Tales« (1391–1399, in Versform), in Frankreich die anonymen »Cent Nouvelles Nouvelles« (1440) und das »Heptaméron des nouvelles« der Margarete von Navarra (1558). Eine eigenständige Form ohne Rahmen entwickeln in Italien Matteo Bandello (entst. 1510/60) und in Spanien M. de Cervantes

(»Novelas ejemplares«, 1613). Von Boccaccio bis Cervantes haben sich so in den roman. Literaturen die Hauptarten der europ. N. herausgebildet. *In Dtschld.* stehen gegen Ende des 18. Jh. neben Ch. M. Wielands eleganten Verserzählungen die ›wahre Geschichte‹ Schillers und die moral. Erzählungen A. Meissners und A. Lafontaines, ferner neben Übertragungen aus den roman. Sprachen Nachbildungen wie noch Wielands Zyklus »Das Hexameron von Rosenhain« (1805). Eine neue Aktualität gewinnt Goethe der N. ab, indem er in den »Unterhaltungen deutscher Ausgewanderten« (1795) die Rahmenhandlung des Zyklus auf die Franz. Revolution bezieht. Sie wird auch der Fluchtpunkt für die Novellistik der dt. Romantik und H. von Kleists. Damit entsteht im Übergang von der früh- zur hochbürgerlichen Zeit eine *spezifisch dt. Sonderform der N.* Teils wird sie weiter zyklisch dargeboten wie bei E. T. A. Hoffmann in den »Serapionsbrüdern« (1819–21) oder bei G. Keller im »Sinngedicht« (1881) und versuchsweise noch in A. Döblins »Hamlet« (1956), teils in Romane eingebaut, wie bei Goethe in den »Wahlverwandtschaften« (1809) und in »Wilhelm Meisters Wanderjahren« (1807–1829). Häufiger ist sie als Einzeltext konzipiert und nur lose mit anderen verbunden wie bei E. T. A. Hoffmann in den »Nachtstücken« (1814–17), bei A. Stifter in den »Studien« (1840–50) und den »Bunten Steinen« (1843–53) oder bei Keller in den »Leuten von Seldwyla« (1856–74). Vorherrschend wird die Einzel-N. schon bei Kleist und in der Romantik (A. v. Arnim, C. Brentano, Fouqué, L. Tieck, J. v. Eichendorff), aber auch bei Goethe (»Novelle«, 1828) und dann bei E. Mörike, G. Büchner, der Droste, F. Grillparzer, J. Gotthelf, P. Heyse, W. Raabe, Th. Fontane und vielen anderen, oft in höchst kunstvoller Verflechtung von Rahmen- und Binnenhandlung wie insbes. bei Storm und C. F. Meyer. Auch kommt es zu *Differenzierungen* durch die Ausbreitung von Erzählerreflexionen, Charakterzeichnungen, Zustandsschilderungen und entsprechend zu Abgrenzungen etwa zwischen *Schicksals-N., Stimmungs-N., Charakter-N., Problem-N.* usf. Sammelbecken für die neuere dt. N. sind Anthologien wie der »Dt. Novellenschatz« (1871) von P. Heyse und H. Kurz. – Parallel zu dieser dt. Sonderentwicklung und relativ unabhängig von ihr bildet sich die N. auch sonst in europ. *Romantik und Realismus* fort, und zwar meist mit Bedacht auf psycholog. Feinzeichnung und oft in Richtung auf die weniger streng gefügte Kurzgeschichte, so bei P. Mérimée, A. Daudet und G. de Maupassant in Frankreich, bei A. Puschkin, N. Gogol, F. Dostojewskij, J. S. Turgenev und A. Tschechow in Russland, bei J. P. Jacobsen in Dänemark, bei R. Stevenson, E. A. Poe, N. Hawthorne, H. Melville, St. Crane und Henry James in *England* und den USA. Im 20. Jahrhundert verstärkt sich die Formenvielfalt der N. und auch die Tendenz zur Annäherung an andere Erzählarten, insbes. an Kurzgeschichte, Anekdote und sogar Roman. Daneben kommt es vor allem in Dtschld. zur Weiterbildung und Wiederbelebung der überlieferten Schreibweise, sei es in restaurativem Sinn wie bei P. Ernst, R. Binding, W. Bergengruen, E. Wiechert u. a. oder auch bei F. Werfel, E. Strauss, St. Zweig, Ricarda Huch, St. Andres u. a., sei es mit durchaus eigenständigen Ausformungen wie bei Th. Mann, A. Döblin, F. Kafka, R. Musil, H. v. Doderer, Anna Seghers, G. Grass, M. Walser u. a. Trotz Ansätzen zu Stagnation und Auflösung erweist sich so die N. auch für das 20. Jh. als eine anpassungsfähige und lebendige Erzählgattung. *Theorie:* Seit der bewussten Ausbildung einer dt. Sonderform der N. um 1800 mehren sich die Versuche, ihre Gattungsmerkmale auch theoret. zu erfassen. *Goethe* betont den Vorrang des Ereignishaften und des Neuen, indem er die N. als »eine sich ereignete unerhörte Begebenheit« kennzeichnet; themat. fixiert er »den Konflikt des Gesetzlichen und des Ungebändigten, des Verstandes und der Vernunft, der Leidenschaft und des Vorurteils«. *A. W. Schlegel* (und ähnlich L. *Tieck*) betonen die Notwendigkeit »entscheidender Wendepunkte, so dass die Hauptmassen der Geschichte deutlich ins Auge fallen«. Th. *Mundt* hebt den Einzelfall und die Komposition auf den »Schluß und die Pointe« hin hervor, F. Th. *Vischer* die Gestaltung als »Ausschnitt« und einzelne »Situation«, die »eine Krise hat und uns durch eine Gemüths- und Schicksalswendung mit scharfem Accente zeigt, was Menschenleben überhaupt sei«. *P. Heyse* kommt es ebenfalls auf den »einzelnen Conflict« und auf »das Ereigniß« an; den straffen Handlungsumriss nennt er »Silhouette«, den Umgang mit leitsymbol. Vorausdeutungs- und Integrationstechniken nach einer Boccaccio-N. – etwas missverständlich und oft missverstanden – den »Falken« (↗ Falkentheorie). Seit etwa 1915 wurde diese Theoriediskussion von der Literaturwissenschaft aufgegriffen. Zwischen Extremen wie der Klage über eine vermeintl. Formzertrümmerung oder der Preisgabe aller Klassifikationsversuche angesichts der Formenvielfalt und des Versagens normativer Regelsysteme haben sich dabei auch Ansätze zur Einkreisung eines »Spielraums novellist. Erzählens« (B. v. Wiese) ergeben, doch ist die Diskussion über die N. und ihre Theorie noch keineswegs abgeschlossen.

RS

Novellẹtte, f. [ital. novelletta], kurze ↗ Novelle; im Engl. (das die Bez. ›novel‹ für ›Roman‹ verwendet) auch Bez. für Novelle überhaupt; in der Musik des 19. und 20. Jh. Bez. für ein einsätziges Charakterstück. RS

Nụmerus, m. [lat. = abgemessener Teil, Harmonie, Reihe, Rhythmus (= Strukturierung eines Bewegungsablaufs)], in der lat. Poetik und Rhetorik die geregelte Abfolge der langen und kurzen Silben. Unterschieden werden: *der poet. N.*, der die gesamte Rede nach strengen Gesetzen in regelmäßig wiederkehrende Silbenfolgen gliedert; grundlegende Einheit sind die ↗ Versfüße, die zu festen, durch ↗ Zäsuren gegliederten Versen zusammengebunden werden, und *der Prosa-N.*, der an sich keine Gesetze kennt; in der Rhetorik wurden jedoch gewisse N.-Regeln verbindl., die, als Teil ↗ Ornatus, der Rede akust. Wohlklang garantierten, z. B. ausgewogene Mischung der langen und kurzen Silben, jedoch ohne konkrete Annäherung an die Vers-N. (u. a. Vermeidung von ↗ Jambenfluss), v. a. aber die Verwendung geregelter Silbenfolgen am Anfang und bes. am Ende einer Periode (auch einzelner Kola), sog. ↗ Klauseln. – Zum Spannungsverhältnis zwischen autonomer Sprachbewegung und N. vgl. ↗ Rhythmus.   DW

Nyland-Kreis, eigentl. »Bund der Werkleute auf Haus Nyland« (nach dem Nieland-Hof in Hopsten/Westfalen), 1912 in Bonn von Josef Winckler, Wilhelm Vershofen u. Jakob Kneip begründete Vereinigung von Künstlern, Wissenschaftlern, Industriellen und Arbeitern, der u. a. Gerrit Engelke, Heinrich Lersch, Albert Talhoff, Max Barthel, Karl Bröger, Alfons Petzold mehr oder weniger eng verbunden waren. Im Ggs. zu den Hauptströmungen der Literatur der Zeit, jedoch in gelegentl. sprachl. Nähe zum expressionist. Pathos, suchte der N. nach einer »Synthese von Imperialismus und Kultur, Industrie und Kunst, von modernem Wirtschaftsleben und Freiheit«. Um allseits ihre Unabhängigkeit zu wahren, sollten die Mitglieder einen prakt. Beruf ausüben und ihre Werke anonym veröffentlichen. Diese sind charakterisiert durch eine Überschätzung der weltüberwindenden Kraft der Technik (vgl. Wincklers »Eiserne Sonette«, 1914, als erstes, Lerschs »Mensch in Eisen«, 1926, als eines der letzten Werke des N.es) und Versuche, das Wirtschaftsleben sowie die Industrie- und Arbeitswelt dichter. darzustellen (vgl. v. a. Vershofens »Fenriswolf«, 1914). Einfluss auf den N. hatten E. Zschimmers »Philosophie der Technik« und R. Dehmels Industrielyrik. Die Zeitschrift »Quadriga« (1912–14, nach 1918 u. d. T. »Nyland«) sammelte wesentliche Arbeiten des N.es, dessen Verleger v. a. E. Diederichs (Jena) war. Von den 20er Jahren an werden die ursprüngl. Intentionen mehr oder weniger deutl. zurückgenommen. Symptomat. ist die Zuwendung zum landschaftl. gebundenen Schelmenroman (Winckler, »Der tolle Bomberg«, 1922), zum heiteren Volksroman (Kneip, »Hampit, der Jäger«, 1927), zu einem erfolgreichen ›bodenständ. Erzählen‹, wobei in Wincklers »Pumpernickel« (1925) oder Vershofens »Geschichte eines Hauses«, »Poggeburg« (1934), das »Haus Nyland« nicht mehr ideolog. Nenner, sondern nur noch Ort des Erzählgeschehens ist. – Auch ↗ Arbeiterliteratur.   D

O

Obszöne Literatur [Etymologie umstritten, evtl. zu lat. obscena = von der Szene weg, d. h. nicht auf der Bühne (öffentl.) zeigbar = anstößig, unzüchtig], umstrittene und schillernde Bez. für literar. Werke, die als unanständig, schamlos empfunden werden, »Sitte und Anstand verletzen« (so das Strafgesetzbuch), ›unzücht.‹ Gedanken ausdrücken, bzw. hervorrufen. Dabei wird zwischen o. r L. und ↗ pornograph. Literatur häufig nicht unterschieden (z. B. P. Englisch). Während Autoren wie I. Bloch u. a. eindeutig festlegen, o. L. sei »ausschließl. zum Zweck geschlechtl. Erregung« verfasst, werde also auch nur aus diesem Grunde konsumiert, macht M. Hyde mit Recht darauf aufmerksam, dass, wenn auch Pornographie »immer obszön« sei, dies nicht umgekehrt gelte. So sei z. B. »die Beschreibung des Stuhlgangs zweifelsohne als obszön zu bezeichnen«. In dieser Richtung argumentieren weitere Autoren, wenn sie z. B. die Darstellung von Brutalität und Unterdrückung als obszön bez. Auch ein Unterscheidungsversuch zwischen Pornographie und einer Kunst mit obszönen Elementen hat aus dem inhaltl.-terminolog. Dilemma nicht herausgeführt. Unbestritten kann das Obszöne (in allen seinen Spielarten) legitimes Element der Überzeichnung, z. B. der Satire sein (altgriech. Komödie: Aristophanes). Ähnliches gilt für das allgem. als obszön eingeschätzte Werk des Marquis de Sade, das als »revolutionär« und befreiend angesehen wird, da es das Unvorstellbare konzipiere, da »die Überschreitungen der Sprache ein Beleidigungsvermögen« besäßen, »das mindestens ebenso stark« sei »wie das der moral. Überschreitungen« (R. Barthes). Verwischt sich also einerseits die Grenze zwischen pornograph. und o. L., so verwischt sich andererseits die Grenze zwischen dem »Obszönen als legitimem Element des Kunstwerks« (Mertner, Mainusch) und einer ↗ erot. Literatur. – Letztl. resultiert die Definitions- und Verständnisschwierigkeit aus der (gesellschaftl.) Relativität der Begriffe. »Es hängt von der Einstellung des Lesers oder Betrachters ab, dessen Entscheidung gewöhnl. weitgehend von dem Ruf des Schriftstellers oder Künstlers beeinflußt wird« (Hyde); aber auch dessen Entscheidung wird ebenso von tradierten oder herrschenden Moralvorstellungen, gesellschaftl. Tabuisierungen, der Kodifizierung von Begriffen wie Schamgefühl, Sitte, Anstand beeinflusst. Auf die subjektive Einstellung des Lesers, Betrachters zielte D. H. Lawrence mit seiner Bemerkung: »Was für den einen Pornographie ist, bedeutet für den anderen das Lachen des Genius«. D

Occupatio, f. [lat. = Besetzung, Abhaltung (durch andere Dinge)], ↗ rhetor. Figur, Erwähnung eines Gegenstandes oder Sachverhaltes, der angebl. (später, bes. im MA., auch tatsächlich) übergangen, nicht in der Rede behandelt werden soll, und auf den dadurch umso deutlicher hingewiesen wird. ↗ Paralipse. S

Ode, f. [gr. = Gesang], in der griech. Antike Sammelbez. für alle zu Musikbegleitung vorgetragene *stroph.* (chor. und monod.) Dichtung. Dabei zeigt die *Chorlyrik,* v. a. Pindars (wie die Chorlieder der Tragödie), triad. Form (vgl. ↗ Pindar. O.): auf O. und ↗ Antode (↗ Antioder Gegenstrophe) folgt die ↗ Epode (Abgesang). Es gibt in der Chorlyrik keine verfügbaren, über die einzelnen Lieder hinausgehenden feststehenden Strophenschemata, wie sie im *lyr. Einzelgesang* (der ↗ Monodie) der äol. Lyriker Alkaios, Sappho u. a. als feste

↗ Odenmaße (z. B. sapph., alkäische Strophe) entwickelt wurden. Auch von der Thematik und der Stillage her unterscheiden sich die pathet. chor. Preisgesänge Pindars von leichteren, aus der Situation heraus entstandenen monod. Einzelliedern. – Bei der Übernahme der griech. O. in die röm. Literatur hebt Horaz diese Trennung z. T. auf, indem er in seine von der monod. Tradition geprägten Formen außer themat. Anklängen (Carm. 1, 12) auch Stilelemente der Chorlyrik wie den komplizierten Periodenbau und die dunkle Sprache aufnimmt (Carm. 4, 2). Obwohl Horaz nur noch für Rezitation und Lektüre dichtet, nennt er seine Gedichte (entsprechend der röm. Tradition, vgl. ↗ Hymne) noch »Carmina« (Lieder, ↗ Carmen). Die Bez. O. wird zuerst von kaiserzeitl. Kommentatoren (Pomponius, Porphyrio, 3. Jh.) angewandt. – Als Bez. für das *neulat. gesungene Kunstlied* führt C. Celtis die O. in die neuere Literatur ein. P. de Ronsard verfasst 1550–52 ein fünfbänd. O.nwerk in frz. Sprache. Er ahmt dabei nicht nur die dreigliedrige Form Pindars nach (O. auf Heinrich II.), sondern auch die silbenzählenden Odenmaße der Monodie, ersetzt allerdings das antike Prinzip des auf Silbenquantitäten beruhenden Metrums durch den Reim. In *Deutschland* bemüht sich danach als erster G. R. Weckherlin um die O., dann M. Opitz, der zwar an der Sangbarkeit der O. und auch an der Trennung der pindar. von der im engeren Sinne lyr. O. festhält, das Prinzip des Silbenzählens aber zugunsten einer akzentuierenden Metrik aufgibt. Aber die O. ist nicht mehr durch eine metr. Form bestimmt, sondern durch die Art des Vortrags, durch die Thematik und den Stil. Die Liedform ist auch in Zukunft (z. B. Fleming, bis hin zu Herder) Bedingung der leichteren O. Pindarische triad. Formen dagegen finden Eingang in die barocke Tragödie (Gryphius: »Reyen«) und in die feierl. Gelegenheitsdichtung. Diese pathet. Formtradition wird durch den frz. Klassizismus (Boileau) und die dt. Aufklärung gestärkt, wo die Erhabenheit in Stil und Gehalt (philosoph.-moral. Themen) zum wesentl. Merkmal wird, bei »schöner Unordnung« (»beau désordre«) der äußeren Form. Als verwandte Dichtung werden von nun an die Psalmen der Bibel neben die O. des Pindarischen Typus gestellt. Für diese neuen, religiös-moral. O.n wird auch der Begriff der ↗ Hymne verwendet. Doch auch die leichtere Form lebt wieder auf, als die Dichter der Empfindsamkeit Horazische Themen (Natur, Geselligkeit, Liebe) in nachempfundenen Horazischen Maßen aufnehmen, erstmals auch ohne Reim (1752: Horazübersetzung durch S. G. Lange). Den entscheidenden Schritt in der Assimilation der antiken Odenmaße geht dann F. G. Klopstock, der die Rhythmisierung des deutschen Verses nach dem Wortakzent mit der des antiken Verses nach Quantitäten in Einklang zu bringen sucht. Der Ton dieser O.n ist pathet. und schwungvoll, der Sprache der Prosa bewusst fern, so dass sich die seit Ronsard weitgehend getrennt laufenden Traditionen der Horazischen und Pindarischen Odenform verbinden. Daneben schafft Klopstock aus dem anverwandelten antiken Versmaterial neue Strophenformen, bis hin zu den in ↗ freien Rhythmen gehaltenen O.n (»Die Frühlingsfeier«), die in den variablen Versen Pindars und den Psalmen ihr Vorbild haben. Der heutige Begriff der O. als eines pathet. hohen Gedichts ist stark durch Klopstock geprägt (vgl. Klopstock, »Von d. Nachahmung des griech. Silbermaßes im Deutschen«, 1756). In seiner Nachfolge steht u. a. die Odendichtung des ↗ Göttinger Hains und die Lyrik des jungen Goethe in freien Rhythmen. Für den ↗ Sturm und Drang war Pindar eines der genialen Vorbilder. Einen zweiten Höhepunkt erreicht die dt. O. bei F. Hölderlin, der teils das alkäische oder asklepiadeische Odenmaß, teils die freie Form Pindars (»Hyperions Schicksalslied«) nachahmt. An diesen O.n setzten denn auch Versuche der Literaturwissenschaft an, die ›Gespanntheit‹ als Gattungsmerkmal der O. als einer überzeitl. Form zu bestimmen. Im 19. Jh. versucht der ↗ Münchner Dichter-

Weckherlin: »Oden und Gesänge«, 1618

«reis und v. a. A. v. Platen, die Horazischen Odenformen ohne den gespannt hohen Ton Klopstocks und Hölderlins nachzugestalten und den leichteren Stil dieser Tradition wieder zur Geltung zu bringen. R. A. Schröder und R. Borchardt bemühen sich im 20. Jh. um eine bewusste Neubelebung der O., ebenso F. G. Jünger und J. Weinheber. – Als europäische Bewegung findet sich die Odendichtung in Renaissance und Barock außer in Frankreich und Deutschland auch in England (Cowley, Dryden, Pope), Italien (Tasso, Alamanni, Chiabrera), Spanien (Ponce de León, Fernando de Herrera). Im 19. Jh. verwenden Victor Hugo und Musset in Frankreich die Odenform. Ihr Landsmann Lamartine, Manzoni (Italien) und Byron (England) dichten O.n auf Napoleon. Die pathet. O. erneuert im 20. Jh. D'Annunzio.

DW

Odenmaße, feste Strophenformen der altgriech. monod. Lyrik (im Unterschied zur altgriech. Chorlyrik): vierzeilige, v. a. aus den ↗ äol. Versmaßen gebaute Strophen der im 7./6. Jh. v. Chr. lebenden Lyriker Alkaios, Alkman, Archilochos, Asklepiades, Hipponax und Sappho. In der Nachwirkung (v. a. bei Horaz) am lebendigsten waren:
1. die *alkäische Strophe* aus zwei alkä. Elfsilblern, einem Neunsilbler und einem Zehnsilbler (↗ alkäische Verse); Schema:

‒́ ‒ ‿ ‒́ | ‒ ‿ ‿ ‒́ ‿ ‒̆
‒́ ‒ ‿ ‒́ | ‒ ‿ ‿ ‒́ ‿ ‒̆
‒́ ‒ ‿ ‒́ ‿ ‒́ ‿ ‒̆
‒ ‿ ‿ ‒́ ‿ ‿ ‒́ ‿ ‒̆

Zuerst von Alkaios und Sappho verwendet, von Horaz in die röm. Lyrik übernommen (Carm. 3, 1–6 u. a.), von F. G. Klopstock in die dt. Dichtung eingeführt (»An J. H. Voß«, »An Fanny«), auch von L. Ch. H. Hölty (»Auftrag«) und bes. F. Hölderlin (»An die Parzen«, »Rousseau«, »Abendphantasie«) verwendet.
2. die *asklepiadeischen Strophen*, fünf von Horaz teils aus der griech. Lyrik übernommene, teils von ihm neugeschaffene O. Grundelement ist der äol. kleine oder große ↗ Asklepiadeus (minor oder maior). Man unterscheidet:
a) die 1. *asklepiad. Strophe* aus vier kleinen Asklepiadeen (z. B. Carm. 1, 1);

b) die 2. *asklepiad. Strophe* aus drei kleinen Asklepiadeen und einem ↗ Glykoneus (carm. 1, 6), Schema:

‒́ ‒ ‒́ ‿ ‿ ‒́ | ‒ ‿ ‿ ‒́ ‿ ‒̆
‒́ ‒ ‒́ ‿ ‿ ‒́ | ‒ ‿ ‿ ‒́ ‿ ‒̆
‒́ ‒ ‒́ ‿ ‿ ‒́ | ‒ ‿ ‿ ‒́ ‿ ‒̆
‒ ‒ ‒ ‿ ‿ ‒ ‿ ‒̆

c) die 3. *asklepiad. Strophe* aus zwei kleinen Asklepiadeen, einem ↗ Pherekrateus, einem Glykoneus (Carm. 1, 5), Schema:

‒́ ‒ ‒́ ‿ ‿ ‒́ | ‒ ‿ ‿ ‒́ ‿ ‒̆
‒́ ‒ ‒́ ‿ ‿ ‒́ | ‒ ‿ ‿ ‒́ ‿ ‒̆
‒ ‒ ‒́ ‿ ‿ ‒ ‿̆
‒ ‒ ‒ ‿ ‿ ‒ ‿ ‒̆

d) die 4. *asklepiad. Strophe* aus zwei Disticha aus Glykoneus und Asklepiadeus minor (z. B. Carm. 1, 3);
e) die 5. *asklepiad. Strophe* aus vier großen Asklepiadeen (z. B. Carm. 1, 11). – Strophen im strengen Sinne sind nur die 2., 3. und 4. asklepiad. Strophe. – Nach dem Vorbild des Horaz wurden sie auch in dt. Sprache nachgeahmt, besonders die dritte, so von Klopstock (»Der Zürchersee«), Hölty (»Die Liebe«), Hölderlin (»Heidelberg«, »Der Abschied«), J. Weinheber (»Ode an die Buchstaben«), aber auch die zweite (Klopstock, »Friedrich V.«).
3. die *sapphische Strophe* aus drei sapph. Elfsilblern (Hendekasyllabi) und einem ↗ Adoneus (z. B. Horaz, Carm. 1, 22); Schema:

‒ ‿ ‒ ‒̆ ‒ ‿ ‿ ‒ ‿ ‒ ‿̆
‒ ‿ ‒ ‒̆ ‒ ‿ ‿ ‒ ‿ ‒ ‿̆
‒ ‿ ‒ ‒̆ ‒ ‿ ‿ ‒ ‿ ‒ ‿̆
‒ ‿ ‿ ‒ ‿̆

Zuerst in den Liebesliedern der Sappho und bei Alkaios belegt, von Catull und Horaz in die röm. Lyrik übernommen, in dt. Sprache nachgeahmt von Klopstock (»Der Frohsinn«, z. T. auch mit Varianten, z. B. Stellungswechsel des Choriambus), Hölty (»An die Grille«), einmal auch von Hölderlin (»Unter den Alpen gesungen«), ferner von A. v. Platen (»Los des Lyrikers«), N. Lenau, J. Weinheber, G. Britting.
4. die *archiloch. Strophen,* drei relativ seltene O. des Horaz, die er nicht aus äol. Versen, sondern, nach dem Vorbild der ↗ Epoden des Archilochos (vgl. ↗ archiloch. Verse: aus daktyl. und jam. Vers(teilen) bildete. Man unterscheidet

a) die *1. archiloch. Strophe* aus zwei Disticha aus daktyl. ↗Hexameter und katalekt. ↗Tetrameter, z. B. Carm. 1, 7; Schema:
2-mal: −◡◡−◡◡−|◡◡−◡◡−◡◡−◡
−◡◡−◡◡−◡◡−−
(entspricht, mit Synaphie, der 12. Epode des Horaz);
b) die *2. archiloch. Strophe* aus zwei Disticha aus daktyl. Hexameter und ↗Hemiepes (z. B. Carm. 4, 7). Schema:
2-mal: −◡◡−◡◡−|◡◡−◡◡−◡◡−◡
−◡◡−◡◡−
c) die *3. archiloch. Strophe* aus zwei Disticha aus ↗Archilochius und katalekt. jamb. ↗Trimeter, z. B. Carm. 1, 4); Schema:
−◡◡−◡◡−|◡◡−◡◡−◡−◡−⏑̄
⏑̄−◡−⏑̄|−◡−◡−⏑̄
Nachgebildet in dt. Sprache wurde die 2. archiloch. Strophe von Klopstock (»An Giseke«, »An Ebert«).
5. die *hipponakteische Strophe* aus zwei Disticha aus katelekt. trochä. Dimeter und katalekt. jamb. Trimeter (z. B. Horaz, Carm. 2, 18); Schema:
−◡−◡−◡⏑̄
◡−◡−⏑̄|−◡−◡−⏑̄
(die Bez. ist ungeklärt, da die Strophenform für Hipponax nicht bezeugt ist, bei Archilochius findet sich als ähnl. Verbindung nur jamb. Trimeter und jamb. Dimeter).   DW

Offene Form, auch: atektonisch, Begriff der Ästhetik, übertragen auf die Poetik für literar. Werke, die im Ggs. zur ↗geschlossenen Form keinen streng gesetzmäßigen Bau zeigen, atekton. sind. – Kunstwerke der o. F. finden sich v. a. in Epochen und Stilrichtungen, die in Opposition zu klass. Form und normativer Poetik stehen, etwa im ↗Sturm und Drang, in der ↗Romantik, im ↗Expressionismus. Charakterist. Stilform ist die ↗Parataxe, das lockere Aneinanderfügen von Einzelaussagen, oft in freier Assoziation (statt der log. ordnenden und hierarch. gliedernden ↗Hypotaxe), abgebrochene Aussagen, unvollendete Sätze, Stammeln, freies Strömen der Gedanken (Affinität zum ↗inneren Monolog). Anstelle der typisierenden, gehobenen, einheitl. Sprache der geschlossenen Form tritt die individualisierende, dem jeweiligen Sprecher angemessene polyperspektiv. Sprache. In der Lyrik wird der Rhythmus wichtiger als Versmaß und Strophenformen (Bedeutung der ↗freien Rhythmen). Dem Stilprinzip der Parataxe entspricht das Bauprinzip der nebengeordneten Teilaspekte, also etwa die Betonung der Einzelszene (z. B. Goethes »Faust«) im Ggs. zur Bedeutung der Akte im Drama der geschlossenen Form. Diese ›szenische‹ Kompositionsform findet sich auch in narrativen Texten in der Betonung der Einzelepisode (z. B. Büchners »Lenz«) anstelle streng gliedernder Kapiteleinteilung. Anfang und Ende sind weniger deutlich markiert als in der geschlossenen Form, kennzeichnend ist der offene Schluss. Die ↗drei Einheiten verlieren ihre Bedeutung. Die Ganzheit wird nicht mehr sichtbar, sie stellt sich nur in Ausschnitten und Bruchstücken dar.   IA

Okt͜ave, f. [lat. octavus = der achte] ↗Stanze.

Okt͜ett, n. [lat.-ital. von lat. octo = acht], Strophe aus 8 Zeilen, auch für die Zusammenfassung der beiden Quartette des ↗Sonetts gebraucht.   S

Okton͜ar, m. [lat. octonarius = aus acht bestehend], freiere lat. Nachbildung des altgriech. akatalekt. ↗Tetrameters, wird nicht nach ↗Dipodien, sondern ↗Monopodien (8 ganzen Versfüßen) gemessen, von größerer Beweglichkeit als das griech. Vorbild (vgl. ↗Senar, ↗Septenar). Jamb. O.e erscheinen (im Ggs. zum Griech., wo akatalekt. jamb. Tetrameter nur einmal belegt sind) häufig in Komödien (Plautus, Terenz) und Tragödienfragmenten (Accius); der troch. O. ist dagegen auf melische Partien und Stellen emotionaler Erregung beschränkt.   IS

Onom͜astikon, n. [gr. eigentl. o. biblion zu onoma = Name, biblos = Buch], 1. antikes oder mal. Namen- oder Wortverzeichnis zu bestimmten Sachgebieten, z. T. mit sachl. Erläuterungen, Synonyma und Etymologien. 2. kürzeres Gedicht auf einen Namenstag (carmen o.).   S

Onomatopoeie, f. [aus gr. onoma = Name, poiein = schöpfen], Bildung oder Verwendung klangnachahmender, lautmalender Wörter (sog. *onomatopoietica*, z. B. Kuckuck, brummen, zirpen); vgl. ↗ Lautmalerei. HW

Onomatopoietische Dichtung, Texte, deren Ziel es ist, durch ↗ Onomatopoeie die akust.-sinnl. Eindrücke, die das Bezeichnete in der Realität besitzt oder auslöst, nachzubilden, sei es durch herkömml. oder in der Kunstpoesie seit der Antike immer wieder neu erfundene onomatopoet. Wörter (onomatopoietica) oder durch eine besondere rhythm.-metr. Zusammenstellung ursprüngl. nicht schallimitierender Wörter, vgl. z. B. in der Homer-Übersetzung von J. H. Voß »Hurtig mit Donnergepolter entrollte der tückische Marmor« (Odyssee XI, 598). In der manierist. Lyrik des Barock wurde die o. D. bes. vom Nürnberger Dichterkreis (G. P. Harsdörffer, J. Klaj, S. v. Birken) gepflegt, gelegentl. nicht ohne Selbstironie, vgl. z. B. »... Des Gukkuks Gukke trotzt dem Frosch und auch die Krükke./ Was knikkt und knakkt noch mehr? kurtz hier mein Reimgeflikke« (Klaj, 1644). In der Klassik (etwa in Bürgers »Lenore«, Schillers »Glocke«, Goethes »Hochzeitslied«, später in Kopischs »Heinzelmännchen«) wurde die Onomatopoeie als Mittel klangl. Veranschaulichung des Dargestellten eingesetzt; in der Romantik dagegen nahm sie mehr den Charakter einer *Lautsymbolik* an, die den Stimmungswert der Vokale und Konsonanten betonte und dem Sprachklang einen über den Illustrative hinausgehenden Vermittlungswert beimaß (z. B. H. v. Brentano, »Ehegeheimnis der Diphthonge«). Im 20. Jh. findet sich Onomatopoeie in den dadaist. Lautgedichten (H. Ball), neuerl. in den mit den Klangassoziationen einzelner Phoneme arbeitenden Gedichten E. Jandls (»Laut und Luise«, 1966). ↗ Lautmalerei. HW

Jandl: »Laut und Luise«

Oper, f. [von ital. opera (musica) = (Musik-)Werk], Theatergattung mit unterschiedl. Wechselbeziehungen von Wort, Musik und szen. Darbietung. – Verbindungen von Dichtung und Musik sind alt, vgl. etwa die mal. Lyrik (↗ Trobadorlyrik, ↗ Minnesang) oder antike und mal. Epen, für welche rhapsod. Vortrag (mit Sing-, nicht Sprechstimme) vermutet wird. Die Rolle der Musik im antiken Drama ist nicht sicher belegt; belegt sind dagegen im ↗ geistl. Spiel des MA.s Wechselgesänge, Chöre, Einzellieder als integrale Bestandteile. Auch weltl. Stücke mit Musik sind bezeugt (Adam de la Halle, Schäferspiel »Le jeu de Robin et Marion«, 1283). – Im 16. Jh. nimmt die Tendenz zur musikal. Ausgestaltung szen. Darbietungen auffallend zu: Eine Aufführung wie die des Luzerner Passionsspieles konnte mit ihrem enormen theatral. Aufwand durchaus den Eindruck eines opernhaften Gesamtkunstwerks vorwegnehmen. Bes. in Italien wurden in klass. Tragödien musikal. ↗ Intermezzi (Chöre, Arien, Tänze usw.) eingefügt. Auch die immer beliebter werdenden ↗ Schäferspiele waren mit Melodien angereichert, vgl. Tasso, »Aminta« (1573), G. B. Guarini, »Il pastor fido« (1590). In diesen Umkreis gehören auch Madrigalkomödien wie O. Vecchi, »Amfiparnasso« (1594) oder die ↗ Trionfi. Auch das dt. Fastnachtspiel endet schließl. in einer (von den engl. Komödianten beeinflussten) ↗ Singspielform (vgl. J. Ayrer). Szen. Darstellungen mit Musik waren also im 16. Jh. durchaus beliebt. Dennoch beginnt 1594 im Hause des Grafen Bardi in Florenz (im Kreise der sich dort versammelnden Dichter, Komponisten und Gelehrten, der sog. *Camerata*) eine neue Entwicklung: Mit dem ›dramma per musica‹ »Dafne« (Text O. Rinuccini, Musik J. Peri) wurde unter dem Einfluss humanist. Rückbesinnung auf die Antike ein bewusster Versuch unternommen, abseits der üblen Text-Musik-Kombinationen das antike Drama zu erneu-

Oper

ern, für das eine ähnl. Symbiose vermutet wurde. Dieser musikal.-dramat. Neueinsatz war ganz auf das handlungsbestimmte Wort ausgerichtet, das im Sprechgesang (Rezitativ) vorgetragen und durch Chöre ergänzt wurde. An die Stelle der herkömml. Polyphonie trat das neue Prinzip des Generalbasses, über dem sich die Vortragsstimme entfaltete. Diese starke Ausrichtung auf das Wort wurde bereits vom ersten bedeutenden Opernkomponisten, C. Monteverdi, modifiziert durch die Bedeutung, die er dem Orchesterpart einräumte (reiche Besetzung, selbständ. Instrumentalpartien). Als *erste wirkl. O.* gilt sein »Orfeo« (1607, Text von A. Striggio). Der Idee nach eine Erfindung der Renaissance, erhielt die O. ihre eigentl. Gestalt erst im Barock, dessen Repräsentationsbedürfnis sie von ihrer Struktur her entgegenkam: Neben die seitherigen Solopartien (↗ Arien) treten nun immer kunstvollere Duette, schließl. auch Ensemble- und breite Chorszenen. Die szen. Darbietung des Stoffes (der weiterhin der antiken Mythologie und Geschichte entnommen wird) entwickelt sich zu opulentem Schaugepränge in eigens dafür gebauten Theatern. Ein neuer Abschnitt der O.ngeschichte beginnt mit der Öffnung der (anfangs nur dem Adel vorbehaltenen) Kunstform für ein breiteres, zahlendes Publikum: Venedig eröffnet 1637 ein öffentl. O. nhaus. Getragen zunächst von italien. Truppen, trat die O. einen Siegeszug durch Europa an (Paris, Wien, Salzburg, München). Ansätze zu eigenem O.nschaffen zeigten sich in den europ. Ländern nur zögernd: In Deutschland etwa mit dem höf. Festspiel »Daphne« (1627, Text: M. Opitz, Musik: H. Schütz – nicht erhalten) oder dem »Geistl. Waldgedicht Seelewig« (1644, Text G. Ph. Harsdörffer, Musik: J. Staden). Einem breiteren Vordringen der O. standen in Deutschland die Zeitumstände (Dreißigjähr. Krieg) entgegen, in Frankreich und England die dortigen starken einheim. Theatertraditionen (frz. Klassik, Shakespeare). Die Geschichte einer franz. National-O. beginnt erst 1659 mit einem Schäferspiel von P. Parin u. R. Cambert. 1671 wird die 1. frz. O.nbühne eingeweiht, die ›Académie Royale de Musique‹ (die heutige Grand Opéra). Insbes. das Werk

J. B. Lullys, der seit 1664 mit Molière zusammenarbeitete (↗ Comédie ballet), verdrängte allmähl. das beliebte Ballet du cour: Er entwickelte den für die frz. O. bedeutsamen Typus der *tragédie en musique* (Texte v. Ph. Quinault), die sich formal an die frz. Tragödie (5 Akte), musikal. an Monteverdi anschließt (rezitativ. Soloszenen und Instrumentalsätze, bereits auch eine Frühform der Ouvertüre). Ein integraler Bestandteil der frz. Oper wurde das Ballett. Die engl. O.ngeschichte setzt zur selben Zeit ein, allerdings ganz nach ital. Vorbild und erlebt ihren Höhepunkt mit der Opera seria G. F. Händels (seit 1711). Die *Opera seria* im italien. Stil wird die für das Hochbarock kennzeichnende Gattung: Ganz im Gegensatz zu den Gründungsintentionen ist bei ihr die (meist mytholog.-heroische) Handlung sekundär (der ↗ Deus ex machina löst alle Probleme); wichtig sind v. a. eine pompöse Ausstattung und die artist. Präsentation der menschl. Stimme. Aus den in die Opera seria kontrapunkt. eingeschobenen heiteren Zwischenspielen entwickelt sich die *Opera buffa* (kom. O.), die den heroischen Pathos der Opera seria eine unterhaltende, anspruchslose Handlung, der üppigen Harmonik und dem Koloraturwesen einfache Liedformen (auch Duette, Terzette und Ensembles) entgegenstellte (Pergolesi, Cimarosa). – Ein satir. Gegenentwurf zur hochstilisierten Opera seria entstand in England mit der ↗ Ballad opera (volkstüml. Stoffe und Lieder, Arienparodien, possenhafte Prosadialoge); bekanntestes Beispiel ist die »Beggar's opera« (1728) von J. Gay (Text) und J. Ch. Pepusch (Musik). Die weitere Entwicklung der O. vollzog sich in einem gegensätzl. Rahmen: Auf der einen Seite die Tradition der Opera seria: das Übergewicht der Musik, die Gesangsartistik, das Schaugepränge, mytholog. und allegor. Handlungsschablonen – auf der anderen Seite mannigfachen Versuche, die O. bei all ihrer theatral. Künstlichkeit mit einem gewissen Maß an natürl. Dramatik auszustatten, ein ausgewogenes Verhältnis von Musik und Text zu erreichen. Hauptrepräsentant der Opera seria im 18. Jh. in Dtschld. war J. A. Hasse (Texte meist von Metastasio); vgl. auch Mozarts »Idomeneo« (1781). In ihrer Tradition steht im 19. Jh. die in Frankr. entwickelte ↗ grand opéra (Hauptrepräsentant G. Meyerbeer). Die *Gegenbewegungen* werden getragen 1. von der Rückbesinnung auf die antikisierenden Anfänge durch die Reform-O.n Ch. W. Glucks (Darstellung sittl. Grundideen in einheitl. Handlung, Gleichstellung von Musik und Dichtung, beherrschend werden orchesterbegleitete Rezitative, Verzicht auf Schauprunk); erstes Beispiel ist »Orfeo« (1762) von Gluck. 2. von der u. a. aus der Ballad opera hervorgegangenen Singspieltradition mit Höhepunkten bei Mozart (»Entführung aus dem Serail«, 1782; »Zauberflöte«, 1791) und, im 19. Jh., den romant. sog. Spiel. O.n (Weber, Lortzing). 3. vom Versuch, einen Stoff musikdramat. durchzugestalten, die Personen musikal. zu charakterisieren. Auch hier stellt Mozart den Höhepunkt dar (»Figaros Hochzeit«, 1786; »Don Giovanni«, 1787). Er steht am Anfang einer Entwicklung, die in die Konzeption eines ↗ Gesamtkunstwerkes mündet, die dann R. Wagner und Verdi (in seinen Spätwerken) realisierten. Zugleich ändert sich auch die Stoffwahl der O. Neben antike Stoffe (Gluck) treten solche aus der Nationalgeschichte, der Zeitgeschichte (Türken-, Revolutions-O.n, Beethoven, »Fidelio«, 1805), der Sage (Weber, »Freischütz«, 1821), der zeitgenöss. Literatur (»Figaros Hochzeit«), vgl. auch die Schauer-O.n im Gefolge der ↗ gothic novel u. a. Seit dem 18. Jh. sind, zusammenhängend mit der allgemeinen gesellschaftl. Wertschätzung der O. (trotz ihrer Zentrierung an Höfen), immer wieder Bestrebungen zu beobachten, eine ›National-O.‹ zu schaffen (vgl. das von Joseph II. 1778 ins Leben gerufene ›Nationale Singspiel‹). Schon zu Beginn des 18. Jh.s gab es in Hamburg kurzzeitig ähnl. bürgerl. Bestrebungen (R. Keiser, vgl. auch ↗ Nationaltheater). Bes. in den slaw. Ländern wurde die O. im 19. Jh. zu einem nationalen Anliegen der Selbstfindung mit Besinnung auf eigene Stofftraditionen (vgl. in Russland M. Glinka, »Das Leben für den Zaren«, 1836, in der Tschechoslowakei F. Smetana, »Die verkaufte Braut«, 1866). – Eine Neuerung des 20. Jh.s ist die sog. Literatur-O., die Vertonung von nicht als

↗ Libretto bearbeiteten Theaterstücken, z. B. »Salome« (O. Wilde/R. Strauß), »Woyzeck« (G. Büchner/A. Berg) oder »Prinz von Homburg« (H. v. Kleist/H. W. Henze), »Die Soldaten« (J. M. R. Lenz/B.-A. Zimmermann) u. a., ↗ Musiktheater. S

Operationelle (auch: operative) Literatur, Ende der 60er/Anfang der 70er Jahre häufiger verwendete Bez. für ↗ polit. Dichtung, die sich, bei fließender Grenze zur ↗ engagierten Literatur, bzw. ↗ Littérature engagée, den ästhetisch formalen Leistungen der Moderne in implizit polit. Absicht bedient und sich insofern von der vordergründigen Propaganda- und ↗ Tendenzdichtung unterscheidet. D

Opisthographon, n. [gr. = auf der Rückseite Beschriebenes], in der Papyrologie Bez. für einen ausnahmsweise auch auf der Rückseite beschriebenen Papyrus. ↗ Anopisthographon. K

Oppositio, f. [lat. = Entgegensetzung], ↗ rhetor. Figur:
1. ↗ Antithese, 2. Koppelung einer negativen und positiven Formulierung derselben Aussage (etwa ↗ Litotes + direkte Aussage): er ist nicht reich, er ist sehr arm; al weinde, sunder lachen. Mittel der ↗ Amplificatio, beliebt in der Bibel und mal. Literatur. S

Oral poetry [ˈɔːrəl ˈpoʊtri; engl. = mündl. Dichtung], Forschungsrichtung, die sich mit Tradierung, Form, Struktur und Themen des mündl. Epos in schriftlosen Kulturen auseinandersetzt. Nach Ansätzen im 19. Jh. entwickelt von Milman Parry mit Bezug auf die (hypothet. als o. p. aufgefassten) Epen Homers, von seinem Schüler A. B. Lord empir. an zeitgenöss. südslaw. Sängern (Guslaren, nach denen einsatz. Streichinstrument) verifiziert. Als *Ergebnisse* werden herausgestellt: eine ausgeprägte Formelhaftigkeit des Erzählens, stereotype Beschreibungsmuster (Topoi) und Wiederholungen, direkte Darstellung, stich. Versfolge, einfache, wiederholbare Melodiemodelle. Solche Kennzeichen wurden bereits früher aus literar. Epen der Frühzeit wie Homers Ilias und Odyssee, Beowulf, Nibelungenlied abgeleitet, vgl. auch ↗ep. Gesetze der Volksdichtung. Themat. gestaltet werden in der o.p. vor allem Heldenschicksale, Brautwerbungen u.a. Abenteuer, Begegnungen mit metaphys. Wesen; z.T. sind auch histor. Anlässe auszumachen, ferner religiös-kult. (schamanist.) Themen. – O.p. ist bis in die Gegenwart v.a. bei slaw. Völkern verbreitet (↗ Bylinen der Russen, Südslawen), ferner bei Griechen, Finnen, Esten und Türken. S

Orchestra, f. [gr. = Tanzplatz; zu orcheo = tanzen], ursprüngl. der kult. Tanzplatz vor dem Tempel des Dionysos mit dem auf einem stufenförmigen Podest erhöhten Altar des Gottes als Mittelpunkt. Auf diesem Platze finden die chor. Begehungen zu Ehren des Dionysos statt, aus denen sich im Laufe des 6. Jh.s v.Chr. das gr. Drama entwickelt (↗Chor). Der Übergang von der chor. zur dramat. Aufführung bedingt zunächst die Verlegung des Altars an den Rand der O., später die Trennung der O. von Tempel und Altar. In *klass. Zeit* ist die O. damit die zwischen dem Bühnenhaus (gr. ↗Skene) und der amphitheatral. aufsteigenden Zuschauertribüne (gr. theatron, lat. cavea) gelegene Spielfläche, die seit der Geometrisierung des Theaterbaus im 5. Jh. v.Chr. kreisrunde Form hat (so im Theater des Lykurg, 4. Jh. und im Theater von Epidauros, 3. Jh.; beim älteren Theater von Thorikos handelt es sich noch um eine rechteckige Terrasse). Durch die in der späten Tragödie (Euripides) und in der neueren Komödie zunehmende Bedeutungslosigkeit des Chores verliert die O. ihre eigentliche Funktion; Spielfläche ist jetzt vor allem das ↗Proskenion. Die O. wird in der Folge im *röm. Theater* (Vitruv) auf den Halbkreis reduziert und nimmt hier in der Regel die Magistratssitze auf, in den Nachbildungen der Renaissance (Teatro olimpico, Vicenza; Palladio) zunächst die Hofgesellschaft. Mit der Entwicklung der perspektiv. Spielraumbühne werden die Instrumentalisten aus dem hinteren Bühnenraum in den Halbkreis zwischen Bühne und Zuschauer, in die ehemalige O. verlegt: Die Bez. des Ortes geht auf die Instrumentalisten über (erstmals bei J.J. Rousseau,»Dictionnaire«, 1767). K

Ordensdichtung, ↗Deutschordensdichtung, ↗Jesuitendichtung, ↗Freimaurerdichtung.

Orientalisierende Dichtung, zu unterscheiden sind drei Arten der Einwirkung oriental. D. auf dt. Lit.:
1. Rezeption oriental. Stoffe und Themen.
2. Produktive Aneignung oriental. Ideen und Philosopheme, 3. Nachbildung oriental. Lit., v.a. Lyrik nach Form und Gehalt. Lit.geschichtl. gilt nur die 3. Gruppe als o.D.; es ist die Phase dt. Dichtung, die mit Goethes »Westöstlichem Divan« eröffnet wird und oriental. Dichtformen wie ↗Ghasel und ↗Makame pflegt. *Im MA.* beeinflusst der *islam.* Orient indirekt (über Frankreich und Italien) die dt. Lit. v.a. durch die Kreuzzüge: vgl. stoffl. Übernahmen in der Novellistik (etwa aus »1001 Nacht« in den »Gesta Romanorum«), in Märchen und Sagen und in der höf. Epik (z.B. Parallelen zwischen dem Epos »Wis und Ramin« und der Tristansage; der edle Heide im »Parzival«; Orientfahrt im »Herzog Ernst«). *Seit dem 14. Jh.* (Türkenbedrohung im Südosten) rückt das Interesse für den *osman.* Nachbarn in den Vordergrund. Anregend wirken neben dem unmittelbaren Ereignis der ersten Belagerung Wiens 1529 die verschiedenen Reiseberichte und Erinnerungen ehemaliger türk. Kriegsgefangener (B. Georgevic, H. Schiltberger, G. Mühlbacher) auf die Fastnachtsspiele (Hans Rosenplüt 1453), die Türkendramen der Humanisten (15. Jh.: J. Locher, J. Greff; 16. Jh.: J. Prasinus, P. Pantzer, T. Kobler, J. Ayrer u.a.) und die Türkenspiele des 16./17. Jh.s. In der *2. Hälfte des 17. Jh.s* wird die Auseinandersetzung zwischen Christen (Märtyrertypus) und Türken (Typus des despot. Herrschers) in den barocken Kunstdramen (Gryphius, Lohenstein, Haugwitz), den Jesuitendramen (bayr.-öster. Raum) und in Romanen und Novellen (Zesen, Happel, Harsdörffer) gestaltet. Bes. die 2. türk. Belagerung Wiens von 1683 fand reichen, v.a. motiv. Widerhall in Drama und Oper (Ch.H. Postel, 1686 u.a.). Im Anschluss

an das 1647 entstandene Reisebuch des Adam Olearius und dessen Übersetzung von Saadis »Gulistan« (1656) rückte Persien in den Gesichtskreis dt. Lit. *Exot. o. D.* bildete sich v. a. in Frankreich und Italien und wirkte von dort auf die dt. Epik und Dramatik des *Barock* (Gryphius, Lohenstein; v. Zesen, A. H. v. Braunschweig, A. Bohse-Talander). Maurischen Stoff bearbeitete E. W. Happel in seinem »Afrikanischen Tarnolas« (1689). – Hinterindische Stoffe wirkten auf den höf.-histor. Barock-Roman, z. B. H. A. v. Zigler und Kliphausens »Asiatische Banise« (1689). *Tibet* ist der Schauplatz von W. F. Meyerns Roman »Dya-na-sore« (1787). Trotz früher Berührungen *Chinas* mit Europa (Johannes von Montecorvino, Marco Polo) tritt chines. Lit. und Kultur erst im 16. und 17. Jh. in das europ. Bewusstsein, hauptsächl. als Folge jesuit. Missionen. Aus Reisebeschreibungen entnimmt der Barockroman fernöstl. Kostümierung (E. W. Happel »Asiatischer Onogambo«, 1673; D. C. v. Lohenstein in »Arminius« (1689 f.). *Japan* taucht vor den Reisebeschreibungen E. Kämpfers (1777 dt.) und Franz von Siebolds (1832–52) in den jesuit. »Märtyrerdramen« des 17. Jh.s zum ersten Mal als Schauplatz literar. Werke auf. – Gefördert durch die aufkommende Wissenschaft der Orientalistik (J. J. Reiske, B. D. Michaelis, J. G. Eichhorn) brachte die *Aufklärung* dem philosoph. und theolog. Phänomen des Islam und der Gestalt Mohammeds größeres Verständnis entgegen. *Türk.*, meist heitere und märchenhafte Motive und Gestalten dringen in italien. Oper und dt. Singspiel des 18. Jh.s ein (Gluck, Mozart, Boieldieu, Rossini). Zahlreiche Übersetzungen, allen voran die frz. der »Tausendundeinenacht« (1704/14) von A. Galland, rufen eine nachahmend orientalisierende Belletristik hervor (Bearbeitungen von Bohse-Talander, J. G. Schummel, J. H. Voß u. a.): ↗ Feengeschichten, »morgenländische Erzählungen« (z. B. Ch. M. Wielands »Oberon«, 1780), aber auch zeitkrit. und satir. Schriften (Voltaire) und fingierte Reisebriefe (Montesquieu »Lettres persanes«, 1721). Zahlreiche Dichter der Aufklärung wie Ch. F. Gellert, F. v. Hagedorn, A. v. Haller, J. W. Gleim, G. E. Lessing (»Nathan«) bedienen sich orientaL. Motive, bes. im Drama und der phantast. Erzählung. Der Kontakt zwischen Orientalisten und Schriftstellern oder die Personalunion zwischen Dichter und Übersetzer (Brüder Schlegel, F. Rückert) förderte den Einfluss oriental. Lit. Auch J. G. Hamann und J. G. Herder wandten ihre Aufmerksamkeit *oriental.* Dichtung zu, wobei Herder v. a. auf die moral.-didakt. Bedeutung hebr., arab., pers. und ind. Dichtung hinwies (1792 »Blumen aus morgenländischen Dichtern, Blätter der Vorzeit«, »Rosenthal«: Proben aus Saadis »Rosengarten«). Goethe wurde zur Beschäftigung mit dem Islam und der Person Mohammeds (1773 »Mahomets Gesang«) auch von der ersten dt. Koran-Übersetzung D. F. Megelins (Frankfurt 1772) angeregt. Reisebeschreibungen und der Import chines. Waren (Porzellan, Seide, Kunstgewerbe) lassen es zu einer von Frankreich aus auf dem Kontinent sich ausbreitenden »chinesischen Mode« kommen (Chinoiserien des Rokoko). Übertragungen philosoph. Hauptwerke Chinas, v. a. die konfuzian. Morallehre, wirken auf die ↗ Enzyklopädisten und Voltaire, in Deutschland bes. auf Leibniz und Ch. Wolff. Philosoph. Einflüsse lassen sich nachweisen in A. v. Hallers und Wielands ↗ Staatsromanen (»Usong«, 1771, »Der goldene Spiegel«, 1772), in Gedichten und Verserzählungen G. K. Pfeffels und L. Unzers. Schiller und Goethe haben sich trotz Reserviertheit gegenüber der China-Mode mit chines. Themen beschäftigt: von Schiller stammen die »Sprüche des Konfuzius« (1795, 1797), eine fragmentar. Bearbeitung des chines. Romans »Eisherz und Edeljaspis« (1800/01), die Nachdichtung von C. Gozzis »Turandot« (1801). Goethe hat chines. Lyrik nachzudichten versucht und in den »Chinesisch-deutschen Jahres- und Tageszeiten« (1827) ein knappes Pendant zu den »Diwan«-Gedichten geschaffen. Die *Romantik* schätzte

Goethe: »Westöstlicher Divan«, 1819

die oriental. Dichtungen als der Antike gleichrangig. F. Schlegel versuchte nach theoret. Reflexionen (»Gespräch über die Poesie«, 1800), durch Übertragungen aus dem *Pers.* und aus dem *Sanskrit* (1808 »Über die Sprache und Weisheit der Inder«) die dt. Poesie gemäß seinen romant. Zielen zu erneuern; sie zeichnen sich gegenüber den Vorgängern durch größeres Bemühen um geistiges Verständnis oriental. Eigenart aus. Stufen der Aneignung *indischer Dichtung* kennzeichnen G. Forsters Übersetzung von Kalidasas Drama »Sakuntala« (1791, nach der engl. Übers. von W. Jones), die Herdersche Sammlung »Gedanken einiger Bramanen« (1792) und die Übersetzungen der Brüder Schlegel. Sie wirken v. a. auf den romant. Heidelberger Kreis (Görres, Creuzer); Übersetzungen ind. Dichtung beeinflussen Goethe (1797 »Vorspiel auf dem Theater«, »Der Gott und die Bajadere«, 1824 »Paria«), W. v. Humboldt, Novalis, E. T. A. Hoffmann, H. Heine, K. Gutzkow, Schelling, Hegel, Schopenhauer, R. Wagner u. a. – Rückert überträgt ind. Dramatik, Lyrik und Epik (»Nala und Damajanti«, »Sāvitrī«, »Gītagovinda« u. a.), die ihn zu den 20 Büchern seiner eigenen Versspruchdichtung »Die Weisheit des Brahmanen« (1836/39) anregen. Die buddhist. Religion übt über das Werk Schopenhauers, Wagners, Nietzsches u. a. tiefreichenden Einfluss auf die Philosophie Deutschlands aus. Einen weiteren Schritt auf dem Weg geistigen Eindringens in östl. *(pers.) Poesie* und zugleich die *wichtigste Stufe »produktiver Rezeption«* bedeutet Goethes »West-östlicher Diwan« (1819), der zwar von J. v. Hammer-Purgstalls einflussreichen Schriften (bes. »Geschichte der schönen Redekünste Persiens«, 1818; »Der Diwan von Mohammed Schemsed-din Hafis«, 1812/13) entscheidend angeregt worden ist, auf ältere Interessen jedoch zurückgreift und der eine dichter. Synthese des Westens und des Ostens anstrebt, ohne jedoch anders als näherungsweise die oriental. Dichtformen nachzuahmen. Seit Goethe ist Hafis der meistübersetzte und meistgenannte pers. Dichter im 19. Jh. Aus polit. Motiven entsteht in der Romantik, im *Jungen Deutschland* und im *Vormärz* das negative Bild von der erstarrten, »mumienhaften«Kultur Chinas: die polit. Lyriker kritisieren mit Hilfe des China-Symbols die europ. Reaktion (Heine, A. H. Hoffmann von Fallersleben); der Chinese wird im Lustspiel zur belächelten Figur. Neue positive Beschäftigung verdankt sich Übersetzungen aus der 2. Hälfte des 19. Jh.s (V. v. Strauß). Infolge der freiwilligen Abriegelung *Japans* von der Außenwelt (1639–1854) beginnt die Phase kultureller Einwirkung trotz vereinzelter Forschungsreiseberichte im 18. und im Anfang des 19. Jh.s erst nach der Mitte des vorigen Jh.s. Im *Jugendstil* sind japan. Einflüsse deutl. erkennbar. – *O. D. im engeren Sinne* schaffen die an Goethes »Diwan« anschließenden Lyriker, indem sie die Dichtformen des Orients, ↗ Ghasel, ↗ Makame, ↗ Kasside u. a. in dt. Sprache adäquat *nachzubilden* suchen. Das gilt für die zahlreichen Übersetzungen Rückerts aus der gesamten oriental. Lit. (Arabien, Indien, Persien, Vorderasien, Ostasien), seine eigenen, an pers. Vorbildern anknüpfenden oder motivl. nicht oriental. Dichtungen und für die (an keine oriental. Vorbilder angelehnten) ersten dt. Ghaselen A. v. Platens (1823). Die Nachbildung der arab.-pers. Formen beschränkt sich im Allg. auf die Reimordnung; das quantitierende Silbenmaß findet nur in seltenen Fällen eine Entsprechung (etwa in Platens Verdeutschungsversuch von Nisamis »Iskandernameh«). In den epigonalen Dichtungen des ↗ Münchner Dichterkreises ist die Ghaselen- neben der Sonetten-«Fabrikation« von bes. Bedeutung. Hervorzuheben sind die Ghaselen von F. v. Dingelstedt (»Lieder eines kosmopolit. Nachtwächters«, 1842), G. Keller und H. von Hofmannsthal (»Gülnare«-Ghaselen, 1890). Drei weitere, in diesem Zusammenhang zu nennende Dichter sind G. F. Daumer, F. v. Bodenstedt und A. F. Graf von Schack. Mit Bodenstedts »Mirza-Schaffy«-Liedern (1851) war o. D. Mode geworden. Zahlreiche unbedeutende Dichter versuchten sich nun an oriental. Themen und Formen, gelegentl. auch bekanntere Dichter wie W. Müller, N. Lenau, E. Geibel, H. Leuthold, H. Lingg, D. v. Liliencron. Eine bes. Ausprägung inhaltl. o. D. ist die sog. exot. Dichtung von Vertretern der europ.

Romantik und des Biedermeier. Gegenüber dem Einfluss in der Lyrik fällt derjenige in der Epik und Dramatik kaum ins Gewicht: in diesen handelt es sich ohnehin mehr um stoffl.-gehaltl. als um formale Einwirkung. Orientalisierende *Komödien* stammen u. a. von L. Fulda, K. Vollmoeller, A. Oehlenschläger, F. Kürnberger, P. Heyse. O. *Verserzählungen* und *-epen* von Platen (»Die Abassiden«, 1834), Geibel, J. Grosse u. a. – *Reiseberichte* in der Art Fürst Pücklers, *Romane* und *Erzählungen* verfassten etwa H. Stieglitz (»Bilder des Orients«, 1831–33), L. Schefer (»Palmiero«, »Der Zwerg«), A. G. Suttner (»Die Adjaren«, »Schamul«), R. Lindau, J. Ph. Fallmerayer, A. F. v. Schack u. a. Formalen Einfluss *pers.* Dichtung findet sich im 20. Jh. etwa in Gedichten St. Georges, O. Loerkes, R. Hagelstanges, Ch. Morgensterns, J. Weinhebers, M. Bruns' (»Garten der Ghaselen«, 1925). Themat. und stoffl. wirkt in allen drei Dichtarten auf zahlreiche Schriftsteller die Türkei, etwa auf: H. Böhlau, R. Lindau, F. C. Endres, A. T. Wegner, K. H. Strobl, Th. Däubler u. a. *Arabien und Persien* auf L. Jacobowski, P. Scheerbart, F. Blei, H. Bethge, M. Dauthendey, P. Ernst, R. C. Muschler, E. Weiss, K. Edschmid, J. Knittel, K. May, A. Miegel, W. Seidel, F. Schnack, W. Schmidtbonn, K. Wolfskehl, G. Eich, F. Hörschelmann, H. v. Hofmannsthal, L. Derleth, Th. Däubler, Klabund u. a. *Armenien, Georgien und Kaukasien* wirken nur vereinzelt (A. Gryphius, F. Grillparzer, Bodenstedt); nach Erschließung ihrer Lit. durch Übersetzungen sind Einflüsse etwa auf das Werk B. Brechts (»Kaukasischer Kreidekreis«), Th. Däubler (»Nordlicht«) und F. Werfel (»Die 40 Tage des Musa Dagh«) zu verzeichnen. Im 20. Jh. entsteht eine exot. Art *ind. Dichtung* (R. Kipling); daneben reizt *buddhist. Thematik,* insbes. die Gestalt Buddhas zu verschiedenen Gestaltungen an (z. B. K. Gjellerup, »Der Pilger Kamanita«, 1903; F. Mauthner, »Der letzte Tod des Gautama Buddha«, 1912; H. Hesse, »Siddharta«, 1922; »Indischer Lebenslauf« im »Glasperlenspiel«; A. Schaeffer »Das Kleinod im Lotos«, 1923; A. Döblin »Manas«, 1927; Th. Mann, »Die vertauschten Köpfe«, 1944). *Ind. Stoffe* sind in erzählender Literatur verarbeitet von M. Dauthendey, H. Sudermann, O. Loerke, St. Zweig, E. Wiechert; dramat. bearbeitet von L. Feuchtwanger, M. Luserke; lyr. von L. Scharf, R. A. Schröder, H. Bethge, P. Zech, F. Werfel. Die *malaiische Welt* (Java) hat M. Dauthendey zu Erzählungen und Gedichten inspiriert. In der ersten Hälfte des Jh.s wirken neben *chines. Kunst* die Übersetzungen von R. Wilhelm (seit 1910), V. Hundhausen und F. Kuhn (20er Jahre): bes. die taoist. Welt (zahlreiche Übersetzungen des »Taote-king«). Chines. Motive finden sich u. a. in den erzählenden Werken von O. J. Bierbaum (»Das schöne Mädchen von Pao«, 1899), A. Paquet (»Held Namenlos«, 1912), A. Döblin (»Die drei Sprünge des Wang-lun«, 1915), F. Kafka (»Beim Bau der chinesischen Mauer«, 1918/19), H. Hesse (»Das Glasperlenspiel«, 1943), in verschiedenen Stücken B. Brechts (»Der gute Mensch von Sezuan«, 1942, Lehrstücke, Lyrik), M. Frischs (»Bin oder die Reise nach Peking«, 1945, »Die chinesische Mauer«, 1946) und bes. häufig in Nachdichtungen des chines. Kreidekreismotivs (Klabund, H. Günther, Brecht). In der Lyrik bes. wirksam die spätexpressionist. übersteigerten Nachdichtungen Klabunds; bedeutsam ferner die Nachdichtungen von H. Bethge, A. Ehrenstein und G. Eich. *Japan. Lit.* mit Erzählungen, Romanen, Tagebüchern wird durch Übersetzungen v. a. im 20. Jh. in Europa bekannt. In dt. Lit. zeigen sich von *japan.* Thematik beeinflusst etwa M. Dauthendey in verschiedenen Erzählsammlungen (»Die acht Gesichter am Biwasee«, 1911), P. Altenberg, B. Kellermann, F. Thieß, Max Brod u. a. Japan. Motive des ↗ Nô-Spiels (Samurai, Selbstopfer) behandeln W. v. Scholz (»Die Pflicht«, 1932), Mirko Jelusich, B. Brecht, G. Kaiser (»Der Soldat Tanaka«, 1940) und Klabund. Nachdichtungen der *japan.* Gedichtformen des ↗ Haiku, des Sedoka und des Tanka wurden versucht von H. Bethge, Klabund, Max Bruns, M. Hausmann u. a. Als Beispiel einer bemerkenswerten Rückwirkung dt. auf fernöstl. Lit. sei der posthume Erfolg der Werke Hermann Hesses in Japan erwähnt.

GG

Original, n. [lat. originalis = ursprünglich], 1. Vom Urheber stammende Fassung eines li-

terar. oder künstler. Werkes, im Unterschied zur Kopie, Nachbildung, Zweitfassung, Umarbeitung, Fälschung.
2. Druckvorlage (Manu-, Typoskript);
3. rechtswirksame Urschrift, Urtext, auch fremdsprachl. Text im Verhältnis zu seiner Übersetzung;
4. eigenwilliger Mensch, Sonderling; literar. v.a. in der Erzählkunst des 19. Jh.s gestaltet: Keller: »Leute von Seldwyla«, Raabe: »Stopfkuchen«, Dickens, Balzac u.a. S

Ornatus, m. [lat. = Schmuck], in der antiken ↗ Rhetorik Teil der *elocutio* (sprachl. Ausarbeitung) der durch die *inventio* gefundenen und in der *dispositio* (↗ Disposition) geordneten Gedanken einer Rede. Durch eine über die bloße Korrektheit hinausgehende Schönheit des sprachl. Ausdrucks soll der Hörer für den Inhalt und die Ziele der Rede eingenommen werden. Mittel des O. sind in erster Linie die Tropen (↗ Tropus: Metapher, Metonymie, Synekdoche u. a.), ↗ rhetor. Figuren und der akust. Wohlklang (↗ Numerus). Je nach der vom Redner beabsichtigten Wirkung werden mehrere Qualitäten des O. unterschieden und den drei ↗ Genera dicendi zugeordnet. Danach kennzeichnet leichter O. (d.h. hauptsächl. Beschränkung auf ↗ Konzinnität, ↗ Elegantia) das *genus humile (docere* = unterrichten, belehren), mittlerer O. (v. a. rhetor. Wort- und Sinnfiguren) das *genus mediocre (delectare* = erfreuen, Erregung gemäßigter Affekte: Ethos), schwerer O. (d.h. reiche Verwendung von Tropen und aller Figuren) das *genus grande* oder *sublime* (*movere* = rühren, Erregung starker Affekte: Pathos). Die Forderung der Stilmischung und die zahlreichen Variationsmöglichkeiten der Schmuckmittel erschwerten jedoch eine prakt.-konkrete Unterscheidung. In Spätantike und MA. wurde daher daneben eine ausgeprägtere Scheidung in *O. facilis* (leichter Schmuck) und *O. difficilis* (schwerer Schmuck) üblich (sog. Zwei-Stil-Lehre), wobei sich v.a. der *O. difficilis* auch in volkssprachl. Literaturen einer gewissen Beliebtheit erfreute (↗ geblümter Stil, ↗ Manierismus). DW

Orphische Dichtung, die angebl. auf Orpheus zurückgehenden heiligen Schriften der orph. Sekten. – Vollständig erhalten sind:
1. eine Sammlung von 87 orph. ↗ *Hymnen* (insgesamt ca. 1200 Hexameter), vermutl. das Kultbuch einer kleinasiat. orph. Gemeinde; es handelt sich um Hymnen an verschiedene gr. und kleinasiat. Gottheiten wie Dionysos, Adonis, aber auch an Physis (»Natur«) und Nomos (»Gesetz«); die meisten dieser Hymnen stammen wohl erst aus dem 2. Jh. v. Chr.; 2. die orph. *Argonautika*, eine dem Orpheus in den Mund gelegte Darstellung des Argonautenzuges, die in den Grundzügen den Argonautika des Apollonios Rhodios folgt, daher wohl ebenfalls in das 2. Jh. v. Chr. zu datieren; Orpheus begleitet nach dieser Überlieferung den Argonautenzug als Seher und Sänger (insgesamt 1336 Hexameter); 3. die orph. *Lithika*, ein dem Orpheus erst seit Joh. Tzetzes (12. Jh.) zugeschriebenes Gedicht, das die wundertätigen Kräfte der Steine besingt (774 Hexamter).
Hinzu kommen *363 Fragmente*, größtenteils aus der röm. Kaiserzeit (meist Zitate in neuplaton. Schriften), die vor allem auf zwei größere Werke zurückweisen: a) die *24 Bücher der orph. hieroi logoi* (»Heilige Reden«), deren Kern wohl noch im 6. Jh. v. Chr. entstanden ist; ihre Themen sind Theogonie und Kosmogonie, Göttergenealogie u. a. myth. Erzählungen. b) die *Katabasis des Orpheus in den Hades*, in der Orpheus von seiner Fahrt in die Unterwelt berichtet; sie war wohl im Wesentl. die Quelle für die Jenseits- und Seelenwanderungslehre der Orphiker. Zum orph. Schrifttum gehören auch die *orph. Totenbücher*, Texte auf Goldblättchen, die den Toten beim Begräbnis beigegeben werden. K

Orthonym, [gr. ortho = richtig, onoma = Name], ↗ anonym.

Ossianische Dichtung, entstand im Gefolge der sog. ↗ kelt. Renaissance in der 2. Hälfte des 18. Jh.s. Der schott. Dichter James Macpherson veröffentlichte 1760 die Gedichte »Fragments of Ancient Poetry collected in the Highlands of Scotland, and translated from the Gaelic or Erse Language«, und die Epen »Fingal, an Ancient Epic Poem in Six Books« (1762) und »Temora, an Epic Poem« (1763; 1765 als gesammelte o. D. en, 1773 in endgültiger Fassung), die er als Übersetzungen der Werke eines gäl. Dichters Ossian aus dem 3. Jh. ausgab, und die viele Bewunderer fanden (Goethe, Napoleon), tatsächl. aber eigene Gedichte nach kelt. Motiven im empfindsamen Zeitstil waren. – Held dieser Dichtungen ist Fingal, der Vater des Sängers Ossian; Ossian selbst stellt sich als der letzte Überlebende dar, der die Toten seines Stammes in rhythm. Prosa eleg. besingt. Von einem originalen irischen Sagen-Zyklus um Finn und Ossian sind Prosafragmente des 9. und 10. Jh.s sowie spätere Gedichte erhalten. Macpherson selbst wurde durch Balladen um Ossian, die seit dem 12. Jh. in Irland entstanden (Laoithe Fianaígheachta, Laoithe Oisín) und in Schottland seit dem 13. Jh. verbreitet waren, zu seinen Dichtungen angeregt. Nach ersten Übersetzungen (erste anonyme Teilübersetzung 1762) schuf 1768/69 M. Denis die erste vollständige Übertragung, allerdings in einer vom Original abweichenden, von Klopstock übernommenen Form in Hexametern (Übersetzungen auch 1774 von Goethe im »Werther«, 1782 von Herder, 1806 von F. L. Graf zu Stolberg; bis 1800 erschienen insgesamt 4 Gesamt- und 24 Teilübersetzungen, von 1800–1868 neun Gesamt- und zahlreiche Einzelübersetzungen). Die Übertragung von Denis fand trotz Herders Kritik begeisterte Aufnahme und rief eine kurzlebige Modeliteratur hervor. Die o. D. wirkte auf Klopstock, die ↗ Bardendichtung (Denis, K. F. Kretschmann, H. W. v. Gerstenberg) und weitere Nachahmer (L. L. Haschka, K. Mastalier u. a.), und (als düstere Landschafts- und Stimmungsdichtung) auf die jüngere Generation der »Sturm- und Drang«-Dichter (Bürger, ↗ Göttinger Hain, Lenz, Klinger, Goethe, Schiller und den Romantiker L. Tieck). – Ossian wurde im Verlauf der Genie-Debatte neben Shakespeare zum Muster des regel-ungebundenen, freischaffenden Künstlers (vgl. Herders Theorie der »Volkspoesie«: »Briefwechsel über Ossian und die Lieder alter Völker«, 1773). Das erwachende Nationalbewusstsein spielte den zum german. Barden umstilisierten Ossian gegen frz. Regeldichtung und gegen das antike Vorbild Homer aus. Breites literar. Interesse beanspruchten im 18. Jh. auch die Auseinandersetzung über die Echtheit der Gedichte Macphersons und über die irische oder schott. Herkunft Ossians; 1829 deckten Drummond und O'Reilly die Dichtung endgültig als Fälschung Macphersons auf. Die o. D. als Umformung eines histor. Textes gewann ihre Bedeutung als wichtiges Dokument der Auseinandersetzung zwischen Geniebewegung und Aufklärung. Sie verband ein myth.-irrationales Geschichtsbild mit sentimentalischer Natursehnsucht (Rousseau) und schwermütig-eleg. Stimmungshaftigkeit (Young) auf eine den empfindsamen und kraftgenial. Bewegungen bes. entgegenkommende Weise. GG

Osterspiel, ältester und für die Entwicklungsgeschichte des ↗ geistl. Spiels bedeutendster Typus des mal. Dramas; führt das österl. Heilsgeschehen in dramat. Gestaltung vor ist, wie das geistl. Spiel des MA.s überhaupt, liturg. Ursprungs. An seinem Anfang steht der *Ostertropus*, der den Gang der drei Marien zum Grabe gestaltet (sogenannte *Visitatio*; älteste Texte aus Limoges und St. Gallen, 10. Jh.; bibl. Grundlage: Matth. 28, 1–7, Marc. 16, 1–8, Luc. 24, 1–9). Der kurze Text des Ostertropus ist dialog. strukturiert; auf die Frage der Engel: *Quem queritis in sepulchro, o Christicolae?* (Wen suchet ihr im Grabe, ihr Christinnen?) und die Antwort der Marien: *Ihesum Nazarenum crucifixum, o caelicolae* (Jesum von Nazareth, den Gekreuzigten, ihr Himmlischen) folgen die Verkündigung der Auferstehung durch die Engel: *Non est hic, surrexit, sicut praedixerat* (Er ist nicht hier, er ist auferstanden, wie er es vorhergesagt hatte) und der Auftrag an die Frauen: *Ite, nunciate, quia surrexit de sepulchro* (Gehet, verkündet, dass er im Grabe auferstanden ist). Eine in mehreren abweichenden Textfassungen überlieferte Antiphon der Marien bildet den Abschluss. – Der Ostertropus war ursrpüngl. ein Teil des Introitus der Ostermesse; er wird schon im 10. Jh. in das Offizium der österl. Matutin übernommen. In diesem Rahmen entsteht, als Vorstufe des eigentl. O.s, die lat. *Osterfeier*, bei der der Text des Tropus zur Grundlage einer dramat. Darstellung gemacht wird (Rollenverteilung, Andeutung von Kostümen, einfache Requisiten, typ. Gesten; nachweisbar zuerst in der »Regularis Concordia« für die engl. Benediktinerklöster, zwischen 965 und 975). Die ältesten Fassungen der v. a. seit dem 11. Jh. zahlreich dokumentierten Osterfeier (der früheste im dt. Sprachraum nachweisbare Text ist der im Troparium des Klosters Reichenau, noch 10. Jh.) halten sich an den Rahmen des Tropus, doch kommt es bald zu mehreren Erweiterungen des Textes, deren wichtigste die Aufnahme der Ostersequenz »Victimae paschali laudes« (11. Jh.; Verfasser: Wipo) darstellt (zuerst in der Osterfeier von St. Lamprecht, 12. Jh.). Noch im 12. Jh. erfolgt dann eine vereinheitlichende Überarbeitung des Textes der *Visitatio*-Szene; gleichzeitig wird die Osterfeier um eine zweite Szene erweitert, den Wettlauf der Apostel Johannes und Petrus zum Grabe (nach Joh. 20, 1–10), der zu einer vom Chor gesungenen Antiphon pantomim. dargestellt wird (zuerst in der Osterfeier von Augsburg). Eine letzte Entwicklungsstufe der Osterfeier (älteste Fassung aus Einsiedeln, ebenfalls noch 12. Jh.) ist mit der Aufnahme der Szene Christus als Gärtner und Maria Magdalena (nach Joh. 20, 11–18) erreicht, die mit der Erscheinung des auferstandenen Christus den liturg. Rahmen bereits sprengt. Damit ist der Übergang von der kirchl. Liturgie zum dramat. O. markiert. Das *lat. O.* zeichnet sich gegenüber der älteren Osterfeier einmal durch Szenen aus, die nicht unmittelbar liturg. oder bibl.-kanon. Tradition entstammen, wie z. B. die Salbenkrämer-(Mercator-, Apothecarius-)Szene (zuerst in Vich, Nordfrankreich, noch 12. Jh.), zum anderen durch längere metr.-rhythm. gegliederte Textabschnitte (10–15-Silber). Zu den ältesten vollständ. erhaltenen lat. O.en (13. Jh.; ein Fragment aus dem Kloster Monte Cassino stammt noch aus dem 12. Jh.) gehören von *Origny-Sainte-Benoîte* und *Klosterneuburg.* Der Text von Origny-Sainte-Benoîte enthält das Grundgerüst eines O.s, im Text von Klosterneuburg kommen Wächterszenen und die Höllenfahrt Christi hinzu. Das fragmentar. überlieferte *O. aus Benediktbeuren* weist weitere textl. und szen. Neuerungen auf. Der Text von *Ripoll* (Spanien) erweitert das O. um das »Peregrinusspiel« (Gang der Jünger nach Emmaus). – Dt. *O.e.,* neben ihnen auch zweisprachige *lat.-dt. O.e.,* sind seit dem 13. Jh. aus den verschiedensten dt. Sprachlandschaften überliefert. Sie repräsentieren eine Vielzahl von Spieltypen; der Versuch der Forschung, sie auf eine gemeinsame Quelle, ein rhein. Ur-O. des 13. Jh.s (H. Rueff), zurückzuführen, dem das *O. von Berlin* (1460, Mainz; Verfasser: G. Biel?) bes. nahe kommen soll, ist fraglich. Bereits das älteste dt. O., das *O. von Muri* (Mitte 13. Jh., Aargau) nimmt deutl. eine Sonderstellung ein; es zeigt den Einfluss höf.-ritterl. Dichtung. Das lat.-dt. *O. von Trier* (14./15. Jh.) und das *O. von Regensburg* (16. Jh.) beschränken sich auf die Szenen der Osterfeier. Im *O. von Innsbruck* (Mitte 14. Jh.) nimmt Derb-Kom., Groteskes und Obszönes breiten Raum ein (Teufelsszene mit einer auch sonst bezeugten Ständesatire, Salbenkrämerszene, scherzhafte Anrede des als Gärtner verkleideten Christus an Maria Magdalena, Wettlauf der Jünger zum Grab; ähnlich sind die *O.e von Wien* (Hs. von 1472, Schlesien) und *Erlau* (15. Jh., Kärnten). Die Spiele von *Wolfenbüttel* (15. Jh., Braunschweig) und *München* (16. Jh.) verzichten dagegen auf alle kom. Elemente; ebenso das nur fragmentar. erhaltene *O. von Breslau* (Ende 14. Jh.; Handschrift des 15. Jh.s), das als einziges dt. O. Melodien überliefert. Dem *O. von Redentin* (1464, Lübeck?; Verfasser: P. Kalff?) fehlt die *Visitatio*-Szene; dafür ist hier die Höllenfahrtszene bes. breit ausgestaltet. Das *O. von Osnabrück* (1505; Verfasserin: Gertrude Brickwelde) fügt in die Höllenfahrtszene eine theolog. Disputation ein. Die *O.e von Bozen* (15. Jh., aus dem Nachlass des Bozener Schulmeisters B. Debs übergegangen in den Besitz des Sterzinger Malers V. Raber; – »Bozen III und V«, 6 Aufführungen zwischen 1481 und 1555 nachgewiesen; »Bozen VIII und X«) und *Sterzing* (15. Jh.) sind auf volkstüml. Breitenwirkung angelegte Bürgerspiele. – Im 16. Jh. bricht die Tradition der O.e

b. Verschiedene Versuche einer Wiederbelebung im 20. Jh. waren erfolglos; eine Ausnahme bildet C. Orffs O. von 1956 (»Ludus de resurrectione Christi«). K

Ottaverime, f. auch ottava rima [it. = Achtzeiler, zu otto = acht, rima = Reim(zeile)], s. ↗ Stanze.

Oxymoron, n. [gr. oxys = scharf, moros = dumm: scharfsinnige Dummheit], ↗ rhetor. Figur: Verbindung zweier sich gedankl.-log. ausschließender Begriffe, sei es in einem Kompositum (»traurigfroh«, Hölderlin) oder bei einem attribuierten Substantiv, z. B. »stets wacher Schlaf«, »liebender Hass«, »kalte Glut« G. Marino, sog. *Contradictio in adiecto* [lat. = Widerspruch im Beiwort], umgangssprachl. als fehlerhaft gewertet, vgl. z. B. kleinere Hälfte). Das O. ist kennzeichnend für manier. Stilhaltungen oder ein gebrochenes Weltgefühl (z. B. »jauchzender Schmerz«, H. Heine, vgl. ↗ Dekadenzdichtung), aber auch für das Bestreben, polare Gegensätze zu vereinen (z. B. »übersinnlicher sinnlicher Freier«, Goethe, Faust I). S

P

Päan, (Paian) [gr. = Helfer, Heiler, Retter, Arzt], 1. Beiname Apollos, seit Ende 5. Jh. v. Chr. auch anderer Götter. 2. altgr. chor. Bitt-, Dank- oder Sühnelied (auch Schlacht- u. Siegesgesang), ursprüngl. an Apollon gerichtet und wohl aus kult. Chorrufen seines Beinamens ›P.‹ entstanden; seit Ende des 5. Jh. v. Chr. auch anderen Göttern (insbes. Artemis, Asklepios, Athene, Zeus), im Hellenismus auch vorzügl. Menschen gewidmet. – Inhaltl. u. formal nicht festgelegt, kennzeichnend ist aber der (oft als ↗ Refrain auftretende) Anruf »Jé paian!«; dagegen ist der sog. ↗ Päon nicht die Regel. P.e sind vielfach bezeugt; aus klass. Zeit sind nur Fragmente, u. a. von Pindar, Bakchylides, Sophokles, erhalten.
IS

Paarreim, einfachste und häufigste Reimbindung: aa bb cc usw.; bes. im ahd. und mhd. Versepos, im mal. Spiel, im barocken Alexandriner und allgem. in volkstüml. Dichtung. S

Pageant ['pædʒənt; engl. = Prunk, Schaubild, -prozession, im bes. ↗ Wagenbühne], ↗ Bühne.

Paignion, n., Pl. Paignia [gr. = Spielzeug, Spiel, Tanz, Kunstwerk, lat. Pägnium], antike Bez. für scherzhaft (-erot.). Poesie, auch für burleske, mim.-gest. Vorträge u. Tänze. Während Platon auch die Komödie als P. bezeichnet, steht in der späteren ästhet. Terminologie P. für poet. Kleinformen, meist bukol. Inhalts oder von besonderer metr. Kunstfertigkeit, z. B. ↗ Figur(en)gedichte (Technopaignia), vgl. auch die »Erotopaignia« von Laevius (1. Jh. v. Chr., 6 Bücher vermischt erot.-galanten Inhalts).
IS

Palimbacchius, Antibacchius, m. [gr.-lat.] ↗ Bacchius.

Palimpsest, m. oder n. [von gr. palim = wieder u. psestos = abgeschabt (scil. biblos = Buch)], Handschrift, auf der die ursprüngl. Schrift beseitigt und durch eine jüngere ersetzt ist (lat.: *codex rescriptus*). Selten Papyrushandschriften, die zumeist mit einer schwer abwaschbaren Ruß-Gummi-Tinte beschrieben waren. Die überschriebenen Texte sind hier gewöhnlich Urkunden und Briefe. Von dem widerstandsfähigeren (und als Überlieferungsträger jüngeren) Pergament konnte dagegen die ursprüngl. Schrift (mit Metalltinte) leichter abgeschabt oder abgewaschen werden. Name und Technik des P.es existierten schon in der Antike (Cic. fam. 7, 18, 2). Die Mehrzahl der P.e sind jedoch Texte des 4.–7. Jhs, die im 8./9. Jh. u. a. wegen der Kostbarkeit des Schreibmaterials von Mönchen überschrieben wurden. Bei diesen P.en sind die getilgten Texte teils Werke der heidn. Antike (Ciceros »De re publica«), teils christliche, bes. wenn sie mehrfach vorhanden waren oder als unwichtig erschienen (Ulfilasbibel). Mittel, um überschriebene Texte wieder lesbar zu machen, waren zuerst chem. Reagentien, die jedoch das Material stark angriffen, seit 1920 eine mit ultravioletten Strahlen arbeitende photogr. Methode. Dt. P.-Institut in Beuron (gegr. 1912 v. A. Dold).
DW

Palindrom, n. [gr. = Rückwärtslauf], sprachl. sinnvolle Folge von Buchstaben, Wörtern oder Versen, die anazykl. sind, d. h. die auch in umgekehrter Richtung gelesen denselben oder einen anderen korrekten Wortlaut ergeben. Deuten einige Zeugnisse darauf hin, dass das

P. zunächst ein Mittel ritueller Sprachmagie war (etwa bei Umschriften auf runden Weihegefäßen, die bei jeder Richtung des Umschreitens lesbar sein sollten), galt es doch schon seit der Antike als sprachartist. Spiel. Es lassen sich unterscheiden: Wort-P.e wie Anna, Reliefpfeiler u. a.; Satz-P.e wie das seit dem 1. Jh. n. Chr. auch als mag. Quadrat überlieferte, in seiner Deutung umstrittene symbol. P. »SATOR AREPO TENET OPERA ROTAS« (wörtl.: Der Sämann Arepo hält durch seine Arbeit die Räder) oder Schopenhauers P. »Ein Neger mit Gazelle zagt im Regen nie«; Sinnspiel-P.e, bei denen die Umkehrung ein anderes, aber einen Bedeutungszusammenhang ermöglichendes Wort ergibt wie EVA – AVE (Maria) oder ROMA – AMOR (s. Goethe, Röm. Elegie I); Vers-P.e, bei denen nach der Strophenmitte die einzelnen Verse des ersten Teils in spiegelverkehrter Anordnung wiederholt werden, z. B. im P. von Walther von der Vogelweide »Nieman kan mit gerten ...«. In der Musik spielt das P. als sog. Krebs eine große Rolle, bes. in der Fugen- und Kanonkomposition (J. S. Bachs »Musikal. Opfer«) und in der Schönberg'schen Zwölfton-Kompositionstechnik, in der das Töne-P. eine der vier Veränderungsmöglichkeiten der »Reihe« ist. HW

Palinodie, f. [gr. = Widerrufslied], eine vom selben Verfasser stammende Gegendichtung zu einem eigenen Werk, in der die früheren Behauptungen, Wertungen und Mitteilungsabsichten mit denselben formalen Mitteln (Gleichheit des Metrums, Reims, Strophenbaus) widerrufen werden. Nach der von Plato (»Phaidros«, 243 A) mitgeteilten Legende verfasste der Lyriker Stesichoros (6. Jh. v. Chr.) die erste P., in der er seine frühere Helena-Schmähung zurücknahm und dafür das ihm wegen dieses Tadels geraubte Sehvermögen wiedererlangte. Namentl. in der Poesie des 16. und 17. Jh.s wurde die P. wieder aufgegriffen als Spiel der gelehrten Dichtung, in dem die Unaufhebbarkeit der inhaltl. Gegensätze (»antithet. Weltgefühl«) auch bei ident. formalen Mitteln vorgeführt wurde. In *allgemeinerer Bedeutung* wird ›P.‹ auch für jeden dichter. Widerruf der Weltfreude und Gegenwartshörigkeit verwandt, bes. für die mal. »Frau-Welt«-Gedichte, für die sog. Alters-«Elegie« Walthers von der Vogelweide (»Owê war sint verswunden ...«) und für die Weltabsage-Poesie der Barockzeit. HW

Palli<u>a</u>ta, f. [lat., eigentl.: fabula palliata], bedeutendste Gattung der röm. ↗Komödie, beruht auf dem griech. Vorbild der neuen att. Komödie (Menander, 4. Jh.), von der sie im Ggs. zur jüngeren ↗Togata Milieu und Kostüm übernimmt (*pallium*, lat. Bez. für das *himation*, das Obergewand der Griechen, daher die Bez.); anstelle der ↗Maske tragen die Schauspieler der P. jedoch lediglich eine Perücke. Hauptvertreter der P. sind Plautus und Terenz; die insgesamt 26 Stücke, die unter ihrem Namen überliefert sind, bilden zugleich die wichtigste Quelle für die nur spärl. bezeugte neue att. Komödie. K

Pamphl<u>e</u>t, n., Form publizist. Angriffsliteratur, benannt nach der im MA. weit verbreiteten lat. anonymen Distichen-Komödie »Pamphilius seu de amore« (12. Jh.), trägt ihre meist auf Einzelereignisse des polit., gesellschaftl. oder literar. Lebens bezogene Polemik vorzugsweise persönl. attackierend, weniger sachbezogen argumentierend vor, zeichnet sich durch den Reichtum stilist. Offensivmittel (Ironisierung des Gegners, rhetor. Fragen, Schlagwörter, Zitatencollage u. a.) aus. Das P. erschien zunächst als Einzelschrift geringen Umfangs (in England seit dem 14. Jh.), dann als gedruckte ↗Flugschrift, zumal in den Niederlanden im 16. und 17. Jh. (»pamfletten«). Über Frankreich gelangten Wort und Sache um 1760 nach Deutschland. Im 19. Jh. bezeichnete frz. *pamphlétaire* einen engagierten publizist. Schriftsteller (H. de Rochefort, É. Zola), der seine P.e weitgehend außerhalb der institutionalisierten Medien verbreitete, dagegen verwendet der heutige Sprachgebrauch das Wort P. vornehml. zur Kennzeichnung jeder für ungerecht oder unbegründet erachteten essayist. Polemik. Aus der Bez. für eine Verbreitungsart ist die journalist. Haltung wurde weitgehend ein negativer Wertbegriff. HW

Panegyrikus, m. [Adj. zu gr. panegyris = festl. Versammlung], feierl. lobendes, später auch: ruhmredig prahlendes Werk der Dichtung oder Redekunst, in dem bedeutende Taten, Institutionen oder Persönlichkeiten gepriesen werden. In der Antike war der P. zunächst eine Gattung der Rhetorik: die öffentl. gehaltene Festrede, die sich der Mittel des Lobpreises (meist der Zuhörer, des Anlasses, vergangener Taten usw.: *genus laudativum*), der öffentl. Volkserbauung (*popularis delectatio*) oder auch einer Argumentation durch positiv übertreibende Wertungen (*forma suadendi*) bediente. Insbes. seit der Kaiserzeit wurde der P. eine bes. Form poet. Huldigungen, v. a. der Herrscher (↗ Hofdichtung); nach einer Blüte in der Spätantike lebte panegyr. Dichtung wieder auf in der Renaissance- und Barockliteratur mit Preis- und Lobsprüchen (z. B. auch auf Städte), poet. Leichbegängnissen, Festspielen und Widmungsgedichten. Einflussreich waren dabei die antiken Vorbilder, zumal die panegyr. Reden von Isokrates (»Panathenaikos«), Demosthenes, Cicero (»Pro imperio Cn. Pompei«) und die seit 1513 vielfach gedruckte Sammlung spätantiker »Panegyrici latini« aus dem 3. und 4. Jh. n. Chr. Die Form panegyr. Beredsamkeit wurde auch in satir.-parodist. Absicht verwandt, z. B. von Erasmus von Rotterdam in seinem »Morias enkomion seu laus stultitiae« (Lob der Torheit, 1509). HW

Pangrammatisch, Adj. [gr. pan = all, gramma = Buchstabe], Bez. für lyr. oder ep. Verse, bei denen alle oder möglichst viele Wörter mit demselben (meist symbolhaft zu deutenden Buchstaben) beginnen (auch: Tautogramm, vgl. ↗ Alliteration, dagegen ↗ Stabreim). Als einer der ältesten Manierismen seit dem 3. Jh. v. Chr. bekannt, häufig bes. in Spätantike und MA. (z. B. Hucbald, »Ecloga de calvis« für Karl den Kahlen, 9. Jh.: alle Wörter der 146 Verse beginnen mit c; auch in der prov. und afrz. Minnelyrik), findet sich weiter in manierist. Strömungen: im 15./16. Jh. in Frankreich (↗ Rhétoriqueurs, C. Marot, J. A. Baïf vers lettrisés), im 17. Jh. in Spanien u. Deutschland (Nürnberger Pegnitzschäfer) und wieder im ↗ Symbolismus, dem russ. ↗ Imaginismus, italien. ↗ Hermetismus (Edoardo Cacciatore) oder auch in ↗ abstrakter Dichtung (W. Abish, »Alphabetical Africa«, 1974). ↗ Leipogrammatisch. IS

Pantalone, eine der vier kom. Grundtypen der ↗ Commedia dell'arte; der alte, geizig-geschäftige und liebeverblendete venezian. Kaufmann, der als Gegenspieler des Liebespaars von diesem gefoppt wird; tritt auf in Halbmaske mit langer, dünner Hakennase, Spitzbart, Brille, schwarzer Kappe und rotem (später schwarzem) Mantel, langen, nach ihm benannten roten Hosen, mit roten Strümpfen und gelben türk. Schnabelschuhen. Im 17. Jh. allmähl. Wandel zum harmlos griesgrämigen Ehrenmann, bei Goldoni schließl. – ohne Maske – zunehmend mit menschl. Zügen ausgestattet. HD

Pantragismus, m. [gr. pan = All, tragikos = tragisch], Bez. für die Idee eines das ird. Geschehen und jedes menschl. Dasein beherrschenden trag. Weltgesetzes, das den Menschen in unausweichl., unüberwindl. Konflikte stürzt, vgl. im MA. das »Nibelungenlied«, im 19. Jh. F. Hebbels Tragödien (F. Hebbel, »Mein Wort über das Drama«, 1843). S

Päon (Paion), m., antiker Versfuß aus drei Kürzen und einer Länge. Je nach der Stellung der Länge unterscheidet man: 1. P. ($-\cup\cup\cup$); 2. P. ($\cup-\cup\cup$); 3. P. ($\cup\cup-\cup$) und 4. P. ($\cup\cup\cup-$). Bez. nach der (gelegentl.) Verwendung im ↗ Päan (dem feierl. Hymnus an Apoll), von emphat.-enthusiast. Charakter. – *Dt. Nachbildungen* sehr selten, z. B. F. G. Klopstock, »Die Sommernacht«: »Wenn der Schimmer/von dem Monde/ nun herab/ in …« (3. P.). IS

Parabase, f. [gr. = das Vorrücken, auch: Abschweifung], eines der Bauelemente der altatt. Komödie: Unterbrechung am Ende des 1. Teils der Komödienhandlung (nach dem ↗ Agon): Chor und Chorführer wenden sich unmittelbar ans Publikum, um zu aktuellen polit., sozialen oder auch kulturellen Ereignissen und Problemen Stellung zu beziehen oder die Absichten des Dichters zu interpretieren (die Komödienhandlung geht währenddessen als ›verdeckte Handlung‹ weiter). Die meisten P.n bestehen aus 7 Teilen: Das *Kommation* (= das Stückchen), ein kurzes, in lyr. Silbenmaßen oder Anapästen abgefasstes, vom Chor vorgetragenes Gesangsstück, leitet zur eigentl. P. über; der Chor rückt dabei in die Mitte der Orchestra vor und nimmt die Masken ab. Es folgt die *eigentl. P.*, eine längere Ansprache des Chorführers in anapäst. Tetrametern (daher auch *anapaistoi*, »Anapäste«, genannt); sie endet in ein ↗ *Pnigos*, einer auf einen Atemzug gesprochenen langen Sentenz in anapäst. Hypermetern. Eine vom 1. Halbchor gesungene *Ode* (Anruf der Götter) leitet über zum ↗ *Epirrhema*, einer vom 1. (Halb)chorführer gesprochenen Reihe von Vierzeilern satir. Inhalts (meist trochä. Tetrameter). Diesen Teilen respondieren die *Antode* (vom 2. Halbchor vorgetragen) und das *Antepirrhema* als Abschluss der P. durch den 2. (Halb)chorführer. Diese strenge Form der (aristophan.) P. wird häufig variiert; auch Doppelung des Schemas ist möglich. Mit dem Übergang zur neuen att. Komödie und der damit verbundenen Entpolitisierung entfällt die P. als Bestandteil der Komödie. Nachahmungen in der dt. Literatur finden sich bei F. Rückert (»Napoleon«, 1815) und A. v. Platen (»Die verhängnisvolle Gabel«, 1826, »Der romant. Ödipus«, 1829). K

Parabel, f. [gr. = das Nebeneinanderwerfen, Gleichnis], allgemein ein zur selbständigen Erzählung erweiterter ↗ Vergleich, der von nur *einem* Vergleichspunkt aus durch Analogie auf den gemeinten Sachverhalt zu übertragen ist, ohne direkten Verweis wie beim ↗ Gleichnis (jedoch oft auch gleichbedeutend verwendet). In der antiken Rhetorik (Aristoteles, Rhet. 2, 20) wird die P. (wie die Fabel) zu den erdichteten Paradigmen (↗ Exempel) gezählt, die als in die Rede eingelegte Geschichten die Argumentation verstärken sollen. Beispiel: Sokrates legt die Unsinnigkeit des Losverfahrens zur Bestimmung von Athleten dar, um analog die Auslosung der Führer des Staates als untaugl. Prinzip zu erweisen. P.n in diesem Sinn sind auch Menenius' Agrippa Geschichte vom »Magen und den Gliedern«, Fiescos Erzählung vom Tierreich (Schiller, »Fiesco«, 2, 8). – Aus einem situativen Kontext herausgelöst, kann die P. auch auf eine allgemeine Wahrheit abzielen. Hier ist die Grenze zur ↗ Fabel fließend (zur Unterscheidung s. Lessing, Abhandlungen zur Fabel I). Hierzu gehören die in Lessings Fabelbücher eingestreuten P.n (»Der Besitzer des Bogens« 3,1) oder Boccaccios Ringp. (»Decamerone«, 1, 3), die Lessing im »Nathan« ausgebaut und in einen neuen Zusammenhang gestellt hat. Goethes »Buch der Parabeln« (»West-östl. Diwan«) weist auf eine zweite Tradition der Parabeldichtung, die aus dem Orient, bes. dem Buddhismus und Judentum (AT) kommt u. im Dienst religiöser Verkündigung, dann v. a. auch Jesu im NT, steht. Die neutestamentl. Forschung unterscheidet das Gleichnis, das den allgemeingült. Regelfall darstelle und die P., die einen prägnanten, von der Norm auch abweichenden Einzelfall vorführe u. dadurch die Möglichkeit besitze, neue Erfahrungen hervorzurufen, Paradoxes auszudrücken, die Wirklichkeit zu transzendieren, z. B. in der Bibel die P. »Vom verlorenen Sohn«, dann die P.n F. Kafkas (»Vor dem Gesetz«), wo der myth. Bezug der P.form, wie aller Bildersprache, deutlich wird. In diese Tradition kann man auch die dialekt. offenen »Geschichten von Herrn Keuner« B. Brechts und manche seiner »Me-ti«-Texte stellen, sowie als ganzes P.stück der religiöses Denken parodierende »Gute Mensch von Sezuan«. Auch U. Johnson verwandelt mit »Jonas zum Beispiel« ein biblisches Thema. DW

Paradiesspiel (Paradiesspiel), Spätform des ↗ geistlichen Spiels. Thema: Erschaffung der ersten Menschen, Sündenfall, Vertreibung aus dem Paradies. Im MA meist noch unselbständig, mitunter als Einleitungsteil des ↗ Osterspiels, ↗ Passionsspiels, ↗ Fronleichnamsspiels, auch des ↗ Prophetenspiels u. des ↗ Weihnachtsspiels, womit die ganze christl. Heilsgeschichte vom Sündenfall bis zur Erlösung umspannt war. Von wahrscheinl. starkem Einfluss auf die Herausbildung selbständiger P.e war die »Tragedia von schepfung, fal vnd ausstreibung Ade auss dem paradeyss« (1548) des Hans Sachs. Gepflegt wurde das P. v. a. als Volksschauspiel vom Elsass bis nach S-Ungarn, mit Zentren bes. im SO des dt. Sprachraums. Zu den berühmtesten P.en gehören die aus Oberufer bei Pressburg (1915 von R. Steiner wiederbelebt) u. aus Trieben (Steiermark). Einzelne Spiele werden, meist zur Weihnachtszeit, noch heute aufgeführt. MS

Paradigma, n. [gr. = Beispiel, Muster], ↗ Exempel.

Paradigmenwechsel [gr. paradeigma = Beispiel, Muster]. Der von Th. S. Kuhn 1967 eingeführte Begriff des P.s bezeichnet die wissenschaftsgeschichtl. Ablösung einer älteren Methodik durch eine neue, die begründet, systematisch, revolutionierend und in ihrem Innovationsanspruch so dynamisch sein muss, dass sie »für eine gewisse Zeit einer Gemeinschaft von Fachleuten Modelle und Lösungen liefert«. Das zunächst die kopernikan. Wenden in der Naturforschung erfassende und beschreibende Modell wurde von der Literaturwissenschaft übernommen, als die von H. R. Jauß inaugurierte *Rezeptionsästhetik* (↗ Rezeption) eine Antwort auf die Frage suchte, ob hier ein »großer paradigmat. Wechsel der Literaturwissenschaft« zu konstatieren sei. Historisch ergab eine Sichtung der neuzeitl. gültigen Paradigmen: 1. das humanist. Beispiel von der Renaissance bis zur Klassik, das dem Prinzip der ↗ *imitatio* (Nachahmung) huldigte und die antiken Normen zu rekonstruieren und zu erneuern suchte; 2. das romantische Paradigma, das sich im Historismus und Positivismus des 19. Jh.s erfüllte; 3. das bis in die 70er Jahre des 20. Jh.s dominante Paradigma des ästhet. Formalismus und der immanenten Textdeutung. Die Rezeptionsästhetik verstand sich als Überwindung dieser Verstehensmuster und bot sich als viertes Paradigma an, nicht allein durch die Fragerichtung, die auf geschichtl. diagnostizierbare Wandlungen der Wirkung eines Werkes zielte und Aktualität der Antworten verhieß, sondern auch dadurch, dass an die Stelle einer Methodendominanz ein Methodenpluralismus im Sinne forschender Interdisziplinarität treten sollte. Dieses neue Paradigma erstrebte die Verbindung von ästhet. und rezeptionsgeschichtl. Interpretation, die Durchdringung hermeneut. und strukturaler Methodik, schließl. die Erweiterung des Forschungsgegenstandes, der z. B. außer der kanon. Literatur auch Trivial- und Medientexte einbeziehen sollte. In neuester Zeit deutet sich an, dass Poststrukturalismus und Dekonstruktivismus das Selbstverständnis eines fünften Paradigmas entwickeln, das die Aufhebung aller sinnfixierten Paradigmatik betreibt. HW

Paradoxon, n., Pl. Paradoxa [gr. = das Unerwartete], scheinbar alog., unsinnige, widersprüchl. Behauptung, oft in Form einer Sentenz oder eines Aphorismus (Gedanken-Pointe), die aber bei genauerer gedankl. Analyse auf eine höhere Wahrheit hinweist, z. B. »Wer sein Leben findet, der wird es verlieren« (Matth. 10, 39) oder »sus lebet ir tôd« (Gottfried v. Straßburg, »Tristan«). Ursprüngl. Bez. für die didakt. motivierte, absichtl. nicht unmittelbar einleuchtende Formulierungsweise der Stoiker, dient das P. allgem. als ein Mittel der Verfremdung, der absichtl. Verrätselung einer Aussage oder des emphat. Nachdrucks; es ist wesentl. Kennzeichen manierist. Stilhaltung (vgl. ↗ Concetto, ↗ Oxymoron) und findet sich entsprechend v. a. in ↗ Manierismus und ↗ Barock, in der Mystik u. a. religiös bestimmter Literatur (zur Auflösung rational unzugängl. theolog. Aussagen: vgl. M. Luther »Paradoxa«, 1518, S. Frank, »Paradoxa ducenta octoginta«, 1534 u. a.), im ↗ Symbolismus, ↗ Expressionismus usw. S

Paragoge, f. [gr. = Hinzuführung], s. ↗ Metaplasmus.

Paragramm, n. [gr. = Einschiebsel, Zusatz], Sinn-Verdrehung einer Aussage durch Änderung meist des ersten Buchstabens eines Wortes oder Namens, häufig als Wortspiel mit scherzhafter Wirkung; berühmt ist das P. aus dem Namen von Kaiser Claudius Tiberius Nero: Caldius Biberius Mero (= der vom Wein glühende Trunkenbold, Weinsäufer), vgl. Sueton, Vita des Kaisers Tiberius, Kap. 42. GG

Paragraph, m. [gr. paragraphein = dazuschreiben, schriftl. hinzufügen], ursprüngl. Bez. für jedes neben ein Wort oder einen Text gesetzte Zeichen (Nota); heute beschränkt auf das Zeichen ›§‹; war in der Antike insbes. Interpunktionszeichen, diente später auch zur Bez. eines Abschnittes in literar. Werken, im Drama z. B. für den Einsatz eines neuen Sprechers, in Lyriksammlungen eines neuen Liedes (z. B. in der Manesse-Handschrift) oder einer neuen Strophe etc.; in der Neuzeit v. a. übl. zur Kennzeichnung und fortlaufenden Numerierung von Abschnitten in Gesetzestexten oder in wissenschaftl. Werken; zugleich auch Bez. für solche Abschnitte. S

Paraklausithyron, n. [gr. = bei verschlossener Tür (gesungenes Lied)], Gattung der griech.-röm. Liebeslyrik: Lied eines Liebhabers vor der verschlossenen Tür seines Mädchens, wohl volkstüml. Ursprungs; Literarisierung erst in alexandrin. Zeit durch Kallimachos und Asklepiades; Theokrit überträgt das P. ins Bukolische (Lied eines Hirten vor der Grotte seines Mädchens). Vertreter des P.s in röm. Lit. sind Horaz, Catull, Properz. K

Paralipomena, n. Pl. [zu gr. paralipomenon = Übergangenes, Ausgelassenes], Textvarianten, Fragmente, Ergänzungen, Nachträge usw., die bei der endgült. Fassung eines literar. Werkes nicht berücksichtigt oder für die Veröffentlichung (zunächst) ausgeschieden wurden, vgl. z. B. die beiden Bücher ›P.‹ im AT (als Ergänzung der Bücher Samuelis und der Könige) oder die P. zu Goethes »Faust«. P. sind wichtig für textkrit. oder textgenet. Untersuchungen. ↗ Edition. GK

Paralipse, f. [gr. paraleipsis = Unterlassung, lat. praeteritio = Besetzung, Abhaltung von anderen Dingen], rhetor. Figur: Hervorhebung eines Themas oder Gegenstandes durch die nachdrückliche (nicht eingehaltene) Erklärung, dass darauf aus bestimmten Gründen nicht näher eingegangen werde, eingeleitet durch Wendungen wie »Ich will nicht davon sprechen, dass ...«; oft Mittel der ↗ Ironie. Vgl. etwa Shakespeare, »Julius Caesar« (1599), Rede des Antonius; III, 2: Ch. M. Wieland, »Der Vogelsang« (1778): »Ich sage nichts von ...«, oder Th. Mann, »Der Erwählte« (1951): »Ich will weiter kein Rühmens machen ...« (hier folgt z. B. eine 3/4-seitige Ausführung dessen, was angebl. nicht gerühmt werden soll). S

Parallelismus, m. [von gr. parallelos = gleichlaufend],
1. in engerem Sinne: *P. membrorum*, ↗ rhetor. Figur; unterschieden wird a) *syntakt. P.*, der syntakt. Gleichlauf mehrerer (2–3) gleichrangiger Kola, entspricht dem ↗ Isokolon, z. B. »als ich noch Kind war, redete ich wie ein Kind, dachte ich wie ein Kind, urteilte ich wie ein Kind« (1. Kor. 13, 11), und b) *semant. P.*, die Spaltung einer Aussage in zwei (oder mehr) Aussageeinheiten gleichen oder gegensätzlichen Inhalts, wobei das 2. Glied auch den Gedanken des ersten fortführen kann; man unterscheidet daher beim semant. P. *synonymen P.* (auch Synonymie): »so muß ich dich verlassen, von dir scheiden« (Schiller, »Wallenstein«), *antithet. P.:* »sie fordert's als eine Gunst, gewähr es ihr als Strafe« (Schiller, »Maria Stuart«) und *synthet. P.:* »den Mund aufmachen, der Vernunft das Wort reden und die Verleumder beim Namen nennen« (G. Grass). – Der P. membrorum ist formkonstituierend u. a. in der hebräischen Poesie (Psalmen), in der mhd. Dichtung, der Sakralsprache, im Volkslied und auch in der Werbung. Häufig ist die Verbindung mit ↗ Anapher, ↗ Epipher, ↗ Symploke oder dem ↗ Homoioteleuton.
2. im weiteren Sinne: *strukturales Kompositionselement* in Dichtungen, die Wiederholung gleichrangiger Teile, etwa in der Fabel eines Werkes (vgl. z. B. im Märchen dreimaliges

Wiederholen von Wünschen, Aufgaben, Begegnungen, Träumen, im Abenteuerroman parallel strukturierte Abenteuer, jeweils mit bestimmenden Abweichungen, häufig auch Steigerungen) oder in der Konfiguration in Drama und Roman, z. B. Wiederholung bestimmter Personengruppierungen auf verschiedenen Ebenen (adliges, Diener-Liebespaar, Herren-Diener, häufig in klassizist. Dramen). – Zusammen mit seinem Gegenstück, der Opposition, bildet der P. ein Grundelement zur Bestimmung der Dichtungsstruktur. IA

Paramythie, f. [aus gr. para = überhinaus und mythos = Sage, Geschichte, Erzählung], kurze poet. Erzählung, in der aus einem meist mytholog. Motiv schließl. eine religiös-sittl. Maxime entwickelt wird. Die Bez. für die seit der Antike bekannte Gattung (vgl. ↗ Parabel, ↗ Gleichnis, ↗ Apolog u. a.) prägte J. G. Herder für seine Sammlung von Prosa-P.n (»Zerstreute Blätter«, 1. Slg. 1785, u. a. »Die Wahl der Flora«, »Der sterbende Schwan«); in seiner Nachfolge entstanden ähnl. Sammlungen von F. A. Krummacher (»Apologen und P.n«, 1809) und F. Gleich (»P.n«, 1815). Als P.n gelten auch Goethes »Nektartropfen« (1781), Herders Gedicht »Das Kind der Sorge« (1787) oder F. Rückerts »Die gefallenen Engel«. IS

Paränese, f. [gr. parainesis = eth. Ermahnung, Ermunterung, Warnung, Rat], 1. Begr. der altgriech. Ethik u. Erziehungslehre (Sokrates); 2. Mahnrede oder -schrift, auch ermahnender oder ermunternder Teil einer Predigt oder eines Briefes (z. B. die P.n der Paulusbriefe); auch die Nutzanwendung einer Predigt oder Fabel wird mit P. bez. (paränet. Schriften = Erbauungsschriften). IS

Paraphrase, f. [aus gr. para = neben, in der Nähe und phrasis = Wort, Rede], 1. erweiternde oder erläuternde Wiedergabe eines Textes in derselben Sprache, v. a. zur Verdeutlichung des Sinnes, etwa bei einer Interpretation; auch: freie Prosa-Umschreibung einer Versdichtung;

2. freie, nur sinngemäße Übertragung (Übersetzung) eines Textes in eine andere Sprache, im Ggs. zur ↗ Metaphrase; berühmt sind die P.n des »Hohen Liedes« von Williram von Ebersberg (11. Jh.). S

Parasit, [gr. parasitos = Mitspeisender, Gast], Typenfigur der mittleren und v. a. der neuen att. u. der röm. Komödie: der komisch-sympath. Schmarotzer, der sich durch kleine Dienste in reichen Häusern einschmeichelt; erscheint als Nebenfigur oft in Begleitung von Hetäre oder ↗ Bramarbas, z. B. Chaireas im »Dyskolos« (Griesgram) des Menander, Gnatho im »Eunuchus« des Terenz. Figur und Motiv des P.en sind fast in allen literar. Epochen nachweisbar. Die Moderne kennt v. a. auch Parodierung und Pervertierung des P.en, vgl. M. Frisch, »Biedermann und die Brandstifter«, Selma Urfer, »Die Gäste« u. a. m. GK

Parataxe, f. [gr. = Nebeneinanderstellung, Beiordnung], s. ↗ Hypotaxe.

Paratext [zu gr. para = über, hinaus]. Begriff der poststrukturalist. Poetik: Text, der nicht eigentl. zu einem literar. Werk gehört (z. B. Klappentext, ↗ Widmung, ↗ Motto, ↗ Titel, Vorwort, auch Name d. Autors), aber doch mit anderen P.en zusammen ein Bezugssystem zu diesem bildet, einen »pragmat. Hof« (Genette), der die Rezeption des Werkes wesentl. beeinflusst, ohne dass der Leser sich dessen bewusst ist: z. B. wird aus Art u. Umfang eines Vorwortes, über die Funktion der ersten Leserinformation hinaus, die Einstellung des Autors zur Subjektivität des eigenen Werkes deutlich (↗ Dialogizität). – Darüber hinaus werden in der Diskursforschung P.e nicht nur in Bezug auf ein Einzelwerk untersucht, sondern auch in die im jeweiligen histor. Kontext feststellbaren Regeln eingeordnet. ↗ Intertextualität. IS

Parechese, f. [gr. = Lautnachahmung], ↗ rhetor. Figur, Form der ↗ Paronomasie.

Parekbasis, f. [gr. = Seitenweg], ↗ Exkurs.

Parenthese, f. [gr. parenthesis = Einschub], ↗ rhetor. Figur: grammat. selbständ. Einschiebsel in einen Satz, das dessen grammat. Zusammenhang unterbricht, ohne jedoch dessen syntakt. Ordnung zu verändern. Der Umfang schwankt zwischen einem Wort und einem Haupt- und Nebensätze gliedernden Abschnitt. Sie enthält meist eine erwünschte, nicht aber unbedingt notwend. Mitteilung oder eine affektiv erklärbare Interjektion: »So bitt ich – ein Versehn wars, weiter nichts – / Für diese rasche Tat dich um Verzeihung« (H. v. Kleist, »Penthesilea«). – Der visuellen Kenntlichmachung dienen Gedankenstriche, runde oder eckige Klammern, Kommata, in mündl. Rede eine Pause. Allzu häufig angewandt, kann parenthet. Schreiben zur Manier werden, welche die Lesbarkeit eines Textes stark beeinträchtigt. GG

Parerga, n. Pl. [zu gr. parergon = Nebenwerk, Zusatz], als Nebenarbeit entstandene Schriften, auch Titelbez. für Sammlung kleinerer Schriften, z. B. A. Schopenhauer: »P. und Paralipomena«, 1851. S

Parison, n. [gr., eigentl. parison schema = fast gleiches (Schema)], ↗ Isokolon.

Parnassiens [par'nasjɛ̃; frz.], auch: École parnassienne, frz. Dichterkreis in der 2. Hälfte des 19. Jh.s; Name nach der Anthologie »Le parnasse contemporain« (erschienen in 3 Lieferungen 1866, 1871, 1876), in der die Gedichte der Mitglieder gesammelt wurden. – Bestimmt von dem ästhet. Prinzip des ↗ l'art pour l'art (Th. Gautier) und nach dem Vorbild der virtuosen Formkunst Th. de Banvilles propagierten die P. Dichtungen von äußerster formaler Strenge, insbes. von vers- und reimtechn. Perfektion und gegenstandsbezogener, unpersönl. Darstellung, z. T. in bewusster Opposition zu den gefühlsbezogenen, formal entgrenzten Dichtungen der Romantik, deren Stoffe sie jedoch übernahmen (Geschichte, v. a. MA, zeitl. und räuml. ↗ Exotismus, v. a. der Orient). Haupt der P. war Ch. M. Leconte de Lisle, bedeutende Vertreter P. Louÿs (»Chansons de Bilitis«, 1894) und v. a. J. M. de Heredia, dessen Sonette (»Trophäen«, 1893, dt. 1909) eine seit der ↗ Plejade (16. Jh.) nicht mehr erreichte formkünstler. Vollendung zeigen, ferner der frühe R. F. A. Sully-Prudhomme, C. Mendès, L. Dierx, F. Coppée u. a.; zeitweilige Berührung mit den P. hatten auch Ch. Baudelaire, P. Verlaine und St. Mallarmé durch einzelne Beiträge in der Anthologie. IS

Parodie, f. [gr. = Gegengesang], in den ältesten Quellen wird als P. eine neue, gesprochene, gegenüber einer älteren musikal.-rezitativischen Vortragsart des Epos bezeichnet. Daraus entwickelte sich die umfassendere Bedeutung: Ein literar. Werk, das in satir., krit. oder polem. Absicht ein vorhandenes, bei den Adressaten der P. als bekannt vorausgesetztes Werk unter Beibehaltung kennzeichnender Formmittel, aber mit gegenteiliger Intention nachahmt. Der durch das so entstandene Auseinanderfallen von Form und Aussageanspruch gewonnene Reiz des Komischen ist dabei umso wirkungsvoller, je größer die Fallhöhe vom Parodierten zur P. ist. Daher zehren auch die bedeutendsten P.n der Weltliteratur weithin von der Prominenz ihrer Vorbilder (Homer-P.n der Antike) oder von der meist standesgebundenen Wertschätzung eines literar. Genres (Cervantes' »Don Quijote« als P. der beliebten Ritterromane). Da die P. nicht allein Werke, sondern auch Rezeptionshaltungen und Bildungskonventionen, für die ein Werk repräsentativ wurde, in die krit. Absicht einbezieht, ist sie nicht so sehr eine innerliterar. parasitäre Form der Auseinandersetzung, sondern mehr noch literar. Zeitkritik, die oft genug den Anspruch auf Eigenwert erhebt und einlöst. Bes. in Zeiten, in denen gesellschaftl. und soziale Auseinandersetzungen in einer literar. interessierten Öffentlichkeit ausgetragen wurden, erreichte die P.-Produktion Höhepunkte und Gipfelleistungen. Daher erklärt es sich z. T., dass P.n meist im Gefolge jener Werke und Gattungen entstanden sind, die bei den Zeitgenossen etabliert waren und nachträgl. vielfach mit dem Prädikat des »Klassischen« geehrt wurden. Vornehml. durch ihren höheren Kunstanspruch, ihre formalen Übernahmen und ihre umfassendere krit. In-

Parodie

tention unterscheidet sich die P. von der ↗ Travestie, ↗ Literatursatire und z. T. dem ↗ Pastiche. Zeigt die reiche *Geschichte der Parodie,* dass kaum eine literar. Gattung, kaum ein bedeutender Stoff von diesem anti-emotionalen Verfahren verschont wurde, so sind es doch zwei Hauptrichtungen, gegen die die P. sich wendet: 1) Gegen alle Formen des Heroischen und 2) des konventionell Sentimentalen. Die P.n beginnen mit den gegen Homer gerichteten kom. Epen vom schlauen Tölpel »Margites« oder vom pseudoheroischen »Froschmäusekrieg« (»Batrachomyomachia«, 5. Jh. v. Chr.). Es folgen P.n auf die Tragödien des Euripides durch Aristophanes (»Frösche«), Eubulos, Menander u. a. Die zumal Epen und Dramen treffende antihero. P. wendet sich im MA. gegen höf. Ritterdichtung (H. Wittenwilers »Ring«, Rabelais' »Gargantua et Pantagruel«), in der neueren Literatur v. a. gegen antikisierende Heldengedichte (A. Pope »The Rape of the Lock«; in Frankreich entstehen im 17. Jh. etwa 700 P.n auf die klass. Tragödie; gegen die heroische Barockoper wendet sich J. Gays »Beggar's Opera«). Dem antiheroischen und antiklass. Effekt verpflichtet sind auch die deutschen P.n auf Werke von Goethe (F. Nicolai, »Freuden des jungen Werther«, F. Th. Vischer, »Faust III. Teil«), Schiller, später v. a. die Hebbel- und Wagnerp.n Nestroys. – Die gegen das konventionell Sentimentale gerichteten P.n beginnen mit Numitorius' »Antibucolica« gegen Vergil, setzen sich in den mlat. P.n der Vaganten und in den P.n auf den Minnesang (Neidhart, Steinmar) fort, finden reichen Stoff in der empfindsamen und trivialen Dichtung des späten 18. und 19. Jh.s bis hin zu den P.n R. Neumanns (»Mit fremden Federn«, 1927) oder in neuester Zeit P. Rühmkorfs (»Irdisches Vergnügen in g«, 1959). ↗ burlesk, ↗ komisches Epos, ↗ makkaron. Dichtung. ↗ Gegensang.   HW

Parodos, f. [(seitl.) Zugang, Einzug],
1. im gr.-röm. Theater der seitl. Zugang zur ↗ Orchestra, durch den der ↗ Chor zu Beginn des Dramas feierl. Einzug hält.
2. Im gr.(-röm.) Drama das Einzugslied des Chors beim Betreten der Orchestra, im weiteren Sinne überhaupt die ganze erste Chorpartie eines ↗ Dithyrambus, einer Tragödie oder Komödie. – Ursprüngl. bildet die P. den Anfang eines Stückes. Seit Thespis(?) kann ihr jedoch ein von Schauspielern gesprochener dialog. oder monolog. ↗ Prolog vorausgehen. Bereits bei Aischylos finden sich mehrere Grundtypen der P.: Sie kann bestehen: aus einer in (Marsch-)↗ Anapästen abgefassten Rede des Chorführers und einem daran anschließenden stroph. Chorlied (vgl. »Die Hiketiden«, »Die Perser«, »Agamemnon«), nur aus einem stroph. Chorlied (»Die Choëphoren«), aus einzelnen Chorstimmen, die sich erst allmähl. zu einem geschlossenen Chorgesang vereinen (»Die Sieben gegen Theben«, »Die Eumeniden«), aus Wechselgesang und Wechselrede zwischen Chor und Schauspieler, wobei der Schauspieler in anapäst. Versen spricht (»Prometheus«; epirrhemat. P., vgl. ↗ Epirrhema); sie wird in der Tragödie bei Sophokles und Euripides und v. a. in der Komödie von Aristophanes weiterentwickelt und vielfach variiert. – Ein zweites Einzugslied des Chors (nach zeitweiliger Abwesenheit) oder das Einzugslied eines zweiten Chores heißt *Epiparodos* (zusätzl. P., z. B. Aischylos, »Eumeniden«, Sophokles, »Ajax«); vgl. auch ↗ Exodos, ↗ Stasimon, ↗ Epeisodion.   K

Paroemiacus (Paroimiakos), m. [lat.-gr. = Sprichwortvers], altgriech. Vers der Form ◡◡−◡◡−◡◡−−; oft mit dem ↗ Enoplios gleichgesetzt (Wilamowitz) und wie dieser als Ausprägung eines griech. Urverses gedeutet; Bez. nach seiner Verwendung im griech. Sprichwort oder Denkspruch (paroimia); auch in Marschliedern; entspricht metr. dem gern als ↗ Klausel verwendeten röm. katalekt. anapäst. Dimeter.   S

Paroimiographie, f. [gr. Paroimia = Sprichwort, graphein = schreiben], in der Antike die wissenschaftl. Beschäftigung mit Sprichwörtern, zunächst unter philosoph. und histor. Aspekt (Aristoteles, Klearchos von Soloi, Theophrastos), seit alexandrin. Zeit systematisierend und klassifizierend (Aristophanes von Byzanz, 220 v. Chr.); auf den Sammlungen des

Didymos (1. Jh. v. Chr.), Lukillos von Tarrha (1. Jh.) und Zenobios (2. Jh.) beruht das wichtigste Sprichwörterkompendium, das alphabet. ›Corpus paroimiographorum‹ (9. Jh.), auf das alle späteren mal. Sprichwörtersammlungen zurückgehen. IS

Paromoion, n., auch: Paromoiosis [von gr. paromoios = ähnlich], rhetor. (Klang-)Figur: über den selben Anfangsbuchstaben (↗ Alliteration, ↗ Homoioprophoron) hinausreichender Gleichklang von Wörtern unterschiedl. Bedeutung: rex, rege, res misera tuis (Virgil). S

Paronomasie, f. [gr. = Wortumbildung, lat. Annominatio, Adnominatio], ↗ rhetor. Figur: Wortspiel mit Wortbedeutungen durch Zusammenstellen von Wörtern
1. desselben Stammes mit bestimmten Bedeutungsverschiebungen: »wer sich auf den *verlässt,* der ist *verlassen*« (vgl. dagegen ↗ Polyptoton, ↗ figura etymologica) oder
2. von Wörtern verschiedener Herkunft und Bedeutung, aber gleicher oder ähnl. Lautung: »kümmert sich mehr um den *Krug* als den *Krieg*«, »... *Rheinstrom* ... *Peinstrom* ...« (Schiller, »Wallensteins Lager«, Kapuzinerpredigt), auch als *Parechese* (= Lautnachahmung) bez. S

Pars pro toto [lat. = der Teil für das Ganze], uneigentl. Ausdruck, ↗ Tropus, bei dem ein Teil einer Sache das Ganze bezeichnet: z. B. *Dach* für Haus; eng gefasste Form der ↗ Synekdoche, vgl. auch ↗ Metonymie. S

Parteilichkeit, von G. Lukács in die Ästhetik eingeführter autorbezogener Begriff, der den (im Sinne einer aktiven Beeinflussung der Gesellschaft gemeinten) werkbezogenen Begriff der Tendenz ersetzen soll, entsprechend der Forderung des ↗ sozialist. Realismus nach Parteigeist (russ. *partijnost*), d. h. der Durchdringung des literar. Werkes und dessen Identifikation mit Zielen und Methoden der kommunist. Partei, wobei sich die polit. engagierte Literatur im Ggs. zur »reinen Kunst« versteht. P. ist eine Methode der theoret. und prakt. Auswertung des Marxismus-Leninismus; es geht dabei um jene Stellungnahme in der Literatur, die Erkenntnis und objekt. Gestaltung gewährleisten soll. Deshalb steht P. nach Lukács nicht wie ›Tendenz‹ im Widerspruch zur Objektivität bei der Wiedergabe und Gestaltung der Wirklichkeit. Die richtige dialekt. Abbildung und schriftsteller. Gestaltung der Wirklichkeit setzen vielmehr in seinem Sinne P. voraus. Sie bezieht sich auf »jene Klasse, die Trägerin des geschichtl. Fortschritts in unserer Periode ist«. Die Frage der P. des Dichters wurde bereits von F. Freiligrath und G. Herwegh (1843) diskutiert. Herwegh begrüßte jede P. als Fortschritt in der Entwicklung, während Freiligrath postulierte: »Der Dichter steht auf einer höheren Warte als auf den Zinnen der Partei«. Im Folgenden wurden die Begriffe ›Parteinahme‹ oder ›Tendenz‹ in der Literatur dann v. a. von F. Engels (»Über Kunst und Literatur II«) und F. Mehring in Anlehnung an Kants »Zweckmäßigkeit ohne Zweck« erörtert. Nach Lukács ist P. »die Erkenntnis und die Gestaltung des Gesamtprozesses als zusammengefasste Totalität seiner wahren treibenden Kräfte, als ständige, erhöhte Reproduktion der ihm zugrunde liegenden dialekt. Widersprüche«. GK

Partheneïon, n. [gr. = Jungfrauenlied], altgriech., von einem Mädchenchor vorgetragenes Chorlied; erhalten sind nur der Schluss eines P. von Alkman (wahrscheinl. ein Prozessionslied für Artemis) und drei Fragmente aus Pindars ledigl. bezeugten zwei Büchern »Partheneia« und dem »Anhang zu den Partheneia« (Verse über die Unsterblichkeit, Bruchstücke eines Kultliedes der Daphne und eines Liedes auf Pan, in choriamb. und äol. Maßen); auch von Bakchylides werden Partheneia erwähnt. K

Partijnost [russ. = Parteigeist], ↗ Parteilichkeit.

Partimen, n. [prov. = Teilung; dilemmat. Frage], provenzal. ↗ Streitgedicht (Tenzone), das von meist zwei Dichtern gemeinsam verfasst ist. Ein bestimmtes Thema, v. a. aus dem Bereich der höf. Liebe, wird zu Beginn meist

Partimen

in Form eines Dilemmas mit zwei Alternativen, festgelegt, dann in gesungenem Wettstreit durchdiskutiert, in der Regel ohne abschließende Entscheidung. Das P., auch *Joc partit* genannt und im altfrz. ↗ Jeu parti nachgeahmt, wurde bes. in der Zeit zwischen 1180 u. dem Ende des 13. Jh.s gepflegt. Die Bez. ›P.‹ taucht im 14. Jh. in den Handschriften auf; überliefert sind über 100 P. – Verwandt sind der italien. ↗ Contrasto, in der mittellat. Lit. ↗ Altercatio, ↗ Disputatio, ↗ Conflictus, dt. Nachahmungen im strengen Sinne gibt es nicht.   MS

Paso, m. [span., eigentl. = Schritt], kurze schwankhafte Dialogszene aus dem span. Volksleben in Prosa, im 16. Jh. von Lope de Rueda als ↗ Zwischen- oder ↗ Nachspiel für die ↗ Comedia geschaffen (berühmt z. B. »Las aceitunas«, »Los criados«). P.s waren insbes. durch die Gestalt des Bobo, eines Vorläufers des ↗ Gracioso, sehr beliebt; bisweilen wurden bis zu 3 P.s in einen Akt eingefügt. Sie gelten als unmittelbare Vorläufer der ↗ Entreméses und blieben wie diese bis ins 20. Jh. lebendig (↗ Género chico). Die P.s L. de Ruedas wurden postum von Juan de Timoneda, der selbst P.s verfasste, herausgegeben. Texte: P.s completos. Hrsg. v. F. Garcia Pavón, Madrid 1967.   IS

Pasquill, n. [ital. pasquillo = Schmähschrift], meist anonyme oder pseudonyme, gegen eine bestimmte Persönlichkeit gerichtete Schmähschrift. Die Bez. geht zurück auf einen durch seinen Witz bekannten röm. Schuster oder Schneider *Pasquino* in der 2. Hälfte des 15. Jh.s. Nach seinem Tod wurde in der Nähe seiner Werkstatt der Torso einer röm. Kopie der hellenist. Darstellung des Menelaos mit der Leiche des Patroklos gefunden und seit 1501 vor dem Palazzo Braschi aufgestellt. An dieser vom Volksmund Pasquino genannten Skulptur wurden Satiren und Epigramme (sog. *Pasquinata*) angeheftet; die Erwiderungen brachte man an der gegenüberstehenden Figur des Marforio (Mars fori, einer auf dem Forum gefundenen Statue des Mars) an, so dass sich oft satir.-epigrammat. Dialoge entwickelten, an denen u. a. als berühmtester *Pasquillant* auch Pietro Aretino beteiligt war. Persönl. satir. Schriften gerieten immer wieder in die Nähe des als unmoral. betrachteten P.s. – Im Rahmen der Satirentheorie der Aufklärung ist die Abgrenzung der Satire vom P. ein unerlässl. Bestandteil der Reflexion über das Wesen und die Funktion der Satire. Als Beispiel eines dt. P.s gilt Goethes »Fastnachtsspiel ... vom Pater Brey ...« (gegen M. Leuchsenring).   GG

Passionsbruderschaften, spätmal., meist bürgerl.-weltl. Gesellschaften, welche die oft 2–3 Tage dauernden ↗ Passionsspiele u. a. ↗ geistl. Spiele organisierten und finanzierten (meist mit städt. Hilfe). Die Spieler (nur Männer), Mitglieder der P. oder Städter aller sozialen Schichten, auch Adel und Geistlichkeit, spielten umsonst und stellten i. d. Regel auch die Kostüme; *bezahlt* wurden jedoch der Darsteller des Judas, Musikanten, Gaukler (oft Darsteller der Teufel) und die zahllosen Helfer (oft über 1000 Mitwirkende). – Die P.en spielten in den mal. Städten eine bedeutende Rolle und bestanden oft auch nach dem Rückgang der Passionsspiele weiter (Organisation weltl. Stücke u. Ä.). – Berühmte P.en waren die Pariser *Confrérie de la Passion* (seit 1380, ab 1548 weltl. Inszenierungen, bestand bis 1677), in Rom die *Archiconfraternità del Gonfalone* (1. Aufführung 1489), die Wiener *Gottesleichnamsbruderschaft* (1437 zum 1. Mal bezeugt, berühmtester künstler. und organisator. Leiter der Bildschnitzer W. Rollinger) und die bis ins 20. Jh. bestehende Luzerner *Bruderschaft der Bekrönung unseres lieben Herrn Jesu Christi* (gegründet 1470, berühmtester Spielleiter im 16. Jh. Renward Cysat. Von literarhistor. Bedeutung sind die von den P.en tradierten Passionstexte, ihre Spielbücher (↗ Dirigierrollen), Rechnungsbücher (Raitbücher), Regieskizzen und Bühnenpläne.   IS

Passionsspiel (auch: Passion, m. [!]). Leiden und Sterben Jesu Christi in dramat. Gestaltung, neben dem ↗ Osterspiel bedeutendster Typus des mal. ↗ geistl. Spiels. Die Tradition des P.s lässt sich, im Ggs. zum Osterspiel, nicht über das 13. Jh. zurückführen; seine Blütezeit fällt ins 15. u. 16. Jh. Bes. Beliebtheit erfreute

Passionsspiel

sich das P. im dt.-sprach. Raum. – Das P. hat sich im Ggs. zum älteren Osterspiel nicht im liturg. Rahmen herausgebildet. Meist wird seine Entstehung mit der Tendenz erklärt, das vorösterliche Heilsgeschehen in das Osterspiel einzubeziehen. Dass sich das P. im Spät-MA. mehr und mehr durchsetzen konnte und andere Formen des geistl. Spiels im dt.sprach. Raum weitgehend verdrängte oder absorbierte, hängt mit einer allgemeinen geistesgeschichtl. Wende zusammen, die sich im Wandel des Christus-Bildes ausdrückt: an die Stelle des früh- und hochmal. Weltherrschers, des Christus Pantokrator, tritt der leidende Christus. Die meisten P.e beschränken sich nicht auf eine Darstellung des eigentl. Passionsgeschehens, sondern beziehen in ihre Handlung die ganze christl. Heilsgeschichte des AT und NT ein; sie münden fast immer in ein Osterspiel. Die Aufführung dieser umfangreichen Spiele erstreckte sich, v. a. seit dem 15. Jh., oft über 2 bis 3 Tage, oft mit Tausenden von Mitwirkenden. Diese Bürgerspiele waren damit nicht nur lebendige Glaubenszeugnisse, sondern zugleich glanzvolle (und entsprechend aufwendige) Selbstdarstellungen der spätmal. Stadtgesellschaft. – Bei den beiden einzigen *lat. P.en* des dt.sprach. Raums (überliefert in der Hs. der Carmina burana, 13. Jh.) handelt es sich um ein P. von äußerster Knappheit (»BenediktbeurenI«: meist nur kurze, der Bibel entnommene Prosasätze) und ein umfangreicheres (»Benediktbeuren II« mit Gesängen aus dem Palmsonntagsantiphonar und lat. Vagantenstrophen). Verbindungen zu beiden Spielen (Übereinstimmungen in Text u. Musik) zeigt ledigl. das dt. P. aus Wien (mdt. Fragment, Anfang 14. Jh.). Bei den übrigen dt. P.en lassen sich keine Einflüsse lat. Spieltradition nachweisen. – Die meisten *dt. P.e* lassen sich zu drei großen Spielkreisen ordnen: 1. Der *westmdt. (Frankfurter) Spielkreis* hat eine bes. lange Tradition (13.–16. Jh.). Älteste Vertreter sind die Frankfurter Dirigierrolle (frühes 14. Jh., Regiebuch, Baldemar von Peterweil zugeschrieben, enthält Bühnenanweisungen und die Anfangsworte der einzelnen Redeabschnitte des 2-täg. Spiels) und das P. aus St. Gallen (frühes 14. Jh., Handlungsrahmen ähnl. wie in der Dirigierrolle, insgesamt knapper). Die weiteren westmdt. P.e zeigen im Ganzen Übereinstimmungen mit diesen beiden, weichen jedoch in Einzelheiten stark voneinander ab, so die 3-tägigen P.e aus Frankfurt (Hs. von 1493), Alsfeld (frühes 16. Jh.), Fritzlar und Heidelberg (1514, W. Stüeckh zugeschrieben). 2. Der *Tiroler Spielkreis* zeigt die reichste und zugleich geschlossenste Spieltradition. Gespielt wurde außer in Bozen, Brixen, Sterzing und Meran auch nördl. des Brenner in Hall und Schwaz und im italicn. Sprachgebiet (Cavalese, Trient). Die Spieltradition setzt im Ggs. zum Frankfurter Kreis erst sehr spät ein (Ende 15. Jh.); die einzelnen Spieltexte weichen nur geringfügig voneinander ab, so dass man von *einem* Tiroler P. sprechen kann. Dies ist wohl v. a. dem Wirken zweier Humanisten zu verdanken, B. Debs (Bozen) und V. Raber (Sterzing, Bozen), die nicht nur die Texte sammelten, sondern auch die Gestalt des Tiroler P.s beeinflussten. Der Handlungsrahmen des Tiroler P.s ist gedrungener; eine Besonderheit des 3-täg. Spiels stellt die Serie von *Sprossdramen* dar, die sich um das P. lagern: Spiele für Mariae Lichtmess (Darstellung im Tempel bis Flucht nach Ägypten), Palmsonntag (sog. Vorspiel: Geschichte Jesu, Karsamstag (Klage der Marien und der Propheten), Ostermontag (Emmaus), Himmelfahrt und Pfingsten. Von den zahlreichen, bis heute nur teilweise edierten Texten des Tiroler P.s sind bes. bedeutend die aus Sterzing (2 Handschriften), Bozen (4 Handschriften), Hall und Brixen. In den weiteren Umkreis des Tiroler P.s gehört noch das P. aus Augsburg (Ende 15. Jh.), das seinerseits die Vorlage für den ältesten P.text aus Oberammergau (1634) bildete. 3. Vertreter eines *alemann. Spielkreises* sind das Donaueschinger P. (aus Villingen stammend, 2. Hä. 15. Jh., 2-täg. Spiel) und das Luzerner P. (Text von 1616, Tradition bis in die Mitte des 15. Jh.s zurückreichend). Für *Straßburg* und *Colmar* sind P.e bezeugt, jedoch nicht erhalten. – Der Rückgang der P.-Tradition seit dem 16. Jh. fällt mit der Ausbreitung des Protestantismus zusammen. Nur in kath. Gebieten blieb das P. teilweise über das 16. Jh. hinaus lebendig, so in Südtirol (Sarntal, Kastelruth, Mühlbach im Pustertal), wo die alte Spieltradition im 18. Jh. wiederaufgenommen und erst mit der Revolution von 1848 wieder eingestellt wurde und, bis heute, in Oberammergau und Erl. K

Pastiche, n. [pasˈtiːʃ; frz., von it. pasticcio = Pastete, Mischmasch, Kunstfälschung], Bez. für die Imitation eines Personal- oder Epochenstils. Der kunst- und musikwissenschaftl. Begriff wurde Anfang des 18. Jh.s in Frankreich (später auch in anderen Sprachen als Fremdwort) auf den literar. Bereich übertragen; dabei wird wird P. in 2 verschiedenen Bedeutungen verwendet:
1. synonym mit ↗ literar. Fälschung, ↗ Mystifikation (analog dem kunstwissenschaftl. Begriff), ein P. in diesem Sinne sind z. B. P. Louÿs »Lieder der Bilitis« (1894, dt. 1900, als Lieder einer angebl. Schülerin der Sappho ausgegeben).
2. häufiger als Bez. für eine namentl. gekennzeichnete *Stilimitation;* dabei wird unterschieden: a) *P. involuntaire:* Imitation aus Mangel an Originalität, Grenzziehung aber subjektiv: Mérimée bez. z. B. Flauberts Roman »Salambô« als P. von Victor Hugo; b) *P. voluntaire:* P. als verfremdetes oder iron.parodierendes Stilmittel (z. B. im »Erwählten« v. Th. Mann) oder als Übung zur Entwicklung des eigenen Stils (vgl. M. Proust, »P.s et Mélanges«, 1919). P.s voluntaires werden desto höher bewertet, je größer die stilist. Virtuosität, d. h. je ähnlicher das P. dem Stil des imitierten Autors (der imitierten Epoche) ist: vgl. dagegen die stilist. Übertreibungen der ↗ Parodie. IS

Pastorelle, f. [auch: Pastourelle, frz. = Schäferlied, Hirtengedicht, prov. pastoreta], in der europ. Literatur des MA.s weit verbreitete lyr. Gedichtform, in der ein Ritter versucht, eine ländl. Schöne zu verführen. Charakterist. ist eine ep.-dramat. Darstellungsweise; Bauelemente sind
1. der ↗ Natureingang (↗ locus amoenus),
2. das Minnegespräch (Werbegespräch zw. dem Ritter und dem Mädchen und
3. (sofern der Ritter Gehör findet) die ›P.n-Umarmung‹. Dieses Grundschema wird vielfach variiert. Ausgebildet wird die P. in der mittellat. Dichtung; sie stellt das ritterl.-feudale Pendant zur antiken Bukolik und zur neuzeitl. ↗ Schäferdichtung dar. Die *älteste* überlieferte volkssprachl. P. stammt von dem prov. Lyriker Marcabru (Mitte 12. Jh.), Hauptvertreter sind in Frankreich Jean Bodel (um 1200) und Jean Froissart (um 1400), in der dt. Literatur Gottfried von Neifen und der Tannhäuser (P.nthematik in der Form des ↗ Leichs, P.nleich), später Oswald von Wolkenstein (um 1400). Den Vorformen bei Walther v. d. Vogelweide (»Under der linden«) oder bei Neidhart fehlt der Aspekt der Verführung. – In der frz. Dichtung wird die P. gelegentl. zum Dramolett (↗ Singspiel) ausgebaut, so von Adam de la Halle, »Jeu de Robin et Marion«, um 1280. K

Pathos, n. [gr. = Leid],
1. in der Poetik des Aristoteles der Teil der ↗ Tragödie, der durch Tod oder tiefe Schmerzerfülltheit der Handlung im Zuschauer die Affekte *eleos* und *phobos* (Jammern und Schaudern, auch: Mitleid und Entsetzen) erzeugt (vgl. ↗ Katharsis).
2. in der antiken ↗ Rhetorik dem *genus grande* (↗ Genera dicendi) zugeordneter Affekt momentaner seel. Erschütterung, der beim Publikum (im Ggs. zur sanften Affektstufe des rhetor. Ethos) durch die theatral. Vorführung furchtbarer und grausiger Gegenstände oder starke Verfremdung (↗ Hyperbeln, ↗ Apostrophen usw.) hervorgerufen wird.
3. In der neuzeitl. Ästhetik eine Stilform, die die leidenschaftl. Darstellung ihrer Gegenstände mit dem Ausdruck hohen moral. und sittl. Anspruchs verbindet. Kennzeichnend für den dichter. Stil F. Schillers, der das P. in der Abhandlung »Über das Pathetische« (1793) auch theoret. begründet. Schon in der Romantik ironisiert, geriet es in Deutschland bes. durch den Wilhelminismus und das ›Dritte Reich‹ als »hohles P.« in Misskredit. An seine Stelle rückte – etwa bei H. Böll – ein programmat. neues P. der Bescheidenheit. HD

Patriarchade, f. [gr. patriarches = Stammväter], ↗ Epos über bibl. Ereignisse, vorwiegend aus der Zeit der Urväter. P.n entstanden im 18. Jh., angeregt durch Miltons »Paradise lost« (1667, dt. v. J. J. Bodmer, 1724), die ↗ moral. Wochenschriften und v. a. Klopstocks »Messias« (1748 ff.) vor dem geist. Hintergrund von Pietismus und ↗ Empfindsamkeit, Höhepunkt um 1750. Die in ep. breiten Hexamtergesängen abgefassten P.n verbinden die Themen des AT.s mit Liebesgeschichten, Göttermaschinerie, Träumen, Gesichten, Prophezeiungen, Liedern, gelegentl. auch mit Satire und naturwissenschaftlichen Darlegungen. Charakterist. sind die Idee einer sittl. Erneuerung mit bes. Betonung von Tugend, Naturschwärmerei und die Darstellung des einfachen Lebens: »In der P. sieht man ein geistl. Arkadien« (Wiegand). – Die P. bleibt hauptsächl. auf den Kreis protestant. Geistlichkeit beschränkt. Vertreter: J. J. Bodmer (»Noah«, 1750 ff.,»Jacob und Joseph«, 1751, »Synd-Flut«, 1751), Ch. M. Wieland (»Der gepryfte Abraham«, 1753), J. F. W. Zachariä (»Die Schöpfung der Hölle«, 1760), J. K. Lavater (»Adam«, 1779), F. (Maler) Müller (»Adams erstes Erwachen«, 1778, »Der erschlagene Abel«), F. K. von Moser u. a.; Bodmer versuchte auch die Verbindung von AT und Antike (»Menelaus und David«, 1782); in seiner »Colombona« (1753) wird die Entdeckung Amerikas als P. abgewandelt. Mit »Joseph« (1754) überträgt Bodmer die P. ins Dramatische, die Bez. ›P.‹ ist hier jedoch umstritten. S. Geßners »Tod Abels« (1758) vereint P. mit Prosa und Idylle. – Literarhistor. wird die P. als Gegenströmung zum Rokoko verstanden. GK

Pause, in der ↗ Taktmetrik (nach Andreas Heusler) eine vom metr. Schema geforderte Takteinheit, die sprachl. nicht ausgefüllt ist; solche P.n (metr. Zeichen ʌ) beggenen im Versinnern und v. a. am Versende, bes. bei gesungener oder rezitativ. vorgetragener Dichtung wie Heldenepik oder Minne- und Meistersang, vgl. z. B. Hildebrandslied (v. 49a) –́xʌ/x́xʌʌ (wêwurt skihit) oder die Langzeilen 1–3 der Nibelungenstrophe:
x́x/x̀x/–́xʌ//x́x/x̀x/x́ʌ/ʌʌ. S

Pausenreim, auch: Pause, bindet das erste und letzte Wort eines Verses, Verspaares oder einer Strophe (z. B. Gottfried von Neifen); begegnet v. a. im Minne- und Meistersang, vgl. z. B. Walther v. d. Vogelweide: wol *vierzec jâr hab ich gesungen oder mê/ von minnen und als iemen sol.* – Der Begriff P. stammt aus der Meistersingerterminologie.
S

Pedanteske Dichtung [zu it. pedante = Pedant], Satire auf pedant. Gelehrte, Form der ↗ makkaron. Dichtung.

Pegnitzschäfer, auch: Pegnes. Blumenorden, eine der bedeutendsten ↗ Sprachgesellschaften.

P. E. N., PEN, PEN-Club [pɛn; Abk. für engl. *p*oets (Lyriker), *p*laywrights (Dramatiker), *e*ssayists (Essayisten), *e*ditors (Herausgeber), *n*ovelists (Romanschriftsteller), vgl. auch engl. pen = Schreibfeder], internationale Schriftstellervereinigung (Sekretariat London, Glebe-House); 1921 von der engl. Schriftstellerin C. A. Dawson-Scott gegründet; tritt für weltweite Verbreitung aller Literatur, für ungehinderten Gedankenaustausch auch in Krisen- und Kriegszeiten ein; die Mitglieder verpflichten sich zur Bekämpfung von Rassen-, Klassen- und Völkerhass, zum aktiven Eintreten für Pressefreiheit und Meinungsvielfalt. Mitglied können »qualifizierte Schriftsteller, Herausgeber und Übersetzer« nach Wahl durch die Zentren ihrer Heimatländer und Unterschrift unter die PEN-Charta werden (1988: 84 Zentren mit ca. 10000 Mitgliedern in 70 Staaten). Kongresse finden jährl. auf internat. und nat. Ebene statt. Bes. Verdienste erwarb sich der P. E. N. bei der Vermittlung der Nationalliteratur junger und kleinerer Staaten, u. a. durch das seit 1950 in Zusammenarbeit mit der UNESCO herausgegebene »PEN Bulletin of selected books«. Erster internat. Präsident war J. Galsworthy (1921–33). Unter der Präsidentschaft von H. Böll (1971–74) verstärkter Einsatz für polit. verfolgte Schriftsteller. Präsident seit 1986 Francis King (Groß-Brit.). *Das dt. Zentrum* wurde 1937 aus dem internat.

Verband wegen Verstoßes gegen die Satzungen ausgeschlossen; bereits 1934 war in London durch Emigranten ein *PEN-Club dt.sprach. Autoren im Ausland* gegründet worden. 1949 wurde in Göttingen das dt. Zentrum neu etabliert. Aufgrund ideolog. Gegensätze spaltete es sich 1951 in ein Dt. P.E.N.-Zentrum der Bundesrepublik (1952 anerkannt, seit 1972 *P.E.N.-Zentrum Bundesrepublik Deutschland*, Sitz in Darmstadt, Mitgliederzahl 1988: 458, bisherige Präsidenten E. Kästner, B.E. Werner, D. Sternberger, H. Böll, H. Kesten, W. Jens, M. Gregor-Dellin, Carl Amery, Christoph Hein, seit 2002 Johano Strasser). – Ein österr. *PEN-Club* besteht seit 1922; seit 1973 gibt es einen sog. *Gegen-PEN* junger Autoren, die *Grazer Autorenversammlung* (Präsident 1978: H.C. Artmann), die aber nicht den Status eines offiziellen Zentrums anstrebt. – Schweizer PEN-Clubs befinden sich in Basel, Genf und Winterthur. 1989 wurde erstmals auch ein sowjet. PEN gegründet (Präsident: Anatoli Rybakow).

IS

Pentameter, m. [zu gr. pentametros = aus 5 metr. Einheiten, vgl. pente = fünf, metron = Versmaß, Metrum], aus 5 Metren (Versfüßen, Dipodien) bestehender Vers, insbes. der *daktyl. P.* der Form: $-\smile\smile|-\smile\smile|-\|-\smile\smile|-\smile\smile|-$ (= 2 daktyl. katalekt. Tripodien); konstituierend ist die unveränderl. ↗Dihärese (auch: Inzision) nach der 3. Länge (Hebung). Die Bez. ›P.‹ trotz eindeutigen 6 Metren rührt von der antiken Definition des P.s her, nach der er als Verdoppelung des 1. Hexameterteils bis zur ↗Penthemimeres ($-\smile\smile-\smile\smile-$), d. h. als 2 ↗Hemiepe aufgefasst wurde, wobei die 2 unvollständ. Metren oder Halbfüße als 5. Metrum gezählt wurden. – Die Daktylen der 1.Tripodie (oder des 1. Hemiepes) können wie beim ↗Hexameter durch Spondeen ersetzt werden, in der 2. Tripodie bleiben sie meist erhalten. Insbes. durch die Diärese zwischen den zwei zusammenstoßenden Hebungen wirkt der P. stauend, abschließend, geeignet für Parallelismen, Antithesen. – Der P. tritt selten allein auf (Spätantike, Martianus Capella), fast immer in Verbindung mit dem daktyl. Hexameter im sog. eleg. ↗Distichon (↗Elegie, ↗Epigramm). Zur Übertragung des antiken Verses in die dt. akzentuierende Dichtung vgl. ↗Hexameter, ↗Distichon.

HW

Penthemimeres, f. [aus gr. pente = 5, hemi = halb, meros = Teil; lat. semiquinaria], in der antiken Metrik die ↗Zäsur nach dem 5. halben Fuß eines Verses; wichtigste Zäsur des *jamb.* ↗*Trimeters* $\smile-|\smile-|\|-|\smile-|\smile-|\smile(-)$ und v.a. des *daktyl.* ↗*Hexameters* (erscheint hier oft zus. mit der ↗Trithemimeres, ↗Hephthemimeres oder der ↗bukol. Dihärese): $-\smile\smile|-\smile\smile-\|\smile\smile|-\smile\smile|-\smile$. Im leonin. Hexameter (↗leonin. Vers) reimt meist das Wort vor der P. auf das Versende. In dt. Nachbildungen erscheint die P. des jamb. Trimeters als weibl. Zäsur nach der 2. Hebung, die P. des Hexameters als männl. Zäsur nach der 3. Hebung (»Ríngsum/ rúhet die / Stádt; ‖ still/wírd die er-/léuchtete/Gássĕ«, Hölderlin, »Brot und Wein«).

HW

Periakten-Bühne [gr. periagein = herumdrehen], ↗Telari-Bühne.

Peri(h)egesen, f. Pl. [gr. = Rundführungen], antike, bes. in hellenist. Zeit gepflegte Literaturgattung: Beschreibung von Ländern, Städten, Sehenswürdigkeiten u.a. (mit Exkursen aller Art) in Form einer fingierten Führung. Verfasser von P. hießen *Peri(h)egeten*, ältester wohl Nymphodoros von Syrakus (3. Jh. v.Chr.), Hauptvertreter Pausanias (2. Jh., Beschreibung Griechenlands in 10 Büchern, der »antike Baedeker«). – Den P. verwandt sind die *Periploi* (Sg. Periplus = das Umherschiffen), mit Exkursen angereicherte Beschreibungen von Schiffs- und Forschungsreisen; Hauptvertreter Avienus (»Ora maritima« in jamb. Trimetern, 4. Jh.); ursprüngl. Bez. für katalogart. Beschreibungen von Küsten und Häfen für naut. und wirtschaftl. Zwecke.

S

Perikope, f. [gr. = Abschnitt], 1. System aus mehreren Strophen, z.B. in der antiken Chorlyrik die Folge Strophe – Antistrophe – Epode, im mhd. Leich der aus Versikeln bestehende Großabschnitt.
2. In der Liturgie der für jeden einzelnen Tag

des Kirchenjahres festgelegte Leseabschnitt aus Evangelien oder Episteln, der auch zur Grundlage der Predigt gemacht wird. K

Perioche, f. [gr. = Inhalt], in der Antike kurze Inhaltsangabe zu größeren, bes. histor. Werken, z. B. die »Periochae« zum Geschichtswerk des Livius. – Im (lat.) ↗ Jesuitendrama Bez. des ↗ Theaterzettels mit dt.-sprach. Inhaltsangabe. S

Periode, f. [gr. periodos = Kreislauf, regelmäß. Wiederkehr],
1. in der ↗ Rhetorik eine gegliederte Satzeinheit, auch Folge von inhaltl. eng aufeinander bezogenen Sätzen (zus.gesetzte P.); dient der Kombination oder Gegenüberstellung mehrerer gleichgerichteter oder gegensinn. Gedanken. Die P. besteht jeweils aus einem spannungsschaffenden (ersten) Teil, der *Protasis* (gr. = Voranstellung, oft ein Bedingungssatz) und einem spannungslösenden (zweiten) Teil, der *Apodosis* (gr. = Nach- oder Folgesatz), die syntakt. koordiniert (zwar ... aber, wie ... so) oder subordiniert (wenn ... dann) sein können; ihre Reihenfolge kann auch umgekehrt sein. Beide Teile können jeweils aus einem ↗ Kolon *(einfache* oder *zwei-kolige P.)* oder mehreren Kola bestehen; in diesem Falle sollte die Anzahl der Kola und Kommata in beiden Teilen etwa gleich sein. Die *vier-kolige P.* (2 Kola = Protasis, 2 Kola = Apodosis) gilt als die ausgewogenste Struktur. In längeren P.n (die noch in Groß- und Klein-Protasis bzw. -Apodosis gegliedert werden) wird oft die ↗ Anapher zur gliedernden Übersicht benutzt. P.nschlüsse wurden durch ↗ Klauseln (im MA. durch ↗ Cursus) geregelt. ↗ Kunstprosa.
2. metr., aus mehreren Kola (↗ Kolon) bestehende Einheit, deren Ende in der antiken Dichtung durch eine Pause (Zeichen ||) markiert ist; P.n in diesem Sinne sind z. B. ↗ Hexameter, ↗ Trimeter usw., in der mhd. Dichtung bilden mehrere, durch eine bestimmte Reimstellung (z. B. abba) zusammengefasste Verse eine P.
3. bestimmter Zeitabschnitt, ↗ Epoche. S

Periodenstrophe, freie Kombination gleicher oder verschiedener iso- oder heterometr. Versperioden, markiert durch die unterschiedlichsten Reimschemata, z. B. Walther v. d. Vogelweide, König-Friedrichs-Ton: aaa/bccb/ddd oder Goethe, »Der Schatzgräber«: abbc/addc; zu unterscheiden von der Reimpaarstrophe (z. B. Walther v. d. Vogelweide, Reichston, Goethe,»Erlkönig«) oder der struktural zweigeteilten ↗ Stollenstrophe. ↗ Strophe. S

Periodika, n. Pl. [gr. periodos = regelmäß. Wiederkehr], regelmäßig (wöchentl., monatl., vierteljährl. etc.) unter demselben Titel erscheinende Veröffentlichungen wie Zeitschriften, Jahrbücher etc. S

Peripetiē, f. [gr. peripeteia = Wendung, plötzl. Umschwung], Begriff aus der Tragödientheorie des Aristoteles (Poetik, Kap. 11); gehört zu den Strukturelementen der ↗ Tragödie; bezeichnet den (meist plötzl. eintretenden) Umschlag der dramat. Handlung, oft ein Umschlagen der Glücksumstände des Helden; für die innere Entwicklung der Handlung bedeutet sie den Wendepunkt, an dem dem Helden die Möglichkeit freien Handelns entzogen wird (↗ Krisis); von dem an die Handlung (in ihrem ›fallenden Teil‹) notwendig der ↗ Katastrophe zutreibt. Bes. wirkungsvoll ist die P., wenn sie mit einer ↗ Anagnorisis (Erkenntnis) verbunden ist. – Im streng gebauten 5-akt. Drama tritt die P. am Ende des 3. oder zu Beginn des 4. Aktes ein, im 3-akt. Drama am Ende des 2. oder zu Beginn des 3. Aktes. K

Periphrase, f. [gr. periphrasis = Umschreibung, lat. Circumlocutio], rhetor. Stilmittel, ↗ Tropus: (oft mehrgliedrige) Umschreibung einer Person, einer Sache oder eines Begriffs durch kennzeichnende Tätigkeiten, Eigenschaften oder Wirkungen, z. B. »jenes höhere Wesen, das wir verehren« für Gott (H. Böll); dient der ↗ Amplificatio, der poet. Ausschmückung eines Textes (↗ Ornatus) oder verhüllenden Nennung eines tabuisierten Wortes (*Freund Hein* für Tod, ↗ Euphemismus) oder der ↗ Anspielung (so bes. häufig in manierist. Stilhaltungen). Spezif. Formen der P. sind

↗ Antonomasie, ↗ Synekdoche, ↗ Metonymie und ↗ Adynaton. S

Periploi, m., Pl. (Sg. Periplus), ↗ Peri(h)egesen.

Permutation, f. [lat. = Vertauschung], strenges oder unsystemat. Durchspielen der mögl. Kombinationen (d. h. Platzwechsel) einzelner Glieder eines Verses, Satzes oder Wortes, eingesetzt in den verschiedenartigsten Funktionen in der Kabbalistik, Sprachmystik, der experimentellen, speziell in der ↗ konkreten Dichtung, aber auch der ↗ Unsinnspoesie. Seit der Spätantike in einzelnen Beispielen belegt (Athenaios, 3. Jh. n. Chr.), erfährt die P. ihre erste theoret. Ausprägung – und Benennung als *Proteus*- oder *Wechselvers, Wechselsatz* – durch J. C. Scaliger (1561), dessen Hexameter »Perfide sperasti diuos te fallere Proteu« zum programmat. Beispiel wurde. In der Dichtung des Barock begegnen P.en zahlreich und vielfältig (Q. Kuhlmann, Harsdörffer), im 18. und 19. Jh. dagegen nurmehr als spieler. Unsinnspoesie (A. v. Chamisso). Erst in der experimentellen Literatur des 20. Jh.s häufen sie sich wieder, jetzt unter der Bez. ›P.‹ – verstanden als »kombinatorik einfacher elemente mit begrenzter verschiedenheit, die der wahrnehmung die unermeßlichkeit des feldes der möglichkeiten« öffne (Moles). Eines der bekanntesten Beispiele der Gegenwart sind die in ihren Versen beliebig kombinierbaren 10 Sonette R. Queneaus »Cent mille milliards de poèmes«, 1961. Weitere Beispiele für Satz-, Wort-, aber auch Buchstaben-P.en finden sich v. a. im weiteren Umkreis einer konkreten Dichtung u. a. bei C. Bremer, E. Gomringer, E. Williams, im Ausnutzen sprachspieler. Möglichkeiten, bes. auch des Sprachwitzes v. a. bei L. Harig. D

Peroratio, f. [lat. = Schlussrede], auch Conclusio, vgl. ↗ Rhetorik, ↗ Disposition.

Persiflage, f. [pεrsiˈflaːʒ; frz. von *siffler* = auspfeifen], seit d'Alembert, 1735, gebräuchl. Ausdruck für eine literar.-polem. Haltung oder Form, die mit kunstvoll-mokantem Spott den Gegenstand oder die Person ihres Angriffs lächerlich zu machen sucht, vielfach durch nachahmende Übertreibung bestimmter Stilmanieren oder Steigerung der Mitteilungsabsicht ins Absurde. Die P. ist kaum jemals eine selbständ. literar. Form, vielmehr meist lediglich ein Teil oder Mittel von ↗ Satire, ↗ Parodie oder ↗ Travestie. Als Beispiele für P. können die Figuren des Peeperkorn (= G. Hauptmann) oder Naphta (= G. Lukács) in Th. Manns »Zauberberg« oder die sprachimmanente Gesellschaftskritik in O. Wildes Konversationskomödien gelten. HW

Personalbibliographie, f.
1. ↗ Bibliographie zu einem einzelnen Dichter: erfasst Werke und die dazu erschienene Sekundärliteratur, auch: Monobibliographie (z. B. H. Bürgin: Das Werk Thomas Manns, Frkft. 1959);
2. eine nach diesem Prinzip (Verfassernamen) geordnete Bibliographie (z. B. J. Hansel: P. zur dt. Literaturgeschichte. Bln. 1967); auch ↗ Biobibliographie. S

Personales Erzählen, auch: einsinnige Erzählhaltung, einpersoniger Perspektivismus, internal view-point (Lubbock); Bez. F. K. Stanzels für eine Erzählstruktur, bei der das fiktionale Geschehen nur aus der ↗ Perspektive einer am Geschehen beteiligten fiktiven Personen berichtet wird, d. h. statt einer allseit. Darstellung der erzählten Welt erfährt der Leser diese subjektiv gedeutet und je nach Funktion, Charakter oder seel. Verfassung der erlebenden Person (Mittelpunkts-, Randfigur, klug, kombinierend, weitsichtig – naiv, unwissend) mehr oder weniger relativiert oder fragmentarisch. Das p. E. verändert damit auch die Rolle des Lesers, der zum aktiven Mitgestalten, zur Sinngebung gezwungen wird. Darsteller. Mittel dieser Struktur sind ↗ erlebte Rede und ↗ innerer Monolog. – Das p. E. löst seit Mitte des 19. Jh.s das ↗ auktoriale Erzählen immer mehr ab. Theoret. untermauerte Versuche finden sich erstmals bei den Brüdern Goncourt, A. Holz und J. Schlaf (↗ Sekundenstil), dann (z. T. mit anderen Strukturen gemischt) bei vielen großen europ. Erzählern, insbes. bei J. Joyce und F. Kafka, ins Extrem gesteigert im ↗Nouveau roman. – Eine *Sonderform* ist der sog. mehrpersonige Perspektivismus, bei dem ein fiktives Geschehen Konturen gewinnt durch die subjektiven Aspekte und Bewusstseinsinhalte mehrerer fiktiver Personen. Ziel ist, im Anschluss an die philosoph. Richtung des Perspektivismus, eine Annäherung an ein objektives Bild, den wahren Kern des Geschehens zu erreichen (vgl. z. B. die Romane Virginia Woolfs, G. Gaiser, »Schlußball«). Thematisiert ist der Perspektivismus bei M. Proust. IS

Personalstil ↗Stil.

Personifikation, f. [aus lat. persona = Maske, Gestalt, facere = machen], Art der ↗Allegorie: abstrakte Begriffe (Welt, Liebe, Tugend, Zeit, Tod usw.), Kollektiva (Städte, Länder), Naturerscheinungen (Flüsse, Tagesanbruch, Abendröte), Tiere (↗ Fabel) oder leblose Dinge, Konkreta werden als handelnde und redende menschl. Gestalten dargestellt, ›personifiziert‹ (mit und ohne Titulierung), z. B. als ›Frau Welt‹, »Schwager Chronos« (Goethe), »Gevatter Tod« (Claudius), »Vater Rhein« (Hölderlin), »es träumt der Tag ...«, »gelassen stieg die Nacht ...« (Mörike) usw. – Findet sich als wesentl. Grundzug im Mythos (griech. Chronos = Gott der Zeit, griech. Nike, lat. Victoria = Siegesgöttin), in aitiolog. Märchen und Sagen, in vielen Religionen, dann auch als veranschaulichendes *Kunstmittel* in Dichtung und ↗Rhetorik (Prosopopoeie, ↗Ethopoeie, lat. personae fictio = [Um]bildung als Person), wo sie den ↗Tropen als Sonderform der ↗Metapher zugeordnet ist. Tatsächl. ist der Übergang von einer (oft nur in einzelnen Zügen durchgeführten) P. zur nur metaphor. Zuordnung von Verben und Adjektiven aus menschl. Lebensbereichen zu Konkreta oder Abstrakta fließend (das Auto ›streikt‹, die ›lachende‹ Sonne). Zu unterscheiden sind ferner habitualisierte, toposhafte, in die Vorstellungstraditionen aufgenommene P.en von akzidentiellen P.en, die nur in einem bestimmten Kontext erscheinen. S

Perspektive, f. [aus lat. per-spicere = mit dem Blick durchdringen, wahrnehmen], literaturtheoret. Bez. für den Standort, von dem aus ein Geschehen dargestellt wird. Er charakterisiert die Darbietungsform v. a. der erzählenden Prosa, aber auch der Lyrik. Man unterscheidet
1. den räuml. und zeitl. Abstand zum Geschehen *(Nah-* oder *Fern-P.),*der von Bedeutung ist für die Erzählweisen, 2. die durch die Weite des Überblicks bestimmte *P.skala,* durch die der Erzählerstandpunkt festgelegt wird. Die P. wahl ist eines der entscheidensten Kriterien zur Objektivierung bzw. Subjektivierung des Dargestellten. – Zu 1.: Die *Nah-* oder *Fern-P.* bestimmt die Erzählweisen: die szen. Darstellung setzt immer räuml. und zeitl. Nähe voraus, während die Berichtform aus zeitl. und räuml. Überschau (panoramisch), aus mehr oder weniger entfernter P. gegeben wird. Zu 2.: Der Erzählerstandpunkt ist dagegen im Wesentl. durch die Breite der *P.skala* festgelegt. F. Stanzel unterscheidet a) eine P. der allwissenden Überschau (↗ *auktoriales Erzählen),* b) eine in eine Person der Handlung verlegte P. des beschränkten Blickwinkels (↗ *personales Erzählen)* und c) die Erzählsituation der ↗ *Ich-Form,* bei der Erzähler mit zur dargestellten Welt gehört. Diese Einteilung wird jedoch den Abstufungen zwischen subjektiver und objektiver P., v. a. innerhalb der personalen Erzählsituation, nicht ganz gerecht. L. Doležels Einteilung in *Sprechertexte* und *sprecherlose Texte* liefert für die verschiedenen Abstufungen weitere Differenzierungen. Die ›view point-Theorie‹ P. Lubbocks unterscheidet zwischen *external* und *internal view point,* die ›vision-Theorie‹ J. Pouillons zwischen *vision par derrière* (aus der Überschau) und *vision avec* (aus der Mitschau), durch T. Todorov genauer bestimmte *Sicht von oben* (er-Erzähler weiß mehr als die Figuren, bzw. alles), *Sicht mit den Figuren* (der Erzähler weiß genau so viel wie die Figuren) und *Sicht von außen* (der Erzähler weiß weniger als die Figuren). – Ein bewusst eingesetztes Darstellungsmittel ist der *P. n wechsel* (z. B. Döblin, »Berlin Alexanderplatz«). Er findet sich gattungstyp. in ↗Rahmenerzählungen und im ↗Briefroman mit

verschiedenen Briefschreibern. Er hat die Hauptfunktion, die partielle Überschau des nur aus einem Blickwinkel Dargestellten zu erweitern, zu ergänzen und evtl. zu korrigieren. IA

Petrarkismus, m., Stilrichtung der europ. Liebeslyrik vom 14. bis zum 17./18. Jh.‚die (indirekt) auf die Dichtung F. Petrarcas zurückgeht, indem sie aus ihr charakterist. Motive, Form- und Stilelemente entlehnt. Dabei entwickelte sich bald eine feste Schematik, die durch stereotype Formulierungen, Antithetik und Hyperbolik, Metaphorik usw., durch ähnl. Themen und Motive wie der hohe ↗ Minnesang (Sehnsucht u. Liebesschmerz des sich im Dienst um die verzaubernde, unnahbare, tyrann. Frau verzehrenden Mannes) geprägt ist und auf eine formal-ästhet. Virtuosität abzielte, in der äußerer Wohllaut oft mehr galt als gedankl. Tiefe. Entscheidend für den Durchbruch des P. in den Volkssprachen waren die neulat. Dichter (v. a. J. C. Scaliger, auch D. Heinsius, H. Grotius u. a.). Hauptvertreter in Italien: P. Bembo (»Rime«, 1530) u. G. B. Guarini; in Spanien: J. de Montemayor; in Frankreich: die Dichter der ↗ Pléiade u. der ↗ École lyonnaise; in Deutschland: M. Opitz, dann v. a. P. Fleming, der aber gleichzeitig zum Überwinder des P. wird. Früh schon läuft eine mit Mitteln der Satire arbeitende Gegenbewegung, der Anti-P., parallel (vgl. z. B. ↗ Capitolo). MS

Phalaikeion, n.; auch: phalaikeischer ↗ Hendekasyllabus, altgr. äol. 11-silb. Vers (↗ äol. Versmaße): ein um einen ↗ Bakcheus verlängerter ↗ Glykoneus: ⏑⏑–⏑⏑–⏑–⏑–⏑; benannt nach dem hellenist. Dichter Phaleikos von Phokis, der das Ph. stich. verwendete; erscheint als Element von Strophen aber schon bei Sappho, den Tragikern u. a.; in der röm. Literatur v. a. bei Catull. S

Pherekrateus, m., antiker lyr. Vers der Form ⏑⏑–⏑⏑––, eines der Grundmaße der äol. Lyrik (↗ äol. Versmaße), benannt nach dem att. Komödiendichter Pherekrates, jedoch schon bei Sappho und Anakreon belegt; charakterist. Verwendung in der 3. (in dt. Lit. häufig nachgebildeten) asklepiadeischen Strophe (↗ Odenmaße). S

Philhellenismus, m. [zu Philhellene = Griechenfreund, Bez. geprägt von Herodot], allgemein: Verehrung der klass. antiken Kultur. – Im engeren Sinne: Polit. u. literar. Bewegung in der 1. Hälfte des 19. Jh.s: begeisterte Anteilnahme am griech. Freiheitskampf gegen die osman. Unterdrückung 1821–29 (u. während der Zeit des griech.-bayr. Königtums 1830–1843). Gespeist aus idealist.-klassizist., christl.-romant. und liberalen Ideen, fand der Ph. vor dem Hintergrund der Restauration weiteste Resonanz in fast ganz Europa und in den USA (bekämpft von Metternich, aber gefördert z. B. vom bayr. König Ludwig I.). Die polit. Begeisterung führte zu Freiwilligen-Aufgeboten, Griechenvereinen (Sach- u. Geldspenden). Es entstanden Kunstwerke (Delacroix) u. eine Fülle literar. Beiträge aller Gattungen, insbes. Gedichte. Vorbildhaft war das aktive u. literar. Engagement Lord Byrons (Tod im gr. Freiheitskampf 1824). Über die Tagesproduktion hinaus ragen ferner Beiträge von A. de Chateaubriand, A. de Lamartine, P. J. de Béranger, V. Hugo, A. v. Chamisso, W. Waiblinger (»Lieder der Griechen«, 1823) und W. Müller (Griechen-Müller, »Lieder der Griechen«, 1821–24). Literarhistor. bedeutsam wurde der Ph. als eine erste (wegen Zensur und Verfolgung verschlüsselte) Phase der polit. Dichtung des ↗ Vormärz (ab 1830 analog aus Anlass des poln. Freiheitskampfes auch *Polenlieder*, N. Lenau, A. v. Chamisso, A. v. Platen). Dagegen sind umgekehrt Einflüsse der südosteurop. (Volks)dichtung gering, vgl. aber C. C. Fauriels Sammlung »Chants populaires de la Grèce moderne« (2 Bde. 1824/25) und die Nachdichtungen von W. Müller, A. v. Chamisso und Goethe (»Neugriech. Liebe-Skolien«, 1825). IS

Philippika, f. [griech.], nach den Reden des Demosthenes gegen König Philipp II. von Makedonien geprägte Bez. für die Form der Angriffsrede, z. B. Ciceros »Orationes Philippicae« (14 Kampfreden gegen Antonius). HD

Philologie, f. [aus gr. philos = Freund, logos = Wort, Rede, Buch], Wissenschaft, die sich um das Verständnis und die Vermittlung literar., bes. dichter. Werke und deren geist., kulturelle und soziale Zusammenhänge bemüht. Die Arbeit der Ph. beginnt 1. mit der Sicherung des Wortlautes eines Textes durch Überprüfung der Überlieferung, wobei bei älteren, insbes. in Handschriften überlieferten Texten die Ph. oft aus verschiedenen Fassungen einen authent. Text zu gewinnen, echte Partien und ↗ Interpolationen zu trennen sucht (Verfahren der ↗ Textkritik). Zur Text-Ph. gehört auch die Frage nach dem tatsächl. Autor eines unter einem bestimmten Namen überlieferten Textes (z. B. Verfasserfrage beim Appendix Vergiliana, Plautus-Kritik, auch bei mal. Werken wird die überlieferte Autornennung oft angezweifelt, z. B. bei Neidhart); bei anonymen oder pseudonym überlieferten Werken forscht die Ph. nach dem mutmaßl. Autor (z. B. der »Nachtwachen des Bonaventura«, 1804). Weitere Untersuchungsbereiche sind 2. lautl., morpholog., syntakt. und semant. Analysen eines Textes *(Wort-Ph.)*, die Verifizierung der dargestellten Sachen *(Sach-Ph.)*, 3. ordnet sie die Texte nach den Kategorien des Stoffes, der Form, der Struktur, des Gehaltes (poetolog. Analyse, deskriptive Strukturdeutung). 4. werden die Texte in ihre literarhistor., polit.-sozialen, gesellschaftl. Zusammenhänge gestellt (histor. Analyse). Ziel ist die ↗ Interpretation, eine das Werk als ganzes oder auch nur in einem Teilaspekt erschließende Exegese, die im Altertum und im MA. bisweilen auch über den eigentl. Wortsinn hinausführte zur ↗ Allegorese (↗ Schriftsinn). Die Ph. bedient sich bei ihren Untersuchungen, entsprechend den verschiedenen Aspekten und Problemen eines Textes, der Ergebnisse anderer Wissenschaftszweige, die ihr teilweise zu-, teilweise auch untergeordnet werden, so der Prosodie, Metrik, Rhetorik, Poetik, Stilistik, der Grammatik, Sprachgeschichte, Lexikographie, der Literaturgeschichte und -theorie, der Epigraphik, Paläographie und der Geschichte. Die Resultate ihrer Untersuchungen sammeln sich in Lexika, in Kommentaren, in krit., histor.-krit. kommentierten Ausgaben, in Werkinterpretationen und Literaturgeschichten. *Geschichte:* Die Anfänge philolog. Arbeit reichen bis in die *Antike* zurück. Schon im 6. Jh. v. Chr. setzten die Bemühungen um das Verständnis und die (z. T. allegor.) Auslegung der Werke Homers ein. Es entstanden die ersten Kommentare und Glossen (↗ Scholien) zu literar. Werken, es entwickelten sich systematisierende Wissenschaftszweige wie Rhetorik, Poetik und Grammatik als Hilfe für eine normgemäße Erfassung, Deutung und Verfertigung von Texten (Protagoras, 5. Jh.; Gorgias, 4. Jh. v. Chr.); bis ins 18. Jh. wirkte insbes. Aristoteles durch seine ↗ Rhetorik und ↗ Poetik. Einen Höhepunkt erlebte die Ph. im Zeitalter des *Hellenismus*. Zentrum wurde Alexandria, wo mit dem Museion die umfassendste Bibliothek und Forschungsstätte des Altertums entstand. Zur alexandrin. Philologenschule, die sich v. a. dem Sammeln, Klassifizieren, Systematisieren (↗ Kataloge, Pinakes), Kommentieren, der krit. Sichtung und Edition, und seit dem 2. Jh. v. Chr. auch der lexikal. Aufschlüsselung widmete, zählen u. a. Zenodotos, Kallimachos, Eratosthenes (der sich als erster als *Philologe* bezeichnete), Aristophanes von Byzanz (3. Jh. v. Chr.), Aristarchos von Samothrake und Apollodoros (2. Jh. v. Chr.). Seit dem 2. Jh. v. Chr. bildete sich eine method. Gegenbewegung zur alexandrin. Schule in Pergamon (von der Stoa beeinflusste Allegorese: Krates von Mallos). In der *röm. Antike* folgten die philolog. Bemühungen der alexandrin. Schule; die prakt. Zwecke des Unterrichtes traten dabei in den Vordergrund, d. h. die grammat. u. rhetor. Aufbereitung der Werke der griech. Antike (M. T. Varro), seit dem 1. Jh. auch die krit. Kommentierung (Q. Asconius), Edition (Marcus V. Probus) und Lexikographie (Verrius Flaccus, Festus), v. a. aber die enzyklopäd. Kompilierung des erreichten Wissensstandes. Die *Spätantike* ist gekennzeichnet durch Lehrbücher in Form von Exzerpten aus kanon. gewordenen Werken (Aulus Gellius, 2. Jh.) und durch immer wieder neue Kommentare (Porphyrios, 3. Jh.: zu Homer, Platon, Aristoteles, Plotin; Aelius Donatus, 4. Jh.: Kommentar zu Vergil und, für die Dramentheorie folgenreich, zu Terenz; Servius, 4. Jh.: zu Vergil; Macrobius, 5. Jh.: zu Vergil und Cicero), Grammatiken (Flavius S. Charisius, Diomedes und v. a. wieder Aelius Donatus, 4. Jh. u. Priscianus, 6. Jh.) und Enzyklopädien (Martianus Capella, 5. Jh.; Cassiodorus, 6. Jh.; Isidor von Sevilla, 7. Jh.), Werke, die zu Grundbüchern der mal. Ph. wurden. Insbes. die Werkkommentare (accessus ad auctores) werden z. T. zu Vorstufen einer Literaturgeschichtsschreibung. Sie sind meist nach folgendem Schema angelegt: Leben des Dichters, Titel und Art des Werks, Absicht des Autors, Zahl und Ordnung der Bücher, Gesamtdeutung. Die *Ph. des MA.s* beschränkte sich weitgehend darauf, den spätantiken Wissensstand im Rahmen des ↗ Trivium (Rhetorik, Grammatik, Dialektik, vgl. ↗ Artes liberales) anhand dieser Lehrbücher auszuwerten und die antiken Schriftsteller als Schulautoren zu tradieren. Die antike Ph. fand jedoch in gewissem Rahmen auch volkssprachl. Nachfolge, v. a. auf roman. Boden: so in den Biographien der Trobadors (↗ vidas), in Werkerläuterungen (↗ razos), in einer altprov. Grammatik (»Donatz proensals«, 13. Jh.), in der sog. »Orthographia gallica« (um 1300) oder einer Regelpoetik wie der »Leys d'amors« des Guilhem Molinier (Mitte 14. Jh.). Eine Zwischenstellung nimmt Dantes lat. Traktat über die italien. Sprache ein (»De vulgari eloquentia«, 1304). In ↗ *Renaissance* und ↗ *Humanismus* vollzog sich eine verstärkte Hinwendung zur Antike und eine aktive Wiederbelebung philolog. Studien. Am Anfang steht wie in Alexandria das Entdecken, Sammeln und Edieren antiker Schriften. Erste Ansätze zeigen sich in Italien schon im 14. Jh. (Petrarca, Boccaccio). Mit der Berufung des griech. Gelehrten Manuel Chrysoloras aus Konstantinopel nach Florenz (1397) trat neben dem bisher vorherrschenden röm. Altertum auch das griech. wieder in den Gesichtskreis (M. Ficino, Haupt der platon. Akademie in Florenz, 15. Jh.). Die eigentl. philolog. Auswertung setzt ein mit A. Poliziano (Übersetzungen griech. Autoren, Textkritik: »Centuria prima miscellaneorum«, 1489) und erreichte einen Höhepunkt durch die Editionen antiker Autoren (Aldus Manutius). Für Deutschland sind v. a. K. Celtis (1459-1508, u. a. Edition der »Germania« des Tacitus), R. Agricola (1494-1566, Terenz-Übersetzung) zu nennen. In Frankreich wirkten v. a. J. C. Scaliger (von großem Einfluss insbes. durch seine »Poetices libri septem«, 1561), in den Niederlanden D. Heinsius (1580-1655), H. Grotius (1583-1645) und T. Hemsterhuis (1685-1766), in England R. Bentley (1662-1742). Ph. war bis ins 18. Jh. Altertumswissenschaft, klass. Gelehrsamkeit. *Die neuere Entwicklung* zu einer strengen Methodik wird repräsentiert durch Gelehrte wie F. A. Wolf (1759-1824), G. Hermann (1772-1848), A. Böckh (1785-1867) und K. Lachmann (1793-1851). - Aus den ersten Entdeckungen der eigensprachl. Vergangenheit im Humanismus entwickelten sich im 18. Jh. nationalsprachl. Ph.n, die wiederum mit der Aufdeckung verschütteter Traditionen einsetzten (J. J. Bodmer, Ausgabe des Nibelungenliedes, des ↗ Minnesangs) und seit J. G. Herder und der Romantik mit der Betonung auch histor. Aspekte ausgebaut wurden. K. Lachmann übertrug die textkrit. Prinzipien der klass. Ph. auf mhd. Werke und begründet durch seine bis heute gült. Editionen die ↗ dt. Ph. Neben der Alt-Ph. (auch ›klass. Ph.‹) etablierten sich dann im 19. Jh. mehr und mehr die verschiedenen Neu-Ph.n: neben der dt. die engl., roman., slaw. Ph. (auch als ↗ Germanistik, Anglistik, Romanistik, Slawistik bezeichnet), von denen sich gegen Ende des 19. Jh.s die moderne ↗ Literaturwissenschaft und Sprachwissenschaft (Linguistik) abhoben. Der Arbeitsbereich der Ph. war in den verschiedenen Epochen ihrer Geschichte unterschiedl. umfassend, wie auch die *Bedeutungsentwicklung des Wortes* ›Ph.‹ ausweist: Bei Platon meinte ›Ph.‹ allgem. wissenschaftl. Arbeiten, im Hellenismus dann einerseits das Streben nach gelehrter Bildung, andererseits aber auch nur Glossierungstätigkeit im Ggs. zur bedeutsameren Tätigkeit des Kritikos, des Interpreten. Im 16. Jh., wenn das Wort zuerst auch in der Sprache auftaucht, wird darunter vornehml. eine streng auf den literar. Text bezogene Tätigkeit verstanden. Im 19. Jh. weitete sich der Begriff wieder aus: Ph. umfasste die Untersuchung von Sprache, Dichtung, Kunst, Recht, Religion, Mythologie, d. h. Ph. war eine alle Gebiete des geist. Lebens eines Kulturvolkes umfassende Wissenschaft, vgl. auch die Bez. ›Klass.‹ und ↗ ›German. Altertumskunde‹, ↗ ›German. Ph.‹, ↗ Deutschkunde. Erst nach der Abspaltung der Literatur- und Sprachwissenschaft, Ende des 19. Jh.s, engt sich die Bedeutung ein auf das heut. Wortverständnis (vgl. Duden). S

Phlyaken, m. Pl., Sg. phlyax [gr.; evtl. dor. Nebenform für gemeingr. phlyaros = unnützes Geschwätz, Posse, viell. auch Ableitung von Phleon = der Schwellende, eine Bez. des Dionysos als Vegetations- und Fruchtbarkeitsgottheit], Bez. sowohl der Schauspieler einer in den dor. Kolonien Unteritaliens und Siziliens nachweisbaren Ausprägung des ↗ Mimus als auch die zu dieser Gattung gehörigen Stücke. Überliefert sind ledigl. Titel und die Namen einiger Verfasser von Ph., der sog. Phlyakographen (unter ihnen Rhinton von Syrakus, 3. Jh. v. Chr., 38 Titel); Texte sind nicht erhalten. Eine Rekonstruktion der Ph. als Werktypus ist jedoch mögl. auf Grund von Vasenbildern (ca. 185 »Ph.vasen« aus Apulien, Campanien und Sizilien). Danach können themat. unterschieden werden: Genreszenen aus dem tägl. Leben (z. B. Bordellszenen, Gerichtsszenen u. Ä.), Götterburlesken (z. B. Liebesabenteuer des Zeus) und Mythentravestien. Zum Kostüm der Ph. gehörten Dickbauch, Phallus, Zottelgewand und groteske Maske (dagegen ↗ Mimus). K

Phosphoristen, schwed. romant. Dichterkreis, gegründet 1807 in Uppsala von P. D. A. Atterbom als »Musis amici« (seit 1808 als ›Auroraförbundet‹ [Aurora-Bund]) mit dem Ziel der Erneuerung der (bisher nach franz. Vorbildern ausgerichteten) schwed. Literatur im Sinne der dt. (Jenaer) ↗ Romantik und der idealist. Philosophie. Die Bez. ›Ph.‹ nach der Zeitschrift »Phosphoros« (1810–13, 1813–24 u. d. T. »Svensk literaturtidning«), in der viele theoret. und poet. bedeutende Werke des Kreises (z. B. Atterboms lyr. Zyklus »Blommorna«, 1812) veröffentlicht wurden. Die bedeutendsten Ph. neben Atterbom waren C. F. Dahlgren und V. F. Palmblad; dem Kreis nahe stand auch E. J. Stagnelius. Auch: ↗ Got. Bund. IS

Phrase, f. [gr. phrasis = Ausdruck],
1. in der antiken Rhetorik (s. Quint. VIII, 1, 1): im weiteren Sinne die sprachl.-stilist. Ausformulierung der in einem Text insgesamt verwendeten Gedanken (vgl. lat. *elocutio*); im engeren Sinne eine einzelne Wortgruppe oder Wendung, im Unterschied zur lexis, dem Einzelwort. – Im 16. Jh. wurde das spätlat. *phrasis* als Fremdwort ins Dt. übernommen, ursprüngl. in der antiken rhetor. Bedeutung; später setzt sich in Anlehnung ans Franz. der abwertende Sinn von ›leere Redensart‹, ›Geschwätz‹ durch, s. ›Ph.n dreschen‹, ›hohle Ph.‹.
2. nach der Terminologie der seit Bloomfield (1926) entwickelten Konstituentenstrukturgrammatik bezeichnen Ph.n die einzelnen Einheiten eines Satzes, die durch einen Stammbaum *(phrase-marker)* hierarch. dargestellt werden können.

DW

Phraseologie, f. [von gr. phrasis = Ausdruck und logos = Lehre], Lehre von den Redewendungen, die einer Sprache, einer bestimmten Epoche, einem Autor oder Werk eigentüml. sind; auch eine entsprechende Sammlung. – Ph.n werden zusammengestellt zur Schulung in einem bestimmten, als normativ angesehenen Stil (z. B. dem Ciceros im Lat.), oder um das Erlernen einer Fremdsprache zu erleichtern. DW

Phraseonym, n. [gr. phrasis = Ausdruck, onoma = Name], Sonderform des ↗ Pseudonyms: statt des Verfassernamens steht eine umschreibende Bez., z. B. by a lady (in der dt. Übers. ›von einer anonymen Dame‹) für Jane Austen (»Sense and sensibility«, 1811), »Gedichte eines Lebendigen« (d. i. G. Herwegh). S

Phrenonym, n. [gr. phren = Gemüt, onoma = Name], Sonderform des ↗ Pseudonyms: statt des Verfassernamens wird ein Gemütszustand oder eine Charaktereigenschaft genannt, z. B.: von einem Liebhaber der langen Weile für J. G. Hamann (»Sokrat. Denkwürdigkeiten«, 1759); die Gesellschaftsnamen der Mitglieder der ↗ Sprachgesellschaften waren vorwiegend Ph.e (der Suchende für J. G. Schottel, der Vielbemühte für A. Ölschläger).　　　　　　　　　S

Pickelhering [engl. pickleherring = Salzhering], Name der ↗ lust. Person (neben Jan Bouchet, John Posset, Stockfish) in den Stücken der ↗ engl. u. ↗ niederländ. Komödianten; vermutl. Anfang d. 17. Jh.s v. d. Schauspieler Robert Reynolds geschaffen. P.spiele sind bis zum Ende des 17. Jh.s weit verbreitet, insbes. als ↗ Nachspiele; im 18. Jh. wird in Deutschland der Name ›P.‹ durch ↗ Harlekin oder ↗ Hanswurst in den Hintergrund gedrängt. IS

Pie quebrado, m. [span. pie = Vers(fuß), quebrado = zerbrochen, entzwei], eigentl. copla de p. q.: span. Verskombination: Verbindung eines 4-(auch 5-)silbigen und eines 8-silbigen Verses (d. h. eines halben, *gebrochenen* 8-Silbers und eines 8-Silbers); populärstes Bauelement der mal. span. Dichtung, benützt u. a. von G. de Berceo (13. Jh.), König Alfonso X., Juan Ruiz und den Dichtern der ↗ Cancioneiros. Gelegentl. werden auch längere Verse in entsprechender Kombination (6/12; 7/14; 8/16 u. a.) als C. de p. q. bez.　　　　　　　　S

Pierrot, m. [pjɛˈroː; frz.], frz. Komödienfigur: dummpfiffiger Diener in weißer Maske und sackartig weitem, weißem Kostüm; im 17. Jh. in der Pariser ↗ Comédie italienne entwickelt nach dem zweiten Zane (↗ Zani) der ↗ Commedia dell'arte, der oft als *Piero, Pedrolino* (Peter, Peterchen), auch *Frittolino, Tortellino* usw. auftrat.　　　　　　　　　　　　　　IS

Pietismus, m. [zu lat. pius = fromm], gegen Ende des 17. Jh.s entstandene, bis ins 18. Jh. wirksame religiöse Bewegung des dt. Protestantismus, die der in Institutionalismus und Dogmatismus befangenen altprotestant. Orthodoxie einen an der Praxis christl. Handelns und Lebens orientierten Glauben entgegenstellte und eine auf Vollkommenheit hin orientierte, individualist.-subjektivist. Frömmigkeit entwickelte. Entscheidend ist die Wiedergeburt des Einzelnen zu einem neuen Sein, die als subjektiv erlebter ›Durchbruch der Gnade‹, als ›Erweckung‹ oder ›Bekehrung‹ erfahren wird. Typ. Gemeinschaftsform der Erweckten sind Konventikel (bekannt v. a. N. L. von Zinzendorfs Herrnhuter Brüdergemeine, seit 1728), die sich v. a. prakt. Theologie widmen (Seelsorge, missionar. und pädagog. Tätigkeiten: Bibelstudium, ↗ Kirchenlied, ↗ Predigt, reiche ↗ Erbauungsliteratur). Richtungsweisender *Ausgangspunkt des P.* ist die Schrift »Pia Desideria« (1675) von J. Spener, *Zentrum* seit 1691 die Universität Halle (A. H. Francke). Obwohl der P. durch einen gewissen eth. Rigorismus der Kunst keine direkten Impulse gab, war er doch für die Weiterentwicklung der Literatur in allgem. geistiger und sprachl. Hinsicht von entscheidender Bedeutung: Der im P. geweckte Subjektivismus, die schwärmer. Hingabe an das eigene Gefühl, die Erziehung zu Selbstbeobachtung und -analyse, die Ausbildung eines verfeinerten psycholog. Deutungsvermögens waren wichtige Voraussetzungen für die Entfaltung des neuzeitl. Individualismus: Die religiösen Erlebnisformen traten säkularisiert in allen Lebensbereichen in Erscheinung (insbes. z. B. im beseelten Naturgefühl und Freundschaftskult). – Zugleich schuf sich die gefühlsbetonte subjektive Frömmigkeit des P. eine eigene Sprache, in der Spracheelemente der mal. Mystik, des Barock, verwandter religiöser Richtungen des Auslandes und der Lutherbibel zu einer neuen »Sprache der Seele« zusammenflossen (nach Langen). Sie ist charakterisiert einerseits durch Verbalsubstantive und Abstrakta auf -ung, -heit, -keit, andererseits v. a. aber durch bewegungshalt. Verben, insbes. Präfixbildungen (zer-fließen, durch-dringen u. a.), die die bes. Art religiösen Erlebens, das Aufeinanderzustreben von Seele und Gott zum Ausdruck bringen. Diese Sprache wurde gepflegt in zahlreichen Briefen, Tagebuchaufzeichnungen, ↗ Autobiographien und einer Fülle gefühlsbetonter Kirchenlieder (G. Arnold, G. Tersteegen, N. L. v. Zinzendorf), aber auch in säkularisierten sog. pietist. ›Seelenliedern‹ (I. J. Pyra und S. G.

Plagiat

Lange, ↗ Hallischer Dichterkreis). Insbes. durch F. G. Klopstock wurde sie zum Instrument der Gefühlsaussprache, der seel. Ergriffenheit, der irrationalen Erlebnisgestaltung schlechthin (»Messias«, 1748 ff., Oden). Sprache und Erlebnisformen des P. prägen neben den eigentl. empfindsamen Dichtungen (↗ Empfindsamkeit) z. B. auch den ↗ Bildungsroman, die sog. ↗ Erlebnisdichtung Goethes und z. T. die romant. Dichtung und Philosphie (Novalis, J. G. Fichte, F. Schleiermacher). Über diesen allgem. geist. und sprachl. Einfluss hinaus wurden u. a. I. Kant, G. E. Lessing, J. G. Herder, der junge Schiller (durch s. Mutter) und Goethe (S. v. Klettenberg, vgl. »Bekenntnisse einer schönen Seele« in »Wilhelm Meisters Lehrjahre«, 6. Buch), J. K. Lavater, J. H. Jung-Stilling, M. Claudius, K. Ph. Moritz, F. Hölderlin u. a. vom pietist. Gedankengut beeinflusst. IS

Pikaresker, (pikarischer) Roman, auch: Pikareske (nach novelas picaresca zu span. picaro = Schelm, Gauner), Bez. für den im Spanien des 16. Jh.s entstandenen und in ganz Europa erfolgreichen ↗ Schelmenroman im Gefolge des anonymen »Lazarillo de Tormes« (1554). S

Pinakes, m. Pl. [gr. Sgl. pinax = Brett, (Schreib-)Tafel, Verzeichnis, ↗ Katalog], s. auch ↗ Bibliographie.

Pindarische Ode, moderne Bez. für diejen. Form des altgr. ↗ Chorliedes, die aus zwei gleich gebauten Strophen (Ode-Antode, Strophe-↗ Antistrophe, vermutl. von Halbchören gesungen) und einer metr. (u. evtl. auch im Umfang) abweichenden 3. (vom ganzen Chor gesungenen) Strophe (↗ Epode) besteht; diese Triade kann wiederholt werden. Im Ggs. zu den ↗ Odenmaßen der monod. Lyrik können die rhythm.-metr. Schemata der p.n O. aus den verschiedensten Versmaßen komponiert sein; bes. beliebte Verse sind ↗ Daktyloepitriten. – Die dreiteil. Form der griech. chor. Poesie ist seit 600 v. Chr. (Stesichoros) üblich, die Bez. ›p. O.‹ bezieht sich auf ihren größten Vertreter, Pindar (5. Jh. v. Chr.), dessen erhaltenes Werk (4 Bücher ↗ Epinikien) einen Höhepunkt der triad. Chorlyrik darstellt und die weitere Entwicklung der abendländ. Lyrik stark beeinflusste. Von Horaz bis zum 19. Jh. wurden zwar v. a. die Thematik (Preisgesänge), die pathet. Feierlichkeit, dunkle Sprache und der komplizierte Periodenbau als ›pindarisch‹ nachgeahmt, allerdings in sogenannten ↗ freien Rhythmen, nicht in triad. Form (A. Cowley, F. Hölderlin, vgl. ↗ Ode, ↗ Hymne), aber auch die authent. dreigliedr. Struktur (z. T. mit Reim) wurde nachgebildet, so in der neulat. Dichtung (K. Celtis), von den it. ↗ Pindaristen, der frz. ↗ Pléiade (Ronsard 1550: »À Michel de l'Hospital«), im Barock (M. Opitz, A. Gryphius in den Reyen seiner Tragödien u. a.), von Ben Jonson und v. a. Th. Gray (»The Bard«, 1754, u. a.), G. Parini, U. Foscolo, G. Carducci u. a. IS

Pindaristen, m. Pl., Bez. für diejenigen italien. Dichter des 16. u. 17. Jh.s, die sich bemühten, die griech. antiken Lyriker, insbes. Pindar, aber auch Anakreon u. a., metr. getreu nachzubilden; früheste Versuche in lat. Sprache von B. Lampridio, in italien. Sprache von G. G. Trissino und v. a. L. Alamanni; sie wurden vorbildhaft für die frz. ↗ Pléiade, von der dann wiederum die ital. P. des 17. Jh.s, v. a. G. Chiabrera und F. Testi, in ihrer Nachfolge A. Guidi und V. da Filicaia beeinflusst wurden. Das Wirken der it. P. war von entscheidender Bedeutung für die Ausbildung einer it. Dichter-Sprache. IS

Plagiat, n. [lat. plagiarius = Menschenräuber, Seelenverkäufer], widerrechtl. Übernahme und Verbreitung von fremdem geist. Eigentum. Der P.s-Vorwurf wird in allen Sparten der Kunst und Wissenschaft erhoben, wenn ein Verfasser Werke, Werkteile, Motive eines andern Autors sich aneignet, in wissenschaftl. Werken Passagen aus fremden Arbeiten ohne Zitatkennzeichnung und Quellenangabe übernimmt, oder fälschl. das Recht der Priorität eines Gedankens für sich beansprucht. Das P. verstößt gegen zwei Normen:
1. im Sinne einer *moral. Verfehlung* gegen den in der Genieästhetik verankerten Originali-

Plagiat

tätsanspruch oder gegen das Gebot wissenschaftl. Ehrlichkeit; 2. im Sinne einer *rechtl. Verfehlung,* die sich gegen den geschützten Eigentumscharakter von geist. Produkten vergeht. – Sind schon in der Antike Plagiatsvorwürfe erhoben worden, z. B. von Aristophanes (»Wolken«, v. 553 ff.), so galt doch eine zitierende Übernahme meist eher als Ehrung für den Zitierten, weil vorausgesetzt werden konnte, dass er auch ohne Namensnennung identifiziert werde. Erst mit dem Eigentumsbegriff des 18. und 19. Jh.s beginnt das P. ein rechtsfähiger Tatbestand zu werden, zunächst freil. mehr, um die Verlegerals die Autorenrechte zu schützen. Das Urheberrechtsgesetz (von 1965) schützt den Autor gegen P. durch strafrechtl. Vorschriften und durch Unterlassungs- und Schadenersatzansprüche. *In der Literatur* sind P.s-Prozesse selten, da Motive, Handlungsverläufe oder Formulierungen meist so verwandelt übernommen und in einen so veränderten Kontext eingebracht werden, dass ein Vorsatz widerrechtl. Aneignung wegen des Fehlens eindeutiger, nicht durch einen schöpfer. Prozess überformter Text-, Motiv- oder Gedankenparallelen nicht nachgewiesen werden kann. P.-Vorwürfe wurden z. B. erhoben gegen Brechts Verwendung von Villon-Versen in der Übersetzung von K. L. Ammer, gegen Th. Manns Einführung der musikal. Zwölftontechnik im »Doktor Faustus« ohne Namensnennung Schönbergs. *In der bildenden Kunst* sind P.e vielfach Fälschungen gleichzusetzen, aber auch Übernahmen von gesetzl. geschützten Bildmotiven (z. B. Micky Mouse, Hummelfiguren) haben zu P.s-Auseinandersetzungen geführt. Die meisten Prozesse um P.e gab es *im Bereich der (Unterhaltungs-)Musik,* darunter den erfolgreichen P. Kreuders gegen H. Eisler, der eine Schlagermelodie Kreuders als Hauptmotiv für die DDR-Nationalhymne übernommen hatte. HW

Planipes, m. [lat. pes = Fuß, planus = flach, platt], Bez. des ↗ Mimus, dessen Schauspieler ohne Maske und ↗ Kothurn (oder ↗ Soccus) auftraten. S

Planctus, m. [lat. = Wehklagen], Klagelied oder -schrift in der lat. Lit. des MA.s, z. B. »P. ecclesiae in Germaniam« (1337) von Konrad von Megenberg; insbes. auch für ↗ Totenklage. S

Planh, m. [prov. aus lat. ↗ planctus = Wehklagen], in der provenzal. Dichtung Klagelied auf den Tod eines Freundes, der Geliebten, eines Fürsten, eines Gönners, aber auch über ein öffentl. Unglück; vgl. afrz. ↗ Complainte. Da sich im P. neben Lob auch Tadel findet, wird gelegentl. die Grenze zum ↗ Sirventes fließend. Berühmte P.s unter den etwa 40 überlieferten stammen von Gaucelm Faidit (über den Tod von Richard Löwenherz, Ende 12. Jh.), Giraut de Bornelh (über den Tod Heinrichs V., Vizegrafen von Limoges, 2. Hälfte 12. Jh.). S

Pleias, f. [gr. = Siebengestirn], eine Gruppe von 7 trag. Dichtern, die am Hofe des Ptolemaios II. Philadelphos (285–246 v. Chr.) in Alexandria gewirkt haben sollen. Die überlieferten Namenslisten weichen im Einzelnen voneinander ab. Die Suda (Enzyklopädie d. 10. Jh.s) nennt z. B. Homeros von Byzantion, Sositheos, Lykophron von Chalkis, Alexandros Aitolos, Sosiphanes, Philikos und Dionysiades. Von den Tragödien der P. ist außer einigen Titeln nichts erhalten. K

Pléiade, auch: Pléjade, f. [von gr. pleias = Siebengestirn], Bez. für einen Dichter- bzw. Literatenkreis von jeweils sieben Mitgliedern, im Anschluss an die ↗ Pleias, eine Gruppe von sieben alexandrin. Tragödienautoren des 3. Jh.s v. Chr. – Die bekanntesten P.n sind:
1. *die franz. P.,* die bedeutendste Dichterschule der franz. Renaissance um P. de Ronsard und J. Du Bellay; sie erwuchs aus einem lyr. Zirkel Ronsards am Collège Coqueret in Paris, den er 1552 noch ›brigade‹ (von ital. brigata = Gesellschaft, Truppe) nannte; 1556 übernahm er (in einer Ode) die Bez. ›Pléiade‹ von dem frz. Humanisten M. A. Muret. In wechselnder Zusammensetzung gehörten der P. jeweils sieben Dichter an, neben Ronsard und Du Bellay u. a. E. Jodelle, R. Belleau, J. Dorat, J. A. de Baïf, P. du Tyard, J. Peletier. – Du Bellays »Deffence et

Illustration de la Langue Françoyse« (1549), Peletiers »Art poëtique« (1555) und Ronsards »Abrégé de l'Art Poétique François« (1565) sind die wichtigsten theoret. Werke der P. Gemeinsam ist ihnen die Bewunderung antiker und italien. Literatur, deren Gattungen und Formen (Epos, Tragödie, Komödie, Ode, Elegie, Epigramm, Sonett u. a.) normative Muster für die eigene Produktion darstellten. Durch bewusste Bereicherung (z. B. Gebrauch altfranz. Wörter, Neologismen u. a.) sollte das Franz. zu einem dem klass. Griech. und Latein ebenbürt. komplexen sprachl. System ausgebaut und dadurch ›literaturfähig‹ gemacht werden. Die P. vertrat eine idealist. Konzeption des Dichterberufs: ein kompetenter Beherrscher poet. Verfahren werde erst durch göttl. Inspiration zum ›wahren‹ Dichter, dessen ästhet. Leistung sein kurzes Erdendasein verewige. Intentionen und Ziele dieses Programms, das sich von den Traditionen mal. franz. Dichtung radikal löste, hatten starken Einfluss auf die spätere franz. Literatur. Die wichtigsten Dichtungen der P. sind die Oden, Hymnen und Sonette Ronsards, die u. a. auch M. Opitz nachhalt. beeinflussten.

2. *die russ.*, auch *Puschkinsche P.,* (spätere) Bez. für einen heterogenen Kreis meist aristokrat. russ. Dichter um A. Puschkin (1799–1837), sowie generell für alle russ. Poeten seiner Generation, die die Romantik, das sog. goldene Zeitalter der russ. Literatur, repräsentierten. Die Puschkinsche P. traf sich meist im Salon des Barons A. A. Delwig in Petersburg, eines Freundes Puschkins (und seit 1825–31 Hrsg. von Almanachen, seit 1829–31 auch des »Literaturblattes«). Mitglieder des Kreises, die z. T. schon dem ↗ Arzamas-Kreis angehört hatten, waren u. a. P. A. Wjasemski (Literaturkritik, Satire, epikurä. Lyrik), N. M. Jasykow (anakreont. Lieder, »Dorpater Gedichte«), D. W. Wenewitinow (philosoph. Lyrik), K. F. Rylejew (↗ Dekabristenführer, polit. Gedichte), J. A. Baratynski (klassizist. Gedankenlyrik, »Auf den Tod Goethes«) und W. Küchelbecker (Dekabrist, Oden, Mithrsg. der Zeitschrift »Mnemosyne«, 1824/25). Charakterist. für die russ. P. ist die Hochschätzung der Versdichtung als der einzig angemessenen poet. Gattung, das

Postulat des sog. ›guten Geschmacks‹ (klar strukturierte Verse, unpathet. Sprache) und das Streben nach einer Synthese von Klassizismus (Sprache) und Romantik (Motive, ›russ. Byronismus‹). Puschkins Auffassung von der Eigengesetzlichkeit der Dichtung (»Ziel der Poesie ist die Poesie selbst«, vgl. ↗ l'art pour l'art) wurde von den meisten Poeten der P. geteilt. KH

Pleonạsmus, m. [gr.-lat. = Überfluss, Übermaß], meist überflüssiger, synonymer Zusatz zu einem Wort oder einer Redewendung; kann Stilfehler sein (schwarzer Rappe, neu renoviert), aber auch ein Stilmittel zur nachdrückl. Betonung (mit meinen eigenen Augen); ursprüngl. pleonast. sind auch Komposita wie *Wal*fisch, *Lind*wurm, *Maul*esel, deren abgeblasstes Grundwort synonym verdeutlicht wurde. Vgl. auch die meist zweigliedrige ↗ Tautologie (ganz und gar). S

Plọt, m. [engl. Komplott], poetolog. Bez. für die Handlung in literar. Werken, im Unterschied zum vergleichbaren allgemeineren Begriff ↗ Fabel, jedoch primär auf die kausale und log. Verknüpfung der Handlungen und Charaktere bezogen. Von P. spricht man deshalb bes. im Hinblick auf Novelle und Kriminalroman, sowie in Bezug auf nichtepische, final gespannte Dramenformen (vgl. Th. Otways Komödientitel »A Plot Discovered«). HD

Pnịgos, n. [gr. = Atemlosigkeit], auch makron (= das Lange), in der alten att. Komödie ein sprech- und atemtechn. Kunststück: eine in einem Atemzug (daher Bez.), sehr rasch zu sprechende lange Sentenz im selben, jedoch nicht durch Katalexe (Verspausen) gegliederten Metrum, insbes. als Schluss der epirrhemat. Teile (↗ Epirrhema) in ↗ Agon und ↗ Parabase. IS

Poẹm, n. [gr. poiema, lat. poema = Werk, ↗ Dichtung], Bez. für ›Gedicht‹, in neuerer Zeit meist abschätzig gebraucht. S

Poesịa Bernẹsca, f., ↗ Capitolo (1).

Poesia Fidenciana, f., ↗ makkaronische Dichtung.

Poesie, f. [gr. poiesis = das Machen, Verfertigen, Dichten, Dichtkunst, lat. poesis], Ende des 16. Jh.s aus dem Franz. (poésie) übernommenes Fremdwort (Fischart 1575) insbes. für Versdichtung (im Ggs. zur Prosa); die Verdeutschung ›Dichtkunst‹, ↗ ›Dichtung‹ umfasst beide Darbietungsformen. Im Griech. bez. *poiesis* das freie Schöpfertum im Unterschied zur nachschaffenden ↗ Mimesis (lat. imitatio). S

Poésie fugitive, f. [poeˈzi fyʒiˈtiv; frz. = flücht. Poesie], auch: poésie légère (leichte P.), frz. Sammelbez. für die kleineren Dichtungen des frz. ↗ Rokoko, die (z. T. mit frivol-erot. oder iron.-satir. Einschlag) heiteren Lebensgenuss im Sinne des Horazischen carpe-diem und im Stil Anakreons und der antiken Bukolik besingen (↗ Anakreontik). Sie entstand Ende des 17. Jh.s im Gefolge des epikurä. Materialismus des Philosophen P. Gassendi und wurde bes. gepflegt im ↗ Salon der Ninon de Lenclos und der ›Société du Temple‹ (einem libertinist. Kreis von Edelleuten und Schriftstellern, die sich im Pariser Bezirk Le Temple trafen); Vertreter: Chapelle, G. A. de Chauliveu, Ch. A. La Fare, der junge Voltaire, A. Hamilton, ferner die sog. petits maîtres J. B. de Grécourt, A. Piron, Kardinal de Bernis, J. B. L. Gresset und Gentil-Bernard, der »Anacréon de la France«, u. a. S

Poésie pure [poeˈziˈpyr; frz. = reine Poesie], im Unterschied zur ↗ littérature engagée diejen. Dichtung, die sich autonom, als Selbstzweck, in tendenz- und ideologiefreiem Raum entfaltet, die sich, von verabsolutierten Kunstmitteln getragen, weder den Gesetzen der herkömml. Logik noch denen der Realität unterwirft (z. B. sind persönl. Elemente u. a. Inhalte ledigl. ›Material‹ der sprachl. Gestaltung). Eine p. p. wurde programmat. gefordert und verwirklicht v. a. von den Vertretern der Kunsttheorie des ↗ L'art pour l'art, insbes. von Ch. Baudelaire und St. Mallarmé, die allen späteren Dichtern die Stil- und Ausdrucksmöglichkeiten einer p. p. bereitstellten, s. ↗ absolute Dichtung. – Der *Begriff* p. p. findet sich bei Ch. A. Sainte-Beuve, bei J. M. de Heredia, der seine »Trophées« (1865–92) als p. p. bez., und bei P. A. Valéry, der sich mit der p. p. oder *poésie absolue* theoret. auseinandersetzt. Als p. p. gelten z. T. die Wortkunst des ↗ Sturmkreises, die Dichtungen Rilkes, Georges, G. Benns oder Ezra Pounds, die Experimente des ital. ↗ Hermetismus, die verbalen Konstruktionen (Sprachgitter usw.) der modernen Lyrik (I. Bachmann, P. Celan u. a.) und die sog. ↗ abstrakte oder konkrete Dichtung. S

Poet laureate [ˈpouit lˈɔːriit; engl. = ↗ Poeta laureatus].

Poeta doctus, m. [lat.], gelehrter, gebildeter Dichter, der weder naiv, noch aus göttl. Inspiration (↗ poeta vates), noch aus der Kraft der eigenen Subjektivität (Originalgenie) schafft, der vielmehr das künstler. Wirken problematisiert und durch Anknüpfung an klass. Muster oder durch eingeschobene Reflexionen, Anspielungen, Verweise, Zitate das frühere u. gegenwärt. Bildungsgut in sein Werk bewusst integriert. Der p. d. setzt für das Verständnis seiner Werke ein gebildetes Publikum (oder einen Kommentar) voraus. Er war bis dichter. Ideal des Hellenismus, der röm. Neoteriker, er begegnet dann wieder in Humanismus und Renaissance (*poeta eruditus*), im Barock und in der Frühaufklärung (bis hin zu Gottscheds »Krit. Dichtkunst«, 1730). Das Erwachen bürgerl. Subjektivität im 18. Jh. setzte dann dem gelehrten Literatentum mit dem Geniebegriff eine neue Auffassung des Dichterberufs entgegen; im 20. Jh. jedoch ist, nach Ansicht der Literaturkritik (W. Jens), nur noch der p. d. zu gült. Aussagen fähig; poetae docti sind z. B. E. Pound, T. S. Eliot, Saint-John Perse, Th. Mann, G. Benn, H. Broch, R. Musil u. a. K

Poeta eruditus, m. [lat. eruditus = aufgeklärt, gebildet, kenntnisreich], Renaissance-Bez. für den gebildeten Dichter (↗ poeta doctus). S

Poeta laureatus, m. [lat. = der lorbeergekrönte Dichter], ursprüngl. gr. Brauch, den Sieger im dichter. Wettstreit (Agon) mit dem Lorbeerkranz auszuzeichnen; wurzelt im Kult des Apollon (Daphne-Mythos). Er wurde in der *röm. Kaiserzeit* erneuert: Stiftung des Capitolin. Agon durch Domitian: der Sieger in gr. und lat. Poesie und Prosa wird auf dem Capitol durch den Kaiser mit dem Lorbeerkranz gekrönt. Im *Hoch-MA.* kommt es zu ersten vereinzelten Versuchen, die mit dem Zusammenbruch des röm. Kaisertums abgebrochene Tradition der (capitolin.) Dichterkrönung wiederaufleben zu lassen: Friedrich I. Barbarossa krönt den mittellat. Epiker Gunther von Pairis für sein Barbarossa-Epos mit dem Dichterlorbeer. Mit Beginn des it. *Humanismus* nach 1300 nimmt die Anzahl der Dichterkrönungen zu: während Dante noch vergebl. hofft, in seiner Vaterstadt Florenz zum p. l. gekrönt zu werden (Paradiso 25, 7–9), wird 1314 der Humanist A. Mussato in Padua durch den Bischof und den Rektor der Universität mit dem Lorbeerkranz ausgezeichnet. 1341 erfolgt dann in Rom die berühmteste der humanist. Dichterkrönungen, die des Petrarca durch den Senator O. d'Anguillara, die bewusst an die Antike anknüpft. Die erste neuere Dichterkrönung durch einen Kaiser ist die Zanobi da Stradas durch Karl IV. in Pisa (1355). Friedrich III. krönt 1442 in Frankreich Enea Silvio da Piccolomini, 1487 in Nürnberg den dt. Neulateiner K. Celtis. Maximilian I. macht die Dichterkrönung endgültig zur festen (akadem.) Institution, indem er 1501 an der Universität Wien das *Collegium poetarum atque mathematicorum* gründet und diesem das *privilegium creandi poetas* überträgt. Die zum p. l. Gekrönten erhalten gleichzeitig das akadem. Recht, an allen Schulen und Hochschulen des Reiches über Poetik und Rhetorik Vorlesungen zu halten. Bald erhalten auch die Rektoren anderer Universiäten das Recht, Dichterkrönungen vorzunehmen. Nur gelegentl. nimmt der Kaiser noch selbst die Dichterkrönung vor (z. B. 1518 auf dem Reichstag zu Augsburg Krönung Ulrichs von Hutten durch Maximilian). Bis ins 17. Jh. werden ausschließl. (neu)lat. Dichter zum p. l. gekrönt, unter ihnen J. Locher, N. Frischlin und P. Melissus Schede. Die ersten deutschsprachigen Dichter, denen der Titel des p. l. verliehen wird, sind M. Opitz (1625) und J. Rist (1644). Im 18. Jh. gerät die Dichterkrönung mehr und mehr in Verruf; die Auszeichnung Schönaichs durch Gottsched als Dekan der Philosoph. Fakultät der Universität Leipzig wird von den jüngeren Zeitgenossen als Farce empfunden. Goethe lehnte die Dichterkrönung, die in Rom feierl. vollzogen werden sollte, ab. Die vorerst letzte Dichterkrönung kraft kaiserl. Privilegs war die K. Reinhards durch den Bürgermeister von Minden (1804). 1963 erhielt J. Eberle für seine neulat. Dichtungen den Titel des p. l. durch die Universität Tübingen verliehen, die damit an die alte kaiserl./akadem. Tradition anknüpfte. – Auch andere europ. Herrscher, einschließl. der Päpste, pflegten Dichter zum p. l. zu ernennen. Eine feste Institution bis heute ist z. B. die Krönung zum *poet laureate* durch die engl. Könige. Der engl. Titel des *poet laureate* war lange mit einem offiziellen Hofamt verbunden – die Träger dieses Titels (es gibt jeweils nur *einen* poet laureate) waren bis ca. 1820 verpflichtet, an nationalen und dynast. Festtagen die Festtagsoden zu verfassen. Mit einem Ehrensold aus der Hofkasse ist der begehrte und als hohe Auszeichnung empfundene Titel bis heute verknüpft. Der erste *poet laureate* war B. Jonson (Krönung 1616 durch James I.). Bedeutende spätere Träger des Titels waren J. Dryden (1668), Th. Shadwell (1688, nach Drydens aus polit. Gründen erfolgter Absetzung), W. Wordsworth (1843), A. Tennyson (1850), A. Austin (1896), R. Bridges (1913), J. Masefield (1930), C. Day-Lewis (1967), J. Betjeman (1972) und Ted Hughes (1985). K

Poeta vates, m. [lat.], der Dichter als priesterl. Seher; die Bez. geht zurück auf den Philologen Varro (»De poematis«,»De poeta«, 42 v. Chr.), der *vates* (= priesterl. Seher) irrtüml. für die altröm. Bez. für ›Dichter‹ gehalten hatte; *vates* wird von Horaz und Vergil aufgegriffen zur Bez. ihrer Auffassung des Dichters als eines allein aus göttl. Inspiration und Berufung Schaffenden. Beide erscheinen als poetae v. z. B. in der visionären Verkündigung eines neuen Weltalters (Vergil, 4. Ekloge) oder in der Apotheose des Augusteischen Friedensreiches (Horaz, »Carmen saeculare«, Vergil, »Aeneis«). – In der Neuzeit treten F. G. Klopstock, in Anlehnung an Vergil und Horaz (»Messias«, Oden), im 19. Jh. Ch. Baudelaire und A. Rimbaud (»Lettres du voyant«, 1871), im 20. Jh. Stefan George als poetae v. auf. Ggs. ↗ poeta doctus. K

Poète maudit, m. [pɔˈɛt moˈdi; frz. = verfemter, Dichter], der in seiner Genialität von der Gesellschaft verkannte und ausgeschlossene Dichter, der, alle bürgerl. Werte verachtend, oft an der Grenze zum Wahnsinn oder Tod nur seinem Kunstideal (dem ↗ l'art pour l'art) lebt. Die Existenzform des p.m. beschreibt bereits A. de Vigny (»Stello«, 1832 über N. J. L. Gilbert, Th. Chatterton und A. Chénier), der Begriff selbst findet sich dann 1884 bei P. Verlaine (»Les p.s m.s«, 1884 u. 1888, sechs literar. Studien über T. Corbière, A. Rimbaud, St. Mallarmé, M. Desbordes-Valmore, Villiers de l'Isle-Adam und ihn selbst) und wird dadurch insbes. zur Kennzeichnung der Generation nach Ch. Baudelaire verwendet. ↗ Bohème. S

Poetik, f. [gr. poietike = Dichtkunst], Lehre von der Dichtkunst, definiert
1. als *Dichtungstheorie*, d. h. als theoret. Auseinandersetzung mit dem Wesen der Dichtung und der poet. Gattungen, ihren Funktionen, ihren spezif. Ausdrucksmitteln;
2. als *normative prakt. Anweisung* zum ›richtigen‹ Dichten und, im Zusammenhang damit,
3. als *Dichtungskritik*. Alle drei Ansätze bestimmen die Geschichte der europ. P. gleichermaßen. *Antike:* Am Anfang der europ. P. steht die (fragmentar.) Schrift des Aristoteles »Peri poietikes« (»Über die Dichtkunst«), die schon insofern von fundamentaler Bedeutung ist, als sich seit der Renaissance nahezu alle späteren poetolog. Strömungen, direkt oder indirekt, positiv oder negativ (z. B. B. Brecht) auf sie berufen; sie hat im Laufe der Geschichte zahlreiche, z. T. erhebl. divergierende Deutungen erfahren; ihre Grundbegriffe sind bis heute umstrittener Gegenstand poetolog. und literaturwissenschaftl. Diskussion. Die P. des Aristoteles ist im Wesentl. Gattungs-P. und beschäftigt sich v. a. mit den Gattungen der ↗ Tragödie, z. T. der ↗ Komödie und des ↗ Epos, enthält darüber hinaus jedoch auch Erörterungen allgemeiner Art. Aristoteles rechnet die Dichtkunst zu den mimet. Künsten; er finiert sie als *mimesis* einer *praxis*, und zwar mit spezif. Mitteln, zu denen außer dem Wort *(logos)* auch rhythm. *(rhythmos)* und tonale Mittel *(melos, harmonia)* gehören. Der vieldeutige Begriff der ↗ *Mimesis* (Nachahmung) darf dabei, nach heutiger Anschauung, nicht im Sinne einer (naturalist.) reproduzierenden Nachahmung einer vorgegebenen Wirklichkeit verstanden werden; auch ihre Definition als typisierende (»überhöhende«) Darstellung der Wirklichkeit (in diesem Sinne beruft sich der marxist. ↗ sozialist. Realismus auf Aristoteles) ist zu eng; gemeint ist vielmehr ↗ Fiktion, d. h. die produktive, freie Gestaltung mögl. Wirklichkeit. Ebenso wenig bedeutet *praxis* ›Handlung‹ im vordergründigen Sinne (Aristoteles gebraucht den Begriff auch im Hinblick auf Malerei, Musik und andere mimet. Künste), sondern das ›in sich Zweckvolle‹ der fiktionalen Wirklichkeit des dichter. Kunstwerks. Seine Gestalt erhält das dichter. Kunstwerk bei den von Aristoteles untersuchten literar. Großformen durch den ↗ *Mythos*, dessen Umschreibung als ›Fabel, plot, Handlungsgerüst usw.‹ damit ebenfalls nur vordergründig ist. Nicht weniger problemat. als diese Grundbegriffe ist die aristotel. ↗ Wirkungsästhetik der Tragödie, in deren Mittelpunkt die Lehre von der ↗ *Katharsis* steht, die heute nicht mehr als moral. Besserung, sondern als psych. Prozess, als Abreaktion angestauter Affekte verstanden wird. Die zweite P. der Antike, von ähnl. Wirkung (zumindest bis ins 18. Jh.), ist die »Epistola ad Pisones« (»Brief an die Pisonen«) des Horaz, seit Quintilian meist als »Ars poetica« (»Dichtkunst«) zitiert. Dieses Hexametergedicht ist, im Ggs. zu P. des Aristoteles, keine systemat. Abhandlung, sondern streift eine Fülle einzelner Aspekte. Zu den zentralen Themen gehört die Lehre vom *decorum*, von der »Angemessenheit« der einzelnen formalen Elemente (wie Gattung, Versart usw.) einer Dichtung

gegenüber dem Dichtungsganzen. Wirkungsgeschichtl. von besonderer Bedeutung ist die Definition der Aufgaben des Dichters als *prodesse und delectare* (nützen und Vergnügen bereiten). – Neben Aristoteles und Horaz (andere P.en der Antike sind verloren, so die des Neoptolemos von Parion, auf die Horaz vermutl. zurückgreift, und des Eratosthenes, beide 3. Jh. v. Chr., und die des Philodemos von Gadara, 1. Jh. v. Chr., gegen den sich Horaz möglicherweise wendet) wirkten auf die spätere Entwicklung der europ. Poetik die rhetor. Lehrbücher der Antike ein, Cicero (»De inventione«), Dionysius von Halikarnassos, die anonyme »Rhetorica ad Herennium« (lange Cicero zugeschrieben), Pseudo-Longinus (»Peri hypsous«/«De sublimitate«, »Vom Erhabenen«) und Quintilian (»Institutio oratoria«). Die geschichtl. v. a. mit dem Letzteren verbundene »Assimilation der P. durch die Rhetorik« (H. Boëtius) seit der Spätantike bedeutet eine Verschiebung des Interesses von Grundsatzfragen auf Fragen des Stils, vom theoret. und literaturkrit. Ansatz (der bei Aristoteles dominiert) zum normativen Regelkanon. Dichtkunst wird zu einer erlernbaren Kunstfertigkeit, die dem System der ↗ Rhetorik entsprechend verfährt, und auf dem Dualismus von *res und verba* (Stoff und sprachl. Form) aufbaut. *Mittelalter:* Während des ganzen MA.s wurde P. nur im Rahmen der Rhetorik betrieben, die einen festen Platz im Lehrsystem der ↗ Artes liberales innehatte (theoret. gehörte sie zur Grammatik). Aristoteles war unbekannt, Horaz zwar bekannt, aber ohne Einfluss. Die ausschließl. auf die lat. Dichtung bezogenen P.en des MA.s beschränkten sich zunächst auf knappe Abrisse der Verslehre (Beda Venerabilis, »Ars metrica«, um 700). Erst im 12./13. Jh. entstehen umfangreiche Lehrbücher einer rhetor. bestimmten »Ars versificatoria« (»Dichtkunst«), deren bedeutendste Vertreter Matthäus von Vendôme, Gottfried von Vinsauf, Gervais von Melkley, Johannes von Garlandia und Eberhardus Alemannus sind. Von zentraler Bedeutung sind die Lehre von der ↗ Amplificatio, der sprachl. Erweiterung der Aussage, die zu den Hauptaufgaben des Dichters gerechnet wird, und die Lehre vom ↗ Ornatus, dem Schmuck der Rede durch ↗ rhetor. Figuren und Tropen. Dabei stehen unvermittelt nebeneinander die in der Tradition der antiken Unterscheidung von ↗ Attizismus und ↗ Asianismus begründete *Zwei-Stil-Lehre* mit den *ornatus facilis* und *ornatus difficilis* (leichtem und schwerem, dunklem Stil), die auch auf die volkssprachl. Dichtung des MA.s gewirkt hat (↗ *trobar leu* und *trobar clus* in der provenzal. Dichtung, der ↗ *geblümte Stil* der mhd. Dichtung), und die *Drei-Stil-Lehre*, die die traditionelle Dreiheit von *stilus gravis, stilus mediocris* und *stilus humilis* (hoher, mittlerer, niederer Stil) ständisch umdeutet (die drei Stilarten werden auf die drei Hauptwerke des Vergil bezogen, sog. *rota Vergilii*, vgl. ↗ Genera dicendi). – Zu einer Wende in der Geschichte der mal. P. führt Dantes Schrift »De vulgari eloquentia« (»Über die Volkssprache«), die schon auf Grund ihrer Hinwendung zur volkssprachl. Dichtung den engen Rahmen der mal. *ars versificatoria* durchbricht. Im it. Frühhumanismus propagieren A. Mussato, F. Petrarca und G. Boccaccio eine Neubewertung der Dichtkunst, indem sie sie rangmäßig der im MA. alles beherrschenden Theologie gleichstellen. Damit ist der Übergang zur P. der Neuzeit gegeben. *Renaissance und Barock:* Die intensive Beschäftigung mit der antiken Dichtung und Rhetorik seit dem 14. Jh. führte auch zur Neuentdeckung der P. des Aristoteles (1. Ausgabe des griech. Textes 1508 durch Aldus Manutius, 1. lat. Übersetzung durch G. Valla, 1498, fehlerhaft, und A. Pazzi, 1536, Standardübersetzung der folgenden Zeit) und zur Neubeschäftigung mit Horaz (Übersetzung in die Volkssprache durch L. Dolce, 1535). Die Aristoteles- und Horaz-Kommentare des 16. Jh.s (F. Robortello, 1548; V. Maggi und B. Lombardi, 1550; P. Vettori, 1560; L. Castelvetro, 1576) bilden die Grundlage der Renaissance-P., deren bedeutendste Vertreter J. C. Scaliger (»Poetices libri septem«, 1561) und S. A. Minturno (»De poeta«, 1559; »L'arte poetica«, 1563) sind. Zu den wesentl. Charakteristika der it. Renaissance-P. gehören das normative Regelsystem und die Orientierung an der Rhetorik, von der auch Aristoteles und Horaz interpretiert werden. Der Dichter wird als ↗ *poeta doctus* (oder *poeta eruditus*) gesehen, der über die Regeln der P. und Rhetorik verfügt. Die aristotel. Mimesis wird als *imitatio* (Nachahmung) verstanden und im Sinne einer die Fiktionalität des mimet. Kunstwerks verkennenden *Wahrscheinlichkeitslehre* interpretiert; sie erhält dabei den Nebensinn der Nachahmung der mustergültigen klass. Autoren (v. a. Vergil für das Epos, Seneca für das Drama). Als Zweck der Dichtung gilt die Dreiheit von *docere* (Belehrung, Information), *delectare* (Unterhaltung) und *movere* (emotionale Rührung). Die Katharsis-Lehre des Aristoteles wird im Sinne eines moral. Erziehungsprogramms umgedeutet: als Befreiung von den in der Tragödie vorgeführten Lastern und sittl. Läuterung durch »Furcht und Mitleid«. Die Lehre von den drei genera dicendi wird in der ↗ *Ständeklausel* verfestigt, die ebenso wie das damit zusammenhängende Gesetz der ↗ *Fallhöhe* und die aus dem Wahrscheinlichkeitsdogma abgeleitete Lehre von den ↗ *drei Einheiten* in die Tragödientheorie des Aristoteles hineininterpretiert wird. Ende des 16. Jh.s entsteht in Italien, gewissermaßen als Gegenbewegung zur klassizist. Renaissanc-P., die P. des Manierismus. Ihre Vertreter sind G. Marino (vgl. ↗ Marinismus), P. S. Pallavicino und E. Tesauro (»Il cannocchiale Aristotelico«, 1654; 1661). Sie fordern die Befreiung der poet. Einbildungskraft von den klassizist. Regeln und dem Wahrscheinlichkeitsdogma, das die poet. Fiktion letztl. als Lüge abwertet, und damit die freie Metapher und den ↗ *Concetto*, die spitzfindige Wendung. Das seit der Spätantike unbestrittene System von Stoff und Form wird damit auf die Form verkürzt, die sprachl. Mittel vom Stoff emanzipiert. Die Kontroverse zwischen klassizist. und manierist. P. im 17. Jh. (Vertreter der klassizist. Richtung im 17. Jh. ist D. Bartoli) spaltet die it. Dichtung und Dichtungslehre des Barock in einen traditionellen (klassizist., »attizist.«) und einen progressiven (experimentierfreudigen, »asianist.«) Typus. – Eine ähnl. Entwicklung zeigt die frz. Poetik. Im 16. Jh. bildet sich zunächst nach antiken und it. Vorbildern eine klassizist. P. heraus. Hauptvertreter sind Th. Sebillet und a. Dichter der ↗ Pléiade, J. Du Bellay (»Deffence et Illustration de la Langue Françoyse«, 1549), J. Peletier du Mans und P. de Ronsard (»Abrégé de l'Art Poétique François«, 1565). Eine Synthese ihrer Ansätze findet sich zu Beginn des 17. Jh.s bei V. de Fresnaye. Im 17. Jh. wird die klassizist. frz. Dichtungstheorie durch P. de Deimier (1610), G. de Scudéry, H.-J. de Mesnardière (1640), Abbé d'Aubignac (1657), R. Rapin (1674) und v. a. N. Boileau (»Art poétique«, 1674) ausgebaut. Gemeinsam ist allen diesen Werken der normative Charakter, die klassizist. Tragödientheorie mit der Ständeklausel, mit den drei Einheiten, mit der pädagog.-moral. Deutung der Katharsis. Der Zweck der Dichtung wird in einer Verbindung von *utilité* (Nutzen) und *plaisir* (Gefallen) gesehen. Mimesis wird als Naturnachahmung gedeutet; Dichtung hat sich an die Gebote der *raison* (Vernunft), an die *vraisemblance* (Wahrscheinlichkeit) und die *bienséance* (Angemessenheit) zu halten. Eine erste Relativierung dieser doctrine classique findet sich bei P. Corneille (»Trois discours sur le poème dramatique«, 1660, vgl. die ›Querelle du Cid‹). Die eigentl. Gegenbewegung gegen den Klassizismus wird durch Ch. Perrault ausgelöst (»Parallèle des Anciens et des Modernes«, 1688–97), der die ewige Gültigkeit der antiken Muster bestreitet. Die folgende ›Querelle des anciens et des modernes‹ hat in der Geschichte der frz. Poetik eine ähnl. Bedeutung wie die Auseinandersetzung zwischen Klassizisten und Manieristen in der it. P. des 17. Jh.s (vgl. ↗ Literaturstreit). – Die it. und frz. P. der Renaissance geben den Anstoß für die Ausbildung der *dt. Renaissance- und Barock-P. im 17. Jh.*. Die niederländ. P. (D. Heinsius, »De tragoediae constitutione«, 1611; G. Vossius) nimmt dabei eine vermittelnde Stellung aus. Am Anfang der dt. P. steht M. Opitz mit dem »Buch von der Deutschen Poeterey« (1624), das einen klassizist. Standpunkt vertritt. In seiner Nachfolge stehen Ph. von Zesen (»Hochdt. Helicon«, 1640), J. P. Titz (»Zwey Bücher Von der Kunst Hochdeutsche Verse und Lieder zu machen«, 1642), J. Klaj (»Lobrede der Teutschen Poeterey«, 1645), Ph. Harsdörffer (»Poetischer Trichter«, 1647–63), A. Tscherning (»Unvorgreifliches

Bedencken über etliche mißbräuche in der deutschen Schreib- und Sprach-Kunst«, 1659), G.-W. Sacer (»Nützliche Erinnerungen wegen der deutschen Poeterey«, 1661), A. Buchner (»Anleitung zur Deutschen Poeterey«, 1665), D. G. Morhof (»Unterricht von der Teutschen Sprache und Poesie«, 1682), A. C. Rotth (»Vollständige Deutsche Poesie«, 1688) und Ch. Weise (»Curiöse Gedancken Von Deutschen Versen«, 1692), wobei sich v. a. bei den Nürnbergern (Klaj, Harsdörffer) und bei Zesen Einflüsse des Manierismus zeigen (besondere Betonung der Sprachartistik). – Auch in Spanien setzt sich im 17. Jh. die manierist. P. durch (B. Gracián, »Agudeza y Arte de Ingenio«, 1642, erweitert 1648). – In der engl. P. des 16. und 17. Jh.s hat sich der klassizist. (»aristotel'«) Standpunkt (Hauptvertreter ist Ph. Sidney, »The Defence of poesie«, auch: »An Apology for Poetry«, 1595) angesichts des Shakespeare'schen Dramas der ↗ offenen Form nie ganz durchsetzen können. In England entsteht vielmehr eine P., die zwischen dem klassizist. Regelkanon und der These von der Einmaligkeit und Individualität jedes einzelnen Kunstwerks einen vermittelnden Standpunkt bezieht (J. Dryden, »Of Dramatick Poesy: An Essay«, 1668; A. Pope, »Essay on Criticism«, 1711). – *Aufklärung:* Die Kontroverse zwischen klassizist. und manierist. P. im Zeitalter des Barock setzt sich im aufgeklärten 18. Jh. auf anderer Ebene fort. Es kommt zu einer Abkehr vom »akadem.« humanist. Ideal einer bloß sprachl. Transformation der klass. Muster in die moderne Nationalsprache und zu einer Neubegründung der P. auf der Basis des gesellschaftl. Verhaltens der Gebildeten. In den Mittelpunkt der Diskussion tritt das *Geschmacksproblem: bon goût* und *bel esprit* werden zu Maßstäben der Poesie. Bedeutendste Vertreter der frz. P. sind hier, in ihren Grundanschauungen bereits kontrovers, J. P. de Crousaz (»Traité du beau«, 1715) und J. B. Dubos (»Réflexions critiques sur la poésie«,

Opitz: »Poetik«, Titelblatt

1717), die die Befähigung zum Geschmacksurteil allein dem *Gefühl* zuerkennen, sowie Ch. Batteux (»Les beaux-arts réduits à un même principe«, 1746), der dem Gefühl die *Vernunft* als letztl. entscheidend vorschaltet. Erste Vertreter einer dt. am Geschmacksurteil orientierten P. sind Ch. Thomasius (»Welcher Gestalt man denen Franzosen im allgemeinen Leben und Wandel nachahmen soll«, 1687) und J. U. v. König (»Untersuchung vom guten Geschmack«, 1727). Der Gegensatz zwischen vernunftbezogener und gefühlsbezogener P. bricht auf im Literaturstreit zwischen J. Ch. Gottsched (»Versuch einer Critischen Dichtkunst«, 1730 u. ö.) und den Zürchern J. J. Bodmer und J. J. Breitinger (»Critische Dichtkunst«, 1740; »Von dem Wunderbaren in der Poesie und dessen Verbindung mit dem Wahrscheinlichen«, 1740; »Über die poet. Gemälde der Dichter«, 1741). Gottsched ist der letzte große Vertreter einer normativen und klassizist. P., die den gesamten Bereich der Poesie von der Vernunft her zu regeln versucht. Das literar. Kunstwerk entspringt danach dem *Witz*. Auch der gute Geschmack wird nur als Äußerung der Vernunft verstanden. Jede Form subjektiver Willkür in der Dichtung wird abgelehnt; alles hat unter dem *Gesetz der Wahrscheinlichkeit* zu stehen, das hier letztmals mit dem Anspruch absoluter Gültigkeit formuliert wird. Die Objektivität des Kunstschönen wird durch das Abbildverhältnis des mimet. Kunstwerks zur Schönheit der Natur garantiert, die sich ihrerseits aus der Vernunft der göttl. Schöpfungsordnung herleitet. Mimesis wird mithin als Abbildung der Natur, Dichtung als zweite Malerei begriffen: Gottsched und seine Zeitge-

Gottsched: »Versuch einer Critischen Dichtkunst«, 1730

nossen berufen sich bei dieser Definition auf einen, missverstandenen, Satz aus der P. des Horaz: ⁊ *ut pictura poesis* (ein Gedicht ist wie ein Bild). Bodmer und Breitinger stellen, unter dem Einfluss des engl. Sensualismus (J. Addison, S. Johnson), dem Gottsched'schen Vernunftprinzip und dem Wahrscheinlichkeitsdogma die *schöpfer.* »*Einbildungskraft*« und das *Wunderbare* entgegen. Auch J. E. Schlegel (»Abhandlung, daß die Nachahmung der Sache, der man nachahmet, zuweilen unähnl. werden müsse«, 1741) und sein Bruder J. A. Schlegel (krit. Abhandlungen im Anhang seiner Batteux-Übersetzung) wenden sich vom klassizist. Standpunkt ihres Lehrers Gottsched ab; an die Stelle des bei Gottsched alles beherrschenden »Witzes« tritt das »Herz«. Zu einer die P. der Klassik vorbereitenden Relativierung des klassizist. Aristoteles-Verständnisses kommt es dann bei G. E. Lessing (17. Literaturbrief, 1759; »Hamburgische Dramaturgie«, 1767–69), der auch die *ut pictura poesis*-Theorie, die von Bodmer und Breitinger ebenso vertreten wird wie von Gottsched, widerlegt (»Laokoon«, 1766). – *Vom Sturm und Drang bis zur Gegenwart:* Gottscheds »Critische Dichtkunst« war der vorläufig letzte Versuch einer Fundamentalp. Der erwachende Subjektivismus, der sich bei Bodmer und Breitinger bereits ankündigt und der nach der Jahrhundertmitte durch J. J. Rousseau, durch E. Youngs »Conjectures on Original Composition« (1759, gegen die Kanonisierung der antiken Muster gerichtet und für die »Originale« der Gegenwart) und durch die Ästhetik J. G. Hamanns (»Aesthetica in nuce«, 1762; die Dichtung als Offenbarung der Seele) neue Impulse erhält, und der ⁊ Sturm und Drang leiten eine grundsätzl. Wende in der Geschichte der Dichtungstheorie ein, die endgültige Abwendung vom poetolog. System und die Hinwendung zum Dichter, der als Originalgenie begriffen wird, dessen Schaffen nicht in Vernunft, sondern auf »*Empfindung, Begeisterung, Inspiration*« gründet, das an keine ewigen Regeln gebunden ist und das die Originalität seines Volkes und seiner Epoche verkörpert. Poet. Vorbilder sind v. a. W. Shakespeare mit seinem als nicht-aristotel. verstandenen Drama der offenen Form und Macphersons »Ossian«. Vertreter der Sturm und Drang-P. sind J. G. Herder, H. W. v. Gerstenberg (»Briefe über Merkwürdigkeiten der Literatur«, 1766/67, der junge Goethe (»Rede zum Schäkespears Tag«, 1771) und J. M. R. Lenz (»Anmerkungen über das Theater«, 1774). – Nach der Abkehr vom poetolog. System im Sturm und Drang erscheint P. einerseits nur noch praxisorientiert in der Form des Essays, in dem v. a. die Dichter und Schriftsteller selbst zu Fragen ihrer Kunst Stellung beziehen, oder in der Form des Aphorismus (besonders beliebt in der Romantik), andererseits, theoret.-abstrakt, im Rahmen der allgemeinen Ästhetik, die poetolog. Fragen auf Fragen des Kunstschönen reduziert (z. B. F. Schiller, F. W. Schelling, K. W. F. Solger, G. W. F. Hegel, Jean Paul und, im 20. Jh., G. Lukács) oder, seltener, der Psychologie (W. Dilthey). Hinzu kommt, mit zunehmendem Gewicht, die literaturwissenschaftl. Forschung. Konservative und progressive Richtungen der verschiedensten Art setzen dabei die seit dem Aufkommen des it. Manierismus Ende des 16. Jh.s aktuelle Kontroverse in der P. fort. Die von den Manieristen eingeleitete *Trennung von Sprache und Gegenstand* wird dabei durch die P. der Romantik (F. Schlegel, Novalis; Theorie von der »progressiven Universalpoesie«) und des Symbolismus (E. A. Poe, P. Verlaine) erneut vertreten. Die entgegengesetzte Strömung wird v. a. durch ⁊ Realismus und ⁊ Naturalismus repräsentiert. Zu den im engeren Sinne poetolog. Problemen, mit denen sich die P. seit dem ausgehenden 18. Jh. beschäftigt, gehört nach wie vor die Gattungstheorie, um die sich zunächst v. a. die P. der Klassik bemüht (erste Ansätze im Briefwechsel Goethes und Schillers, 1797, deren Ergebnisse Goethe in seinem Aufsatz »Über ep. und dramat. Dichtung«, 1827, zusammenfasst), von deren verschiedenen Ansätzen (Schillers naive und sentimental. Dichtung gehören hierzu ebenso wie Hölderlins Lehre vom »Wechsel der Töne«) sich dann Goethes Lehre von den ⁊ Naturformen der Dichtung durchsetzt. Die hier erstmals festgehaltene Gattungstrias (Epik, Lyrik, Dramatik) wird bis in die jüngste Gegenwart vielfach diskutiert (J. Petersen, »Die Wissenschaft von der Dichtung«, 1939; E. Staiger, »Grundbegriffe der P.«, 1946: anthropolog. Fundierung der Lehre vom »Epischen, Lyrischen, Dramatischen«; K. Hamburger, »Die Logik der Dichtung«, 1957: sprachlog. Fundierung der poet. Gattungen, die von K. Hamburger in die »fiktionale« mimet. Gattung – d. h. ep. oder dramat. Fiktion – und in die »lyr.« Gattung unterteilt werden). Auch das Mimesis-Problem wird immer wieder erörtert (Theorie des ↗ sozialist. Realismus; Mimesis als typisierende = »überhöhende« »Widerspiegelung« gesellschaftl. Wirklichkeit). Die P. des 20. Jh.s erhielt einen neuen Impuls durch B. Brechts krit. Auseinandersetzung mit der aristotel. Wirkungsästhetik der Tragödie (Begründung des ↗ ep. Theaters mit seiner antiaristotel. Dramaturgie).   K

Poetische Lizenz, f. [lat. licentia poetica = ↗ dichterische Freiheit].

Poetischer Realismus, von O. Ludwig (»Shakespeare-Studien«, 1871) geprägte Bez. für die typ. (idyll.-resignative) Ausprägung des ↗ Realismus in Deutschland in der 2. Hälfte des 19. Jh.s; auch als ›bürgerl. Realismus‹ bez.

Poetismus, m., tschech. Kunstströmung seit ungefähr 1920, zeitl. etwa parallel mit dem frz. ↗ Surrealismus und ihm in manchem verwandt. Der P. entwickelte sich in Berührung und Austausch mit anderen experimentellen Kunstströmungen der Zeit, dem ital. und bes. dem russ. ↗ Futurismus, dem frz. Kubismus und dem ↗ Dadaismus. Er interessierte sich für Außenseiter-Autoren des 19. Jh.s wie Poe, Baudelaire, Rimbaud, für eine sog. primitive Kunst (Negerplastik, -musik, indian. Totems usw.), die naive Malerei (H. Rousseau), aber auch für Unterhaltungskunst (Varieté, Zirkus), die frühen Stummfilmgrotesken (Chaplin), ferner für die psychoanalyt. Triebforschung (Freud) und Wahrnehmungs-Psychologie. Eine wichtige Rolle spielten G. Apollinaires »Calligrammes« und sein Aufsatz »L'esprit nouveau et les poètes«, 1918. – Zentrum war die Künstlergruppe *Devětsil* (= Neunkraft, tschech. für Pestwurz), gegründet am 5.10.1920 in Prag, ein Zusammenschluss marxist. orientierter junger Künstler. Zumindest für die ersten Jahre stehen sie der ↗ Proletkult-Bewegung nahe (J. Wolker; K. Teige, »Neue proletar. Kunst«, 1922). Die ursprüngl. Ablehnung der Technik, die später revidiert wurde (Teige, »Der Konstruktivismus und die Liquidierung der ›Kunst‹«, 1925), führte zu einer Hinwendung zum Menschen: Kunst sollte nicht ästhet. Zutat zum Leben, vielmehr Teil des Lebens sein. Das erste Manifest des P. ist Teiges »P.«, 1924; Teige versteht den P. als »Kunst zu leben und zu genießen«; von Anfang an haben der Humor und das Spielerische eine wichtige Bedeutung. – 1926–28 waren die ertragreichsten Jahre des P.: seit 1927 erschienen die Zeitschrift RED, die Manifeste u. a. von J. Fučik, V. Nezval und Teige, die Werke von Nezval (dem bedeutendsten Poeten des P.), K. Biebl, E. F. Burian, A. Hoffmeister, J. Seifert u. a. Teiges zweites »Manifest des P.« (1928) ist zugleich Bestandsaufnahme, kann sich auf Vorhandenes (auf die erprobte Synthese der verschiedensten Kunstarten, akust., visuelle Poesie, »Radiopoesie«, das »befreite Theater«) berufen, wenn es eine »Poesie für alle Sinne« fordert. – Die Gründung einer Prager surrealist. Gruppe 1934 durch Teige und Nezval markiert das Ende des P. Er geriet sowohl in ideolog. als auch polit. Fragen in Ggs. zur kommunist. Parteilinie. Erst im sog. Prager Frühling entdeckte man für kurze Zeit die Leistung und Bedeutung des P. neu, der sich »ungefähr mit dem Begriff des sozialist. Humanismus umschreiben« lässt (P. Kruntorad).   D

Poetizitätsgrad, m., Bez. f. den jeweiligen poet. Ausdruckswert eines Satzes im Vergleich zu einer syntakt. Variante oder zu einem anderen Satz; Begriff gebildet im Anschluss an die »Transformationsregeln« der Linguistik; soll der genaueren Bestimmung der poet. Valenz von Texten dienen.   S

Pointe, f. [frz. = Stachel, Stich], seit dem 18. Jh. ins Deutsche übernommener Begriff für den Akt im auf Komik angelegten (komisierenden) Sprachhandeln, der den Lacheffekt beim Rezipienten auslöst. Die P. ist als ›Kipp-Phänomen‹ Zielpunkt der Gattung ↗ Witz. Konstituiert sich der Witz in seinem Erzählteil aus zwei- oder mehrsinniger Semantik, dann reduziert die P. das sprachl. Geschehen am Ende auf eine unerwartete Einsinnigkeit (wodurch der Witz sich von anderen ästhet. Texten unterscheidet). Die P. als ›Überschneidungsstelle‹ der mehrwertigen Semantik führt damit zum Zusammenbruch des vorher aufgebauten Erwartungsschemas und zwingt den Rezipienten, seine bisherige Verstehensleistung für einen Moment zu revidieren. Diese Revision führt zu affektökonomischem Lachen. HW

Politische Dichtung, Sammelbez. für Dichtungen, die polit. Ideen, Vorgänge, Aspekte thematisieren. Eine nähere Wesensbestimmung hängt ab von der jeweiligen Definition der Begriffe *Politik, politisch:* Sofern diese aufgefasst werden als Bestandteil der histor.-gesellschaftl. Existenz des Menschen, ist jede Dichtung als Produkt einer Interdependenz zw. Verfasser und Gesellschaft politisch; eingeschränkter wird unter p. D. auch die Gestaltung polit., histor. oder sozialer Stoffe und Probleme verstanden, z. B. in histor. oder zeitkrit. Romanen, Novellen, Dramen, Balladen (wie L. N. Tolstois »Krieg und Frieden«, W. Shakespeares Historiendramen u. Ä.). *In speziellem Sinne* gelten als p. D. diejen. Werke, die mit der Absicht einer direkten polit. Beeinflussung oder Wirkung verfasst wurden, die also künstler.-literar. Formen in den Dienst einer polit. Auseinandersetzung stellen (sog. ↗ Tendenzdichtung oder engagierte Literatur). Nach Art der polit. Ziele und Absichten wird p. D. unter Bez. wie vaterländ., ↗ Freiheits- oder ↗ Kriegsdichtung, gesellschaftskrit. (↗ Gesellschaftskritik), ↗ soziale Dichtung, ↗ Arbeiterliteratur usw. spezifiziert, wobei vielerlei Übergänge, auch zu den Politisches nur als Stoff verwertenden Werken, feststellbar sind. Die *Skala der polit. Zielsetzungen* reicht von panegyr. Zustimmung zu bestehenden polit.-gesellschaftl. Systemen bis zu scharfer Kritik; p. D. kann der Information, Aufklärung, Analyse von Zuständen dienen, Anklage oder Appell sein, sie kann sich auf Bloßstellung und Entlarvung beschränken, aber auch Änderungen propagieren, sei es als Entwurf utop. Modelle (vgl. die Reichsidee im MA., das Naturreich Rousseaus u. a.), sei es als konkrete Programme; p. D. kann objekt.-sachl. oder perspektiv. verzerrt, pauschal, exemplifizierend oder simplifizierend, emotional oder agitatorisch argumentieren, sie kann sich direkt oder verschlüsselt (auch anonym) artikulieren. Letzteres oft wegen einer staatl. Zensur, aber auch aus satir.-parodist. Absichten (z. B. Montesquieu, »Lettres persanes«, 1721). – P. D. ist jeweils aus einem speziellen aktuellen Anlass entstanden und damit an diesen gebunden und nur aus ihrem histor. Kontext heraus voll zu verstehen. Das macht ihre *literar. Wertung* problematisch: formal-ästhet. Kategorien, nach denen Tendenz und Funktionalität negativ bewertet werden, sind ebenso wenig adäquat wie eth. Aspekte oder die Beurteilung vom jeweil. modernen polit. Standpunkt aus. Auch die Kategorien der marxist. Literaturkritik werden nur einem Teil der p. D. gerecht (↗ Parteilichkeit). P. D. kann sich aller *literar. Formen* bedienen; bevorzugt werden jedoch die schnell zu konzipierenden und zu rezipierenden *lyr., lyr.-didakt.* und *ep. Kleinformen*, meist in affektiver, aggressiver oder witzig pointierter, gedrängter Aussage und oft durch eingäng. Melodien unterstützt, deren Assoziations- und Breitenwirkung die polit. Stoßkraft verstärken können, z. B. Gedicht und Lied, Spruch, Hymne, Chanson, (↗ Protest-)Song, dann Epigramm, Gnome, Ballade, Fabel. Häuf. sind auch *kurze Prosaformen* wie ↗ Flugblatt u. ↗ Flugschrift, ↗ Pamphlet, ↗ Traktat, Dialog, Brief und moderne publizist. Formen wie (Reise)bericht, Essay, Feuilleton, Reportage, Kurzgeschichte usw., ferner *dramat. Kleinformen* wie Einakter, Sketches oder Hörspiele. Beliebte *Verfahren* dieser p. D. sind Satire, Parodie, Travestie und Kontrafakturen aller Art (z. B. von Kirchen- u. a. bekannten Liedern oder Chorälen, Psalmen, Postillen, Katechismen, in neuester Zeit auch die Umfunktionierung von Moritaten, Kinderreimen, Märchen). Ep. Großformen (Romane, Epen) sind dagegen für ein aktuelles polit. Engagement weniger geeignet. Viele Romane wurden jedoch auch in mehr oder weniger ausgeprägter polit. Absicht verfasst und haben auf lange Sicht das polit. Bewusstsein beeinflusst, so z. B. die utop. ↗ Staatsromane des 17. u. 18. Jh.s, die ↗ Zeit- und Gesellschaftsromane des Realismus, die sozialkrit. Romane des Naturalismus und viele histor. Schlüsselromane. Ähnliches gilt für das *Drama* als literar. Werk. Seine Realisation *auf der Bühne* jedoch, seine Konfrontation mit einem Publikum kann einer bewusst oder unbewusst implizierten polit. Aussage Nachdruck verleihen, wie z. B. einerseits das Echo auf Schillers »Räuber« (1781/82), auch auf Opern wie Verdis »Ernani« (1844) oder »Die Schlacht von Legnano« (1849), andererseits Zensurbestimmungen (etwa für Grillparzers oder Nestroys Werke) und Aufführungsverbote (z. B. für G. Hauptmanns »Weber«, E. Tollers »Masse Mensch«) zeigen. Die gesellschaftl. Funktion des Theaters wurde auch immer wieder zur ideolog. Beeinflussung und zur Propagierung polit., religiöser oder humanist. Ideen eingesetzt, vgl. z. B. die alte att. ↗ Komödie, das ↗ Jesuitendrama, in der Neuzeit – nach Vorläufern (O. Brahm) und Vorbildern (z. B. den russ. Versuchen seit der Oktoberrevolution, ↗ Proletkult) – konsequent seit E. Piscator (»Das polit. Theater«, 1929), vgl. z. B. das ↗ Lehrstück des Arbeitertheaters oder B. Brechts, das ↗ Zeitstück, das simplifizierende ↗ Thesenstück oder das analysierende Dokumentarstück (↗ Dokumentarliteratur). Seit den 70er Jahren wird darüber hinaus durch entsprechende Inszenierungen, Adaptationen, Neu- oder Uminterpretationen auch klassischen Stücken einseitig-polit. Charakter verliehen (z. B. Schillers »Räubern«, R. Wagners Werken usw.). Sonderformen sind das meist von Laien realisierte ↗ Agitproptheater, das antiliterar. ↗ Straßentheater und das sich an ein literar. gebildetes und polit. informiertes Publikum richtende ↗ Kabarett. *Geschichte.* P. D. gab es zu allen Zeiten in allen literar. Kulturen, insbes. jedoch in polit. Krisen- und Umbruchzeiten. Berühmt sind z. B. in der *Antike* die »Perser« des Aischylos (5. Jh. v. Chr.) anlässl. des Untergangs der pers. Flotte, die polit. Inventiven in den Komödien des Aristophanes zur Zeit des Zerfalls der athen. Polis, die gesellschaftskrit. Epigramme und Satiren Martials und Juvenals. *Im MA.* bringt bes. die stauf. Politik zur Verwirklichung einer Reichsidee bedeutsame p. D. hervor, so den lat. »Ludus de Antichristo«, die Werke des Archipoeta und bes. die Appell und Zeitdiagnose verbindende ↗ Spruchdichtung Walthers von der Vogelweide, die auch die mal. Kreuzzugspolitik begleitet (wie auch die Lieder Friedrichs von Hausen, Rugges Kreuzleich oder Freidanks Akkonsprüche). – Einen Höhepunkt erreicht p. D. wieder in den religiösen und polit. Kämpfen des *16. Jh.s* (Reformation, Bauernkrieg), zumal sie jetzt durch den Buchdruck weite Verbreitung findet (Flugblätter, Pamphlete, Kalender. Zu nennen sind v. a. die satir., proreformator. p. D. von P. Gengenbach und U. von Hutten, der auch ein dt. Nationalbewusstsein formuliert, und die antireformator. p. D. von Th. Murner. – Literar.-polit. Engagement kommentiert *im 17. Jh.* den 30jähr. Krieg und die Türkenkriege (bittere Polemik z. B. bei J. Ch. v. Grimmelshausen, beschwörende Mahnung bei F. v. Logau und A. Gryphius), sowie die innerpolit. sozialen Verhältnisse: einer höf.-affirmativen p. D. (↗ Hofdichter, ↗ -dichtung; ↗ Festspiele) steht eine national bestimmte, iron.-satir. antihöf. Dichtung gegenüber (J. M. Moscherosch), die auch im 18. Jh. nicht verstummt. – Das *im 18. Jh.* erwachende bürgerl. Selbstbewusstsein äußert sich v. a. in wirkungsvollen polit. Traktaten (J. Möser, Th. Abbt, J. G. Zimmermann) und Utopien (↗ Staatsromanen; ↗ Robinsonaden: J. G. Schnabel, A. v. Haller, Ch. M. Wieland u. a.), gegen Fürstenwillkür jedoch auch affektiv und offen sozialkrit. (G. E. Lessing, Ch. F. D. Schubart, F. Schiller, J. M. R. Lenz, H. L. Wagner, J. A. Leisewitz, vgl. ↗ Sturm und Drang). Aber auch die friederizian. Eroberungszüge wurden in propagandist. Lyrik gefeiert (E. v. Kleist, K. W. Ramler, J. W. L. Gleim, A. L. Karsch[in]), ebenso die Befreiungskriege in einer antinapoleon., mit stärksten agitator. Mitteln operierenden, pathet. sog. Freiheits- oder vaterländ. Dichtung (H. J. v. Collin, H. v. Kleist, Th. Körner, E. M. Arndt u. a.). – Eine auch theoret. (von L. Wienbarg) im modernen Sinne reflektierte

p. D. entsteht erstmals in der Zeit des ↗ *Jungen Deutschland* und des *Vormärz*. Sie stellte sich in den Dienst des Kampfes für Liberalismus (insbes. Meinungsfreiheit) und sozialen Fortschritt. Der Druck der Restauration (Zensur, Verbote, Verfolgungen, z. B. Heine, Wienbarg, Herwegh, Freiligrath, Prutz) zwang jedoch zu Verschlüsselungen: eine erste Phase ist die Freiheitsdichtung für Griechenland (↗ Philhellenismus) und Polen (N. Lenau, A. v. Chamisso, A. von Platen u. a.). Dann gewann die breitenwirksame polit. Publizistik des Jungen Deutschland (L. Börne, H. Heine, L. Wienbarg, K. Gutzkow) mit fingierten Reiseberichten, Briefen usw. große Bedeutung; polit. verstanden wurden auch die ↗ Zeit- und Gesellschaftsromane und die histor. Dramen (K. Gutzkow, H. Laube, E. Willkomm, K. L. Immermann, Th. Mundt) und v. a. die Lyrik (H. Heine, G. Herwegh, F. Freiligrath, R. E. Prutz, G. Weerth, A. H. Hoffmann von Fallersleben u. a.), die auch der entstehenden Arbeiterbewegung Impulse gab (↗ Arbeiterliteratur). – Einen weiteren Höhepunkt erlangte die p. D. im ↗ *Naturalismus*: Gestützt auf die Gründerzeitkritik F. Nietzsches und die Ideen K. Marx' formulierte sie v. a. soziale Anklagen und Appelle gegen das wilhelmin. Bürgertum, insbes. die kapitalist. Praxis der Industrialisierung (M. Kretzer, G. Hauptmann, A. Holz, K. Henckell, J. H. Mackay u. a.). – Ausbruch und Verlauf des Ersten Weltkrieges zeitigten wieder eine reiche p. D. Charakterist. ist die Polarisierung in hymn.-begeisterte nationale ↗ Kriegsdichtung und die pazifist., jetzt erstmals vordringl. internationale, auch literar. neue Wege suchende Antikriegsdichtung des ↗ *Expressionismus* neben einer verstärkten sozialkrit., antibürgerl. D. (F. v. Unruh, E. Toller, E. Mühsam, B. Brecht, C. Frank, J. R. Becher, H. Mann u. a.). Auch das seit seiner Entstehung polit. aktive Kabarett ist hier zu nennen (vgl. ↗ Dadaismus). – Eine radikale Politisierung

Enzensberger: »Der kurze Sommer der Anarchie«, 1972

der Literatur erzwingt die Kulturpolitik des Nationalsozialismus (↗ Blut- und Bodendichtung). Parallel geht eine total verschlüsselte p. D. der ↗ inneren Emigration und die im Ausland sich offen artikulierende, hauptsächl. human-eth. ausgerichtete p. D., die für ihre Enthüllungen, Warnungen, Appelle v. a. publizist. Organe und Medien einsetzt (Th. Mann, ↗ Exilliteratur). Seit 1945 artikulierte sich in der DDR die Literatur, vornehml. im Rahmen des ↗ sozialist. Realismus, polit. affirmativ und systemstabilisierend. In der Bundesrepublik war nach 1945 die p. D., meist als Antikriegsdichtung und Auseinandersetzung mit der unmittelbaren Vergangenheit (↗ Gruppe 47) ein Teilbereich neben anderen, wieder in Freiheit formulierten dichter. Äußerungen. Immer mehr wurde aber das polit. Engagement eine wesentl. Forderung des dichter. Selbstverständnisses, sei es durch existentielle Diagnose, durch allgem. Zeit- oder konkrete Gesellschaftskritik, als Aufruf zu Engagement, als Warnung und Protest, und, bes. bei der ›Neuen Linken‹, als Appell zur Systemveränderung, insbes. *seit dem Vietnamkrieg und den Studentenunruhen* (1968). Charakterist. waren einerseits die Formen des Agitprop und des Straßentheaters, zum andern eine ›Praxisnähe‹ durch exakte Dokumentation. Zu nennen sind P. Weiss (»Gesang vom lusitan. Popanz«, 1967; »Viet Nam«, 1968; »Trotzki im Exil«, 1970, »Hölderlin«, 1971), R. Hochhuth (Dramen), M. Walser und G. Grass (bes. in ihren Dramen), H. Kipphardt, H. M. Enzensberger (»Das Verhör von Habana«, 1970; »Der kurze Sommer der Anarchie«, 1972, Herausgabe der polit. engagierten Zs. ›Kursbuch‹ seit 1965, Gedichte), A. Andersch, G. Wallraff und B. Engelmann ([Industrie]-Reportagen), F. X. Kroetz (Verbindung mundartl. Volksstücke mit polit. Agitation), ähnl. Y. Karsunke, E. Fried (»und Vietnam und«, 1966 u. weitere polit. Gedichtbände, F. Ch. Delius

(»Wenn wir, bei Rot«, Ged. 1969 u. a.), P. O. Chotjewitz (Hörspiele u. a.), P. Rühmkorf, H. Böll, G. Zwerenz u. a. Breiteste Resonanz (Friedensbewegung) fanden daneben die sog. ↗ Liedermacher (Protestsong, Bänkel, Chanson, Balladen – Verbreitung auch durch die Medien, Schallplatte), etwa W. Biermann, F. J. Degenhard, D. Süverkrüp, H. D. Hüsch, W. Mossmann, H. Wader, K. Wecker u. a. Auch das Kabarett hatte eine wicht. Funktion in der literar.-polit. Szene. IS

Politischer Vers [gr. stichos politikos = gemeinverständl. Vers], beliebter Vers der mittelgr. (byzantin.) u. neugr. Dichtung; beruht im Ggs. zu den Metren der byzantin. Gelehrtenpoesie und der antikisierenden neugr. Dichtung nicht auf dem ↗ quantitierenden, sondern auf dem silbenzählend-↗ akzentuierenden Versprinzip; der p. V. umfasst 15 Silben mit einer festen Zäsur nach der 8. Silbe und zwei festen Akzenten, die i.d. Regel auf die 8. und 14. Silbe fallen, so dass sich ein rhythm. Spannungsverhältnis zwischen männl. Zäsur und weibl. Kadenz ergibt: x x x x x x x x x́/ x x x x x x x́x. K

Polymetrie, f. [gr. polys = viel, metron (Silben)maß], Verwendung verschiedener Versmaße in einer (Vers- oder prosimetr.) Dichtung, auch in einer Strophe, vgl. z. B. die antiken und viele mal. Strophenformen, den mal. ↗ Leich u. a. S

Polyptoton, n. [aus gr. polys = viel, ptosis = Fall], ↗ rhetor. Figur: Wiederholung desselben Wortes in verschiedenen Flexionsformen, z. B. homo homini lupus,»... ben zi bena« (Merseburger Zauberspruch), Auge um Auge; vgl. dagegen die ↗ figura etymologica, auch ↗ Paronomasie. S

Polysyndeton, n. [gr. = vielfach Verbundenes], ↗ rhetor. Figur: syndet. Reihung, d. h. Verknüpfung mehrerer gleichgeordneter Wörter, Wortgruppen oder Sätze durch dieselbe Konjunktion, z. B.»und es wallet und siedet und brauset und zischt« (Schiller,»Der Taucher«), Ggs. ↗ Asyndeton. S

Pop-Literatur [anglo-amerik. aus popular = allgem. verständl.], an den Begriff Pop-Art angelehnte Bez. für die Literatur der sog. Pop-Kultur. Zu unterscheiden ist 1. die populäre ↗ Unterhaltungsliteratur (auch Kommerz-Pop), wie ihn etwa die Zeitschriften ›Life‹, ›Playboy‹, ›twen‹, ›Bravo‹ anbieten und 2. eine Literatur, die mit provokanter Exzentrik, Monomanie, Obszönität, Unsinnigkeit und Primitivität gegen eine derart. Unterhaltungsliteratur ebenso gerichtet ist wie gegen eine Elite-Kunst, gegen etablierte ästhet. Normen. Vergleiche mit dem ↗ Dadaismus, dem objet trouvé des ↗ Surrealismus sind problemat., obwohl sich die P. gleichfalls als Un-Kunst, Gegen-Kunst begreift (Tom Wolfe:»The Kandy-Kolored Tangerine-Flake Streamline Baby«, 1965). Die P. arbeitet mehr oder weniger rigoros mit Elementen, Techniken, Mustern trivialer Literatur-Genres (des ↗ Kriminal- oder ↗ Wildwestromans, der ↗ Science-Fiction-Literatur, der ↗ Comics, der Reklametexte) wie allgemein mit fast allen Objekten des Massenkonsums (»All is pretty«, Andy Warhol). Je nach Maß des verwendeten Materials und seiner Verarbeitung lässt sich eine rigorose P. von einer Literatur unterscheiden, die sich Pop-Elemente ledigl. unter anderen für ihre ästhet. Zwecke nutzbar macht (z. B. P. Handke,»Die Innenwelt der Außenwelt der Innenwelt«, 1969; E. Jandl,»Sprechblasen«, 1968), obwohl eine Grenze zwischen beidem (z. B. bei P. Chotjewitz) nicht immer leicht zu ziehen ist. – *Rigorose P.* begegnet in der Bundesrepublik seit Ende der 60er Jahre prakt. in allen Gattungen: im Roman (H. v. Cramer,»Der Paralleldenker«, 1968), in der Lyrik (R. D. Brinkmann,»Die Piloten«, 1969), im Drama (H. G. Behr,»Ich liebe die Oper«, 1969), im Hörspiel (F. Kriwet,»Apollo Amerika«, 1969) und – bedingt durch den im Grunde multimedialen Charakter des Pop – natürl. auch in den Grenzbereichen zwischen Literatur und bildender Kunst (Kriwet,»Stars«, 1971) oder zwischen Literatur und Musik. Zur rigorosen P. sind schließl. noch die Vertreter der ↗ Cut-up-Methode zu rechnen. – Auch in polit. links orientierter Literatur wurde gelegentl. mit Pop-Elementen gearbeitet, mit der Begrün-

Pop-Literatur

dung, dass in einer Gesellschaft, »die ihre Realität allein in Waren- und Marktwerten mißt«, die »aufklärende Kunst materiellen und ästhet. Warencharakter annehmen und auf den Markt gehen« müsse, um die Objekte des »tägl. Gebrauchs« mit »polit. Vorstellungen« anzufüllen (U. Wandrey, »Polit. Kunstgewerbe, Prop Art«, 1968). Insbes. Kriwets oder Brinkmanns Beiträge zur rigorosen P. (Brinkmann übersetzte z. B. u. a. F. O'Hara aus dem Amerikan. und gab zusammen mit R. R. Rygulla die Anthologie »Acid – Neue amerikan. Szene«, 1969, heraus) signalisieren deutl. die amerikan. Herkunft und Grundprägung der P., einer Pop-Kultur, nach R. Goldstein »America's single greatest contribution to the world« (»The Poetry of Rock«, 1968). D

Populismus, m., frz. populisme [von lat. populus = Volk], franz. literar. Richtung, 1929 begründet von L. Lemonnier (Manifeste 1929 und 1930) und A. Thérive im Anschluss an die literar. Zielsetzung der (jedoch hauptsächl. sozial-reformer. ausgerichteten) russ. Populisten des 19. Jh.s (Narodniki, ca. 1860–95). Der P. erstrebte eine sozialkrit. engagierte Literatur, die (v. a. im Roman) Probleme und Konflikte der einfachen Leute, insbes. der Arbeiterklasse, nüchtern und realist. (ohne idealisierende oder polem. Verzerrungen) als Lektüre für das einfache Volk darstellen sollte. Er wandte sich sowohl gegen den Intellektualismus und Psychologismus der (seiner Meinung nach) realitätsfernen bürgl. Literatur als auch gegen den Extremismus des ↗ Naturalismus. – *Hauptvertreter* waren neben Thérive (»Sans âme«, 1928 u. a.) und Lemonnier (»La femme sans péché«, 1931) v. a. E. Dabit (»L'hôtel du nord«, 1929: das Meisterwerk des P., »Villa Oasis«, 1932) und Jean Prévost (»Les frères Bouquinquant«, 1930). 1931 stiftete A. Coullet-Tessier den »Prix populiste«, der u. a. an Dabit, J. P. Sartre und Christiane Rochefort (1961) verliehen wurde. – Konsequenter als der P. forderte die *École prolétarienne* des vom P. herkommenden Schriftstellers und Journalisten H. Poulaille spezif. Proletarierromane, die ein revolutionäres Bewusstsein vermitteln sollten. IS

Pornographische Literatur, auch Pornographie [von gr. pornos = Hurer, bzw. porne = Dirne und graphein = schreiben], unscharfe, in ihrer Bedeutung umstrittene Bez. einer spezif. Form der ↗ erot. Literatur. *Ursprüngl.* Darstellung der Prostitution und Literatur zur Prostituierten-Frage (»Le Pornographe ou les idées d'un honnête homme sur un projet de règlement pour les prostituées«, London 1769, frz. 1776, dt. 1918, Restif de la Bretonne Mitarbeiter?). – Davon zu trennen sind die sog. *Libri obscoeni*, »deren Verfasser sich in deutl. unzücht. Reden ergehen und frech über die Geschlechtsteile sprechen oder schamlose Akte wollüst. und unreiner Menschen in solchen Worten schildern, daß keusche und zarte Ohren davor zurückschaudern« (J. D. Schreber, »De libris obscoenis«, 1688), doch findet in den folgenden Jahrhunderten zunehmend eine Vermischung dieser beiden Begriffe statt. *Im allg. Sprachgebrauch* (auch in der Rechtsprechung) wird p. L. (gelegentlich auch ›harte Pornographie‹) einer sog. Schmutz-und-↗ Schundliteratur zugerechnet als literar. unqualifizierte Darstellung des Geschlechtlichen, speziell des Geschlechtsaktes in der monotonen Addition seiner mögl. Positionen und Perversionen zum ausschließl. Zweck sexueller Stimulation. Dieser Einschätzung entsprechen in der wissenschaftl. Literatur Unterscheidungen zwischen p. r, obszöner, sotad. Literatur einerseits und ↗ erot. Lit. andererseits (u. a. P. Englisch), zwischen einer literar. anspruchsvollen und einer »ästhet. kaum befriedigenden« Pornographie (u. a. M. Hyde), zwischen Pornographie und einer obszönen Kunst (Mertner, Mainusch), die ihre obszönen Elemente ästhet. sublimiert. – Das bis heute nicht gelöste, nicht nur terminolog. Dilemma beruht v. a. darauf, dass die meisten Autoren die histor. Bedingtheit moral. Normen und ästhet. Wertvorstellungen übersehen. Das landläuf. Verdikt über p. L. resultiert ebenso wie eine dadurch mitbedingte Produktion aus den Moralvorstellungen der idealist. Ästhetik des bürgerl., prüden 19. Jh.s. V. a. gegen Erstere wandte sich D. H. Lawrence mit seinem berühmten Essay »Pornography and Obscenity«, 1919 (dt. 1931): Nicht die Darstellung des Geschlechtlichen, der Sexualität und Liebe sei obszön oder Pornographie, sondern die verkitschte, verlogene Sentimentalität ›volkstüml.‹ Literatur, von Presse und Film. Nicht gelten lässt Lawrence die Argumentation, pornograph. sei jene Literatur, die sexuelles Begehren wecke, da er darin nichts Anstößiges sehen könne. Dieser *Aspekt der Wirkung*, aber auch der Wirkungsintention, scheint für die p. L. zentral zu sein (vgl. so auch de Sade, Einleitung zu »Die 120 Tage von Sodom«, 1785, ersch. 1904). Die Frage der Wirkung p.r L. ist jedoch bis heute nicht befriedigend beantwortet. Doch ist gerade ihre Beantwortung notwendig, weil Gesetzgebung und Rechtsprechung immer wieder von der (wissenschaftl. nicht gesicherten) Behauptung einer schädl. Wirkung p.r L. ausgehen. Mit Recht rückte deshalb der Wirkungsaspekt stärker in den Mittelpunkt der wissenschaftl. Diskussion. D

Positionslänge, s. ↗ Prosodie.

Positiver Held, der vom ↗ sozialist. Realismus geforderte vorbildl. Charakter, der, im Ggs. zu Vertretern einer spätbürgerl. Selbstzergliederung gekennzeichnet ist durch Klassenbewusstsein, Treue zur Partei und den unerschütterl. Kampf für den Sozialismus. Die innerhalb der kommunist. Kritik wiederholt gestellte Frage nach der Zulässigkeit von Fehlern und Schwächen des p. H. führte zur Konstruktion des sog. *mittleren* oder *werdenden Helden*, der auf dem Weg zum p. H. ist; die Frage wurde aber z. T. auch mit dem Hinweis auf die konkrete Dialektik von Individuellem und Gesellschaftlichem als abstrakt verworfen und stattdessen die Bedeutung der parteil. Darstellung der Konfliktsituationen in der Vordergrund gerückt. (↗ Held, ↗ Antiheld).

HD

Positivistische Literaturwissenschaft [vgl. lat. positivus = gegeben], im Anschluss an den philosoph. Positivismus, wie er von A. Comte (1798–1857) formuliert worden war, orientierte sich in der 2. Hälfte des 19. Jh.s auch die Literaturwissenschaft stärker an Gegebenem, Tatsächlichem, positiv Fassbarem. Sie versuchte durch die Übernahme naturwissenschaftl. Methoden mit den expandierenden Naturwissenschaften wissenschaftl. Schritt zu halten. Vorbild für den literarhistor. Positivismus wurde die »Geschichte der engl. Literatur« (1864) des frz. Historikers und Philosophen Hippolyte Taine, in der das literar. Geschehen unter den Gesichtspunkten von race, milieu, moment befragt wurde. Das Haupt des dt. literatur- und sprachwissenschaftl. Positivismus wurde W. Scherer. Er übernahm für seine »Geschichte der dt. Sprache« (1868) die Prinzipien der Vererbungslehre Darwins und legte damit den Grund für die Lautgesetze der spateren Junggrammatiker (H. Paul, W. Braune, E. Sievers). Seine »Geschichte der dt. Literatur« (1880–83) ist nach den Kategorien des Ererbten, Erlernten, Erlebten aufgebaut; der histor. Ablauf wird in einem gesetzmäß. Wechsel von männl. und weibl. Epochen, von Blüte- und Verfallszeiten gesehen. Sein Schüler Erich Schmidt propagierte die sog. histor.-genet. Methode (»Erkennen des Seins aus dem Werden«). Am konsequentesten versuchte R. Heinzel naturwissenschaftl. Gesetzmäßigkeiten in der Literatur zu entdecken (»Über den Stil der altgerm. Poesie«, 1875). – Die p. L. bemühte sich v. a. um Ursachen- und Motivforschung, um die Entdeckung histor. Kausalitäten, um eine Festlegung des geschichtl. Werdens auf das empir. Feststellbare. Ihrem Ideal naturwissenschaftl. Objektivität gemäß befasste sich v. a. mit Sammeln, Beschreiben, Klassifizieren, sie wandte sich gegen Spekulation, gegen Metaphysik. Eine zentrale Rolle spielten ↗ Biographie, ↗ Stoff- und Motivgeschichte, die Suche nach Stilparallelen, nach Vorbildern, Einflüssen, nach äußeren Bedingungen eines Kunstwerkes. – Die Vertreter der p. L. schufen v. a. bedeutsame Dichterbiographien, so zu Winckelmann (C. Justi 1866–72), Klopstock (F. Muncker, 1888), Lessing (Th. W. Danzel, 1850–54, E. Schmidt, 1884–92), Herder (R. Haym, 1880–85), Goethe (K. Goedeke, 1874, H. Düntzer, 1880, R. M. Meyer, 1895), Schiller (J. Minor, 1890) und grundlegende Ausgaben, so von Herder (B. Suphan, 1877–1913), Goethe (Sophien-Ausgabe, 1887–1919), Schiller

Positivistische Literaturwissenschaft

(K. Goedeke, 1867–76), H. v. Kleist (E. Schmidt, 1904–05). Begründet wurden auch wichtige Editionsreihen, z.B. die ›Altdt. Textbibliothek‹ (H. Paul, 1882 ff.), die ›Neudrucke dt. Literaturwerke des 16. u. 17. Jh.s‹ (W. Braune, 1881 ff.), die ›Dt. Nationalliteratur‹ (J. Kürschner, 1882–99). Für die Bücherkunde wurde K. Goedekes ›Grundriß zur Gesch. d. dt. Dichtung‹ (1859–81) richtungweisend. Überwunden wurde die p. L. um die Jahrhundertwende durch die geisteswissenschaftl. Methode W. Diltheys, der an die Stelle des naturwissenschaftl. Erklärens das geisteswissenschaftl. Verstehen setzte (»Das Erlebnis und die Dichtung«, 1905). Neopositivist. Züge tragen manche Sparten der modernen Literaturwissenschaft, v. a. die Versuche der Computerisierung literar. und sprachwissenschaftl. Fragestellungen. ↗ Literaturwissenschaft. S

Posse, f. [frz. (ouvrage à) bosse = erhabene Arbeit, im 15. Jh. ins Dt. entlehnt als bosse, posse mit der verengten Bedeutung ›Scherzfigur am Brunnen‹; die übertragene Bedeutung ›Scherz, Unfug‹ ist seit dem 16. Jh. belegt (zuerst bei Paracelsus)], als P.n werden verschiedene Formen des volkstüml.-niedrigen kom. Theaters in der neuzeitl. Literatur bezeichnet. Ihre wichtigsten Kennzeichen sind die Dominanz des Stofflichen gegenüber der Gestaltung (eine große Rolle spielt in den P.n die Improvisation), das einfache Handlungsgefüge, die vordergründige Situations- oder Charakterkomik und der Verzicht auf Belehrung; den Mittelpunkt bildet meist die ↗ lust. Person in ihren verschiedensten histor. Ausprägungen. Die als P.n bezeichneten neuzeitl. Stücke stehen somit durchweg in der Tradition des ↗ Mimus, des ↗ Fastnachtsspiels und der ↗ Commedia dell'arte. – Die Gattungsbez. P. begegnet zuerst im 17. Jh. für die kurzen derb-kom. ↗ Nachspiele der Wanderbühne (ältester Beleg das Stückeverzeichnis der Velten'schen Truppe: 1679 Aufführung der »P. von Münch und Pickelhäring«). Mit Gottscheds Theaterreform werden P. und lust. Person von der dt. Bühne verbannt (1737). Als P.n werden danach zunächst nur noch aus dem Frz. übersetzte kom. Einakter bezeichnet; in deren Tradition stehen einzelne dt. Produktionen der Zeit um 1800 (A. v. Kotzebue) und in der 1. Hälfte des 19. Jh.s (E. Raupach, H. Laube). Eine Sonderstellung nimmt das Volkstheater ein, das aufgrund lokaler Traditionen bis weit ins 19. Jh. an der lust. Person festhält. Im ↗ Wiener Volkstheater entwickelt sich z. B. seit der 2. Hälfte des 18. Jh.s die *Wiener Lokalp.* (mit J. A. Stranitzkys Hanswurst, J. J. Laroches Kasperl, A. Hasenhuts Thaddädl, J. E. Schikaneders dummem Anton, M. Stegmayers Rochus Pumpernickel und A. Bäuerles Staberl als lust. Person); ihren Höhepunkt stellen die P.n Nestroys dar (»Einen Jux will er sich machen« u. a.). Zur Wiener Lokalp. gehört auch die *Zauberp.*, die durch das Eingreifen guter und böser Feen und Geister in die menschl. Handlung charakterisiert ist (z. B. Nestroys »Lumpazivagabundus«); auch ↗ Lokalstück; ↗ Farce. K

Postfiguration, f. [lat. post = nach, figuratio = Darstellung], im Unterschied zur ↗ Präfiguration die bewusste typolog. Stilisierung eines Geschehens oder einer Gestalt nach bibl. oder myth. Muster in der mal. Literatur oder Kunst, z. B. in der mal. Legende der Heilige Georg als P. Christi. Literar. gestaltet bei Th. Mann, »Josef u. s. Brüder« (J. als P. von Osiris oder Tammuz des ägypt. u. sumer. akkad. Mythos). S

Postille, f. [mlat. *postilla*, aus *post illa (verba textus)* = nach jenen (Worten des Textes)], Bez. für die Auslegung eines Bibeltextes, die diesem jeweils abschnittsweise folgt, auch für die Erklärung bibl. Bücher überhaupt, für den auslegenden Teil einer Predigt oder für die ganze Predigt, wenn sie der Schriftauslegung dient; schließl. noch allgemeiner für einen Predigtjahrgang zu den Perikopen. P.n wurden im Gottesdienst verlesen (Kirchen-P.) oder dienten der häusl. Erbauung (Haus-P.). Von großer Wirkung auch auf die spätere Zeit waren Luthers Kirchen-P. (1527) und die Hand- (Haus-)P. von L. Goffiné (1690). Iron.-verfremdend gebraucht B. Brecht den Begriff für seine Gedichtsammlung »Haus-P.« (1927).

MS

Poststrukturalismus, gelegentl. auch ›Neostrukturalismus‹ bzw., nach dem method. Ansatz, ›Dekonstruktivismus‹, eine in Frankreich der späten 60er Jahre vom orthodoxen ↗ Strukturalismus sich abspaltende, vorwiegend krit. orientierte Richtung geistes- und sozialwissenschaftlicher Forschung. Die Gruppe, die u. a. durch M. Foucault, J. Derrida, J. Kristeva, G. Deleuze, F. Guattari, J. Baudrillard repräsentiert wird, hat bisher zwar nicht die Geschlossenheit einer Schule, hat aber doch beträchtl. internationale Gefolgschaft (in den USA und der BRD) gefunden. Die Einheit der internationalen Gruppierung lässt sich deutlicher als in irgendeiner Doktrin oder einer verbindl. Programmatik am ›Feindbild‹ (U. Horstmann) erkennen: der Distanzierung vom Strukturbegriff des älteren Strukturalismus, dem »Haß auf logozentr. Hierarchien«, der Attacke auf »den idealist. Vorrang der Identität vor der Nichtidentität, des Universellen vor dem Partikularen, des Subjekts vor dem Objekt, der spontanen Präsenz vor der sekundären Rhetorik, der zeitlosen Transzendenz vor der empir. Geschichte, des Inhalts vor der Ausdrucksform« (M. Ryan), der Rede vor der Schrift. Nach H. Bloom, der neben P. de Man, J. H. Miller, G. Hartman der sog. Yale-Schule der Dekonstruktion zugerechnet wird und zu den Vertretern des amerik. P. gehört, vollzieht der P. *im Bereich der Literaturwissenschaft* den Bruch mit einem vierfachen Credo der ›Orthodoxie‹: der Anschauung, das Kunstwerk besitze oder erzeuge »Präsenz« (»the religious illusion«), »Einheit« (»the organic illusion«), eine bestimmte »Form« (»the rhetorical illusion«), oder »Sinn« (»the metaphysical illusion«). Der Bruch mit Grundvoraussetzungen des traditionellen Kunstbegriffs involviert insbes. den Begriff der ›Repräsentation‹ (der künstler. Mimesis von Wirklichkeit). Hinzu kommt, u. a. in J. Baudrillards radikaler Kulturkritik, die Zerstörung der Illusion kulturellen Fortschritts unter den herrschenden Bedingungen, die Diagnose der kulturellen Situation der Gegenwart als einer Epoche der Reproduktion. Das Verfahren poststrukturalist. Text-Lektüre bezeichnet der Begriff ›Dekonstruktion‹, der fordert, dass die Analyse bei der Konstruktion von Strukturen nicht innehalte, sondern bis zu deren Aufhebung fortgesetzt werde. Die vorläufigen Bewertungen des P. betonen sowohl die Radikalität der Destruktion des kulturellen Erbes, der in der post-liberalen Phase der histor. Entwicklung eine gewisse Berechtigung zukomme (R. Weimann), die Affinität zu feminist. Ansätzen der Literaturforschung (T. Eagleton), sowie die literarwissenschaftl. Fruchtbarkeit (↗ Diskurs-, ↗ Intertextualitäts-Diskussion), die tendenzielle Überschreitung der Grenze von Kunst und Wissenschaft in der diskursiven Praxis des P. und seine bei aller Radikalität des Bruchs bestehenden unterschwelligen Verknüpfungen mit den histor. Ursprüngen der Literaturwissenschaft, nämlich der Hermeneutik der Romantik (M. Frank). VD

Poulter's (eigentl. poulterer's) **measure**, n. ['poultəz 'meʒə; engl. = Geflügelhändlermaß], in der engl. Dichtung paargereimte Kombination von Sechs- und Siebenhebern (mit Auftakt), ursprüngl. in unregelmäß., dann in regelmäß. Wechsel; beliebt seit dem 12. Jh. in volkstüml. engl. Dichtung wie Reimpredigt, Reimchronik, Mirakelspiel und Moralität. Blüte im 16. Jh. (H. H. Earl of Surrey, N. Grimald, A. Brooke, »Romeus and Juliett«, 1562), wiederaufgegriffen in der Romantik (Th. Campbell). Im p. m. begegnen die ersten Alexandriner der engl. Literatur. IS

Praeteritio, f. [lat. = Unterlassung, Übergehung], ↗ rhetor. Figur, s. ↗ Paralipse.

Praetexta, f. [lat. eigentl.: fabula praetexta], die nationalröm. Form der ↗ Tragödie, sie beruht, wie das röm. Drama überhaupt, auf gr. Vorbildern, verwendet jedoch, im Gegensatz zur gräzisierenden *fabula* ↗ *crepidata*, Stoffe aus der röm. Sage und Geschichte. Die Schauspieler treten entsprechend in röm. Kostümen (ohne Masken) auf; das Gewand des Helden ist dabei die *toga praetexta*, die purpursäumte Amtstoga der hohen Magistrate (danach die Bez.). – Begründer der P. ist Naevius, von dem zwei Praetexten bezeugt sind (»Clastidium«, ein patriot. Festspiel über den Sieg des M. Claudius Marcellus über die Galater im Jahre 222 v. Chr.; »Lupus«, eine Dramatisierung der Romulus-Sage). Von den Praetexten des Ennius (u. a. »Sabinae«, über den Raub der Sabinerinnen), des Pacuvius (»Paulus«, über den Sieg des L. Aemilius Paulus bei Pydna 168 v. Chr.) und des Accius (»Brutus«; »Aeneadae«, ein Stück über das Selbstopfer des P. Decius Mus) sind einzelne Bruchstücke überliefert, die jedoch kein Gesamtbild der Gattung P. vermitteln. Die einzige vollständig erhaltene P. ist die dem Seneca zugeschriebene (heute allgemein für unecht gehaltene) »Octavia«, die den Tod der ersten Gattin des Nero dramat. gestaltet; sie gilt als untyp. Werk der Spätzeit. K

Präfiguration, f. [lat. prae = vorher, figuratio = Darstellung], Begriff für jene spezif. Form des mal. typolog. Denkens, das Personen, Ereignisse und Handlungen des AT.s als prophet. Vorzeichen des christl. Heilsgeschehens auffasste. Diese sich an Paulus' Römerbrief 5, 14 (Adam als präfigurierter Typus zu Christus) anschließende Denkweise bestimmte weite Bereiche der mal. geistl. Kunst, in denen die heilsgeschichtl. Bedeutung des AT.s für die Lebens- und Passionsgeschichte Christi veranschaulicht wurde, so in zahlreichen Sequenz-Gesängen, in den Oster- und Passionsspielen (Sündenfall-, Abraham- oder Prophetenszenen), in den bildhaften Gegenüberstellungen Eva – Maria, Elias – Christus, Synagoge – Ecclesia z. B. in ↗ Biblia typologica, ↗ Heilsspiegel und Freskenzyklen. Auch: ↗ Postfiguration, ↗ Figuraldeutung. HW

Praktik, f. [mlat. practica = Übung, Praxis], Bez. für insbes. im 16. u. 17. Jh. verbreitete, volkstüml. ↗ Kalender mit astrolog. Wettervorhersagen, allgem. Prophezeiungen, Horoskopen, medizin. Ratschlägen (z. B. Aderlasszeiten) usw. Bis 1849 immer wieder aufgelegt wurde z. B. die »Bauern-P.« von 1508 (mit der frühesten dt. Sammlung gereimter Bauern[Wetter]regeln). Diese beliebten, meist primitiven Nachbildungen der lat. Prognostica (Wetterregeln) für ein einfaches Publikum wurden früh Zielscheibe satir. Darstellungen; am bekanntesten sind J. Fischarts »Aller Practick Großmutter« (1572) und F. Rabelais »Pantagrueline Prognostication« (1533). S

Predigt [von lat. praedicare = öffentl. ausrufen, laut verkünden], Verkündigung des Wortes Gottes an die Gemeinde durch den Prediger. Im MA. unterschied man:
1. den *(lat.) Sermo* in gehobener, oft kunstvoller Rede, als themat., d. h. sich einen Bibelvers zum Thema wählende P.;
2. die einfachere, schmucklose, volkstüml. *volkssprachl. Homilie.*
Zu 1: sie richtet sich nach den Vorschriften der antiken Rhetorik, wodurch die P. ein wesentl. Glied in der Fortsetzung der Tradition der antiken ↗ Rede darstellt. Beispiele hierfür sind die oft log. disponierten P.en der Scholastik u. der Mystik mit ihren von der ↗ Hypotaxe bestimmten, weiträumigen Satzgefügen, aber auch noch die von der offiziellen Kanzleisprache beeinflussten P.en der Jahrzehnte nach Luther; auch in der P. der neueren Zeit spielt die Rhetorik noch immer eine große Rolle. Aus dem MA. sind zahlr. P.- u. Materialsammlungen (z. B. »Tractatus de diversis materiis praedicabilibus« von St. von Bourbon, 13. Jh.), Handbücher für den Prediger (z. B. »Speculum ecclesiae«, 12. Jh.), Anweisungen zur P. (›Artes praedicandi‹) bekannt.
Zu 2: zur Volkspredigt griff man überall dort, wo die ungelehrten, des Lateins nicht kundigen Schichten des Volkes angesprochen werden sollten, so bei der Missionierung der Germanen oder im Zeitalter Karls d. Gr.; bes. bedeutsam sind die P.en der Bettelorden im 13. Jh. mit ihrer volksnahen Anschaulichkeit (v. a. Berthold v. Regensburg). Vorgeprägt sind diese Züge schon bei dialogisierende Formen entwickelnden, leidenschaftl. Art der P. bei Bernhard v. Clairvaux; sie dominieren auch später wiederholt in den P.en Geilers v. Kaisersberg (Ende 15. Jh.) u. Abrahams a Santa Clara (17. Jh.), jeweils stark mit Elementen des Humors, der Komik u. Satire durchsetzt und mit ↗ Exempeln (Predigtmärlein) ausgeschmückt, u. v. a. in den dramatisch zupackenden P.en Luthers (vgl. auch ↗ Diatribe). *Die Einwirkung der P. auf die Dichtung* ist noch nicht umfassend untersucht. Die

Kreuzzugs-P.en des MA.s haben sich mehr oder minder stark in der zeitgenöss. ↗ Kreuzzugsdichtung niedergeschlagen. Vermutl. haben sich auch die in der P. naturgemäß enthaltenen zahlr. Formen des Hörerbezugs auf die in der mal. Literatur deutl. hervortretenden Momente des Kontakts zwischen Erzähler u. Publikum ausgewirkt. Im ganzen gesehen ist die volkssprachl. P., je mehr sie sich vom lat. Vorbild löste, von großer Bedeutung für die Herausbildung der dt. Sprache u. für die Entwicklung eines dt. Prosastils (↗ Reimpredigten sind verhältnismäßig selten). Die P.en des hohen MA.s können nur bedingt als Zeugen für den Individualstil eines Predigers herangezogen werden, da sie oft nur als rekonstruierte P.-Nachschriften existieren.   MS

Predigtmärlein, Erzählung beliebigen Charakters (↗ Exempel, ↗ Legende, ↗ Anekdote, ↗ Sage, ↗ Fabel, ↗ Schwank u. a.), die zum Zweck der Exemplifizierung der kirchl. Lehre in die Predigt des MA.s u. der Barockzeit, zuweilen auch noch späterer Epochen, eingeschaltet ist. Die Sammlungen der P. gelten als wichtige Quellen für die europ. Erzählforschung.   MS

Predigtspiel, Typus des spätmal. ↗ geistl. Spiels, v. a. für Italien (sog. *Devozione*) seit dem 15. Jh. und (nach italien. Vorbildern) für Südfrankreich (Laval, 1507; Montélimar, 1512) bezeugt. Vom Franziskanerorden zur bildl. Verdeutlichung des Predigtinhalts geschaffen. Meist handelt es sich um ↗ lebende Bilder oder stumme Spiele, z. T. auch kurze szen. Dialoge, die an entsprechender Stelle in die Predigt eingefügt sind und vom Prediger der gläubigen Volksmasse erläutert werden. – Ihre szen. Realisierung ist uneinheitl.; beim *P. von Perugia* (1448 im Rahmen einer Karfreitagspredigt des Roberto da Lecce auf dem Domplatz aufgeführt) gruppieren sich die Darsteller, die zunächst in einer Art Prozession aus dem Dom heraustreten und über den Platz ziehen (Kreuztragungsszene), vor dem Prediger zu drei ineinander übergehenden Bildern (Kreuzigung, Marienklage, Kreuzabnahme). Das *P. von Laval* – in der Kirche aufgeführt – bedient sich dagegen einer Bühne, deren Vorhang sich jeweils auf ein Zeichen des Predigers (»Ostendatis!«) zu den insgesamt 40 Bildern öffnet.   K

Preisgedicht, poet. Lob von Personen (Gott, Göttern, Heiligen, Fürsten, Frauen, Dichtern, Freunden), Städten und Ländern (v. a. barocker Städtepreis), Sachen (traditionell etwa Wein, Natur, Jahreszeiten) u. Idealen (Freundschaft, einfaches Leben, Freiheit u. a.), auch dt. Sammelbez. für ↗ Enkomion, ↗ Hymne, ↗ Panegyrikus, ↗ Laudatio, ↗ Eloge usw., s. auch ↗ Preislied.   HR

Preislied, Gattung der ↗ german. u. mal. Dichtung: panegyr.-ep. Lied, das, z. T. im Wechselgesang zweier Berufssänger, an german. Fürstenhöfen vorgetragen wurde; verherrlichte Taten und Tugenden von Fürsten in idealisierender Übersteigerung; überliefert sind P.er nur in späten nordgerm. Quellen (↗ Skaldendichtung); für die Frühzeit sind sie bezeugt bei Tacitus, Priskos (über Attilas Trauerfeier) u. im »Beowulf«. In dieser Tradition steht wohl auch ein ahd. Fürstenpreis wie das »Ludwigslied«. – Die weltl. mal. Lyrik kennt neben dem Fürstenpreis (Walther v. d. Vogelweide, spätere Spruchdichter) auch den Frauenpreis der ↗ Minnesangs.   HR

Prenonym, n. [frz. prénom aus lat. prae-nomen = Vorname], Form des ↗ Pseudonyms: statt seines vollständ. Namens gibt der Verfasser nur seine(n) Vornamen an, z. B. Jean Paul (J. P. Friedrich Richter).   S

Preziöse Literatur [frz. Précieux = kostbar, geziert],
1. allgem. Bez. für antiklass., manierist. *Stilformen* in der frz. (aber auch dt.) Literatur, die in verschiedenen Epochen dominierten (↗ Manierismus), aber auch kennzeichnend sind für Werke einzelner Dichter, z. B. für J. Giraudoux.
2. Bez. für die 1. Hälfte des 17. Jh.s entstandenen franz. *literar. Werke*, die dem manierist. (barocken) Stilideal verpflichtet sind. *Préciosité* bedeutet dabei nicht nur formale Artistik, esoter. Künstlichkeit und metaphor.

Preziöse Literatur

Verrätselung der dichter. Sprache, sondern auch Wille zu exklusiver Verfeinerung und Reglementierung aller Lebens- und Ausdrucksformen. Gepflegt wurde das Ideal der Préciosité, nach Ansätzen im ↗ Petrarkismus und der ↗ École lyonnaise, im Umkreis der aristokrat. Pariser ↗ Salons. Tonangebend war von ca. 1625–1660 das Hôtel de Rambouillet, in dem sich Staatsmänner (Richelieu, der Condé), Gelehrte und Dichter zusammenfanden. Es erhielt eine bes. Note durch eine Reihe gebildeter Frauen, die sich als ›Les Précieuses‹ bezeichneten und eine Art spätpetrarkist. Frauenkult initiierten, dessen Reglement in der allegor. ›Carte du Tendre‹ (1654, veröffentlicht im Roman »Clélie«, 1654/60 von M. de Scudéry), einem psycholog. Schema der Liebesempfindungen, festgehalten wurde. Mittelpunkt waren die Marquise de Sablé und M. de Scudéry, später M. de Sévigné und M.-M. de La Fayette (die alle auch eigene Salons unterhielten). Als Dichter preziöser L. sind zu nennen: V. Voiture, J.-L. Guez de Balzac, La Calprenède, J. F. Sarasin, G. Ménage, J. de Benserade, P. Pellisson-Fontanier u. a. Neben dem ↗ heroisch-galanten Roman wurden v. a. Lyrik u. a. poet. Kleinformen gepflegt (Epigramm, Rätsel und insbes. das literar. Porträt). 1660 sammelte B. de Somaize den preziösen Wortschatz in zwei Wörterbüchern; Auswüchse und Übertreibungen, v. a. der preziösen Verhaltensformen, verspottete Molière in »Les précieuses ridicules« (1659) und »Les femmes savantes« (1672). IS

Priamel, f. oder n. [lat. praeambulum = Vorspruch], einstrophiger, metr. weitgehend freier, meist paargereimter Spruch, der zunächst eine Reihe miteinander nicht in unmittelbarer Beziehung stehender Sachen, Handlungen oder Vorkommnisse aufzählt, um sie in einem pointierten Schluss einer überraschenden Gemeinsamkeit zuzuordnen. Das meist mit einer moral.-didakt. oder humorist. Absicht vorgetragene P. ist eine nur im deutschen Sprachgebiet belegte Form, die sich der Diktion des ↗ Sprichworts (Parataxe, Bildbereich des bäuerl. oder bürgerl. Lebens, häufige Assonanzreime) annähert und Improvisationscharakter hat. Beispiel: »Münch und pfaffen, / geiß und alte affen, / hurn, buben und filzläuse, / wo die nehmen oberhand / verderben sie ein ganz land«. Ähneln schon einzelne Sprüche des 12. Jh.s (Spervogel) den P.n, so entfaltet sich die Gattung doch erst im 15. Jh., bes. bei den Nürnberger Fastnachtspiel- und Spruchdichtern H. Rosenplüt und H. Folz. P.n sind gelegentl. Bestandteile der Fastnachtsspiele, sie finden sich aber auch in besonderen Sammlungen (Codices in Wolfenbüttel und Donaueschingen). Letzte Ausläufer der heute literar. und volkstüml. bedeutungslos gewordenen Spruchform sind die P.sammlung von Hanns Steinberger (1631) und einige p.artige Sinngedichte von Fr. v. Logau (1654). HW

Priapea, n. Pl. (gr.), kurze Gedichte mit heiter-erot. bis drast.-obszöner Thematik in unterschiedl. Versmaßen (u. a. dem ↗ Priapeus), oft mit epigrammat. Schlusspointierung, häufig eine dem antiken Fruchtbarkeitsgott *Priapus* in den Mund gelegte Rollenlyrik zur Abwehr von Flurschäden und Unfruchtbarkeit; P. erscheinen zuerst inschriftl. auf Priapusstatuen oder -amuletten, sie wurden dann seit Euphronios (275 bis ca. 200 v. Chr.) zu einem literar. Genre, das besonders in der röm. Kaiserzeit gepflegt wurde und von dessen Beliebtheit eine ca. 80 Gedichte umfassende Sammlung (»Carmina Priapea«, älteste Handschrift von Boccaccio) zeugt. P. schrieben u. a. Horaz (Satiren I, 8), Catull, Martial (die Autorschaft Vergils, Ovids und Tibulls an einigen P. ist umstritten). – Im weiteren Sinne bezeichnet man als P. auch die auf Sexualkomik abzielenden Sprüche und kleinep. Gattungen des Spät-MA.s, sowie die Nachbildungen der antiken P. im Humanismus (Simon Lemnius, »Monachopornomachia«, 1540) und in der Weimarer Klassik (Goethe, »Venezian. Epigramm«, 142, »Röm. Elegien«, 23–24). HW

Priapeus, m. [gr.-lat.], ↗ äol. Versmaß der Form ⏑⏑–⏑⏑–⏑–‖⏑⏑–⏑⏑– –; Verbindung eines ↗ Glykoneus mit einem ↗ Pherekrateus, Dihärese nach dem Glykoneus; benannt nach seiner Verwendung für ↗ Priapea seit dem 3. Jh. v. Chr., jedoch schon im 6. Jh. v. Chr. bei Sappho und Anakreon bezeugt. HW

Primärliteratur [frz. Primaire = zuerst vorhanden], im Ggs. zur erklärenden ↗ Sekundärliteratur diejenigen (meist dichter., philosoph.) Werke, welche mit deren Hilfe interpretiert und vermittelt werden. S

Pritschmeisterdichtung, in der Tradition der mal. ↗ Herolds- oder Wappendichtung stehende Gelegenheits- u. Stegreifdichtung des 16. u. 17. Jh.s. Ihre Verfasser, die Pritschmeister, tragen ihren Namen nach der Pritsche, einem Schlag- und Klapperholz, mit dem die Aufmerksamkeit der Zuhörer erregt wurde. Sie hatten die Aufgabe, fürstl. u. reichsstädt. Feste, Hochzeiten, Turniere, Schützenfeste, hochgestellte Persönlichkeiten poet. zu verherrlichen. Ihre meist in Versen abgefassten Beschreibungen (wichtige Quellen für die geschichtl. u. kulturgeschichtl. Forschung) wurden nur gelegentlich gedruckt. Zu den bekanntesten Pritschmeistern zählen Lienhart Flexel, Hans Weyttenfelder u. Heinrich Wirri (vgl. die späteren ↗ Hofdichter). MS

Problemgeschichte, philosoph. Orientierte Richtung der literar-histor. Geisteswissenschaft (↗ geistesgeschichtl. Literaturwissenschaft), begründet von R. Unger; P. versucht im Anschluss an W. Dilthey, die den literar. Werken zugrundeliegenden psych. Probleme und deren geist.-seel. Bedingungen aufzudecken. Hauptwerk: R. Unger, Hamann und die dt. Aufklärung, 1911. S

Problemstück, Drama, das ein konkretes, meist aktuelles Problem (eine soziale, gesellschaftskrit., polit. usw. Frage) behandelt, im Unterschied zu dem auf allgemein-verbindl. Menschheitsfragen bezogenen ↗ Ideendrama. Wie bei diesem sind Handlung, Charaktere und Sprache, oft unter Verzicht auf Mehrdimensionalität, im Hinblick auf das Problem konstruiert, seine Handlung spielt dagegen meist in einer realist. gezeichneten Gegenwart. Die Beleuchtung verschiedener Aspekte eines Problems trennt das P. vom ↗ Thesen- oder Tendenzstück (↗ Tendenzdichtung), in dem meist ein Aspekt hervorgehoben, eine bestimmte Meinung verfochten wird; jedoch ist die Grenze fließend. P.e sind z. B. A. Camus, »Die Gerechten« (polit. Mord), M. Frisch, »Andorra« (Antisemitismus). IS

Professorenroman, vgl. ↗ antiquarische Dichtung, ↗ historischer Roman.

Programm, n. [gr. programma = öffentl. Anschlag], Darlegung von Zielen, Richtlinien, Grundsätzen, Produktionsvorhaben usw., z. B. von polit. Parteien (Partei-P.), literar. Gruppen (↗ Manifest), Unternehmen (Verlags-P.); festgelegte Folge von Darbietungen innerhalb eines bestimmten Zeitraumes (Theaterspielplan, Fernseh-, Rundfunk-P.) oder innerhalb einer Veranstaltung (Fest-, Konzert-, Tagungs-P.), auch Bez. für gedruckte Zettel oder Broschüren mit diesen u. a. Angaben (z. B. Namen der Mitwirkenden, Einführungen, biograph. Abrisse usw., ↗ Theaterzettel); im 19. Jh. Bez. der anlässl. einer Schulfeier verfassten Schrift, oft mit einer wissenschaftl. Abhandlung (Schul-P.). S

Prokatalepsis, f. [gr. = das Zuvorkommen], s. ↗ Antizipation.

Prokeleusmatikus, m., antiker Versfuß aus vier kurzen Silben (◡◡◡◡), sog. Brachysyllabus; entsteht i.d. Regel entweder als Auflösung der Länge eines ↗ Anapäst (steigend: ◡◡◡́◡) oder eines ↗ Daktylus (fallend: ◡́◡◡◡); als selbständ. Metrum nicht bezeugt. S

Prokephal, Adj. [gr. = vor dem Kopf, Anfang], in Analogie zu griech. ↗ akephal gebildetes Adjektiv zur Kennzeichnung eines Verses, der am Anfang um eine unbetonte Silbe verlängert ist (entspricht dem ↗ Auftakt). S

Prolegomena, n. Pl., Sg. Prolegomenon, [gr. = das im Voraus Gesagte], Vorrede, Vorbemerkungen, Einführung(en) zu größeren wissenschaftl. Werken, vgl. z. B. das (für die Entstehungstheorien zu frühzeitl. Epen bedeutsam gewesene) Werk »P. ad Homerum« von F. A. Wolf (1795). S

Prolepsis, f. [gr. = Vorwegnahme],
1. ↗ rhetor. Figur, gr. Bez. für ↗ Antizipation;
2. sinnbetonte Voranstellung eines aus der normalen Syntax gelösten Wortes oder Satzteils: »*Mir* welch ein Moment war dieser!« (Goethe, »Tasso«); durch P. kann die rhetor. Figur des ↗ Hyperbatons entstehen.　　S

Proletkult, m. [Abk. von russ. *Prolet*arskaja *Kult*ura = proletar. Kultur], sowjetruss. Bewegung (organisiert seit Sept. 1917), die unter Negierung der bürgerl. Traditionen eine spezif. proletar. Massenkultur entwickeln wollte. Für die Theoretiker des P.s, v. a. A. A. Bogdanov, war nicht die Sozialisierung der Produktionsmittel, sondern die geist.-kulturelle Erziehung des Proletariats die Voraussetzung zur Aufhebung der Klassen (»Literatur von Proletariern für Proletarier«). Der P. versuchte, dieses Ziel durch umfangreiche erzieher. Arbeit in Bildungszentren und kulturellen Zirkeln, möglichst unabhängig von der Partei, durchzuführen. Man experimentierte bes. mit oft in kollektiven Improvisationen entwickelten Massenschauspielen, Maschinenkonzerten und Formen des ↗ Straßentheaters als Mittel zur Kreativitätsförderung und Bewusstseinsorganisation des Proletariats. 1920 spaltete sich die Gruppe junger avantgardist. Literaten um V. T. Kirillow und V. Kasin, die sog. Kusniza (= Schmiede, in der Lit.wiss. als ›*Kosmisten*‹ bez.) ab; sie glorifizierten in freirhythm. Hymnen, in pathet. Stil, kosm.-visionären (daher die Bez.) Metaphern und Bildern – z. T. auch vom ↗ Futurismus beeinflusst – Arbeiterklasse, Industriewelt und proletar. Revolution. – Nach der Verurteilung der Autonomie der Bewegung durch Lenin (1921) sank die Bedeutung des P.s; 1923 wurde er zur »gefährl. Abweichung« erklärt. Nach entsprechender Modifizierung der ursprüngl. Intentionen wurde die Arbeit zur Entwicklung einer proletar. Kultur nach 1923 von den ↗ Vorpostlern, dann der ›Russ. Assoziation proletar. Schriftsteller‹ (RAPP), auf internationaler Ebene von der ›Internationalen Vereinigung revolutionärer Schriftsteller‹ (IVRS), weitergeführt. Die wichtigsten Mitglieder des P.s waren neben Bogdanov v. a. A. W. Lunatscharski, Bessalko, Kalinin, Kercenev, Lebedev-Poljanski. Wichtigstes Organ des P. war die Zeitschrift »Proletarskaja Kultura« (1918–21).　　KH

Prolog, m. [gr. prologos = Vorrede, Vorspruch], Einleitung eines dramat. (seltener auch ep.) Werkes, die als integrierter oder selbstständ. Teil szen. dargestellt oder (monolog. oder dialog.) von Figuren des Werks oder von einer nur im P. auftretenden Gestalt (im Drama des 16. Jh.s z. B. einer Personifikation, im modernen Drama einem ›Sprecher‹) erzählt wird. – Seine Funktionen sind v. a. die Begrüßung und Huldigung des Publikums, die Information (z. T. als eine Art ↗ Exposition) über das Stück, auch die Verdeutlichung von Handlungsstrukturen oder die Vorausdeutung auf den Schluss (Möglichkeit der Rahmentechnik in Verbindung mit einem ↗ Epilog); der P. kann ferner ideolog. Reflexionen enthalten, didakt., moral. oder sozialkrit. Anliegen erörtern, auch eine Selbstdeutung des Werkes durch den Autor sein. Der P. kann zweigeteilt sein in einen *prologus praeter rem* (↗ Proömium 3): unmittelbare Wendung des Autors an die Leser oder Hörer, und einen *prologus ante rem*: Hinweise auf das Werk und seine Geschichte und Tendenzen (vgl. z. B. im »Tristan« Gottfrieds v. Straßburg). – Eine selbständ. Form des P.s ist der sog. *Fest-P.*, der zu besonderen Anlässen gehalten wurde (vgl. z. B. die P.e Goethes zur Eröffnung des Weimarer Hoftheaters unter seiner Leitung 1791 u. anlässl. des Leipziger Gastspiels dieses Theaters 1807 oder sein Dank-P. anlässl. der Schillertrauerfeier 1805). Nach Aristoteles, der den P. als den vor der ↗ Parodos stehenden ersten Teil des Dramas bezeichnet, soll Thespis (ca. 500 v. Chr.) der ›Erfinder‹ des P.s sein. Die den griech. Tragödien (z. B. den »Persern« des Aischylos), Komödien (u. a. der »Lysistrata« des Aristophanes) und Satyrspielen (z. B. dem »Kyklops« des Euripides) oft vorangestellten P.e verweisen bereits auf die vielfält. Funktionen. – Die Römer verwenden u. a. oft didakt. P.e; P.e mit Quellennachweisen finden sich bei Plautus, selbständige, außerhalb des eigentl. Stückes stehende P.e bei Terenz. – Im MA. eröffnet der P. häufig auch Epen (vgl. Hartmann von Aue, »Der arme Heinrich«, Wolfram von Eschenbach, »Parzival«, Gottfried von Straßburg, »Tristan und Isolt«), es sind meist religiös-didakt. oder poetolog. Erörterungen als Einführung in das Werk. Bes. das ↗ geistl. Spiel verwendet P.e häufig, mehr oder weniger formelhaft enthalten sie Begrüßung, Inhaltsangabe und relig. Auslegungen, ebenso, mit pragmatischen Funktionen (Bitte um Ruhe und Aufmerksamkeit), das ↗ Fastnachtsspiel und Meistersingerdrama. – Im Rahmen der Antikenrezeption der Renaissance wurde auch der antike P. wiederbelebt, er erscheint im lat. ↗ Humanistendrama jedoch gegenüber dem antiken Beispiel stark didakt. erweitert. Im Barock ist der P. allgemein verbreitet, sowohl in italien. Opern (vgl. z. B. »Euridice« von J. Peri/ O. Rinuccini, 1600) als auch dramat. Werken (bei Lope de Vega, Calderón, Molière, z. T. auch bei P. Corneille und J. Racine, bei Ch. Marlowe, z. T. auch bei Shakespeare); im dt. ↗ Reformations- und ↗ Jesuitendrama ist er konventionell erstarrt (von A. Gryphius parodiert im »Peter Squentz«). Seit dem 17. Jh. lösen ↗ Theaterzettel allmähl. die P.e ab, jedoch sind sie bei den dt. Wandertruppen noch bis Ende des 18. Jh.s üblich. G. E. Lessings Lob des autonomen P.s im engl. Drama (»Hamburg. Dramaturgie«, 7. Stück, 1776) war richtungweisend für eine *neue Konzeption des P.s* in der dt. Klassik (vgl. Goethe, »Pandora«, »Faust«; F. Schiller, »Wallenstein«, »Jungfrau von Orleans«). Vielfältiger als in der Klassik wird der P. in der dt. Romantik gehandhabt, bes. L. Tieck experimentiert in Komödien und Trauerspielen mit verschiedenen P.formen (»Ritter Blaubart«, »Der gestiefelte Kater«, »Die verkehrte Welt«, »Genoveva«). Im Realismus und Naturalismus verschwindet der P. fast gänzlich, etwa seit der Jh.wende (frz. Symbolismus) ist eine Neubelebung festzustellen (Neuklassik, Neuromantik). Autoren des 20. Jh.s wie F. Molnár (»Liliom«), Th. Wilder (»Unsere kleine Stadt«), T. S. Eliot (»Mord im Dom«) oder T. Williams (»Glasmenagerie«) stellen ihren Stücken wieder häufiger P.e voran; in dt. Dramen verwenden ihn u. a. H. v. Hofmannsthal (»Jedermann«, »Das kleine Welttheater«), G. Hauptmann (»Schluck und Jau«) und F. Wedekind (»Die Büchse der Pandora«). Auf neue Möglichkeiten des P.s (Analyse, desillusionierender Kommentar usw.) verweisen viele Stücke B. Brechts (»Baal«, »Der Jasager und der Neinsager«, »Die Maßnahme«, »Herr Puntila und sein Knecht Matti«). P.e finden sich auch in den Dramen von P. Weiss, H. Lange und P. Hacks; im modernen Film, Fernsehspiel und Hörspiel haben p.-ähnl. Formen oft eine wichtige Bedeutung. ↗ Argumentum. IA

Proodos, m. [gr. = Vorgesang, auch Pro-ode], im altgr. ↗ Chorlied gelegentl. am Anfang, vor Strophe und Antistrophe, stehender responsionsloser Abschnitt von rhythm. selbständ. Bau; Gegenstück zu dem zw. Strophe und Antistrophe gelegentl. eingeschobenen *Mesodos* und der ↗ Epode (2). S

Proömium, n., Pl. Proömia, Proömien, [gr. pro-oimion = 1. das vor dem Gesang (οἴμη) Vorgetragene oder 2. das den Weg (οἴμος) Bereitende]. In der antiken Literatur werden als P.a bezeichnet:
1. die kitharod. sog. Homerischen ↗ Hymnen, die vermutl. von den Rhapsoden vor dem eigentl. Epenvortrag dargeboten wurden, 2. Vorreden zu Epen mit ↗ Musenanruf, Themenangabe usw.; finden sich in knapper Form z. B. schon in »Ilias« und »Odyssee«, in den Epen Hesiods, dann bei Lukrez, Vergil (»Georgica«), Ovid u. a., aber auch in Prosawerken (Herodot, Thukydides), auch ↗ Prolog, 3. in der Rhetorik die Eröffnung einer Rede (auch Exordium), enthält die Anrede der Hörer, meist eine ↗ Captatio benevolentiae und allgem. oder persönl. Betrachtungen; berühmt sind die P.a des Demosthenes (Slg. v. 56 P.a erhalten) und Cicero. S

Propädeutik, f. [gr. propaideuein = vorher unterrichten], einführender Unterricht, der auf das Studium eines bestimmten Wissensgebietes vorbereiten soll, z. B. Logik als P. für das Studium der Philosophie, im MA die *artes liberales* (↗ Artes) als P. für die ›höheren‹ Studienfächer Recht, Medizin und v. a. Theologie. S

Propemptikon, n. [gr. zu pro-pémpein = geleiten], antikes Abschieds- und Geleitgedicht, das einem Scheidenden, meist in feststehenden Wendungen (Topoi), Segenswünsche mit auf die Reise gibt (vgl. dagegen ↗ Apopemptikon). Propemptika sind überliefert von Theokrit, Ovid, Horaz (Carmina I, 3: an Vergil), Statius u. a.   S

Prophetenspiel, Typus des ↗ geistl. Spiels im MA., bei dem die bibl. Propheten in Disputation mit den Juden das Kommen Christi ankündigen. Auch die antiken Sibyllen, Vergil oder Augustinus können als Zeugen für die Ankunft des Messias auftreten. Seinen Ursprung hat das P. in der pseudo-augustin. Predigt »Contra Judaeos, Paganos et Arianos Sermo de Symbolo« (5. oder 6. Jh.). Für die Entwicklung war wohl die Verwendung dieser Predigt als *lectio* im Gottesdienst bedeutsam (schon halbdramat., mit Wechsel der Deklamation), woraus dann der »Ordo Prophetarum«, eine dramat. Prozession der Propheten, entstand, der endlich, mit immer stärkerer Aufschwellung, zum eigentl. P. ausgeformt wurde. Die Anfänge des P.s sind in einer Hs. des 11. Jh.s aus Limoges zu fassen; Laon (13. Jh.) und Rouen (14. Jh.) sind die bedeutendsten Stationen des P.s in Frankreich. Im dt. Bereich wird von Aufführungen in Regensburg (1194) und Riga (1204) berichtet, erhalten ist das Fragment eines viell. noch aus dem frühen 14. Jh. stammenden Marburger P.s. Häufig fungiert das P. als Prolog zum ↗ Weihnachtsspiel, vgl. die Weihnachtsspiele aus Benediktbeuren (lat., 1. Hälfte des 13. Jh.s) und St. Gallen (dt. Niederschrift um 1400); es kann auch mit einem ↗ Paradiesspiel oder ↗ Passionsspiel gekoppelt sein.   MS

Propositio, f. [lat. = Darlegung (des zu beweisenden Sachverhalts einer Rede)], vgl. ↗ Rhetorik, ↗ Disposition.

Prosa, f. [lat. prorsa (oratio) = Rede, die etwas geradewegs sagt], die ungebundene, nicht durch formale Mittel (Metrum, Reim) ›gebundene‹, regulierte Schreib- und Redeweise: sie umfasst die ungezwungene, auf schlichte Kommunikation beschränkte Alltagsrede (vgl. ›prosaisch‹) ebenso wie kunstmäßig ausgestaltete Redeformen. Sie kann Ausdrucksmedium sachl.-zweckgebundener, nicht-fiktionaler, aber auch fiktionaler (dichter.) Aussage sein und sich durch Wortwahl, Bilder, Metaphern, Periodenbau, Syntax und v. a. Rhythmus der ↗ gebundenen Rede, der Verssprache, annähern, vgl. ↗ freie Rhythmen, ↗ P.gedicht, ↗ rhythm. P., auch ↗ Reim-P. Der Ggs. zwischen zweckorientiert-sachl. und künstler. P. reicht bis in die Antike zurück, in der erstmals in *Ionien* P. als literar. Darstellungsform für die im 6. Jh. v. Chr. einsetzende philosoph.-wissenschaftl. Welterfassung benutzt (Vorsokratiker, ↗ Logographen) und zu einem variationsreichen Ausdrucksmedium für bestimmte Gattungen entwickelt wird. Diese P.literatur der Historiographie (Herodot, Thukydides), Philosophie (Platon), Biographie und Naturwissenschaft (Hippokrates) tritt der älteren Versdichtung gleichgewichtig gegenüber: Insbes. der polit. und forens. Rede liefert dann die ↗ Rhetorik zur Steigerung ihrer Wirkmöglichkeiten rhythm.-stilist. Regeln (z. B. für Perioden- und Satzschlüsse: ↗ Klauseln). Diese ↗ Kunst-P. (Lysias, Demosthenes, Gorgias, Isokrates) wirkt jahrhundertelang vorbildhaft, zunächst auf die röm. histor. P. (Caesar, Livius, Tacitus, Sallust), die philos.-rhetor. P. (Cicero), auf die mal. patrist., philosoph. u. histor. P. (Augustin, Eusebius, Bernhard v. Clairvaux, Thomas von Aquin; Einhart, Otto von Freising u. a.) bis hin zu der P. der Humanisten (E. S. Piccolomini, Th. Morus, Erasmus von Rotterdam) und der Sprache der Kanzleien (z. B. Karls IV., 14. Jh.). – Im Laufe ihrer weiteren Geschichte greift die P. in immer *neue Gebiete und Gattungen* (z. B. Didaktik, Predigt) aus. In den fiktionalen Bereich dringt sie jedoch nur allmähl. vor: In der Spätantike ist P. für satir. Formen (Petronius, Lukian, Apuleius, »Der goldene Esel«) belegt; sie findet sich dann wieder im Spät-MA., wo sie den Stoff der formal abgenützten verflachten höf. Epen und der gereimten Schwank- und Fabelliteratur in P.fassungen einem neuen Lesepublikum zuführt (↗ P.auflösung: z. B. P.-Lanzelot, P.-Tristan, ↗ Volksbücher, Elisabeth von Nassau-

Saarbrücken, H. Steinhöwel, N. von Wyle u. a.). – Eine Ausnahme sind die einer eigenständ. mündl. Erzähltradition verpflichteten, aus dem 13. Jh. schriftl. überlieferten isländ. Sagas (Sögur) in realist., sachl.-lapidarer »reinster« P. (Ranke). – Eine dt.-sprach. P. entwickelt sich seit dem 9. Jh. in Übersetzungen aus dem Lat. (Tatian, 830, Notker Labeo, um 1000). Sie wird zur Sprache des Rechts (Sachsenspiegel, 13. Jh.), der Chroniken (Eike von Repgow), der Predigten (Berthold von Regensburg) und erreicht erste Höhepunkte in den Schriften der Mystiker (Meister Eckhart, J. Tauler, H. Seuse). Auf der Schwelle zur neuzeitl. P. steht als singuläres Meisterwerk der »Ackermann aus Böhmen« von Johannes von Tepl, dessen elementare Sprachgewalt durch Verarbeitung italien. Vorbilder wirkungsvoll gesteigert ist. Luthers Bibelübersetzung schafft dann ein einheitl. Idiom und ein bewusstes Verhältnis zu den Ausdrucksmitteln der Sprache (S. Brant, J. Fischart). Die breite Ausbildung einer neuzeitl. P. leistet *die italien. Renaissance* in eigenständ. Verarbeitung der klass. Vorbilder. Ein Gipfel der Erzähl-P. ist schon G. Boccaccios »Decamerone« (1350), der nicht nur struktural, sondern auch formal wegweisend in ganz Europa wird (Margarete von Navarra). Für die wissenschaftl.-polit., die histor. und biograph. P. der Renaissance sind zu nennen: L. B. Alberti, G. Pico della Mirandola, N. Macchiavelli, P. Bembo, F. Guicciardini, B. Castiglione, G. Cardano, B. Cellini, G. Vasari. Kongenial sind seit dem 16. Jh. die Prosaisten *in Spanien*. Hier entsteht der neuzeitl. europ. P.-Roman (»Lazarillo de Tormes«, J. de Montemayor, M. de Cervantes), ferner satir. (F. G. de Quevedo, B. Gracián), religiöse (I. von Loyola, Teresa von Avila, Juan de la Cruz) didakt. (A. de Quevara) und histor. P. (G. Pérez de Hita) von weitreichender Wirkung. – Auch *die frz.* P. entfaltet sich seit dem 16. Jh. zu einem geschmeidigen Kunstmittel, vgl. z. B. die Werke von F. Rabelais, die volkstüml. Elemente und rhetor. Kunstformen mischen, die P. M. de Montaignes, die eine neue P.-Gattung, den ↗ Essay, konstituiert (wie in England F. Bacon, R. Steele, J. Addison), oder die glänzenden Prosaisten des 17. Jh.s B. Pascal, J.-B. Bossuet, F. de La Rochefoucauld, J. de la Bruyère, Mme M. de Scudéry und Mme M.-M. de La Fayette. In Nachahmung dieser bedeutenden außerdt. Leistungen und in Fortbildung älterer Traditionen (↗ Sprachgesellschaften) erreicht die dt. P. im Barock Anschluss an den europ. Standard (J. J. Ch. von Grimmelshausen, Ph. von Zesen, Abraham a Santa Clara). Von nun an ist die europ. P. in der zweckhaften und in der fiktionalen Darstellung ein den antiken Mustern ebenbürtiges Medium aller Wirkabsichten und Ausdruckshaltungen, aller Epochen- und Individualstile. Sie wird zum Medium der wichtigsten ep. Gattungen; ihre weitere Geschichte ist in diesem (fiktionalen) Bereich die des ↗ Romans, der ↗ Novelle, ↗ der Kurzgeschichte usw.; im 18. Jh. dringt sie ins Drama vor (wo sie vordem nur als Sprache der niederen Stände und evtl. der Komödie verwendet wurde) und wird im 19. Jh. die vorherrschende dramat. Sprachform; seit der Romantik erobert sie sich auch Bereiche der Lyrik (freie Rhythmen, Prosagedicht). Die Geschichte des Essays, des ↗ Feuilletons, der ↗ Memoirenliteratur, der ↗ Bio- und ↗ Autobiographie ist die Geschichte hervorragender P.schriftsteller. Als Meister auf dem Gebiet der kulturkrit., histor., polit., philosoph., naturwissenschaftl. P. sind u. a. zu nennen: G. E. Lessing, G. Forster, A. Müller, H. Heine, die Historiker E. Gibbon, Th. B. Macaulay, F. K. von Savigny, G. G. Gervinus, L. von Ranke, J. und C. Burckhardt, weiter A. Schopenhauer, F. Nietzsche, S. Freud, O. von Bismarck, F. von Lasalle, R. Luxemburg, W. Churchill (Nobelpreis). OB/IS

Prosaauflösung, Auflösung einer Versdichtung in eine Prosafassung gleicher Sprache, im Unterschied zur Übersetzung, Untergruppe des Prosa↗ romans; als älteste P. gilt der aus dem Artussagenkreis abgeleitete sog. Prosa-Lanzelot (afrz. um 1220, mhd. um 1230); gepflegt in Deutschland dann v. a. im 15. Jh.: meist wurden höf. Versromane des 12. bis 14. Jh.s in Prosa umgeschrieben, z. B. der »Tristrant« Eilharts von Oberge (Druck der P. »Tristrant und Isalde«, 1484), der »Wigalois« Wirnts von Grafenberg (Druck der P. 1493).

MS

Prosagedicht [nach frz. poème en prose], frz. literar. Gattung: lyr. Aussage in formal geschlossener, kunstvoll strukturierter und klangl.-rhythm. ausgestalteter Prosa, die den Eigenbewegungen einer dichter. Aussage adäquater und ungebrochener als metr. gebundene Formen Ausdruck verleihen soll; oft in kurze Absätze (Lautréamont: »Gesänge«) gegliedert; steht zwischen ↗ rhythm. Prosa und ↗ freien Rhythmen (↗ vers libre). Geschaffen von A. Bertrand (»Gaspard de la nuit«, 1826–36, hrsg. 1842) in Weiterentwicklung der romant. poet. Prosa etwa F.-R. de Chateaubriands und entsprechend der romant. Tendenz zur Vermischung und Entgrenzung der Gattungen; aufgegriffen von A. Rabbe und M. de Guérin (»Centaure«, 1835, »La bacchante«, 1836), jedoch erst durch die Bertrand-Rezeption Ch. Baudelaires (»Petits poèmes en prose«, 1869 posthum: 50 P.e) breiter bekannt; gepflegt u. a. auch von Lautréamont (»Les chants de Maldoror«, 1869), A. Rimbaud (»Les illuminations«, entstanden 1872, »Une saison en enfer«, 1873, z. T. P.e), F. Ponge oder Saint-John Perse, auch v. O. Wilde. Das P. blieb aber als Gattung nicht unumstritten (P. Verlaine, Th. de Banville). Für die *dt. Literatur* schlug U. Fülleborn (erstmals 1966) die Bez. ›P.‹ vor für entsprechende Dichtungen seit der Vorromantik und Romantik, die z. T. als Prosahymnen, -idyllen, -elegien, Skizzen oder poet. Prosa bezeichnet worden waren (S. Geßner, Ch. M. Wieland, der junge Goethe, Jean Paul, A. v. Arnim), und die seit 1900 bis zur Gegenwart immer häufiger auftreten (F. Nietzsche, »Zarathustra«, Expressionisten, Dadaisten, Kafka, B. Brecht, E. Lasker-Schüler, G. Trakl, H. Heißenbüttel, P. Handke, Sarah Kirsch u. a.). IS

Prosarhythmus, Gliederung der ungebundenen Rede durch bestimmte Akzentuierungen. Im Unterschied zum Versrhythmus (vgl. ↗ Rhythmus) fehlen beim P. die Erwartungskonstituenten eines durch Metrum und Reim geregelten Verlaufs. Seine spezif. Form erhält er durch die jeweilige akzentuelle Gliederung des Sprachflusses, durch die Art des Wechsels von betonten und unbetonten Silben, von langen und kurzen Wörtern, durch bestimmte Klangfolgen, durch Wortstellung, Satzgliederung (längere oder kürzere Kola, Hypotaxe, Parataxe, Pausen) und Sinngebung. Die antike und mal. ↗ Kunstprosa regelte überdies Periodenschlüsse durch metr., bzw. rhythm. Formeln (↗ Klauseln, Cursus). Im Vortrag können außerdem Sprechgeschwindigkeit, Tonhöhe, Sprachmelodie mitwirken. Der P. kann sich dem Versrhythmus anpassen (↗ Jambenfluss); er kann bei einzelnen Dichtern unterschiedl. ausgeprägte und kennzeichnende Formen annehmen, vgl. etwa den lyr.-fließenden P. bei E. Mörike oder R. M. Rilke, den ep. ausladenden P. etwa bei Th. Mann oder den dramat. gespannten bei H. v. Kleist. S

Prosimetrum, n. [lat., gr.], Mischung von Vers und Prosa in literar. Werken, in antiker Literatur z. B. in der menippe. ↗ Satire (Varro, Petronius, Lukian; die Verseinlagen mussten polymetr. sein), in altnord. Literatur z. B. in den Heidreksrätseln oder dem »Lied vom Drachenhort«. S

Proskenion, n. [gr. = vor der ↗ Skene], im antiken Theater der Platz vor dem Bühnenhaus (Skene); ursprüngl. ein erhöhtes Podest, auf das sich die (meist drei) Auftrittstore (Thyromata) der Skene öffneten und von dem Treppen oder seitl. Rampen in die ↗ Orchestra hinabführten. Nachdem in hellenist. Zeit Chorauzüge an Bedeutung verloren hatten, wurde das P. zur Hauptspielfläche: Es wurde vergrößert, seitl. durch vorspringende Seitenflügel des Bühnenhauses (Paraskenien) begrenzt, die Rückwand überhöht und durch Pfeiler, Säulen, Nischen usw. prunkvoll gegliedert; ferner wurden nun auch dekorative Elemente (bemalte Vorhänge in den Öffnungen u. a.), verschieb- und drehbare Wände und Aufbauten (Periakten, vgl. später die ↗ Telaribühne) eingesetzt; bei Vitruv ist bereits ein Vorhang vor der Skene nachgewiesen. – In der neuzeitlichen Guckkasten-↗ Bühne wird die vorderste Spielfläche zwischen Vorhang und Orchestergraben als *Proszenium* bez.; seitl. des Prosceniums befinden sich die Proszeniumslogen (»Bühnenlauben«). S/K

Prosodiakus, m. [lat.-gr. = Prozessionsvers], altgriech. Vers der Form ⏑−⏑⏑−⏑⏑−; gedeutet als katalekt. Form des ⁊ Enoplios und damit als weitere Ausprägung eines vermuteten griech. Urverses (vgl. auch ⁊ Parömiakus); Bez. nach seiner Verwendung im ⁊ Prosodion (Prozessionslied). S

Prosodie, f. [gr. prosodïa = Akzent], bezeichnet in der Antike zunächst nur den (musikal.) Akzent bzw. die Lehre vom (musikal.) Akzent, seit Sextus Empiricus (2. Jh. n. Chr.) auch die Lehre von den Silbenquantitäten. Heute ist P., als sprachl. Hilfsdisziplin der ⁊ Metrik, die Lehre von den für die Versstruktur konstitutiven Elementen einer Sprache, näml. *Quantität* (lang : kurz), ⁊ *Akzent* (betont : unbetont), *Tonhöhe* (hoch : tief; im Allgemeinen nicht von metr. Relevanz) und *Wortgrenze.* – Für die auf dem ⁊ quantitierenden Versprinzip beruhenden *gr. und lat. Verse* gelten folgende prosod. Regeln:
1. eine Silbe ist *von Natur* (gr. physei, lat. naturā) lang, wenn ihr Vokal lang ist, wobei Diphthonge als lange Vokale gelten;
2. eine Silbe ist *durch Stellung* (gr. thesei; lat. positione) lang, wenn ihr Vokal kurz ist, auf diesen aber zwei oder mehr Konsonanten folgen (Positionslänge);
3. eine Silbe ist kurz, wenn ihr Vokal kurz ist und auf diesen (in zweisilb. Wort) nicht mehr als ein Konsonant folgt;
4. eine Ausnahme bilden Silben mit kurzem Vokal und der Konsonantengruppe p/t/k+r/l; diese Silben werden prosod. unterschiedl. gewertet; im homer. Epos gelten sie im Allgemeinen als lang, bei den gr. Tragikern und den altlat. Szenikern meist als kurz, in der klass. lat. Dichtung werden sie je nach Bedarf als lang oder kurz gemessen;
5. eine Silbe, die auf einen langen Vokal ausgeht und damit eigentl. lang ist (Regel 1), wird dann als kurz gewertet, wenn die folgende Silbe mit einem Vokal einsetzt *(vocalis ante vocalem corripitur).* Dazu kommen einige Sonderregeln, die v. a. den ⁊ *Hiat* (Zusammenstoß zweier Vokale in der Wortfuge, im Lat. auch auslautender Vokal + m vor folgendem anlautenden Vokal) betreffen, z. B. ⁊ *Elision* (Ausfall des auslautenden Vokals), ⁊ *Aphärese* (Ausfall eines anlautenden Vokals), ⁊ *Synalöphe* (Vokalverschleifung des auslautenden und anlautenden Vokals), ⁊ *Krasis* (Entstehung eines neuen langen Vokals), bei Hiat innerhalb eines Wortes ⁊ *Synizese* (Verschmelzung zweier Vokale zu einem Diphthong) oder *Kontraktion* (Zusammenziehung zweier Vokale zu einer Länge). – Weitere Sonderfälle bilden die ⁊ *Dihärese* (2) (zweisilb. Messung eines Diphthongs, z. B. -ëus), ⁊ *Synkope* (Ausstoßung eines kurzen Vokals zwischen zwei Konsonanten), ⁊ *Apokope* (Abstoßen eines Vokals am Wortende), *Jambenkürzung* (jamb. Silbenfolge, d. h. Folgen von Kürze + Länge, können unter bestimmten Bedingungen als Doppelkürzen gewertet werden), *Endsilbenkürzung* (lange Endsilbenvokale können kurz gemessen werden; nur lat. seit der Kaiserzeit) und die im Hexameter gelegentl. notwend. metr. *Dehnung* in einer Folge von drei oder mehr kurzen Silben. – Außerdem beschäftigt sich die P. mit ⁊ *Dihärese,* ⁊ *Zäsur* und ⁊ *Pause* (Periodenende), die jeweils mit einer Wortgrenze zusammenfallen müssen; dabei werden allerdings bestimmte Wortgruppen als Einheiten behandelt, die durch Dihärese, Zäsur oder Periodenschluss nicht getrennt werden dürfen. Es handelt sich v. a. um Wortgruppen, die durch Proklisis oder Enklisis entstehen (z. B. schön wär's statt wäre es u. a.). – Bei den auf dem ⁊ akzentuierenden Versprinzip beruhenden *dt. Versen* beschäftigt sich die P. v. a. mit Fragen der Kongruenz zwischen Versakzent (Iktus) und Wortakzent (⁊ Tonbeugung, ⁊ schwebende Betonung); für die *ahd. und mhd. Verse,* bei denen das akzentuierende Versprinzip unter bestimmten Bedingungen aufgrund der sprachl. vorhandenen Opposition kurzer und langer Tonsilben noch modifiziert wird, gelten auch noch Quantitätsregeln. Diese entsprechen dabei im Wesentl. denen des Griech. und Lat.; außerdem zählen einsilb. Wörter im Ahd. und Mhd. stets als lang und können mithin ⁊ beschwerte Hebung ausfüllen. Prosod. Erscheinungen wie Elision, Aphärese, Synalöphe usw. sind in ahd. und mhd. Texten vielfach zu beobachten, ohne dass sie jedoch, wie in der griech. und lat.

Prosodie

P., in strenge Regeln fassen ließen; die regelmäßige Anwendung solcher prosod. Mittel in den sog. krit. Ausgaben hat in den mal. Handschriften keine Entsprechung. – Auch für die *neuhochdt.* P. gibt es kein verbindl. Regelsystem; häufig begegnet hier nur die Elision des unbetonten -e am Wortende, von den Theoretikern auf den Fall des Hiats beschränkt (echte Elision), in der Praxis aber vielfach auch vor folgender Konsonanz feststellbar (Apokope). Ein bes. Problem der neuhochdt. P. ist die Nachbildung gr. und röm. Metren in dt. Sprache, für die seit Opitz grundsätzl. gilt: gr.-röm. Länge wird durch eine betonte, gr.-röm. Kürze durch eine unbetonte Silbe wiedergegeben; Einzelfragen sind umstritten; mit ihnen beschäftigte sich v. a. die P. des 18. Jh.s (F. G. Klopstock, K. Ph. Moritz, J. H. Voss), im 20. Jh. erneut A. Heusler. Die P. der nach dem ↗ silbenzählenden Versprinzip gebauten *roman. Verse* stellt v. a. dafür Regeln auf, welche Silben eines Wortes als metr. relevant gezählt werden, welche nicht; dabei decken sich die Regeln für die einzelnen roman. Sprachen nicht. Ein weiteres Grundproblem der P. der roman. Metriken ist der Hiat, der in den einzelnen roman. Sprachen ebenfalls unterschiedl. behandelt wird.   K

Prosodion, n. [gr. pros-odos = das Herankommen, feierl. Aufzug], altgriech. kult. Prozessionslied; chor. Bitt- oder Danklied, beim tänzer. bewegten Hinschreiten zum Tempel oder Altar von Jünglings- oder Mädchenchören zur Flötenbegleitung gesungen (Verwendung von ↗ Prosodiakus und ↗ Paroimiakus); ursprüngl. nicht auf bestimmten Kult beschränkt, später jedoch bes. im Apollonkult übl., daher oft auch als ↗ Päan bez. Bezeugt sind Prosodia von Bakchylides und Pindar (von ihm z. B. 2 Bücher »Prosodia«), jedoch nur wenige Fragmente erhalten.   S

Prosopopoeie, f. [gr. aus prosopon = Gesicht, poiein = schaffen, hervorbringen, machen], s. ↗ Ethopoeie.

Prospekt, m. [lat. prospectus = Ausblick], meist auf Leinwand gemalter Hintergrund der Guckkasten(-Kulissen)bühne, auch als Zwischen-P. zur Trennung von Vorder- und Hinterbühne; heute zur Verwandlung hochgezogen oder versenkt, früher seitl. auseinandergezogen oder über senkrecht stehende Walzen abgerollt (Wandel-P.). – Der P. ist seit der Entdeckung der Perspektive in der Malerei (15. Jh.) Bestandteil der Winkelrahmen-, Telari- und Kulissenbühne (↗ Bühne, ↗ Bühnenbild), zunächst zeigte er Gemälde in Zentralperspektive (meist Straßenfluchten, Palastanlagen: Torelli in Paris, L. Burnacini in Wien, 17. Jh.), die jedoch den Schauspielern wegen der vorgetäuschten großen Tiefe nur ein Agieren im Vordergrund erlaubten. Seit F. und G. Galli da Bibiena (17./18. Jh.) wird die praktikablere Winkelperspektive (mehrere Fluchtpunkte) angewendet, die bes. im barocken Theater zu pompösen Raumgestaltungen genutzt wurde. – Seit der Erfindung der Drehbühne werden insbes. Luft- und Landschafts-P.e durch den Rundhorizont (Cyclorama), Wandel-P.e durch laufende Projektionen ersetzt.   IS

Proszenium, n. [lat. proscaenium aus gr. ↗ Proskenion].

Protagonist, m. [gr. prot-agonistes = erster Kämpfer], in der griech. Tragödie der erste Schauspieler (im Ggs. zum Deuteragonisten und Tritagonisten, dem zweiten und dritten Schauspieler). Der Überlieferung nach hat Thespis als erster dem Chor einen Schauspieler (↗ Hypokrites) gegenübergestellt und damit aus der chor. Aufführung die eigentl. Tragödie geschaffen. Aischylos stellt diesem P.en den *Deuteragonisten* (als *Gegen*spieler auch als *Ant*agonist bez.) gegenüber und ermöglichte damit den Dialog. Den dritten Schauspieler, den *Tritagonisten* (oft für kleinere Rollen), soll Sophokles in die Tragödie eingeführt haben (tatsächl. findet er sich schon in der »Orestie« des Aischylos). Seitdem beobachtet das antike Drama (Tragödie wie Komödie, gr. wie röm. Drama) in sog. *Dreischauspielergesetz,* nach dem allenfalls drei Schauspieler gleichzeit. auf der Bühne sein und sich am Dialog beteiligen können. Ob dies gleichzeit. bedeutet, dass bei einer Aufführung nie mehr als drei Schauspieler mitwirkten, die gegebenenfalls mehrere Rollen spielen, wie die (allerdings erst in nachchristl. Zeit belegten!) Bez. P., Deuteragonist und Tritagonist nahelegen, ist umstritten. Im heut. Sprachgebrauch wird mit P. eine aus einer Gruppe (Ensemble, Team, Mannschaft, Partei u. Ä.) aktiv herausragende Person bezeichnet. K

Protasis, f. [gr. = Voranstellung], 1. nach Donat (Terenzkommentar, 4. Jh.) der erste der drei notwend. Teile einer dramat. Handlung (vor ↗ Epitasis und ↗ Katastrophe); in der P. (1. Akt) werden die Verhältnisse und Zustände dargestellt, aus denen der dramat. Konflikt entspringt (↗ Exposition, ↗ erregendes Moment). 2. erster Teil (Vordersatz) einer ↗ Periode. S

Protestsong, m., Gattung der ↗ polit. Dichtung: sozial- oder systemkrit., oft provokativ-aggressives Lied als Protest gegen allgemeine Missstände oder konkrete Ärgernisse. Eingängig in Melodieführung (Instrumentalbegleitung: Gitarre, Trommeln u. Ä.), Form (einfache Reime, meist Refrain), Stil (ep.-balladesk, Anreden, Ausrufe, Fragen, Zitate, holzschnittartig-plakative Vereinfachung), v. a. im öffentl. Vortrag vor gr. Massen (Einzel- und Chorgesang, Hörerbeteiligung) von beträchtl. Wirkung. – Erste Ausprägung in den USA während der 1954 neueinsetzenden Phase der Bürgerrechtsbewegung; Anknüpfung hier v. a. an Blues, Gospelsongs und sozialkrit. Volkslieder (Joan Baez, Bob Dylan, Ph. Ochs, T. Paxton u. a.). – In der BRD wurden P.s im Rahmen der Demonstrationswellen der 1960er Jahre (Ostermarschierer, Studentenrevolte) als Mittel gewaltlosen Widerstands eingesetzt und von bedeutendem Einfluss. Vorbilder der dt. sog. ↗ Liedermacher waren H. Heine, A. H. Hoffmann v. Fallersleben, B. Brecht, der polit. ↗ Bänkelsang und das ↗ Agitproptheater; viele P.s berühren sich auch mit der (v. a. modernen) ↗ Ballade oder dem polit. ↗ Chanson. Vertreter sind u. a. F. J. Degenhardt, W. Moßmann, H. D. Hüsch, D. Süverkrüp und W. Biermann. Trotz der Aufnahme stets neuer Themen und trotz neuer Autoren (St. Krawczyk, 1988 aus der DDR ausgew., G. Schöne) ebbt die P.welle zusehends ab (s. ↗ Liedermacher). IS

Proteusvers, Bez. der Renaissancepoetik für die ↗ Permutation, die Vertauschung von Wörtern im Vers.

Proverb(ium), n. [lat.], veraltete Bez. für ↗ Sprichwort.

Proverbe dramatique [prɔˈverb dramaˈtik; frz. = dramat. Sprichwort], auch: Comédie proverbe, Proverbecomédic; frz. dramat. Gattung: kurzes, meist heiter-erbaul. Stück, in dem die ›Wahrheit‹ eines Sprichwortes vorgeführt werden soll, die sich in der Pointe des Schlusses darstellt. Meist einfache Intrigenhandlung mit typisiertem Personal, aber realist. Detailgenauigkeit in der jeweils zeittyp. Ausstattung (Moden, Möbel usw.). Vorläufer der P.s d.s sind Sprichwörterdarstellungen als Scharade oder Stegreifspiel, die in Adelskreisen d. 17. Jh.s (bes. bei Landaufenthalten) beliebt waren (geschildert von Comtesse de Murat, »Voyage de Campagne«, 1699). Als eigentlicher Begründer gilt Carmontelle (L. Carrogis), der für den Herzog v. Orléans eine Reihe von P.s d.s – ursprüngl. gedacht als unterhaltende ↗ Lesedramen – konzipierte (8 Bde. 1768–81). – Schon Ende des 18. Jh.s wurden P.s d.s nicht mehr nur in den ↗ Salons und adl. Privattheatern, sondern auch in öffentl. Theatern am Boulevard aufgeführt (Ch. Collé, J.-F. Desmahis), wobei stoffl. über die Salonkultur hinaus bürgerl. Themen und tagespolit. Ereignisse aufgegriffen wurden. Der *Höhepunkt* des P. d. liegt in der 1. Hä. des 19. Jh.s (sog. manie des proverbes), nicht zuletzt auf Grund der Möglichkeit, mit dem P. d. die Zensurbestimmungen zu umgehen. Klass. Vertreter ist M. Th. Leclercq (»P.s d.s«, 1823–27/28 und 1831–35). Bedeutend sind dann v. a. die P.s d.s von A. de Musset, der die inhaltl. u. formalen Grenzen der überlieferten Muster überschreitet (psycholog. Konflikte, unwirkl. Umwelt, trag. Ende; mehrere Akte, häuf. Szenenwechsel), vgl. »On ne badine pas avec l'amour«

(1833); »Il ne faut jurer de rien«, »Comédies et proverbes« (1853). P.s d.s verfassten u. a. auch E. Scribe, O. Feuillet, P. Bourget, H. Bordeaux, A. Maurois. IS

Prozessionsspiel, Form des ↗ geistl. Spiels des MA.s, entwickelte sich im Rahmen von Prozessionen und ähnl. feierl. Begehungen. Seine bedeutendste Ausprägung ist das ↗ *Fronleichnamsspiel*, das sich besonders in England großer Beliebtheit erfreute. P.e sind auch die it. Laude drammatiche (↗ Lauda). Eine Sonderform des P.s stellen die bei Festprozessionen auf einzelnen Wagen aufgebauten ↗ lebenden Bilder dar. – Die typ. Bühnenform ist die ↗ Wagenbühne. In der Tradition der mal. Bühnenwagen stehen die bis heute bei festl. Umzügen mitgeführten »Wagen« mit Darstellungen verschiedenster Art. K

Psalmen, m. Pl.; Sg. Psalm [gr. psalmós = das zum Saitenspiel vorgetragene Lied], 150 hebr. liturg. Lieder aus dem 10.–2. Jh. v. Chr., gesammelt im AT im ›Buch der P.‹, dem *Psalter* (= Sammlung von P.), mit (später zugefügten) Angaben über Verfasser (u. a. David, Salomo, Moses, Kinder Kohra), Entstehung und Vortragsweise; heute als anonymes hebrä. Liedgut verschiedener Herkunft und Tradition aufgefasst. Unterschieden werden
1. hymn. Preisgesänge,
2. Klagelieder (größte Gruppe),
3. Dank(opfer)lieder,
4. (histor.) Königs-P.,
5. P. für einzelne kult. Feste und individuelle Anliegen. – Characterist. sind neben Ausdruckstiefe und hymn. Frömmigkeit rhythm. zweigeteilte Verse mit paralleler oder antithet. Gedankenführung bei syntakt. Gleichlauf (↗ Parallelismus membrorum) und ein Wechselvortrag in gehobenem Sprechgesang *(Psalmodieren)* zwischen zwei Chören oder zwischen Vorsänger und Chor (Gemeinde; Antiphon, bzw. Responsorium). – Der Psalter wurde (in lat. Version) von der christl. Kirche als Grundlage des Gottesdienstes übernommen und gehört seitdem zu den meistübersetzten Werken überhaupt. Seit dem 9. Jh. finden sich Interlinearversionen (St. Gallen, Reichenau) und Prosaübertragungen (z. T. mit Kommentaren) zunächst zur Unterweisung des Klerus, später auch der Laien. Das älteste Beispiel stammt von Notker Labeo in St. Gallen (gest. 1022). Seit dem 14. Jh. ist eine lange Reihe von Prosaübertragungen bezeugt, die in zahlreichen Handschriften und Drucken überliefert ist. Einen Höhepunkt erreicht diese Übersetzertätigkeit in der Reformation mit M. Luthers P.übersetzung (im Rahmen seiner Bibelübersetzung) als lockere Paraphrasen des hebr. Urtextes in bildkräft. poet. Sprache (1534). Diese *Prosa*übertragungen wurden zugleich Grundlage für ein von Luther gefordertes volkssprachl. Gemeindelied, das in der reformierten Liturgie zu einem wichtigen Träger des neuen Glaubensgutes werden sollte. Luther selbst formte vorbildhaft 8 der von ihm übersetzten P. in einfache, *gereimte Volksliedstrophen* um (z. B. »Ein feste Burg« nach Psalm 46). Seinem Beispiel folgten fast alle reformator. Dichter. Ihre P.umdichtungen (auf der Basis der Lutherschen Prosaübersetzungen) vereinigt erstmals der sog. ›Reimpsalter‹, hg. von J. Aberlin (1537, mit Texten von über 30 Dichtern, u. a. Zwingli und Calvin). Bald erschienen auch Gesamtbearbeitungen eines Verfassers, u. a. v. J. Dachser (1538 als erstem), Burkhart Waldis (1553 mit aktuellen Anspielungen), J. Ayrer (1574), C. Spangenberg (1582). Neben Luthers P. wirkten vorbildhaft auch die frz. sog. Psalmlieder C. Marots (ergänzt und 1562 hg. von Th. Beza), ebenfalls in schlichten volkstüml. Stil- und Strophenformen. Dieser v. a. für den Calvinismus bedeutsame sog. *Hugenottenpsalter* wurde ins Dt. übersetzt von P. Melissus-Schede (50 P., 1572) und A. Lobwasser (1573), dessen (mit Rücksicht auf die Melodien) silbengetreue Gesamtübersetzung zur erfolgreichsten aller P.dichtungen wurde und bis ins 18. Jh. Grundlage des Gesangbuches der Reformierten war. Mit Luther und Lobwasser mündet dieser volkstüml.-sangbare Zweig der P.rezeption in die Geschichte des ↗ Kirchenliedes. – Daneben entwickelte sich eine Tradition der *künstler.-literar. P.rezeption:* lat. und volkssprachl. Nachdichtungen der Urtexte in den jeweils zeittyp. Stil- und Versformen und zumeist ohne Melo-

dien (Leselyrik). Im 16. Jh. sind 15 lat. P.dichtungen belegt (u. a. Eobanus Hessus, »Psalterium Davidis« in eleg. Versen, 1542); im 17. Jh. erschienen dt.sprach. Psalter in gereimten Alexandrinern und gelehrtem emblemat. Stil (u. a. von J. Vogel 1628, P. Fleming 1631, M. Opitz 1637, A. H. Buchholz 1640, C. C. Dedekind 1669, W. H. v. Hohberg 1675); im 18. Jh. in vielgestaltigen gereimten Vers- und Strophenformen, unter Klopstocks Einfluss auch reimlos, in antiken Odenformen oder freien Rhythmen (S. G. Lange, »Oden Davids«, gereimt 1746, J. A. Schlegel 1766–72, J. K. Lavater 1765, J. A. Cramer 1755–64, F. L. v. Stolberg, antike Formen, nach 1800, gedr. 1918). Die P.übersetzungen M. Mendelssohns und J. G. Herders (»Vom Geist der ebrä. Poesie«, 1782/83) kehren zur poet. Prosaübertragung zurück und versuchen, auch den charakterist. Parallelismus membrorum des hebrä. Urtextes nachzuformen. Sie gelten als die schönsten P.übersetzungen seit Luther. – Im 19. und 20. Jh. bedient sich die P.dichtung des ganzen verfügbaren poet. Formenvorrats; Extremformen sind »Die P. in stabreimenden Langzeilen« von W. Storck (1904) und die den Urtexten auf verschiedene Weise überzeugend sich nähernden P.übertragungen Th. Taggers (1918), M. Bubers 1927) und R. Guardinis (1950), alle in freien Rhythmen. – Viele der volksliedhaft nachgestalteten P. sind zum allgemeinen Liedgut geworden (Luther, P. Gerhardt). Aber auch durch die lapidare Bildkraft und myth. Eindringlichkeit ihrer sprachl. Urform haben die P. die dt. Lyrik nachhaltig bereichert. IS

Psalter, m. [gr. psalterion, ein antikes Saiteninstrument, daraus kirchenlat. psalterium = ↗ Psalmen-Buch, Psalmensammlung des AT], 1. allgem. Sammlung von Psalmen; 2. Zentralbuch für klösterl. Chorgebete (enthält v. a. die 150 Psalmen). Seit dem 13. Jh. auch Bez. für Gebets- und Andachtsbuch für Laien, meist mit Kalendergeschichten angereichert und mit Heiligen- und Monatsbildern reich ausgestattet; vgl. z. B. den Stuttgarter P. (Anf. 13. Jh.) des Landgrafen Hermann v. Thüringen. S

Pseudandronym, n. [gr. aus pseudos = Lüge, unecht, aner, andros = Mann, onoma = Name], Männername als ↗ Pseudonym einer Schriftstellerin, George Sand für Aurore Dupin-Dudevant, George Eliot für Mary Ann Evans. S

Pseudepigraphen, n. Pl. [gr. pseudos = falsch, unecht, epigraphein = zuschreiben], 1. antike Schriften, die unter falschem Namen umlaufen, teils als Fehler der Überlieferung (irrtüml. Zuschreibung), teils absichtl. einer Autorität untergeschoben, um ihnen bes. Beachtung oder bestimmten Institutionen Vorteile zu sichern; Motive oft nicht zu unterscheiden; P. sind z. B. der ↗ ep. Kyklos (Homer zugeschrieben), die Phalaris-Briefe, die sog. Pseudo-Anakreon, – Kallisthenes, – Cato, – Vergil usw. 2. in der protestant. Terminologie Bez. für die jüd. ↗ Apokryphen, eingeführt von J. A. Fabricius (1713). S

Pseudogynym, n. [gr. aus pseudos = Lüge, unecht, gyné = Weib, onoma = Name], Frauenname als ↗ Pseudonym eines Schriftstellers, z. B. Clara Gazul für Prosper Mérimée. S

Pseudonym, n. [gr. pseudos = falsch, onoma = Name], fingierter Name, Deckname, Künstlername (↗ nom de plume, ↗ nom de guerre), bes. bei Künstlern u. Schriftstellern. Die Wahl eines P.s kann aus den verschiedensten Gründen erfolgen, häufig aus berechtigter oder vermeintl. Furcht vor Verfolgung oder anderen Konsequenzen (Bloßstellungen, Skandale), insbes. bei polit., relig., erot. oder satir. Schriften, auch aus Scheu, Unsicherheit, Bescheidenheit der Öffentlichkeit gegenüber, aus Familien- oder Standesrücksichten, z. B. bei adligen oder nebenberufl. Künstlern (z. B. Carmen Sylva für Königin Elisabeth von Rumänien, Anastasius Grün für Anton Alexander Graf von Auersperg), zur Vermeidung häufig vorkommender (G. Meyrink für G. Meyer; Kasimir Edschmid für Eduard Schmid), wenig einprägsam oder klanglos (Klabund für A. Henschke) oder als allzu auffallend, unschön, lächerl. (Albert Paris Gütersloh für A. C. Kiehtreiber) oder schwierig (Josef Conrad für Teodor Jósef Konrad Korzeniowskij; Guillaume Apollinaire für Wilhelm Apollinaris de Kostrowitski) empfundender Namen, aus humorist. Gründen (Munkepunke für A. R. Meyer, Deutobold Symbolizetti Allegoriowitsch Mystifizinsky für F. Th. Vischer) oder der Lust an der ↗ Mystifikation. – Es gibt eine *Vielzahl pseudonymer Formen.* Am häufigsten ist die Wahl eines beliebigen Namens, wobei Frauen z. T. auch Männernamen (*↗ Pseudandronym*), seltener Männer Frauennamen (*↗ Pseudogynym*) wählen; es gibt ferner Teil-P.e: Zusätze (W. Schmidtbonn für W. Schmidt) oder Verkürzungen, z. B. auf den Vornamen (*↗ Prenonym*) oder auf das Namenende (N. Lenau für N. Franz Niembsch Edler von Strehlenau, auch als ↗ Telonisnym) und das Spiel mit den Buchstaben des eigenen Namens im ↗ *Anagramm* (Voltaire), im ↗ *Kryptonym* (P. Celan) und ↗ *Ananym* (C. W. Ceram). Weiter werden unterschieden nach der Art des gewählten Namens das ↗ *Aristonym* (Adelsname), das ↗ *Ascetonym, Hagionym* oder *Hieronym* (Heiligenname), das ↗ *Allonym* (prominenter Name); statt eines Personennamens setzt das ↗ *Geonym* eine Herkunftsbez., das ↗ *Phraseonym* eine Wendung, das ↗ *Phrenonym* einen Gemütszustand oder eine Charaktereigenschaft, das ↗ *Sideronym* einen astronom. Begriff, das ↗ *Titlonym* den Titel eines anderen Werkes usw. – Es gibt ephemere, nur für eine Zeitspanne oder für ein Werk gewählte P.e (Loris = der junge Hofmannsthal, die P.e K. Tucholskys) und beständige P.e, die völlig an die Stelle des eigentl. Namens treten, z. B. Angelus Silesius, Molière, Stendhal, Jeremias Gotthelf, Mark Twain, Knut Hamsun, Karl Valentin, Peter Altenberg; oft ist neben dem P. auch der eigentl. Name des Autors geläufig, z. B. Novalis – Friedr. von Hardenberg, manchmal sind die Träger eines P.s lange unbekannt (B. Traven) oder bleiben überhaupt zweifelhaft (Bonaventura). – Grenzfälle des P.s sind das ↗ *Traductionym,* v. a. Gräzisierungen (Melanchthon) und Latinisierungen (Agricola), wie sie bes. in Humanismus und Barock beliebt waren, ferner die Mystifikation und die literar. ↗ Fälschung. – Über P.e im Altertum und im MA. ist wenig bekannt. Zum ersten Mal häufiger zu beobachten ist das P. mit dem Aufkommen des Buchdrucks und im Zusammenhang mit den polit. und religiösen Auseinandersetzungen in Humanismus und Reformation. Die klass. Zeit des P.s ist das Barock mit der Vorliebe für Aufschwellung (Abraham a Santa Clara für J. U. Megerle) und Buchstabenmystifikationen (beliebt bes. Anagramme und Kryptonyme), während im 18. Jh. viele Schriften hauptsächl. ↗ anonym, d. h. ohne jegl. Verfasserangabe oder mit Asteronym (***) oder Stigmonym (...) erscheinen mussten; auch Drucker, Verleger und Verlagsorte wurden bis ins 18. Jh. verschleiert. Heute sind P.e namensrechtl. geschützt (BGB §12). – P.e oder pseudonym erschienene Werke sind erfasst in sog. *P.en-Lexika.* S

Psychologischer Roman, Typus des Prosaromans, insbes. des 19. Jh.s, in dem die Darstellung u. Analyse seel. Vorgänge im Vordergrund stehen. Die Bez. ist problemat., 1. weil die ›Darstellung innerer Vorgänge im Widerspruch zu äußeren Geschehnisse‹ (nach Hegel – Schopenhauer – Th. Mann) zur Grunddefinition des Romans gehört und 2. weil psycholog. Vorgänge und Motivationen auch für andere Romantypen wie den ↗ autobiograph., den ↗ biograph., ↗ histor., z. T. auch den ↗ Bildungs-, ↗ Familien-, ↗ Gesellschafts-Roman konstitutiv sind. – Spiegelungen psych. Vorgänge finden sich vereinzelt schon etwa bei Gottfried von Straßburg (»Tristan«) oder in Grimmelshausens »Abentheuerl. Simplicissimus« (V. Buch, 23. Kap.). Sie gewinnen bes. Interesse mit der Ausbildung des neuzeitl. Individualismus und Subjektivismus seit der europ. Vorromantik im Gefolge von Sensualismus, Pietismus, ↗ Empfindsamkeit, z. B. in den engl. Familienromanen oder (als entelechiale seel. Reifungsprozesse) im ↗ Bildungsroman

Tucholsky: »Schloss Gripsholm«

(Ch. M. Wieland, »Agathon«, 1766/67, Goethe, »Wilhelm Meister«). Als *erste Vertreter* eines eigentl. p.n R.s gelten J. J. Rousseaus »Nouvelle Héloïse« (1761), K. Ph. Moritz' »Anton Reiser« (mit dem Untertitel »Ein p. R.«, 1785), F. Schlegels »Lucinde« (1799), Goethes »Wahlverwandtschaften« (1809), H. B. de Constants »Adolphe« (1816), in denen Seelenzustände erstmals eingehend beschrieben werden. Die Gattung erlebt ihre *Blütezeit* im Realismus und Naturalismus, deren literar. Theorien die krit., vorurteilsfreie Beobachtung der inneren und äußeren Wirklichkeit, die psycholog. Wahrscheinlichkeit fordern. Meisterhafte, z. T. mit wissenschaftl. Exaktheit zergliedernde Seelenanalysen sind *in Frankreich* die Romane bzw. Novellen von Stendhal (v. a. »Rot u. Schwarz«, 1830), G. Flaubert (v. a. »Madame Bovary«, 1857), P. Bourget, G. de Maupassant, in *England* von W. M. Thackeray (»Jahrmarkt der Eitelkeit«, 1847/48), in *Deutschland* von O. Ludwig, F. Spielhagen (»Problemat. Naturen«, 1861), H. Kurz, F. von Saar, C. F. Meyer und z. T. G. Keller, in *Russland* von M. J. Lermontow (»Ein Held unserer Zeit«, 1840) und v. a. von F. M. Dostojewskij, der die Gattung zum Höhepunkt führt: Er erweitert nicht nur die Darstellung der Innenwelt um das Patholog.-Abgründige und weitet die Probleme ins Theolog.-Philosophische aus, er versucht auch erstmals, anstelle des übl. ↗ auktorialen Erzählens und Deutens die psych. Vorgänge durch die Erzählstruktur (Selbstdarstellung der Personen, Reduzierung des äußeren Geschehens) unmittelbar zu gestalten. Ausbau u. Verfeinerung dieses ↗ personalen Erzählens (↗ erlebte Rede, ↗ innerer Monolog, Simultantechnik usw.), ferner die Verarbeitung der tiefenpsycholog. Erkenntnisse S. Freuds und die Gestaltung seel. Krankheitskomplexe (im sog. psychoanalyt. Roman) kennzeichnen die späteren bedeutsamen p.n R.e, die jedoch stets auch in weitere Problemkreise ausgreifen, so die Romane von Th. Fontane seit »Adultera«, 1882, bes. »Effi Briest« (1895 »fast wie mit dem Psychographen geschrieben«), A. Schnitzler (»Lieutenant Gustl«, 1901), R. M. Rilke (»Malte Laurids Brigge«, 1910), St. Zweig, den frühen H. Hesse und Th. Mann bis hin zu M. Proust, J. Joyce, V. Woolf, H. Broch. Seit dem Expressionismus tritt das Interesse an psycholog. Fragen zurück. Der individuelle Held wird ersetzt durch den Zeittypus, durch den die Totalität der modernen Welt eher zu erfassen sei. Eine moderne Entwicklung des p.n R.s bilden u. U. jene Romane, die psycholog. Probleme ins Surrealist. oder Existentielle transponieren (F. Kafka). Sie werden gewöhnl. aber nicht als p.e R.e bez.

OB

Publikum, n. [lat. = Öffentlichkeit], Interessenkreis, für den ein Kunstwerk bestimmt ist oder der es rezipiert (Leser, Zuhörer, Zuschauer); durch die im 20. Jh. hinzugekommenen Medien wurde der Publikumsbegriff ausgeweitet, man spricht z. B. vom Film-, Rundfunk-, Fernseh-P. In dem Maße, wie – v. a. während der letzten Jahrzehnte – die Gesellschaftlichkeit der Literatur erkannt wurde, geriet der Faktor P. immer stärker in das Gesichtsfeld der Literaturwissenschaft, wuchs das Bedürfnis, die seit jeher praktizierte Literaturgeschichte ›von oben‹ (von der Produzentenseite her) durch eine Literaturgeschichte ›von unten‹ (von der Seite des P.s her) zu ergänzen. Das P. ist ein zentrales Forschungsobjekt der ↗ Literatursoziologie, der Rezeptions- u. der Wirkungsästhetik (↗ Rezeption). Je nach dem Verhältnis zwischen Darbietenden u. P. unterscheidet man

1. ein *direktes* oder *Präsenz-P.,* z. B. das P. bei Theater-, Opern-, Konzertaufführungen, bei Dichterlesungen u. Rezitationsabenden oder das P. in frühen Literaturphasen (für den westl. Kulturbereich etwa des MA.s), dem Literatur durch Vorlesen oder Rezitieren vermittelt wird. Die Intensität der Kommunikation zwischen Darbietenden u. direktem (Präsenz)P. ist naturgemäß bes. groß, der Vortragende oder Schauspieler kann, je nach der Reaktion des P.s, in seinem Programm variieren, kann extemporieren u. dgl. Neben das Präsenz-P. tritt schon in der Antike u. wieder im MA durch die Zunahme der Lektüre

2. das *indirekte oder verstreute P.* (von ↗ Lesern). Innerhalb dieses Nebeneinanders zweier Publika verlagert sich in der Neuzeit, da Lite-

ratur mehr u. mehr in Buchform auf den Markt gelangt, der Schwerpunkt immer stärker in Richtung auf dieses P. – Das Funktionieren des Kunstmarkts hängt in hohem Maße vom Faktor P. ab. Im Reagieren auf die künstler. Erzeugnisse zeigt sich das P. als geschmacksbestimmend (↗ literar. Geschmacksbildung) – vgl. z. B. das Verhältnis zwischen Dickens' Romanen u. ihrem P.: Beifall u. Konsumbereitschaft des P.s bewirken den Erfolg eines Werkes, sein Desinteresse oder Missfallen kann zum Absetzen eines Stückes vom Theaterspielplan oder einer Serie aus dem Fernsehprogramm führen. Literar. oder künstler. Moden sind nicht zuletzt aus dieser Relation zu erklären. Andererseits kann die Kunstproduktion u. -distribution bildend, erzieherisch, tendenziös auf das P. einzuwirken versuchen. Solche Wechselwirkungen (eines ihrer Produkte ist z. B. der ↗ Bestseller) sind allerdings umso schwerer zu fassen, als mit der wachsenden Differenzierung des Literaturbetriebs die Beziehungen zwischen Produktion u. P. u. die Einflüsse des P.s auf die Entstehung von Literatur sich immer mehr kompliziert haben. Der Frage, welches P. jeweils als Empfänger einer bestimmten Literatur anzusehen sei, sucht die Literatursoziologie mit empir. u. demoskop. Methoden nachzugehen. Dabei lassen sich verschiedene Publikumsschichten gegeneinander abgrenzen; extreme Beispiele sind etwa: das P. der Lyrik Celans u. das P. von Trivialromanen. In manchen Epochen kann das P. literar. Werke relativ homogen sein (z. B. das – im weitesten Sinne – adlige P. der höf. Dichtung des MA.s), in anderen heterogen (z. B. das P. Shakespeares). In der frühen Neuzeit wurden durch das wachsende Lesevermögen u. durch die Erfindung des Buchdrucks nach u. nach neue Publikumsschichten erschlossen. Vom Begriff des *realen P.s*, d. h. den Empfängern, die ein Kunstwerk hörend oder lesend oder zuschauend tatsächl. rezipieren, sind andere Begriffe zu trennen, so der des *intendierten P.s*, auf das innerhalb eines Werkes selbst (meist in der Vorrede) oder von außen her, durch anderweitige Äußerungen eines Autors (z. B. Briefe, Kommentare) abgezielt wird. Es kann mit dem realen P. annähernd identisch sein, zwischen beiden können aber auch erhebl. Divergenzen bestehen, wenn das intendierte P. als ideales P. gezeichnet ist, kein Pendant in der Wirklichkeit hat. Dabei wird das P. bereits als ↗ Fiktion begriffen, vollends dann, wenn es als Rolle, entsprechend der des Erzählers, in das Werk hineingedichtet ist. Eindrucksvolle Beispiele eines solchen fiktiven P.s finden sich etwa bei Wolfram v. Eschenbach oder Jean Paul. Die Publikumsbewusstheit der Autoren kann mehr oder weniger stark ausgeprägt sein; manche Autoren vermeiden es geradezu, das von ihnen intendierte P. kenntl. zu machen oder eine Publikumsrolle in der Intentionalität ihrer Werke zu verankern, bis hin zur Extremposition des monolog. Dichtens: solche Autoren geben vor, ohne jeden Gedanken an ein P. ihr Werk verfasst zu haben (vgl. z. B. einschlägige Äußerungen Rilkes). Wie viele Aspekte der Publikumsforschung bedarf auch dieser noch einer eingehenden Untersuchung. ↗ Lesergeschichte.

MS

Pulcinella, m. [pultʃi'nela; it.], aus dem neapolitan. Volkstheater stammende faul-gefräßige, list. Dienerfigur der ↗ Commedia dell'arte, Typus des zweiten Zane (↗ Zani): mager und bucklig, mit heiserer Stimme, Vogelnase, Schnurr- und Backenbart, im weiten weißen Kittel und weißen Hosen, mit einer Spachtel im Gürtel und einem Zweispitz auf dem Kopf, seit Ende des 17. Jh.s in bartloser Halbmaske und kegelförm. hohem Hut. Der P. wurde während des 17. Jh.s in ganz Europa beliebt, insbes. als zentrale ↗ lust. Person des Puppenspiels, zunächst in Frankreich (als *Polichinelle*), wo er bunte Kleider und einen doppelten Buckel bekommt, seit etwa 1670 in England (als *Punch*), wo er klein und dick wird, seit Mitte des 17. Jh.s in Deutschland, seit dem 18. Jh. (als *Petruschka*) in Russland. HD

Punch, m. [pʌntʃ], engl. Komödienfigur, vgl. ↗ Pulcinella.

Puppenspiel (Puppentheater, heute bevorzugt auch: Figurentheater), Theaterspiel mit Puppen oder anderen mechan. bewegten Figuren, entweder als stummes Spiel oder von einem Kommentator begleitet (asiat. P.e) oder mit unterlegten menschl. Stimmen. Man unterscheidet P.e mit *plast. Figuren:* Hand-P., ↗ Marionettentheater, Stock- oder Stab-P. und P.e mit bewegl. oder starren *Flachfiguren:* ↗ Schattenspiel, mechan. Theater, Theatrum mundi, Modell- oder Papiertheater. Das P. wird z. T. als vollkommenstes, absolutes Theater angesehen, da die Puppe einerseits durch Starre, Mangel an Mimik, andererseits durch unbegrenzte Form-, Bewegungs- und Verwandlungsmöglichkeiten (Fabelwesen, Veränderung der Größe, Fliegen, Verschwinden, Verwandeln, Verselbständigung einzelner Körperteile usw.) die schöpfer. Imaginationskraft und Phantasie des Spielers und Rezipienten auf vielfält. Weise freisetzt und stimuliert. – Das P. ist allen Dramenformen und Stoffen zugängl., tendiert jedoch oft zu Vereinfachungen (Personenzahl, Dialog, Problematik; vgl. den berühmtesten P.stoff, ›Dr. J. Faust‹). Charakterist. sind (bes. für Hand- und Stock-P.e) volkstüml. Stoffe, Improvisationen, die es erlauben, das Publikum ins Spiel einzubeziehen (Frage-Antwort, Aufpasserfunktionen usw.) und auf Aktuelles anzuspielen. Diese Eigenschaften machen das P. für pädagog. Zwecke geeignet; es findet sich als Spielzeug für Kinder (vgl. Goethe, Dichtung u. Wahrheit, 1. Buch) und ist heute integrierter Bestandteil der Vorschul- und Schulerziehung, wurde aber von Anfang an auch zu ideolog. und propagandist. Zwecken eingesetzt, z. B. bei der Missionierung Japans durch buddh. Mönche, zur Vergegenwärtigung von Glaubensinhalten in der christl. Kirche seit dem 7. Jh.; Beispiele in jüngerer Zeit sind P.e zur Truppenbetreuung in beiden Weltkriegen oder die Marionetten- und Schattenspiele zur kommunist. Propaganda auf dem ›langen Marsch‹ der chines. Revolutionäre. – Das P. war jahrhundertelang eine v. a. dem ↗ Mimus verwandte volkstüml. Unterhaltung und hat eine Fülle v. a. lustiger *stehender Typen* ausgebildet, die z. T. bis heute die einzelnen P.arten und ihre nationalen Ausprägungen kennzeichnen. Sie wurden meist aus dem Menschentheater, insbes. der Commedia dell'arte, übernommen und mit nationalen Zügen ausgestattet, so der dt. ↗ *Hanswurst* und *Kasperl* (↗ Kasperltheater), der italien. ↗ *Pulcinella,* der sich als *Punch* im engl., als *Polichinelle* im frz., als *Petruschka* im russ. P. findet, der frz. ↗ *Guignol,* der tschechoslowak. *Kasparek,* der türk. *Karagöz* u. a. – Während sich in den asiat. Ländern das P. in seinen verschiedenen Arten in autonomen Kunstgattungen entfaltete (Japan, Java: ↗ Wayang purwa u. kulit), blieb es im europ. Bereich entweder volkstüml.-derb und kunstlos, ohne Anspruch auf Illusion und meist ohne literarisierten Text, oder wurde möglichst eng dem Menschentheater angenähert. Erst im 20. Jh. wurde ein künstler. eigenständ. P. geschaffen. P. kann von Laien und Berufsspielern realisiert werden. Dem wohl priesterl. P.er der Frühkulturen und den hochgeachteten Künstlern in asiat. und oriental. Ländern steht in Europa bis in die Neuzeit der sozial wenig angesehene P.er, der zugleich fahrender Gaukler und Schauspieler war, gegenüber. Erst seit Mitte des 19. Jh.s wird der P.er eher auch als Künstler respektiert. Dagegen umfasste das Publikum des P.s von Anfang an alle Stände. *Geschichte:* Sowohl hinsichtl. der frühesten Ausprägung des P.s als auch seiner Herkunft (Indien? Griechenland? Polygenese?) gibt es nur Theorien. Schon im alten Ägypten ist die Verwendung von bewegten Puppen (durch Wasser, Sand, heiße Luft) bei kult. Feiern bezeugt, eine Tradition, der sich auch die mal. christl. Kirche bediente (Engel mit bewegl. Flügeln usw.) und die säkularisiert im 18. Jh. zu großer Blüte gelangte (Automaten). P.e erwähnen Xenophon (5. Jh. v. Chr.), Pseudo-Aristoteles, Platon und Horaz, *früheste Bildzeugnisse* stammen aus mal. Handschriften des 12. (Hortus deliciarum der Herrad von Landsberg: Abb. von Marionetten) und 14. Jh.s (Hs. des Alexanderromans von Jehan de Grise in Oxford: Handp.). Neben weiteren späteren bildl. u. schriftl. Zeugnissen, z. B. bei Hugo von Trimberg, im Redentiner Osterspiel u. a.), beweisen seit dem 15. Jh. Gesuche um Spielerlaubnis, Spielverbote, Steuern für Zulassungen usw. die Häufigkeit und Beliebtheit des P.s insbes. auf Jahrmärkten, aber auch in Bürgerhäusern (Zeugnis von 1479 aus Wien)

Puppenspiel

und an Höfen (z. B. Maximilian I. im »Freydal«). Wandertruppen-Prinzipale boten in schlechten Zeiten ihre Stücke als billigere P.e an. In England entstanden schon Ende des 16. Jh.s, in Frankreich im 17. Jh., auch feste Puppentheater (in Deutschland erst 1802, Hänneschen Theater in Köln), die dem eigentl. Theater oft Konkurrenz machten; in England z. B. war während der Restauration das P. die einzige Repräsentanz der Theaterkunst. Während Hand-P. und Marionettentheater die volkstüml. Unterhaltung blieb, interessierten sich Adel und Bürgertum im Gefolge der Chinoiseriemode seit Ende des 17. Jh.s auch für das Schattenspiel, im 18. Jh. für das sog. *mechan. Theater,* auf dem automat. betriebene Figuren sich reigen- oder festzugartig bewegten, oder für das sog. *Theatrum mundi,* dessen starre, flache Figuren auf Laufschienen bewegt und zu Panoramen oder Dramenszenen gruppiert wurden; anspruchsloser waren die *Papier-, Heim-* oder *Modelltheater* des 19. Jh.s mit flachen Holz- oder Papierfiguren zum Aufstellen in Pappmodellbühnen, die in vielen europ. Ländern (in Dtschld. z. B. die Modelle von M. Trentsensky und J. F. Schreiber, in England die Pollockschen Papiertheater) v. a. in Bürgerhäusern weit verbreitet waren. Mit der Entdeckung der Volkskunst in der Romantik wurde auch das P. ästhet. reflektiert (A. v. Arnim, J. Kerner, E. Mörike, S. A. Mahlmann, bes. H. v. Kleist,»Über das Marionettentheater«, 1810). L. Tieck und C. Brentano verfassten Stücke ausdrückl. für das P. Mitte des 19. Jh.s versuchte Graf Pocci das P. für pädagog. Zwecke zu erneuern: er bearbeitete v. a. Märchen für die Puppenbühne Joseph Schmids und machte seit 1858 München zur bekanntesten P.-Stadt. Eine eigentl. *Erneuerung des P.s* setzte etwa 1910 ein, z. T. angeregt durch das hohe künstler. Niveau des asiat. P.s. Bedeutende Bühnenbildner wie A. Appia, E. G. Craig oder Alexandra Exter, bildende Künstler wie Natalia Gontscharowa, P. Klee, Sophie Täuber-Arp, A. Calder und bes. Künstler des Bauhauses (O. Schlemmer) förderten das Bestreben, unter engem Anschluss an herrschende Kunstrichtungen und neue techn. Errungenschaften (Lichtregie) eigenständ. Figuren und Bühnenformen zu entwickeln. Bemerkenswert wurden die P.e von Paul Brann in *München* (Mitarbeit: O. Gulbransson, Hans Thoma, P. Klee, W. Kandinski), Richard Teschner in *Wien* (javan. Spieltechnik, Mitarbeit: G. Klimt, A. Roller), der Graphiker Ivo Puhonny in *Baden-Baden,* Toni Sarg und bes. Bill Baird in *New York,* die *Hohensteiner* P.e von M. Jacob oder die berühmten Marionetten von A. Aicher in *Salzburg,* A. Roser in *Stuttgart.* Bedeutend sind auch die *tschechoslowak.* P.e, seit der Jh.wende v. a. eine wichtige polit. Funktion haben, bes. durch die Figuren des Spejbl und Hurwinek von J. Skupa (1920), für die auch Karel Čapek Stücke verfasste, ferner die russ. P.e, die von dem Maler und Schauspieler Sergei Obraszow, dem bedeutenden Leiter des Puppentheater-Zentralinstituts der Sowjetunion, seit 1925 entwickelt, in ihren Spielmöglichkeiten erweitert (z. B. das Stab-P.) und auch theoret. fundiert wurden. Auch nach dem Zweiten Weltkrieg wurden die Versuche um das P. fortgesetzt (Stilisierungstendenzen, neue Materialien, Mischformen v. Mensch u. Puppe, von verschiedenen Puppentypen), z. B. von Harry Kramer, Michael Meschke (Stockholmer Figurentheater), Jan Roets, Feike Boschma, Neville Tranter, Rod Burnett oder Jim Henson (durch TV u. Film weltberühmt gewordene Muppet-shows). – P.er sind heute in nationalen *Vereinigungen* organisiert, in der Bundesrepublik z. B. im ›Dt. Bund für P.e‹ (1928–1933, Neugründung 1948). International ist die UNIMA (Union International des Marionnettes), 1929 von I. Puhonny angeregt, Neugründung 1957 mit aktiven Zentren v. a. in sozialist. Ländern. – Seit 1949 besteht in Bochum das ›Dt. Institut für P.‹ mit international ausgerichteten Kongressen, internationalen Festwochen (Fiduna) u. mehreren Schriftenreihen, z. B. Monographien ›Meister des P.s‹ und die Zs. ›Figurentheater‹ (seit 1963 als 6. Jg. der von 1930–33, 1948–51 vom ›Dt. Bund für P.e‹ hrsg. Zs. ›Der P.er‹). IS

Purịsmus, m. [zu lat. purus = rein], Bez. für Bestrebungen, eine Nationalsprache ›rein‹ zu erhalten, d. h. insbes. Fremdwörter und Sprachmengereien, aber z. T. auch ↗ Neologismen und Verstöße gegen idiomat. Korrektheit zu bekämpfen. P. ist gewöhnl. kennzeichnend für Phasen starken Nationalbewusstseins und erscheint oft als Gegenbewegung gegen mod. Überfremdungen einer Sprache, vgl. etwa schon in der röm. Antike der archaisierende ↗ Attizismus (Cicero, Quintilian) im Ggs. zum ↗ Asianismus (auch ↗ Barbarismus), oder die purist. Bestrebungen seit dem 16. Jh. in Italien (Accademia della crusca, 1582), Frankreich (Académie française, 1635), den Niederlanden und Belgien (↗ Rederijkers) und im Anschluss daran auch in Deutschland, wo bes. die ↗ Sprachgesellschaften die mit Latein durchsetzte Rechts- und Kanzlsprache, v. a. aber die übertriebene Vermengung der Sprache des gesellschaftl. u. kulturellen Lebens mit span., italien. und franz. Wörtern und Floskeln bekämpften, teils in Satiren (vgl. ↗ Alamodeliteratur), teils durch Verdeutschungsvorschläge, die die dt. Sprache vielseitig bereicherten (J. G. Schottel, J. M. Moscherosch, Ph. von Zesen, G. Ph. Harsdörffer u. a.). Dieser sog. *schöpfer. P.* wurde um 1800 wieder gefordert, insbes. von J. H. Campe (»Reinigung u. Bereicherung«), im 19. Jh. dann u. a. von J. D. C. Brugger (Verein für die Reinsprache, 1848) und F. L. Jahn (Turnersprache), seit 1885 vom Allgem. ↗ Dt. Sprachverein, der jedoch nicht frei von Pedanterie und Deutschtümelei (Kampf gegen »falsche Sprachgesinnung« und »Verwelschung«) war (vgl. dagegen den von der Nachfolge-›Gesellschaft f. dt. Sprache‹ aus vertiefter Einsicht in das Wesen der Sprache vertretenen gemäßigten P.). Nach wie vor sind trotz der veränderten Bewertung der Fremdwortfrage purist. Bestrebungen zu beobachten, z. B. in Frankreich das ›Verbot‹ zahlreicher angloamerikan. Ausdrücke. IS

Puy, m. [pųi; mfrz. = Anhöhe, lat. podium = Getäfel, Ehrenplatz], mal. frz. Vereinigung von kunstbeflissenen Bürgern und Künstlern zur Pflege von Dichtkunst (↗ Dit, ↗ Chanson, ↗ Jeu parti), Theaterspiel (↗ Mirakel-, ↗ Mysterienspiele) und Musik, z. T. in öffentl. Wettkämpfen. Der Leiter eines P. wurde *prince* (Fürst, König) genannt. – Der Name P. wird von der Stadt Le Puy in der Auvergne abgeleitet, in der die älteste derartige Vereinigung gegründet worden sein soll. Im 13. Jh. war bes. der *P. von Arras* ein bedeutendes literar. Zentrum, dem fast 200 Dichter angehört haben sollen, darunter die beiden berühmten Trouvères Jean Bodel und Adam de la Halle. Bedeutende P.s entstanden bes. in nordfranz. Städten wie Amiens, Douai, Rouen, Valenciennes; ihre eigentl. Blütezeit erlebten sie vom 14. bis 16. Jh.; die Dichtkunst der P.s verharrte späterhin in epigonalen, überkommenen Formen, vgl. den dt. ↗ Meistersang. S

Pyrrhichius, m., auch: Dibrachys [gr. = zweimal Kurzer], antiker Versfuß aus 2 Kürzen bzw. kurzen Silben (◡◡), sog. Brachysyllabus; entsteht durch Auflösung einer langen Silbe; benannt nach seiner Verwendung im griech. Waffentanz (pyrrhiché). S

Q

Quadrivium, n. [lat. = Vierweg], Teilgebiet der Artes liberales (↗ Artes), umfasst die höheren Fächer Geometrie, Arithmetik, Astronomie und Musik, vgl. auch ↗ Trivium.   S

Quantität, f. [lat. quantitas = Größe, Menge], Silbenlänge, vgl. ↗ Metrik, ↗ quantitierendes Versprinzip, ↗ Prosodie, ↗ akzentuierendes Versprinzip, ↗ Akzent.

Quantitierende Dichtung, Dichtung, deren ↗ Metrik auf dem ↗ quantitierenden Versprinzip beruht. ↗ Prosodie.

Quantitierendes Versprinzip, Versstruktur, die aus einer geregelten Abfolge langer und kurzer Silben konstituiert wird. Auf dem qu. V. beruht die klass. griech. und röm. (lat.) Metrik, entsprechend der Struktur der altgriech. und der lat. Sprache, deren wichtigstes prosod. Merkmal die Opposition kurzer und langer Silben ist (wobei der Wortakzent der Prosasprache sekundär wird), hinter der andere prosod. Merkmale, wie der musikal. Akzent im Griech. und der wohl überwiegend dynam. Akzent im Lat., zurücktreten. In spätantiker Zeit (3./4. Jh. n. Chr.) allerdings setzt sich sowohl im Griech. wie im Lat. ein starker dynam. Akzent durch, unter dessen Einfluss die Oppositionen der Silbenquantitäten aufgehoben werden (»Quantitätenkollaps«). Seit dieser Zeit finden sich neben den nach wie vor *metrice* (d. h. messend = quantitierend) gebauten Versen der Gelehrtenpoesie (ohne Verankerung in der gesprochenen Sprache) v. a. im kirchl. Bereich (Hymnendichtung) und in der ↗ Vagantendichtung neue, *rhythmice* (d. h. akzentuierend-silbenzählend) gebaute Verse, wohl im Anschluss an die Volksdichtung (↗ akzentuierendes Versprinzip, ↗ silbenzählendes Versprinzip). Das Nebeneinander beider Techniken bestimmt die griech. (und lat.) Verskunst bis heute. – Auf dem qu. V. beruhen auch die Metrik der altind. Kunstdichtung, die arab. Metrik und (nach deren Vorbild) die Metrik der hebr. Kunstdichtung des MA.s. – Die Metrik der germ. Sprachen beruht grundsätzl. auf dem akzentuierenden Versprinzip. Da die älteren germ. Mundarten allerdings auch noch die Opposition kurzer und langer Tonsilben kennen, wird hier das akzentuierende Versprinzip modifiziert: unter bestimmten Bedingungen sind auch die Silbenquantitäten zu beachten. In der mhd. Metrik etwa gilt dies für die ↗ beschwerte Hebung (Voraussetzung: Länge), die ↗ Hebungsspaltung (Voraussetzung: offene Tonsilbe) und, im Zusammenhang damit, für die klingende ↗ Kadenz und die 2-silbig männl. Kadenz. Mit dem Verlust der kurzen offenen Tonsilben, bedingt meist durch Vokaldehnung, entfallen diese Modifikationen.   K

Quartett, n. [aus it. quarto, lat. quartus = vierter], vierzeil. Abschnitt eines Gedichtes, v. a. im ↗ Sonett.   S

Quatrain, m. [kaˈtrɛ̃:; frz. = Vierzeiler], in der franz. Metrik *allgemein* jede vierzeilige Strophenform, auch die Quartette des ↗ Sonetts; *im engeren Sinne* eine bestimmte Form des Vierzeilers aus 4 ↗ Alexandrinern oder 4 ↗ vers communs, gängiges Reimschema abba; in der frz. Dichtung seit dem 16. Jh. v. a. als Form des ↗ Epigramms und der ↗ Gnome gebraucht; in dieser Funktion bes. im 17. Jh. auch in dt. Dichtung (M. Opitz, Ph. v. Zesen, F. v. Logau), später noch bei G. E. Lessing und A. v. Platen.   K

Quelle, stoffl. Basis eines literar. Werkes, aus der ein Autor die Kenntnis eines bestimmten Geschehnisablaufs, von Figuren- und Motivkonstellationen schöpft, die er dann meist nach eigenen Vorstellungen verwertet. Man unterscheidet
1. *schriftl. Vorlagen,* z. B. ältere literar. Bearbeitungen desselben Stoffes, histor. oder biograph. Schriften,
2. *mündl. Überlieferungen,* u. a. Sagen-, Märchen-, Liedtraditionen, volkstüml. Erzählgut, eigene Erlebnisse,
3. auch *bildl. Anregungen* (Gemälde, vgl. z. B. Th. Storm,»Aquis submersus«, H. v. Kleist,»Der zerbrochene Krug«). Die Qu. eines literar. Werkes kann angegeben sein (vgl. z. B. die Qu.nberufungen in mhd. Epen und der ↗ Dokumentarliteratur), manchmal auch nur fingiert sein (um ein literar. Werk durch eine Autorität abzusichern oder als Mystifikation, z. B. das Kyot-Problem im »Parzival« Wolframs von Eschenbach, sog. Qu.*nfiktion*) oder auch als historisierendes Stilmittel eingesetzt werden (vgl. ↗ chronikale Erzählung, ↗ Rahmenerzählung). – Die krit. Überprüfung der Echtheit oder Glaubwürdigkeit vermuteter oder vom Autor angegebener Quellen leistet die Qu.*nkritik*. S

Querelle des anciens et des modernes, f. [frz. kərel des āsjɛ e de mɔdɛrn], ↗ Literaturstreit in der frz. Lit. der 2. Hä. d. 17. Jh.s, ausgetragen zwischen Vertretern einer an der Antike orientierten Literaturauffassung und solchen, welche die Lösung vom antiken Vorbild propagierten und die Behandlung v. Stoffen auch aus der Bibel u. v. a. neuerer Geschichte forderten, sich für zeitgemäße, progressive Tendenzen einsetzten. Ausgelöst wurde die Q. durch den Vortrag des Gedichtes »Le siècle de Louis le Grand« von Ch. Perrault, 1687 in der Académie française. Die hierin propagierten Ideen vertiefte Perrault in einem 4-bänd. Werk »Paralleles des anciens et des modernes« (1688/97). In beiden Werken wird die Überlegenheit der zeitgenöss. Literatur über ihre Vorläufer in der Antike gepriesen. Unterstützung fand Perrault von Fontenelle (»Digressions sur les anciens et les modernes«, 1688). Für den überzeitl. ›klass.‹ Rang der antiken Literatur plädierten dagegen N. Boileau (»L'Art poétique«, 1674), J. de La Bruyère, J.-B. Bossuet, Fénelon, P. D. Huet und J. B. Racine. 1701 suchte Boileau einen gewissen Ausgleich der Positionen, indem er in einem Brief an Perrault die Vorzüge und Schwächen beider Auffassungen gegeneinander abwog. – 1714 flackerte die Kontroverse wieder auf im Anschluss an die Homer-Übersetzung der Mme Dacier, die sie gegen A. H. La Motte, einem Vertreter der ›modernes‹, in der Schrift »Des causes de la corruption du goût« (1714) verteidigte. – Diese in weitere gesellschaftl. Bereiche ausgreifende Q. zwischen Konservativismus und Fortschrittsglauben hatte etwa gleichzeitig eine ins Wissenschaftl.-Philosoph. verschobene Parallele in England in dem »Quarrel of the ancients and moderns«, ausgetragen v. a. von W. Temple, dem Verfechter der klass. Tradition (»Of ancient and modern learning«), und W. Wotton als dem Anwalt progressiver Tendenzen (»Reflections upon ancient and modern«, 1694), in den sich auch J. Swift für W. Temple mit »The battle of books« einmischte. S

Quintịlla, f. [kin'tilja; span. = Fünfzeiler], seit dem 16. Jh. gebräuchl. span. Strophenform aus fünf achtsilb. sog. span. ↗ Trochäen, Reimschema meist ababa, aber auch andere Reimordnungen häufig; die volkstüml. Dichtung verwendet statt Reimen Assonanzen. Sonderformen der Q. ergeben sich durch Ersetzen einzelner Achtsilbler (meist der 2. oder 5. Zeile) durch kürzere Verse. K

R

Rabenschlachtstrophe, mhd. Strophenform, verwendet in der zum Dietrichsagenkreis gehörenden Heldendichtung »Die Rabenschlacht«: im Unterschied zu anderen Strophen der Heldenepik nur drei Langzeilen: 4ka–3mb / 4ka–3mb / 4kc–6kc.　　　　　S

Rahmenerzählung, Erzählform, die in einer umschließenden ep. Einheit (Rahmen) eine fiktive Erzählsituation vorstellt, die zum Anlass einer oder mehrerer in den Rahmen eingebetteter Binnenerzählungen wird. Der Typus R., bei dem der zwischen Rahmengeschehen und fiktiver Zuhörerschaft vermittelnde Erzähler der Binnenhandlung auch als Figur der Rahmenhandlung erscheint, kann aus der Ursituation allen Erzählens (mündl. Erzähler als Vermittler zwischen Vorgang und Zuhörern) verstanden werden. Man unterscheidet
1. die *gerahmte Einzelerzählung*, deren Rahmen oft als fingierte Quelle (Chronik, Tagebuch, Brief u. dgl., vgl. chronikale Erzählung) Authentizität vortäuschen soll;
2. die *zykl. R.*, in der verschiedene, themat. mehr oder weniger zusammengehörige Einzelerzählungen zu einer geschlossenen Einheit zusammengefasst sind. Typ. für die zykl. R. ist das Erzählen anlässl. einer unfreiwilligen Wartezeit, sowie die Ausrichtung der Erzählungen auf ein didakt. oder unterhaltendes Ziel. Ferner gibt es Romane mit mehreren aufeinander wie auf den Gesamttext bezogenen Erzähleinlagen (z. B. Goethes »Wilhelm Meister«). – Voraussetzung für Logik und Wirksamkeit der R. ist die Korrespondenz von Rahmen und Gerahmtem. Der Rahmen erscheint häufig nur als (potentiell zu einer eigenen Geschichte ausbaubare) Klammer oder wird im Sinne einer Exposition oder Einstimmung in das Geschehen verwendet. Darüber hinaus kann der Rahmen der Spannungsförderung und Kontrastwirkung (zeitl.: Gegenwart – Vergangenheit, gegensätzl. Gegenstände, eth. Wertungen usw.), der Erklärung motivl. oder assoziativer Verknüpfungen, der Motivation bestimmter Darstellungsformen (z. B. ↗ Ich-Form, Wechsel der Erzählstile und Perspektive) dienen. Der Grad der Verknüpfung zwischen Rahmen und Binnenerzählung ist ein ebenso wichtiges Element der R. wie die jeweil. Kombination der Erzählerrollen (ein einzelner Erzähler, verschiedene Erzähler). Die Erweiterung der Rolle des im Rahmen auftretenden Erzählers durch reflektierende Einschübe, Vorleser- und Manuskriptfiktionen bis zur Thematisierung der Erzählsituation selbst charakterisiert die Entwicklung der R. zur hochartifiziell-experimentellen Kunstform, die zu assoziativ bedingten Kettenformen oder wechselnde Perspektiven bewirkenden Schachtelformen führen kann. Die jeweiligen erzählperspektiv. Varianten schaffen ferner ein ›distanzierendes Moment‹ zwischen Vorgängen der Binnenhandlung, fiktivem Adressaten und realem Leser, das die R. zum geeigneten Element für Verfremdungseffekte, Ironie oder Kritik macht. Die R. ist eine wichtige Ausprägung der ↗ Novellendichtung, in der erst das distanzierende Moment des Rahmens und die Vermittlerrolle des Erzählers die novellist. Ausgangssituation, das gesellschaftl. Erzählen, konstituieren. – Die Technik der R. taucht erstmals in indischen und pers. Dichtungen auf, zunächst als lose Sammelform mit Reihung illustrierender Einzelfälle als Exempel für einen das Rahmenziel darstellenden didakt. Zweck. Bekanntestes oriental. Beispiel

für die zykl. R. sind die arab. Erzählungen »1001 Nacht«; auch im Abenteuerzyklus der »Odyssee« findet sich die Technik der R. Boccaccios »Decamerone« (1348–53) macht insbes. den Gesellschaftsbezug der R. deutlich. Wichtige zykl. R. en der europ. Literatur sind G. Chaucers »Canterbury Tales« (1386–1400), Margarete von Navarras »Heptameron« (1585) und G. B. Basiles »Pentamerone« (1634–36). In Deutschland wird die R. im Anschluss an Goethes »Unterhaltungen deutscher Ausgewanderten« (1795) zu einer der wichtigsten Erzählformen des 19. Jh.s, verwendet von C. Brentano (»Geschichte vom braven Kasperl und dem schönen Annerl«), L. Tieck (»Phantasus«), A. v. Arnim (»Wintergarten«), E. T. A. Hoffmann (»Serapionsbrüder«), H. Heine (»Florentinische Nächte«) und W. Hauff (Märchenzyklen). G. Keller gestaltete nach Ansätzen (»Der Landvogt von Greifensee« und »Die Leute von Seldwyla«) in seinen »Züricher Novellen« und im »Sinngedicht« zykl. Formen der R., während C. F. Meyers »Hochzeit des Mönchs« und »Der Heilige« dem Typus ›gerahmte histor. Einzelerzählung‹ zuzuordnen sind. Bedeutende Autoren des 19. Jh.s, die mit der Erzählform R. experimentierten, sind neben Th. Storm und P. Heyse vor allem K. L. Immermann (»Epigonen«, »Münchhausen«), J. Gotthelf (»Die schwarze Spinne«), A. Stifter (»Granit«) und F. Grillparzer (»Der arme Spielmann«). Im 20. Jh. erscheint die R. mit neuen Kombinationen von Binnenerzählung und Rahmen u. a. bei St. Andres (»Das Grab des Neides«), St. Zweig (»Schachnovelle«), G. v. Le Fort (»Die Verfemte«) und W. Bergengruen (»Der letzte Rittmeister«). Über den engeren Bereich der R. hinaus wird die Rahmentechnik auch in Epos und Roman, in Drama und Oper (Vorspiel, Prolog, ↗ Spiel im Spiel) sowie im Film (Rückblendetechnik) angewandt. KH

Rätsel [spätmhd. *raetsel* < *raten*], Gattung der unter- bzw. außerliterar. u. literar. didakt. (↗ Spruch-)Dichtung: Absichtl. verhüllende Umschreibung einer Person, eines Gegenstandes, Tieres, konkreten oder abstrakten Sachverhalts u. Ä., die aufgelöst, erraten, werden sollen. Die Umschreibung oder Verschlüsselung bedient sich v. a. mehrsinniger Semantik, der Metaphorik, des Vergleichs, der Personifizierung oder Mythisierung. – Zu unterscheiden sind *unlösbare R.*, religiöse oder philosoph. Aporien und R.fragen, die nur ein Eingeweihter richtig beantworten kann, wodurch er sich als Mitglied eines Kult- oder Sozialverbandes ausweist (nach Jolles älterer R.typus myth. Ursprungs, dagegen F. Panzer), und *lösbare R.*, die scharfsinnige Kombination und ein bestimmtes allgemein verfügbares Sachwissen voraussetzen. Zu ihnen gehören auch die sog. ›Haupt(lösungs)-R.‹, wohl myth. Herkunft, deren Lösung oder Nichtlösung über Leben und Tod entscheidet, z. B. das Sphinx-R., das »Wafthrudnirlied« in der Edda, die sog. Ilo-R. – Die formale Ausprägung der R.s reicht von der einfachen Frage in Prosa bis zur mehrzeiligen, meist gereimten (stabgereimten, assonierenden) Strophe. Neben dem isolierten Fragetypus findet sich das mit der Antwort kombinierte, oft auch formal verbundene R. Dieser Typus erscheint meist integriert in Sagen (Sphinx-R.), sog. R.märchen (Prinzessin Turandot, Rumpelstilzchen), R.schwänke (»Pfaffe Amîs« des Stricker) und -erzählungen (Typus: Kaiser und Abt). – Das R. wird auf mag. Wurzeln zurückgeführt; der lösbare Typus hatte von Anfang an auch gesellig-soziale Funktionen (›Unterhaltungsexamen‹), vgl. etwa die überlieferten R.-Wettkämpfe (Salomon und die Königin von Saba im AT, der »Wartburgkrieg« u. a.) oder die Hochzeitsrätsel (bis 17. Jh.). Bis heute gehören R. zum Repertoire von Conférenciers u. a. Unterhaltern; sog. Denksportaufgaben u. R.spiele in Quizform sind in Funk und Fernsehen äußerst beliebt. R. finden sich heute ferner in Kinderbüchern und Unterhaltungszeitschriften, dort zusammen mit weiteren R.formen wie Buchstaben-R. (Logogryph), Zahlen-R. (Arithmogryph), Bilder-R. (↗ Rebus), ↗ Anagramm, ↗ Palindrom, ↗ Homonym und bes. den modernen R.formen wie Kreuzwort- und Silbenr.n. *Geschichte:* Das R. gehört als ↗ einfache Form in nahezu allen Kulturkreisen zu den ältesten Volksdichtungen. Bestimmte R.typen (Verrätselung von Tieren, sog. ›Kuh-R.‹, bäuerl. Gegenständen, Berufen, Naturerscheinungen) sind variiert in vielen Frühkulturen bezeugt. Zu den *ältesten erhaltenen* R.n gehören die Sanskrit-R. des »Rigweda« (1000 v. Chr.), die die abendländ. R.überlieferung stark beeinflussten. Frühe Zeugnisse sind auch R.spiele und R.dichtungen der Araber und Juden (Simson-R. im AT). Bei den Griechen erscheinen R. im Epos bei Homer und Hesiod, im Drama u. a. bei Sophokles, weiter bei Pindar, Herodot, Heraklit, Platon u. a. – Vorbild für spätere R.dichter wurde v. a. der Römer C. F. Symphosius (4./5. Jh.) mit einer Sammlung von 100 R.n (in je 3 Hexametern, zum Gebrauch am Saturnalienfest). Sie beeinflusste nachhaltig die mal. Tradition, v. a. die gelehrte anglolat. R.dichtung des 7. u. 8. Jh.s (vgl. das »Aenigmatum liber« des Bischofs Aldhelm von Malmesbury) oder die R. im altengl. »Exeterbook«. Auch in die »Gesta Romanorum« (13./14. Jh.) fand die Sammlung Eingang. Beliebt waren im lat. MA. auch scherzhafte bibl. und relig. R.-fragen, wie zahlreiche Sammlungen sog. »Joca Monachorum« (Hss. aus d. 8.–11. Jh.) belegen, bes. Adam- und Jonas-R. sind bis heute lebendig. – Auf altnord. R.-Traditionen verweisen die sog. Heidreks-R. (Heidreks gátur) in der Älteren Edda (überl. aus dem 13. Jh.). – Bekannte mhd. R.dichtungen sind der »Wartburgkrieg« (2. Teil, Mitte 13. Jh.) und das »Trougemundslied« (14. Jh., R.gespräch zwischen Fahrendem und Gastgeber) und die R.sprüche Reinmars von Zweter und nachfolgender Spruchdichter und Meistersinger. – Im Humanismus wurden katechismusartig aufbereitete R.fragen im Unterricht verwendet, die ebenfalls auf die Sammlung des Symphosius zurückgehen (J. Camerarius, J. Pontanus). Zusammengefasst wurden die meist gelehrten humanist. R. in der »Aenigmatographie« von N. Reusner (gedr. 1599). Das bereits seit 1500 mehrfach nachgedruckte »Straßburger R.buch« mit 336 geistl., weltl., auch obszönen volkstüml. R.n diente wie viele andere gedruckte R.hefte einem breiten Unterhaltungsbedürfnis der Zeit. – Die pädagog. Impulse und die bürgerl. Geselligkeitskultur des 18. und frühen 19. Jh.s sowie die von Herder initiierte Entdeckung und Wertschätzung der Volkspoesie förderten auch das Interesse am R.: es entstehen sog. *Kunst-R.*, literar. R.formen, die sich durch künstler. Formgebung und gedankl. Tiefe von den volkstüml. R.n abheben, vgl. z. B. G. A. Bürger (»Der Abt u. der Kaiser«), F. Schiller (»Parabeln u. R.«, »Turandot«), Goethe, J. P. Hebel, C. Brentano, W. Hauff u. v. a. Zugleich setzte die Sammlung volkstüml. R. und die wissenschaftl. Beschäftigung mit R.formen ein (J. u. W. Grimm, J. Görres). – Die bedeutendste R.sammlung stellte R. Wossidlo 1897 zusammen. IS

Raubdruck, widerrechtl. ↗ Nachdruck.

Räuberroman, Romantypus mit der Zentralfigur des edlen, außerhalb geltender Gesetze stehenden Räubers, der einerseits Untaten begeht und oft als ›Verbrecher‹ erscheint, andererseits jedoch als Befreier und Beschützer der Armen und Rechtlosen auftritt. Der R. entsteht v. a. in polit. Übergangsphasen, in denen alte Herrschaftsstrukturen brüchig werden und neue sich durchsetzen. – Als *Vorstufe* gilt eine engl. volksbuchartige Prosaerzählung von 1678 um Robin Hood, eine histor. nicht recht zu fassende Figur aus dem England des 12./13. Jh.s. Ihre literar. Fixierung beginnt gegen 1500 mit Volksballaden, die bis in die Sammlungen des 17. u. 18. Jh.s weiterlebten (»Robin Hoods Garland«, 1670, die Sammlungen Percys, 1765 und Ritsons, 1795); sie spiegelt sich auch im Drama und der Geschichtsschreibung des elisabethan. Zeitalters (und lebt bis zur Gegenwart in zahlreichen Bearbeitungen bis hin zu Jugendbüchern und Filmen fort). Zu Volksüberlieferungen solcher Art gesellen sich im 17. u. 18. Jh. Züge aus dem verwandten ↗ Schelmenroman, vgl. v. a. D. Defoe, »Colonel Jacque« (1722), H. Fielding, »Jonathan Wild the Great« (1743) und, erweitert um die Figur des See-Piraten, Defoes »Captain Singleton« (1720) bis zu J. F. Coopers »Red Rover« (1827). Neue Antriebe ergeben sich aus der bürgerl. Auflehnung gegen das ancien régime und die sich anbahnende Verfestigung bürgerl. Normen: Protesthaltung und Freiheitspathos, wie sie v. a. der dt. ↗ Sturm und Drang artikuliert, verbinden sich mit der

Konzeption des edlen Wilden (Rousseau) und ihrer Übertragung auf den edlen Räuber, die durch das zu dieser Zeit weitverbreitete Bandenwesen auch einen aktuellen Bezug bekommen. Insbes. Schillers Drama »Die Räuber« (1781) fasst diese Tendenzen zusammen und wird zum Vorbild auch für den *eigentl. R.*: Er entwickelt sich z. T. im Sog der gleichzeit. entstehenden massenhaft verbreiteten, nur marktorientierten reinen Unterhaltungsliteratur, so dass sich zwei sich vielfält. überlagernde Grundrichtungen ergeben: Die eine verbindet künstler. Anspruch mit psycholog. Vertiefung und sozial- wie zeitkrit. Zielen, so Schillers »Verbrecher aus verlorener Ehre« (1786), H. v. Kleists »Michael Kohlhaas« (1810) oder der Rost-Hitzler-Strang in A. v. Arnims »Angelika die Genueserin und Cosmus der Seilspringer« (1812) oder »Der Sonnenwirt« von H. Kurz (1854). Im Zusammenhang mit diesem künstler. anspruchsvollen Typus werden oft auch die R. von L. Frank (»Die Räuberbande«, 1914, mit ihren Fortsetzungen 1927 und 1932 sowie v. a. »Die Jünger Jesu«, 1950) oder von G. Berto (»Mein Freund, der Brigant«, 1951) gebracht, in Teilen auch Döblins »Die drei Sprünge des Wang-lun« (1915), mit histor. Einschlag ferner die Robin-Hood-Episoden in W. Scotts »Ivanhoe« (1819) oder »Rob Roy« (1817), Coopers »Bravo« (1830), denen andere literar. Fassungen histor. Räuberschicksale entsprechen, z. B. C. Zuckmayers Moritatenstück »Schinderhannes« (1927). – Bei der zweiten Grundrichtung des neueren R.s tritt an die Stelle des künstler.-krit. Anspruchs die Befriedigung von Sensationsbedürfnissen und privaten oder sozialen Wunschvorstellungen: Dazu gehört die Geborgenheit in der Bande, insbes. bieten die Räuberbraut und andere Frauen im Bannkreis des Räubers Gelegenheit zu sentimentalen oder erot.-schlüpfrigen Einlagen. Eine offene Disposition der Zentralgestalt lässt auch die Anlehnung an andere Sparten der Unterhaltungsliteratur, z. B. an die ↗ gothic novel, den ↗ Schauerroman oder den ↗ Geheimbundroman zu; vgl. z. B. H. Zschokke, »Aballino der große Bandit« (1794), Ch. A. Vulpius, »Rinaldo Rinaldini, der Räuberhauptmann« (1799, der immer wieder bearbeitete und bis ins 20. Jh. wohl erfolgreichste dt. R.) oder die Massenproduktionen C. G. Cramers (»Der Domschütz und seine Gesellen«, 1803 u. a.). Der Rückgriff auf die Geschichte ergibt zudem Überschneidungen mit dem ↗ Ritterroman, z. B. bei W. Scott und H. Zschokke oder C. G. Cramer. Später berührt sich der triviale R. häufig mit dem ↗ Kriminalroman (z. B. bei E. Sue und Dumas, auch Ch. Dickens). Die meist lose Fügung des R.s als handlungsintensive Ereigniskette lässt ihn auch als Spielart des ↗ Abenteuerromans erscheinen, sei es speziell wie im ↗ Wildwestroman und seinen outlaw-Figuren, sei es allgemein wie bei Dumas, Gerstäcker (»Die Flußpiraten des Mississippi«, 1848 u. a.) oder R. L. Stevenson (»Die Schatzinsel«, 1882). RS

Raumdrama, vgl. ↗ Figurendrama.

Razo, f. ['ra:zo; prov. = Sinn, Kommentar], Mal. Prosakommentare zu prov. Liedern, die in den erhaltenen Hss. den Liedtexten vorangestellt sind; umreißen deren Vorgeschichte, Umstände, den Anlass der Entstehung u. erklären gegebenenfalls auch ↗ Anspielungen auf die im Text genannten Personen (oft im ↗ Senhal versteckt); gelegentl. sind R.s auch nur durch Biographisches ausgeschmückte Prosa-↗ Paraphrasen. R.s wurden evtl. mit den Liedern zusammen vorgetragen. Seit dem 14. Jh. finden sie sich auch in gesonderten Hss.-Abteilungen zusammengestellt, werden zunehmend zu kurzen Erzählungen erweitert. Vgl. auch ↗ Vida. S

Realismus, m. [von lat. res = Sache, Wirklichkeit],
I. Bez. einer *Richtung* im erkenntnis-theoret. ›Universalienstreit‹ *der scholast. Philosophie des MA.s*, die vor allem von Anselm von Canterbury (1033/34–1109) und Wilhelm von Champeaux (1070–1121) gegen den Nominalismus (= Universalien keine Realität außerhalb des Denkens) vertreten wurde (Begriffs-R. gegen Begriffs-Idealismus). Grundannahme dieses philosoph. R. ist, dass die Allgemeinbegriffe oder Universalien (z. B. ›die Menschheit‹) gegenüber den konkreten Einzeldingen

(z. B. ›dieser Mensch‹) einen höheren Grad an Wirklichkeit besitzen. Unter dem Einfluss der durch den Neuplatonismus vermittelten antiken Ideenlehre werden die Universalien als schaffende Gedanken Gottes, der höchsten Realität (»ens realissimum«), verstanden, denen damit nicht nur der Rang substantieller Seinsfülle, sondern zugleich ein höchster Wert in der Hierarchie der Wirklichkeit zugemessen wird.

II. *Begriff der Ästhetik,* der die Art und Weise der Beziehungen zwischen histor. Wirklichkeit und ihrem Nachvollzug in Kunstwerken bezeichnet. Obwohl der Begriff für die ästhet. Theorie aller Künste von entscheidender Wichtigkeit ist, wurde er am ausführlichsten doch in Bezug auf die Literatur diskutiert. Die seit etwa 150 Jahren geführte *Realismusdebatte* hat dennoch keine Möglichkeit gefunden, den Begriff so festzulegen, dass die mit ihm verbundenen Inhalts- und Wertvorstellungen in einer das systemat. und das histor. Interesse umfassenden Definition vereint werden könnten. Gründe für diese Definitionsschwierigkeiten liegen sowohl in den unterschiedlichen Anwendungsbereichen als auch in den gegensätzl. philosoph. Wirklichkeitsauffassungen, auf die sich der Begriff R. erstreckt. –

Theorie:

1. *Der polemische Begriff:* Seit seinem ersten Erscheinen als stilist. und inhaltl. Kennzeichnung in einer Rezension des »Mercure français« (1826) ist ›Realismus‹ nicht nur ein klassifizierender oder beschreibender, sondern ebenso ein polem. Ausdruck gegen idealist. und romant. Kunstauffassung, später auch gegen den Naturalismus. Daher ist mit seiner Verwendung stets nicht nur die Frage nach dem (schon in der aristotelischen Poetik problematisierten) Verhältnis von Mimesis (Nachahmung, Abbildung von Wirklichkeit) und Poiesis (Prozess der freien künstler. Verarbeitung) thematisiert, sondern zugleich eine histor. oder ideolog. bedingte Wertung impliziert. Bis heute hat das Wort ›R.‹ seine Funktion als Oppositionsbegriff gewahrt: »Der Realismus ist die Ideologie, die jeder gegen seinen Nachbarn ins Feld führt« (A. Robbe-Grillet 1965).

2. *Der Epochenbegriff.* Da der Begriff R. in der Zeit zwischen 1830 und 1880 zuerst grundlegend diskutiert wurde, nicht nur als kunsttheoret. Terminus, sondern auch als Selbstkennzeichnung des künstler. Standpunktes (G. Courbet gab seiner Gemäldeausstellung 1856 den plakativen Titel »Du Réalisme«), wurde versucht, die Anwendung des wissenschaftl. Begriffs auf die Bez. einer histor. begrenzten *Stilepoche des 19. Jh.s* festzulegen. Für solche Verkürzung des Begriffsinhalts spricht, dass die auch heute noch vorherrschenden Bedeutungsmerkmale von R. auf die Wirklichkeitssicht des 19. Jh.s zurückweisen: R. wird gemessen anhand der wiedergegebenen, zeitbezogenen Aktualität, der mitgeteilten Reflexion über soziale, ökonom., polit. und ideolog. Zeiterscheinungen, an den dargestellten Kausalzusammenhängen von gesellschaftl. und individueller Daseinsform, der Exaktheit des zeitl. und räuml. Details, der psycholog. Differenzierung der dargestellten Personen und jenem Anspruch, Wirklichkeit nicht als statist. festgelegte Situation, sondern als »Dialektik der Kulturbewegung« (G. Keller) zu begreifen. Damit steht der ästhet. Begriff in enger Beziehung zu den Problemen der expansiven Industrialisierung Europas und zugleich zum wissenschaftl. Bewusstseinshorizont der Zeit, wie er von der nachidealist. Philosophie L. Feuerbachs, dem Positivismus A. Comtes, den verschiedenen Richtungen des philosoph. Materialismus von M. Stirner, K. Marx oder L. Büchner, aber auch von den neuen naturwissenschaftl. Erkenntnisformen der Physik (R. Mayer), Psychologie (J. F. Herbart, Th. Waitz) und entwicklungsgeschichtl. Biologie (Ch. Darwin) vertreten wurde. Gegen diese einheitl. Epochenbezeichnung wurde geltend gemacht, dass einerseits der R. stark unterschiedene nationale Ausprägungen erfahren habe, andererseits aber große Bereiche der Kunst dieser Epoche, z. B. die ↗ Zauberstücke, viele Opern (R. Wagner), das idealisierende ↗ Geschichtsdrama u. a. – nicht mit dem Terminus R. erfasst werden können.

3. *Der kunsttypologische Begriff.* Entgegen begriffsgeschichtl. Voraussetzungen und trotz dem Gebrauch als Epochenbez. beschreibt

Realismus

›Realismus‹ in der ästhet. und kunsttheoret. Nomenklatur auch *eine geschichtsübergreifende Konstante* für die Mittel und Möglichkeiten künstler. Weltaneignung. Dieser allgemeine kunsttypolog. Begriff ist in hohem Maße kontrovers, da seine inhaltl. Bestimmung stets selbst histor. bestimmten Normen des Wirklichkeitsverständnisses unterliegt und daher bei seiner Anwendung auf Geschichte anachronist., bei seiner Anwendung auf Beschreibungs- und Bewertungstypologien ideolog. geprägt ist. Zudem geht man bei diesem zeitlosen R.begriff meist nur von den in den Werken sich dokumentierenden Wirklichkcitsperspektiven aus und lässt den Gesichtspunkt unberücksichtigt, in welchem Verhältnis diese Werkperspektive zur Realitätssicht und den Wirklichkeitserwartungen der Rezipienten steht. Umstritten sind zumal der Wirklichkeitsbegriff, seine Vermittlungsmöglichkeit (»Widerspiegelung«) im Kunstwerk und die damit verbundene Wirkungsabsicht. *Positionen der neueren Auseinandersetzung* sind u. a. in den Arbeiten von G. Lukács, B. Brecht, R. Wellek und Th. W. Adorno bezogen. Im Anschluss an Hegel misst Lukács den R. nach den Kriterien einer ›falschen‹, d. h. nur auf die Montage von realen Details und äußerl. Fakten bedachten Objektivität und einer ›richtigen‹ Objektivität, die sich aus der (im Einklang mit der marxist. Philosophie stehenden) Erkenntnis der gesellschaftl. Gesetzmäßigkeiten ergibt, und der allein die Fähigkeit zugestanden wird, einen R. zu erreichen, der die »wahre Darstellung des Ganzen der Wirklichkeit, ihrer allseitigen, bewegten, sich entfaltenden Totalität« bietet. Gegen diese Auffassung wurde geltend gemacht, dass die Totalitätsforderung ein Künstlertum nach genieästhet. Vorbild verlange, dass das Problem, ob Wirklichkeit je eine totale Abbildbarkeit – und wenn: mit welchen Kunstmitteln – besitze, nicht gelöst ist, und dass der statisch-stiltypolog. Begriff den Aspekt der krit. Wirklichkeitsreproduktion einzuengen oder gar auszuschließen scheint. So stellte Brecht dagegen eine Forderung nach einem ›intentionalen R.‹, der »die Wirklichkeit wiedergeben und sie zugleich beeinflussen, verändern, für die breiten Massen der Bevölkerung verbessern will« (1954). Th. W. Adorno setzte sich gegen Lukács für einen *R. der Negation* ein, der ›Wirklichkeit‹ nicht mitteile, um Kunst wahrscheinlich zu machen, sondern die Wahrheit über die Wirklichkeit auszusagen suche. Das könne jedoch nicht erreicht werden durch eine Reproduktion etablierter Realität, sondern nur durch eine »Kündigung der äußeren und inneren Abbildlichkeit«. Gegen solche normativ-poetischen Modelle der R. wurde argumentiert, dass »Kunst eine Scheinwirklichkeit ist, die symbolisch für Wirklichkeit steht« (R. Wellek) oder dass Kunst eine eigene Welt des Wirklichen schaffe, die in keinem einfach kausalen Verhältnis zu einer im positivist. Sinne datierbaren oder messbaren Wirklichkeit stehe. In diesem Sinne ist selbst für die phantast. Dichtung E. A. Poes oder E. T. A. Hoffmanns der Begriff R. verwandt worden. –

Geschichte:
1. *Realismus als Stilmerkmal.* Unterstellt man nicht das Axiom, dass die Kunst stets auf ›Wirklichkeit‹ antworte, sondern geht man von einem Realismusverständnis aus, das sich durch konkrete, histor. Mitteilung des Faktischen bestimmt, dann kann *R. als überzeitl. Konstante* besonders in Spät- und Übergangszeiten beobachtet werden, in denen zumindest ein quantitativer Zuwachs an Elementen der äußeren Wirklichkeit die Kunstwerke charakterisiert. So spricht man (abgesehen vom ohnedies unterschiedl. Realitätsbezug der einzelnen Kunstarten und Gattungen) von einem R. der spätattischen Tragödie (Euripides) und Komödie (Aristophanes), von einem spätröm. R. (Petronius), besonders aber von einem *R. des Spät-MA.s* für jene Gattungen, die im Gegensatz zur idealisierenden Kunst der höf. Welt von frühbürgerl. Denk- und Daseinsformen bestimmt. Der spätmal. R. ist weithin gattungsgebunden und lässt am deutlichsten erkennen in ↗ Schwänken, ↗ Fabliaux, ↗ Novellen (Boccaccio), ↗ Fazetien (Poggio), ↗ Satiren (F. Rabelais, S. Brant, Th. Murner), seltener in der Lyrik (F. Villon). Ausgeprägt realist. Züge tragen auch die spezif. städt.-bürgerl. Kunstrepräsentationen wie die ↗ Oster-, ↗ Passionsspiele, die Meistersinger-

dichtung (↗Meistersang) und v. a. die ↗Fastnachtsspiele und Werke der didakt. Literatur (↗Grobianismus). Wie in der Literatur ist auch die *spätmal. bildende Kunst* – techn. auch durch die Einführung der Zentralperspektive bestimmt – dem realist. Stiltypus zuzuordnen. Dies gilt für viele Altar-, bes. Kreuzigungsbilder (Grünewald, J. Ratgeb) wie für die individuellen Porträts (Dürer, Holbein d. J.) und weite Bereiche der Graphik (Petrarca-Meister, L. Cranach). Mit der Kennzeichnung R. wurde sodann auch jene, vor allem *epische Literatur des 17. Jh.s* bedacht, die nicht zu den höf.-absolutist. Formen der Haupt- und Staatsaktionen gezählt wird, sondern die, z. T. unter dem Einfluss des span. Pikaro-Romans, detailtreue Beschreibungen aus dem Leben der mittleren und niederen Stände bietet, und die sprachl. nicht dem ›genus grande‹ der barocken Rhetorik verpflichtet ist (Grimmelshausen, J. Beer, Ch. Reuter). Mit der Entdeckung der Innerlichkeits-Realität im 18. Jh. beginnt eine als ›*empir. R. der Aufklärung*‹ bezeichnete Kunst, die mit psycholog. Beobachtung das Problem von empfindsamer Individualität und rational bestimmter Daseinsform der Gesellschaft thematisiert (S. Richardson, H. Fielding, D. Diderot; in Deutschland werden hierzu auch Dichter des ↗Sturm und Drang wie J. M. R. Lenz gerechnet). Trotz der grundlegenden Diskussion Schillers (»Über naive und sentimentalische Dichtung«, 1795), in der die gegensätzl. Weltanschauungsweisen des Realismus und Idealismus und ihre Verwirklichungsmöglichkeiten in der Poesie erörtert wurden und in der R. bereits als stilist. Kontrastbegriff ausgeführt ist, blieb den beiden Kunstperioden Klassik und Romantik die Zuordnung zur realist. Kunst weithin vorenthalten. Die Anwendung des allgemeinen stiltypolog. Begriffs (sieht man von der Epochenbezeichnung im 19. Jh. ab) findet dann erst wieder in den Kontroversen des 20. Jh.s statt, wo *R. als Oppositionsbegriff* gegen Neuromantik, ↗Expressionismus, ↗Surrealismus, ↗Neue Sachlichkeit etc. wieder polem. und grundsätzl. Bedeutung erhält. Aus diesen Auseinandersetzungen wurde auch der Terminus des ↗*sozialist. R.* entwickelt, der unter persönl. Mitwirkung Stalins 1932 in den Statuten des sowjet. Schriftstellerverbandes festgeschrieben wurde. Der sozialist. R. verlangte ↗Parteilichkeit, Volkstümlichkeit und fordert vom Künstler »eine wahrheitsgetreue, konkret-histor. Darstellung der Wirklichkeit in ihrer revolutionären Entwicklung«. Damit sollte zugleich eine Abgrenzung vom *bürgerl. R. des 19.* und vom ›*krit. R.*‹ des 20. Jh.s (A. Döblin, L. Feuchtwanger, E. Hemingway, R. Rolland, A. Zweig, H. Mann) auch in der begriffl. Zuordnung gewonnen werden.

2. *Realismus als Kunstperiode.* Für nahezu alle europ. Nationen bezeichnet ›R.‹ die *Kunstproduktion der Zeit zwischen 1830 und 1880.* Führend in der Praxis wie in der programmat. Auseinandersetzung war Frankreich. Der *frz. R.* ist bestimmt durch eine ausgeprägt sozialkrit. Thematik und eine desillusionist., antibürgerl. Haltung. Im Erzählverfahren wird – entsprechend der Ausklammerung der erkenntnistheoret. Fragestellung in der Positivismus-Philosophie A. Comtes – eine Darstellungsmethode entwickelt, die auf den individuell vermittelnden Erzähler verzichtet. Dies erreichte konsequent G. Flaubert (»Madame Bovary«, 1857), der sich jedoch gegen die Etikettierung »Realist« wehrte. Zu den *bedeutendsten literar. Realisten Frankreichs* zählen Stendhal (»Rouge et noir«, 1830), H. de Balzac (»La comédie humaine«, 1829–54), G. Flaubert, die Brüder Goncourt (»Germinie Lacerteux«, 1864) und J. Champfleury, der mit seinen programmat. Vorreden und seinen Aufsätzen in der Zeitschrift »Le Réalisme« (1856–75) einflussreich wurde für die Festlegung des Stil- und Epochenbegriffs. Neben den Werken der realist. Erzählkunst erreichten die Dramen von A. Dumas fils (»La dame aux camélias«, 1848), aber auch die ↗Vaudevilles von E. Labiche (»Un chapeau de paille d'Italie«, 1851) große Wirkung und Verbreitung. *In Deutschland* wurde der literar. R. trotz bedeutender Vorläufer im Drama (G. Büchner, Chr. D. Grabbe), in der Kunst der Restaurationszeit (Biedermeier) und des Vormärz (K. Gutzkow, H. Heine, G. Weerth) erst *nach der Revolution 1848* zur bestimmenden, auch theoret. diskutierten Stilrichtung. Kennzeichnend für den R.

der deutschsprachigen Literatur ist die weniger gesellschaftskrit. Haltung, die Neigung zu idyll. Resignation und zu einer Erzählweise, die sich des distanzierenden Humors bedient. Der von O. Ludwig (»Shakespeare-Studien«, 1871) dieser Kunstperiode zugedachte Titel des *poet. R.* beschreibt eine Wirklichkeitsnachbildung, die sich einerseits vom frz. R., andererseits vom berichtenden Journalismus dadurch unterscheidet, dass sie Realität verklärt, sich durch die Subjektivität der Erzählperspektive auszeichnet und weithin auf den Einbezug extremer Wirklichkeit (z. B. des abstoßend Hässlichen) verzichtet. Neben einigen Romanen sind für diese Literatur bes. kürzere Erzählformen (↗ Novelle) entscheidend geworden. Zu den *Vertretern* des poet. R. zählen J. Gotthelf, A. Stifter, B. Auerbach, G. Freytag, Th. Storm, G. Keller, C. F. Meyer, W. Raabe, während für die Romane Th. Fontanes wie auch für die von Th. Mann der Terminus *bürgerl. R.* zur stilist. und histor. Unterscheidung geprägt wurde. Dass der R. des 19. Jh.s eine übernationale Erscheinung, gleichwohl mit nationaler Eigenheit ist, belegen die Werke des vielfach humorist., durch emotional-sozialkrit. Mitleidspathos ausgezeichneten Werke des *engl. R.* (W. M. Thackeray, Ch. Dickens, G. Eliot), die sozialutop. engagierten und zu detaillierter Beschreibung psycholog. Individualwirklichkeit neigenden Romane der *russ. Realisten* (F. Dostojewskij, L. N. Tolstoi, I. S. Turgenjew, I. A. Gontscharow) und die dem sog. *symbol. R.* zugeordneten Dichtungen der *amerikan.* Literatur des 19. Jh.s (H. Melville, N. Hawthorne). HW

Reallexikon, n. [zu mlat. Realis = sachl., aus lat. res = Sache, vgl. Realien = Dinge], auf die Sachbegriffe eines bestimmten Wissensgebiets beschränkte (Fach- oder Spezial)-↗ Enzyklopädie, auch: Sachwörterbuch, Architektur-, Kunst-, ↗ Literaturlexikon usw. IS

Rebus, m. oder n. [lat. = durch Dinge (ausdrücken)], graph. dargestelltes ↗ Rätsel, das mit dem Gleichklang bestimmter Wörter und Silben spielt. Anders als im ↗ Wortspiel werden im R. Gegenstände abgebildet und meist mit Silben und Zeichen (Ziffern, Buchstaben, Noten) so zusammengestellt (neben-, unter-, übereinander etc.), dass sich aus der Lautfolge ihrer Benennungen ein neuer Begriff oder Satz ergibt; z. B. Bild: Äste + Bild: Tisch = »ästetisch«, 2g = »Zweige« (diese Art R. wird auch als Bilderrätsel bez.); berühmt ist der (angebl.) R.wechsel zwischen Friedrich II. v. Preußen und Voltaire: F.: $\frac{p}{venez}$ à $\frac{ci}{sans}$ (= venez sou-p(er) à Sans-sou-ci), V.: Ga (= G grand = J'ai grand a (p)étit). – R.se sind ferner Suchbilder (deren Bildelemente ein weiteres Bild im Bild verbergen) und Scherzgedichte, in deren Druckbild Wörter (Silben) durch Abbildungen von Dingen ersetzt sind, deren lautl. Benennung derjenigen der ausgelassenen Silbe(n) entspricht, z. B. Harsdörffer (»An einen Kalendermacher«): »Da, wie die Ge[Bild: Stier]ne sagen ...«. – Die Bez. (in Deutschland etwa seit 1710 belegt) geht vermutl. auf den lat. Titel einer Pasquill-Sammlung »De rebus quae geruntur« zurück, die um 1600 in der Picardie von Notariatsschreibern (↗ Basoche) jährl. mehr oder weniger verschlüsselt oder doppeldeutig verfasst und dargestellt wurden (vgl. frz. écriture in r., r. de Picardie). – Die Praxis, Lautformen graph. darzustellen, findet sich bereits in der Antike (bildl. Darstellung von Namen auf Siegeln) und bes. in der mal. Heraldik (Berliner Stadtsiegel 1280: zwei kleine Bären *[berlin]* als Schildhalter) und der barocken Emblematik. Höchste Blüte im 15./16. Jh. in Frankreich (viele Homonyme): Wahlsprüche, Buchtitel, Inschriften etc. werden (auf oft sehr gekünstelte Weise) zu R.sen verarbeitet (verspottet von Rabelais im »Gargantua« I, 9, 1534), im 17. Jh. dann auch in Deutschland; 1684 stellt z. B. M. Mattsperger 750 Bibelstellen in R.sen dar, sogar Teile des Corpus iuris werden zu R.sen verarbeitet. Diese Spielereien blieben bis ins 19. Jh. in allen Schichten beliebt; sie gelangten durch die R.-Almanache des Biedermeier seit Mitte des 19. Jh.s in die Unterhaltungsspalten der Wochenschriften und Journale. IS

Redaktion, f. [frz. rédaction = Fassung], Begriff der altphilolog. und mediaevist. ↗ Textkritik für unterschiedliche, handschriftl. über-

Redaktion

lieferte Textversionen, die auf Grund eigenständ. ↗ Lesarten nicht ohne Schwierigkeit auf einen ↗ Archetypus (einen gemeinsamen Grundtext) zurückgeführt werden können; dabei bleibt offen, ob es sich jeweils um Bearbeitungen durch den Autor selbst oder einen nach einem eigenen Konzept vorgehenden Redaktor handelt; vgl. z. B. die R.en des »Nibelungenliedes« in den Handschriften A, B und C; auch ↗ Fassung. S

Rede,

1. zum mündl. Vortrag bestimmter didakt., je nach Situation und Zweck meist stilist. entsprechend ausgearbeiteter Gebrauchstext suasor. oder appellativen Charakters. Im Ggs. etwa zum wissenschaftl. Vortrag versucht die R. nicht nur durch Argumente, sondern auch durch gedankl. und stilist. Kunstgriffe zu überzeugen. Im gesellschaftl. und polit. Bereich von großer Bedeutung, vgl. z. B. die polit. R. (Wahl-R.), die Gerichtsrede (Plädoyer des Staatsanwaltes und der Verteidiger), die Preisrede oder Laudatio (Fest-, Grab- und Gedenkrede) sowie die in den relig. Bereich gehörende Kanzel-R. oder ↗ Predigt. – Die wirkungsvolle R. wird bestimmt von den (bewusst oder unbewusst angewandten) Regeln der ↗ Rhetorik, die in der griech. Antike ausgebildet wurden, bes. in Spätantike und MA. wirksam waren und bis ins Barock die gesamte Literatur beeinflussten. In der griech. Polis, v. a. im demokrat. Athen, erlebte die polit. R. durch die Einrichtung der Volksversammlung einerseits und der Rhetorikschulen andererseits ihre erste Blüte; die berühmtesten griech. Redner waren Isokrates (»Kranzrede«) und Demosthenes (»Philippika«). Für das republikan. Rom ist als einflussreichster Meister der polit. und jurist. R. v. a. Cicero zu nennen. In Rom wurde erstmals die R. auch literarisiert, d. h. ihrem eigentl. Zweck entfremdet und für die schriftl. Fixierung stilisiert oder sogar nur für die schriftl. Überlieferung verfasst, nicht ›gehalten‹ (z. B. einige Verres-R.n Ciceros). – In Spätantike, MA. bis zum Barock herrschte entsprechend den polit. Verhältnissen die affirmativ-huldigende R. vor, ferner das wissenschaftl. Streitgespräch, sowie die durch die hohen Schulen geförderte ↗ Disputatio. Mal. R.n sind bes. im Zusammenhang mit den Kreuzzügen überliefert. Anfänge der agitator. R. finden sich im Bauernkrieg (z. B. F. Geyer, Th. Münzer, U. v. Hutten). – Die polit. R. gewinnt wieder gr. Bedeutung mit der Proklamation der Menschenrechte, dem neuzeitl. Parlamentarismus, insbes. im Zusammenhang mit der Franz. Revolution (R.n von Robespierre, St.-Just im Konvent). Die größte Tradition der polit. R. besitzt England, wo die Glorious Revolution (1688) und die Bill of Rights (1689) den Kampf zwischen Monarchie und Parlament zu dessen Gunsten entschieden hatten (D. Hume, H. Blair, W. Pitt d. J. u. a.). – Infolge der polit. Verhältnisse (und vielleicht auch auf Grund der dt. Mentalität) kann die polit. R. in Deutschland nicht auf eine lange Tradition zurückblicken. Vorherrschend war noch im 18. Jh. die affirmative R., obwohl es seit der Aufklärung, v. a. im dt. Idealismus und der dt. Romantik Forderungen (Gottsched, Herder, Th. Abbt, H. Heine, Görres) und Ansätze zur polit. R. gibt (E. L. Posselt, G. A. Bürger, G. Forster, Fichtes »R.n an die dt. Nation«, Adam Müller). – In der Folge profilierten sich in Deutschland als Redner v. a. O. v. Bismarck (z. B. seine R. im dt. Reichstag anlässl. der Diskussion um die Sozialistengesetze), sein Gegner im Reichstag, E. Richter, ferner A. Bebel und K. Liebknecht, die eine sozialist. R.kunst mit agitator. Tendenz begründeten, und in den Zwanziger Jahren W. Rathenau, G. Stresemann und F. Naumann. Im ›Dritten Reich‹ wurde die R. zur Demagogie missbraucht (A. Hitler, J. Goebbels). – In der parlamentar. Demokratie der Bundesrepublik ragen seit ca. 1950 Th. Heuss, C. Schmid, F. Erler, R. Barzel und Helmut Schmidt als Redner heraus. In England gilt W. Churchill (v. a. mit seinen im Krieg gehaltenen R.n) als ein Höhepunkt der modernen engl. R.kunst, in Frankreich Ch. de Gaulle mit seinen glorifizierenden R.n, und in den USA John F. Kennedy

2. in der Sprach- und Literaturwissenschaft Bez. der Wiedergabeform einer Aussage, entweder als ↗ direkte R. (die wörtl. zitierte Äußerung einer Person), ↗ indirekte R. (die nicht wörtl., mittelbare, referierte, vom Verb des

Hauptsatzes abhängige R.), *auktoriale R.* (die unmittelbare Wendung eines fiktiven Erzählers an den Leser, ↗ auktoriales Erzählen) oder ↗ *erlebte R.* (die Wiedergabe innerer Vorgänge in der 3. Person). OB/IS

Redefiguren, ↗ rhetorische Figuren.

Redensart, verbaler, bildhafter Ausdruck, z. B. *die Daumen drücken (halten)*, der im Ggs. zum ↗ Sprichwort erst in einem Satz seine kommunikative Funktion erfüllt *(ich drücke dir die Daumen, damit du gewinnst)*, aber im Ggs. zur ↗ Formel (Redewendung) nicht mehr in der ursprüngl. Bedeutung erfasst wird. S

Rederijkers, m. Pl. [ˈreːdərɛikərs, niederl., volksetymolog. Umbildung zu frz. ↗ Rhétoriqueurs], bürgerl. Dichter und Literaturliebhaber im niederländ. Sprachraum (v. a. Flandern, Brabant) im 15. u. 16. Jh. Die R. waren ähnl. den städt. Zünften in sog. *R.kamers* organisiert, die sich poetische, meist programmat. Namen, Embleme und Devisen zulegten (z. B. hieß die *älteste R.kamer* in Amsterdam »De Eglantier« [Rosenstrauch, Emblem: Kreuz Christi, Devise: »in liefde bloyende« – in Liebe blühend/blutend]); über 300 R.kamers sind namentl. bekannt. Der Vorsitzende wurde »Fürst« oder »Prinz« genannt, zentrale Figur war der »Factor«, der Theaterdichter und Regisseur im jährl. in wechselnden Städten stattfindenden Wettbewerb *(landjuweel)*, für den die betreffende Kammer das Thema für Gedichte, Theaterstücke und Festzüge stellte. – Die R. entwarfen und gestalteten außerdem die städt., kirchl. und weltl. Feste, Prozessionen, v. a. die feierl. Empfänge *(incomste*, vgl. ↗ Trionfi) fürstl. Persönlichkeiten, die – zugleich Darstellungen städt. Selbstbewusstseins – mit großem Schaugepränge realisiert wurden (Prunkwagen, Triumphbogen mit ↗ lebenden Bildern usw.), aufsehenerregend waren z. B. die Einzüge Karls V. (1520), Prinz Philipps v. Spanien und Ernsts v. Österreich (1549) oder Erzherzog Alberts von Österreich (1599) in Antwerpen oder der 12stünd. Festzug mit 223 Wagen auf dem *landjuweel* 1561. Hauptformen des *R.theaters* waren die allegor. Zinnespelen (↗ Moralitäten) und die possenhaften Esbatementen (↗ Kluchten). *Hauptform der Lyrik* war der sog. Refrain *(referein)*, ein stroph. Gedicht mit einem sich wiederholenden Endvers *(stock)*. Man unterschied ernsthafte *(in't vroede)*, kom. *(in 't sotte)* und *amoureuze* Refrains. Die Dichtungen folgen normativen Regeln (zahlreiche Poetiken, u. a. von M. de Castelein und P. C. Hooft). Ihre lehrhafte Tendenz verbindet sie mit den spätmal. ↗ Meistersingern, die Verarbeitung frühhumanist. Gelehrsamkeit (Allegorien, rhetor. Schmuck) mit der Renaissance- und Barockdichtung. Bedeutende *Vertreter* sind im 15. Jh. C. van Rijssele, A. de Roovere, Petrus Dorlandus, im 16. Jh. M. de Castelein, Anna Bijns, C. Everaert, P. C. Hooft, G. A. Bredero, R. Visscher, H. L. Spieghel. – Nach 1556 wurden die R. als Anhänger reformator. Gedankenguts zunehmend verfolgt (Herzog Alba); nach dem Fall Antwerpens 1583 flohen viele R. in die (seit 1609 unabhängigen) nördl. Niederlande (Holland), die Zentrum der Renaissanceliteratur des 17. Jh.s wurden. S

Redondilla, f. [span. zu lat. rotundus = rund, auch Lied zu einem Rundtanz], span. Strophenform, Vierzeiler aus Trochäen, gewöhnl. Achtsilbern *(R. mayor)*, weniger häufig Sechssilbern *(R. menor)* mit den Reimschemata abab (= älterer Typ, seit dem 11. Jh. nachweisbar) und abba (bezeugt seit 14. Jh.): gilt heute als eigentl. R.form; Blüte im Siglo d'Oro (16./17. Jh.) als selbständ. Strophe in Lyrik und Drama, z. B. bei J. de La Cueva (»Tutor«, 1579, über 90% der Strophen sind R.s), Lope de Vega, Tirso de Molina, G. de Castro y Bellvis und Montalbán. Während die R. in der Lyrik Lateinamerikas seit Juana Inés de la Cruz (17. Jh.) lebendig blieb, wurde sie in Spanien erst in der Gegenwart neu belebt. IS

Reduzierter Text, auf wenige Wörter, auf syntakt. freie Wortfolgen, auf nur ein Wort, eine Buchstabenfolge oder einzelne Buchstaben verknappte Texte (Expressionismus, z. B. Sturmkreis; Dadaismus; experimentelle, v. a. ↗ konkrete Dichtung), oft verbunden mit gleichzeitiger visueller Aufbereitung (z. B. K.

Schwitters' »elementar«-Gedichte, »gesetztes Bildgedicht«, E. Gomringers »schweigen«). R. T.e betonen in ihrer inhaltl. Vereinfachung und formalen Auflösung v. a. den *Materialwert der Sprache*, des Wortes, seiner Bausteine, der Silben und Buchstaben (daher auch: materialer Text). Eingesetzt seit der Literaturrevolution in Opposition gegen traditionelle Inhalts- und Formvorstellungen, gilt die Reduktion heute als Mittel zur Konzentration und Vereinfachung, aber auch als gemäßes poet. Verfahren einer auf schnelle Kommunikation drängenden Zeit, wobei allerdings die Reduktion »Witz entwickeln« sollte (Heißenbüttel).

D

Referein, Refrein, m. [niederländ. = Refrain(gedicht), bes. von den ↗ Rederijkers gepflegt].

Reformationsdrama (protestant. Schuldrama), aus dem lat. ↗ Humanistendrama in der 1. Hälfte des 16. Jh.s entstandenes religiöses *dt.sprach*. Tendenzdrama im Dienste der Reformation, angeregt und gefördert von Luther und Melanchthon. Es bleibt, was Form und Aufführungspraxis betrifft, als ↗ Schuldrama dem Vorbild des Humanistendramas verhaftet (meist 5 Akte, Aktgliederung durch Chöre oder Choräle, Szeneneinteilung, Prolog und Epilog, Argumentum, Verwendung der ↗ Terenz-↗ Bühne); im Allgemeinen ↗ Knittelverse (Ausnahme: das Drama P. Rebhuns, der, unter Beachtung des dt. Akzents und damit gewissermaßen die Opitz'sche Versreform des 17. Jh.s vorwegnehmend, antike Jamben und Trochäen nachzubilden versucht). Die Stücke sind, ähnl. ihren lat. Mustern, mäßig im Umfang, die Handlung ist gestrafft, das Personal zahlenmäßig beschränkt. Die reformator. Ziele und die Grundsätze einer protestant. Ethik stehen im Mittelpunkt des Interesses. – Die *Zentren* des R.s liegen in Sachsen, dem Ausgangspunkt der reformator. Bewegung. Die bedeutendsten *Vertreter* sind J. Greff (»Spiel von dem Patriarchen Jacob und seinen zwelff Sönen«, 1534; »Judith«, 1536; ein Osterspiel, 1538; »Abraham«, 1540) und Gabriel Rollenhagen in Magdeburg, P. Rebhun (»Susanna«, 1536; »Hochzeit zu Cana«, 1538), H. Ackermann und J. Krüginger (= Crigingerus) in Zwickau, J. Agricola (»Huss«, 1537) und später C. Spangenberg im Mansfeldischen und J. Chryseus in Allendorf. Von Sachsen aus strahlt das R. in die reformierten Gebiete Norddeutschlands (H. Knaus [= Chnustinus] in Hamburg, F. Dedekind in Braunschweig/Lüneburg, B. Hederich in Mecklenburg und L. Hollonius in Pommern), nach Nürnberg (G. Mauritius und L. Culmann) und Württemberg (N. Frischlin), aber auch in den kath. Westen (J. von Gennep in Köln) und Südosten (W. Schmeltzl und Th. Brunner in Österreich) aus. In der Schweiz (G. Binder in Zürich, S. Birck [= X. Bethulius] in Basel) und im Elsass (J. Wickram) verbindet es sich mit der Tradition der Schweizer Bürger- und Volksschauspiele, die teilweise noch dem spätmal. geistl. Drama verpflichtet sind und sich gegenüber dem eigentl. R. durch größeren Textumfang, reicheres Personal (Massenszenen), einen bewegten Handlungsgang und ihren Episodenreichtum auszeichnen. Die *Stoffe* des R.s stammen v. a. aus der Bibel; die Blütezeit des R.s im 16. Jh. fällt mit der Blütezeit des ↗ bibl. Dramas in dt. Sprache zusammen. Daneben werden häufig allegor. Stoffe behandelt (z. B. der Jedermann-Stoff). Seltener sind Stoffe aus der volkssprachl. Erzählliteratur (Schöne Magelone, Griseldis; Erzählungen der Gesta Romanorum; Boccaccio), antike Literaturstoffe (Äneas-Sage), histor. (Alexander; Lucretia, die Horatier und Curiatier; Hannibal, Scipio, Huss) und zeitgeschichtl. (Luther, Türkenkriege) Themen. – Wie das gleichzeit. lat. R. (s. Humanistendrama) und das Drama der Gegenreformation (↗ Jesuitendrama) wirkt das dt.sprach. R. auf das ↗ schles. Kunstdrama, das im 17. Jh. die Reformationsdramen ablöst. K

Rebhun: »Susanna«, 1536

Reformationsliteratur, wird in der Zeit zwischen Luthers Thesenanschlag (1517) und dem Augsburger Religionsfrieden (1555) angesetzt. Da es in dieser Periode kaum eine literar. Publikation gab, die nicht die Thematik der Glaubensauseinandersetzungen behandelte oder berührte (›luther. Pause‹ der dt. Literatur), kann man unter R. nahezu sämtliche diesem Zeitraum angehörende literar. Erscheinungen in lat. und dt. Sprache verstehen. Da außer der Schulrhetorik und den formalen Richtlinien in den Meistersingertabulaturen keine verbindl. zeitgenöss. Poetik existierte, ist auch eine Eingrenzung des Begriffs durch eine Unterscheidung von Gebrauchs- und Kunstliteratur nicht durchführbar, zumal viele (z. T. mit traditionellen Kunstmitteln arbeitende) Publikationen, die außerhalb des eigentl. Reformationskampfes zu stehen scheinen (Fastnachtsspiele, Schulordnungen, Grammatiken, sogar sog. Syphilis- und Podagraliteratur), dennoch Bezug nehmen auf die geistl. und sozialen Kontroversen der Reformationszeit. Die Bez. ›R.‹ umfasst überdies nicht nur das *reformator. Schrifttum* im Sinne der Lutheranhänger, sondern ebenso auch die *Veröffentlichungen zum dt. Bauernkrieg* (1525), weiter *gegenreformator. Publikationen* wie Neuauflagen, Bearbeitungen und Übersetzungen vorreformator. Werke, die als histor. Rechtfertigungen und aktualisierte Argumentationsmittel im Glaubenskampf eingesetzt wurden. In diesem Sinne zählen zur R. z. B. auch Luthers Ausgaben der spätmal. »Theologia deutsch« (1516 und 1518) wie auch seine Bibelübersetzung und -kommentierung. Die verbreitetste *Publikationsform* der Reformationszeit ist die ↗ Flugschrift, die sich unterschiedl. literar. Formen von Traktat, Sendschreiben, fiktivem Gesetzestext (Eberlin von Günzburg, »Die fünfzehn Bundesgenossen«, 1521) bis zur fastnachtspielähnl. satir. Farce (»Dialogus von zweyen pfaffenköchin«, anonym 1522) bediente. Neben die eigentl. Kampf- und Unterweisungsschriften treten die *satir. Dichtungen: in lat. Sprache* entweder in dialog.-dramat. Formen (»Eccius dedolatus«, 1520), als Nachbildung antiker Versmaße (S. Lemnius, »Monachopornomachia«, 1540, ein obszöner Angriff gegen die Wittenberger Reformatoren) oder als rhetor.-parodist. Strafpredigten (J. Oecolampadius, »Canonicorum indoctorum Lutheranorum ad Joh. Eccium responsio«, 1519). – Die *volksprach.* Satire wählte auf *protestant.* Seite zumeist kleinere, zu agitator. Aufführung geeignete dramat. Formen (N. Manuel, »Der Totenfresser«, 1522 in Bern aufgeführt), Vortragsgattungen der meistersingerl. Spruchdichtung (H. Sachs, »Die Wittembergisch Nachtigall«, 1523) oder arbeitet mit neuen Mitteln der Bildpublizistik (L. Cranach, »Passional Christi und Antichristi«, 1521). – Im *kathol.* Lager erscheint die Satire vielfach in umfänglicheren Paarreim-Werken, repräsentativ in Th. Murners polem. Epos »Von dem großen Luther. Narren«, 1522 und in D. von Soests »Ein gemeyne Bicht« (pseudonym 1533), einer dramat. aufgebauten Verssatire gegen die westfäl. Wiedertäufer. Großen Raum in der R. nehmen die protestant. *Bekenntnis- und Kampflieder* ein. Dazu zählen einerseits die sich der moritatenhaften Gattung des ↗ *histor. (Volks)lieds* anschließenden Lieder wie Luthers »Ein newes Lied« (1523, über den Tod der Brüsseler Märtyrer), andererseits jene *Lieder,* die für den volksprachl. Gesang einer reformierten Liturgie bestimmt sind wie Th. Müntzers Hymnenübersetzungen (»Deutsch Euangelisch Messze«, 1524) oder die im ersten Gesangbuch von J. Klug (Wittenberg 1529) gesammelten ↗ *Kirchenlieder.* – Zu den literar. Gattungen der Reformationszeit, die sich durch ihre Verbindung von didakt. Absicht und künstler. Anspruch (trotz aller Zeitbezogenheit) über die unmittelbare Tagesproblematik und zugleich über die Traditionen der mal. Exempelliteratur und der geistl. Spiele zu erheben suchten, gehören die in Prosa oder Versen neugefassten ↗ *Fabeln* (Luther, E. Alberus, B. Waldis, J. Mathesius) und die für Schulaufführungen bestimmten *protestant. Dramen.* Unter den *neulatein.* Dramatikern der R. errangen weite Verbreitung G. Macropedius (»Asotus«, 1520; »Rebelles«, 1535), G. Gnaphaeus (»Acolastus sive de filio prodigo«, 1529 – dieses Drama erreichte im 16. Jh. über 60 Auflagen und zahlreiche Übersetzungen) und Th. Naogeorg (»Tragoedia nova Pammachius«, 1538; ↗ *Humanistendrama*). Zu den z. T. mehrfach aufgeführten Werken des *deutschsprach.*

↗ Schuldramas zählen B. Waldis' »De parabell vam verlorn Szohn« (1527), J. Greffs »Spiel von dem Patriarchen Jacob« (1534), S. Bircks »Bel. Ain Herrliche Tragedi wider die Abgötterey« (1535), P. Rebhuns »Susanna« (1536) und J. Agricolas »Tragedia Johannis Huss« (1537), worauf J. Cochlaeus mit seinem polem. Dialog »Ein Heimlich Gespräch von der Tragedia Johannis Hussen« (1538) antwortete (↗ Reformationsdrama). Neben die Unterweisungs-, Erbauungs- und katechet. Literatur tritt in der zweiten Hälfte des 16. Jh.s die fast ausschließl. von luther. orthodoxen Schriftstellern verfasste didakt.-satir. ↗ *Teufelsliteratur*, die mit M. Friderichs »Saufteufel« (1552) beginnt und mit dem Sammelwerk »Theatrum Diabolorum« (3. Auflage 1587) ihren Höhepunkt und Abschluss findet. HW

Refrain, m. [rəˈfrɛ̃; frz. eigentl. = Echo, von afrz. refreindre, lat. refingere = wieder brechen, anschlagen], auch: Kehrreim, regelmäßig wiederkehrende Laut- oder Wortgruppe in stroph. Dichtung. Unterschieden wird zwischen *Ton-R.*, Nachahmung des Klangs von Musikinstrumenten oder anderer Geräusche (Klappern der Mühle u. Ä.), Interjektionen, neugebildete Empfindungslaute (»juchheidi«) und *Wort-R.*, der aus einem Einzelwort, einer Wortgruppe oder ganzen Sätzen bestehen kann; der Umfang des R.s reicht daher von einem Wort bis zu mehreren Versen und zur ganzen Strophe. Er steht ursprüngl. und zumeist am Strophenende, begegnet aber auch als *Anfangs- (Gegen-)* und *Binnen-R.*, gelegentl. sind auch zwei oder alle drei Arten miteinander verbunden. Taucht der R. nicht in jeder Strophe, sondern in größeren, aber meist regelmäß. Abständen auf, spricht man von *period. R.* Im *festen R.* bleibt der Wortlaut in der Wiederholung erhalten, im *flüss. R.* wird zur Anpassung an den jeweil. Stropheninhalt der Wortlaut verändert. Formal u. inhaltl. kann der R. eng oder auch nur lose mit der Strophe verbunden sein. Anfangs- und Binnen-R. sind metr. und syntakt. sowie inhaltl. meist eng mit der Strophe verknüpft, End-R. seltener; den festen R. kennzeichnet eine meist nur lose Verknüpfung im Unterschied zur engeren beim (histor. jüngeren) flüss. R. Als das (ggf. variierte, aber immer wiedererkennbare) Alte stellt der R. im rhythm. Wechsel mit einem jeweils Neuen einen Ruhepunkt dar, ein retardierendes Moment, das zugleich gliedert und dem Ganzen Einheit und Abrundung verschafft; als Wort-R. dient er v. a. in der Kunstlyrik der Konzentration und Intensivierung hinsichtl. des Inhalts ebenso wie der (auch formalen) Harmonisierung. – Aus dem Wechselgesang von Vorsänger und Chor entstanden, ist der R. in der Volksdichtung, in Kinder- und Tanzliedern (↗ Ballade, ↗ Balada, ↗ Triolett, ↗ Rondeau usw.) vieler Völker verbreitet. Als Kunstmittel begegnet er bereits in der antiken Dichtung, während des MA.s im Minnesang ebenso wie in religiöser Dichtung, später im Kunstlied bes. bei Goethe und Brentano, außerdem etwa bei D. G. Rossetti u. F. García Lorca. In der dt. Lyrik des 20. Jh.s findet sich der R. v. a. bei B. Brecht, ansonsten begegnet er in ↗ Chanson und ↗ Schlager. GMS

Regie, f. [frz. = Verwaltung, Leitung], Bez. für die Einrichtung, Einstudierung und Leitung (↗ Inszenierung) von Schauspielen, Opern, Filmen, Fernseh- und Hörspielen. Der Aufgabenbereich eines ›Regisseurs‹ umfasst
1. die Werkdeutung,
2. v. a. die Arbeit mit dem Schauspieler (Besetzung, Gestaltung und Einstudierung einer ↗ Rolle: Wort-, Bewegungs-R.),
3. zus. mit dem Bühnenbildner die Wahl des Bühnenbildes, der Kostüme, Requisiten usw.,
4. den Einsatz der Technik (Licht, Bühnenmechanik, Projektionen, Geräusche, Musik), bei Opern
5. Zusammenarbeit mit Chorleiter und Dirigent,
6. die Anlage und Leitung der einzelnen Szenen (Ensemblespiel, Szenen-R.) auf den Proben bis hin zur Premiere und
7. die Überwachung der Aufführung während der Spielzeit (diese wird oft auch einem R.assistenten bzw. Abendregisseur überlassen). Bei Oper, Film, Fernseh- und Hörspiel müssen außerdem die Eigenheiten der jeweil. Medien beachtet bzw. deren Möglichkeiten voll ausgenutzt werden. R. kann u. U. auch die Aufgaben

des ↗Dramaturgen, insbes. die Auswahl und evtl. (Bühnen-)Bearbeitung der Textvorlage umfassen. – Die Intentionen der Regie können verschieden sein. Sie reichen von Versuchen einer in allen Einzelheiten originalgetreuen Interpretation über die Umsetzung und Übertragung der vom Autor festgelegten Möglichkeiten und Absichten auf die Gegebenheiten einer bestimmten Bühne, einer bestimmten Zeit, an einen bestimmten Ort, für ein bestimmtes Publikum, für ein bestimmtes Medium, bis zur krit. Neuinterpretation eines Werkes nach bestimmten sozialen, ökonom., ästhet. und idcolog. Gesichtspunkten, schließl. zur freien Produktion, für die der Text nur noch (oft ein unverbindl.) Ausgangspunkt ist (R.theater). Die Interpretationsvielfalt bei der R., die zu willkürl. Inszenierungen führen kann, wird heute bei neuzeitl. Werken durch das Urheberrecht eingeschränkt, das bei Änderungen des Werkcharakters die Zustimmung des Autors voraussetzt. – Von der Antike bis zum ausgehenden 18. Jh. wurde die R. meist von Theaterdirektoren, Autoren, prominenten Schauspielern (Ekhof, Schröder, Iffland), Lehrern, Geistlichen (Mysterienspiele des MA.s), auch von wohlhabenden Bürgern (↗Choregen der antiken Tragödie) und bildenden Künstlern ausgeübt. Meist beschränkte sich ihr Wirken auf Einrichtung und Überwachung des szen. Ablaufs und die Sprachgestaltung des jeweil. Werkes. R.-führende Autoren waren z. B. W. Shakespeare, Lope de Vega, Calderón, Molière, C. Goldoni, F. Raimund, J. Nestroy, R. Wagner, in der Neuzeit B. Brecht, F. Dürrenmatt, F. X. Kroetz. – Seit der Etablierung fester Theater trat die R. dann verstärkt als eine eigene Gestaltungsinstanz hervor (Goethe in Weimar, K. L. Immermann in Berlin, H. Laube in Wien). Georg II., Herzog von Sachsen-Meiningen, schuf als erster einen eigenen R.stil (↗Meininger). Die neuen Möglichkeiten der techn. Entwicklung, die für die Stilrichtung des Naturalismus als notwend. erachtete analyt. Durcharbeitung der Rollen und grundsätzl. die Umsetzung neuer theaterwissenschaftl. Erkenntnisse in die Praxis gaben der R. seit etwa 1900 ein zunehmendes Gewicht. *Bedeutende Regisseure* des naturalist. Theaters waren u. a. K. Stanislawskij, A. Antoine, in Deutschld. O. Brahm. Die Einbeziehung des Unglaubhaften und Zauberhaften und ein effektvoller Einsatz des Bühnenbildes kennzeichnen die R. M. Reinhardts (Berlin, Wien, 1873–1943), die zur Überwindung des Naturalismus beitrug. Die Auflösung dieses Illusionstheaters beginnt mit dem Drama des Expressionismus (u. a. L. Jessner, E. Piscator, W. E. Meyerhold, E. G. Craig); sie wurde fortgeführt u. a. von H. Hilpert, G. Gründgens, L. Müthel, H. Schweikhart, B. Brecht) bis hin zu einer alle Stilrichtungen je nach Werk und Werkdeutung krit. einsetzenden R. Unter Benutzung der vielfältigsten Elemente wie z. B. Farbe, Licht, Tanz, Pantomime, Show- und Zirkuseffekte wurde die R. zu eigenständigen Instanz, die der Interpretation eines dramat. Werkes neue Möglichkeiten eröffnete. Moderne Vertreter dieser keiner festen Stilrichtung mehr verpflichteten R. sind u. a. P. Brooks, I. Bergman und L. Visconti, B. Sobel, J. Savary, R. Wilson, K. M. Grüber u. a., in Deutschland: B. Barlog, K. H. Stroux, R. Noelte, P. Zadek u. E. Wendt. In letzter Zeit ist auch eine Entwicklung über das Teamwork in der Theaterarbeit (B. Brecht, G. Strehler, P. Palitzsch) hin zum Produktionskollektiv zu erkennen, wo die Schauspieler gleichberechtigt mit einem Regisseur zusammen die Inszenierungen bzw. neue Stücke schaffen (z. B. J. Grotowskij, A. Mnouchkine, P. Stein, C. Peymann). Ähnlich ist auch die Entwicklung in der Opern-R. Von der R. der Komponisten (W. A. Mozart, R. Wagner, G. Verdi) über die von Dirigenten (A. Toscanini, G. Mahler, F. Mottl, H. v. Karajan) kam es zu einer eigenständigen, umfassenden Opern-R. (W. Wagner, W. Felsenstein, G. Rennert, G. Friedrich, P. Chéreau, H. Kupfer, Ruth Berghaus). Die Ähnlichkeiten der Entwicklung der Filmregie sind schon allein dadurch bedingt, dass große Filmregisseure oft am Theater begannen bzw. arbeiteten (S. Eisenstein, F. Lang, I. Bergman). – Die Regisseure in Fernsehen und Hörspiel kommen ebenfalls meist aus Theater und Film. MK

Regionalismus

Regionalismus, m. [zu lat. regio = Richtung, Gegend, Landschaft],
1. allgem. Bez. für literar., meist konservative Richtungen (auch Tendenzen in einzelnen Werken), bei denen bestimmte landschaftl.(-bäuerl.) Regionen und die dort waltenden Lebensgesetze zum darsteller. Zentrum werden, vgl. z. B. die ↗ Heimatdichtung des 19. Jh.
2. Régionalisme (reˈʒjɔnaˈlism), frz. literar. Bewegung seit Mitte des 19. Jh.s, deren Vertreter, gegen den frz. Zentralismus gewendet, die Eigenständigkeit der Provinzen betonen, wobei sie v. a. das bodenständ. Bauerntum als nationale und religiöse Kraftquelle gegen Gefahren der Verstädterung im Gefolge der Industrialisierung rühmen. Der Bezugsrahmen ist oft geprägt durch eine myth. Verklärung von Heimat und einfachem bäuerl. Sein, durch Idealisierung von Landschaft und Landleben. Den Autoren mit überregionalem Echo gelang es indes, der Gefahr einer Ideologisierung zu entgehen, im Spezifischen das allgemein Existentielle darzustellen; jedoch mündete der R. oft auch in einen umfassenderen Nationalismus. Für manche Dichter stellt der R. allerdings nur eine Phase in ihrem Schaffen dar (M. Barrès). Der R. nahm seinen Ausgang von der Provence, die auch die umfangreichste Literatur hervorbrachte. Hier gründeten F. Mistral u. a. (1854) den Bund ↗ Félibrige, dessen Mitglieder vorwiegend provenzal. schrieben (häufig sind auch zweisprach., d. h. provenzal.-frz. Ausgaben). Weitere Vertreter des provenzal. R. sind P. A. Arène (Schüler Mistrals und Mitarbeiter A. Daudets), J. d'Arbaud, H. Bosco, Th. Monnier, J. Giono. – Die zweite Landschaft, die eine reichere regionalist. Literatur hervorbrachte, ist die Bretagne: A. Brizeux (Epos »Les bretons«, 1845), A. Le Braz, Ch. Le Goffic (Gedichte »Amour breton«, 1889). Die regionalist. Literatur anderer Landschaften erreichte selten überregionale Bedeutung; Ausnahmen sind für die Auvergne H. Pourrat, für Savoyen H. Bordeaux, für die Cevennen A. Chamson, für das Waadt (frz. Schweiz) Ch.-F. Ramuz. – Ähnl. Bestrebungen finden sich, allerdings in unterschiedl. Ausprägung, auch in anderen Nationalliteraturen, z. B. in *Italien*, wo nach dem nationalen Einigung 1870 literar. Gegenbewegungen gegen den in der Verwaltung um sich greifenden Zentralismus einsetzten, vgl. z. B. das Werk des Sizilianers G. Verga oder der Grazia Deledda. In *Spanien* geht ein R. z. T. parallel mit separatist. Bestrebungen, etwa in Galicien (E. Pardo Bazán), im Baskenland (A. de Trueba, P. Baroja) und in Katalonien (M. Aguiló y Fuster). – Die Übergänge zwischen einem tendenziell gegen einen kulturellen Zentralismus und eine städt. Überfremdung ausgerichteten R. und einer betont konservativen, auf menschl. Grundwerte und die Kräfte der Natur sich besinnenden ↗ Heimatliteratur sind in vielen Fällen fließend (vgl. ↗ Heimatkunst). S

Register, n. [mlat. registrum], alphabet. Zusammenstellung (↗ Index) aller in einem wissenschaftl. Werk vorkommenden Namen oder Begriffe (Personen-, Ortsnamen-R., Sach-R.), meist als Anhang, bei größerem Umfang auch als gesonderter Band beigegeben. R. sind eine unerlässl. Hilfe zur raschen Aufschlüsselung komplexer Zusammenhänge. S

Reicher Reim [nach frz. rime riche], im Dt.: Reime auf in der Regel zwei vollvokal. Reimsilben, z. B. *Wahrheit : Klarheit;* im Franz.: Reime, bei denen auch der dem Tonvokal voraufgehende Konsonant zum Reim gehört, z. B. *jalouse : pelouse.* S

Reien, m. [mhd. *reie, reige* = Reihen, Reigen(tanz)],
1. mhd. Bez. a) für (ursprüngl. bäuerl.) Tanz, der im Freien ›gesprungen‹ wurde (vgl. Neidhart, Hpt 4, 8), gelegentl. auch ›getreten‹ (geschritten: Neidhart, Hpt 60, 29); b) für ↗ Tanzlied (z. B. Neidharts Lied Hpt 26, 9).
2. literaturwissenschaftl. Bez. für eine Strophenform (Reienstrophe), die für mhd. (Tanz-)Lieder häufig benutzt wurde. Kennzeichnend ist die einleitende Reimpaarbasis (aa), an welche sich beliebig andere (auch heterometrische) Versperioden anschließen, Grundform: aa bxb. – Verwendet v. a. von Neidhart (Sommer-, Schwanklieder), vereinzelt auch von Tannhäuser, Ulrich von Liechtenstein, Ulrich von Winterstetten, Johannes Hadloub, später im Volkslied. ↗ Strophe. S

Reim, Gleichklang von Wörtern vom letzten betonten Vokal ab *(singen : klingen; Rat : Tat)*. Die *Etymologie* des Wortes ist umstritten. E. G. Graff (1836), J. Trier (1942) u. a. setzen ahd. *rîm* (Reihe, Zahl) als Grundwort an, A. Schmeller (1836), L. Wolff (1930) u. a. leiten ›R.‹ von lat. *rhythmus,* der Bez. für nicht quantitierende, z. T. mit R. versehene Verse, ab. Die Grundbedeutung ist wohl ›Verszeile‹, so noch in ›Leber-R.‹, ›Kinder-R.‹, ›Kehr-R.‹. Die ältesten mhd. Belege bei Gottfried von Straßburg und Rudolf von Ems lassen beide Deutungen, R. und ↗ R.-vers, zu. Auch der älteste Beleg für das Verbum *rîmen* in Albers »Tnugdalus« (12. Jh.) ist doppeldeutig. – Der R. begegnet in der dt. Literatur seit ihren Anfängen in ahd. Zeit. Die erste umfangreiche Dichtung, das Evangelienbuch Otfrieds von Weißenburg, ist ebenso gereimt wie mehrere kleinere ahd. Gedichte (»Ludwigslied«, »Georgslied« u. a.). Umstritten ist *die Herkunft des ahd. R.s.* W. Grimm stellte ihn in die Tradition einer altheim. R.dichtung; dafür sprechen die poetolog. Äußerungen Otfrieds von Weißenburg, weiter z. B. die R.verse, die Notker Teutonicus um 1000 als Beispiele für volkssprachl. Dichtungen anführt. W. Wackernagel hatte demgegenüber auf die lat. Hymnendichtung als Anreger für volkssprachl. R.dichtungen verwiesen, obwohl die lat. Hymnendichtung einen dem ahd. R. ebenbürtigen R. erst *nach* der ahdt. Zeit zeigt (↗ Hymnenvers). H. Brinkmann verwies auf ir.-lat. Mönchsdichtungen, die jedoch durch eine eigenartige Mischung aus R. und ↗ Stabreim gekennzeichnet sind. Die Vulgatmeinung, dass der R. als christl. Formelement im Zuge der Christianisierung den german.-heidn. Stabreim verdrängt habe, übersieht die umfangreiche angelsächs. und altnord. christl. Stabreimdichtung, so dass die Gründe für das Überwiegen des End-R.s in ahd. Dichtung, die Vorherrschaft des Stabreims z. B. in angelsächs. Dichtung eher, wie schon J. Grimm vermutete, mit der jeweil. Sprachstruktur (im Angelsächs. und Altnord. stärkerer Anfangsakzent als im Ahd.) zusammenhängt (so v. a. G. Schweikle). Grundsätzl. findet sich der R. als Stilmittel in jeder Sprache, z. B. im Chines. und den semit. Sprachen, aber auch im Griech. (↗ Homoioteleuton, ↗ Homoioptoton, d. h. grammat. bedingter Gleichformreim, vgl. ↗ Reimprosa) und Lateinischen. Zum *verskonstituierenden Prinzip,* zum Versband, wurde er in Europa in den nicht Quantitäten messenden, akzentuierenden Sprachen (neben der Alliteration). *Der R. in der dt. Dichtung* war nicht von Anfang an ›rein‹. Anfangs genügte auch nur eine teilweise Übereinstimmung der Laute (↗ Assonanz, Halb-R.). Die Ansprüche an die R.-Reinheit stiegen mit den Ansprüchen an die allgem. Dichtungsästhetik im 12. Jh. Mit Heinrich von Veldeke in der Epik und Friedrich von Hausen in der Lyrik wird dann der reine R. zur Regelform. In den folgenden Jahrhunderten entwickelt er sich zu einem kunstreich ausgestalteten Versprinzip, das über die bloße Funktion als Verskonstituente mannigfache weitere ästhet. Funktionen (Gliederung, Schmuck, Symbolträger, Mittel zur Distanzierung usw., vgl. auch *Sinn*-R., ↗ *Klang*-R.) übernehmen kann. In volkstüml. Dichtung finden sich aber bis heute noch Ungenauigkeiten. Die verskonstituierende Funktion (»der R. macht den Vers«) wurde erst im 18. Jh. in Frage gestellt im Zusammenhang mit der Nachbildung antiker Metren (Klopstock) und durch den aus dem Engl. übernommenen ↗ Blankvers. Der zunehmenden Abnützung des R.s begegnete die Dichtung im 20. Jh. einerseits mit der Bevorzugung ausgefallener R.e (Fremdwörter, Fachtermini: R. M. Rilke, G. Benn), andererseits mit der Hinwendung zu reimlosen Formen (bes. seit 1945). Nur in volkstüml. Dichtung, in Schlagern und in der Werbepoesie, behauptet der R. noch seine alte Position. – Heute wird dem R. auch in formal anspruchsvoller Dichtung wieder mehr Beachtung geschenkt (R. D. Brinkmann, P. Rühmkorf, Sarah Kirsch u. a.). Die R.e werden nach verschiedenen Kriterien eingeteilt:
1. *nach Reimformen:* unterschieden wird a) *nach Qualität:* ↗ reiner (auch Vollr.), ↗ unreiner (auch Halbr., Mundartr., Letzterer bei Dialektaussprache evtl. rein, vgl. Goethe: *neige : -reiche*), ↗ Assonanz (nur Vokalgleichklang). b) *nach Quantität:* einsilb., auch ↗ männl. R., zweisilb., auch ↗ weibl. R., drei-

silb., auch ↗gleitender R., ↗reicher R. (je zwei vollvokal. Silben), ↗Doppelr., ↗erweiterter R. (auch Vorr., umfasst auch Silben vor dem letzten Haupton), ↗rührender R. (Sonderformen ↗ident. R., äquivoker R.), ↗Schüttelr. (Vertauschung der Anfangskonsonanten). c) *nach grammat. Aspekten:* ↗Stammsilben- oder Haupttonsilbenr., Bildungs- oder Nebensilbenr., ↗Endsilbenr. (bes. kennzeichnend für die ahd. u. frühmhd. Zeit), ↗grammat. R. (R.folge aus flektierten Formen derselben Wörter), ↗gebrochener R. (bei einem Kompositum steht nur der 1. Teil im R., der 2. hinter der Verszäsur).
2. *nach der Reimstellung:* R.e am Versende (↗Reimschema): a) *mit einem R.klang* nach der Zahl der am R. beteiligten Wörter: ↗Paarr. (aa), ↗unterbrochener R. (xaya), ↗Dreir. (aaa), ↗Reimhäufung mit der Sonderform des ↗Einr.s (auch Reihen-, Tiradenr.), ↗Kornr. (reimloser Vers einer Strophe reimt mit dem entsprechenden in einer Folgestrophe). b) *Gruppierung mehrerer R.klänge:* ↗Kreuzr. (abab), ↗verschränkter oder erweiterter Kreuzr. (abc[d] : abc[d]), ↗umarmender R. (abba), ↗Schweifr. (aabccb), ↗Zwischenr. (aabaab), ↗Kettenr.e, z. B. Terzinenr. (aba bcb, ↗Terzine). – *R.e im Versinnern:* ↗Binnenr., ↗Zäsurr., ↗Schlagr., ↗Mittelr. – *R.e vom Versinnern zum Versende:* ↗Inr. (in mlat. Hexametern, sog. ↗leonin. Hexametern, auch: leonin. R.), ↗Mittenr. – *R.e von Versanfang zum Versende:* übergehender (überschlagender) R., ↗Pausenr. – *R.e am Versanfang:* ↗Anfangsr. S

Reimbibel, mal. umfangreichere gereimte Darstellung bibl. Stoffe, z. B. die ↗Evangelienharmonie Otfrieds von Weißenburg (9. Jh., NT), die frühmhd. »Wiener Genesis« (11. Jh., Teile des ATs) oder die sog. »mittelfränk. R.« (Anf. 12Jh., eine Heilsgeschichte). Die Bez. ›R.‹ wird z. T. auch für die Anfangsteile (Bücher des ATs) nicht vollendeter gereimter Weltchroniken verwendet, z. B. für die unvollendete ↗Reimchronik Rudolfs von Ems (13. Jh., reicht nur bis zum Tod Salomons); auch ↗Historienbibel. S

Reimbrechung, ↗Brechung.

Reimchronik, mla. volkssprachl. Geschichtsdarstellung in Reimpaarversen, oft Versbearbeitungen lat. (Prosa)quellen. Die älteste dt. R. ist die anonym überlieferte »Kaiserchronik« (ca. 1150, reicht von Caesar bis zur Mitte des 12. Jh.s); eine dt. Versbearbeitung der lat. »Chronica terrae Prussiae« (1326) von Petrus v. Dusburg schuf Nikolaus v. Jeroschin (»Krônike von Pruzinlant«, 1331 ff.); vgl. ↗Chronik. S

Reimformel, ↗Formel.

Reimhäufung, auch: Haufenreim, Folge von mehreren gleichen Endreimen (a a a a; vgl. ↗Dreireim) in einer Strophe oder einem Abschnitt; schon in ahd. Dichtung bei Otfried von Weißenburg, als virtuoses Stilmittel dann in mhd. Lyrik, bes. im ↗Leich, ferner bei M. Beheim, H. Folz, H. Sachs und J. Fischart (»Flöhhatz«: 17 Verse mit gleichem Reim). – Eine Sonderform ist der ↗Einreim (auch Reihen-Tiradenreim). S

Reimlexikon,
1. Zusammenstellung aller im Wortschatz einer Sprache enthaltenen Reimmöglichkeiten (Wörter gleicher Reimendungen) als Hilfsmittel der Reimfindung.
2. Zusammenstellung der in einem dichter. Werk (oder mehreren Werken desselben Verfassers) vorkommenden Reime (mit Stellenangaben) zum schnellen Auffinden bestimmter Stellen und als Mittel zur Klärung form- und sprachgeschichtl. Fragen. – R.lexika kommen in der italien. Renaissance auf; das älteste ist Pellegrino Moretos »Rimario de tutte le cadentie di Dante e Petrarca« (1528), das beispielhafte Reimbindungen der beiden Dichter zusammenstellt; umfassender sind die R.lexika von Benedetto di Falco (zu Dante, Petrarca, Boccaccio, Ariost, Pulci u. a., 1535) und von Onofrio Bononzio (1556), ferner das bekannteste und als poet. Grundbuch lange Zeit gültige R. von Girolamo Ruscelli (1559). – *Das erste dt. R.* (zugleich ein dt.-lat. Wörterbuch) stammt von Erasmus Alberus (1540). Die barocke Auffassung einer nach normativen Regeln erlernbaren Dichtkunst brachte dann im

17. Jh. zahlreiche R.lexika hervor; sie erschienen meist als Anhang in poet. Handbüchern, so in Ph. v. Zesens »Hochdeutschem Helikon« (1640, geordnet nach auslautenden Konsonanten), in J. P. Titz' »Zwei Büchern von der Kunst, hochdt. Verse und Lieder zu machen« (1642), in G. Werners »Deutschem Daedalus« (1675) und J. Hübners »Poet. Handbuch« (1696; geordnet nach reimenden Vokalen und darauffolgenden Konsonanten, sog. rückläufiges Wörterbuch), das bekannteste und bis zum Ende des 18. Jh.s mehrfach aufgelegte R. Selbstand. erschienen M. Grünwalds »Reicher und ordentl. Vorrath der männl. und weibl. Reime« (1693) und das umfangreiche, auch Fremdwort- und Mundartreime und schwer reimende Wörter registrierende »Allgem. dt. R.« (2 Bde., 1826) von Peregrinus Syntax (d. i. F. F. Hempel); ihm folgten bis in die Gegenwart zahlreiche Reimlexika, u. a. von W. Steputat (1891, ²1963), Poeticus (d.i. F. J. Pesendorfer, 1921), H. Harbeck (1953 und 1956), S. A. Bondy (1954), F. Gardemin (²1957), K. Peltzer (1966). – Wissenschaftl. Reimregister zu literar. Werken wurden erstmals gefordert von J. Grimm und K. Lachmann; das erste R. dieser Art stammt von W. Grimm (zu Freidank, 1834). Im Anschluss daran entstanden zahlreiche R.lexika zu mhd. Werken; zu Werken neuzeitl. Dichter blieben R.lexika vereinzelt (E. Belling zu Schiller 1883, zu Lessing 1887). S

Reimpaar, zwei durch ↗ Paarreim (aa bb cc) verbundene Verse (bisweilen auch ↗ Langzeilen, vgl. ↗ Nibelungenstrophe); Grundform der ahd. und mhd. Dichtung, begegnet sowohl stich. (z. B. in der mhd. Epik) als auch stroph. (z. B. in der ahd. Epik, in der frühen mhd. Lyrik, im Volkslied); in volkstüml. Dichtung bis heute gebräuchl. – In der frühdt. Dichtung stimmt das R. meist mit der syntakt. Gliederung der Texte überein, erst seit dem 12. Jh. wird die R.grenze syntakt. mehr und mehr überspielt, ›gebrochen‹ (vgl. ↗ Brechung, auch ↗ Reimvers). S

Reimpaarsprung, Fortführung der Syntax über die Reimpaargrenze hinweg, vergleichbar dem ↗ Haken- oder Bogenstil der Stabreimdichtung; vgl. auch ↗ Enjambement (Zeilensprung), ↗ Brechung. S

Reimpredigt, Gattung der mal. geistl. didakt. Dichtung: religiös-moral. Belehrung, Aufruf zur Buße, Sündenwarnung in Reimpaarversen; als Ausdruck intensiver Laienmissionierung bes. verbreitet im 11. und 12. Jh., z. B. »Memento mori«, die »Rede vom Glauben« des Armen Hartmann oder die Bußgedichte Heinrichs von Melk. S

Reimprosa,
1. In der Antike rhetor. ausgeschmückte Prosa, deren Satz-↗ Klauseln reimen (↗ Homoioteleuton); begegnet bes. bei Gorgias, beliebt auch in spätantiker Lit. und in lat. Lit. des MA.s.
2. Auch in dt. Literatur findet sich vergleichbare mit Reimen durchsetzte Prosa, vgl. etwa die Darstellungen der hymn.-ekstat. Visionen mal. Mystiker (Hildegard von Bingen, H. Seuse), in neuerer Zeit einzelne Prosawerke von R. M. Rilke (»Cornet«) oder Th. Mann (»Der Erwählte«). Hierher zählen auch lyr. Texte in rhythm. Prosa »mit freischaltenden Reimen« (E. Stadler), z. B. von Stadler, J. Ringelnatz, F. Werfel, M. Dauthendey. – R. findet sich auch in oriental. Literaturen, z. B. in den Märchen aus »1001 Nacht«, in altjüd. Gebeten, früharab. Dichtung, im Koran und in der ↗ Makame.
3. Von W. Wackernagel geprägte Bez. für die unregelmäßig gefüllten ↗ Reimverse der frühmhd. geistl. Lehrdichtung, die jedoch nicht in der Tradition der spätantiken R. steht. S

Reimrede, kürzere lehrhafte Reimpaardichtung (mhd. *rede*), bes. im Spät-MA. verbreitet, pragmat. Reduktionsform der mhd. Sangsprüche. Themat. werden unterschieden: ↗ Minnerede, geistl. Rede (z. B. Hartmanns »Rede vom Glauben«, 12. Jh., auch ↗ Reimpredigt) didakt. Rede (bes. von Stricker, 13. Jh.), polit. und ↗ Ehren-Rede. Weitere Verfasser von R.n sind im 14. Jh. der König vom Odenwald, Otto Baldemann von Karlstadt, Lupold Hornberg von Rotenburg und, als Meister dieser Gattung,

Heinrich der Teichner (über 700 R.n, v. a. Ständelehren und prakt. Heilslehren) und Peter Suchenwirt (moral. u. religiöse Sprüche, ↗ Herolds- oder Wappendichtung), im 15. Jh. Hans Rosenplüt (polit.-histor. R.n) und Hans Folz. Auch: ↗ Bîspel, ↗ Mære, ↗ Priamel. S

Reimschema, schemat. Darstellung der Reimfolge einer Strophe oder eines Gedichtes, meist mit Kleinbuchstaben (gleiche Buchstaben für sich entsprechende Reimklänge), z. B. R. für eine der häufigsten Formen des ↗ Sonetts: abba abba cdc dcd. Zur Kennzeichnung wörtl. wiederkehrender Vers- oder Refrainzeilen werden auch Großbuchstaben verwendet, vgl. z. B. das R. des ↗ Trioletts: ABaAabAB. S

Reimspruch, gereimte gnom. Kleinform, v. a. das gereimte Sprichwort (»Morgenstund hat Gold im Mund«) u. andere volkstüml. Formen wie Merkvers, ↗ Arbeitslied, Kinder- und Neckreim, ↗ Leberreim usw. Schon im Ahd. bezeugt, zur Kunstform ausgebildet durch Freidank (13. Jh.) und F. von Logau (»Erstes Hundert dt. Reimensprüche«, 1638, und »Deutscher Sinngedichte Drey Tausend«, 1654); vgl. noch im 19. Jh. Hoffmanns von Fallersleben »Dt. Weinbüchlein«, 1829, auch ↗ Denk-, ↗ Sinnspruch. S

Reimvers, ein durch ↗ Endreim bestimmter Vers, insbes. der vierhebige (oder viertaktige) Reimpaarvers, das metr. Grundmaß der ahd. (Otfried von Weißenburg) und mhd. Epik. Kennzeichnend sind Füllungsfreiheit in ↗ Auftakt und Binnentakten (unterfüllte, einsilbige oder überfüllte, meist dreisilb. Takte), akzentuierende Versrhythmik (in der Regel dem Sprachakzent folgend) und die Kadenzgestaltung (neben einsilbigen bes. klingende und männl. zweisilb. Kadenzen). Durch die Füllungsfreiheit kann der ahd. R. im Umfang zwischen 4 und 10 Silben schwanken. Seine Herleitung vom lat. ↗ Hymnenvers ist problemat., da sich dieser wesentl. vom ahd. R. unterscheidet, der als metr. Grundmaß wohl kaum aus einer anderen Sprache und Literatur übernommen werden musste. Er tendiert im höf. Epos zur Alternation, jedoch ist die Füllungsfreiheit auch bei formbewussten Dichtern wie Gottfried von Straßburg nie suspendiert. In der mhd. Lyrik erfährt der viertakt. R. mannigfache Variationen (Erweiterungen und Verkürzungen), die paarige Gruppenbildung wird mehr und mehr differenziert bis hin zu der reich verschränkten Vers- und Reimstruktur der hochmal. Minnelyrik (Walther von der Vogelweide u. a.). Seit dem Spät-MA. blieb aber auch der freier gehandhabte R. bes. in volkstüml. Dichtung bis heute erhalten (↗ Knittelvers). S

Reiner Reim, nach A. Heusler (Dt. Versgesch.) auch: *Vollreim*, lautl. Übereinstimmung zweier oder mehrerer Wörter vom letzten betonten Vokal an: *mein : dein, Herzen : Schmerzen*; die Grenze zum ↗ unreinen Reim ist fließend bei Formen wie *fließen : grüßen*. – Der r. R. wird Ende des 12. Jh.s in Epik (Heinrich von Veldeke) und Lyrik (Friedrich von Hausen) zur Regel. S

Reisebericht, umfassende Bez. für die vielfält. Darstellungen von Reisen und Reiseerlebnissen, die – im Unterschied zum ↗ Reiseroman – topographische, ethnolog., (kunst-)histor., wirtschaftl. und gesellschaftspolit. Fakten sowie persönl. Erfahrungen und Eindrücke des Reisenden (manchmal ins Fiktive ausgeweitet) vermitteln wollen. Je nach Intention des Verfassers lassen sich unterscheiden: 1. *geographische Schriften und wissenschaftl. Reisebeschreibungen:* ihr wesentl. Kriterium ist die gesicherte Information. Nicht immer zuverlässig im modernen Sinne, wenngleich vielfach zu Unrecht angezweifelt, sind die *antiken R.e:* (Skylax um 500 v. Chr.; Pytheas um 330 v. Chr.; Poseidonios: »Peri okeanou« um 80 v. Chr.; Ptolemäus' Geographiebuch um 150 n. Chr.; daneben die ↗ Periegesen und Periploi, Vorläufer der Reisehandbücher und der modernen Reiseführer; erhalten ist Pausanias' »Periegesis tes Hellados« um 170 n. Chr. – Im Hoch-MA. berichten v. a. arab. Reisende von Fahrten durch Afrika und in den Fernen Osten (Abu Al Idrisi [†1166] oder der Marokkaner Ibn Battuta [1302–77]). – Eine exakte Berichterstattung (häufig in Form von Tage- oder

Reisebericht

Logbüchern) über Forschungs- und Entdeckungsreisen zu Lande und zur See löst *in der Neuzeit* die mehr spekulativen R.e des MA.s ab. Empir.-experimentelle Erforschungen und deren Berichte wurden zunächst unter dem Protektorat wissenschaftlicher Körperschaften (u. a. »The Royal Society«, gegr. 1660) durchgeführt (G. Forster: R. über die 2.Weltumsegelung Cooks 1772–75, ersch. engl. 1777, dt. 1778/80). Die Aufklärung, deren Tendenz zu universaler Weltsicht nach Kenntnissen über die entlegensten Völker und Kulturen strebte, förderte den engagierten, individuellen Einsatz bei gewissenhaften geograph. und ethnolog. Erkundungsfahrten (A. v. Humboldt: »Amerikareise«, 1811), bevor im Zuge der ausgedehnten Kolonialpolitik die (auf Merkantilismus und Machtzuwachs ausgerichteten) Staatsinteressen bestimmend für die Erforschung (und Annexion) weiter Gebiete Afrikas und Asiens wurden. Die Pionierfahrten der großen Entdecker (F. Nansen, R. F. Scott, D. Livingstone, H. M. Stanley: »The Congo«, 1885) vollzogen sich davon weitgehend unbeeinflusst, wenngleich sie unfreiwillig die wissenschaftl. Voraussetzungen für jene Entwicklung lieferten. Der Tenor mancher R.e kam der für Dokumentationen menschl. Expansionstriebs empfänglichen Zeit sehr entgegen (so: S. Hedin: »Von Pol zu Pol«, 1911). Bewusste Gegenposition beziehen später R.e, die eindringl. die Auswüchse des Kolonialismus schildern (A. Gide: »Reise zum Kongo«, 1927). Durch die Industrialisierung und den anhaltenden techn. Fortschritt, die den Industrienationen den planmäßigen Einsatz großer Sach- und Geldmittel ermöglichten, mündeten die Einzelaktionen in die zeitgenöss. wissenschaftl. Forschungsprojekte (Meeresboden, Höhlen, Hochgebirge, Raumfahrt), deren Forschungsberichte nur im weitesten Sinne zu den R.en gerechnet werden können.
2. *literar. Reisebeschreibungen:* ihnen liegen tatsächl. Reisen zugrunde, die jedoch subjektiv ausgestaltet werden und bisweilen Faktisches und Fiktives, Authentisches und Kolportiertes verbinden, aber stets Anspruch auf Glaubwürdigkeit erheben. Als *frühester R.* dieser Art darf der berühmte »Il Milione« (1298/99) des venezian. Kaufmanns Marco Polo gelten, ein Werk, das bis ins späte MA. die europ. Vorstellungen vom Fernen Osten prägte. Es folgen *im 15. Jh.* Pilgerberichte und Reisebeschreibungen wie »Hans Schiltbergers Raisbuch« (um 1420), das, wie auch sonst gelegentl. bei mal. Verfassern üblich, Kapitel aus anderen Werken (u. a. aus Marco Polo, aus den »Reisen des Ritters John Mandeville durch das Ge lobte Land, Indien und China«, einem franz. Roman des 14. Jh.s) wörtl. übernimmt, ferner die »Pilgerreise« eines Grafen von Katzenelnbogen (1434), die »Beschreibung der Reyß ins Heylig Land« von Hans Tucher (1482) und B. von Breydenbachs »Peregrinationes in Terram Sanctam« oder »... heilige(n) reysen gein Jherusalem« (lat. u. dt. 1486). – Jeweils eine eigene Gattung repräsentieren das Reisetagebuch von M. de Montaigne (1580/81, ersch. 1774), *im 18. Jh.* die in amüsantem Plauderton geschriebenen Reisebriefe der Lady Mary W. Montagu (»Letters from the East«, 1763) und Goethes nach Briefen und Tagebucheinträgen zusammengestellte, autobiographische »Italienische Reise« (1786–88, ersch. 1829), welche die Situation des europäischen Bildungsreisenden exemplarisch darstellt. Die R.e des Jungen Deutschland (v. a. H. Heines »Harzreise«, 1826, »Deutschland. Ein Wintermärchen«, 1843 als Versdichtung) verbinden Natur-, Landschaftsbeschreibung und lyr. Stimmungsbilder mit Gesellschaftssatire und ideolog. Agitation in. schaffen damit ein breites Spektrum für die kommenden Autoren richtungweisend wirkt: sie bieten de informativen und zugleich unterhaltsamen essayist.-feuilletonist. Ton den humorvollen, autobiographischen, dabei für die Selbstinterpretation der Vereinigten Staaten bedeutsamen Schilderungen M. Twains (»Roughing it«, 1872, »Life on the Mississippi«, 1883), R.en des Historikers und Gelehrten F. Gregorovius (»Wanderjahre in Ita-

Forster: »Reise um die Welt«, 1778

J. H. W. Tischbein: »Goethe in der Campagna«

lien«, 1856–77) und Th. Fontanes lebendigen, realist. »Wanderungen durch die Mark Brandenburg« (1862–82) führt die Reihe über die zeitgenöss. R.e E. Peterichs (Griechenland, Italien), die episod. unverbundenen Reiseminiaturen H. Bölls (»Irisches Tagebuch«, 1957) und E. Canettis (»Die Stimmen von Marrakesch«, 1968) zu den vielen, teils literar. anspruchsvollen, teils analyt.-krit. oder nur werbepsycholog. orientierten Beiträgen von Reiseschriftstellern, Globetrottern und Touristik-Fachleuten, die in Illustrierten, Journalen, Tageszeitungen und in speziellen Reisemagazinen (»Merian«) publiziert werden. FD

Reiseroman, Darstellung von Reisen und Reiseerlebnissen innerhalb einer ep. Großform, in der die Fiktion der Reise entweder als ein das Geschehen durchgehend überlagerndes und log. verknüpfendes Leitmotiv oder als Katalysator verwendet wird, durch den andere substantielle Anliegen des Romans eingekleidet, leichter variiert oder klarer konturiert werden können. Die Bez. ›R.‹ ist ein inhaltl., nicht nach formalen Kriterien definierter Gattungsbegriff; die Zuordnung sehr unterschiedl. Romantypen zum Begriff ›R.‹ ist daher problemat. Um den spezif. Typen des R.s gerecht zu werden, muss dem Begriff ein signifikantes Attribut beigefügt werden, so dass sich unterscheiden lassen: *der abenteuerl. R.:* Zentrum ist der umherziehende Held, der eine Anzahl gefährl., amouröser oder heiterer Begegnungen erlebt, die episod. aneinandergereiht einen lockeren Handlungsbogen schaffen (↗ Abenteuerroman). Ausgehend von der homerischen »Odyssee« über die mal. ↗ Spielmannsdichtung (»Herzog Ernst«) ergeben sich fließende Übergänge zum roman. ↗ Amadis- und ↗ Ritterroman (von Cervantes im »Don Quijote«, 1605–15, parodiert), weiter zum pikar. oder ↗ Schelmenroman und zu dem »curieuse Reisen« bevorzugenden barocken Gesellschaftsroman (z. B. E. W. Happel: »Der asiat. Onogambo«, 1673), parodiert von Ch. Reuter in seiner Satire »Schelmuffskys wahrhaftig Curiöse und sehr gefährl. Reisebeschreibung zu Wasser und zu Lande« (1696/97). Eine bes. erfolgreiche Form des abenteuerl. R.s wird nach D. Defoes »Robinson Crusoe« (1719) die ↗ Robinsonade, die bewusst das Fabulieren des spätbarocken Romans durch die Fiktion des Dokumentarischen auflöst. – Während Jean Paul mit seinem humorist., von der Vorliebe für Kauziges und Abstruses geprägten R. »D. Katzenbergers Badereise« (1809) bei den Zeitgenossen kaum Resonanz findet, schaffen Ch. Sealsfields (»Cajütenbuch«, 1841), F. Gerstäcker (»Flußpiraten«, 1848), K. May (»Durch die Wüste«, 1892) als Repräsentanten der aufblühenden Unterhaltungsliteratur einen neuen Typus des ›Volksbuchs‹, dessen exot. Zauber und spannungsgeladene Atmosphäre bis heute ein breites Publikum erreichen (auch ↗ Exotismus). – Struktural mit dem abenteuerl. R. verwandt ist der *Lügenroman,* insbes. die ↗ Münchhaus(en)iaden, phantast. Geschichten um die Person des Freiherrn K. F. H. von Münchhausen, vgl. G. A. Bürger, »Wunderbare Reisen zu Wasser und zu Land und lustige Abentheuer des Freyherrn von Münchhausen« (1786), ferner der sog. *phantast. R.,* der einsetzt mit »Der fliegende Wanders-Mann nach dem Monde« (1659) und der »Kurtzen und Kurtzweiligen Reise-Beschreibung nach der obern neuen Monds-Welt« (1660) von B. Venator und in J. Vernes zukunftsvisionären (auf der Basis technolog. Erkenntnisse realisierten) Raum- und Unterwasserfahrten gipfelt (»Von der Erde zum Mond«, 1865). Dieser begründet seinerseits die moderne ↗ Science-Fiction-Literatur, den phantast.-techn. Reise- und Entdecker-Roman, der sich betont glaubwürd. präsentiert und im Vertrauen auf die Wissenschafts- und Fortschrittsgläubigkeit des modernen Menschen Anspruch auf die Wahrscheinlichkeit, wenn nicht Authentizität grandioser Möglichkeiten zukünftiger Welten erhebt. Andere Intentionen hat dagegen der *satir.-utop. R.:* Bereits Lukian (um 180 n. Chr.) parodiert in den »Wahren Geschichten« die pseudogeograph. und -histor. Augenzeugenberichte des Ktesias, Iambulos und sogar Herodots und schuf damit die Gattung der satir. Reiseerzählung. – Im ersten modernen Staatsroman, Th. Mores »Utopia« (1516), dient dann das Reiseelement bzw. die Fiktion von bewohnten Gestirnen, fernen Inseln und Kulturen als Folie, vor der die moral., gesellschaftl. und polit. Unzulänglichkeiten des Menschen im Allgemeinen und des eigenen Staatssystems im Besonderen aufgedeckt werden. Im Mittelpunkt dieser R.e steht der Repräsentant einer selbstgefälligen, egozentr. Gesellschaft, durch dessen Begegnung mit dem Fremdländischen sein Status und damit das anthropozentr. Weltbild stark relativiert werden. Am stärksten ist diese Tendenz ausgebildet bei Cyrano de Bergerac (Doppelroman »Histoire comique contenant les états et empires de la lune et du soleil«, 1657 und 1662), J. Swift (»Gullivers sämtl. Reisen«, 1726) und Voltaire (»Micromégas«, 1752). Ein neuer Typus des R.s entwickelt sich im 18. Jh. im sog. *empfindsamen R.;* er steht nicht nur zeitl. in der Nähe des ↗ Bildungsromans, auch inhaltl. ergeben sich Gemeinsamkeiten zwischen der Darstellung des äußeren Werdegangs und des charakterl. Reifens des Helden (z. B. K. Ph. Moritz, »Anton Reiser«, 1785). Erfolgreich war v. a. jener R.typus, der nach dem Vorbild L. Sternes (»A sentimental journey«, 1768) vertreten wurde von J. T. Hermes (»Sophiens Reise von Memel nach Sachsen«, 1769–73), J. G. Schummel (»Empfindsame Reise durch Deutschland«, 1770–72), J. K. A. Musäus (»Physiognom. Reisen«, 1778 f.), M. A. Thümmel (»Reise in die mittägl. Provinzen von Frankreich«, 1791–1805). Wiewohl repräsentativ für die Spätaufklärung (rationale Analyse, empfindsame Selbst- und Naturbeobachtung), verweist dieser Typus bereits auf den *R. der frühen Romantik,* die diesem eine völlig neue Sinngebung verleiht: die gegenständl. Welt verdient nur insoweit Erwähnung, als sie im Reisenden Reflexionen u. Empfindungen (Mitleid, Liebe, Zärtlichkeit) auslöst. Novalis' »Heinrich von Ofterdingen« (1802) kann als Musterbeispiel des frühromant. R.s gelten. Er verwahrt sich ausdrückl. gegen einen Vergleich mit Goethes idealtyp. Entwicklungsromanen »Wilhelm Meisters Lehrjahre« (1795) und »Wilhelm Meisters Wanderjahre« (1821), da im frühromant. R. die Zeitlichkeit aufgehoben sei und der Mensch nur mehr durch Gefühl und Besonnenheit erkennen könne, wer er selber ist. Dennoch sind die Verflechtungen – auch mit dem psycholog. Roman (Tiecks »William Lovell«, 1795), dem Bildungsroman (Jean Pauls »Titan«, 1800/03) und dem ↗ Künstlerroman (Tiecks »Franz Sternbalds Wanderungen«, 1798) – so offensichtl., dass eine einseitige, ausschließl. Zuordnung zu einem der Romantypen ungenügend wäre. In der neueren deutschen Reiseliteratur (insbes. seit 1945) lässt sich parallel zur allgemeinen geist. und literar. Entwicklung der Zeit eine Wende von der primär imaginativen, romanhaften Erzählweise hin zum nicht-fiktionalen, reflektierenden, autobiographischen ↗ Reisebericht erkennen, wobei aber der Reiseablauf nur noch Symbolwert besitzt, essayistische, autobiographische, aber auch lyrische und fiktive epische Elemente dagegen stil- und strukturbestimmend werden. Diese Elemente bzw. deren Verschmelzung innerhalb eines Werkes dokumentieren den fluktuierenden Charakter der zeitgenöss. Reiseliteratur (E. Jünger, W. Koeppen, J. Urzidil, H. Böll, S. Lenz, A. Andersch, E. Kästner, H. Fichte). FD

Reizianus, m., Reizianum, n., mod. Bez. (gebildet von dem klass. Philologen G. Hermann nach dem Namen seines Lehrers F. W. Reiz) 1. für den akephalen ↗ Pherekrateus ⏑−⏑⏑−−, eine der Grundformen der ↗ äol. Versmaße; 2. für ein gleichstrukturiertes, aber durch Auflösungen von Längen und neue Zusammenziehung dabei entstehender Doppelkürzen variantenreiches Kolon der lat. Dichtung, das v. a. als ↗ Klausel (Plautus), aber auch als 2. Zeile von Disticha erscheint, deren 1. aus jamb. oder anapäst. Tetrapodien besteht (sog. versus Reizianum). S

Reminiszenz, f. [lat. Reminisci = sich erinnern], Stelle in einem literar. oder musikal. Werk, die an andere Werke erinnert. Man unterscheidet 1. *die unbewusste R.*: sie reicht von sprachl.-stilist. Anklängen an andere dichter. (histor. oder zeitgenöss.) oder sonstige literar. Texte (aus Geschichte, Wissenschaft usw.) bis zur Aufnahme von Motiven, Handlungssequenzen und Charakteren. 2. *die bewusste R.*: sie kann als Stilmittel direktes ↗ Zitat, ↗ Anspielung, ↗ Ironie oder ↗ Parodie sein; dem Leser bleibt dabei der Verweischarakter immer offenbar, im Ggs. zum ↗ Plagiat, wo der Autor die Übernahme kaschiert. In zahlreichen Fälle dokumentiere die R. nur die Gelehrsamkeit und das vielseit. Wissen eines Autors (↗ poeta doctus, ↗ antiquar. Dichtung), doch kommt ihr auch ästhet. Wert zu bei stilspezif. Verwendung (Jean Paul). Allerdings übersteigt die nichtästhet. Funktion oft die ästhet. (z. B. in ↗ Satiren, Polemiken oder Texten mit starkem Realitätsbezug). – Verweisen die R.en auf frühere Partien desselben Textes, so spricht man im Rahmen einer (formalen) Erinnerungstechnik von *Rückverweisen* analog den ↗ Vorausdeutungen (Ahnungen, Prophezeiungen, Träume). GG

Renaissance, f. [rənɛˈsãːs; frz. = Wiedergeburt], allgemein die seit dem 19. Jh. übl. gewordene Bez. für geist. und künstler. Bewegungen, die bewusst an ältere Bildungs- und Kulturtraditionen anzuknüpfen versuchen (z. B. ↗ kelt. R.), insbes. die Rückbesinnung auf Werte und Formen der griech.-röm. Antike in Literatur, Kunst, Philosophie und Wissenschaft. Obwohl diese Erscheinung in verschiedenen Zeitaltern anzutreffen ist (↗ karoling. R.), wird der Begriff ›R.‹ in d. Regel v. a. auf die Ende des 14. Jh.s von Italien auf andere Länder Europas ausstrahlende geist. Bewegung bezogen, d. h. auf die Phase des allmähl. Übergangs von den mal. zu den für die Neuzeit charakterist. Vorstellungs-, Denk- und Darstellungsformen, bei dem die Auseinandersetzung mit der Antike eine Rolle spielt. Ihr Ende wird im Allg. mit dem Sacco di Roma, der Plünderung Roms durch die Truppen Karls V. (1527), angesetzt. Dieses Ereignis war ein säkularer Schock, der die Voraussetzungen der Kunst in Italien von Grund auf änderte. Zu diesen Veränderungsfaktoren müssen aber auch die Reformation und die folgenden gegenreformator. Kräfte gerechnet werden, der der geist. Bildung und der Kunst der Epoche andersartige Maßstäbe setzten (↗ Manierismus, ↗ Barock). Die *Ursprünge der R.* liegen in Italien. Voraussetzung war die verstärkte Hinwendung zur philosoph.-literar. wie auch zur künstler. Vorstellungs- und Denkart der Antike, die bereits Petrarca einleitete. Führend in dieser humanist. Bewegung war Florenz, wo erstmals auch die röm. Architektur und Kunst prakt. und theoret. (Werke Vitruvs) systemat. erforscht wurden (Poggio Bracciolini, F. Biondo). Aus diesem Zusammenspiel von literar. Erforschung (↗ Humanismus) bzw. Nachahmung lat. Schriftsteller (↗ neulat. Dichtung) einerseits und bildnerischer Nachahmung bzw. künstlerischem Wettbewerb mit den antiken Kunstwerken andererseits erwuchs eine neue geist. Bewegung, die bald ganz Italien und Europa ergriff. Hinzu kamen die polit. und gesellschaftl. Bedingungen in Italien mit einem hochentwickelten Stadtleben und einem relativ stabilen polit. und gesellschaftl. Friedenszustand seit Mitte des 15. Jh.s (Frieden von Lodi 1454 zwischen dem Herzogtum Mailand, den Republiken Venedig und Florenz, dem Kirchenstaat [Rom] und dem Königreich Neapel), der den Aufschwung von Kultur und Künsten begünstigte. *Träger* sind in den Stadtrepubliken die führende Bürgerschicht (Verwaltungsbeamte, Vertreter der Akademien und Universitäten und die zu Wohlstand gelangten Mitglieder von Gilden und Zünften), in den anderen Stadtstaaten treten (bes. als Mäzene und Rezipienten) v. a. die Höfe hervor. – Durch die Lösung der Menschen aus der mal. Ordnung und ihren Lebensnormen entstand ein neues Selbstbewusstsein, ein Erkennen der Individualität, die eine *neuartige Kreativität* hervorbrachte. Diese neue Bewusstseinslage äußerte sich v. a. in einer stärkeren Betonung des tätigen Lebens (vita activa) gegenüber der im MA. noch als Ideal geltenden Kontemplation (vita contemplativa), vgl. die programmat. Abhandlung des Bankiers und Humanisten(!) G. Manetti »De dignitate et excellentia hominis« (1452). Diese Zuwendung zur Lebenswirklichkeit dokumentieren auch die zahlreichen Tage- und Hausbücher, Kriegs-, Reise- und Lebensberichte: die Anfänge der ↗ Autobiographie. Der Diesseitsbejahung entspringt ferner die Ausbildung einer urbanverfeinerten Gesellschaftskultur, wie sie B. Castiglione in seinem »Cortegiano« (1508/16) entwirft (Ideal: Verbindung humanist. Bildung und ästhet. Lebensformen), ein Werk, das rasch in ganz Europa Verbreitung fand. – Aus einer modern-realist. Weltsicht entstanden ferner die neuen Ansätze einer histor.-polit. Analyse von F. Guicciardini und v. a. N. Machiavelli, dessen (den moralisierenden ↗ Fürstenspiegel ablösender) aus realer polit. Erfahrung geschriebener Traktat »Il Principe« (1513) das moderne Staatsdenken prägte. – Die bedeutendsten Errungenschaften der R. liegen aber auf dem Gebiet der bildenden Kunst (Architektur, Plastik, Malerei; Projektionsregeln, Erforschung der menschl. Anatomie, freistehende Plastik, Zentralperspektive), vgl. in der Früh-R. v. a. F. Brunelleschi, L. B. Alberti, Donatello, L. Ghiberti, Masaccio, A. Mantegna, Piero della Francesca, A. del Pollaiuolo, in der Hoch-R. v. a. D. Bramante, Leonardo da Vinci, Raffael, Michelangelo, Tizian. Dieser Hochblüte der Kunst und der humanist. Studien entsprach eine *Entfaltung des dichter. Schaffens* auch in der Volkssprache, das v. a. von der verfeinerten Hofkultur der ital. Stadtstaaten gefördert wurde. Neu ist dabei die geist. anregende Rolle der Frau als Mäzenatin (in Mailand Beatrice d' Este, in Mantua Isabella d' Este, in Urbino Elisabetta Gonzaga u. a.). Die prunkvollen städt. und höf. Umzüge (↗ Trionfi) und Feste mit dramat. Aufführungen und den eingelagerten vielgestalt. ↗ Intermezzi zogen zahlreiche Künstler und Literaten an die Höfe (Blüte der panegyr. Gattungen, Literarisierung volkssprachl. unterliterar. lyr. Formen wie z. B. ↗ Barzelatta, ↗ Caccia, ↗ Strambotto, Karnevalslieder: Lorenzo de' Medici, L. Pulci, A. Poliziano u. a.). – Florenz und Rom wurden Ausgangspunkt der sog. ↗ Commedia erudita (erste Charakterkomödien, z. T. erstmals in Prosa: Machiavelli, Ariost, Bibbiena, Aretino). Eine weit über Italien hinausreichende Bedeutung gewann der Hof von Ferrara, an dem als bewusste Kunstschöpfung ein höf.-heroisches Buch-↗ Epos entwickelt wurde: Stoffe der Karolinger-(Roland-) und Artussagenkreise wurden in burlesker bis distanziert ernster Haltung und vollendeter Form (↗ Stanzen) gestaltet. Aus dem Umkreis der Medici stammt noch der burleske »Morgante« (1466/70) von L. Pulci, aus dem Umkreis der Este dann M. M. Boiardos »Orlando innamorato« (1486), L. Ariostos »Orlando furioso« (1516 ff.) und dann später T. Tassos »Gierusalemme liberata« (1570/75): äußerst erfolgreiche Werke, die neben zahlreichen Nachahmungen, Fortsetzungen, Dialektfassungen oder Parodien (T. Folengo, »Orlandino«, 1526) weit über Italien und das 16. Jh. hinaus wirkten (Spenser, Voltaire, Wieland, Byron). – Ähnl. Impulse gingen vom Hof in Neapel aus, wo G. Pontano und v. a. I. Sannazaro unter Rückgriff auf die hellenist.-bukol.

Poesie den ep.-lyr. Typus der ↗Schäferdichtung (insbes. den Schäferroman: »Arcadia«, 1504) erneuerten, die ebenfalls in ganz Europa Nachahmung fand. Begleitet wurde das dichter. Schaffen durch neue Dichtungstheorien (G. G. Trissino, J. C. Scaliger u. a. vgl. ↗Poetik), die bis ins 18. Jh. das europ. Kunstschaffen bestimmten. Bedeutung für die Verbreitung des vielfält. literar. Schaffens erlangte Venedig durch die Offizin des A.Manutius, der mit wichtigen Erstveröffentlichungen und krit. Ausgaben griech. und lat. Autoren den Grund für die venezian. Druck- und Verlegertradition legte, wobei auch die volkssprachl. Tradition wichtig wurde. Einen wichtigen Beitrag zur R.kultur leistete ferner das in der Nachfolge des Niederländers A. Willaert stehende Musikleben Venedigs (bes. an San Marco), welches von Gabrieli bis zu C. Monteverdi zu einer lange andauernden Blüte führte. Die von Italien ausgehende Wirkung der R. erfasste (z. T. sich mit manierist. Ausprägungen überschneidend) fast alle europ. Länder im 15. und 16. Jh. Mehrere Jahrhunderte lang war es üblich, dass Humanisten und Künstler zunächst zum Studium nach Italien gingen. – In *Frankreich* folgten (in einer eigenständ. Entwicklung) auf die humanist. Forschungen von J. Badius und G. Budaeus die volksspr. Werke der Margarete von Navarra, von F. Rabelais, C. Marot, M. Scève, J. Du Bellay, P. de Ronsard (↗Plejade) bis hin zu M. de Montaigne. In *England* stehen neben den humanist. Werken von J. Colet und Th. More die Dichtungen von E. Spenser, Ph. Sidney, Ch. Marlowe, W. Shakespeare und F. Bacon. – In *Portugal* führt die Aufnahme italien. R.einflüsse zu hoher literar. Blüte, insbes. durch F. de Sá de Miranda, A. Ferreira und D. Bernardes (formale Erneuerung der Lyrik), durch B. Ribeiro (Einführung der Schäferdichtung) und bes. L. de Camões mit den »Lusiaden« (1572, das portugies. Nationalepos nach dem Vorbild Vergils und Ariosts). – In *Spanien* dagegen konnten die Einflüsse der R. nach Einrichtung der Inquisition (1478) nur mit gewissen Einschränkungen verarbeitet werden. Sie finden sich z. B. in der Lyrik bei Garcilaso de la Vega, in der span. Ausformung des Amadisromans und bei J. de Montemayor (Schäferroman). – In *Deutschland* bestanden zunächst enge Beziehungen zwischen den italien. und dt. Humanisten (R. Agricola, K. Peutinger, W. Pirckheimer) und der von Deutschland ausgehenden Buchdruckerkunst. Dann aber behindern die Reformation und die nachfolgenden (Kriegs)wirren die Verarbeitung der italien. Einflüsse. Sie werden erst im 17. Jh. aufgenommen und barock umgeformt. Allgemein blieb jedoch die Wirkung der R. nicht nur auf das 16. und 17. Jh. beschränkt, sondern hat z. B. im Klassizismus am Ende des 18. und im 19. Jh. neue Bedeutung erlangt. IS

Renouveau catholique, m. [rənuvo katɔ'lik; frz. = kath. Erneuerung], um 1900 in *Frankreich* einsetzende Bewegung zur Erneuerung der Literatur aus dem Geiste eines essentiellen Katholizismus. Ihre Vertreter bilden keine Schule im eigentl. Sinne, sie sind oft Konvertiten, die sich gegen den modernen Wissenschaftskult und gegen den Materialismus v. a. im literar. ↗Naturalismus wandten, aber auch gegen die autoritäre Starre der Kirche. Sie gestalten aus einem eth. Engagement heraus existentielle Probleme in symbolhafter Überhöhung. Ein Hauptthema ist der Kampf zwischen Gut und Böse. – Organ war zunächst die Zeitschrift »Cahiers de la Quinzaine« (1900–1914), gegründet von Ch. P. Péguy, der in seinem 1910 publizierten relig. Werk »Le Mystère de la Charité de Jeanne d'Arc« eine Leitgestalt des R. c. (Kampf für Wahrheit und Gerechtigkeit) geschaffen hatte. *Weitere Vertreter* des R. c. sind E. Psichari (»Le voyage du Centurion«, postum 1916), Leon Bloy (»La Femme pauvre«, 1897), J.-K. Huysmans (»La cathédrale«, 1898), F. Jammes, P. Bourget, M. Jouhandeau, G. Bernanos (Trilogie »Sous le soleil de Satan«, 1925; »Journal d'un Curé de Campagne«, 1936), F. Mauriac (1912 Gründung des Magazins für kath. Kunst und Literatur »Les Cahiers«; »Thérèse Desqueyroux«, 1927), J. Rivière (Herausgeber der »Nouvelle Revue française«, seit 1918, »A la trace de dieu«, 1925), H. Alain-Fournier, Julien Green, H. de Montherlant (»La Relève du Matin«, 1920), Luc Estang, É. Baumann u. a. Bedeutendster Vertreter des R. c. ist Paul Claudel (»L'annonce faite à Marie«, 1912; »Le soulier de satin«, 1929, und weitere bedeutende Romane, lyr., dramat., krit. und dichtungstheoret. Schriften). – Ähnl. Strömungen finden sich zu Beginn des 20. Jh.s auch in anderen europ. Literaturen, vgl. in *England* z. B. T. S. Eliot, Graham Greene, E. Waugh, B. Marshall, in *Schweden* S. Undset, in *Deutschland* E. von Handel-Mazzetti, G. von Le Fort, E. Langgässer, W. Bergengruen, F. Werfel, Reinhold Schneider, E. Schaper u. a. S

Repertorium, n. [zu lat. reperire = auffinden, ermitteln],
1. Verzeichnis, ↗ Register (z. B. das »R. Germanicum«, hg. v. Dt. Histor. Institut Rom: Verzeichnis der in den päpstl. Archiven seit 1378 erwähnten dt. Namen).
2. Nachschlagewerk, systemat. Zusammenfassung bestimmter Sachgebiete, ↗ Kompendium. S

Reportage, f. [frz. = Berichterstattung], Augenzeugenbericht, welcher (meist kurz) ein Ereignis aus der unmittelbaren Situation heraus darstellt. Als Typus der ↗ Dokumentarliteratur sollte sie grundsätzl. Fakten und Details zuverlässig und sachlich referieren; sie kann aber durch deren Auswahl und Anordnung, durch atmosphär. Färbung, persönl. Engagement, eine bes. Perspektive des ›Reporters‹ mehr oder weniger stark subjektiv geprägt sein. Gerichtet an einen breiten Leser- oder Hörerkreis, formuliert sie in der Regel spontan, einfach in Wortwahl und Syntax. Nach einigen Vorläufern (Expeditionsberichte u. a.) wird die R. Ende des 19. Jh.s als Form des modernen Journalismus entwickelt. Einen Höhepunkt erreicht sie in den (oft allerdings dem ↗ Feuilleton angenäherten) R.n von E. E. Kisch (R.nbände: »Hetzjagd durch die Zeit«, »Der rasende Reporter«, beide 1926, »Wagnis in aller Welt«, 1927, »Entdeckungen in Mexiko«, 1945) und dem tschech. Journalisten J. Fučík (»R.n unter dem Strang geschrieben«, 1945). Mit der Entstehung der Massenmedien gewinnt die R. eine immer größere Bedeutung und erfasst heute alle Gebiete des öffentl. Lebens. Sie ist jeweils von der Eigenart der einzelnen Medien geprägt: während bei der Presse-R. und, bes. unmittelbar, der Rundfunk-R. der Text ganz im Vordergrund steht, ergänzen sich bei Illustrierten- und Fernseh-R.n Text und Bild, wobei der Text oft nur das Bild kommentiert. Seit Mitte der 60er Jahre bedient sich bes. die sozialpolit. engagierte Literatur (u. a. ↗ Gruppe 61, ↗ Werkkreis 70) der dokumentierenden R., welcher oft Gesprächsprotokolle oder Tonbandaufnahmen von Interviews einmontiert sind, um ihre Authentizität und Intensität zu verstärken, vgl. z. B. G. Wallraff, »Dreizehn unerwünschte R.n« (1969), »Neue R.n« (1974) oder E. Runge, »Bottroper Protokolle«, 1968. Die R. wird auch in fiktionaler Literatur verwendet, sei es als ↗ Montage (z. B. F. Dürrenmatt, »Der Besuch der alten Dame«, 3. Akt) oder als ep. Gestaltungsmittel (z. B. in den R.nromanen M. von der Grüns). OB

Kisch: Der rasende Reporter

Résistanceliteratur [rezis'tã:s, frz. = Widerstandslit.], auch: littérature clandestine (frz. = heiml. Literatur), behandelt Geschehnisse und Probleme der franz. polit. Résistance-Bewegung im Zweiten Weltkrieg (seit etwa 1940), teils im Geiste des aktiven Widerstandes, teils aus der Retrospektive, sowohl in fiktionalen Gattungen als auch in Essays, Tatsachenberichten usw. Die *bedeutendsten Vertreter*, die v. a. dem Surrealismus und Existentialismus verbunden waren, sind L. Aragon (»Les bons Voisins«, 1942; »France écoute!«, 1944 und »Le crève-cœur«, Ged., 1941: das *Modellwerk der R.*), P. Eluard (»Les Armes de la douleur«, R. 1944; »Poésie et verité 1942«, Lyrik, 1942), Vercors (d. i. J. Bruller, »Le silence de la mer«, Erz., 1942), A. Camus (»Lettre à un ami allemand«, 1943), J. P. Sartre (»Morts sans sépulture«, Dr. 1946), R. Vailland (»Drôle de jeu«, als ›*Epos der Résistance*‹ bez., R. 1945), R. Gary (»L'éducation européenne«, R. 1945), D. Rousset (»L'uni vers concentrationnaire«, Reportage 1946), M. Clavel (»Les incendiaires«, Dr. 1946). Louise Weiss (»La Marseillaise«, Tatsachenbericht 1947) u. a. Die R. erschien meist unter Decknamen in den Zeitschriften »Poésie 40«, »Fontaine«, »Confluences«, »Les lettres françaises«, den in England herausgegebenen »Cahiers de Silence« oder als heimlich gedruckte »Editions de Minuit« des gleichnam., 1942 von Vercors gegründeten Verlags.   S

Responsion, f. [lat. responsio = Antwort], 1. Sinn-, Motiv- oder Formentsprechung zw. einzelnen Teilen (Akten, Abschnitten, Strophen, Sätzen) einer Dichtung, z. B. sind Reim-R.en über das Reimschema hinausgehende Lautentsprechungen zw. einzelnen Strophen. 2. In der Rhetorik eine antithet. angelegte Antwort auf eine selbstgestellte Frage.   S

Responsorium, n. [lat. Responsare = antworten], ↗ Antiphon.

Retardierendes Moment, dramaturg. Begriff, schon von Goethe (im Briefwechsel mit Schiller vom April 1797) benutzt für die Unterbrechung eines Handlungsverlaufs durch Geschehnisse, die vorübergehend zur (nur scheinbaren) Abänderung oder sogar Umkehrung des vorgezeichneten Handlungsziels führen (vgl. ↗ Katastasis). In diesem Sinne ist das r. M. im vorletzten Akt des Dramas das »Moment der letzten Spannung« (G. Freytag) und bewirkt als solches in der Tragödie die fälschl. Hoffnung auf die mögl. Errettung des Helden vor der drohenden ↗ Katastrophe, in der Komödie dagegen die durch das Ende widerlegte Furcht vor der unwiderrufl. Verfehlung des erhofften Glücks. Doch findet sich das Kunstmittel des r. M. auch an anderen Stellen des Dramas und in anderen literar. Gattungen, bes. in Novelle und Ballade, sowie im Epos und im Roman (bes. Kriminalroman).   HD

Retroensa, f. ↗ Rotrouenge.

Revolutionsdrama, Sonderform des ↗ Geschichtsdramas, gestaltet Ereignisse einer histor. Revolution oder eines Revolutionsvorhabens, meist mit deutl. Bezügen zu aktuellen Zeitfragen, vgl. G. Büchner, »Dantons Tod« (1835), die R.en der Junghegelianer und des Jungen Deutschland wie Rudolf Gottschall, »Maximilian Robespierre« (1845); Wolfgang Robert Griepenkerl, »Maximilian Robespierre« (1849), »Die Girondisten« (1852); F. Lasalle, »Franz von Sickingen« (1859) u. a. Heute ist die Bez. v. a. übl. für solche Dramen seit Expressionismus und Neuer Sachlichkeit, die mit deutl. sozialrevolutionärer Tendenz gesellschaftl. Veränderungen propagieren, z. B. E. Toller, »Die Maschinenstürmer« (1922); Friedrich Wolf, »Der arme Konrad« (1924), »Die Matrosen von Cattaro« (1930), »Thomas Münzer« (1952). Verwandt sind das histor. ↗ Lehrstück B. Brechts (z. B. »Die Tage der Commune«, 1949) oder P. Hacks' (z. B. »Das Volksbuch vom Herzog Ernst«, 1957, »Der Müller von Sanssouci«, 1958) und das Dokumentarstück (P. Weiss, H. Kipphardt). ↗ Polit. Dichtung.   IS

Revue, m. [re'vy; frz. = Überschau, Rundschau, Zusammenstellung], 1. Bühnendarbietung aus lose aneinandergereihten Musik-, Tanz-, Gesangs-, Artistennummern, dramat. Szenen u. a., mit oft nur lockerem themat. Zusammenhang. Die Erscheinungsformen reichen von der literar. oder polit. R., die Unterhaltungscharakter mit anspruchsvoller Thematik verbindet (Übergang zum ↗ Kabarett), bis zur reinen Ausstattungsr. mit aufwendigen Dekorationen, Kostümen und perfektionist. Bühnenmaschinerie als Selbstzweck (sog. Shows). Die R. entstand in Frankreich. *Vorformen* sind spätmal. Folgen von Possen, die eine krit.-parodist. Übersicht über die Ereignisse eines vergangenen Jahres zu geben versuchten; als Vorläufer der Ausstattungs-R.n können die Festunterhaltungen (↗ Intermezzi, ↗ Zwischen- u. Nachspiele) und Dramenaufführungen (↗ Jesuitendrama) der Renaissance und des Barock gelten. – Die R. im heutigen Sinn kam *im 19. Jh.* während des 2. Kaiserreiches auf (in Künstler-Cafés und sog. *cabarets artistiques;* älteste: Chat Noir, Folies Bergères, Moulin Rouge) und wurde um 1900 auch in England (Londoner Music Halls), den USA (Follies, Skandals, Vanities) und

Deutschland (Berlin: Metropoltheater, Admiralspalast) populär. Nach dem Zweiten Weltkrieg wurden die R.n weitgehend vom Musical und der reinen Show verdrängt (Eis-R.n, Tanz-R.n). Montagetechnik und Episodenreihung der R., auch die Fortsetzung einer Spielhandlung in anderen Medien (z. B. durch Filme) wurden in den zwanziger Jahren für Erneuerungsversuche des als überlebt angesehenen bürgerl. Theaters eingesetzt, insbes. von E. Piscator für sein polit. Theater (z. B. in der Inszenierung von A. Tolstois »Rasputin« als »Schicksals-R.« und »direkte Aktion«, 1927). Ähnl. Versuche, die R.formen für das Theater fruchtbar zu machen, sind in jüngeren Inszenierungen zu beobachten (z. B. bei P. Zadek, vgl. u. a. »Kleiner Mann, was nun«, v. T. Dorst nach H. Fallada, 1972).

2. Titelbestandteil zahlreicher, v. a. franz. Zeitschriften, mit themat. universaler Orientierung (vgl. engl. Review, dt. Rundschau). MK

Reyen, m. [mhd. reie, reige, nhd. Reigen = Tanz, wörtl. Übers. von gr. choros], im ↗ schles. Kunstdrama des 17. Jh.s Bez. für den ↗ Chor. Eingeführt nach dem Muster des Niederländers J. van den Vondel, haben die R. zunächst aktgliedernde Funktion, darüber hinaus jedoch auch emblemat. Charakter, d. h. sie sollen das individuelle Geschehen der Akte (»Abhandlungen«) auf eine Ebene allgem. Bedeutung heben, z. T. mit vorausdeutender Funktion. Die R. in den Trauerspielen A. Gryphius' sind meist noch Chöre im eigentl. Sinne, teilweise aus Statisten der Handlung gebildet (z. B. in »Catharina von Georgien«, »Papinian«), meist jedoch aus allegor. Figuren; bevorzugte Form ist die ↗ Pindar. Ode. Seine Nachfolger (D. C. v. Lohenstein, J. Ch. Hallmann, A. A. von Haugwitz) gestalten die R. zu teilweise umfangreichen allegor. Zwischenspielen aus. Lohenstein fügt im Ggs. zu Gryphius meist auch dem 5. Akt des Trauerspiels einen R. bei.
K

Rezension, f. [zu lat. recensere = sorgfältig prüfen], 1. krit. Betrachtung und Wertung dichter. und wissenschaftl. Werke oder von Theater-, Film-, Fernsehaufführungen und Konzerten in Tageszeitungen (↗ Feuilleton) und wissenschaftl. Fachzeitschriften.

2. Teil der ↗ Textkritik. S

Rezeption, f. [lat. recipere = aufnehmen, empfangen], allgemein die über geschichtl. Zeiträume und die Grenzen der Nationalliteraturen sich erstreckende Art und Weise der Überlieferung, Verbreitung und Wirkung einzelner Werke oder Stile. Seit Mitte der 60er Jahre hat sich der Begriff inhaltl. erweitert und kennzeichnet nicht mehr nur ein Gebiet der histor. vergleichenden Literaturwissenschaft, sondern allgemein *jede Art der kommunikativen Aneignung von Literatur* durch ↗ Leser oder Hörer (Rezipienten). Die rezeptionsästhet. Fragestellung sucht sich sowohl von der textimmanenten und strukturalist. Analyse (›Produktionsästhetik‹) als auch von der auf histor. funktionale Festlegung bedachten marxist. ↗ Widerspiegelungstheorie (›Darstellungsästhetik‹) zu unterscheiden, indem sie ausgeht von der jeweils durch veränderte Rezeptionsbedingungen bestimmten Offenheit des Bedeutungs- und Sinnangebots im literar. Kunstwerk, das sich erst durch die Verschmelzung mit dem ↗ Erwartungs-, Verständnis- und Bildungshorizont des Lesers konkretisiert. Die Feststellung einer jeweils histor. geprägten Erwartungshaltung kann nur durch eine synchron verfahrende Rekonstruktion der geschichtl. Bewusstseinsformen und ihrer Bedingungen erforscht werden, damit eine sich artikulierende R. nicht als subjektive Antwort auf die Subjektivität des selbst von R. (Sprache, Literatur, Zeitgeist) abhängigen Kunstwerks unverbindl. und zufällig bleibt. HW

Rhapsode, m. [gr. rháptein = zus.nähen, oidé = Gesang, die Bez. deutet auf die Fähigkeit, Gesänge improvisierend aneinander zu reihen], wandernder Sänger, der im alten Griechenland ursprüngl. in der Fürstenhalle, später allgem. bei Festen und Leichenfeiern ep. Gedichte (↗ Rhapsodien) vortrug. Sein Standeskennzeichen war ein Stab (*rhabdos*, nicht namengebend!). Rh.n waren bis ins 5. Jh. v. Chr. die wichtigsten Träger der ep. Überlieferung, wobei sie die Dichtungen teils wörtl.

tradierten, teils auf der Basis einer in Jahrhunderten entwickelten ep. Formelsprache schöpfer. weitergestalteten. Der Vortrag wurde durch einfache Griffe auf der Leier untermalt, entwickelte sich aber im Laufe der Zeit mehr und mehr zur bloßen Deklamation. Als Rezitatoren *fremder* Dichtungen (bes. Homer und Hesiod) finden sich die Rh.n in sog. *Rh.nschulen* zusammengeschlossen (↗Homeriden auf Chios); sie trugen auch eigene Wettkämpfe aus, wurden jedoch schon im 5. Jh. v. Chr. als unzuverlässige Überlieferer der Texte und wenig achtenswerte Literaturvaganten getadelt: einen solchen Vertreter der Verfallszeit charakterisiert Platon im Dialog »Ion«. – Mit dem gr. Rh. vergleichbar ist evtl. der altengl. ↗Skop. Ein Versuch W. Jordans, das Rh.ntum im 19. Jh. neu zu beleben, ist gescheitert. HW

Rhapsodie, f. [gr., Etymologie s. ↗Rhapsode], in der Antike Bez. für einzelne Abschnitte oder Gesänge der homer. Epen, dann für eine Dichtung oder ein Musikwerk, deren themat. Vielfalt, assoziative Reihungsform und improvisative Darstellungsweise mit der Vortragspraxis antiker ↗Rhapsoden verglichen werden können. Später nannte man auch freirhythm. Werke der ekstat. Lyrik Rh.n. Seit dem 18. Jh. wurde diese Bez. wieder aufgegriffen für die Lyrik der Sturm- und Drangepoche, vgl. z. B. Chr. F. D. Schubarts balladeskes Gedicht »Der ewige Jude. Eine lyr. Rh.« (1783). Durchgesetzt hat sich der Begriff jedoch erst im 19. Jh. für musikal. Werke, die entweder Vokalkompositionen nach Texten der Sturm- und Drangperiode sind (J. F. Reichardts Goethe-Vertonungen, J. Brahms' »Alt-Rhapsodie« nach Goethes »Harzreise im Winter«), oder für virtuose Solo- und Orchesterkompositionen, die eine freie, oft potpourrihafte Form bevorzugten und vielfach auf volkstüml. Melodien und Tanzrhythmen zurückgriffen. Eine der ersten Instrumental-Rh.n schrieb der Dichter F. Grillparzer (Klavierkomposition 1832), berühmt wurden vor allem die 19 »Ungar. Rh.n« (1839–1886) von F. Liszt, die Klavier-Rh. (1893) von J. Brahms, die Rh. für Klavier und Orchester (1904) von B. Bartók und die orchestrale »Rhapsody in Blue« (1924) von G. Gershwin. HW

Rhesis, f. [gr. = Rede], in der griech. ↗Tragödie die *längeren Sprech*partien der Schauspieler in Monolog und Dialog im Unterschied zu den gesungenen Partien (↗Chorlied, ↗Monodie, ↗Amoibaion, ↗Kommos) und den ebenfalls gesprochenen, aus kürzeren Redeteilen bestehenden ↗Stichomythien. Metren der Rh. sind der iamb. ↗Trimeter und (seltener) der trochä. ↗Tetrameter. Inhaltl. gehören zur Rh. v. a. die ep. Teile der Tragödie (↗Botenbericht, ↗Teichoskopie usw.). K

Rhetorik, f. [gr. techne rhetorike = Redekunst], Fähigkeit, durch öffentl. Rede einen Standpunkt überzeugend zu vertreten und so Denken und Handeln anderer zu beeinflussen und Theorie bzw. Wissenschaft dieser Kunst. Von anderen Formen der sprachl. Kommunikation hebt sich die Rh. durch die Betonung der impressiven bzw. konnotativen Funktion der Sprache ab (Rh. = persuasive, überzeugende Kommunikation). Die Antike, in der die Rh. entstand, unterscheidet drei Situationen, in der der Redner allein durch seine Überzeugungskraft auf andere einwirken kann:
1. die Rede vor Gericht (*genus iudicale,* heute: Forensik, berühmter Vertreter Lysias), 2. die Rede vor einer polit. Körperschaft (*g. deliberativum,* berühmter Vertreter Demosthenes), 3. die Festrede auf eine Person (*g. demonstrativum,* ↗Epideixis, ber. Vertreter Isokrates). Die Sachkompetenz des Redners wird jeweils vorausgesetzt (*disponibilitas* = Verfügbarkeit des Redners). Die Rh. stellt ihm ein Repertoire von Anweisungen und Regeln zur Verfügung, anhand derer er seinen Stoff aufbereiten kann. Sie ist daher nicht nur ein Inventar sprachl. Techniken und Kunstformen, sondern auch eine heurist. Methode, eine »Technik des Problemdenkens«.
In der *Vorbereitung der Rede* werden *5 Phasen* unterschieden:
1. In der *inventio* (lat. *invenire* = finden) werden die zum Thema passenden Gedanken gesucht, wobei als Leitfaden die *loci* bzw. *topoi* (lat., gr. = Örter) nach den Örtern in einem räuml. vorgestellten Gedächtnis dienen, die seit dem MA in dem sog. Inventionshexame-

ter zusammengefasst werden, der die relevanten Fragestellungen aufzählt: »quis, quid, ubi, quibus auxiliis, cur, quomodo, quando?« (wer, was, wo, womit, warum, wie, wann?, vgl. auch ↗ Topik).
2. In der *dispositio* (Gliederung, ↗ Disposition) wird aus den Gedanken, die die *inventio* zutage fördert, eine Auswahl getroffen. Der Redner kann zwischen drei Wegen wählen: der rationalen Argumentation (*docere* = belehren), der Erregung von Affekten milderer Art (rhetor. Ethos, *delectare* = erfreuen), um sich der Gewogenheit des Publikums zu versichern, oder heftigerer Art (rhetor. ↗ Pathos, *movere*= rühren), um es zu erschüttern und seine Emotionen anzusprechen (vgl. auch ↗ Genera dicendi). Die Wahl der Gedanken und der Methoden nach Redezweck (*utilitas causae*) und Situationsangemessenheit *(aptum)* erfolgt durch die Urteilskraft *(iudicium)* des Redners.
– Die interne Disposition der Rede folgt einem Dreierschema: Anfang *(caput)*, Mittelteil *(medium)*, Ende *(finis)*. Der 1. Teil enthält die Anrede an das Publikum *(exordium)*, der 2. die Darlegung des Sachverhaltes *(propositio)* sowie die Erörterung *(argumentatio)* mit Beweisgründen *(probationes)* und Widerlegungen *(refutatio)*, der 3. Teil dann die Schlussfolgerung und erneute Wendung ans Publikum *(conclusio, peroratio)*. Der inneren Gliederung der Gedanken folgt
3. die *elocutio*, die Einkleidung der Gedanken *(res)* in Wörter *(verba)*. Dabei zu beachtende Kategorien (Stilqualitäten, *virtutes dicendi*) sind Sprachrichtigkeit *(puritas)*, Klarheit *(perspicuitas)* der Sprache, ihre gedankl. Angemessenheit *(aptum)* und Kürze des Ausdrucks *(brevitas)*. ↗ Rhetor. Figuren und ↗ Tropen, d. h. standardisierte Abweichungen von der natürl. Sprache, sollen, als Mittel der Affekterzeugung, die Aufmerksamkeit auf die Aussage lenken, sie sollen weiter einem ästhet. Bedürfnis (Schmuck und Eleganz der Rede, ↗ Ornatus) dienen und für Abwechslung im Ausdruck sorgen; sie überlagern als sekundäre Strukturen die primären der Grammatik und müssen die Mitte halten zwischen zu geringer Abweichung, die Eintönigkeit erzeugt, und zu starker, die dunkel wird. – Schließl. werden 4. in

der *memoria* (Aneignung der Rede im Gedächtnis) mnemotechn. Hilfen und 5. in der *pronuntiatio* (Vortrag) der wirkungsvolle Vortrag der Rede behandelt. – Neben den Stilarten (*genera dicendi*: *genus facile* oder *humile* – schlichter Stil, *genus medium* oder *mediocre* – mittlerer Stil, *genus grande* oder *sublime* – erhabener Stil) unterscheidet die Rh. ferner Wortfügungsarten wie *structura polita* (gr. *synthesis glaphyra* – glatte Fügung), *structura media* (mittlere Fügung) und *structura aspera* (gr. *synthesis auster* – rauhe, harte Fügung). Von ihrem Anwendungsbereich her ergeben sich mannigfache Überschneidungen der Rh. mit der Topik, Dialektik und bes. mit der ↗ Poetik, die sich zwar method. und der Intention nach gegenüber der Rh. abgrenzen lässt, formal und kategorial jedoch über weite Strecken mit ihr übereinstimmt. Solange eine normative Poetik verbindl. war, übte auch die Rh. einen bedeutenden Einfluss auf Literatur und Poetik aus, wobei sie selbst einem Prozess der Literarisierung unterlag (Rh. = *ars bene dicendi* gegenüber der Grammatika = *ars recte dicendi*. Als ↗ Stilistik ist die Rh. maßgebl. an der Entwicklung der ↗ Kunstprosa beteiligt. Aus der in der Antike gelehrten Fähigkeit, zu einer beliebigen Situation sprechen zu können, entwickelt sich, teilweise als selbstständ. Gattung, die fingierte ↗ Rede oder die fingierte ↗ Brief. Insgesamt stellt die Rh. eine der eindrucksvollsten systemat. wissenschaftl. Leistungen der Antike dar. Seit dem 5. Jh. v. Chr. (verlorene Schrift von Korax und Teisias) wird sie didakt. und wissenschaftl. behandelt (u. a. Gorgias von Leontinoi, Isokrates, Aristoteles, Theophrast, Hermagoras von Temnos, Cicero) und gehört zur antiken Allgemeinbildung. Eine Blütezeit erlebt sie in der Spätantike (neben vielen anderen Quintilian, Apollodoros v. Pergamon, Pseudolonginus. Rede mal. knüpft wissenschaftl., didakt. (Rh. als der ↗ artes liberales) und prakt. (Entwicklung der Homiletik) an diese antike Tradition an. Sie wird in Renaissance und Humanismus durch den Rückgriff auf antike Quellen neu belebt und wirkt durch die neulat. Dichtung bis in die Aufklärung weiter. – Daneben steht allerdings seit Plato eine Tradition der Rh.feindlichkeit, klass. durch I. Kant formuliert (Rh. =»die Kunst, sich der Schwäche der Menschen zu seiner Absicht zu bedienen«). Der Zusammenbruch der rhetor. Tradition erfolgt gegen Ende des 18. Jh.s. Einerseits können die erkenntnismäß. Voraussetzungen der Rh. als Handlungswissenschaft dem neuen, naturwissenschaftl. orientierten Wahrheitsbegriff der Aufklärung nicht standhalten, andererseits wendet sich das Bedürfnis nach individuellem, subjektivem Ausdruck gegen die normative, typisierende Regelhaftigkeit der Rh., so dass Rh. und Dichtung in scharfen Gegensatz treten. Ihre Nachfolge als Wissenschaft tritt die Stilistik an, die jedoch nie die Verbindlichkeit der Rh. erreicht hat, was die Kunst des sprachl. Ausdrucks als Lehrinhalt beeinträchtigte und nahezu eliminierte. Die Rh. überlebt bis zu einem gewissen Grad in ihren traditionellen Gebieten (der Rede); daneben entwickeln sich jedoch neue Formen der Rh. (Publizistik, Werbung, *public relations* u. dgl.) mit spezialisierten Sprachformen. ED

Rhétoriqueurs, m. Pl. [retɔriˈkœːr; frz. = Rhetoriker, Redner], spätmal. frz. Dichter, die im 15. u. 16. Jh. als Hofbeamte und Historiographen v. a. am burgund. Hof wirkten (deshalb auch: *burgund. Rh., burgund. Dichterschule*). Ihre nach normativen Regeln verfassten lyr., panegyr. und moral.-didakt., oft allegor. Dichtungen sind gekennzeichnet durch rhetor. Schmuck und metr. und reimtechn. Virtuosität. Bevorzugte Gattungen sind ↗ Ballade, ↗ Chant royal, ↗ Rondeau. *Vorbilder* waren G. de Machaut und Eustache Deschamps (insbes. durch seine Poetik »Art de dictier et de fere chançons«, 1392). *Vertreter* sind Alain Chartier, G. Chastellain, Jean Marot, J. Bouchet (Haupt der Rh. von Poitiers), G. de Crétin, J. Molinet (Poetik »Art de Rhétorique vulgaire«, 1493) und als bedeutendster J. Lemaire de Belges, der durch die Aufnahme italien. Formen- und Gedankenguts ein Vorläufer der ↗ Pléiade wird. Die Rh. gelten als die Wegbereiter der dann von C. Marot eingeleiteten franz. literar. Renaissance. IS

Rhetorische Figuren [lat. rhetoricus = die Rede betreffend, figura = Gestalt, Wendung], auch: sprachl. Schemata: Stilfiguren zur Verdeutlichung, Veranschaulichung, Verlebendigung oder Ausschmückung einer sprachl. Aussage durch syntakt. Besonderheiten – ohne wesenhafte Änderung des gemeinten, eigentl. Wortlauts – im Ggs. zu den bildhaften, uneigentl. metaphor. ↗ Tropen (die allerdings manchmal ebenfalls als rh. F. bezeichnet werden). Rh. F. bilden sich in der Sprache spontan, v. a. bei emotional gesteigertem Sprechen u. begegnen auch in d. Alltagssprache; sie werden seit der Antike *bewusst* zur kunstmäß. Ausgestaltung der Sprache in der Dichtung, in der polit. Rede, der Gerichts- und Festrede, seit dem MA. auch in der Predigt, v. a. zur Beeinflussung und Überredung eines Publikums eingesetzt. Sie bieten vorgeprägte Schemata für einen gehobenen Sprachduktus und eine differenzierte Gedankenführung. – Die rh. F. wurden in der antiken ↗ Rhetorik ausgebaut (vgl. z. B. die ↗ Gorgianischen Figuren), klassifiziert und systematisiert, wobei sich durch unterschiedl. Auffassungen einzelner Formen öfters auch Überschneidungen in der Kategorisierung ergaben; sie werden auch heute noch weitgehend mit den Bez. der lat., seltener der griech. Rhetorik benannt. Unterschieden werden Wortfiguren (figurae elocutionis) und Gedanken-(Sinn-)figuren (figurae sententiae); im weiteren Sinne werden zu den rh.n F. auch grammat. Figuren und Klangfiguren gezählt. Als *Wortfiguren* werden bezeichnet die wiederholte oder variierte Setzung von Wörtern oder Wortfolgen: 1. die Wiederholung eines Wortes oder einer Wortfolge a) in gleicher oder verwandter Bedeutung unmittelbar hintereinander (z. B. ↗ Geminatio, ↗ Epanodos), mit Abstand (z. B. ↗ Anapher, ↗ Epipher, ↗ Symploke, ↗ Epanalepsis), b) in abgewandelter Form (z. B. ↗ Polyptoton, ↗ Figura etymologica, ↗ Paronomasie), 2. als Häufung von Wörtern desselben Sinnbezirkes (z. B. ↗ Accumulatio, ↗ Epiphrasis, ↗ Klimax, auch: ↗ Pleonasmus, ↗ Tautologie).

Sinnfiguren ordnen den Gedankengang, die innere Organisation einer Aussage mit dem Ziel der semant. Erweiterung oder Verdeutlichung (z. B. ↗ Vergleich, ↗ Parenthese, ↗ Antithese, ↗ Hysteron proteron, ↗ Chiasmus, ↗ Apostrophe, ↗ Interiectio, ↗ Exclamatio, ↗ Dubitatio). Als *grammat. Figuren* gelten 1. die Änderung des übl. Wortlautes (z. B. ↗ Aphärese, ↗ Apokope, ↗ Elision, ↗ Epenthese), 2. die Abweichung von grammat. korrektem Sprachgebrauch (z. B. ↗ Aposiopese, ↗ Ellipse, ↗ Enallage, ↗ Tmesis, ↗ Hendiadyoin, ↗ Zeugma), 3. die Abweichung von der üblichen Wortstellung (z. B. ↗ Hyperbaton, ↗ Inversion). *Klangfiguren* prägen die akust. Gestalt eines Satzes; sie entstehen auch spontan, z. T. durch ↗ Parallelismus, bes. beim ↗ Isokolon; sie dienen bei bewusster Verwendung der klangl. Gliederung einer Periode, z. B. ↗ Homoioteleuton, ↗ Homoioptoton, ↗ Homoiarkton, ↗ Reim, ↗ Alliteration, ↗ Onomatopoeie, ↗ Klausel, ↗ Cursus. S

Rhopalicus, m., ↗ Keulenvers.

Rhyme royal [raim ˈrɔiəl; engl. = königl. (Reim-)Strophe, auch: ↗ Chaucer-Strophe].

Rhythmische Dichtung, als »rhythmi (rythmi, rithmi)« werden im Mittellatein Gedichte bezeichnet, die nicht quantitierend (»metrice«) nach dem Muster der klass. lat. Dichtung, sondern *akzentuierend-silbenzählend* (»rhythmice«) gebaut sind. – Sprachhistor. Voraussetzung für die Entstehung der mittellat. rh. D. sind der exspirator. Akzent, der sich im Spätlatein, spätestens im 3. Jh., (wieder) durchsetzt, und der damit verbundene Schwund des Gefühls für Quantitäten. Kennzeichen der rh. D. im Einzelnen sind die Übereinstimmung von Versiktus und Wortakzent (↗ akzentuierendes Versprinzip), die feste Silbenzahl der Verse (↗ silbenzählendes Versprinzip), die Gliederung der Verse durch feste ↗ Zäsuren und, im Laufe des Früh-MA.s zunehmend, der Gebrauch des ↗ Reims zur Kennzeichnung rhythm. Einheiten. – Die Bez. *Rhythmus* wird im Mittellatein gelegentl. auch auf volksspachl. Dichtungen, die sich durch Akzentuierung und Endreim auszeichnen, übertragen (z. B. das althochdt. »Ludwigslied« – »Rithmus teutonicus de piae memoriae Hluduico rege …« und das frühmittelhochdt. »Annolied« – »Rhythmus de S. Annone Coloniensi archiepiscopo«). K

Rhythmische Prosa, rituelle, rhetor. oder poet. Prosa, in der bestimmte rhythm. Figuren oder metr. Modelle wiederkehren, die den Text von der Umgangssprache abheben, aber auch von den in Lyrik und Versepik angewandten metr. Gesetzmäßigkeiten unterscheiden. Wichtigste Kennzeichen der rh. P. sind syntakt. Entsprechungen im Satzbau (Parallelismus), Alliteration und Reim (Homoioteleuton) und metr. oder rhythmisierte Satzschlüsse. Rh. P. waren die frühen kult.-mag. Beschwörungsformeln, Gebete, Zaubersprüche usw., die möglicherweise aus der Koordinierung von rituellen Tanzschritten und Sprache entstanden (vgl. ↗ Carmenstil). Rh. P. ist auch die antike ↗ Kunstprosa, die mit spezif. Regeln (↗ Numerus, ↗ Ornatus) kunstvoll rhythm. durchgebildet wurde. – Im weiteren Sinne wird der Ausdruck rh. P. auch auf Werke angewandt, die sich durch poet. Sprachmittel und von der Normgrammatik abweichende Satzkonstruktionen von der Alltags- und Gebrauchsprosa unterscheiden, ohne antiken Mustern verpflichtet zu sein, z. B. Luthers Psalmenübersetzungen, R. M. Rilkes »Cornet« (auch ↗ Prosagedicht, ↗ Prosarhythmus). HW

Rhythmus, m. [gr. rhythmós; Etymologie nicht geklärt. Nach älterer Auffassung von gr. rhéo = fließen, also Bewegungsfluss«, nach neuerer Erkenntis von gr. erýo = ziehen, spannen, also = Spannungsgefüge, das, was einer Bewegung Halt u. Begrenzung gibt], in der Literaturwissenschaft werden Prosa- oder Sprachrh. und Versrh. unterschieden. Der Rh.-Begriff gehört zu den umstrittensten Begriffen der Verstheorie. Das System der allgem. Rhythmik fasst *Rh.* zunächst als *physiolog.-psycholog. Phänomen* auf. Ausgangspunkt sind rhythm. Grunderfahrungen des Menschen wie Herz- und Pulsschlag (unwillkürl.) oder Bewegungen des Gehens und Springens (willkürl.); das Wesen des Rh. wird von den psych. Wirkungen dieser Grunderfahrungen auf die Zeitvorstellung übertragen: Objektiv leere Zeitstrecken werden mit subjektiven Empfindungsgehalten gefüllt; sie werden wahrgenommen als gegliederte und strukturierte Bewegungsabläufe, die gekennzeichnet sind durch einen Wechsel von Spannung und Lösung, von ›schweren‹ und ›leichten‹ Zeitteilen und durch die period. Wiederkehr dabei entstehender Gruppierungen von Zeitteilen. Der *Versrh.* ergibt sich danach aus der *Übertragung des rhythm. Zeitgefühls auf die Sprache.* – Über diesen physiolog.-psycholog. fundierten Rh.-Begriff hinausgehend, hat die allgem. Rhythmik den Rh. auch zu physikal. (Pendelbewegung, Welle) und schließl. kosmolog. Erscheinungen (Ebbe und Flut, Tag und Nacht, Sommer und Winter, Geburt und Tod) in Beziehung gesetzt; danach erscheint *Rh. als mikro- und makrokosm. ›Ur-Phänomen‹,* zu dessen zahlreichen Manifestationen auch Sprach- und Versrh. gehören. – Sprach- und Versrh. können aber auch sprachimmanent erklärt werden und zwar durch sprachüberlagernde und sprachgliedernde Elemente (Druckakzent: betont – unbetont; musikal. Akzent: hoch – tief; Quantität: lang – kurz; Morphem-, Wort-, Satzgrenze). Erst durch sie erhält die Sprache ihre vielfach strukturierte und dadurch fassbare Schallform. *Sprachrh. ist demnach der zur Sprache als Schallform gehörige Wechsel betonter und unbetonter, langer und kurzer Silben, periodenöffnender und periodenschließender Satzmelodien usw.,* Versrh. eine Steigerung und Überhöhung der rhythm. Eigenschaften der Sprache. Diese kommt zustande durch die Organisation der Sprache nach außersprachl. Gesichtspunkten, z. B. Alternation betonter und unbetonter oder langer und kurzer Silben, period. Wiederkehr bestimmter Gruppen. Korrespondenzen auf lautl. (Reim, Stabreim) und syntakt. Ebene (Parallelismus; Anapher, Epipher usw.) können stützend hinzukommen. Klang- und Stilfiguren sind damit nicht nur sprachl. Schmuck, sondern haben aufgrund der Spannung, die sich aus Wiederholung und Variation ergibt, auch rhythm. Bedeutung. Geschichtl. betrachtet, kann die Organisation der Verssprache mit der gesellschaftl. Funktion primitiver Formen versifizierter Sprache (↗ Arbeitslied, ↗ Marschlied, Wiegenlied, ↗ Tanzlied) erklärt werden: Bewegungsvorgänge und Sprachbewegung werden koordiniert; Klang- und Stilfiguren lassen sich entsprechend auf mag. und kult. Funktionen (in Zauberspruch, Beschwörungsformel, Kultlied) zurückführen. Entscheidend in den histor. Formen versifizierter Sprache ist jedoch der ästhet. Aspekt. Die Spannung zwischen dem vornehml. nach ästhet. Gesichtspunkten strukturierten Organisationsmuster versifizierter Sprache, dem Versschema, und der sprachl. Realisierung (d. h. die Spannung zw. Hebung und Senkung, Versfuß, Vers, Strophe einerseits und betonter und unbetonter, langer und kurzer Silbe, Kolon, Satz, Satzgefüge andererseits), d. h. zwischen heteronomer und autonomer Sprachbewegung, macht das Wesen des Versrh. aus, der jedoch von der Struktur der jeweiligen Sprache wesentl. abhängt. Je nachdem, welche Elemente in einer Sprache dominieren, lassen sich dabei verschiedene *Versprinzipien* unterscheiden:

1. das ↗ *quantitierende Versprinzip* (für die rhythm. Gestalt des Verses konstitutiv ist die geregelte Abfolge langer und kurzer Silben; so in der Verskunst der klass. indogerman. Sprachen: Gr., Lat., Altind., aber auch in der klass. arab. Dichtung);

2. das ↗ *akzentuierende Versprinzip* (für die rhythm. Gestalt des Verses konstitutiv ist die geregelte Abfolge druckstarker und druckschwacher Silben; so in der Verskunst der neuzeitl. germ. Sprachen einschließl. Dt. und Engl.); Sonderfälle sind

3. das *akzentzählende Versprinzip:* für die rhythm. Gestalt des Verses konstitutiv ist ledigl. eine feste Anzahl stark akzentuierter Silben, die unbetonten Silben sind verstechn. nicht relevant, so v. a. im germ. ↗ Stabreimvers (mit 2+2 Akzentgipfeln, um die herum sich die anderen mehr oder weniger schwach artikulierten Silben proklit. und enklit. gruppieren, und die durch den Stabreim noch gestützt werden), weiter im freien ↗ Knittelvers und, außerhalb der europ. Dichtung, in den hebr. Psalmversen; und

4. das *akzentuierend-alternierende Versprinzip* (druckschwache und druckstarke Silben alter-

nieren regelmäßig; so in zahlreichen dt. und engl. Versen); schließl.
5. das ↗ silbenzählende, (genauer: akzentuierend-silbenzählende *Versprinzip* (für die rhythm. Struktur des Verses konstitutiv ist eine feste Anzahl von Silben pro Vers; Zäsuren und Versschluss sind durch feste Druckakzente markiert; die rhythm. Periodizität des Reimes kann, stützend, hinzukommen; so in der Verskunst der roman. Sprachen). Problemat. in diesem Zusammenhang sind die ↗ *freien Rhythmen,* wie sie sich in der dt. Dichtung seit dem 18. Jh., die Verse antiker Chorlyrik nachgestaltend, herausgebildet haben; doch lässt sich auch hier die (sogar extrem starke) Spannung registrieren, die durch die ästhet. Überhöhung der Sprache zustandekommt und den eigentüml. Rh. ausmacht. Die verschiedenen Versprinzipien können, der jeweiligen Sprachstruktur entsprechend, konkurrieren oder zusammenwirken; Beispiele für das Konkurrieren des quantitierenden und des silbenzählend-akzentuierenden Versprinzips zeigt die mittellat. Verskunst, für das Zusammenwirken des quantitierenden und akzentuierenden Versprinzips die alt- und mittelhochdt. Dichtung und die Verskunst der Skalden. Mit der Deutung des Versrh. aus der jeweiligen Sprachstruktur sind die Versuche der älteren Forschung (v. a. Heusler und in seiner Nachfolge zahlreiche Handbücher bis heute), Versrh. analog zu *Erscheinungen des musikal. Rh.* unter Zuhilfenahme des ↗ Takt-Begriffs zu erklären und darzustellen, grundsätzl. nicht vereinbar (vgl. ↗ Taktmetrik). Auch die Tatsache, dass alle frühzeitl. Versdichtung gesungen vorgetragen wurde, ist kein Argument für ihre rhythm. Deutung mit Hilfe des Taktbegriffes; histor. nachweisbar ist vielmehr, dass der Rh. gesungener Lyrik zunächst der rhythm. Bewegung des Textes folgt. Dies gilt für die ganze Lyrik der Antike ebenso wie für die des MA.s. Empir. Untersuchungen haben außerdem ergeben, dass die zum Taktbegriff gehörige Isochronie selbst bei strengster Alternation kein Kennzeichen von Versrh. ist. – Die terminolog. *Differenzierung von Metrum und Rh.* wechselte im Laufe der histor. Entwicklung. Die antike Theorie bez. mit Rh. allgemein die Strukturierung eines zeitl. Bewegungsablaufs, mit Metrum den an das Material der Sprache als rhythm. Substrat gebundenen Rh., d. h. den Versrh. – Mittellat. heißen *rhythmi (rythmi, rithmi)* akzentuierend-silbenzählende (und endreimende) Gedichte im Ggs. zu den quantitierenden *metrica dicta;* Rh. und Metrum bezeichnen also verschiedene Versprinzipien. – In der neueren Literatur ist Metrum meist die Bez. für das Versschema als abstraktes Organisationsmuster des Verses, im Ggs. zum Versrh., der durch die Spannung zwischen diesem Versschema (= Metrum) und der sprachl. Füllung entsteht. Der *Rh.-Begriff der neueren Theorie* bezieht sich also auf die *individuelle Realisierung eines Metrums.* Im Anschluss an gegensätzl. Definitionen in der Musikwissenschaft werden Metrum und Rh. aber auch entweder gleichgesetzt oder die Verhältnisse umgekehrt, das Metrum wird als sekundäre Rationalisierung einer irrationalen rhythm. Bewegung verstanden. – Die rhythm. Gestalt eines Verses entzieht sich uneingeschränkter rationaler Deutung und Analyse. Eine umfassende Theorie des Versrh. fehlt daher bis heute. Bei W. Kaysers Unterscheidung von ›fließendem, strömendem, bauendem und tanzendem Rh.‹ handelt es sich ledigl. um einen Ansatz, der in der Forschung nicht weitergeführt wurde. K

Rima, f., Pl. rimur [isländ. = Reimgedicht, Ballade], seit dem 13./14. Jh. bezeugte volkstüml. Gattung der isländ. Dichtung, isländ. Variante der skandinav. Volksballade (↗ Folkevise, ↗ Kaempevise): stroph. gegliederte ep. Gedichte von durchschnittl. 40–50, meist 4-zeil. Strophen. Die verschiedenen *Strophenformen* (über 2000) sind charakterisiert durch die Verbindung typ. Formelemente der ↗ Skaldendichtung – wie ↗ Stabreim, ↗ Hending (d. h. Binnenreim skald. Art), Silbenzählung, gelegentl. Gebrauch von ↗ Kenningar – mit solchen der kontinentalen Ballade wie Vierzeiligkeit der Strophe (im Ggs. zu den Sechs- und Achtzeilern der Skaldendichtung), Vierhebigkeit der einzelnen Zeile (daneben auch Wechsel von Vier- und Dreihebern), Endreim, Reimschema abab; im Ggs. zur gesprochenen skald. Dichtung wird die R. gesungen (wie die festländ. Ballade), teilweise zum Tanz. – Die *Stoffe* stammen aus der Tradition der isländ. ↗ Sagas (Heldensage, höf.-ritterl. Stoffe, Märchenstoffe, isländ. Lokal- und Familiengeschichte). – In der volkstüml. Dichtung Islands war die R. bis weit ins 19. Jh. die vorherrschende Form. Im Rahmen der isländ. Romantik (1. Hä. 19. Jh.) kam es zu einer Neubelebung der R. auf literar. anspruchsvollem Niveau (Sigurður Breiðfjörð: »Núma Rimur«, eine ep. Darstellung der ältesten Geschichte Roms; Bólu-Hjálmar [Jónsson]). – Von den mehr als 1000 erhaltenen Rimur-Zyklen ist nur ein kleiner Teil ediert. Die meisten sind, nach ausschließl. mündl. Überlieferung über teilweise mehrere Jahrhunderte hinweg, erst im 17., 18. oder 19. Jh. handschriftl. aufgezeichnet worden. Die Handschriften befinden sich heute in der Staatsbibliothek Reykjavik.

K

Rispẹtto, m., toskan. Ausprägung des ↗ Strambotto.

Ritornẹll, n. [it. zu ritorno = Wiederkehr], auch stornẹllo, m. kl. Kampf, italien. Gedichtform volkstüml. Ursprungs; besteht aus einer beliebigen Anzahl von Strophen zu 3 Zeilen, von denen jeweils 2 durch Reim oder Assonanz verbunden sind (gängiges Reimschema: axa; seltener aax oder xaa; es kann innerhalb eines R.s von Strophe zu Strophe variieren). Die Versform ist grundsätzl. frei, doch bevorzugt die Kunstdichtung den ↗ Endecasillabo. Die 1. Zeile einer Strophe ist häufig kürzer als die anderen und kann auch aus einer kurzen Apostrophe (z. B. dem sog. »Blumenruf«) bestehen, oft im Wechselgesang vorgetragen. – Dt. *Nachbildungen* des italien. R.s finden sich bei F. Rückert, P. Heyse, Th. Storm (»Frauen-R.«: »Blühende Myrte- / Ich hoffte, süße Frucht von dir zu pflücken;/ Die Blüte fiel; nun seh' ich, daß ich irrte«).

K

Ritterdrama, im Allgemeinen ein Drama, dessen ›Held‹ eine Ritterfigur ist, z. B. P. Corneilles »Cid« (1636) oder D. C. von Lohensteins »Ibrahim Bassa« (1650–55); *im engeren Sinn* das Drama des ausgehenden 18. Jh.s, das unter dem Einfluss von Goethes »Götz von Berlichingen« (1773) Stoffe und Personal dem mal. Rittertum entnahm, etwa F. M. Klinger, »Otto« (1775); J. A. von Törring, »Agnes Bernauerin« (1780) und »Kaspar der Thorringer« (1779/85); J. M. von Babo, »Otto von Wittelsbach« (1782), J. von Soden, »Ignez de Castro« (1784), L. Tieck, »Karl von Berneck« (1793/95), K. F. Hensler, »Donauweibchen« (1797). Die Renaissance mittelalterl. Ritterthematik steht einerseits im Zusammenhang mit der Genie-Periode des ↗ Sturm und Drang, dessen Ideal überlebensgroßer Menschen durch Projektion in ›altdeutsche‹ Vergangenheit publikumswirksam auf die Bühne gebracht werden konnte, andererseits mit den nationalen und historist. Strömungen der ↗ Romantik, die das dt. MA. glorifizierten; aus der Verwandtschaft zu Genie- und auch Spektakelstücken näherte das R. sich dem ↗ Schicksalsdrama. A. Klingemanns »Vehmgericht« (1810), H. von Kleists »Käthchen von Heilbronn« (1810) und L. Uhlands »Ernst, Herzog von Schwaben« (1818) sind Ausdruck dieser romant. Phase des R.s. Nachwirkungen begegnen noch in V. Hugos »Burggrafen« (1843) und in R. Wagners frühen Musikdramen (»Tannhäuser«, 1845, »Lohengrin«, 1850).

GG

Ritterroman, Romantypus, in dem sich das Identifikationsangebot einer Vorbildfigur, histor. Interesse, Fabulierfreude und das Element des Abenteuerl. als Unterhaltungswert vereinigen. Er entsteht seit dem Ausgang des MA.s mit den ↗ Prosa-Auflösungen der Artus- und Heldenepik sowie anderer höf. Versromane. Dabei weist der *frühe R.* zwei Grundformen auf: v. a. für Aristokratie und Bildungsbürgertum die zahlreichen Versionen des ↗ Amadisromans und (nach der Parodie im »Don Quijote« des Cervantes) der ↗ heroisch-galante Roman des Barock; für ein breiteres Publikum die Ritterpartien in den ↗ Volksbüchern, die bis ins 18. Jh. hinein aktuell bleiben. Im 18. Jh. ergeben sich neue Impulse im Zusammenhang mit der Ausbildung eines spezif. histor. Bewusstseins (in Deutschland insbes. seit J. G.

Herder): neben dem neueren ↗ Geschichtsdrama und dem histor. Roman allgemeiner Art entsteht der von beiden mitgeprägte *neuere R.* als eine spezielle Sparte der massenhaft verbreiteten, marktorientierten ↗ Trivialliteratur. Dabei kommt es von Anfang an zu Überschneidungen mit anderen Trivialgattungen, insbes. mit dem ↗ Räuberroman, der engl. ↗ gothic novel und dem ↗ Schauerroman, die den R. oft überwuchern, später auch verdrängen. Ausgeprägte R.e schrieben L. Wächter (»Männerschwur und Weibertreue«, 1785), F. Ch. Schlenkert (»Friedrich mit der gebissenen Wange«, 1785/88), C. G. Cramer (»Hasper a Spada«, 1792/93), Ch. H. Spieß (»Die Löwenritter«, 1794/95) und H. Zschokke (»Kuno von Kyburg«, 1795/99). Eng verwandt mit dem R. ist das Ritterdrama als gleichzeit. Modeform des Trivialtheaters. RS

Robinsonade, f., Bez. für Nachahmungen von D. Defoes ↗ Abenteuer- und ↗ Reiseroman »The Life and strange surprising Adventures of Robinson Crusoe of York, Mariner« (1719) über das Inselexil eines Schiffbrüchigen. Defoes Quelle war der in W. Rogers Reisebericht »A cruising voyage around the world« (1712) beschriebene unfreiwill. Aufenthalt des schott. Matrosen A. Selkirk auf Juan Fernandez 1704–09. – Stoff und Motiv waren zwar schon vor Defoe bekannt und literar. geformt (z. B. von H. Neville, »The Isles of Pine«, 1668 und, von diesem beeinflusst, von J. Ch. v. Grimmelshausen im 6. Buch des »Abenteuerl. Simplizissimus« der Ausg. 1670 u. a.). Durchschlagenden europ. Erfolg hatte jedoch erst Defoes Roman (mit zwei eigenen Fortsetzungen 1719 und 1720; 1. dt. Übers. von M. Vischer bereits 1720). In der Fiktion des Dokumentarischen lässt der Autor (als Tatsachenbericht in der ↗ Ichform) den von Optimismus, pragmat. Vernunft und Sentiment geprägten Helden einen detailgetreu geschilderten Neuaufbau und Nachvollzug der menschl. Kultur vorführen, der in erzieher. Absicht einer als verderbt klassifizierten zeitgenöss. Kultur entgegengestellt wird und ganz den aufklärer. Tendenzen des 18. Jh.s entspricht. – Die *bedeutendste* unter den zahllosen R.n ist J. G. Schnabels »Wunderliche Fata einiger Seefahrer ...« (1731–43; 1828 von L. Tieck neu hgg. u. d. T. »Die Insel Felsenburg«), der das Motiv zur Utopie ausweitet, indem er die Gründung eines auf den sozialen und moral. Prinzipien der Aufklärung beruhenden Gemeinwesens durch ein gestrandetes Paar darstellt. Die meisten R.n, z. B. »Der holländ. (1721), der Teutsche, sächs. (1722), der franz. (1723), der schwed., amerikan. Robinson« (1724) usw., blieben dagegen bloße Nachahmungen, die zwar z. T. die erzieher. Tendenz betonten (J. H. Campe, »Robinson, der Jüngere«, 1779/80, 120 Aufl., Übersetzungen in 25 Sprachen, oder J. D. Wyss, »Der schweizer. Robinson«, 4 Bde. 1812/27, meist aber nur die rein abenteuerl. Seite des Vorbildes imitierten, entweder phantastisch-spektakulär oder unter Berücksichtigung des jeweil. naturwissenschaftl. Wissens und der aktuellen Zeittendenzen, wie z. B. F. Marryats R. »Masterman Ready« (1841/43, dt. 1843 u. d. T. »Der neue Robinson oder Schiffbruch der Pacific«) oder die R.n von L. Feldmann (1852), G. H. v. Schubert (1848), L. Fulda (1895), E. Reinacher (1919) u. a. – Seit dem 19. Jh. taucht der Robinsonstoff auch in *Um- und Weiterdichtungen* auf (Saint-John Perse, 1909), ferner in *Komödien* (A. G. Oehlenschläger, »Robinson in England«, 1819; K. v. Holtei, »Staberl als Robinson«, 1845; F. Forster, »Robinson soll nicht sterben«, 1932), *Balletten, Maskenzügen, Opern, Operetten* (J. Offenbach, 1867) oder *Filmen* (Drehbuchentwurf v. H. von Hofmannsthal, postum 1935; seit 1910 ca. 6 Verfilmungen, u. a. von L. Buñuel, 1952). Als eine *Parodie* auf die utop. R. gilt G. Hauptmanns »Insel der großen Mutter« (1924). IS

Rokoko, n. [zu frz. rocaille = Muschel], Ende des 18. Jh.s in Paris Spottname für die verschnörkelten Formen des Régence- und des Louis-Quinze-Stils, dann erweitert auf alles Lächerlich-Altmodische. In Deutschland wurde der Begriff von den Jungdeutschen zur negativen Etikettierung des Restaurationsgeschmacks übernommen; er entwickelte sich dann gegen Ende des 19. Jh.s in der Kunstgeschichte zu einem wertfreien Stil- und Epochenbegriff, der sich in den 20er Jahren auch

Rokoko

in der Literaturwissenschaft durchsetzte. – Die Blütezeit des *literar. dt. R.* liegt zwischen 1740 und 1780. Es übernimmt die Grundtendenzen der Aufklärung und behält Vernunft als oberstes Prinzip bei, leitet sie aber um in ein neues Lebensgefühl, eine heitere, weltimmanente Lebensfreude, einen verfeinerten Sinnengenuss, der in ästhetischem Spiel und graziöser Form Leben und Kunst harmon. zu verbinden sucht. Die kunsttheoret. Basis der R.kunst ist die Auffassung des Schönen als des zugleich moral. Guten, das mit den Begriffen Anmut oder Grazie (des schönen Guten, gr. kalokagathía) umschrieben wird. Dabei wird Grazie nach frz. Vorbild gefasst als die Verbindung von sinnl. Reiz und Geist (Witz, esprit), nach engl. Vorbild als Vereinigung von Vernunft und Gefühl (Shaftesbury: moral grace). In der R.dichtung, auch als *Graziendichtung* bez., erscheinen so die myth. Figuren der Grazien über ihre Rollen- und Staffagefunktion hinaus programmat. als Sinnbilder kunsttheoret. Auffassungen (vgl. Ch. M. Wieland, »Musarion oder die Philosophie der Grazien«, 1768, »Die Grazien«, 1770, J. G. Jacobi, »Charmides und Theone oder die sittl. Grazie«, 1773, J. G. Herder, »Fest der Grazien« u. a.). – Wie im Barock bleibt die Dichtung des R. gesellschaftsbezogen und betont gesellig (↗ Gesellschaftsdichtung), aber alles Repräsentative und Heroisch-Großartige der voraufgehenden Epoche wird abgelehnt zugunsten des Kleinen, Intimen, Zierlichen und Iron.-Scherzhaften oder Empfindsamen. Das Natürliche wird zum Ideal, das sich jedoch nicht an der Natur, sondern an literar. Vorbildern orientiert, so am antiken Arkadien der überlieferten Hirten- und ↗ Schäferdichtung; Anakreon, Horaz, Catull werden zu Leitbildern eudämonist. Lebensgenusses, und mit der Lebenshaltung des ›carpe diem‹ entnimmt das R. diesen Vorbildern auch die wichtigsten *Themenkreise:* Lieben, Trinken, Singen, Freundschaft, Geselligkeit, Natur (vgl. ↗ Anakreontik). – Das dt. R. ist Teil einer europ. Kulturströmung; es steht bes. unter dem Einfluss der engl. Naturlyrik (E. Waller, M. Prior, J. Gay) und der frz. höf.-↗ galanten Dichtung. Sie werden indes dem Geschmack des dt. Bürgertums anverwandelt, das in Deutschland Hauptträger des literar. R. ist. Dabei ergibt sich ein starker, gelegentl. thematisierter Widerspruch zwischen literar. Ideal und bürgerl. Existenz, bes. in den provinziellen Zentren Halle (↗ Hallescher Dichterkreis) und Leipzig gegenüber dem weltoffenen Hamburg. Entsprechend seinem Hang zum Kleinen und Zierlichen bevorzugt das R. Kurzformen wie Lyrik, Verserzählung, Idylle, Epyllion, Singspiel, Dramolett. Die Grenzen zwischen den Gattungen werden fließend, Mischformen sind bes. beliebt. – Hauptvertreter der dt. R.dichtung sind F. v. Hagedorn, Ch. F. Gellert, E. v. Kleist, J. E. Schlegel, J. W. L. Gleim, J. P. Uz, J. N. Götz, Ch. F. Weiße, G. E. Lessing, S. Geßner, Ch. M. Wieland, H. W. v. Gerstenberg, M. A. v. Thümmel, J. G. Jacobi, der jge. Goethe. Die R.tradition riss nie ganz ab und lebte im Biedermeier und um 1900 bes. in Österreich wieder auf. GH

Rolle,

1. Text eines Schauspielers, früher zum Memorieren einzeln auf Papier*rollen* aufgezeichnet, heute meist aus vollständigen Bühnentexten erarbeitet.

2. Auch Bez. für die sog. *Rollenfächer,* die entweder aus Kriterien wie Alters-, Geschlechts- und Gesellschaftszugehörigkeit, z. B. der geizige Alte, die junge Liebhaberin, der listige Bediente, oder aus immer wiederkehrenden Typen (z. B. den einzelnen Charaktermasken der ↗ Commedia dell'arte) abgeleitet wurden. Weitere Einteilungen nach Haupt- und Neben- (bzw. Episoden-)Rollen, aber auch nach dramat. Gattungen (z. B. komische und trag. Rolle). Schon Dalberg und Goethe verwarfen die Einengung des Schauspielers durch das Rollenfach, das heute, zumal unter dem wachsenden Einfluss der ↗ Regie, seine Bedeutung als Eignungskriterium weitgehend verloren hat. HD

Rollenlyrik, Sammelbez. f. lyr. Gedichte, in denen der Dichter eigene oder nachempfundene Gefühle, Gedanken, Erlebnisse oder Reflexionen einer Figur, meist einem für seine Zeit kennzeichnenden Typus (Liebender, Hirte, Wanderer usw.), in ↗ Ich-Form (Monolog) in den Mund legt. R. wird als solche oft schon durch den Gedichttitel ausgewiesen (z. B. Goethe, »Künstlers Morgenlied«, H. Heine, »Lied des Gefangenen«, R. M. Rilke, »Sappho an Alkaios«), oft ergibt sich der Rollencharakter aus der Selbstdarstellung der redenden Gestalt (E. Mörike, »Das verlassene Mägdlein«, Frauenmonologe und Frauenstrophen im ↗ Minnesang) oder aus dem Inhalt. – Die Tradition der R. (insbes. der Liebesdichtung) reicht von der Antike bis in die Mitte des 18. Jh.s, bis zur Entfaltung des neuzeitl. Individualismus, und ist bestimmt durch die gesellschaftl. geprägten Normen der ↗ Poetik, d. h. durch toposhaft und normativ gehandhabte Form-, Motiv- und Stoffmuster. Berühmte Beispiele aus der Antike sind Simonides' »Klage der Danae«, Theokrits »Amaryllis«, Tibulls »Sulpicia an Cerinthus«. Weitere Höhepunkte der abendländ. R. sind die Minnedichtungen der Trouvères und Trobadors, der dt. ↗ Minnesang, die mittellat. Vagantenlyrik, die Lyrik Petrarcas und des ↗ Petrarkismus, die ↗ Eklogen der Hirten- und ↗ Schäferdichtung der Renaissance und des Barock und die anakreont. Lyrik (↗ Anakreontik, ↗ poésie fugitive). – R. wird auch in der Epoche der sog. Erlebnislyrik (↗ Erlebnisdichtung) des 18. und 19. Jh.s als eine bes. Gattung gepflegt (Goethe, Mörike), sie tritt dagegen im 20. Jh. seltener in Erscheinung, etwa bei H. v. Hofmannsthal (»Der Schiffskoch, ein Gefangener, singt« u. a.), R. M. Rilke (»Der Goldschmied«), F. Wedekind (»Der Tantenmörder«), F. G. Jünger (»Klage des Orest«). – Nicht ausdrücklich als solche gekennzeichnete R. wurde bisweilen als autobiograph. Bekenntnisdichtung missverstanden (vgl. z. B. die Auffassung des mhd. Minnesangs in der Literaturwissenschaft des 19. Jh.s). ↗ Lyrik. S

Roman, m., Großform der Erzählkunst in Prosa, die sich dadurch schon äußerlich vom ↗ Epos u. vom Vers-R. ebenso unterscheidet wie durch Umfang u. Vielschichtigkeit von ep. Kleinformen, insbes. von ↗ Novelle u. ↗ Kurzgeschichte. Das *Wort* ›R.‹ geht zurück auf die in Frankreich seit dem 12. Jh. geläufige Bez. ›romanz‹ für volkssprachl. Schriften in Vers oder Prosa, die nicht in der gelehrten ›lingua latina‹, sondern in der allgemein verständlichen ›lingua romana‹ verfasst waren. Mit dem wachsenden Lektürebedarf nach Erfindung des Buchdrucks u. mit dem gleichzeitigen Hervortreten normativer Dichtungstheorien seit dem Ausgang des MA.s wird für den R. die *Prosaform konstitutiv*; damit verbunden ist eine gegenüber dem Epos abwertende Beurteilung. Erst im Lauf des 18. Jh.s setzt der R. in Theorie u. Praxis seine Anerkennung durch, zunächst als Medium für Unterhaltung u. Unterweisung, dann auch als Kunstform. In dieser breiten Streuung ist er heute die vorherrschende u. am weitesten verbreitete Literaturgattung. Die unterschiedlichen, oft gegensätzl. Zielsetzungen u. Äußerungsformen der Gattung, ihre noch völlig unabgeschlossene Entwicklung, die eher von Experimentierfreude als von der Verpflichtung auf einen Formenkanon getragen ist, schließl. die weit auseinanderliegenden Publikumsschichten, die sie anspricht, erschweren es, den R. insgesamt u. in seinen Unterarten zu erfassen. Alle Versuche dazu haben mit vielfachen Überschneidungen zu rechnen. Kaum einzugrenzen ist eine *Aufteilung nach Stoffen u. dargestelltem Personal*, also in ↗ Abenteuer-, ↗ Ritter-, ↗ Räuber-, ↗ Schelmen-, ↗ Kriminal-, ↗ Künstler-, Bauern-, Heimat-, Dorf-, Großstadt-, ↗ Familien-, ↗ Reise-, Seefahrer-, Wildwest-, Zukunfts-, ↗ Historischen R. u. a. Als ähnl. vielgestaltig erweist sich eine *Gliederung nach Themen u. behandelten Problemen*, also in Liebes-, Ehe-, Tendenz-, ↗ Zeit-, Dekadenz-, ↗ Staats-, ↗ Erziehungs-, ↗ Entwicklungs-, ↗ Bildungs-, Gesellschafts-, ↗ psychologischen, sozialen R. u. a.; andere Gliederungsweisen richten sich *nach dem Erzählverfahren* im R., sei es nach der äußeren Form (↗ Ich-, Er-, ↗ Brief-, ↗ Fortsetzungs-, Tagebuch-R. u. a.), sei es nach der ›Erzählsituation‹ (Stanzel) u. ihren perspektiv. Folgen (Ich-R.; auktorialer, d. h. von einem Erzähler souverän präsentierter R.; personaler, d. h. aus dem äußeren wie inneren Blickwinkel einer Figur gestalteter R.), sei es pauschaler nach ›Substanzschichten‹ (W. Kayser) u. ihrem jeweiligen Überwiegen (Geschehnis-, Figuren-, Raum-R.), sei es schließl. nach der *erzähle-*

rischen Grundhaltung, Aussageweise u. Zielsetzung (religiöser, erbaulicher, didakt., satir., kom., humorist., empfindsamer, idealist., realist., phantast., philosoph., polit. R. u. a.). Zu beachten sind häufig die *Adressaten*, z. B. beim Schlüssel-R., aber auch beim Jungmädchen- u. Frauen-R., ferner Anspruch und Verbreitungsweise u. daraus resultierende *Rangabstufungen* mit dem Schund-, Trivial-, Kolportage-R. auf der einen Seite, dem Unterhaltungs-R. im Mittelfeld u. dem Problem- oder auch Experimental-R. auf der anderen Seite. – *Geschichte:* Vor der Entwicklung des R.s in Europa haben sich unter teils vergleichbaren, teils ganz andersartigen Voraussetzungen r.hafte Erzählformen herausgebildet. Die frühesten finden sich in *Indien*, wo im 2. oder 1. Jh. v. Chr. neben die älteren großen Versepen das »Mahâbhârata« u. »Râmâyana« das Prosawerk »Brhatkatha« (= Der große R.) tritt. Seine Urfassung ist nicht erhalten, doch blieb es in vielen Bearbeitungen, Teilfassungen, Rezensionen u. Kompilationen bewahrt, z. B. im »Vasudevahindi« (Die Irrfahrt des Vasudeva, entstanden noch vor dem 6. Jh. n. Chr.) u. insbes. in dem Sammelwerk »Ozean der Erzählungsströme« des kaschmirischen Versdichters Somadeva aus dem 11. Jh. n. Chr. Die charakterist. Schachteltechnik des ›großen R.s‹ prägt auch andere Erzählsammlungen, z. B. die »25 Erzählungen eines Leichendämons« (1. Jh. v. Chr.) oder die »70 Geschichten eines Papageien«, die schwer zu datieren sind, aber nachhaltige Resonanz hatten, etwa im neupers. »Papageienbuch« oder in der mongol. u. in der arab. Erzählkunst. Dem R. zuzuordnen sind ferner die Fürstenspiegel u. Prinzenbücher der Inder, insbes. das mit Tierfabelgut angereicherte »Panjatantra« (Fünfbuch, entstanden zwischen dem 1. u. 6. Jh. n. Chr.), das sowohl auf die pers. u. arab. als auch auf die hinterind. u. indones. (Lit. wirkte. In Indien selbst ist es Vorläufer für R.e in ausgefeilter Kunstprosa, etwa für die »Taten u. Abenteuer der 10 Prinzen« des südind. Dichters Dandin (um 700 n. Ch.r). – Abgesehen vom ind. Einfluss u. von den vorwiegend mündl. überlieferten Volkserzählungen hat sich in Hinterindien, Indochina u. Indonesien eine eigene R.-Lit. erst spät herausgebildet. In *Persien* sind neben den ind. Einflüssen u. dem eigenständigen Epos (insbes. dem »Shah-Name« von Firdusi) aus dem 8. Jh. n. Chr. vor allem die Ursprünge des »Sindbad-Name« zu verzeichnen, von denen es zahlreiche oriental. u. europ. Versionen gibt, in Dtschld. z. B. noch das Volksbuch »Von den Sieben Weisen« (Ende 14. Jh., Druck 1473). In den *arab. Ländern* gingen zunächst im 11. Jh. aus der Koranexegese weitgespannte Prophetengeschichten hervor. Später kam mit den ↗ Makamen eine Art Schelmen-R. hinzu. Auch die Märchensammlungen wie »1001 Nacht« enthalten r.hafte Züge, und schließl. spiegelt sich die Auseinandersetzung mit den Kreuzfahrern in einer Anzahl arab. Volksromane. Im Fernen Osten hat vor allem *Japan* eine reichhaltige R.-Literatur aufzuweisen, insbes. das Monogatari, eine Gattung höfischer Erzählprosa, die während der Fujiwara-Zeit in erster Linie von adeligen Frauen gepflegt wurde und um 1000 n. Chr. im »Genji monogatari« der Hofdame Murasaki Shikibu kulminierte, dem zugleich heroischen u. empfindsamen R. um das wechselvolle Geschick des quasi-histor. Prinzen Genji. Im Verlauf des Übergangs zu einer zunächst ritterlich-feudal, dann verstärkt bürgerl. geprägten Gesellschaft ergibt sich anfangs als rückblickend-histor. R. das »Rekishi monogatari«, dann die weiter verbreiteten Kriegserzählungen des »Gunki monogatari«. Während der Isolation unter dem Shogunat der Tokugawa-Familie (1603–1868) bilden sich neue, mehr umgangssprachl. und daher volkstümlichere R.-Formen heraus, zuerst erotische, gegen Ende aber meist moralisierende Werke, als deren Hauptvertreter Ihara Saikaku gilt, dann eine Art didakt.-moral. R., vertreten durch Kyokutei Bakin, daneben vor allem humorist. Dichtungen, z. B. von Jippensha Ikku u. Shikitei Samba, u. schließl. der sentimentale Liebes-R. eines Tamenaga Shunsui u. a. – In *China* kam es auf Grund der Eigenart des Hof- und Beamtenliteratur weder zu einem Epos noch zu einer frühzeitigen Fixierung umgangssprachl. Erzählguts in der offiziellen Schriftsprache. Erst mit dem Verfall der Sung-Dynastie u. in Auseinandersetzung mit der mongol. Fremdherrschaft (12.–14. Jh.

n. Chr.) ergaben sich neue geist. Anstöße u. damit die Grundlagen für einen weit verbreiteten Lese-R. Den geschichtl. Wandel spiegelt als erstes Werk der histor. Abenteuer- u. Räuber-R. »Shui-hu chuan« (Die Räuber vom Liang Schan-Moor, 14. Jh.). Einen realist. sozialkrit. Einschlag hat der erot. Sitten-R. »Pflaumenblüte in der Goldvase« (16. Jh.), während der »Traum der roten Kammer« (Ende des 18. Jh.s) gesellschaftl. Probleme am Verfall einer Familie aufzeigt. – Seit dem späteren 19. Jh. ist für den Orient insgesamt die Auseinandersetzung mit dem europ. R. entscheidend. Gleiches gilt für die Entfaltung u. für die Ansätze einer eigenständigen R.-Lit. in der Neuen Welt u. in Afrika. In *Europa* finden sich *Vorstufen* des R.s in der Prosaliteratur der griech. Geschichtsschreiber seit Herodot (5. Jh. v. Chr.), ferner in den histor. u. polit. Schriften Xenophons (»Anabasis«, »Kyropädie«) sowie in den teils histor.-geograph., teils phantast. Berichten des Ktesias (»Persika«, »Indika«, beide 4. Jh. v. Chr.) und in der verlorenen Urfassung des Alexander-R.s, der dann über das r.hafte Geschichtswerk des Römers Curtius Rufus (um 50 n. Chr.) u. eine spätantike Kompilation in griech. Sprache (Ende 3. Jh. n. Chr.) zur Grundlage zahlreicher Versionen im Vorderen Orient u. in Europa wurde, bis hin etwa zum dt. Alexanderbuch Joh. Hartliebs (1444, Druck 1472) u. zuletzt noch einem rumän. Volksbuch aus dem 17. Jh. – *Der antike R.* i. e. S. entfaltet sich etwa vom 1. Jh. v. Chr. bis zum Ende des 3. Jh. n. Chr. im Zusammenhang mit der Kultur des Späthellenismus u. der röm. Kaiserzeit. Von den Anfängen sind nur Fragmente u. Exzerpte erhalten, so von dem R. um die Liebe zwischen »Ninos u. Semiramis« (1., vielleicht sogar 2. Jh. v. Chr.), von den abenteuerl. Reise-R.en des Iambulos und des Antonius Diogenes (»Wunderdinge jenseits von Thule«, 1. Jh. n. Chr.). Der wohl *älteste vollständ. R.* ist der des Chariton von Aphrodisias über die Liebe zwischen »Chaireas u. Kallirrhoe« (1. od. 2. Jh. n. Chr.). Sie alle weisen schon die für den antiken R. *typ. Merkmale* auf: exot., meist oriental. Schauplätze (wie schon im R. um Alexanders Züge durch Asien) u. private Schicksale (beides Anzeichen für den Rückzug des Einzelnen aus öffentl. Politik u. aktuellem Zeitgeschehen seit dem Übergang zur Kaiserzeit); weiter die Verbindung von phantast. Reiseabenteuern mit einer pathet.-gefühlvollen Liebeshandlung; dramat. Höhepunkte, Dialoge u. Reden, die aus der Tragödie u. mehr noch der Neuen Komödie entlehnt sind; schließl. Motive wie Kindesunterschiebung, Trennung u. Wiederfinden, Treueproben, Standhaftigkeit gegenüber Gefahren u. Versuchungen. Sehr umfangreich waren R.-Produktionen u. Lektüre nach Ausweis der Papyrusfunde während der Zeit relativen Friedens u. Wohlstands unter den Adoptivkaisern im 2. Jh. n. Chr. *Beispiele* sind »Metiochos u. Parthenope« (anonym), die »Babyloniaka« des Syrers Iamblichos, die »Ephesiaka« (Antheia u. Habrokomes) des Xenophon von Ephesos, die verlorenen Werke des Sophisten Nikostratos, die »Metamorphosen« des Lukios von Patrai« u. das auf ihnen fußende Hauptwerk der Gattung in latein. Sprache: »Der goldene Esel«(Metamorphosen) des (aus Nordafrika stammenden) Lucius Apuleius mit einem für die röm. Literatur charakterist. satir. Einschlag, der schon bei zeit-, gesellschafts- u. literaturkrit. »Satyricon« (1. Jh. n. Chr.) von Petronius prägte. Ein Sonderfall wegen seines ländl.-bukol. Realismus u. seiner Beschränkung auf den einzigen Schauplatz Lesbos und zugleich ein Meisterwerk ist der griech. Hirten-R. »Daphnis u. Chloe« des Longos (Ende des 2. oder Anfang des 3. Jh.s n. Chr.). Ebenfalls wohl ins 2. Jh. n. Chr. gehören in ihrer griech. Urfassung der anonyme Apollonius-R. u. der Troja-R. nach Berichten angeblicher Kriegsteilnehmer (des Diktys u. des Phrygiers Dares), beide einigermaßen vollständig nur in lat. Volksbuchfassungen der Spätantike (4., 5. od. 6. Jh.) erhalten u. durch Aufnahme christl. Elemente als Grundlage für entsprechende mittellat. nationalsprachl. Versdichtungen im MA. legitimiert, die dann ihrerseits wieder Vorlage für ↗ Prosaauflösungen wurden, z. B. für Heinrich Steinhöwels dt. »Apollonius von Tyros« (1471). Ähnlich erfolg- u. wirkungsreich waren die beiden *wichtigsten griech. R.e* aus dem 3. Jh. n. Chr. von Achilles Tatios »Leukippe u. Kleitophon« u. als Schluss- u.

Höhepunkt die »Aithiopika« (Theagenes u. Charikleia) des Heliodor von Emesa, die wegen ihrer kompositor. Vorzüge u. der Vielseitigkeit des Inhalts immer wieder Anklang fanden (1554 z. B. auch in einem dt. Druck vorlagen u. bis ins 18. Jh. hinein die Einschätzung der Gattung R. als einer abenteuerl. Liebesgeschichte bestimmten). Unmittelbar fortgeführt wurde der spätantike R. im griech.-byzantin. Liebes-R., z. B. im 12. Jh. (unter Rückgriff auf Achilleus Tatios) von Eumathios Makrembolitos in »Hysmine u. Hysminias« (wovon 1573 ebenfalls eine dt. Version gedruckt wurde). *Das europ. MA.* kennt keinen Prosa-R., doch werden ↗ Heldenepos, ↗ Chansons de geste, die höfische ↗ Artus-, aber auch die ↗ Spielmannsdichtung u. pseudohistor. Werke wie die dt. Kaiserchronik seit dem späten MA. Quelle u. Vorlage für zahlreiche, zunächst meist frz. *Prosaauflösungen.* Als die älteste gilt der aus dem Artuskreis abgeleitete »Prosa-Lanzelot« (afrz. um 1220, mhd. um 1230). Wichtigste Vermittlerin der franz. Prosawerke ins Dt. ist Elisabeth von Nassau-Saarbrücken (1397–1456) mit »Hug Schapler«, »Loher u. Maller«, »Herzog Herpin«, »Königin Sibille«, danach Eleonore von Österreich (1433–1480) mit »Pontus u. Sidonia« (ein ursprüngl. nord. Stoffkomplex). Mit dem Buchdruck wurden diese Werke im 15. u. 16. Jh. weit verbreitet, ebenso die neuen Versionen antiker u. oriental. Stoffe sowie die ↗ Volksbuch-Fassungen anderer Sagenkreise wie zuerst »Die schöne Magelone« (1474) u. a. In diesen breiten Strom einer volkstüml. frühbürgerl. R.-Literatur fügen sich auch *Neuschöpfungen* ein, z. B. der dt. »Fortunatus« (1509), die Werke Jörg Wickrams (insbes. der »Knabenspiegel«, 1554; »Goldfaden«, 1557), das »Faustbuch« (1587) sowie die Schwank-R.e vom »Eulenspiegel« (1515) bis zum »Lalebuch« (1597). Dem Volksbuch verpflichtet, aber angereichert mit humanist. Bildung u. vor allem Satire sind Werke wie »Gargantua u. Pantagruel« (1532–1564) von F. Rabelais u., ihm folgend, die »Geschichtklitterung« (1575 [1582]) von J. Fischart, die sich an eine entsprechende gebildete Leserschaft wenden. Auch die für ein aristokrat. Publikum bestimmte R.-Lit. wandelt

Überliefertes um: auf die antike Bukolik greift der *Schäfer-R.* der *Renaissance u. des Barock* zurück, z. B. in der »Arcadia« J. Sannazaros (1502) und der chevalresk abgewandelten »Arcadia« Ph. Sidneys (1590), in H. d'Urfés »Astrée« (1607–27) sowie in den dt. Schäfereyen. Die Artus- u. Ritterepik des MA.s (verbunden mit Zügen aus dem antiken R.) wirkt im span. ↗ *Amadis-R.* weiter, dessen Fassung durch G. Rodriguez de Montalvo (1508), vielfach bearbeitet u. übertragen (frz. 1540–48, dt. 1569–95), neben Heliodor u. d'Urfé die wichtigste Grundlage für den höf.-histor. bzw. ↗ *heroisch-galanten R.* des Barock abgibt, in Frankreich vertreten durch den Prototyp in John Barclays neulat. »Argenis« (1621, dt. durch Opitz 1626/27), sowie umgestaltet zum Schlüssel-R. bei Madeleine de Scudéry (1607–1701) u. abgewandelt zum aufwendigen Staats-R. bei La Calprenède (1609/10–63), in Deutschland im 17. Jh. aufgegriffen u. weitergeführt durch Ph. von Zesen (1619–89), A. H. Buchholtz (1607–71), Herzog Anton Ulrich von Braunschweig-Wolfenbüttel (1633 bis 1714), H. A. von Zigler-Kliphausen (1663–96) u. D. C. v. Lohenstein (1635–83). – Dagegen ist die dritte R.-Gattung des Barock, der ↗ *Schelmen-R.*, eine wirkliche Neuschöpfung, die schon im »Lazarillo de Tormes« (1554, dt. 1617) mit der Parodie auf die herrschende Literatur Sozialkritik aus der Sicht des Nichtprivilegierten betreibt. Er nimmt jedoch auch religiös-erbaul. (M. Alemán, Ae. Albertinus) und satir. Züge auf (F. de Quevedo, J. M. Moscherosch u.v. a. Grimmelshausens »Simplicissimus«, 1668/69, der darüber hinaus noch Ansätze zum Entwicklungs-R. zeigt). *Zentrales Werk* dieser ersten Phase des neueren R.s ist der »Don Quijote« von M. de Cervantes (1605/15, dt. 1648). Einerseits vereinigen sich in ihm die damaligen Hauptlinien der Gattung, andererseits werden sie parodiert u. humorist. überwunden, stets im Blick auf den (für den neueren R. konstitutiven) Gegensatz zwischen subjektivem Idealismus u. umgebender Realität. Seit dem Übergang zum *18. Jh.* wird der R. immer zur wichtigsten literar. Ausdrucksform des zu sich selbst findenden Bürgertums. Entsprechend wandelt sich etwa der Schelmen-R., in Frankreich z. B. über die R. e von P. Scarron (»Le roman comique«), Ch. Sorel u. A. Furetière bis zum »Gil Blas« von A. R. Lesage (1715–35). Das Schema des höf.-heroischen R.s wird auf bürgerl. Lebensläufe übertragen u. zunächst didakt. gewendet, sei es aufklärerisch weltzugewandt wie bei Chr. Weise u. im sog. *galanten R.*, sei es religiös allegorisch wie bei J. Bunyan (»The Pilgrim's Progress«, 1679–84), später psycholog. oder philosoph. vertieft wie in Marivaux' »Marianne« (1731–36), in A. F. Prévosts »Manon Lescaut« (1731) oder in J. J. Rousseaus »Nouvelle Héloïse« (1761) u. in D. Diderots auch erzähltechn. neuartigem »Jacques« (1773–75). Neue Gehalte u. Formen entstehen vor allem in *England,* wo bürgerl. Gesellschaft u. Kultur am weitesten entwickelt waren: die ↗ *Robinsonaden* im Anschluss an D. Defoe, der empfindsame Brief-R. S. Richardsons, der komisch-realist. R. bei H. Fielding u. T. G. Smollett, die humorvolle Familienidylle bei O. Goldsmith, der humorist. R. bei L. Sterne. *Der dt. R.* folgt dem zunächst nach mit Robinsonaden (z. B. J. G. Schnabel) u. dem empfindsamen R. (Ch. F. Gellert u. Sophie von La Roche), findet dann aber eigene Wege bei Ch. M. Wieland, Goethe, F. M. Klinger, K. Ph. Moritz u. W. Heinse, später bei Jean Paul u. den Romantikern (L. Tieck, C. Brentano, Novalis, F. Schlegel, E. T. A. Hoffmann, J. v. Eichendorff), insbes. durch den ↗ *Bildungs-R.* u. die bis ins 20. Jh. reichenden Reaktionen darauf (E. Mörike, A. Stifter, G. Keller, W. Raabe, Th. Mann). Ebenfalls eine Neuschöpfung, die bis ins 20. Jh. hineinwirkt, ist seit der europ. Romantik der ↗ *historische R.* (A. v. Arnim, W. Scott, A. Manzoni, V. Hugo). Sieht man von der wachsenden Bedeutung des Fortsetzungs-, Feuilleton-, Kolportage- u. Serien-R.s für die Entwicklung der ↗ Trivial- u. Unterhaltungsliteratur ab (in der sich zunehmende Warencharakter von Kunst in der bürgerl. Gesellschaft am unmittelbarsten manifestiert), so dominiert *im 19. Jh.* unterm Vorzeichen des bürgerl. Realismus das Wechselspiel zwischen dem krit. Gesellschafts-R. (z. B. in H. de Balzacs »Comédie humaine«, aber auch bei L. Tolstoi) u. dem immer stärker desillusionierenden Entwicklungs-R. (insbes. bei Stendhal u. G. Flaubert), in England verbunden zur ›novel of character and manners‹ (bei Jane Austen, Ch. Dickens, W. M. Thackeray, den Brontës, George Eliot, G. Meredith, Th. Hardy), in Deutschland allenfalls erreicht bei Th. Fontane, in Russland bereichert um Dimensionen des Unbewussten (N. Gogol, J. A. Gontscharow, F. Dostojewskij), am Ende abgelöst vom sozialkrit. Experimental-R. des Naturalismus (É. Zola). Dt. *Sonderformen* sind der Tendenz-R. des Jungen Deutschland, erweitert zum sog. ↗ Zeit R. (K. L. Immermann, F. Spielhagen, P. Heyse u. a.), der Dorf-R. (J. Gotthelf, B. Auerbach, O. Ludwig, M. v. Ebner-Eschenbach u. a., ↗ Dorfgeschichte), den im 20. Jh. der Heimat- u. Bauern-R. fortsetzt (H. Löns, G. Frenssen, L. Thoma, H. Stehr, H. F. Blunck u. a.), und zwar im ausdrückl. Gegensatz zum Großstadt-R. (M. Kretzer, A. Döblin u. a.; ↗ Heimatlit., ↗ Großstadtdichtung). In der Hauptlinie bestimmt *im 20. Jh.* das Experiment im weitesten gedankl. wie formalen Sinn, verbunden mit neuen Erzählweisen (↗ stream of consciousness, ↗ innerer Monolog, ↗ Simultantechnik, ↗ Montage, Sprachspiel u. a.), oft auch mit zykl. Großformen, so bei M. Proust u. A. Gide, bei M. de Unamuno u. C. Pavese, bei Henry James, J. Joyce u. Virginia Woolf, bei R. M. Rilke, H. u. Th. Mann, F. Kafka u. A. Döblin, J. Roth, H. Broch, R. Musil u. H. v. Doderer. Neue Anstöße bringt der *anglo-amerikan. R.,* der sich im 19. Jh. seit J. F. Cooper, N. Hawthorne, H. Melville u. Mark Twain vom europ. R. gelöst hatte, im 20. Jh. mit Th. Wolfe, E. Hemingway, J. Dos Passos u. W. Faulkner, die in Europa u. insbes. in Deutschland voll erst nach dem Zweiten Weltkrieg rezipiert wurden. Im *dt. sprach. R. nach 1945* (H. Böll, W. Koeppen, Arno Schmidt, G. Grass, M. Walser, M. Frisch, U. Johnson, P. Handke, B. Strauß) geht es zum einen um die Aufarbeitung der jüngsten Vergangenheit, zum anderen um Orientierung in einer problemat. erscheinenden Gegenwart, während etwa der frz. ↗ Nouveau roman gerade die Orientierungslosigkeit thematisiert u. auch formal zur Geltung bringt. In den sozialist. Ländern wird andererseits der Versuch gemacht, den R. aus

Roman

dem Konzept des ↗ sozialist. Realismus heraus zu gestalten. Weitere Impulse gaben dem R. Zeitphänomene wie der internat. Feminismus. Eine eigene R.-Literatur hat sich auch *in den ibero-amerikan. Ländern* herausgebildet, z. B. bei M. Díaz Rodríguez aus Venezuela u. M. A. Asturias aus Guatemala, bei dem Mexikaner M. Azuela, bei den Brasilianern J. B. Monteiro Lobato, M. R. Andrade, Américo de Almeida, G. Ramos, J. Lins do Rêgo, J. Amado, E. Veríssimo, bei dem Peruaner C. Alegría u. den Kolumbianern J. E. Rivera und G. García Márquez, sowie bei den Argentiniern M. Gàlvez, E. Mallea, M. Denevi u. a., ferner bei einem afrokarib. Autor wie René Maran, während in Afrika selbst die Ansätze zu einer besonderen R.-Lit. mit anderen, v. a. lyr. u. essayist. Ausdrucksformen verschmelzen (Th. Mofolo, L. S. Senghor). – *Theorie:* Da der R. weder von der antiken noch von der normativen Poetik in Renaissance u. Barock zur Kenntnis genommen wurde, setzen Bemühungen um seine Theorie relativ spät ein. *Erste Ansätze* dazu finden sich in R.-Vorreden u. Selbstkommentaren, etwa im 17. Jh. bei Jean Pierre Camus oder in den Vorreden S. von Birkens zu den Werken Herzog Anton Ulrichs von Braunschweig. Vorrede wie Selbstkommentar bleiben wichtige Quellen für die R.-Theorie von H. Fielding, J. C. Wezel, K. Ph. Moritz im 18. Jh., Jean Paul, Eichendorff, K. Gutzkow, Th. Fontane, É. Zola im 19. Jh. bis zu Henry James, E. M. Forster, A. Gide, G. Duhamel, Th. Mann, H. Broch, R. Musil, A. Döblin, A. Robbe-Grillet, G. Grass u. a. im 20. Jh. Während noch im 17. Jh. Pierre Daniel Huet dem R. in seinem »Traité de l'origine des romans« (1670) erstmals als Prosawerk zur Unterhaltung u. Unterweisung gerecht zu werden sucht, verurteilt ihn Gotthard Heidegger in seiner »Mythoscopia Romantica: oder Discours Von den so benanten Romans« (1698) aus poet. und moral. Gründen. Erst als das Bürgertum den R. als die ihm gemäße literar. Ausdrucksform erkennt, kommt es auch zu *differenzierender Theoriebildung*, nach einigen anonymen Schriften sowie Hinweisen bei J. Ch. Gottsched, M. Mendelssohn u. J. A. Schlegel v. a. in Ch. F. v. Blanckenburgs »Versuch über den R.« (1774). Für Goethe ist der R. die Form zur Darstellung von Gesinnungen u. Begebenheiten sowie »subjektive Epopöe« (ähnlich F. Schlegel im »Brief über den R.«), für J. C. Wezel u. G. W. F. Hegel ausdrückl. »bürgerliche Epopöe«. Im 19. Jh. werden diese Grundgedanken weiter diskutiert u. modifiziert, in Deutschland z. B. in Nicolais »Versuch einer Theorie des R.s« (1819) u. in Morgensterns »Über das Wesen des Bildungs-R.s« (1820), ferner bei K. Rosenkranz in der »Einleitung über den R.« zu seiner »Ästhetik« (1827), später bei K. L. Immermann, H. Marggraf, L. Wienbarg, Th. Mundt, F. Engels, F. Th. Vischer u. a., dann im Zeichen des sog. poet. Realismus u. vertiefter Psychologie bei Otto Ludwig (»Shakespeare-Studien« (1871/1891), vergröbert auch bei F. Spielhagen (»Beiträge zur Theorie u. Technik des R.s«, 1883; »Neue Beiträge«, 1898). Eine umfassende, wiederum an Hegel orientierte »Theorie des R.s« unter geschichtsphilosoph. Aspekt hat schließl. G. Lukács vorgelegt (1916/1920, Neuaufl. 1963). Trotz krit. u. selbstkrit. Einwände ist sie noch immer einer der konsequentesten Beiträge dazu. Neben einer Fülle von literaturwissensch. Arbeiten über den R. u. seine Theorie ergaben sich gedankl. Neuansätze zur R.-Poetik seit dem ↗ Nouveau roman, z. B. bei A. Robbe-Grillet (»Pour un n. r.«, 1963) u. M. Butor (»Répertoire«, 3 Bde., 1960/64/68), sowie im Zeichen von ↗ Strukturalismus u. Postmoderne, in Reaktion darauf z. B. bei M. Kundera (»Die Kunst des R.s«, 1986, dt. 1987). RS

Romantik, im allgemeinen Sinne ein von Gefühl und Phantasie geleitetes Verhalten oder eine stimmungsvolle Umgebung bzw. Situation. Im engeren Sinne eine geistige, künstler., insbes. literar. Bewegung in Europa zwischen 1790 u. 1850. Das *Wort* (von afrz. romanz, roman = in der Volkssprache, im Gegensatz zu lat. Sprache) ist als engl. ›romantic‹ seit 1650, dt. ›romantisch‹ seit 1700 nachgewiesen. Es bedeutet ursprüngl. (nach dem Muster der populären ↗ Romanzen): übertrieben, zügellos, phantastisch. Im 18. Jh. wurden v. a. maler. oder wilde Landschaften »romantisch« genannt. Im Sprachgebrauch der R.

selbst kann es bedeuten: a) nicht-klassisch, z. B. bezogen auf die Literatur des MA.s, b) romanhaft, c) modern, bezogen auf den Roman, der z. T. als literar. Vorbild galt. Zwischen 1810 u. 1850 setzte sich ›R.‹, häufig zunächst abschätzig gebraucht, als Epochen-Begriff durch.
Der Beginn der *literarischen Romantik in Deutschland* kann im Jahr 1793 gesehen werden, in dem W. H. Wackenroder u. L. Tieck in Nürnberg die mal. Kunst und Religion als Gegenbild und Vorbild für ihre Zeit entdeckten. Eine erste Gruppe der R. bildet sich 1798 in Jena (sog. *Jenaer* oder *Früh-R.*) mit F. v. Hardenberg (Novalis), F. u. A. W. Schlegel (den bedeutendsten Theoretikern der R.), ferner L. Tieck, dem Theologen F. D. E. Schleiermacher, den Philosophen J. G. Fichte und W. Schelling, dem Naturwissenschaftler J. W. Ritter u. a. Mittelpunkt ist die Zs. »Athenäum« (1798–1800) und das Programm einer neuen universalen Poesie, verstanden als Ergänzung und Fortbildung der ↗ Weimarer Klassik und als Synthese von Philosophie, Religion, Gesellschaft und Kunst. In Heidelberg tritt 1805 und insbes. 1808/09 eine zweite Gruppe hervor (sog. *Heidelberger* oder *Hoch-R.*) mit A. v. Arnim, C. Brentano, J. v. Eichendorff, J. Görres, F. Creuzer, J. und W. Grimm. Einen gewissen Zusammenhalt bringt hier die »Zeitschrift für Einsiedler« (1808/09) sowie ein der Dichtung zugrundegelegtes, aber auch auf dem Umweg über Sprach-, Geschichts- und Mythenforschung verfolgtes nationales Bildungsprogramm, das sich insbes. gegen die frz. Einflüsse, sowie gegen ↗ Aufklärung und ↗ Klassizismus richtete. V. a. die Sammlungen und Bearbeitungen volkstüml. Literatur sollten dazu dienen, die schöpfer. Kräfte des dt. »Volksgeistes« zu wecken (Arnim/Brentano: »Des Knaben Wunderhorn«, 1806/08; Görres: »Die teutschen Volksbücher«, 1807; J. u. W. Grimm: »Kinder- u. Hausmärchen«, 1812/22, »Deutsche Sagen«, 1816/18). In Dresden trafen sich 1808/09 um die Zs. »Phöbus« H. v. Kleist, G. Wetzel, der Staatsrechtler A. Müller, der Naturphilosoph G. H. Schuberth. Wiederholt wurde Berlin nach 1801 Mittelpunkt romant. Gruppierungen (*Berliner R.*). Die Brüder Schlegel, der Salon der R. Varnhagen, A. v. Chamisso, F. de la Motte-Fouqué, Z. Werner, ab 1814 E. T. A. Hoffmann (die vier letztgenannten waren, zus. mit Tieck, die zu ihrer Zeit beim Publikum erfolgreichsten Schriftsteller der R.), um 1810/11 H. v. Kleist, Arnim, Brentano. Zur *südd.* oder *schwäb. R.* (nach 1810) zählen v. a. L. Uhland, J. Kerner, G. Schwab, W. Hauff. Nach 1820 macht die R. zunehmend deutlicher einem veränderten Lebensgefühl und solchen Kunstformen Platz, die dem beginnenden Liberalismus und Kapitalismus des 19. Jh.s besser gewachsen schienen (↗ Realismus). Der Widerspruch zwischen der Sehnsucht nach Poesie und der Prosa des bürgerl. Alltags prägt noch einmal in romant. Sinne die nach 1820 hervortretenden Dichtungen von J. v. Eichendorff, E. Mörike, N. Lenau sowie v. a. H. Heine (sog. *Spät-R.*), mit denen die R. ausläuft.

Die R. suchte (mittelbar, aber entscheidend angeregt durch die Frz. Revolution und deren Folgeereignisse) alle geist.-literar. Strömungen aufzunehmen, die im 18. Jh. im Widerspruch gestanden hatten zum absolutist. Staat, zum philosoph. Rationalismus, zur mechanisch-vernünftigen Theologie (Deismus, Aufklärung), v. a. aber zum frz. Klassizismus. – *Vorläufer* der R. sind so: die Literatur der erregten u. kultivierten Gefühle d. 18. Jh.s (S. Richardson, A.-F. Prévost, J. J. Rousseau, B. de Saint-Pierre, W. Heinse, Goethes »Werther«, ↗ Empfindsamkeit), weiter die Literatur der Volkstümlichkeit (G. A. Bürger, ↗ Göttinger Hain), die neue Naturdichtung (J. Thomson, A. v. Haller, E. v. Kleist, E. Young, Th. Gray, v. a. F. G. Klopstock), eine Ästhetik des genialen Subjekts (Shaftesbury, Young, J. G. Hamann, ↗ Geniezeit, ↗ Sturm und Drang), die theoret. Befreiung vom klassizist. Regelzwang (D. Diderot, G. E. Lessing), die angebl. Wiederentdeckung und Nachahmung der ↗ Ossian-Dichtung (MacPherson), der

»Des Knaben Wunderhorn«, Titelkupfer, 1808

Romantik

german.-mal. Literatur (J. u. Th. Warton, R. Hurd, Th. Percy) und insbesondere Shakespeares (Lessing, J. G. Herder). Die R. selbst fügte zu diesen Vorbildern v. a. Dante, Ariosto, Tasso, Cervantes u. Calderón hinzu und knüpfte ihre ersten Theorien an den Gegensatz zwischen einer »romant. Poesie« des christl. Mittelalters u. der Renaissance, geprägt durch den Widerspruch von »Endlichem und Unendlichem« und der noch immer vorbildl. klass. Antike als »Vollendung im Endlichen« (F. Schlegel). ↗ Mystik u. ↗ Pietismus (J. Böhme) wirkten insbes. auf Schelling und Novalis. Vorweggenommen sind viele Bestrebungen der R. bei J. J. Rousseau (Verbindung von Vernunft u. Gefühl, naturhaftem Lebensideal u. Staatsbewusstsein, Haltung persönl. Bekenntnisse und Glaube an die unendl. Erziehbarkeit des Menschen) u. J. G. Herder (Organismusdenken, histor. Individualitätssinn u. Vernunftutopie, Begriff der »Ursprache« u. »Naturpoesie«). Unmittelbar anregend wirkten der dt. Idealismus, insbes. die Ästhetik I. Kants u. F. Schillers, sowie J. G. Fichtes Lehre von der freien Tätigkeit des Ich, welche die R. auf den Vorgang künstler. Produktion übertrug. Vorbild war schließl. Goethes »Wilhelm Meister« (1795/96), in dem die R. eine spieler. Verbindung von Poesie, Selbst- und Weltbildung verwirklicht sah. In diesem Sinne nennt F. Schlegel die Frz. Revolution, Fichtes »Wissenschaftslehre« (1794) und Goethes »Meister« »die größten Tendenzen des Zeitalters« und fordert für die noch zu schaffende romant. Dichtung, sie solle »die Poesie lebendig und das Leben und die Gesellschaft poetisch machen«, d. h. mit Sensibilität u. freier, sinnvoller Tätigkeit erfüllen. – Die R. brachte sehr unterschiedl. *Themen und Tendenzen* hervor, mit Vorliebe suchte sie gerade die *Produktivität von Widersprüchen* zu nutzen. Eine Gemeinsamkeit ist daher nur im Sinne von Berührungspunkten beschreibbar; charakterist. bleibt die Vieldeutigkeit der R.: sie macht jede Darstellung zur auswählenden und wertenden Interpretation. Eine gewisse *Fortsetzung der Aufklärung* bedeutet es, wenn die R. die menschl. Vernunft zu vermitteln sucht mit den vernunftlosen, bzw. dem Bewusstsein noch nicht zugängl. Bereichen in der menschl. Seele, in der Geschichte, in der Natur u. in der Existenz Gottes. Der Weg dazu führt einerseits über die Freiheit der Einbildungskraft, näml. dass die Erkenntnis ihre Gegenstände und die Kunst ihre eigene Wirklichkeit hervorzubringen vermöge, anderseits über das Auffinden der in der Wirklichkeit vorgebildeten Vermittlungsmöglichkeiten wie Traum, Weltverhalten des Kindes, Volksdichtung etc. V. a. im ↗ Märchen, sowie zunehmend zentraler im ↗ Mythos sah die R. diese Einheit von Bewusstem und Unbewusstem verwirklicht. Die vielen Märchendichtungen, eine »neue Mythologie« (F. Schlegel), die Verbindung von in die Realität projizierten Vorstellungen, Ängsten und Hoffnungen (»Veräußerung des Inneren«) und Durchdringen der Außenwelt mit Gefühlen und Bedeutungen (»Verinnerungen«) z. B. in Natur-Stimmungen oder in ausgebauten Symbol-Ketten, die Versenkung in die Geschichte, v. a. in das als geschlossene Wert- u. Gefühlswelt gesehene MA., eine Verschmelzung der Künste (Wackenroder, Hoffmann) bzw. der Künste u. Wissenschaften (F. Schlegel, Novalis), die Deutung der Natur als »bewußtlosen Geist« (Schelling), die dichter. Verteidigung der Einheit natürl.-sinnl. und geistig-freier Liebe (F. Schlegel, »Lucinde«, 1799; C. Brentano, »Godwi«, 1801/02), Dichtungen, die den Tod thematisieren, um die Erlebnisfähigkeit zu erweitern (Novalis, Arnim), ein Verständnis der Religion, das gerade die Begrenztheit und Zufälligkeit des Menschen zum Ausgangspunkt seiner fühlend und ahnend erfahrenen Abhängigkeit vom Unendlichen macht (Schleiermacher), schließl. eine Verschmelzung von Religion, Philosophie und staatl. Ordnung, deren gemeinsames Organ die Poesie sein solle (Novalis): all dies spiegelt auf verschiedene Weise gemeinsame Tendenzen. Der Vermittlung von religiös oder philosophisch begründeter Geschichts-Kontinuität bzw. endlicher Utopie mit den als sprunghaft verworren gesehenen histor. Ereignissen (Novalis: »Die Christenheit oder Europa«, 1799), galt, analog der des selbstbewussten Einzelnen mit der Allgemeinheit in Staat und Gesellschaft, eine weitere zentrale Bemühung der R. Aber indem sie dies in erster Linie auf dem Wege poet. Spiegelungen zu erreichen suchte, zeigen sich von Anfang an Fragwürdigkeit und Grenzen der R.: der Widerspruch zwischen ihren auf äußere Wirkung gerichteten Programmen und praktizierter Ich-Bezogenheit, Überschätzung der dichter. Möglichkeiten, Fragmentarismus. Denn charakterist. Ausdruck dieser romant. Tendenz zur poet. Geschichts- u. Gesellschafts-Integration ist der sog. ↗ Künstler-Roman, der nicht nur romant. Kunsttheorie veranschaulichen, sondern zugleich auch die Utopie poet. Weltveränderung dichter. vorwegnehmen sollte. Aber L. Tiecks »Franz Sternbald« (1798) verbleibt im Gemütvoll-Mittelalterlichen, Novalis' »Heinrich von Ofterdingen« (1802) bricht mit der ›Weltveränderung‹ ab und entwirft sie nur märchenhaftallegorisch. Die Künstler-Gestalten E. T. A. Hoffmanns (»Kreisleriana«, 1810 u. 1813/15; »Kater Murr«, 1820/22) sind in sich zerrissen und ihrer Umwelt fremd. J. v. Eichendorffs »Ahnung und Gegenwart« (1815) endet mit dem (wenn auch zeitkritisch gemeinten) Rückzug auf eine abgeschlossene, christl. und poet. wiederhergestellte Welt. A. v. Arnims »Die Kronenwächter« (1817) vermag die Utopie nur noch als einen Freiraum zu entwerfen, der von Geschichtserzählungen, Symbolik und exemplar. Leben des Roman-Helden nicht erreicht werden kann. E. Mörikes »Maler Nolten« (1832) schließl. enthält als Gegengewicht der Phantasie den realist. Kompromiss. Anspruch und Problematik der R. kommt auch in dem (allerdings vieler Abwandlungen fähigen) Programm »romant. ↗ Ironie« zum Ausdruck, die als ein Verstandes- u. Kunst-Spiel zwischen u. über den endlichen Gegensätzen »schwebend« dem Unendlichen sich annähern soll (F. Schlegel, später K. W. F. Solger). Noch deutlicher zeigt das Thema des »poetischen Nihilismus«, dass die R. sich auch der Möglichkeit des Scheiterns ihrer dichter. Vermittlungen, d. h. ihres Umschlagens in Vereinsamung, Gegenstands- und Kommunikationslosigkeit bewusst war (v. a. in »Die Nachtwachen des Bonaventura«, 1804). Entsprechend wurde nach 1801 (Tod Novalis'), v. a. dann unter dem Eindruck der napoleon. Kriege und verstärkt nach 1815 die Utopie einer »Poetisierung der Welt« einerseits zur sich selbst genügenden, verklärten Kunstwelt verflüchtigt (E. T. A. Hoffmann: »Der goldene Topf«, 1814; z. T. Brentano, Eichendorff), andererseits verfestigt zur wissenschaftl. Erforschung von Sprache und Literatur (A. W. Schlegels Vorlesungen von 1801–04 u. 1808, die Arbeiten der Brüder Grimm), Mythologie (F. Schlegel, F. Creuzer, J. P. Kanne, J. Görres) und Geschichte (F. K. v. Savigny, B. G. Niebuhr, L. v. Ranke, sog. Historische Schule). Schließl. führte die Entwicklung der R. in Deutschland, die von der schöpfer. Kraft des Ich ausgegangen war, zur Unterordnung alles Individuellen unter die »organischen Ganzheiten« von »Volkstum« (F. L. Jahn), Nation u. Tradition in der »politischen Romantik« (E. M. Arndt: »Geist der Zeit«, 1806–1818; A. Müller: »Elemente der Staatskunst«, 1808; um 1811 in Berlin die ↗ «Christlich Deutsche Tischgesellschaft«; K. L. v. Haller: »Restauration der Staatswissenschaft«, 1816–1826; der Kreis um C. M. Hofbauer in Wien). Bereits seit 1800 (F. Stolberg) waren viele R.er zur Autorität der Kath. Kirche konvertiert bzw. zurückgekehrt (1808: F. Schlegels Konversion; 1817: C. Brentanos Generalbeichte). Es waren v. a. diese letztgenannten Tendenzen der R., die schon Goethe (obwohl vielfältig von der R. beeinflusst) und G. W. F. Hegel, sowie insbes. der Kreis um J. H. Voß (v. a. von 1808 an) abgelehnt hatten und die später das ↗ Junge Deutschland und die Hegelsche Linke zu scharfer Kritik veranlassten (H. Heine: »Die romant. Schule«, 1833; Th. Echtermeyer/A. Ruge: »Der Protestantismus und die R.«, Hall. Jb. 1839/40), u. die das ganze 19. Jh. hindurch die Auseinandersetzung des ↗ Realismus mit der R. bestimmten. Bedeutsam für das 20. Jh. wurde die produktive Kritik S. Kierkegaards (»Über den Begriff der Ironie«, 1841; »Entweder – Oder«, 1843) u. F. Nietzsches (von 1874 an) der R. Deutlich knüpft einerseits noch der Nationalsozialismus an die polit. R. an. Andererseits wären die neueren Geisteswissenschaften ohne die romant. Anregungen nicht zu denken. Wichtige Entwicklungslinien führen zur Mythologie (J. J. Bachofen), zur Naturwissenschaft (J. W. Ritter, Oken) und zur

Romantik

Psychologie des Unbewussten (C. G. Carus). Mit W. Diltheys Novalis-Studie (Preuß. Jb. 1865) u. R. Haym (»Die romant. Schule«, 1870) beginnt die äußerst kontroverse histor. und literaturwissenschaftl. Erforschung der R. – Die charakterist. *Kunstformen* der R. lassen v. a. drei Tendenzen erkennen: zum einen bemühte sich die R. um eine ständige Erweiterung der Sprachmöglichkeiten, mit der Absicht, die ganze Wirklichkeit künstler. zu erfassen; zugleich aber sollte gerade das Fremde und Geheimnisvoll-Vieldeutige in natürl.-einfacher Weise ausgedrückt werden; und schließl. kam es der R. darauf an, die künstler. Wirkungsmöglichkeiten im Gegensatz zu allem Konventionellen ständig zu erneuern, bis zum »mutwilligen« (F. Schlegel) Spiel mit den Erwartungen des Publikums. Insbes. die *Lyrik* von Novalis, Brentano, Eichendorff u. Mörike, u. hier v. a. die liedhaften Formen, finden in diesem Sinne zu einer virtuos-einfachen Bedeutungsfülle und Musikalität, die Heine durch iron. Kontraste und Stimmungs-Brechungen zu steigern und neu zu orientieren sucht. In vergleichbarer Weise wird im (↗ Kunst-)*Märchen* der R. eine oft komplizierte Allegorik in volkstümlich-einfache (Novalis) oder spielerisch-improvisierende (Brentano) Darstellung verkleidet. Märchenhaftes u. Phantastisches, z. T. Gespenstisches im Kontrast mit Naturalistisch-Alltäglichem kennzeichnet die Märchen und »Phantasiestücke« von Tieck, Hoffmann, Chamisso, Eichendorff. Der Übergang zur eigentl. ↗ *Novelle* ist hier fließend und bekundet sich v. a. (Entsprechendes gilt für die Novellen A. v. Arnims) in der gegenwartsbezogenen, soziologischen, psychologischen oder moralischen Auflösbarkeit des Phantastischen. H. v. Kleist gelingt in seinen Novellen eine für die Zukunft der Gattung beispielhafte Verbindung moderner Subjektivität und Widersprüchlichkeit mit klass. Konzentration. Gerade in den Novellen zeigen sich zuerst die realist. Tendenzen innerhalb der romant. Bewegung. Die *Romane* der R. sind v. a. von der Freude am formalen Experiment und von der Verrätselung ihrer jeweiligen Struktur geprägt. Die Spannweite ihrer Möglichkeiten reicht vom Spiel der Illusionserzeugung und -zerstörung über symbol.-allegor. Mehrschichtigkeit des Dargestellten, kontrastierend vielfältige Handlungsverknüpfungen, bis zur effektvoll musikal. Komposition von Stimmungen. Von beispielhafter Bedeutung sind schließl. die vielen *Übersetzungen* (L. Tieck: Cervantes, 1799 ff.; A. W. Schlegel: Calderón, Dante, insbes. zus. mit Dorothea u. L. Tieck: Shakespeare, 1797 ff.). – In produktiver Auseinandersetzung mit den Kunstformen der R. ist fast die gesamte dt. Literatur des 19. Jh. begriffen. Auffallend sind aber auch die verschiedenen *Spätwirkungen*: so wird z. B. die Forderung des Gesamt-Kunstwerks von R. Wagner wieder aufgenommen, die Anti-Mimetik (↗ Mimesis) u. Vieldeutigkeit der Literatur, die Ästhetik des Hässlichen, die Gestaltung des Unbewussten, die fluktuierende Symbolik und die Tendenz zur Erweiterung der Sprachmöglichkeiten prägt entscheidend den frz. ↗ Symbolismus und seine europäischen Folgen (↗ Expressionismus, ↗ Surrealismus); die romant. Ironie u. Romantheorie werden z. T. erst von Th. Mann u. R. Musil verwirklicht; die moderne Ästhetik der ↗ Verfremdung hat u. a. romant. Wurzeln, zum poet. Nihilismus der R. finden sich gewisse Entsprechungen (↗ Nouveau Roman, ↗ Absurdes Theater) in der Literatur der Gegenwart. – Auch die *romantischen Bewegungen in Europa* entstehen in den verschiedenen Ländern im Zusammentreffen eigener anti-klassizist. u. national-bewusster Tendenzen mit fremden Anregungen, die v. a. von England, Deutschland u. Frankreich ausgehen. Im Einzelnen zählen zur europ. R.: in *England* von 1788 an W. Blake, nach 1798 S. T. Coleridge, W. Wordsworth, R. Southey (sog. ↗ »Lake School«), nach 1802 W. Scott, nach 1808 Lord Byron, P. B. Shelley, J. Keats; in *Frankreich* um 1800 F. R. de Chateaubriand, E. P. de Senancour, B. Constant, zwischen 1803 u. 1811 der Kreis um Mme. de Staël, 1814–1830 der Kritiker-Streit zwischen Klassikern u. R.ern, nach 1820 die Werke von A. de Lamartine, V. Hugo, A. de Vigny, nach 1830 Th. Gautier, G. de Nerval, M. de Guérin, A. de Musset, G. Sand; in *Italien* nach 1816 (Mailänder Manifeste) S. Pellico, A. Manzoni, G. Leopardi, U. Foscolo; in *Portugal* nach 1825

A. Herculano, A. Garrett, A. F. G. de Castilho; in *Spanien* nach 1833 v. a. J. de Espronceda, J. Zorrilla; in *Dänemark* schon nach 1803 H. Steffens, A. G. Oehlenschläger, C. Hauch, B. S. Ingemann, später H. Ch. Andersen; in *Schweden* nach 1807/08 die Gruppe um P. D. Atterbom (↗ Phosphoristen), später v. a. E. Tegnér u. E. G. Geijer (↗ Got. Bund); in *Norwegen* nach 1828 H. E. Wergeland u. J. S. Welhaven; in *Ungarn* nach 1815 J. Arany u. S. Petöfi; in *Polen* nach 1816 und nach 1830/31 (im Exil) A. Mickiewicz, Z. Krasinski, J. Sowacki; in *Russland* nach 1820 v. a. A. Puschkin u. M. Lermontov; im *tschechischen* u. *slovakischen* Österreich F. L. Čelakovsky, J. Kollár, K. H. Mácha. Da die dt. Literatur im Ausland wesentl. durch Mme. de Staëls Buch »De l'Allemagne« (1810) u. die dort vorgestellten Autoren bekannt wurde, gehören seitdem für das Ausland häufig auch G. A. Bürger, sowie Goethe, Schiller u. Jean Paul Richter zur dt. R. – In Europa bekannt wurden später v. a. die Theorien A. W. Schlegels, ferner E. T. A. Hoffmann u. H. Heine. *Gemeinsame Berührungspunkte der europ. R.* sind das Zurückgreifen auf die jeweilige nationale Vergangenheit und Literatur (v. a. in Skandinavien, Italien, Spanien, Ungarn u. in den slav. Literaturen), das verschiedentl. dominierende christl. Element (z. T. in Frankreich, Skandinavien, v. a. in Polen), allgemein eine neue Sensibilität für die Natur, die Betonung von Sinnlichkeit und Gefühl für die Erkenntnis und das Zusammenleben. Damit einher geht ein neues Selbstbewusstsein d. Frau (C. Schlegel, B. Brentano, später die Brontë-Schwestern, G. Sand). Häufig eröffnet die Sehnsucht nach einer naturhaft-sinnerfüllten Welt im Gegensatz zur Zivilisation melanchol. Perspektiven (↗ Byronismus). Gemeinsam ist ferner die Betonung der Einbildungskraft (v. a. Coleridge), das Bewusstsein von der histor. Relativität des Schönen (z. B. in V. Hugos Theorie des ↗ Grotesken), die Auflockerung der Kunstformen und Gattungsregeln. Neben der Lyrik, die überall im Vordergrund steht, v. a. auch in erzählenden Formen wie ↗ Ballade, ↗ Romanze, ↗ Verserzählung, ist in der europ. R. im Gegensatz zur dt. R. das ↗ Drama die zweite wesentl. Gattung; in der Nachfolge W. Scotts entwickelt sich der ↗ historische Roman. Die europ. R. orientierte sich wiederholt bewusst an klass. Form-Beherrschung (Keats, Alfieri, Tegnér), nahezu immer war sie um gegenständlich-anschaul. Darstellung bemüht; darin liegt ein gewisser Gegensatz zur dt. R. Während diese sich von liberalen Anfängen weg eher restaurativ entwickelte, nimmt die europ. R. fast immer den umgekehrten Weg. Aus alledem folgt entsprechend regelmäßig (so v. a. bei Scott, Stendhal, Manzoni) ein kontinuierl. Übergang zur ebenfalls europäischen Bewegung des ↗ Realismus. VG

Romanze, f. [span. el romance = das in der ›roman.‹ Volkssprache Geschriebene], ep.-lyr. Gattung der span. Literatur: kürzeres volkstüml., episod. Erzähllied, das Stoffe der altspan. Sage und Geschichte gestaltet. Häufigste Versform ist der reimlose trochä. 16-Silber mit Mittelzäsur und Assonanzen. Stil und Erzählstruktur entsprechen der Volks-↗ Ballade des german. Sprachraumes, von der sie sich teilweise durch größere Heiterkeit, Gelöstheit, Breite der Darstellung und mehr musikal.-klangl. Elemente unterscheidet; jedoch lassen sich grundsätzl. Gattungsunterschiede nicht begründen. – Die frühesten altspan. R.n sind im 14./15. Jh. fassbar (vgl. ↗ Romanzero); man unterscheidet nach den Stoffkreisen
1. *histor. R.n* über geschichtl. Ereignisse oder Legenden (z. B. »Después que el rey Don Rodrigo«, »Castellanos y Leoneses«),
2. *R.n des karoling. und breton. Sagenkreises* (»Asentado está Gaiferos«, »Muerto quede Durandarte«),
3. die sog. *Grenzr.n* über die Kämpfe zwischen Mauren und Christen, bes. in den letzten Jahrhunderten der Rückeroberung Spaniens, und
4. die *maur. R.n*, entstanden nach 1492, dem endgült. Sieg der Christen über die Mauren, die das Leben span. Mauren idealisieren (z. B. »Alora la bien cercada«, »Paseábase el rey moro«); daneben entstehen auch *romanhafte* (»De Francia partió la nina«, »Retraída está la Infanta«), *religiöse* und *lyr. R.n* (»Fonte frida, fonte frida«, »En Sevilla está una ermita«). Bes. im 16. und 17. Jh. werden R.n auch als Kunstdichtung gepflegt und die Gattung bei

Romanze

gleichen Themenkreisen auch intentional (pastorale, burleske, satir. R.n) und formal (kunstvoller Strophenbau, Vollreime, Refrain) erweitert. Vertreter sind u. a. L. de Góngora (»Angélica y Medoro«, »Amarrado al duro banco«), F. Quevedo y Villegas, Lope de Vega. Die R.nform dringt auch in andere lyr. Gattungen ein (z. B. ↗ Loa, ↗ Endecha). In der modernen span. Dichtung wurde die R. v. a. von F. Garciá Lorca und A. Machado wieder aufgegriffen. – *In Deutschland* wurden Name und Gattung durch J. W. L. Gleim (1756) eingeführt, zunächst als synon. Bez. für ↗ Kunstballade, so im Sturm und Drang, bei G. A. Bürger, Goethe, Schiller (»Kampf mit dem Drachen« als R. bez.). J. G. Herder weist dann durch kongeniale Übersetzungen in assonanz- u. reimlosen trochä. Achtsilblern, sog. span. ↗ Trochäen (insbes. R.nzyklus »Cid«, 1805), auf den formal gebundenen volkstüml. Charakter hin und leitet eine Blüte der R.ndichtung in der ↗ Romantik ein, in der Herders Grundform beibehalten, jedoch meist mit subtilen Assonanzen und Klangreimen verbunden wird; bedeutend sind die R.n (und R.nübersetzungen) von A. W. und F. Schlegel, L. Tieck, F. de la Motte Fouqué, J. v. Eichendorff, L. Uhland, A. v. Platen, insbes. von C. Brentano (»R.n vom Rosenkranz«, entst. 1804–12); parodist. verwenden die R.nform K. L. Immermann (»Tulifäntchen«, 1830) und H. Heine (insbes. »Atta Troll«, 1847). IS

Romanzero, m. [span. romancero = Slg. von ↗ Romanzen], der erste (gedruckte) R. erschien 1548 in Antwerpen (»Cancionero de Romances«). Im Ggs. zu den höf. Canciones (↗ Cancion) sind von den volkstüml. altspan. Romanzen keine handschriftl. Sammlungen bekannt (Verbreitung zunächst wohl mündl., seit dem 15. Jh. auf losen Druckblättern mit groben Holzschnitten). – *Wichtige weitere R.s* sind der dreiteilige R. »Silva de varios romances« (1550, Zaragoza), der R. »Rosa española« (1573, Valencia), enthält neben volkstüml. auch Kunstromanzen). Ausschließl. Kunstromanzen enthalten der »Flor de varios romances« (9 Teilsammlungen 1589–97) und der aus diesen Sammlungen zusammengestellte *bedeutendste R.*, der »Romancero general« (1600, in den folgenden Jahren mehrfach erweitert: 2. Teil 1605; beide Teile hrsg. von P. de Moncayo, A. de Villata u. a.). Seit dem 17. Jh. gab es auch R.s der einzelnen Romanzendichter, ferner Spezialsammlungen zu bestimmten Themen oder Helden (z. B. der »Romancero del Cid«, 1605). – Wiederauflebendes Interesse an der Romanzendichtung in der ↗ Romantik zeitigte *moderne Ausgaben*, so als erste die von J. Grimm 1815 zus.gestellte Sammlung »Silva de romances viejos« (Romanzen des Antwerpener R.s). 1828–32 erschien der große »Romancero general« (von 1600) in 5 Bde.n, hg. von dem span. Romantiker A. Durán; 1828, 1840 u. 1871 je eine Ausg. des »Romancero del Cid« (von 1605), hg. von J. Müller, A. Keller, C. Michaelis; 1856 der umfangreiche R. »Primavera y flor de romances« (von 1621), hg. v. Ferd. Wolf (gilt als die vollständigste u. beste Ausgabe). – Bedeutende *dt. Übersetzungen* span. R.s sind u. a. das »Span. Liederbuch« von E. Geibel und P. Heyse (1852) und der »R. der Spanier und Portugiesen« (1860) von E. Geibel und A. F. Graf Schack. – Der zwischen 1844 und 1851 entstandene »R.« H. Heines enthält nur teilweise Romanzen. IS

Rondeau, n. [rõ'do; frz. m. zu rond = rund; dt. Bez.en in den Verslehren des 17. und 18. Jh.s: Ringelgedicht, Rundgedicht, Rundreim, Rundum], ursprüngl. ein zum Rundtanz gesungenes frz. Tanzlied, in zahlreichen Varianten seit dem 13. Jh. belegt; kennzeichnend sind ↗ Isometrie, Zweireimigkeit, die (reimlose) refrainart. Wiederholung der Anfangsworte des 1.Verses (meist ein Ausruf, eine Sentenz o. Ä.) in der Mitte und am Ende des Gedichts (sog. *rentrement*, Wiedereinschub) und die daraus resultierende Gliederung des Gedichts in zwei (häufig ungleich lange) Teile. – Das ›klass.‹ R., dessen Form sich im 16. Jh. herausbildet, besteht aus 13, in der Allg. 10-silb. Versen (ohne die beiden *rentrements*). Das 1. *rentrement* (R) folgt auf die 8., das 2. auf die 13. Zeile. Das Ende der 5. Zeile fällt mit einem größeren syntakt. und inhaltl. Einschnitt zusammen, so dass das ganze R., abweichend vom Grundschema (Zweiteiligkeit) in insgesamt 3 Teile (Couplets; 5 + 3 + 5 Zeilen) zerfällt. Reimschema: aabba/aabR/aabbaR. – Im 14. u. 15. Jh. sehr beliebt, von den Dichtern der Pléiade jedoch abgelehnt, wird das R. im 17. und 18. Jh. nur noch als Form scherzhafter Dichtung verwandt (V. Voiture); im 19. Jh. von A. de Musset, Th. de Banville und St. Mallarmé wiederaufgegriffen. Dt. Nachbildungen finden sich v. a. im 16. und 17. Jh. u. a. von J. Fischart, G. R. Weckherlin, Ph. von Zesen, engl. bei G. Chaucer, Th. Wyatt und wieder bei H. A. Dobson (1840–1921) u. a. – ↗ Rondel, ↗ Triolett. K

Rondel, m. [frz., zu rond = rund], altfrz. Lautform von neufrz. *rondeau,* in den älteren Handbüchern synonym mit ↗ Rondeau gebraucht; heute werden als R. meist die älteren, bis ins 16. Jh. gebräuchl. freieren Formen des Rondeaus bezeichnet, um diese von der ›klass.‹ Rondeau-Form auch terminolog. abzusetzen. – In älteren Verslehren bezeichnen R.s gelegentl. auch Gedichte aus 3 ↗ Triolett-Strophen. K

Rotations-Romane, nach dem Zweiten Weltkrieg vom Rowohlt-Verlag edierte Romane (ro-ro-ro = Rowohlts R.); Bez. nach dem zeitbedingten Herstellungsverfahren im sog. Rotationsdruck: die Romane hatten Zeitungsformat u. waren auf Zeitungspapier gedruckt. R. waren z. T. (dt.) Erstveröffentlichungen von im ›Dritten Reich‹ unterdrückten Titeln, z. B. A. Camus, »Die Pest« (1947; dt. 1948), W. Faulkner, »Licht im August« (1932; dt. 1949), H. Fallada, »Kleiner Mann, was nun?« (entst. 1932, bei Rowohlt 1950). S

Rotrouenge, f., Retrouange [rɔtruˈãːʒ; afrz.; Retroensa (prov.), Etymologie umstritten], zweiteil. Lied der Trobador- und Trouvèrekunst, dessen 2. Teil als Refrain wiederholt wird: Grundform aaabAB. Entstand im 12. Jh. vermutl. als Weiterentwicklung der Laissenstrophe (↗ Laisse) als eine der beliebtesten Formen des monod. Gesellschaftsliedes (Refrain von der Gesellschaft im Chor gesungen). Verwandt sind ↗ Triolett, ↗ Virelai, ↗ Balada und ↗ Dansa; auch im dt. Minnesang nachgewiesen (Mondsee-Wiener Liederhs.). S

Roundel, n. [raundl.; engl. für frz. Rondel/ Rondeau], von A. Ch. Swinburne entwickelte engl. Variante des ↗ Rondeaus aus 3 ↗ Terzinen mit refrainart. Wiederholung der Anfangsworte des Gedichts nach der 1. und nach der 3. Terzine, wobei diese Kurzzeile mit den 2. (b-) Zeilen reimt; Reimschema: abaB/bab/abaB. K

Rubai, n., Pl. Rubaiyat, auch: Robāʼi [iran.-pers. = Vierer], vierzeil. pers. Gedichtform mit dem Reimschema aaxa, in der in epigrammat. Kürze u. treffender Bildhaftigkeit – sowohl in volkstüml. als auch kunstmäß. Weise – Lebens- und Spruchweisheiten formuliert sind. Hauptvertreter Omar Hayyām (auch: Omar Chajjam), Anf. 12. Jh. – Aufsehen erregte im 19. Jh. die engl. Übersetzung seiner R.-Sammlung durch E. Fitzgerald (1859 u. ö.); dt. Übersetzungen u. Nachdichtungen versuchten u. a. F. Rückert (nur einzelne Texte), A. F. v. Schack (1878), F. v. Bodenstedt (1881), F. Rosen (1909), C. H. Rempis (1933, ²1940; 1935), H. W. Nordmeyer (nach Fitzgerald, ²1969). S

Rügelied, ↗ Scheltspruch.

Rührender Reim, Gleichklang ident. Wörter, z. B. *ist : ist, staunen : staunen* (auch: *ident. Reim*) oder von Wörtern gleicher Lautung (Homonymen): *ist : isst, lehren : leeren* (auch: *äquivoker Reim*). Beide Arten waren in mal. Dichtung erlaubt (als Stilprinzip z. B. in Gottfrieds von Straßburg »Tristan«-Prolog); seit dem 16. Jh. als Formfehler eingestuft, begegnen aber als Stilprinzip weiterhin, z. B. bei Lessing (»Sinngedichte«) oder im franz. Symbolismus. S

Rührstück, bez. entsprechend der Wirkungsästhetik der Aufklärung eine dramat. Gattung nicht nach Inhalt oder Bauform, sondern nach der beabsichtigten Wirkung auf das Publikum. In dem Maße, als diese Wirkung zu einem reißer. kalkulierten Effekt wurde, wandelte sich die Bez. ›R.‹ von einer Gattungsbez. zu einem abwertenden Begriff, der fast unabhängig von literar. oder histor. Zuordnungen verwendet wird. – Ursprüngl. umfasste das R. sowohl das ↗ weinerl. Lustspiel, das empfindsame Schauspiel und das ↗ bürgerl. Trauerspiel. Das dt. R. schließt sich an die engl. Tradition der *sentimental comedy* (R. Steele, »The conscious lovers«, 1722 u. a.) und der *domestic tragedy* (G. Lillo, »The London merchant«, 1731) und die franz. ↗ *comédie larmoyante* an. Viele dt. R.e sind Übersetzungen oder Bearbeitungen, zu denen v. a. D. Diderots »Le père de famille« (1758) herausforderte (z. B. O. H. v. Gemmingen, »Der dt. Hausvater«, 1780). Bes. in seiner Nachfolge entstanden die als R.e oder ›Hausvaterdramen‹ bez. Schauspiele. Sie enthalten meist Scheinkonflikte zwischen bürgerl. Moral und Laster, Demonstrationen unerschütterl. Tugend und bürgerl. Verhaltensnormen (Gehorsam, Fleiß, Sparsamkeit usw.), die Diskussion relig., pädagog. und ökonom. Fragen. Konflikte ergeben sich selten durch einen trag. Zusammenprall des Individuums mit den Institutionen der bürgerl. Gesellschaft, sondern werden als bedauerl. Normverfehlungen in rührenden Versöhnungsschluss wieder aufgehoben. Die fruchtbarsten Autoren von R.en waren F. L. Schröder, A. W. Iffland und A. v. Kotzebue. Stand bei Iffland die Rührung noch im Dienste moral. Erziehung, so verselbständigte sie sich bei Kotzebue zum kulinar. Selbstzweck, der durch pikant-erot. Zutaten effektvoll gesteigert werden konnte. – Figuren des R.s (etwa der väterl. Patriarch, die zärtl. Mutter, der treue Diener), Situationsklischees (Abschied, Entsagung, Wiederfinden, Sündenfall, Reue und Versöhnung), Handlungselemente und moral. Vorstellungen finden sich noch in der Trivialdramatik des 19. Jh.s (R. Benedix, Ch. Birch-Pfeiffer) bis hin zum Naturalismus (v. a. H. Sudermann) und im Familienfilm bis ins 20. Jh. Bedeutsam war auch die mit dem R. verbundene Entwicklung des Theaterstils (F. L. Schröder als Theaterleiter in Hamburg). Natürlichkeit wurde in Sprechstil und Gesten angestrebt. Realist. Dekorationen, eine ungezwungene, ›regelfreie‹ Bewegungsregie sollte zu einem malerischen, gest. bewegten und gefühlsgesättigten Ausdrucksstil führen, wie ihn Diderot in seinem »Essai de la Poésie dramatique« forderte. Allmähl. jedoch führte das Ausweichen vor echten Konflikten, unzieml. Leidenschaften und Trieben zu einem theatral. Substanzverlust, zumal selbst klass. Tragödien wie »Othello« empfindsam verharmlosend adaptiert wurden. HR

Rundfunkkantate, auch: Funkkantate, Kantatenhörspiel; Spiel- und Sendeform, die je nach dem Vorherrschen musikal. oder sprachl. Mittel mehr unter musikal. Gesichtspunkten (K. Szuka, H. Ch. Kargel, »Schlesische Fastnacht«, 1932) oder unter sprachl.-literar. hören ist (H. Anders, »Polarkantate«, 1931). Ansatzweise bereits in den frühen Rundfunkprogrammen vorhanden, entfaltete sich die Form der R. über die »Singfabel« (1927–30) und erlebte ihren Höhepunkt Anfang der 30er Jahre. Gelungenstes Beispiel: B. Brecht, »Der Flug der Lindberghs«, 1929, Musik P. Hindemith und K. Weill. D

Rund-↗ Kanzone, ↗ Stollenstrophe, bei welcher am Schluss (Melodie-)Teile des Aufgesangs wiederholt werden; vgl. etwa das »Palästina-Lied« Walthers von der Vogelweide: Reimschema ab ab/cc **b**, Melodieschema αβ αβ/γδ β̲. S

Runen, f. Pl. [altnord. rūn, Sg.; ahd. rūna; Grundbedeutung: Geheimnis (vgl. raunen) ≙ gr. Mysterium; das nhd. Substantiv wurde im 17. Jh. aus dem Dän. entlehnt], german. Schriftzeichen, welche v. a. als Inschriften in feste Materialien (Stein, Holz, Horn, Metall, auf Steindenkmalen, auch als Felsritzungen, auf Waffen, Schmuck Münzen [Brakteaten]) geritzt wurden, (vgl. engl. write, eigentl. ritzen = schreiben); erst spät wurden R. vereinzelt zu literar. Aufzeichnungen auf Pergament verwendet (vgl. den Codex runicus um 1300 mit

Runen

ᚠ ᚢ ᚦ ᚨ ᚱ ᚲ ᚷ ᚹ ᚺ ᚾ ᛁ ᛃ ᛇ ᛈ ᛉ ᛊ ᛏ ᛒ ᛖ ᛗ ᛚ ᛜ ᛞ ᛟ
f u þ(th) a r k g w h n i j ï p z(R) s t b e m l ŋ(ng) d o

schonischen Gesetzen). Aus der Ritztechnik erklärt sich das charakterist. Fehlen von Rundungen. Die ältesten R.zeugnisse reichen bis ins 2. Jh. n. Chr. zurück (Lanzenblatt von Øvre Stabu, Nord-Norwegen); volkstüml. R. sind in Mittelschweden bis ins 19. Jh. im Gebrauch. Erhalten sind altnord., altengl., got., altsächs., altfries. und ahd. R.inschriften (insges. ca. 5000, davon 3000 in Schweden, 30 auf dt. Gebiet) zwischen Grönland im Westen, dem Ladoga-See (nördl. Leningrad) im Osten und Piräus (Griechenland) im Süden. Auf eine ältere, sog. gemeingerman. Reihe von 24 R.zeichen (wie im griech. Alphabet), gültig vom 2.–7. Jh. (etwa 200 Zeugnisse mit 16 Konsonanten, 6 Vokalen und 2 Halbvokalen) folgt vom 8. Jh. an eine jüngere, nordische Reihe von 16 Zeichen, die den sprachgeschichtl. Veränderungen des Altnordischen angepasst ist. Nach den ersten sechs Zeichen nennt man beide R.-Reihen *fuþark*. Die *Herkunft* der R. liegt im histor. Dunkel, das man mit verschiedenen Hypothesen aufzuhellen versuchte: Im 19. Jh. vertrat J. Liljegren (»Runlära«, 1832) die Meinung, die R. seien eine Urschöpfung der Germanen, die später durch das lat. Alphabet (das die west- und südgerm. Stämme nach der Christianisierung übernahmen) modifiziert wurden. L. F. Wimmer (1874) sah das Vorbild in der röm. Kapitalschrift, S. Bugge (1899) und O. v. Friesen (1906) in der griech. Minuskelschrift, K. Weinhold (1856) und C. J. Marstrander (1928) in einem nordetrusk. Alphabet. Keine der Theorien vermag alle mit Form, Reihenfolge und Auftreten der R. zusammenhängenden Fragen zu klären. Am wahrscheinlichsten ist, dass eine heim. Grundlage durch Einflüsse von außen modifiziert wurde. Der schon im Altnord. auftauchende Name rūna deutet ebenso auf *mag. Ursprung* wie die »Germania« des Tacitus, wenn (Kap. 10) mit notis, mit welchen Losstäbchen gekennzeichnet wurden, R. gemeint sind (was nahe liegt). R. sind also zunächst als *Begriffszeichen* verwendet worden, was auch durch Stellen in der altnord. Literatur (»Sigdrífumál«, »Atlamál«, »Völsungasaga«, Kap. 35) und die alten R.-Namen mit metaphor. Bedeutungen belegt wird. Die Initialen der R.namen ergeben die Lautwerte. *Runennamen (und ihr Symbolwert):* f = fehu: Vieh – Reichtum (vgl. lat. pecus, pecunia); u = ūruz: Ur, Auerochse – männl. Kraft; þ = altnord. þurisaz: Riese – schädl. Macht (altengl. þorn – Dorn, so der heute übl. Name dieses Zeichens, ≙ engl. th); a = ansuz: Ase – Gott; r = raidō: Ritt – Wagen; k = kenaz: Kien-(span), Fackel – Geschwür; weiter g = gebō: Gabe; w = wunjō: Wonne; h = haglaz: Hagel; n = naudiz: Not; i = īsaz: Eis; j = jēran: (gutes) Jahr; ï = īwaz: Eibe; p = perþo: ein Fruchtbaum; z(R) = algiz: Elch; s = sōwilō: Sonne; t = tīwaz: Tyr (der Himmelsgott); b = berkanen: Birkenreis; e = ehwaz: Pferd (vgl. lat. equus; m = mannaz: Mensch; l = laukaz: Lauch; ŋ = Ingwaz: Gott des fruchtbaren Jahres; d = dagaz: Tag; o = oþalan: Besitz. Die *Schriftrichtung* war frei; sie konnte rechtsläufig (dexiographisch), linksläufig und in Pflugwendeform (griech. bustrophedon) angelegt sein. Neben der regelmäßigen R. begegnen *Wende-R.* (stehen in umgekehrter Schreibrichtung, viele R. sind allerdings ihrer Gleichseitigkeit wegen richtungslos), *Sturz-R.* (stehen auf dem Kopf), *Stutz-R.* (mit verkürzten Zweigteilen), *Binde-R.* (Kombinationen mehrerer Zeichen) und *Geheim-R.* – R.-Ritzungen dienten anfangs v. a. mag.-kult. Zwecken, wohl auch R.-Reihen, vgl. z. B. den gotländ. Stein von Kylver, um 420 (vgl. auch Abecedarium Nordmannicum). Daneben gibt es Weihe-Inschriften (R.ring von Pietroassa, Walachei, 4. Jh.; Stein von Glavendrup, Dänemark, 10. Jh.), Gedenk-Inschriften (Gørlev-Stein, Seeland), Besitzvermerke (Spange I von Himlingøje, Seeland), Runenmeisterformeln (Spange von Bratsberg, um 500, Süd-Norwegen), weiter Beschwörungs-, Abwehr-, Segensformeln. Weitere *bemerkenswerte Zeugnisse* sind: Speerspitze von Kowel (West-Ukraine, 3. Jh.) – die Goldhörner von Gallehus (Nordschleswig, um 400), Inschrift: ek hlewagastir holtingar horna tawido (Herstellervermerk, zugleich ältester germ. Stabreimvers) – Bildstein von Möjbro (Schweden, um 400) – Bügelfibel von Nordendorf (b. Augsburg, Nennung dreier Götternamen) – Lanzenspitze von Wurmlingen (b. Tuttlingen): Inschrift Idorih (ältester Beleg für die 2.Lautverschiebung) – Stein von Rök (9. Jh.) mit der längsten bekannten R.-Inschrift: ältester schwed. dicht. Text (Theoderich-Sage) – Harald-Stein von Jelling, (10. Jh., von König Harald Blauzahn).

S

Runolied [finn. runo = Gedicht], auch: Runen-Lied, ep.-lyr. Volkslied der Finnen, dessen Tradition bis in die Mitte des 1. Jt.s n. Chr. zurückreicht und weder durch die Skandinavisierung (seit 1000) noch durch die Katholisierung Finnlands (seit 1150) wesentl. beeinträchtigt wurde. Es handelt sich um Zauberlieder, Beschwörungslieder, aitiolog. Ursprungslieder, die das archaische Weltbild des euras. Schamanismus erkennen lassen, um Jagdlieder, Hochzeits- und Klagegesänge und Balladen im sog. *Runenvers* (auch: *Runovers*), ein 4-heb. 8-Silbler mit trochä. Versgang (x́ x x́ x x́ x x́ x), der sich durch Alliteration und verschiedene Formen des End- und Binnenreims auszeichnet. Der Vers ist zugleich syntakt. Einheit. Zu seinen stilist. Merkmalen gehört v. a. der Parallelismus, meist mit Variation verbunden. Die mündl. überlieferten R.er wurden von Berufssängern zu einer stereotyp wiederkehrenden Melodie gesungen, begleitet von der 5-saitigen Kantele. Zum Vortrag gehörten jeweils zwei Sänger, die, einander gegenübersitzend, sich an einer Hand festhielten und sich dem antiphon. Vortrag des R.s entsprechend hin- und herzogen. Die Sammlung und Publikation der finn. R.er begann im 19. Jh. im Zuge der Romantik; bis heute sind ca. eineinhalb Millionen Verse veröffentlicht. Durch Kompilation einzelner R.er schuf E. Lönnrot 1849 sein insgesamt 50 Gesänge umfassendes Epos »Kalevala«. K

S

Sachbuch, Publikation, die neue Fakten und Erkenntnisse auf wissenschaftl., polit., sozialem, wirtschaftl., kulturellem und kulturhistor. Gebiet in meist populärer und leicht verständl. Form darbietet. Es steht einerseits im Ggs. zur ↗ Belletristik, andererseits zum wissenschaftl. ↗ Fachbuch. Es wendet sich nicht an den Spezialisten, sondern an den interessierten Laien. Zum S. im weiteren Sinne werden oft auch Lexika, Nachschlagewerke, Wörterbücher und sog. ›Prakt. Ratgeber‹ gerechnet. – Der *Begriff* ›S.‹ wird seit etwa 1930 v. a. in Volksbüchereien und im Verlagswesen verwendet, die *Publikationsart* ist jedoch alt: Sachschriften und sachbuchart. Information lassen sich schon im Altertum und MA. feststellen, z. B. bei Thukydides, Herodot oder dem »Buch der Natur« des Konrad von Megenberg (1349/50); sie erscheinen dann bes. seit dem 18. Jh., wo sie neben den ↗ moral. Wochenschriften dem Bildungsbedürfnis des emanzipierten Bürgertums entgegenkamen (z. B. Voltaires »Éléments de la philosophie de Newton«). Einen zweiten Höhepunkt erlebt das S. im 19. Jh., wo es ebenfalls zur Verbreitung der neuen, nun v. a. naturwissenschaftl. Erkenntnisse beitrug. Auch die vom Ende des 19. Jh.s bis nach 1920 in den Schulen verwendeten sog. Realienbücher gehören zur Gattung des S.s, ebenso die der Belletristik zuneigenden ↗ Reiseberichte (z. B. B. H. Bürgel, »Aus fernen Welten«, 1910). Als ein Markstein in der Geschichte des S.s gilt die als ›erstes richtiges S.‹ bez. Publikation v. H. E. Jacob, »Sage und Siegeszug des Kaffees« (1934). Einen ungeheuren Aufschwung erlebte das S. nach dem Zweiten Weltkrieg: nach dem Statist. Jahrbuch 1969 waren 80,5 % aller Buchtitel S.er. S.er, die zu ↗ Bestsellern wurden, sind z. B. C. W. Ceram, »Götter, Gräber und Gelehrte« (1949), W. Keller, »Und die Bibel hat doch recht« (1956), R. Pörtner, »Mit dem Fahrstuhl in die Römerzeit« (1959), K. Lorenz, »Das sog. Böse« (1963), H.-E. Richter, »Die Gruppe« (1972), H. Gruhl, »Ein Planet wird geplündert« (1975), F. Vester, »Phänomen Streß« (1976), N. Calder, »Das Geheimnis der Planeten« (1981). – Obwohl das Fernsehen in der Vermittlung von Wissen auf allen Gebieten eine wicht. Rolle spielt, hat es das S. eher noch gefördert als zurückgedrängt, da es diesem oft durch Parallelsendungen in die Hand arbeitet. OB

Sächsische Komödie, Bez. für die aufklärer., satir.-moralkrit. Komödie aus dem Umkreis J. Ch. Gottscheds (Leipzig, Sachsen), auch ›Verlach-Komödie‹ (B. Markwardt). Sie entstand im Rahmen seiner Theaterreform und entspricht zumeist der Komödientheorie der »Crit. Dichtkunst« (1730, bes. ^{3}1742), die in scharfem Ggs. zur damals verbreiteten extemporierenden, in Sprache und Handlung derben ↗ Hanswurstiade entwickelt wurde. Vorbild für die s. K. ist die frz., regelmäß. gebaute, literar. ausgeformte Gesellschaftskomödie (v. a. Ph. N. Destouches), die in zeitgenöss., dt. bürgerl., ›ehrbare‹ Wirklichkeit umgesetzt wird (›Ehrbarkeitsklausel‹); kennzeichnend sind ferner die satir. Gegenüberstellung von tugendhaftem und – zu verlachendem – lasterhaftem Verhalten (wobei die rationale Einsichtsfähigkeit des Zuschauers vorausgesetzt wird), eine natürl. Umgangssprache (Prosa) und die Vermeidung von Sprachkomik zugunsten lächerl. Handlungen. Vertreter sind v. a. Gottscheds Frau Luise Adelgunde Gottsched (»Die Pietisterey im Fischbein-Rocke«, 1736, »Die ungleiche Heirat«, 1743 u. a.), J. E.

Schlegel (»Der geschäfftige Müßiggänger«, 1741, »Die stumme Schönheit«, 1747); J. Ch. Krüger (»Die Geistlichen auf dem Lande«, 1743 u. a.), G. E. Lessing (»Der junge Gelehrte«, 1748), ferner G. A. Uhlich, H. Borkenstein, Th. J. Quistorp, G. Fuchs, u. z. T. Ch. F. Gellert (»Die Betschwester«, 1745), der dann zum Repräsentanten des nicht mehr satir., vielm. empfindsamen ↗ weinerl. Lustspiels wird. Die s. K. wurde auf dem Theater realisiert durch die Theatertruppe der Caroline Neuber (Verbannung des ↗ Hanswurst 1737); nach deren Wegzug aus Sachsen veröffentlichte Gottsched die s.n K.n in der »Dt. Schaubühne nach den Regeln und Exempeln der Alten« (6 Bde., 1741–45). – Literarhistor. bedeutsam ist die s. K. als früheste bürgerl. Ausprägung der Gattung ↗ Komödie (vgl. ↗ weinerl. Lustspiel, ↗ Rührstück), die das Interesse der sich im 18. Jh. konsolidierenden zukünft. kulturtragenden (bürgerl.) Schicht gewinnen konnte. IS

Sacra rappresentazi̯one, f. [it. = heilige Darstellung], spätmal. italien. Sonderform des ↗ geistl. Spiels: relig. musiktheatral. Darbietung, gepflegt seit dem 15. Jh. v. a. in Florenz, aber auch in anderen italien. Städten und am Wiener Hof (hier in der Karwoche sogar bis ins 18. Jh. hinein). – Die S. r. ist eine komplexe Mischform, in der sich Bräuche alter Volksfrömmigkeit, umbr. Liedgut, hochsprachl. Dichtung, kirchl. und weltl. Musiktradition mit einer ausgebildeten Theaterkunst zu einer theatral.-religiösen Feier verbanden. Zu bestimmten Anlässen wurden auf einer Simultanbühne mit Kulissen, reichen Theatermaschinen, prunkvollen Kostümen, zahlreichen Darstellern (aus den sog. *confraternita*, ↗ Passionsbruderschaften) Episoden aus der bibl. Geschichte und Heiligenlegende zur Darstellung gebracht. Über das geistl. Geschehen wurde (oft zu ↗ lebenden Bildern) in Versen orator. berichtet; die weltl. Episoden, die als zwischengeschaltete ↗ Intermezzi den geistl. Text unterbrachen und als Vorläufer der italien. Komödie gelten, dagegen dramat.-komödiant. dargestellt. – Etwa 100 relativ kurze Texte (bis zu 1000 Versen) sind überliefert; sie lassen auf instrumentale Begleitung für Tanz und Gesang schließen. Am berühmtesten ist die »R. di S. Giovanni e Paolo« des Lorenzo de Medici. Das Humanistendrama verdrängte die S. r. in die Klöster, sofern sie nicht im Rahmen lokaler Bräuche konserviert wurden (z. B. in Wien). E. de Cavalieri griff in der »R. di Anima e di Corpo« (Rom 1600) noch auf die alte Form und ihre rezitativ. Möglichkeiten zurück, als die Entwicklung mit J. Peri, O. Vecchi und C. Monteverdi bereits einer neuen Form des Musikdramas und schließl. der Oper zustrebte. HR

Saga, f., Pl. sögur, dt. Sagas [altnord. = Bericht, Erzählung, Geschichte (auch im Sinne von Historie)], Sammelbegriff für die altnord., insbes. isländ. *Prosaerzählungen* des MA.s, deren Anfänge (nach neuester Erkenntnis) in das 12. Jh. fallen und deren Grundbestand (von einzelnen Nachzüglern abgesehen) im 14. Jh. abgeschlossen war. Es handelt sich nicht um eine fest umrissene literar. Gattung; die Bez. S. deckt vielmehr eine Fülle ep. Formen ab – von der fiktionalen Erzählung (Kurzgeschichte [*smásaga*] oder umfangreichem Roman [*skáldsaga*]) bis zur histor. Biographie (*æfisaga*), monograph. Geschichtsdarstellung und Weltchronik, vom Märchen bis zur realist. Erzählung. – In traditioneller Weise werden die S.s nach ihren Inhalten geordnet. Dabei kann noch unterschieden werden zwischen *S.s im engeren Sinne*, d. h. solchen Erzählwerken, die genuin skandinav. sind (von ganz wenigen Ausnahmen abgesehen durchweg in Island entstanden) und weder auf kirchl.-lat. noch auf antike, roman. oder dt. Epik als stoffl. Vorlagen zurückgreifen, und *S.s im weiteren Sinne*: dazu rechnet man die zahlreichen Übersetzungen und Nacherzählungen geistl. oder höf. Epik west- und mitteleurop. Ursprungs bzw. antiker Literaturwerke. Zur *S.literatur im engeren Sinne* gehören:
1. Die *Konunga sögur* (»Königssagas«). Diese Gruppe umfasst histor. Schriftwerke zur norweg. und dän. Königsgeschichte, zur Geschichte der Orkaden (auf den Orkneyinseln) und zur Geschichte der Färöer; gelegentl. werden auch Werke zur isländ. Geschichte der

Landnahmezeit (so die »Íslendingabók« des Ari þorgilsson und die »Landnámabók« in ihren verschiedenen Bearbeitungen) hierher gezählt. Die Konunga sögur stellen die älteste Gruppe der S.s dar; ihre Tradition setzt bereits in der Mitte des 12. Jh.s ein und reicht bis ca. 1280. Als Quellen gelten Berichte und Darstellungen von Augenzeugen (teilweise auch in Form schriftl. Quellen), die genealog. und annalist. Überlieferung durch die fróðir menn (= die Geschichts- und Genealogiekundigen), Skaldendichtung und (fragwürdig) mündl. Prosaüberlieferung. Ihre Verfasser sind, im Gegensatz zu anderen Zweigen der S.literatur, teilweise namentl. bekannt. Zu den bedeutendsten Vertretern gehören Snorri Sturluson (u. a. »Heimskringla«, 1220/30, eine norweg. Königsgeschichte, deren einleitender Teil, die »Ynglinga saga«, auch schwed. Königsgeschichte referiert) und Sturla þorðarson (Hákonar saga, nach 1263 und Magnús[s] saga, 1278). Die Konunga sögur sind, von Einzelüberlieferungen abgesehen, in umfangreichen Sammelhss. überliefert, die teilweise erst aus dem 14. und 15. Jh. stammen, darunter die Slg. Morkinskinna (13. Jh.), der Eirspennill (14. Jh.), die Frísbók, die Hauksbók und, als umfangreichste, die Flateyarbók.

2. *Íslendinga sögur* (»Isländersagas«), die literar. bedeutendste Gruppe von S.s, die auch lange Zeit fast ausschließl. im Mittelpunkt der S.forschung stand, so dass die Bez. S. teilweise fast synonym mit Íslendinga saga gebraucht wurde. Zu dieser Gruppe gehören insgesamt 36 kleinere und größere Prosaerzählungen aus der Zeit um ca. 1200 (ihre Tradition ist also jünger als die der Konunga saga!) bis zum Ausgang des 14. Jh.s. Die Stoffe (nach neuerer Erkenntnis größtenteils fiktiv) behandeln Geschehnisse der isländ. Landnahmezeit. Wichtigste Typen sind die romanartige Biographie (bes. beliebt ist dabei der Typus der Skaldens.) und der breit ausgeführte isländ. Familienroman (ættarsaga). Während die ältere, namentl. dt. Forschung (bedeutendster Vertreter: A. Heusler) in den überlieferten Íslendinga sögur nur den späten literar. Reflex einer langen mündl. Erzähltradition sah, die teilweise bis ins 9. Jh. zurückreichen und ein Stück altgerm.

Prosakunst darstellen sollte (»Erbprosatheorie«), neigt die jüngere Forschung, an ihrer Spitze die »isländ. Schule« S. Norðals (deutscher Vertreter: W. Baetge), dazu, die Íslendinga sögur als individuelle Kunstwerke aufzufassen, deren älteste Vertreter frühestens in die Zeit kurz nach 1200 fallen (»Buchprosatheorie«). Die Íslendinga sögur gelten damit nicht mehr als Zeugnisse eines (von der Forschung idealisierten) germ. Altertums, sondern als literar. Leistung des skandinav. Hoch-MA.s, als unter den besonderen histor. und gesellschaftl. Bedingungen Skandinaviens und v. a. Islands entstandenes Gegenstück zur höf. Epik West- und Mitteleuropas. Wichtige Íslendinga sögur sind die »Egils saga«, die »Gísla saga«, die »Laxdœla saga«, die Hœnsabóris saga«, die »Hrafnkels saga Freysgoða«, die »Niáls saga« und die »Grettis saga«. Die umfangreichen Íslendinga sögur sind größtenteils in Einzelhss. überliefert; die bedeutendste Sammelhs. ist die Möðruvallabók des 14. Jh.s.

3. Die *Sturlunga saga*, eine Kompilation einzelner älterer (nicht erhaltener) Werke zur isländ. Zeitgeschichte des 12. und 13. Jh.s, entstanden in der Zeit um 1300. Ihr Kernstück ist die Íslendinga saga« des Sturla þorðarson, die den Zeitraum von 1183 bis 1255, die sog. Sturlunga öld (das ›Sturlungenzeitalter‹) Islands, benannt nach dem einflussreichen Geschlecht der Sturlungen, umfasst. Sie ist in zwei großen Sammelhss. überliefert (Króksfiarðarbók, 14. Jh.; Reykiarfiarðarbók, um 1400).

4. *Byskupa sögur* (»Bischofssagas«), Darstellungen der Geschichte der isländ. Kirche seit der Christianisierung Islands (im Jahre 1000) und ihrer Bischöfe. Die Werke haben teilweise hagiograph. Charakter, z. B. die »Ións saga Helga« und die »þorlaks saga«, als ältesten Byskupa sögur, die Vita der ersten Heiligen Islands, der Bischöfe Ión Ögmundarson von Hólar (1106–21) und þorlakr þórhallsson von Skálholt (1178–93) erzählen. Größere Zeiträume behandeln die »Kristni saga« des Sturla þorðarson (von der Christianisierung Islands bis 1118) und die »Hungrvaka« (Mitte des 11. Jh.s bis 1176).

5. *Fornaldar sögur* (»Vorzeitsagas«). Diese umfangreiche Gruppe von S.s gestaltet Stoffe aus

Saga

der Heldensage südgerm. Herkunft (z. B. die »Völsunga saga« mit dem Nibelungenstoff), aber auch skandinav. Ursprungs (»Hrólfs saga Kraka«) und sagenhafte Überlieferung aus der Wikingerzeit (z. B. die »Ragnars saga Loðbrókar« und die »Ásmundar saga Kappabanna«); z. T. erfindet sie auch ihre Gegenstände nach dem Muster der Helden- und Wikingersage (↗ Fornaldarsaga). Zur S.literatur im weiteren Sinne gehören
6. *Riddara sögur* (»Rittersagas«), Prosaübersetzungen und -bearbeitungen westeurop., v. a. frz. und anglonormann. Epik, darunter, zieml. am Anfang der S.dichtung überhaupt stehend, die »Tristrams saga« von Bruder Robert (1226), weiter die »Ívenz saga«, die »Parcevals saga«, die »Erex saga«, die »Flóres saga ok Blankiflúr« und die »Karla Magnús(s) saga«,
7. *Lygisögur* (»Lügengeschichten, Märchen«) als isländ. Neuschöpfungen nach dem Muster der Riddara (und Fornaldar) sögur (mit Verarbeitung internationaler Märchenstoffe),
8. die Heldensagenkompilation der *þiðreks saga*, eine Bearbeitung dt. Heldendichtungen, abgefasst um 1250 in Bergen unter der Regierungszeit des Königs Hákon Hákonarson (wird gelegentl. auch zu den Fornaldar sögur gerechnet),
9. auf lat. Quellen zurückgehende *histor. und pseudo-histor. Übersetzungsliteratur,* darunter die »Veraldar saga« (eine Weltchronik), die »Rómveria saga« (röm. Geschichte nach Sallust und Lukan), die »Breta saga« (nach Geoffrey of Monmouth), die »Trójumanna saga« (Troja-Roman) und die »Alexanders saga« (Alexanderroman), und
10. *hagiograph. Literatur,* unterteilt in Maríu sögur (»Marienlegenden«), Postola sögur (»Apostelsagas«) und Heilagra manna sögur (»Heiligenlegenden«), darunter eine »Barlaams saga ok Josaphats« und eine »Gregorius saga«. – Die neuere Forschung hat diese traditionelle Einteilung der S.literatur durch andere Gliederungen zu ersetzen versucht. Teilweise durchgesetzt hat sich dabei die Gliederung durch S. Norðal; er unterscheidet »Gegenwartssagas«, Darstellungen von Zeitgeschichte wie die jüngeren Konunga Sögur, die Byskupa sögur und die Sturlunga saga, »Vergangenheitssagas«, die im engeren Sinne histor. oder in die geschichtl. Zeit verlegte S.literatur, also die Mehrzahl der Konunga sögur und die Masse der Íslendinga sögur, und »Vorzeitsagas«, d. h. S.literatur, die in hero. Vorzeit, in pseudohistor. Zeit und in Märchenzeit angesiedelt ist. – Von literar. Wirksamkeit im 19. und 20. Jh. waren v. a. die Íslendinga sögur. Sie haben themat. und stilist. (↗ Ságastil) insbes. den skandinav. histor. Roman seit der Romantik maßgebl. beeinflusst (S. Undset, H. Laxness). Sie stehen auch als Muster hinter zahlreichen modernen Familienromanen (z. B. Galsworthy, »Forsyte Saga«). K

Sagastil, der Stil der Isländer-↗ Saga. – Merkmale sind eine gehobene aber dennoch natürl. Alltagsprosa und die äußerste Knappheit und Präzision der Darstellung, verbunden mit Objektivität und Realismus. Dargestellt werden nur bedeutungsvolle und folgenschwere Höhepunkte eines Geschehnisablaufs mit den Mitteln des *doppelseitigen* Erzählens, d. h. objektiv referierende Abschnitte wechseln mit anderen ab, in denen das Geschehen nur im Dialog der Handelnden greifbar wird. Das Subjekt des Erzählers tritt hinter dem Erzählten völlig zurück; weder werden die Figuren der Handlung direkt charakterisiert, noch wird das Geschehen kommentiert. Auch Zustandsschilderungen fehlen. Die Handlungsstruktur wird durch das Gesetz der Dreizahl (mit steigernder Funktion) und des Gegensatzes (mit kontrastierender Funktion) geprägt. In der mod. Literatur als bewusstes Stilmittel insbes. in ↗ histor. Romanen und Erzählungen angewandt. K

Sage, f., bis ins 18. Jh. Synonym für Bericht, Erzählung, Kunde, Gerücht, seit den »Dt. Sagen« der Brüder Grimm (2 Bde. 1816–18) eingeengt (als Sammelbegriff) auf volkstüml., knappe Erzählungen, die bestimmte Örtlichkeiten, Personen, Ereignisse, (Natur-)Erscheinungen usw. meist mit mag., numinosen oder myth. Elementen verknüpfen, gleichwohl aber Anspruch auf Glaubwürdigkeit erheben. S.n schöpfen damit aus demselben Stoffbereich (Hexen, Zwerge, Riesen usw.) und Motivschatz

(Erlösungsmotiv u. a.) wie das ↗ Märchen, sind auch wie dieses anonym und kollektiv mündl. tradiert; unterscheiden sich aber von ihm durch genaue Lokalisierung und Datierung, d. h. durch höheren Realitätsanspruch (wobei die Fixierung des Übernatürlichen an real Vertrautes als Wahrheitsbeweis gilt), ferner durch die strenge Scheidung von numinos-jenseitiger und diesseitiger Welt. Die *Entstehung* von S.n setzt eine orale Erzähltradition voraus; Anlässe zur S.nentstehung werden (nach Bausinger) gesehen in ›subjektiver Wahrnehmung‹ (d. h. in Icherzählungen von selbsterlebten, außergewöhnl. Begegnungen, sog. *Memoraten*), in ›objektivem Geschehen‹ (Ereignisse der Regional- oder Lokalgeschichte, Naturkatastrophen), die mit normaler Realitätserfahrung nicht erklärbar sind, ferner in ›gegenständl. Realität‹ (d. h. in seltsamen Namen, Felsbildungen usw., sog. »Objektivationen«). Diese singulären Geschehnisse oder Gegebenheiten werden mit traditionell vorgegebenen zaubr.-myth. Erklärungsmustern gedeutet und damit in allgemeinere Sinnzusammenhänge eingegliedert und durch den narrativen Prozess überformt, erweitert, stilisiert, vom Memorat zum *Fabulat*, der S., verfestigt. S.n spiegeln somit den jeweil. Stand volkstüml. Glaubensvorstellungen wider, besitzen daher auch religions- und sozialgeschichtl. Aussagewert. – Ganz auf den Inhalt gerichtet, sind S.n sprachl. und stilist. anspruchslos, einepisodisch, oft skizzenhaft und mundartl. gefärbt, sind ↗ einfache Formen. Erst der Schwund der Glaubensbindung, der die S. zur Unterhaltung (Gruselgeschichte) macht, bedingt (nach Röhrich) eine bewusstere Formgestaltung, einen eigenen Gattungsstil. – Die neuere S.*nforschung* hat umfangreiche Sammlungen und S. nkataloge erstellt. Sie interpretiert die sehr vielfält. und heterogenen S.nstoffe, -gestalten und -motive unter kulturhistor., morpholog., stoff- und motivgeschichtl. Aspekten und untersucht ihre Überlieferung, Verbreitung und Entwicklung mit histor.-geograph. Methoden. Man unterscheidet:
1. nach ihrer Verbreitung *Wander-S.n* (deren Motive sich dann aber jeweils lokalen Gegebenheiten anpassen, sog. Milieudominanz) und *Lokal-S.n*;
2. nach Stoff und Struktur *myth.-dämon. S.n* und *histor. S.n* (über Personen und Ereignisse),
3. nach Inhalten *Toten-, Riesen-, Hexen-, Teufels-S.n* usw.;
4. nach funktionalen Elementen *aitiolog.* oder *Erklärungs-S.n* und *Erlebnis-S.n* (Warnungen vor Orten, vor bestimmten Verhaltensweisen u. a.);
5. nach modalen Aspekten *Schwank-S.n, Zeitungs-S.n.* – Von diesen *Volks-S.n* sind die nur in literar. Kunstform fassbaren altnord. ↗ Sagas (Sögur) und die ↗ Heldensagen (die als Stoffe der ↗ Heldendichtung ebenfalls nur literar. greifbar sind) zu unterscheiden. Vgl. auch ↗ Brautwerbungssagen. S

Sagvers, Bez. E. Sievers für einen von ihm vermuteten zweiten Typus des germ. Verses neben dem ↗ Stabreimvers. Er glaubte ihn mit Hilfe der Rutz-Sievers'schen Schallanalyse in verschiedenen altnord., altengl., altfries. und ahd. Sprachdenkmälern nachweisen zu können, die heute (wie auch vor Sievers) meist als rhetor. überhöhte Prosadenkmäler gelten oder der Tradition des Stabreimverses zugerechnet werden. Nach Sievers sind S.e Verse von wechselnder Länge (2–4 Hebungen), die durch weitgehende Freiheit der Versfüllung, der Zeilengruppierung und durch den freien Gebrauch der ↗ Alliteration charakterisiert sind. S.dichtung (auch *Sagdichtung*) liegt nach Sievers vor in der altnord. Gesetzesliteratur (Upplandslagh, Västgötalagh, Gutalagh usw.), Grágás mit den Tryggdamál usw.), in der altnord. Memorialdichtung (Gutasaga, Teile der Gylfaginning und der Skáldskaparmál des Snorri Sturluson, Eyrbyggiasaga usw.), in den fries. Landrechten, in der angelsächs. Prosa (angelsächs. Königsgesetze, Peterborough Chronicle, Aelfric) und in Teilen der Merseburger Zaubersprüche und des ahd. Hildebrandsliedes. K

Sainẹte, n. [span. = Leckerbissen], im span. Theater knapper, meist schwankhaft-realist. Einakter von brillantem Sprachwitz, mit musikal. u. tänzer. Einlagen, instrumental begleitet von wenigen Musikern; löste Ende des 17. Jh.s den ↗ Entremés als ↗ Zwischen- und ↗ Nach-

Sainete

spiel ab, verselbständigte sich schließl. vom Rahmenstück und wurde im 18. Jh. von Ramón de la Cruz zum selbständ. Typus des span. ↗ Volksstücks entwickelt. Als atmosphär.-heitere oder burleske, satir.-krit. Skizze aus dem Madrider Volksleben, ohne eigentl. Handlung, aber mit volkstüml., lebensechten Typen, wurde das S. zu einer der beliebtesten dramat. Gattungen. Meister des S. war im 18. Jh. Ramón de la Cruz (»El Manolo«, 1784, »La Petra y la Juana«, 1791), neben zahllosen anonymen Autoren und Komponisten. – In volkstüml. Kleinformen wie dem S. bewahrte das span. Theater über die klassizist. Formen der Aufklärung hinweg seine spezif. Möglichkeiten und erblühte im letzten Drittel des 19. Jh.s neu innerhalb des ↗ género chico als dessen Hauptgattung. Wichtigste Autoren dieser zweiten Blütezeit um die Jh.wende waren J. u. S. Álvarez Quintero und C. Arniches y Barrera. Dem S. kam hohe Bedeutung als populäres sozialkrit. Medium zu; es wurde in den 20er Jahren durch Operette und Varieté verdrängt. – Eine Sonderrolle spielten die katalan. S.s des 19. Jh.s, scharfe polit.-soziale Satiren, v. a. von F. Soler i Hubert, die zugleich das Katalan. als Theatersprache etablierten.   HR

Salon, m. [frz. aus it. salone = großer Saal, Festsaal], Bez. für ein großes Empfangszimmer einer Dame der Gesellschaft und zugleich für die darin regelmäßig stattfindenden gesell. Zus.künfte eines intellektuellen Zirkels (Künstler, Schriftsteller, Politiker, Gelehrte). – Die ersten S.s dieser Art wurden in Frankreich seit der 2. Hä. d. 16. Jh.s eröffnet (z. B. S. der Louise Labé in Lyon, vgl. ↗ École lyonnaise), jedoch erst im 17. Jh. (nach den Religionskriegen) und seit der Entwicklung der Stadt Paris zum polit. u. geist. Zentrum) entstanden die berühmten frz. S.s. Ihre *Bedeutung* lag zunächst in der Entfaltung und Pflege verfeinerter gesell. Kultur, insbes. der Kunst der zwanglosen Konversation, dann v. a. in der krit. Diskussion u. Analyse und in der Fixierung ästhet. Maßstäbe. S.s wurden immer wieder zu Keimzellen polit., wissenschaftl. u. literar. Entwicklungen: so als berühmtester der *S. der Marquise C. de Rambouillet* (auch: Hôtel Rambouillet), in dem sich zw. 1613 und 1650 viele der einflussreichsten Geister der Zeit begegneten (u. a. F. de Malherbe, Richelieu, J. Chapelain, V. Conrart, C. F. de Vaugelas, P. Corneille, J.-L. Balzac, J. R. de Segrais, J. Mairet, V. Voiture). Hier wurde das Stilideal der *Préciosité* (vgl. ↗ preziöse Lit.) gepflegt, insbes. auch von einem Kreis gebildeter Frauen (den sog. ›Précieuses‹), von denen einige auch eigene S.s (z. T. mit denselben Gästen) unterhielten, so Mme M. de Scudéry, Marquise M. de Sablé (als Gast u. a. La Rochefoucauld, vgl. ↗ Moralisten), Marquise M. de Sévigné, Mme M. M. de La Fayette (G. Ménage, Kardinal Retz, P. D. Huet, J. B. Bossuet). In der 2. Hälfte des 17. Jh.s waren bedeutend die S.s der Marquise M. La Sablière (neben zahlreichen Wissenschaftlern v. a. La Fontaine) und der Ninon de Lenclos (u. a. P. Scarron, Molière). *Im 18. Jh.* wurde im S. der Mme A.-Th. de Lambert u. a. die berühmte ›Querelle des anciens et des modernes‹ diskutiert. Treffpunkte bes. der Aufklärer waren die S.s der Marquise C. A. de Tencin, der Marquise M. Du Deffand (neben Voltaire u. a. auch die Engländer E. Gibbon, D. Hume, H. Walpole), der Julie de Lespinasse, der Mme M. Th. Geoffrin und Mme. L. F. Épinay (u. a. B. de Fontenelle, Ch.-L. de Montesquieu, P. C. de Marivaux, J. F. Marmontel, d'Alembert, D. Diderot, J. J. Rousseau). Die maßgebl. Politiker der Revolution verkehrten im S. der Mme M. Roland de la Platière; im S. der Mme J.-F. Récamier trafen sich später die Gegner Napoleons (Mme de Staël, B. de Constant, F. R. de Chateaubriand). Die bedeutendsten *S.s des 19. Jh.s* sind die apolit. S. der Prinzessin Mathilde (Nichte Nap. I.; u. a. G. Flaubert, die Brüder Goncourt, P. Mérimée, J.-M. Heredia, Ch. A. de Sainte-Beuve, E. Renan) und der Marquise M. C. S. d'Agoult (H. F. R. de Lamennais, G. Rossini, G. Meyerbeer, A.-M. de Lamartine, H. Heine, F. Chopin, F. Liszt, R. Wagner, G. Herwegh, F. Lewald) und um 1900 der S. von A.-E. Noailles (M. Barrès, M. Proust, F. Jammes, des Colette und J. Cocteau). *In Deutschland* verhinderte das Fehlen eines kulturell-geist. Zentrums die Ausbildung einer ähnl. S.kultur. Versuche machten in Jena Karoline Schlegel (1796–1800; Frühromantiker) in

Berlin Henriette Herz (1780–1803: F. Schleiermacher, F. Schlegel, W. und A. von Humboldt) und Rahel Varnhagen von Ense (1790–1806: W. u. A. von Humboldt, F. v. Gentz, F. Schleiermacher, Jean Paul, L. Tieck, A. Müller; 1820–33: Bettina von Arnim, H. Heine, H. v. Pückler-Muskau, G. W. F. Hegel, L. v. Ranke u. a.), in Weimar Johanna Schopenhauer (1806–13: Ch. M. Wieland, Goethe u. a.), in Wien Karoline Pichler (bis 1843: Vertreter des Biedermeier). In Berlin trafen sich im S. Fanny Lewalds seit 1845 die Kräfte des Liberalismus, im S. von F. Dunckcr und scincr Frau Lisa die Wegbereiter der Sozialreformen der 80er Jahre des 19. Jh.s. In dieser Zeit lösten aber immer mehr programmat. ausgerichtete polit. und literar. Gesellschaften, Dichterkreise u. Ä. die von Frauen initiierten kulturell-gesell. S.s ab.
IS

Salonstück, ⁊ Konversations- oder ⁊ Boulevardkomödie, auch Gesellschaftsstück, sofern sie im Kreise der ›führenden‹ Gesellschaft spielen. Das S. entstand in England und Frankreich im 17. Jh. im Rahmen der ⁊ *comedy of manners* bzw. der *comédie de moeurs* und entwickelte sich dort im 18. und 19. Jh. zu einem getreuen Spiegel der jeweils tonangebenden Gesellschaftsschicht, die sich in den dargestellten Personen wiedererkennen, manchmal sogar ihren geistreichen Konversationston, die ›richtigen‹ Manieren und Toiletten, die Moden und Sitten ihrer eigenen ⁊ Salons von der Bühne abnehmen konnte. Da sich eine großbürgerl. Gesellschaft in Deutschland erst im 19. Jh. konsolidierte, war ein dt. S. erst in dieser Zeit möglich und bot dann zumeist eine Imitation von Pariser Vorbildern. S.e verfassten A. Dumas d. J., É. Augier, V. Sardou oder J. Galsworthy, O. Wilde, später S. Guitry, J. B. Priestley oder G. B. Shaw. Dt. Vertreter sind E. von Bauernfeld, P. Lindau, O. Blumenthal, H. Laube; die besten dt. S.e schrieben A. Schnitzler, H. Bahr und H. von Hofmannsthal (»Der Schwierige«, 1921). Zentren waren Wien (wo H. Laube ab 1850 das Burgtheater dem frz. S. und seinen dt. Nachfolgern öffnete) und Berlin. Das S. ist heute ebenso histor. wie der gesellschaftl. Salon, doch hat die Boulevardkomödie häufig den Ehrgeiz, einen Lebensstil der ›beautiful people‹ an dessen Stelle zu sezten.
HR

Salut d'amour, m. [sa'lyda'mur; frz. = Liebesgruß, auch: Minnesalut], Gattung der provenzal.-altfranz. Lyrik: ⁊ Minnebrief in Versen; Bez. nach der feststehenden Einleitungsformel ›Salut‹; meist dreiteil. Aufbau (Einleitung, Liebesgeständnis und Preis der Dame, Schlussformel) mit ausgesprochenem Briefcharakter: der Absender nennt sich häufig, die Niederschrift wird wic cin Bricf gcfaltct, scltcner auch Datumsangabe; einzige nicht gesungene Gattung der Trobador-Lyrik. – Erhalten sind 19 prov. Beispiele, meist in 8-Silbern, davon werden mindestens 5 dem Trobador Arnaud de Mareuil (2. Hä. 12. Jh.) zugeschrieben, der als Schöpfer der Gattung gilt. – Die Nachahmungen der nordfrz. Trouvères sind z. T. strophisch gegliedert, oft mit Refrains. Dieser eigenständ. Typus wird z. T. auch als ›Complainte d'amour‹ bez.
IS

Samisdat, m. [russ. samoizdatel'stvo = Selbstverlag], eigentl. S.-*Literatur*, Schriften, die in der Sowjetunion zur Publikation nicht zugelassen sind (⁊ Zensur) und illegal als Abschriften (mit der Hand oder Typoskript) oder Photokopien (im ›Selbstverlag‹) in Umlauf gebracht werden; einzige Publikationsmöglichkeit für ideologie- u. gesellschaftskrit. Werke, Prozessberichte u. Ä., aber auch für poet. Werke missliebiger (oft verfolgter) Schriftsteller (O. Mandelštam, A. Achmatova, B. Pasternak, A. I. Solschenizyn, A. A. Amalrik u. a.) und sogar Zeitschriften (erste im S. erschienene Zeitschrift, die in den Westen gelangte: »Sintaksis«, 5 Nrn., Leningrad/Moskau 1959/60; enthielt als nihilist.-pessimist. denunzierte Verse). Als *Tamisdat-Literatur* wird (verbotene) *westl.* Literatur bez., die auf dieselbe Weise illegal verbreitet wird.
S

Sammelhandschrift, Sammelcodex, antike und mal. Überlieferungsform, bei der in einer ⁊ Handschrift die Werke verschiedener Dichter gesammelt sind, oft auf bestimmte Gattungen beschränkt (z. B. S.en mhd. Lyrik wie

Sammelhandschrift

die Große Heidelberger ↗ Liederhandschrift um 1300, welche die Texte von rund 140 mhd. Dichtern vereinigt, oder Epen-S.en wie der St. Galler Codex Ms 857, 2. Hä. 13. Jh., der das »Nibelungenlied«, Wolframs »Parzival« und »Willehalm«und Strickers »Karl« enthält). Daneben finden sich S.en mit Texten bestimmter Sachgebiete wie Predigten, Arzneibüchern usw. oder auch gemischte S.en wie das berühmte Hausbuch des Würzburger Protonotars Michael de Leone (um 1350), das sowohl Lyrisches (Reinmar, Walter von der Vogelweide, Frauenlob) als auch Episch-Didaktisches (Hugo von Trimberg, »Renner«), Gnomisches (Freidank) und prakt. Gebrauchsschriften (ein Kochbuch, eine Gesundheitslehre u.a.) umfasst. – Auftraggeber und Schreiber der S.en sind vor dem 15. Jh. selten bekannt (eine Ausnahme als Auftraggeber ist Michael de Leone). Sie sind sowohl in höf. Kreisen als auch im städt. Patriziat oder in Klöstern zu vermuten. Von den konzeptional als Sammlungen angelegten S.en sind solche zu unterscheiden, die erst *nachträgl.* durch Zusammenbinden vorher getrennter Handschriften-Faszikel entstanden (sog. *Handschriftenkonvolute*), wie z.B. die Vorauer Hs. Nr. XI, bei der die »Gesta Friderici« Ottos von Freising erst später angebunden wurden. Weiter werden unterschieden: a) sprachl. Mischhandschriften mit Texten in verschiedenen Sprachen (z.B. die Paraphrase des »Hohen Liedes« Willirams von Ebersberg: frühmhd. u. lat.); b) formale Mischhandschriften mit Texten verschiedener Gattungen (z.B. die Ried'sche Handschrift, Bln. ms. germ. fol. 1062: enthält neben ep. Texten wie Hartmanns »Iwein«, Strickers »Pfaffe Amis«, »Dietrichs Flucht« und die »Rabenschlacht« auch Lieder Neidharts). S

Sangspruchdichtung, ↗ Spruchdichtung.

Sapphische Strophe, ↗ Odenmaße.

Satanismus, im allgemeinen *Verständnis* synonym mit ›Diabolismus‹ gebrauchte Bez. für die Verehrung und Verherrlichung eines widergöttl. Prinzips, oft verknüpft mit Praktiken der Alchimie und der schwarzen Magie. Diese Art von S. taucht seit dem 12. Jh. v. Chr. als Dämonenkult auf und ist in verschiedenen ethn. Gruppen und histor. Epochen nachweisbar. Im MA. werden dann von der christl. Amtskirche häret. Bewegungen wie die Manichäer, Bogumilen oder Albigenser als ›Satanisten‹ in Acht getan. Im 16. Jh. bezeichnet der Londoner Bischof John Aylmer die Atheisten schlechthin als ›Satanisten‹. *Höhepunkte* des S., der blasphem. christl. Zeremonien und Kultformen in sog. Schwarzen Messen oder im Hexensabbat karikiert, finden sich in der Regierungszeit Ludwigs XIV. und in den Satanistenvereinigungen des 19. Jh.s. Als bekannte moderne Satanisten gelten Gerald Gardner und Aleister Crowley. Über solche Einzelaspekte hinaus wird noch in heutiger christl. Lehre und Verkündigung unter S. alles nur denkbar Missliebige subsumiert. *Der literar. Gebrauch* des Begriffs S. zeigt im Stofflichen weitgehende Verwandtschaft mit dem allgemeinen Begriffsverständnis: inhaltl. bez. und kritisiert er die Verwendung, Hervorhebung und Feier des Bösen und Teuflischen, das als Grausames und Krankhaftes, Perverses und Gewalttätiges, Ekliges und Brutal-Sinnliches auftritt. Solche Vorwürfe erhob 1821 R. Southey im Vorwort zu seinem Gedicht »The Vision of Judgment« gegenüber den zeitgenöss. engl. Romantikern G.G.N. Byron, P.B. Shelley, J. Keats und weiteren ›Byronisten‹, indem er sie »Satanic school« zu diskreditieren versuchte – Vorwürfe, die Byron im Jahr darauf in einer gleich betitelten Verssatire zurückwies. Als franz. Satanisten werden immer wieder genannt: Marquis de Sade, V. Hugo, A. de Musset, G. Sand, Lautréamont und bes. Ch. Baudelaire. – Als dt. Satanisten gelten H. v. Kleist(!) und E.T.A. Hoffmann. Weiter wären G. Carducci, G. Leopardi und J.K. Huysmans zu nennen. Die Palette dieser Namen macht aber die Grobschlächtigkeit und allenfalls den motiv. Aspekt einer Klassifizierung deutl., die allzusehr aus polem. Auseinandersetzung resultiert und deshalb nicht als deskriptive Kategorie genügen kann. GM

Satire, f. [von lat. satura (erg. lanx) = Fruchtschüssel], Bez. für eine Kunstform, in der sich der an einer Norm orientierte Spott über Erscheinungen der Wirklichkeit nicht direkt, sondern indirekt, durch die ästhet. Nachahmung ebendieser Wirklichkeit ausdrückt, heute v. a. in Literatur, Bild (Cartoon), Film. 1. *Herkunft des Begriffs:* Nach heute vorherrschender Meinung (erstmals überzeugend Casaubon, 1605) ist der Begriff S. aus dem Lat. herzuleiten: satura (lanx) meint eine den Göttern dargebrachte, mit verschiedenen Früchten angefüllte Schale, dann auch allgemein »Gemengsel, Allerlei«. Andere Herleitungen nahmen lat. satur (= satt, reichlich) zum Ausgangspunkt, bes. aber auch, in Spätantike (Donat, Terenzkommentar) und Renaissance (D. Heinsius), das griech. ↗ Satyrspiel. Daher die häufige Schreibung (noch bei F. Schlegel) Satyre für S. 2. *Theorie:* Die theoret. Überlegungen zur S. setzen v. a. mit den Kommentaren zur röm. Vers-S. (*satura*) in der Renaissance (15. Jh.) ein. Die hier entwickelten Fragestellungen (Titel, Gegenstand, Form, Zweck) sind bis in die Moderne bestimmend. Noch Schillers Zweiteilung der S. in eine »strafende« und »lachende« Spielform (»Über naive und sentimental. Dichtung«, 1795/96) z. B. liegt der traditionelle Vergleich zwischen Iuvenal und Horaz zugrunde, seiner Konzeption der S. als Dichtung der Entfernung vom Ideal der natürl. Harmonie die (seit Livius 7, 2) geläufige, heute jedoch umstrittene Ursprungserklärung der S. aus spottender ländl. Stegreifdichtung gegen den Verfall der Stadt (mit dem Satyr als Patron). Die speziell idealist.-utop. Typologie Schillers zeigt auf der anderen Seite die histor. Bedingtheit der jeweiligen konkreten Definitionen. Als gemeinsamer Grund aller Definitionsversuche erweist sich letztl. statt einer ahist.-gattungstypischen eine histor.-menschl. Konstante des satir. Impulses: S. als ästhet. Darstellung und Kritik des Normwidrigen (Brummack). S. ist deshalb nicht nur eine literar. Gattung (die röm. S. mit ihren Fortsetzungen in der Neuzeit), sondern stets möglicher und sich jeweils neu realisierender Ausdruck einer bestimmten krit. Einstellung. Bedeutsame moderne Ansätze zur Definition der S. stammen von Elliott (an vorliterar. Primitivformen sich zeigende ursprüngl. magisch-abwehrende Funktion), Frye (verschiedene Phasen der S. entsprechend verschiedener Normen des satir. Sprechens), Gaier (Einordnung der S. in ein bewusstseinsphilosoph. System) und Lukács (S. als die Form, in der die objektiven gesellschaftl. Widersprüche ohne Vermittlung aufeinanderstoßen). Schönert versucht eine Klassifizierung der histor. verwirklichten Möglichkeiten des satir. Impulses (gegen überlebte soziale Formen, für die Durchsetzung neuer Ordnungsprinzipien in Zeiten sozialer Desorganisation, für die Aufrechterhaltung bedrohter Normen usw.). 3. *Geschichte:* Eine vollständige Darstellung aller histor. Erscheinungsformen der S. ist aus den genannten Gründen nicht möglich. – Vor der röm. satura finden sich Elemente der S. etwa im *Ägypten* der Ramessidenzeit (übertreibende Darstellung der Mühsal verschiedener Berufe) oder in *Griechenland;* dort waren neben der älteren Komödie (Aristophanes), auf die Horaz die S. zurückführt (serm. I 4), v. a. die *mit polymetr. Versen vermischten Prosasatiren* des Kynikers Menippos (3. Jh. v. Chr.) – mit der ↗ Diatribe als Vorläufer – für die Folgezeit wirksam. Im 2. Jh. n. Chr. entwickelt sich Lukian mit einer außerordentl. durch die neuere Komödie (Menander) beinflussten Variationsbreite zum Meister der *Menippeischen* S.: vom satir. Totengespräch über die Mythentravestie, das satir. Drama (»Verkauf der Philosophen«) bis zum alle Formen satir. aufnehmenden, die Welt satir. umgreifenden, als Odysseeparodie gestalteten Abenteuer- und Reiseroman (»Wahre Geschichten«). In der *röm. Literatur* verfasst bereits im 1. Jh. v. Chr. Varro (nicht erhaltene) »Satirae Menippeae« (Quint. X 1, 95), Seneca übernimmt diese Form in seiner »Apocolocyntosis«, (dt. etwa »Veräppelung der »Himmelfahrt« des Kaisers Claudius), Petron in seinem (als Fragment überlieferten) »Satyricon«, in dem, Lukians späterer Parodie vergleichbar, der Held wegen eines göttl. Fluches durch alle Bereiche der röm. Welt geführt wird. Schließl. verwenden an der Grenze der

Antike Martianus Capella (5. Jh.) und Boëthius (in: »De consolatione Philosophiae«, 6. Jh.) noch einmal diese Form. – Der andere Zweig der S., die *Verssatire*, dagegen ist röm.-ital. Ursprungs (wenn man nicht in der aggressiven ↗ Iambendichtung des Archilochos [7. Jh. v. Chr.] etwas Vergleichbares sehen will): »satura tota nostra est« (Quint. X 1, 93). Den Begriff »satura« prägte um 200 v. Chr. Ennius für sein »Allerlei« vermischter Gedichte, ohne eigentl. satir. Haltung. Als Erfinder der aggressiven S. gilt deshalb Lucilius, der das polit.-gesellschaftl. Leben seiner Zeit (2. Jh. v. Chr.) mit einem später in Rom nicht mehr mögl. Freimut angreift. Kennzeichnend ist (fast einheitl.) der Hexameter und ein persönlicher, nicht selten apologet. gefärbter Ton. Zur abgeklärten Hochform bildet der Augusteer Horaz die S. (2 Bücher »Sermones« und »Epistulae«); es geht um das »ridentem dicere verum«, das urbane Gespräch über die Schwäche des Menschen unter dem Leitwort des »Sapere aude«. Neben dem manirierten Persius (unter Nero) wird dann Iuvenal zum Antipoden des Horaz: ihm geben die Verfallserscheinungen der Gegenwart (Domitian) den unmittelbaren satir. Impuls. Schließl. finden sich auch in den aesop. ↗ Fabeln des Phaedrus (unter Tiberius) und in den ↗ Epigrammen Martials (Zeitgenosse Iuvenals) satir. Elemente. Die vielfältige satir. Literatur unter den Kaisern des 1. Jh. n. Chr. zeigt überdies, wie sehr die S. dazu dienen kann, die Erfahrung fakt. gesellschaftl. Ohnmacht durch geist. Freiheit subjektiv zu überwinden. – Die griech.-röm. Lit. verwirklicht so 4 Möglichkeiten der S. (Verssatire und Prosimetrum als originäre, Epigramm und Fabel als für die S. bes. geeignete Formen), die auch für die Neuzeit wichtig werden. Sie sind im Folgenden als Gliederungshilfen verwendet. Das lat. *MA*. kennt das Prosimetrum der Menippea nur als formales Prinzip (s. Bernhardus Silvestris, 12. Jh.), die Fabeldichtung dagegen weitet sich zum für die S. offenen Tierepos, zuerst lat. in der »Ecbasis captivi« (11. Jh.), im »Ysengrimus« (12. Jh.), dann auch in den Volkssprachen, wobei »Reynke de vos« (nd. Volksbuch 1498) in den Mittelpunkt tritt; der literarhistor. früheste »Reinhart Fuchs« des Heinrich Glîchezaere mit konkreten polit. Bezügen zur Stauferzeit (12. Jh.; frz. Roman de Renart, 13. Jh.) trägt dabei die schärfsten satir. Züge. Leitgesichtspunkt dieser Epen ist die Stände-S., die sich auch ohne Verkleidung ins Tiergewand findet und als Fortsetzung der antiken Vers-S. betrachtet werden kann, wobei v. a. Iuvenal das Vorbild abgibt. Den Verfall des geistl. Lebens etwa geißelt beim Aufstieg der Ritterkultur der rückwärtsgewandte Heinrich von Melk (12. Jh.), zu Beginn des bürgerl. Zeitalters im Spät-MA. stellen Hugo von Trimberg (»Der Renner«, 1300) und Heinrich Wittenwîler (»Der Ring«, um 1400) den Werteverfall ihrer Zeit eben auf dem Hintergrund der vergangenen höf. Kultur dar, mit zugleich geistl. und pragmat. bürgerl. Grundzug bei Hugo, in einer sarkast. Parodie auf das höf. Epos bei Heinrich. Eine neue Form der Vers-S. stellt die polit. ↗ Sangspruchdichtung Walthers v. d. Vogelweide dar, wie auch die Lieder Neidharts (Minnesang- und Bauernsatire). – *Renaissance und Humanismus* erweitern mit Blick auf die Antike (Neueditionen und Übersetzungen auch griech. Autoren) den Reichtum satir. Formen. Die Menippea erlebt in dem wirkungsmächtigen Roman F. Rabelais' »Gargantua et Pantagruel« (1533) ihre Wiedergeburt; Lukian ist als Vorbild greifbar; dt. Bearbeitung von Fischart (»Geschichtklitterung«, 1575). Wie dort, so bildet auch in M. de Cervantes' »Don Quijote« (1605/1615) die wechselseit. Durchdringung einer Vielzahl von Perspektiven – die Erweiterung der ↗ Parodie (im »Don Quijote« des Ritterromans) zur S. der Welt – insgesamt das entscheidende Kennzeichen der menippe. Großform. – Im Bereich der satir. Tierdichtung sind M. Luthers Fabelbearbeitungen (1530) zu nennen, sowie das Epos vom Frosch-Mäusekrieg (1595, nach einer griech. Vorlage) G. Rollenhagens der ersten dt. Lukianübersetzers (1603). Die Verssatire hat in England in J. Skeltons und J. Marstons Dichtungen gegen den moral. Verfall der Zeit ihre Vertreter, in Deutschland steht sie seit S. Brants »Narrenschiff« (1494) unter dem Stichwort der ↗ Narrenliteratur und hat ihre feste Funktion im Reformationskampf, z. B. Fischarts »Legende vom vierhörnigen Hütlein« (1580, gegen die Jesuiten) und Th. Murners Schrift »Von dem großen lutherischen Narren« (1522). Auch die Briefform wird in der Nachfolge Horaz' wieder zur S. eingesetzt: Huttens u. a. »Epistolae obscurorum virorum« (1515); Hutten erneuert auch die Lukianische Form des satir. Dialogs in seinem »Gesprächsbüchlein« (1521). Das satir. Spiel realisiert sich in den ↗ Fastnachtsspielen (H. Sachs, P. Gengenbach), die epigrammat. zugespitzte S. findet sich in Deutschland erstmals in F. Dedekinds Verspottung der Sitten seiner Zeit, in dem in Distichen abgefassten »Grobianus« (1549). – Die Restauration der Stuarts im England des 17. Jh.s gibt den Nährboden für S. Butlers Verss. auf den Puritanismus ab: »Hudibras« (1663), in der Cervantes' großes Figurenpaar derb vergröbert als Helden der S. wiederaufgenommen wird. – Das deutsche Barock hält die Verbindung zur menippe. Tradition durch die wieder das Reiseschema parodierenden Romane Ch. Weises (»Die drei ärgsten Erznarren«, 1672) und Ch. Reuters (»Schelmuffsky«, 1696) aufrecht. J. M. Moscheroschs Zeitsatiren »Wunderliche Gesichte« (1640/1643) gehen zwar auf die »Träume und Gespräche« (»Sueños«) des Spaniers F. G. de Quevedo (1627) zurück, letztes Vorbild aber bildet Lukian. Die Vers-S. findet in N. Boileau den klassizist. Nachahmer (1666), in Deutschland bietet der Alamodekampf gegen die kulturelle und sprachl. Überfremdung Stoff für diese satir. Form (J. Lauremberg: »Veer Schertz Gedichte« (ndt., 1652), aber auch für das satir. Spiel (A. Gryphius: »Horribilicribrifax«, 1663) und für Epigramme (F. Logau: »Sinngedichte«, 1654). – Gegen den Optimismus einer nur oberflächl. aufklärer. Geisteshaltung wenden sich die Vertreter der Menippea des 18. Jh.s. Ihr pessimist. Perspektivenreichtum ist in J. Swifts »Gulliver's Travels« (1726) und in Voltaires Lebens- und Reiseroman »Candide« (1759) voll ausgeprägt. Auch A. Pope's großes Versepos (»The Dunciad«, dt.: »Die Dummkopfiade«, 1728) zeigt die Fülle der menippe. S. In der dt. Aufklärung steht zu Beginn Ch. L. Liscow (1732–1735) unter dem Einfluss der Bitterkeit Swifts. Später pflegt Ch. M. Wieland, der große Lukianübersetzer und -nachahmer, eine zwar skept., aber mehr iron. Spielform des satir. Romans (»Die Abderiten«, 1774/1780). In den satir. Kleinformen wird die Horazische Mäßigung zum Vorbild. G. W. Rabener warnt in seiner »Sammlung satir. Schriften« (1751/1755) vor dem polit. »Mißbrauch der S.«. F. v. Hagedorn erneuert die Fabel als moral. Dichtung (1738, nach La Fontaine 1668 ff.), aber erst G. E. Lessing verleiht ihr wieder die satir., auf Erkenntnis zielende Spitze. G. Ch. Lichtenbergs epigrammat. kurze Aphorismen (1800/1806) dagegen zeigen einen die oft pragmat. nüchterne Rationalität überwindenden, oft grübler. Geist. *Klassik und Romantik* kennen fast nur die epigrammat. (Schiller/Goethe: »Xenien«, 1796) oder dialog. und dramat. (Goethe: »Götter, Helden und Wieland«, 1773; L. Tieck: »Der gestiefelte Kater«, 1797) ↗ Literatursatire. Ch. D. Grabbe erweitert dann diese Form zur (die eigene Position einschließenden) S. auf das Leben insgesamt (»Scherz, Satire, Ironie und tiefere Bedeutung«, 1827); auch H. Heine verbindet literar. und polit. S. in seiner Verss. »Atta Troll« (1843) und schärfer noch in seinem (an die menippeische Tradition erinnernden) Reisebild »Deutschland. Ein Wintermärchen« (1844). J. Nestroy nähert sich satir. Sozialkritik in seiner Zauberposse »Lumpazivagabundus« (1833) oder auch in »Launen des Glücks« (1835), wo das ankläger. Vorderhaus-Hinterhaus-Motiv des Naturalismus komödiant. antizipiert wird. – Während sich in Deutschland der resignative sog. poet. Realismus der Zeit nach 1848 der S. enthält und sich allein in der neuen Form der satir. Zeitschrift (»Kladderadatsch«, 1848–1944) ein karikierender Witz betätigen kann, bezeugen in England Ch. Dickens' Romane (»Oliver Twist«, 1837) die Lebendigkeit eines satir. Impulses. Erst H. Mann erweckt durch seine »Wilhelminischen Bücher« (v. a. »Der Untertan«, 1916) in

Heinrich Mann: Der Untertan Roman

H. Mann: »Der Untertan«

Satire

M. Walser: »Ehen in Philippsburg«

Deutschland die menippe. Großform der S. zu neuem Leben; die dramat. S. erlebt zu dieser Zeit in den Stücken F. Wedekinds (»Frühlingserwachen«, 1891) und C. Sternheims (»Die Hose«, 1911) einen neuen Höhepunkt; auch Ch. Morgensterns groteske »Galgenlieder« (1905), deren kuriose Sprachschöpfungen an die Humanisten (Rabelais, Fischart) erinnern, tragen satir. Züge, schärfer allerdings zeigen sich diese in A. Holz' grandioser Literatursatire. »Die Blechschmiede« (1902). Als satir. Zeitschrift erscheint seit 1896 der »Simplizissimus«, und um 1900 eröffnen die ersten ↗ Kabaretts (»Elf Scharfrichter«, München 1901), wo sich, in der Nachfolge Walthers v. d. Vogelweide, die Kombination von Sprache und Musik als wirkungsvolle satir. Form erweist. – Auch *nach dem Ersten Weltkrieg* blühen die Kabaretts; B. Brecht hat hier (z. B. bei Wedekind, W. Mehring) für seine Songs gelernt. K. Tucholsky und E. Kästner zeigen sich als Meister der satir. Kleinform. Karl Kraus entwirft in »Die letzten Tage der Menschheit« (1918) ein durch das Grauen des Krieges veranlasstes satir. Totalgemälde seiner Zeit (»Tragödie in 5 Akten«), in dem sich, der menippe. Tradition gemäß, eine Vielzahl von Sprach- und Stilebenen gegenseitig kontrastieren und satir. relativieren und in dem die Technik der Zitatenmontage erstmals eine entscheidende Rolle spielt. Die andere Menippea dieser Zeit, James Joyce' »Ulysses« (1922), parodiert noch einmal das Abenteuer- und Reiseschema; ihre unvermittelte und minutiöse Darstellung äußerer und innerer Wirklichkeit birgt einen kaum ergründbaren Beziehungsreichtum, auch in Sprache und Stil, der für die Theorie und Praxis des modernen Romans von stärkster Wirkung war. – In der *Zeit des Faschismus* verlegt B. Brecht in der S.: »Der aufhaltsame Aufstieg des Arturo Ui« (1941, gedr. 1957) in didakt. Verfremdung die Machtergreifung der Nationalsozialisten in ein amerikan. Gangstermilieu. – Der Zusammenbruch Deutschlands im Zweiten Weltkrieg sowie der rasante äußere Aufbau der Bundesrepublik hinterließ ein oft empfundenes Defizit an verbindl. Normen und Werten des gesellschaftl. Lebens, wodurch ein der S. günstiges Klima entstand. Erwähnt seien Walsers »Ehen in Philippsburg« (1957), Bölls »Dr. Murkes gesammeltes Schweigen« (1958) oder »Ansichten eines Clowns« (1963), sowie G. Grass' »Die Blechtrommel« (1959), deren aus der Narrenperspektive gewonnener und durch eine parodist. Mischung der Sprachebenen unterstützter Reichtum der Aspekte in die menippe. Tradition gehört. Im englischsprach. Raum setzten A. Huxleys »Brave new world« (1932) und G. Orwells bittere Romane »Animal farm« (1945, in der Tradition der satir. Tierdichtung) und »1984« (1949; als satir. Utopie) die Tradition der S. fort. – Als der die 1. Hälfte des 20. Jh.s maßgebl. bestimmende satir. Dramatiker ist G. B. Shaw zu nennen. – Neben den Kabaretts (z. B. G. Kreisler, D. Hildebrand) und der ↗ Karikatur (Loriot, Sempé) tritt auch der Film als Mittel der S. in den Vordergrund (von Ch. Chaplins »Modern times« bis zu P. Sellers' »How I learned to love the bomb«). DW

Saturnier, m., ältestes bezeugtes lat. Versmaß, dessen Schema sich nach den etwa 150 überlieferten Zeilen aus Epen (Livius Andronicus: Odyssee-Übersetzung; Naevius: »Der Punische Krieg«) und Inschriften rekonstruieren lässt als eine variable ↗ Langzeile mit fünf Hauptakzenten und einer nicht festgelegten Zahl von Nebenakzenten oder unbetonten Silben. Vor dem vierten Hauptakzent hat der Vers stets ↗ Zäsur. Umstritten ist, ob für den metr. Vortrag die natürl. Wortbetonung oder die Silbenquantität entscheidend war. Beispiel: Virúm mihí, Caména,/ínsece versútum (Beginn der »Odissia« des L. Andronicus). HW

Satyrspiel [zu gr. satyros = Waldgottheit (Etymol. ungeklärt)], heiter-ausgelassenes szen. ↗ Nachspiel der klass. griech. ↗ Tragödien- ↗ Trilogie und damit Schlussstück der ↗ Tetralogie. – Das *Personal* des S.s bestand aus einem Chor von Satyrn (daher die Bez.), ausgestattet mit Ziegenfellen, Pferdeschwänzen und -ohren, Phallus und Masken (Glatze, Stülpnase, runde Augen), geschart um einen alten Anführer (Pappo-Silen; Silen = älterer? Satyr) und aus ein bis drei als Heroen oder Götter kostümierten Darstellern (vgl. Vasenbilder). – Die *Themen* des S.s entstammten meist der Heldensage, ihre Behandlung reichte vom Komischen und Grotesken bis hin zum Derben und Obszönen. Mit witzigen und aggressiven Texten, lust. Liedern und ausgelassenen Tänzen travestierte das S. den Stoff und die Ausführung der vorangegangenen drei Tragödien und bildete so den heiteren, iron.-kontrastierenden Abschluss eines sieben bis acht Stunden dauernden Theaterereignisses im Rahmen des Dichterwettstreites (↗ Agon). Die *Entstehung* des S.s ist ungeklärt. Sein Ursprung wird u. a. in dor. rituellen Tänzen, kult. Heroenklagen, fastnachtsähnl. Volksbelustigungen, v. a. auch in dem um 600 v. Chr. entstehenden Kult des Dionysos gesehen, zu dessen Gefolge evtl. die Satyrn gehörten. Da der dionys. ↗ Dithyrambus eine Vorstufe der Tragödie ist, ist nicht endgült. zu klären, ob das S. der Vorläufer und Ursprung der Tragödie ist (Aristoteles), oder ob S. und Tragödie gleichzeit. nebeneinander entstanden. – Als *Erfinder* des S.s gilt Pratinas aus (dem dor.) Phleios (erstes Auftreten 515 v. Chr.), der in Athen als erster S.e aufgeführt haben soll (32 S.e bezeugt), evtl. als Versuch, wieder an den dionys. Ursprung der Tragödie anzuknüpfen, und auf den evtl. auch die Verbindung von drei Tragödien mit dem abschließenden S. zurückgeht. Nur wenige Fragmente von S.en sind überliefert; ihre Verfasser sind die Tragiker, nicht die Verfasser von Komödien, von denen sie terminolog. getrennt werden *(satyrikon drama)*. Neben in Form und Inhalt sehr aggressiven Texten von Aischylos (»Diktyulkoi« – Die Netzfischer) und Sophokles (»Ichnoitai« – Die Spürhunde) erscheint das einzige vollständ. überlieferte S. von Euripides (»Kyklops«) als relativ harmlos und ist daher wahrscheinl. nicht allzu typ. – Im Laufe der Zeit wurden S.e immer weniger derb, waren aber bis zur Zeitenwende übl.; ins röm. Theater wurde die eigentl. Kunstform nicht übernommen (↗ Exodium). Anklänge an das S. finden sich noch einmal im mal. ↗ Fastnachtsspiel, danach ist keine neuere dramat. Form mehr mit dem S. vergleichbar. MK

Scapigliatu̲ra, f. [skapiλλaˈtu:ra; it. von scapigliare = zerzausen (d. Haare), ausschweifend leben], Bez. für eine Gruppe meist lombard. Künstler und Schriftsteller in Mailand, ca. 1860–80, die in betonter Ablehnung des bürgerl. Lebensstils (Nachahmung der Pariser ↗ Bohème), des polit. Konformismus und des herrschenden literar. Geschmacks (repräsentiert z. B. durch G. Prati und A. Aleardi) eine Erneuerung der Kunst im Rückgriff auf Tendenzen und Motive der europ. ↗ Romantik, auf die frz. ↗ Dekadenzdichtung (insbes. das Werk Ch. Baudelaires), aber auch auf realist. und verist. Strömungen forderten. *Der Name* ›*S.*‹ wurde dem Titel des Romans (»La s. e il 6 febbraio«, 1861, Teilabdruck 1857) von Cletto Arrighi (d. i. Carlo Righetti) entnommen. *Haupt* der *S.* war Giuseppe Rovani, weitere Vertreter waren Carlo Dossi, I. U. Tarchetti, E. Praga, Arrigo Boito, G. Camerana u. a. – Analog zu dieser *S. milanese* oder *S. lombarda* wird ein ähnl. Künstlerkreis in Turin als ›*S. piemontese*‹ bez. (Vertreter: G. Faldella, G. C. Molineri, A. G. Cagna, Roberto Sacchetti u. a.). IS

Scapin, m. [skaˈpɛ̃; frz.], Figur der franz. klass. Komödie, geschaffen von Molière in »Les fourberies de S.« (1671) nach dem it. *Scappino*, einer dem ↗ Brighella (oder 1. Zane) verwandten schlauen und intriganten Dienerfigur der ↗ Commedia dell'arte. Er trägt ein Käppchen, ein grün-weißes Gewand, Holzschwert und Maske mit Schnurrbart. IS

Schachbuch, auch Schachzabelbuch [pers. šāh = König (vgl. Schah), mhd. zabel, aus lat. tabula = Spielbrett u. Brettspiel], Gattung der mal. allegor. Lehrdichtung, bei der die Figuren des Schachspiels auf die einzelnen Stände u. ihre relig., moral. u. polit. Pflichten gedeutet werden. Dem Vorbild des um 1300 lombard. Dominikaner Jacobus de Cessolis in lat. Prosa verfassten, durch zahlr. Hss. verbreiteten »Solatium Ludi Scacorum« (um 1300) folgten bald Bearbeitungen in den Volkssprachen, im Mhd. bes. die Sch.er Heinrichs von Beringen (früher ca. 1290, jetzt ca. 1330 datiert) u. Konrads von Ammenhausen (1337), beide in Versen, späterhin auch viele Prosafassungen.

MS

Schäferdichtung, auch: Hirtendichtung, entwirft ein Bild vom naturverbundenen Dasein bedürfnisloser, friedl. Schäfer und Hirten (gr. boukolos = Hirt, daher auch: *bukol. Dichtung,* Bukolik) in einer anmutigen (amoenen) Landschaft (↗ locus amoenus, seit Vergil »Arcadia« genannt, daher auch: *arkad. Poesie*). Impliziert ist die Idee eines goldenen Zeitalters, eines verlorenen gesellschaftl. Ideals, das dem naturfernen Stadtleben oder anderen durch Konventionen beengten gesellschaftl. Formen entgegengesetzt wird. Geboren aus einem frühen Unbehagen an der Kultur, ist Sch. damit sentimentalisch und utopisch, artikuliert eine Mythos und Wirklichkeit verbindende Wunschvorstellung. – Die Gattung hat seit der Antike die mannigfaltigsten lyr., dramat. und ep. Formen entwickelt (↗ Ekloge, ↗ Idylle, Schäferspiel und -oper, Schäfer-[Hirten]roman) und die verschiedensten ideolog. Besetzungen übernommen. Charakterist. ist die Mischung lyr., dramat. und ep. Elemente, z. T. auch von Vers und Prosa; ihre Gattungsgrenzen sind daher unscharf. Bereits die Hirtendichtung der *Antike* ist reflexive Kunstdichtung mit genrehaften lyr. und dramat. Bildern aus dem Landleben, in Hexametern, in oft epigrammat. Kürze. Als ihr Begründer gilt Theokrit (3. Jh. v. Chr.); die Gestalt des Schäfers Daphnis geht indes bereits auf Stesichoros (6. Jh. v. Chr.) zurück. Theokrit ist jedoch der erste bedeutende Vertreter, gefolgt von Bion und Moschos (2. Jh. v. Chr.) und bes. Vergil, dessen »Bucolica« in Hexametern zum Vorbild der späteren Sch. wurden. Im Hellenismus entstand neben den Kleinformen auch bereits der Hirtenroman: erhalten ist nur »Daphnis und Chloë« von Longos (2./3. Jh. n. Chr.). Eine neuzeitl. Blütezeit bildet die *Sch. der ital. und frz. Renaissance;* sie folgt Vergil, v. a. auch in der Tendenz, die Gattung für zeitgeschichtl. Anspielungen zu benutzen. In den oft dunklen Schlüsseldichtungen tritt die Gestaltung ländl. Szenen gegenüber dem Gedanklich-Allegorischen zurück (z. B. F. Petrarcas neulat. »Bucolicum Carmen«, 1346, G. Boccaccios »Ameto«, 1341, gedr. 1478). Die Sch. steht in Wechselbeziehung zu der bis zum Beginn des 17. Jh.s verbreiteten europ. Mode der »Schäferei« als aristokrat. Gesellschaftsspiel (schäferl. Kostümfeste auf ländl. Lustschlössern, Meiereien usw.). Die literar. Hirtenwelt wird dabei immer mehr zur manierist. gestalteten konventionellen Fiktion, die nicht mehr eine Gegenwelt zur aristokrat. Gesellschaftsform (dem Hof) entwirft, sondern eher Spiegel eines schäferl. kostümierten höf. Lebens und seiner verfeinerten Sitten ist. Wiederentdeckt wird die *Ekloge* als kantatenhafter Hirten-Einzel- oder Wechselgesang in einer Mischung aus Prosa, kunstvollen Versen, Dialogen und Liedern (Garcilaso de la Vega; P. de Ronsard, »Eglogues«, 1560–67; R. Belleau, E. Spenser, L. de Camões u.v. a.). Neu entwickelt wird daraus das lyr.-dramat. *Schäferspiel* (Lied- und Gedichteinlagen, oft mit Chören getragen), das mit seiner Mischung von heiteren und trag. Elementen die ↗ Tragikomödie begründet und auf das ↗ Melodram vorausweist (A. Poliziano, »Orfeo«, 1480, T. Tasso, »Aminta«, 1573; G. B. Guarini, »Il pastor fido«, 1590, P. C. Hooft, »Granida«, 1615 u.v. a.). Neu entsteht, beeinflusst durch den Amadisroman, der *Schäferroman;* auch hier ist die Prosaform durch die obligator.-lyr. Einlagen aufgelockert; Verschlüsselungen und allegor. Elemente nehmen immer größeren Raum ein; die weitgehend normierte (Liebes)handlung bleibt dem höf. Gesellschaftsideal untergeordnet, dient also ebenfalls dessen Propagierung (nicht der Kritik). Er wird begründet durch J. Sannazaro (»Arcadia«, 1504) und zu europ. Wirkung gebracht durch J. de Montemayor (»Diana«, 1559); weitere berühmte Beispiele stammen von M. de Cervantes (»Galatea«, 1585), Lope de Vega (»Arcadia«, 1598), Ph. Sidney (»Arcadia«, 1590), J. Barclay (»Argenis«, 1621), J. van Heemserck (»Arcadia«, 1637) u.v. a.; als Höhepunkt gilt H. d'Urfés Schäferroman »L'Astrée« (1607–27), der die Tendenzen der

Entwicklung seit der Renaissance zusammenfasst und zu einer Art Handbuch internationaler aristokrat. Umgangsformen wurde, der aber durch seine zentrale Liebeshandlung zugleich eine Wendung im literar. Geschmack einleitete (vgl. ↗ hero.-galant. Roman). – Die dt. Sch. setzt erst im 17. Jh., nach dem Abschluss der europ. Blüte ein und bleibt von den roman. Vorbildern abhängig, auch als auf die zahlreichen Übersetzungen (seit 1619) und Bearbeitungen (bes. durch M. Opitz) selbständ. Werke folgten, unter denen bes. schäferl. Singspiele und Opern großen Erfolg hatten (z. B. Opitz/Schütz, »Daphne«, 1627, Buchner/Schütz, »Orpheus«, 1634, Harsdörffer u. v. a.). Auch die dt. Sch. nützt die pastorale Situation als Staffage für ein weitgehend literar. Gesellschaftsspiel mit verschlüsselten Anspielungen. Die Beliebtheit der gesellschaftl. und literar. Schäfermode auch in großbürgerl. Kreisen bezeugt der von G. Ph. Harsdörffer und J. Klaj 1644 gegründete »Pegnes. Hirten- und Blumenorden« in Nürnberg und eine relig. Sch. (neulat.: E. Hessus, J. Balde, dt.: F. v. Spee, J. Klaj). *Vertreter* der dt. Sch. sind M. Opitz (»Schäferey von der Nymfen Hercynia«, 1630), A. Buchner (»Orpheus und Euridice«, 1638), Harsdörffer (»Pegnes. Schäfergedicht«, 1641 ff.), G. R. Weckherlin, P. Fleming, J. Klaj, Ph. v. Zesen, S. Birken u. a. – Die Theorie der *Aufklärung* versucht, der Gattung feste Regeln zu geben (B. Fontenelle, A. Pope, J. Marmontel, J. Florian), wobei gelegentl. auch eine Erneuerung im ursprüngl. Sinne versucht wird (K. W. Ramler, Ch. M. Wieland). S. Geßners »Idyllen« (1756) z. B. verbinden Elemente der antiken Bukolik mit bürgerl. Sentimentalität. Die Gattung mündet schließl. in die schäferl. Gelegenheitsdichtung und die Kleinformen einer erot. Schäferpoesie der ↗ Anakreontik (J. Rost, J. W. L. Gleim, J. P. Uz, J. N. Götz, F. v. Hagedorn, Ch. F. Gellert, der junge Goethe, dessen »Laune der Verliebten«, 1767, als Gipfel des dt. Schäferspiels gilt [W. Kayser]). Die Sch. wird aber schließl. durch die realist. Idylle, *im 19. Jh.* dann durch die nicht mehr sentimentalischen, z. T. schon sozialkrit. Land- oder Bauernroman abgelöst (J. H. Pestalozzi, J. Gotthelf, G. Sand, B. Auerbach). – Die starre Thematik und Typisierung der Sch. des 16. Jh.s hatte schon Cervantes zur Parodie angeregt, eine Tradition, die sich bis zu Arno Holz (»Dafnis«, 1903) fortsetzt. RG

Schattenspiel, auch: Schattentheater; auf Zweidimensionalität beschränkte Sonderform des ↗ Puppenspiels; Spiel mit schwarzen oder farbigen handgeführten Figuren aus Eselshaut (Peking), Büffelhaut (Sezuan, Java), Ziegenhaut oder Leder, Pergament, (geöltem) Papier, vor einer beleuchteten Glas-, Stoff- oder Papierwand; die Figuren können auch von hinten mit einer (Öl-)Lampe auf den Wandschirm (meist auf Holz gespannte Leinwand) projiziert werden. Ein hinter dem Schirm befindlicher Akteur bewegt die Figuren mit 2–3 dünnen am Körper und den bewegl. Armen befestigten Stäben. Die *Figuren* selbst entwickelten sich aus der bis zu 2 m hohen Bildscheibe über unbewegl. zu teil- bzw. vollbewegl. transparenten und bunten Einzelfiguren. Mit Hilfe von Perforationen konnten außer dem Umriss auch Gesichtszüge und Kleider der Figuren projiziert werden. *Ursprungsland* des Sch.s ist China oder Indien (als Vorform wohl seit dem 2. Jh. v. Chr.). In *China* war das Sch. vom 10. bis zum 13. Jh. eine höf. Kunst, die erst allmähl. als Lehrkunst dem Volk zugängl. gemacht wurde und Erziehungsfunktionen zu erfüllen hatte. Die Sch.figuren waren personifizierte Ahnen, jedes Detail des Spiels hatte symbol. Bedeutung. Erlernt wurde diese Flächenkunst in Spielgruppen oder generationenlang innerhalb der Familie (jeweils vom Vater). Jedes Sch. hatte ein eigenes Textbuch, doch sind Hinzufügungen aus dem Stegreif nicht selten. Das Sch. genoss weite *Verbreitung* in Asien (China, Indien, Thailand, Malaysia, Indonesien), v. a. auf Bali und Java, wo es unter dem Namen ↗ Wayang seine kunstvollste Ausprägung erhielt (in der javan. Literatur seit 1000 n. Chr. reich belegt), ferner in der Türkei (Karagöz-Sch. mit den Helden ↗ Karagöz und Hadschiwat; gepflegt am Sultanshof und in den Kaffeehäusern, oft mit sozialkrit. Tendenz; Schilderung von Pietro della Valle, 1614), in arab. Ländern und in Ägypten (hier seit 12. Jh. v. Chr. bezeugt). Über den Orient gelangte das

Sch. nach *Europa* (17. Jh.: Italien und insbes. Frankreich, wo noch Ende des 19. Jh.s D. Séraphims ›Ombres Chinoises‹ im Pariser Cabaret Chat Noir erfolgreich waren). In *Deutschland* seit dem 17. Jh. bekannt, wurde das Sch. bes. bei den Romantikern beliebt (C. Brentano, A. v. Arnim, E. Mörikes »Der letzte König von Orplid« im Roman »Maler Nolten«, J. Kerners »Reiseschatten«, Graf Pocci). Neubelebungsversuche wurden in der ersten Hälfte des 20. Jh.s unternommen (A. v. Bernus, K. Wolfskehl, L. Weismantel, M. Copdes, L. Reiniger, L. Boelger-Kling, O. Krämer, R. Stössel). GG

Schaubilder, Schautheater, ↗ lebende Bilder.

Schauerroman, neben ↗ Räuber-, ↗ Ritter- und Familien(schicksals)roman eine Hauptgattung der erfolgreichen ↗ Trivial- und Unterhaltungsliteratur seit der 2. Hälfte des 18. Jh.s. Der Sch. nimmt Bezug auf die Tendenzen der Aufklärung und des Rationalismus, indem er einerseits das Unheimliche, angesiedelt in Klostergrüften oder Schlossverliesen, als erklärbare Mystifikationen enthüllt (vielfach mit der Absicht, antiklerikale und antifeudale Kritik zu üben) und damit zum Vorläufer des ↗ Detektivromans wird, andererseits aber das Irrationale als eine ›Wirklichkeit‹ vorstellt, die sich dem Zugriff der Kausalerklärungen entzieht. Die zweite Art des Sch.s hat, was die Zahl der Werke und ihre Verbreitung betrifft, den größeren Publikumserfolg. Ihr Vorbild war der in Europa rasch und stark verbreitete engl. Sch., die sog. ↗ gothic novel, insbes. M. G. Lewis' »The Monk« (1796), der u. a. auch de Sade in »La nouvelle Justine« (1797) beeinflusste u. der in Deutschland zwischen 1797 und 1810 vier Übersetzungen erfuhr und im 19. Jh. dreimal als Opernstoff (z. B. G. Meyerbeer, »Robert der Teufel«, 1831) diente. Der Sch., aber auch weite Teile der sog. ›schwarzen Romantik‹, zehren von den Versatzstücken des Doppelgängermotivs, der Geheimbund-Intrigen, schwarzen Messen, Gruselkabinette etc. Erreichten die Sch.e die Engländer (H. Walpole, A. Radcliffe, Ch. R. Maturin), der Deutschen Ch. H. Spieß, L. Tieck (frühe Romane),

E. T. A. Hoffmann (»Elixiere des Teufels«, 1815), W. Hauff und später des frz. Feuilletonromanciers E. Sue (»Les Mystères de Paris«, 1842/43) noch literar. Ansehen, so übernahm die Gattung doch bald die Funktion meist leihbibliothekar. verbreiteter Gruselbefriedigung mit den Vielschreiberwerken von H. A. Müller (»Benno von Rabeneck, oder das warnende Gerippe im Brautgemach«, 1820), A. Leibrock, C. Niedmann u. a. HW

Schauspiel, der Begriff, der sich zum ersten Mal im 16. Jh. für die Aufführung von Dramen nachweisen lässt, wird in verschiedener Weise verwendet:
1. als Oberbegriff für ↗ Drama, auch für ↗ Tragödie (Trauerspiel) und ↗ Komödie;
2. im Ggs. zum streng gebauten Drama der ↗ geschlossenen Form für die offene, episierende Dramenform, z. B. für das ↗ Mysterienspiel, für das v. a. in der Romantik beliebte ↗ Ritterdrama (oft mit patriot. oder lokalem Hintergrund), für relig. oder patriot. Weihespiele (z. B. »Leben und Tod der hl. Genoveva« von L. Tieck oder die verschiedenen Bearbeitungen des Hermann-Stoffes durch F. G. Klopstock und H. v. Kleist), sowie für das expressionist. Drama und das ↗ ep. Theater B. Brechts. Sch.e in diesem Sinne bedürfen meist der großen Bühne, ziehen auch die Darstellung des Volkes mit ein und werden bisweilen auch im Freien gespielt (↗ Volks-Sch., ↗ Freilichttheater);
3. für ein Drama, das den trag. Konflikt nicht zur Katastrophe kommen lässt, sondern im Charakter der Personen oder durch andere innere Umstände eine Lösung des Konfliktes findet (z. B. Shakespeare, »Maß für Maß«, G. E. Lessing, »Nathan der Weise«, F. Schiller, »Wilhelm Tell«, H. v. Kleist, »Das Käthchen von Heilbronn«, »Der Prinz von Homburg«; auch als Lösungsdramen bez.). OB

Schelmenroman, pikarischer (pikaresker) Roman. Als fiktive (Auto-)Biographie konzipierter, manchmal als Sonderform des ↗ Abenteuerromans angesehener Romantyp, der meist in Ich-Form und aus der Perspektive des Helden, des Pikaro (fahrender Schelm, »Landt-

Schelmenroman

störtzer«) erzählt ist. Das *Erzählprinzip* der additiven Reihung von nur durch die Figur dieses Helden verbundenen Episoden wird häufig durch Erzählungen in der Erzählung, Einschübe wie Moralpredigten, Kommentare usw. durchbrochen. Charakterist. für den Sch. ist die Vielfalt der Schauplätze und Figuren, die Reise- und Abenteuermotivik, die ungeschminkt-realist. Beschreibung von Details und die durch die Erzählperspektive vermittelte pessimist., die Welt in Frage stellende Sicht der dargestellten Gesellschaft vom Blickwinkel des sozial Unterprivilegierten aus. Zentrum und Bezugspunkt des Sch.s ist die *Figur des Pikaro*, der den Typ des Abenteurers, des Weltklugen, des Schalks, des Einfältig-Naiven und des Habenichts in sich vereinigt, ein oft philosophischer, reflektierender, krit. ↗ Antiheld ›niederer‹ Herkunft. Er schlägt sich im Dienst verschiedenster Herren, deren individuelle Fehler und Schwächen er ebenso verspottet wie ihren Beruf oder ihren gesellschaftl. Status, mit Hilfe von Betrügerei, Fopperei, List und anderen unlauteren Machenschaften ›gerissen‹ durch das Leben: Der oft ironisch, als Tor wie als Schelm dargestellte pikar. Held vertritt die Lebensideologie von der Unzulänglichkeit alles Menschlichen und betrachtet die Welt als Bühne, als eitlen Wahn. Im Mittelpunkt des Sch.s stehen nicht so sehr die Ereignisse und deren Ursachen, sondern ihre Wirkung auf den Erzähler bzw. das erzählende Ich. Der Sch. wird allgem. als literar. Ausdruck eines christl. Vorstellungen oft sehr fernstehenden sozialen Protestes interpretiert (z. T. auch als literar. Rache der verfolgten span. Juden des 16. Jh.s), z. T. auch als didakt. Bekehrungsliteratur. Der europ. Sch. entstand in Spanien in der 2. Hälfte des 16. Jh.s. Ältere ep. Texte mit ähnl. Merkmalen wie der Sch. finden sich schon in der chines. (Shi Naian: »Die Räuber vom Liang-Schan-Moor«), arabischen (↗ Makame) und röm. (L. Apuleius: »Metamorphosen oder Der goldene Esel«) Literatur. Als *frühester europ. Sch.* gilt der 1554 anonym veröffentlichte »Lazarillo de Tormes«; aus der Fülle der span. Sch.e des 16./17. Jh.s sind v. a. M. Alemáns »Guzmán de Alfarache« (1599), L. de Ubedas »La picara Justina« (1605), Cervantes' Novelle »Rinconete y Cortadillo« (1613), V. Espinels »Marcos de Obregón« (1618) und F. G. de Quevedos »Historia de la vida del Buscón« (1626) zu erwähnen, die in ganz Europa rasch übersetzt und nachgeahmt wurden: Vgl. in *Deutschland* z. B. die oft stark erweiterten und modifizierten Übersetzungen etwa des »Guzmán« (»Der Landstörtzer G. v. A.«) von Ägidius Albertinus (1615), des »Lazarillo« von N. Ulenhart u. a. (1617), der »Picara Justina« (»Landstörtzerin Justina Dietzin Picara«, 1620) oder des »Buscón« (1671). Bedeutendste dt. Sch.e sind Ch. v. Grimmelshausens »Simplicissimus« (1668) und seine »Simplician. Schriften« (bes. »Landstörtzerin Courasche«), J. Beers »Der Simplizian. Welt-Kucker« (1677), D. Speers »Ungar. Simplizissimus« (1683) und Ch. Reuters »Schelmuffsky« (1696). Für *England* ist u. a. Th. Nashs »The unfortunate traveller« (1594) sowie R. Heads u. F. Kirkmans »The English Rogue« (1665 ff.), für die *Niederlande* N. Heinsius' »Den vermakelijken Avanturier« (1695; ↗ Avanturierroman), für *Frankreich* Lesages »Gil Blas« (1715–35) zu nennen. Strukturen und Motive des Sch.s wie auch Elemente der Figur des Pikaro finden sich auch späterhin, oft mit ›verbürgerlichten‹ Helden u. Milieus, in vielen verwandten Romantypen, etwa als abenteuerl. Reiseroman, im ↗ Räuber- und im modernen ↗ Landstreicherroman: Im 18. Jh. z. B. in den Romanen D. Defoes, H. Fieldings, T. Smolletts, J. G. Schnabels oder G. K. Pfeffels, im 19. Jh. bei Heine (»Aus d. Memoiren d. Herrn v. Schnabelewopski«, 1834), Cooper, Mark Twain (»Adventures of Huckleberry Finn«, 1884),

Mark Twain: »Huckleberry Finn«

Morgner: »Trobadora Beatriz«

im 20. Jh. u. a. bei J. Winckler (»Der tolle Bomberg«, 1922), J. Hašek (»Schweijk«, 1920/23), J. Steinbeck (»Die Schelme von Tortilla Flat«, 1935), G. Guareschi (»Don Camillo und Peppone«, 1948), A. V. Thelen (»Die Insel des zweiten Gesichts«, 1953), Th. Mann (»Bekenntnisse des Hochstaplers Felix Krull«, 1954), G. Grass (»Die Blechtrommel«, 1959), H. Böll (»Ansichten eines Clowns«, 1963), G. Kunert (»Im Namen d. Hüte«, 1967), oder A. Kühn (»Jahrgang 22«, 1977), I. Morgner (»Leben und Abenteuer der Trobadora Beatriz«, 1974). KH

Scheltspruch, mhd. auch: *scheltliet, rüegeliet* (Rügelied), Gattung der mhd. Spruchdichtung: gegen eine bestimmte Person (auch gesellschaftl., polit. Erscheinung) gerichtete Strophe (mehrstroph. Lied derselben Thematik: *Scheltgedicht*). Zu unterscheiden vom innerliterar. ↗Streitgedicht, insbes. der prov. ↗Tenzone, in der die Kontrahenten (oder die von ihnen vertretenen Prinzipien als allegor. Figuren) im Gedicht auftreten und diskutieren (vgl. aber ↗Cobla (esparsa), ↗Sirventes). – Der Sch. war eine poet. Waffe der mal. Spielleute und Sänger gegen Konkurrenten (z. B. Walther v. d. Vogelweide L 18,11, Reinmar d. Fiedler gegen Leuthold v. Seven, Marner gegen Reinmar v. Zweter), gegen mangelnde *milte* (Freigebigkeit) potentieller Dienstherren (z. B. Walther L 19,16 gegen Philipp II., L 35,17 gegen Leopold v. Österreich), aber auch für Stellungnahmen in polit. Streitfragen, z. T. im Dienste bestimmter Gönner (z. B. Walthers Spießbratenspruch, die Löwenherz-Schelte gegen Philipp v. Schwaben, der Unmutston gegen Innozenz III.), deren polit. Resonanz von Thomasin v. Circlaere bezeugt wird. Sch.e finden sich bei vielen mal. Spruchdichtern bis ins Spät-MA.; auch: ↗Dichterfehde. S

Schembartlaufen [zu mhd. scheme = Schatten, Maske, schembart = bärtige Maske, volksetymolog. auch: Schönbart], im 15. und 16. Jh. bezeugte Fastnachtsumzüge bärtiger Masken; insbes. berühmt und für das 16. Jh. in sog. *Schembartbüchern* in Bild und Text dokumentiert war das Nürnberger Sch., das sich der Sage nach 1351 aus einer Laufrotte zum Schutz des Fastnachtstanzes der Metzger entwickelte, dann aber zu einem mehr und mehr vom Patriziat geprägten prunkvollen Maskenumzug (Festwagen mit Schaubildern, die am Schluss verbrannt wurden u. Ä.) wurde. Mitte des 16. Jh.s wurde das Sch. von der Kirche verboten. Ähnl. Umzüge (Schemenlaufen) sind auch aus Tirol bezeugt. S

Schicksalsdrama, auch: Schicksalstragödie, romant. Dramentyp, in dem »das Schicksal als eine personifizierte Macht, die Ereignisse vorausbestimmend und tätig bewirkend, gedacht ist« (Minor). – Das erste Sch. dieser Art ist Z. Werners »Der 24. Februar« (1810); es wurde dann bes. von A. Müllner (»Der 29. Februar«, 1812; »Die Schuld«, 1813), E. v. Houwald, später dann v. a. von Trivialautoren (E. Raupach, »Der Müller und sein Kind«, 1835) gepflegt. In diesen Stücken erscheint das Schicksal als ein kausal nicht erklärbares, meist mit haarsträubenden Zufällen, pedant. Detailkrämerei und Schauereffekten gespicktes fatales Geschehen, das beim Publikum eher wohliges Gruseln als trag. Erschütterung auslösen soll, darin dem ↗Melodrama und dem Horrorstück verwandt. – Die besten *Sch.en der Romantik* nähern sich dagegen einer über das bloß Zufällige hinausweisenden absurd-nihilist. Weltsicht, so H. v. Kleist, »Die Familie Schroffenstein« (1803), F. Grillparzer, »Die Ahnfrau« (1817). – Das romant. Sch. steht in einem Entwicklungszusammenhang mit dem Aufklärungsdrama, soweit es etwa im ↗bürgerl. Trauerspiel Fatum durch Fatalität, den trag. durch den rührenden Helden ersetzte. Darum werden *in weiterem Sinne* auch bürgerl. Rühr- und Trauerspiele (G. Lillo, G. E. Lessing), aber auch Dramen mit determinist. Weltsicht (H. Ibsen, G. Hauptmann) oder einem von höheren Mächten verhängten Geschick (Sophokles, Calderón, F. Schiller, »Die Braut von Messina«) und Charaktertragödien (F. Schiller »Wallenstein«) als Sch.en bezeichnet. HR

Schlager, m., erfolgreiches, ›schlagartig‹ sich verbreitendes Lied; ursprüngl. bloße Erfolgskennzeichnung, heute Gattungsbez. für Dreiminutenlieder mit ›Schlag‹- oder Titelzeile, mehreren Strophen und oft Refrain, musikal. wie textl. schablonenhaft und meist einfach; Melodieführung und Grundstufenharmonien sind eingängig und platt, ledigl. die musikal. Arrangements sind zuweilen raffiniert; der Text gruppiert einige wenige Reizvokabeln um die Wunschprojektionen Liebe, Treue, Sehnsucht, Abenteuer, Heimweh. – Arbeitsteilig produziert und durch riesige Konzerne massenmedial verbreitet, ist der Sch. als leicht konsumierbares Produkt der Vergnügungsindustrie auf hohen und schnellen Verbrauch berechnet. ›Hit‹-Paraden in Pop-Zeitschriften, Funk und Fernsehen sollen Spitzenverkaufszahlen fördern; sog. Evergreens sind dabei gern gesehene ›Betriebsunfälle‹. – Eine Echtunecht-Opposition zwischen ↗ Volkslied und Sch. vereinfacht die Unterschiede, denn manche Sch. (oder ›Lieder‹) bringen auch chansonartig anspruchsvollere, selbst sozialkrit. Texte. Insgesamt unterliegen Sch.texte geringfügigen mod. Schwankungen; rascher und einheitlicher wechselt die musikal. Verpackung. Einer generellen ästhet. Ablehnung ist entgegenzuhalten, dass Sch. sozialpsycholog. affirmativ und entlastend wirken, durch eine idolisierte Ich-Du-Beziehung zum ›Star‹ einen offenbar vielfach gesuchten Bindungsersatz bieten und gewichtige Indikatoren individueller wie kollektiver Erfahrung und Entbehrung darstellen. Dies gilt gerade für die als bes. verächtl. eingestuften gefühligen Sch., die ›Schmachtfetzen‹ oder ›Schnulzen‹. – Der Begriff ›Sch.‹ taucht bereits 1869 auf (nicht erst, wie bisher angegeben, 1881). Die Sache ist jedoch älter als der Begriff; hier ist an den ↗ Bänkelsang und bes. den ↗ Gassenhauer zu erinnern: Couplets, Singspiel-, Operetten- oder selbstständ. Lieder (z. B. »Freut euch des Lebens« von J. M. Usteri, 1793) sind von ihrem ›durchschlagenden‹ Erfolg und ihrer Verbreitung her als Sch. anzusehen. Erfolg und Verbreitung der industriell produzierten, vertriebenen und konsumierten Ware Sch. werden hingegen ›gemacht‹; ihre Verkaufszahlen sind weitgehend programmierbar und manipulierbar. Solche Feststellungen treffen auch auf die Preis- und Verkaufs-Sch. anderer Branchen zu: der Begriff Sch. soufliert höchste Preiswürdigkeit – der so entstehende Kaufanreiz soll den erhofften Erfolg herbeiführen. GM

Schlagreim, Sonderform des ↗ Binnenreims: Gleichklang unmittelbar aufeinanderfolgender Wörter in einem Vers, z. B. »*quellende, schwellende* Nacht« (Hebbel), häufig v. a. im späten Minnesang und im Meistersang; hier findet sich auch erstmals Sch., der das Versende überspringt (*übergehender* oder *überschlagender Reim*), z. B. Neifen: »*nû hat aber diu liebe heide/ beide ...*« (KLD, XVI). S

Schlagwort, eigentl. Wort, mit dem (gleichsam als Waffe) zugeschlagen wird: prägnante, eine Sachlage (wirkl. oder scheinbar) ›treffend‹ kennzeichnende Formulierung, oft an Emotionen appellierend (»Waldsterben«, literar.: »Das Junge Deutschland«); insbes. Mittel d. polit. Rede und der Werbung. Von daher heute auch Bez. für Leerformel, unpräzise verwendeter (meist polit.) Begriff. S

Schlesische Dichterschule, seit dem späten 17. Jh. geläuf. Bez. für die aus Schlesien stammenden Dichter der Barockzeit. Nach zeitl. und stilist. Kriterien unterscheidet man die *1. Schles. Schule*, die Generation um M. Opitz (1597–1639) mit ihren Hauptvertretern P. Fleming, A. Tscherning, P. Titz, D. Czepko und die *2. Schles. Schule* mit ihren Hauptvertretern D. C. von Lohenstein (1635–83) und Ch. H. von Hofmannswaldau (1617–79). A. Gryphius wird gelegentl. eine Sonderstellung im Umkreis der 2. Schles. Schule zugewiesen. – Die Sch. D. vertrat kein von den Zielsetzungen anderer Dichter des dt. 17. Jh.s grundsätzl. verschiedenes Programm; sie war an den meisten literar. Entwicklungen des 17. Jh.s führend beteiligt und fand seit der bahnbrechenden Dichtungslehre Opitz' An-

Fleming: »Deutsche Poemata«, 1642

klang im gesamten dt. Sprachraum. Die *Dichtungstheorien* der Sch. D. fordern die Unterordnung des dichter. Schaffens unter rhetor. Prinzipien: Dichtkunst wurde als Sonderdisziplin der ↗ Rhetorik innerhalb der Universität regelrecht gelehrt und wandte sich als Gelehrtenkunst an ein bürgerl. und adl. Publikum. Zeugnis ihrer Exklusivität sind hochartist. Formen (↗ Schwulst) und z. T. lat. Sprache, in der ein erhebl. Teil des lyr. Schaffens bis in die 2. Hä. des 17. Jh.s abgefasst wurde. *Vorbilder* für die lat. und die dt.-sprach. Dichtung der Sch. D. waren die innerhalb des humanist. Gelehrtenstandes überlieferten antiken Texte, daneben zeitgenöss. Dichtung der europ. Nachbarländer, z. B. Hollands, wo Lohenstein, Hofmannswaldau, auch Gryphius, ihre Studienzeit verbrachten; in der eigentl. Schaffensperiode der 2. Sch. D. wich dann der holländ. Einfluss (D. Heinsius, J. v. d. Vondel) dem italienischer und span. Autoren: während sich Gryphius weiter an Vondel orientierte, lehnte sich Lohenstein stärker den Stillehren B. Graciáns und E. Tesauros an, Hofmannswaldau übertrug die differenzierten Stilmittel G. Marinos ins Dt. Das dichter. und dichtungstheoret. Schaffen der Sch. D. steht im Zusammenhang mit den für die dt. Lit. des 17. Jh.s charakterist. Bemühungen um eine muttersprachl. Dichtkunst (vgl. auch ↗ Sprachgesellschaften), die Anschluss an den Standard der Antike und des zeitgenöss. Auslands finden sollte. Die Vertreter der Sch. D. bemühten sich für diese Aufgabe in allen Gattungen. Für die *Lyrik* wurden bereits Opitz' »Teutsche Poemata« (1624) richtungweisend, später Hofmannswaldaus Gedichte und Heldenbriefe (↗ Heroiden); auf dem Gebiet der *Tragödie* brachte das ↗ Schles. Kunstdrama Gryphius' und Lohensteins die bedeutendsten Leistungen des dt. 17. Jh.s; innerhalb des an ein Adelspublikum gerichteten ↗ *hero.-galanten Romans* entstanden für die Formengeschichte und pädagog. Orientierung der Gattung wesentl. Werke. Daneben versuchten sich die Vertreter der Sch. D. an allen rhetor. und poet. Typen der Barockliteratur (Kirchenlied, Epos, Epigramm, Operntext und die mannigfalt. Formen der ↗ Gelegenheitsdichtung und Gelegenheitsrede). Als lebendige Tradition wirkte die Sch. D. nur während des 17. Jh.s, einzelne Werke wurden bis 1730 neu aufgelegt und gerieten dann (wie auch die noch in barocker Stiltradition stehende, jedoch die existentielle Problematik barocker Dichtung verflachende ↗ galante Dichtung) in Vergessenheit. Obwohl die Autorität Opitz' nie ganz an Gewicht verlor, bahnte sich erst durch die histor. Interessen der Romantiker eine neue Auseinandersetzung mit der Sch. D. an. PS

Schlesisches Kunstdrama, barockes Trauerspiel der sog. ↗ Schles. Dichterschule; Entstehungs- u. Wirkungszeit ca. 1650–1690; Hauptvertreter: A. Gryphius und D. C. v. Lohenstein, J. Ch. Hallmann und A. A. v. Haugwitz. – Das sch. K. ist wie das gleichzeit. holländ. Drama und das ↗ Jesuitendrama gliedert in fünf ↗ Akte *(Abhandlungen)* mit abschließenden ↗ Reyen, die als Strophenlied, Ode oder allegor. Zwischenspiel gestaltet sein können. Dominierende Versform ist der paarweise gereimte ↗ Alexandriner; Sprache und stilist. Eigentümlichkeiten sind geprägt durch den Einsatz rhetor. Figuren und Tropen, zahlreiche Metaphern, emblemat. Anspielungen und komplizierten Satzbau. Die ↗ drei Einheiten sind nicht immer streng beachtet (Schauplatzwechsel, zeitl. Dehnung des Geschehens über mehrere Tage und gelegentl. Uneinheitlichkeiten des Handlungsverlaufs); die techn. Bewältigung der beliebten Massenszenen, Geistererscheinungen u. grellen Grausamkeitsszenen erforderten eine weiträumige Illusionsbühne. Gemäß der ↗ Ständeklausel sind Adlige Träger der Haupthandlung (Ausnahme: Gryphius »Cardenio und Celinde«). Nach M. Opitz' grundlegender Theorie handelt die Tragödie »nur von königlichem willen / todschlägen / verzweifflungen / kinder und vätermördern / brande / blutschanden / kriege und auffruhr / klagen / heulen / seufftzen und dergleichen.« Diese Thematik wurde im sch. K. exemplar. verarbeitet, wobei es ihm weniger um den einzelnen Vorgang als um seine beispielhafte Bedeutung für einen typ. Grundkonflikt geht (im ↗ Märtyrerdrama Gryphius' z. B. das Ideal eines christl. getönten Stoizismus). Das sch. K. ist ein ↗ Schuldrama und wurde von Schülern der schles. Gymnasien gespielt; nur in Einzelfällen war es für höf. Feste bestimmt. Der Lehrgehalt stand unter dem Einfluss staatsrechtl. Vorstellungen u. diente gemäß der für die 2. Hä. des 17. Jh.s charakterist. Auffassung von der Unumschränktheit der Herrschermacht der Verklärung des keimenden Absolutismus. Während in Gryphius' Tragödien (»Leo Arminius«, 1646, »Catharina von Georgien«, 1646/47, »Carolus Stuardus«, 1649/50, »Aemilius Paulus Papinianus«, 1659) die christl. Tugendlehre dominiert, spricht aus Lohensteins Dramen (»Cleopatra«, 1656, »Agrippina«, 1665, »Sophonisbe«, 1666 u. a.) eine zeittyp. Identifikation mit der spätröm. Kaiserzeit. Entsprechend beziehen sich die von ihm selbst beigefügten umfangreichen Anmerkungen zumeist auf spätröm. Quellen, auf Tacitus u. den Tragödiendichter Seneca. Dem korrespondiert auch die stilist. Ausprägung (sog. ↗ Schwulst). Die Werke Hallmanns (»Theodoricus«, 1666, »Mariamne«, 1669, »Sophia«, 1671 u. a.) und Haugwitz' (»Maria Stuart«, 1683) vermochten dem Schaffen von Gryphius u. Lohenstein stilist. und themat. keine wesentl. Neuerung hinzuzufügen. – Die Entwicklung des sch. K.s ging mit dem späten 17. Jh. zu Ende; die scharfe Ablehnung, die die Aufklärung den Stilidealen des 17. Jh.s entgegenbrachte, richtete sich heftig gegen das sch. K. und blockierte eine weitere positive Wirkungsgeschichte. PS

Schloka, m. [altind. śloka = Ruf, Schall, Strophe], altind. Strophenmaß aus 2 gleichgebauten ↗ Langzeilen aus je zwei Halbzeilen aus 8 kurzen oder langen Silben. Grundschema: xxxx⏑--x / xxxx⏑-⏑x. Der Sch. als Langzeilenpaar stellt stets eine geschlossene syntakt. Einheit dar. Er ist das ep. Versmaß der altind. Dichtung, z. B. der großen Sanskrit-Epen »Rāmāyana« (24 Tsd. Sch.s) und »Mahābhārata« (90 Tsd. Sch.s). Die *Vorgeschichte* des Sch. konnte bis heute nicht eindeutig geklärt werden. Während die ältere Forschung (19. Jh.; z. B. K. Bartsch) den Sch. ebenso wie den griech. ↗ Hexameter, den lat.

↗ Saturnier, den germ. ↗ Stabreimvers und die altdt. Endreimlangzeile (z. B. der Nibelungenstrophe) auf ein gemeinindogerm. ›Urmetrum‹ zurückführen wollte, sieht man heute im Sch. eher die Weiterbildung ved. Strophenmaße wie etwa der Anuschtubh-Strophe. Die Legende (»Rāmāyana« I, 2) schreibt die Erfindung des Sch. dem Dichter Vālmīki zu, der nach ind. Tradition auch der Verfasser des »Rāmāyana« selbst und damit der Begründer der Sanskrit-Epik überhaupt ist. K

Schlüsselliteratur [nach frz. livre oder roman à clef, Lehnübersetzung], literar. Werke, in denen wirkl. Personen, Zustände u. Ereignisse meist der Gegenwart des Autors hinter fiktiven oder histor. Namen mehr oder minder verborgen sind. Das Verständnis der Werke setzt beim Leser die Kenntnis des verwendeten ›Schlüssels‹ oder der verschlüsselten Verhältnisse voraus. Im Unterschied zu solchen Werken, in denen bestimmte wirkl. Personen zu Urbildern und Modellen wurden (z. B. in Goethes »Werther«, 1774, oder Th. Fontanes »Effi Briest«, 1894/95), ist in der Sch. der konkrete Realitätsbezug und die Kodifizierung des Textes das bewusste Ziel des Autors. Sie enthält eine implizite Aufforderung an den Leser (oder oft nur einen Kreis von Eingeweihten), das Verschlüsselte im Hinblick auf reale Vorgänge und Personen zu lesen. Bes. geeignet für Verschlüsselungstechniken sind (biograph.) Romane (sog. *Schlüsselromane*), Fabeln, Dramen. Zur Sch. werden sowohl jene Werke gezählt, in denen der Schlüssel bestimmend für ihre Struktur ist (z. B. die Werke der ↗ inneren Emigration und z. T. der ↗ Exilliteratur), als auch Werke, in denen der Schlüssel nur eine untergeordnete Rolle spielt (z. B. in Th. Manns »Dr. Faustus«, 1947) oder nur einen Teilaspekt des Werkes erhellt (z. B. Schillers »Geisterseher«, 1787). – Entsprechend den Voraussetzungen, die zur Verschlüsselung führten, kann man (nach K. Kanzog) *bestimmte Typen* unterscheiden, z. B.:
1. Darstellung zeitgeschichtl., polit. Ereignisse, die zur Verschleierung reizen oder zwingen, z. B. B. Brecht, »Der aufhaltsame Aufstieg des Arturo Ui« (1941: Aufstieg Adolf Hitlers; der

Schlüsselliteratur

Aufführung des Berliner Ensembles 1959 wurde der Schlüssel beigegeben) oder L. Feuchtwangers Roman »Erfolg« (1930: wachsende faschist. Tendenzen in Deutschland). Als Schlüsselroman wurde auch E. Jüngers »Auf den Marmorklippen« (1939) aufgefasst (Hitler-Tyrannei), obzwar der Autor ihn nicht als solchen beabsichtigt hatte, ferner gehört z. Sch. C. Zuckmayers Drama »Des Teufels General« (1946: Freitod des Fliegergenerals Udet).
2. Ein zweiter Situationstyp umfasst die Verschlüsselung von Skandalen (hauptsächl. Liebesverhältnissen), polit. u. gesellschaftl. Konflikten, z. B. F. Lewalds satir. Erzählung »Diogena« (1847), O. J. Bierbaums Roman »Prinz Kuckuck« (1906/07) oder K. Manns Roman »Mephisto« (1936).
3. Ein dritter Anstoß für Sch. ist die Verschlüsselung von Kontroversen literar. Gruppen, v. a. in Pamphleten, Künstlerromanen, Literatursatiren u. Ä., so finden sich z. B. in L. Tiecks Dramen »Der gestiefelte Kater« (1797) und »Die verkehrte Welt« (1800) eine Reihe verschlüsselter Gestalten und literar. Ereignisse. Beliebt ist die Verschlüsselungstechnik auch in Werken mit programmat. Charakter (vgl. z. B. Teile von »Faust II«, die späten Novellen Tiecks) und in den Selbstdarstellungen literar. Zirkel, die einen gewissen Einblick in das tatsächl. Leben dieser Kreise erlauben (z. B. die Komödien F. Wedekinds, »Oaha«, 1908, und M. Halbes, »Die Seligen«, 1908, oder H. Manns Roman »Die Jagd nach Liebe«, 1903). – Die Anfänge der Sch. in Deutschland sind schwer festzulegen. Vermutete Verschlüsselungen in der höf. Epik sind nicht mehr zu bestimmen. Als erstes Beispiel für erhellte Sch. gilt Augustin von Hamerstettens »Hystori vom Hirs mit den guldin ghurn und der Fürstin vom pronnen« (1496). Das Werk steht durch seinen allegor. Charakter in einer Tradition mit Maximilians »Teuerdank« (1517), dessen Schlüssel beigegeben wurde. In Mode kam die Verschlüsselung in der ↗ Schäferdichtung im Gefolge Vergils (Petrarca, Boccaccio) in Renaissance und Barock (v. a. J. Barclays »Argenis«, 1621) und prägte dann v. a. den franz. ↗ heroisch-galanten Roman (M. de Gomberville, G. de La Calprenède, M. de Scudéry, J. Desmarets u. a.). Dieser Typus der Sch. gelangte durch zahlreiche Übersetzungen nach Deutschland, wo zunächst auch die darin gepflegte Technik der Anspielungen, Verschlüsselungen und Verkleidungen übernommen wurde (vgl. Ph. v. Zesen, »Sofonisbe«, 1647, M. Opitz u. a.). Durch den Ortswechsel aber verlor sie an Bedeutung und nahm in den späteren selbständigen heroisch-galanten Romanen nur eine untergeordnete Stellung ein. Die ausgeprägtesten selbständigen Schlüsselromane sind Anton Ulrich von Braunschweigs »Aramena« (1669–73) und »Octavia« (bes. die 2. Fassung 1712–14) und D. Caspers von Lohenstein »Arminius« (1689–90). – Für das 18. Jh. ist u. a. der junge Goethe zu nennen (»Die Laune des Verliebten«, 1767/68; »Das Jahrmarktsfest zu Plundersweilern«, 1773; »Ein Fastnachtspiel vom Pater Brey«, 1773/74 u. a.), für das 19. Jh. im Rahmen der satir., literat.-krit. Sch. die Romantiker L. Tieck und E. T. A. Hoffmann (»Die Serapionsbrüder«, 1819/21, »Meister Floh«, 1822) später die Romane F. Spielhagens und andere ↗ Zeitromane, für das 20. Jh. außer den schon erwähnten noch einige Werke von H. Böll, G. Grass, R. Hochhuth.   IA

Scholien, n. Pl. [zu gr. scholion = schulmäßige, kurze, kommentierende Erklärung], stichwortart. Erläuterungen sprachl. schwieriger Wendungen oder histor.-fakt. Kommentierung einzelner Textstellen. Die v. a. in der griech. und röm. Antike praktizierten Sch. unterscheiden sich von den einfacheren ↗ Glossen durch mehr Informationen (nicht nur Einzelworterklärungen oder -übersetzungen), von den durchgehenden ausführl. Interpretationen dadurch, dass sie ursprüngl. nicht als bes. Schrift verbreitet, sondern in die zu kommentierenden Texte eingefügt wurden. Dabei wurde das Stichwort (↗ Lemma) oder auch ein kurzer Textabschnitt am Rande wiederholt, gelegentl. auch durch ein Verweiszeichen (ähnl. der heutigen Fußnotenpraxis) hervorgehoben. Danach folgte die Erläuterung (Interpretament). – Die überlieferten Sch. enthalten Deutungen dunkler Stellen, sprachl. Besonderheiten, rhetor. Figuren, Informationen zur Mythologie, Historie, Textkritik, Etymologie; sie geben inhaltl. oder sprachl. Parallelstellen an und bringen z. T. ausführl. Interpretationen. Wegen der Reichhaltigkeit der Kommentierungsgesichtspunkte sind die antiken Sch. über ihre eigentl. Erklärungsfunktion hinaus wertvolle, oft einzigart. Quellen für die Kenntnis des antiken Fachwissens und vieler Autoren, von deren Werken nur noch Fragmente in Sch.-Zitaten erhalten sind. – Die ältesten Sch. waren Erklärungen zu den homer. Epen (übl. bereits im 5. Jh. v. Chr. in Athen). Die Tradition der antiken Scholiastik wird durch Vermittlung der alexandrin. und byzantin. Philologie im europ. MA. fortgesetzt (wo ganze Sch.sammlungen angelegt wurden) und von den Humanisten des 15. und 16. Jh.s für ihre philolog. Arbeit übernommen. Datierung, Herkunft und Überlieferungswege der Sch. zu bestimmen, ist wegen der zahlreichen, fast nie mit Quellenangaben versehenen Übernahmen mit großen, oft unlösbaren Schwierigkeiten verbunden. – Zur griech. Literatur sind bedeutende Sch. zu Homer, zu Lyrikern (Pindar, Theokrit), Tragikern und Aristophanes, zu Historiographen (Thukydides, Herodot), Philosophen (Platon) und Rhetoren (Demosthenes) überliefert. Sch. von enzyklopäd. Umfang stammen von dem alexandr. Grammatiker Didymos (1. Jh. v. Chr.). Die Sch.-Literatur zur röm. Antike (v. a. in mal. Redaktionen erhalten) befasst sich vorwiegend mit poet. Werken (Horaz, Vergil, Ovid, Statius u. a.), nur ausnahmsweise mit Prosaschriften (Cicero). HW

Schöne Seele, Bez. für einen Charakter- oder Menschentypus, in dem Affekte und sittl. Kräfte in harmon. (und damit ästhet. schönem) Verhältnis stehen. Vorgebildet in der europ. Geistesgeschichte seit Platon (4. Jh. v. Chr.; kalokagathia) und Plotin (3. Jh. n. Chr.), wurde er insbes. im 18. Jh. aus dem ästhet.-eth. Harmoniebegriff Shaftesburys entwickelt und von F. Schiller gültig formuliert: sch. S. als Ziel einer ›ästhet.‹ Erziehung, d. h. zu harmon. Menschlichkeit durch Versöhnung von Pflicht und Neigung, Vernunft und Sinnlichkeit, die sich in der äußeren Erscheinung durch Anmut u. Würde offenbare (»Über Anmut u. Würde«, 1793). Der *Begriff* findet sich auch schon in der mal. und barocken (insbes. span.) Mystik für gesteigerte religiöse und psych. Sensibilität, später im ⁊ Pietismus und, säkularisiert (für gefühlvoll sentimentale Tugendhaftigkeit um ihrer selbst willen), in der ⁊ Empfindsamkeit. Diesen Wurzeln v. a. sind die *literar. Beispiele sch.r S.n* verpflichtet: sie finden sich u. a. bei S. Richardson, J. J. Rousseau (»La Nouvelle Héloïse«, 1761), J. G. und F. H. Jacobi und bei Goethe (»Wilhelm Meisters Lehrjahre«, 6. Buch: ›Bekenntnisse einer sch.n S.‹). Die Bez. ›sch. S.‹ findet sich erstmals bei Ch. M. Wieland, wie wird, bes. unter dem Einfluss Rousseaus, zwischen 1765 und 1774 zu einem Modewort. IS

Schöngeistige Literatur, auch: schöne Literatur, vgl. ⁊ Belletristik, auch: ⁊ Dichtung.

Schrift [Subst. zu schreiben < lat. scribere, eigentl. = mit dem Griffel eingraben], die Erfindung der Sch. war eine grundlegende Voraussetzung für die geist. Entfaltung der Menschheit. Sie diente von Anfang an drei Zwecken: dem Kult, der Aufzeichnung von Poesie und der Verwaltung. Seit dem 4. Jt. v. Chr. sind Versuche belegt, Sachverhalte, Mitteilungen, Vorstellungen, Ideen durch Zeichen festzuhalten und übertragbar zu machen. Als *Vorstufen* können Höhlenmalereien und Felsritzungen *(Petrographien)* angesehen werden, die wohl mag. Zwecken dienten (vgl. Höhle von Altamira, 10000 v. Chr.). – Eine Notierungsform, die bis in die Gegenwart fortlebt, ist die Fixierung von Quantitäten durch Kerbungen oder Knoten *(Kerb-, Knotensch.)*. Am Beginn der eigentl. Sch.-Entwicklung steht das mehr oder weniger abstrahierte Bild eines Gegenstandes, einer Vorstellung, die *Piktographie* (lat. pictus = gemalt), *Ideographie* (gr. idea = Ansehen) oder *Bilder-Sch.* Solche Ideogramme (auch Piktogramme, Begriffszeichen) können unabhängig von bestimmten Sprachlautungen verstanden werden, vermögen allerdings nur isolierte Begriffe u. Vorstellungen zu fixieren (daher auch: *Begriffs-Sch.*). Nach diesem Prinzip sind z. B. auch neuzeitl. Verkehrszeichen gestaltet und immer schon graph. Symbole (Kreuz). Begriffszeichen wurden evtl. auch beim germ. Losorakel verwendet (s. Tacitus,»Germania«). Zur Wiedergabe zusammenhängender Texte bedurfte es weiterer Differenzierungen: Basis der frühesten Sch.en sind Wortbildzeichen *(Logogramme)*, welche z. T. den Ideogrammen entsprechen. Sie werden aber zur genaueren Sinnfixierung ergänzt durch Silbenzeichen *(Logotypen)*, Einzellautzeichen *(Phonogramme)* und *Determinative* (die Genus und Bedeutungsklassen markieren). Logotypen finden sich auch noch in mal. Handschriften als Kürzel (z. B. für -er) oder als feste Buchstabenkombinationen im Druck. Phonogramme folgen dem Prinzip der Akrophonie (gr. akros = Spitze), d. h. ein ursprüngl. Logogramm steht nur für den Anfangslaut des bezeichneten Wortes. Aus diesen Elementen entwickelten sich um 3000 v. Chr. für die Bedürfnisse der Tempelkultur und Staatsverwaltung etwa gleichzeitig die *frühesten Sch.systeme* in den ältesten Hochkulturen der Menschheit: In Mesopotamien (Zweistromland, heutiger Irak) die sog. Keilsch. (lat. litterae cuneatae = keilförm. Buchstaben), in Ägypten die Hieroglyphensch. (gr. hieros = heilig, glyphein = einschneiden; die von 3000 v. Chr. bis ca. 300 n. Chr. verbreitet war. Beide Sch.en verwenden zunehmend abstrahierte Wortbildzeichen, ergänzt durch Silbenzeichen, Lautzeichen und Determinative. Sie sind am Wortschatz orientiert, nicht an der Lautung. Dadurch war z. B. die Keilsch. sowohl von Sumerern als auch Babyloniern, Hethitern und anderen Völkern des Vorderen Orients verwendbar. Dieses Prinzip bestimmt auch die chines. (und jap.) Sch., die damit bis heute die schriftl. Verständnisbasis für ganz verschieden lautende chines. Dialekte bildet. *Die Keilsch.* war eine mit einem Stichel in Ton gedrückte, auf keilförm. Striche reduzierte ursprüngl. Bilderschrift (erste Entzifferungsansätze 1802 durch G. F. Grotefend). – Auch die ägypt. *Hieroglyphensch.* entwickelte sich aus ursprüngl. noch deutl. erkennbaren Bildzeichen zu immer abstrakteren Vereinfachungen, so bes. in der auch für profane Zwecke verwendeten späteren *hierat. Buch-Sch.* und der daraus entwickelten *demot. Schrift* (gr. demos = Volk, ca. seit 7. Jh. v. Chr.). Hieroglyphen wurden 1822 durch J.-F. Champollion mit Hilfe des dreisprach. Inschriftensteins von Rosette entziffert. Ein völlig neues Sch.prinzip wurde im semit. Raum (Libanon) entwickelt. Dabei wurde eines der auch in Keil- und Hieroglyphensch. vorhandenen Sch.elemente, das Phonogramm oder Einzellautzeichen, verabsolutiert: An die Stelle der synthet. Wortsch. trat die analyt. Lautsch. *(Phonographie).* Die älteste, auf eine bestimmte Sprachlautung bezogene Sch. war die sog. *semit.* Konsonantensch. mit 32 Zeichen. Bedingt durch die semit. Sprachstruktur fixierte sie *nur* das konsonant. Sprachgerüst, ein Verfahren, auf dem bis heute die arab. und hebrä. Sch. basiert (älteste Funde seit dem 15. Jh. v. Chr. in Ugarit und Biblos, Libanon). Mutmaßl. von den Phöniziern übernahmen die Griechen um 1000 v. Chr. dieses Schriftprinzip samt Formen, Reihenfolge, Namen der Buchstaben und passten es ihrer vokalreicheren Sprache an. Sie schufen dabei die *erste reine Lautschrift,* in welcher auch Vokale bezeichnet wurden. In ihrem Alphabet von 24 Buchstaben wurden phöniz. Konsonantenzeichen auch als Vokalbuchstaben eingesetzt. Älteste Funde dieser Sch. reichen ins 8. Jh. v. Chr. zurück (linksläufige Weihe-Inschrift auf der sog. Dipylonkanne, Athen). Auf dieser Grundlage entwickelten sich dann die abendländ. Sch.en. Im Folgenden änderten sich nur noch, allgemeinen Stilentwicklungen folgend, die äußere Form und, entsprechend der jeweiligen Sprachstruktur, die Zahl der Buchstaben (wobei für neue Laute allerdings meist Buchstabenkombinationen gebildet wurden, z. B. pf). Aus den ursprüngl. Großbuchstaben *(Majuskeln,* lat. maiusculus = etwas größer) entwickelten sich schließl. auch Kleinbuchstaben *(Minuskeln,* lat. minusculus = etwas kleiner). Im lat. Sprachraum entstand schon im 3./4. Jh. neben den Majuskelsch.en eine Minuskel-*Kursive* (lat. cursus = Lauf, Schreibsch., auch *Kurrentsch.* zu lat. correre = laufen) im griech. erst im 9. Jh. Die Minuskelsch. wurde durch *Versalien* (Großbuchstaben, lat. versus = Zeile) differenziert. – Auf den griech. Schrifttypen – ergänzt durch german. ↗ Runen – basiert die von dem Westgoten Wulfila (4. Jh. n. Chr.) für seine Bibelübersetzung geschaffene Sch. Auch die kyrill. (heute russ.) Sch. nahm ihren Ausgang von griech. Majuskeln. Über die Etrusker gelangte die griech. Sch. zu den Römern (älteste Zeugnisse 600 v. Chr.). Von diesem Entwicklungsweg zweigte wohl auch die germ. *Runen-Sch.*, eine reine Inschriftensch., ab (älteste Funde 2. Jh. n. Chr.). Für Inschriften entwickelten die Römer die noch heute gebräuchl. *Monumental-*, *Lapidar-* (lat. lapis = Stein) oder *Kapital-* (lat. capitalis = hervorragend) Sch., aus der sich nach- und nebeneinander verschiedene Sch.typen für Bücher (Hss.) und den raschen Gebrauch herausbildeten (älteste Zeugnisse kursiver Alltags- oder Geschäftssch.en um 20 v. Chr.). *Buchsch.en* sind die Capitalis quadrata (eine aufs Pergament übertragene Kapitalsch., Buchstaben sind ins Quadrat eingeordnet), die *Capitalis rustica* (eine schmälere Variante), die *Unziale* (mit stärkeren Rundungen, ab 3. Jh. n. Chr.), schließl. die zur Minuskel tendierende *Halbunziale* (mit Ober- und Unterlängen, seit 5. Jh.). – Aus diesen Formen entwickelten sich im Wesentl. die abendländ. Sch.en. In der Karolingerzeit entstand (Ende 8. Jh.) die sog. *karoling. Minuskel*, eine für die Verwaltung des Reichs Karls des Großen praktikable Sch. Sie wandelt sich, entsprechend der stilgeschichtl. Entwicklung zur sog. *gotischen Buch-Sch.* mit Brechungen an Schäften und Bögen. Typ. Ausprägungen sind die *Textura* (lat. = Gewebe) oder *Missal-Sch.*, bes. für liturg. Bücher (zu lat. missale = zur Messe gehörig). Neben diesen Buch-Sch.en entstehen wiederum kursive Urkunden- und Geschäftssch.en und (für mehr gewerbl. Handschriftenproduktionen) die sog. *Bastarda* (14. Jh.), eine Mischung aus beiden. – Italien entwickelt im 14. Jh. die *Rotunda* (mit ausgeprägten runden Formen), ferner die *Gotico-Antiqua*, die Formen der röm. Capitalis quadrata (jetzt Antiqua genannt) aufnimmt (auch Humanisten- oder Petrarca-Sch. genannt). – Durch die Erfindung des Buchdrucks ändert sich für die Geschichte der Sch. zunächst wenig: Für die Wiegendrucke (↗ Inkunabeln) bleiben die mal. Handschriften Vorbild: Gutenberg druckt seine Bibel (1455) in Textura. Die Rotunda wird für lat. Texte, Bastard-Sch.

en werden für volksprachl. Texte verwendet. Ausgesprochene *Druck-Sch.en* entstehen erst im 16. Jh.: in Italien die *Antiqua*, ein auf die karoling. Minuskel zurückgreifender Typus, nördl. der Alpen für dt.sprach. Texte die aus der got. Buch-Sch. entwickelte *Fraktur* (lat. frangere = brechen), auch *Schwabacher* oder *Dt. Sch.* (lat. Werke werden auch hier in Antiqua gedruckt). – Die Schreibsch.en schließen sich an die got. Kursive an, woraus sich die dt. *Schreibsch.* in ihren zeittyp. Ausprägungen entwickelte. Nach einer letzten Phase, der sog. Sütterlin-Sch. (seit 1935), wird sie 1941 durch eine an der lat. Sch. orientierten Form abgelöst. Sowohl bei Schreib- als auch bei Druck-Sch.en gab es mannigfache Varianten mit unterschiedl. ästhet. Anspruch, Kalligraphie und Kallitypie (griech. kallinos = schön) neben Gebrauchs- u. sog. Brotsch.en. Im 18. und v. a. im 19. Jh. herrschte z. B. eine gewisse Gleichgültigkeit. Eine Gegenbewegung setzte Ende des 19. Jh.s ein: Durch die Bemühungen W. Morris' und unter dem Einfluss des Jugendstils entstanden neue künstler. Drucksch.en, befördert v. a. durch private Pressen (Kelmscott Press, 1890, W. Morris; Doves Press, 1900; Bremer Presse, 1911; Cranach Presse, 1912 u. a.), einzelne Verlage (Insel, Fischer) und bibliophile Gesellschaften. Diese Tendenzen setzen sich bis heute – trotz zunehmender Automatisierung des Buchdrucks – fort (seit 1951 z. B. Prämiierung der »schönsten Bücher«). Im 19. und 20. Jh. wurden völlig *neue Prinzipien* zur Aufzeichnung sprachl. Mitteilungen entwickelt: Auf dem binären Prinzip (lat. bini = je zwei) beruht sowohl die um 1850 erfundene *Morse-Sch.* (Länge-Kürze) als auch die *Computer-Registrierung* durch Kombinationen der bits mit den Werten 0 und 1. S

Schriftsinn, eigentl. Lehre vom mehrfachen Schriftsinn, bes. Form der ↗ Allegorese, in der der hinter dem Wortsinn liegende *sensus spiritualis* mehrfach nach Anwendungsbereichen oder Sinnbezügen aufgefächert wird: Nach der von Origenes (3. Jh.) entwickelten *Lehre vom dreifachen Sch.*, dem buchstäbl. (somat., geschichtl.) für einfache Gläubige, dem eth. (psych., seel.) für fortgeschrittene und dem

myst. (pneumat., geist.) für vollkommene Gläubige, bildete sich in der Patristik (J. Cassianus, Hieronymus) eine v. a. für die Bibel-↗ Exegese bestimmende hermeneut. Technik einer auf einen *vierfachen Sch.* festgelegten Interpretation *(lectio)* heraus:
1. Erfassen der *historia,* des Wort- oder Literalsinnes *(sensus litteralis)* des Textes,
2. Aufzeigen der *allegoria,* des *sensus allegoricus,* des dahinterliegenden eigentl. Gemeinten (↗ Typologie, ↗ Präfiguration),
3. die *tropologia,* die moral., auf die prakt. Unterweisung zielende Lehre,
4. die *anagoge,* der Verweis auf die Eschatologie (Lehre von den letzten Dingen). Demnach wird z. B. Jerusalem gedeutet:
1. als die histor. Stadt, 2. als Kirche Christi, 3. als menschl. Seele, 4. als die himml. Stadt Gottes, das himml. Jerusalem.
Dieses exeget. Verfahren wurde auch auf profane Schriften übertragen, wodurch v. a. die heidn. Autoren der Antike einem christl. Verständnis erschlossen werden konnten und so vor dem Untergang bewahrt wurden, ferner auf die Deutung mal. geistl. und weltl. Dichtung. DW

Schriftsprache, die seit dem Ende des 18. Jh.s belegte Bez. grenzt die hochdeutsche Gemein- oder Verkehrssprache (auch ↗ Hoch- oder Standardsprache) von den regionalen Mundarten und Schriftdialekten ab durch eine überregionale *Normierung* der Wortformen (Phonetik), ein verbindl. grammat. System (Morphematik), einen normierten Satzbau (Syntax) und eine weithin gültige Konvention der Wortbedeutung (Semantik). Von ebenfalls schriftlich fixierten ↗ Sondersprachen kann sie sich im Satzbau, im Wortschatz oder bei der Wortbedeutung unterscheiden, z. B. von der ↗ Literatur- oder Dichtersprache, den Berufs-, Fach- und Gruppensprachen. – Die Bemühungen um eine Normierung des Kommunikationsmittels Sprache sind nahezu so alt wie die Schriftlichkeit der Sprache selbst. Bereits in ahd. Zeit gibt es Ansätze zur Vereinheitlichung und Systematisierung geschriebener Sprache (9. Jh.). Im MA. haben überregionale Sprachregelungen zu gewissen Vereinheitlichungen der Literatursprachen und zu geregelten Verkehrssprachen, z. B. innerhalb der Hanse, geführt. Im 15. Jh. bilden sich Kanzleisprachen, daneben auch Druckersprachen aus. Durch M. Luthers Übernahme der Sprachformen aus der kursächs., dem ostmitteldeutschen Dialekt verpflichteten Kanzlei-Orthographie setzt sich diese Sprache im ganzen hochdeutschen Verbreitungsbereich als Sch. durch. Trotz vielfacher Bemühungen der Philologen und Pädagogen, durch Sprachreinigungen, Sprachregelungen, normative Grammatiken und Stilistiken endgült. Festlegungen zu erreichen, ist Sch. keine geschichtsunabhängige Norm, sondern das jeweils zeitbedingte Angebot eines -z. B. im »Duden« gesammelten – mittleren Sprachpotentials. Verständigung erleichtern und zugleich helfen soll, Information überregional verbindl. zu formulieren. HW

Schriftsteller, das *Wort ›Sch.‹* wurde im 17. Jh. abgeleitet aus der Wendung ›eine Schrift stellen‹ für den Verfasser einer Bitt- oder Rechtsschrift im Sinne von ›Konzipient‹ und bürgerte sich im 18. Jh. als Verdeutschung von ›Autor‹ (Verfasser) und ›Skribent‹ (Schreiber) ein im Sinne von ›Verfasser von Prosaschriften ohne poet. Anspruch‹ im Ggs. zum meist höher eingeschätzten ↗ Dichter (Poet). Diese Unterscheidung wurde immer wieder in Frage gestellt, bis sie im 20. Jh. im Zuge der allgemeinen Veränderung des Dichtungsbegriffes nebensächl. wurde. Das Wort wird heute überwiegend wertfrei verwendet für Literaturproduzenten aller Sparten, d. h. sowohl für Lyriker u. Autoren fiktionaler Literatur jeder Art als auch für Verfasser von Essays, Sachbüchern, Zeitungs- und Zeitschriftenartikeln, von Drehbüchern, Beiträgen zu Funk und Fernsehen usw. Als Berufsbezeichnung erscheint meist der Zusatz ›freier Sch.‹. Während sich Drucker und Verleger seit dem 16. Jh. durch sog. *Privilegien* ihrer Landesherren vor ↗ Nachdrucken ihrer Erzeugnisse schützen konnten, wurde das ›geist. Eigentum‹ der Sch. selbst erst im 19. Jh. gesetzl. geschützt (Ansätze zunächst in Preußen: Landrecht 1794): Ein 1. reichseinheitl. *Urheberrecht* wurde 1871 geschaffen u. nach mehreren Revisionen 1965 neu gefasst (vgl. etwa parallel: 1886 Abschluss der Berner Konvention zum copyright [Urheberrecht]), 1955 Welturheberrechtsabkommen. Zur weiteren arbeitsrechtl. und tarifpolit. Interessenwahrung sind Sch. in ↗ Sch.-Verbänden organisiert. Zur Geschichte des Sch.standes vgl. ↗ Dichter. S

Schriftstellerverbände, als öffentl. Körperschaften eingetragene Organisationen von Schriftstellern zur Wahrung ihrer »kulturellen, rechtl., berufl. und sozialen Interessen« (VS), im Ggs. zu den programmat. ausgerichteten oder vornehml. geist.-geselligen Austausch pflegenden ↗ Dichterkreisen. – Die ersten Sch. mit dem Ziel, durch Lesungen, Aufführungen usw. notleidende Mitglieder zu unterstützen, entstanden *in Dtschld.* Mitte des 19. Jh.s: als erster 1840 der *Leipziger Literatenverein,* 1865 der *Dt. Schriftstellerverein,* 1887 der *Dt. Schriftstellerverband;* sie schlossen sich 1895 im *Verband Dt. Journalisten- und Schriftstellervereine* zusammen. – Von den Einzelverbänden ist der 1909 gegründete *Schutzverband Dt. Schriftsteller* (SDS) erwähnenswert, der sich als dt. Autorengewerkschaft verstand (1920 Umbenennung in *Gewerkschaft Dt. Schriftsteller*). Mit seinen vielfält. Gliederungen (nach literar. Gattungen, nach Regionen) und sozialen Leistungen (Darlehen, Rechtsschutz usw.) war er der vormals größte Interessenverband. Er wurde 1933 als ›Reichsverband Dt. Schriftsteller‹ in der ›Reichsschrifttumskammer‹ (Abteilung der ›Reichskulturkammer zur Überwachung und Lenkung des Kulturlebens‹) gleichgeschaltet (und 1935 aufgelöst), ebenso wie alle weiteren Sch., die seit 1927 in der Dachorganisation *Reichsverband des Deutschen Schrifttums* zusammengeschlossen waren. – Emigrierte Schriftsteller gründeten 1933 in Paris einen antifaschist. Autorenverband, nach der dt. Autorengewerkschaft ebenfalls *Schutzverband Dt. Schriftsteller* (SDS) genannt, der bis zum Zweiten Weltkrieg bestand (↗ Exilliteratur). – Nach dem Zweiten Weltkrieg kam es bereits am 9.11.1945 in Berlin zur Gründung des *Schutzverbandes Dt. Autoren* (SDA); es folgten *in der Bundesrepublik* zahlreiche Neugründungen von regional oder gattungsmäßig abgegrenzten Sch.n, die sich 1952 in Berlin in der *Bundesvereinigung Dt. Sch. e. V.* (BDS) zusammenschlossen. Die Erfolgslosigkeit der Bemühungen um soziale Verbesserungen, deren Grund in der satzungsmäß. festgelegten apolit. Haltung der BSD gesehen wurde, führte am 8.6.1969 in Köln zur Neuorientierung als *Verband Dt. Schriftsteller e. V.* (VS; Sitz München) mit Landes- und Fachgruppen, der gewerkschaftl. Organisation erstrebte und 1973 der IG Druck und Papier beitrat, um die sozialpolit. Forderungen der Autoren durchzusetzen; 1989 wurde der VS als ›Fachgruppe Literatur‹ (Vorsitzender Uwe Friesel, 1989 ca. 2300 Mitgl.) in die neugeschaffene umfassendere IG Medien (Druck, Papier, Publizistik u. Kunst) integriert. 1973 wurde in München der dieses polit. Engagement ablehnende *Freie Dt. Autorenverband e. V.* (FDA) gegründet. Ferner bestehen u. a. der *Bundesverband der Dolmetscher und Übersetzer e. V.* (BDÜ, gegr. 1955), der *Bundesverband Dt. Schriftstellerärzte e. V.* (BDSÄ, gegr. 1969), die *Dramatiker Union e. V.* (gegr. 1911, vormals ›Verband Dt. Bühnenschriftsteller und Bühnenkomponisten e. V.‹), die *GEDOK* (Gemeinschaft dt. u. oesterr. Künstlerinnen und Kunstfreunde e. V., gegr. 1926), der *Verband Dt. Kritiker e. V.* (gegr. 1950), der *Verband Fränk. Schriftsteller e. V.* (V. F. S.; gegr. 1962), der *Verband Junger Publizisten Deutschlands* (VJPD, gegr. 1965) u. a. – *In der DDR* bestanden seit 1952 der *Schriftstellerverband der DDR* (SV-DDR), Sitz Berlin, der fachl. und regional gegliedert ist (Organ: ›Neue Dt. Literatur‹, seit 1953) und Einrichtungen zur Ausbildung eines Schriftstellernachwuchses (Joh.-R.-Becher-Institut für Literatur in Leipzig). Ferner existierte ein *Verband der Theaterschaffenden (VT) u. der Film- und Fernsehschaffenden (VFF) der DDR* (gegr. 1967). Die *internationalen* Sch. verfolgen v. a. übergreifende Ziele wie die Förderung internationaler Verständigung, Erhaltung der Geistes- und Meinungsfreiheit, Kampf gegen Zensur, Rassen-, Klassen- u. Völkerhass, Verbesserung der Gesetzgebung über das geist. Eigentum in einzelnen Ländern. Zu nennen sind *The Society of Authors,* London (gegr. 1884,

Organ: The Author), der ↗ *P. E. N.*, die *Confédération Internationale des Sociétés d'Auteurs et Compositeurs* (CISAC) in Paris (gegr. 1926; 90 Gesellschaften sind Mitglieder), der *Internationale Schutzverband dt. Schriftsteller* (ISDS, Sitz Zürich, 1945 hervorgegangen aus dem Zusammenschluss emigrierter Schriftsteller, Mitglieder in 5 Kontinenten). Auskunft über weitere dt.sprach. u. intern. Sch., ihre Ziele, Organisation, Mitgliederzahl u. Präsidenten gibt Kürschners Dt. Literaturkalender, 60. Jg. Bln./New York 1988. IS

Schuldrama, das an den niederl. und dt. Lateinschulen und Universitäten des 15. bis 17. Jh.s gepflegte lat. (seit dem 2. Drittel des 16. Jh.s auch dt.sprachige) Drama, dessen Aufführung (wenigstens ursprüngl.) eine primär pädagog.-didakt. Zielsetzung verfolgt: die Schüler, durch die die Aufführungen (mehrmals jährl.) ausschließl. bestritten werden (die Erarbeitung der Stücke erfolgt im Rahmen des Rhetorikunterrichts; die Stücke selbst sind von Pädagogen und Geistlichen verfasst), sollen zu gewandtem Auftreten und zur eleganten Handhabung der rhetor. Mittel der lat. (und dt.) Sprache erzogen werden. Die Einübung in die eth. Praxis des Christentums und des Humanismus kommt als weiteres Ziel hinzu. – Die erste Phase des Sch.s wird durch das *lat. ↗ Humanistendrama* repräsentiert, das formal an antiken Vorbildern (Terenz, Plautus; Seneca) orientiert ist und in der ersten Hälfte des 16. Jh.s, zum religiösen Tendenzdrama umfunktioniert, in den Dienst der Reformation tritt. Diese gibt, von frühen Übersetzungen antiker und humanist. Dramen (Terenz, Plautus, Reuchlins »Henno«) durch humanist. Pädagogen wie J. Muschler, H. Ham, V. Boltz und G. Wagner abgesehen, den eigentl. Anstoß zur Ausbildung eines *dt.sprachigen* Sch.s, des sog. ↗ *Reformationsdramas*. – In der 2. Hälfte des 16. Jh.s entwickelt sich aus dem lat. Sch. der Humanisten das gegenreformator. Tendenzen verfolgende *lat. ↗ Jesuitendrama*. – Im 17. Jh. erlebt das dt.sprach. Sch. einen zweiten Höhepunkt im ↗ *schles. Kunstdrama*. – Den Abschluss der Tradition bildet gegen Ende des 17. Jh.s das ›polit.‹ Sch. des Zittauer Schulrektors Ch. Weise (»Masaniello«, 1683), das die primär pädagog. Zielsetzung des Sch.s erneut herauskehrt: jetzt die Erziehung zu ›polit.‹Verhalten, d. h. zu gewandtem gesellschaftl. Auftreten, zu einer bürgerl.-gesellschaftl. Kultur und Bildung, zu Weltoffenheit und gesundem Menschenverstand. K

Schundliteratur [Schund = Abfall des Schinders (Abdeckers), Kot, Unrat], abwertende Bez. für einen Teil der ↗ *Trivialliteratur*, v. a. für erzählende Texte, die literar. (d. h. ästhet.) anspruchslos und moral. – im Sinne einer bürgerl. Moral – nicht einwandfrei sind. Allerdings hängt die Beurteilung sehr vom jeweiligen Standpunkt des Betrachters ab. Die Grenzen zum ↗ *Kitsch* und zur ↗ *pornograph. Literatur* sind fließend, jedoch wird mit dem Terminus Sch. eher die Gewaltkomponente als Sexuelles angesprochen. Nicht nur wegen der Subjektivität des Urteils können die gesetzl. Maßnahmen gegen Auswüchse der Sch., v. a. das »Gesetz über die Verbreitung jugendgefährdender Schriften« (GJS, das sog. »Schmutz- und Schundgesetz«; i.d. F. v. 23.11.1973) und gegebenenfalls auch §131 StGB i.d. F. v. 2.3.1974 (»Verherrlichung von Gewalt; Aufstachelung zum Rassenhaß«), nicht als optimale Lösungen des Problems angesehen werden. §1 des GJS offenbart einen weiteren entscheidenden Mangel: »Schriften, die geeignet sind, Kinder oder Jugendliche sittl. zu gefährden, sind in eine Liste aufzunehmen. Dazu zählen v. a. unsittliche, verrohend wirkende, zu Gewalttätigkeit, Verbrechen oder Rassenhaß anreizende sowie den Krieg verherrlichende Schriften«. Da über Wirkungen von Literatur keine verbindl. Forschungsresultate vorliegen, kann eine Definition des inkriminierten Gegenstandes mit Hilfe eben dieser Wirkungen, erst recht die Erhebung zum Straftatbestand, nicht befriedigen. Die gesetzl. Initiativen wurden und werden unterstützt durch die Aktivitäten bestimmter Gruppen (Literaturkritiker u. -wissenschaftler, Kulturpessimisten und Volksbibliothekare u. a.) und Institutionen (Kirche, Schule u. a.). Die eingesetzten Mittel reichen von der verbalen Diffamierung in entsprechenden Publikationsorganen über den diskriminierenden Vergleich mit ›guter‹ Literatur und deren preiswerter ersatzweiser Offerierung bis hin zum autoritären Verbot (z. B. im schul. oder kirchl. Bereich). Dass diese Bemühungen bisher keine nennenswerten Erfolge erzielten, beweist im Grunde nur, dass es sich hier vornehml. nicht um literarisch-geschmackl. und moral., sondern um psycholog. bzw. sozialpsycholog. Probleme handelt, die nicht mit der Beseitigung des Symptoms, sondern höchstens durch Auseinandersetzungen mit den bedürfniserzeugenden Ursachen zu lösen sind. – Heute versteht man unter Sch. meist die (Groschen-)Heftromane, die als ↗ Abenteuer-, ↗ Kriminal-, ↗ Wildwest-, Kriegs- und Science Fiction-, als Liebes-, Frauen-, Adels-, Arzt- und Heimat-Romane vornehml. an Kiosken und in Bahnhofsbuchhandlungen vertrieben werden; auch ↗ Fortsetzungsromane in Zeitungen und Illustrierten und inhaltl. den Heftromanen entsprechende ↗ Comics und Bibliotheksromane werden häufig der Sch. zugerechnet. *Entstehung und Ursprung* der Sch. sind nicht eindeutig zu fassen. Stoffe und Motive finden sich überwiegend auch in der Hochliteratur. Verbindet man mit dem Begriff ›Sch.‹ massenhafte Verbreitung und die Beteiligung niederer sozialer Bevölkerungsschichten, so sind u. a. die populären ↗ Ritter-, ↗ Räuber- und ↗ Schauerromane, sowie die sentimentalen Familien-, Ehe- und Liebesromane des ausgehenden 18. und des beginnenden 19. Jh.s als Vorläufer auszumachen. *Direkter Vorfahre* des Groschenheftes und des Fortsetzungsromans ist der in der zweiten Hälfte des 19. Jh.s v. a. von der Unterschicht vielgelesene ↗ Kolportageroman. Heftromanserien erreichten in den 80er Jahren in der Bundesrepublik Auflagen von bis zu 300 000 Stück (»Jerry Cotton«) pro Woche (ca. 1,8 Mio. Leser), die Jahresproduktion wird auf 320 Mio. geschätzt. RK

Schüttelreim, Sonderform des ↗ Doppelreims: die Anfangskonsonanten der am Reim beteiligten Wörter oder auch Silben werden ausgetauscht, so dass eine neue sinnvolle Wortfolge entsteht: In R<u>eimes</u> H<u>ut</u> Ge<u>heimes</u>

r<u>uht</u>. Sch.e finden sich seit dem 13. Jh. (Konrad von Würzburg, Lied 13 [Ausg. Schröder]). S

Schwäbische Romantik, auch *schwäb. Dichterbund* oder *schwäb. Schule* benannter württemberg. Dichterkreis (zwischen 1810 und 1850) um L. Uhland und J. Kerner mit allerdings deutl. biedermeierl. Zügen. Der ursprüngl. Kreis, dem noch G. Schwab und K. Mayer angehörten, erweiterte sich später um W. Hauff, G. Pfizer, A. Knapp, J. G. Fischer und F. Mörike. Das ›Publikationsorgan‹, das handschriftl. »Sonntagsblatt für gebildete Stände« (1807, gegen Cottas »Morgenblatt für gebildete Stände«), enthält das Programm des Kreises in unsystemat. Weise. Bes. gepflegt wurde das volkstüml. Lied, die Ballade, Romanze und Sage mit einer Vorliebe für mittelalterl. und lokale Themenkreise. Eben die Verbindung des literar. Anspruchsvollen mit dem Privatist.-Dilettant. hat dem Kreis den Vorwurf biedermeierl.-idyll. Enge und lokalpatriot. Genügsamkeit eingetragen und dem Spott H. Heines (»Der Schwabenspiegel«, 1838, »Atta Troll«, XXII, 1843) und K. Gutzkows (»Goethe, Uhland und Prometheus«, 1839) ausgesetzt. GG

Schwank, m. [mhd. swanc = schwingende Bewegung, Schlag, derb-lustiger Streich oder Erzählung eines solchen], ursprüngl. Bez. der Fechtersprache, im Mhd. und Frühnhd. dann übertragen für boshaft-list. oder spaßhaften Streich, Finte. Seit dem 15. Jh. lit. Begriff für *scherzhafte* ↗ *Erzählung in Vers oder Prosa;* seit dem 19. Jh. bez. Sch. auch ein derb-lustiges Schauspiel mit Situations- u. Typenkomik in Nachbarschaft zu ↗ Burleske, ↗ Farce, ↗ Posse, Spektakel. – Ähnlich wie ↗ Anekdote, ↗ Fabel, ↗ Witz ist der literar. Sch. auf eine Pointe hin angelegt. *Gegenstand* ist der Alltag mit seinen Tücken, die Verspottung eines Dummen durch einen list. Schlauen, wobei der Mächtige oft der Unterlegene ist. *Stoffe* liefern die mit Trieben beladenen Lebensbereiche, die Tabuzonen und Ehekonflikte. Ein in der Realität möglicher Umstand wird überzeichnet und pointiert dargestellt. Zeitbezogenheit und Allge-

Schwank

Wickram: »Rollwagen-büchlein«

meingültigkeit ergeben einen simplifizierten exemplar. Charakter. Einsträngige Handlungsführung und kontinuierl. Zeitfolge prägen Ausgleichs-, Steigerungs- u. Spannungstyp. Aufgrund der literar. Anpassungsfähigkeit der Stoffe erscheint Schwankhaftes in allen literar. Gattungen. Seit den Gebrüdern Grimm ist z. B. die Bez. Sch.märchen bekannt (»Das Bürle«, »Das tapfere Schneiderlein«). Für die Möglichkeit polygenet. Entstehung spricht die internationale Verbreitung der Sch.stoffe und -formen: Bekannt sind indische, oriental. und antike Zeugnisse. In dieser Tradition stehen die *mittellat.* Sch.e, die teils selbständig in Sammlungen, teils eingelagert in andere Werke erscheinen, vgl. z. B. der »Einsiedler Johann«, der »Cantus de uno bove« (10./11. Jh.), die »Gesta Karoli«, die Tiersch.e im »Ysengrimus« des Nivardus von Gent (um 1150), der »Doligamus« des Adolf von Wien (1315) oder die »Fecunda ratis« (mit zahlreichen Klostersch.en) des Egbert von Lüttich (1000–1040). – Seit dem 13. Jh. werden solche Zusammenstellungen von lat. Sch.en für Unterricht und Predigt beliebt (↗ Predigtmärlein) und sind als homilet. Hilfsmittel bis ins 18. Jh. üblich (vgl. etwa die von J. v. Pauli gesammelten bekannten Predigtmärlein in »Schimpf und Ernst«, 1522, erw. 1550 in »Schertz mit der Warheyt«). Die *dt.* Sch.dichtungen des Hoch- und Spät-MA.s wurden durch die lat. Traditionen, ferner durch die franz. ↗ Fabliaux beeinflusst. *Als selbständ. Gattung* erscheint der Sch. in der seit dem 13. Jh. entstehenden mhd. Kleinepik (↗ Märe). Autoren von sog. *Sch.mären* sind der Stricker, Herrand von Wildonie, Sibote, Johann v. Freiberg, Hermann Fressant, Heinrich Kaufringer, Hans Rosenplüt, Hans Folz, Jörg Zobel, Hans Sachs. Der Stricker schafft mit dem »Pfaffen Amis« (1230) eine zykl. Gruppierung von Sch.en *(Sch.roman)* um eine zentrale Figur, ein Verfahren, das häufig nachgeahmt wurde: am bekanntesten sind die Sch.bücher um Figuren wie Neidhart Fuchs, Markolf, Bruder Rausch, den Pfaffen vom Kahlenberg (von Ph. Frankfurter), Eulenspiegel. Im 15. Jh. beeinflusst die von G. F. Poggio Bracciolini entwickelte lat. ↗ Fazetie auch die volksspräch. Sch.literatur: geschliffene, oft pointiert-witzige Sprachformen in Prosa nähern sie z. T. dem neulat. Vorbild, z. T. der ↗ Anekdote an. – Im 16. Jh. beginnt dann der Siegeszug schwankhafter Anekdotenprosa. Auslösend für eine Flut von *Sch. sammlungen* ist 1555 das »Rollwagenbüchlein« des Jörg Wickram nach dem Vorbild Poggios. Ihm folgen u. a. J. Frey mit der »Gartengesellschaft« (1556 u. 1560), M. Montanus mit dem »Wegkürtzer« (1557), M. Lindeners »Rastbüchlein« (1558), V. Schumanns »Nachtbüchlein« (1559), H. W. Kirchhofs »Wendunmuth« (1563), M. K. Lundorfs »Wißbadisches Wisenbrünnlein« (1610/40), die schweizer. »Schimpf- und Glimpfreden« (1651), »Der Pohlnische Sackpfeiffer« (1663), J. C. Suters »Historisches Lustgärtlein« (1666), das »Gepflückte Fincken- oder Studenten-Confect« (1667). Mit der Tendenz zur Anekdotensammlung reicht dieser Typus bis zu J. P. Hebels »Schatzkästlein des Rhein. Hausfreundes« (1811). *Sch.romane* und *sch.hafte Biographien* sind u. a. repräsentiert durch »Ein kurtzweilig Lesen von Dil Ulenspiegel« (Erstdr. 1515), durch W. Büttners »Historien von Claus Narren« (1572), »Das Lalebuch« (1597), »Die Schiltbürger« (1598), die »Taubmanniana« (1700), eine Tradition, die sich in ↗ Münchhausiaden, der ↗ Lügendichtung und dem ↗ Schelmenroman fortsetzt. – Im 19. Jh. tritt neben die Posse mit ihrer schematisierten Handlung der *dramat. Sch.* mit einer »domestizierten kom. Person im Mittelpunkt« (Catholy), so im »Raub der Sabinerinnen« der Gebrüder Schönthan (1885), »Im weißen Rößl« von R. Benatzky/Kadelburg/Blumenthal u. a. (1898), in L. Thomas »Die Medaille« u. »Erster Klasse« (1910). Volksbühnen und leichte Fernsehunterhaltung pflegen diese Form mit einigem Erfolg. GK

Schwarze Romantik, Strömung innerhalb der europ. ↗ Romantik, die deren Themenkreise einseitig zum Irrationalen hin ausweitet und v. a. verborgene Ängste, Träume, Wahnvorstellungen (vgl. z. B. Doppelgängermotiv), ›dunkle‹ melanchol.-resignative Stimmungen (poet. Nihilismus), krankhafte und abseitige Neigungen (die ›Nachtseiten‹ des menschl. Geistes), aber auch (und v. a. im Trivialbereich) Phantastisch-Gespenstisches und Groteskes gestaltet; *dt. Vertreter* u. a. L. Tieck, E. T. A. Hoffmann, W. Hauff, J. Kerner, vgl. außerdem die ↗ gothic novel, die ↗ Schauer- und ↗ Geheimbundromane, ↗ Gespenstergeschichten, ↗ Gräberpoesie und ↗ Nachtstücke, aber auch die Werke des ↗ Byronismus und ↗ Satanismus; ähnl. Erscheinungen gab es auch in der romant. Naturphilosophie, vgl. Mesmerismus oder das weitverbreitete und oft als Quelle benutzte Werk »Ansichten von den Nachtseiten der Naturwissenschaft« von G. H. Schubert, 1808. IS

Schwarzer Humor, Spielart des ↗ Humors, in welchem Makabres, Groteskes und v. a. Tabubereiche (Verbrechen, Krankheit, Tod) in unsinnigen oder paradoxen Bezügen unangemessen scheinbar verharmlost und als normal und selbstverständlich dargestellt werden. Die kom. Wirkung entsteht durch die Inadäquatheit von Stoff und seiner Behandlung, ist weniger Ausfluss heiterer Affirmation wie der Humor, vielmehr der Kritik und satir. Entlarvung (↗ Satire) durch iron.-sarkast. Schockwirkung; steht damit dem Bereich des Komischen näher. Im literar. Bereich v. a. in Kabaretts beliebt (vgl. Georg Kreisler, u. a. »Die Wanderniere«), vgl. aber auch im 18. Jh. z. B. J. Swift, »A modest proposal for preventing the children of poor people from being a burden ...« (1729), im 19. Jh. W. Busch, im 20. Jh. u. a. R. Dahl (»Switch Bitch«, 1974 u. a.). S

Schwebende Betonung, ausgleichende Akzentuierung (gleich starke Betonung) von Verspartien, in denen natürliche, sprachbedingte und metr. Betonung in Widerstreit stehen; bewusstes rhythm. Kunstmittel, um 1. einzelne gegen das Versmetrum gesetzte Wörter hervorzuheben, z. B. »Und sah: *ihres* Gefühles grüne Rute« (Rilke, »Abisag«), 2. zur Belebung des Versganges, da die totale Übereinstimmung von Wortton und metr. Akzent auf die Dauer Monotonie erzeugen kann; tritt bes. am Versanfang auf; hier ist die s. B. jedoch von der sog. versetzten Hebung oder versetzten Betonung (↗ Anaklasis) zu trennen. S. B.: »*Fühl ich* mein Herz noch jenem Wahn geneigt?« (Goethe): ⏑́⏑⏑́⏑́⏑⏑́⏑́. Die Voraussetzung ist die Betonungsfähigkeit der zweiten, metr. akzentuierten Silbe. Dagegen Anaklasis: »Abgesetzt ward ich. Eure Gnaden weiß« (Schiller, »Piccol.«, II, 7): ´⏑´⏑⏑´⏑´⏑´. Hier ist die zweite, nach dem Blankvers-Metrum eigentl. zu akzentuierende Silbe nicht betonungsfähig. Vgl. auch ↗ Tonbeugung. GG

Schweifreim, Reimstellung aabccb (älteste Belege bei Heinrich von Morungen und Ulrich von Gutenburg, Leich); die Variante aabaab wird auch als *Zwischenreim* bez. (ältester Beleg bei Heinrich von Veldeke). S

Schwellvers, durch erhöhte Silbenzahl ›aufgeschwellter‹ Vers, der dadurch aus dem Regelschema einer (ep.) Versreihe herausfällt. Die Forschung setzt bei Sch.en ein eigenes Versschema, mehrsilb. Auftakt oder ↗ Hebungs- und Senkungsspaltungen, d. h. eine gedrängtere Füllung des Versschemas, an. – Die weitausholenden, deklamator. wirksamen Sch.e finden sich v. a. in der Stabreimdichtung, insbes. in der altengl. u. altsächs. ↗ Bibelepik (»Heliand«, »Genesis«). S

Schwulst, m., ursprüngl. Bez. für Krankheitsschwellung, seit dem letzten Drittel des 17. Jh.s übertragen auf Stilphänomene der Barockliteratur, insbes. der Vertreter der 2. ↗ Schles. Dichterschule, D. C. v. Lohenstein und Ch. H. v. Hofmannswaldau, ferner J. Klaj, G. Ph. Harsdörffer und A. v. Zigler. – Sch. benennt in abwertendem Sinn den gehäuften Einsatz rhetor. Figuren und ↗ Tropen, bes. dunkle ↗ Metaphern. Als Stilform steht der Sch. dem gemeineurop. ↗ Manierismus nahe. Bildungsgeschichtl. *Voraussetzungen* seiner Entstehung waren
1. das für Dichtungs- und Redelehre des

17. Jh.s gemeinsame Ausbildungskonzept auf der Basis autoritativ gült. Stilbeispiele (exempla) aus antiken Vorlagen, Texten der Bibel und der Kirchenväter und der zeitgenöss. roman. Literaturen, die in ↗ Kollektaneen themat. und alphabet. geordnet verfügbar waren; 2. das innerhalb des Humanismus tradierte Ideal des gelehrten Dichters (↗ Poeta doctus): Die Vertreter des Sch.s waren zumeist Gelehrte, die ihre Kenntnis der antiken Überlieferung, der bibl. Quellen, der Geschichte und Astrologie als Instrument der sozialen Selbstaufwertung für die Annäherung von Geburts- und Geistesadel (nobilitas literaria) einsetzten. Im Zeitraum von 1670–1720 prägte der Sch. einen beachtl. Teil fast aller literar. Gattungen und rhetor. Disziplinen (christl. Leichenreden, weltl. Gelegenheitsreden, Kanzlistik, Lyrik, Epigrammatik, Drama, Roman; sogar ein Vertreter gemäßigter Stilideale wie Ch. Weise vermochte sich der Faszination der gehäuften Figuren- und Tropenverwendung nicht zu entziehen: auch er glaubte an die Beweiskraft der sinnbildl., mit Emblemen arbeitenden Argumentation). – Die führenden Vertreter der 2. Schles. Dichterschule hinterließen keine Theorie, die über die selbstvorgegebenen Wirkungsziele des Sch.s Aufschluss gäbe; nur in der verbreiteten Lehre von der Scharfsinnigkeit (der dt. Version der argutia-Lehren E. Tesauros und B. Graciáns) zeichnet sich eine *zeittyp. Bewertung des Sch.s* ab: demnach dient der sog. ›prächt. Stil‹ der affektiven Überredung; allerdings war der Anspielungsreichtum mit seinen Entlehnungen aus Mythologie, Geschichte, Geographie, Astrologie usw. nur einer schmalen Gelehrtenschicht verständl. Trotz vereinzelter pejorativer Verwendung der adjektiv. und verbalen Formen »schwülstig« und »aufschwellen« (Buchner, 1665, Morhof 1682, Stieler 1685), bürgert sich die *negative Bedeutung* des Begriffs erst nach dem Wandel der Stilnormen seit etwa 1730 ein: Erstmals deutl. nicht mehr an Lohenstein (als dem Vorbild für den Sch.-Stil) orientiert sind die Epigramme Ch. Wernickes und die Poetiken F. A. H. Hallbauers (1725) und J. A. Fabricius' (1724). Seit J. Ch. Gottscheds »Crit. Dichtkunst« (1730) ist die Wendung »Lohensteinischer Sch.« geläufig, wird Sch. als Extremform stilist. Ausarbeitung kritisiert. Die bei Gottsched, Bodmer und Breitinger dabei gegen den Sch. angeführten Kategorien sind teilweise mit den aus der humanist. Tradition stammenden Deutlichkeitsforderungen und stilkontrollierenden Motiven identisch, teilweise sind sie aus neuart. Impulsen der zeitgenöss. franz. Redelehre und Ästhetik (Bouhours, Boileau) entnommen. Gottsched vereinigte diese Kategorien mit der neu in den Vordergrund tretenden Kategorie des Geschmacks. In ihrem Zeichen wurde der für das 17. Jh. typ. syntakt. komplexe und anspielungsreiche Sch. als Verfallserscheinung gewertet und diese Kritik des Sch.s durch den Vergleich des späten 17. Jh.s mit dem Hellenismus und der spätröm. Kaiserzeit abgesichert. Die stilkrit. Bedeutung des Sch.-Begriffs wird in diesem Zusammenhang mit moral. Ansprüchen vermischt: Sch. gilt als Ausdruck der Zügellosigkeit ausgehender Epochen, als Ausdruck moral. Verfalls. Die meisten der von Gottsched formulierten krit. Einwände wurden im Verlauf des 18. u. 19. Jh.s beibehalten. Zeitweise kam es zu neuen Ansätzen bei der Übertragung des Begriffs auf außerliterar. Erscheinungen, so z. B. in J. J. Winckelmanns krit. Behandlung der ägypt. Plastik (1755). Positive Einschätzungsversuche des Sch.s sind relativ selten (M. Mendelssohn, A. W. Schlegel). Insgesamt blieb bis ins 20. Jh. die abwertende Behandlung der für den Sch. typ. Stilphänomene in eben der Weise bestimmen, die man auch umgangssprachl. dem Phänomen »geschwollener« Sprache entgegenbrachte. PS

Science Fiction, f. [engl. science = Wissenschaft, fiction = Dichtung, freie Erfindung], Romane, Erzählungen, Filme, Hörspiele und Comics, die sich spekulativ mit künft. Entwicklungen der Menschheit befassen: Weltraumfahrten und Reisen in zukünft. (und vergangene) Zeiten, Entdeckung und Besiedlung ferner Himmelskörper, Begegnung und Auseinandersetzung mit deren mehr oder weniger fremdart. Bewohnern, Invasionen und Besuche der Erde durch extraterrestr. Wesen;

Veränderungen der Lebensbedingungen der Erde in polit., sozialer, biolog., ökonom. und bes. in technolog. Hinsicht. – Der *Begriff* ist umstritten, da es sich bei der S. F. ja nicht um ›wissenschaftl. Erzählungen‹, sondern höchstens um Kurzgeschichten und Romane u. Ä. handelt, bei denen u. a. techn. und wissenschaftl. Probleme eine mehr oder minder große Rolle spielen, deren Behandlung jedoch meist alles andere als wissenschaftl. ist. Die Begriffsbestimmung von E. Crispin gilt als eine der informativsten: Danach setzt eine S. F.-Erzählung »eine Technologie voraus ..., oder den Effekt einer Technologie, oder eine Störung der natürl. Ordnung, die die Menschheit bis zum Zeitpunkt der Niederschrift noch nicht erlebt hat«. – Die S. F. enthält noch heute zahlreiche Elemente der Literaturgenres, die als ihre *Vorläufer* betrachtet werden können: so der phantast. ↗ Reiseliteratur, deren Wurzeln bis in die Antike zurückreichen (ältestes und bekanntestes Beispiel: die »Odyssee« Homers) und der Utopien der Renaissance und der Aufklärung, gegen welche die Abenteuer und Reisen jedoch intergalakt. Dimensionen annehmen; mit den Utopien hat die S. F. v. a. die Konstruktion einer Gegenwelt zur augenblicklichen gemeinsam, die allerdings nicht Beschreibungsgegenstand, sondern v. a. Handlungsort ist. Die Einflüsse des ↗ Schauerromans, der ↗ gothic novel und ihrer Nachfahren betreffen eher die Ausweitungen des engeren S. F.-Bereichs um irrationale Momente. Ferner sind Elemente des Abenteuer-, Kriminal-, Kriegs-, Liebes- und des phantast. Romans in die S. F. eingegangen, ein Indiz für ihre fast unbegrenzte stoffl. Aufnahmefähigkeit. – Die *Entstehung* der S. F. wird allgemein angesetzt mit den Romanen Jules Vernes (»Voyages au centre de la terre«, 1864, »De la terre à la lune«, 1865, »Autour de la lune«, 1870) und H. G. Wells' (»The time machine«, 1895, »The war of the worlds«, 1897, »The first man in the moon«, 1901 u. a.). Ihre Werke, wie auch die des deutschen S. F.-Pioniers K. Lasswitz (»Bilder aus der Zukunft«, 1878, »Auf zwei Planeten«, 1897 u. a.) erfüllen zumindest teilweise die Bedingungen des engeren S. F.-Begriffs: Zukünftige – zumeist techn. – Entwicklungen werden aus dem zeitgenöss. Wissen extrapoliert; die Befolgung dieser Methode erklärt vielleicht das bestaunte Phänomen der literar. Vorwegnahme späterer Erfindungen (Luftschiff, Flugzeug, Fernsehen, Sauerstoffgerät u. a.) durch J. Verne und andere S. F.-Schriftsteller. Zum Erfolg der S. F. haben v. a. die *in den USA* ab Mitte der 20er Jahre erscheinenden S. F.-Magazine beigetragen. Das erste, die von H. Gernsback 1926 gegründeten ›Amazing stories quarterly‹ erreichten eine Auflage von 100000 Exemplaren (Gernsback wird auch die Prägung der Bez. ›S. F.‹ zugeschrieben). Die S. F. führte zur Bildung von Fan-Clubs, sog. Fandoms, mit eigenen Club-Magazinen (sog. Fanzines = Fan + Magazine), die damit deren Popularität noch steigerten. Die meisten der engl. und amerikan. Autoren haben als Magazin-Schreiber begonnen: Isaac Asimov, Ray D. Bradbury, Alfred Bester, Arthur C. Clarke, L. Sprague de Camp, Robert A. Heinlein, Edward E. Smith, Clifford Stimak, Theodore Sturgeon, A. E. van Vogt u. a. Die Erzählungen und die in Fortsetzungen abgedruckten Romane der Magazine pflegten und förderten überwiegend nur den techn. Aspekt der S. F.: den Glauben an die segenbringende Allmacht zukünft. Technologien. Ein anderer Hauptzug, die Beschäftigung mit sozialen Fragestellungen (angelegt bereits in Wells' »Time Machine«), ist in der westl. S. F. bis in die Gegenwart hauptsächl. nur von den sog. ›negativen Utopien‹ (›Anti-Utopien‹) verfolgt worden: heutige gesellschaftl. Fehlentwicklungen werden hier, konsequent weitergedacht, als negatives Bild einer künftigen Welt dargestellt (A. Huxley, »Brave new world«, 1932; G. Orwell, »Nineteen eighty-four«, 1949 u. a.). – Die Kritik an der Betonung der techn. Bereichs, am nur in die Zukunft transponierten reaktionären Gesellschafts- und Menschenbild, sowie an den rassist. und faschist. Tendenzen der S. F. hat mit zur einzigen nennenswerten Neuorientierung des Genres beigetragen. Anfang der 60er Jahre begannen die Autoren des ›New wave‹ (England: M. Moorcock, J. G. Ballard u. a.; USA: Th. M. Disch, J. Sladek u. a.) ihre Aufmerksamkeit mehr der »künftigen Psychologie, sozialen Ordnung und Metaphysik« (M.

Moorcock) zuzuwenden. Sie versuchten auch, die konservative Erzählweise durch (ihrem Gegenstand gemäßere) experimentelle oder in der modernen Literatur längst etablierte narrative Techniken zu ersetzen. Die sich eigenständig entwickelnde S.F. *in der Sowjetunion* hat dem sozialen bzw. dem sozialkrit. Aspekt von Anfang an mehr Bedeutung beigemessen. Gemäß der marxist. Lehre spielen die Handlungen der sozialist. S.F. überwiegend in einer kommunist. Zukunftsgesellschaft oder schildern deren Entstehung. Lenin selbst regte den bedeutendsten S.F.-Roman der Zeit vor der Oktoberrevolution (1917) an: A. Bogdánovs »Der rote Stern« (1907). Bedeutende Vertreter: A.N. Tolstoi (»Aelita«, 1922/23), J.J. Samjátin (»Wir«, 1920), A. Beljáev (»Der Sprung ins Nichts«, 1933), I. Jefrémow (»Andromeda-Nebel«, 1957), A. und B. Strugázki (»Gott sein ist schwer«, 1964) u.a. Der Pole St. Lem, der augenblickl. unumstritten führende S.F.-Autor, kommt zwar ebenfalls aus dem sozialist. Lager, unterliegt jedoch nicht den erwähnten themat. Begrenzungen. »In der heutigen S.F. ist er einzigartig, dadurch, daß er ... reale wissenschaftl. Hypothesen und Theorien aufstellt, ... vielfach der Wissenschaft vorauseilt. Sein Verständnis für reale Probleme, ..., seine stilist. Eleganz, ... nicht zuletzt auch seine ... hohe sittl. Gesinnung machen ihn in der modernen S.F. zu einer Einzelerscheinung« (F. Rottensteiner). S.F. erscheint in *W.-Deutschland* v.a. in Heft- und Taschenbuchform, gehört in der Mehrzahl zur ↗ Trivialliteratur. Die höchsten Auflagen erzielt die Heftserie »Perry Rhodan, der Erbe des Universums« (seit 1961), von der wöchentl. bis zu 250000 Exemplare verkauft werden. Dies und die Tatsache, daß als Taschenbücher überwiegend (oft mäßige) Übersetzungen ausländ. Autoren angeboten werden, hat die Gleichsetzung von deutscher S.F. und ›Perry Rhodan‹ einerseits – und einem so reaktionären Autor wie H. Dominik (»Atlantis«, 1925, »Atomgewicht 500«, 1935) andererseits bewirkt. *S.F. in Rundfunk, Film und Fernsehen:* Die Literatur gilt immer noch als das adäquate Medium für S.F. Das zeigt nicht zuletzt die Tatsache, dass dem weitaus größten Teil der Adaptationen in anderen Medien literar. Vorlagen zugrundeliegen. Als bemerkenswertestes S.F.-*Hörspiel*-Ereignis gilt O. Welles' Rundfunkfassung von H.G. Wells' »The war of the worlds«, deren Sendung 1938 Millionen von Amerikanern wegen ihrer dokumentar. Aufmachung für Realität nahmen und in Panik auf die Straßen flüchteten. Als einer der ersten *Spielfilme* überhaupt entstand 1902 G. Méliès' »Le voyage dans la lune« nach Motiven von J. Verne. Weitere ›klass.‹ Beispiele sind »Metropolis« von Fritz Lang (1927), »Frankenstein« von J. Whale (nach M.W. Shelley, 1931), »Dr. Jekyll and Mr. Hyde« von R. Mamoulian (nach R.L. Stevenson, 1932), »King Kong« von E.B. Schoedsack und M.C. Cooper (1933). Wie auch in der Literatur reicht die Skala der immer populärer werdenden S.F.-Filme von (der Hauptmasse) billiger Dutzendware bis zu (wenigen) cineast. Kunstwerken (z.B. St. Kubricks »2001 – a space odyssey«, 1968 nach Motiven von A.C. Clarke, und A. Tarkowskijs »Solaris«, 1972 nach St. Lem). – Seit Mitte der 60er Jahre gehört die S.F. auch zum Repertoire des dt. Fernsehens, v.a. als Serien (»Raumschiff Orion«, »Invasion von der Wega«, »Time Tunnel«, »Ufo«, »Alpha, Alpha«, »Raumschiff Enterprise«). RK

Scipionenkreis, in Rom zwischen ca. 150 und 130 v. Chr. bestehender Freundeskreis um P. Cornelius Scipio Aemilianus Africanus (dt. Scipio der Jüngere; Zerstörer Karthagos). Dazu gehörten der griech. Stoiker Panaitios, der Historiker Polybios, der aus Afrika stammende Komödiendichter Terenz, der röm. Satirendichter Lucilius, sowie Politiker wie C. Laelius und P. Rutilius Rufus. Der S. bildete das Zentrum der fruchtbaren Auseinandersetzung der von polit. und militär. Realismus geprägten röm. Welthaltung mit der hellenist. Philosophie und Literatur. Zentraler Begriff war die »humanitas«. Nachwirkung auf Cicero und, durch seine philos. Werke, auf die gesamte europ. Kulturgeschichte. DW

Secentismus, m., it. secentismo, italien. Bez. für ↗ Manierismus und Barock.

Segen, ↗ Zauberspruch.

Seguidilla, f. [zeɡiˈdilja], span. volkstüml. 7-zeil. Tanzliedstrophe, gegliedert in Strophe und Refrain (Copla und Estribillo); wobei die Verse 1, 3 und 6 aus reimlosen Siebensilbern, die Verse 2, 4, 5 und 7 aus je paarweise assonierenden (selten reimenden) Fünfsilbern bestehen; Variationen sind die Reduzierung der S. auf 4 Zeilen (Copla) oder die Zusammenfassung der Fünf- und Siebensilber zu Zwölfsilbern. Seit dem 15. Jh. auch als Kunstform, z. B. bei J. Álvarez Gato (15. Jh.), Lope de Vega und noch bei J. L. Espronceda y Delgado (19. Jh.). IS

Sehtext, spezielle Form ↗ visueller Dichtung, des visuellen Textes, bei dem das visuelle Arrangement nicht unbedingt äußere, äußerl. Konsequenz inhaltl. Aussage ist (wie etwa beim ↗ Figurgedicht des Barock, bei zahlreichen visuellen Gedichten ↗ konkreter Dichtung), vielmehr – speziell bei F. Kriwet – auf eine dem ›visuellen Zeitalter‹ entsprechende »veränderte Rezeption von Wort und Bild« zielt. D

Sekundärliteratur [frz. secondaire = an zweiter Stelle], auch: Forschungsliteratur, Literatur *über* Literatur: wissenschaftl. Untersuchungen und Kommentare zu Werken aus den verschiedensten Gebieten des literar. Schaffens (Dichtungen, aber auch histor., philosoph., theolog. usw. Werke, sog. Primärliteratur). S. wird in ↗ Bibliographien zusammengestellt. S

Sekundenstil, im ↗ Naturalismus erstmals realisierte literar. Technik, die eine vollkommene Deckungsgleichheit von ↗ Erzählzeit und erzählter Zeit anstrebt, vergleichbar der film. Dauereinstellung ohne Raffung und Dehnung (Andy Warhol). Dabei gelten äußere und innere Wirklichkeit als gleich wichtig, beide sind also ebenso vollständig sprachl. abzubilden wie Dialogpausen, ›Regieanweisungen‹, Geräusche, Lichtreflexe, Wahrnehmungen durchs Fenster, Körperwendungen, Simultanvorgänge oder Gedanken. Das Zeitkontinuum bildet die einzige Ordnungsstruktur, während der Autor völlig ›verschwindet‹. – Der Begriff ›S.‹ wurde von A. von Hanstein in seiner »miterlebten« Literaturgeschichte »Das Jüngste Deutschland« (1900) geprägt und von H. Hart in seinen »Erinnerungen« »am Beispiel eines vom Baume fallenden Blattes« erläutert. Hanstein und Hart beziehen sich auf die »Skizzen« und »Studien«, die in der Zusammenarbeit von A. Holz und J. Schlaf entstanden, bes. auf deren »Papa Hamlet« (1889). Hier steht der S. in engstem Zusammenhang mit dem Wahrheits-Postulat und dem Mimesis-Prinzip des Naturalismus. Die mit dem S. erreichte Parzellierung und Atomisierung von Wirklichkeit zeigt als Pointillismus-Phänomen Übergänge zu Impressionismus und Symbolismus. Der S. blieb auch nach dem Naturalismus als Extremmöglichkeit kopistischen Schreibens erhalten; er zeigt sich etwa in Peter Weiss' »Der Schatten des Körpers des Kutschers« (1960). GM

Semiotik, f. [zu gr. sema = Zeichen], allgemeine Zeichentheorie, im Wesentl. vom ↗ Strukturalismus verwendet und für ihn relevant. Objekt der S. sind die ↗ *Strukturen* sprachl. und nicht-sprachl. *Zeichen(-systeme)*, also z. B. auch die von Malerei, Plastik, Architektur, Musik, Film, comic strip, Werbung, polit. oder religiöser Symbolik usw., aber auch von schriftl. und mündl. literar. und nicht literar. Texten. Zeichen(-systeme) dienen der *Kommunikation* zwischen einem *Sender* und einem *Empfänger,* die damit eine *Nachricht* austauschen. – Die S. besteht aus *Semantik,* deren Objekt die Bedeutungen von Zeichen(-folgen) sind, *Syntax,* deren Objekt die möglichen Verknüpfungen von Zeichen zu Zeichenfolgen sind, *Pragmatik,* deren Objekt die Relationen zwischen Zeichen(-folgen) und Benutzern (Sender, Empfänger) sind. Zeichen bestehen aus einem *Signifikanten,* ihrem materiellen Träger (z. B. graph. Signale, Lautfolgen wie »Haus«), dem *Signifikat,* der Vorstellung, die der Signifikant bedeutet (z. B. der Begriff »Haus«), und dem *Referenten,* dem Objekt bzw. der Klasse von Objekten, die das Signifikat bezeichnet (z. B. die konkreten Objekte, auf die sich »Haus« anwenden lässt). Es müssen *denotative* (lexikalisch-invariante) und *konnotative* (kontext-, sprecher-, situationsabhängige) Signifikate unterschieden werden. Signifikate lassen sich ihrerseits in *semant. Merkmale* zerlegen (z. B. »Ritter« = menschlich + männlich + adlig +...), aufgrund derer zwischen den Zeichen *semant. Relationen* bestehen, so z. B. die der *Opposition* (zwei Signifikate schließen einander aus: z. B. etwas kann nicht zugleich schön und nicht schön, also hässlich sein), die der *Äquivalenz* (zwei Signifikate sind annähernd gleichbedeutend: z. B. »oft« – »häufig«), die der *Hyponymie* (ein Signifikat ist Teilklasse eines anderen: z. B. »Pferd« ist hyponym zu »Tier«) usw. – Zeichen werden aus Zeichensystemen *(Kodes)* bzw. deren Teilsystemen, den *Paradigmen* (z. B. Flexionsklassen, lexikal. Klassen usw.), ausgewählt *(Selektion)* und zu Systemen von Zeichen *(syntagmat.* Folgen) verknüpft *(Kombination),* wobei syntakt., semant. und pragmat. Regeln des verwendeten Systems einzuhalten sind und Regeln anderer Systeme (z. B. Gattungssysteme, Moralsysteme) relevant werden und zusätzliche Restriktionen auferlegen oder Abweichungen zulassen können. Literar. Texte können etwa auch die Bedeutung sprachl. Zeichen ändern, indem sie Merkmale hinzufügen oder tilgen oder die semant. Relationen zwischen Zeichen verändern: sie sind damit nicht nur Äußerungen *(parole)* in einem System *(langue),* sondern bringen damit selbst einen eigenen Kode hervor, ein *sekundäres semiotisches System,* das sich der natürl. Sprache bedient, aber von ihr abweicht. Detaillierte Theorien zum syntakt., semant., pragmat. Aspekt der natürl. Sprachen hat die Linguistik entwickelt. MT

Senar, m. [von lat. senarius = sechsgliedrig], freiere lat. Nachbildung des altgriech. ↗ akatalekt. jamb. ↗ Trimeters, wird nicht nach ↗ Dipodien, sondern Monopodien (6-jamb. Versfüßen) gewertet, mit Zäsur meist nach dem 5. halben Versfuß (Semiquinaria = ↗ Penthemimeres), seltener nach dem 7. (Semiseptenaria = ↗ Hephthemimeres). Von größter metr. Beweglichkeit durch Austauschmöglichkeit von Kürzen und Längen mit Ausnahme im letzten Fuß. Schema: ⌣–⌣–⌣|–⌣|–⌣–⌣–
Die lat. Umbildung des griech. jamb. Trimeters zum S. geschah durch Livius Andronicus, Plautus und Terenz. Er wurde wie sein griech. Vorbild der am häufigsten verwendete Dialogvers des röm. Dramas (↗ Diverbia in Tragödie und bes. Komödie), er findet sich aber auch z. B. bei Phaedrus (Fabeln) und noch bei Ausonius (»Spiel von den Sieben Weisen«, 4. Jh.). Zu dt. Nachbildungen s. ↗ Trimeter. – ↗ Septenar. DW

Senhal, m. [prov. = Kennzeichen], in der Trobadorlyrik des 12. Jh.s verwendeter Versteckname zur Bez. einer Person (meist einer Dame, eines Gönners), deren Identität vor der höf. Gesellschaft geheimgehalten werden soll; der S. kann Substantiv, Adjektiv, eine Redewendung, ein Satz sein und steht gewöhnl. in der ↗ Tornada; vgl. z. B. als S. bei Bertran de Born »En Oc e Non« (Herr Ja und Nein) für Richard Löwenherz, bei Raimbaut de Vaqueiras »Mon Segur« (meine Sicherheit) für Marie de Ventadorn. – Im 13. Jh. verliert der S. seine ursprüngl. Funktion der Geheimhaltung wirkl. Personen und wird zur literar. Technik (z. B. bei Guiraut Riquier). PH

Senkung, dt. Übersetzung von gr. thesis, Begriff der Verslehre, ↗ Hebung.

Senkungsspaltung, Bez. der altdt. Metrik: anstelle einer schemagemäßen einzigen unbetonten Silbe (= Senkung) können in alternierenden Versen auch zwei kurze unbetonte Silben stehen, der unbetonte Versteil wird gleichsam aufgespalten (x́⌣⌣); begegnet in ahd. und mhd. Dichtung, teils aus Versnot (überfüllte Takte), teils zur Belebung des Versrhythmus. S

Sensualismus, m. [lat. sensus = Empfindung, Gefühl, Sinn],
1. Philos. Lehre, in der die Sinneswahrnehmungen als Erkenntnisquelle dienen (Gegensatz: Rationalismus). In der Antike vertreten u. a. von Epikur (341–270 v. Chr.), in der Neuzeit von J. Locke (sensualist. Formel: »Nihil est

in intellectu, quod non prius fuerit in sensu«), É. B. de Condillac, Th. Hobbes, J. St. Mill und H. Spencer (mit psycholog. Orientierung). – 2. allgem. geist. Grundhaltung, die den Sinn des Lebens in einem auch Geistiges einschließenden Sinnengenuß sieht (auch: Hedonismus); in der Antike v. a. in der aus Epikurs Philosophie abgeleiteten Lebenslehre des Epikureismus. In der antiken Literatur finden sich Elemente des S. v. a. in den Werken des Lukrez und Horaz, in der dt. Literatur der Neuzeit bei W. Heinse (»Ardinghello«, 1787). – In der bildenden Kunst wird der Begriff für sinnenfrohe Darstellungen mit Betonung üppiger Körperlichkeit verwendet, im Barock bes. für die Werke von Rubens (»sensualist. Hochbarock«: R. Hamann, Gesch. d. Kunst) oder im 19. Jh. für A. Renoir. **S**

Sentenz, f. [lat. sententia = Meinung, Urteil(sspruch), Gedanke], allgemeiner Satz, der sich durch Geschlossenheit der Aussage und Durchbrechen des Handlungsablaufs aus einem literar. Werk heraushebt und Allgemeingültigkeit beansprucht; bes. häufig im Rahmen des klass. Dramas, aber auch in erzählender Prosa, Balladen, Gedankenlyrik u. a. Die S. wird oft fälschl. den ↗einfachen Formen ↗Sprichwort, ↗Sinnspruch, ↗Denkspruch, ↗Aphorismus, ↗Maxime und ↗Gnome zugeordnet, von denen sie sich jedoch grundlegend unterscheidet durch ihre Kontextbezogenheit, die für die S. konstitutiv ist. Die S. passt sich in der Form meist diesem Kontext an (Prosa oder Vers, oft Blankvers, Knittelvers oder Alexandriner); sie gehört zu den stark tekton. geprägten Formen (syntakt. Geschlossenheit). Der Stil der S. ist durch reiche Verwendung rhetor. Figuren geprägt (v. a. Wortwiederholung, Antithese, Klimax, Parallelismus u. a.). Innerhalb des Kontextes steht sie oft an exponierter Stelle, z. B. am Akt- oder Dramenschluss, am Beginn oder am Ende eines Monologs. Durch ihre formalen Charakteristika und eine gewisse Autonomie gegenüber dem Kontext eignet ihr eine besondere Zitierbarkeit (↗geflügelte Worte), jedoch ist die Rezeption (im Gegensatz zum Sprichwort) für das Wesen der S. irrelevant. *Inhaltlich* wird die S. charakterisiert durch weitgehende Objektivität und Allgemeingültigkeit der Aussage. Sie leitet sich jedoch nicht von gedankl. Analyse, sondern von konkreter Erfahrung ab. Sie ist dabei differenzierter als das zu pauschalierenden Vereinfachungen neigende Sprichwort (vgl. »Was sind Hoffnungen, was sind Entwürfe,/die der Mensch, der vergängliche, baut« [Braut von Messina], gegenüber dem Sprichwort »Träume sind Schäume«). Aber auch die S. strebt Durchsichtigkeit und Eindeutigkeit an, ihr fehlt die Paradoxie, die Spannung zwischen Einfall und Klärung, die dem Aphorismus eigen ist. Die *Funktion* der S. innerhalb des Kontextes ist, an dem konkreten Einzelfall die allgem. Bedeutung sichtbar zu machen (z. B.: »Es liebt die Welt, das Strahlende zu schwärzen/ und das Erhabne in den Staub zu ziehn« [Wallenstein]). Die *geschichtliche Entwicklung* zeigt sehr verschiedene Ausprägungen der S.: Bibel, Gilgameschepos und die griech. Tragödien (bes. bei Sophokles und Euripides) weisen bereits reich entwickelte Formen der S. auf. Auch die theoret. Reflexion über die S. findet sich bereits in der Antike (bes. bei Quintilian), wo sie der Rhetorik zugeordnet wird. Seneca betont die S. als moral. Kategorie. Die wichtigsten Elemente, die den antiken S. begriff prägen, sind: allgemeiner Satz, eth. Maxime, Kürze, Zitathaftigkeit, Sprichwörtlichkeit. Als Funktion werden v. a. Schmuck, Überzeugung und Autorität genannt. In Epochen mit starker Normativität und geist. Geschlossenheit (MA., Barock, Klassik) finden sich S.en in verstärktem Maße mit dem Anspruch auf Allgemeingültigkeit. Mit zunehmender Infragestellung eines geordneten und zusammenhängenden Weltganzen wird die S. in zunehmendem Maße problematisch. Schon bei H. v. Kleist zeigt sich eine Widersprüchlichkeit in der Beziehung von S. und Kontext, sie verliert ihren eth. verbindlichen und definitiven Charakter, bei G. Büchner vollends bedeutet die S. die Infragestellung fester Werte und Ordnungen (Danton: »Die Welt ist das Chaos. Das Nichts der zu gebärende Weltgott«). Wenn in der Moderne, etwa bei Brecht, die S. noch häufig verwandt wird, so dient sie meist zur Entlarvung der ›ewigen Wahrheiten‹ und der Ideologiekritik, in zunehmendem Maße verhindert sie Identifikation. Einbettung in Songs, direkte Publikumansprache, Parodie stehen im Dienste der Verfremdung. Die Ablösung von der klass. S. ist hier vollzogen. IA

Septem Artes (liberales), [lat. = Sieben (freie) Künste], s. ↗ Artes.

Septenar, m. [von lat. septenarius = siebengliedrig], freiere lat. Nachbildung des altgriech. katalekt. ↗ Tetrameters, wird nicht nach ↗ Dipodien, sondern ↗ Monopodien (7-jamb. oder trochäische, seltener anapäst. Versfüße) gewertet, meist mit ↗ Diärese nach dem 4. Versfuß; von größter metr. Beweglichkeit durch Austauschmöglichkeit von Kürzen und Längen mit Ausnahme des letzten Fußes. Grundschema des (häufigsten) *trochäischen S.s*, auch *versus quadratus:* –◡–◡–◡–◡|–◡–◡–◡
Der troch. S. war nach dem jamb. ↗ Senar in der röm. Dichtung eines der volkstümlichsten Versmaße; er war v. a. der Dialogvers der Atellane und der Komödie (Plautus, Terenz), er erscheint ferner in Satiren, Rätseln, Soldatenliedern, auch noch in spätlat. Gedichten (z. B. dem »Pervigilium Veneris«, um 350 n. Chr.) und frühchristl. Hymnen; zu dt. Nachbildungen s. ↗ Tetrameter. IS

Sequenz, f. [lat. sequentia = Folge, Nachhall], Gattung liturg. lat. Chorgesänge, entstand nach heut. Meinung vor Mitte des 9. Jh.s in Nord-Frankreich, evtl. aus einem ↗ Tropus: der syllab. Textierung von Melismen (Jubilationen) auf dem Schluss-*a* des ›Alleluia‹ nach dem Graduale, zunächst als Gedächtnisstütze für die Melodie. Diese Textunterlegungen und deren musikal. Weiterentwicklung verselbständigten sich zu einer neuen, vom ursprüngl. Kontext losgelösten musikal. Form für Festanlässe des Kirchenjahres, evtl. auf Grund byzantin. oder ir.-kelt. Vorbilder, die in dieser Zeit die christl. Dichtung des Kontinents beeinflussten (vgl. auch mhd. ↗ Leich). Die S. besteht aus einer Folge von Doppel-↗ Versikeln, d. h. aus einer Folge von je zwei gleichlangen Texten, die jeweils auf dieselbe Melodie gesungen werden; häufig stehen an Anfang und Ende einer S. noch je ein Einzelversikel; diese wurden vom ganzen Chor, die Doppelversikel von Halbchören gesungen (Schema: A BB CC ... Z). In der sog. Da-capo-S. wird das S. schema wiederholt (doppelter und mehrfacher Cursus). Hauptpflegestätten der S. waren St. Martial in Limoges, St. Gallen u. Paris. Nach der Textform lassen sich 2 Entwicklungsstufen unterscheiden: Texte der *frühen S.* sind Prosa (daher auch die Bez. *prosa ad sequentiam* oder nur *prosa, prose* – in Frankreich noch heute gäng. Bez. für S.); da auf dieselbe Melodie gesungen, weisen je zwei Textabschnitte (Versikel) dieselbe Silbenzahl (bei unterschiedl. Betonung) auf. Bedeutendster Vertreter der frühen S. ist Notker Balbulus in St. Gallen (9. Jh.). Er stellt seine S.endichtung im Proömium zu seinem »Liber Ymnorum« (um 880) selbst dar. Seine S.en, gegenüber den frz. klangbetonten Ausprägungen mehr sprach- und sinnbetont, fanden in ganz Europa Aufnahme in die Messliturgie. – Seit dem 11. Jh. wurden die S.entexte unter dem Einfluss der Hymnendichtung rhythm. reguliert (oft Vierheber, mit Assonanzen oder Reim geschmückt) und die so entstehenden Doppelstrophen auch im Umfang einander angeglichen; damit ist die *spätere S.* nur durch den Melodienwechsel von der ↗ Hymne zu unterscheiden. Hauptvertreter dieser 2. Ausprägung ist Adam von St. Viktor (Paris, 12. Jh.). – Die große Beliebtheit der S. im MA. belegen sog. *Sequentiarien (Prosarien)* mit Tausenden von meist anonymen S.en. Das tridentin. Konzil (1545–1563) verbot sie schließl. für die Liturgie bis auf die S.en »Victimae paschali laudes« (von Wipo, Kaplan Kaiser Konrads II., 11. Jh.; für Ostern), »Veni sancte spiritus« (für Pfingsten), »Lauda Sion« (von Thomas von Aquino, 13. Jh.; für Fronleichnam), »Dies irae« (v. Thomas von Celano, 13. Jh.; für die Totenmesse); 1727 wurde für das Fest der Sieben Schmerzen Mariae die S. »Stabat Mater« (von Jacopone da Todi, 13. Jh.) aufgenommen. Die beliebte S. form wurde auch für lat. novellist. Erzählungen (↗ Modus) und für volkssprachl. geistl. u. weltl. Dichtungen verwendet; die Beziehungen zum frz. ↗ Lai lyrique (oder zu ↗ Descort, ↗ Estampie) und zum mhd. Leich sind nicht geklärt. S

Serapionsbrüder,
1. romant. Berliner Dichterkreis 1814–1818 um E. T. A. Hoffmann, zu dem die Schriftsteller J. E. Hitzig, D. F. Koreff und C. W. Salice-Contessa, zeitweilig auch A. von Chamisso und F. de la Motte-Fouqué gehörten. Die wöchentl. Zusammenkünfte in Hoffmanns Wohnung wurden zunächst »Seraphinen-Abende« genannt, entsprechend war Hoffmanns von 1819 ab erscheinende Sammlung von Erzählungen zunächst als »Die Seraphinenbrüder« angekündigt. Nach dem Kalenderheiligen des Tages, an welchem Chamisso von einer Weltreise zurückkehrte (14.11.1818), wurden der Kreis und die Sammlung in »S.« nach dem ägypt. Anachoreten Serapion Sindonita (4. Jh.) umbenannt (Hitzig nennt in seinem Werk »E. T. A. Hoffmanns Leben und Nachlaß«, 1823, dafür fälschlicherweise den Gründungstag). Dieser Novellenzyklus ist nach dem sog. serapiont. Prinzip gestaltet, d. h. der Integration der Teile aus der Erkenntnis ihrer Heterogenität und die Behandlung des Phantastischen als Realität. In der Rahmenhandlung erscheint der Kreis der S. verschlüsselt nachgebildet.
2. 1921 in Leningrad gegründete literar. Vereinigung, deren Vertreter unter dem Einfluss der apolit. Kunsttheorie des ↗ Formalismus (V. Schklowski) eine poetolog. durchschaubare Dichtung, frei von ideolog. und polit. Dogmatismen forderten. Ihr literar. Vorbild war der spannungsreiche und phantasievolle Dichtungsstil E. T. A. Hoffmanns, nach dessen literar. Zirkel der ›S.‹ sie sich programmat. benannten. Die sehr bald offizieller Kritik ausgesetzte Vereinigung bestand auf Grund der Förderung durch M. Gorki bis Mitte der 20er Jahre. Zu den S. gehörten als Haupt J. I. Samjatin, ferner die Prosaschriftsteller W. A. Kawerin, W. W. Iwanow, K. A. Fedin, N. N. Nikitin, M. M. Soschtschenko, die Lyriker N. S. Tichonow und Elisabeth Polonskij, der Dramatiker und Theoretiker der S. L. N. Lunz u. a.
S

Serbische Trochäen, ↗ Trochäus.

Serena, f. [von prov. ser = Abend], Gattung der Trobadorlyrik: Liebeslied, das den Abend als Zeit der Zusammenkunft der Liebenden besingt; Name von dem im Refrain vorkommenden Wort *ser*; Gegenstück zur ↗ Alba. Bekannter Vertreter: Guiraut Riquier (2. Hä. 13. Jh.). PH

Sermo, m. [lat. = Rede, Gespräch, Umgangssprache], 1. in der röm. Antike die der Umgangssprache nahe (auch gebundene) Rede; Horaz bez. z. B. seine Satiren als ›Sermones‹, Cicero empfiehlt für philosoph. Werke den Ton des S., des ruhigen Gesprächs.
2. in der antiken Lehre von den ↗ Genera dicendi gleichbedeutend mit ›Stil‹: s. (oder *genus) simplex, planus, rusticus, humilis – s. ornatus;*
3. eine der beiden Hauptarten der mal. ↗ Predigt: im Unterschied zur Homilie die gehobene, oft kunstvolle Predigt;
4. heute meist pejorativ als Sermon im Sinne von ›Redeschwall‹, ›langweil. Geschwätz‹, ›Strafpredigt‹. MS

Sermocinatio, f. [lat. = Rede, Gespräch, Dialog], auch: Percontatio, f. [lat. Frage, Erkundigung], ↗ rhetor. Figur: der Redner gibt vor, nicht seine eigene, sondern die Rede eines anderen (auch Verstorbenen) wiederzugeben oder einen Dialog mit einem anderen (dem Gegner, dem Publikum, einem Toten) zu führen. Auch: ↗ Ethopoeie. S

Serventese, m., italien., inhaltl., nicht formale Entsprechung zum prov. ↗ Sirventes: benutzt neben Reimpaarstrophen (13. Jh.) die sog. S.*strophe* aus drei monorimen Versen und kürzerer ↗ Coda (3–7-Silbler) mit Strophenverkettung durch Reim (häuf. Typus des 13. u. 14. Jh.s: aaab bbbc = s. *caudato*); im 14. u. 15. Jh. auch kompliziertere Formen, jedoch im Ggs. zum Sirventes keine Stollenstrophen; aus einer dreizeil. Sonderform schuf Dante die ↗ Terzine. IS

Sestine, f. [ital. sesto = der sechste], allgemein: sechszeilige Strophe; speziell: eine aus der Provence stammende italien. Liedform aus

Sestine

sechs sechszeil. Strophen und einer dreizeil. Geleitstrophe. Die Einzelstrophe ist in sich nicht gereimt, ihre Endwörter wiederholen sich jedoch in bestimmter Reihenfolge in jeder Strophe so, dass das Endwort des letzten Verses einer Strophe das Reimwort des ersten Verses der nächsten Strophe bildet; in der dreizeil. Schlussstrophe kehren die ↗ ident. Reime in der Ordnung der ersten Strophe wieder, und zwar in der Mitte und am Schluss der Verse. Das Originalmaß ist der ↗ Endecasillabo (Elfsilbler). Die leichtere Form der S. hat folgendes Reimmuster:

1 2 3 4 5 6
6 1 2 3 4 5
5 6 1 2 3 4
4 5 6 1 2 3
3 4 5 6 1 2
2 3 4 5 6 1

Das letzte Reimwort (6) der ersten wird erstes Reimwort der zweiten Strophe. Die folgenden Reimwörter verschieben sich um jeweils eine Position.

Die schwerere Form: Hier wird in kreuzweiser Vertauschung das letzte Reimwort der ersten Strophe zum ersten der zweiten Strophe. Das erste wird zum zweiten, das fünfte zum dritten, das zweite zum vierten, das vierte zum fünften, das dritte zum letzten.

1 2 3 4 5 6
6 1 5 2 4 3
3 6 4 1 2 5
5 3 2 6 1 4
4 5 1 3 6 2
2 4 6 5 3 1

Der Reiz der Sestine beruht, da der Gleichklang entweder unregelmäßig (in der schwierigen Form) oder erst in einem Abstand von sieben Zeilen (in der einfachen Form) erfolgt, nicht auf dem Reimcharakter, sondern auf der Wiederkehr derselben Vorstellungen. Im Deutschen wird diese zur Monotonie neigende Form bisweilen aufgelockert durch Verwendung von Komposita: »Bogen – Regenbogen« oder verschiedenen Präfixen: »genommen – vernommen«. Als Erfinder der S. gilt der prov. Dichter Arnaut Daniel (12. Jh.), sie begegnet dann bei prov. Trobadors und bei zahlreichen italien. Dichtern des 13. bis 16. Jh.s (Dante, Petrarca, Michelangelo, Giovanni Della Casa, Andrea Calmo, Gaspara Stampa). Sie wurde auch in neulatein. (Lydius Cattus, Guido Grandi), in span. (G. de Cetina, F. de Herrera), in portugies. (F. Sá de Miranda, B. Ribeiro, Pero de Andrade Caminha, D. Bernardes, L. de Camões), weniger in franz. Lyrik (Pontus de Tyard) gepflegt und auch im Drama (span.: Lope de Vega; portugies.: A. Ferreira) und in der ↗ Schäferdichtung häufig verwendet (italien.: J. Sannazaro; span.: J. Montemayor, Gaspar Gil Polo, M. de Cervantes; engl.: E. Spenser, Ph. Sidney; dt.: M. Opitz). Im Italien des 16. Jh.s entwickelte sich die *Doppel-S.* mit zwölf Reimwörtern (oder mit doppelter Abwandlung der gleichen Reimwörter in zweimal sechs Strophen). – In der dt. Barockdichtung erscheint sie bei M. Opitz, Hans Assmann von Abschatz, G. R. Weckherlin, A. Gryphius, Ph. Harsdörffer (mit ↗ Alexandrinern oder ↗ vers communs), sie wird wieder von den Romantikern aufgegriffen (Lyrik: J. von Eichendorff, F. Rückert, L. Uhland; Drama: Z. Werner, W. v. Schütz, Sophie Bernhardi; Dialog: F. de la Motte Fouqué, O. von Loeben), in neuerer Dichtung bei R. Borchardt, E. Křenek. – In der engl. Lyrik hat die S. auch in neuerer Zeit bedeutsame Gestaltungen erfahren (E. Gosse, A. C. Swinburne, R. Kipling, Ezra Pound, W. H. Auden). GG

Shakespearebühne, die ↗ Bühne des elisabethan. Theaters, eine Weiterentwicklung des neutralen Bühnenpodiums; sie unterscheidet sich von anderen Bühnenformen des 16. Jh.s (Meistersinger-Bühne, Terenz- oder Badezellenbühne, Rederijker-Bühne) durch eine differenziertere Raumordnung, wie sie erst durch die (in London seit 1576 nachweisbaren) festen Theaterbauten (»The Theatre«, 1576; »The Curtain«, 1577; »The Rose«, 1587; »Swan-Theatre«, 1595; »Globe-Theatre«, das bedeutendste, 1599 anstelle des abgerissenen »The Theatre« erbaut; »Red-Bull-Theatre«, 1605; »Hope-Theatre«, 1613) mögl. wurde. Es handelt sich, im Gegensatz zu späteren Theaterbauten, nicht um Saaltheater (in England seit 1605 – »Whitefriars Theatre« – nachweisbar), sondern um nach oben offene oktogonale

Bauten. Ihre Rekonstruktion im Einzelnen ist umstritten. Folgende Grundform ist erschließbar: Eine der acht Seiten des Bauwerks wird durch das *Bühnenhaus* eingenommen (nach den in seinem rückwärtigen Teil gelegenen Umkleideräumen für die Schauspieler »tiringhouse« benannt), die sieben anderen Seiten durch die drei übereinanderliegenden, ringsumlaufenden Zuschauergalerien, die durch ein nach innen abfallendes Dach geschützt sind; der freie Innenhof dient als Stehparkett. Aus dem Bühnenhaus ragt, etwa mannshoch, in Höhe der 1. Galerie, die trapezförmige, durch eine niedere Balustrade eingefasste Spielfläche (13 × 8 m) der *Vorderbühne* (stage) in das Parterre vor. Im unteren Teil des Bühnenhauses, gegen die Vorderbühne durch einen Vorhang verschließbar, befindet sich die *Hinterbühne* (innerstage, study), die v. a. zur Darstellung von Innenräumen (Saal, Kirche, Gefängnis) dient und die, für besonders aufwendige Innenraumszenen (Kronrat, Gerichtsversammlung) auch mit der Vorderbühne zusammen einen größeren szen. Raum bilden kann. Links und rechts des Hinterbühnenportals sind z. T. Doppeltüren, die v. a. für Torszenen gebraucht werden, hinter denen aber auch der Souffleur sitzt. Beide Doppeltüren können von Säulenpaaren umrahmt sein (in Lauschszenen als Versteck verwandt), die ihrerseits zwei aus dem Bühnenhaus vorspringende Erker (mit Fenstern – für Fensterszenen) und einen die Erker verbindenden, nach vorn durch eine Balustrade abgegrenzten Balkon (tarras) tragen können. Im oberen Teil des Bühnenhauses, zwischen den Erkern, zum Balkon hin durch einen Vorhang verschließbar, befindet sich ein zweiter Innenraum (chamber). Tarras (für Balkonszenen, Szenen auf Wehrtürmen, Stadtmauern usw.) und chamber bilden zusammen die *Oberbühne,* etwa in Höhe der 2. Galerie. Ebenfalls im Bühnenhaus, noch über der Oberbühne und in Höhe der 3. Galerie, befindet sich eine Loge für die Musikkapelle. In der Vorderbühne ist eine Versenkung (hell) eingebaut. Die gesamte Spielfläche der Vorderbühne ist durch einen über der Musikloge aus dem Bühnenhaus vorspringenden und von zwei hohen Säulen gestützten *Baldachin* (heaven, auch: the shadow) überdacht. Auf diesem Baldachin befinden sich ein Glockenturm sowie die Donner-, Blitz- und Windmaschine. Die ganze Bühne ist farbenprächtig gestaltet. Illusionist. Dekorationselemente fehlen allerdings; dargestellt ist ein Neutralraum, der erst durch das gesprochene Wort in einen Bedeutungsraum verwandelt wird. Daher finden auch nur einfache Requisiten Verwendung (Tisch, Stuhl, Bank, etc., selten Busch, Baum oder Grabstätte). – Durch ihre Vielzahl von Raumelementen ermöglicht die Sh. einen raschen Szenenwechsel; durch das Wechselspiel der Räume gewährleistet sie die Lebendigkeit der Aufführung. Gleichwohl wurde sie im 17. Jh. durch die barocke Illusionsbühne (eine Form der Saalbühne) verdrängt, sowohl in England als auch auf dem Kontinent, wo die Wanderbühne (↗ engl. Komödianten) die Elemente ihrer Raumordnung (Vorderbühne mit Versenkung, Hinterbühne, Oberbühne) zunächst beibehielt. Seit der Romantik gibt es zahlreiche Versuche einer Erneuerung der Sh. (L. Tieck, K. L. Immermann, K. v. Perfall, The Elizabethan Stage-Society, gegr. 1895 u. a.). Die von T. Guthrie entworfene Sh. in Stratford (Ontario) beeinflusste die neuere Theaterarchitektur, z. B. das National Theatre in London 1976.　K

Shanty, n. [engl., von frz. chanter = singen], ↗ Arbeitslied der Seeleute, meist Wechsel von Solo (des *Sh.-man*) und Chorrefrain; bekanntes Beispiel: *What shall we do with the drunken sailor?* – Bewahren z. T. altes Sagengut, daher heute gesammelt.　S

Short Story [engl.-amerikan. = Kurzgeschichte], amerikan. literar. Gattung: kurze, gedrängte realist. Erzählform in Prosa; entwickelt im 19. Jh. im Rahmen der zunehmenden Bedeutung und Beliebtheit literar. Zeitschriften und Magazine aus älteren narrativen Formen wie imaginativem Kurzroman, Novelle, Märchen (tales) einerseits und den mehr faktenbestimmten Anekdoten und Skizzen (sketches) andererseits, zwischen denen sie heute eingeordnet wird (vgl. dagegen die engere Definition der dt. ↗ Kurzgeschichte). Als

Short Story

Vorläufer der sh.st. werden in der amerikan. Literaturwissenschaft daher realist. Erzähler von Boccaccio und Chaucer bis H. v. Kleist, E. T. A. Hoffmann, N. Gogol oder Prosper Mérimée genannt; als eigentl. *Begründer* der sh.st. gelten W. Irving (»Sketch-book«, 1819–20) und J. K. Paulding (»Tales of the good woman«, 1836). *Theoret. definiert* (als »a certain unique effect to be wrought out«; in der Rezension zu N. Hawthornes »Twice told Tales«, 1842) und *prakt. zur Kunstform erhoben* wurde die sh.st. durch E. A. Poe (Sammlung »Tales of the Grotesque and Arabesque«, 1840, mit den Musterbeispielen »The Fall of the House of Usher«, »Ligeia«, »Eleonora« u. a.). Fast alle bedeutenden amerikan. Autoren versuchten sich (z. T. auch theoretisch) danach in dieser neuen Kunstform, die in Amerika infolge des Fehlens einer Romantradition und des großen Bedarfs an Zeitschriften bis zur Jahrhundertwende zur beliebtesten literar. Gattung wurde. Zu nennen sind N. Hawthorne, H. Melville (»Bartleby«, 1856), Mark Twain, Ambrose Bierce, W. Dean Howell; der Höhepunkt ist mit den sh.stories von H. James und O. Henry erreicht. Erst im 20. Jh. wird die durch Poes Definition geprägte sh.st. modifiziert zugunsten der Gestaltung unspektakulärer Ereignisse und größerer Sensibilität für formale Eigengesetzlichkeiten (vgl. die sh. stories von E. Hemingway, D. H. Lawrence, W. Faulkner, E. Caldwell, J. Steinbeck, Sh. Anderson, Kath. Mansfield, K. Anne Porter u. a.). Seit in letzter Zeit die Zahl der literar. Zeitschriften und damit die weitgefächerte Rezeption der sh.st. (zugunsten anderer Medien) abnimmt, wird sie immer mehr zur Experimentierform und findet entsprechend ein neues intellektuell anspruchsvolles Publikum, vgl. die sh. stories von Donald Barthelme (Montagetechnik) und v. a. die international nachgeahmten »Ficciones« von Jorge L. Borges (1944). Auch *in Europa* fand die sh. st., insbes. in der Nachfolge Poes, ihre Vertreter, so in Frankreich Ch. Nodier, G. de Nerval, A. Daudet (»Contes du Lundi«, 1873), G. de Maupassant und Paul Morand, in England R. Stevenson, R. Kipling, H. G. Wells, J. Galsworthy, E. M. Forster, G. Orwell, in Rußland Ivan Krylos und N. Gogol (»Der Mantel«, 1842), auf den Poe neben E. T. A. Hoffmann zurückging, M. Lermontov, I. Turgeniew und v. a. A. Tschechow, in Italien A. Moravia oder B. Tecchi. ED

Sideronym, n. [lat sidus, sideris = Stern, gr. onoma = Name], Sonderform des ↗ Pseudonyms: statt des Verfassernamens steht ein Sternenname oder ein astronom. Begriff, z. B. Sirius für U. van de Voorde (1893–1966). S

Sieben Freie Künste, ↗ Artes.

Sigle, Sigel, n. [von lat. sigla, Pl., synkopiert aus sigilla, Pl. von sigillum = Abkürzungszeichen, Abbreviatur – oder von lat. singulae (eigentl. singulae litterae) = einzelne Buchstaben], feststehendes Abkürzungszeichen für ein Wort (§ = Paragraph), eine Silbe (- = en, s = er) oder einen Begriff (bes. bei Handschriften und Drucken: C = Große Heidelberger Liederhandschrift). Gebräuchl. in Buchund Kurzschriften seit dem Altertum, heute v. a. in wissenschaftl. Werken (textkrit. ↗ Apparat, ↗ conspectus siglorum), ↗ Abkürzung. S

Silbenreim, Reimbindung, die auf Silben basiert (↗ Endreim, ↗ Binnenreim, ↗ Schlagreim usw.) im Unterschied zum bloßen *Lautreim* (↗ Alliteration, ↗ Stabreim, ↗ Assonanz). S

Silbenzählendes Versprinzip, im Unterschied zum ↗ akzentuierenden oder zum ↗ quantitierenden Versprinzip wird im s. V. der Umfang eines Verses allein durch eine vorgeschriebene Anzahl von Silben bestimmt; begegnet in der abendländ. Dichtung zuerst in der mittellat. rhythm.-akzentuierenden christl. Dichtung und Vagantenpoesie (vgl. Beda »De arte metrica«, um 700), nachdem durch den Einfluß des dynam. Akzentes der Volkssprachen das genuine Gefühl für Silbenquantitäten verloren gegangen war. Das führte zur Festlegung einer bestimmten Silbenzahl pro Vers (Isosyllabismus); meist wurde nur der Reihenschluß durch einen festen Akzent aufgezeichnet, z. B. im Elfsilbler z. B. die 4. u. 10. Silbe (silbenzählend-akzentuierender Vers). Dieses s. V. wurde dann zum Hauptkriterium v. a. für den franz. Vers; es findet sich schon in den ersten literar. Zeugnissen der franz. Dichtung: die Verse sind allerdings nur bis zur letzten betonten Silbe gezählt, da hier der betonte (oxytone) Versausgang übl. war, im Unterschied zur italien. Dichtung, in der Verse mit weibl. (paroxytonem) Versausgang die Regel sind; so entspricht der franz. Zehnsilber im Italien. einem Elfsilbler (↗ Endecasillabo). Der Umfang des franz. Verses schwankt vom 10.–20. Jh. zwischen 2 und 24 Silben. In der Verslehre ist es strittig, ob der Versrhythmus durch einen regelmäß. Wechsel von betonten und unbetonten Silben bestimmt wird (Alternationstheorie) oder ob die Akzentuierung unfest ist. Oft sind die Verse durch eine Zäsur gliedert; die Auswirkung des Zusammenstoßens zweier Vokale (Hiat, Elision, Synalöphe) ist in Regeln gefasst (↗ Prosodie). – Der älteste franz. Vers ist der *Achtsilber* (10. Jh. »Leodegarleben«), der der vorherrschende Vers der erzählenden Dichtung blieb (entspricht dem dt. Vierheber); es folgen der *Zehnsilbler* (↗ vers commun, 11. Jh., »Alexiuslied«, im Gefolge des »Rolandsliedes« der Vers des Heldenepos) und der *Zwölfsilbler* (12. Jh., »Karlsreise«, auch ↗ Alexandriner nach seiner Verwendung im »Alexanderroman«, 2. Hä. 12. Jh.), der im 13. Jh. den 10-Silber verdrängte. V. a. in der prov. u. franz. Lyrik wurde eine Fülle von Versformen ausgebildet, die von 3- bis 14-Silbern reichen. In der dt. Dichtung findet sich das s. V. im ↗ Meistersang: Das Übergewicht der Melodie führte dazu, dass die Verslänge nach Silbenzahlen bestimmt wurde und die Bedeutung des sprachl. Akzentes zurücktrat; die meist angestrebte strenge Alternation und das s. V. führten dabei z. T. zu starken ↗ Tonbeugungen; diese Erscheinungen finden sich im 16. Jh. auch im Kirchenlied und im strengen ↗ Knittelvers (8–9 Silben, Hans Sachs). Das s. V. verschwand dann im 17. Jh. durch die Forderung der Übereinstimmung von Vers- und Sprachakzent (M. Opitz) wieder aus der dt. Dichtung. S

Silberne Latinität, f., auch silbernes Zeitalter, Bez. für die röm. Lit. im 1. Jh. n. Chr. Darunter fallen u. a. in der Prosa Seneca, Quintilian, Plinius, Tacitus; in der Poesie Lucan, Martial, Iuvenal, Statius. Als gemeinsames Merkmal gilt das durch den polit. und gesellschaftl. Verfall sich einstellende gebrochene Verhältnis zur kaiserzeitl. Gegenwart, sowie damit verbunden die Abkehr vom Stil Ciceros in der Prosa und dem Vergils und Horaz' in der Poesie (vgl. ↗ Goldene Latinität, ↗ Antike). Der *Begriff* entstammt dem seit Hesiod (im lat. v. a. Ovid, Met. I, 89 ff.) geläufigen Mythos der vier als golden, silbern, bronzen und eisern metaphor. benannten Weltalter, in dem sich das Bewusstsein vom stetigen Abstieg der Geschichte bis zum Tiefpunkt der Gegenwart versinnbildlicht. Die Übertragung auf die Literaturgeschichte erfolgte in engem Zusammenhang mit der Kanonbildung vermeintl. klass. Autoren, nach Ansätzen im MA. (Aimericus, Konrad v. Hirsau, 12. Jh.) in diesem bestimmten Sinne erstmals bei Erasmus (»Seneca«, 1529), verbreitet im Humanismus und Barock (Scioppius, Borrichius, Walch), bei Herder und F. Schlegel (Athenäum I, 2 [1798]: Fragmente). DW

Sillen, m. Pl. [von gr. sillos, m. = Spott, Spottgedicht], altgriech. philosoph.-satir. Gedichte; *Hauptvertreter* Timon von Phleius (3. Jh. v. Chr.), der in drei (fragmentar. erhaltenen) Büchern »Silloi« (daher die Bez.) die dogmat. Philosophie verspottet. Da er Xenophanes von Kolophon auftreten lässt, wird auch dessen Satire gegen anthropomorphe Gottesvorstellungen zu den S. gerechnet. Als weitere *Sillographen* gelten die Kyniker Krates von Theben und Menippos von Gadara. S

Silva, f., span. unstroph. Gedichtform aus Elf- und Siebensilbern in beliebig langer Reihung und Anordnung; die Verbindung durch Assonanzen (seltener Reime) ist frei, reimlose Verse sind erlaubt. Die S. ist italien. Ursprungs u. verdrängte auf Grund ihrer leichteren Handhabung die ↗ Lira. Eine Sonderform ist die *S. arromanzada*, in der jeder 2. Vers durch Assonanz gebunden ist. IS

Silvae, f. Pl. [lat. = Wälder], Sammlung von Entwürfen (so Quintilian, X, 3, 17), Gedichten oder Prosatexten zu einem Thema, bekannt v. a. durch die »S.« des Statius (1. Jh. n. Chr.; 32 Gelegenheitsgedichte in 5 Büchern, meist in Hexametern); bis ins 18. Jh. beliebter Titel, vgl. z. B. die »S.« von A. Poliziano (15. Jh., Einführung in klass. Autoren) oder die »Silva« von Hieronymus Lauretus (1570, allegor. Deutungen von Bibelstellen). – Verdeutscht erscheint S. als »Poet. Wälder« (Gedichtsammlung von Ch. Gryphius, 1698), »Krit. Wälder« (Titel der von J. G. Herder 1769 »ohne Plan und Ordnung« verfassten literatur-krit. Schrift) oder »Altdt. Wälder« (Zeitschrift, hrsg. von J. und W. Grimm, 1813–1816); auch ↗ Leimon-Literatur. DW

Simodie, f., ↗ Hilarodie.

Simpliziade, f., Schelmen- und Abenteuerroman des 17. und frühen 18. Jh.s, der, angeregt durch den kommerziellen Erfolg von H. J. C. v. Grimmelshausens »Simplicissimus« (1668), meist zu Reklamezwecken Bezeichnungen wie »simplicianisch«, »Simplicius« usw. im Titel enthält. Manche S.n können als versuchte Imitationen oder erweiternde Kompilationen des »Simplicissimus« gelten. Die meisten als S.n bez. Romane aber ähneln sich ledigl. im Titel; sie sind höchst unterschiedlichen Inhalts und haben mit Grimmelshausens Werk meist nur wenig gemein. Die bekanntesten S.n sind die noch direkt in der Tradition des »Simplicissimus« stehenden pikaresken Abenteuerromane »Der simplizianische Welt-Kucker« (1677–79) von J. Beer und »Ungarischer oder Dacianischer Simplicissimus« (1683) von D. Speer. Die meisten späteren S.n entfernen sich immer mehr von ihrem Vorbild; schon mit der Übersetzung der ersten beiden Teile von R. Heads »The English Rogue« (1665 ff.), dem nur im Titel an Grimmelshausen erinnernden »Simplicianischen Jan Perus« (1672), setzt eine gewisse Verbürgerlichung des pikaresken Helden ein. KH

Grimmelshausen: »Simplizissimus«, Titelkupfer der Erstausgabe, 1668

Simultanbühne [zu lat. simul = zugleich], bevorzugte Bühnenform des ↗ geistl. Spiels des MA.s: auf oder um den Spielplatz (meist dem Markt, z. T. auch nur einem gr. Podium: Bühne des Kölner Laurentiusspiels, 1581) sind alle für die Handlung erforderl. Aufbauten u. Kulissen zugleich (lat. = *simul*) angebracht. Somit erübrigt sich ein Szenenwechsel: die Schauspieler ziehen von ihren »Häusern« (*loca, mansiones*, Spielorten, z. B. Haus des Kaiphas, des Herodes usw.) zum Ort des jeweils nächsten Geschehens, oft aufgerufen von einem *evocator* oder ähnl. genannten Spielleiter. Himmel u. Hölle sind auf dieser S. meist an den entgegengesetzten Enden der Spielebene angesiedelt. – Im modernen Theater wieder aufgegriffen, z. B. von Otto Devrient, der aber bei seiner Weimarer »Faust«-Aufführung 1876 von der falschen Annahme einer im MA. gebräuchl. dreistöckigen Bühne ausging. Die Technik mehrerer gleichzeit. sichtbarer (auch vertikal angeordneter) Schauplätze benutzten auch J. N. Nestroy (»Das Haus der Temperamente«), F. Bruckner (»Die Verbrecher«, »Elisabeth von England«), Arthur Miller, Tennessee Williams oder das ↗ Living Theatre; bei Ariane Mnouchkine findet sich die S. als Regiekonzeption (»1789«, eine polit. Revue). ↗ Bühne. GM

Simultantechnik, [zu lat. simul = zugleich], moderne literar. Technik, die versucht, die Mehrschichtigkeit eines Wirklichkeitsausschnittes, seine Dichte, Komplexität und seine Verflochtenheit in heterogenste Zusammenhänge zu verdeutlichen, das für die Dichtung an sich konstitutive zeitl. Nacheinander einer Geschehniskette zu durchbrechen; sie will (im Unterschied etwa zum naturalist. ↗ Sekundenstil) nicht einen exakten Längsschnitt, sondern den Eindruck eines zeitl.-räuml. Querschnitts hervorrufen. Mittel sind die ↗ Montage simultan ablaufender, aber disparater Wirklichkeitsausschnitte, kurzer Porträts oder Szenen, und die disparate, abrupte Reihung und Einblendung von Realitätssplittern wie Gesprächsfetzen, ↗ Stream of consciousness-Passagen, Zitaten (z. B. aus Schlagern), Zeitungsausschnitten oder Schlagzeilen, Werbeslogans, Geräuschen usw. Findet sich v. a. in Romanen, welche die Vielfarbigkeit des Großstadtlebens widerspiegeln wollen, wie J. Dos Passos,»Manhattan Transfer« (1925), A. Döblin,»Berlin Alexanderplatz« (1929), auch J. Joyce,»Ulysses« (1922), aber auch in Gedichten (Simultangedichte des ↗ Dadaismus). Auch ↗ Collage.

S

Singspiel, Zwischenform zwischen Schauspiel und Oper, gehört sowohl zur Literaturals auch Musikgeschichte, wobei der Anteil und das Gewicht der Musik über den Grad der Annäherung an die Oper entscheidet. In seinen *Anfängen* ist das S. eine literar. Gattung, i. d. Regel ein einfaches Schauspiel mit musikal. Einlagen (v. a. volkstüml. Liedern mit und ohne Instrumentalbegleitung). Solche Formen finden sich bereits im antiken Mimus, in mal. weltl. und geistl. Spielen, z. B. in der dialogisierten ↗ Pastorelle »Le Jeu de Robin et Marion« (um 1280) von dem franz. Dichterkomponisten Adam de la Halle oder in der anonymen ↗ Chantefable »Aucassin et Nicolette« (Anfang 13. Jh.). Eine erste Epoche eines *ausgebildeten S.s* lässt sich im 16. Jh. ausmachen, in welchem die Entwicklung in Italien über Intermedien (↗ Intermezzo), Madrigalkomödien und Mysterienspiele auf die Oper zusteuert (auch wenn deren Schöpfer antike Vorbilder wiederzubeleben glaubten). Zur selben Zeit entwickelten die ↗ engl. Komödianten eine S.form, für welche die ↗ lust. Person und musikal. Einlagen konstitutiv wurden, eine Ausprägung, die ihnen auch in anderssprach. Ländern (auf dem Festland) Wirkung garantierten. Von diesen reisenden engl. Komödiantentruppen ist wohl auch der *älteste dt. S.dichter* beeinflusst: der in der Tradition der Nürnberger ↗ Fastnachtspiele stehende J. Ayrer. Sein Stück »Die Erziehung des bösen Weibes« trägt den gattungsmarkierenden Untertitel »Ein schöns neus singet Spil«. Die Melodie zu der stroph. angelegten Text stammt von J. Regnart. Nach vereinzelten Versuchen im *17. Jh.* (z. B. J. Rist,»Das friedejauchzende Teutschland«, 1653 oder das von Ch. Weise für die Zittauer Schulbühne verfasste S. »Die betrübete und getröstete Galathee«) bildet sich eine breitere S.-Tradition in Deutschland erst *im 18. Jh.* heraus. Basis dieser S.e wird das Schäferspiel, z. T. mit offener Wendung gegen die barocke Prunkoper. Auch hier ging England wieder voraus mit der Opernparodie »The Beggar's Opera« von J. Gay (Text) und J. Ch. Pepusch (Musik), 1728 (↗ ballad opera). – In Frankreich sind zu nennen J. J. Rousseau mit »Le devin de village« (1752) und v. a. als der erfolgreichste S.autor der Zeit Ch.-S. Favart (1710–92), dessen Texte auch Vorbild für mehrere dt. S.e wurden (Hiller, Mozart, Goethe). Der *erste bekanntere dt. S.autor* ist Ch. F. Weiße, dessen Zusammenarbeit mit dem Komponisten J. A. Hiller bes. fruchtbar wird: Bei ihnen wird das Schäferspielschema gleichsam verbürgerlicht, die Musik wird (im Vorgriff auf Mozarts »Zauberflöte«) ständisch differenziert (Bürgermädchen singen mehr volksliedhafte Melodien, Adlige Arien), vgl. z. B. als ihre erfolgreichsten S.e »Die Jagd« (1770) und »Lottchen am Hofe« (1767, nach Favart. Mundartl. S.texte verfasste der oberschwäb. Prämonstratenser-Pater S. Sailer (»Die Schöpfung«, 1743 u. a.). Als S.autoren versuchten sich auch Ch. M. Wieland (»Aurora«, 1772;»Die Wahl des Herkules«, 1773, Musik A. Schweitzer) und Goethe, der sich v. a. von Hiller anregen ließ und zu dessen Texten u. a. J. F. Reichardt die Musik schuf; vgl. u. a. »Erwin und Elmire« (1774),»Claudine von Villa Bella« (ein Schauspiel mit Gesang, 1776, vertont u. a. auch von F. Schubert),»Jery und Bätely« (1779). Mit den S.n Mozarts triumphierte erstmals die Musik eindeutig über den Text, so schon bei seinem frühen S. »Bastien und Bastienne« (1768) bis hin zur »Zauberflöte« (1791). S.texte vertonten auch Ch. W. Gluck (z. B. »Die Pilgrime von Mekka«, 1764, ein Vorläufer von Mozarts »Entführung«) und K. Ditters von Dittersdorf (»Dichter und Bauer«, 1786. Eine *Sonderform* bilden die Wiener ↗ Zauberstücke mit Musik, z. B. von W. Müller (»Kaspar als Fagottist«, 1791, das Vorbild für Mozarts »Zauberflöte«) oder P. Wranitzky (»Oberon«, 1789) u. a. Einen *Nachklang* zum

Singspiel

S. des 18. Jh.s liefern die Romantiker E. T. A. Hoffmann (»Die Maske«, 1799), L. Tieck (»Das Ungeheuer und der verzauberte Wald«, 1797/98) und C. Brentano (»Die lustigen Musikanten«, 1805, Musik von E. T. A. Hoffmann, der auch Goethes »Claudine von Villa Bella« komponierte). Im 19. Jh. entwickelt sich das S. in zwei Richtungen weiter: 1. zur sog. *Spieloper* (Hauptvertreter als Textdichter und Komponist A. Lortzing), 2. zur *Operette:* Jacques Offenbach (1. Beispiel: »Die Verlobung bei der Laterne«, 1858) und bes. die Wiener Operette: J. Strauß (1. Operette »Indigo«, 1871), F. von Suppé (»Boccaccio«, 1879), K. Millöcker (»Der Bettelstudent«, 1882). Kennzeichnend für die Entwicklung im 19. Jh. ist, dass an die Stelle eines eigenwertigen S.textes immer mehr das der Musik untergeordnete ↗ Libretto tritt.   S

Sinngedicht, im Barock geprägte Bez. für ↗ Epigramm.

Sinnspruch, kurzer, prägnanter Satz, ↗ Motto, ↗ Maxime, ↗ Denkspruch, bes. Inschrift auf Wappen, Waffen, Schilden, Helmen, Fahnen (Devise, Wahlspruch), gewählt als eth. oder polit. Programm; belegt seit dem 18. Jh., die ältere Form ›Sinnenspruch‹ (C. Stieler, 17. Jh.) bez. ursprüngl. die Überschrift (Lemma, Motto) eines ↗ Emblems.   S

Sirima, Sirma, f. (it.), ↗ Coda, ↗ Stollenstrophe.

Sirventes, n. [prov. = Dienergedicht, von prov. sirven = Diener, Kriegsknecht], eine der Hauptgattungen der Trobadorlyrik neben der ↗ Canso; ursprüngl. weder durch Inhalt noch Form festgelegte Auftragsdichtung (vgl. Bez.), später eingegrenzt auf spielmänn. Dichtung (Scherz, Spott und Satire), die von der Kunstlyrik der Trobadors zunächst streng geschieden war, ab Mitte 12. Jh. aber zunehmend in diese integriert wurde (endgült. seit Bertran de Born, ca. 1190). Die frühesten Beispiele gehen auf den Joglar Marcoat zurück und stehen noch in der Tradition der Spielmannsdichtung, die auch in dem durch Guiraut de Bornelh, Dalfin d'Alvernhe und Raimon de Miraval repräsentierten *S. joglaresc* fortlebt. Neben diesem sind in der 2. Hä. d. 12. Jh.s das polit. motivierte *Rüge-S.* (Guilhem de Berguédan), das *Kriegs-S.* sowie das zeitkrit. *Moral-S.* belegt (Bertran de Born). V. a. dieses erhielt im trobadoresken Gattungssystem eine neue Funktion, indem es wirklichkeitsbezogen alles kritisierte, was sich in der polit. und gesellschaftl. Realität der in der Canso gepriesenen höf. Idealwelt entgegenstellte, wobei es neben einfacheren (3–4-zeil. Strophen mit Reimverkettung) in zunehmendem Maße auch die kunstvollen Formen der Canso (↗ Cobla) benutzte. – Im 14. Jh. griff das S. auch relig. Themen auf, z. B. das Marienlob. – Dem S. entspricht in Nordfrankr. das *Serventois;* ähnl. ist das ital. ↗ Serventese.   PH

Sittenstück, Bez. für ein Drama, das zeitgenöss. Gebräuche, Moden, sinnentleerte oder korrumpierte Sitten – oft nur einzelner Stände oder Gesellschaftsschichten – in krit. Absicht darstellt (Variante des ↗ Zeitstücks). Gestalter. Mittel sind die isolierende, typisierende Behandlung des Problems in realist.-milieugetreuer Einkleidung. Meist sind S.e (Typen-) Komödien, die in karikierten Typen und Situationen die zu tadelnden Sitten dem Lachen ausliefern. Das S. findet sich vorwiegend in Zeiten polit. Restriktion, in denen Kritik an öffentl., polit.-gesellschaftl. Zuständen unterdrückt wird. Es entsteht erstmals im 3.–2. Jh. v. Chr. während des Niedergangs der demokrat. Polis in Athen (*neue att. Komödie*, Menander), dann v. a. im 17. Jh.: im Spanien der Gegenreformation als ↗ *Mantel- und Degenstück* (das gesellschaftl. Normverletzungen thematisiert, Lope de Vega), im Frankreich Ludwigs XIV. als sog. *comédie d'observation* (v. a. Molière, z. B. »Les précieuses ridicules«, Dancourt), im England der Restaurationszeit als ↗ *Comedy of manners* (die die äußerl. Imitation aristokrat. Sitten ironisiert, J. Dryden, G. Etherege, W. Congreve). – Weiter findet sich das S. wieder im 19. Jh.: in Frankreich v. a. propagiert von der theoret. Forderung des ›*théâtre utile*‹, d. h. des Theaters als Mittel des sozialen Engagements, einerseits als *comédie* de mœurs, als ernstes Sitten- und Thesenstück (A. Dumas d. J., E. Augier, E. Brieux), aber auch als witzig iron., publikumswirksames ↗ Salonstück, als ↗ Boulevard- und ↗ Konversationskomödie (E. Scribe, V. Sardou, E. Labiche, E. A. Feydeau), die auch in England ihre Vertreter fanden (O. Wilde, F. Lonsdale, S. Maugham); in Deutschland erscheint es v. a. als Tendenz- oder ↗ Lokalstück im polit. Vormärz (Junges Deutschland; H. Laube, E. v. Bauernfeld, »Republik der Thiere«, 1848) und im Naturalismus (O. E. Hartleben, G. Hauptmann, H. Sudermann), aber auch noch, satir. zugespitzt, bei C. Sternheim. IS

Situationsfunktion, poetolog. Begriff, bezogen auf Gestalten, Handlungselemente, Motive in literar., v. a. dramat. Werken, deren Funktion sich ledigl. auf eine bestimmte Situation beschränkt (z. B. Nebengestalten im Drama [Boten, Intriganten, ↗ Deus ex machina] oder auch im mal. höf. Roman). Sie sind nur insoweit ausgeführt, wie sie für den Fortgang der Handlung notwendig sind, führen also keine Eigenexistenz, besitzen keine eigene Wertigkeit. S

Situationskomik, ↗ das Komische.

Situationskomödie, ihre kom. Wirkung wird durch Verwicklungen der Handlungsstränge, meist durch Verkettungen von überraschenden Umständen, Verwechslungen oder ↗ Intrigen hervorgerufen (dann auch: Verwechslungskomödie, Intrigenkomödie), z. B. Shakespeare, »Komödie der Irrungen«. Eine S. kann zugleich ↗ Charakterkomödie (Shakespeare, Molière), aber auch ↗ Typenkomödie sein (↗ Commedia dell'arte, ↗ Boulevardkomödie oder etwa die moderne Kriminalkomödie); treten Motivation und Glaubwürdigkeit der kom. Situationen zurück, wird die Grenze zu ↗ Posse, Farce, Burleske, die ebenfalls von der Situationskomik leben, überschritten. IS

Situationslied, auch Rückblickslied, Typus des altisländ. (edd.) ↗ Heldenliedes, in dem kein fortschreitendes Geschehen (↗ Ereignislied), sondern eine stat. Situation vorgestellt wird, etwa die an Sigurds Leiche sitzende klagende Gudrun (»Gudruns Gattenklage«); weitere S.er in der »Edda« in der Form von *Frauenelegien* sind »Gudruns Lebenslauf«, »Gudruns Sterbelied«, »Oddruns Klage«. S

Siziliane, f., auch sizilian. ↗ Stanze; aus Sizilien stammende Sonderform der Stanze mit nur zwei Reimklängen in der Form eines doppelten Kreuzreims: abab/abab. Dt. Nachbildungen (als 5-füßige Jamben mit wechselnd männl. und weibl. Reimen) bei F. Rückert (im »Taschenbuch für geselliges Vergnügen«) u. häufig bei D. v. Liliencron (z. B. »Sommernacht«). GG

Skalde, m. [altnord. skáld = Dichter, evtl. zur Wortsippe ›Schelte‹ gehörig, also ursprüngl. vielleicht ›Schmähdichter‹, oder von ir. *scēl*= Erzählung, Spruch, also ursprüngl. ›Sprecher, Dichter‹], norweg. und isländ. Dichter des 9.–14. Jh.s; die S.n waren als Hofdichter der norweg. Königshöfe meist hoch geachtet und wurden für den Vortrag ihrer schwierigen und artist. Werke (↗ Skaldendichtung) reich belohnt; i. d. Regel sind ihre Werke mit ihren Namen überliefert (vgl. dagegen die Gedichte). Bis ins 10. Jh. spielten die norweg. S.n eine bedeutende Rolle, seit Ende des 10. Jh.s treten fast nur noch *Isländer* als S.n in Erscheinung. Bekannt sind etwa 250 S.nnamen; dank der Überlieferung v. a. in den S.nsagas (»Egilssaga«, »Kormákssaga«, »Hallfredarsaga«) sind die Lebensumstände vieler S.n ungefähr bekannt, die auch als Krieger, Kauffahrer, Diplomaten, Fürstenberater tätig waren. Der älteste S., von dem Verse überliefert sind, ist Bragi Boddason (9. Jh.), der in der späteren Überlieferung als Dichtergott verehrt wurde; berühmte S.n sind im 10. Jh. Egill Skallagrímsson, Hallfred Ottarsson, Kormák Ögmundarson (der bedeutendste skald. Liebeslyriker), im 11. Jh. Sighvatr Þórðarson (am Hofe Olfas d. Heiligen), Arnórr Jarlaskald. Þjódolf Arnórsson (am Hofe Haralds des Strengen), im 12. Jh. Einar Skulason. MS

Skaldendichtung, lyr. Dichtung der ↗ Skalden, eine altnord. Hofkunst, die an den nor-

Skaldendichtung

weg. Königshöfen gepflegt wurde; bis ins 10. Jh. v. a. von norwegischen, seit dem 11. Jh. vornehml. von isländ. Skalden. S. umfasst in erster Linie umfangreiche (Fürsten-)Preisgedichte (Themen: Verherrlichung krieger. Taten, des Nachruhms, der Ahnen, Tapferkeit, Freigebigkeit), dann Gelegenheitsgedichte, meist in Einzelstrophen, oft Spott- und Schmähverse, *(niðvisur)* und Liebesdichtung *(mansöngr)*. Die S., ein hochkompliziertes, bis heute noch nicht in allen Teilen ergründetes Phänomen, ist in erster Linie *stroph. Formkunst*, die sich evtl. unter ir. Einfluss entwickelte; sie wurde gesprochen, nicht gesungen, vorgetragen. Neben Einzelstrophen *(lausar visur)* sind die bedeutendsten Formen die vielstroph., kunstvolle dreigliedr. ↗ Drápa und der kürzere, einfachere, ungegliederte Flokkr. Das häufigste Strophenmaß ist das streng gebaute ↗ Dróttkvætt aus 8 Sechssilblern (seit dem 10. Jh. in völliger Regelmäßigkeit), die durch ein kunstvolles System von Stab-, Binnen- und Endreimen verknüpft sind; weitere, z. T. aus den einfacheren edd. Maßen entwickelte Strophenformen der S. sind der ↗ Kviðuháttr und seit dem 11. Jh. das ↗ Hrynhent. Charakterist. für die S. ist ferner eine extreme Freiheit der Wortstellung, Parenthesen und syntakt. Verschachtelungen, eine verrätselte Sprache durch preziöse Verwendung eines eigenen dichter. Vokabulars (↗ Heiti) und durch anspielungsreiche metaphor. Umschreibungen und Bilder (↗ Kenning). Ein Kompendium der skald. Technik ist die sog. Jüngere oder Prosa-»Edda« des Skalden Snorri Sturluson (ca. 1178–1241). Ihre *Blüte* erreichte die S. durch die isländ. Skalden im 11. Jh., sie wird danach zusehends veräußerlicht, die Bildersprache immer gesuchter, künstlicher; allmähl. tritt sie gegenüber der neu aufkommenden ↗ Saga-Schreibung zurück. Seit 1000 werden auch christl. Themen aufgegriffen. Die wichtigsten norweg. S.en sind *im 9. Jh.* die fragmentar. erhaltene Schildbeschreibung »Ragnardrápa« von Bragi Boddason, die Kriege und Schlachten preisenden »Glymdrápa« und »Hrafnsmál« von Þorbjörn Hornklofi, das genealog. Merkgedicht »Ynlingatal« von Þjóðolfr ór Hvíni, beides Skalden am Hof König Haralds harfagri (Schönhaar), *im 10. Jh.* die Fürstengedächtnisstrophen »Eiriksmál« (um König Eirik, anonym überl.) und »Hákonarmál« (um König Hakon) von Eyvind Finnsson, von dem auch ein Gedicht auf Hakons Ahnen, »Háleygjatal« stammt. – Die bedeutendste S. stammt jedoch von isländ. Skalden, so die »Höfuðlausn« (Haupteslösung), ein Fürstenpreis auf König Eirik, 936, von dem größten Skalden, Egill Skallagrimsson, von dem auch Hass- und Fluchstrophen und eine ergreifende Klage um seinen ertrunkenen Sohn, »Sonartorrek« (Sohnesverlust, 960), erhalten sind. Gleichrangig sind die Preis- und Spottstrophen und vor allem die leidenschaftl. Liebeslyrik (die »Steingerdstrophen«) von Kormák Ögmundarson und die Drápa »Vellekla« (Goldmangel) von Einar Helgason. Ferner sind zu nennen die »Olafsdrápa« und die christl. »Uppreistardrápa« (Auferstehungsdrapa) des Hallfred Ottarsson, *im 11. Jh.* die Preisgedichte auf Olaf den Heiligen und die in seinem Auftrag übernommenen diplomat. Missionen des Skalden Sighvatr Þórðarson (z. B. »Vestfararvisur« [Westfahrtstrophen]), die auch zu wichtigen histor. Quellen wurden, weiter die Dichtungen der Skalden Arnórr Jarlaskald und Þjóðolf Arnórsson im Umkreis König Haralds harðráði (des Strengen), der selbst S. verfasste. Seit *dem 12. Jh.* entstehen auch S.en über histor. Persönlichkeiten, z. B. von Einar Skulason (auf Olaf den Heiligen) oder Snorri Sturluson (»Háttatal«: auf König Hakon, 13. Jh.). *Aus dem 14. Jh.* ist als bedeutendste christl. S. die »Lilja« (Lilie), eine Mariendichtung von 100 Strophen im ↗ Hrynhent, des Mönches Eysteinn Asgrímsson zu nennen. Überliefert ist die S. (bes. die Einzelstrophen) in den Königs- und Skaldensagas als Belege der dort aufgezeichneten Viten oder Ereignisse, bes. bedeutsam sind die Königsgeschichten »Heimskringla« von Snorri Sturluson. Die S. ist die 3. große Gattung der altnord. Literatur neben den Götter- und Heldenliedern der ↗ Edda und der (Prosa-)↗ Saga. Einzelne ihrer Formelemente finden sich in der isländ. ↗ Rima bis in die Gegenwart. MS/S

Skaramuz, m. [it. Scaramuccia, frz. Scaramouche], Typenfigur der ↗Commedia dell' arte, von Tiberio Fiorilli um 1600 in Neapel als Variante des ↗Capitano entwickelt und von ihm ab 1640 (oder 1644) auch in der ↗Comédie italienne in Paris populär gemacht. Von Molière bewundert, findet er Nachfolger bis ins 19. Jh., wo sich die Figur dem ↗Pulcinella nähert und von den Symbolisten aufgegriffen und idealisiert wird (P. Verlaine,»Fêtes galantes«, 1869). HR

Skené, [gr. = Zelt; latinisiert scaena], Bühnenhaus des antiken Theaters, das die Spielfläche (↗Orchestra, ↗Proskenion) nach rückwärts abschloss und einerseits zur Vorbereitung der Schauspieler auf ihren Auftritt (z. B. als An- und Umkleideraum) diente, andererseits als Spielhintergrund den Ort der Handlung andeuten sollte. – Ursprüngl. wohl nur ein jeweils für die Aufführung aufgeschlagenes leichtes Holzgerüst, war die Sk. im attischen Theater des 5. Jh.s eine dauerhafte Holzkonstruktion mit versetzbaren Elementen, die einen beschränkten Szenenwechsel zuließen, und mit einem zeltartigen Hinterbau für die Schauspieler (daher auch die Bez.). Seit dem 4. Jh. sind steinerne Bühnenhäuser bezeugt (Theater des Lykurg in Athen). Die Bühnenwand des antiken Szenengebäudes war, als Schaufassade, mit den Mitteln der Malerei und Architektur als Palastfront gestaltet. Die griech. Sk. beschränkte sich dabei wohl auf eine einfache Hallenarchitektur, zwischen deren (ion.) Säulen Kulissenbilder eingeschoben werden konnten; die mehrgeschossige Ausbildung der Fassade mit einer prunkvollen Kolossalordnung ist dagegen wahrscheinl. erst römisch (lat. scaenae frons). Die röm. Sk. kennt auch die Verwendung drehbarer Kulissenteile und des Theatervorhangs. ↗Bühne. K

Sketch, m. [engl. = ↗Skizze], kurze dramat. Szene (oft nur wenige Minuten Dauer) mit eindeutiger, vom Zuschauer unmittelbar begreifbarer Personen- und Handlungskonstellation und meist witziger, überraschender Pointe. Themen sind allgem. menschl. Situationen oder aktuelle Ereignisse. Als literar. Form des 20. Jh.s ist er v. a. im ↗Kabarett weit verbreitet. Eine bes. Ausprägung sind die humorist.-hintersinnigen S.es Karl Valentins im bayer. Dialekt. OB

Skizze, f. [it. schizzo, m. = (Farb-)Fleck, -Spritzer], aus der Kunstwissenschaft in die Lit. wiss. übernommene Bez.
1. für einen ersten Entwurf, Handlungsgerüst, vorläuf. Fassung eines literar. Werkes.
2. für autonomen, jedoch formal und oft auch stilist. bewusst nicht ausgeformten kurzen Prosatext verschiedensten Inhalts, vom subjekt. getönten Stimmungsbild bis zum objektivierenden, analysierenden Kurzbericht oder photograph. genauen Erzählablauf, daher vielfache Überschneidungen: im fiktionalen Bereich z. B. mit ↗Prosagedicht, ↗Erzählung, ↗Kurzgeschichte, ↗Parabel, im nichtfiktionalen Bereich mit (Kurz-)↗Essay, ↗Feuilleton, ↗Reportage, ↗Bericht, ↗Anekdote (vgl. Reise-S., Porträt-S.). Die S. als literar. Form entwickelte sich seit dem 18. Jh. im Gefolge der Ablehnung einer normativen Regelpoetik zugunsten einer ›inward form‹ (Shaftesbury), zunächst oft noch integriert in Briefe, Tagebücher, Romane; sie wird dann programmat. verwendet im *Naturalismus* (als Protest gegen die Gestaltungsnormen der bürgerl. Dichtung) zur objekt. Erfassung der Außenwelt; v. a. von A. Holz, J. Schlaf (»Papa Hamlet«, 1889, 3 Erzähl-S.n, vgl. ↗Sekundenstil) und bes. im literar. *Impressionismus* als Mittel der Widerspiegelung der Innenwelt (Stimmungswiedergabe in verblosen Sätzen, Parataxen usw.), v. a. von J. Schlaf (»In Dingsda«, »Frühling«, 1892/93), E. von Keyserling, P. Altenberg, A. Schnitzler, M. Dauthendey, D. von Liliencron u. a. In der modernen Literatur erscheint die S. häufig als Ausdruck des Misstrauens gegenüber der Eigengesetzlichkeit literar. Formen und der Tragfähigkeit der sprachl. Aussage (R. Walser, R. Lettau, P. Handke). IS

Skolion, n. [gr. = das Krumme], das in der griech. Antike beim ↗Symposion vorgetragene Lied, das von jedem Teilnehmer am Gastmahl erwartet wurde. Skolien konnten entweder literar. Texte älterer oder zeitgenöss. Dichter oder eigens zum Vortrag verfasste, auch improvisierte Strophen sein. Die metr. Form des S.s ist nicht festgelegt, doch erstreckt sich die Bez. grundsätzl. nicht auf Vortragsstücke im eleg. Versmaß (Epigramme und Elegien); bei den volkstüml. Strophen überwiegen Vierzeiler (z. B. aus ↗ Enkomiologici) und Zweizeiler. Der Vortrag erfolgte zur Lyra-Begleitung. Skolien sind jedoch keine Trinklieder! Themen sind polit. Ereignisse und Lebensweisheit, oft in iron. oder satir. Form. Überliefert sind nur wenige Texte, z. B. die Skolien-Fragmente des Timokreon (5. Jh. v. Chr.: Polemik gegen Themistokles) und die volkstüml. Sammlung der »Att. Skolien«, die Athenaios im Rahmen seiner »Deipnosophistai« (Symposiondialoge, Anf. 3. Jh. n. Chr.) überlieferte. Mit der zunehmenden Demokratisierung des att. Staatswesens im 5. Jh. starb die aristokrat. Sitte des Skolienvortrags aus. K

Skop, m. [von westgerm. scop, ahd. scof, scoph = Dichter, evtl. zu einer Wortsippe mit den Bedeutungen ›Hohn, Spott, scherzen‹, auch ›hüpfen, springen‹ gehörig], Bez. für den westgerm. Hofdichter u. berufsmäßigen Sänger von ↗ Helden- u. ↗ Preisliedern, wie er in den ags. Dichtungen »Beowulf«, »Widsith«, »Deor« geschildert ist. Seine soziale Stellung wird im Allg. als recht hoch eingeschätzt. Ob S. auch den Spaßmacher niedrigen Standes u. Anspruchs meint, ist umstritten. Das Wort *scoph* ist im Dt. noch im 12. Jh. gebräuchl., jedoch nicht mehr als Bez. für den Dichter oder Sänger, sondern offenbar für mündl. vortragbare Gedichte, vgl. als geistl. Ausprägung den *Scoph von dem lône*, als Bez. für eine schriftl. dt. Quelle *schophbuoch* im »Physiologus«, »König Rother«, »Herzog Ernst«. MS

Slogan, m. [engl. = Parole, Motto, Wahlspruch, Schlagwort, ursprüngl. aus gäl. sluaghghairm = Schlachtruf], kurze, prägnante, das Wesen einer Sache, Situation oder Konstellation scheinbar treffende Formulierung, die durch ihre sprachl. zugespitzte, klangl.-rhythm. Gestalt sofort ins Ohr geht oder mit Hilfe graph. Verdeutlichungen ins Auge fällt, meist von persuasivem (überredendem) und appellativem (aufforderndem) Charakter; S. wendet sich an emotionelle Kräfte im Menschen, daher v. a. in der Werbung (»Der gute Stern auf allen Straßen«, Werbe-S.) u. im polit. Bereich (Wahl-S., »Wohlstand für alle«, oft auch in demagog. Verzerrung). In neuerer Zeit ist der S. durch die Massenmedien als ein nicht zu unterschätzender Faktor der Beeinflussung von großer Bedeutung, wobei die S.s für die einzelnen Zielgruppen nach psycholog. Erkenntnissen formuliert werden. OB

Soccus, m. [lat. = Schuh], der zum Kostüm des Schauspielers in der antiken Komödie gehörende niedrige Schuh (Sandale). Im Ggs. zu diesem trägt der Schauspieler in der antiken Tragödie den ↗ Kothurn als hohen Bühnenschuh; der Schauspieler im antiken ↗ Mimus war unbeschuht (mimus planipes). K

Soffitte, f. [it. soffitto = (Zimmer-)Decke], Bez. für den vom Schnürboden (Rollenboden) des Theaters herabhängenden Teil der Bühnendekoration, der das Bühnenbild nach oben abschließt; Teil der Guckkasten-Kulissenbühne seit dem 17. Jh., zunächst als bemalte Leinwandbahnen (Wald-, Luft-, Balken-S.); erst im 19. Jh. werden S.n zum Teil durch geschlossene feste Decken (bei Konversationsstücken im geschlossenen Bühnenraum) ersetzt, die Luft-S. auch durch den Rundhorizont (Cyclorama, siehe ↗ Prospekt). IS

Soliloquium, n. [lat. = Selbstgespräch], Typus der antiken Bekenntnisliteratur, s. ↗ Autobiographie.

Solözismus, m. [gr. soloikismos = Verstoß gegen das richtige Sprechen], nach dem anscheinend fehlerhaften Griechisch der Einwohner von Soloi in Kilikien gebildete Bez. für Verstöße gegen korrekten Sprachgebrauch, v. a. in Bezug auf die Syntax (Quint 1, 5, 34 ff.), vgl. dagegen ↗ Barbarismus). S. wurde z. T. mit der Vorstellung von Entartung und Dekadenz verbunden, v. a. am Beispiel der spätröm. Literatur. – S. kann auch die Folge von Dialekteinwirkung sein (›Ik habe *dir* jesehn‹ beim Berliner), das Ergebnis einer Sprachentwicklung (syntakt. Neuerungen gelten so lange als S., bis sie sich allgemein durchgesetzt haben, als ›richtig‹ anerkannt werden, z. B. ›trotzdem‹ als unterordnende Konjunktion); S. kann aber auch (seltener) als Stilmittel verwendet werden, oft in parodierender Absicht (z. B. bei Ch. Morgenstern oder bei den Vertretern der konkreten Poesie). OB

Sondersprachen, zus.fassende Bez. für die Berufs-, Standes-, Fach-, Gruppen- und Geheimsprachen, die innerhalb der Gemein- oder Standardsprache ein Subsystem darstellen, in dem der *Wortschatz* der Gemeinsprache semant. differenziert wird, im Ggs. zum Dialekt, der sich auch durch eigene Syntax und Grammatik von der Gemeinsprache abhebt. – Der Wortschatz der S.n kann altes Sprachgut bewahren (bes. handwerkl. Berufssprache, Sprache bestimmter sozialer Gruppen, z. B. alter Leute in verkehrsfernen Gebieten) oder sich rasch fluktuierend umbilden (moderne techn. Fachsprache, Jargon, Geheimsprache), kann weitgehend aus Kunstwörtern und Abkürzungen bestehen (chem., medizin., mathemat. orientierte Fach- und Berufssprachen) oder die Bezz. der Gemeinsprache metaphor. verwenden (Schüler-, Studenten-, Soldatensprache). S.n können mehr bei der Hochsprache (Standes-, Fach-, Berufssprachen) oder mehr bei der Umgangssprache stehen (Jargon, Geheimsprachen). Der Sonderwortschatz der einzelnen S.n wird in Speziallexika gesammelt. S

Sonett, n. [it. sonetto, m.; frz. sonnet, m.; engl. sonnet; dt. Lehnübersetzung des 17. Jh.s: Klinggedicht], italien. Gedichtform; Nachbildungen in fast allen europ. Sprachen und Literaturen. – Die *Grundform* bildet ein 14-zeil. Gedicht, das sich aus 2 Vierzeilern (it. quartine, frz. quatrains, dt. Quartette) und 2 Dreizeilern (it. terzine, frz. tercets, dt. Terzette) zusammensetzt. Quartette und Terzette sind in sich durchgereimt; wichtigste Reimschemata (neben zahlreichen anderen) sind in der it. Dichtung (Petrarca) abab abab und (seit den Stilnovisten) abba abba in den Quartetten, cdc dcd (rime alternate) und cde cde (rime replicate) in den Terzetten; in der frz. Dichtung (Ronsard) abba abba ccd ede. Der gängige Vers des S.s ist in der it. Dichtung der ↗ Endecasillabo, in den frz. Nachbildungen der ↗ Alexandriner. Eine Sonderform stellt das sog. engl. S. dar, das auf Durchreimung verzichtet und die 14 Zeilen (5-hebige jamb. Verse) in drei Vierzeiler (mit Kreuzreim) und ein abschließendes (epigrammat.-pointierendes) Reimpaar gliedert; Reimschema: abab cdcd efef gg. Als ›dt. S.‹ wird gelegentl. eine Sonderform ohne Durchreimung der Quartette bezeichnet (Reimschema: abba cddc ...); dieses Reimschema begegnet aber auch in der frz. und engl. S.dichtung des 19. Jh.s; andererseits kennt die dt. S.dichtung eine Fülle anderer S.formen. – Der äußeren Form des S.s (2 Quartette + 2 Terzette) entsprechen der *syntakt. Bau* und die *innere Struktur;* sie sind durch einen dialekt. Ablauf gekennzeichnet. Die Quartette stellen in These und Antithese die Themen des Gedichtes auf; die Terzette führen diese Themen in konzentriertester Form durch und bringen die Gegensätze abschließend zur Synthese. Quartette und Terzette stehen sich im Verhältnis von Erwartung und Erfüllung, von Spannung und Entspannung gegenüber, syntakt. oft in Form von Voraussetzung und Folgerung, Behauptung und Beweis. – Die *Thematik* der S.dichtung ist, der anspruchsvollen Form und der dadurch bedingten Forderung gedankl. Klarheit entsprechend, beschränkt. Grundzug ist die gedankl. Objektivierung subjektiven Erlebens: des Eros in seiner vielgestaltigen Dämonie (so in der intellektualist. und spiritualist., ›platon.‹ Minne- und Liebesdichtung des ↗ Dolce stil nuovo und des europ. ↗ Petrarkismus), Gottes, des Todes (so in der religiösen, ›metaphys.‹ S. dichtung des engl. und dt. Barock), des persönl. Schicksals (J. Milton, »On His Blindness«; A. v. Platen), aber auch polit. und sozialen Geschehens (G. Carduccis S.e auf die Frz. Revolution; F. Rückerts »Geharnischte S.e«). – Häufig werden mehrere S.e zum *S.en-Zyklus* verknüpft, dessen vollendetste Gestalt der ↗ Sonettenkranz darstellt. Das *it. S.* ist in der 1. Hälfte des 13. Jh.s im Umkreis Friedrichs II. am Hof zu Palermo durch die Vertreter der sog. sizilian. Dichterschule entwickelt worden. Ob J. da Lentini, der die Form des S.s als erster besonders häufig verwendet, dabei als ihr »Erfinder« gelten kann (so W. Mönch), ist nicht gesichert. Umstritten ist auch, wie es zur Ausbildung der S.form kam – ob es sich (so die ältere Forschung) um eine letztl. volkstüml. Form (Verbindung zweier ↗ Strambotti, volkstüml. Kurzgedichte von 8 und 6 Versen) handelt, oder ob (so heute) einfach eine Abart der Kanzonenstrophe (↗ Stollenstrophe) vorliegt. Das Grundschema des S.s entspricht dem der Stollenstrophe: die beiden Quartette können als zwei ↗ Stollen (it. piedi) und damit als ↗ Aufgesang (it. fronte) aufgefasst werden, die beiden Terzette als ein in zwei Teile gegliederter ↗ Abgesang (it. coda, sirima, sirma). Auch *die Bez. S.* (it. sonetto nach prov. sonet = Weise, Melodie; Text mit Melodie, in der Bedeutung vergleichbar dem mittelhochdt. *dôn*) meint ursprüngl. (so noch bei G. Cavalcanti) jede Art der Kanzonenstrophe. Von den Sizilianern des 13. Jh.s übernehmen die toskan. Stilnovisten (G. Guinizelli, G. Cavalcanti, Gino da Pistoia; Dante, »Vita Nuova«) die Form. Den Höhepunkt der it. S.dichtung stellt im Folgenden der »Canzoniere« Petrarcas dar. M. M. Boiardo, Lorenzo de Medici, J. Sannazaro und Kardinal Bembo setzen die Linie im 15. Jh. fort; im 16. Jh. reihen sich Michelangelo, G. Bruno, T. Tasso und G. Marino, V. Colonna und G. Stampa an. Während im 17. und 18. Jh. das S. vernachlässigt wird, kommt es im 19. Jh. zu einer Wiederbelebung der Form (V. Alfieri, U. Foscolo, G. Carducci, G. D'Annunzio), deren Wirkungen bis in die Gegenwart reichen. – *Sonderformen des it. S.s* sind 1. das *sonetto doppio* (in den Quartetten wird nach der 1., 3., 5. und 7. Zeile, in den Terzetten nach der 2. und 5. Zeile ein 7-Silber eingeschoben, so dass ein 20-zeiliges Gedicht aus 14 endecasillabi und 6 7-Silbern entsteht – Reimschema z. B. aabbba aabbba/cddc cddc, so bei Dante, »Vita Nuova« 7); 2. das *sonetto rinterzato* (in den Terzetten wird auch nach der 1. und 4. Zeile ein 7-Silber eingeschoben; 3. das *sonetto commune* oder *sonetto misto* (7-Silber anstelle einzelner 11-Silber); 4. das *sonetto continuo* (durchgereimtes S.; die Reime der Quartette werden in den Terzetten weitergeführt); 5. das *sonetto raddoppiato* (Doppel-S. aus 4 Quartetten und 4 Terzetten, bei Monte Andrea z. B. mit dem Reimschema abab abab abab cdc dcd efe fef); 6. das *sonetto caudato* (auch: *sonetto colla coda*: an das S. ist eine coda (= Schweif) von 3 Zeilen angehängt, in der Regel aus einem 7-Silber, der mit dem 14. Vers des S.s reimt, und zwei abschließenden paarreimigen endecasillabi mit neuem Reimklang besteht; in S. mit mehreren solchen ›Schweifen‹ heißt *sonetessa*); 7. das *sonetto ritornellato* (histor. betrachtet eine Vorform des sonetto colla coda, beliebt v. a. im 13. Jh., das S. hat eine 15. Zeile, die mit der 14. Zeile reimt); 8. das *sonetto minore* (Verwendung eines kürzeren Verses anstelle des endecasillabo); weiter 9. das *sonetto bilingue* und das *sonetto trilingue* (Mischung italien. Verse mit prov., frz. oder lat. Zeilen); 10. das *sonetto metrico* (ein S. aus 7 italien. endecasillabi und 7 quantitierenden [›metr.‹] lat. Versen aus klass. Dichtung) und schließl. noch 11. das *sonetto dialogato* (Dialogs.; die 14 Verse sind abwechselnd auf zwei Sprecher verteilt; eine reizvolle Nachbildung dieser Form findet sich zuletzt in der engl. Dichtung bei A. Dobson) und 12. das *Echo-S.* (↗ Echogedicht). – Eine Besonderheit ist auch die stroph. Verwendung des italien. S.s im poet. Streitgespräch der ↗ Tenzone (das 1. S. stellt eine Frage, die in den folgenden S.en verschieden beantwortet wird, z. B. Tenzonen über das Wesen der Liebe bei den Sizilianern und Stilnovisten), im ↗ Contrasto (der Auseinandersetzung zwischen dem Dichter und seiner Geliebten in der Form einer Wechselrede von S. zu S.; auch als Mutter-Tochter-Gespräch u. a.) und in der Epik (»Il Fiore«, 13. Jh.; Nachdichtung des frz. Rosenromans). – *Span. und portugies. Nachbildungen* finden sich zuerst im 15. Jh. bei J. López de Mirandola bzw. im 16. Jh. bei F. de Sá de Miranda. Ihren Höhepunkt erreicht die span. und portugies. S.dichtung im 17. Jh. bei Lope de Vega, Cervantes und L. de Camões. – *Frz. Nachbildungen* gibt es seit dem 16. Jh. (C. Marot, M. de Saint-Gelais; v. a. dann bei P. de Ronsard und J. Du Bellay). Die frz. S.dichtung der Renaissance beschränkt sich, im Ggs. zur

Formenvielfalt der italien. Tradition, auf die eine Form des S.s mit dem Reimschema abba abba ccd ede, die von der klassizist. frz. Poetik zum *sonnet régulier* erklärt wird. Als ›vorgeschriebener‹ Vers gilt (von Ronsard in die frz. S.dichtung eingeführt; die Dichtung vor Ronsard verwendet den ↗Vers commun) der ↗Alexandriner. Andere, gelegentl. vorkommende S.formen (Kreuzreim in den Quartetten, 10-Silbler und andere Verse, auch die – seltenen – reimlosen S.e) werden demgegenüber als *sonnet irrégulier* (auch: *sonnet licencieux*) abgewertet. In der 2. Hälfte des 17. Jh.s verliert das S. in der frz. Lyrik an Beliebtheit und wird erst im 19. Jh. von den Parnassiens und Symbolisten (Th. Gautier, Ch. Baudelaire, St. Mallarmé, P. Verlaine, A. Rimbaud) wieder aufgegriffen, allerdings mit zahlreichen formalen Freiheiten. – *Sonderformen des (älteren) frz. S.s* sind 1. das *sonnet rapporté* (mit ↗vers rapportés) und 2. das der Gesellschaftskunst des 17. Jh.s verpflichtete *sonnet en ↗bouts-rimés*. – Die ersten engl. Nachbildungen entstehen zu Beginn des 16. Jh.s am Hofe Heinrichs VIII. Ihre Verfasser, Th. Wyatt und u. a. H. H. Surrey, entwickeln die engl. Sonderform mit abschließendem Reimpaar. Die Blüte der engl. S.dichtung, jetzt teilweise auch nach frz. Vorbildern, fällt in die 2. Hälfte des 16. Jh.s (E. Spenser, Ph. Sidney, W. Shakespeare). Im 17. Jh. pflegen das S. u. a. noch J. Donne und J. Milton; in der 2. Hälfte des 17. Jh.s kommt es dann, ähnl. wie in der italien. und frz. Dichtung, aus der Mode. Eine Erneuerung erfolgt auch in der engl. Dichtung in der Romantik (W. Wordsworth, J. Keats, E. Barrett, D. G. Rossetti, Ch. Rossetti, Ch. A. Swinburne, M. Arnold, G. Meredith, H. W. Longfellow). – Die *dt. Nachbildungen* lassen sich ebenfalls erstmals im 16. Jh. nachweisen (erstes dt. S. 1556 bei Ch. Wirsing; später bei J. Fischart). Die erste Blütezeit der dt. S.dichtung fällt ins 17. Jh. (M. Opitz, P. Fleming, A. Gryphius, Ch. H. v. Hofmannswaldau u. a.). Der Vers des dt. S.s ist in dieser Zeit, nach frz. Muster, der Alexandriner; zahlreich sind die Varianten des Grundschemas (Ph. v. Zesen), die nach W. Mönch ins »Kuriositätenkabinett« der Literaturgeschichte gehören. J. Ch. Gottsched und die Schweizer J. J. Bodmer und J. J. Breitinger lehnen das S. ab. Erst in der Vorromantik kommt es zu einer Wiederbelebung (G. A. Bürger), die zu einer zweiten Blüte der dt. S.dichtung in der Romantik führt (A. W. Schlegel, A. v. Platen, K. Immermann, F. Rückert, auch, zunächst widerstrebend, Goethe), jetzt mit Bezug v. a. auf italien. Vorbilder und entsprechender Verwendung 5-heb., jamb. Verse (zuerst 1776 bei Klamer Schmidt). Auch die dt. Lyrik der Jahrhundertwende und des frühen 20. Jh.s wendet sich, v. a. vom frz. Symbolismus angeregt, dem S. zu (St. George, R. M. Rilke, R. Huch, J. R. Becher, G. Heym, G. Britting, J. Weinheber) und verwendet die Form z. T. auch für balladeske Themen (G. Heym); Formstrenge (Weinheber) und freie Variation des S.schemas (Rilke, »S.e an Orpheus«) stehen sich dabei gegenüber. Nach einer Zeit der Abwendung von metr. Kunstformen zugunsten freier Versgestaltung einerseits und volkstüml. Formen (z. B. des Bänkels) andererseits ist wieder eine Neigung zu Metrik und Reim festzustellen, vgl. Rainer Kirsch (Liebes-S.e), L. Harig (»Drei Grazer S.e«) u. a. K

Sonettenkranz [dt. Übersetzung von it. corona dei sonetti], Form des Sonettenzyklus (↗Sonett). – Der formvollendete S. besteht meist aus 15 Sonetten. Dabei nehmen die ersten 14 Sonette jeweils die Schlusszeile des vorhergehenden Sonetts (das 1. Sonett die Schlusszeile des 14. Sonetts) als Anfangszeile auf, so dass eine Ringkomposition entsteht (daher die Bez.). Das 15. Sonett des Kranzes setzt sich, die gedankl. Summe des ganzen Zyklus darstellend, aus den Anfangszeilen der 14 Sonette zusammen; es heißt »Meistersonett«; z. B. G. Carducci, »Ça ira« (1883; S. von 12 Sonetten zur Frz. Revolution). – Verwandt ist die *Sonettenglosse* als Glossierung eines Sonetts (↗Glosa). K

Sotadeus, m., ant. Vers der Form $-\!-\!\cup\cup|-\!-\!\cup\cup|-\!-\!\cup\cup|-\!-$; gilt als katalekt. ↗Tetrameter aus vier ↗Ionici (a maiore). Auflösung der Längen und Ersatz einzelner Ionici durch trochä. ↗Dipodien ($-\cup-\cup$) sind möglich. – Der

Vers ist nach dem alexandrin. Dichter Sotades von Maroneia (3. Jh. v. Chr.) benannt, der ihn offenbar als erster häufiger verwandte. Er findet sich v. a. in der Komödie, im Mimus, in der Satire und Kinädenpoesie (= sotad. Lit.). In der röm. Dichtung sind Nachbildungen gr. Sotadeen für Afranius, Plautus, Accius, Ennius (»Sota«) und Varro bezeugt; später verwenden ihn noch Petronius und Martial. K

Sotadische Literatur, ↗ Kinädenpoesie.

Sotternie, f., ↗ Klucht.

Sottie (Sotie), f. [frz. von sot = Narr], mal. frz. Possenspiel in einfachen Reimversen, das in satir. Absicht, oft sehr derb, lokale, kirchl., polit. und v. a. soziale Missstände bloßstellt. Fester Personenbestand *(prince sot, mère sotte)* und allegor. Einkleidung unterscheiden die S. von der ↗ Farce; Aufführungen meist durch Narrengesellschaften, bes. die ↗ Enfants sans souci und die ↗ Basoche; Blütezeit 15./16. Jh.; bedeutende polit. Stoßkraft im Kampf Ludwigs XII. gegen Papst Julius II. hatten die S.s des P. Gringore (27. S.s »Fantaisies de la mère sotte«). IS

Soziale Dichtung, unscharfe Sammelbez. (s. ↗ soziales Drama) für allgem. gesellschaftl. und humanitär engagierte Literatur im Ggs. zu einer auf einen bestimmten Parteien- oder Klassenstandpunkt ausgerichteten Literatur (↗ sozialist. Realismus). S. D. befasst sich vorwiegend mit Problemen der sog. unteren Schichten, der Entrechteten, der menschl. und sozial Minderprivilegierten. Ihre Tendenz reicht vom Mitleidsappell bis zur Sozialkritik und polit. Anklage (↗ polit. Dichtung). Beispiele s.r D. finden sich zu allen Zeiten, häufigere Verbreitung fand sie jedoch seit dem Aufkommen der Industriegesellschaft im 19. Jh., vgl. in der Lyrik u. a. H. Heine, »Die schles. Weber«, B. Brecht, »Wiegenlied«, G. Hauptmanns ›soziales Drama‹ »Vor Sonnenaufgang« (1889) und »Die Weber« (1892); als soziale Romane werden u. a. R. Huch, »Aus der Triumphgasse« (1902), H. Fallada, »Kleiner Mann, was nun« (1932) bezeichnet, in der engl. Lit. etwa die Romane von Ch. Dickens, in der frz. Lit. das Werk. É. Zolas. ↗ Gesellschaftskritik. S

Soziales Drama, häufig verwendeter, selten aber hinlängl. definierter Begriff, dient teils der Beschreibung der inhaltl. Elemente (Vorkommen der ›niederen Stände‹, der unterdrückten ›Klasse‹), teils der Intentionalstruktur (Mitleid mit den Armen, Sturz der Unterdrücker, Klassenkampf wider die Ausbeuter). Versuche exakter Definitionen (E. Dosenheimer: »ein Drama, dessen bestimmter sozialer Untergrund die Voraussetzung ist für Stoff u. Gehalt, dessen Charaktere u. Handlung aus diesem sozialen Untergrund hervorgehen, der einheitl. oder auch gespalten sein kann«) sind deshalb nahezu unbegrenzt besetzbar. Im Anschluss an Dosenheimer hat sich die Forschung zwar angewöhnt, das dt. s. D. mit G. E. Lessing beginnen zu lassen; es fällt jedoch nicht schwer, an älteren dt. oder ausländ. Dramen Handlungsantriebe u. Charakterprägungen durch den »sozialen Untergrund« zu registrieren (so ließe sich z. B. die »Antigone« des Sophokles neben der herkömml. Lesart und gegen dieselbe als s. D. begreifen). Die von Dosenheimer angeführten Beispiele sozialer Dramen bis hin zum Naturalismus decken sich weitgehend mit jenen, die man für das ↗ bürgerl. Trauerspiel genannt hat. Das s. D. hat zudem eine fließende Grenze zur sozialist. Dramatik, die ideolog. eindeutig Stellung bezieht u. sich (zumindest vom Autorenstandpunkt her) unverwechselbar darstellt, meist auch im Blick auf den – eventuell propagandist. zur Solidarität aufgerufenen – Zuschauer. Da soziale Fragen, Probleme oder Konflikte der Gattung Drama häufig eigen sind, empfiehlt sich die Eingrenzung des s. D.s auf die *Zeit nach dem bürgerl. Trauerspiel u. vor dem Auftreten dezidiert sozialist. Dramatik* etwa seit der Jahrhundertwende. Dazwischen liegt die Epoche des international verbreiteten ↗ Naturalismus (Skandinavien, Russland, Frankreich, Deutschland) mit der erklären Anwaltschaft für die Armen (É. Zola, »J'accuse«), mit einer agitator. Brisanz, die sich den Blickwinkel der Unterdrückten zu eigen machte u. ebenso gegen die »Stützen der Gesellschaft« (H. Ibsen) wie gegen großbürgerl. Arroganz zu Felde zog. Im Umkreis von G. Hauptmanns »Vor Sonnenaufgang« (1889 – das einzige Stück mit dem Untertitel »Soziales Drama«) – entstand eine Dramatik, die vornehml. den arrivierten »3. Stand« anklagte, also nicht mehr wie das bürgerl. Trauerspiel dessen Partei und Optik bezog. Andererseits nahmen die Autoren dieser sozialen Dramen trotz gefühlsmäßiger Nähe zur Arbeiterschaft noch keineswegs einen ideolog.-klassenkämpfer. Standpunkt ein. – Bei dieser Eingrenzung des sozialen Dramas erweist sich dieses als histor. notwendig bedingte Phase von Theatergeschichte u. weltanschaul. Progress, deren Wirkung auf bürgerl. wie auf proletar. Zuschauer aber als aufklärer. u. bewusstseinsverändernd angesehen werden darf. Bleibt auch die Parteilichkeit dieser sozialen Dramen noch in bürgerl. Perspektive befangen, stellen sie doch einen den veränderten sozialen Bedingungen entsprechenden Schritt über das bürgerl. Trauerspiel hinaus dar u. gleicherweise einen Schritt hin zum radikalen Appell sozialist. Dramatik. ↗ Arbeiterdichtung, ↗ polit. Dichtung. GM

Sozialistischer Realismus, Methode der künstler. Gestaltung (in Literatur, bildender Kunst, Musik, Film und Architektur) wie auch der theoret. Auseinandersetzung mit Kunstwerken. Kriterien sind (trotz erhebl. Unterschiede in der histor. Entwicklung und der wissenschaftl. und ideolog. Position) der materialist. Ansatz, die Festlegung auf den Klassenstandpunkt und weitgehend auch auf die kommunist. Parteilinie, die Darstellung der Wirklichkeit in ihrer revolutionären Entwicklung und die Bewusstseinsbildung der Leser im Geiste des Sozialismus. Die (gesellschaftl.) Bedingungen des Schaffens, die Wahl der Mittel der Darstellung, die gezielte Wirkung auf den Leser werden an den zwei Polen des s. R., nämlich an den Anforderungen des *Sozialismus* als ideolog.-polit. Position und des ↗ *Realismus* als künstler. Prinzip der Wirklichkeitsdarstellung, gemessen. Durch die Verbindung dieser beiden Komponenten unterscheidet sich der s. R. vom sog. bürgerl. Realismus (aus der Sicht des s. R. auch krit. Realismus genannt), in dem die bürgerl. Gesellschaft zwar kritisiert, in dem aber der Weg in den Sozialismus nicht aufgezeigt wird. Der s. R. versteht das Kunstwerk nicht nur als Ergebnis der gesellschaftl. Wirklichkeit, das diese Wirklichkeit passiv widerspiegelt (↗ Widerspiegelungs- oder Abbildtheorie), sondern auch als diese Wirklichkeit auf die Zukunft hin transzendierend und dadurch auf sie im Sinne der Veränderung aktiv einwirkend. Das Kunstwerk steht also in der Dialektik von gegebener Wirklichkeit und der in dieser angelegten realen Möglichkeit. Es wird verstanden als ein auf die Wirklichkeit verweisendes Modell, das für die gesellschaftl. Praxis richtunggebend ist und einen dialekt. Prozess von ästhet. und gesellschaftl. Praxis umgreift. Da die marxist. Entwicklungsgesetze die Grundlage sind, ist die Zukunftsperspektive notwendig optimistisch. Dementsprechend zielt die Forderung nach dem neuen Menschenbild, dargestellt im ↗ positiven Helden, nicht auf Wirklichkeitstreue, sondern auf Darstellung des »Typischen«, auf den Menschen, wie er nach den marxist. Vorstellungen sein soll. In programmat. Abgrenzung gegenüber der »bürgerl.« Literaturwissenschaft wird das Werk nicht isoliert genetisch gesehen (als Produkt des isolierten schöpfer. Prozesses), sondern funktional (im Hinblick auf die gesellschaftl. Wirkung) und integriert in das gesamtgesellschaftl. Beziehungsgefüge; die gegenseitige Abhängigkeit und Wechselwirkung von Produktion und Rezeption des Kunstwerks wird herausgestellt. Auch die Aufspaltung der Literatur in »hohe« und »niedere« wird als typisch für die »bürgerl.« Literatur abgelehnt und soll überwunden werden in der Forderung nach inhaltl. und sprachl.-stilist. Volkstümlichkeit, Konkretheit und dem Anspruch, die Interessen und die Situation der arbeitenden Bevölkerung in ihren eigenen Problemen und in ihrer eigenen Sprache darzustellen. Dies führte zur strikten Ablehnung des ↗ Formalismus und anderer Formexperimente. In der *Entwicklung des s. R.* geht die Praxis der Theorie voraus, andererseits inspiriert die theoret. Reflexion des

s. R. ein Fülle von neuen Werken dieser Richtung. Bereits vor der Oktoberrevolution werden vereinzelt Werke mit revolutionärer Thematik mit den Mitteln des Realismus gestaltet. Als erstes Werk des s. R. gilt Maxim Gorkis Roman »Die Mutter« (1906), der auch zum Vorbild der Revolutionsliteratur der ersten Jahre wurde, etwa für F. Gladkows »Zement« (1925), A. Fadejews »Die Neunzehn« (1925/26) oder die Werke W. Majakowskis und A. Makarenkos. In diesen frühen Jahren herrscht noch eine Vielfalt der künstler. Ausdrucksformen; die Literatur wird noch als ein gegenüber der Partei autonomer Bereich angesehen. Erst mit der Verfestigung der totalitären Strukturen der Partei *(seit 1927)* und ihrem Anspruch auf Beherrschung aller Lebensgebiete wird auch die Literatur der absoluten Vorrangstellung der Partei unterstellt *(Beschluss des ZK der KP vom 23.4.1932)*. In der Auseinandersetzung dieser Jahre und im Zusammenhang mit der Gründung des einheitl. sowjet. Schriftstellerverbandes wird von I. Gromski der Begriff des s. R. eingeführt (1932) und der Schriftsteller von Stalin als »Ingenieur der menschl. Seele« definiert. Der erste Allunionskongress der Sowjetschriftsteller in Moskau (1934) ist entscheidend für die Durchsetzung des s. R. als für die gesamte Literatur der Sowjetunion fortan verbindliche Lehre. A. Zdanow, Sekretär des ZK der KPR, formulierte ihn hier programmatisch, M. Gorki verkündete ihn als die log. Konsequenz der eingeschlagenen gesellschaftl. Entwicklung. Das Statut der Sowjetschriftsteller, das hier bestätigt wird, formuliert: »Der s. R., der die Hauptmethode der sowjet. schönen Literatur und Literaturkritik darstellt, fordert vom Künstler wahrheitsgetreue, histor. konkrete Darstellung der Wirklichkeit in ihrer revolutionären Entwicklung. Wahrheitstreue und histor. Konkretheit der künstlerischen Darstellung muß mit den Aufgaben der ideolog. Umgestaltung und Erziehung der Werktätigen im Geiste des Sozialismus verbunden werden.« Anpassung an diese neuen Normen, oft unter Umarbeitung früherer Werke, kennzeichnet die literar. Entwicklung der folgenden Jahre (A. Fadejew, P. Pawlenko, A. Tolstoi, I. Ehrenburg, M. Scholochow, L. Leonow, N. Wirta, J. Krimow, A. Malyschkin u. a.). Durch die Entwicklung in Russland gewann die sozialist.-realist. Literatur schnell in aller Welt großen Auftrieb, so fast in allen Ländern Europas, in den USA, in Japan, China usw. Auch im *Deutschland* der Weimarer Republik nimmt die Vorform des s. R., die proletar.-revolutionäre Literatur, wenn auch unter gesellschaftl. völlig verschiedenen Voraussetzungen, eine wichtige Stellung ein (J. R. Becher, B. Brecht, Fr. Wolf, L. Renn, W. Bredel, A. Seghers, E. Kisch, H. Marchwitza, B. Uhse u. a.) und führt 1928 zur Gründung des Bundes Proletarisch-revolutionärer Schriftsteller (BPRS). Sie fordern, »daß die Motoren der Romanhandlung nicht mehr private, sondern große soziale, gesellschaftl. oder Klassenkonflikte sein sollen, daß sich diese Konflikte aber widerspiegeln im Leben einzelner Menschen und Gruppen.« In der Emigration nach 1933 nehmen diese Schriftsteller die Losung des s. R. auf, propagieren ihn 1935 auf dem »Internationalen Kongreß zur Verteidigung der Literatur« in Paris und verwirklichen ihn in Werken der Exilliteratur. Sie führen auch die theoret. Auseinandersetzung um den s. R. und im Zusammenhang damit die Debatte um den ↗ Expressionismus weiter, dem Relativierung der histor. Bezüge auf den subjektiven Standpunkt hin vorgeworfen wird. G. Lukács, der den s. R. in der Traditionslinie des bürgerl. Realismus sieht und nicht in der modernen Literatur sieht, für den die Widerspiegelung der gesellschaftl. Verhältnisse in der Literatur das entscheidende Kriterium des s. R. ist, und B. Brecht, der lieber an das »schlechte Neue« als an das »gute Alte« anknüpfen will, und für den der Literatur die Funktion der Veränderung der bestehenden Gesellschaft hat, sind die Exponenten der Diskussion dieser Jahre. – Für die Entwicklung des s. R. *in der ehemaligen DDR* ist in erster Linie die jeweilige polit. und kulturpolit. Situation maßgeblich. Literatur und Literaturtheorie bleiben zunächst hinter den Errungenschaften der proletar. revolutionären Literatur der zwanziger Jahre zurück. Die Auseinandersetzung mit der neuen gesellschaftl. Wirklichkeit kommt nur langsam in Gang. In den ersten Jahren nach dem Krieg herrscht weitgehende Freiheit und Unabhängigkeit der Kunst. In den fünfziger Jahren verstärkt sich jedoch immer mehr die Tendenz, die Literatur der Politik unterzuordnen, den s. R. als die allein maßgebliche polit.-ästhet. Norm und den gesellschaftl.-polit. Auftrag an den Schriftsteller von Seiten der Partei zu verstehen, ausdrückl. so auf der 2. Parteikonferenz der SED 1952. Fortan bestimmt der s. R. das literar. Schaffen und die literaturtheoret. Auseinandersetzungen. Diskussionen um das »literar. Erbe« und seine krit. Aneignung, »Kampf gegen Formalismus in Kunst und Literatur«, Abgrenzung gegenüber dem »destruktiven Einfluß bürgerl. Dekadenzliteratur« bilden den Hintergrund, auf dem die positiven Forderungen nach Darstellung der neuen gesellschaftl. Entwicklung und nach Gestaltung des neuen Menschen mit sozialist. Lebens- und Arbeitsmoral, des »positiven Helden«, stehen. Diese Forderungen werden in den fünfziger Jahren etwa in den Werken von E. Claudius (»Menschen an unserer Seite«, 1951), O. Gotsche (»Tiefe Furchen«, 1949), B. Apitz, H. Marchwitza, Fr. Wolf, H. Müller, D. Noll u. a. verwirklicht. Einen neuen Akzent in der Entwicklung des s. R. in der DDR, wenn auch unter Anknüpfung an die Versuche des BPRS der Weimarer Republik, setzt die Bitterfelder Konferenz (1959), die v. a. die Trennung von Kulturschaffenden und Kultur Rezipierenden überwinden will durch Erfahrung der Schriftsteller in der Arbeitswelt und Aktivierung der Arbeiter zu schriftstellerischer Tätigkeit. F. Fühmanns »Kabelkran und blauer Peter« (1961), H. Baierls »Frau Flinz« (1961), E. Strittmatters »Ole Bienkopp« (1963) und E. Neutschs »Spur der Steine« (1964) sind Beispiele für die Auswirkungen dieser neuen Etappe des s. R. – Ab Mitte der sechziger Jahre tritt dann in das literar. Schaffen und in die Literaturdiskussion eine zunehmende Auseinandersetzung mit der westl. Literatur. Es geht nun nicht mehr ausschließl. um den »positiven Helden«, sondern um eine differenziertere Darstellung des Menschen, wobei das Individuum mit seinen Widersprüchen stärkeres Gewicht erhält, und um die Auseinandersetzung mit dem Verhältnis Individuum und Gesellschaft (H. Kant, Ch. Wolf, G. Kunert, V. Braun, U. Plenzdorf). Auch die theoret. Diskussion um den Begriff des. s. R. bezieht neue Aspekte der Funktion von Literatur und des Verhältnisses von Abbild und Aktion und der Rezeptionsästhetik ein (Redecker, John, Pracht u. a.). Während die weitere Entwicklung des s. R. in der ehemaligen UdSSR und in den anderen, damals sozialist. Ländern verschiedene Entwicklungsstufen zwischen strengem Dogmatismus und größerem Freiheitsspielraum (etwa in Polen oder in der ČSSR vor und während des ›Prager Frühlings‹) durchlief, nahm die Bedeutung der sozialist., auf gesellschaftl. Veränderung ausgerichteten Literatur auch in westl. Ländern zu (Lateinamerika, Frankreich, in der Bundesrepublik etwa in Werken von M. Walser, G. Fuchs, F. J. Degenhardt, P. Schneider, U. Timm, M. Scharang, Chr. Geissler u. a.). Umstritten ist jedoch, ob diese engagierte »linke« Literatur dem s. R. im engeren Sinne zuzurechnen ist, da sie sich mindestens der dogmat. Festlegung auf die Linie der KP weitgehend entzieht. Der Begriff des ›politischen Realismus‹, der für diese sozialist. Literatur westl. Provenienz auch gebraucht wird, trägt dieser Schwierigkeit Rechnung. IA

Spaltverse, nicht nur formal (durch Zäsur), sondern auch im Sinnzusammenhang zweigeteilte Langverse: Sp. ergeben sowohl fortlaufend als auch in jeder Halbverskolumne für sich gelesen einen Sinn; gehören zu den barocken Formspielereien, vgl. z. B. Ph. v. Zesens »Irr- oder Verführungsgedichte«. S

Spannung, Bez. für die Erregung von Neugier, Mitgefühl in ep. und dramat. Werken. Sie kann in der Geschehensstruktur eines Werkes liegen, kann aber auch aufgesetzt sein, z. B. als absichtl. Irreführung des Publikums mittels kalkulierter Effekte (z. B. im Trivial- und Kriminalroman). *Elemente der Sp.* sind v. a. Retardation, Verzögerung des Handlungsfortganges, Verschleierung der Handlungsbezüge, längere Ungewissheit über das Schicksal der Personen durch Einschübe etc., aber auch ↗ Vorausdeutungen und ↗ Anspielungen. S

Speculum, m. [lat. = Spiegel], häuf. Titel mal. lat. theolog. u. didakt. Werke, s. ↗Spiegel.

Spel, gemeingerm. Wort für ›Erzählung‹, ›Sage‹, ›Fabel‹ (ahd., mhd. *spel*, angelsächs. *spell*, altnord. *spjall*, got. *spill*), in der got. Bibelübersetzung auch für griech. *mythos*, vgl. auch angelsächs. *godspell* (neuengl. *gospel*) ›Erzählung von Gott‹, ›Evangelium‹; mhd. ↗*bîspel* (nhd. Beispiel), die einer Darstellung zur Belehrung beigefügte ›Geschichte‹, ↗Exemplum.
S

Spenserstanze, f., in der engl. Dichtung neunzeilige Strophenform aus acht jamb. Fünfhebern und schlussbeschwerendem Alexandriner, Reimschema: ab ab bc bc c; zuerst von E. Spenser in seinem Versepos »Faerie Queene« (1590 ff.) verwendet; letztl. wohl zurückgehend auf die in Frankreich seit dem 14. Jh. für die Gedichtform der ↗Ballade benutzte achtzeilige Strophe. In der Zeit nach Spenser lange vernachlässigt, gelangt die Sp. in der engl. Hochromantik (J. Keats, Byron: »Childe Harold«, Shelley, W. Scott) noch einmal zu großer Beliebtheit. Die Sp. gehört nicht zum näheren Umkreis der ↗Stanze (stanza bedeutet im Engl. ›Strophe‹ überhaupt). MS

Sperrung, f., dt. Bez. für die ↗rhetor. Figur des ↗Hyperbaton.

Sphragis, f. [gr. = Siegel], vorletzter Teil der 7teil. altgriech. kitharod. ↗Hymnen-Komposition, in der sich der Sänger nennt; danach in der griech. u. röm. Literatur Bez. für persönl. Angaben (Name, Herkunft, Anlass, Kunstauffassung u. Ä.) des Autors im Werk, auch der diese enthaltende Teil (meist Schlussteil, letzte Strophe, letztes Gedicht eines Zyklus usw.); Beispiele bei Pindar, Kallimachos, Vergil (Georgica), Properz (z. B. I, 22), Horaz (z. B. Carmen III, 30). OB

Spiegel (lat. *speculum*), im MA. Beliebter Titel für belehrende, moral.-religiöse, jurist. und satir. Werke, meist in Prosa. Begegnet zuerst in lat. Werken, z. B.: Gottfried von Viterbo, »Speculum regum« (um 1185, Papst- u. Königskatalog), Nigellus Wireker von Longchamp, »Speculum stultorum« (um 1190, Mönchssatire), Vinzenz von Beauvais, »Speculum naturale, historiale, doctrinale« (Mitte 13. Jh., größte mal. Enzyklopädie). Die ersten dt. sprach. Sp. sind Rechtsbücher: der niederdt. »Spegel der Sassen« (Sachsen-Sp.) von Eike von Repgow (1. Drittel 13. Jh.) und der oberdt. »Sp. aller dt. Leute« (Deutschen-Sp., 2. Hä. 13. Jh.), der sog. ›Schwaben-Sp.‹ (13. Jh.) wurde erst im 17. Jh. analog so benannt. – Die Bez. ›Sp.‹ findet sich weiter im Titel dt. und lat. Erbauungsbücher (↗›Heilsspiegel‹), Moralleren: »Sp. des Sünders«, »Sp.-buch« (beide 15. Jh.), Tugend- und ↗Fürsten-Sp.: »Speculum virtutem moralium«des Abtes Engelbert von Admont (Ende 14. Jh.), der dt. »Sp. der regyrunge« (15. Jh.), Standeslehren: Johannes Rothes »Ritter-Sp.« (um 1410), heilkundl. Werke: »Spygel der gesuntheit« (14. Jh.), »Der frawn sp.« (1500), Fabelsammlungen: »Sp. der Wyßheit« (1520). Im 16. Jh. ist ›Sp.‹ auch als Dramentitel belegt: »Speculum vitae humanae« des österr. Erzherzogs Ferdinand II. v. Tirol (1534). – Als ›Sp.‹ bez. werden auch Werke, die das Wort nicht im Titel führen, z. B. Werner Rolevincks »De origine nobilitatis« als Adels-Sp. oder »De regimine rusticorum« als Bauern-Sp. (beide um 1470). Als Standes- und Sittenlehre dienten auch ↗Schachbücher. S

Spiel im Spiel, auch: Theater auf dem Theater, in ein Bühnenwerk eingefügte Theateraufführung (dramat., auch dramat.-musikal. oder pantomim. Handlung oder Szene). – Zu unterscheiden sind:

1. das Sp. i. Sp. ohne oder nur mit losem Bezug zum eigentl. Stück hauptsächl. zur Befriedigung der Schaulust des *realen* Publikums (z. B. die prunkvollen, revueartigen ↗Intermezzi u. a. Zwischenspiele des Renaissancetheaters oder die Allegorien zur Ausschmückung des Lehrgehaltes im ↗Jesuitendrama oder Ballette in der Oper).

2. das Sp. i. Sp. als funktionales, in den Spielablauf eines Stückes integriertes Element; seine Zuschauer sind *fiktiv*, oft die Personen des Hauptstückes, die z. T. auch ins Sp. i. Sp. ein-

greifen, es lenken, unterbrechen; sie können aber auch zugleich Darsteller des Sp. i. Sp. sein. – Das Sp. i. Sp. kann Anlass für ein Ereignis in der Haupthandlung sein (Mord während einer Pantomime in Verdis »Maskenball«), Mittel der Wahrheitsfindung (z. B. im Mirakelspiel »Mariken van Nijmegen«, Ende 15. Jh., in Shakespeares »Hamlet«), Spiegelung eines Geschehens auf verschiedenen Ebenen (Shakespeares »Sommernachtstraum«, A. Gryphius' »Peter Squenz«) oder der Relativierung der Bühnenfiktion (L. Tieck, »Der gestiefelte Kater«). In der modernen Dramatik wird diese relativierende Funktion der vielfältigen Brechung der Realität oft zur Grundstruktur eines Werkes, z. B. L. Pirandello, »Sechs Personen suchen einen Autor« (1921, das Sp. i. Sp. enthält seinerseits wieder ein Sp. i. Sp.), G. Genet, »Die Neger« (1957), P. Weiss, »Marat/Sade« (1964).

3. Zum Teil erscheint bei Werken mit Rahmenhandlung die Haupthandlung als ausgedehntes Sp. i. Sp., z. B. in Shakespeares »Der Widerspenstigen Zähmung«, G. Hauptmanns »Schluck und Jau«; ein reizvoller Grenzfall ist H. v. Hofmannsthals/R. Strauß' »Ariadne auf Naxos«. IS

Spielmann, [mhd. *spilman*], fahrender Sänger des MA.s. In den Quellen tritt er, keinem bestimmten Stand angehörig, als Recht- u. Ehrloser entgegen, der seinen Lebensunterhalt v. a. durch artist. u. musikal. Darbietungen u. wohl auch durch den Vortrag literar. Kleinkunst (Lieder, Balladen u. a.) bestreitet. Die romant. Auffassung (zuerst Brüder Grimm) sah in ihm den Nachfolger der german. Sänger (↗ Skop, ↗ Skalde), zugleich den Träger der Natur- u. Volkspoesie, dann auch (A. W. Schlegel, Uhland u. a.) deren Schöpfer. Heute herrscht über Begriff wie Wesen des Sp.s weitgehend Unsicherheit; gerade auch darüber, ob Spielleute als Vortragende oder gar Verf. der ↗ Spielmannsdichtung zu gelten haben. Die Hauptursache dafür, dass die Konturen des Sp.s (wie die seiner außerdt. Kollegen ↗ Joculator, ↗ Ménestrel, ↗ Minstrel) nur vage zu umreißen sind, liegt darin, dass Art u. Verbreitung der mündl. Dichtung des MA.s kaum ausgemacht werden können. MS

Spielmannsdichtung, *im engeren Sinn* eine Gruppe von fünf anonymen mhd. Epen, denen das Strukturschema der Brautwerbung und des Brautraubes, ferner ein Stoffrahmen aus dem Umkreis der Kreuzzugs- und Orienterfahrung des 12. Jh.s gemeinsam ist: »König Rother«, »Herzog Ernst«, »Oswald«, »Orendel«, »Salman und Morolf«; die Überlieferung reicht bei den zwei ersten ins 12. Jh. zurück; die anderen sind erst aus dem 15. Jh. bezeugt, doch werden auch ihre Vorstufen ins 12. Jh. verlegt. Umstritten sind die Einheitlichkeit dieser Gruppe, der Grad ihrer Absetzung von der Helden- u. Geistlichenepik wie auch vom höf. Roman, schließl. ihre Zuordnung zum ↗ Spielmann als dem Verbreiter oder gar Autor dieser Werke. Angebl. typ. ›spielmänn.‹ Züge wie additiver Stil, Unbekümmertheit in Sprache u. Vers, starke Formelhaftigkeit, Freude am Vordergründig-Gegenständl., Hang zu Drastik u. Komik finden sich auch in anderen Gattungen des 12. Jh.s, das Brautwerbungsmotiv taucht auch sonst, etwa in den Tristandichtungen u. im »Nibelungenlied« auf. – Unter Sp. *im weiteren Sinn* wird gelegentl. auch jede Art von mündl. tradierter Kleindichtung (volkstüml. Lyrik, heroische oder hist. Balladen, Spruchdichtung) verstanden, die man dem fahrenden Spielmann zuschreiben zu können glaubt. MS

Spiritual, eigentl. Negro-Sp., n. [engl.-amerik. von mlat. spiritualis = geistl.], schwermüt., *geistl.* Volkslied der amerikan. Negersklaven, ähnl. dem weltl. ↗ Blues. S

Spondeiazon, n. [gr.], auch Holospondeus; seltene Sonderform des antiken ↗ Hexameters, bestehend aus sechs ↗ Spondeen: −−|−−|−− −−|−−|−−. Im Deutschen ergeben sich Schwierigkeiten bei der Nachbildung: im dt. Sp. wechseln verschiedene Spondeentypen mit Trochäen, vgl. z. B. F. G. Klopstock, »Der Messias« (10, 1030): »Mein Gott! mein Gott! warum hast du mich verlassen?« −−|−−|−− −−|−⏑|−⏑. Die Bez. wurde auch für den Spondiacus verwendet (z. B. von Cicero, vgl. ↗ Hexamter). GG

Spondeus, m. [zu gr. spondé = Trankopfer], antiker Versfuß aus zwei langen Silben (´–´–), auch als Daktylus bzw. Anapäst mit Kontraktion der jeweils kurzen Silben definiert; erscheint fast nur für andere Versfüße (z. B. im ↗ Hexameter) oder als ↗ Klausel (Di-Sp.: 4 lange Silben, bei Cicero), seltener durchgängig in einem Vers (z. B. im ↗ Spondeiazon). – Die *Nachbildung in akzentuierenden Versen* ist problemat., da die Folge x́ x eigentl. dem ↗ Trochäus entspricht; insbes. J. H. Voß und seine Schule versuchten daher die Nachbildung durch die Verbindung zweier Wörter mit gleicher oder annähernd gleicher akzentueller Schwere: des Zeūs Rát, meinem Gehéíß trēū (x́ x́, sog. *gleichgewogener Sp.*) oder durch ein Wort aus zwei Silben, von denen sowohl die erste als auch die zweite den Ton tragen kann: Stūrmnācht, Mēērflūt, aber auch Schónhéit (x́ x oder x x́ betont, sog. *geschleifter oder umgedrehter Sp.* (nach A. Heusler »falscher Sp.«; vgl. auch ↗ schwebende Betonung). Solche Spondeen, von Voß theoret. begründet, finden sich auch bei A. W. Schlegel, Goethe, Schiller, A. v. Platen. S

Spondiacus, versus spondiacus, s. ↗ Hexamter.

Sprache [Etymologie ungeklärt, ebenso wie das Verhältnis zu engl. to speak; vgl. dagegen lat. lingua = Sp., Grundbedeutung ›Zunge‹], System von Lauten und graph. Zeichen (↗ Schrift), dient der Verständigung über Wollen und Tun, dem Gedankenaustausch, ist sowohl auf zwischenmenschl. Kommunikation als auch auf subjekt-zentrierte Orientierung in der Welt, auf Selbstfindung angelegt. Sp. ist bedeutsames Vehikel bei Denkprozessen, wenn auch Denken nicht ausschließl. an Sp. gebunden ist. Sie dient seit den ersten schriftl. Zeugnissen (4./3. Jt. v. Chr.) über die funktionelle sachl. Kommunikation hinaus dem Kult und der Dichtung. In diesen Bereichen entfalten sich schon früh ihre appellativen und ästhet.-poet. Kräfte, Tendenzen zu gehobenem Sprechen, das rhetor. und metaphor. Elemente aktiviert. Dabei zielen rhetor. Mittel (Wiederholungen, Gleichlauf, Klangintensivierungen wie Reim, Alliteration) auf mehr Nachdruck (auch Klarheit) der Aussage, Metaphorik auf größere Welt- und Sinnfülle. Als Verständigungsmittel ist Sp. auf Konstanz und Eindeutigkeit angewiesen. Dem scheint zu widersprechen, dass Sp. einem steten *Wandel* unterworfen ist, der sich zwischen den Polen Differenzierung und Normierung bewegt. Seit den erschließbaren indogerm. Anfängen änderte sich nicht nur die Lautgestaltung der verschiedenen Einzelsp.n grundlegend (entsprechend den physiolog. und artikulator. Bedingtheiten der Sprechorgane), sondern auch die Morphologie, die syntakt. Struktur, der Wortschatz (Neubildungen, Ableitungen, Lehnwörter, Bedeutungswandel), entsprechend der Differenzierung des menschl. Denkens, neuen Bedürfnissen, Erfahrungen und Gegenständen. Sp. ist immer, und sei sie noch so topisch, d. h. mit Formeln durchsetzt, individuelle Schöpfung und zugleich Gemeinschaftswerk, insofern sie auf Verständigung ausgerichtet ist. So erklärt sich die Entwicklung überindividueller Familien-, Orts- und Landschaftsidiome. Schon in der griech. Antike entstand mit der Bildung größerer staatl. Einheiten auf der Basis des Stadtdialekts von Athen, dem Attischen, um 300 v. Chr. die Koiné (gr. = gemeinsam), eine hellenist. *Gemein-Sp.* Sie hatte im ostrōm., später byzantin. Reich als Staats-, Rechts- und Literatur-Sp. Gültigkeit bis zur Eroberung Konstantinopels durch die Türken (1453). Mit zunehmender Ausdehnung des röm. Reiches etablierte sich Latein als zweite antike *Welt-Sp.* Sie dauerte auch nach dem Untergang Roms als internationale Kirchen- und Gelehrtensp. bis in die Neuzeit fort. Im MA. war deshalb das Bedürfnis nach volkssprachl. Einheitsidiomen nicht so dringlich. Volkssprachl. Dichtung erscheint meist in mehr oder weniger überregional orientierten sog. *Schriftdialekten*. Nur in der höf. Blütezeit entstand durch Dialektausgleich, wohl im Gefolge des mobilen Kaiserhofes, so etwas wie eine überregionale mhd. Dichtersp. Erst das Vordringen der Volks-Sp. in Verwaltung und Handel führte zu überregionalen *Verkehrs-Sp.n* wie dem sog. ›gemeinen Deutsch‹ in Oberdeutschland, ausgehend von der Sp. der kaiserl. Kanzlei in

Wien. V. a. mit der Aufnahme der Volks-Sp.n in den kirchl. Raum (Reformation, Luthers Bibelübersetzung: Lautung und Flexion auf mitteldt. Basis, Wortschatz gemeindeutsch) wurde ein entscheidender Schritt hin zu einer nhd. Schrift-Sp. getan, die allerdings erst im 19. Jh. endgültig zu einer allgemein-gültigen Gemein-, Hoch- oder Standard-Sp. wurde. – Eine National-Sp. (z. B. Deutsch im Ggs. zu Engl.) zerfällt aufgrund sprachl. Entwicklungen (z. B. 2. Lautverschiebung; trennt den Konsonantismus des Hochdeutschen vom Niederdeutschen) in lautl., morpholog., syntakt. und lexikal. voneinander abweichende *Dialekte* (Mundarten). Über dieser durch bestimmte Lebensräume gegliederten horizontalen Basis der Alltagssprachen entstanden außerdem im Zuge sozialer und kultureller Entwicklungen verschiedene vertikale Sp.schichten, d. h. verschiedene Ausprägungen von Umgangsspr., die durch den Kommunikationsradius der Sprechergemeinschaft bestimmt sind. Diese einem bestimmten Zweck dienenden ↗ *Sondersp.n* führen zu einer gewollten oder ungewollten Abgrenzung von der Gemeinsp., bes. im Wortschatz. Dazu gehören *Standes-, Berufs-* und *Fach-Sp.n.*, weiter *Gruppen-Sp.n* (z. B. Schüler-, Soldaten-Jargon) und *Geheim-Sp.n* (Rotwelsch, Argot). – Eine übergeordnete Funktion kommt der sog. *Hoch- oder Standard-Sp.* zu (in geschriebener Form als Schriftsp. bez.). Diese kann mit ihren Normierungen wieder auf die Sprech-Sp., die Umgangssp. zurückwirken. Die dt. Standard-Sp. hat nie die normative Geltung etwa des stärker zentralisierten Französisch erreicht, zumal eine sprachpflegende Instanz wie die Académie française fehlt. – Jeder Sprachteilnehmer hat eine individuell, sozial, bildungsmäßig und regional gesteuerte Teilhabe am Wort- und Formeninventar einer Sp. (nach Saussure: *la langue*). Er setzt seine generelle Sprachkompetenz *(language)*, seinen Wissensanteil an der Sp. unterschiedl. um in geschriebene und gesprochene Sp. *(parole, Performanz)*. Er entwickelt seine Sp.kompetenz ständig durch Austausch mit der Sprachgemeinschaft (Rückkoppelung). Aus dem Angebot an Sprachinhalten und Sprachformen bilden sich jeweils auch

↗ *Literatur-* und *Dichter-Sp.n.* Sie können sich auf der Ebene der Hoch-Sp. bewegen (klass. Literatur) mit jeweils unterschiedl. individuellen und regionalen Besonderheiten (vgl. Prosa Schillers und Goethes), sie können auch regionale Formen aufnehmen (Gotthelf) und mundartliche (G. Hauptmann). Dichter.Sp. ist nicht nur Ideengefäß oder Träger von Mitteilungen, sondern auch ästhet. Mittel, das vorgegebenen (normative Poetik) oder selbstgeschaffenen Gestaltungsprinzipien folgt, bes. in d. Verdichtung, aber auch in der Prosa (vgl. z. B. Th. Mann und F. Kafka). Sp. kann als formales Gebilde auch Mittel für Sp.artistik (Barock) oder Sprachexperimente sein (experimentelle Literatur, ↗ Manierismus). Die verschiedenen Sektoren v. a. der ästhet. Verwendung von Sp. sind systemat. behandelt in der ↗ Stilistik, ↗ Rhetorik, ↗ Metaphorik, die dichter. poet. Verwendung außerdem in ↗ Prosodik und ↗ Poetik. Ihre formal-strukturellen Seiten werden erfasst in der Grammatik, ihre Entwicklung in den verschiedenen Disziplinen der Sprachgeschichte (histor. Grammatik). Sp. ist letztl. zweischichtig, wie schon W. v. Humboldt erkannt hat, sie ist einerseits ergon (Werk, System), aber auch energeia (ins Werk Gesetztes). Einen bes. Problemkreis bildet das Verhältnis von *Sp. und Schrift:* In den Anfängen jeder Schrifttradition besteht eine weitgehende Übereinstimmung von Laut und Schrift. So können ahd. Handschriften zeigen, wie sich die Schreiber bemühten, ihre volkssprachl. Laute möglichst getreu in ein fremdes (lat.) Alphabet umzusetzen, das sie durch Buchstabenkombinationen (pf) und diakrit. Zeichen für ihre Bedürfnisse differenzierten. Im Laufe der Entwicklung konnten Schreibformen zu Schreibnormen werden, die hinter der aktuellen Lautung zurückblieben *(histor. Schreibung).* Ein solcher Prozess führt in den europ. Sp.n zu unterschiedl. Ergebnissen: weitgehende Kongruenz (von unsystemat. Doppelbezeichnungen abgesehen) in der dt. und ital. Schreibung, z. T. weite Entfernung des Schriftbilds von der Lautung im Franz. und Englischen, die früher als das Deutsche etwa zu einer zentralen Schriftnorm kamen. Die Verschriftlichung von Sp. hat aber auch Auswirkungen auf Struktur, Syntax und Stil: Schrift-Sp. tendiert stärker zu Systematisierung und Abstraktion. Im Dt. ist eine charakterist. Folge der sog. Nominalstil, der ›Schachtelsatz‹ (die komplizierte Satzperiode), während in der gesprochenen Sp. und der an ihr orientierten Schriftsp. der Verbalstil und einfache Satzkonstruktionen herrschen. S

Sprachgesellschaften, gelehrte Vereinigungen des 17. Jh.s zur Pflege der dt. Sprache, insbes. ihrer Reinigung von Fremdwörtern, von idiomat. oder nichtdt. syntakt. Elementen, zur Förderung einer einheitl. Orthographie, zur Klärung sprachwissenschaftl., poetolog. (insbes. vers- und reimtechn.) und ästhet. Fragen, sowie zur prakt. Anwendung und Verbreitung einer solcherart erarbeiteten Literatursprache in Übersetzungen, theoret. Abhandlungen und Dichtungen. Die Sp. bekämpften mit diesem Programm einerseits das zeitgenöss. Alamodewesen (↗ Alamodeliteratur), aber auch den ↗ Grobianismus. Charakterist. ist die eth.-moral. Fundierung ihrer Bestrebungen als Mittel zur Wiederbelebung und Aufrechterhaltung »alter dt. Tugenden«. – Die Mitglieder setzten sich aus Angehörigen des Adels und (oft geadelten) bürgerl. Gelehrten und (Hof-)Beamten zusammen. Auf Empfehlung und nach Verdiensten gewählt, erhielten sie Devise, Emblem und, um Standesunterschiede auszuschalten, einen Gesellschaftsnamen, unter dem sie ihre Werke veröffentlichten, die z. T. in den Sp. diskutiert, bzw. dort vorher eingereicht werden mussten. Fast alle bedeutenden Dichter und Dichtungstheoretiker der Zeit waren Mitglied einer, oft auch mehrerer Sp. Kontakt, Austausch und Anregungen der Mitglieder erfolgten durch Briefe, seltener durch Tagungen. – Sp. bestanden in Italien bereits seit dem 15. und 16. Jh.; bes. nach dem Vorbild der berühmten *Accadèmia della Crusca* (↗ Akademie) in Florenz gründete Ludwig Fürst von Anhalt-Köthen 1617 in Weimars alter Residenz Hornstein die erste und bedeutendste dt. Sp., die *Fruchtbringende Gesellschaft* (auch *Palmenorden*) mit dem Wahlspruch »Alles zu Nuzen« und dem Emblem des »indian. Palmbaums« (Kokospalme), weil er mit seinen verschiedenen Bestandteilen sämtl. materiellen Bedürfnisse des Menschen zu befriedigen vermöge. Sie umfasste während ihrer Blütezeit (1640–80) über 500 Mitglieder, darunter (in der Reihenfolge ihrer Aufnahme) M. Opitz, G. Ph. Harsdörffer, J. G. Schottel, J. M. Moscherosch, J. Rist, F. v. Logau, Ph. v. Zesen, G. Neumark, A. Gryphius. Aus ihrem Kreis gingen so wichtige Werke hervor wie Ch. Gueintz' »Die dt. Rechtschreibung« (1645), Schottels »Ausführl. Arbeit von der Teutschen Haubt Sprache« (1663) und Stielers »Der Teutschen Sprache Stammbaum und Fortwachs« (1691). – Weitere Sp. waren: *Die Deutschgesinnete Genossenschaft* in Hamburg, gegründet 1643 von Ph. von Zesen, die, wohl nach dem Vorbild der niederländ. ↗ Rederijkers, in Zünfte eingeteilt war, und die insgesamt etwa 200 Mitglieder umfasste. Sie bemühte sich vordringl. um die Wiederherstellung der »dt. Ursprache«, zog sich aber durch einen übersteigerten ↗ Purismus (Versuch, längst eingebürgerte Lehnwörter durch Neologismen zu ersetzen) z. T. den Spott der Zeitgenossen (J. Rist) zu. *Der Pegnes. Blumenorden* in Nürnberg (ursprüngl. *Löbl. Hirten- und Blumenorden an der Pegnitz, Pegnitzer Hirtengesellschaft,*

Programm der »Fruchtbringenden Gesellschaft«, 1636

auch *Gesellschaft der Blumenschäfer ... Pegnitzschäfer, Gekrönter Blumenorden*), gegründet 1644 von G. Ph. Harsdörffer und J. Klaj; Sinnbild war die »siebenfache Pans-Pfeiffe«, seit 1669 die Passions-Blume. Er hatte in seiner Blütezeit (1660–80) 58 Mitglieder, darunter S. v. Birken, M. D. Omeis, J. Rist, J. G. Schottel, J. M. Moscherosch. Anders als bei vergleichbaren Sp. stand im Mittelpunkt nicht Sprachpflege, sondern Ästhetik (J. Klaj: »Lobrede der Teutschen Poeterey«, 1645, Harsdörffer, »Poet. Trichter. Die Teutsche Dicht- und Reim-Kunst, ohne Behuf der Lat. Sprache in sechs Stunden einzugiessen«, 3 Teile, 1647/53, S. v. Birken, »Teutsche Redebind- und Dichtkunst oder kurtze Anweisung zur Teutschen Poesy«, 1679); gepflegt wurde eine gesellig-virtuose Dichtung, die eine für das vornehme Bürgertum bestimmte, von Harsdörffer in seinen »Frauenzimmer-Gesprächspielen« (1641/49) betonte Verbindung von Dichtung und Malerei anstrebte (Tradition des Horazischen ↗ ut pictura poesis). In ↗ Figurengedichten erhielten die maler. Tendenzen ihren spezif. Ausdruck, in manierist. Klangmalereien und Reimexperimenten die musikalischen. Bes. beliebt waren Natur- und Liebesgedichte, Schäferspiele und allegor. Festspiele. *Die Aufrichtige Tannengesellschaft* in Straßburg, gegr. 1633 von J. Rompler von Löwenhalt, *Der Elbschwanenorden*, gegr. 1658 von J. Rist, dessen Sp. mit den »Monatsgesprächen« (1660) die erste literar. Zeitschrift herausgab, *Die Neunständige Hänseschaft* (1643), *Das Poet. Kleeblatt* (1671) u. a. Gegen Ende des 17. Jh.s verloren die Sp. ihre Bedeutung, erloschen z. T. ganz oder änderten ihre Ziele, wie die *Görlitzische Poet. Gesellschaft,* 1697 in Leipzig von J. B. Mencke gegründet, die sich seit 1727 unter der Leitung J. Ch. Gottscheds neuen dichtungstheoret. Fragen zuwandte, die dann von den ↗ Deutschen Gesellschaften des 18. Jh.s verfolgt wurden. – Da die Sp. bis heute noch verhältnismäßig wenig erforscht sind, werden ihre Bedeutung und Auswirkungen unterschiedl. beurteilt; bedeutsam scheint aber neben der Flut theoret. Lehrbücher (↗ Poetik) zumindest die reiche Übersetzertätigkeit, die neben Stoff- und Formvermittlung die dt. Sprache zu einem geschmeidigeren und präziseren Ausdrucksmittel in Vers und Prosa (↗ Prosa) machte, nicht zuletzt durch eine Fülle heute fest in die dt. Sprache integrierter Neubildungen wie: Anschrift, Briefwechsel, Durchmesser, Grundsatz, Grundstein, Glaubensbekenntnis, Jahrbuch, Mitleid, Mundart, Rechtschreibung, Tagebuch, Umfang, Wörterbuch, Zeitrechnung, Zusage. HD/GG/IS

Sprichwort, volkstüml. Aussage (↗ einfache Formen), die sich durch Konstanz des Wortlauts, Anspruch auf Allgemeingültigkeit, geschlossene syntakt. Form, vielfach auch durch sprachl. Charakteristika (Bildlichkeit, rhythm. Prägnanz, Reim oder Assonanz, Parallelismus der Satzglieder u. a.) auszeichnet (z. B. »Morgenstund hat Gold im Mund«). Das Sp. gewinnt seine beanspruchte Allgemeingültigkeit aus der Formulierung einer Erfahrung, die trotz des vielfach agrar. Bildbereichs und trotz bestimmter zeit- oder epochentyp. Merkmale (z. B. in den Rechtssprichwörtern oder den Sprichwörtern, die den Teufel zitieren) letztl. weder schichtenspezif. noch histor. gebunden ist. Es unterstellt damit eine »ewige Wiederkehr des Gleichen«, die jedoch nicht durch eine lehrhafte Tendenz oder moral. Forderung ausformuliert ist, sondern sich aus der Art der Anwendung ableiten lässt. Denn gibt das Sp. auch vor, eine Regel für den Lauf der Welt, damit auch eine Vorschrift für Verhalten oder eine Warnung vor Fehlverhalten zu geben, so zeigt sich bei der Anwendung, dass diese Regel sprachl. verwirklicht wird, nicht um Klugheit oder eth. Handeln zu begründen, sondern um einen Verstoß dagegen abschließend, z. T. ironisierend in die Gesetzmäßigkeit des Wiederkehrgedankens einzubringen. Damit erhält das Sp. eine rückschauende Tendenz und einen resignierenden Charakter (A. Jolles), der in der Diskrepanz von ahistor. Erfahrung und histor. Fall-Anwendung begründet liegt. Dennoch schließt die Verwendung des Sp.s zur nachträgl. Kennzeichnung von Personen oder Situationen nicht aus, dass die Weisheit der geregelten Aussage auch vorausschauend handlungsbestimmend sein kann, wie aus der Sprechersituation beim Gebrauch

Sprichwort

eines Sp.s bisweilen gefolgert werden mag, wenn z. B. »Wer andern eine Grube gräbt ...« vom Standpunkt der Schadenfreude dessen gesprochen wird, den die Beherzigung der Regel selbst vor den Folgen bewahrt hat. – Das Sp. unterscheidet sich durch die Formulierung einer kollektiven Erfahrung vom individuellen ↗ Aphorismus; durch die syntakt. abgeschlossene, oft eine Kausalbeziehung (»Viele Hunde sind des Hasen Tod«) enthaltende Form von der ↗ Redensart; durch die Anonymität und den nicht mehr rekonstruierbaren Situationskontext seiner ersten Verwendung von der dichter. ↗ Sentenz (Zitat). *Das Sammeln von Sprichwörtern*, die Untersuchung ihrer Herkunft, ihrer erkenntnis- und moralphilosoph. Bedeutung (»Urweisheit der Menschen«) und ihrer rhetor. Formen und Anwendbarkeit begann schon mit der ↗ Paroimiographie der griech. Antike (Aristoteles, Klearchos von Soloi), setzte sich zumal in der spätantiken Philologie von Alexandria (Didymos, Zenobios) und in umfängl. latein. Sammlungen des MA.s fort. Die ersten *deutschsprachigen* Sprichwörter verzeichnet Notker Labeo (gest. 1022) in seiner Lehrschrift »De partibus logicae« (z. B. »So diz rehpochchili fliet, so plecchet imo ter ars« – Wenn das Rehkitzlein flieht, leuchtet ihm die ›Blume‹). Zahlreiche Sprichwörter sind auch in Werken der mhd. Literatur, vor allem in Freidanks »Bescheidenheit« (13. Jh.), zu finden. Große, z. T. gelehrte Sammlungen entstehen im Humanismus: die »Adagia« (1500) von Erasmus v. Rotterdam, die »Proverbia Germanica« (1508) von H. Bebel, die *deutschen Sammlungen* von J. Agricola (mehrere Ausgaben seit 1528), S. Franck (1541), E. Eyering (1601) und Chr. Lehmann (1630). Auch Luther hat eine nicht zu seinen Lebzeiten veröffentlichte Sammlung von Sprichwörtern angelegt. Im Zuge der Aufwertung und Erforschung aller Gattungen der Volkspoesie im 19. Jh. entstehen die wissenschaftl. Sprichwort-Kompendien, die sowohl Quellen erforschen, Erläuterungen geben, als auch übernationales Vergleichsmaterial zusammenstellen. Nach den Sammlungen von M. Sailer (1810), W. Körte (1837) und J. Eiselein (1840) hat nach jahrzehntelanger Arbeit K. F. W. Wander das fünfbändige »Deutsche Sprichwortlexikon« 1867–1880 (Nachdr. 1977) herausgegeben, in dem ca. 300000 Sprichwörter und Redensarten nach Stichworten geordnet sind. HW

Spruch, vgl. ↗ Spruchdichtung, auch ↗ Priamel, ↗ Gnome, ↗ Epigramm, ↗ Denkspruch, ↗ Sinnspruch.

Spruchdichtung,

1. Zus.fassende Bez. (eingeführt von K. Simrock, Walther-Ausgabe 1833) für mhd. Lieder und Gedichte, die sich themat. u. teilweise auch formal vom eigentl. ↗ Minnesang absetzen: sie sind v. a. didakt. ausgerichtet, behandeln relig., polit., eth.-moral. Themen, formulieren Totenklagen, Fürstenpreis und -tadel, Kritik an weltl. u. kirchl. Zuständen, Satire und Polemik (z. T. auch gegen Kunstgenossen). Sp. ist meist einstrophig, wie auch die wechselnden Gruppierungen in den Handschriften ausweisen; die Strophen können sich allerdings zu Strophenreihen oder Zyklen zus. schließen (vgl. etwa d. dreistroph. *Reichston* Walthers v. d. Vogelweide), sie sind häufiger als Minnesangstrophen unstollig gebaut. – Sp. wurde anfangs wie der Minnesang *gesungen* vorgetragen (deshalb auch *Sang-Spruchdichtung* nach Hermann Schneider); Melodien sind v. a. in der Jenaer u. der Kolmarer Lieder-Hs. überliefert. Nicht gesungen wurden nur *Reimpaarsprüche*, z. B. die Freidanks (um 1230). Im 14. u. 15. Jh. wurde die gesungene Sp. zurückgedrängt durch *gesprochene* Formen (den sog. *Sprechspruch* und die Gattung der ↗ Reimrede) der sog. Reimsprecher. Während sich beim Minnesang Vertreter aller Stände vom Hochadel bis zum Fahrenden finden, ist die Sp. vornehml. von nichtadl. Fahrenden verfasst, die Dichtung nicht als adl. Zeitvertreib, sond. für den Broterwerb betrieben; ein Hinweis darauf sind sog. Heischestrophen, *gerenden*-Sprüche u. a. – Sp. ist überwiegend Gebrauchslyrik, die Grenzen zum Minnesang sind allerdings fließend, was in der Forschung der neueren Zeit dazu führte, die im Kern nicht zu übersehenden Unterschiede zum Minnesang überhaupt in Frage zu stellen. – Als ältester Spruchdichter begegnet ein in den

Hss. Spervogel genannter Fahrender des 12. Jh.s (in der Forschung wird ein Teil seiner Sp. auch einem Herger zugeschrieben). Walther v. d. Vogelweide entwickelt dann von 1198 bis 1230 die Sp. zu einem vielgestalt. Instrument der polit.-moral. Auseinandersetzung. Im 13. Jh. sind v. a. Reinmar von Zweter, Bruder Wernher, der Marner, um 1300 Frauenlob zu nennen. Die Hauptvertreter der gesprochenen Sp. sind im 14. Jh. Heinrich der Teichner u. Peter Suchenwirt, im 15. Jh. Hans Rosenplüt und Hans Folz.
2. Bez. für german. gnom. Dichtung (Lebensweisheiten, Rätsel, Zaubersprüche) in formelhafter Sprache und einfachen stab-, aber auch silben- und endreimenden Versen und Strophen (z. B. im altnord. ↗ljóðaháttr). Die Grenzen zum ↗Sprichwort sind fließend. S

Staatsroman, Bez. Robert von Mohls (1845) für die fiktionale »Schilderung eines idealen Gesellschafts- und Staatslebens«, meist als Gegenbild zu bestehenden relig., sozialen oder polit. Zuständen in didakt.-moral. Absicht verfasst; zunächst synonym mit ↗Utopie verwendet (so noch W. Rehm, Verf. Lex., ¹1928/29 u. a.), wird ›St.‹ heute meist als nur teilweise mit der in Umfang und Bedeutung weiteren und tieferen Utopie mit ihrer theoret.-staatsphilosoph. Ausrichtung kongruent angesehen. Konstitutiv für den St. ist die dialekt. Spannung zw. dem utop. Entwurf und der impliziten oder (durch satir. Überzeichnung) evozierten Kritik an der histor.-gesellschaftl. Wirklichkeit. Je stärker allerdings die satir.-zeitkrit. Komponente, desto mehr nähert sich der St. der literar. Gattung der ↗Satire (Swift, Montesquieu). Der geschilderte Idealstaat ist meist in ferne, exot., auch planetar. oder subterrestr. Gegenden, seit Ende 18. Jh. auch in die Zukunft verlegt (↗utop. oder Zukunftsroman).
Formen der fiktionalen Gestaltung sind, nach dem Vorbild der drei großen Utopiemodelle des Humanismus (Th. Morus, T. Campanella, F. Bacon) fingierte (Reise-)Berichte, Dialoge, später auch Briefe, Tagebücher, wobei die Reflexion über die Gestaltungsmittel z. T. auch zur krit. Reflexion über die utop. Projektionen führt (Swift, Wieland). – Der St. steht auch in der Tradition der ↗Fürstenspiegel (Muster: Fénelons »Télémaque«, 1699/1717) und vor allem der großen philos. Staats- und Gesellschaftsentwürfe: Th. Morus' rational-demokrat. »Utopia« (1516), T. Campanellas radikal-kommunist. »Sonnenstaat« (1602) und F. Bacons wissenschaftstheoret. ausgerichtete »Neu-Atlantis« (1624/27). Der *St. des Barock* behandelt histor.-polit. Gegebenheiten unter gewissen moral. Bedingungen (Treue) affirmativ; er ist angereichert mit enzyklopäd. Gelehrsamkeit und gekoppelt mit Motiven des Liebes- und Abenteuerromans (↗heroisch-galanter Roman). Vertreter sind A. H. Buchholtz, Herzog Anton Ulrich von Braunschweig-Wolfenbüttel, H. A. von Zigler u. Kliphausen, D. Casper von Lohenstein. Der St. wird dann zur wichtigen Gattung der *europ. Aufklärung:* Bes. im vorrevolutionären Zeitraum gestaltet er einerseits rationale bürgerl.-emanzipator. Utopien einer von absolutist. Willkür freien Welt sozialer Gerechtigkeit, andererseits die aus Rousseaus Ideen gespeisten anti- oder vorzivilisator., zum Idyllischen tendierenden Utopien; zu nennen sind J. G. Schnabels »Insel Felsenburg« (1731/43), J. M. von Loëns »Der redl. Mann am Hofe« (1740), Morellys »Basiliade« (1753), J.-F. Marmontels »Bélisaire« (1767), L.-S. Merciers »L' an 2440« (1771), A. von Hallers »Usong« (1771), »Alfred, König d. Angelsachsen« (1773) und »Fabius u. Cato« (1774), Ch. M. Wielands »Der goldene Spiegel« (1772), F. L. von Stolbergs »Insel« (1787) u. v. a. Auch viele satir. Werke wie Montesquieus »Lettres persanes« (1721), zahlreiche ↗Robinsonaden, J. Swifts »Gullivers Reisen« (1726) oder L. Holbergs »Niels Klims unterird. Reise« (1741) enthalten indirekt utop. Staatsmodelle, wie sie sich mit anderer Intention auch in den meisten Bildungs- und Künstlerromanen finden (z. B. Gesellsch. vom Turm, das utop. ›Ame-

Bacon: »Instauration Magna«

rika‹ im »Wilh. Meister« u.a.). Im 19. Jh. treten die sozialen Probleme der entstehenden Industriegesellschaft in den Vordergrund; trotz der wissenschaftl. Abwertung der Utopie in dieser Zeit erlangten insbes. die Entwürfe eines kommunist. Idealstaates wie É. Cabets »Ikarien« (1840), E. Bellamys »Rückblick aus d. Jahre 2000 auf d. Jahr 1887« (1888) oder Th. Hertzkas »Freiland« (1890) allgem. Beachtung. Im 20. Jh. scheint dagegen ein fiktionaler positiver utop. Entwurf nicht mehr möglich: neben die Parodie des St.s (G. Hauptmann, »Die Insel d. großen Mutter«, 1924) treten sog. Mätopien (gr. = Ort, der nicht sein möge) oder Anti-Utopien, pessimist. Zukunftsentwürfe, die negative Tendenzen der Gegenwart konsequent und verabsolutierend weiterentwickeln (H.G. Wells, G. Orwell, A. Huxley, R. Bradbury); wegen ihrer futurist. Ausrichtung werden diese Romane des 19. u. 20. Jh.s als utop. Zukunftsromane bez. oder der ↗ Science-Fiction-Literatur zugerechnet. IS

Staberl, eigentl.: Chrysostomus St., zentrale Figur d. ↗ Wiener Volkstheaters in der Nachfolge und als Variante des Wiener ↗ Hanswurst (Stranitzky) und bes. des Kasperl (J.J. Laroche, s. ↗ Kasperltheater): tolpatschig-pfiffiger kleinbürgerl. Wiener Parapluimacher, geschaffen von A. Bäuerle (in: »Die Bürger von Wien«, 1813) und bis etwa 1850 Mittelpunkt zahlreicher Lokalpossen (Staberliaden), berühmter Darsteller war Ignaz Schuster im Leopoldstädter Theater. IS

Stabreim, [Wortbildung des 19. Jh.s, zu altnord. stafr = Stab(reim), belegt in der »Jüngeren Edda« Snorri Sturlusons, 13. Jh.] bes. Ausprägung der ↗ Alliteration in german. Versdichtung, die im Unterschied etwa zum Lat. (docendo discimus) an Wortakzent und bestimmte Wortarten gebunden ist: Der St. hebt bedeutungstragende Wörter gleichen Anlauts aus dem Versfluss heraus; es staben deshalb nur Nomen und Verben; er hängt in seiner spezif. Ausprägung eng mit der german. dynam. ↗ Akzent zusammen. Der St. ist Lautreim wie die Alliteraton, im Unterschied zum ↗ Endreim, der meist Silbenreim ist. Beim St. reimen alle Vokale untereinander, d.h. der Reimeffekt beruht hier wohl auf dem jeder Vokalartikulation voraufgehenden Stimmritzenlaut (glottal stop); außerdem staben i.d. Regel die Lautgruppen sk, sp, st nur untereinander. – St. begegnet sowohl in Kurzzeilen, die nur in sich staben, gleichsam als Verssschmuck, als auch v.a. in ↗ Langzeilen, hier als Mittel der Bindung der beiden Halbzeilen (Anvers und Abvers), s. ↗ St.vers. Der St. ist verbreitet in altengl. (»Beowulf«, 8. Jh.), altnord. (»Edda«) und altsächs. (»Heliand«, 9. Jh.) Dichtung; tritt vereinzelt auch in ahd. Dichtung auf (»Hildebrandslied«, »Muspilli«). In der abendländ. mal. Literatur wird er mehr und mehr durch den Endreim verdrängt; am längsten begegnet er im Nordischen. Wiederbelebungsversuche im 19. Jh. (W. Jordan, R. Wagner) hatten keinen weiterwirkenden Erfolg. S

Stabreimvers, germ. Versform, die durch ↗ Stabreim (↗ Alliteration) konstituiert wird. Der häufigste St. ist die german. ↗ Langzeile; daneben finden sich in der altnord. Dichtung auch Kurzzeilen (z.B. im ↗ Ljóðaháttr) mit zwei (drei) Stäben, die nur in sich staben, ohne Verbindung zu einem der folgenden Verse. – In den dreigipfl. Langzeilen verbinden die drei (oder auch nur zwei) Stäbe die beiden Halbzeilen (An- und Abvers) miteinander, die auf Grund der unterschiedl. Gewichtung der Hebungen und damit unterschiedl. Stabsetzung in einer strukturalen Spannung zueinander stehen: W̲elaga nû, w̲altant got / w̲ewurt skihit (Wehe nun, waltender Gott, Unheil geschieht, »Hildebrandslied«). Die Stabsetzung unterliegt bestimmten Regeln: im Abvers steht gewöhnl. nur ein Stab, festgelegt auf die erste Haupthebung, den rhythm. Gipfel der Langzeile; im Anvers bilden im Unterschied dazu beide Haupthebungen Stabstellen; es kann aber bisweilen nur eine davon mit einem Stab besetzt sein; bei der Stabsetzung sind hier bestimmte Kombinationsregeln zu beachten, so muss z.B. ein Nomen, wenn es in der ersten Hebung steht, einen Stab tragen, kann sich aber, steht es in der 2. Hebung, stablos einem voraufgehenden stabenden Verbum unterordnen. Die Rhythmik des St.es ist schwer zu bestimmen. A. Heusler definiert die Langzeile als zweimal zwei Langtakte mit je einer Haupt- und einer Nebenhebung (Schema: x́xx̀x x́xx̀x // x́xx̀x x́xx̀x). Nach der Stellung der Hebungen hat man 5 Betonungstypen unterschieden. Im Unterschied zum alternierenden roman. Vers oder dem zur Alternation tendierenden ↗ Reimvers gruppieren sich die Verssilben im St. um die den Versfluss markierenden Haupthebungen relativ frei. Neuere Interpreten sehen im St. eher so etwas wie freie Rhythmen, die in den Stäben gipfeln: Die Silben zwischen diesen Aufgipfelungen ließen sich demnach nicht taktmäßig (wie bei Heusler), sondern beliebig rhythmisieren; der Versfluss strebt jeweils auf einen Akzentgipfel zu und ebbt dann wieder ab, je nach dem Sinnzusammenhang in markanter Kürze oder ep.-ausladender Breite. Die Füllung des Versschemas variiert zwischen vier und 19 Silben (z. B. im »Heliand«); Binnentakte können (z. B. im »Hildebrandslied«) bis zu sechs Silben enthalten. Auch der Auftakt wird relativ frei gehandhabt: er kann fehlen oder bis zu 14 Silben umfassen (z. B. im »Heliand«, v. 605b). Vielsilbige Verse werden als ↗ Schwellverse bez., sie sind charakterist. z. B. für den Versstil des »Heliand«. St.e sind in altnord. Dichtung meist stroph. geordnet (Ljoðaháttr, ↗ Kviðuháttr, ↗ Fornyrðislag, ↗ Dróttkvætt, ↗ Hrynhent u. a.), in ahd. und meist auch in altengl. Dichtung stichisch. Die Verse können dabei im ↗ Zeilenstil, aber auch im die Zeilen verklammernden ↗ Hakenstil gereiht sein. S

Stammbuch, ursprüngl. ein Buch (↗ Album) mit genealog. Eintragungen eines Adelsgeschlechtes (-stammes), meist Wappen, ↗ Devisen, Unterschriften (auch: Standbuch, *liber gentilitii*); allgem. auch Sammlung herald. Symbole. – Seit dem 16. Jh. erscheint das St. in neuer Funktion: als Erinnerungs- und Gedenkbuch (*album amicorum*), in das sich Verwandte, Freunde, Lehrer, Gönner und womöglich Berühmtheiten mit einem ↗ Denkspruch, einer Widmung und einer Zeichnung (Wappen, Portrait, Symbol, Vedute o. Ä.) eintragen. Zunächst beliebt in Adels- u. Gelehrtenkreisen (v. a. bei Studenten); bald aber auch in bürgerl. Schichten, selbst bei Handwerkern weit verbreitet. Höhepunkt der St.sitte in d. 2. Hälfte d. 18. Jh.s (↗ Empfindsamkeit, Freundschaftskult): auch Frauen, Soldaten, selbst Kinder (Konfirmanden) besaßen ein St.; es entstanden zahlreiche Handbücher mit Hinweisen für ihre Gestaltung (vgl. auch die St. verse Goethes und s. iron. Erwähnung in »Faust« I, Schülerszene). Neben das gebundene Album treten nun auch St.-Einzelblätter mit vorgefertigtem Bildschmuck, die in Mappen oder Kästchen gehalten wurden. – Anfang des 19. Jh.s tritt die Bez. ›St.‹ zugunsten von ›Album‹ zurück; die allgem. Sitte des St.-Eintragens erlischt um die Jh.mitte, hielt sich noch an den Schulen bis ins 20. Jh. – St.er als literar. Gebrauchsform spiegeln in Art und Auswahl sowohl der Texteinträge als auch des Bildschmucks die sich wandelnden literar. und künstler. Konventionen. Sie werden heute als wichtige Quellen für Genealogie, Kultur- und Geschmacksgeschichte gesammelt und ausgewertet. Bedeutende Sammlungen besitzen die Zentralbibliothek der Dt. Klassik in Weimar (Grundstock 1805 durch Initiative Goethes) und die British Library London. IS

Stammsilbenreim, auch: Haupttonsilbenreim, gram mat. Reimdefinition: ↗ Reim, der v. a. von der Stammsilbe getragen wird: *singen : klingen*, im Unterschied zum ↗ Endsilbenreim. – Der Reim wurde in der dt. Dichtung dem Maße St., wie die ursprüngl. vollvokal. Endungssilben im Zuge der Sprachentwicklung tonlos wurden; Endungssilben, die vollvokal. blieben (z. B. Bildungssilben *-keit, -heit, -lich*), reimen auch heute noch. S

Ständeklausel, die in einseitig. Aristoteles-Deutung von den Renaissance- und Barock-Poetiken bis hin zu J. Ch. Gottsched erhobene Forderung, nach der in der ↗ Tragödie die Hauptpersonen zum Zweck einer angemessenen ↗ Fallhöhe nur von hohem, in der ↗ Komödie dagegen nur von niederem Stand sein durften. Die wachsende Emanzipation des bürgerl. Selbstbewusstseins führt zur Überwindung der St. durch das ↗ bürgerl. Trauerspiel. ↗ Poetik, ↗ genera dicendi. HD

Ständelied, ↗Volkslied (oder volkstüml. Lied), das gemäß seinem Inhalt und seiner sozialen Adressierung auf einen bestimmten Stand oder Berufszweig (krieger., bürgerl. oder bäuerl. Tätigkeit) ausgerichtet ist. Die Volksliedforschung unterscheidet Bauern-, Jäger-, Handwerks-, Bergmannslieder (↗Bergreihen), ↗Studenten- und Soldaten- (↗Landsknechts-)Lieder usw., auch ↗Arbeitslieder werden in der nicht einheitl. Gruppierungsterminologie z. T. zu den St.ern gerechnet, ferner Preis- und Ehrenlieder, Klagelieder (Soldatenabschied, Handwerksburschennot, Weberlieder), relig. (um Schutz flehende) Lieder, Scherz- und Spottlieder (Schneider, Leineweber); St.er beschreiben aber auch oft berufsbestimmte Lebensformen und eth. Auffassungen. Teilweise charakterisiert der musikal. Ausdruck die beschriebenen oder vorausgesetzten Tätigkeiten (Nachahmung der Arbeitsrhythmen in Schmiede- und Schusterliedern, Signalintervalle in Nachtwächterliedern usw.). – Die von einzelnen Forschern des 19. Jh.s dem St. zugerechneten »Meisterlieder« mit handwerkbeschreibendem Inhalt sind Stilisierungen der sonst anonymen Gattung, die später auch im Kunstlied Nachfolge fanden (Schillers »Lied von der Glocke«, L. Uhlands »Der Schmied«, R. Wagners Aufzugschöre der Handwerker in den »Meistersingern«). HW

Stanze, f. [von it. stanza = Zimmer, Aufenthaltsort, Strophe], italien. Strophenform, bestehend aus acht weibl. Elfsilblern (↗Endecasillabo) mit dem Reimschema ab ab ab cc, wobei das abschließende Reimpaar in verschiedener Weise der inhaltl. Abrundung der Strophe dienen kann (z. B. Zusammenfassung, Steigerung). Die auch als *Oktave, Ottava rima* bezeichnete St. wird Ende des 13. Jh.s erstmals als Versmaß der italien. erzählenden Dichtung gebraucht (»Il Tristano riccardiano«, 1272), dann auch von Boccaccio (»Filostrato«, 1338; »Teseida«, 1339/40), u. wird zur herrschenden Form in der klass. Epik Italiens (Boiardo, Ariost, Tasso). Im 14. u. bes. im 15. Jh. wird die St. in Italien auch vom relig. u. weltl. Drama und von der Lyrik übernommen. Auch in anderen roman. Sprachen wird sie beliebt, so in *Spanien* (in der Lyrik bei Góngora, im Schauspiel bei Lope de Vega) u. *Portugal* (Camões, »Die Lusiaden«). In *Deutschland* wird die St., zunächst meist mit Varianten in Hebungszahl, Reimstellung u. Endung, seit dem 17. Jh. in Übersetzungen (Dietrich von dem Werder, »Das erlöste Jerusalem«, 1626, in Alexandrinern) u. in der Lyrik verwendet. J. J. W. Heinse (Anhang der »Laidion«, 1774) wird mit seiner Regelung der Endungen (a- und c-Reim weibl., b-Reim männl.) vorbildlich. Goethe (»Die Geheimnisse«, 1784; »Tagebuch«, 1810; »Zueignung« zu »Faust«; »Epilog zu Schillers ›Glocke‹«), Schiller (in den klass. Tragödien, in Prologen u. Epilogen), die Romantiker (berühmte ›Stanzenmode‹ in Jena 1799/1800), später dann D. v. Liliencron (»Poggfred«) und R. M. Rilke haben die St. zu einer auch in dt. Dichtung verbreiteten Strophenform gemacht. *Sonderformen* sind die ↗Siziliane und Nonarime (Anfügung eines 9. Verses, meist mit b-Reim: ab ab ab ccb). Freiere Umgestaltungen finden sich bei Ch. M. Wieland (»Oberon« u. a.) und A. Blumauer (Aenëis-Travestie, 1782/88). MS

Starinen, ↗Bylinen.

Stasimon, n. [gr. = Aufstellung, zu stasimos = stehend], das in der Regel strophische, metr. sehr variationsfähige ↗Chorlied der griech. ↗Tragödie, das – im Ggs. zu ↗Parodos (Einzugs-) und ↗Exodos (Auszugslied) – von der ↗Orchestra aus, wo sich der Chor in Reihen geordnet aufstellt, gesungen (u. getanzt) wird. Es trennt die Schauspieler- bzw. Schauspieler/Chorpartien (↗Epeisodion) voneinander, wobei der Chor seine Empfindungen und Gedanken zu den geschehenen Ereignissen äußert. Das zwischen den Epeisodia gesungene St. gibt den Schauspielern Gelegenheit zum Kostümwechsel und ermöglicht dabei dramaturg. oft auch die Überbrückung der zur gedankl. Vorstellung hinterszenischer Aktionen nötigen Zeitspanne. Als formales Mittel der Akttrennung gebraucht, wird sein Bezug zur Handlung bisweilen künstl., es wird oft auch durch nicht mehr handlungsbezogene (nur zwischenaktfüllende) Chorlieder (↗Embolima) ersetzt. HD

Stationendrama, eine ↗ offene Form des Dramas, das im Gegensatz zum linear und final gebauten, meist in ↗ Akte gegliederten (aristotel.) Drama aus einer lockeren Reihung von Einzelszenen *(Stationen)* besteht, die das Interesse des Zuschauers weniger auf den Ausgang der Handlung als (aus immer neuer Perspektive) auf das Geschehen selbst lenkt; typ. Form des mittelalterl. ↗ geistl. Spiels, des sog. ↗ Figurendramas im ↗ Sturm u. Drang und v. a. – nach dem Vorbild G. Büchners (»Woyzeck«) und A. Strindbergs (»Nach Damaskus«, 1898) – des expressionist. Dramas (W. Hasenclever, »Der Sohn«, 1914; G. Kaiser, »Von Morgens bis Mitternacht«, 1916; E. Toller, »Die Wandlung«, 1919); fortentwickelt im ↗ ep. Theater B. Brechts. HD

Statisches Gedicht,
1. im ↗ Dadaismus entwickelter Gedichttypus (auch ›bruitist.‹ oder ›simultanist.‹ Gedicht), der sich widersprechende Aussagen unvermittelt aneinanderreiht, um so die Absurdität der Lebenstotalität widerzuspiegeln.
2. Bez. G. Benns für den in seiner späten Lyrik geschaffenen Typus des »reinen Gedichts«, der im Gegensatz zum dynam. Gedicht gekennzeichnet ist durch den resignativen »antifaustischen« ... »Rückzug auf Maß und Form«; die Sammlung »St. G.e« (1948) in streng konstruiertem Nominalstil waren von großer Wirkung. D

Benn: »Statische Gedichte«, 1948

Staufische Klassik, von W. Pinder 1935 geprägter Epochenbegriff für die Zeit um 1200, ausgehend von den künstler. Hochleistungen auf dem Gebiet der Plastik (Straßburg, Bamberg, Naumburg), nicht im Sinne einer imitatio, sondern einer entelechialen Gleichstellung mit der antiken Klassik. Von K. H. Halbach (im Anschluss an Pinder) auf die Blütezeit der mhd. Dichtung um 1200 (Hartmann von Aue, Wolfram von Eschenbach, Gottfried von Straßburg – Reinmar, Heinrich von Morungen, Walther von der Vogelweide) übertragen in Analogie zur ↗ Weimarer Klassik. S

Stegreifspiel [Bez. nach der ↗ Redensart *aus dem Stegreif* (= unvorbereitet, spontan) *etwas tun* (zu ahd. stegareif = Seilschlinge oder Ring zum Aufsteigen aufs Pferd), wörtl. etwa: ohne erst vom Pferd zu steigen, noch im Steigbügel stehend], szen.-dramat. Spiel, das nach vorgegebenem Thema oder Handlungsgerüst improvisiert wird. Als Urform des menschl. Spieltriebs gehört es zu den Wurzeln des europ. Dramas. St.e waren der vorliterar. ↗ Mimus, die altital. ↗ Atellane, die kom. Einlagen des mal. ↗ geistl. Spiels, die Aufführungen der ↗ engl. Komödianten, insbes. die possenhaften ↗ Zwischen- und ↗ Nachspiele. St. gehörte v. a. zur Aufführungspraxis der ↗ Commedia dell'arte (Stegreifkomödien mit festgelegter Szenenfolge) und des ↗ Wiener Volkstheaters, wo u. a. auch literar. Komödien (etwa von Goldoni und Molière) zu Stegreifkomödien ›umgearbeitet‹ wurden, z. B. »Hanswurst, der Kranke in der Einbildung« (1764). – Erlaubt war das St. auch der ↗ lustigen Person in literar. Komödien und in den kom. Randszenen ernster Stücke, wo bes. durch ↗ Beiseitesprechen aktuelle Anspielungen extemporiert wurden. Die im Laufe der Zeit wuchernden Auswüchse des St.s (Vergröberung, Verrohung, Zotenhaftigkeit) bekämpften im 18. Jh. C. Goldoni (durch literar. fixierte Charakterkomödien), J. Ch. Gottsched (mit dem Versuch der Vertreibung des ↗ Hanswurst) und Maria Theresia (durch das Verbot des St.s aus polit. Gründen, 1737). Jedoch konnte das St. nie ganz verdrängt werden (vgl. Karoline Tschauners Stegreiftheater in Wien, seit 1909); eine breitere Neubelebung versuchte das ›Piccolo Teatro‹ in Mailand (G. Strehler). IS

Stemma, n., Pl. Stemmata [griech. = Stammbaum], textkrit. Hilfsmittel, das die Abhängigkeiten unterschiedl. Überlieferungsträger eines Werkes (gelegentl. auch eines Stoffes oder Themas) in zumeist graph. Form darstellt. Aus den v. a. für die Textüberlieferung antiker oder mal. Werke erstellten Stemmata lässt sich ablesen, wie weit der Abstand der tradierten Manuskripte von der Urfassung oder dem Archetypus ist, welchen Weg die Rezeption genommen hat, wie hoch die Zuverlässigkeit der Überlieferung anzusetzen ist und welche Möglichkeiten vorhanden sind, aus den Rezeptionsformen einen authent., d. h. auf den Autor zurückgehenden Text zu rekonstruieren. ↗ Textkritik. HW

Sterbebüchlein, ↗ ars moriendi.

Stichisch, eigentl. mono-st. [aus gr. monos = allein, stichos = Vers, Zeile], metr. Begriff: fortlaufende Aneinanderreihung von Versen des gleichen metr. Schemas, im Unterschied zur paarweisen, ↗ distich. Zusammenfassung gleicher oder meist verschieden gebauter Verse oder zur stroph. Ordnung (↗ Strophe, ↗ Odenmaße); st. verwendet wurden in der Antike v. a. die *Sprechverse* (im Ggs. zu den gesungenen Versen der Lyrik), z. B. der daktyl. ↗ Hexameter, der jamb. ↗ Trimeter (Senar), der trochä. ↗ Tetrameter, in späterer Zeit v. a. der ↗ Alexandriner und ↗ Blankvers. OB

Stichometrie, f. [gr. stichos = Vers, metron = Maß],
1. in der Antike Verszählung und damit Feststellung des Umfangs eines literar. Werkes (die Summe der Verse wurde am Schluss der Papyrusrollen vermerkt); diente zum Schutz gegen unerlaubte Interpolationen und zur Festlegung des Lohnes für den Schreiber. Die Zählung wurde z. T. auch bei Prosatexten vorgenommen, wobei die Länge der daktyl. Hexameterzeile (zu etwa 16 Silben bzw. 36 Buchstaben) als Einheit zugrunde gelegt wurde.
2. in der Rhetorik Bez. für antithet. Dialoge im Drama, eine Art inhaltl. Analogie zur formalen ↗ Stichomythie: »Den Admiralshut rißt ihr mir vom Haupt.« »Ich komme, eine Krone draufzusetzen.« (Schiller, Wallensteins Tod, I, 5). OB

Stichomythie, f. [gr. stichos = Reihe, Vers, Zeile; mythos = Wort, Rede], Form des längeren Dialogs im Versdrama, bei dem zum Ausdruck innerer Erregung Reden und Gegenreden auf je einen Vers komprimiert sind. Durch die Verteilung auf halbe Verse (*Hemi-St.*, z. B. Sophokles, »Ödipus«, 322 ff.) und Doppelverse (*Di-St.*) kann eine weitere Steigerung bzw. Verminderung der erregten Auseinandersetzung erreicht werden. Da die St. zur scharf pointierten Entgegensetzung der Standpunkte dienen soll, tendiert sie zu sentenz- und formelhaftem Stil. – In Deutschland in Ansätzen als sog. ↗ *Stichreime* schon im MA nachweisbar, dann v. a. im Barock (nach dem Vorbild Senecas) und in der Klassik (nach griech. Vorbild) gebraucht; später wird die St. im Ggs. zur formal freieren ↗ Antilabe meist als allzu künstl. abgelehnt. HD

Stichreim, Sonderform der ↗ Brechung, (Reimbrechung): ↗ Stichomythie in dialog. Reimpaartexten: Aufteilung eines Reimpaares auf zwei verschiedene Sprecher (S¹: aab, S²: bcc), dient der Dialogverklammerung im Ggs. zu isolierten Sprecherreden. Findet sich schon in Dialogpartien mhd. Epen (z. B. im »Iwein« Hartmanns von Aue) und v. a. im mal. Spiel (»Osterspiel von Muri«, Anf. 13. Jh.), häufig in den ↗ Fastnachtspielen (15., 16. Jh., vgl. z. B. Hans Folz, »Bauernheirat« u. a.). S

Stigmonym, n., ↗ Pseudonym.

Stil, m. [lat. stilus = Schreibstift, Schreibart], allgemeiner Begriff zur unterscheidenden Kennzeichnung spezif. Haltungen und Äußerungen von einzelnen Personen oder Gruppen (Völker, Stände, Generationen, soziale Schichten) in einem bestimmten Bezugsrahmen histor. oder gattungsbezogener Normen. Spricht man verallgemeinernd auch von ›Lebensstil‹, so ist doch das spezif. Anwendungsgebiet des St.-Begriffs die Kunst- und Literaturwissenschaft. Hier versteht man unter St. besondere, in hohem Grade unverwechselbare Grundmuster, die das Kunstschaffen von Völkern (*National-* oder *Regional-St.*), histor. Zeitabschnitten (*Epochen-St.*), einzelnen Künstlern (*Personal-, Persönlichkeits-* oder *Individual-St.*) und die Ausprägungsformen bestimmter Werktypen (*Gattungs-St.*) oder einzelner Kunstprodukte (*Werk-St.*) kennzeichnen. – St. kann in allen Fällen nur als Modifikation oder Abweichung von einer Norm beschrieben werden, d. h. ein Individual-St. setzt einen Kollektiv-, Epochen-, Zeit-St. voraus, ein Epochen-St. ist von anderen Epochenstilen abzugrenzen, der Werk-St. lässt sich nur durch Konfrontation mehrerer Werke erschließen etc. *St.forschung* (St.analyse, ↗ Stilistik) wird somit eine Grundlagenforschung der Kunst- und Literaturwissenschaften, die um Verständigung über die anzuwendenden Normen und Vergleichsgrößen bemüht sein muss. Für sprachl. Kunstwerke haben sich dabei u. a. Beschreibungsmittel der Grammatik, Rhetorik und Bildlichkeit bewährt, die je nach Wahl, Mischung oder Verwendungsintensität einzelner, der gesamten Sprache innewohnender Möglichkeiten (›Stilzüge‹) zu einer additiven St.bestimmung führen können. Aufgrund der verwendeten Sprachfiguren ist eine Unterscheidung in einen *rhetor.* und einen *poet.* St. möglich, die jeweils weiter klassifiziert werden können nach der Auswahl der Wortarten (*Nominal-* oder *Verbalst.*) und syntakt. Verbindungen (*paratakt.* oder *hypotakt. St.*); auch die Vermittlungsrichtung eines Textes kann zu Unterscheidungen führen, etwa in einen ›objektiven‹ St., der sich durch Information und kommunikative Tendenz auszeichnet, und in einen ›subjektiven‹ St., der vorwiegend der (z. B. lyr.) Selbstaussage eines Autors dient und daher meist in höherem Maße ↗ Stilisierungen, d. h. Regelabweichungen von umgangssprachl. Normen enthält. Solche St.bestimmungen suchen weniger nach hist. bedingten Größen, als nach übergeschichtl. sog. ›anthropolog. Konstanten‹, die auf Grundmöglichkeiten menschl. Welterfassung und Mitteilungsmöglichkeiten verweisen: So kann z. B. aus der Zusammengehörigkeit der St.züge objektiv/paratakt./episch/nominal auf den (in Schillers Terminologie) »naiven«, aus der Zuordnung der St.züge subjektiv/hypotakt./dramatisch/verbal auf den »sentimentalischen« Kunststil geschlossen werden. Diesen ahistor. St.bestimmungen stehen jene gegenüber, die nach geschichtl. Bedingungen der spezif. Ausprägung von Kunstwerken fragen. Hierbei ergeben sich zwei Problemkreise: Die Frage nach den histor. Gründen des St.wandels und die nach den histor. Konstanten einer St.epoche, die alle Einzelkünste (Architektur, Dichtung, Musik, bildende Kunst etc.), aber auch alle individuellen Verwirklichungen dieses Stiles in seiner Zeit umgreifen. Bei den geläufigen Klassifikationen der europäischen Kulturgeschichte (Romanik, Gotik, Renaissance, Barock, Klassik, Romantik, Impressionismus, Expressionismus, Neue Sachlichkeit und die zahlreichen historisierenden Neo-Stile) zeigt sich, dass jeder St. durch einzelne Charakteristika bestimmbar ist. Aber die isolierten Befunde (Romanik: Rundbogen, Gotik: Spitzbogen etc.) ergeben allein noch kein Gesetz, das allen Künsten einer Epoche gemeinsam ist. Selbst die Begrenzung der St.e nach ihrer räuml., zeitl. und die einzelnen Kunstgattungen betreffenden Gültigkeit ist umstritten. So bezieht sich der literaturgeschichtl. Barock-Begriff auf Texte des 17. Jh.s, während sich in Architektur und Musik der barocke St. bis in die 2. Hälfte des 18. Jh.s erstreckt; so gilt der Klassik-Begriff (bei dem sich freilich Epochenbez. und Werturteil schon früh verbunden haben) in Frankreich für die Dichtung des 17. Jh.s, in Deutschland für die Kunstperiode um 1800. Solche stilist. Phasenverschiebungen erschweren auch die vielfältigen Versuche, St.bestimmungen aus grundlegenden Geistesströmungen oder aus den jeweils herrschenden ökonom. Situationen abzuleiten und zu begründen. Der St.begriff ist, zumal ihm fast immer Wertungen beigemengt sind, vornehml. dann als Arbeitsgrundlage verwendbar, wenn der histor. oder ideolog. Standort dessen, der mit ihm operiert, reflektiert und mitgeteilt wird. HW

Stilarten, ↗ Genera dicendi.

Stilblüte, sprachl. Äußerung, die durch Denkfehler oder Unachtsamkeit (ungeschickte Wortwahl, Weglassen eines Wortes oder Satzteiles, falsche Wortstellung oder falsche syntakt. Verknüpfung usw.) doppelsinnig wird und eine unbeabsichtigte erheiternde Wirkung auslöst: »Stolz verließen des Professors weißseidne Beine die Rednertribüne« (W. v. Molo). Eine eigene Gruppe bilden St.n, denen eine ↗ Katachrese (Bildbruch) zugrundeliegt, d. h. die durch die Kompilation zweier Redewendungen oder Sprichwörter nicht zusammenpassende Bildbereiche koppeln: »der Dirigent, der die lodernde Rhythmik der Partitur mit ungewöhnlicher Schwungkraft herausmeißelte«. S

Stilbruch, Durchbrechung einer Stilebene, etwa durch Einmischung von Wörtern und Wendungen aus einer anderen, höheren oder tieferen Stilschicht oder durch unpassende Bildlichkeit; kann ungewollter Stilfehler sein, aber auch bewusstes, vor allem kom. wirkendes Kunstmittel, z. B. bei Travestien, Parodien, Satiren. S

Stilbühne, Bühnentypus, der im Gegensatz zur ↗ Illusionsbühne den fiktiven Raum für das dramat. Geschehen nicht durch realist. Kulissen vortäuscht, sondern nur symbolhaft andeutet; Mittel sind monumentale Spielfelder, oft geometr. Formen wie Rundscheibe, Treppen, Blöcke, ferner leerer Horizont, Vorhänge, wenige andeutende Requisiten (Säulen, Spiegel, Wappen usw.), Naturstilisierungen und als wichtigstes Mittel die Lichtregie. Der St. entspricht oft auch eine choreograph. Stilisierung der Bewegungen. Ansätze zur St. enthält schon die klassizist. Bühnengestaltung, z. B. J. Ch. Gottscheds und v. a. K. F. Schinkels (Neubau des Berliner Schauspielhauses 1821); die St. wurde dann Ende des 19. Jh.s programmat. gegen den veräußerlichten Bühnenrealismus entwickelt, v. a. von E. G. Craig und A. Appia; sie war die Bühnenform des Expressionismus (J. Fehling, L. Jessner) und ist bis heute eine der wichtigsten szen. Konzeptionen (Neu-Bayreuther St. von Wieland Wagner). IS

Stilfiguren, ↗ rhetor. Figuren, ↗ Rhetorik.

Stilgeschichte,
1. Darstellung der Geschichte verschiedener Epochenstile (s. ↗ Stilistik).
2. Analog zu ↗ ›Geistesgeschichte‹ gebildete Bez. einer Forschungsrichtung in der 1. Hälfte des 20. Jh.s, die in der Literaturgeschichte v. a. Entwicklungen und Ausprägungen des Sprach- und Darstellungsstiles literar. Werke verfolgt; method. kennzeichnend ist die Übernahme kunstgeschichtlicher Begriffe, bes. die Weiterbildung der von H. Wölfflin 1912 geprägten Begriffspaare (linear – malerisch; flächenhaft – tiefenhaft; geschlossen – offen; einheitlich – vielheitlich; absolute – relative Klarheit) für die Beschreibung dichter. Phänomene. Vertreter sind O. Walzel, F. Strich, J. Schwietering, L. Spitzer. S

Stilisierung, f., abstrahierende, auf wesentl. Grundzüge reduzierte Darstellung: *In der Kunst* z. B. Umformung eines naturgegebenen Vorbildes nach formalen Prinzipien durch Schematisierung oder geometr. Vereinfachung (z. B. St. des Akanthusblattes im korinth. Kapitell); aber auch Umformung eines ›stilisierten‹ histor. Stilmusters (z. B. St. des antiken Akanthusblatt-Kapitells der Romanik). – *In der Literatur* sind Elemente einer St. die über die Norm der Umgangssprache sich erhebende Wortwahl und Syntax (Formelhaftigkeit, reduzierter oder symmetr. Satzbau, strenge Vers- und Strophenformen, zahlentekton. Gliederungen usw.), oft in Anlehnung an ein klass. Stilideal (A. v. Platen, St. George, auch: ↗ Klassizismus). S

Stilistik, f., Lehre vom (literar.) ↗ Stil:
1. Theorie des literar. Stils,
2. Analyse und Beschreibung gleichzeit. oder nacheinander auftretender Stile (deskriptive bzw. histor.-deskriptive St.),
3. Anleitung zu einem vorbildl. (Schreib-)Stil (normative St.). – Die St. ist Nachfolgerin der ↗ Rhetorik, die schon früh eine literar. Theorie entwickelte, die mit gewissen Modifikationen bis ins 18. Jh. Bestand hatte: Mit der Entwicklung des Geniekults und der Individualisie-

rung des Werkbegriffs bricht das System der Rhetorik mit seinen festen Gattungsbegriffen und normativen Stilprinzipien zusammen. Die neu sich bildende St. wählt als zentrale Kategorie den ›Ausdruck‹; sie bezieht sich genet. auf die Natur des Autors und auf überindividuelle Faktoren, wie Nation, Gruppe, Gesellschaft, Zeit. Sind Positivismus und geistesgeschichtl. Schule in dieser Hinsicht verwandt, so stellt jedoch die Geistesgeschichte dem Kausalismus und Atomismus des Positivismus den Erlebnisbegriff und die ganzheitl.-organische Deutung des Kunstwerks gegenüber. Auf diesem Boden entsteht die histor.-deskriptive genet. St., die über die Individualstile zu Synthesen als National- und Epochenstile strebt, wobei der Stilbegriff häufig als Form und Inhalt übergreifendes Korrelat eines individuellen oder überindividuellen geistigen Typus verstanden wird. Andererseits wird der Begriff des Organischen selbst problematisiert: der Nachweis der Einheit von Form und Gehalt verdrängt den genet. Aspekt; der Stil wird gleichrangiger, wenn nicht privilegierter Ausgangspunkt der *werkimmanenten Interpretation*. Ähnliche Ziele, aber unter Verzicht auf den Intuitionismus dieser Richtung, verfolgt die auf dem Schichtenmodell des Kunstwerks basierende *funktionale St.* Demgegenüber steht einerseits eine Neubegründung des genet. Ansatzes in der *soziolog. Methode*, die Stil und Inhalt, Stil und äußere Wirklichkeit dialekt. zu vermitteln sucht; andererseits eine Renaissance des rhetor. Ansatzes in der *linguist.* orientierten Stilistik, die, vom Strukturalismus ausgehend, stilist. Elemente als Konstanten innerhalb der Architektur des Sprachsystems bestimmt, in ihrer genet. Richtung Stilmerkmale als Abweichung von einer qualitativen oder quantitativen Norm objektiv zu erfassen sucht, und schließl. der lange vernachlässigten Dimension der Wirkungsforschung neue Anstöße gibt. – Die *normative St.* spielt auf Grund der histor. Bedingungen bei der Entstehung und Entwicklung der St. stets nur eine marginale, zumeist auf Zweckprosa eingeschränkte Rolle. Ansätze liegen vor in den Typologien der stilist. Möglichkeiten einer Sprache, in der Beschreibung der Stilebenen, sowie in der vergleichenden St.   ED

Stilmittel, diejenigen sprachl. Ausdrucksformen, die für einen bestimmten Personal-, Gattungs- oder Epochenstil prägend erscheinen, z. B. bes. syntakt. Fügungen (etwa Hypotaxe bei H. v. Kleist), charakterist. Wörter (Mischung mit Dialektformen usw., z. B. bei G. Hauptmann), rhetor. (F. Schiller) oder metaphor. Ausgestaltungen (Jean Paul) oder Hervortreten klangl. Formen (z. B. in d. ↗ Reimprosa, bei R. M. Rilke). Vgl. auch ↗ Genera dicendi.   S

Stoff, literaturwissenschaftl. Bez., die sich einer eindeutigen definitor. Festlegung entzieht, weil sie einmal als Kontrastbegriff zu Form, dann wieder als Konkurrenzbegriff zu Thema, Idee, Intention und Motiv auftritt. Als Gegenbegriff zu Form kann St. verstanden werden als die aus dem formgeprägten literar. Kunstwerk herauslösbare Handlung, Fabel (Plot); er ist damit (wie in den Roman- und Opernführern oder auch in den ausführl. Kapitelüberschriften des barocken Romans praktiziert) eine Abfolge von Ereignissen, die mit bestimmten Personen in spezif. histor. oder mytholog. Situationen verwirklicht wird. Doch verweist die Wahl oder Erfindung eines St.s durch einen Autor bereits auf tiefere Schichten der Stofflichkeit, weshalb der St.begriff nicht nur mit der äußeren Fabel eines Textes verbunden wird, sondern auch mit dem Problem, inwieweit darin Repräsentationen von *Urstoffen* ihre Darstellung finden. Unter solchen Urstoffen oder St.-Substraten können je nach Deutungsinteresse unter psycholog. Aspekt archetyp. Handlungs- und Verhaltensmuster (Ödipus-Konstellation, Generationenkonflikt, Anagnorisis-[=Wiedererkennen] St. u. a.), unter geistesgeschichtl. Gesichtspunkt tendenzielle Auseinandersetzungen von unterschiedl. Weltverständnis (Idealismus – Materialismus; Rationalismus – Irrationalismus u. a.), unter literatursoziolog. bzw. marxist. Verständnis ökonom. bedingte Klassenauseinandersetzungen verstanden werden. Bei allen diesen mehr an St. orientierten Betrachtungsweisen ist das Problem der Trennbarkeit von St. und Form (im weiteren Sinne auch mit den Begriffen ›Gehalt und Gestalt‹ umschrieben) nicht zu lösen, da im Kunstwerk immer nur geformter St. und stoffl. gebundene Form erscheinen, wenn auch die einzelnen Gattungen unterschiedl. St.dichte erkennen lassen, wie man z. B. von der Fabel eines Dramas, dem Plot eines Romans spricht, aber den St.begriff kaum auf lyr. Dichtung anwendet. Lässt sich der Begriff St. von dem der Idee, der Intention und des Themas dadurch abgrenzen, dass er das Material für eine bestimmte, etwa histor. bezogene Darstellung bietet, so unterscheiden sich St. und Motiv dadurch, dass ein Motiv lediglich Bestandteil eines stoffl. Komplexes ist, das jedoch wie der St. auf Urmotive verweisen kann, aber keine Handlungskontinuität, keine Fixierung an Personen und keinen erzählbaren inhaltl. Verlauf besitzt. HW

Stoffgeschichte, Forschungsgebiet der ↗ vergleichenden Literaturwissenschaft (Komparatistik), auf dem weniger die Herkunft oder Entstehung eines literaturgeschichtl., vielfach überlieferten und verarbeiteten Stoffes oder Themas erforscht wird als vielmehr deren Veränderungen im Laufe der Geschichte. St. wurde betrieben, seit im 19. Jh. die wissenschaftl. Disziplin der Germanistik gegründet wurde. Bei den Brüdern Grimm war das Anliegen stoffgeschichtl. Arbeiten die Rekonstruktion der Urpoesie und des Urmythos; andere, v. a. spätere Forscher (L. Uhland, K. Müllenhoff, Bolte u. a.) waren v. a. bemüht, Alter und Gemeinsamkeiten vergleichbarer Stoffe zu bestimmen oder innerliterar. Abhängigkeiten einzelner Werke durch detaillierte Stoff- und Motivvergleiche zu erhellen (W. Scherer, M. Koch). Seit den 20er Jahren des 20. Jh.s entfernte man sich von diesen Forschungszielen und suchte über die St. zu geistes- und problemgeschichtl. Bestimmungen zu gelangen, die nicht so sehr aus den stoffl. Konstanten als vielmehr aus den Varianten gewonnen werden konnten. Die Verarbeitungsweise eines überkommenen Stoffes kann somit im Hinblick auf die individuelle dichter. Leistung, ihren Produktionsvorgang, ihre psycholog. Besonderheit und ihre zeittyp. Perspektive befragt werden. Das Ziel jedoch ist weniger die Beschreibung oder Wertung einzelner Werke und Autoren als der Versuch, geistesgeschichtl. orientierte Fixierungen für einen Epochenstil, Nationalstil oder auch für einen histor. veränderten Gattungsbegriff (z. B. Entstehung eines Prosaromans aus einem Epos) zu gewinnen. St. nähert sich daher einer Formgeschichte, die an Handlungs- und Ereignisstrukturen, Themen, mytholog. oder histor. Figuren und Problemen exemplifiziert wird; sie liefert Fakten und Beobachtungen für eine rezeptionsgeschichtl. bestimmte Literaturerforschung und stellt Material bereit für literatursoziolog. Untersuchungen, zum Beispiel bei der Frage der Popularisierung oder Trivialisierung von Stoffen der Hochliteratur (Swifts »Gulliver« als Kinderbuch) oder der hochstilisierten Umadressierung populärer Lesestoffe (Faust!). HW

Stoichedon, Adv. [gr. = reihenweise, reihenartig], bes. auf altgr. Inschriften (5., 4. Jh. v. Chr.) übl. blockhafte Anordnung der Buchstaben eines Textes in waagrechten Reihen ohne Rücksicht auf die Wortgrenzen, so dass die Buchstaben auch senkrechte Reihen bilden. S

Stollen,
1. einer der beiden Teile, die den ↗ Aufgesang der ↗ Stollenstrophe (Kanzonenstrophe, ↗ Meistersangstrophe) konstituieren. Die einfachste Form eines St.s besteht aus zwei iso- oder heterometr. Versen (ab), ein St. kann aber auch aus drei und mehr Versen gebildet sein; er wird in gleicher Form und Melodie wiederholt (zweiter oder Gegen-St.); beide St. sind in ihrer Grundausprägung durch Kreuzreim verbunden; bei drei- und mehrteil. St. kann das Reimschema in den St.-Anversen von der reinen Wiederholung abweichen: variierte St. aab ccb (z. B. Walther v. d. Vogelweide, 1. Philippston).
2. Bez. (Jacob Grimms) für die beiden Stäbe im Anvers der german. ↗ Langzeile (↗ Stabreimvers), nach altnord. *studlar* (Sgl. *studill* = eigentl.: Stütze, belegt in d. »Jüngeren Edda«, 13. Jh.). S

Stollenstrophe, auch: Kanzonenstrophe, lyr. zweiteil. Strophenform aus zwei Perioden.

Die erste Periode (↗ Aufgesang, it. fronte) besteht in der Grundform aus 2 metr. und musikal. gleichgebauten Hälften (↗ Stollen, it./prov. piedi); die zweite Periode (↗ Abgesang, prov. cauda, it. coda, sirima, sirma) ist dagegen metr. und musikal. selbständig (bei Petrarca erscheint sie gelegentl. in ebenfalls symmetr. sog. Volten unterteilt): Grundformel A A/B = ab ab/cc. Variabel sind Länge und metr. Gestaltung der Verse, die Länge der Strophe (zwischen 6–18 und mehr isometr. oder heterometr. Verse) und – bes. im Abgesang – Versgruppierung und Reimordnung. Der Abgesang kann reimtechn. auch auf den Aufgesang rückbezogen sein (Anreimung): der beide Perioden dabei verbindende Vers (oder das Verspaar) wird in der St. Petrarcas als Chiave (Schlüssel) bez. Die St. ist die häufigste Strophenform der prov., altfrz., italien. und bes. mhd. Lyrik. Sie begegnet aber auch in neuzeitl. Dichtung (z. B. Goethe, »Wirkung in die Ferne«, »Hochzeitlied«, »Der Sänger«). – Die St. wird meist von der prov. Trobadorlyrik hergeleitet (↗ Canso, ↗ Cobla); die italien. Forschung jedoch sieht ihren Ursprung in der ↗ Ballata (maggiore). In der mhd. Minnelyrik wird sie zur bes. bevorzugten Strophenform seit Friedrich von Hausen. Im Meistersang wurde die Grundstruktur vielfach erweitert (sog. ↗ Meistersangstrophe). S

Strambotto, m. [it.], wichtigste Form der einstroph. volkstüml. ital. Tanz- und Liebeslyrik, bestehend aus 8 (auch 6, 12) Elfsilblern (↗ Endecasillabo) mit regional verschiedenem Reimschema: Ausprägung der Toskana *(Rispetto)*: ababccdd (auch: abababcc), der Romagna *(St. romagnolo)*: aabbccdd, Siziliens (↗ *Siziliane, Villotta)*: abababab. – Herkunft umstritten (Toskana? Polygenese? vereinfachte Ableitungen der ↗ Stanze?), früheste Zeugnisse 14. Jh. (Toskana), seit dem 15. Jh. auch in der Kunstdichtung gepflegt (A. Poliziano, Lorenzo de Medici, G. Carducci, G. Pascoli). IS

Straßentheater, Theaterspiel ohne sichtbar abgegrenzte Bühne (Podest o. Ä.) auf offener Straße, wohl die ursprünglichste Spielform abendländ. Theaters seit Thespis, der auf der Athener Agora auftrat; auch das mittelalterl. ↗ geistl. Spiel, bes. ↗ Prozessionsspiele und Umzüge mit Theaterwagen samt ↗ lebenden Bildern finden im Wohn- oder Arbeitsbereich des Publikums statt. Im 20. Jh. wurde St. meist zur polit. Aktivierung der Zuschauer dargeboten. Grundvoraussetzung für die intendierte Information und Agitation ist die Mobilität der Truppen (oft Laien), die ihre Texte und Szenen selbst und stets neu aktualisierbar zusammenstellen. Dokumentation wird als Appell formuliert, das Prinzip der Gemeinverständlichkeit soll durch Formen verwirklicht werden, die zum konventionellen Theater in Widerspruch stehen: kurze Szenen, einfach verständl. Texte, Refrain-Lieder mit Hörerbeteiligung, Musikbegleitung, typisierende Masken, plakative Dekorationen und Versatzstücke. Vorbilder für die dt. St.-Szene sind die russ. ↗ Agitprop-Theater-Truppen der 20er Jahre (↗ Proletkult) und das Off-Off-Broadway-Theatre. Auch: ↗ polit. Dichtung. GM

Stream of consciousness [engl. = Bewusstseinsstrom], komplexe, amorphe Folge von assoziativ ausströmenden Bewusstseinsinhalten (einer literar. Gestalt), in denen Empfindungen, Ressentiments, Erinnerungen, sich überlagernde Reflexionen, Wahrnehmungen und subjektive Reaktionen auf Umwelteindrücke ungeschieden und vor ihrer gedankl. Ordnung durcheinandergleiten. Literar. umgesetzt wird das Phänomen des st. o. c. durch eine adäquate Erzähltechnik, den sog. ↗ inneren Monolog. Die Bez. st. o. c. wurde geprägt von dem amerikan. Philosophen und Psychologen William James in Bezug auf den Roman »Les lauriers sont coupés« (1888) von E. Dujardin, der als einer der ersten einen Bewusstseinsstrom zu gestalten versuchte (und zum Vorbild für J. Joyce wurde). S

Streitgedicht, Gedicht, in dem verschiedene (meist zwei) Personen, personifizierte Gegenstände oder Abstraktionen einen Streit führen: entweder über die eigenen Vorzüge und die Schwächen oder Fehler des Gegners (Rangstreit) oder um eine bestimmte Frage zu entscheiden; wegen der Dialogform oft auch

Streitgedicht

Bez. *Streitgespräch.* – St.e haben eine lange, von der antiken über die mlat. Lit. bis in die Volkssprachen führende Tradition. Einflüsse der ↗Ekloge, der scholast. Disputation u. a. sind von Fall zu Fall anzunehmen. Auch der Orient (bes. die pers. u. die arab. Lit.) kennt St.e. – Formen und Bez. in der griech. Lit.: ↗Agon, ↗Synkrisis, in lat. Lit.: ↗Altercatio, ↗Conflictus, ↗Disputatio, in den roman. Literaturen: ↗Tenzone, ↗Partimen, ↗Jeu parti, ↗Débat, ↗Contrasto. In Deutschland kommt es erst im späten MA. zur Blüte des St.s (Frauenlob, Regenbogen). – Als St.e im weiteren Sinne werden auch german. Scheltgedichte (z. B. »Lokasenna«, »Harbarʒljoð«) oder Spott- und Reizreden (Gelfreden) verstanden; vgl. auch ↗Rätsel (Rätselwettstreit), ↗Dichterfehde, ↗Büchlein. MS

Streitgespräch, Bez. 1. für das ↗Streitgedicht, 2. für in nicht gebundener Rede abgefasste Formen eines literar. Streites, z. B. »Der Ackermann aus Böhmen« (Joh. v. Saaz, wohl 1401), 3. Einlagen in ep. Werken wie die St.e unter Bauern u. Bäuerinnen in Wittenwilers »Ring« (Anf. 15. Jh.). – In der konfessionellen Kontroversliteratur der Reformationszeit sind St.e häufig; verbreitet wurden sie meist in Form von ↗Flugschriften. – Auch ↗Dialog, ↗Eristik. MS

Strophe, f. [gr. = Wendung], Zusammenfassung von gleich oder ungleich langen (iso- oder heterometr.) Versen oder ↗Langzeilen zu einer metr. Einheit, die, themat. selbständig, ein einstroph. Gedicht oder mit anderen St.n eine themat. mehr oder weniger geschlossene St.nreihe, ein mehrstroph. Gedicht, bilden kann. Konstituierend sind bei antiken St.nformen bestimmte quantitierende Versgruppen, im MA. und in der Neuzeit meist bestimmte Reimschemata. Reimformen wie ↗Kornreime, grammat. Reime oder ein ↗Refrain können mehrere St.n formal enger zusammenbinden (vgl. z. B. ↗Cobla). Die Syntax kann gelegentl. eine St.ngrenze überspringen (↗Strophensprung, vgl. auch ↗Enjambement); St.n finden sich v. a. in der Lyrik, aber auch in der Epik, seltener im Drama. Ihr Gegensatz ist die ↗stich. Ordnung der Verse.

Im *griech. Altertum* bez. St. ursprüngl. entweder den Wechsel der Bewegungsrichtung bei einem profanen Rundtanz oder die kult. Hinwendung des tanzenden ↗Chores zum Altar; die Bez. wurde dann metonym. auf die bei dieser Tanzphase gesungenen Verse übertragen; die bei der Kehrwendung oder Rückkehr vom Altar im selben Versmaß und nach derselben Melodie gesungenen Verse werden als ↗Anti-St. bez.; diese Bez. wurden auch für das ↗Chorlied des antiken Dramas übernommen: auf je eine gleichgebaute St. und Anti-St. folgt hier jeweils die ↗Epode, eine metr. und musikal. anders strukturierte abschließende St. Diese Form bestimmt auch die griech. Chorlyrik, v. a. die Pindars (↗Pindar. Ode = aus Ode [= St.], Antode, Epode). Während die volkstüml. Traditionen (seit Alkman) v. a. kürzere, zwei- bis vierzeil. einfache St.n (meist Dimeter-St.n) ausbilden, entwickelt sich in der monod. Lyrik seit dem 6. Jh. v. Chr. kunstvolle St.nformen, die verschiedene quantitierende Reihen kombinieren (↗Odenmaße); sie werden nach den vermutl. Erfindern als *alkäische, asklepiadä., sapph.* St.n bezeichnet. Sie wurden in der röm. Dichtung (Horaz: *archiloch. St.n*, Catull) und später auch in der europ. Volkssprachen nachgebildet und durch neue Varianten erweitert (in der Neuzeit u. a. Klopstock, Hölderlin). – In der *Spätantike* entwickelt sich wohl aus volkstüml. Traditionen die einfach gebaute, meist vierzeil. Hymnen-St. (Ambrosian. ↗Hymne), bei der anstelle der anfängl. metr. Struktur zunehmend rhythm. Formen, seit dem 9./10. Jh. mit Reimbindung, treten, verwandt der späteren Volkslied-St. und der St. des Kirchenliedes. – *Im MA.* werden die St.n durch ↗Reim und ↗Stabreim konstituiert und gegliedert. In altnord. St. wie im ↗*Fornyrðislag* und ↗*Ljoðaháttr* herrscht der Stabreim, in der ↗Skaldendichtung finden sich neben Stabreim auch Reimformen (vgl. ↗Dróttkvætt). – Die ältesten St.n der mal. dt. Dichtung bestehen aus zwei vierheb. Reimpaarversen (*Otfried-St.*, 9. Jh.); in der Lyrik begegnen anfangs auch St.n aus paargereimten Langzeilen (Kürenberg) und Kombinationen von Lang- und Kurzzeilen (Dietmar von Aist), seit dem 12. Jh. bilden sich dann, zuerst in der provenzal., später auch in der mhd. und ital. Lyrik, mannigfache Vers- und Reimkombinationen aus: die verbreitetste ist die zweiteil. ↗ Stollen- oder Kanzonen-St., daneben vielfält. Formen der ↗ Perioden-St. (s. auch ↗ Reien). Auch in der Epik gibt es eigene St.nformen: neben Langzeilenst.n wie ↗ Nibelungen-, ↗ Kûdrûn-, ↗ Walther- u. Hildegund-, ↗ Rabenschlacht-St., ↗ Hildebrandston und der ↗ Titurel-St. (Wolfram von Eschenbach, Albrecht von Scharfenberg, Hadamar von Laber, Ulrich Füetrer) und der mit dieser verwandte Schwarze Ton (»Wartburgkrieg«) stehen kurzzeil. Reimpaar-St.n wie die ↗ Morolf- und ↗ Tirol-St. und der ↗ Berner Ton. Auch in anderen europ. Literaturen werden seit dem MA. kennzeichnende St.nformen entwickelt, so in Frankreich außer der Kanzonenstr. (↗ Chanson) die Formen der ↗ Ballade, des ↗ Chant royal, des ↗ Huitain oder ↗ Rondeau, in Italien v. a. die ↗ Stanze (Ottavarime) und ihre Abwandlungen (↗ Siziliane), ↗ Terzine, ↗ Sestine u. a., in Spanien die ↗ Copla, in England v. a. die volkstüml. ↗ Chevy-chase-St., die ↗ Chaucer-St. (Rhyme royal) oder die ↗ Spenser-Stanza. Der *Begriff St.* taucht in der dt. Sprache erst im 17. Jh. auf (nach frz. *la strophe*), in mhd. Zeit wurde dafür die Bez. *daz liet* (Plural: *diu liet*) gebraucht, die Meistersinger verwenden Bezz. wie Stück, Gebäude, Gebände, Gesätz. Im Kirchenlied wird z. T. bis heute für St. die Bez. *Vers* (von mittellat. *versus* = Abschnitt eines gesungenen Psalms) verwendet. S

Strophensprung, Überspielen der metr. Stropheneinheit durch die Syntax: der Satz reicht über das Strophenende in die folgende Strophe hinein (auch: Strophen-↗ Enjambement), z. B. im »Nibelungenlied«, bei Goethe (»An den Mond«), häufig bei Rilke. GG

Struktur, f. [lat. structura = Zusammenfügung, Ordnung, (Bau)werk], wissenschafts- und bildungssprachl. Begriff: *allgem.*: (häufig nur metaphor.) gebraucht für Aufbau, Gefüge, Komposition, z. B. in der Sprache oder Literatur, *speziell*: grundlegender programmat. Leitbegriff des ↗ Strukturalismus, bez. die einem Objekt zugrundeliegende Ordnung. Soziokulturelle Objekte (wie z. B. psych., soziale, ökonom., philosoph., wissenschaftl., sprachl., literar. Sachverhalte) lassen sich als Systeme auffassen, soweit sie in der jeweiligen Kultur eine relative Geschlossenheit und Autonomie besitzen, wobei Ebenen innerhalb des Systems wiederum als Teilsysteme beschreibbar sind. Als Systeme können sowohl ein Komplex von Objekten (wie z. B. die Literatur einer Epoche oder ein Gattungssystem) als auch einzelne Objekte (wie z. B. ein Text) beschrieben werden. Ein *System* besteht aus einer Menge von Elementen und der Menge der Relationen zwischen ihnen; *Element* ist, was im Rahmen einer bestimmten Fragestellung und der gewählten Betrachtungsebene als kleinste und konstitutive Einheit behandelt werden kann, die in anderem Rahmen selbst als System beschreibbar sein mag; *Relation* ist jede beschreibbare Beziehung zwischen beliebigen Größen (Elementen, Relationen, St.en, Systemen); *St.* ist die Menge aller Relationen zwischen den Elementen eines Systems. Untergeordnete Einheiten (Elemente, Teilst.en, -systeme) erfüllen *Funktionen* in übergeordneten Einheiten (St.en, Systemen). Sowohl *in* St.en oder Systemen (z. B. die Veränderungen zwischen dem Anfangs- und dem Endzustand in narrativen Texten) als auch *zwischen* St.en oder Systemen (z. B. histor. Wandel) finden *Transformationen* statt. Je nach Fragestellung kann die strukturale Analyse verschieden weit von der konkreten Oberfläche des Objektes abstrahieren. St.en sind das Ergebnis einer Rekonstruktion, die von den Merkmalen des Objekts und den Fragestellungen des Subjekts bedingt ist und ein *theoret. Modell* des Objekts liefert, das dessen Eigenschaften in math. Sinne abbilden muss. Die St. lässt sich demnach auch als das *System der Regeln* beschreiben, nach denen ein Objekt funktioniert. Die traditionellen Begriffe ›Aufbau‹ oder ›Inhalt‹ und ›Form‹ bezeichnen nur Teilaspekte einer Textoberfläche, die der Begriff der St. zwar mitumfasst, aber in übergreifendere und abstraktere Ordnungen integriert. MT

Strukturalismus, m., method. Richtung der Geistes- und Sozialwissenschaften (Psychologie, Soziologie/Ethnologie, Linguistik, Literaturwissenschaft). Nach Ansätzen in der linguist. und literaturwissenschaftl. Richtung des *Russ.* ↗ *Formalismus* (Schklowski, Tynjanow, Jakobson, u. a.) beginnt der St. zunächst in der Linguistik (ab 1916 mit F. de Saussure) und konstituiert sich als Richtung der Linguistik *und* Literaturwissenschaft auf breiterer Basis zuerst ab Ende der 20er Jahre im *tschech. (Prager) St.* (Mukařovský, Jakobson, u. a.), der sich bis in die Gegenwart fortsetzt (Červenka, Vodička). Von der neuen Linguistik beeinflusst oder von ihr unabhängig, entsteht ein St. auch in der Psychologie (Piaget) und Soziologie/Ethnologie, (Lévi-Strauss). Andere Disziplinen (z. B. Mathematik: Bourbaki-Gruppe, Biologie: v. Bertalanffy) entwickeln seit den 30er Jahren verwandte Tendenzen, wozu später auch Kybernetik und Allg. Systemtheorie gehören. In den 60er Jahren bilden sich die neben dem tschech. St. bislang wichtigsten Varianten des St. heraus: der *franz. St.* (Barthes, Bremond, Foucault, Genette, Greimas, Lévi-Strauss, Todorov, u. a.) und der *sowjet. St.* (Lotman, Uspenski, u. a.). Als *wichtigste Prinzipien des St.* gelten, dass Elemente soziokultureller Phänomene nicht willkürl. isoliert werden dürfen, sondern sowohl in ihrem synchronen als auch in ihrem diachronen Aspekt adäquat nur im Kontext und als Funktion der ↗ Strukturen/Systeme, denen sie angehören, beschrieben werden können; dass der Systemcharakter von Phänomenen nicht a priori angenommen werden darf (wie z. B. in idealist. oder marxist. Tendenzen), sondern nur aus der sukzessiven theoret. Rekonstruktion des Objekts folgen kann; dass der Untersuchung der Diachronie (des Wandels des Systems in der Zeit) die der Synchronie (des Zustands des Systems zu einem gegebenen Zeitpunkt) logisch vorangehen muss; dass bei der Beschreibung von Systemen sowohl deren relative Autonomie als auch ihre Korrelation mit anderen, bzw. ihre Integration in andere Systeme berücksichtigt werden muss; dass Systeme nur in expliziten und selbst systemat. Theorien dargestellt werden können und die Untersuchung von Systemen eine explizierbare und kontrollierbare Methodologie und Wissenschaftssprache voraussetzt; dass die Rekonstruktion von Systemen in theoret. Modellen den Normen der Logik und Wissenschaftstheorie zu genügen hat. Beliebige soziokulturelle Phänomene können *Objekt des St.* werden, so bislang z. B. in der *Psychologie* psychisch-intellektuelle Strukturen und ihre Transformationen in der Entwicklung des Kindes (Piaget), in der *Ethnologie* Verwandtschaftssysteme und Heiratsregeln, Systeme der Realitätsklassifikation, Strukturen des Mythos und Transformationsrelationen zwischen synchronen Mythen (Lévi-Strauss), in der *Geschichte des Denkens* Strukturen, die dem philosoph.-wissenschaftl. Denken, den Wertsystemen und sozialen Institutionen eines synchronen Systems zugrundeliegen, und deren diachrone Transformationen (Foucault). Die *Linguistik* hat die phonolog., syntakt.-semant., pragmat. Aspekte natürlicher Sprachen als (Teil-)Systeme zu beschreiben versucht und sich ebenso für sprachl. Universalien (Invarianten aller Sprachen) wie für spezif. Merkmale der Einzelsprachen interessiert; in der *generativen Transformationsgrammatik* (seit Chomsky) entwirft sie Regelsysteme, die die Operationen bei der Hervorbringung sprachl. Äußerungen log. simulieren und im Prinzip alle sprachl. Teilsysteme integrieren; in der ↗ *Textlinguistik* überschreitet sie die Satzgrenze und berührt sich mit literaturwissenschaftl. Fragestellungen. Eine objektbedingte Kooperation von Linguistik und Literaturwissenschaft ist überhaupt für den St. charakteristisch. Im *Bereich der eher literatur- bzw. allgemein textwissenschaftl. Objekte* hat der St. eine neue Methodologie und Praxis der Analyse von Texten oder Textcorpora entwickelt und sich um eine deskriptive ›Poetik‹ bemüht, die die für Texte im Allgemeinen oder für spezifische – z. B. gattungsbedingte oder epochale – Textcorpora relevanten Systeme von Wahlmöglichkeiten und Wahlbeschränkungen bei der Textkonstitution zu rekonstruieren versucht, wobei v. a. die strukturale Erzähltheorie ausgebaut wurde (Barthes, Bremond, Genette, Greimas, Lévi-Strauss, Lotman, Todorov u. a.). Charakteristisch für die grundsätzl. fachübergreifende Tendenz des St. ist auch die Entwicklung der

↗ Semiotik, deren Kategorisierungen zugleich zu den wesentl. Beschreibungsinventaren des St. gehören. MT

Studentenlied, Gattung des ↗ Ständeliedes: Gruppenlied zum Preis student.-(burschenschaftl.) ungebundener Lebensweise (Burschen-, Kneip-, Bummellied) oder von Universitätsstädten oder -festen, auch Spottlied auf Spießbürger oder akadem. Berufsstände u. a.; oft derb, z. T. mit lat. Brocken oder ganz in Vulgärlatein abgefasst, z. B. »Gaudeamus igitur«, »O alte Burschenherrlichkeit«. Auch von Studenten(-verbindungen) bevorzugt gesungene Balladen, Volks- u. a. Lieder werden zu den St.ern gezählt. – Schriftl. fassbar sind St.er erstmals in den Sammlungen mit ↗ Vagantendichtung (z. B. in der Handschrift der Carmina burana, 13. Jh.), dann seit dem 16. Jh. in handschriftl. Liederbüchern (z. B. von den Studenten P. Fabricius und Ch. Clodius); die erste gedruckte Sammlung von St.ern erschien 1782 von Ch. W. Kindleben, vgl. ↗ Kommersbuch. S

Studententheater, student. Laientheater, das dem konventionellen Theaterbetrieb meist krit. bis oppositionell gegenübersteht. St. im weitesten Sinne war schon das ↗ Schuldrama des 15.–17. Jh.s; im eigentl., engeren Sinne entwickelt es sich erst im 20. Jh., v. a. an philolog. Fachbereichen der Universitäten. Oft aus den Praktika theaterwissenschaftl. Institute hervorgegangen, versuchte es, neue theatral. Möglichkeiten zu entdecken (Textcollagen, Wiederbelebung alter Spielformen wie Puppen-, Schatten-, Simultan-, Maskenspiele, Rekonstruktion histor., bes. antiker Stücke). Das Repertoire von St.n umfasste darüber hinaus eigene Texte, Dramatisierungen, Pantomimen, Kabaretts, Revuen usw. Es regte in den 50er bis 60er Jahren an vielen größeren Bühnen die Gründung von Experimentier- und Werkstattbühnen an; bes. in den USA übernahmen St. oft die Funktion von Stadttheatern. – Seit den student. Protestbewegungen der 1960er Jahre entstand ausdrückl. polit. motiviertes St. (Agitations-, Aktionstheater, auch als Happenings), das, v. a. als ↗ Straßentheater, die Mittel und Formen des ↗ Agitproptheaters der 20er Jahre neu belebte und neue Publikumsschichten zu erreichen suchte; Höhepunkt dieser Entwicklung 1967–70. Aus dem St. hervorgegangen sind das ↗ Living Theatre, das Bread and Puppet Theatre (polit. Straßentheater mit Masken und lebensgroßen Puppen), die San Francisco Mime Troupe. Stilist. Wechselwirkungen bestehen auch zu den ↗ Zimmer- und Kellertheatern. MK

Stundenbuch [nach frz. livre d'heures], mal. Gebet- und Andachtsbuch für Laien, verkürztes ↗ Brevier: enthält nur die für *Laien* verbindl. Stundengebete, ferner Buß- und Trostpsalmen, Gesänge, Leseabschnitte, meist auch ein Kalendarium. Entstanden in Frankreich; berühmt sind insbes. die kostbaren St.er fürstl. Persönlichkeiten, z. B. die »Très riches heures« des Duc de Berry (1413, von den Brüdern P., H. u. J. von Limburg ausgestaltet; heute im Musée Condé, Chantilly). S

Sturm und Drang, geistige Bewegung in Deutschland von Mitte der sechziger bis Ende der achtziger Jahre des 18. Jh.s. Die Bez. ›St. u. D.‹ wurde nach dem Titel eines Schauspiels v. F. M. Klinger (1777) auf die ganze Bewegung übertragen. Ihr *Ausgangspunkt* ist eine jugendl. Revolte gegen Einseitigkeiten der ↗ Aufklärung, gegen ihren Rationalismus, ihren Fortschrittsoptimismus, ihre Regelgläubigkeit und ihr verflachtes Menschenbild, aber auch gegen die »unnatürliche« Gesellschaftsordnung mit ihren Ständeschranken, erstarrten Konventionen und ihrer lebensfeindl. Moral. Der St. u. D. ist jedoch nicht nur auf diese Opposition begrenzt. Während er im polit. Bereich wirkungslos blieb, gab er dem geist. Leben Impulse, die noch in jeweils anderer Akzentuierung auf die ↗ Weimarer Klassik, die ↗ Romantik, auf Büchner, auf ↗ Naturalismus und ↗ Expressionismus bis hin zu Brecht nachwirkten. Im Zentrum stehen als *Leitideen* die Selbsterfahrung und Befreiung des Individuums als leib-seelischer Ganzheit; gegenüber dem Verstand wird nun besonders der Wert des Gefühls, der Sinnlichkeit und der Spontaneität betont. Damit verbunden ist eine neue

Erfahrung und Wertung der Natur: Sie ist für den St. u. D. der Urquell alles Lebendigen und Schöpferischen, auch im Menschen selbst. Als höchste Steigerung des Individuellen wie des Naturhaften erscheint das Genie, in dem sich die schöpfer. Kraft einmalig und unmittelbar offenbart (↗ Geniezeit). Der geniale Künstler trägt nicht nur, wie bereits G. E. Lessing in Abschwächung der normativen Poetik formulierte, alle Regeln in sich, sondern ist als Originalgenie schlechthin unvergleichlich. Prototyp des Genies ist für den St. u. D. Shakespeare, als Ideal der Epoche schwärmerisch verehrt, daneben auch Homer, Pindar, »Ossian«, F. G. Klopstock und, aus den eigenen Reihen, der junge Goethe. Aus der Erfahrung des Individuellen entwickelt sich auch die neue Geschichtsauffassung, in der die einzelnen Völker, Kulturen und Sprachen in ihrer einzigartigen Erscheinung vom Ursprung her erfasst werden. In diesem Zusammenhang erhalten die frühe Dichtung und insbes. die Volksdichtung für den St. u. D. besonderes Gewicht. *Anregungen* erfuhr der St. u. D. vom Ausland durch die Kulturkritik J. J. Rousseaus und das Genieverständnis E. Youngs (»Conjectures on original composition«, 1759), im Inland besonders durch die pietist. und empfindsame Tradition, aber auch durch die Emanzipationsbestrebungen der Aufklärung. Unmittelbarer *Wegbereiter* der antirationalen und religiösen Komponente des St. u. D. war J. G. Hamann, der »Magus im Norden« (»Sokratische Denkwürdigkeiten«, 1759, »Kreuzzüge des Philologen«, 1762, hieraus bes. die »Aesthetica in nuce«). Die eigentl. Grundideen aber, die weit über den St. u. D. hinaus wirkten, entwickelt J. G. Herder (»Fragmente über die neuere dt. Literatur«, 1767, »Journal meiner Reise im Jahre 1769«, »Abhandlung über den Ursprung der Sprache«, 1770, die Aufsätze über Shakespeare und Ossian in den von ihm herausgegebenen Blättern »Von dt. Art und Kunst«, 1773, in denen auch Goethes Aufsatz »Von dt. Baukunst« abgedruckt wurde). Der *literarische St. u. D.* beginnt mit der Begegnung zwischen Herder und Goethe 1770 in Straßburg. Von Herders ästhet. Ideen beeinflusst, schreibt Goethe in der lyr., dramat. und ep. Gattung jeweils die initiierenden Werke des St. u. D. (Sesenheimer Lieder, 1771, »Götz v. Berlichingen«, 1773; »Die Leiden des jungen Werther«, 1774). *Das Drama,* und zwar bes. Tragödie und Tragikomödie (Lenz), gelegentl. auch die Farce, sind die bevorzugten Gattungen des St. u. D., die dem leidenschaftl. und spannungsgeladenen Lebensgefühl der Epoche am meisten entsprechen. Die Form ist der klassizist. verstandenen aristotelischen Tragödie diametral entgegengesetzt; Regeln werden abgelehnt, die ↗ drei Einheiten aufgelöst zugunsten eines beliebig häufigen Ortswechsels (»Fetzenszenen«), eines vielfältigen, höchstens im Helden zentrierten Handlungsgefüges und einer freien Verfügung über die Zeit (theoret. am radikalsten formuliert in Lenz' »Anmerkungen übers Theater«, 1774). Fast alle Dramen sind in Prosa geschrieben (auch Rückgriffe auf altdt. Versformen) in einer alltagsnahen, ausdrucksstarken, gelegentl. grellen Sprache. Charakterist. *Themen und Motive* sind die Selbstverwirklichung des genialen Menschen (Faust, Prometheus), der trag. Zusammenstoß des Einzelnen mit dem »notwendigen Gang des Ganzen« (Götz, die Räuber, Fiesko), Bruderzwist bis zum Brudermord (Die Zwillinge, Julius von Tarent), Konflikt zwischen Moralkodex und Leidenschaft (Das leidende Weib, Stella), soziale Anklage gegen die Korruption der herrschenden Stände und gegen Ständeschranken (Der Hofmeister, Die Soldaten, Das leidende Weib, Kabale und Liebe, bes. verschärft im Kindsmörderin-Motiv (Gretchen-Tragödie im »Faust«, Die Kindermörderin). Die *wichtigsten Dramen* des St. u. D. sind: J. W. Goethe, »Götz von Berlichingen« (1773), »Clavigo« (1774), »Stella« (1776), »Urfaust« (1772–75); F. Schiller, »Die Räuber« (1781), »Fiesko« (1783), »Kabale und Liebe« (1784); J. M. R. Lenz, »Der Hofmeister« (1774), »Der neue Menoza« (1774), »Die Sol-

Schiller: »Die Räuber«, 1781

daten« (1776), »Der Engländer« (1776); F. M. Klinger, »Otto« (1775), »Das leidende Weib« (1775), »Die Zwillinge« (1776), »Simsone Grisaldo« (1776), »Sturm und Drang« (1777), J. A. Leisewitz, »Julius von Tarent« (1776); H. L. Wagner, »Die Kindermörderin« (1776); Friedr. (Maler) Müller, »Golo und Genovefa« (entst. 1775). In der *Epik* zeigt sich eine Neigung zum Autobiographischen, die dem Interesse des St. u. D. am individuellen Leben entgegenkommt. Das überragende epische Werk der Epoche, »Die Leiden des jungen Werther« (1774) von Goethe, verdankt seinem biograph. Ansatz, seiner überwiegend subjektiven Erzählweise einen Teil seiner weltweiten Wirkung. Mit der Absolutheit des Gefühls, Naturbegeisterung, Gesellschaftskritik und Hinwendung zum einfachen Volk, mit der Schwärmerei für Homer und Ossian werden St. u. D.-Themen aufgegriffen und zugleich problematisiert. Echte ↗ Autobiographien sind »Heinrich Stillings Jugend« von J. H. Jung (1777), die »Lebensgeschichte und natürliche Ebentheuer des Armen Mannes im Tockenburg« von U. Bräker (1789). Zwischen Autobiographie und Roman steht die psychologische Analyse »Anton Reiser« von K. Ph. Moritz (1785–90). Aus der zahlreichen Werther-Nachfolge seien »Der Waldbruder« von Lenz (entst. 1776) und »Eduard Allwills Papiere« von F. H. Jacobi (1792) genannt. 1787 erscheint mit »Ardinghello und die glückseligen Inseln« von J. J. W. Heinse der vielleicht typischste Roman des St. u. D., der die Renaissance als wahlverwandte histor. Epoche entdeckt. Der geniale Künstler u. Tatmensch Ardinghello gründet ein utop. Reich, in dem die Menschen in naturhafter, sinnl.-ästhetischer Erfüllung ohne moral. Schranken leben. Die *Lyrik*, von Herder als Urpoesie aus ihrer gattungstheoret. untergeordneten Stellung herausgehoben, löst sich im St. u. D. zum ersten Mal aus ihrem gesellschaftl. Bezug und wird zum Ausdruck persönlichen Erlebens (↗ Erlebnisdichtung). Den Durchbruch bilden Goethes Sesenheimer Lieder, die spontanes Gefühl und intensives Naturerlebnis in einer ganz einfach scheinenden, volksliednahen Sprache ausdrücken. Neben das ↗ Lied tritt die unter engl. Einfluss erneuerte ↗ Ballade als Ausdruck irrationaler Kräfte, bes. der Typ der Geisterballade (G. A. Bürger, »Lenore«; L. Hölty, »Adelstan und Röschen«; Goethe, »Der untreue Knabe«) und der naturmagischen Ballade (Goethe, »Der Fischer«, »Erlkönig«). Die Frankfurter ↗ Hymnen Goethes gestalten das Genie als Ich-Erfahrung (»Wanderers Sturmlied«, »Schwager Kronos«) oder als Mythos (»Prometheus«, »Ganymed«, »Mahomets Gesang«) in eruptiver, wortschöpfer. Sprache. Die Hymnen-Form weist auf den Einfluss Klopstocks hin, der sich noch stärker bei den Lyrikern des 1772 gegründeten ↗ Göttinger Hain manifestiert. Ihm gehören Hölty, J. H. Voß, H. Ch. Boie, Leisewitz und die Brüder Stolberg an; Bürger, Ch. F. D. Schubart und M. Claudius stehen ihm nahe. Neben Deutschtum, Freiheit und einem etwas abstrakten Tyrannenhass klingen hier auch gesellschaftskrit. und revolutionäre Themen in der Lyrik an. GH

Sturmkreis, Berliner Künstler-, speziell Dichterkreis um die von Herwarth Walden herausgegebene Zeitschrift »Der Sturm« (1910–1932), dem wichtigsten Organ des ↗ Expressionismus neben der Zeitschrift »Die Aktion«. Der St. wurde v. a. beeinflusst vom italien. ↗ Futurismus (Marinetti), dessen Malerei Walden zum ersten Mal in Deutschland in seiner ›Sturm-Galerie‹, seit 1912, vorstellte; innerhalb dieser Ausstellungen fanden seit 1913 Vortragsabende, seit 1916 sog. ›Sturm-Abende‹ (Leitung Rudolf Blümner) statt, mit Rezitationen expressionist. Dichtkunst; ferner wurde 1918/19 eine sog. ›Sturm-Bühne‹ mit gleichnamigem Publikationsorgan (Leitung Lothar Schreyer) begründet. Die wesentl. Leistung des St.es ist die Ausbildung einer von Walden propagierten, v. a. von August Stramm praktizierten, futurist. Tendenzen verarbeitenden sog. *Wortkunst,* einer gegen das traditionelle Literaturverständnis gerichteten neuen literar. Ausdrucksmöglichkeit in Drama und Lyrik, mit radikaler Verkürzung auf sprachl. Elemente *(Wortsinn, Wortklang, Worttonfall)* und Abstraktion (↗ reduzierte Texte, auch Versuche mit ↗ akust. und ↗ visueller Dichtung: R. Blümner, O. Nebel), die von

Kurt Schwitters in seiner ↗ Merzdichtung eigenwillig fortentwickelt wurde (konsequente Dichtung). D

Stuttgarter Schule (auch Stuttgarter Gruppe), lose Gruppierung v. a. von Autoren, aber auch Typographen und Druckern (Hansjörg Mayer), weniger bildenden Künstlern, um die von M. Bense herausgegebene Zeitschrift »augenblick« (1955–1961), bzw. die von Bense und Elisabeth Walther herausgegebene Publikationsfolge »rot« (1960 ff.), zu der neben Bense v. a. R. Döhl, L. Harig, H. Heissenbüttel zu rechnen sind. Die nicht einheitl. Texte und z. T. visuell typograph. Arbeiten der St. Sch. zeichnen sich zunächst durch eine Mischung von Experiment und Tendenz, seit Beginn der 60er Jahre zunehmend durch Experimentierfreudigkeit aus (Versuche und Erprobung neuer Textsorten), z. t. parallel, aber auch in Opposition zu Benses Ästhetik (»aestetica«, 1954 ff.), mit zeitweiliger Nähe zur ↗ konkreten Dichtung, die in Stuttgart frühe Ausstellungen (seit 1959) und Diskussionen erfuhr. D

Summa, f. [lat. = Gesamtheit, Summe], aus dem Unterricht der Scholastik erwachsene, im MA. verbreitete Form einer übersichtl. und systemat. Gesamtdarstellung eines meist theolog. oder philosoph. Wissens- und Lehrbereiches. Bedeutende Summen dieser Art verfassten z. B. Albertus Magnus (»S. creatoria«, um 1240), Petrus Cantor (Sakramentenlehre), Alexander von Hales (Philosophie des Aristoteles) und v. a. Thomas von Aquin, dessen »S. theologica« (1273) bis heute die Grundlage der kath. Theologie bildet. – ›S.‹ erscheint aber auch als Titel themat. begrenzter Werke (z. B. für Kommentare u. Ä.). – Die Summen der Hochscholastik führen die frühscholast. sog. *Sentenzenbücher* fort, in denen der Wissensstoff durch Gegenüberstellung von Aussprüchen (Sentenzen) bestimmter Autoritäten (Bibel, Kirchenväter etc.) in scholast. Methode ausgebreitet wird, vgl. z. B. Petrus Lombardus, »Sententiarum libri IV« (um 1150) und als Kommentar dazu die »S. aurea« von Wilhelm von Auxerres (Anf. 13. Jh.). – Die Bez. ›S.‹ wurde in der Neuzeit auch auf andere mal.

philos.-theolog. Werke übertragen, z. B. auf die Werke Hugos von St. Viktor oder Roger Bacons, weiter auch auf eine volksspräch. kleinere Dichtung wie die 32-stroph. frühmhd. »S. theologiae«. – Verfasser solcher enzyklopäd. Zusammenfassungen werden *Summisten* genannt. S

Summarium, n. [mlat.], kurzgefasste Inhaltsangabe einer Schrift, auch Bez. für eine mal. Glossensammlung (z. B. das »S. Heinrici«, 11./12. Jh.). S

Surrealismus, m. [zür., zyr ... frz. = über, jenseits], Bez. für eine nach dem Ersten Weltkrieg in Paris entstandene avantgardist. Richtung moderner Kunst und Literatur, die, insbes. beeinflusst von der Psychoanalyse S. Freuds, die eigentl. Wirklichkeit und letztendl. Einheit allen menschl. Seins in einem mit traditionellen Erkenntnismitteln nicht zu begreifenden nichtrationalen Unbewussten sucht, und daher Träume, wahnhafte Visionen, spontane Assoziationen, somnambule und hypnot. Mechanismen, Bewusstseinszustände nach Genuss von Drogen u. Ä. als Ausgangsbasis künstler. Produktion versteht. Surrealist. *Literatur* will unter totalem oder partiellem Verzicht auf Logik, Syntax und ästhet. Gestaltung nur »passiv« die von psych. Mechanismen gesteuerten Bildsequenzen aus vorrationalen Tiefenschichten festhalten (↗ écriture automatique). Als eine um die globale Erweiterung v. Bewusstsein und Wirklichkeit und um den Umsturz aller geltenden Werte bemühte anarchist.-revolutionäre Kunst- und Weltauffassung nimmt sie Elemente barocker Mystik, dt. Romantik und orientalischer Kultur auf. Bes. vom ↗ Symbolismus, ↗ Expressionismus, ↗ Futurismus, ↗ Dadaismus und den Schriften de Sades und Lautréamonts beeinflusst, lehnt sie jede log.-rationale »bürgerl.« Konzeption von Kunst provokativ ab. In magisch-alchemist. verrätselter Kombinatorik von Disparatem propagiert sie die ›Befreiung d. Wörter‹ und eine Ästhetik der ›kühnen‹ Metapher. – Die Bez. ›S.‹ findet sich erstmals 1916 bei G. Appollinaire, der seinem Drama »Les mamelles de Tirésias« den Untertitel »drame surréaliste«

gab. Eine gewisse Führerrolle in der entstehenden surrealist. Bewegung fiel neben L. Aragon und Ph. Soupault v. a. A. Breton zu, der in seinem »Ersten Manifest des S.« (1924) eine theoret. Begründung der neuen Kunstrichtung lieferte; Breton war Mitherausgeber der Zeitschrift »La Révolution Surréaliste« (1924–29), die die wichtigsten Künstler des S. zu Wort kommen ließ und in der auch sein »Zweites Manifest des S.« (1929) erstmals publiziert wurde. Der S. hat außerhalb des literar. Bereichs (L. Aragon, A. Artaud, A. Breton, A. Césaire, R. Char, P. Éluard, P. Reverdy, G. Bataille, J. Prévert, R. Vitrac u. a.) bes. der modernen Malerei wichtige Impulse gegeben (H. Arp, G. de Chirico, S. Dali, M. Ernst, P. Klee, R. Magritte, J. Miró, P. Picasso, M. Ray u. a.); auch im Film wurden s.e Darstellungsweisen versucht (L. Buñuel, J. Cocteau, R. Clair, S. Dali u. a.). Gewisse Tendenzen zur Auflösung der immer schon sehr heterogenen surrealist. Gruppe wurden hauptsächl. in den polit. Streitigkeiten (Verhältnis zur KPF) nach 1928/29 deutlich. Die Jahre der Résistance (1940–44) brachten nochmals eine gewisse Neubelebung surrealist. Kunst und Literatur; nach dem Zweiten Weltkrieg aber kann von einer surrealist. Bewegung kaum noch gesprochen werden. In Zusammenhang mit der surrealist. Kunst und Literatur Frankreichs enstanden bes. in Spanien (García Lorca), Lateinamerika (P. Neruda) u. den USA (H. Miller), aber auch im dt. Sprachraum literar. Texte mit surrealist. Gepräge (A. Kubin, H. Kasack, E. Langgässer, H. Hesse, H. H. Jahnn, H. E. Nossack, A. Döblin, F. Kafka, W. Benjamin, P. Celan, H. Heißenbüttel u. a.); nachhaltige Einflüsse des S. lassen sich in den verschiedensten Werken zeitgenössischer Kunst und Literatur nachweisen (↗ konkrete, ↗ abstrakte Dichtung). KH

Syllepsis, f. [gr. = Zusammenfassung], rhetor. Figur, s. ↗ Zeugma.

Symbol, n. [gr. symbolon = Kennzeichen, von symballein = zusammenwerfen, zusammenfügen], in der Antike ursprüngl. konkrete Erkennungszeichen, etwa die Hälften eines Ringes oder Stabes, die, zusammengepasst, bei einer Wiederbegegnung nach Jahren, einer Vertragserneuerung, einer Nachrichtenübermittlung usw. als Beglaubigung dienten, vergleichbar einem vereinbarten Losungswort. ›S.‹ wurde dann auch in übertragenem (metaphor.) Sinne verwendet für ein bildhaftes Zeichen, das über sich hinaus auf höhere geist. Zusammenhänge weist, für die Veranschaulichung eines Begriffes, als sinnl. Zeugnis für Ideenhaftes. Im Unterschied zur rational auflösbaren, einschicht. ↗ Allegorie oder zum klar definierten ↗ Emblem hat das S. eine ganzheitl., mehrdimensionale ambiguose Bedeutung: ›Frau Justitia‹ ist z. B. eine Allegorie, die Waage in ihrer Hand kann als S. der Gerechtigkeit aufgefasst werden. Das S. steht im Gegensatz zur willkürl. gesetzten Allegorie wie die ↗ Metapher in einem naturhaften Evidenzverhältnis zum Gemeinten, ist ein Sinn-Bild, bei dem die Relation zwischen Sinn und Bild, zwischen dem Geistigen und der Anschauung offenkundig ist. Das S. wendet sich weniger an den Intellekt wie die Allegorie als an Sinn und Gefühl, es zielt auf tiefere Bewusstseinsschichten, reicht bis ins Unbewusste (Archetypen). Der metaphor. S.-Begriff setzt wie die ursprüngl. konkrete Bez. eine Gemeinsamkeit der geist., weltanschaul. und kulturellen Basis voraus, einen bestimmten S.-Horizont. – S.e gewannen bes. Bedeutung im Mythos (Attribute der Götter), in der Religion (Kreuz als S. des Christentums), in Dichtung und Kunst, aber auch in der polit. und militär. Selbstdarstellung (Wappen, Fahnen), in Brauchtum und Alltagsleben. Neben sog. natürl. S.en (z. B. Tier-S.e: Löwe, Adler, Taube) stehen konventionelle, durch Übereinkunft geschaffene (Friedenszweig, blaue Blume, Hammer und Sichel); neben symbol. Zeichen finden sich auch symbol. Handlungen (Altarsakrament, Taufe, Fahnenweihe), auch bildhafte Abstraktionen von Begriffen im Verkehr (Verkehrszeichen) und schemat. Darstellungen aller Art werden als S.e bezeichnet. In diesen Bereichen sind die Grenzen zur Allegorie fließend. – Ein Phänomen kann in verschiedenen Epochen oder Kulturkreisen unterschiedl. symbol. Bedeutung haben, z. B. ist die Eule im Altertum S. der Weisheit, im christl. MA. S. der Abkehr vom Christentum; der Hase symbolisiert in der mittelalterl. Kunst die Anwesenheit Gottes, in volkstüml. Auffassung ist er S. der Furchtsamkeit (Hasenfuß, das Hasenpanier ergreifen); gelb ist in der Neuzeit die Farbe des Neides, im MA. S. des Minnelohnes. Aber auch innerhalb einer Traditionsreihe kann ein S. je nach dem geist. Zusammenhang Unterschiedliches repräsentieren, so ist der Adler S. der Himmelfahrt Christi und Attribut des Evangelisten Johannes, die Taube S. des Friedens (AT) und des Heiligen Geistes (NT). *In der Dichtung* werden existentielle Grunderfahrungen in mehrschicht., bedeutungstiefe Bilder und Vorgänge gefasst. Im weitesten Sinne kann mit Goethe alle Dichtung symbol. verstanden werden, als Veranschaulichung geist. Komplexe im Wort. Goethe sieht im S. eine aufschließende Kraft, die das Allgemeine im Besonderen, das Besondere im Allgemeinen offenbart. In diesem Sinne erscheinen Kunst und Dichtung als symbol. Transformationen der Welt. Seit der Goethezeit werden sie demnach als Ausdrucksmedien verstanden, die über ihr Erscheinungsbild hinaus auf tiefere Seinsschichten verweisen (A. W. Schlegel: »Das Schöne ist eine symbol. Darstellung des Unendlichen«; I. Kant sieht im S. »eine Art der intuitiven Vorstellung«). Während der S.-Begriff Goethes ganzheitl. konzipiert ist, kann er in der Romantik einseitig durch philosoph. Reflexion betrachtet sein, so dass sich das Gleichgewicht von Sinn und Bild zugunsten eines verrätselten Sinnes verschiebt, die Symbolik zur Symbolistik wird. Im Verlaufe des 19. Jh.s erscheint dann das S. wieder mehr auf Einzelzüge begrenzt, vgl. das steinige Feld mit Steinwall zwischen den verfeindeten Höfen in G. Kellers »Romeo und Julia auf dem Dorfe«. Manche dichter. Werke sind um ein bestimmtes *Ding-S.* zentriert, vgl. u. a. »Die Judenbuche« von A. v. Droste-Hülshoff, »Der Ring des Nibelungen« v. R. Wagner, »Die Kassette« v. K. Sternheim (vgl. auch ↗ Schicksalsdrama und den Falken der Novellentheorie), oder spielen in bestimmten *S.-Bereichen,* vgl. »Der Zauberberg« von Th. Mann, »Berlin Alexanderplatz« von A. Döblin, »Das Schloß« von F. Kafka u. a. Ding-S.e können werkimmanent, singulär fixiert sein, sie können aber auch über ein einzelnes Werk hinausreichen, z. B. das Grals-S. im »Parzival«. Auch Personen stehen oft für existentielle Wesenheiten, werden zu S.en, z. B. Odysseus, die Sirenen, Faust, Mephisto usw. S.e spielen außerdem in der modernen Traumdeutung eine bedeutsame Rolle. S

Symbolik, f.,

1. *Symbolgehalt,* Sinnbildhaftigkeit, über das unmittelbar Wahrnehmbare hinausgehende tiefere Bedeutung von Sprache, Dichtung, Kunst, Mythos, Religion, Naturphänomenen, Gegenständen, Farben, Zahlen, Lauten, Personen, Handlungen. Bes. das mal. Denken begriff das ganze Dasein im Sinne einer umfassenden S., deutete konkrete Erscheinungen als Sinnbilder der christl. Heilslehre; zahlreiche relig., philosoph., naturkundl. und dichter. Werke widmeten sich der aus hellenist.-oriental. Traditionen überkommenen S.

2. *Lehre von den Symbolen,* Umschreibung ihrer Bedeutung, Herkunft, Wandlung (z. B. Umdeutung erot. Symbole zu christl.-moral. Bedeutung, meist nach bestimmten Kategorien oder Sachbereichen geordnet; man unterscheidet *Tier-S.* (Einhorn, Lamm, z. B. als Symbole für Christus, die Schlange für das Böse; Quellen sind Bibel und der späthellenist. »Physiologus«), *Pflanzen-S.* (z. B. Rose, Lilie = Maria, Lorbeer = Ruhm, Pinie = Unsterblichkeit), *Farb-S.* (z. B. Gold im Altertum Symbol der Sonne, im MA. Gottes, Grün im AT Farbe der Gerechten, im MA. des Lebens), *Rechts-S.* (Waage = Gerechtigkeit), *Zahlen-S.* (z. B. Drei = Trinität, Acht = Vollendung, vgl. auch ↗ Zahlenproportionen), *Buchstaben-S.* (α und ω = Anfang und Ende der Welt; vgl. auch ↗ leipound ↗ pangrammat. Schriften, ↗ Figurengedichte, J. Weinheber, »Ode an die Buchstaben«), *Laut-S.* (vgl. z. B. Lyrik der Romantik, des Symbolismus, A. Rimbaud, ↗ Lautmalerei). Auch ↗ Leitmotive (Richard Wagner, Th. Mann) können im Sinne einer musikal. oder literar. S. verstanden werden.

3. Verwendung von Symbolen in Werken der Literatur (Th. Mann: Symbolrealismus); nach dem Grad seiner Symbolhaltigkeit bestimmt sich die Symboldichte eines Werkes.

4. Zeichensprache in Verkehr und Wissenschaft.
5. Zweig der Theologie. S

Symbolismus, m., von J. Moréas geprägte Bez. für eine literar. Richtung insbes. der europ. Lyrik seit ca. 1860; gilt als wichtigste, bis in die Gegenwart wirkende Ausprägung des europ. ↗Manierismus, als letzte große europ. Stilepoche (H. Friedrich). Der S. ist antiklassisch; er entstand in Frankreich (z. T. im Gegensatz zu den klassizist. ↗Parnassiens und den realist. Strömungen) nach dem Vorbild Ch. Baudelaires, der seinerseits seine Dichtungstheorie unter dem Einfluss der dt. ↗Romantik (insbes. Novalis), der engl. Praeraffaeliten (Ruskin) und der Dichtung und Dichtungstheorie E. A. Poes (»The poetic principle«, 1849) entwickelt hatte. Weiter waren für die Ausbildung der Ästhetik des S. Elemente des Platonismus, die Philosophie A. Schopenhauers, F. Nietzsches und v. a. H. Bergsons, ferner die Musik R. Wagners bedeutsam. – Der symbolist. Dichter lehnt die gesellschaftsbezogene Wirklichkeit, die spätbürgerl., von Imperialismus, Kapitalismus und Positivismus bestimmte Welt ab (vgl. ↗Dandyismus, ↗Bohème, ↗poète maudit), zieht sich vor ihr bewusst in einen ↗Elfenbeinturm zurück. Er verzichtet damit, im Ggs. zum ↗Naturalismus, prinzipiell auf Zweckhaftigkeit oder Wirkabsichten in polit.-moral., weltanschaul. oder sozialer Hinsicht, darüber hinaus auf Wirklichkeitswiedergabe, überhaupt auf konkrete Inhalte oder die Vorstellung objektiver Gegenstände, persönl. Empfindungen oder äußerer Stimmungseindrücke (hier im Ggs. zu Romantik einerseits und ↗Impressionismus andererseits). Seine dichter. Phantasie transformiert vielmehr die Elemente der realen Welt in Bildzeichen, *Symbole*: »nach Gesetzen, die im tiefsten Seeleninnern entspringen, sammelt und gliedert sie die(se) Teile neu und erzeugt daraus eine neue Welt« (Baudelaire), eine autonome Welt der Schönheit, die *symbolhaft* die geheimnisvollen, mag.-myst. Zusammenhänge zwischen den Dingen, die hinter allem Sein liegende Idee, erahnbar machen soll. *Schlüsselwerk* dieses ästhet. Programms ist Baudelaires Sonett »Correspondances«. Die Verwendung der Realitätsbruchstücke, unabhängig von ihren Sachbezügen, von Raum- und Zeitkategorien, in alog. Verknüpfungen führt zu traumhaften Bildern, verrätselten Metaphern, zu Vertauschungen realer und imaginierter Sinneseindrücke, zu kunstvoll aufeinander abgestimmten ambivalenten Sinnkorrespondenzen, zu bewusst dunkler, hermetischer Aussage. Die Tendenz der Entdinglichung, der Abstraktion, der Tilgung von Assoziationen an reale Gegenstände wird erreicht durch die Verabsolutierung der Kunstmittel, durch reine Wortkunst (↗poésie pure, ↗absolute Dichtung), durch Sprachmagie, die bewusst und oft mit mathemat. Kalkül (bes. St. Mallarmé) alle klangl. und rhythm. Mittel einsetzt: Reim, Assonanz, Lautmalereien, ↗Synästhesien, Farb- und Lautsymbolik (vgl. ↗audition colorée), die rhythm.-klangl. Anordnung von Wörtern preziös exotischer, archaisch-magischer oder vage-abstrakter Bedeutung, gespannte oder verfremdete syntakt. Fügungen, all dies verleiht der Lyrik des S. eine Musikalität von außerordentl. Suggestivkraft und Intensität, deren Sinn dem Sprachklang untergeordnet erscheint (Mallarmé: »Der Dichter überläßt die Initiative den Wörtern«). Auch wo metr. Formen beibehalten werden (Mallarmé), sind diese von Wortklängen überspült; sie werden von einzelnen Vertretern folgerichtig zugunsten freier Verse (↗vers libre, Rimbaud, G. Kahn, F. Viélé-Griffin) oder ↗Prosagedichten aufgegeben. – Bei aller »Unbestimmtheitsfunktion« (Friedrich) ist aber die Sprache noch Bedeutungsträger; die wenn auch schwebenden ›Inhalte‹ der Gedichte reichen von abstrakten Reflexionen über den dichter. Schaffensprozess bis zu halluzinatorisch-visionären Beschwörungen der Erfahrungen eines durch Drogen erweiterten Bewusstseins. *Hauptvertreter* der abstrakt-reflektierenden Richtung (der sich die Kennzeichen ›Intellektualität und Formstrenge‹ zuordnen lassen, H. Friedrich), sind St. Mallarmé (»L'après-midi d'un Faune«, 1876, »Poésies«, 1881 u. a.), der auch theoret. am weitesten wirkte (»La musique et les lettres«, 1891, »Crise de vers«, 1886–96, »Le mystère dans les lettres«, 1896) und P. Verlaine (»Art poétique«, 1883); Vertreter der visionären Richtung ist A. Rimbaud (»Le bateau ivre«, 1871, »Une saison en enfer«, 1873, »Les illuminations«, ed. 1886). Die Werke dieser Lyriker enthalten bereits mehr oder weniger ausgeprägt die Charakteristika der nachfolgenden irrationalen lyr. Strömungen bis zur Gegenwart (vgl. z. B. den ital. und russ. ↗ Futurismus, den ↗ Dadaismus, ↗ Surrealismus, it. ↗ Hermetismus, russ. ↗ Imagismus, den ↗ Sturmkreis, ↗ Lettrismus und die ↗ abstrakte oder ↗ konkrete Dichtung), so dass heute z. T. der Begriff ›S.‹ als Bez. einer um 1900 abgeschlossenen Epoche als zu eng abgelehnt wird (H. Friedhch). Als Symbolisten oder Décadents (↗ Dekadenzdichtung) werden oft, bes. in Frankreich, v. a. die Schüler Mallarmés um die Zeitschriften ›Revue indépendante‹ (1884–95), ›Revue Wagnérienne‹ (1885–88), ›Le symboliste‹ (1886) bezeichnet, so J. Moréas, der 1886 die ›École symboliste‹ gründete und deren Manifest (eine Zusammenfassung der bereits verwirklichten symbolist. Ästhetik) am 18.9.1886 in der Literaturbeilage des ›Figaro‹ veröffentlichte, ferner G. Kahn, Stuart Merrill, F. Viélé-Griffin, René Ghil, J. Laforgue u. a. Der S. beeinflusste, wenn auch oft in einseitiger oder modifizierter Form, die Entwicklung der gesamten europ. Lyrik, z. T. auch die des Dramas und Romans; vgl. in Frankreich selbst noch P. Valéry, P. Claudel, A. Gide, F. Jammes, Saint-John Perse, *in Belgien* A. Mockel, E. Verhaeren, weiter M. Maeterlinck, der den S. im Drama, G. Rodenbach und J. K. Huysmans, die ihn im Roman zu verwirklichen suchten, *in den Niederlanden* A. Verwey, in *England* A. Swinburne, O. Wilde, A. Symons, der Ire W. B. Yeats, ferner T. S. Eliot, in *Spanien u. Lateinamerika* Rubén Darío, Juan R. Jiménez (vgl. ↗ Modernismo), in *Portugal* E. de Castro, M. de Sá-Carneiro, in *Italien* G. D'Annunzio, in *Russland* K. D. Balmont, V. J. Brjusov, F. Sologub, A. Blok und A. Belyj, in der *Tschechoslowakei* O. Březina, in *Norwegen* S. Obstfelder, in *Dänemark* S. Claussen, J. Jörgensen, in *Polen* St. Przybyszewski. *In Deutschland* wird St. George der Wegbereiter des S. (↗ Georgekreis). George nahm an den berühmten Abenden (Mardis) bei Mallarmé teil, übersetzte die Werke der Symbolisten und suchte insbes. die eth. Auffassung des Dichters als Diener am Kunstwerk zu verwirklichen (»Hymnen«, 1890, »Algabal« und »Pilgerfahrten«, 1892); ihm folgen in ihren Frühwerken H. von Hofmannsthal und R. M. Rilke. Die Dichtungstheorie des S. beeinflusste z. T. auch einzelne Vertreter oder Gruppen, die der stoffl. bestimmten ↗ Neuromantik oder dem literar. ↗ Jugendstil zugerechnet werden (↗ Jung-Wien); auch die Lyrik G. Trakls oder G. Benns steht in der Tradition des S.　　IS

Symploke, f. [gr. = Verflechtung, lat. complexio], ↗ rhetor. Figur, Häufung von Erweiterungsfiguren meist von ↗ Anapher und ↗ Epipher: Wiederholung der gleichen Wörter am Anfang und Ende zweier oder mehrerer aufeinanderfolgender Verse oder Sätze: »*Alles* geben die Götter, *die unendlichen,* Ihren Lieblingen ganz, *Alle* Freuden, *die unendlichen, Alle* Schmerzen, *die unendlichen,* ganz« (Goethe).　　GG

Symposion, n. [gr. = das Zusammen-trinken], 1. in der Antike das der (Haupt-)Mahlzeit am späten Nachmittag folgende gesell. Trinkgelage, zu dem neben philosoph. Gedankenaustausch im Gespräch auch Tänzer, Gaukler, Sänger und Rezitatoren literar. anspruchsvoller, aber auch sexuell-obszöner Texte gehörten (↗ Skolion, ↗ Kinädenpoesie). – Die fiktive Schilderung eines S. zur Einkleidung eines philosoph. Themas benutzten erstmals Platon (»S.«, um 380 v. Chr.) und Xenophon. Sie schufen damit eine beliebte *literar. Kunstform,* die durch die Vielzahl der darin dialog. dargestellten Themen und zitierten literar. Kleinkunst eine wichtige Quelle der Altertumswissenschaft ist. Weitere Vertreter sind u. a. Aristoteles, Epikur, Menippos, Plutarch, Athenaios (Gelehrten-S.»Deipnosophistai«, in 15 Büchern, 3. Jh. n. Chr., bis ins MA. viel benutzt), Macrobius (»Saturnalia«, Anf. 5. Jh.). 2. Bez. für wissenschaftl. Tagungen, auch Titel für die daraus hervorgegangenen Berichte oder allgem. wissenschaftl. Zeitschriften.　　IS

Synalöphe, f. [gr. = Verschmelzung], in ↗ gebundener Rede Verschleifung eines auslautenden Vokals mit dem anlautenden des Folgewortes (↗ Hiat) zu einem (metr. einsilb. gewerteten) *Diphthong* (im Lat. auch über auslautendes Flexions-m und anlautendes h hinweg: multum ille zu mult*uille*). Verwandte Erscheinungen sind die ebenfalls metr. bedingte ↗ Elision und die artikulator. bedingte ↗ Krasis. ED

Synaphie, f. [gr. = Verbindung, dt. Bez.: Fugung], Verknüpfung zweier Verse zu einer höheren metr. (z. T. auch syntakt.) Einheit durch Überspielen der Versfuge, so dass der erste Vers ohne Unterbrechung des gegebenen Versmaßes in den zweiten übergehen kann (Ggs. Asynaphie); in der antiken Dichtung z. B. dadurch gefördert, dass typ. Formen eines markierten Versschlusses (Zus.fall von Vers- und Wortschluss, syllaba anceps, Hiat) vermieden werden, in altdt. Dichtung durch Fortsetzung des Wechsels von betonten und unbetonten Silben (endet z. B. der 1. Vers auf eine Hebung, muss der 2. mit einer Eingangssenkung [↗ Auftakt] beginnen: x́x/x́//x/x́x). S

Synästhesie, f. [gr. = Zusammenempfindung], Vermischung von Reizen, die unterschiedl. Sinneswahrnehmungen oder -organen zugeordnet sind. So kann ein primärer Sinneseindruck (z. B. kratzendes Geräusch) eine sekundäre Sinnesreaktion (Gefühl der Kälte, »Gänsehaut«) hervorrufen, so können akust. Reize opt. Eindrücke (Photismen) auslösen (womit z. B. die illustrative Programmusik seit dem 17. Jh. rechnet), oder es können opt. Reize zu akust. Sekundärwahrnehmungen (Phonismen) führen, was z. B. der ↗ onomatopoiet. Dichtung zu einem Teil ihrer Wirkung verhilft. Bereits umgangssprachl. wird die psych. Fähigkeit der Reizverschmelzung zur metaphor. Beschreibung herangezogen: *duftige Farben, schreiendes Rot, farbige Klänge, heiße Musik* etc. *In der Dichtung* ist das Stilmittel der S. bereits in der Antike bezeugt; es wird angewandt in der Dichtung der Renaissance und des Barock, jenen Epochen, die sich zugleich theoret. mit den psycholog. und ästhet. Problemen der S. auseinandersetzen, wobei die Doppelempfindungen opt. und akust. Reize bevorzugt und bes. auch für die Musik fruchtbar gemacht werden (Farbenklavier von L. B. Castel 1722/23, ↗ audition colorée). Weiter findet sich S. vielfach in der vorromant. Dichtung (»sichtbare Kühl'«, E. v. Kleist; »goldener Töne voll«, F. Hölderlin). Sie wird dann in der Romantik, mehr noch im späteren ↗ Symbolismus als Stilfigur zur Manier. Kennzeichnend für die Vielfältigkeit der Reizverbindungen sind z. B. die Zeilen C. Brentanos »Durch die Nacht, die mich umfangen,/blickt zu mir der Töne Licht«, in denen taktile, opt. und akust. Sinneseindrücke verbunden werden, oder auch L. Tiecks »Sich Farbe, Duft, Gesang Geschwister nennen« (»Prinz Zerbino«). In Gedichten von Ch. Baudelaire, A. Rimbaud, P. Verlaine, in der deutschsprach. Lyrik bes. bei J. Weinheber und programmat. in E. Jüngers »Lob der Vokale« (1934) wird die synästhet. Metaphorik zum Stilprinzip, das gleichzeitig theoret. begründet (R. Ghil, »Traité du verbe«, 1886), später auch parodist. ad absurdum geführt wird, z. B. von Ch. Morgensterns »Geruchs-Orgel« (Palmström 1910).
HW

Synekdoche, f. [gr. = Mitverstehen], Mittel der uneigentl. Ausdrucksweise, ↗ Tropus: Ersetzung des eigentl. Begriffes durch einen zu seinem Bedeutungsfeld gehörenden engeren oder weiteren Begriff, z. B. steht der Teil für das Ganze (pars pro toto: *Dach* für Haus) oder seltener das Ganze für den Teil (totum pro parte: *ein Haus führen*), die Art für die Gattung (*Brot* für Nahrung) und umgekehrt, der Rohstoff für das daraus verfertigte Produkt (*Eisen* für Schwert), der Singular für den Plural (*der Deutsche* für das deutsche Volk, *die Jugend* für die jungen Leute); die Grenzen zur nächstverwandten, weitere Bezugsfelder umgreifenden ↗ Metonymie sind fließend. Stilist. dient die S. häufig zur Vermeidung von Wiederholungen desselben Begriffs; in log. Hinsicht ist sie z. T. Grundlage der Gleichnis- und Symbolbildung. ED

Synesis, f. [gr. = Sinn, Verstand, Einsicht, eigentl. constructio kata synesin], s. ↗Constructio ad sensum.

Synizese, f. [gr. = Zusammenziehung, auch: Synärese], phonet. Verschmelzung zweier zu verschiedenen Silben gehörender Vokale zu einer einzigen *diphthong*. Silbe, z. B. prot*ei* statt prote*ï*, *eo*dem, im Mhd. mit Ausstoß des Konsonanten: s*ei*t (aus sagit); in der Wortfuge (↗Hiat) s. ↗Synalöphe. – Dagegen Zusammenziehung zweier Vokale zu einem *langen Vokal: Kontraktion* (lat. *dēst* statt deest). S

Synkope, f. [gr. = Verkürzung], metr. oder artikulator. bedingte Ausstoßung eines kurzen Vokals im *Wortinnern* (im Lat. bes. vor oder nach Liquida, z. B. *ardus* statt aridus, *coplata* statt copulata), z. B. ew'ger, du hörst (statt: ewiger und hörest); vgl. dagegen ↗Synizese. S

Synkrisis, f. [gr. = (wertende) Vergleichung], in spätantiker Literatur Bez. für ↗Streitgedicht, Streitrede, dialog. ↗Streitgespräch, seit 1. Jh. v. Chr. (selten) neben ↗›Agon‹ verwendet; z. B. die scherzhafte »S. von Linsenbrei und dicken Linsen« von Meleagros von Gadara (1. Jh. v. Chr.). IS

Synopse, f. [gr. synopsis = Übersicht, Zusammenschau], übersichtl., z. T. tabellar. Zusammenstellung von sachl., zeitl., räuml. Zusammengehörigem (z. B. Werner Stein: Kulturfahrplan, 1964), auch gleichgeordnete Darbietung (in fortlaufenden parallelen Spalten) von verwandten Texten zur leichteren Bestimmung von Parallelen, Abhängigkeiten, Unterschieden (z. B. die sog. synopt. Evangelien) oder von Originaltext und Übersetzung. S

Syntagma, n. [gr. = Zusammenstellung],
1. (veraltete) Bez. für die Zusammenstellung verschiedener Abhandlungen über ein Thema zu einem Sammelwerk.
2. sprachwissenschaftl. Bez. für grammat.-log. eng verbundene, phonet. als Sprechtakte realisierte oder realisierbare Wortgruppen unterhalb der Satzebene, z. B. Subjektgruppe, Prädikatgruppe u. a. ED

Synthese, f. [gr. sýnthesis = Zusammensetzung], in der an W. Dilthey anknüpfenden ↗geistesgeschichtl. orientierten Literaturwissenschaft
1. die Methode, bei Dicht- und Kunstwerken über die Grenzen einzelner Künste, Gattungen, Sprachen hinweg verwandte, sich räuml. u. zeitl. nahestehende Phänomene zueinander in Beziehung zu setzen, v. a. um formale, stilist., strukturelle Gemeinsamkeiten herauszuarbeiten (↗vergleichende Lit.wissenschft), mit dem Ziel, Singuläres in höhere Einheiten des Typischen einzuordnen.
2. die Methode der ganzheitl. Erfassung von Dichtungen auf der Basis des Dilthey'schen Erlebnisbegriffes zur Erkenntnis des Wesenhaften und zum Verständnis der Strukturzusammenhänge des individuellen und gesellschaftl. Lebens. S

Systole, f. [gr. = das Zusammenziehen], in der antiken Metrik Kürzung eines langen Vokals oder Diphthongs; im Unterschied zur *Diastole,* der Dehnung einer kurzen Silbe, bes. am Wortanfang. S

Szenarium, n. [zu ↗Szene]
1. seit dem mittelalterl. Drama verwendete, bes. im ↗Stegreifspiel zur Überblicksorientierung dienende Skizze des gedankl. Ablaufs u. der Handlungsstationen. In der ↗Commedia dell'arte wurde das *scenario* oder *sogetto* (Sujet), auch: Kanevas, links u. rechts hinter der Bühne angeschlagen, um den extemporierenden Schauspielern Anhaltspunkte u. Stichwörter zu bieten.
2. in (teilweise schon dialogisierte) Auftritte eingeteilter Rohentwurf sowohl der Schauplätze wie der Szenenfolge eines Dramas, z. B. Lessings Berliner S. zu seinem »D. Faust«.
3. seit dem 18. Jh. Übersichtsplan für Regie u. techn. Personal, der alle Erfordernisse und Veränderungen opt. u. akust. Art verzeichnet (Dekorationswechsel, Glockenschläge usw.). GM

Szene, f. [lat. scaena, scena, gr. ↗skene = Zelt, Hütte, Bühne, Theater],

1. Gliederungseinheit des ↗ Dramas; im mehraktigen Drama kleinste dramaturg. Einheit des ↗ Aktes. – Der Begriff S. ist nicht einheitl. festgelegt; sein Gebrauch schwankt schon bei den Dramatikern. – Ursprüngl. sind S.n die an verschiedenen Orten spielenden Teile eines Dramas bzw. Aktes (S. = *Bild,* vgl. auch *S.nwechsel* als Bez. für den Wechsel des Bühnenbildes, so z. B. noch bei Shakespeare). Zumeist meint S. jedoch die durch das Auftreten bzw. Abtreten einer oder mehrerer Personen begrenzte kleinste Einheit des Dramas oder Aktes (seit Ch. Weise, »Masaniello«, 1683 auch als *Auftritt* bez.). Seltener findet sich die Bez. S. für kleinere oder größere Handlungsabschnitte eines Dramas oder Aktes, die ohne notwendige äußerl. Abgrenzung durch Szenenwechsel oder Auftrittsfolge eine in sich geschlossene Handlungseinheit darstellen (so in den Musikdramen R. Wagners). – Die Gliederung der Akte in S.n (bzw. Auftritte) bleibt bis ins 19. Jh. die typ. Form des streng gebauten Dramas (Lessing, Goethe, Schiller, Hebbel). – S. wird auch synonym mit *Bühne* gebraucht, vgl. *in S. setzen.*

2. *ep. S.:* ep. Kompositionselement, konzentrierte, meist eine ›dramat.‹ Krise, Wendung oder Entscheidung des Geschehens wiedergebende Erzähleinheit, in der ↗ Bericht oder ↗ Beschreibung zugunsten des ↗ Dialogs stark zurücktreten; wie in Gespräch, ↗ innerem Monolog, ↗ erlebter Rede sind in der ep. S. fiktive u. reale Zeit annähernd deckungsgleich behandelt.   K

T

Tableau, n. [ta'blo:; frz. = Tafel, Gemälde, Schilderung], 1. Schaubild, bes. zu Beginn oder am Schluss (Schluss-T.) szen.-dramat. Aufführungen (z. B. als Herrscher-↗ Apotheose in Renaissance- u. Barockdramen); ↗ lebende Bilder. 2. ep. Kompositionselement: breitere personenreiche Schilderung, durch Symbolhaftigkeit dem ep. Bild, durch Bewegtheit und Dialoge der ep. Szene verwandt. Bez. mit Verweis auf die Darstellungsformen Flauberts in die Romantheorie eingeführt von R. Koskimies (Theorie des Romans, Helsinki 1935) im Anschluss an A. Thibaudet (G. Flaubert, Paris 1922: »description en mouvement«). ↗ Epik. S

Tabulatur, f. [lat. tabula = Tafel], auf Tafeln oder in Büchern seit dem Ende des 15. Jh.s satzungsmäßig festgelegte Regeln des stadtbürgerl. ↗ Meistersangs. Die T. bestimmte die für die Herstellung und Bewertung des Meistersangs verbindl. Poetik. Festgehalten wurden formale Regeln für die Reimqualität, den (silben-, nicht hebungszählenden) Versbau, die Strophenformen (Barform) und die z. T. mit Zeremonien verbundene Vortragspraxis. Daneben fixierten die T.en Bestimmungen über den Sprachgebrauch, der grammat. korrekt, mundartfrei und hinsichtl. Syntax und Aussage verständlich sein sollte (»blinde Meinung« galt als schwerer Verstoß), und gaben Reglementierungen für den Inhalt der Dichtungen: selbst bei dem internen *Zechsingen* sollten die geltenden religiösen, polit. oder moral. Normen nicht verletzt werden. Die Beherrschung und die – vom ↗ Merker kontrollierte – Sicherheit in der Anwendung der T.en war Voraussetzung für die Einordnung in die zunftgemäße Hierarchie der Meistersinger.

HW

Tagebuch, mehrere, in regelmäß. Abständen (meist tägl.) verfasste und chronolog. aneinandergereihte Aufzeichnungen, in denen der Autor Erfahrungen mit sich und seiner Umwelt aus subjekt. Sicht unmittelbar festhält. Die in ihrer Struktur prinzipiell ›offenen‹ T.abschnitte können ungeordnete Kurznotizen, oft widersprüchl. Stimmungen und Urteile, impressionist. Skizzen und Fragmente sein, aber auch reflektierte essayart. Zustandsberichte oder bekenntnishafte Analysen. Insbes. T.er aus frühen Epochen, wie z. B. das »T. eines Pariser Bürgers 1405–49« (ersch. 1653) oder bedeutender Persönlichkeiten haben stets kulturgeschichtl. oder individualpsycholog. Dokumentationscharakter. – Als relativ autonome literar. Texte können T.er betrachtet werden, die schon im Hinblick auf eine spätere Veröffentlichung konzipiert (und damit oft stilisiert) sind; in ihnen ist meist das rein Private zurückgedrängt, stehen oft bestimmte Themen im Vordergrund (Kriegs-, Reise-T., philosoph. oder kunstkrit. Reflexionen, zeitkrit. Analysen u. Ä.); insbes. *das literar. T.* mit Gedanken und Materialien zu geplanten Arbeiten gibt wichtige Aufschlüsse über künstler. Schaffensprozesse (vgl. z. B. H. Carossa »Rumän. T.«, 1924, E. Jünger »Strahlungen«, 1942, 49 u. 58, Erhart Kästner »Zeltbuch von Tumilad«, 1949, M. Frisch »T. 1946–49«, 1950, J. Cocteau »T. eines Unbekannten«, 1952, A. Gide, C. Pavese, J. Green u. a.). T.-ähnl. Formen sind seit der Antike bekannt (↗ Hypomnema, Commentarii, ↗ Ephemeriden, auch: ↗ Annalen, ↗ Chronik). Das seit dem späten 17. Jh. bes. in bürgerl. Schichten zunehmend beliebte T. (Diarium) wird seit Mitte des 18. Jh.s, seit der Entdeckung der subjektiven Perspektive (vgl. die Selbstanalysen und Selbstbeobachtungen des

↗ Pietismus, auch: ↗ Empfindsamkeit) zum wicht. Bestandteil des literar. und kulturellen Lebens (vgl. auch ↗ Autobiographie, ↗ Memoiren), und steht bei vielen Autoren (bes. des 20. Jh.s) gleichberechtigt neben ihren sonst. Werken, vgl. etwa die T.er von M. E. de Montaigne, S. Pepys, J. G. Hamann, J. G. Herder, G. Ch. Lichtenberg, J. K. Lavater, U. Bräker, J. W. v. Goethe, G. Forster, Novalis, Lord Byron, Z. Werner, E. T. A. Hoffmann, J. v. Eichendorff, A. v. Platen, F. Grillparzer, F. Hebbel, G. Keller, den Brüdern Goncourt, R. Wagner, S. Kierkegaard, Ch. Baudelaire, F. Nietzsche, L. Tolstoi, G. Hauptmann, A. Schnitzler, H. v. Hofmannsthal, R. M. Rilke, F. Kafka, H. Hesse, Th. Mann, R. Musil, B. Brecht, V. Woolf, W. Lehmann, A. de Saint-Exupéry, J. P. Sartre, A. Camus, A. Nin, G. Benn u. a. Neben den ›authent.‹ T.ern können in verschiedenen Variationen auch *fingierte T.er* als Strukturelemente erzählender Texte auftreten, sei es als Erzähleinlagen (etwa in D. Defoes »Robinson« 1719, S. Richardsons »Pamela« 1740, Goethes »Wahlverwandtschaften« 1809, A. Gides »La porte étroite« 1909 oder U. Johnsons »Jahrestage«, 1970/83), oder auch als bestimmendes Kompositionselement (*T.-Roman*, z. B. D. Defoes »T. aus dem Pestjahr« 1722, W. Raabes »Chronik der Sperlingsgasse« 1857, R. M. Rilkes »Aufzeichnungen des Malte Laurids Brigge« 1910, G. Bernanos' »T. eines Landpfarrers«, 1936, M. Frischs »Stiller« 1954, E. Ionescos »Le Solitaire«, 1973, P. Handkes »Das Gewicht der Welt«, 1977 u. a.). KH

Frisch: »Stiller«

Tagelied [mhd. tageliet, tagewise], Gattung der mittelhochdt. Lyrik, gestaltet den Abschied der Liebenden – meist eines Ritters und einer Dame – am Morgen nach einer gemeinsam verbrachten Liebesnacht. Aus den zahlreichen Variationsmöglichkeiten ragt das *Wächterlied* heraus, das als dritte Person den Wächter einführt, der über die Liebenden wacht und bei Anbruch des Tages zum Aufbruch drängt. Ein wichtiges Strukturelement ist außer dem festen Personal – Ritter, Dame, (Wächter) – die Spannung zwischen der zweiseit. offenen Erotik, durch die das T. sich v. a. vom hohen ↗ Minnesang unterscheidet, und einer suggerierten Gefährlichkeit der Situation. Typ. Motive sind Tagesanbruch (u. a. Morgenstern, Sonnenaufgang, Gesang eines Vogels als Signale), Weckvorgang, Abschiedsklage und *urloup* (mhd. = Gewährung in doppeltem Sinne: als letzte Hingabe an den Geliebten und als Verabschiedung). Auffallend ist die Passivität des Ritters. Formale Charakteristika sind der Dialog, ein Refrain, der das die Situation bestimmende Motiv des Tagesanbruchs aufgreift (z. B. bei Heinrich von Morungen: *Dô tagete ez*), und die Dreistrophigkeit (in mehr als 70 % der überlieferten Gedichte). Wichtigste mhd. Vertreter sind Dietmar von Aist, Heinrich von Morungen (T.-↗ Wechsel, der die T.situation in der Erinnerung der getrennten Liebenden spiegelt), Wolfram von Eschenbach (v. a. Wächterlied), Walther von der Vogelweide, Otto von Botenlauben, Ulrich von Lichtenstein (zwei T.variationen: Verknüpfung von T. und ↗ Serena; Ersatz des als unhöf. empfundenen Wächters durch eine Zofe), Ulrich von Winterstetten, Steinmar (überträgt die T.situation in bäuerl. Milieu), Johannes Hadlaub und in späterer Zeit Oswald von Wolkenstein. Sonderformen sind im Spät-MA das *geistl. T.*, Weck- und Mahnruf an die christl. Gemeinde (meist handelt es sich um Kontrafakturen weltl. T.er) und das *T.-Volkslied* (Übertragung in bürgerl. Milieu, auch ↗ Kiltlied). – Parallelen finden sich in der gesamten Weltliteratur. Auffallend ist die formale und themat. Nähe zur provenzal. ↗ Alba und zur altfrz. Aubade. – Moderne Gestaltungen der T.thematik (nach mhd. Mustern) finden sich bei R. Wagner (»Tristan u. Isolde«, 2. Akt), St. George und R. Borchardt. K

Takt, m. [lat. tactus = Berührung, später auch: Schlagen (z. B. des T.es)] in der Verswissenschaft (↗ Metrik) seit der 2. Hälfte des 19. Jh.s gebrauchte Bez. für bestimmte Gliederungseinheiten akzentuierender Verse, bestehend aus ↗ Hebung (gutem T.teil) und der darauf folgenden ↗ Senkung(en) (schlechtem T.teil), wobei in der rhythm. Reihe die Zeitspanne von ›gutem T.teil‹ zu ›gutem T.teil‹ als jeweils gleich lang angenommen wird (↗ Taktmetrik, ↗ akzentuierendes Versprinzip). K

Taktmetrik, Prinzip der metr. Deutung von Versen. Ihre theoret. Grundlagen stellen die (histor. verfehlten) Interpretationen der Rhythmuslehre des Aristotelikers Aristoxenos von Tarent durch den Altphilologen R. Westphal dar. Danach ist ↗ Rhythmus das vom sprachl. Material prinzipiell unabhäng. abstrakte Gesetz der Gliederung der reinen Zeit in regelmäßig wiederkehrende Abschnitte, die als Takte verstanden werden. In der Germanistik setzte sich diese »metaphys. Rhythmustheorie« v. a. durch die Arbeiten von A. Heusler durch, der die Auffassung verbreitete, Verse seien »taktierte, takthaltige Rede«, d. h., ein Vers setze sich aus taktmäßig zu erfassenden Teilen im Sinne von bestimmten Zeiteinheiten (2, 4, 6 usw.) zusammen, wobei auch, wie in der Musik, neben sprachl. gefüllten mit pausierten (leeren) Taktteilen gerechnet wird. Dabei meint ↗ Takt den mit einer ↗ Hebung beginnenden Versteil. Im Wesentl. rechnet Heusler mit *vier Taktgeschlechtern:* dem grundlegenden 2/4-Takt x́x = ♩♩), dem dreiteil. 3/4-Takt (x́xx), dem vierteil. 4/4-Takt mit abgestufter Hebung (x́xx̀x) als Verbindung zweier 2/4-Takte zur ↗ Dipodie, und dem schweren dreiteil. Dreihalbe-Takt (Ländlertakt ˊ ˋ —). Sprachl. Überfüllung oder Unterfüllung eines Taktschemas wird durch längere und kürzere Zeiteinheiten ausgeglichen, z. B. einsilb. Takt ˊ statt x́x oder mehrsilb. Takte ◡◡x oder x́◡◡ statt x́x. Dem ersten Iktus vorausgehende Silben bilden den ↗ Auftakt. Wichtig ist weiter das Prinzip der Viertaktigkeit der Perioden. – Die T. wurde v. a. auf german., ahd. und mhd. Verse angewandt, im bes. auf solche, bei denen gesungener Vortrag anzusetzen ist. Heuslers Versuch, mit der T. auch die neuere Dichtung taktmetr. zu erfassen (er deutet z. B. den ↗ Alexandriner – Grundschema x x́ x x́ x x́ / x x́ x x́ x x́(x) – als Folge zweier Viertakter;

♩│♩♩│♩♩│♩♩│♩│♩♩│♩♩│♩♩│(♩)│♩♩│)

hat keine Nachfolge gefunden. Die Einwände gegen Heuslers die germanist. Verswissenschaft über mehrere Jahrzehnte beherrschende T. richten sich v. a. gegen den abstrakten Rhythmusbegriff (Rhythmus kein abstraktes Gesetz, das der reinen Zeit innewohnt, sondern eine Funktion der Sprache), gegen die Übertragung des musikwissenschaftl. Begriffes Takt, der in der musikal. Rhythmik selbst nur geschichtl. Bedeutung hat, auf eine allgemeine sprachimmanente Erscheinung und gegen das Prinzip der Viertaktigkeit der Periode. K

Tanka, n. [sinojap. = Kurzgedicht], jap. Gedicht (Einzelstrophe) aus 5 reimlosen Versen zu 5, 7, 5 – 7, 7 Silben, gegliedert in Ober- u. Unterstrophe. Bezeugt insbes. als typ. höf. Ausdrucksform für impressionist. Natur- u. Gedankenbilder seit den Anfängen d. jap. Literatur im 1. Jt. n. Chr., Blütezeit um 900 bis 1200. – Als ›bürgerl.‹ Variation gilt das ↗ Haiku, das der Oberstrophe des T. entspricht. S

Tanzlied, Bez. für (spät-)mittelalterl. lyr. oder erzählendes Lied, das weniger durch formale oder inhaltl. Charakteristika als durch den speziellen Situationsbezug (gesell. Tanz) gekennzeichnet ist. So kehren wohl typ. Formen wie das *Refrain-Lied* (↗ Ballade, ↗ Ballata, ↗ Balada, ↗ Rondeau, ↗ Virelai, ↗ Villancico u. a.) oder der unstroph. ↗ Leich vielfach als T.er wieder, obwohl bei solchen lyr. Bauformen der Bezug zum Tanz nicht konstitutiv ist; andererseits ist nicht auszuschließen, dass auch andere Liedformen, die dem Inhalt und der metr. Struktur nach sich nicht als T.er ausweisen, dennoch zum Tanz gesungen wurden, s. auch altgr. ↗ Chorlied, ↗ Reien. HW

Tartaglia, m. [tar'talja; it. = Stotterer], im 17. Jh. entwickelte Typenfigur der ↗ Commedia dell'arte: dicker, tölpelhafter stotternder, kahlköpf. Diener in gelb-grün gestreiftem Kostüm mit grauem Hut u. weißer Halskrause, oft mit Brille; im 18. Jh. mit z. T. verändertem Kostüm auch wirrköpf. Notar, Richter, Apotheker (vgl. ↗ Dottore); gehörte neben ↗ Brighella, ↗ Pantalone und ↗ Truffaldino zu den obligaten Figuren des venezian. Stegreifspiels (auch noch bei C. Gozzi und F. Schiller, »Turandot«). IS

Taschenbuch
1. [wörtl. Übernahme des angels. Begriffs ›pocket book‹], gängiger Buchtyp. Preiswert aufgrund des Einsatzes rationeller Satz- (u. a. Composer-S.), Druck- (u. a. Rotations-Druck, vgl. auch ↗ Rotationsromane) und Binde-Techniken (Broschur, Lumbeckverfahren, Paperback), der Verwendung billiger Papiersorten und einfacher Aufmachung, sowie der Kalkulation mit hohen Auflagen (30000–50000). Ein Großteil der bedeutenden dt. Buchverlage hat gegenwärtig eigene *T.-Reihen*, bzw. ist kooperativ daran beteiligt. Beim Aufkommen der T.er in Dtl. nach 1945 meist billige Neuauflagen erfolgreicher (gebundener) Buchausgaben; heute beträgt das Verhältnis von Erstauflagen zu Neuauflagen ca. 2:1. 1975 erschienen 11,4% aller in der Bundesrepublik registrierten Buchveröffentlichungen als T., ihr Anteil an gehandelten Exemplaren liegt erhebl. höher.
2. spezielle, seit Ausgang des 18. Jh.s erscheinende Form des ↗ Almanachs, gegen diesen jedoch nicht eindeutig abzugrenzen. Wie Almanache und ↗ Musenalmanache ein (meist jährl.) veröffentlichtes *Periodikum*, im Ggs. zu ihnen aber Sammlung unterschiedl. literar. (Lyrik, Novellen u. Ä.) und nicht- oder nur bedingt literar. Texte (Reisebeschreibungen, belehrende Prosa u. Ä.); da auf größere Verbreitung hin konzipiert, allgemeinverständl. Niveau der Beiträge. Einzelne T.er wenden sich an bestimmte Bevölkerungsgruppen (z. B. »T. für Frauenzimmer von Bildung«, 1800; »T. für gute Eltern«, 1811; »T. für Brüder Freimaurer«, 1784), andere enthalten ausschließl. Texte zu einzelnen Lebensbereichen (z. B. »T. des Wiener Theaters«, 1777; »T. für Schauspieler und Schauspielfreunde«, 1816, 1817, 1821–23). Heute durch neue Publikationsformen (entsprechende Zeitschriften, Illustrierte, populärwiss. Sachbuch u. Ä.) weitgehend verdrängt. Mehr oder weniger bekannte Schriftsteller waren an der *Herausgabe von T.ern* beteiligt (z. B. Goethe und Ch. M. Wieland am »T. auf das Jahr 1804«, A. v. Kotzebue und L. F. Huber am »T. auf das Jahr 1807«), bzw. lieferten Beiträge (z. B. Goethe in Viewegs »T.«, 1798–1803, Schiller für das »T. zum geselligen Vergnügen«, 1791–1814).
3. Handliches Buch, in dem in knapper, übersichtl. Form ein Wissensgebiet, der Teil eines Wissensgebietes oder eine wiss. Disziplin dargestellt sind (z. B. »T. Erdgas«, »T. für Atomfragen«, »T. der Wasserwirtschaft« u. Ä.). RK

Tatsachenbericht, vgl. ↗ Bericht, ↗ Dokumentarliteratur.

Taufgelöbnis, formelhaftes Bekenntnis zum christl. Glauben, verbunden mit einer meist vorangestellten Absage an den Teufel oder das Heidentum (Abschwörungsformel), i. d. Regel in Fragen des Priesters und Antworten des Täuflings (oder seines Paten) gegliedert. – Taufgelöbnisse gehören zu den ältesten dt. Sprachdenkmälern: erhalten sind vier ahd. u. altsächs., auf eine einfachere lat. Version zurückgehende T.e aus dem 8. u. 9. Jh. MS

Tautazịsmus, m. [gr. tauto = dasselbe], stilist. Begriff: als fehlerhaft oder unschön empfundene Häufung gleicher oder ähnl. Laute oder Silben: Lisztsche Rhapsodie, »Lotterieziehzeit« (Fontane). S

Tautogrạmm, n. [zu gr. tauto = dasselbe, gramma = Buchstabe], s. ↗ pangrammatisch.

Tautologie, f. [gr. tautó < το αύτό = das selbe, logos = Wort], Wiedergabe eines Begriffs durch zwei oder mehr Wörter gleicher Bedeutung u. Wortart (Synonyma), meist in einer ↗ Zwillingsformel: ganz und gar, recht und billig, angst und bange, Art und Weise, Schloss und Riegel; dient der Ausdruckssteigerung. Die zwei- oder mehrgliedrige T. wird selbst in wissenschaftl. Darstellungen nicht

Tautologie

immer scharf vom eingliedrigen, attributiven ↗ Pleonasmus (bereits schon, neu renoviert) unterschieden. **S**

Tauwetter, (nach dem Roman »T.« von I. Ehrenburg) Bez. für die polit.-soziale und kulturelle Situation der UdSSR und anderer sozialist. Staaten nach Stalins Tod (März 1953). Die sog. Entstalinisierung führte neben manchen Verbesserungen im staatl. Bereich zu einer relativen Liberalität im geist. Sektor. Der kulturellen Stagnation der Stalinära folgte im T. eine Phase der Neubesinnung und krit. Emanzipation von den seitherigen ideolog. Reglementierungen, die Ablehnung der offiziellen Literatur zugunsten einer die Konfliktstoffe der Gegenwart und Vergangenheit oder die neue Bewusstseinslage krit. reflektierenden Literatur im Anschluss an die große russ. Erzähl-Tradition des 19. Jh.s. Neben dem programmat. Roman »T.« (1954–56, dt. 1957) sind zu nennen W. D. Dudinzew (»Der Mensch lebt nicht von Brot allein«, 1956, dt. 1957), A. J. Solschenizyn (»Ein Tag im Leben des Iwan Denissowitsch«, 1962, dt. 1963), W. P. Nekrassow (»Ein Mann kehrt zurück«, 1955), W. S. Rosow (»Die ewig Lebenden«, Dr. 1956), D. A. Granin, J. M. Nagibin, J. A. Jewtuschenko (»Stalins Erben«, »Sima« u. a. Lyrik, 1956). Obwohl die materialist. Ästhetik (↗ Parteilichkeit, ↗ sozialist. Realismus) grundsätzl. nicht in Frage gestellt wurde, war die Publikation vieler Werke nicht ohne Risiko (vgl. B. L. Pasternaks erzwungene Ablehnung des Nobelpreises 1958); bereits 1962 wurde das Buchwesen wieder zentral kontrolliert, seit 1964 begannen Schriftstellerprozesse (vgl. A. J. Solschenizyn). **IS**

Technopaignion, n. ↗ Figur(en)gedicht.

Teichoskopie, f. [gr. = Mauerschau], in der Homerphilologie Bez. für die Episode »Ilias« 3, v. 121–244, in der Helena von der troischen Mauer aus dem Priamos die Haupthelden der Achaier zeigt. Danach bezeichnet man als T. oder Mauerschau ein dramentechn. Mittel v. a. des antiken und klassizist. Dramas der Neuzeit, das dazu dient, bestimmte Szenen, z. B. Schlachten, die aus techn. Gründen von der ↗ Bühne in einen außerhalb der Bühne gedachten Raum verlegt sind, durch eine Art synchroner Reportage (vom Turm, von der Mauer, aus dem Fenster u. Ä.) auf der Bühne zu vergegenwärtigen. Beispiele: für das antike Drama Euripides, »Phoinissen«, v. 88–200 (deutl. von der Homer. T. inspiriert), für das neuere Drama Klopstock, »Hermanns Schlacht« (passim), Goethe, »Götz von Berlichingen« (Akt 3), Schiller, »Die Jungfrau von Orleans« (Akt 5, Szene 11), Kleist, »Penthesilea« (Szenen 2 und 7), auch Shakespeare, »Julius Caesar« (Akt V, Szene 3). – ↗ Botenbericht. **K**

Tektonisch [zu gr. tektoniké (téchné) = Baukunst], Bez. für den strengen, kunstvollen Aufbau eines Sprachkunstwerkes, bei dem die einzelnen Elemente sich dem Ganzen unterordnen, oft in symmetr. Gliederung, z. B. Perioden einer Strophe, Strophen eines Liedes, Gestaltung eines Zyklus, Aktgliederung und Beachtung der ↗ drei Einheiten im Drama, einheitl. Perspektive eines Romans. T.er Bau ist Kennzeichen klass. und klassizist. Formauffassung (↗ geschlossene Form). Ggs. atektonisch, ↗ offene Form. **S**

Telari-Bühne [it. telaro, telaio, m. = Rahmen], (auch: Periakten-Bühne), eine in Italien entwickelte Vorform der barocken Kulissenbühne. Ihr Erfinder ist der it. Theaterarchitekt J. Barozzi da Vignila (»Le due regole della prospettiva pratica«, 1583 posthum hrsg. durch Danti), der die festen, einen Szenenwechsel nicht zulassenden Dekorationselemente der Winkelrahmenbühne der Renaissance (Winkelrahmen, fester Prospekt) durch bewegl. *Telari* oder *Periakten* ersetzte, (in seiner Version der T.-B. fünf) dreikantige Prismen mit dem Grundriss eines gleichseitigen Dreiecks, mit bemalter Leinwand bespannt, drehbar um eine vertikale Mittelachse. Der größte dieser fünf Telari ist in der Mitte des Bühnenhintergrundes aufgehängt und übernimmt die Funktion des ↗ Prospektes; die vier kleineren Telari sind seitl. montiert, links und rechts je zwei – sie bilden die Seitendekoration. Dazwischen verlaufen die Bühnengänge. Barozzis System ermöglicht einen dreifachen Szenenwechsel. Es wurde im 17. Jh. durch den dt. Theaterbaumeister J. Furttenbach (»Architectura civilis«, 1628) und durch N. Sabbattini (»Pratica di fabricar Scene e Machine ne' Teatri«, 1638) weiterentwickelt. Sabbattini verwendet neben dreiseitigen auch vierseitige Telari; seine dreiseitigen Telari haben ein ungleichseitiges Dreieck zum Grundriss, wodurch mit dem Szenenwechsel der Bühnenraum vergrößert oder verkleinert werden kann; den Telaro mit Prospektivfunktion ersetzt er durch neuere Typen des bewegl. Prospekts (aus zwei seitl. verschiebbaren und damit auswechselbaren Teilen oder als ›Vorhang‹, der herabgelassen und nach oben gezogen werden kann). Die den Zuschauern abgekehrten Seitenflächen der Sabbattinischen Telari können immer wieder neu bezogen werden. Damit sind die Möglichkeiten des Szenenwechsels bei diesem Bühnentypus gegenüber Barozzis einfacher T.-B. um ein Vielfaches gesteigert. Im 17. Jh. wird die T.-B. allerdings durch die etwas jüngere Kulissenbühne, eine Erfindung des Theaterarchitekten G. B. Aleotti, verdrängt (↗ Kulisse; Bühne) K

Telegrammstil, Reduzierung eines Textes auf die unbedingt notwendigen Wörter: Fortfall v. a. von Füll- und Formwörtern und Artikeln; verwendet in Gebrauchstexten (Anzeigen, Werbung), im literar. Bereich eingesetzt für exaltierte, hekt.-aufgeregte oder hilflose Sprechweise, z. B. im ↗ Sturm- und Drang, ↗ Naturalismus, ↗ Expressionismus. S

Telesilleion, m., antiker lyr. Vers der Form ⏑–⏑⏑–⏑–, ein akephaler ↗ Glykoneus, eines der Grundmaße der äol. Lyrik (↗ äol. Versmaße), benannt nach der griech. Dichterin Telesilla aus Argos (5. Jh. v. Chr.). S

Telestichon, n. [gr. télos = Ende u. stichos = Vers], schmückende Figur in Gedichten: die am Ende der Verse (oder Strophen) stehenden Buchstaben ergeben, von oben nach unten gelesen, einen bestimmten Sinn, z. B. bei Otfrid von Weißenburg in den Widmungen zu seinem »Evangelienbuch« (um 870). ↗ auch Akrostichon, Mesostichon, Akroteleuton. MS

Telonisnym, n. [gr. télos = Ende, Ausgang, das Letzte, onoma = Name], Sonderform des ↗ Pseudonyms: statt dem Verfassernamen werden nur dessen letzte Buchstaben angegeben; v. a. im Tagesjournalismus übl. S

Tendenzdichtung [von lat. tendere = nach etwas streben], im weitesten Sinne ↗ politische Dichtung. Eine allgemeingült. Definition des Begriffes ›Tendenz‹ ist dabei nicht möglich. Man kann eine subjektive, vom Autor her gesehene, und eine objektive, vom lit. Werk her gesehene Bedeutung unterscheiden.
1. *subjektiv*: die bewusste Parteinahme eines Autors für polit. Ziele wurde erstmals im ↗ Jungen Deutschland als ›Tendenz‹ bezeichnet. Literatur sollte ins Leben integriert werden. Mit dem Scheitern der 1848er Revolution, der Kanonisierung der Klassiker und der Rezeption der idealist. Ästhetik Hegels wurde ›T.‹ zum negativen Werturteil für alle lit. Werke, die nicht die Höhe der Darstellung überzeitlicher Werte erreichten, sondern im Gegenteil den Leser aus dem »interesselosen Wohlgefallen« heraus zur Erkenntnis und zum Handeln hinführen wollten. Trotz Gegenbewegungen, wie dem von H. Mann geführten Aktivismus, den Dramen Friedrich Wolfs (»Cyankali«), den ↗ Lehrstücken B. Brechts, setzte sich eine negative Wertung der T. durch. Man unterschied allenfalls darin, wie stark die äußeren Ideen durch die innerästhet. Einheit von Form und Inhalt überwunden seien. Als positive Beispiele galten hier Lessings »Nathan« (Toleranzidee) oder Goethes »Iphigenie« (Humanitätsidee). So noch bei W. Kayser, Das sprachl. Kunstwerk (1948¹). – In diesen Zusammenhang gehört auch der seit der Romantik geführte Streit zwischen der littérature pure (↗ L'art pour l'art) und der ↗ littérature engagée.
2. *objektiv*: Seit F. Engels versteht die marxist. Literaturtheorie unter ›Tendenz‹ die realist. künstler. Darstellung der wirkl. polit. und sozialen Kämpfe innerhalb der Gesamttendenz der Geschichte als einer Geschichte der Klas-

senkämpfe. Der Begriff der Tendenz scheint dann in Lenins Prinzip der »sozialist. Parteilichkeit« aufgegangen zu sein.
3. Unter dem Gesichtspunkt eines erweiterten Literaturbegriffs erscheint der Begriff T. veraltet. Von histor. Standpunkt aus erweist sich die Literatur der Antike, des Mittelalters, der Reformation bis ins 17. Jh. hinein in weiten Teilen als T. im Sinne einer grundlegend didakt. Ausrichtung. Differenzieren kann man hier nach Aktualität und Schärfe (etwa einer Satire, eines polit. Gedichtes), im Hinblick auf die Bedingungen des literar. Lebens (Mäzen, Markt), nach dem Grad der unmittelbaren Thematisierung des Zeitbezugs (etwa im Gesellschafts-/Zeitroman) oder seiner Verleugnung, seiner dialekt. Vermittlung im ›autonomen‹ Kunstwerk (etwa in den Sprachspielen der experiment. Prosa oder der konkreten Literatur). Elemente einer direkt auf das polit. Denken und Handeln des Publikums ausgerichteten T. zeigen in der Bundesrepublik Werke von H. Böll, H. M. Enzensberger, der ↗ Gruppe 61, von R. Hochhuth, F. X. Kroetz, E. Runge, G. Wallraff, M. Walser, P. Weiss, des ↗ Werkkreises Literatur der Arbeitswelt u. a. DW

Tenzone, f. [von altfrz. tenzon, prov. tenso = Streit, Wettstreit, wohl zurückgehend auf lat. con-tentio], 1. Allgem. Bez. für ↗ Streitgedicht, 2. in provenzal. u. altfrz. Lit. bez. T. im Ggs. zu ↗ Partimen und ↗ Jeu parti das freie, nicht durch eine dilemmat. Fragestellung eingeleitete Streitgedicht: Diskutiert wird zwischen zwei (auch fiktiven) Dichtern (von Strophe zu Strophe wechselnd) über einen belieb. Gegenstand; sind mehr als zwei Dichter beteiligt, spricht man von einem *Tornejamen* (Turnier). Überliefert sind T.n v. a. aus dem 12. u. 13. Jh., die älteste T. *(tenso)* fand 1168 zwischen Guiraut de Bornelh und Raimbaut d'Aurenga über das ↗ trobar clus statt. MS

Terenzbühne, humanist. Rekonstruktionsversuch des röm.-antiken Bühnenaufbaus zur Darstellung der Komödien des Terenz, deren (durch die Texte wie die späteren Kommentare gesicherte) dramaturg. Eigenheit die strikte bzw. Einheit des Handlungsortes ist. Die T. unterscheidet sich von den ↗ Simultan(flächen)bühnen des MA.s dadurch, dass sie nur *einen* Schauplatz, eine Straße, darstellt; den Hintergrund bilden (manchmal durch Pfeiler getrennte) Vorhänge als Eingänge zu Häusern, oft mit Inschriften über jeder Vorhangtür, durch die die Spieler auf- und abtreten und die, geöffnet, evtl. einen zweiten Schauplatz (Inneres eines Hauses) abgeben. Ihre Ähnlichkeit mit Badekabinen führte zur Bez. *Badezellenbühne* bei E. Schmidt (1903). – Die Kenntnis von der T. basiert weitgehend auf den Illustrationen der Terenzausgaben des 15. Jh.s (Ulm 1486, Lyon 1493, Venedig 1497 u. a.), jedoch bühnentechn. unterschiedl. Versionen zeigen und auch nicht als gesicherte theatergeschichtl. Quellen gelten können. Die dem dt. ↗ Schuldrama des 16. Jh.s zugesprochene Aufführungspraxis mit der T. ist nicht unumstritten, zumal viele Texte mit häufigem Ortswechsel sich besser für Aufführungen auf neutraler Gerüst- oder simultaner Flächenbühne eignen. Für einige Aufführungen ist jedoch der Nachbau der T. aus den illustrierten Textvorlagen gesichert. HW

Terminologie f. [Kunstwort aus mlat. terminus = Begriff u. gr. logos = Lehre], die in einem Fachgebiet übl. Benennung der Gegenstände und Begriffe; Gesamtheit der Fachwörter und Fachausdrücke und ihre Erklärung (vgl. *terminus technicus* = Fachausdruck), auch ↗ Nomenklatur. S

Terminus a quo – terminus post quem; terminus ad quem – terminus ante quem, ↗ Datierung.

Terzett, n. [aus it. terzo, lat. Tertius = dritter], dreizeil. Abschnitt eines Gedichtes (z. B. T. im ↗ Sonett) oder dreizeil. Strophe (z. B. ↗ Terzine). S

Terzine, f., auch terza rima [it. = Dreizeiler, Dreireimer], dreizeilige italien. Strophenform mit durchlaufender Reimverkettung nach dem Schema aba/bcb/cdc/ded/ … und mit einem abschließenden Vers, der den Mittelreim der letzten Strophe aufgreift (…/x y x/y z y-z). Der

Vers der it. T. ist der ↗ Endecasillabo; die frz. Nachbildungen verwenden den ↗ vers commun, die (neueren) dt. Nachbildungen 5-hebige jamb. Verse, wobei formstrenge Dichter nach dem Muster des it. Endecasillabo ausschließl. Verse mit weibl. Reim gebrauchen. Die Strophe stellt im Allgemeinen keine syntakt. Einheit dar. – Die italien. T. ist eine Sonderform der it. ↗ Serventesenstrophe und wurde von Dante für seine »Divina Commedia« entwickelt. Sie begegnet im 14. Jh. noch als Form des ↗ Serventese, des Lamento als des histor.-polit. Zeitgedichts, und des großen allegor. Lehrgedichts (Petrarca, »Trionfi«; Boccaccio, »L'amorosa visione«). Seit dem 15. Jh. wird die T. in der it. Dichtung als Äquivalent für das gr.-lat. eleg. ↗ Distichon angesehen und damit zum Versmaß der bukol. Dichtung (Übersetzungen der »Bucolica« des Vergil; Lorenzo il Magnifico; J. Sannazaro, »Arcadia«), der Epistel, der Elegie, der Heroide, aber auch der Satire (↗ Capitolo). Im 19. Jh. begegnet sie bei G. Leopardi, G. Carducci, G. Pascolini u. a. als Versmaß lyr. Dichtung. – Frz., engl. und dt. *Nachbildungen* finden sich zunächst im 16. Jh., in der frz. Dichtung zuerst bei J. Lemaire de Belges, in der engl. Dichtung bei Th. Wyatt und H. H. Surrey, in der dt. Dichtung in den Psalmenübersetzungen v. Melissus Schede (1572). Größerer Beliebtheit erfreut sie sich allerdings erst in der Romantik, im Frz. bei V. Hugo, bei Th. Gautier und den Parnassiens, bei A. Rimbaud, P. Verlaine, P. Valéry, im Engl. bei G. G. Byron, P. B. Shelley, R. Browning, W. Morris und A. MacLeish (Epos »Conquistador«), im Dt. bei A. W. Schlegel, Goethe (»Faust II«, Eingangsmonolog; Gedicht »Im ernsten Beinhaus wars«), F. Rückert, später bei St. George, H. v. Hofmannsthal, (»T.n über die Vergänglichkeit«), R. Borchardt, Th. Däubler, J. Weinheber u. a. – Eine Besonderheit der älteren frz. T.ndichtung (Lemaire) ist die syntakt. Geschlossenheit der Einzelstrophe.   K

Tetralogie, f. [gr. tetra = vier, logos = Geschehnis, Handlung], Folge von vier einem Aufführungszyklus zugehörigen Dramen, die sich zudem durch die Einheit des Stoffs (Mythos) oder der Thematik auszeichnen. Die T. der griech. Antike bestand zunächst aus drei Tragödien (Trilogie) und einem Satyrspiel, das jedoch schon bei Euripides durch eine vierte Tragödie (»Alkestis«, die 438 v. Chr. als viertes Drama die Trilogie »Kreterinnen«, »Alkmeon in Psophis« und »Telephos« zur T. ergänzte) abgelöst wurde. Die älteste erhaltene T. ist die 458 v. Chr. aufgeführte »Orestie« des Aischylos, bestehend aus den Dramen »Agamemnon«, »Choephoren«, »Eumeniden« und dem nur dem Inhalt nach bekannten, in der Textgestalt nicht überlieferten Satyrspiel »Proteus«. – In neuerer Zeit entstanden, z. T. in bewusster Anlehnung an die Antike, die T.n von R. Wagner »Der Ring des Nibelungen« und G. Hauptmann »Atriden-T.« (beide ohne eine Entsprechung zum gr. Satyrspiel). Obwohl die Bez. T. zunächst nur der dramat. Dichtung vorbehalten war, spricht man von T. auch bei vierteiligen Romanzyklen wie Th. Manns »Joseph und seine Brüder«.   HW

Tetrameter, m. [zu gr. tetrametros, Adj. = aus vier metr. Einheiten], in der antiken Metrik ein aus vier metr. Einheiten (Versfüßen, Dipodien) bestehender Vers, insbes. der katalekt. trochä. T. aus vier trochä. Dipodien, deren letzte um eine Silbe verkürzt ist. Durch eine feste ↗ Diharese nach der 2.Dipodie zerfällt der Vers in zwei symmetr. Hälften. Grundschema: $-\cup-\overline{\cup}-\cup-\overline{\cup}|-\cup-\overline{\cup}-\cup\overline{\cup}$ (Die Längen können jeweils in zwei Kürzen aufgelöst werden; $- = \cup\cup$; ursprüngl. wohl ein Tanzrhythmus). – Der katalekt. trochä. T. ist neben dem jamb. ↗ Trimeter der zweite Sprechvers des antiken Dramas; er dient dabei v. a. dem Ausdruck emotionaler Erregung; er ist beliebt in älterer Zeit (Aischylos, »Die Perser«) und begegnet, bewusst archaisierend eingesetzt, in den späteren Tragödien des Euripides (»Die Bakchen«) und, in der röm. Tragödie, bei Seneca. Die röm. Dichtung verwendet ihn auch in der Komödie, in der menippaeischen Satire (Varro), in der (späten) Lyrik (»Pervigilium Veneris«, 2./3. Jh.; Ausonius; Prudentius) und im frühchristl. Hymnus. Vgl. ↗ Septenar. – Eine kom. Variante des trochä. T.s ist der *trochä. Hink-T.* (mit Umstellung der Silbenfolge am Versende: $-\cup-\overline{\cup}-\cup-\overline{\cup}|-\cup-\cup|--\cup$; Ver-

Tetrameter

wendung in der menippae. Satire bei Varro). – *Dt. Nachbildungen des trochä.* T.s sind äußerst selten; Goethe verwendet ihn als reimlosen 8-Heber mit fester Mittelzäsur in einzelnen Partien des Helena-Aktes in »Faust II« (»Réde núr! erzǎhl, erzǎhle, wás sich Wúnderlíchs begében!«); ähnl. auch A. v. Platen. Weitere T. in der gr. und röm. Verskunst sind der *katalekt. iamb. T.* (▽–⌣–▽–⌣–| ▽–⌣–⌣–⌣); belegt in der gr. Lyrik bei Hipponax, in der att. Komödie bei Aristophanes; freie röm. Nachbildungen bei Plautus und Terenz, der *akatalekt. daktyl. T.* (–⌣⌣–⌣⌣–⌣⌣–⌣⌣); häufig als Teil ↗ archiloch. Verse, ferner in den Gesangspartien der röm. Tragödie bei Ennius und später bei Seneca und der *katalekt. daktyl. T.* (–⌣⌣–⌣⌣–⌣⌣–▽); gelegentl. in den Carmina und Epoden des Horaz. Auch T. aus ↗ Anapästen, ↗ Kretikern, ↗ Ionikern und ↗ Bakcheen sind bezeugt.   K

Teufelsliteratur, Sonderform der satir.-didakt. Prosaliteratur des 16. Jh.s, die v. a. äußerl. Missstände der Zeit zu tadeln und mit literar.-publizist. Mitteln zu bekämpfen sucht, indem die einzelnen Laster auf die Besessenheit mit einem speziellen Teufel zurückgeführt werden. Diese hauptsächl. im Protestantismus verbreitete Literatur, an der sich (nach neuerer Zählung) allein zwischen 1552 (M. Friderich »Wider den Sauffteufel«) und 1604 (H. Decimator »Gewissens Teuffel«) 31 Autoren (mit 38 Erst- und 105 Zweit- oder Mehrausgaben) beteiligten, hat ihre Vorbilder nicht in den Teufelsszenen des ↗ geistl. Spiels oder den volkstüml. Teufelserzählungen des MAs, sondern in der ↗ Spiegel-, ↗ ars-moriendi- und ↗ Narrenliteratur des Spät-MAs. Wo aber z. B. die Narrenliteratur erklären und lächerl. machen will, versucht die T. zu dämonisieren und Erschrecken auszulösen. Dies gilt vornehml. für die *flugblattartigen Drucke* (»Wunderer Zeitung, von einem Geldteuffel«, 1538), für die *dramat. T.* (»Hofteuffel« von J. Chryseus, 1544) und *predigthafte T.* (»Vom Geitz Teuffel« von J. Brandmüller, 1579), weniger für die eigentl. »*Teufelsbücher*«. In ihnen wird meist ein kleinerer Bereich der Wirklichkeit in satir.-humorist. Weise als teufelsbesessen geschildert, so dass diese Hauptspezies der T. bereits zu einer entdämonisierenden Umwandlung des aus dem MA. tradierten Teufelsbildes beiträgt. Nicht mehr dér Teufel, sondern viele arbeitsteilige Spezialteufel werden eingeführt; nicht mehr die Hölle, sondern die ird. Welt wird zum Haupthandlungsort; weniger das theolog. als vielmehr das moral. und gesellschaftskrit. Anliegen macht den Teufel zum Träger und Repräsentanten der verschiedenen Laster. – Neben der erfolgreichen T. des Oberpfarrers A. Musculus (»Vom Hosen Teuffel«, 1555; »Wider den Fluch Teuffel«, 1556; »Wider den Eheteuffel«, 1556) entstanden Teufels-Bücher gegen den »Spilteuffel« (J. Eichhorn, 1557), den »Jagteuffel« (C. Spangenberg, 1560), den »Faul Teuffel« (J. Westphal, 1563), den »Huren Teufel« (A. Hoppenrodt, 1565), den »Gerichts Teuffel« (G. am Wald, 1580), den »Sacramants Teuffel« (J. Schütz, 1580) u. a. Die Produktion der T. streckte sich weit bis ins 17. Jh., wobei meist auf die älteren Vorlagen bearbeitend zurückgegriffen wurde (»Allamodischer Kleyder Teuffel« von J. Ellinger, 1629). Die Beliebtheit der T. bezeugt das Sammelwerk des Frankfurter Verlegers H. Feyrabend »Theatrum Diabolorum«, das drei Auflagen (1569, 1575, 1587/88) erlebte und dessen letzte Auflage in zwei Foliobänden 33 Teufelsbücher enthielt.

HW

Textkritik, philolog. Methode der Geistes-, Rechts- und Religionswissenschaften zur krit. Prüfung solcher Texte, deren Authentizität nicht gesichert ist, notwendig bes. bei Texten der Antike und der MA.s, aber auch bei neuzeitl. Werken, die nicht in einer vom Autor beglaubigten endgült. Fassung vorliegen (z. B. das Werk Grimmelshausens) oder wenn es mehrere autograph. Entwürfe oder Fassungen gibt (Hölderlin). – Die Analyse der Texte und ihrer Überlieferung soll zur Herstellung (Synthese) eines dem Original nahestehenden Textes (↗ Archetypus) oder zu einer vom Autor mutmaßl. intendierten ↗ Fassung führen. – T. ist ohne Interpretation eines Textes nicht möglich; von ihr hängen oft auch die An-

sichten über die Notwendigkeit textkrit. Eingriffe in überlieferte Textfassungen ab. Ausgangspunkt für die Entstehung der T. ist das ungeklärte Verhältnis überlieferter Texte zu ihrem mutmaßl. Autor in Antike und MA. Im Verlaufe jahrhundertelanger Tradierung sind mannigfache Veränderungen des Wortlautes der ursprüngl. Texte denkbar. Die selten normierte Schreibung, der Sprachwandel konnten bei Abschriften zu Missverständnissen führen. Außerdem sind Lesefehler auf Grund flücht. Lektüre oder geänderter Wortbedeutungen, Auslassungen von Wörtern, Zeilen, Strophen, ganzer Handschriftenseiten, Abirrungen des Auges zu einem später nochmals begegnenden Wort usw. zu beobachten. Neben solchen unbewussten Fehlermöglichkeiten ist auch mit nachträgl. Änderungen des Autors selbst (Fassungen) oder Eingriffen späterer Redaktoren (↗ Redaktion) zu rechnen, die einen Text ihren eigenen Intentionen unterordneten oder vermeintl. Fehler bessern wollten (vergleichbar manchem Übereifer auch neuzeitl. Textkritiker), auch Erweiterungen (↗ Interpolationen, z. B. auch Aufnahme von ↗ Glossen und ↗ Scholien in den Text) und Kürzungen gehören hierher. Für die Textherstellung hat die klass. Philologie folgende method. Schritte entwickelt:
1. die weitgehend bibliothekar. orientierte *Heuristik,* die Sammlung und krit. Bestandsaufnahme aller direkten und indirekten Textzeugnisse (Handschriften, Handschriftenfragmente, Drucke, auch Auszüge, Zitate in anderen Werken, bei antiken Texten zudem Übersetzungen).
2. die *Kollationierung* (Kollation), das Vergleichen des Wortlautes, der Orthographie der Zeugnisse, bei einer großen Anzahl von Handschriften bisweilen auch nur einer als repräsentativ erkannten oder vermuteten Auswahl. Ziel ist es, durch Feststellung von Gemeinsamkeiten und Leitfehlern (Bindefehler- error significativus) oder Trennfehlern (error seperativus), kontradiktor. Varianten und Sonderfehlern (die zur eliminatio codicum, dem Ausscheiden einer Handschrift, führen können) die Handschriften nach dem Grade ihrer Autornähe zu klassifizieren und die gegenseitigen Verwandtschafts- und Abhängigkeitsverhältnisse klarzustellen; unterschieden wird zwischen Leithandschriften und zweitrangigen Handschriften (sog. codices deteriores). Dies führt
3. zur *Handschriften-Filiation,* zur Aufstellung eines ↗ Stemmas (Stammbaumes). Bei kontaminierten Handschriften (deren Text aus mehreren Quellen stammt) kann die Aufstellung eines Stemmas unmögl. werden. Neuerdings ist der Wert dieser im 19. Jh. gepflegten Handschriftensortierung umstritten.
4. Die *Rezension* (Recensio, auch *Examinatio*) hat sodann das Ziel, auf der Basis eines als Grund- oder Leithandschrift angesetzten Textzeugen und mit Hilfe der übrigen überlieferten Fassungen den Archetypus herzustellen (constitutio textus) unter Berücksichtigung von Untersuchungen zu Wortgebrauch, Metrik, Reimtechnik, Stil eines Autors. Die Beobachtung, dass Abschreiber eher die Tendenz haben, einen Text zu vereinfachen, zu verdeutlichen, gibt in Einzelfällen der ↗ lectio difficilior (der schwierigeren Lesart) ein bes. Gewicht bei der Wahl zwischen konkurrierenden ↗ Varianten. Die Unterscheidung von Entstehungsvarianten (Autorvarianten) und Überlieferungsvarianten ist nicht immer möglich.
5. Die ↗ *Emendation* versucht, durch bessernde Eingriffe über einen Text, der sich aus den überlieferten ↗ Lesarten gewinnen lässt, hinauszugelangen. Die einfachste Stufe ist die Verbesserung offenkund. Fehler (Verschreibungen); wirkliche oder vermeintliche ↗ Korruptelen (den vermuteten Sinn störende Wörter, syntakt. oder formale Ungereimtheiten) werden durch ↗ Konjekturen (Vermutungen) zu beseitigen versucht. Eine nicht zu klärende Stelle wird als ↗ Crux bezeichnet, mutmaßl. spätere Ergänzungen (Interpolationen) werden als unecht eliminiert, athetiert (↗ Athetese). Die sog. Konjekturalkritik erfreute sich im 19. Jh. eines bes. Ansehens in der Philologie; neuerdings beurteilt man ihre meist auf subjekt. Basis oder unhistor. Analogien beruhenden Möglichkeiten skeptischer. Das gilt auch für die sog. höhere Kritik.
6. die *Echtheitsdiagnose* eines unter einem bestimmten Namen überlieferten Textes. Meist

Textkritik

reichen die vorhandenen stilist.-formalen oder inhaltl. Kriterien nicht aus, um nur mit einiger Wahrscheinlichkeit ein Werk einem Autor zu- oder abzusprechen. Kennzeichnende Beispiele dafür sind die Lieder Reinmars des Alten (vgl. C. v. Kraus – F. Maurer) oder Neidharts.

7. Steht der Wortlaut eines Textes fest, gilt es, ihn für die ↗ Edition, für eine ↗ krit. oder ↗ histor.-krit. Ausgabe herzurichten. Eine Frage ist dabei, inwieweit Lautstand, Orthographie, Interpunktion usw. normalisiert werden sollen (vgl. auch ↗ Editionstechnik). Entscheidet sich ein Herausgeber für den ↗ diplomat. Abdruck, entfallen die Punkte 4–7.

8. Die im sog. krit. Text nicht berücksichtigten Varianten werden im krit. ↗ Apparat (Varianten-Apparat) verzeichnet.

Geschichte der T.: Systemat. betrieben wurde sie erstmals im Hellenismus (in Alexandria seit dem 3. Jh. v. Chr.), zunächst indem man die verschiedenen Versionen der Homer-Überlieferung miteinander verglich (vgl. ↗ Philologie). Zenodotus (2. Hä. 3. Jh. v. Chr.), der erste Leiter der Bibliothek von Alexandria und dessen Nachfolger Aristophanes von Byzanz und Aristarchos (217–145) versuchten, für ihre Klassiker-Editionen durch Vermutungen einen jeweils authent. Text zurückzugewinnen. Diese weitgehend subj. begründete, divinator. T. wurde auch im MA. und in der frühen Neuzeit geübt, seit dem Humanismus mit zunehmender Normierung in der klass. Philologie (R. Bentley, 1662–1742, F. A. Wolf, 1759–1824, G. Hermann, 1772–1848). Erst K. Lachmann (1793–1851) unternahm es mit seiner genet. Methode (einer genauen, erstmals umfassenden Sichtung der gesamten Überlieferung), einen wissenschaftl. begründbaren Text herzustellen, wobei er die aus der Altphilologie überkommenen textkrit. method. Schritte systematisierte und diese auch auf mal. Texte anwandte, ohne allerdings immer die unterschiedl. Überlieferungssituation zwischen antiken und mal. Texten zu berücksichtigen. Schließl. wurden die textkrit. Methoden für die Edition neuzeitl. Autoren, v. a. solchen, deren Werke nicht in einer ↗ Ausgabe letzter Hand erhalten sind, weiterentwickelt (F. Beißner, Hölderlin-Edition 1943 ff.). S

Textphilologie, f., derjenige Zweig der ↗ Philologie, der sich primär der ↗ Textkritik und der ↗ Edition widmet.

Textsorten oder Textarten, in die moderne Literaturwissenschaft eingeführte Bez. für alle Arten literar. fixierter Texte. Im Ggs. zu den formalen und intentionalen Bezeichnungen der an einer prinzipiellen Gattungstrias (Epik, Lyrik, Dramatik, vgl. ↗ Gattungen) orientierten, auf poet. und fiktionale Texte zugeschnittenen Einteilungen der älteren Literaturwissenschaft versucht die Texttypologie der modernen Lit.wiss., Texte unter anderem nach funktionalen oder sozialen Kriterien zu klassifizieren, und Beurteilungskategorien auch für vormals außerhalb des literaturwissenschaftl. Interesses liegende Texte (Reklametexte, Reportagen, auch jurist. und wissenschaftl. Schriften) zu gewinnen. S

Texttheorie, innerhalb der Informationsästhetik (M. Bense, A. Moles) die Darstellung statist., semant. und ästhet. Verfahren der Textanalyse und (experimentellen) Textherstellung, wobei zwischen eigenwelt. materialem (Textinnenwelt) und außerwelt. intentionalem (Textaußenwelt) Aspekt der Texte unterschieden wird. Wichtige Teilaspekte der T. sind eine die Textstatistik ergänzende Texttopologie, ferner Inhaltstheorie, Interpretationstheorie, Textphänomenologie und Textontologie. Die T. hat wesentl. Bedeutung im Zusammenhang experimenteller literar. Strömungen der Gegenwart (↗ konkrete Dichtung u. a.), aber auch als Annäherung an einzelne Autoren (Gertrude Stein, J. Joyce u. a.). D

Thaddädl, ↗ lust. Person des ↗ Wiener Volkstheaters: der immer schusslige, dummschlaue Lehrbub, meist Partner des Kasperl (↗ Kasperltheater); berühmter Darsteller war A. Hasenhut im Leopoldstädter Theater. S

Theater [gr. theatron = Schaustätte],
1. Jede sichtbare Darstellung eines äußeren oder inneren Geschehens auf einer Bühne: sowohl die Darstellung mit Hilfe *künstl. Figuren* (↗ Puppenspiel, ↗ Schattenspiel) als auch *durch*

Menschen: die *wortlose* Pantomime, das ↗ lebende Bild und das Tanzspiel (Ballett) ebenso wie das *gesprochene* ↗ Schauspiel oder die *gesungene* Oper (↗ Singspiel), der *nichtliterar.* ↗ Mimus (↗ Stegreifspiel), das ↗ Laienspiel wie das professionelle Th.
2. Der Gesamtkomplex aller Einrichtungen, die eine Darstellung dieser Art ermöglichen. Hierzu gehören Schauspielkunst, ↗ Regie, ↗ Inszenierung und ↗ Dramaturgie, die Technik, die ↗ Bühne in ihren verschiedenen Formen, ↗ Bühnenbild (↗ Kulissen, Requisiten), ↗ Maske, Kostüm, Beleuchtung, Musik, Gesang und Tanz (Orchester, Chor und Corps de Ballet), die Th.administration (Intendanz), die Th.werkstätten, der Fundus, aber auch ↗ Publikum, ↗ Theaterkritik und -zensur, das Mäzenatentum, die Subvention des Th.s durch Hof, Staat oder Kommune oder seine kommerzielle Finanzierung, eventuell die institutionelle Bindung an Schule, Universität, Orden oder Zünfte.
3. Der Theaterbau.
Zur *Geschichte des Th.s* vgl. ↗ Chor, ↗ Dithyrambus, ↗ Mimus, ↗ Drama, ↗ Tragödie, ↗ Komödie, ↗ geistl. Spiel, ↗ Commedia dell'arte, ↗ Wanderbühne, ↗ engl. Komödianten, ↗ Lustige Person und ↗ Hanswurst, ↗ Schuldrama, ↗ elisabethan. Drama, ↗ schles. Kunstdrama, ↗ bürgerl. Trauerspiel, ↗ absurdes, ↗ experimentelles Th., ↗ Living Theatre, ↗ Agitprop-Th. Auch: ↗ Th.wissenschaft. ↗ Welt-th.

K

Theater der Grausamkeit, nach A. Artauds »Manifeste du théâtre de la cruauté« (1932) Bez. für eine theatral. Darstellungsart, die (im Ggs. zum konventionellen Theater) die rituellen, mag.-emotionalen Elemente des Theaters betont: durch Schreien, Heulen, disharmon. Musik, Licht- und Farbeffekte, Maskentänze u. a. Aktionen, die den Zuschauer einbeziehen, soll diesem ›Grausamkeit‹, d. h. ein ästhet. Schock zugefügt werden, der sein unterdrücktes Unterbewusstsein befreien und ihn dadurch verändern soll. – Das Prinzip kennen bereits die antike Tragödie (↗ Katharsis, z. B. »Ödipus«) oder auch Shakespeare und seine Zeitgenossen (»König Lear«); Artaud verschärfte es v. a. nach dem Beispiel A. Jarrys. Es beeinflusste bes. die Dramatiker des ↗ absurden Theaters, ferner Regisseure wie J.-L. Barrault, R. Blin, P. Brook oder die Gruppe des ↗ Living Theatre.

IS

Theaterdichter, auch: Bühnendichter. Vertragl. an eine Bühne gebundener Schriftsteller mit der Auflage, jährl. eine festgelegte Anzahl von Stücken (auch Prologe, Epiloge usw.) für das betreffende Theater zu schreiben, z. T. auch zu inszenieren und andere dramaturg. Aufgaben (Bearbeitungen, Übersetzungen) wahrzunehmen; hauptsächl. übl. im 18. u. frühen 19. Jh. Verpflichtet wurden Dramatiker mit Tageserfolgen, z. B. F. Schiller nach dem Erfolg der »Räuber« (Th. in Mannheim 1783/84), F. Grillparzer nach »Ahnfrau« und »Sappho« (Th. am Wiener Burgtheater 1818–23, wo vordem schon A. v. Kotzebue, 1797–99, und K. Th. Körner, 1812/13, Th. waren). Im Hinblick auf erfolgverheißende Theaterpraxis konnten erfolgreiche Dramatiker auch zu *Theaterleitern* berufen werden, so Wieland u. Goethe in Weimar, A. W. Iffland in Berlin (1796–1814), Ch. Birch-Pfeiffer 1837 in Zürich, H. Laube am Wiener Burgtheater (1849–67). In neuerer Zeit finden sich zeitweilige Bindungen eines Dramatikers an eine Bühne, die seine Werke zur Uraufführung bekommt und werkgerechte Inszenierungen garantiert, auch Werkaufträge erteilt, vgl. z. B. G. Hauptmann und das Lessingtheater Berlin seit 1905, M. Walser u. Th. Bernhard oder C. Orff und H. W. Henze und die Stuttgarter Staatstheater.

IS

Theaterkritik, Berichterstattung über eine theatral. Aufführung in Tageszeitungen, Wochen- oder Fachzeitschriften, in Funk und Fernsehen. Umfasst neben einer Literatur- oder musikkrit. Analyse und Würdigung des aufgeführten Werkes v. a. die Beurteilung seiner szen. Realisierung in ihren einzelnen Komponenten (Interpretation, Regie, Ausstattung, Besetzung usw.), oft auch allgemein der Gesamtkonzeption eines Theaters und dessen Standortbestimmung und Einordnung in theater- und kulturpolit. Strömungen. – Die ge-

Theaterkritik

forderte Aktualität der Th. führte in der 2. Hälfte d. 19. Jh.s zu sogenannten *Nachtkritiken*, bei denen spontane, subjektive Eindrücke nicht selten überwogen; heute erscheinen oft vor einer ausführlichen Th. kurze sachl. *Vorberichte* über die Tendenz einer Inszenierung und (falls sie unmittelbar nach der Premiere erscheinen) auch über ihre Aufnahme durch das Publikum. – Th. ist im Idealfall unabhängig von Interessengruppen, ist aber doch von der geist. oder polit. Einstellung des Kritikers bestimmt, so dass dieselbe Aufführung bei verschiedenen Kritikern Zustimmung oder Widerspruch erfahren kann. *Hauptfunktion* ist neben der Einführung und Information die Eröffnung eines literar. Gesprächs, das Autor/Regisseur und Publikum zu fruchtbarer Auseinandersetzung führen kann, d. h. das Theater in der öffentl. Meinung als Stätte kulturellen Lebens bestätigt. Objekt. *Kriterien* für eine Th. gibt es nicht. Die im 18. Jh. zugrundegelegte normative Poetik musste neuen Strömungen gegenüber versagen. Theaterkritiker sind in der Regel Journalisten, die Kenntnis der Literatur- und Theatergeschichte, der dramaturg. Gesetzlichkeiten und der techn. u. ökonom. Bedingungen des Theaters besitzen (sollten). Ihr Urteil kann über den Erfolg einer Aufführung und die Durchsetzung eines Inszenierungsstils entscheiden. In der modernen Theaterwissenschaft wird versucht, mit Hilfe der Semiotik eine Theorie der Kritik (Gesetzmäßigkeiten der Beziehungen Autor/Regisseur – Publikum) zu erarbeiten. – *Geschichte:* Vorstufe und Vorbereitung der modernen Th. bildeten die seit dem 16. Jh. entwickelte Theorie und Kritik des Dramas. In poetolog. Werken erschienen sporad., und meist als negative Beispiele, *die ersten Kritiken* bestimmter Aufführungen (z. B. im Horazkommentar von J. Willichius, 1545: Kritik eines Josephspiels). Die eigentl. Th. entstand mit der Entwicklung des Zeitungswesens. Seit Beginn des 18. Jh.s etablierte sich zuerst in *England* eine aktuelle Th. in den ↗ moral. Wochenschriften. Zu den Begründern der Th. gehören J. Addison (im ›Spectator‹), A. Hill, W. Popple (in ›The Prompter‹) und C. Cibber. Engl. Einflüsse bestimmten dann in *Frankreich* die Literaturtheorie (D. Diderot, L. S. Mercier), die ihrerseits der Th. starke Impulse gab. Die *ersten aktuellen Th.en* erschienen im ›Mercure de France‹, in der ›Correspondance littéraire‹ (F. M. von Grimm über das Musiktheater) und im ›Journal des Débats‹ (J.-L. Geoffroy, P. Duvicquet, J. Janin, ↗ Feuilleton). Ebenso in *Deutschland:* J. Ch. Gottsched veröffentlichte Th.en in den ›Vernünftigen Tadlerinnen‹ und der ›Neuen Zeitung von gelehrten Sachen‹, K. Ekhof in dem von ihm gegründeten ›Theaterjournal‹. Beispielhaft wurden die Th.en G. E. Lessings in der ›Hamburg. Dramaturgie‹ (1767/68) durch ihr fundiertes, abgewogenes Urteil, ihre Abkehr von der normat. Poetik und ihre stilist. Brillanz. Nach seinem Muster tauchten zahllose ähnl. Werke (u. a. J. v. Sonnenfels, ›Briefe über die Wienerische Schaubühne‹, 1767), Theaterzeitschriften (J. F. Schinks ›Dramaturg. Monate‹, 1778) u. a. Periodika mit regelmäß. Th.en auf. Auch J. G. Herder (über Lessings »Emilia Galotti«), Goethe (über »Wallensteins Lager«, »Die Piccolomini«) und Schiller schrieben gelegentl. Th.en. Theatergeschichtl. bedeutsam sind v. a. jene Th.en, die mithalfen, neue geist. Strömungen durchzusetzen, so z. B. die Th.en der Romantiker (A. W. Schlegel, L. Tieck, C. Brentano: gegen Schiller; Iffland, Kotzebue), die Th.en der Vertreter des Jungen Deutschland (L. Börne, K. Gutzkow, H. Laube, H. Heine: gegen den ›romant. Obskurantismus‹, für soziale, realist. Stücke) oder die Th. en Th. Fontanes (für die Vossische Zeitung in Berlin), der die historisierende Gründerzeitliteratur (etwa E. v. Wildenbruch) ablehnte und die Bedeutung eines G. Hauptmann erkannte; weiter die Th.en O. Brahms und P. Schlenthers, die sich für G. Hauptmann, H. Ibsen und das naturalist. Drama engagierten und die Th.en ihrer Wegbegleiter (als Leiter der Freien Bühne) M. Harden, H. und J. Hart, J. Bab und vor allem die Th.en des gefürchteten Kritikers A. Kerr im ›Tag‹ und ›Berliner Tagblatt‹, der dem Naturalismus zum Durchbruch verhalf. Er verstand seine Th.en als eigenständ., von aktuellem Anlass losgelöste Kunstform: Es sind scharf pointierte, aggressive, oft aphorist. verknappte Meinungsbilder. Die Th.en C. Frenzels standen dagegen dem Naturalismus ablehnend gegenüber, diejenigen S. Jacobsohns feierten die von Kerr abgelehnten Inszenierungen M. Reinhardts. Entdecker und Wegbereiter B. Brechts und des polit. engagierten Regisseurs E. Piscator wurde H. Jhering, der mit seinen Th.en auch expressionist. Regisseure wie L. Jessner, J. Fehling und E. Engel unterstützte. – In Wien wurde nach L. Speidel v. a. H. Bahr zum Vorkämpfer neuer Strömungen; einen eigenen Stil des iron. parodierenden, pointierten Berichts fand A. Polgar; in seiner Tradition stehen auch Th.en in jüngerer Zeit (H. Weigel, F. Torberg, H. Spiel). – Gesteuerte Ideologisierung kennzeichnet die Th. des Nationalsozialismus oder der sozialist. Länder. – *Th.en der neueren Zeit* sind (evtl. bedingt durch das Fehlen einer ausdrückl. Theatermetropole) geprägt von der Anerkennung eines weltweit praktizierten, von international renommierten Regisseuren getragenen Stilpluralismus. Dennoch können auch heute noch Richtsprüche berühmter Kritiker über die Dauer einer Aufführung (z. B. im kommerzialisierten Theaterbetrieb des Broadway) oder die Durchsetzung eines Inszenierungsstils entscheiden. Moderne Theaterkritiker sind u. a. F. Luft, K. Korn, G. Hensel, A. Schulze-Vellinghausen, J. Kaiser, S. Melchinger, H. Rischbieter, B.Henrichs, H. Koegler (Ballett), H. H. Stuckenschmidt, K. H. Ruppel, W. Schuch (Opern), in Frankreich R. Kemp, P. Brisson, J.-J. Gautier, in England K. Tynan, E. Bentley, H.Hobson, in den USA B. Atkinson, W. F. Kerr. IS

Theatermaschinerie, Apparate, Maschinen und Vorrichtungen, die bei einer Theateraufführung eingesetzt werden. – Mechan. betriebene Apparate zur illusionist. Bewegung von Puppen sind schon im alten Ägypten bezeugt (↗ Puppenspiel), auch das antike Theater kennt seit Euripides Schwebevorrichtungen (↗ Deus ex machina), Donner- und Blitzmaschinen. Vor allem aber das Theater der Renaissance und des Barock ist gekennzeichnet durch die Verwendung von Th.n zur Verwirklichung der allegor.-mytholog. ↗ Schaubilder, der Festwagen und -schiffe der ↗ Trionfi und der prunkvollen Bühnen bes. für Opernaufführungen und deren ↗ Intermezzi. Die Th. bestand v. a. aus Flug- und Hebeapparaten, Versenkungen, dreh- und teilbaren Aufbauten und Gerüsten, Schnürböden mit Wolkenmaschinen, Schwebekranen usw., Vorrichtungen für Blitze, Donner und Regen, den Einsatz von Licht, Rauch, Dampf oder Wasser: Einbezogen war auch die artist. Ausnutzung des jeweil. Bühnensystems (Winkelrahmen, Telari, Kulissen) zur raschen und häufigen Verwandlung (↗ Bühnenbild). Berühmte Erfinder solcher Th.n waren Leonardo da Vinci (für den mailänd. u. franz. Hof), die Ingenieure und Theaterarchitekten B. Buontalenti (16. Jh., u. a. Florenz), im 17. Jh. L. Burnacini (u. a. Wien), G. Vigarani und G. Torelli (u. a. Paris) und der Bildhauer G. L. Bernini (Rom). Berühmt waren auch die Th.n der ↗ Rederijker. – Die Th.n des 16. u. 17. Jh.s waren oft Selbstzweck und zwangen Dichter und Librettisten, ihre Stücke so zu konzipieren, dass die gesamte Th. eingesetzt werden konnte. Obligator. waren damit z. B. allegor. Szenen in metaphys. Räumen (Himmel, Hölle, Olymp, Orkus), Klüfte mit mytholog. Wesen, Felslandschaften und Meeresgestade in Gewitter und Sturm und zahlreiche Möglichkeiten zum Dekorationswechsel (bis zu 30 Szenenwechsel für eine Aufführung). Erst gegen Ende des 17. Jh.s wird die Th. den dramaturg. Notwendigkeiten untergeordnet. Im 18. Jh. tritt an ihre Stelle dann F. Galli-Bibienas architekt. Kulisse in Winkelperspektive und beschränkterem Einsatz von Th.n. Trotz der fortschreitenden Entwicklung der Th. durch techn. Errungenschaften bis zur perfektionist. modernen Bühnentechnik hatte die Th. im 16. u. 17. Jh. ihren eigentl. Höhepunkt. Im 20. Jh. ist eher eine Abkehr von der perfekten ↗ Illusionsbühne festzustellen (↗ Stilbühne). IS

Theaterwissenschaft, Wissenschaft vom Wesen und der histor. Entwicklung des Theaters als kulturgeschichtl. Phänomen: eine Integrationswissenschaft, die im Grenzbereich oder Überschneidungsgebiet von Literaturwissenschaft, Volkskunde und Völkerkunde, Religionswissenschaft und Mythologie, Geschichte der Musik und des Tanzes, Geistes-

Theaterwissenschaft

und Sittengeschichte, Publizistik, Soziologie, Psychologie und Ästhetik, Geschichte der Technik und der Architektur angesiedelt ist. Ihre *Aufgabenbereiche* sind Phänomenologie, Morphologie, Ästhetik und Geschichte des Theaters, Geschichte der Schauspielkunst, der Regie, des Bühnenbildes usw. und schließl. Wirkungsgeschichte des Theaters (einschl. der Geschichte der ↗ Theaterkritik). – Die Th. ist jünger als die anderen ›Kunstwissenschaften‹ (Kunstgeschichte und Musikgeschichte/Musikwissenschaft) und als selbständige wissenschaftl. Disziplin erst im 20. Jh. ausgebildet worden. *Erste bedeutende theaterwissenschaftl. Arbeiten* entstanden seit dem Ende des 19. Jh.s im Rahmen der Literaturwissenschaft (W. Creizenach, »Bühnengeschichte des Goetheschen Faust«, 1881, »Geschichte des neueren Dramas«, 1893–1909; R. M. Werner, »Der Wiener Hanswurst Stranitzky«, 1883; A. v. Weilen, »Geschichte des Wiener Theaterwesens«, 1899; E. Lintilhac, »Histoire générale du théâtre en France«, 1904–10; vorausging E. Devrients allerdings noch ›vorwissenschaftl.‹ »Geschichte der dt. Schauspielkunst«, 1848). 1891 gründete B. Litzmann eine erste theaterwissenschaftl. Publikationenreihe (»Theatergeschichtl. Forschungen«). 1902 wurde in Berlin die *erste theaterwissenschaftl. Gesellschaft* gegründet (»Gesellschaft für Theatergeschichte«; Publikationsorgan: »Schriften der Gesellschaft für Theatergeschichte«; es folgen 1933 die »Société d'Histoire du Théâtre« – Publikationsorgan: »Revue d'Histoire du Théâtre«, 1942 die »Gesellschaft für Wiener Theaterforschung«, 1955 die »Fédération Internationale pour la Recherche Théâtrale«). 1909 wird im Victoria and Albert Museum die *theaterwissenschaftl. Abteilung* eröffnet (z. T. auf der Grundlage der Sammlung Kean; es folgen 1913 das Museo Teatrale alla Scala, 1922 die Theatersammlung der Österreich. Nationalbibliothek mit der Sammlung Hugo Thiemig, 1929 das Museum der Preuß. Staatstheater; bereits 1910 begann der Aufbau des Münchner Theatermuseums mit der Sammlung Cl. Ziegler). Die erste große *theaterwissenschaftl. Ausstellung* fand 1927 in Marburg statt; 1955 folgt die Europ. Theaterausstellung in Wien. Das *erste theaterwissenschaftl. Institut* wird 1923 in Berlin von Max Herrmann gegründet, es folgt 1942 das Institut für Th. an der Universität Wien (Leitung: A. Wolfram). Schon seit 1915 hatte A. Kutscher an der Münchner Universität theaterwissenschaftl. Vorlesungen gehalten; er ist auch der Verfasser eines ersten theaterwissenschaftl. Grundrisses (»Grundriß der Th.«, 1932–36); er gilt als Begründer der Th. als Hochschuldisziplin. Heute wird Th. im deutschsprachigen Raum z. B. an den Universitäten Berlin, Erlangen, Hamburg, Köln, München; Greifswald; Wien; Bern und Zürich gelehrt. K

Theaterzettel, seit dem 15. Jh. bezeugte Einzelblätter (1. handschriftl. Th. 1466; 1. gedruckter Th. 1520) mit Angaben zu einer Theateraufführung; löste den mal. Ausrufer (Praecursor), Prolog- oder Epilogsprecher ab (vgl. ↗ geistl. Spiel, ↗ Fastnachtsspiel), enthielt Titel u. Zeitpunkt der Aufführung und, v. a. bei lat. Stücken (↗ Humanisten-, ↗ Jesuitendrama, [hier auch: Perioche]), eine Inhaltsangabe, im Barock darüber hinaus Anpreisungen der Schaueffekte. Erst Mitte des 18. Jh.s werden der Verfasser des Stücks, der Prinzipal der Truppe und die Schauspieler (erstmals von Abel Seyler), Mitte des 19. Jh.s auch der Regisseur genannt. Das Bedürfnis nach Einführungen, Analysen und Betrachtungen und die Aufnahme von Reklame etc. führte insbes. durch die Volksbühnenbewegung seit 1890 zur Ausweitung des Th.s zum Programmheft. IS

Théâtre italien ↗ Comédie italienne.

Théâtre libre [teatrə'libr; frz. = freies Theater], von dem Pariser Gaswerkangestellten André Antoine gegründeter Privatbühnenverein, der von seinen Mitgliedern durch einen Jahresbeitrag finanziert wurde u. in geschlossenen, vor staatl. Zensur geschützten Aufführungen durch Amateurschauspieler seit dem 30. März 1887 Stücken der naturalist. Moderne zur Aufführung verhalf. Antoine, zuvor Statist bei der Comédie Française, hatte bei H. Taine Vorlesungen über positivist. Kunsttheorie gehört u. wurde von Zolas theoret. Schriften ermutigt, in Anlehnung an Victor Hugos Wort von einem *théâtre en liberté* sein finanzielles wie künstler. Wagnis zu beginnen. Sein Milieurealismus in Bühnenausstattung u. Schauspielerführung knüpfte an die Meininger an, verschärft allerdings durch den sog. Verismus der 4. Wand, also eine gänzl. Ignorierung des Publikums (Spiel mit dem Rücken zum Zuschauer). Die Auswahl der Stücke u. Autoren war bewusst progressiv u. provokativ; dem frz. Publikum wurden erstmals L. N. Tolstoi, H. Ibsen u. – mit riesigem Erfolg – G. Hauptmanns »Weber« präsentiert. Durch Gastspiele machte das Th. l. Stoffe u. Stil auch im Ausland bekannt. Nachfolgegründungen waren die Berliner ↗ Freie Bühne 1889, das Londoner Independent Theatre 1891 u. das Moskauer Künstlertheater 1898. GM

Theogonie, f. [gr. theos = Gott, goné = Geburt], Bez. für myth. Vorstellungen von Herkunft und Wirken der Götter, auch Bez. für eine Götterlehre, vgl. z. B. die erste systemat. Zusammenfassung des griech. Götterglaubens bei Hesiod (»Th.«, 1022 Verse, 700 v. Chr.). IS

Thesaurus, m., Pl. Thesauri [gr. thesauros = Schatz], alphabet. und systemat. geordnete wissenschaftl. Sammlung aller sprachl. oder sonstigen Bezeichnungen eines bestimmten Anwendungsbereiches (z. B. einer Fachsprache) nach ihren semant. Beziehungen in einem System syntagmat. und paradigmat. Querverweise. Die ständig zu erweiternden und zu ergänzenden Th.i sind als Funktionsträger im Rahmen eines Dokumentationssystems grundlegende Hilfsmittel zur Wiederauffindung und inhaltl. Erschließung von Dokumenten und zur Wiedergewinnung von Information über jedes gewünschte Element des jeweils erfassten Bereiches. Die Bedeutung von ›Th.‹, früher ledigl. Bez. für eine Sammlung des Gesamtbestandes einer Sprache zu deren lexikal. Bearbeitung (z. B. Th. linguae Latinae, 1894 ff.; Th. linguae Graecae, 1955 ff.), hat sich mit der Entwicklung von Linguistik, Datenverarbeitung und Dokumentationswesen entscheidend verändert. Noch nicht gelöste Probleme der Th.erstellung und -verwendung, etwa bezügl. der Systematisierung des jeweiligen Zeichencorpus oder der Kompatibilität verschiedener Th.i untereinander, bedürfen weiterer Grundlagenforschung. KH

Thesenstück, auch Tendenzstück; in der Tradition der sozialkrit. ↗ Sittenstücke stehendes Drama (Hörspiel, Sketch etc.), in dem die Richtigkeit einer bestimmten These dargestellt werden soll. Handlung und typisierte Personen sind weitgehend abstrakt und funktional nur im Hinblick auf die dialekt. Auseinandersetzung zugunsten nur eines Aspektes konstruiert, die oft simplifizierend, perspektiv. einseitig, agitator. oder emotional geführt wird. Die Grenzen zum aspektereicheren, sachl. offener diskutierenden ↗ Problemstück sind jedoch fließend. Th.e sind z. B. einige Dramen G. B. Shaws, v. a. aber die der marxist. Gesellschaftslehre verpflichteten Stücke von P. Weiss, B. Brechts ↗ Lehrstücke, die Stücke des ↗ sozialist. Realismus, des frühen Arbeitertheaters, des ↗ Agitprop- und ↗ Straßentheaters (vgl. ↗ Proletkult). Zu Th.en umfunktioniert werden können auch durch entsprechende Streichungen und Inszenierungen auch Dramen mit allgem. polit. Thematik, vgl. die Inszenierungen E. Piscators. Auch: ↗ polit. Dichtung, ↗ Tendenzdichtung. IS

Thesis, f. [gr. = Senkung], Begriff der Verslehre, s. ↗ Hebung.

Thespiskarren, im eigentl. Sinne der (nicht histor. belegte) Wagen (als Wagenbühne?, als Transportmittel für Requisiten?), mit dem Thespis aus Ikara (Attika, bezeugt zw. 536–532 v. Chr.), der älteste bekannte Tragödiendichter, umhergezogen sein soll (nach Horaz, De arte poetica, vv. 275–78); in übertragenem Sinne (meist iron.) gebraucht für eine Wanderbühne, auch als Name für kleine Theater. IS

Thingspiele ↗ Freilichttheater

Threnos, m. [gr. = 1. Totenklage, Trauergedicht, 2. Vorsänger beim Vortrag der Totenklage]; Gattung des griech. ↗ Chorliedes, ur-

Threnos

sprüngl. die unliterar., teilweise wohl auch unartikulierte ↗Totenklage; sie galt als barbarisch und wurde mehrfach gesetzl. verboten (u. a. durch Solon in Athen). Erst in der Tragödie begegnet ›*th*‹. als Bez. für die dichter. Totenklage. In alexandrin. Zeit werden dann die chor. Klagegedichte des Simonides (vermutl. Begründer der kunstmäß. ausgebildeten ↗Klage) und Pindars als *threnoi* bezeichnet; sie verbinden Totenklage mit Totenpreis. – Die eigentl. literar. Formen des griech. Trauergedichtes sind das Grab-↗Epigramm, das ↗Epikedeion, der prosaische ↗Epitaphios (logos) und in der Tragödie der ↗Kommos. K

Thriller, m. [engl. zu to thrill = durchdringen, durchbohren, schaudern machen], angloamerikan., auch im Dt. übl. Bez. für Romane, Theaterstücke, v. a. aber Filme, Fernseh- und Hörspiele, die auf starke, oft reißer. Spannungs- oder Schauereffekte ausgerichtet sind (Horror-, Kriminal-, Spionagefilme oder -romane usw.); umfasst sowohl (und vor allem) den Trivialbereich, aber auch künstler. anspruchsvolle Werke (A. Hitchcocks Psycho-Th., C. Reed, »Der dritte Mann«, 1949 u. a.). IS

Tierdichtung, Sammelbez. für literar. Werke, in denen Tiere im Zentrum stehen; umfasst intentional und formal die verschiedenartigsten literar. Gattungen (Vers, Prosa, lyr., ep., dramat. Gestaltung). – T. entstand nach neuerer Auffassung polygenet. in allen Kulturen, wohl bedingt durch den für einfache Lebenszusammenhänge charakterist. vertraul. oder bedrohl. Umgang mit Tieren, jedoch weniger auf Grund genauer Beobachtung, als vielmehr aus myth. oder aitiolog. Vorstellungen heraus: das Tier spielte v. a. in frühzeitl. Kulten eine große Rolle (Tiergötter, Tieropfer, kult. Tiertänze oder -verkleidungen). In diese vorliterar. Bereiche zurück reichen das Tier-↗Märchen (Hauptthema: Verwandlung Mensch-Tier), die Tier-↗Sage, zum volkstüml. Erzählgut gehört der Tier-↗Schwank, das lehrhafte *Tiergleichnis*, deren internationale Verbreitung zudem durch Austausch der Stoffe (vor- und unterliterar. Wandermärchen, -sa-

gen etc.) oder später durch literar. Sammlungen gefördert wurde. Ein weiterer, für Spätantike und MA. charakterist. Zweig der T. sind die ↗*Bestiarien*, Beschreibungen realer und myth. (Einhorn, Phönix) Tiere, deren oft phantast. Eigenschaften und Handlungen allegor. heilsgeschichtl. gedeutet werden. Das früheste Zeugnis ist der griech. »Physiologus« (2. Jh.), dessen Bestand, vielfält. aus anderen Quellen erweitert, Vorbild aller weiteren Bestiarien wurde, eine Tradition, die im 14. Jh. zu Ende ging, an die dann wieder G. Apollinaire im 20. Jh. mit seinem »Bestiaire ou cortège d'Orphée« (1911) anknüpfte: diese Sammlung von Tierepigrammen verarbeitet zahlreiche der myth. und phantast. Vorstellungen der Bestiarien in subtiler, altertüml.-einfacher Sprachkunst zu meisterhaften, oft humorvollen poet. Tierportraits. Wichtigste und eigenständigste Ausprägung der T. ist die ↗*Fabel*, die mit eindeutig didakt., oft auch krit. Stoßrichtung eine allgemeingült. Maxime oder Lehre exemplifiziert. Als ihr ›Erfinder‹ gilt der Thraker Äsop (6. Jh. v. Chr.); bedeutsam für ihre Ausprägung in Altertum und MA. wurden die lat. Sammlung von Phaedrus (1. Jh.), die Sammlungen »Romulus« (4./5. Jh.) und »Anonymus Neveleti« (12. Jh.). Sie erscheint seit dem 12. Jh. auch in den Volkssprachen und erlebt in Deutschland eine Blüte im 15. u. 16. Jh. (H. Steinhöwel, 1476, Burkhard Waldis, 1548, Erasmus Alberus, 1550), in Frankreich im 17. Jh. (J. de La Fontaine, 1678–94); ihren Höhepunkt und zugleich ihr Ende findet sie im Zeitalter der Aufklärung (J. Gay, F. v. Hagedorn, J. W. L. Gleim, M. G. Lichtwer, Ch. F. Gellert, G. E. Lessing). Etwa parallel verläuft die Entwicklung des *Tierepos*. Es gründet auf der äsop. Fabel, indem es deren Tierkanon benutzt und die Anthropomorphisierung wie diese auf konstante typ. Eigenschaften eingrenzt, zugleich bedient es sich des Darstellungs- u. Sprachstils der ↗Epos und nutzt beides auch zur ↗Parodie (↗kom. Epos), v. a. aber zur Darstellung spezieller aktueller gesellschaftlicher (nicht wie die Fabel allgem. menschlicher) Probleme, d. h. zur ↗Satire. Das älteste bekannte Tierepos ist die pseudohomer. »Batrachomyomachia« (6./5. Jh. v. Chr.), eine

Parodie auf das griech. Heldenepos, die in pathet. Breite einen Krieg zwischen Fröschen und Mäusen schildert. Das erste mal. Tierepos, die im 10. oder 11. Jh. in Toul entstandene »Ecbasis cuiusdam captivi« (in lat. leonin. Hexametern), ist in Einzelzügen eine Satire auf das zeitgenöss. Mönchstum, als Gesamtwerk aber als Allegorie (per tropologiam) konzipiert: Flucht eines Mönches (Kalb) in die Welt (Höhle des Wolfes) und seine Rettung daraus. Satire ist auch der 1148 in Gent von Magister Nivardus verfasste »Ysengrimus«, eine Kompilation dialog. gebauter Fabeln in lat. Distichen (6 Tsd. Verse) um den Wolf als dem Sinnbild sünd. Geistlichkeit, der vom Fuchs, dem Vertreter des Laienstandes, übertölpelt wird. Der Fuchs Renart (Reineke, Reinhart usw.) wird dann Mittelpunkt der traditionsreichsten T.: Vom 12. – 13. Jh. bildet sich in Frankreich allmähl. ein volkssprachl. Zyklus von 27 Fabeln (branches), der »Roman de Renart«, heraus, der immer wieder Umformungen erfuhr, z. B. durch Rutebeuf (»Renart le bestourné«, 1260/70), Philippe de Novare (»Renart encouronné«, 1260/68) u. a. Auf den frühen branches beruht das 1. dt.-sprach. Tierepos, der um 1180 entstandene »Reinhart Fuchs« des Elsässers Heinrich der Glichesære. Nur in Bruchstücken und einer Bearbeitung des 13. Jh.s erhalten, erweist es sich als die schärfste mal. Standessatire insbes. auf das zeitgenöss. Hofleben, mit konkreten Bezügen zur stauf. Reichspolitik. Ebenfalls auf dem »Roman de Renart« basiert der ostfläm. »Reinaert de Vos« (1250), lehrhaft mit dem Sieg der Gerechtigkeit endend (Bestrafung des Fuchses); dagegen endet dessen erweiterte westfläm. Überarbeitung von 1375 mit dem Sieg der Verschlagenheit, eine Tendenz, die die Fassung Hinreks van Alkmar (1480) noch durch moral. Prosaglossen verstärkt. Die satir. Tendenz dieser Fassung, jeweils auf aktuelle Zeitprobleme bezogen und durch lehrhafte, aber auch schwankhafte Elemente erweitert, bestimmt den weitere Tradierung: Im 1. niederdt. Druck »Reynke de Vos« (Lübeck 1498), den hochdt. Druck 1544, die zahlreichen weiteren Drucke (Prosaauflösungen im Volksbuch), Übersetzungen ins Dän., Schwed., Lat.

(!) usw. Die Popularität dieser T. wurde gesteigert durch die Anerkennung Luthers, Erasmus Alberus', B. Waldis', die aus ihr Anregungen zu ihren Fabeln entnehmen. Ihr sind (neben antiken Mustern) auch satir. Tierepen wie J. Fischarts »Flöhhatz« (1573), G. Rollenhagens »Froschmeuseler« (1595) und W. Spangenbergs »Gansz-König« (1607) verpflichtet, und noch (über J. Ch. Gottscheds Ausgabe und Prosaübertragung, 1752, des Druckes von 1498) Goethes Hexameterepos »Reineke Fuchs« (1794), das in lehrhaft satir. Absicht wie jene ein »wahres Bild der Geschichte seiner Zeit« geben will. Die Tradition setzt sich fort in E. T. A. Hoffmanns »Lebensansichten des Katers Murr« (1819/21), H. Heines »Atta Troll« (1843), A. Glaßbrenners »Neuer Reineke Fuchs« (1846) und E. v. Bauernfelds satir. Drama »Die Republik der Tiere« (1848), im 20. Jh. in den Tiererzählungen K. A. Gjellerups (»Das heiligste Tier«, 1920), J. R. Haarhaus' (»Die rote Exzellenz«, 1922) und G. Orwells (»Animal Farm«, 1945). – Als neuer Zweig der T. entwickelt sich seit dem 19. Jh. (parallel zu dem breiteren Interesse an der wissenschaftl. Naturforschung) der *Tierroman*, die *Tiererzählung*. Unterhaltend-lehrhafte Tierbeschreibungen auf Grund genauer Beobachtungen gab es seit dem 18. Jh. zunehmend in Wochenschriften und ↗ Kalendern (J. P. Hebel). Das Tier wird nun in seinem Eigenleben, seinen Umweltbedingungen darzustellen versucht. Es entstehen jedoch zahlreiche T.en, die – ohne satir. Absicht – menschl. Züge, v. a. Gefühle, auf die Tiere übertragen oder von Mitleid und dem Gefühl der Verwandtschaft geprägt sind, z. B. von R. Kipling (»Dschungelbücher«, 1894/85), E. v. Schönaich-Carolath (»Der Heiland der Tiere«, 1896), J. V. Widmann (»Maikäferkomödie«, 1897, »Der Heilige und die Tiere«, 1905), F. Jammes (»Hasenroman«, 1903). London (»Ruf der Wildnis«, 1903, »Wolfsblut«, 1905), W. Bonsels (»Die Biene Maja«, 1912, »Himmelsvolk«, 1915) oder Gedichte von F. Werfel, R. M. Rilke u. a. – Vertreter einer unsentimentalen Einfühlung in das Tier als eigensetzl. Existenz, einer auf realist. Beobachtung aufbauenden T., sind M. Maeterlinck mit seinen naturphilosoph. Betrach-

Tierdichtung

tungen (»Das Leben der Bienen«, 1901, »... d. Termiten«, 1926, »... d. Ameisen«, 1930), H. Meerwarth, H. Löns (»Mümmelmann«, 1909 u. a.), M. Kyber (»Unter Tieren«, 1912 u. a.), und der eigentl. Schöpfer des modernen Tierromans, der Däne S. Fleuron (»Schnipp Fidelius Adelzahn«, 1917, »Die rote Koppel«, 1922, »Meister Lampe«, 1923 u. a.), ferner Th. Seton, B. Berg, M. Fønhus, J. Wenter, F. Salten (»Bambi«, 1923) und viele andere. Eine *Sonderform der T.* ist die Verbindung eines Tierschicksals mit dem eines Menschen, vgl. u. a. H. Melville (»Moby Dick«, 1851), Fritz Reuter (»Hanne Nüte«, 1860), M. v. Ebner-Eschenbach (»Krambambuli«, 1883), Th. Mann (»Herr und Hund«, 1920), W. Bonsels (»Mario und die Tiere«, 1927), E. Hemingway (»Der alte Mann und das Meer«, 1952). – Beklemmende Einfühlung in Angstzustände eines Tieres führt zum autobiograph. Gleichnis bei F. Kafka (»Der Bau«, 1923); Rückgriffe auf das Tiermärchen kennzeichnen den Roman »Der Butt« (1977) von G. Grass.

IS

Hemingway: »Der alte Mann und das Meer«

Tirade, f. [zu it. tirata = Ziehen, Zug], 1. gelegentl. (unscharf) Bez. für ↗ Laisse; 2. im Theaterjargon des 17. Jh.s abschätz. Bez. für längere, effektvolle, atemtechn. schwierige Redepartie im Drama; in der Bedeutung ›Wortschwall‹, ›Worterguss‹ seit dem 18. Jh. in die Umgangssprache eingedrungen.

S

Tiradenreim ↗ Einreim.

Tirolstrophe, mhd. Strophenform aus sieben Vierhebern: 2 Reimpaaren und Waisenterzine (a a b b c x c) mit männl. Kadenz (die Waisenzeile kann auch klingend enden); belegt durch die fragmentar. Dichtung »Tirol und Fridebrant« (13. Jh.); wohl Weiterentwicklung der ↗ Morolfstrophe.

MS

Tischzuchten, spezif. Gattung der mit dichter. Mitteln geformten Anstands- und Lehrliteratur des hohen und späten MAs, in welcher Regeln für das den höf. oder bürgerl. Normen entsprechende Verhalten bei den Mahlzeiten gegeben werden. Die ersten T. aus dem 12. Jh. sind *latein.* Werke aus dem Bereich klösterl. Erziehung, von denen der an die didakt. Distichen der »Dicta Catonis« (3. Jh.) angehängte »Facetus« bes. reich überliefert und vielfach übersetzt wurde, so noch 1490 von S. Brant. Ansätze zu *volkssprach.* T. finden sich in der höf. Epik (z. B. Wolfram v. Eschenbach, »Parzival«, IV, 184). Die erste selbständ. T. läuft unter dem Namen Tannhäusers (Mitte 13. Jh.s). Bedeutung erhielt diese Gattung jedoch erst, als sie vom höf. ans bürgerl. Publikum umadressiert wurde und sich zunehmend einer negativen Didaktik in satir. Absicht bediente: Seit der Mitte des 15. Jh.s wird der »Cato« parodiert, S. Brant gab den sog. *grobian T.* in der 2. Aufl. des »Narrenschiffs«, 1495 (Kap. 110a) ein stark rezipiertes Vorbild (↗ Grobianismus). T. sind ergiebige Quellen zur europ. Kulturgeschichte, nicht nur, weil sie in fast allen Ländern reich verbreitet und zur humanist. Erziehungsliteratur gehörten, sondern weil sich an ihnen das Vordringen und Verfestigen der bürgerl. Peinlichkeitsschwellen ablesen lässt, die noch heute für die Tabuisierung im Bereich des gesellschaftl. Verhaltens gültig sind.

HW

Titel, m. [lat. titulus = Aufschrift, Überschrift] Benennung eines Werkes der Lit., Wissenschaft, Kunst u. Musik (Beethoven, »Pastorale«, Rembrandt, »Nachtwache«) etc. zum Zweck der Information, der Klassifikation, auch der Anpreisung. In der Neuzeit sind von Autor oder Verlag gewählte Titel ein fester, jurist. geschützter Bestandteil eines Werkes (Titelschutz). – *Buch-T.* in neuzeitl. Sinne waren in Antike und MA, z. T. auch noch bei Wiegendrucken nicht üblich. Ihre Funktion erfüllten ↗ Incipit, ↗ Explicit und ↗ Kolophon. Im Bereich der dichter. Werke finden sich die ältesten Buch-T. im 12. und 13. Jh.; dabei sind zu unterscheiden

1. T., die im Werk selbst genannt sind, z. B. cro-

nica (Kaiserchronik, ca. 1150), *Der Welsche Gast* (Thomasin von Zerklære, 1216), *Der Nibelunge liet (nôt)*, 2. T., die in Werken anderer Autoren zitiert werden: *Der Umbehanc* von Bligger von Steinach (bei Gottfried von Straßburg), *Der Âventiure Crône* von Heinrich von dem Türlin (bei Rudolf von Ems, hier noch weitere T.-angaben), 3. T., die vereinzelt in Handschriften als Überschriften auftauchen, z. B. *Âventiure von den Nibelungen* (Handschr. S), *Ditz Puech heysset Chrimhilt* (Ambraser Heldenbuch). T-los überlieferte Werke wurden von neuzeitl. Philologen benannt, etwa mit dem ersten Wort eines Werkes *(Abrogans,* 8. Jh.), durch Gattungs- oder Herkunftsbez. *(Carmina burana, Benediktbeurener Osterspiel),* Heldennamen etc. Die Wahl eines T.s erfolgt nach den unterschiedlichsten Kriterien, die z. T. einem bestimmten Epochenstil unterliegen (vgl. T. im Barock). Die einfachste T.*form* ist die Namensnennung des oder der Haupthelden (»Wallenstein« v. F. v. Schiller, »Leonce und Lena« v. G. Büchner, oft erweitert durch ein charakterisierendes Attribut (»Der grüne Heinrich« v. G. Keller) oder eine Inhaltskennzeichnung (»Die Leiden des jungen Werthers« v. J. W. v. Goethe; »Die Abenteuer des braven Soldaten Schwejk« v. J. Hašek). Außerdem geben T. häufig erste allgemeine Inhaltsangaben (»Der Bürger als Edelmann« v. Molière oder, in Form eines Sprichwortes: »Wer einmal aus dem Blechnapf frißt« v. H. Fallada), typisierende Kennzeichnungen des Helden (»Der Geizige« v. Molière), charakterist. oder symbol. Ortsangaben (»Berlin Alexanderplatz« v. A. Döblin, »Die Strudelhofstiege« v. H. v. Doderer, »Der Zauberberg« v. Th. Mann), oft auch verbunden mit einer Gattungsbez. (»Die Chronik der Sperlingsgasse« v. W. Raabe). Manchmal weist ein Zusatz ein Werk auch als Neugestaltung eines älteren Stoffes aus (»Der neue Amadis« v. Ch. M. Wieland, »Amphitryon 38«, v. J. Giraudoux). Bes. bei Gedichten kann der Titel der Einstimmung dienen (»Melancholie des Abends«, v. G. Trakl) oder ein Schlüssel zum Verständnis sein (»Ganymed« v. Goethe; als Gedichtt. übl. sind weiter Apostrophen (»An Schwager Kronos«, Goethe), Widmungen (»An Wilhelm Hartlaub«, E. Mörike), Formoder Gattungsbez. (»Dithyrambe«, »Nänie«, Schiller), auch verbunden mit einer Inhaltsangabe (»Ballade vom angenehmen Leben«, B. Brecht), bei Rollenlyrik die Bez. des Sprechers (»Prometheus«, Goethe, »Das verlassene Mägdlein«, Mörike) oder die Voranstellung der ersten Wörter oder ersten Zeile (»Manche freilich ...«, H. v. Hofmannsthal). Seit der Antike finden sich auch *Doppeltitel,* d. h. zweigliedrige, durch *oder* verbundene Überschriften, wobei der kürzere erste Teil meist eine Person oder eine Sache nennt, die zweite eine erklärende oder präzisierende Ergänzung gibt (»Phaidros oder Über das Schöne«, Plato); häufig im Humanismus (Erasmus), verbreitet v. a. im Barock als sog. *sprechende T.,* die den Inhalt wortreich umreißen (»Trutz Simplex oder Ausführliche und wunderseltsame Lebensbeschreibung der Ertzbetrügerin und Landstörtzerin Courasche. Alles miteinander Von der Courasche eigner Person dem Autori in die Feder diktiert, der sich dießmal nennet ... [H. J. Ch. v. Grimmelshausen]«; oft steht statt *oder* auch *das ist:* »Güldnes Tugendbuch, das ist: Werk und Übung der dreien göttlichen Tugenden« v. Spee), beliebt auch im Trivialroman (»Benno von Rabeneck oder Das warnende Gerippe im Brautgemach«), mit bewusst bon. Kontrastwirkung v. a. bei Jean Paul (»Blumen- Frucht- und Dornenstücke oder Ehestand, Tod und Hochzeit des Armenadvokaten F. St. Siebenkäs im Reichsmarktflecken Kuhschnappel«). – Ferner wird dem Hauptt. bisweilen ein erläuternder *Unter-T.* beigefügt (»Doktor Faustus. Das Leben des deutschen Tonsetzers Adrian Leverkühn, erzählt von seinem Freunde«, Th. Mann). Unterscheiden lassen sich T. nicht nur nach ihrem Informationsgehalt, sondern auch nach ihren Intentionen: neben der häufigsten Form einer sachl. Orientierung des Lesers mit mehr oder weniger offenen oder zutreffenden Hinweisen auf den Inhalt gibt es eingängige, durch Klangmittel gestaltete T. (»Nächte von Fondi« v. I. Kurz, »Götter, Gräber und Gelehrte« v. C. W. Ceram), spannungserzeugende, neugierigweckende reißer. T., bes. bei Kriminalromanen

Titel

und -stücken (»Der Doppelmord in der Rue Morgue« v. E. A. Poe, »Die Geheimnisse von Paris« v. E. Sue) oder auch agitator. oder proklamator. T. (»Volk ohne Raum« v. H. Grimm) und witzig-paradoxe T. (»Der Ruinenbaumeister« v. H. Rosendorfer). – Die disparate Vielfalt der T.gebung lässt sich im Werk auch schon *eines* Autors beobachten, vgl. etwa J. Gotthelf »Wie Uli der Knecht glückl. wird. Eine Gabe für Dienstboten und Meisterleute«; der T. der Fortsetzung lautet dagegen »Uli der Pächter. Ein Volksbuch«, an barocke T. erinnert andererseits »Wie Anne Bäbi Jowäger haushaltet und wie es ihr mit dem Doktern ergeht«.

Erst seit dem 16. Jh. ist der T. fester Bestandteil eines Buches, ergänzt durch ausführl. bibliogr. Angaben wie Herausgeber, Auflage, Verlag, Erscheinungsjahr und Druckort. Das erste vollständ. T.blatt dieser Art druckte W. Stöckel 1500 in Leipzig. In sog. T.büchern sind T. literar. Werke alphabet. erfasst, soweit bekannt mit Autorenangabe, z. B. in: M. Schneider, Dt. T.-buch. Ein Hilfsmittel z. Nachweis von Verfassern dt. Lit.werke. Mit Nachträgen u. Berichtigungen v. H. J. Ahnert. 2 Bde. Bln. 1966. S

Titlonym, n. [aus gr. titlos = Aufschrift, Titel, onoma = Name], Sonderform des ↗ Pseudonyms: statt des Verfassernamens steht ein früherer, erfolgreicher Buchtitel desselben Autors, z. B. »›Die Rückkehr‹ vom Verfasser der ›Briefe eines Verstorbenen‹« (für H. Fürst von Pückler-Muskau). S

Titulus, m. [lat. = Aufschrift, Überschrift], Bildüberschrift oder -unterschrift, auch in ein Bild eingefügtes Schriftband, bez. die dargestellte Person oder erläutert den Bildinhalt, z. T. in Versen; findet sich bes. *in mittelalterl. Bildern* (Fresken und Miniaturen in Handschriften). In der Antike bez. T. auch einen aus einer Buch-(Papyrus-)Rolle heraushängenden Streifen, auf dem Autorname und ↗ Titel des Werkes stehen. S

Titurelstrophe, vierzeil. Strophenform der mhd. ep. Literatur, zuerst in den »Titurel«-Fragmenten Wolframs v. Eschenbach (um 1220), weiterentwickelt im sog. »Jüngeren Titurel« Albrechts (? um 1270). Wolframs Strophe besteht aus drei Langzeilen zu 8 und zweimal 10 Hebungen und einer vor der letzten Langzeile eingeschobenen 6-heb. zäsurlosen Zeile, mit paarigen, klingenden Endreimen. Die Strophenform ist jedoch nicht streng ausgeprägt; in den Langzeilen können die Zäsuren variieren oder fehlen, auch die Hebungszahlen können wechseln. – Im »Jüngeren Titurel« treten (in den ersten beiden Langzeilen regelmäßig) Zäsurreime auf, Reimschema a-b|a-b|c| x-c; die Anverse der zäsurierten Zeilen enden meist klingend, gelegentl. auch mit voller Kadenz. Diese fortentwickelte Form der T. auch in der »Jagd« Hadamars v. Laber (um 1335) u., z. T. etwas variiert, in Ulrich Füetrers »Buch der Abenteuer« (letztes Drittel des 15. Jh.s).
MS

Tmesis, f. [gr. = Zerschneidung], ↗ rhetor. Figur, Trennung eines zusammengesetzten Wortes, indem andere Satzglieder dazwischengeschoben werden: »ob ich *schon* wanderte« = obschon ich ... (Psalm 23.4), eine Form des grammat. ↗ Metaplasmus (der Abweichung von der Sprachnorm); begegnet als grammat. Norm auch bei Präfixen, die ursprüngl. Ortsadverbien waren: anfangen – ich fange an. S

Togata, f. [lat. eigentl.: fabula togata, von lat. toga, der Oberbekleidung des röm. Bürgers], Gattung der röm. ↗ Komödie, im 2. Jh. v. Chr. aufkommende, bis in Sullas Zeit reichende eigenständ. Gestaltung röm.-ital. Stoffe in röm. Milieu u. röm. Tracht, wohl als literar. Gegenströmung gegen die Hellenisierung des geistigen Lebens dieser Zeit (vgl. ↗ Palliata nach griech. Vorbild). Wichtigste Vertreter der T. sind Titinius, L. Afranius, T. Quinctius Atta. Insgesamt sind etwa 70 Titel und 650 Verse überliefert. Als Sonderformen der T. werden z. T. unterschieden: die *fabula tabernaria* (von *taberna* = Bretterhütte, Bude), die in den unteren Schichten, und die (von Melissus erfolglos [?] entwickelte) *fabula trabeata* (von *trabea* = prächt. Staatskleid), die im röm. Ritterstand spielt.
DW

Ton, mhd. *dôn*: im ↗ Minnesang, in der ↗ Sangspruchdichtung, im ↗ Meistersang und in der stroph. Epik die Einheit von Strophenform und Melodie (= *wîse*), ein »Strophenmodell«, das sowohl den Verlauf der Melodie, ihre Gliederung und ihre rhythm. Struktur als auch die metr. Gestalt des vertonten Textes umfasst. T. ist also musikal. und metr. Terminus zugleich (vgl. die mittelhochdt. Begriffspaare *dôn und wort, wort unde wîse*). Zwischen dem T. als Form und dem Inhalt eines Textes gibt es in der mhd. stroph. Dichtung meist keine semant. Relation; daher kann derselbe T. für Strophen und Gedichte verschiedensten Inhalts verwandt werden (↗ Kontrafaktur), ledigl. die Vortragsart (Tempo, Agogik, instrumentale Begleitung) lässt hier Modifikationen zu. Andererseits gehört es zu den formalen Charakteristika des Minnesangs, dass immer wieder neue und kunstvollere Töne geschaffen wurden. Erhalten sind bis Frauenlob (um 1300) ca. 200 T.e. – Mhd. *dôn* geht auf zwei Wurzeln zurück: einmal auf ahd. *tuni* (Geräusch) und lat. *tonus* (Saite, Ton), um 1000 als Lehnwort übernommen; die Lehnwortbedeutung setzt sich im Mittelhochdt. mit dem höf. Minnesang durch. Von den Minnesängern übernehmen ihn die Meistersinger. Sie beschränken sich zunächst auf die Verwendung von T.en, die ihrer Vorstellung nach auf die »12 alten Meister« zurückgehen; ein Großteil dieser Töne, meist mit Melodien, ist in der Colmarer Liederhandschrift (Mitte 15. Jh.) überliefert; seit dem ausgehenden 15. Jh. (H. Folz) sehen sie jedoch in der Erfindung neuer Töne eine ihrer wichtigsten Aufgaben. Nach dem Vorbild der bei den Meistersingern übl. (teilweise recht wunderl.) T.-Benennungen (der »kurze, lange, zarte, blühende, grüne, schwarze T.«, »vrou Eren dôn«, »Türinger hêrren dôn«, »Hildebrandston«) wurden im 19. Jh. neue T.-Benennungen für die von Walther von der Vogelweide in seinen Sangspruchgedichten verwandten Töne geschaffen (z. B. »Reichst.«, »Erster und Zweiter Philippst.«, »Ottent.«, »Unmutst.«, »Rüget.«). K

Tonbeugung, Begriff der Verslehre: Durchbrechung des ↗ akzentuierenden Versprinzips: Widerstreit zwischen der vom metr. Schema geforderten Akzentuierung und der natürl. Sprachbetonung. Im Ggs. zur ↗ schwebenden Betonung missachtet das metr. Schema den sprachl. Akzent ohne bestimmte expressive Absicht; findet sich häufig allerdings nur im ↗ Meistersang (Versuch der Anwendung des ↗ silbenzählenden Versprinzips), im Kirchenlied und in alternierenden Versen und dt. Nachbildungen griech. und röm. Versmaße und Strophenformen vor M. Opitz, z. B. »Venús die hát Junó nit vérmocht zú obsíegen« (Opitz, »Poeterey«, 1624). K

Topos, m., Pl. Topoi (gr. = Ort, Gemeinplatz, lat. locus communis], *im modernen Verständnis:* Gemeinplatz, stereotype Redewendung, vorgeprägtes Bild, Beispiel, Motiv, z. B. Klage über die Schlechtigkeit der Welt, den Verfall der Bildung, der Sitten, Lob des Goldenen Zeitalters, klischeehafte Beschreibungsmuster von (schönen/hässl.) Personen, Örtern (Städte, Landschaften, ↗ locus amoenus), Vorgängen (Schlachten) – auch solchen, die schon nach Sitte u. Vorschrift stereotyp sein können (z. B. Abschied), Lob-, Trost-, Demutsformeln. *Ursprüngl.*: Begriff der antiken ↗ Rhetorik: Teil der inventio (s. ↗ Disposition): allgem. Gesichtspunkt zur Gewinnung von Argumenten für die öffentl. Rede, z. B. Argumentation aus dem Gegensatz, der Ähnlichkeit usw. Aristoteles (Rhet. II, 23–24) nennt 28 solcher Aspekte (Topoi). Anweisungen zur Auffindung der konkreten Topoi, meist als lehrhafte Zusammenstellung von relevanten Fragestellungen und Suchformeln, gibt die *Topik*, die Lehre von den Topoi. Aristoteles' wenig systemat. Anweisungen gingen ein in die spätantiken und mal. lat. Rhetoriken (Matthaeus von Vendôme, Johannes de Garlandia), erlangten im Humanismus gesteigerte Bedeutung (Agricola, Erasmus, Melanchthon) und erreichten ihren Höhepunkt im Barock: Lat. und volkssprachl. Rhetoriken (u. a. G. Ph. Harsdörffer, »Poet. Trichter«, C. Stieler, »Sekretariatskunst«) boten immer detailliertere Anweisungen zum Auffinden der Topoi und dazu gleich die poet.

Ausführung. Die Fülle solcher Topoi (traditioneller Bilder und Motive), die oft auch gesondert gesammelt wurden, ließ diese zu Klischees erstarren und führte zur Verschiebung des T.-begriffs: vom Denkprinzip der inventio zur *vorgeprägten Wendung, zum Versatzstück* zur prakt. Verfügbarkeit. Entsprechend bez. Topik ein *Arsenal von Topoi* im Sinne von (für die einzelnen Gattungen oder Redeabsichten typischen oder verbindl.) konventionellen Gemeinplätzen – ein Grund für die Verachtung der Rhetorik und Topik durch die Aufklärung. Bis zum 18. Jh. ist die europ. Literatur von Topoi geprägt, welche die Konventionen des europ. Bildungsgutes lebendig hielten. Jedoch auch nach der Ablösung der traditionsorientierten Rhetorik durch die Aufklärung blieb ein Grundbestand an Topoi erhalten (z. B. in Trost- oder Preisreden, geistl. Texten). Es entstehen sogar neue Topoi, die meist zeitgeschichtl. stark gebunden und damit einem beschleunigten Wandel unterworfen sind, vgl. z. B. den Genie- und Originalitätsbegriff der klass. Ästhetik, den Nationalbegriff der Romantik, die Topoi moderner polit. Argumentation (Blindheit, Ausbeutung u. a.).

Der Begriff Topos *im erweiterten, übergreifenden Verständnis* umfasst alle gesellschaftl. vermittelten Elemente der Tradition, sowohl in Texten verschiedener Kommunikationsbereiche (z. B. Parteirede, Flugblatt, Werbetext) als auch im Repertoire fachspezif. Begrifflichkeit in den modernen Wissenschaften. In größter Ausweitung wird der Begriff auch verwandt für Konventionen im nichtverbalen Kommunikationszusammenhang (z. B. Begrüßungszeremonien). T. wird somit zum Sammelbegriff für jedes traditionelle oder konstante Textelement, darüber hinaus zum Sammelnamen für Elemente der Tradition überhaupt.

Die *Toposforschung* als wichtiger Zweig der Literaturwissenschaft wurde begründet durch E. R. Curtius (»Europ. Literatur und lat. MA.«, 1948), der auf der Suche nach einer gesamteurop. literar. Tradition einen topischen Grundbestand an Motiven für die europ. Literatur aufgezeigt hat. Durch ihn wurden die zuvor oft als Originalschöpfungen missverstandenen Aussagen und Bilder einzelner Autoren in einen Traditionszusammenhang gestellt, der ›von Homer bis Goethe‹, von der Antike bis ins 18. Jh. reicht. Von Curtius und der ihm folgenden Richtung setzt sich die in verschiedenen wissenschaftl. Disziplinen intensivierte T.forschung ab, indem sie versucht, Topoi stärker im geschichtl. Kontext zu sehen. Die Frage nach der jeweiligen Funktion des T. sowohl im einzelnen Werk als auch im geschichtl. Zusammenhang gewinnt zunehmend Bedeutung für die Interpretation der Topoi im literar. Kunstwerk wie im Gebrauchstext. HSch

Tornada, f. [prov. = Rückkehr], abschließende Geleitstrophe als epilogart. Ausklang in Gedichten der prov. Trobadors (auch sonst in roman. Lyrik, vgl. ↗ Envoi); wiederholt in Metrum u. Melodie den Schluss der voraufgehenden Strophe (selten die ganze Strophe), enthält i. d. Regel eine Widmung, eine Anrede an Hörer, Gönner, die besungene Dame, das Lied selbst oder die Namensnennung des Dichters; im Dt. selten, s. ↗ Geleit; auch: ↗ Senhal. MS

Tornejamen ↗ Tenzone.

Totenbücher,
1. altägypt. Papyrusrollen als Grabbeigaben, enthalten nach Umfang, Auswahl u. Anordnung variable *Sammlungen von Hymnen*, Weihe- und Beschwörungsformeln, auch Sündenkataloge (von 42 Sünden), gedacht als Hilfe für den Toten auf dem Weg ins Jenseits. In mehreren 100 Exemplaren aus dem Mittleren und Neuen Reich (2000 – 700 v. Chr.) erhalten, Letztere fast immer illustriert. – Die Texte (in archai. poet. Formen: Parallelismus, Wiederholungen) finden sich z. T. bereits als sog. *Pyramiden-* und *Sargtexte* (Inschriften in Gängen, Grabkammern und auf Särgen) aus dem Alten Reich (3000 v. Chr.) mit derselben Funktion. Verwandt, aber von ungleich größerer poet. (Bild-)Kraft sind sog. *Jenseitsführer*, visionäre Schilderungen der Unterwelt, die z. T. ebenfalls Toten beigegeben wurden. Ältestes u. zugleich berühmtestes Beispiel ist das Buch »Amduat« (ägypt. = Das, was in der Unterwelt ist), 1500 v. Chr.

2. *Kultbücher* tibetan. Lamaismussekten, enthalten rituelle Texte, die der Priester den Toten ins Ohr flüstert, um sie auf die 49.-täg. Übergangszeit bis zur Wiedergeburt vorzubereiten.
IS

Totengespräche, dem ernstkom. Stil der menippe. ↗Satire verpflichtete bes. Form des Prosadialogs, in dem durch fiktive Gespräche zwischen histor. oder mytholog. Figuren im Totenreich Menschheitstadel und Zeitkritik geübt werden. Die ersten T. der europ. Literatur sind Lukians um 165 v. Chr. entstandene »Nekrikoi dialogoi«. Dieses Vorbild bestimmte Form (Prosa) und Haltung der T., die zwar mit histor. Personen geführt werden und auf histor. Adressaten berechnet sind, doch überdies schon durch die Mischung von Mythenreich und Weltgeschehen den Anspruch erheben, mehr zeitlose Menschheits- als zeitverhaftete Situationskritik zu sein. Die Wirkung der Lukianischen Gattung begann im Humanismus. 1495 übersetzte J. Reuchlin ein T. von Lukian, 1507 erschien in Straßburg eine weitere Verdeutschung, Erasmus von Rotterdam gab 1512 eine Interpretation der Lukianischen T., U. v. Huttens Dialoge sind von Lukian beeinflusst. Doch die Gattung des T.s wurde zu einem europä. Ereignis erst seit ihrer Erneuerung durch N. Boileaus »Satires« (1666), B. Fontenelles »Dialogues des morts« (1683), durch die von 1718–1739 erschienene Monatszeitschrift »Gespräche im Reiche der Todten« von D. Fassmann und durch die Lukian-Übersetzungen von J. Chr. Gottsched und Ch. M. Wieland. Wieland verfasste selbst Werke dieser Gattung: »Die Dialoge im Elysium« (1780), »Neue Göttergespräche« (1791) u. a. Goethe benutzte sie in seiner gegen Wieland gerichteten satir. Farce »Götter, Helden und Wieland« (1774). Herrschten in den T.n von Grillparzer (1806 u. 1841) und F. Mauthner (1906) noch die satir. Mittel der Ironie und Polemik, so tendieren die den T.n gattungsverwandten »Erdachten Gespräche« von P. Ernst mehr zu philosophierender Didaktik. Im neueren Drama finden sich Stilmittel der T. z. B. in B. Brechts Hörspiel »Das Verhör des Lukullus« (1939) wieder. Nur bedingt zu den T.en zählen jene mal. Werke, die, z. T. mit satir. Mitteln, Zeitkritik von einem Jenseitsort aus vortragen (Dantes »La Comedia« oder die Höllenfahrtszenen der geistl. Spiele).
HW

Totenklage, Trauer um einen Toten, Trost, Totenpreis artikulierende Dichtung, bedeutendste Ausprägung der literar. ↗Klage. Existiert in allen Kulturen schon als vorliterar., aus dem Mythos erwachsenes ↗Kultlied, ist vielfach auch integrierter Bestandteil des Epos, z. B. Gilgameschs T. um seinen Freund Enkidu, die T. der Trojaner um Hektor in Homers »Ilias«, die T. der Gauten um ihren König im »Beowulf«. – Als eigenständ. Ausprägung erscheint die T. in der antiken Chorlyrik als ↗Threnos (wie die altröm. ↗Nänie zunächst wohl ungeformte Klageschreie zur Flötenbegleitung) und als ↗Epikedeion (Simonides, Pindar), in der antiken Tragödie als ↗Kommos. Häuf. Form der T. ist seit der griech. Klassik die (epikedeische oder threnet.) ↗Elegie; sie findet sich auch in der röm. (Properz, Ovid) u. mittellat. Lit. (Venantius Fortunatus) bis in die Neuzeit (Goethe »Euphrosyne«, Hölderlin »Menons Klage um Diotima«). – Aus Zeugnissen (Prokopios aus Kaisareia, 6. Jh., Gotenkriege, Beowulf) erschlossene frühgerm. rituelle (Chor-)Gesänge auf einen Toten (meist einen Fürsten) verbinden T. und Preislied. – Das mit dem »Nibelungenlied« überlieferte Reimpaarepos »Die Klage« ist T. und Totenfeier für die gefallenen Burgunden. Weitere mal. Formen der T. sind der mlat. ↗Planctus u. prov. ↗Planh, die afrz. ↗Complainte, das engl. ↗Dirge. – Eine aufrüttelnde T. und Anklage gegen den Tod ist der Prosadialog »Der Ackermann aus Böhmen« von J. v. Saaz (um 1400). – Themat. verwandt sind auch Prosaformen wie ↗Epitaphios, ↗Laudatio funebris, ↗Elogium, ↗Nekrolog; auch: ↗Epigramm.
GG

Totentanz,
1. abergläub. Vorstellung vom mitternächtl. Tanz wiedergänger. Toter auf ihren Gräbern (vgl. Goethes Ballade »Der Totentanz«);
2. zykl. *Monolog- und Dialogdichtungen* des Spät-MA.s um die Gestalt des Todes als Spiel-

Kleiner Zimmernscher Totentanz

mann, der zum Tanz lädt oder aufspielt, Spielart der Memento-Mori-Dichtungen mit sozialkrit. Tendenz, die v. a. die Gleichheit aller Stände vor dem Tode hervorhebt. Als ältester T. gilt der sog. »Oberdt. T.« in *lat.* Hexametern (Mitte 14. Jh.): 24 Verstorbene verschiedener Stände und Altersstufen klagen in Monologen, nach der Pfeife des Todes tanzen zu müssen. Die *dt. Fassung,* der in vielen Handschriften und Drucken verbreitete sog. »Vierzeil. oberdt. T.« ist zur Dialogdichtung erweitert: auf die Klagen antwortet jeweils der Tod. In Frankreich schuf 1376 der Pariser Jurist Jehan le Fevre das für die frz. Tradition grundlegende »*Danse macabre*«-Gedicht, in dem weltl. und geistl. Vertreter im Wechsel auftreten. – Als ↗ geistl. Spiel ist der »Augsburger T.« (15. Jh.) gestaltet, eine Tradition, die im 20. Jh. in Inszenierungen von G. Haaß-Berkow (1917) und in Nachdichtungen von A. Lippl und M. Hausmann (»Der dunkle Reigen«, 1951) u. a. wieder aufgegriffen wurde. Als *Vorläufer* dieser T.-Dichtungen werden die im 13. Jh. v. a. in Frankreich verbreiteten lat. Vado-mori-Disticha vermutet, ferner die Parabel von der »Begegnung von drei Lebenden und drei Toten« aus dem Legendenroman »Barlaam und Josaphat«, verselbständigt im frz. »Dit des trois morts et des trois vifs« von Baudoin de Condé (2. Hä. 13. Jh.). Unmittelbarer Anstoß für die Entstehung von T.en könnten die Pesterfahrungen des 14. Jh.s gewesen sein. Seit dem 15. Jh. sind T.texte *verbunden mit bildl.* Darstellungen bezeugt (Hss., Blockbücher, Bilderbogen, Drucke, Freskenzyklen). Bemerkenswert in der Fülle der Beispiele sind der T. von Hans Holbein d. J. (1525, mit rückseit. Texten), der T. auf dem Pariser Friedhof Saints-Innocents (um 1425, mit den Texten le Fevres), der nur noch in Kopien erhaltene Basler T. (nach 1440), der bis zu den Füssener T.-Fresken (1602) fortwirkt. – Im 19. Jh. schufen T.e u. a. M. von Schwind, A. Rethel (Texte von R. Reinick). Textlose T.e finden sich im 20. Jh. von A. Kubin, HAP Grieshaber. S

Traductionym, n. [gr.-lat. Kunstwort aus traductio (lat.) = Übersetzung, onoma (gr.) = Name], Grenzfall des ↗ Pseudonyms: Der Verfassername wird in eine andere Sprache übersetzt, z. B. (J.) Corvinus für (W.) Raabe; bes. in Humanismus und Barock sind Gräzisierungen und Latinisierungen häufig: z. B. Ph. Melanchthon für Ph. Schwarzerd(t), A. Olearius für A. Ölschläger, A. Gryphius für A. Greif. S

Tragik, f. [gr. tragikē (technē) = Kunst des Trauerspiels], philosoph.-ästhet. Grundbegriff; in der Literatur wesentl. Gattungsmerkmal der ↗ Tragödie. Die Frage nach dem Wesen des Tragischen steht im Mittelpunkt der neuzeitl. Tragödiendiskussion. Dabei können im Wesentl. drei Theorien des Tragischen unterschieden werden. Die *moralist.* Theorie sieht das Wesen des Tragischen in der trag. Schuld; sie reduziert T. auf den Mechanismus von moral. Schuld und einer ins Maßlose gesteigerten Sühne. Nach der *fatalist.* Theorie beruht T. im Walten eines unentrinnbaren »trag. Schicksals« (lat. *fatum*); diese Vorstellung hat ihren Niederschlag v. a. im romant. ↗ Schicksalsdrama gefunden. Die *idealist.* Theorie (Hegel; weiterentwickelt bei F. Hebbel ↗ Pantragismus) sieht das Wesen des Tragischen im »trag. Konflikt« von Individuum und Gesellschaft, Freiheit und Gesetz, Individualethik und Verantwortungsethik, Freiheit und Notwendigkeit usw. Alle diese Theorien des Tragischen beruhen auf histor. Fehlinterpretationen der gr. Tragödie und stimmen mit der von Aristoteles in seiner Poetik gegebenen Deutung der Tragödie (s. d.) nicht überein (vgl. auch ↗ Katharsis). K

Tragikomödie, dramat. Gattung, in der trag. und kom. Elemente sich wechselseit. durchdringen, bzw. so zusammenwirken, dass die Tragik durch humorist. Brechung gemildert wird oder die trag. gebrochene Komik die trag. Aspekte vertieft. Grenzformen sind, je nach der Gewichtung der Aspekte, die satir. Komödie, die ↗ Groteske (Verzerrung des Komischen), das ↗Rührstück, das ↗weinerl. Lustspiel (nur mäßige Komik und Tragik); tragikom. Szenen erscheinen auch in Tragödien integriert, vgl. u. a. bei Shakespeare (Totengräberszene im »Hamlet«, Narrenszenen im »Lear«). – Als Gattung definiert wurde die T. *in der Renaissance*: J. C. Scaliger (1561) rechtfertigt sie unter Hinweis auf die (allerdings seltene) Praxis der Antike (Euripides); G. B. Guarini, Donatus, Lope de Vega entwickeln ihre Theorie auf Grund einer (nicht eindeutigen) Stelle bei Aristoteles (Poetik 13) und der Bez. *tragico-comoedia*, mit der Plautus seinen »Amphitruo« kennzeichnete (Prolog), in dem ein ›regelwidriges‹ Nebeneinander von hohen und niederen Personen, von trag. und burlesken Elementen herrsche. Danach gilt die T. bis ins 18. Jh. als dramat. Form, für die zwei Freiheiten gegenüber dem klass. Regelkanon charakterist. sind: 1. die Durchbrechung der ↗Ständeklausel, 2. der untrag. Ausgang einer trag. angelegten Begebenheit. Dieser Typus erlebt eine *1. Blüte im Barock:* abgesehen von den sentimentalen schäferl. T.en (↗Schäferdichtung), z. B. Guarinis »Pastor fido« (1590), an dessen ›Mischform‹ sich die Theoriediskussion entzündete, handelt es sich um regelstrenge Tragödien mit heiterem Ausgang, vgl. *in Frankreich* die T.en von R. Garnier, A. Hardy, J. de Rotrou, P. Du Ryer, G.de Scudéry u. a.; die (nach heutiger Definition) bedeutendsten T.en dieser Zeit sind Molières ›Komödien‹ »Le Misanthrope« (1667) und »Tartuffe« (1669) und einige der Komödien Shakespeares (neben »Troilus und Cressida« 1609 und »Sturm«). Weitere *engl.* Vertreter der barocken T. sind G. Peele, R. Greene, F. Beaumont, J. Fletcher, Ph. Massinger, Th. Dekker, Th. Heywood. Die teilweise Betonung der bürgerl. Realität macht die engl. T. zum Vorläufer des ↗bürgerl. Trauerspiels. – *In Deutschland* erscheinen Bezz. wie *tragicocomoedia, comicotragoedia* zunächst willkürl. für die Stücke des lat. und dt. ↗Schuldramas, der ↗engl. Komödianten und dt. ↗Wanderbühnen (vgl. die 1. T. dieser Art von V. Boltz: »Tragicomoedia Sant Pauls Bekerung«, 1546). Anschluss an die europ. barocke Tradition finden J.Ch. Hallmann und A. von Haugwitz. – Die dt. klassizist. Poetik von M. Opitz bis J.Ch. Gottsched lehnt die T. als ›Bastardgattung‹ ab, so auch G. E. Lessing (Hamburg. Dramaturgie, 70. Stück); er skizziert dort aber zugleich eine *neue* Möglichkeit der Gattung, die weitgehend der heutigen Definition entspricht (vgl. ähnl. in Frankreich D. Diderots Theorie des *genre sérieux*). *Ende des 18. Jh.s* setzt dann, z. T. im Zusammenhang mit der Shakespearerezeption, eine neue theoret. Beschäftigung mit der T. ein (J. M. R. Lenz, A. W. Schlegel, V. Hugo, F. Hebbel, G. B. Shaw, R. Dehmel), die bis in die jüngste Gegenwart anhält u. die die T. immer intensiver, insbes. in der zur Groteske tendierenden Spielart, als die dem modernen existentiellen Bewusstsein adäquate Form empfindet (F. Dürrenmatt, E. Ionesco). Nach einer ersten Phase (J. M. R. Lenz, »Hofmeister«, »Soldaten«, L. Tieck, »Der gestiefelte Kater«, 1797, H. v. Kleist, »Amphitryon«, 1807, G. Büchner, »Leonce und Lena«, 1836, F. Hebbel, »Trauerspiel in Sizilien«, 1851) erreicht die T. eine *neue europ. Blüte* um die Jh.wende mit H. Ibsen (»Wildente«, 1884 u. a.), A. Strindberg (»Rausch«, 1899), A. Tschechow (»Kirschgarten« 1904, »Onkel Wanja« u. a.), E. Rostand (»Cyrano von Bergerac«, 1897), F. W. van Eeden (»Ysbrand«, 1908), J. M. Synge (»Der heilige Brunnen«, 1905), A. Schnitzler (»Der grüne Kakadu«, 1899), G. Hauptmann (»Der rote Hahn«, 1901, »Die Ratten«, 1911) u. a. Seit ca. 1920 nehmen die grotesken Elemente überhand und bestimmen die Entwicklung bis heute: u. a. F. Wedekind, G. Kaiser, L. Pirandello, E. O'Neill, J. Giraudoux, J. P. Sartre, F. Werfel, J. Anouilh, F. Dürrenmatt (»Besuch der alten Dame«, 1956), S. Beckett, E. Ionesco, B. Behan, H. Pinter, E. Albee, H. E. Nossack, W. Hildesheimer, Th. Bernhard. IS

Tragödie, f. [gr. tragodia = Bocksgesang], bedeutendste Gattung des europ. ↗Dramas; in einem engeren Sinne die griech. (att.) T., die, bei wechselnder Interpretation, als stoffl., formales und eth. Muster die weitere Entwicklung europ. Dramas in der Antike (röm. T.) und erneut seit der Renaissance (neuzeitl. T., Trauerspiel) wesentl. beeinflusst hat. – *Die griech. (att.) T.: Ursprung und Frühgeschichte.*

Tragödie

Sie ist auf Grund der wenigen und teilweise problemat. Zeugnisse (Herodot, I 23 und V 67; Aristoteles, Poetik, 1449a, 9–25), zu denen noch der etymol. Befund und die Ergebnisse der archäolog. Untersuchung kommen, nur in Umrissen zu rekonstruieren. Danach weisen Etymologie u. Ursprünge auf prähistor. Kulte, auf rituelle Begehungen von als Böcke (gr. *tragoi*) verkleideten Chören *(tragikoi choroi)*; die alexandrin. und röm. Deutung, nach der die Bez. ›T‹. auf einen Brauch zurückgehen solle, die Sieger im trag. ↗Agon mit einem Bock zu belohnen, ist demgegenüber eine erst aus der Bez. abgeleitete These. Die eigentl. Anfänge der T. liegen im Dionysoskult, der im 8. Jh. aus Kleinasien auf den Peloponnes importiert wird. Ihre Vorform ist das dionys. Oratorium des ↗Dithyrambus, eine chor. Aufführung zu Ehren des Dionysos, gesungen und getanzt von einem (jetzt wohl nicht mehr böckisch) vermummten und maskierten ↗Chor, der von einem Chorführer (gr. ↗*Koryphaios, exarchon*) angeführt wird. Inhalte dieser Tanzspiele mit mag. Charakter sind die »Widerfahrnisse« (gr. *pathea*) des Gottes selbst. Der zunächst improvisierte Dithyrambus wird früh kunstmäßig gestaltet, zuerst wohl um 600 v. Chr. in Korinth durch Arion aus Methymna; seine Leistung ist (vermutl.) die Bindung der Aufführung an einen festen poet. Text. Gleichzeitig vollzieht sich ein inhaltl. Wandel: an die Stelle der Taten und Leiden des Dionysos treten Stoffe aus der Heroensage, nachweisbar zuerst in Sikyon unter dem Tyrannen Kleisthenes. Die kunstmäßige Gestaltung und die Aufnahme ep. Stoffe entfremden den Dithyrambus zugleich dem eigentl. Kultischen. Der Ausbau dieses formal und inhaltl. gewandelten (literarisierten und episierten) Oratoriums zur T. erfolgt dann in der 2. Hälfte des 6. Jh.s in *Athen* zur Zeit des Peisistratos. Hier wird, vermutl. durch Thespis, ein Schauspieler (↗*Hypokrites*, ↗*Protagonist*) in die T. eingeführt. Damit ergibt sich als eine Art Urform der T. die Folge von Einzugslied (↗*Parodos*), Auftritt des Schauspielers, i. d. R. wohl mit einem Botenbericht (↗*Epeisodion*), auf den der Chor im sog. Standlied (↗*Stasimon*) reagiert; daran schließt sich evtl. ein lyr. Wechselgesang zwischen Chor und Schauspieler (↗*Amoibaion*) an. Das Auszugslied (↗*Exodos*) bildet den Schluss. Der Chor befindet sich während der ganzen Aufführung auf der Bühne. Die Einführung eines zweiten Schauspielers (↗*Deuteragonist*) durch Aischylos ermöglicht schließl. den Dialog und darüber hinaus eine formale Ausweitung der T.: die Folge von Epeisodion und Stasimon im Mittelteil der T. wird mehrfach wiederholt. Damit die Entwicklung vom chor. Dithyrambus zur dramat. Großform abgeschlossen. Weitere dramaturg. Möglichkeiten schafft Sophokles durch die Einführung eines dritten Schauspielers (Tritagonist). – Neben die T. tritt seit der 2. Hälfte des 6. Jh.s das der Überlieferung nach zuerst von Pratinas von Phleios aufgeführte ↗*Satyrspiel*, evtl. ein Versuch, die ursprüngl. improvisierte Form des dionys. Dithyrambus wiederzubeleben; es wird jedoch im Laufe des 5. Jh.s denselben Literarisierungstendenzen unterworfen wie die T. – Die *klass. T. des 5. Jh.s v. Chr.* kann definiert werden als »ein in sich abgeschlossenes Stück der Heldensage, poet. bearbeitet in erhabenem Stile für die Darstellung durch einen att. Bürgerchor und zwei bis drei Schauspieler und bestimmt, als Teil des öffentl. Gottesdienstes im Heiligtum des Dionysos aufgeführt zu werden« (U. von Wilamowitz-Möllendorff). Ihre *Stoffe* entstammen der ep. Tradition (Heroenmythos); nur selten finden (zeit)geschichtl. Themen Eingang in die T. (Aischylos, »Die Perser«). Ihre formale *Struktur* wird bestimmt durch die Spannung zwischen Chor und Schauspieler(n), Gesang und dramat. Rede, d. h. emotionell-musikal. und log. Elementen, irrational-ekstat. und rationaler Seelenhaltung. Ihre traditionellen Bauelemente sind das gesungene und getanzte ↗Chorlied (Parodos, Stasimon, Exodos) und die gesprochene und gespielte Szene (Epeisodion); innerhalb der Epeisodia wird zwischen ↗Monolog und ↗Dialog, zwischen längeren geschlossenen Redeabschnitten (↗Rhesis, häufig ep. Formen wie ↗Botenbericht und ↗Teichoskopie) und zeilenweise aufgeteilten dramat. Wechselreden (↗Stichomythien) unterschieden. Die Chorlieder sind in komplizierten lyr. Strophenmaßen gehalten und häufig in Strophen-↗ Triaden angeordnet, die Verse der gesprochenen Teile im rationalen, prosanahen jamb. ↗ Trimeter und (seltener, aber in der T. wohl das ursprünglichere Maß) im tänzer. trochä. ↗ Tetrameter, beide in stich. Reihung. Häufig sind auch Wechselgesänge zwischen Chor und Schauspieler(n) (Amoibaia) und vom Schauspieler gesungene arienartige ↗ Monodien. Der Parodos des Chores kann ein von Schauspielern gesprochener monolog. oder dialog. ↗ Prolog vorausgehen. – *Die innere Form der T.* ist durch das Tragische (↗ Tragik) bestimmt. Nach der Poetik des Aristoteles führt die in ihren Grundzügen (mythos) überlieferte Handlung (gr. *praxis*) dem Zuschauer eine Wandlung (gr. *metabole*) vor, meist vom Glück (gr. *eutychia*) zum Unglück (gr. *atychia, dystychia),* die sich an einem durchschnittl. (»mittleren«) Menschen, der weder ein Verbrecher noch absolut tugendhaft ist, vollzieht. Diese Wandlung geschieht im Zeichen eines ›üblen Dämons‹ (gr. *kakodaimonia),* der sinnzerstörend in das Geschehen eingreift. Sie ist gleichzeitig eine ↗ Anagnorísis, eine Wandlung von der Unkenntnis (gr. *agnoia)* zur Kenntnis (gr. *gnosis).* Der ›üble Dämon‹ wird in der *agnoia* wirksam. Er manifestiert sich in der trag. Verfehlung (gr. ↗ Hamartia) des Helden, seinem unschuldig Schuldig-Werden – im Affekt, in der Verblendung, im Leichtsinn oder in der Selbstüberschätzung (↗ Hybris). Der Zuschauer ist an diesem trag. Geschehen beteiligt durch »Schauder« und »Jammer« (gr. *phobos* und *eleos)* und die daraus entspringende ↗ Katharsis (vgl. auch ↗ Poetik), einen psych. Reinigungsprozess, in dem der kult. Sinn der T. auch in klass. Zeit noch deutl. wird. Dem *phobos* entspricht in der T. das Herannahen des Dämons, dem *eleos* das Offenbarwerden der menschl. Gebrechlichkeit im Schicksal des trag. Helden, der Katharsis die Aufhebung dieses sinnzerstörenden trag. Vollzugs in den Sinnzusammenhang einer göttl. Weltordnung, die auch im Kollektiv des Chors präsent ist. *Die Aufführungen* der T.n fanden im Rahmen der att. ↗ Dionysien statt; sie waren als Wettbewerb (↗ Agon) angelegt, an dem sich jährl. drei Dichter beteiligen durften, deren jeder (mit Sicherheit seit Aischylos)

eine ↗ Tetralogie aus drei T.n (↗ Trilogie) und einem Satyrspiel zur Aufführung bringen musste. Der Autor der besten Tetralogie erhielt dabei den Preis. Seit 449 v. Chr. waren auch die Schauspieler am Agon beteiligt. Veranstaltet wurden die Spiele vom Magistrat der Polis; finanziert wurden sie durch die reichen Bürger der Stadt (↗ Chorege, vgl. auch ↗ Bühne, ↗ Maske). *Zeugnisse:* Von den zahlreichen T.n des 5. Jh.s sind uns ledigl. die von alexandrin. Philologen des 3. Jh.s (Aristophanes von Byzanz) besorgten Auswahlausgaben der drei *tragici maiores* (der drei großen Tragiker) Aischylos (73 [90?] Titel; erhalten »Die Perser«, »Hepta«, »Die Hiketiden«, die »Orestie« [»Agamemnon«, »Choephoren«, »Eumeniden«], »Prometheus«, mit Scholien versehen), Sophokles (132 Titel; erhalten ebenfalls 7 mit Scholien versehene T.n: »Trachinierinnen«, »Aias«, »Antigone«, »Oidipus Tyrannos«, »Elektra«, »Philoktet«, »Oidipus auf Kolonos«) und Euripides (92 Titel, erhalten 19 T.n, davon 10 mit Scholien, u. a. »Alkestis«, »Medea«, »Elektra« »Die Troerinnen«, »Iphigenie bei den Tauern«, »Iphigenie in Aulis«, »Die Bakchen«) überliefert. Von den Vorgängern und Zeitgenossen des Aischylos sind namentl. bekannt Thespis (2. Hälfte 6. Jh.) und Choirilos von Samos, Pratinas von Phleios und Phrynichos (frühes 5. Jh.), von den *tragici minores* (den kleinen Tragikern) der späteren Zeit Agathon, Ion von Chios, Kritias, Euphorion (ein Sohn des Aischylos), Iophon (ein Sohn des Sophokles), der jüngere Sophokles (ein Enkel des Sophokles), im 4. Jh. Astydamas und Theodektes, in alexandrin. Zeit die Dichter der ↗ Pleias. – In den überlieferten Werken des Aischylos, Sophokles und Euripides lässt sich eine zunehmende Verschiebung in der Auffassung des Tragischen feststellen. Während in den T.n des Aischylos der Akzent auf der Aufhebung menschl. Tragik in immer wieder neu hergestellten Sinnzusammenhang der göttl. (und polit.) Weltordnung liegt, betont Sophokles die Gottferne des Menschen und seines Leidens; der Sinn der trag. Geschehens wird gleichwohl als göttl. hingenommen. Bei Euripides erscheint das trag. Geschehen als sinnentleertes Spiel der *tyche* – das Handeln der

Götter ist dem Menschen nicht mehr begreiflich. *Die röm. T., 240 v.Chr.* durch Senatsbeschluss eingeführt, ist stoffl. und formal von griech. (alexandrin.) Vorbildern abhängig (↗Crepidata). Die Stücke wurden als *ludi Graeci* (griech. Spiele) im Rahmen der großen öffentl. Feste, aber auch anlässl. außergewöhnl. Ereignisse (Triumph, feierl. Leichenbegängnisse) aufgeführt. Sie galten als Teile des röm. Staatskultes und wurden durch die Aedilen (Beamte, zuständ. für Bau-, Markt- u. Zirkuswesen) organisiert. Am Agon waren im Gegensatz zur att. T. nicht die Dichter, sondern Schauspieler und Regisseure beteiligt. Begründer der röm. T. sind Livius Andronicus und Naevius. Letzterer führt als neue Form der röm. T. die ↗Praetexta ein, die histor.-polit. Gegenstände aus der röm. Nationalgeschichte behandelt. Beider Werke sind allerdings, wie auch die der jüngeren Autoren Ennius, Accius und Pacuvius und der Tragiker der augusteischen Zeit (darunter C. I. Caesar, Cicero, Augustus, Ovid) nur in einzelnen Zitaten erhalten. Überliefert sind dagegen 9 T.n des Seneca (u. a. »Agamemnon«, »Medea«, »Ödipus«, »Phaedra«, »Die Troerinnen«) und, als einzige Praetexta, die ihm wohl fälschl. zugeschriebene »Octavia«. Diese Werke zeichnen sich durch ihren Formalismus (stark rhetor. Charakter des Dialogs, Gliederung in 5 Akte entsprechend einer normierten Anzahl von Stasima und Epeisodia), ihre theatral. Effekte und ihre Vorliebe für Monstrositäten aus. – *Die neuzeitl. T.* setzt mit dem Humanismus ein. Ihre *ersten Ausprägungen* findet sie im 16. Jh. im lat. ↗*Humanistendrama,* im italien., franz. und engl. Drama der Renaissance (vgl. z. B. ↗*elisabethan. Drama),* im dt. ↗*Reformationsdrama* und im lat. ↗*Jesuitendrama;* im 17. Jh. in der franz. ↗*haute tragédie* und im ↗*schles. Kunstdrama.* Die T.n dieser Zeit sind gekennzeichnet durch die formale Abhängigkeit vom antiken Vorbild, den T.n des Seneca: 5 Akte, Aktgliederung durch Chöre (an deren Stelle allerdings auch ↗Zwischenspiele und Zwischenaktmusiken treten können), rhetor. Charakter des Dialogs; die aristotel. Deutung der T. wird zwar übernommen, jedoch auf Grund von Missverständnissen teilweise uminterpretiert, z. B. werden ↗Ständeklausel und ↗Fallhöhe aus der Poetik des Aristoteles als Strukturelemente der T. abgeleitet. Die wirk-ästhet. Dreiheit von *phobos, eleos* und ↗Katharsis wird im Sinne pädagog. Abschreckung bzw. einer Erziehung zum stoischen Ideal der *ataraxia/constantia* umgedeutet. Diese Entwicklung gipfelt im barocken Trauerspiel, insbes. im ↗*Märtyrerdrama* als seiner wichtigsten Ausprägung. Eine Sonderstellung nehmen die ↗*Charaktert.n* Shakespeares ein, bei denen der trag. Konflikt im widersprüchl. Charakter des Helden angelegt ist. – *Im 18. Jh.* vollzieht sich die schrittweise Ablösung von der normativen Poetik. Während J.Ch. Gottsched in Deutschland noch die Nachahmung der klass. franz. T. fordert, durchbricht G. E. Lessing im ↗*bürgerl. Trauerspiel* den strengen Regelkanon (Blankvers, Missachtung der Ständeklausel, Neudeutung des Aristoteles), so dass von nun an der Weg für vielfält. formale (↗offene Form), stoffl. und weltanschaul. Neuansätze frei ist (T.en des ↗Sturm und Drang, der ↗Romantik, G. Büchner). Nur noch gelegentl. finden sich formale Nachahmungen der antiken T. (F. Schiller, »Die Braut von Messina«). Das Hauptinteresse wendet sich v. a. dem Problem des Tragischen zu, das im Konflikt von Individuum und Gesellschaft, Freiheit und Notwendigkeit, Ich und Welt, Mensch und Gott seinen Ausdruck findet, einem Konflikt, der nur in der trag. Vernichtung des Individuums aufhebbar wird. Antikes Vorbild ist daher v. a. Sophokles. Die bedeutendste Ausprägung dieses Typus ist die Geschichts-T. des dt. Idealismus (↗Geschichtsdrama, F. Schiller, F. Grillparzer, F. Hebbel). Das im frühen 19. Jh. beliebte ↗*Schicksalsdrama* beruht auf einer Fehlinterpretation des sophokle. »König Ödipus«. Seit F. Nietzsches Abhandlung über die »Geburt der T. aus dem Geiste der Musik« (1871) mehren sich die Versuche, die archaischen (G. Hauptmanns »Atridentetralogie«) und kult. (C. Orff) Elemente der T. wiederzubeleben, oder die T. im Sinne archetyp. Situationen zu psychologisieren (E. O'Neill). Das Vorbild des Sophokles wird dabei durch Aischylos abgelöst. Für das moderne Bewusstsein scheint jedoch die T. nicht mehr mögl. (nach K. Jaspers schon seit Hebbel), da die in ihr vorausgesetzten Werte »nicht mehr als etwas Dauerndes, von den Menschen nicht Abänderbares, für alle Menschen Bestehendes betrachtet« werden können (B. Brecht, vgl. ↗ep. Theater); an ihre Stelle treten die ↗Tragikomödie, die ↗Groteske, das ↗absurde Theater (vgl. auch: ↗Komödie). K

Traktat, m. [lat. tractatus = Behandlung], literar. Zweckform in Prosa, Abhandlung über ein relig., moral. oder wissenschaftl. Problem, z. B. »Tractatus de primo principio« (T. über das erste Prinzip) von Johannes Duns Scotus (1305) oder »Tractatus theologico-politicus« von B. de Spinoza (1670); in Deutschland seit dem 16. Jh. häufig im Titel popular-theolog. ↗Erbauungsliteratur (z. B. Hieronymus Weller: »T. vom Leiden und der Auferstehung Christi«, 1546), relig. Flugschriften, Streit- und Schmähschriften, daher ›T.‹ bisweilen auch abschätzig als Bez. für platt tendenziöse Schrift (›Traktätchen‹) verwendet, nicht dagegen in anderen Sprachen, vgl. B. Pascal, »Traité du triangle arithmétique« (ersch. postum 1665), Voltaire, »Traité sur la tolérance« (1763 u. a.). S

Trauerspiel, dt. Bez. für ›Tragödie‹, eingeführt von Ph. v. Zesen (Hochdt. Helicon, 1641) nach dem Vorbild ↗›Lustspiel‹ für ›Komödie‹, heute synonym mit Tragödie gebraucht; von manchen Literaturwissenschaftlern wird ›T.‹ auch eingeengt auf dramt. Werke, deren Helden als Vertreter eines christl. Stoizismus zwar leiden und untergehen, als Christen trag. Konflikten aber entrückt sind, z. B. im barocken ↗Märtyrerdrama. IS

Traum in der Literatur, der T. galt jahrhundertelang als die Sphäre der Berührung des Menschen mit metaphys. Mächten, wo direkt oder verschlüsselt höhere Einsichten, Weissagungen, Botschaften, göttl. Aufträge übermittelt wurden (vgl. z. B. den antiken Tempelschlaf [Inkubation], Jakobs T. oder die T.e Pharaos im AT [1. Mos. 28,11–22; 41, 1–36], Josephs T.e im NT [Matth. 2,13–23]). Verschlüsselte, unverständl. T.-inhalte wurden von T.deutern mit Hilfe sog. T.bücher gedeutet (Zeugnisse schon 2. Jt. v. Chr. in Ägypten). Das umfassendste erhaltene T.buch sind die »Oneirokritika« des Artemidoros von Ephesus (oder Daldis, 2. Jh. n. Chr.), ein Werk in 5 Büchern, das stoische Lehren und babylon.-ägypt. Gedankengut verarbeitet und das, auch formal (Klassifizierung der T.e nach Wahrheitsgehalt), für das gesamte MA. von grundlegender Bedeutung war und heute eine wichtige Quelle für den antiken Aberglauben darstellt. Auch zu literar. Aussagen wurde der T. als Fiktion oder Motiv vielfältig genutzt, in Antike und MA. z. B. häufig als *T.-allegorie*: Die Schilderung einer T.begegnung mit allegor. Gestalten in allegor. Räumen dient dabei als Einkleidung für moral.-didakt., philosoph., theolog., polit. Themen, für Utopie und Kritik. Vorbild war das im MA. hochberühmte, vielfach (gesondert) tradierte und kommentierte staatstheoret.-eth. »Somnium Scipionis« aus Ciceros »De re publica« (Buch VI, 54 v. Chr.); weitere traditionsbildende T.allegorien sind der minnedidakt. »Rosenroman« von G. de Lorris (um 1230, fortgeführt von J. de Meung um 1280, zugleich die berühmteste ↗Minneallegorie des MA.s), diesem sind v. a. G. Boccaccios »L'amorosa visione« (1342/43), F. Petrarcas »Trionfi« (1352 ff.), G. Chaucers »Parlement of foules« (1382), Hermanns v. Sachsenheim »Mörin« (1453) verpflichtet. Zeitgeschichtl., theolog. u. philosoph. Bereiche durchmessen »Der T.« (»Lo Somni«, 1397) des katalan. Dichters Bernat Metge und v. a. die bis ins 16. Jh. wirkende »Vision of William concerning Piers the Plowman« von J. Langland (Ende 14. Jh.). *T.-Satiren* sind dagegen »Der T. oder der Hahn« von Lukianos (163 n. Chr.) oder die »Sueños« (»Träume«, 1627) F. de Quevedos, auch sie mit vielen Nachahmungen (z. B. von J. M. Moscherosch, 1650). Einige dieser Werke berühren sich mit der *T.-Vision*, die (ohne allegor. Einkleidung), Ideal- oder Schreckbilder jenseit. Welten entwirft. Ihre Tradition wurde in frühchristl. Zeit begründet durch die Petrus- und Paulusapokalypse (2.–4. Jh.); wichtige Zeugnisse sind die gr. Kirchenvision »Der Hirt« des Hermas (Mitte 2. Jh.), die mlat., poet. gestaltete »Visio Wettini« von Walahfrid Strabo (9. Jh.), die »Visio Tundali« (1149, an die Stelle des T.s tritt der Scheintod); ihnen folgen viele dt. Prosa- und Vers-Bearbeitungen und zahlreiche myst. Visionen. Krönung dieser Gattung ist Dantes »Comedia« (1307/21); eine T.vision (die moderne geist. Entwicklungen vorwegnimmt) ist Jean Pauls »Rede des todten Christus vom Weltgebäude herab, daß kein Gott sei« (1796). – Der T. ist außerdem in literar. Werken ein häufiges und beliebtes *Motiv*, z. B. der träumende Bauer (bereits in »1001-Nacht«, u. a. »Jeppe vom Berge«, 1722 von L. v. Holberg), er ist Mittel der ↗ Vorausdeutung (Kriemhilds Falken-T. im »Nibelungenlied«), der Kritik (Oblomovs T. im gleichnam. Roman von I. A. Gontscharow, 1859). Der T. dient ferner als *Strukturelement* (P. Calderón, »Das Leben ist T.«, 1631/32, F. Grillparzer, »Der T. ein Leben«, 1840) oder als *Rahmen* (W. Shakespeare, »Der Widerspenst. Zähmung«, 1594–98, G. Hauptmann, »Schluck und Jau«, 1900). Seit der europ. Romantik wird der T. immer mehr als Raum und Zeit aufhebende, alog.-eigenschöpfer. Phantasiewelt erkannt und dichter. nachgestaltet (Novalis, »Heinrich von Ofterdingen«, 1802, C. Brentano, L. Tieck); insbes. dem ↗ Symbolismus und den in ihm wurzelnden Strömungen (bes. ↗ Surrealismus) gilt der T. geradezu als wahres Abbild der Wirklichkeit (erstmals in Ch. Nodiers Erzählung »Smarra«, 1821; vgl. u. a. auch A. Strindberg, »Traumspiel«, 1902, F. Kafkas Charakterisierung seiner Werke als »Gestaltung meines traumhaften inneren Lebens«). Eine dichter. Umsetzung der in der Literatur eine fundamentale Neuorientierung bewirkenden »T.-deutung« S. Freuds (1900) ist A. Schnitzlers »T.novelle«, 1926. IS

Travestie, f. [von italien. Travestire u. frz. travestir = verkleiden], komisch-satir. literar. Gattung, die einen bekannten Stoff beibehält, aber seine Stillage oft grob verändert, eine Form der aktualisierten u. häufig nicht nur traditions-, sondern gleichzeitig gesellschaftskrit. Auseinandersetzung. Entgegen gängigen Definitionen kommt es nicht immer auf eine bloße Verspottung der travestierten Vorlage an; ebenso wenig existieren nur T.n in eine ›niedrigere‹ Stillage. Erkennbarkeit, Effekt u. ›Witz‹ der T. beruhen stets auf der Diskrepanz zwischen altem Inhalt u. neuem Gattungsniveau, wobei das Kalkül mit dem Zeitaspekt u. dem so gebrochenen Erwartungshorizont eine zentrale Rolle spielt (so z. B., wenn Barbara Garson in »MacBird« [1967] Shakespeares »Macbeth« umfunktioniert zu polit. Kritik am Clan der Kennedy u. Johnson). Abgesehen von der Beibehaltung des Stoffes zeigen sich zwischen T. u. ↗ Parodie wechselseitige Übergänge, vor allem in den reinen Literatur-T.n, die heute seltener sind als im 17.–19. Jh. (Vergil-T.n von P. Scarron »Le Virgile travesti«, 1648–53, von A. Blumauer 1783; J. N. Nestroys T.n von Hebbel, Meyerbeer, Wagner; Ch. Morgenstern, »Horatius travestitus«, 1897). GM

Triade, f. [gr. trias = Dreiheit], in der griech. Verskunst Gruppe aus drei Strophen, die sich aus einer ↗ Strophe, einer nach dem gleichen metr. Schema gebauten Gegen- oder ↗ Antistrophe und einer im metr. Schema abweichenden Abgesangsstrophe oder ↗ Epode zusammensetzt (Schema AAB). Strophen-T.n dieser Art finden sich v. a. in der griech. Chorlyrik: vgl. die ↗ Pindar. Ode aus mehreren nach diesem triad. System gebauten Abschnitten (Perikopen); auch das ↗ Chorlied der Tragödie folgt teilweise dem T.nschema. – Strophen-T.n nach griech. Vorbild finden sich in der neulat. Dichtung (Celtis), der franz. ↗ Plejade, in dt. Dichtung v. a. in der Lyrik des 17. Jh.s (allerdings ohne genaue metr. Entsprechung. Bes. A. Gryphius hat sich dieser prunkvollen Form angenommen, er bezeichnet die drei Strophen der T. als *Satz, Gegensatz* und *Zusatz*. K

Tribrachys, m. [gr. = dreimal kurz], antiker Versfuß aus drei kurzen Silben (⏑⏑⏑), sog. Brachysyllabus (z. B. *animus*), entsteht i. d. Regel durch Teilung einer Länge in zwei Kürzen beim Jambus oder Trochäus, begegnet häufig im jamb. u. troch. Dimeter, Trimeter, im Senar, Septenar u. a. DW

Trilogie, f. [gr. tri = drei, logos = Geschehnis, Handlung], Folge von drei stoffl.-themat. zusammengehörigen Dramen im Rahmen eines Aufführungszyklus; ursprüngl. die drei Tragödien in der griech. Dramen- ↗ Tetralogie. Gelegentl. wird die Bez. T. auf neuzeitl. Dramen(zyklen) übertragen. In den meisten Fällen handelt es sich dabei jedoch nicht um T.n im strengen Sinne, sondern entweder um umfangreiche Dramen, die aus techn. Gründen in zwei Teile zerlegt wurden, und denen als (ungleichwertiger) dritter Teil ein einaktiges Vorspiel vorangestellt wurde (F. Schiller, »Wallenstein«), oder um Einheiten aus zwei Dramen mit separatem Vorspiel (F. Grillparzer, »Das goldene Vlies«; F. Hebbel, »Die Nibelungen«); diese ›T.n‹ werden nach dem Willen der Autoren an zwei aufeinanderfolgenden Abenden aufgeführt. T.n im Sinne der Vereinigung dreier abendfüllender Dramen sind z. B. F. G. Klopstocks ↗ Bardiete (»Hermanns Schlacht«, »Hermann und die Fürsten«, »Hermanns Tod«), Goethes geplante T. aus dem Umkreis der Frz. Revolution (ausgeführt der erste Teil: »Die natürl. Tochter«), F. de la Motte-Fouqués »Held des Nordens« und E. O'Neills »Trauer muß Elektra tragen«. In übertragenem Sinne wird die Bez. T. auch auf dreiteilige Romanzyklen (z. B. Raabe: »Der Hungerpastor«, »Abu Telfan«, »Der Schüderrump«; E. G. Kolbenheyer, »Paracelsus«-T.) und Gedichtzyklen (z. B. Goethe, »Trilogie der Leidenschaft«) angewandt. K

Trimeter, m. [zu gr. trimetros, Adj. = aus drei metr. Einheiten], in der antiken Metrik ein aus drei metr. Einheiten (Versfüßen, Dipodien) bestehender Vers, insbes. der jamb. T. aus drei jamb. ↗ Dipodien. (Grundschema: ◡–◡–◡–◡| ◡–◡–◡–◡: Längen können jeweils in zwei Kürzen aufgelöst werden. Wichtigste Zäsur ist die ↗ Penthemimeres (Verseinschnitt nach dem fünften halben jamb. Fuß); seltener ist die ↗ Hephthemimeres (Verseinschnitt nach dem siebenten halben jamb. Fuß). Der in seiner Wirkung prosanahe jamb. T. findet sich in der griech. Dichtung seit Archilochos (7. Jh. v. Chr.), der ihn, wie auch die späteren Iambendichter, v. a. in Schmähgedichten verwendet (↗ Iambendichtung). In der att. Tragödie, im Satyrspiel und in der Komödie ist er das Grundmetrum der dramat. ↗ Rhesis, das Dialogmaß schlechthin. In der röm. Dichtung setzt sich der jamb. T. seit dem 1. Jh. v. Chr. durch (Varro), vgl. ↗ Senar; Horaz verwendet ihn in seinen Epoden (epod. 1–11), in den Tragödien des Seneca ist er, ganz nach griech. Vorbild, der Vers der Dialoge. Auch die christl. Hymnendichtung greift auf den jamb. T. zurück. – Varianten und Sonderformen des jamb. T.s sind
1. der T. purus (ein aus ›reinen Jamben‹ gebildeter T., zuerst bei Catull, carm. 4), 2. der um eine Silbe verkürzte katalekt. jamb. T. (mit regelmäßiger Hephthemimeres; gelegentl. bei Horaz) und 3. der ↗ Choliambus oder Hinkjambus.

Dt. Nachbildungen des jamb. T.s haben sich nur vereinzelt durchsetzen können. Sie finden sich gelegentl. im Drama bei Schiller (»Jungfrau von Orleans«, II, 6–8, »Braut von Messina«, IV, 8), Goethe (»Pandora«, »Palaeophron und Neoterpe«, »Faust II« – Helena-Akt) und vereinzelt bei epigonalen Dramatikern des 19. Jh.s (E. Geibel), in der Lyrik u. a. bei A. W. Schlegel, E. Mörike (»Auf eine Lampe«) und A. v. Platen. Der jamb. T. erscheint hier als 6-hebiger alternierender Vers mit Eingangssenkung und männl. Versschluss; den Auflösungen im antiken T. entsprechend, kommen, v. a. bei Goethe, gelegentl. Doppelsenkungen vor (höchstens 2 pro Vers). Der Vers wird stets reimlos verwandt; die antiken Zäsurregeln werden nicht beachtet. Beispiel: »Bewúndert víel und víel geschólten, Hélená, / Vom Stránde kómm ich, wó wir érst geländet sínd, / Noch ímmer trúnken vón dĕs Gĕwóges régsamém / Gescháukel ...« (Goethe, »Faust II«). – Im dt. Drama des 17. Jh.s (Gryphius, Lohenstein) und der Gottsched-Zeit dient, nach frz. Vorbild, der ↗ Alexandriner als Ersatzmetrum für den jamb. T.; in der 2. Hälfte des 18. Jh.s setzt sich als Vers des dt. Dramas der in seiner prosanahen Wirkung dem jamb. Tr. vergleichbare ↗ Blankvers durch. K

Triolett, n. [frz. triolet, m.], frz. Gedichtform; in der Terminologie der frz. Verskunst seit dem Ende des 15. Jh.s Bez. für ein ↗ Rondeau aus 8 Versen, mit 2 Reimklängen, von denen

Triolett

Vers 1 als Vers 4 und die Verse 1 und 2 als Schlussverse wiederholt werden (Reimschema: ABaA abAB). Die Bez. rührt von der dreimaligen Wiederholung der Eingangszeile (A) her. – Beispiele für das T., das zunächst nur einstroph. und mit epigrammat. Funktion verwandt wird, finden sich seit dem 13. Jh. (Adenet Le Roi). Nachdem es im 16. Jh. vorübergehend an Bedeutung verliert, wird es im 17. Jh. als Form des pointierten polit. Gedichtes in Kreisen der Adelsfronde erneut beliebt. In dieser Zeit begegnen auch längere Gedichte, die sich aus mehreren stroph. aneinandergereihten T.s zusammensetzen (M. A. de Saint Amant, »Les nobles triolets«). Im 19. Jh. greifen Th. de Banville (»Divan Le Peletier«), A. Daudet (»Les prunes«) u. a. das T., sowohl als (einstrophige) Gedichtform als auch als Strophenform, wieder auf. – Dt. Nachbildungen finden sich im 18. Jh. bei den ›Anakreontikern‹ (F. v. Hagedorn, »Der erste May«), im 19. Jh. bei A. v. Platen, F. Rückert, A. v. Chamisso und E. Geibel. K

Trionfi, m. Pl., Sg. Trionfo [it. = Triumph(zug)], 1. didakt. *Gedichte,* meist in ↗ Terzinen, nach Dantes Beschreibung des von allegor. Gestalten und Heiligen begleiteten Triumphzuges der Beatrice in der »Divina Commedia« (Purg. 29,43–30,9); vgl. z. B. G. Boccaccio, »L'Amorosa Visione« (1342/43, gedr. 1521) und v. a. F. Petrarca, »T.«, eine Schilderung der sechs allegor. Gestalten Liebe, Keuschheit, Tod, Ruhm, Zeit, Ewigkeit (begonnen 1352, gedr. 1470), die von einzigart. Wirkung auf seine Zeit war und vielfach nachgeahmt wurde (G. Gubbio, M. A. Sabellico u. viele andere) und auch zur szen. und bildkünstler. Realisierung anregte: vgl.
2. in der europ. Renaissance *Umzüge zu festl. Anlässen* (Ein- oder Auszüge fürstl. Persönlichkeiten, Gesandtschaften o. Ä., Friedensfeiern, Wahlsiege, auch Karnevalszüge); in ihnen verband sich die Tradition antiker Triumphzüge röm. Feldherren mit literar.-gelehrten, allegor.-emblemat. und volkstüml. Elementen. (Karnevals- und ↗ Maskenzüge, kirchl. Prozessionen). Als Mittel der Repräsentation und Selbstbestätigung entfalteten die T. ungeheuren Schauprunk: Kostüme, Wagen mit allegor. Schaubildern (auch Schiffe: Wasser-T. in Venedig, Amsterdam, Antwerpen, Florenz), der Schmuck der Häuser und Straßen wurden oft nach einem bestimmten Programm von berühmten Künstlern (u. a. F. Brunelleschi, Leonardo da Vinci, A. del Sarto, J. Pontormo) entworfen. An bestimmten Haltepunkten der T. (oft eigens errichteten Triumphbögen, Tempeln, Säulen usw.) wurden Ballette, Pantomimen, musikal. Darbietungen, dramat. Szenen, oft ganze ›Multimediaschauen‹ aufgeführt, die die T. zu einer wicht. Vorform des europ. Renaissancetheaters machen. – Die unübersehbare Fülle an Symbolen, Emblemen, Allegorien, die Dichtungen und Ansprachen wurden in Foliobänden zusammengestellt, erklärt, vieles durch Abbildungen festgehalten; sie sind neben Augenzeugenberichten wichtige Quellen dieser Festkultur. – Finanziell getragen wurden die T. vom Bürgertum (Gilden, Zünften, in den Niederlanden z. B. von den ↗ Rederijkern) und Adel gemeinsam oder im Wettbewerb. – Die eigentl. T. verfallen mit dem Niedergang der bürgerl. Stadtkultur: Im Barock werden die T. alleinige Angelegenheit der Höfe und, bes. in ihren szen. Teilen, in die Prunksäle der Schlösser verlegt, d. h. mehr und mehr eine Form des höf. Theaters, zum Element des ↗ Festspiels (vgl. ↗ Masque). Letztes großes europ. Beispiel eines echten Trionfo ist der Einzug des span. Kardinal-Infanten Ferdinand 1635 in Antwerpen unter der Leitung P. P. Rubens.
3. Die literar. und szen. aufgeführten T. beeinflussten auch die bildende Kunst, wurden beliebte Vorwürfe für Freskenzyklen, Gemälde, Buchillustrationen, die z. T. wieder Programmvorbilder späterer szen. T. abgaben (z. B. A. Mantegnas »Triumphzug Cäsars«, die mytholog. T. von Annibale Carracci, G. Reni, N. Pussin u. a.); bemerkenswert ist der von Maximilian I. (und J. Stabius) als graph.-literar. Werk konzipierte, von A. Dürer, A. Altdorfer, H. Burgkmair, H. Schäuffelin u. a. ausgeführte »Triumphzug« (und »Triumphbogen«), eine über 50 m lange Folge von 136 Holzschnitten, eine »Gemäldepoesie« als Selbstdarstellung seines Herrschertums (1514–19, gedr. 1526).

IS

Tripodie, f. [gr. = Dreifüßler], in der antiken Metrik rhythm. Einheit aus drei ↗ Versfüßen, erscheint oft als ↗ Klausel; z. B. kann der ↗ Ithyphallikus als troch. T. gewertet werden.
K

Tristien, f. Pl. [von lat. tristis = traurig], ↗ Klage.

Tritagonist, m. [gr.], ↗ Protagonist.

Trithemimeres, f. [aus gr. Tritos = der dritte, hemi = halb, meros = Teil], in der antiken Metrik die ↗ Zäsur nach dem 3. halben Fuß eines Verses, z. B. im daktyl. ↗ Hexameter $-\smile\smile-\|$ $\smile\smile-\smile\smile-|\smile\smile-\smile\smile-\overline{\smile}$; meist mit der ↗ Hephthemimeres (|) verbunden. In dt. Nachbildungen als männl. Zäsur nach der 2. Hebung.
DW

Trivialliteratur [frz. Trivial aus lat. trivialis = allbekannt, gewöhnl., zu trivium = Kreuzung dreier Wege, allgem. zugängl. Platz], literar. Schriften, die inhaltl. oder sprachl.-stilist. als ›minderwertig‹ gelten, meist Werke, in denen immer wieder dieselben Themen (Liebe, Abenteuer, Krieg, Verbrechen, Heimat, Science Fiction) in ›abgedroschener‹, d. h. klischeehafter Weise abgehandelt werden. Zur T. werden im Grunde alle Texte gezählt, die nicht den Maßstäben der jeweils geltenden Normen für die sog. ›gehobene‹ oder ›hohe‹ Literatur entsprechen. Sie umfasst die größtenteils in Heftform erscheinende sog. ↗ Schundliteratur, den anspruchslosen Fortsetzungsroman wie die Kurzgeschichte einer Kundenzeitschrift, den seriell gefertigten (Leih-)Bibliotheksroman, auch ↗ pornograph. Literatur oder das ›triviale‹ Jugendbuch. Auch Trivialdramen (Volksstücke u. Ä.), Triviallyrik (Gelegenheitsgedichte u. Ä.), Schlagertexte und ↗ Comics sind der T. zuzurechnen. V. a. die histor. T.-Forschung bezieht Erbauungsschriften, religiöse ↗ Traktate, ↗ Bildergeschichten, ↗ Flugschriften, ↗ Kalender, ↗ Almanache und ↗ Einblattdrucke ebenfalls in den Bereich der T. mit ein. Diese Ausweitung auch auf nicht-poet. Gattungen berücksichtigt vorrangig ein zweites konstitutives Merkmal – neben der ›Minderwertigkeit‹ -: das ihrer ›massenhaften‹ Verbreitung (daher auch die Bestrebungen, die diffamierende Bez. ›T.‹ durch neutralere, dieses Merkmal betonende zu ersetzen: ›Massenliteratur‹, ›populäre Literatur‹ u. Ä.). Nicht allein die Tatsache, dass die T. in denselben Gattungen wie die Hochliteratur existiert und eine Vielzahl literar. Elemente und Techniken in beiden Bereichen gleichermaßen benutzt werden, hat eine modellhafte Aufteilung in separate Literaturschichten (sog. Zwei-Schichten-Modell: Hochliteratur – T.; sog. Drei-Schichten-Modell: Hochliteratur – ↗ Unterhaltungsliteratur – T.) fragwürdig erscheinen lassen. Auch die Übernahme von Bestandteilen der Trivialsphäre in die zeitgenöss. Hochliteratur machte nachdrückl. darauf aufmerksam, dass fließende Übergänge zwischen den einzelnen Bereichen bestehen und eine Zuordnung zu einem bestimmten Bezirk immer subjektiv, vom individuellen oder kollektiven Geschmack diktiert ist. Die Verwendung des Terminus T. »als Bezeichnung des Literaturkomplexes, den die dominierenden Geschmacksträger einer Zeitgenossenschaft ästhetisch diskriminieren« (H. Kreuzer), wäre deshalb nur konsequent. So gesehen, erfüllt der Begriff – v. a. für wissenschaftl. Zwecke – höchstens eine heurist., kaum aber eine exakt definitor. Funktion. Die Anfänge einer literaturwissenschaftl. Beschäftigung mit der T. reichen zwar bis in die 20er Jahre des 20. Jahrhunderts zurück (M. Thalmann), zu einem anerkannten Forschungsgebiet der Germanistik hat sie sich jedoch erst in den späten 60er/frühen 70er Jahren entwickelt. Bereits vorher existenten Bestrebungen, die wirklich ›gelesene Literatur‹, die Lesestoffe des größten Teils der Bevölkerung in den Forschungsprozess (und in die Literaturgeschichtsschreibung, bereits Mitte des 19. Jh.s von R. Prutz gefordert) mit einzubeziehen, wurde durch die polit. Entwicklungen in der Gesellschaft und an den Hochschulen nach 1968 Nachdruck verliehen. Der anfängl. Versuch, sich der T. mit an der Dichtkunst entwickelten Methoden und Instrumentarien zu nähern, erwies sich auf die Dauer als wenig fruchtbar. Die (werkimmanente) Interpretation (W. Killy, D. Bayer u. a.),

Trivialliteratur

der Vergleich mit der Hochliteratur mussten immer wieder zu einer minderen Wertung der T. führen. Die zwangsläufig daraus resultierende »Feststellung ihrer geringeren literar. Qualität ist selber eine Banalität« (M. Greiner). Mit den vorher weitgehend im Dunkeln gebliebenen Produktions-, Distributions- und Rezeptionsbedingungen befasst sich eine literatursoziolog. Richtung der T.-Forschung (W. Nutz u. a.). Die trivialen Lesestoffe als Schriften, die den herrschenden Verhältnissen positiv gegenüberstehen und den zum größten Teil aus den unteren Bevölkerungsschichten stammenden Lesern Verhaltensweisen, Werte und Normen einzuüben helfen, die diesen Verhältnissen Bestand verleihen, entlarvt die ideologiekrit. Forschung (Th. W. Adorno, K. Ziermann u. a.). Noch immer aber fehlen plausible Erklärungen für die große Popularität der ›minderwertigen‹ Literatur: Auskünfte darüber versprechen eventuell (sozial-)psycholog. (J. Bark, O. Hoppe) und kommunikationstheoret. Ansätze (G. Waldmann u. a.), die freilich noch am Anfang stehen. ↗ Identifikation. RK

Trivium, n. [lat. = Dreiweg], Teilgebiet der Artes liberales (↗ Artes), umfasst die einführenden Fächer Grammatik, Rhetorik, Dialektik; vgl. ↗ Quadrivium. S

Trobador, Trobadorlyrik, auch: Troubadour [von prov. trobar = finden, dichten und komponieren], prov. Dichter-Komponist und Sänger des 12. und 13. Jh.s. Die Bez. ›T.‹ im Sinne von *Kunstdichter* im Unterschied zum *Volksdichter* begegnet zuerst bei Raimbaut d'Aurenga (2. Drittel 12. Jh.); das Verbum *trobar* gebrauchet schon Wilhelm von Poitiers in der Bedeutung von ›dichten in kunstvoller Form‹ (lat. *inventio*). – Überliefert sind Texte von ca. 450 Sängern, darunter 25 Italiener (u. a. Sordello), 15 Katalanen und auch ca. 20 weibl. Autoren (z. B. die Comtessa Beatritz de Dia, um 1160). Daneben gibt es zahlreiche anonym überlieferte Texte. Die im Unterschied zum mhd. ↗ Minnesang sehr reiche handschriftl. Überlieferung setzt nach der Mitte des 13. Jh.s ein. Erhalten sind knapp 100 Handschriften, davon sind 19 provenzal. Herkunft, 14 franz., 10 katalan., die meisten und ältesten Handschriften stammen aus Italien (52). Eine Prachthandschrift ist der ›Chansonnier du roi‹ (13. Jh.) mit reichem figürl. Initialenschmuck und Melodieaufzeichnungen. Insgesamt sind zu etwa einem Zehntel der Lieder Melodien erhalten. In den Handschriften finden sich auch meist stilisierte Lebensläufe (↗ *Vidas*) und Angaben zur Entstehung der Lieder (↗ *Razos*, Gedichterläuterungen). Die *Sprache* der Lieder ist die südfranz. ›okzitanische‹ *lengua d'oc*. Die *Hauptorte* der T.-kunst lagen im westl. und mittleren Südfrankreich, in den Grafschaften Poitou, Toulouse, im Herzogtum Aquitanien und im Gebiet der heutigen Provence (Orange, Aix, Marseille). – Gepflegt wurde die Kunst der T.s auch an italien. u. katalan. Höfen. *Vertreter:* Als ältester T. gilt Wilhelm IX., Graf von Poitiers (Poitou, comte de Peitieu, Herzog von Aquitanien (1071–1127), von dem 11 Lieder, allerdings ohne Melodien, überliefert sind. Es dürfte indes auch schon vor und neben ihm T.s gegeben haben. Die 2. T.-Generation wird vertreten durch den Sänger der Fernliebe *(amor de lonh)* Jaufré Rudel, Fürst von Blaia (1. Hä. 12. Jh.), den Frauenund Minnefeind Marcabru (dichtete um 1135–50) und dessen mutmaßl. gascogn. Lehrer Cercamon (1133–45). Aus der 3. Generation ragen heraus Bernart de Ventadour (Ventadorn, 1150–1170), Peire d'Alvernhe (1138–1180), Raimbaut d'Aurenga (Orange, ca. 1144–73). In der 4. Generation sind zu nennen Guiraut de Bornelh (Borneil, ca. 1165–1200), Bertran de Born (vor 1180–1196), Peire Vidal (ca. 1180–1205), Gaucelm Faidit (ca. 1180–1215), der von Dante gepriesene Arnaut Daniel (1160–1210) und Folquet de Marseille (ca. 1180–1195/1231). Im 13. Jh. wird die T.-kunst repräsentiert v. a. durch den Satiriker Peire Cardenal (1216–76), den Norditaliener Sordello (1230–70) und den Sammler und Vidaverfasser Uc de Saint-Circ († nach 1253). Einer der letzten namhaften T.s war Guiraut Riquier (1254–1292). Gegen Ende des 13. Jh.s geht die Liedkunst von Berufsdichtern, Spielleuten und adligen Dilettanten in die Hände von Bürgern und Studenten über, vergleichbar dem Übergang des mhd. Minnesangs in den ↗ Meistersang. – Die T.s stammten aus allen Ständen: aus dem Hochadel (Wilhelm von Poitiers), aus dem Ministerialenstand (Guilhelm de Cabestanh, Peire Cardenal), städt. Herkunft waren Folquet de Marseille (Sohn eines Kaufmanns), Peire Vidal (Sohn eines Kürschners), aus der Unterschicht kam Bernart de Ventadour (Sohn eines Ofenheizers), Geistlicher war der Mönch von Moutaudon, außerständ. Marcabru (Findelkind). Die T.s entwickelten für diese älteste europ. Laienkunst, die sich im *chantar (cansó)*, im gesungenen Lied, verwirklichte, eine Reihe von kennzeichnenden *Gattungen:* Im Zentrum stand die ↗ *cansó* (die ↗ Kanzone), dem Gottespreis und v. a. dem Frauenpreis gewidmet, oft mit einer ↗ *Tornada* (Geleitstrophe) versehen, die z. B. den Namen des Sängers, des Gönners, versteckt auch den der Dame (↗ *Senhal*) enthielt. Von den ca. 2600 Liedern sind 40% Kanzonen. Mit etwa 20% ist das ↗ *Sirventes* vertreten; es war ursprüngl. im Auftrag eines Herrn abgefasst und handelt von öffentl. und privaten Angelegenheiten, moralisiert, lobt und tadelt (Lob- und Rügelied); weiter waren beliebt ↗ *Tenzone* und ↗ *Partimen* (↗ Streitgedicht), die häufig auch Minneprobleme behandeln. ↗ Spruchdichtung in Einzelstrophen waren die *Coblas esparsas* (↗ cobla 2). Weitere Gattungen sind ↗ *Planh* (↗ Klagelied), ↗ *Alba* (↗ Tagelied), *Pastorela (pastoreta,* ↗ Pastorelle), *Devinhal* (Rätsellied), *Plazer* (Freudenlied) und *Gab* (Prahllied). Die Lyrik der T.s war eine subtile Formkunst, die immer differenziertere Reimschemata und Strophen *(Coblas)* aus silbenzählenden Versen erfand. Die Dichter waren zugleich Komponisten der *sonets* (Melodien). Neben dem häufigeren ↗ *trobar leu,* dem leichtverständl. Stil, wurde das ↗ *trobar ric,* der reiche, ausgeschmückte Stil und das hermet. ↗ *trobar clus* gepflegt. In der zentralen Gattung, der *Cansó,* bildete sich eine besondere Form der hochstilisierten Frauenverehrung heraus, der Anbetung einer als unerreichbar dargestellten Herrin *(domna);* die dem vom *lauzengier* (Aufpasser) belauerten Sänger abverlangte vergeistigte Verzichtliebe sollte zu dessen Selbstverwirklichung führen. Diese mit Naturbildern angereicherte T.lyrik war keine einfache Liebeslyrik, sondern in den Bildrahmen der feudal-höf. Dienstideologie eingespannte sublimierte Erotik *(fins amors)* mit spiritualisierter Minneauffassung und stark eth.-moral. Implikationen. Soziale Probleme erscheinen in erot. Sphären übersetzt. Die prov. Lyrik war aber bei aller Idealität stärker als der mhd. Minnesang weltzugewandt, wirklichkeitshaltig. Für ihre *Entstehung* werden verschiedene Quellen genannt: die arab. Lyrik (Th. Frings), lat. und mittellat. Lyrik (H. Brinkmann); keines der genannten Vorbilder genügt aber zur Erklärung der Entstehung dieser eigenart. Liedkunst, es gibt kein als alleinige Basis ausreichendes Vorbild. Neben literar. werden auch soziale und sozialpsycholog. Erklärungen erwogen (Einbettung in die feudale Gesellschaftshierarchie und Kompensation mangelnden Sozialprestiges der Aufsteiger im Ministerialenstand (E. Köhler, E. Wechssler). Die Idee der Entrückung der besungenen Dame in unerreichbare Höhe findet ihre Fortsetzung im ↗ Dolce stil nuovo, zu dessen Vorläufern v. a. Sordello gezählt wird. Die Formen der T.-kunst und deren Liebeskasuistik werden im 13. Jh. von dem ›Theoretiker der Liebe‹ Matfre Ermengau (aus ›Béziers, »Breviari d'amor«, nach 1288) und den Grammatikern Raimon Vidal (»Razos de trobar«) und Jaufré de Foixá (»Regles«, 1290) kodifiziert, weitergeführt im 14. Jh. in der Grammatik und Poetik der »Leys d'amors« (↗ Gai saber). – Einer der ersten ›Provenzalisten‹, Erforscher der T.-kunst, war Johannes Nostradamus (16. Jh.), der Bruder des bekannten Astrologen. S

Trobar clus, n. [prov. = verschlossenes Dichten], absichtl. den Sinn verrätselnde, esoter.-manierierte Stilart der prov. Lyrik, mit z. T. gewollt aristokrat.-hermet. Anspruch; charakterist. sind gesuchte Wortwahl (seltene Wörter, Fremdwörter, Archaismen), Allegorisierungen, schwierige Syntax, Wort- und Reimspiele; entspricht etwa dem *ornatus difficilis* der antiken Rhetorik (↗ Ornatus, ↗ Poetik) oder dem ↗ geblümten Stil in der mhd. Dichtung (vgl. auch ↗ Asianismus, ↗ Manierismus). Der dunkle Wortsinn kann als Widerspiegelung komplexer Zusammenhänge aufgefasst werden: der Hörer sollte durch eigene Sinnerhellung bewusst zur Sache finden. – Die bedeutendsten Vertreter des t. c. sind Marcabru und die dem ↗ trobar ric zuneigenden Peire d'Alvernhe und Raimbaut d'Aurenga (vgl. seine ↗ Tenzone mit Guiraut de Bornelh, dem Vertreter des ↗ trobar leu). S

Trobar leu, n. [prov. = leichtes Dichten], auch: *trobar planh* (klares Dichten), der allgem. verständl. Stil der prov. Lyrik, im Gegensatz zum ↗ *trobar clus,* propagiert u. a. von Guiraut de Bornelh, vgl. seine ↗ Tenzone gegen das *trobar clus* des Raimbaut d'Aurenga. S

Trobar ric, n. [prov. = reiches Dichten], Stilart der prov. Lyrik, in der alle Mittel der Rhetorik und Formvirtuosität eingesetzt werden; wird auch als ins Formale transponierte Spielart oder Fortbildung des ↗ *trobar clus* aufgefasst: Vertreter sind Raimbaut d'Aurenga (Canso von Winter und Liebe), Arnaut Daniel, Peire d'Alvernhe. S

Trochäus, m. [gr. trochaios = Läufer, auch Choreus (gr. = Tänzer)], antiker Versfuß der Form $-\cup$. Als metr. Einheit trochä. *Sprechverse* gilt in der griech Dichtung (einschl. der strengen Nachbildungen griech. Sprechverse in der lat. Dichtung) nicht der ↗ Versfuß, sondern die ↗ Dipodie, d. h. die Verbindung zweier Versfüße: $-\cup-\overline{\cup}$; auch die troch. Dipodie (auch: Di-T.) kann durch Auflösungen d. Längen ($-=\cup\cup$) vielfach variiert werden. Wichtigste trochä. dipod. Versmaße sind der trochä. ↗ Tetrameter und seine (seltene) kom.-satir. Variante, der trochä. Hinktetrameter. Demgegenüber werden die freien Nachbildungen griech. trochä. Sprechverse in der älteren lat. Dichtung nach Versfüßen gemessen; so v. a. der trochä. ↗ Septenar (7 volle Füße + ein katalekt. 8. Fuß). – Bes. Regeln gelten für die Messung *gesungener trochä. Verse* in der griech. Lyrik: bei ihrer Analyse ist zwar von trochä. Dipodien auszugehen, doch besteht außer der Möglichkeit der Auflösung von Längen noch die Möglichkeit der ↗ Synkope des anceps und der Kürze. Als dem T. gleichwertig gelten in lyr. Versen damit der ↗ Kretikus ($-\cup-$), der Palim-
↗ Bakcheus ($-\,-\,\cup$) und der ↗ Molossus ($-\,-\,-$). Häufig begegnet in der griech. Lyrik der aus solchen metr. Einheiten zusammengesetzte trochä. Dimeter, als dessen Sonderformen das ↗ Lekythion ($-\cup-\overline{\cup}-\cup$) und der ↗ Ithyphallikus ($-\cup-\overline{\cup}-\overline{\cup}$) mit ihren Varianten gelten. Daneben begegnen in der griech. Lyrik auch trochä. Trimeter. In den *akzentuierenden Versen* (↗ akzentuierendes Versprinzip) der dt., engl. usw. Dichtung gilt als T. die Folge einer betonten und einer unbetonten Silbe (x́x); trochä. Verse sind hier mithin alternierende Verse ohne Eingangssenkung: x́xx́x x́xx́... Die Bez. en ›T.‹ und ›trochä.‹ werden im Allgemeinen nicht auf alternierende Verse in mal. Dichtung angewandt; doch braucht man sie im Hinblick auf neuere Dichtung seit etwa M. Opitz regelmäßig auch dort, wo kein histor. Bezug zur gr.-röm. Verskunst vorliegt. Wichtigste trochä. Verse der neueren dt. Dichtung sind, von den v. a. in gereimter Dichtung seit dem 17. Jh. häufigen 4-, 5- und 8-Hebern abgesehen, 1. die Nachbildungen gr.-röm. trochä. Verse, v. a. des trochä. Tetrameters, 2. die 4-hebigen *Span. Trochäen*, dt. Nachbildungen der 8-Silbler der span. Dichtung, die seit J. G. Herders Romanzenzyklus »Cid« und in der Folge der Rezeption der span. Dramatiker durch die dt. Romantik als Versmaß der Romanzendichtung (C. Brentano, »Romanzen vom Rosenkranz«; H. Heine) und teilweise auch des Dramas (F. Grillparzer, »Die Ahnfrau«, »Der Traum ein Leben«) beliebt waren. Es handelt sich um trochä. Verse des Typus x́xx́xx́xx́(x) (»Tráuernd tíef sáß Dón Diégo ...«, Herder, »Cid«, 1,1), die reimlos, assonierend oder mit Endreim und in der Romanzendichtung zu vierzeil. Strophen vereinigt gebraucht werden. – 3. Die sog. *Serb. Trochäen*, stets reim- und zäsurlose troch. 5-Heber; sie wurden von Herder und Goethe durch die Nachbildung serb. Volksballaden in die dt. Dichtung eingeführt, später noch von A. v. Platen (»Die Abassiden«) als Versmaß ep. Dichtung verwendet; Schema: x́xx́xx́xx́xx́x (»Wás ist Wéißes dórt am grǘnen Wálde? ...«, Goethe, »Klaggesang von der edlen Frauen des Asan Aga«). K

Troparion, n. ↗ Hymne, ↗ Tropus.

Tropus, m. [gr. = Wendung, Weise], melismat. oder textl. Einschub (Interpolation) in liturg. Gesänge des MA.s. Man unterscheidet nur musikal. Erweiterungen, kombinierte Text- und Melodieerweiterungen und bloße Textierungen vorher textloser Melodieabschnitte (Textierungstropen). Ein T. konnte an den verschiedensten Stellen der gesungenen Messtexte (Introitus, Kyrie, Gloria etc.), aber auch in Lektionen oder außerhalb der Messe im Offizium auftreten. Er blieb stets, im Unterschied zu der sich verselbständigenden ↗ Sequenz, der Ausgangsmelodie und dem Grundtext verbunden und diente der erklärenden Ausschmückung, der musikal. Bereicherung, der Verlebendigung und Aktualisierung der Liturgie. Tropen wurden anstelle von Wiederholungen der Liturgietexte durch einen zweiten Chor oder Halbchor (als ↗ Antiphon, evtl. auch als Responsorium) gesungen. Die Texte waren zunächst in Prosa, später auch versifiziert und gereimt (leonin. Hexameter). Bezeugt z. T. schon vor der Karolingik, erlebten bes. Text- *und* Melodieerweiterungen eine Blüte im 9. und 11. Jh.; Zentren waren St. Martial in Limoges, St. Gallen und die Reichenau. Ältester und bedeutendster Tropendichter war Tutilo v. St. Gallen (gest. 913?). Die weite Verbreitung und Beliebtheit der Tropen dokumentieren zahlreiche Sammlungen, sog. *Troparien,* schon im 11. Jh. Die T. überwucherten mit der Zeit die eigentl. Liturgie und wurden schließl. durch das tridentin. Konzil (1545–1563) verboten.

Für die Literaturgeschichte bedeutsam wurden zwei Tropenformen, die sich aus dem ursprüngl. Melodie- und Textverbund lösten: 1. der Textierungst. zu den Schlussmelismen des ›Alleluia‹: aus ihm entwickelte sich die *Sequenz.* 2. ein wohl im 10. Jh. entstandener Introitust. als antiphonale Einleitung zum Introitus der Ostermesse. Als dieser T. Ende des 10. Jh.s von der Ostermesse gelöst und in die österl. Matutin (den Morgengottesdienst) zwischen das 3. Responsorium und das Tedeum gelegt wurde, war wahrscheinl. der Grund geschaffen für seine Weiterentwicklung zu einer der Keimzellen des mal. ↗ geistl. Spiels (siehe v. a. ↗ Osterspiel). Dramat. Impetus zeigt auch der Weihnachtst. (in dialog. Prosa) Tutilos (»Hodie cantandus est nobis puer«).   S

Tropus, m. oder **Trope**, f., Pl. Tropen, f. [gr. trópos = Wendung, Richtung], in der Klassifikation der ↗ Rhetorik Bez. für ein sprachl. Ausdrucksmittel der uneigentl. Rede. Tropen sind Wörter oder Wendungen, die *nicht im eigentl. Sinne,* sondern in einem übertragenen, bildlichen gebraucht werden, z. B. Blüte für Jugend. Im Gegensatz zu den ↗ rhetor. Figuren, welche die Stellung und Beziehung von Wörtern zueinander organisieren und der rhetor. Ausschmückung dienen, besteht bei den Tropen ein semant. Unterschied zwischen Gesagtem und Gemeintem, zwischen Bezeichnung und Bedeutung, ursprünglich zum Zweck der Veranschaulichung. Nach dem Grad der Begriffsverschiebung lassen sich unterscheiden:
1. *Grenzverschiebungs-T.,* bei denen eine sachl. Beziehung zwischen dem Gesagten und dem Gemeinten besteht, z. B. die ↗ Periphrase (Umschreibung: Höllenfürst für Teufel) und
2. *Sprung-T.,* bei denen der gemeinte Wortsinn in andere Vorstellungs- oder Bildbereiche über›springt‹: Löwe für Krieger. Zur ersten Gruppe gehören (nach dem Grad des Unterschieds zw. Bezeichnung und Bedeutung): ↗ Emphase, ↗ Periphrase, ↗ Antonomasie, ↗ Synekdoche, ↗ Metonymie, ↗ Litotes, ↗ Hyperbel, zur zweiten: ↗ Metapher, ↗ Allegorie, ↗ Ironie. Auf Grund des charakterist. Unterschieds von Sagen und Meinen können die Tropen einen schwierigen Schmuck und eine starke Verfremdung darstellen, die in Spannung zum Prinzip der Klarheit (perspicuitas) geraten kann; ihre reichl. oder programmat. Anwendung führt zu einem bisweilen hermet.-manierist. Stil (↗ Asianismus, ↗ Manierismus). Die Begriffsverschiebungen, die den Tropen zugrundeliegen, sind ein bedeutendes Mittel der Spracherweiterung und -anpassung. Tropen tauchen daher in großer Zahl bei der Analyse des Sprachwandels und – als ›tote‹, mechanisierte, habituelle Tropen – der Umgangssprache auf (z. B. Tisch-*Bein,* s. ↗ Kata-

chrese). Insbes. beim schnelleb. Jargon lässt sich die Funktion der Tropen als eine Grundlage der Sprachkreativität deutl. beobachten.
ED

Trostbücher, auch: Consolatorien, bes. in Spät-MA. und Pietismus verbreitete literar. Gattung (Traktate, Dialoge, Briefe, auch Gedichte), die in religiös-erbaul. oder theolog.-philos. Sinne im Unglück (v. a. bei Todesfällen) Trost spenden oder auch nur allgem. in christl. Geist aufrichten soll, vgl. für d. letztere Gruppe z. B. »De consolatione theologiae« von Johannes Gerson (um 1418/19 in der Nachfolge des Boëthius). Auch: ↗ Erbauungsliteratur, ↗ Consolatio, ↗ Ars moriendi. S

Troubadour, Troubadourlyrik [truba'du:r] ↗ Trobador, Trobadorlyrik.

Trouvère, m. **Trouvèrelyrik** [tru'vɛ:r, von frz. trouver = finden, nach trobar, ↗ Trobador] 1. Mal. französ. Dichter-Sänger, nordfranz. Entsprechung zum prov. Trobador. Begegnet seit der 2. Hä. des 12. Jh.s an nordfranz. Höfen, z. B. denen der Eleonore von Aquitanien, der Enkelin des ältesten Trobadors, Wilhelm IX. von Poitiers (Gattin des nordfranzös. Königs Ludwig VII., nach 1152 des engl. Königs Heinrich II.) und deren Tochter Marie de Champagne. – Die Lieder, in nordfranzös. Sprache, der *langue d'oil* verfasst, sind überwiegend in etwa 30 Sammelhandschriften *(chansonniers)* überliefert. – Hauptvertreter sind der v. a. als Artusepiker bekannte Chrétien de Troyes (ca. 1150–1190), der Vizegraf Huon d'Oisy (2. Hä. 12. Jh., von dem u. a. ein satir. Gedicht über ein Damenturnier überliefert ist), der pikard. Adlige Conon de Béthune (ca. 1150–1220, der als Teilnehmer am 3. und 4. Kreuzzug auch Kreuzlieder verfasste), der champagn. Ritter Gace Brulé (ca. 1160–1212), Blondel de Nesle (2. Hä. 12. Jh., als Sagengestalt mit Richard Löwenherz verbunden), Graf Thibaud IV. de Champagne, später König von Navarra (1201–1253) und Adam de la Halle (1238–1287). In ihren *Liedern* übernehmen die T.s z. T. Themen und Gattungen der prov. Vorbilder, so folgt z. B. Conon de Béthune

Bertran de Born; z. T. distanzieren sie sich aber iron. von der prov. Minne-Idealisierung und suchen stärker Realität und persönl. Erleben zur Geltung zu bringen (Höhepunkt: das Werk des die T.-Kunst durchbrechenden *jongleurs* Rutebeuf, ca. 1250–1285), z. B. durch die Pflege volkstüml. Formen, etwa Tanzlieder u. Ä. Kennzeichnend ist die Form des ↗ Jeu parti (↗ Partimen), in welcher Fragen einer dialekt. Liebeskasuistik behandelt werden, vgl. auch den Traktat »De Amore« des Andreas Capellanus (um 1185). An Bedeutung tritt die Kunst der T.s hinter der sich in Nordfrankreich zur selben Zeit entwickelnden Erzählkunst, v. a. dem Artusroman (Chrétien de Troyes) zurück.
2. Bez. für Verfasser der ↗ Chansons de geste. S

Truffaldino, m. [it. von truffa = Betrug], Typenfigur der ↗ Commedia dell'arte, dem ↗ Arlecchino verwandter derb-gutmütiger, auch spött.-witziger Diener; der Name geht evtl. auf den Diener Truffa in Ruzzantes »Vaccaria« (16. Jh.) zurück. T. gehörte neben ↗ Tartaglia, ↗ Pantalone, ↗ Brighella zu den obligaten Figuren des venezian. Stegreiftheaters, auch noch bei C. Gozzi (und F. Schiller, »Turandot«); bes. im 18. Jh. wurde der T. in ganz Europa berühmt durch den Schauspieler A. Sacchi, für den C. Goldoni z. B. die Hauptrolle, den ›T.‹, im »Diener zweier Herrn« (1747) schrieb. IS

Trümmerliteratur, Bez. für die neorealist. dt. Lit. unmittelbar nach 1945, die traumatisiert war von den Erfahrungen aus dem Faschismus und der (materiellen wie ideellen) Zerstörung, aber auch getragen vom Pathos des Neubeginns. Stichworte wie »Kahlschlag« oder »Stunde Null« kennzeichnen die Haltung dieser Werke (↗ Kahlschlagliteratur), die stilist. weitgehend dem Expressionismus verpflichtet sind und sich zunächst auf die Traditionen aus dem Humanismus und Christentum stützen, darüber hinaus aber auch stark von den (lange verbotenen) Autoren des Auslands beeinflusst werden: v. a. durch den Existenzialismus (J. P. Sartre) und amerikan. Schriftsteller (E. Hemingway und W. Faulkner). Zu einem wirkmächtigen Initial-Organ dieser Nachkriegslit. wird die Zs. »Der Ruf«, aus deren Mitarbeitern sich später die ↗ Gruppe 47 bildet. Zu den wichtigsten Vertretern der T. zählen Lyriker wie Günter Eich, Elisabeth Langgässer, Hans Erich Nossack und Karl Krolow, Prosaautoren wie Hans Werner Richter, Wolfgang Weyrauch, Walter Kolbenhoff, Alfred Andersch und Wolfdietrich Schnurre sowie Dramatiker wie Wolfgang Borchert. Kr

Tunnel über der Spree, Berliner geselligliterar. Zirkel, 1827 von dem Wiener Kritiker und Schriftsteller M. G. Saphir nach dem Vorbild der Wiener ↗ Ludlamshöhle gegründet, bestand bis 1897. Schutzpatron war Till Eulenspiegel. Ständische u. konfessionelle Unterschiede sollten durch Decknamen aus Geschichte und Literatur aufgehoben werden, z. B. M. von Strachwitz: »Götz von Berlichingen«, E. Geibel: »Bertran de Born«, Th. Fontane: »Lafontaine«, P. Heyse: »Hölty«, A. Menzel: »P. P. Rubens«, Th. Storm: »Tannhäuser«; dem Kreis gehörten außerdem der Kunsthistoriker F. Th. Kugler, der Maler Th. Hosemann und die Literaten Ch. F. Scherenberg, F. Dahn und H. Seidel an. Der Höhepunkt des T.s ü. d. Sp. lag in den fünfziger Jahren; das wichtigste Dokument der gemeinsamen dichter. Bemühungen ist das literar. Jahrbuch »Argo« (1854). GG

Typenkomödie, ältester Komödientypus: seine kom. Wirkung beruht auf dem Handeln stehender Typen (d. h. Gestalten, die auf einen karikierend überzeichneten Wesenszug bestimmter Stände, Berufe, Lebensalter reduziert sind, vgl. ↗ Typus) wie dem gefräß. Diener, schwadronierenden Advokaten, ruhmred. Soldaten, dem Parasiten, dem geizigen oder lüsternen Alten u. a.; Ggs. die ↗ Charakterkomödie, die Darstellung eines komplexen Charakters. – T.n sind meist zugleich ↗ Situationskomödien, so der antike ↗ Mimus (und in seiner Tradition die volkstüml. ↗ Posse bis zur Neuzeit), die mittlere att. und die röm. Komödie, die ↗ Commedia dell'arte (als Prototypus), die engl. ↗ Comedy of humours, z. T. auch die Boulevardkomödie. Als Grenzfälle gelten die Komödien der Aufklärung (↗ comédie larmoyante, ↗ sächs. Komödie, ↗ weinerl. Lustspiel). IS

Typologie, f.
1. *Lehre vom Typischen,* vom Typus (Phänotypus, Idealtypus), von Grund- oder Urformen, von exemplar. Mustern; eine Form des abstrahierenden Denkens, in der Philosophie seit Platon, in der Psychologie seit C. G. Jung (Archetypen). In der Geisteswissenschaft stellte W. Dilthey eine T. der künstler. Weltanschauungen auf, die drei Haupttypen unterscheidet: 1. *Positivismus:* erklärt die geist. Welt aus der physischen und postuliert eine Vorherrschaft des Intellekts; hierzu werden gezählt: in der Antike Demokrit, Lukrez, in der Neuzeit Th. Hobbes, der moderne Materialismus und Positivismus, Dichter wie H. de Balzac und Stendhal. 2. *objektiver Idealismus:* sieht die Realität als Ausdruck einer inneren Wirklichkeit und baut auf die Vorherrschaft des Gefühls, Vertreter in der Antike: Heraklit, in der Neuzeit: Spinoza, G. W. Leibniz, F. W. Schelling, G. W. F. Hegel und Goethe. 3. *dualist. Idealismus:* behauptet die Unabhängigkeit des Geistigen gegenüber der Natur, basiert auf der Vorherrschaft des Willens; hierzu werden gerechnet: in der Antike Platon, die mal. Theologen; weiter Kant, J. G. Fichte und F. Schiller. – H. Nohl erweiterte diese T. auf Malerei und Musik und ordnete dem ersten Typus etwa Velasquez, F. Hals, H. Berlioz, dem 2. Typus Rembrandt, P. P. Rubens; F. Schubert, dem 3. Typus Michelangelo und L. van Beethoven zu.
2. *exeget. Methode* (↗ Exegese), bei der typ. Gestalten, Geschehnisse und Sachverhalte als Typus und Antitypus aufeinander bezogen werden. Seit der Patristik werden bei der Bibelauslegung nach dem 2. ↗ Schriftsinn, dem *sensus allegoricus* (↗ Allegorese) Gestalten und Ereignisse des ATs als Vorausdeutungen, ↗ Präfigurationen auf das NT verstanden, so weist z. B. Adam als Typus auf Christus als Antitypus voraus (auch: ↗ Figuraldeutung). Diese typolog.-allegor. Methode prägte das ganze mal. Denken, das geistl. und weltl. Schrifttum des MAs.; demgemäß wurden dann in der Hagio-

graphie z. B. auch Heiligenfiguren als ↗ Postfigurationen in Bezug zu bibl. Gestalten gesetzt (z. B. der Hlg. Georg als Antitypus zu Christus als Typus), ferner beeinflusste die T. auch die mal. Malerei: vgl. typolog. Bilderkreise wie am Klosterneuburger Altar des Nikolaus von Verdun oder in der ↗ Biblia typologica.

3. *phänomenolog. Klassifikation von Texten* nach typ. Formen, Stofftraditionen und Aussageweisen; tritt in der neueren Literaturwissenschaft an die Stelle der alten Gattungseinteilung (↗ Textsorten). S

Typus, m [gr. typos = Schlag, Abbild, Muster], *allgem.* Grund-, Urform verwandter Erscheinungen, exemplar. Muster, Vorstellung von Personen oder Sachen, die sich aus konstanten, als wesensbestimmend angesehenen Merkmalen zus.setzt. *In der Lit.*: Gestalt ohne individuelle Prägung, vielmehr Verabsolutierung einer für bestimmte Stände, Berufe oder Altersstufen characterist. Eigenschaft; in karikierender Überzeichnung (mit feststehenden Funktionen) konstituierend für die ↗ Typenkomödie (z. B. die kuppler. Alte). Im Drama des ↗ Expressionismus sind Typen auch als Ideenträger (ohne Namen oder Standesangaben, z. B. ›der Sohn‹, ›der Mann‹) eingesetzt.

IS

U

Übergehender, überschlagender Reim, Sonderform des ↗ Schlagreims.

Überlieferung, Gesamtheit des Textbestandes eines literar. Werkes von der ersten handschriftl. Niederschrift des Autors bis zur Erstausgabe (editio princeps) oder zur ↗ krit., ↗ histor.-krit. Ausgabe. Nach den Tradierungsmedien werden unterschieden: mündl., handschriftl. und gedruckte Ü., wobei mündl. Ü. nur aus schriftl. Aufzeichnungen erschlossen werden kann. Zur Ü. zählen auch sog. Neben-Ü.en wie wörtl. Zitate bei anderen Autoren. Nach dem Bezug der überlieferten Texte zum Autor sind zu trennen: *authent.*, auf ein ↗ Autograph des Autors zurückgehende Ü., *autorisierte*, auf einer ↗ Ausgabe letzter Hand basierende und *nichtautorisierte*, nur auf nicht kontrollierbaren Abschriften beruhende Ü.; zu Letzterer gehören ein Großteil der antiken und mal. Literatur und (in der Neuzeit) Rauboder ↗ Nachdrucke. – Nach dem Modus der Ü. ist (nicht immer scharf) zu unterscheiden: die *krit. Ü.* (z. B. die Tradierung antiker Literatur durch alexandrin. oder humanist. Gelehrte in Hellenismus und Renaissance), die *schulmäß. Ü.* (die Tradierung der antiken Literatur v. a. in mal. Klosterschulen usw.), die *dilettant. Ü.* (Liebhaberabschriften, z. B. bei mhd. Dichtung) und die *gewerbl. Ü.* durch berufsmäß. Schreiber (z. T. schon in Klosterskriptorien; als älteste dt. weltl. Handschriftenmanufaktur gilt die Diebold Laubers in Hagenau, Anf. 15. Jh.), davon abgesetzt die *neuzeitl. Ü.* autorisierter Texte durch Drucker (15.–17. Jh.) und Verlage. Jeder Ü.sweg hat spezif. Fehlerquellen (falsche Zuordnung, Lese-, Hör-, Druckfehler, Kontaminationen, Verluste, etc.). – Im Hellenismus wurde erstmals das überlieferte Material krit. gesichtet, wurden Ansätze zur systemat. Korrektur von Fehlern (↗ Emendation) und Kommentierung der Texte unternommen (↗ Scholien). *Sammelstätten der Ü. literar.* Werke sind Archive und Bibliotheken; in der Antike die Tempelbibliotheken (z. B. hinterlegte Heraklit ein Exemplar seines Werkes im Tempel zu Ephesos), Hofbibliotheken (Alexandria, gegründet um 280 v. Chr. durch Ptolemaios I., Pergamon), öffentl. Bibliotheken (z. B. in Rom, gegründet unter Augustus), auch Privatbibliotheken spielten schon in der Antike eine wichtige Rolle. Im MA waren es dann Kloster- (St. Gallen) und Hofbibliotheken (z. B. in der stauf. Pfalz zu Hagenau) und wiederum Privatbibliotheken (bezeugt von Hugo von Trimberg um 1300, Petrarca 14. Jh., Hartmann Schedel um 1500 u. a.). In der beginnenden Neuzeit spielen neben Hof- (Bibliotheca Palatina Heidelberg) und Klosterbibliotheken die Universitätsbibliotheken und Archive eine zunehmende Rolle. – Die Ü. setzt bei antiken und mal. Texten meist erst Jahre nach deren Entstehung ein; Autographen (oder Handschriften Dritter) aus der Zeit des Autors sind äußerst selten (in der dt. Literaturgeschichte mutmaßl. bei Otfried von Weißenburg, dann erst wieder bei Oswald von Wolkenstein, 15. Jh.). Die krit. Überprüfung (Rezension) der Ü. hatte in der ↗ Textkritik v. a. den Zweck, ein verlorenes Original zurückzugewinnen oder zumindest einen diesem nahekommenden ↗ Archetypus wiederherzustellen. Bei divergierenden Textfassungen wird heute teilweise auch mit authent. Parallelfassungen (Autor-↗ Varianten) gerechnet. Die verschiedenen ↗ Redaktionen und Ü.sstadien werden in krit. ↗ Apparaten erfasst (↗ Textkritik, ↗ Editionstechnik, ↗ Stemma). – Seit der Entstehung des Buchdrucks und der damit in stärkerem Maße gegebenen authent. Autorfassungen gewinnt auch die Textvorgeschichte anhand von handschriftl. oder gedruckten Vorfassungen Interesse, vgl. z. B. die Hölderlin-Philologie (F. Beißner). S

Übersetzung, Wiedergabe eines Textes in einer anderen Sprache, Form der *schriftl.* Kommunikation über Sprachgrenzen hinweg im Unterschied zur aktuellen mündl. Vermittlung des Dolmetschers. Während dieser auf die Präsenz seines Gedächtnisses angewiesen ist, kann der Übersetzer auf Hilfsmittel wie Lexika, Handbücher, gegebenenfalls auch auf ältere Ü.en zurückgreifen. – Bei Ü.en lassen sich verschiedene Modi unterscheiden:
1. a) Ü. aus einer zeitgenöss. Sprache, b) aus einer älteren Sprache (z. B. Lat., Griech.) oder aus einer älteren Sprachstufe (z. B. Ahd., Mhd.),
2. a) Ü. eines Textes aus dem gleichen Kulturkreis, b) aus einem fremden Kulturkreis,
3. a) Ü. stellvertretend für das Original, b) als Hilfsmittel für das Verständnis des (meist synopt. dargebotenen) Originals,
4. a) sinnwahrende Ü. (↗ Paraphrase), b) formgetreue Ü. (bei poet. Texten), c) wortgetreue Ü. (↗ Interlinearversion, ↗ Metaphrase). Nach der Nähe zum Originaltext wird z. T. auch begriffl. differenziert zwischen *Ü.* (möglichst wortgetreuer Anschluss ans Original), *Übertragung* (freiere sinnbetonte Wiedergabe unter voller Berücksichtigung der semant., idiomat. und stilist. Eigentümlichkeiten der Zielsprache), *Nachdichtung* (formbedachte und gehaltkonforme Nachschöpfung, bes. bei poet. Texten). Ein Übersetzer muss sich, nach Goethe, entscheiden, ob er einen Text dem Leser nahebringen oder den Leser zum Urtext hinführen will. – Die prinzipielle Problematik jeder Ü. besteht auch bei synchron dargebotenen Texten darin, dass jede sprachl. Äußerung in einem mehrdeut. Umfeld steht, ferner, dass jede Ü. aus dem mehrschicht. Bedeutungsspektrum meist nur bestimmte Sinnschichten herausgreift, die dann, in die Zielsprache transponiert, wiederum Teil eines mehrschicht. Kontextes werden. Je höher das Sinnniveau und der Verstehensanspruch eines Textes in der Originalsprache ist, desto schwieriger wird die Ü. Die prinzipielle semant. Disparenz wird noch dadurch verstärkt, dass Wörter kaum einmal in zwei Sprachen dasselbe Bedeutungsfeld umfassen, meist andere Bedeutungsschwerpunkte haben (z. B. dt. Uhr, engl. watch, clock). Deshalb empfiehlt schon Hieronymus, nicht ex verbo, sondern ex sensu zu übersetzen. Jede Sprache besitzt zudem Wörter ohne genau entsprechendes Äquivalent in anderen Sprachen (z. B. dt. Gemüt, Kultur, Geist, vgl. auch die Ü.svarianten für griech. logos in Goethes »Faust« I). Wo schon Begriffe differieren, sind zwangsläufig auch ihre Benennungen disparat. Hinzutreten unterschiedl. idiomat., grammat. und stilist. Strukturen. – Schwierigkeiten bereitet nicht nur die Vermittlung des Sinnes, sondern auch die Wiedergabe von Stilvalenzen oder von Wortspielen, mundartl. Färbungen usw., ferner die Berücksichtigung der Verstehenshorizonte, die Verdeutlichung von Sachverhalten, die im Kulturkreis der Zielsprache keine oder eine andere Rolle spielen (z. B. im Mhd. minne, frouwe = nhd. Frau, Herrin, Dame). Selbst bei wissenschaftl. Schriften mit weitgehend gleichem Begriffssystem können Differenzen auftreten. Die Inkongruenzen nehmen zu, je weiter sich der zu übersetzende Text von einfachen Sachverhalten und Mitteilungsformen entfernt, oder je weiter Ausgangs- und Zielsprache räuml. oder zeitl. getrennt sind (1b, 2b). Kommt es bei der Ü. inhaltsbetonter Texte (Nachrichten, Sachbücher, wissenschaftl. Literatur, Trivialliteratur) v. a. auf eine möglichst genaue Wiedergabe des Sinnes an (4a), so treten bei poet. Werken noch Rücksichten auf Stilistisches (Stilebene) und Formales (Metren, Strophen, Rhythmus, Klang, Bildlichkeit) hinzu. Beiden Seiten gleichermaßen gerecht zu werden (3a), erfordert ein kongeniales Einfühlungs- und v. a. Sprachvermögen in beiden Medien (Ausgangs- und Zielsprache). Für den Schulbetrieb aller Zeiten gewannen die Ü.sformen 3b und 4c an Bedeutung. So begann die Rezeption der lat. Literatur in ahd. Zeit mit ledigl. auf den lat. Text ausgerichteten Interlinearversionen; ähnl. Aufgaben stellen sich

manche moderne zweisprach. Ausgaben. Die Theorie des Übersetzens wandelt sich je nach Anspruch und Intention des Übersetzers, vgl. etwa F. Schleiermacher, »Über die verschiedenen Methoden des Übersetzens« (1813). – *Geschichte der Ü.:* Eines der ältesten Werke in der antiken Geschichte der Ü. ist auch späterhin eines der meist übersetzten: die Septuaginta (3. Jh. v. Chr.), die Ü. des hebr. ATs ins Griech. – Ü.en aus dem Griech. ins Lat. bestimmten die Anfänge der röm. Literatur: bedeutende röm. Übersetzer waren Livius Andronicus (2. Jh. v. Chr.; Homer, att. Tragödien und Komödien), Terenz (Menander) und Cicero (1. Jh. v. Chr.; Platon, Xenophon, Demosthenes). Manche dieser Ü.en kommen allerdings sprachl. Neuschöpfungen gleich. Krit. äußerten sich zum Problem des Übersetzens Cicero (Einleitung zu den Reden des Aischines, Demosthenes), Quintilian (1. Jh. n. Chr.) und Gellius (2. Jh.). – Als Vater der *mal.* Ü.sliteratur gilt Hieronymus (um 400), der sich auch theoret. mit den Problemen der Ü. auseinandersetzte (Brief an Pammachius) und ältere lat. (Teil-)Bibel-Ü.en seit dem 2. Jh. (Sammelbez.: Vetus Latina) revidiert und z. T. neu übersetzt (sog. Vulgata). Bemerkenswert ist ferner die got. Bibel-Ü. des Bischofs Wulfila (4. Jh.). Die *ahd.* Literaturgeschichte beginnt mit Ü.en aus dem Lat., zunächst einzelner Wörter (↗ Glossen, »Abrogans«, 8. Jh.), dann auch zusammenhängender Texte mit der Zwischenstufe der Interlinearversionen (Isidor, Tatian, 9. Jh., Notker Teutonicus um 1000); diese Ü.en hatten eine Fülle von Lehnwörtern im Gefolge, welche die dt. Sprache bis heute mitprägen (Straße, Kloster, Wein und viele andere). Als bedeutende Übersetzer des *Hoch-MAs* gelten Adelard von Bath (12. Jh.; Euklid) und Gerhard von Cremona, fruchtbarstes Mitglied der Übersetzerschule von Toledo (12. Jh.; u. a. Ptolemaios, Archimedes, Aristoteles). Eine der ältesten mehrsprach. Ausgaben ist die Paraphrase des Hohen Liedes von Williram von Ebersberg (um 1100). Die *mhd.* Literaturentwicklung wird durch freie Nachdichtungen nach franz. Vorbildern gefördert (Heinrich von Veldeke, Hartmann von Aue); die Geschichte des dt. Prosaromans beginnt ebenfalls mit Ü.en aus dem Französ. (um 1400, Elisabeth von Nassau-Saarbrücken). Auch am Beginn der *humanist. Epoche* stehen Übersetzer wie Johann Hartlieb (gest. 1468), Niclas von Wyle und Heinrich Steinhöwel (15. Jh.). Den nachhaltigsten Einfluss auf die Entstehung einer nhd. Schriftsprache übte Luthers Bibel-Ü. (1522–34), der sich dazu auch krit. äußerte (Sendbrief vom Dolmetschen). Wie schon im Altertum und im MA, betätigten sich auch in der *Neuzeit* Dichter zugleich als Übersetzer; im 17. Jh. förderten v. a. die ↗ Sprachgesellschaften Ü.en, bes. auch aus den modernen Sprachen; ferner waren als Übersetzer tätig: Ch. M. Wieland (Shakespeare u. a.), Goethe (Voltaire, B. Cellini), J. G. Herder (Cid, u. a.), J. H. Voß (Homer), F. Schiller (Shakespeare, Racine), F. Hölderlin (Sophokles u. a.), Mörike (Anakreontiker u. a.); im 20. Jh. St. George, R. M. Rilke, R. Borchardt. Künstler. Ansprüche erhebende Ü.en von Werken der Weltliteratur wurden zu einem Gradmesser des literar. Geschmackswandels, vgl. z. B. die Homer-Ü.en von F. L. v. Stolberg, J. J. Bodmer, G. A. Bürger, J. H. Voß bis hin zu T. v. Scheffer, R. A. Schröder, W. Schadewaldt, W. Jens, oder die Ü.en Shakespeares: nach den Versuchen Wielands (1762 ff.) und J. J. Eschenburgs (1775 ff.), welche die Shakespeare-Rezeption des Sturm und Drang wesentl. förderten, nehmen die Ü.en von A. W. Schlegel/L. und D. Tieck/W. v. Baudissin (1825–33) eine bes. Stellung ein; sie gelten als sprachschöpfer. Glücksfall einer Umsetzung eines dichter. Werkes in eine andere Sprache, die man aber trotzdem durch immer neue Ansätze zumindest zeitgemäßer zu gestalten versucht, im 20. Jh. z. B. F. Gundolf (1908 ff.), H. Rothe (1921 ff.), R. Flatter (1938 ff.), R. A. Schröder (1941 ff.), R. Schaller (1960 ff.), E. Fried (1969 ff.). – Im 19. Jh. ragen noch die Ü.en F. Rückerts aus oriental. Sprachen, die Ü.en mhd. Werke durch K. Simrock, Molières durch L. Fulda, im 20. Jh. durch H. Weigel, hervor. Mit wenigen Ausnahmen (Wielands Prosa-Shakespeare) bemühte man sich in früheren Jahrhunderten bei poet. Werken um formentsprechende Übertragungen. Erst im 20. Jh. mehren sich daneben die Prosaparaphrasen. Im Verlaufe der Jahrhunderte ist ein Großteil der Weltliteratur in die dt. Sprache übertragen worden; diese Tendenz wird laufend fortgeführt. Als mustergültige Ü.en von Prosawerken gelten E. K. Rahsins Dostojewskij-Ü.en, Eva Rechel-Mertens' Proust-Ü., H. Wollschlägers Ü. des »Ulysses« von J. Joyce, E. Littmanns Ü. der arab. Geschichtenslg. »1001-Nacht« oder F. Vogelgsangs Ü.en aus dem span./portugies. Sprachbereich. – Die Problematik des Übersetzens beleuchtet das ital. Wortspiel »traduttore traditore« (Übersetzer-Betrüger). Die schwierige Situation eines Großteils der Übersetzer fixiert das Wort vom ›Übersetzerelend‹, das nicht nur auf das Unzulängliche mancher unter Zeitnot, aber auch unzureichender Sprachkompetenz entstandener Ü.en anspielt, sondern auch die mangelnde materielle und ideelle Anerkennung einer für den internationalen Kulturaustausch so bedeutsamen Tätigkeit ausdrückt. Anerkennung finden jedoch herausragende Leistungen in *Übersetzerpreisen,* z. B. dem der Dt. ↗ Akademie für Sprache u. Dichtung (Darmstadt) oder dem Wielandpreis (seit 1979). Organisiert sind die Übersetzer im Verband dt. Übersetzer literar. u. wissenschaftl. Werke e. V. (seit 1954). Die internationale Übersetzertätigkeit registriert der ›Index translationum‹, hrsg. vom Institut international de coopération intellectuelle (Paris 1932–40), NF hrsg. von der UNESCO (seit 1948), außerdem die ›Chartotheca translationum alphabetica‹ (internationale Bibliographie der Ü.en), hrsg. von H. W. Bentz (seit 1964). – Eine moderne Sonderform des Übersetzens ist die Neutextung von Kino- und Fernsehfilmen (Synchronisation). – Nach theoret. Vorüberlegungen der Mathematiker M. Weaver und A. Booth begannen 1954 in den USA u. 1955 in der Sowjetunion prakt. Versuche einer automat. Sprachen-Ü. mit Hilfe elektron. Datenverarbeitung (EDV). Auch Erkenntnisse der Kybernetik und Linguistik führten bis jetzt nicht über die Umsetzung einfach strukturierter Mitteilungen hinaus. Die Schwierigkeiten beim automat. Übersetzen beginnen bereits bei der Wort-für-Wort-Wiedergabe, da die Äquivalenz zwischen zwei Sprachen selten eindeutig ist. Höhere Schwierigkeitsstufen bilden unterschiedl. syntakt. und idiomat. Strukturen (als Beispiel sei allein schon auf die Umsetzung dt. Genitiv-Zusammensetzungen etwa ins Engl. oder Franz. verwiesen). Erfolge in Richtung auf eine künstler. Ü. scheitern bislang noch an der komplexen Ambiguität und Ambivalenz des Mediums Sprache. S

Ultraismo, m., span. und lateinamerikan. literar. Bewegung, begründet 1919 in Madrid von G. de Torre (»Manifiesto vertical ultraísta«, 1920); erstrebte als Fortführung des ↗ Modernismo, aber gegen dessen formalen Ästhetizismus gerichtet, eine Erneuerung der Lyrik durch ihre Reduktion auf eine auch die moderne Technik umgreifende autonome Metaphern- und Bildersprache (unter Eliminierung traditioneller formaler und inhaltl.-emotionaler Elemente). Vertreter sind neben Torre (»Hélices«, 1923) G. Diego (»Imagen«, 1922, »Manual de espumas«, 1924, beides Hauptwerke des U.), der Argentinier J. L. Borges (der den U. in Lateinamerika einführte), der Ecuadorianer J. Carrera Andrade, die Mexikaner J. Torres Bodet und C. Pellicer, die Peruaner C. Vallejo und J. M. Eguren und der Chilene V. Huidobro, der die verwandte Strömung des ↗ Creacionismo entwickelte. Die Werke der Ultraisten erschienen v. a. in den Zeitschriften »Grecia« (1919/20) und »Ultra« (1921/22). Etwa ab 1924 gingen beide Richtungen im ↗ Surrealismus auf. IS

Umarmender Reim, auch: umschlingender, umschließender Reim, Spiegelreim, Reimstellung abba; älteste dt. Belege bei Dietmar v. Aist und Friedrich von Hausen. S

Unanimismus, m. [frz. unanimisme nach lat. una = eins, anima = Seele], philosoph.-ästhet. Bewegung in Frankreich Anfang des 20. Jh.s, basiert auf der Idee eines beseelten Kosmos, der sich v. a. in der Gruppenseele (âme unanime) manifestiere, d. h. in einem kollektiven Bewusstsein und in kollektiven emotionalen Kräften, die das Individuum, als Teil des beseelten Kollektivs, tragen. Der U. wurde in Auseinandersetzung mit der subjektivist. Esoterik des ↗ Symbolismus um 1905 von J. Romains entwickelt und prägte v. a. die um ihn zentrierte Künstlergruppe der ›Abbaye‹ (benannt nach ihrem Domizil in einer alten Abtei in Créteil bei Paris), der G. Duhamel, Ch. Vildrac, R. Arcos, L. Durtain, A. Gleizes u. a. angehörten. *Literar. Niederschlag* fand er zuerst in der Lyrik (vgl. die Sammlung »La vie unanime«, 1908 von J. Romains, die zum Manifest des U. wurde), für welche eine an W. Whitman orientierte unanimist. Prosodie entwickelt wurde (Duhamel/Vildrac, »Notes sur la technique poétique«, 1910; Romains/ G. Chennevière, »Petit Traité de versification«, 1923), dann auch im Drama (Romains, »Knock ou le triomphe de la médecine«, 1923) und im Roman (Romains, »Les hommes de bonne volonté«, Zyklus in 27 Bänden 1932–46, teilweise dt. u. d. T. »Die guten Willens sind«, 1935), in denen anstelle des individuellen Helden eine Gruppe tritt. Eine Entmystifizierung des U. versucht M. Butor in »Passage de Milan« (1954) und in »Degrés« (1960).   IS

Underground-Literatur [engl., amerik. = Untergrundliteratur], auch Subliteratur:
1. *grundsätzl.* jede Literatur, deren Verfasser aus polit. oder ideolog. Gründen (Zensur) in den Untergrund gehen müssen, die heiml. erscheinen muss und vertrieben wird.
2. *speziell:* Sammelbez. für unterschiedl. literar. Strömungen und Formen, die seit etwa 1960 von den USA ausgehen und, bei fließenden Übergängen zum Untergrundfilm, zur bildenden Kunst (u. a. Pop Art, Andy Warhol), zum musikal. Untergrund (Rockmusik; Politrock), Teil einer zur offiziellen kulturellen und polit. Szene kontroversen Subkultur sind. Die Entwicklung dieser Subkultur ist nicht zu trennen vom polit. Protest gegen den Vietnam-Krieg, vom Aufbegehren gegen soziale Ungerechtigkeiten, von Studentenunruhen und dem Entstehen außerparlamentar. Oppositionen. Wie die gesamte Subkultur musste sich auch die U. für ihre (kulturellen) Tabuzertrümmerungen (in Agitations-↗Comics, psychodel. Texten, Quasipornographie in neuentdeckten oder weiterentwickelten Techniken, z. B. der ↗Cut-up-Methode) geeignete und eigene Distributionsapparate und Umschlagplätze schaffen (Underground Press, Kleinstverlage, ↗Straßentheater, vgl. speziell das ↗Living Theatre, ↗Happenings, ↗Multi-Media-Schauen, Clubs), aber auch neue Formen des Zusammenlebens (Kommunen u. Ä.), mit deren Hilfe sie v. a. die traditionelle Trennung von Leben und Kunst aufzuheben versuchte und radikalen Pazifismus, ungestörte Entfaltung der eigenen Persönlichkeit und gewaltlose Anarchie propagierte. Da die U. über ein gefühlsmäßig betontes, ideolog. vages polit. Engagement meist kaum hinauskam, fand sie sich (wie fast die ganze Subkultur) bereits Ende der 60er Jahre beinahe vollständig kommerzialisiert und ins offizielle Kulturleben weitgehend integriert, wobei sich die offizielle Literatur, soweit sich die U. nicht selbst etablierte (↗Beat-Generation, ↗Pop Literatur), Elemente und Formen der U. aneignete und sie speziell in den Medien nutzbar machte, vgl. z. B. den Fernsehfilm »Rotmord oder I was a German« von T. Dorst, P. Zadek, H. Gehrke. – Ihre Vorbilder, u. a. H. Hesses »Demian« und »Steppenwolf«, verarbeitete die U. durchaus unkritisch. – Eine genaue Zuordnung *dt.sprach. Autoren* zur U. ist wegen der unterschiedlichsten Tendenzen in der Subkultur nur mit Einschränkungen und z. T. nur für Einzelwerke mögl., etwa bei R. D. Brinkmann (auch als Vermittler der amerikan. Szene), bei J. Ploog, C. Weissner u. a. Autoren des März-Verlages, bedingt auch bei P. O. Chotjewitz oder dem Einzelgänger D. Rot (»Scheiße«, 1966 ff.). Eine spezif. Form polit. U. vermittelten Zeitschriften wie ›Konkret‹, die Verlagsprogramme der Oberbaumpresse oder des Trikont-Verlages u. a.   D

University wits [engl. wit = Verstand, geistreicher Kopf], Bez. für diejenigen engl. Dramatiker Ende des 16. Jh.s, die akadem. gebildet und daher mit der antiken Theatertradition und den italien. Versuchen ihrer Erneuerung vertraut waren. Im Bemühen, daran anzuknüpfen, entwickelten sie einen neuen Komödien- und Tragödientypus, der sie zu den direkten Wegbereitern Shakespeares machte. Aus Oxford kamen J. Lyly (als Vorläufer: neuer, *heiter-lyr.* Komödientypus in *Prosa,*

University wits

G. Peele, Th. Lodge; aus Cambridge: R. Greene, Th. Nashe und Ch. Marlowe (Hauptvertreter: heroisch-pathet. ↗*Charaktertragödie* in *Blankversen);* außerdem wird der nicht akadem. gebildete Th. Kyd zu den u.w. gerechnet; vgl. ↗ elisabethan. Drama. IS

Unreiner Reim

Unreiner Reim, auch: Halbreim, ungenauer Reim, unvollkommene vokal. oder konsonant. Übereinstimmung der Reimsilben (vokal. oder konsonant. Halbreim); bei *vokal. unreinem R.* wird unterschieden: qualitativ u. R. *blüht: flieht* – quantitativ u. R. *hat : Rat.* Konsonant. unreine R.e wie *Reden : Poeten, neige : schmerzensreiche* (Goethe) können aber mundartl. rein sein (vgl. *Menschen : Wünschen* bei F. Schiller). – Ledigl. orthograph. unrein sind Reime wie *Geld : Welt, Gedränge : Menge,* in der Aussprache unrein sind dagegen ↗ Augenreime. S

Unsinnspoesie

Unsinnspoesie (Unsinnsdichtung, Nonsensedichtung), von der Literaturgeschichte und Ästhetik seit der Aufklärung diskreditierte literar. Arten und (Spiel-)formen, die unter dem Aspekt der Logik oder Semantik unsinnig sind. Der heutige Gebrauch des Wortes ›Un-sinn‹ verstellt jedoch ein ursprüngl. breiteres Bedeutungsspektrum und lässt die zentrale Frage nach den Motiven der U. außer Acht. U. spielt mit Klängen, Wörtern und deren oft doppeltem Sinn, ist eine Schöpfung der grotesken Phantasie und führt in die Bereiche der Mystik, des Traums und der verkehrten Welt. U. reicht, entsprechend der Bedeutungsmehrschichtigkeit der Vorsilbe ›un‹-, von Beispielen, die radikal auf jeden semant. und log. Sinn verzichten (z. B. ↗ Lautgedichte, ↗ reduzierte Texte) über Werke, die einen vorgebl. Sinn (eine vorgebl. log. und semant. Ordnung) unsinnig verstellen (↗ Limericks u. a.) zu Werken, die über zerstörte vordergründige Sinngefüge oder Paradoxien auf einen Sinn jenseits von Semantik und Logik zielen (↗ Würfeltexte, ↗ Permutationen u. a.). Einzelne Spielarten der U. begegnen schon sehr früh, z. B. in alten Kinderreimen, dann in Renaissanceformen wie ↗ Coq-à-l'âne, ↗ Baguenaude, ↗ Fatras, ↗ Frottola oder auch den Reden der Narrengestalten Shakespeares, in der Sprachmystik und -magie der barocken Epigrammatiker (A. Silesius, D. v. Czepko, Q. Kuhlmann), in der Romantik. Seit Mitte des 19. Jh.s etabliert sie sich v. a. in England mit E. Lears »Book of Nonsense« (1846, daher *Nonsense-Dichtung*) und L. Carrolls »Alice's Adventures in Wonderland« (1865) und »Through the Looking Glass« (1872) und ist seither v. a. ein Phänomen der engl. Literatur. Vergleichbare Vertreter in Deutschland sind Ch. Morgenstern, J. Ringelnatz, P. Scheerbart, A. Okopenko. Verbindungslinien bestehen auch zu ↗ Futurismus, ↗ Dadaismus (K. Schwitters, H. Arp, die dem Wahn-Sinn der Zeit den Ohne-Sinn der Kunst konfrontieren wollten), ↗ Surrealismus und zu neueren Tendenzen der ↗ abstrakten Dichtung, z. B. zu H. C. Artmann. D

Christian Morgenstern: Galgenlieder Der Gingganz

Morgenstern: »Galgenlieder«

Unterbrochener Reim

Unterbrochener ↗**Reim**, regelmäß. Wechsel zwischen reimlosen und reimenden Versen, Schema xaya; findet sich bes. in ↗ Volkslied und Volks-↗ Ballade (↗ common metre, ↗ Chevy-chase-Strophe), vgl. z. B. Goethe (»Gefunden«), Heine u. a. S

Unterhaltungsliteratur

Unterhaltungsliteratur, Bez. für literar. Texte, deren Hauptfunktion die Befriedigung eines Unterhaltungsbedürfnisses des Publikums ist; unterscheidet sich von der ↗ Trivialliteratur und ↗ Schundliteratur v. a. durch eine größere themat., formale und sprachl. Vielfalt, von der sog. gehobenen Literatur, der Dichtung, durch geringere gedankl. Tiefe, formalen und inhaltl. Konservatismus und ein sprachl. meist niedrigeres Niveau. Eine eindeut. Festlegung ist jedoch nicht mögl.; der Begriff U. verdeckt vielmehr die Tatsache, dass Lektürefunktionen nicht allein von der Beschaffenheit des Textes, sondern weitgehend von der Nutzung durch den Leser bestimmt werden: auch gedankl. und formal anspruchsvolle und erst recht triviale Werke können als U. gelesen werden. Zu den augenblickl. in der Bundesrepublik meistverkauften Autoren gehören die U.-Schriftsteller J. M. Simmel, H. G. Konsalik und M. L. Fischer (↗ Bestseller). RK

Uraufführung, seit 1902 gebräuchl. Bez. für die erste theatral. Darbietung eines Bühnenwerks (übertragen auch: eines Musikwerks, bes. Oper, Operette, Film), meist in der Sprache und im Herkunftsland des Originaltextes; bis dahin als Premiere bez. Dieser Ausdruck ist – neben *Erstaufführung* – heute gebräuchl. für die Neuinszenierung eines bereits andernorts uraufgeführten Stückes. – U. nennt man oft auch die erste Inszenierung eines Stückes in einer Übersetzersprache. – Während der Weimarer Republik musste vorübergehend jede Bühne pro Jahr eine U. inszenieren, was Berlins Bedeutung als Theaterzentrum zugunsten einer lebendigen Theater-›Provinz‹ zurückdrängte. – Wurden vor der Regelung des Urheberrechts Dramen erst nach der U. in Druck gegeben, so erscheinen die Textbücher heute meist am Tag der U. oder kurz danach. GM

Urbild, Lehnübersetzung des 17. Jh.s für gr.-lat. ↗ Archetypus im Sinne von letztgült. Vorbild, Idee, Ideal, Typus: In Geistesgeschichte und Philosophie eine nur *intuitiv*, durch »anschauende Urteilskraft« (Goethe) zu erschließende Urstufe, der ideale Ausgangspunkt einer Entwicklung, in dem die Phänotypen aufgehoben sind, z. B. die Urpflanze Goethes als Inbegriff aller höheren Gewächsarten, als prinzipielle Zusammenfassung der wesentl. Elemente einer Gattung, vgl. auch Goethes »Metamorphose der Tiere« (1820) und weitere Begriffsvarianten wie Ur-Ei, Urfarbe, Urgebirge, Urkraft, Urlicht, Urphänomen, Urwesen, Urworte u. a. S

Urschrift, seit 1517 Lehnübersetzung für griech.-lat. autographum (↗ Autograph), seit 1645 (Ph. v. Zesen) auch für ↗ Original, allgem. übl. seit J. H. Campe, Wörterbuch der dt. Sprache, 1811. IS

Utopie, f. [gr. = Nicht-Ort, Nirgendwo; Kunstwort, von Th. Morus in »Utopia« (1516) aus gr. ou = nicht u. topos = Ort für die fiktive Insel seines Idealstaates unter König Utopos gebildet], philosoph. oder literar. Entwurf eines Idealstaates nach dem Vorbild von Platons »Politeia« (Staat, 4. Jh. v. Chr.). Der insulare Eigenname der Fiktion wurde in seiner Bedeutung erweitert zur Bez. einer Gattung, eines philosoph. Zukunftsentwurfs, eines allgemeinen Denkmusters, in dem sich das »Prinzip Hoffnung« (E. Bloch) sprachlich konkretisiert. Sieht man vom pejorativen Gebrauch des Begriffs U. im 19. Jh. ab (Fr. Engels, Die Entwicklung des Sozialismus von der U. zur Wissenschaft. London 1882) und vom Negativsinn in der Umgangssprache, wo zumal das Adjektiv ›utopisch‹ Synonym für ›wirklichkeitsfremd, unerfüllbar‹ ist, dann kann in literar. und philosoph. Werken ›U.‹ verstanden werden als: Vorausprojektionen einer krit. Vernunft, die Entwürfe für bessere Lebens- und Staatsformen (Morus: »de optimo rei publicae statu«) diskursiv oder fiktional bereitgestellt (↗ utop. Roman). Dabei wird weitgehend nicht unterschieden, ob die U. gleichzeitig in fernen Gebieten oder in fernen Zeiten (›Uchronie‹) an gleichen Orten gedacht ist. Wird die U. begriffsgeschichtl. danach unterschieden, ob sie als literarischer, wissenschafts- und ideologiegeschichtlicher oder intentionaler Terminus erscheint, so hat eine systemat. Typologie, erarbeitet an 153 U.en von der Antike bis zur frühen Neuzeit, versucht, nach inhaltlichen und formalen Kriterien zu unterscheiden: 1. nach dem Genre: fiktionale und nichtfiktionale U.n (vom Seefahrermärchen bis zum Verfassungsentwurf); 2. nach den vorgestellten Rechtsmodellen: privates oder Gemeineigentum (vom Individualbesitz bis zum totalen Kommunismus mit staatsverordneter Promiskuität); 3. nach der Text- und Vermittlungsform: Dialog, Essay, Roman, Satire etc.; 4. nach

Morus: »Utopia«, Frontispiz

dem intentionalen Charakter: Handlungsanweisungen können als regressiv, progressiv, reformerisch oder revolutionär gegeben oder rezipiert werden. HW

Utopischer Roman, in Erzählform, meist als Roman dargebotene ↗ Utopie, ein konstruierter Idealzustand ird. Verhältnisse und menschl. Beziehungen. Der u. R. gestaltet meist ein als ›ideal‹ angesehenes Gegenbild zu den sozialen, polit. und wirtschaftl. Verhältnissen der Epoche des Verfassers und ist insofern letztendl. doch der jeweil. Zeit verhaftet. Die literar. Einkleidung ist oft so wenig ausgeprägt, dass der Übergang zur nicht-fiktionalen U. in einzelnen Fällen kaum festzulegen ist. Die zeitl. (meist in die Zukunft) oder örtl. (einsame Inseln, Planeten innerhalb und außerhalb unseres Sonnensystems usw.) entrückten Schauplätze sollen einerseits die Existenzmöglichkeit solcher idealen Gemeinwesen plausibler erscheinen lassen, andererseits die direkte oder indirekte Kritik der Autoren kaschieren bzw. mildern und sie vor Nachstellungen durch die staatl. Machthaber schützen. – Die literar. U. gilt als Form des ↗ Staatsromans; diesem Typus wird allerdings auch der ↗ Fürstenspiegel zugerechnet, der fast gegenteilige Intentionen verfolgt: nicht radikale Neuordnung, sondern Besserung auf der Basis der alten Herrschafts- und Sozialverhältnisse. Es gibt jedoch Fürstenspiegel, die utop. Episoden enthalten, z. B. F. S. de la Mothe Fénelon: »Les Aventures de Télémaque« (1699). In diesem Sinne stellen auch einige der sozialist. utop. Romane keine U.n dar, sondern sind ausschließl. Illustrationen der marxist.-leninist. Staatsphilosophie. Vor allem aufgrund seiner Schilderung des sagenumwobenen ›Atlantis‹ (im »Kritias«) gilt Platon als der *Begründer der literar. U.* Ihre eigentl. *Hoch-Zeit* setzt aber erst mit dem begriffsbildenden Werk des engl. Lordkanzlers Thomas Morus (»Utopia«, 1516) ein, dem bis ins 20. Jh. hinein zahlreiche U.n unterschiedlicher weltanschaul. und polit. Richtung folgen. Wie Morus' »Utopia« enthält auch der »Sonnenstaat« (»Civitas solis«, 1602) des italien. Dominikaners Tommaso Campanella kommunist. Züge. Bei »Christianopolis« (1619) des schwäb. Theologen J. V. Andreae stand die protestant. pietist. Glaubenswelt Pate. In »Nova Atlantis« (1624/27) rückt F. Bacon erstmals die Naturforschung ins Zentrum einer literar. U. Die späteren U.n variieren einzelne Motive ihrer Vorgänger, bzw. verschmelzen sie mit zeitgenöss. populären Romanformen. Die Führungseliten Morus' und Bacons' verselbständigen sich zu *Gelehrtenre-*

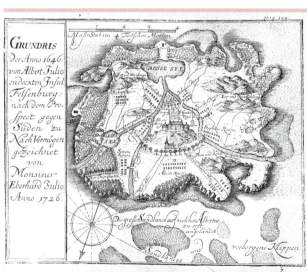

Schnabel: »Wunderliche Fata«, 1731; Grundriss der Insel Felsenburg

publiken: die Dichter träumen von ›Dichter-Staatswesen‹, so u. a. Diego Saavedra Fajardos von einer »República Literaria« (ersch. 1655), J. H. G. v. Justi von einer »Dichterinsel« (1744) und F. G. Klopstock von einer »Deutschen Gelehrtenrepublik« (1774). Das Bild der friedl. und fruchtbar zusammenarbeitenden Wissenschaftler zerstört der Zeitgenosse Arno Schmidt: In seiner schwimmenden »Gelehrtenrepublik« (1957) geht der Streit zwischen Ost und West auch nach dem die Erde weitgehend zerstörenden Atomkrieg weiter. Von der ↗ Robinsonade angeregt zeigt sich J. G. Schnabels in Deutschland sehr populäre »Insel Felsenburg« (1731/43), in der ein Schiffbruch mehrerer Personen zum Ausgangspunkt für die Gründung einer idealen Gemeinschaft auf christl. Basis wird. In »Gullivers Reisen« (1726) verbindet J. Swift Züge der ›voyage imaginaire‹, schärfste polit. ↗ Satire und utop. Gedankengut. In gewissem Sinne können auch die Arkadien-Utopien, die Ausmalung vergangener Idyllik hierher gezählt werden, romanhafte Ausgestaltungen einer laudatio temporis acti (↗ Schäferdichtung). Das Schwinden unerforschter Territorien auf der Erde erforderte neue utop. Spielräume (bei wenig differierenden gesellschaftstheoret. Konzepten): Die außerird. Bereiche und das Erdinnere wurden (teilweise wieder-)entdeckt (vgl. Bishop Wilkins: »The Discovery of a World in the Moon«, 1638; S. Cyrano de Bergerac: »L'autre monde ou les états et empires de la Lune«, 1657 und »Histoire comique des états et empires du Soleil«, 1662; C. I. Geiger: »Reise eines Erdbewohners in den Mars«, 1790; L. Holberg: »Niels Klims Reise in das Erdinnere«, 1741; »Voyage to the Center of the Earth«, 1755; J. Verne: »Voyage au centre de la terre«, 1864 u. a.). Die daraus resultierenden Reiseprobleme werden im Laufe des 18. u. 19. Jh.s zunehmend mit Hilfe von techn.-naturwissenschaftl. Mitteln bewältigt, eine Folge einmal des fortschreitenden Eindringens von Technik und Naturwissenschaft in zahlreiche Lebensbereiche, zum andern des pauschalen Vertrauens, das man ihnen im Zeitalter der industriellen Revolution entgegenbringt. In den techn. Errungenschaften sehen denn auch Autoren wie Th. Erskine (»Armata«, 1816), É. Cabet (»Le Voyage en Icarie«, 1840), E. Bellamy (»Looking Backward 2000 – 1887«, 1888), Th. Hertzka (»Freiland«, 1890) u. a. den Weg zur Beseitigung sozialer Probleme. Auch die u. R. e, die radikaler als ihre Vorgänger die Gleichheit ihrer Bewohner verkünden, gründen auf dem naturwissenschaftlichen Fortschritt: L.-S. Merciers erster ↗ Zukunftsroman »L'an 2440« (1771) wie auch z. B. A. Bogdanovs vor der Russ. Revolution geschriebenes Werk »Der rote Planet« (1907). Die immer größer werdende Betonung des techn. Aspekts führt in der Literatur mehr oder weniger zur Ablösung der U. durch die ↗ Science Fiction. Der ungehemmte Fortschrittsglaube ruft Gegenreaktionen hervor, die sich literar. als ›Anti-U.‹ niederschlagen. Bereits die Romantiker wandten sich gegen das Vordringen der Maschine; dezidiert aber machen erst É. Souvestre (»Le Monde tel qu'il sera«, 1846), E. Bulwer-Lytton (»The Coming Race: or The New Utopia«, 1871), S. Butler (»Erewhon«, 1872), William Morris (»News from Nowhere«, 1891) u. a. Front gegen die Hypertrophie von Naturwissenschaft und Technik, die totale Industrialisierung und die daraus resultierende Vermassung unter diktator. Herrschaft. Aus neuerer und neuester Zeit sind zu nennen: Jevgenij Zamjatin, »Wir« (1920); A. Huxley, »Brave New World« (1932); G. Orwell, »1984« (1948); W. Jens »Nein – Die Welt der Angeklagten« (1950) und Stanislav Lem »Der futurologische Kongreß« (1972). Die Skepsis gegenüber modernen Entwicklungen schlägt um in tiefen Pessimismus, z. B. in Erzählungen, die die Situation nach einem mögl. Atomschlag schildern (u. a. Arno Schmidt besonders in »Schwarze Spiegel«, 1951 und »KAFF auch Mare Crisium«, 1960; Jens Rehn in »Die Kinder des Saturn«, 1959, und Carl Amery in »Der Untergang der Stadt Passau«, 1975). Das postkatastrophale Verhalten der wenigen Überlebenden ähnelt oft dem desjenigen, das zur Katastrophe führte. Letztl. negativ enden auch utop. Entwürfe von G. Hauptmann (»Die Insel der großen Mutter«, 1924), H. Hesse (»Das Glasperlenspiel«, 1943), F. Werfel (»Stern der Ungeborenen«, 1946) und Ernst

Jünger (»Heliopolis«, 1949). Eine der wenigen bedeutenden ›positiven‹ literar. U.n in der jüngsten Zeit verfasste mit »Futurum II« (1948) der Psychologe B. F. Skinner, der insofern über die bisherigen Ansätze hinausgeht, als er in seinem Konzept das Eingehen auf die individual-psych. Bedürfnisse der Bewohner der idealen Gemeinschaft ins Zentrum stellt.

RK

Ut pictura poesis [lat. = wie ein Bild (sei) das Gedicht], von der Spätantike bis ins 18. Jh. zur programmat. Formel erhobenes Zitat aus der »Ars poetica« des Horaz (v. 361): dort als Hinweis auf die Wichtigkeit des Betrachter-/Leserstandpunktes formuliert, wird sie seit der Renaissance als Aussage über die gemeinsamen Grundgesetze von Dichtung und bildender Kunst missverstanden, in Anlehnung an Aristoteles (Poetik 25), der für den Dichter wie den Maler die ↗ Mimesis als Fundament definiert hatte, und an das Wort des Simonides (um 500 v. Chr.) von der Malerei als einer stummen Poesie bzw. der Poesie als einer redenden Malerei. Unter der u. p. p.-Formel tendierte insbes. die Dichtung bis zum 18. Jh. zum beschreibenden poet. Gemälde (↗ Bild- oder Gemäldegedicht, Figurengedicht), die Malerei zur auslegungsbedürftigen Allegorie. Mit der Betonung der Nachahmung notwendig verknüpft ist die Frage nach den Auswahlkriterien der Darstellung. Dies kann zur stat. normativen ↗ Poetik führen (M. Opitz, 1624, N. Boileau, 1674, J. Ch. Gottsched, 1730). – In der Auseinandersetzung mit der beschreibenden Literatur seiner Zeit (A. v. Haller, E. v. Kleist), v. a. aber mit J. J. Winckelmanns Interpretation der hellenist. Laokoon-Statue als einer »edlen Einfalt« und »stillen Größe«, die trotz größtem Schmerz den Mund nicht zum Schrei öffne, versucht Lessing in seinem »Laokoon« (1766) eine doppelte Grenzziehung zwischen beiden Künsten (↗ Laokoon-Problem): Malerei als räuml. Gestaltung des fruchtbaren Augenblicks, Dichtung als zeitl. Entfaltung bewegter Handlung, wobei das Wort zugleich als »willkürl. Zeichen« einen weiteren geist. Raum als die Malerei eröffne. Das Drama als höchste Gattung der Poesie erzeuge die größtmögl. geist. Bewegung (»Illusion«) im Bereich der Kunst überhaupt. Die Literaturtheorie der deutschen Klassik und des poet. Realismus hat die zentrale Stellung des Handlungsbegriffs übernommen. In die Tradition einer ›malenden‹, beschreibenden Lit. *nach* Lessing kann man A. Stifter, F. Kafka, den ↗ nouveau roman (Robbe-Grillet) stellen, freilich mit veränderter Begründung: hier lässt sich ein wachsender Zug zur naturwissenschaftl. Detailgenauigkeit und damit zugleich die Erfahrung der Undurchdringlichkeit der Dinge selbst als gemeinsame Tendenz beobachten. Auch dass sich seit der Romantik die subjektiven Integrationsformen des Humors, der Ironie, Parodie und Groteske zunehmend gegenüber den klass. Gattungsformen durchsetzen, trägt zur Auflösung der Lessingschen Trennungslinien bei.

DW

V

Vademekum, n. [lat. vade mecum = geh mit mir], Titelbestandteil für kurzen Abriss, Leitfaden oder prakt. Ratgeber, z. B. E. Dieth, V. der Phonetik (Bern 1950). S

Vaganten [lat. vagari = umherziehen], schwer zu erfassende zwischenständ. Schicht der ↗Fahrenden im Hoch-MA.: Studierende (Scholaren) und Studierte (Kleriker, Geistliche), entweder unterwegs zu Studienorten oder nach abgeschlossenem Studium auf der Suche nach einer Anstellung, aber auch solche, die aus Abenteuerlust, aus Gefallen am ungebundenen Leben auf Wanderschaft blieben, darunter z. B. entlaufene Mönche, ›ewige‹ Scholaren usw. V. suchten ihren Lebensunterhalt beim lateinkundl. Teil der Bevölkerung in Klöstern, Kirchenkapiteln, Universitäten, Schulen, die sie mit ihren literar. Künsten (↗Vagantendichtung) unterhielten. Diese lat. gebildeten Vertreter des mobilen Teils der hochmal. Gesellschaft treten seit der Entstehung weltl. Wissenschaften und ihren Schulen und Universitäten im 12. Jh. auf; sie waren ursprüngl. v. a. in Frankreich verbreitet, eine frühe Ausprägung eines europ. Gelehrtenproletariats, einer internationalen Bohème oder Intellektuellengarde des MA.s, die ohne eth. Bindungen (Libertins) und Verantwortung oft aggressive Modethemen aufgriff. – Eine Abgrenzung zwischen den *scolares vagantes*, den nur vorübergehend ›fahrenden‹ Schülern, und den *vagi* (Sg. *vagus*), den ziellos Umherziehenden, ist nicht mögl., eher noch zwischen diesen und den schon in mal. Synodalbeschlüssen meist moral. als ›Teufelsbündler‹ verurteilten ↗Goliarden und anderen gesellschaftl. Außenseitern. Sie unterscheiden sich auch von dem mehr mit mim. und akrobat. Darbietungen hausierenden ↗Joculator (*joglar*) und dem volkssprachl., als Dichter aber ebenso schwer zu fassenden ↗Spielmann und dem meist in Hofdiensten stehenden ↗Ménestrel (Minstrel, v. Ministeriale = Diener). S

Vagantendichtung, umstrittene Bez. für welt. lat. Dichtung v. a. des 12. und 13. Jh.s, bes. für mittellat. Lyrik verschiedenster Gattungen wie Liebes- u. Tanzlieder, Trink-, Spiel- und Buhllieder, Bettel- und Scheltlieder, Parodien, Satiren und Schwänke. Ein Teil dieser meist anonym überlieferten Werke ist wohl von den namengebenden ↗Vaganten verfasst, andere können evtl. auch von Vertretern der höheren Geistlichkeit stammen oder nur als Schulpoesie, als Übungsstücke nach antiken Vorbildern entstanden sein. Gemeinsam ist der V. v. a. eine jugendl. libertinist. Unbekümmertheit und Unbefangenheit und eine gewisse scharfzüng.-krit. Frontstellung gegen etablierte Mächte, Formen und Regeln. Bes. Zielscheiben sind die Kirche und ihre Würdenträger, aber auch weltl. Herren und polit. Zustände. Gegeißelt werden Widersprüche zwischen Ideal und Wirklichkeit, bes. zwischen moral. Soll und Haben. Die Parodien und Schwänke machen oft auch vor Sakralem nicht halt (vgl. z. B. als Messparodie die Spielermesse). Aus der Perspektive der (noch) Nicht-Arrivierten sind v. a. die Bettel- und Scheltlieder gegen den Geiz der Pfründeninhaber gesehen. Der zweite große Themenkreis, der lyr. Lobpreis eines ungebundenen Lebensgenusses, der Liebes- und Sinnenfreude, eines oft hemmungslosen carpe-diem-Aufrufs, wurde in der Neuzeit zum Inbegriff der V. – Der *Stil* der V. ist realist., witzig, naturzugewandt, voll von Anspielungen; er verrät, dem

Vagantendichtung

Bildungsstand der Autoren entsprechend, Vertrautheit mit der klass. antiken Dichtung (Horaz, v. a. Ovid) und mit der antiken Mythologie. Neben der ↗ Vagantenzeile und -strophe werden zahlreiche andere metr. und rhythm. Verse und Strophen verwendet. Die *Sprache* unterscheidet sich vom klass. Latein durch grammat. u. stilist. Freiheiten, gelegentl. finden sich auch volkssprachl. (afrz., mhd.) Einsprengsel und Formen einer lat.-dt., lat.-frz. Mischpoesie. Die Lieder wurden in der Regel *gesungen vorgetragen*, die Chor- und Tanzlieder zeigen Refrain; die Melodien sind bis auf schwer deutbare Neumenaufzeichnungen meist verloren. Man hat die V. als Produkt eines ersten europ. Gelehrtenproletariats, einer mal. Bohème bezeichnet, die ihr Publikum an den Höfen geistl. Fürsten, in Klöstern, bei gebildeten weltl. Herren, an Universitäten und Domschulen fand. Bisweilen klingt auch der Hochmut der litterati, der Intellektuellen, gegenüber dem ungebildeten Volk durch. Einige der zahlreichen anonym überlieferten Texte lassen sich namhaften *Vertretern* zuordnen: dem Primas Hugo von Orléans (ca. 1093–1160), dem Archipoeta (2. Hä. 12. Jh., vgl. seine Vagantenbeichte »Meum est propositum in taberna mori«), Walter von Chatillon (um 1135–1201, u. a. Lehrer in Paris, zuletzt Domherr in Amiens) u. Petrus von Blois (um 1135–1204, u. a. Kanzler des Erzbischofs von Canterbury). – Gesammelt ist ein Großteil der Lieder in der Handschrift der sog. *Carmina burana* (entstanden im 13. Jh., aufgefunden im Kloster Benediktbeuren, heute Staatsbibl. München), die in vier Teilen moral.-satir. Gedichte, Liebeslieder, weiter Trink- und Spiellieder und geistl. Spiele enthält. Die Tradition der V. setzt sich fort in den neuzeitl. Studentenliedern (↗ Kommersbuch; vgl. »Gaudeamus igitur«, das auf einen vagant. Text zurückgeht). Einige Vagantenlieder aus den Carmina burana wurden von C. Orff im gleichnam. Chorwerk vertont (1937). S

Vagantenzeile, rhythm. Langzeile aus einem endbetonten vierheb. Siebensilbler und einem dreiheb. Sechssilbler, mit ↗ Dihärese nach der 4. Hebung: »Méum ést propósitum / in tabérna móri« (Archipoeta); vier durchgereimte V.n bilden die *Vagantenstrophe*. Verbreitet in der lat. Vagantendichtung des Hoch-MA.s, z. B. beim Archipoeta, in den *Carmina burana*, auch bei Hugo von Trimberg (»Registrum multorum auctorum«). S

Vampirroman, Spät- und Sonderform des ↗ Schauerromans, knüpft an europ. Volksüberlieferungen an, die ihrerseits auf die antike Dämonologie mit ihren *Lamien, Harpyien* und *Strigen* zurückverweisen, aber auch auf die ebenso leichenhaften wie leichenverzehrenden und nekrophilen *Ghoule* oriental. Herkunft und Tradition. Nach dem v. a. auf dem Balkan verbreiteten Volksaberglauben sind *Vampire* ›untote‹ Verstorbene, die nachts dem Grab entsteigen und als Wiedergänger oder ›Nachzehrer‹ und oft in Tiergestalt (als Werwolf oder Fledermaus) Lebenden das Blut aussaugen. Ersten Berichten über sie aus dem späten MA u. v. a. aus dem frühen 18. Jh. folgten zahlr. theolog. u. gelehrte Traktate bis zur Schrift des frz. Benediktiners A. Calmet (1746, dt. 1751). *Literar.* aktuell werden Vampire gegen Ende des 18. Jh.s im Zusammenhang mit irrationalistischen Gegenströmungen zum konsequenten Rationalismus der Aufklärung, z. B. bei dem Naturforscher und Geographen Abbate Alberto Fortis (Reisebericht »Viaggio in Dalmatica«, 1774), ausführlicher im »Taschenbuch für Aufklärer und Nichtaufklärer« (1791) des Carl von Knoblauch zu Hatzbach, der bereits auf die griech. Mythologie hinweist und auf dessen ersten Nachnamen das spätere Klischee zurückgeht, das beste Schutzmittel gegen Vampire sei Knoblauch. Eine *erste literar. Gestaltung* findet sich in Goethes Ballade »Die Braut von Korinth« (1797). Für die europ. Romantik wird der Vampir sodann das Inbild ihrer Erfahrungen von unheiml. Todesangst, übersteigerten Hass-, Rache- und Ohnmachtsgefühlen, aber auch von verdrängter Sexualität, die sich vor allem beim Vampirbiss in junge Mädchenhälse manifestiert. In der Dichtung erscheinen Vampirmotive zunächst diffus und oft wenig ausgeprägt sowie gattungsmäßig noch nicht festgelegt in Gedichten, Balladen, Verserzählungen, Novellen, Romanen und Dramen von S. T. Coleridge, Lord Byron, Ch. R. Maturin, Ch. Nodier, P. Mérimée, J. Potocki, H. Heine, M. Lermontow u. a. Seit der Erzählung »The Vampyre« des engl. Arztes J. William Polidori (1819, versehentl., aber bezeichnenderweise unter dem Namen seines Freundes Byron erschienen) setzt sich, formal an die Gothic novel anknüpfend, inhaltl. gespeist von der sog. Schwarzen Romantik, die Prosaform und damit der V. im engeren Sinne durch (nachträgl. oft dramatisiert, später auch in Opern, Balletten, Filmen gestaltet), meist in deutlicher Nähe zur ↗ Trivial- und Kolportageliteratur. Frühe dt. Beispiele sind die Erzählung »Der Vampyr und seine Braut« (1826) von Carl Spindler, sowie das v. einem Prosafragment Byrons angeregte Libretto zu H. Marschners Oper »Der V.« (1828). Als Meisterwerk der Gattung gilt die Erzählung »Carmilla« (1872) von J. Sh. Le Fanu, der um einen lesb. Vampir kreist. Auf balkan. Volksüberlieferungen um die histor. Gestalt des blutrünstigen Vojevoden Vlad (2. Hälfte 15. Jh.), genannt Tepez (= der Pfähler), ungar.: Dracole, basiert der V. »Dracula« (1897, mit der Fortsetzung »Draculas Gast«, 1914) des Iren Bram Stocker, das Hauptwerk und geradezu der Prototyp der Gattung. Sein anhaltender Erfolg beruht wiederum auf dem Ungenügen am rationalist. (jetzt mehr wissenschaftl.-techn., biolog. und medizin.) Fortschrittsglauben des 19. und 20. Jh.s, der jedoch am Schluss des Romans – ganz im Sinn trivialer Schablonen – mit knapper Not obsiegt. Die Einflüsse der Schwarzen Romantik treten zugunsten eines gelegentlichen (selbst-)parodistischen Einschlags zurück. Seine Elemente (einschl. der parodistischen) finden sich in unterschiedl. Mixtur wieder in den zahlreichen Übersetzungen, Bearbeitungen, Dramatisierungen und Nachahmungen des »Dracula«, insbes. auch in Verfilmungen (von Fritz Murnaus »Nosferatu«, 1921 bis zu Roman Polanskis »Tanz der Vampire«, 1967). Eine weitere filmische Variante findet sich in der männermordenden Frauenfigur des ›Vamp‹. Ein eigenwilliger, literar. anspruchsvollerer Sonderfall ist die motiv- und sprachspielerische Gestaltung des Stoffes durch H. C. Artmann in »dracula, dracula. ein transsylvanisches abenteuer« (1966). ↗ gothic novel, ↗ Schauerroman.

RS

Variante, f. [zu lat. varius = verschiedenartig, wechselnd], Bez. der ↗ Textkritik für Abweichung von der ↗ Lesart eines textkrit. erarbeiteten Haupttextes oder des Textes der editio definitiva bei zwei oder mehreren Fassungen. Zu unterscheiden sind:
1. *Autor- oder Entstehungs-V.n*, d. h. Verbesserungen, Änderungen eines Textes durch den Autor selbst. Sie erscheinen als Dokumente der Textgeschichte bei Editionen moderner Werke im Apparat einer ↗ histor.-krit. Ausgabe.
2. *Überlieferungs- oder Fremd-V.n*, d. h. absichtl. oder zufällige Eingriffe von fremder Hand, z. B. vermeintl. Verbesserungen (etwa der Reime, der Wortwahl) durch Schreiber oder Redaktoren (↗ Redaktion), Abschreibefehler und andere Versehen (Auslassungen von Wörtern, Zeilen); sie werden oft bei handschriftl. Überlieferung antiker und mal. Werke vermutet; sie sind oft von möglichen Autor-V.n nicht zu unterscheiden; sie werden im textkrit. ↗ Apparat aufgeführt. V.n können auch als Leitfehler (sog. Trenn- oder Bindefehler) für die Handschriftenverwandtschaften Bedeutung erlangen (↗ Stemma).

S

Variation, f. [lat. variatio = Verschiedenheit, Veränderung],
1. auch gr. *metabolé* (= Wechsel), in der antiken ↗ Rhetorik und Stilistik die abwechslungsreiche Gestaltung einer Rede, insbes. der unerwartete Wechsel in Syntax (↗ Inkonzinnität), Rhythmus oder Wortwahl.
2. allgemein: Stilprinzip, einfache oder mehrfache Wiederholung eines Begriffes (Wortes) oder Gedankens (Satz, Kola) in anderer Form: als *Wort-V.* v. a. durch Synonyma und Periphrasen, als *Satz-V.* durch synonyme, trop. oder phraseolog. freie Glossierung von Nuancierung eines Satzinhalts (Gedankens) in syntakt. koordinierten oder selbstständ. Kola und Sätzen (»Wir haben keinen Freund und keine treue Seele [Wortv.] hier, wir haben nichts als uns selbst« [=Satzv.], Schiller, »Piccolomini«).

Variation

In der antiken Rhetorik Mittel der ↗ Amplificatio; in der altgerman. ep. Stabreimdichtung kennzeichnendes Stilmittel, eng mit dem ↗ Hakenstil verbunden (Verknüpfung der jeweils 2. Langzeilenhälfte mit der nachfolgenden 1. Langzeilenhälfte durch V.); in angelsächs. weltl. und geistl. und altnord. edd. Dichtung dienen der V.stechnik v. a. ↗ Kenning und ↗ Heiti. IS

Vaterländische Dichtung (auch: patriot. Dichtung), Spielart der ↗ polit., z. T. auch der ↗ Kriegsdichtung; will, vordringl. in Zeiten drohender oder überwundener nationaler Gefährdung (z. B. Türkenkriege, napoleon. Kriege usw.) patriot. Begeisterung und Sendungsbewusstsein, aber auch Verteidigungswillen, Opfer- und Kriegsbereitschaft wecken. Meist pathet. oder hymn. angelegt, appelliert die *v. Lyrik* v. a. an emotionale Kräfte und setzt oft auch starke polem.-agitator. Mittel ein. Die *dramat. v. D.* greift gerne auf Stoffe glanzvoller histor. Vergangenheit zurück (↗ Geschichtsdrama). V. D. entstand v. a. während der sogen. Freiheitskriege (H. J. von Collin, E. M. Arndt, H.v. Kleist, Th. Körner, M.v. Schenkendorf) und im Gefolge des dt.-franz. Krieges 1870/71 (M. Schneckenburger, »Wacht am Rhein«, Ch. F. Scherenbergs Schlachtepen, M. Greifs und E. v. Wildenbruchs Hohenstaufen-, Hohenzollern- u. a. Dramen). IS

Vaudeville, n. [vod'vi:l; frz. f. aus Vau-de vire (15./16. Jh.) und voix-de-ville (16. Jh., = Stimme der Stadt)], Bez. für mehrere literar. Gattungen, deren Entstehung die Wortgeschichte widerspiegelt: In Val (= vau) de Vire, einer Landschaft in der Normandie am Flüsschen Vire, entstand seit dem 14. Jh. eine bes. Gedichtgattung, die sich dann bes. in Paris vielseitig entwickelte:
1. als V. wird im 17. u. 18. Jh. ein Gedicht spött.-epigrammat., auch derb-erot. Inhalts bezeichnet, dem eine populäre Melodie unterlegt wurde (vgl. N. Boileau, Art poétique, 1674); musikal. bewahrt das V. vielfach alte franz. Tanzformen des 16. Jh.s; Texte und Melodien *(timbres)* wurden gesammelt, z. B von J.-B. C. Ballard, »La clef des Chansonniers ou recueil des V.s«, 1717; allein zwischen 1715 und 1760 zählt man 2000 bis 3000 V.s.
2. Schon im 17. Jh. erscheint das V. auch im Pariser ↗ Volkstheater, zuerst in Gherardis ↗ Comédie italienne, dann in den sog. *Comédies-en V.s* (volkstüml. Jahrmarkttheater, *théâtre forain)*. Da die Oper und die Comédie Française das Privileg des Musik- bzw. Sprechtheaters besaßen, entstanden hier V.s als Mischformen von Pantomime, Sprech- und Musikdarbietungen, wobei Zuschauer und Schauspieler die populären *timbres* zu Texten und Spruchbändern anstimmten. Diese Entwicklung führt direkt zur *Opéra comique,* wobei unter italien. Einfluss neu komponierte *airs* die alten V.s ersetzten. Blüte zwischen 1690 und 1762; danach wurde das V. endgültig zum Sprechstück, das als *Comédie à Couplets* oder *Comédie-V.,* kurz *V.,* ab 1782 von Piis und Barré gepflegt wurde und 1792 ein eigenes *Théâtre du V.* erhielt. Als satir.-literar. Komödie mit musikal. Einlagen entwickelte sich das V. im 19. Jh. zum reichsten Genre des frz. Theaters mit ca. 10000 Stücken. Charakterist. sind Autorenteams, deren sich auch die bekanntesten Autoren, z. B. E. Scribe (»Das Glas Wasser«, 1840) u. E. Labiche (»Der Florentinerhut«, 1851) bedienten. Was es an geistreichem Witz verlor, ersetzte das V. nun durch groteske Situationskomik, drast. Komödiantik und Schauspielerpersönlichkeiten. In der III. Republik entwickelte sich aus ihm die ↗ Boulevardkomödie. Unter den Autoren sind zu nennen H. Meilhac, L. Halévy, v. a. G. Feydeau. Im 20. Jh. führen u. a. G. Quinson, L. Verneuil, P. Armont und Barillet et Grédy das V. fort. – Russland entwickelte im 19. Jh. nach Pariser Vorbild ein eigenes V. (A. Tschechow, »Der Heiratsantrag«, 1889). – In Großbritannien und den USA nennt man leichte Komödien und Varieté-Theater nach Art der Music-Hall V. Man spricht auch von einem Film-V. (R. Clair, »Le Million«, 1931).
3. Eine Sonderform bildet das sog. *V. final,* eine Form des Finales in der frz. Oper des 18. Jh.s, bei der die Personen sich mit je einer Strophe eines Strophenliedes verabschieden, zu der das Ensemble den Refrain singt. In einer direkten Wendung ans Publikum wurde so

das moralische oder humorvolle Fazit gezogen, vergleichbares kennt auch das Sprechtheater: Finale von W. A. Mozart, »Die Entführung aus dem Serail«; I. Strawinsky, Epilog zu »The Rake's Progress«; P.-A. C. de Beaumarchais, »Die Hochzeit des Figaro«. HR

Verbalstil, Sprachstil, bei dem, im Ggs. zum *Nominalstil*, Verben die den Sprachduktus bestimmenden Aussageelemente sind, nominale Wendungen dagegen eher gemieden, Abstrakta verbal umschrieben werden, z. B. ›ausführen‹, ›anwenden‹ statt (wie im Nominalstil) ›zur Ausführung‹, ›Anwendung bringen‹, ›weil er arm war‹ statt nominal ›aus Armut‹. Der V. tendiert zu Anschaulichkeit und Konkretheit, er kennzeichnet v. a. frühe Sprachstufen und bis heute die Mundarten und affektgeladene Ausdrucksweise (z. B. im ↗ Sturm und Drang), dagegen herrscht in Wissenschaft, Politik und Publizistik der abstraktere, oft gedrängtere Nominalstil vor, der begriffl. präziser sein kann, jedoch auch Gefahr läuft, zur Phrasenhaftigkeit, zum sog. ›Papierstil‹, abzuflachen, er erscheint aber auch als ep. Stilform (z. B. bei Th. Mann). IS

Verfremdung, Begriff der Literaturtheorie: 1. *allgemein* für die grundlegende Distanz der poet. Sprache zur Alltagssprache. Er dient in der Lit.wiss. deshalb zur Kennzeichnung literar. Strömungen, in denen diese Distanz bewusst künstler. eingesetzt wird: vom rhetor. ↗ Asianismus der Antike über den ↗ Manierismus, das ↗ Wiener Volkstheater bis zur modernen Lyrik oder zum ↗ absurden Theater der Gegenwart. Gemeinsame Intention: das Publikum soll aus seinen Sprachgewohnheiten (sowohl der Alltagssprache als auch der Rezeption von Lit.) herausgerissen werden, damit auf das Neue der künstler. Darstellung und der in ihr vermittelten Wirklichkeit aufmerksam gemacht werden. Dies setzt auf Seiten des Autors die bewusste Wendung gegen literar. oder weltanschaul. Traditionen, auch gegen gesellschaftl. Phänomene voraus. Techniken der V. sind deshalb Witz, Satire, Parodie, Groteske, oder auch Metaphorik, Dunkelheit, Hermetismus.

2. *im russ. Formalismus* wurde der Begriff V. geprägt von V. Schklowski (»Die Kunst als Verfahren«, 1916). Das »Verfahren der V.« *(priem ostranenija)* erscheint hier als *die* charakterist. Methode der Kunst. Ziel jeder lit. Sprache sei es, die durch sprachl. und gesellschaftl. Konventionen automatisierte Wahrnehmung zu erschweren: »ein Empfinden des Gegenstandes zu vermitteln, als *Sehen*, und nicht als *Wiedererkennen*«. Zugleich aber werde das Interesse des Rezipienten auf die verfremdende künstler. Form selbst gelenkt. Deshalb wendet sich der russ. Formalismus weniger dem durch die Kunst veränderten Blick auf das Leben als innerliterar. Phänomenen zu, etwa in J. Tynjanovs Darstellung der literar. Evolution als einer Tradition formaler Traditionsbrüche. Die linguist. Texttheorie greift auf diese Erkenntnisse der Formalisten zurück.

3. Begriff in Bertolt Brechts *Theorie vom ↗ epischen Theater*, entwickelt wohl in Auseinandersetzung mit dem Formalismus (1935 Besuch in Moskau). Dessen Formel vom »Sehen« statt »Wiedererkennen« wird zugleich dialekt. verstanden (Hegel: »Das Bekannte überhaupt ist darum, weil es bekannt ist, nicht erkannt«): das vorhandene ungenügende Verstehen soll durch den Schock des Nicht-Verstehens zum wirkl. Verstehen geführt werden: V. als Negation der Negation. Das formale Prinzip wird zugleich mit der marxist. Gesellschaftstheorie (Begriff der *Ent*fremdung) verbunden: Ziel des Theaters sei, dem Zuschauer die Wirklichkeit als historische, also widersprüchliche und veränderbare aufzuzeigen. Der bisher allein auf die Natur angewandte wissenschaftl. Blick solle durch das Theater auch auf die menschl. Gesellschaft gerichtet werden. V. wird zum didakt. Prinzip. Damit wendet sich Brecht sowohl gegen Intention (Einfühlung, ↗ Katharsis) als auch Weltbild (unabänderl. Schicksal, menschl. Tragik) der »aristotel. Dramatik«. Das dialekt. Theater ist dabei nicht emotionslos: statt passiver Furcht und Mitleid solle aktive Wissensbegierde und Hilfsbereitschaft im Zuschauer geweckt werden. Die V. läuft technisch auf 3 Ebenen ab: in Dramenbau, Bühnenbau (Inszenierung) und

Spielweise werden ↗ Verfremdungseffekte (V.-effekte) eingesetzt. Wichtig v. a. Brechts Rede »Über experimentelles Theater« (1939), die Zusammenfassung der »Dialoge aus dem Messingkauf« im »Kleines Organon für das Theater« (1948). DW

Verfremdungseffekt (V-Effekt), Bez. B. Brechts für die techn. Mittel zur ↗ Verfremdung in Dramenbau, Bühnenbau (Inszenierung), Spielweise im Rahmen seines »dialekt.« ↗ ep. Theaters. Im Gegensatz zu den illusionist. Techniken des »aristotel.« Theaters dient der V. einem gesellschaftl. Zweck: er soll die geschichtl. Widersprüche und dialekt. Bewegungsgesetze der Realität aufzeigen und den Standpunkt des sozialist. Realismus (↗ Realismusdebatte) sichtbar machen und zwar
1. *in Dramenbau und Sprache:* statt geschlossener Akteinteilung und stringent psycholog. motiviertem, dramat. Handlungsaufbau Gestaltung einer für Widersprüche offenen Struktur: Reihung von Bildern, Prolog, Epilog, Überschriften, Sprecher, direkte Anreden der handelnden Personen ans Publikum, Songs; unvermittelte sprachl. Kontraste, Zitate (etwa der Bibel) in neuem Zusammenhang, gegen den gewohnten Rhythmus rhythmisierte Verse. – Einfluss von Jahrmarkt (Moritat), ↗ Volkstheater (Karl Valentin), ↗ Kabarett (W. Mehring), G. Büchner, F. Wedekind u. a. Neue Rolle der Musik (K. Weill, H. Eisler).
2. *in der Inszenierung:* Verzicht auf Interieur und Atmosphäre (etwa der Beleuchtung), sichtbare Bühnentechnik, Einsatz von Medien (Film). – Einfluss der polit. Revue E. Piscators.
3. *in der Spielweise:* gest. Darstellung: nicht identifizierend, sondern demonstrierend (wie die Erläuterung eines Unfalls in einer »Straßenszene«). – Einfluss D. Diderots, der chines. Schauspielkunst (Moskauaufenthalt Brechts, 1935), Gegensatz zur Spielweise des psycholog. Realismus (Stanislawskij), vgl. auch: ↗ Dramaturgie. DW

Vergleich, allgem. jede Form, durch die zwei oder mehrere Phänomene miteinander in Beziehung gesetzt, aneinander gemessen werden.

Als ↗ rhetor. Figur Sinnfigur, die im Gegenüber von ↗ Bild und Gegenbild die Anschaulichkeit erhöhen, eine verdeutlichende Analogie herstellen soll. Konstitutiv sind Vergleichspartikel *(wie)* und das ausgesprochene oder unausgesprochene *tertium comparationis,* der Vergleichs- oder Berührungspunkt zwischen den beiden Analogiesphären: sie hat Haare (strahlend = tert. comp.) wie Gold. In der antiken Rhetorik galt die ↗ Metapher als verkürzter V.: *das Gold ihrer Haare.* Der V. ist eher ein Stilmittel d. Epik, die Metapher der Lyrik. Ein breiter ausgeführter V. wird zum ↗ Gleichnis, der selbständig ausgemalte V. zur ↗ Parabel (Lessings Ringparabel). Der V. gilt in der Rhetorik als ↗ Amplificatio. S

Vergleichende Literaturwissenschaft, auch: komparative Literaturwissenschaft, Komparatistik, beschäftigt sich bes. mit Beziehungen, Verwandtschaften, Gemeinsamkeiten und Unterschieden zwischen den Nationalliteraturen, mit literar. Entwicklungen über Sprachgrenzen hinweg, und zwar einerseits mit literar. Phänomenen, die supranational bedingt sind (z. B. Entwicklung einer Gattung), andererseits auch jeweils mit deren bes. Ausprägungen in bestimmten Sprachen unter verschiedenen nationalsprachl. und völkerpsycholog. Bedingungen (z. B. des Dramas). Sie bearbeitet dabei v. a. internationale Gebiete wie Stoff- u. Motivgeschichte, Topik, Emblematik, verfolgt Quellenfragen (diachroner Aspekt), Einflüsse und Nachwirkungen, bes. bei ›klass.‹ Autoren wie Homer, Dante, Shakespeare, Molière, Goethe etc., aber auch (unter synchronem Aspekt) bei Einzelwerken und Dichtern; sie betreibt Form- und Gattungsgeschichte (vgl. z. B. Sagen- und Märchenforschung), widmet sich Wertungsproblemen, der internationalen Literaturkritik und schließl. auch der Geistes- und Ideengeschichte. Sie untersucht Epochenparallelen und internationale Stilströmungen, literatursoziolog. Fragestellungen, heute auch die Rezeption und das ›Nachleben‹ literar. Phänomene. Weiter zählen Probleme des Übersetzens und der Wechselbeziehungen der Künste (wechselseitige Erhellung) zu den Aufgaben der v. L. Ihr Arbeitsfeld, insgesamt die ↗ Weltliteratur, ist aber oft sach- und personenbedingt eingeengt auf den europ.-amerikan. Gesichtskreis. Auch übernational ausgerichtete Literaturgeschichten sind meist auf den europ. Bereich beschränkt (vgl. z. B. F. Bouterwek, Geschichte der Poesie und Beredsamkeit seit dem Ende des 13. Jh.s, 12 Bde. 1801–19; G. Brandes, »Die Hauptströmungen in der Literatur des 19. Jh.s«, 6 Bde. 1872–90). – Die v. L. berührt sich in ihren Grundtendenzen mit der auf literar. Universalien ausgerichteten Allgemeinen ↗ Literaturwissenschaft (auch: synthet. Literaturwissenschaft, ↗ Synthese), v. a. auch bei der Erörterung von Methodenfragen. Geistesgeschichtl. Gesamtschau bildet das eine Extrem der v.n L., positivist. Tatsachenregistrierung das andere. – Vergleichende Literaturbetrachtung findet sich seit dem Altertum, z. B. schon bei der Rezeption der griech. Dichtung durch die Römer, weiter in der Antikennachfolge der Renaissance (z. B. F. Meres, »A comparative discourse of our English poets with the Greek, Latin and Italien poets«, 1598), im Barock (in Frankreich z. B. in der Querelle des anciens et des modernes, 1688–97), in der europ. Aufklärung (in Deutschland z. B. bei der Shakespeare-Rezeption, im ↗ Literaturstreit zwischen Gottsched und den Schweizern Bodmer u. Breitinger). Ansätze zu einer Systematisierung und methodologischen Grundlegung finden sich im Gefolge der kosmopolit. und kosmoliterar. orientierten Romantik in Parallele zu natur- und sprachwissenschaftl. vergleichenden Untersuchungen (z. B. der indogerm. Sprachforschung: F. Bopp, R. K. Rask, J. Grimm u. a.), vgl. etwa schon A. W. Schlegels »Vorlesungen über dramat. Kunst u. Lit.«, ersch. 1809–11. Der erste Versuch einer komparatist. Methodenlehre stammt von H. M. Posnett (Comparative Literature, 1886). Der *erste komparatist. Lehrstuhl* wurde 1865 in Genf errichtet, es folgten 1890/91 die Harvard University (USA), 1896 Lyon (Frankreich). In Deutschland entstanden Lehrstühle für v. L. erst nach dem Zweiten Weltkrieg. Als akadem. Lehrfach hat die v. L. ihre Schwerpunkte auch heute noch v. a. in Frankreich und in den USA. Heute widmen sich mehr als 20 Zeitschriften und Jahrbücher komparatist. Problemen, hervorzuheben sind für die Bundesrepublik als älteste die ›Zs. f. vergleichende Literaturgeschichte‹ (hg. v. M. Koch u. a., 1877–1910) und ›Arcadia, Zs. f. v. L.‹ (hg. v. H. Rüdiger, seit 1966). Ferner bestehen wissenschaftl. Gesellschaften wie die ›Association Internationale de Littérature Comparée‹ (mit dem Referatenorgan ›Actes-Proceedings‹, hg. v. W. P. Friedrich seit 1955) und die ›Dt. Gesellschaft für allgemeine und v. L.‹ (Referatenorgan ›Komparatist. Studien‹ hg. v. H. Rüdiger, seit 1971). Seit 1968 erscheinen die »Studien zur Allgemeinen und Vergleichenden Literaturwissenschaft« (Stuttg. 1968 ff.), hg. v. E. Lämmert, K. Reichert, K. H. Stierle, J. Striedter, mitbegründet v. P. Szondi.

S

Verismus, m. [von lat. verus = wahr], Bez. für absolute, photograph.-dokumentarist., i. d. Regel unter d. Gesichtspunkt soz.-krit. Anklage ausgewählte Wiedergabe ›nackter‹ u. bes. auch hässl. Wirklichkeit in Literatur, Schauspielkunst, Oper, bildender Kunst, Photographie und Film. Anstelle einer ›realist.‹ Verklärung, Beschönigung und Harmonisierung erscheint Wahrheit als Schock. Krass und grell werden menschl. Leidenschaften, Sadismen und Katastrophen in äußerstem Naturalismus wiedergegeben, teils (natur-)wissenschaftl. fundiert, teils anthropolog. begründet als Aufweis des Inhumanen mit dem Ziel seiner Beseitigung. Ende des 19. Jh.s wurden u. a. L. Tolstoi und H. Ibsen als Vertreter des V. angesehen, für der bildenden Kunst G. Courbet, G. Grosz oder O. Dix; verist. Tendenzen kennzeichnen bes. den zeitgenöss. Film und die Stücke der neuen Volksdramatik. Als *Verismo* wird die italien., dem europ. ↗ Naturalismus entsprechende Stilrichtung bez.; Hauptvertreter verist. (jedoch zum Regionalismus tendierender) Literatur ist G. Verga (»Vita dei campi«, 1880: Novellensammlung, darunter »Cavalleria rusticana«; »I Malavoglia«, 1881, »Mastro Don Gesualdo«, 1888/89: Romane) u. L. Capuana (»Giacinta« 1879, »Il marchese di Roccaverdura«, 1901), verist. Musik G. Puccini, R. Leoncavallo und P. Mascagni (Opern-V. seit etwa 1890). – Nach dem Zweiten Welt-

Verismus

krieg knüpfte der ↗ Neorealismo (oder Neoverismo) an die naturalist. (verist.) Tendenzen an. GM

Verlag, Wirtschaftsunternehmen zur Herstellung, Vervielfältigung und zum Vertrieb von Büchern, Zeitschriften, Landkarten, Noten, Kalendern und anderen der Information und Unterhaltung dienenden Medien (↗ Buchhandel). Verleger, bzw. deren Lektoren entscheiden darüber, was gedruckt und gelesen werden soll und haben damit einen wichtigen Einfluss auf das kulturelle Leben. Der V. erwirbt durch einen Vertrag mit dem Autor das Recht zur wirtschaftl. Nutzung des ›geistigen Eigentums‹ des Urhebers. Der Autor erhält ein Honorar prozentual anteilig am Verkaufspreis oder eine Pauschale. Der V. setzt Auflagenhöhe, den Verkaufspreis und den Händlerrabatt (Buchhandel) fest. Ungewöhnl. hohe Kostensteigerungen haben dazu geführt, dass seit den siebziger Jahren über die Hälfte des Netto-Preises eines Buches für die Verwaltung innerhalb der V.e veranschlagt wird. Neue, billigere Herstellungsverfahren wie ↗ Taschenbücher haben das Buch zum Massenartikel werden lassen, viel von früherer kultureller Initiative und Verantwortung der V.e ist wirtschaftl. Rentabilitätsprinzipien gewichen. Die eigentl. Geschichte der V.e beginnt im 15. Jahrhundert, bedingt durch die *Erfindung* des *Buchdruckes* mit beweglichen Lettern (Gutenberg). Verleger, Drucker und Buchhändler bildeten zunächst eine Einheit. Durch *Buchführer* (reisende Buchhändler) boten sie ihre Waren auf Märkten und *Messen* an. Zunächst war Frankfurt Mittelpunkt des buchhändlerischen Verkehrs, ab etwa 1700 wurde die Leipziger Messe für den Markt bestimmend. Im Laufe des 18. Jh.s trennten sich langsam die Funktionen in eigenständige Unternehmen, und die V.e konzentrierten sich auf die verlegerische Tätigkeit. Zur gleichen Zeit setzten sich allmähl. *Autorenrechte* gegenüber den Verlegern durch, von urheberrechtlichem Schutz konnte jedoch noch keine Rede sein. Die V.e hatten ihrerseits gegen ↗ Zensur und den Wildwuchs des Raubdrucks (↗ Nachdrucks) zu kämpfen. 1825 erfolgte die Gründung des »*Börsenvereins der dt. Buchhandels*« als Dachorganisation der Verleger und Sortimenter zum Schutze ihrer wirtschaftl. Interessen, d. h. zur Verhinderung von Nachdrucken, Organisierung von Buchmessen, Einführung fester Ladenpreise und kaufmänn. Beratung ihrer Mitglieder. Nach 1945 verlor Leipzig seine zentrale Bedeutung für das gemeinsame deutsche Verlagswesen; in der DDR (1945) wie in der Bundesrepublik (1949) wurden eigenständige Börsenvereine gegründet. Gab es um 1900 noch weit über 3000 V.e im dt. Reich, so existieren 2005 in der Bundesrepublik durch Verlagskonzentrationen noch 1777 V.e, die Mitglied des Börsenvereins in Frankfurt a. M. sind. Die herausragendste Leistung des Börsenvereins ist der Wiederaufbau der Frankfurter Messe seit 1949 zu einer internationalen Präsentation von Verlagsprodukten; heute nehmen daran rund 6000 V.e teil. LS

Verlagsalmanach ↗ Almanach, ↗ Musenalmanach.

Vers, m. [lat. versus = Wendung (des Pfluges)], das Wort V. ersetzt seit dem 17. Jh. das mhd. rîm ↗ Reim(-vers); die geläufige Bedeutung V. = Strophe entstammt der Kirchensprache, ein vertonter Bibelvers einer Strophe entspricht. Der V., die rhythm. Ober-, seltener Grundeinheit der Verssprache, ist gekennzeichnet durch eine mehr oder minder feste Binnenstruktur und eine Endpause. Die *Binnenstruktur* kann je nach den phonet. Voraussetzungen der zugrundeliegenden Sprache (↗ Metrik) als Minimum durch die bloße Silbenzahl (silbenzählendes V.prinzip), die Zahl der betonten Silben bei freier Umgebung (akzentzählendes V.prinzip) und durch die geregelte Abfolge qualitativ unterschiedlicher Silbentypen (lang-kurz, betont – unbetont: (akzentuierendes, quantitierendes V.prinzip) definiert werden. Zusätzl. *Strukturmerkmale* sind auf eine oder mehrere Positionen fixierte Binnenpausen (↗ Zäsur), die den V. in häufig gegensätzl. profilierte rhythm. Einheiten (↗ Kola) teilen. *Endsignal* des V.es ist die heute i. Allg. typograph. durch das Zeilenende repräsentierte Pause, die im Prinzip durch eine syntakt. Pause realisiert wird und durch Klangsignale (↗ Reim, ↗ Assonanz, ↗ Kadenz) verstärkt werden kann. Durch die Zäsuren sind metr. und syntakt. Struktur auf Parallelität hin angelegt, doch kann diese gelegentl. durchbrochen werden (↗ Enjambement), wobei alle Grade von der einfachen Umkehr von Haupt- und Nebenpause bis hin zur gewaltsamen Brechung eines ↗ Syntagmas (harte Fügung) möglich sind. Extreme sind einerseits der ↗ Zeilenstil, andererseits die völlige Verwischung der Versstruktur. – Je nach Organisationsgrad genügt also zur *Beschreibung einer Versstruktur* die Angabe der Silben (z. B. ↗ Endecasillabo u. dgl.), evtl. mit fester Zäsur (↗ Alexandriner ↗ Vers commun) oder der Takte und Kadenzen (z. B. Viertakter), d. h. die Zahl der betonten Silben, um die sich die unbetonten gruppieren, teilweise mit Besonderheiten in den Schlusstakten, oder der ↗ Versfüße als Grundeinheiten eines Schemas der Silbenabfolge (jamb. ↗ Trimeter, daktyl. ↗ Hexameter, ↗ Blankvers u. a.). Die Silbenorganisation in den V.en entspricht i. Allg. den rhythm. Bedingungen der jeweiligen Sprache; eine Ausnahme ist der antike V., dessen Rhythmisierung überwiegend musikal. Charakter hat und mit dem Wortakzent konkurriert und der daher nur bedingt mit dem modernen V. zu vergleichen ist; dennoch ergibt sich als allgem. Prinzip der V.gestaltung – im Ggs. zur jeweiligen Prosa – die Steigerung und Überhöhung des Sprachrhythmus durch die Einschränkung auf rhythm., sich wiederholende Grundmuster, die gerade dadurch stark konturiert erscheinen. Aus der Doppelnatur der Sprache als Klangkörper und Bedeutungsträger folgt, dass die Einbindung der Sprache in V.e nicht nur ein ästhet.-rhythm., sondern auch ein bedeutungshaftes Moment enthält. Ist das Erstere in der menschl. Allgemein- und speziell der artikulator. Motorik verwurzelt, so das andere in der log. Funktion von Syntax und Satzakzent, in deren natürl. System der V.gang entscheidend eingreifen kann. Durch die eigenwertige Organisation einer V.form wird der unmittelbare Funktionszusammenhang von Form und Inhalt verändert, ebenso die natürl. Hierarchie der Sprachelemente, die sich durch Variationen in Dynamik und Tempo ausdrückt. Dagegen entsteht eine gleichmäßig verteilte ↗ Emphase (das Paradox der Hervorhebung als Regelfall) und, infolge des eingeschränkten Horizontes durch die Konzentration auf wenige Formen, eine Zone verschärfter Wahrnehmung, in der alle formalen Eigenschaften der Sprache potentiell Teile eines Ausdrucks- und Bedeutungssystems sind. Sowohl vom produktiven Aspekt, der von vielen Dichtern bezeugt ist, wie vom rezeptiven ist im V. daher ästhet. und sinnhafte Struktur nicht zu trennen. – *Die Geschichte des V.es* beginnt mit dem *griech*. V., der auf der Organisation der Silbendauer basiert (quantitierendes V.prinzip, ↗ Mora). Rationale, d. h. auf Wiederholung kleinerer Einheiten (↗ Versfüße, ↗ Dipodien) zurückführbare Metren stehen neben irrationalen, die erst nachträgl. nach dem gleichen Muster analysiert wurden. Der Unterschied deckt sich großenteils mit dem von stroph. (Lyrik) und nichtstroph. (↗ stich.) Dichtung und reflektiert wohl auch einen Unterschied im Vortrag (gesungen – rezitiert). Die Nachfolgesprachen des Lat., das sich weitgehend der griech. Metrik anschloss, geben, da sie das Gefühl für die Quantität verlieren, die Unterscheidung von Silbentypen im Wesentl. auf und gelangen zum silbenzählenden V.prinzip. Die german. Sprachen zeigen von Anfang an das akzentuierende (akzentzählende) V.prinzip, wobei die Zahl der Hebungen fest, die der Senkungen frei ist. Grundriss scheint allgem. der Viertakter (↗ Vierheber) zu sein, der indessen durch die bes. Behandlung der Schlusshebung (↗ Kadenz) verschieden, insbes. auch nur durch drei Hebungen realisiert werden kann. In Volks- und Kirchenlied bewahrt, bilden diese alten Bauformen einen bis in die neueste V.geschichte reichenden Impuls. Der roman. Einfluss begünstigt auch in den german. Sprachen feste Silbenzahlen, setzt sich episod. sogar gegen das akzentuierende Prinzip durch (s. ↗ Tonbeugung, Meistersang), gewinnt aber endgültig mit der Opitz'schen Reform (1624) die Oberhand (alternierend-akzentuierendes V.prinzip). Seit dem 17. Jh. lässt sich ein direkter Einfluss des antiken V.baus (wobei Hebung für Länge steht) beobachten, dessen originellstes Produkt in Auseinandersetzung mit den irrationalen ↗ Odenmaßen die sogenannten ↗ freien Rhythmen darstellen. Im letzten Drittel des 18. Jh.s ist die breiteste metr. Vielfalt erreicht: neben den dominierenden alternierenden Metren stehen das neu belebte Lied, die Nachahmung antiker V.e (Hexameter, Distichon, Odenmaße) und die freien Rhythmen. Einiges davon, insbes. das Lied, wird in der Folge bis zur Erschöpfung variiert, bei anderem gelingt bis ins 20. Jh. durch sehr persönl. Diktion eine Erweiterung der rhythm. und expressiven Möglichkeiten. Vielfach treten die traditionellen V.formen in iron. Spannung zu neuen Inhalten. Neu ist die Annäherung an die Prosa in zwei gegensätzl. Richtungen; einmal durch die Befreiung der rhythm. Rhetorik von einer deutl. V.struktur im Langvers (E. Stadler), zum anderen durch die Reduktion des rhythm. Pathos auf ein Minimum (B. Brecht). Schließl. kann sich, als neueste Tendenz, das Rhythmische vom Artikulatorisch-Motorischen auf die Variation anderer Sprachelemente, etwa der Wörter und ihrer Bedeutungen verlagern (↗ konkrete Literatur). ED

Vers, m. [prov. = Dichtungsart, Lied] ↗ Canso.

Verschränkter Reim, auch: erweiterter Kreuzreim, Reimstellung abc(d) abc(d); älteste Belege in dt. Dichtung im 12. Jh. (Heinrich von Veldeke, Friedrich von Hausen). S

Vers commun, m. vɛrkɔ'mœ̃; frz. = gewöhnl. Vers], jamb. alternierender 10-Silbler (männl. Reim) oder 11-Silbler (weibl. Reim) mit Zäsur nach der 4. Silbe (2. Hebung). – Der v. c. war in Frankreich neben dem ↗ Alexandriner die beliebteste Versart; ↗ Dekasyllabus. Nach Versuchen im 16. Jh. (Paul Melissus Schede) bürgerte er sich in Deutschland seit der »Poeterey« von M. Opitz (1624) ein: »Auff, auff, mein Geist, / und du mein gantzer Sinn, // Wirff alles das / was welt ist von dir hin«. Der v. c. begegnet auch in Verbindung mit kürzeren Versen (A. Gryphius) oder mit Alexandrinern (Lohenstein). Die regelmäßige Wiederkehr derselben Zäsur lässt den v. c. auf die Dauer monotoner erscheinen als den freieren italien. ↗ Endecasillabo oder den ungereimten engl. ↗ Blankvers. – Nach der Mitte des 18. Jh.s begegnet der v. c. in dt. Dichtung kaum mehr (s. aber Ch. M. Wieland, »Musarion« u. a.). GK

Versepos, Bez. für das ↗ Epos, die vor allem seine Besonderheit als *Vers*dichtung im Unterschied zu anderen Formen der ↗ Epik in Prosa, insbes. zum ↗ Roman hervorhebt. RS

Verserzählung, im weiteren Sinne jedes kürzere Epos in Versen, vom antiken ↗ Epyllion (und seinen neuzeitl. Nachbildungen), dem altgerman. Heldenlied über mal. Formen wie Verslegenden oder die mittellat. ↗ Modi, lehr- oder schwankhaften Reimversdichtungen (H. Sachs u. a.) bis zu ↗ Fabel, ↗ Idylle und der vielfält. Kleinepik des 17./18. Jh.s (gesammelt in erfolgreichen Anthologien wie W. Heinses »Erzählungen für junge Damen und Dichter«, 1775, K. W. Ramlers »Fabeln und Erzählungen aus verschiedenen Dichtern«, 1779, J. J. Eschenburgs »Poet. Erzählungen«, 1788 und noch A. Dietrichs »Braga X«, 1828). – Für die V. *im engeren Sinne* sind neben der Versform (vom Knittelvers bis zum Hexameter, oft auch komplizierte Strophenformen) charakterist. der Wechsel von erzähltem Handlungsbericht und lyr. Einlagen (Stimmungsbilder u. a.), oft auch gedankl. Elementen und eine deutl. herausgearbeitete Symbolstruktur. Sie wurde als *eigene Gattung* ausgebildet von Ch. M. Wieland: Nach den »Moral. Erzählungen« (1752) und den »Kom. Erzählungen« (1762/65) gilt als erste bedeutende V. der »Oberon« (1780/84). – Weiterentwickelt wurde die V. v. a. von den *engl. Romantikern*, vgl. die V.en von W. Scott (u. a. »The Lay of the Last Minstrel«, 1805; »Marmion«, 1808; »The Lady of the Lake«, 1810), W. Wordsworth, R. Southey und bes. P. B. Shelley (»Queen Mab«, 1813, »Alastor«, 1816 u. a.), J. Keats (»Endymion«, 1817/18, »Hyperion«, 1818/20) und Lord Byron (»The Giaour«, 1813, »The Corsair«, 1814, »The Prisoner of Chillon«, 1816; »Don Juan«, 1819/23; »Childe Harold's Pilgrimage«, 1812/18 u. v. a.), ferner von A. Tennyson, R. und E. Browning, M. Arnold, W. Morris, A. Ch. Swinburne und noch von J. Masefield (»The Everlasting Mercy«, 1911, »The Landworkers«, 1943). – Der engl. V. verpflichtet sind in *Osteuropa* A. S. Puschkins »Ruslan und Ludmilla« (1820), M. J. Lermontows »Dämon« (ersch. 1856) und die V.en des Ungarn S. Petöfi (»Held Janos«, 1845 u. a.), in *Spanien* J. de Espronceda y Delgados »El estudiante de Salamanca« (1839) u. a., in *Frankreich* die V.en von V. Hugo, A. de Lamartine (»Jocelyn«, 1836, »La chute d'un ange«, 1838) bis hin zu freirhythm. Ausprägungen im 20. Jh. (Saint-John Perse). In *Deutschland* finden sich neben V.en nach engl. Mustern (N. Lenaus »Savonarola«, 1837; »Die Albigenser«, 1842; »Don Juan«, ersch. 1851) auch Ansätze zu einer eigenständ. Gestaltung: nach dem Vorbild Wielands (E. Schulze, »Cäcilie«, »Bezauberte Rose«, 1818; R. Hamerling), als freie Adaptionen nord. u. oriental. Dichtungen (F. Rückert, Graf. A. F. v. Schack) oder in balladesken Formen (A. v. Chamisso, A. v. Droste-Hülshoff: »Das Hospiz auf dem Gr. St. Bernhard«, 1823/34; »Die Schlacht im Loener Bruch«, 1837/38; F. Hebbel, »Mutter und Kind«, 1859, u. a.). Herausragend unter den dt. Versnovellen von L. Tieck bis P. Heyse sind C. F. Meyers »Huttens letzte Tage« (1871) und »Engelberg« (1872). – Weitere Spielarten sind die kom. oder satir. V.en K. L. Immermanns (»Tulifäntchen«, 1829), H. Heines (»Atta Troll«, 1843; »Deutschland, ein Wintermärchen«, 1844), auch E. Mörikes (»Idylle vom Bodensee«, 1846) u. noch G. Kellers (»Der Apotheker von Chamounix«, ersch. 1882/3) oder D. v. Liliencrons (»Poggfred«, 1891), ferner die sog. ↗ Butzenscheibenlyrik. Eine Sonderstellung hat F. Reuters niederdt. V. »Kein Hüsung« (1858) wegen ihrer mundartl. Sprachgebung und ihrem starken sozialen Engagement. Als Beispiel für Nachklänge der dt. V. im 20. Jh. kann die »Osterfeier« (1921) von M. Mell gelten. RS

Versfuß, auch Metrum, feststehende Zahl und Abfolge mehrerer, nach Dauer oder Gewicht unterschiedener Silben, z. B. ↗ Daktylus = V. aus 1 langen +2 kurzen (bzw. 1 betonten + 2 unbetonten) Silben ($-\cup\cup$); in der antiken Metrik werden gewisse V.e zu ↗ Dipodien zusammengefasst (z. B. ↗ Jambus, ↗ Trochäus, ↗ Anapäst.). Der V. ist die kleinste Einheit des metr. Schemas eines Verses, der als Kombination gleich- oder verschiedenartiger V.e aufgefasst wird (z. B. Vers aus 6 daktyl. V.en = daktyl. ↗ Hexameter); Voraussetzung ist die qualitative Unterscheidung von zwei Silbentypen, z. B. lang – kurz in den antiken, betont – unbetont in den german. Sprachen (denen sich z. T. die slav. anschließen). Die Vielfalt von V.en u. Versformen in der antiken Lyrik erklärt sich aus der erst nachträglichen metr. Analyse ursprüngl. ganzheitl. konzipierter Verse. – Für die abendländ. Tradition sind, mit Ausnahme der direkten Nachahmung antiker Formen (↗ Odenmaße), v. a. die alternierenden V.e (Jambus, Trochäus), in geringerem Maß die dreisilbigen (Anapäst, Daktylus) bedeutsam. In der ↗ Taktmetrik wird der Begriff des V.es durch den Musik entlehnten des ↗ Taktes ersetzt, um dem prinzipiellen Unterschied Rechnung zu tragen zwischen antiker quantitierender Metrik und dt. akzentuierender Metrik, bei der die Zahl der unbetonten Silben anfängl. mehr oder weniger frei war. ED

Versikel, m. [lat. versiculus = Verschen] 1. Bauelement der lat. ↗ Sequenz und der mhd. ↗ Leichs: Melodie-Texteinheit (Prosatext- oder Versfolge, Strophe); erscheint in der Sequenz meist als paarweise geordneter sog. *Doppel-V.,* d. h. je 2 V. entsprechen sich musikal. und hinsichtl. der Silbenzahl bzw. – bei späteren Sequenzen – nach Metrum und Reimschema: BBCCDD. – Im komplizierter gebauten, längeren Leich können die V. zu verschieden langen V.gruppen *(Perikopen)* zusammengefasst sein; sind 2 V. durch dasselbe Reimschema verbunden, werden diese als *Halb-V.* bezeichnet; die V. können im Umfang zwischen einfachen Drei- oder Vierversgruppen und längeren Strophengebilden mit reich strukturierten Reim- und Versschemata variieren.
2. Bez. der nicht stroph. gegliederten Versgruppen oder Abschnitte eines Kunstliedes (Arie). S

Version, f. [frz. = Wendung, Übertragung in die Muttersprache, über nlat. versio aus lat. vertere = kehren, wenden, drehen, vgl. ↗ Vers], im 16. Jh. aus dem Franz. übernommene Bez. für *Übersetzung* (vgl. auch ↗ Interlinear-V.), seit dem 18. Jh. (Bodmer) dafür auch ↗ Lesart, d. h. die spezielle Fassung eines Textes oder Textteils, s. ↗ Textkritik. S

Versi sciolti [vɛrsi ʃɔlti; it. = (vom Reimzwang) gelöste Verse], in der italien. Dichtung reimlose Verse, meist Endecasillabi (Elfsilbler); sporad. schon Ende des 13. Jh.s nachweisbar, werden sie seit dem 16. Jh. im Rahmen der Antikenrezeption bewusst als Ersatz für den antiken ↗ Hexameter (und Trimeter) verwendet: bes. durch G. G. Trissino (»L'Italia liberata dai goti«, 1548) und A. Caro (Äneis-Übersetzung, posth. 1581) werden v. s. das Versmaß des Epos, der Epenübersetzungen und des Lehrgedichts (U. Foscolo, A. Manzoni), durch V. Alfieri dann v. a. das Standardmetrum der Tragödie (entsprechend dem ↗ Blankvers, der evtl. nach dem Vorbild der v.s. entwickelt wurde); nach dem Vorbild C. I. Frugonis, der v. s. auch in lyr. Gattungen verwendete, wurden diese das bevorzugte Versmaß des Klassizismus. – Die dem symbolist., auch rhythm. freien ↗ vers libre nachgebildeten Verse werden als *versi liberi* bez. IS

Vers libre [vɛrˈlibr, frz. = freier Vers],
1. frz. Bez. der in der franz. Literatur des 17. Jh.s beliebten ↗ freien Verse; auch: vers mêlés.
2. Bez. für den im ↗ Symbolismus im Rahmen der konsequenten Ablehnung aller Tradition entwickelten freirhythm., reimlosen Vers; er entspricht formal den sog. ↗ freien Rhythmen des 18. Jh.s, obwohl er entstehungsgeschichtl. nicht an diese anknüpft. Er wurde theoret. fundiert und programmat. eingesetzt seit 1886 v. a. von G. Kahn (»Les palais nomades«, 1887), J. Laforgue, J. Moréas, F. Viélé-Griffin in der Zeitschrift ›La Vogue‹, z. T. gefördert durch ähnl. frühere Versuche W. Whitmans (»Leaves of grass«, 1855, übers. von Laforgue, 1886). Der symbolist. v. l. beeinflusste nachhaltig die Verssprache der europ. und angloamerikan. Lyrik (E. Pound, T. S. Eliot, A. Lowell, vgl. die engl. Bez. cadenced verse). – Als v. l.s gelten auch die Verse, die auch die syntakt.-log. Bezüge der Sprache auflösen (Verse aus Einzelwörtern, Silben, Buchstaben; Versuche im ↗ Dadaismus, ↗ Surrealismus, ↗ Lettrismus usw.). IS

Vers rapportés, m. Pl. [vɛːrapɔrté; frz. nach lat. Versus rapportati = zurückgetragene Verse], manierist. Sprach- und Formspiel: Gedichte, in denen gleichart. Satzglieder (Nomina, Verben, Adjektive) über mehrere Verse hinweg versweise asyndet. gereiht werden, wobei die syntakt. Struktur erst nach Rekonstruktion der horizontalen und vertikalen Sinnbezüge (Korrelationen) erkennbar wird: »Die Sonn, der Pfeil, der Wind, / verbrennt, verwundt, weht hin, // Mit Fewer, schärfe, sturm, / mein Augen, Hertze, Sinn« (M. Opitz). Auflösung: Die Sonne verbrennt mit Feuer meine Augen ... – Das bereits in altind. Dichtung bekannte »Rapportschema« (H. Lausberg) begegnet in Europa zuerst in der Spätantike (Vorformen in der ›Anthologia Graeca‹, bei Sallust, Statius, Martial und Claudian). In mlat. und prov. Lyrik und Epik gepflegt, erscheint es in der neulat. Renaissancedichtung auf Epigrammatik und Spruchdichtung eingeschränkt (Erasmus, J. C. Scaliger, A. Alciatus, F. Rabelais, J. Lauterbach u. a.), in den Nationalliteraturen bei Dante und Petrarca und erreicht einen Höhepunkt im 16. Jh., insbes. durch die Dichter der ↗ Pléiade (Du Bellay, P. de Ronsard, sogar im ↗ Sonett), durch L. de Góngora, Ph. Sidney, W. Shakespeare u. a., in Deutschland seit Anfang des 17. Jh.s (bei G. R. Weckherlin, M. Opitz, Ph. v. Zesen, G. Ph. Harsdörffer, J. G. Schottel, P. Fleming, F. v. Logau, C. Stieler, Qu. Kuhlmann u. a.) bis zum Anfang des 18. Jh.s (B. H. Brockes). Im 19. Jh. begegnen die Korrelationen in aufgelockerter Form hin und wieder (Goethe, C. Brentano). GG

Versschluss, vgl. ↗ Kadenz.

Vida, f. [prov. = Leben], Kurzbiographien in Prosa zu den ↗ Trobadors, in zahlreichen mal., v. a. italien. Trobador-Hss. den betreffenden

Autorsammlungen vorangestellt; enthalten Name, Herkunft, soziale Stellung, Werdegang. Während gewisse biograph. Daten meist historisch begründet scheinen, erheben sich die Angaben zum Liebesleben der Trobadors nicht selten ins Fabulöse, sind narrative Topoi, vgl. z. B. die V. zu Jaufre Rudel (Fernliebe-Thema) oder zu Guillem de Cabestanh (Herzmäre-Motiv). Zu kleinen Novellen erweitert wurden die V.s in den »Vies des plus célèbres et anciens poètes provençau« des Jean de Nostredame (16. Jh.). – Erhalten sind etwa 200 V.s zu rund 100 Trobadors. Als Verfasser namentl. bekannt ist der Trobador Uc de Saint-Circ (1. Hä. 13. Jh.). ↗ Razo. S

Vierheber, auch: Viertakter, Vers mit 4 Hebungen oder (nach der ↗ Taktmetrik) aus 4 ↗ Takten, entweder mit freier Senkungsfüllung oder alternierendem Wechsel von ↗ Hebung und Senkung und freier oder vorbestimmter ↗ Kadenz, evtl. mit ↗ Auftakt; Grundvers der Dichtungsgeschichte, erklärbar aus dem doppelten Kursus einer Schrittfolge. Der V. gilt als Basisvers der akzentuierenden Dichtung (↗ akzentuierendes Versprinzip), vgl. die ↗ Langzeile (german. Stabreimvers, altdt. ep. Versformen wie die Verse der ↗ Nieblungenstrophe), den ahd. und mhd. Reimvers, den v. a. im 16. Jh. in der dramat., ep. und didakt. Dichtung herrschenden ↗ Knittelvers oder den Vers der Volkslied- und Volksballadendichtung oder des Kirchenliedes. Vgl. auch ↗ Vierzeiler. S

Vierzeiler, Strophe aus 4 Verszeilen, Grundform metr. Gruppenbildung, häufig v. a. in der volkstüml. Lyrik (und z. T. der Epik: ↗ Nibelungenstrophe). Länge und metr. Bauart der Verszeilen sind variabel, unterliegen jedoch gewissen Konventionen: am häufigsten sind in akzentuierender Dichtung 3–5-Heber, in silbenzählender entsprechend 8–10/11-Silbler, wobei der ↗ Vierheber (bzw. 8-Silber) dominiert. Ein V. kann aus isometr. (gleich langen) oder heterometr. Versen bestehen. Neben Kreuzreim (abab), Paarreim (aabb) und umschließendem Reim (abba) finden sich Durchreimungen (aaaa, z. B. in der ↗ Cuaderna via),

assonant. Bindungen (↗ Copla) und reimlose V. (Nachbildungen antiker Verse, frühchristl. Hymnen). Die häufigsten V. sind der *isometr. vierheb. (bzw. 8-silb.) V. mit Kreuzreim* (aber auch anderen Variationen) als volkstüml. Lied- und Balladenstrophe, als Strophe des Kirchenliedes und der volkstüml. Kunstlyrik (v. a. der Romantik, engl. *common metre*), und der *heterometr. V. aus 4- und 3-Hebern* mit Reimstellung abab, bes. aber xaya, die sog. ↗ *Chevy-Chase-Strophe,* die aber auch weitverbreitet in Volks- und Kunstlied ist. Ferner sind V. konstituierende Bestandteile des ↗ Sonetts (Quartette) und z. T. der ↗ Glosa (Motto), des ↗ Virelai, der ↗ Villanelle. Vgl. franz. ↗ Quatrain. S

Villancico, m. [bijan'ʃiko; span., von villano = dörflich], in der span. Lyrik ↗ Tanzlied mit Refrain; ursprüngl. themat. nicht gebunden, neben bäuerl. Liebesthematik jedoch häufig Weihnachtslied (so bis heute: *canción de navidad),* seit dem 16. Jh. auch relig. Lied zu anderen kirchl. Festen (was Tänze nicht ausschloss!). Der V. beginnt mit einem 2–4-zeil. Refrain, dessen Thema oder Motto in den folgenden Strophen glossiert wird (vgl. ↗ Glosa), und der nach jeder Strophe ganz oder mit den letzten Zeilen als Schlussrefrain *(estribillo)* wiederholt wird; in der meist 3–6-zeil. Strophe (meist 8-Silber) entspricht der Schlussteil formal und musikal. oft dem letzten Refrainteil: einfache Form: ABB / ccb BB, im 16. Jh. häufige Form: ABBA / ababba (B)A. Vertreter u. a. Juan del Encina, F. Lope de Vega. – Vgl. ähnl. Formen wie ↗ Virelai, ↗ Rotrouenge, ↗ Dansa, ↗ Ballata, engl. ↗ Carol. IS

Villanẹlle, f. [zu ital. villanesca = ländlich], drei- bis vierstimm., meist mehrere Strophen umfassendes Lied des Spätma.s, zuerst in Italien (Neapel; auch unter Bez. wie *canzon villanesca alla napolitana* oder *aria napolitana)* gepflegt, seit der 2. Hälfte des 16. Jh.s in ganz Westeuropa als Form und Genus vokal. Kunstmusik übernommen. Die V.n-*Texte* beschreiben in einfacher, dann auch auf volkstüml. Einfachheit hin stilisierter Weise Lebensbereiche und Daseinsäußerungen bäuerl.-ländl.

Villanelle

Lebens. Die *Musik*, ursprüngl. der Volkskunst zugehörend, wird schon bald als Gegenstück zum kunstreichen, höf. orientierten Madrigal verstanden und zeichnet sich durch eine der polyphonen Kunstmusik entgegengesetzte, dennoch erkennbar künstl. Einfachheit aus: syllab. Deklamation, Homophonie, Modelle volkstüml. Tanzrhythmik, parallele Intervallführung. Die Text*form* ist nicht festgelegt, doch wird zumeist ein jamb. Elfsilbler verwendet, der zu einer achtzeil. Strophe mit dem Reimschema ab ab ab cc verbunden wird. Im 16. und frühen 17. Jh. wird diese Form erweitert durch eine jedem Verspaar angehängte Refrainzeile. In Frankreich und England setzte sich seit J. Passerat (16. Jh.) eine 3-zeil. Strophenform (Terzinen) mit abschließender 4-zeil. Strophe durch, wobei die 1. und 3. Zeile der ersten Terzine in den folgenden abwechselnd wiederholt wird (A₁bA₂ abA₁ abA₂ … aaA₁A₂), so noch im 19. Jh. bei Ch. M. Leconte de Lisle, im 20. Jh. bei Dylan Thomas u. a. Die erste *Sammlung* von V.n erschien 1537 in *Neapel*, die erste außerhalb Italiens gab Orlando di Lasso 1555 in Antwerpen heraus. In die deutsche Dichtung und Musik drang die V. namentl. durch die mehrstimm. Sammelwerke von J. Regnart (1576), L. Lechner (1586) und H. L. Hassler (1590) ein. HW

Virelai, m. oder n. [vir'lɛ; frz., Etymologie umstritten], in der franz. Lyrik des 13. – 15. Jh.s ↗ Tanzlied mit ↗ Refrain: auf einen 2– 4-zeil., später auch nur 1-zeil. Refrain folgen 2–3 Strophen, deren Schlussteil jeweils dem Refrain (oder einem Teil desselben) formal und musikal. entspricht; nach jeder Strophe wird der Anfangsrefrain oder dessen erste Zeile wiederholt (Schema bei 2-zeil. Refrain und 4-zeil. Strophe: AB ccab A(B)). Ein V. aus nur einer Strophe wird als *Bergerette* bez. Die bedeutendsten Verfasser von V.s waren im 14. u. 15. Jh. G. de Machaut (der die Bez. *chanson balladée* vorzieht), J. Froissart, E. Deschamps u. Christine de Pisan. Verwandte Formen sind ↗ Rotrouenge, ↗ Balada, ↗ Dansa, ↗ Ballata, ↗ Carol und ↗ Villancico. MS

Visuelle Dichtung, neben der ↗ akust. Dichtung wesentlichste Spielart der internationalen ↗ konkreten Dichtung, in zahlreichen Veröffentlichungen mit ihr fälschlicherweise synonym gesetzt. Die v. D. hat eine lange Geschichte, die (unterschiedl. zu bewerten) von den Technopaignien des Hellenismus über die ↗ Figurengedichte des Barock zu einer neuen Blüte im 20. Jh. führt. Von einigen z. T. ↗ Unsinnspoesie zuzurechnenden Vorgängern (L. Carroll) abgesehen, beginnt die Geschichte der v. D. im 20. Jh. mit den Achsenkompositionen A. Holz', mit St. Mallarmés »Un coup de dés« und G. Apollinaires »Calligrammes«, die einen wichtigen Schritt einer Entwicklung darstellen, bei der schließl. das traditionelle sprachl. Bild durch einen außersprachl., figuralen Wortbezug, durch das typograph. Bild, ersetzt wird. Voraussetzung einer derart figuralen Typographie waren schließl. noch K. Schwitters' bewusste Grenzüberschreitungen (»gesetztes Bildgedicht«) und v. a. die futurist. »Parole in libertà« F. T. Marinettis, die den Text aus seiner traditionellen von-links-nach-rechts-Abfolge brachen und damit die Möglichkeit schufen, Silben, Laute, Wörter, Wortgruppen frei über eine Fläche zu verteilen. Die futurist. Forderung nach Zerstörung der Syntax wies dabei der Typographie gleichsam Rolle und Funktion der traditionellen Syntax zu, führte in die Literatur so etwas wie eine typograph. Syntax ein. Mit dem Marinetti-Schüler Belloli, bzw. seinen audivisuellen Gedichten, erfolgt der Übergang zur v. D. in und seit den 50er Jahren. Früher Vertreter ist E. Gomringer (↗ Konstellationen); wichtige dt.-sprach. Autoren der v. D., von sog. ›Pictogrammen‹, ›Ideogrammen‹ oder ›Sehtexten‹, die an der Grenze zwischen Text und Typographie, zwischen noch-Sprache und schon-Bild, zwischen materialem

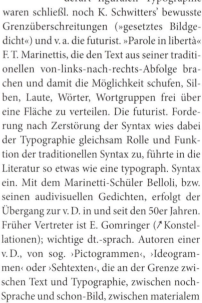

Mary Ellen Solt: »Forsythia«

Buchstaben- und Schriftbild und tautolog. Repetition des durch das Wort oder die Wörter Gesagten angesiedelt ist, sind u. a. C. Bremer, H. Gappmayr, E. Jandl, F. Kriwet, F. Mon, D. Rot, T. Ulrichs, die Autoren der ↗ Wiener Gruppe und ↗ Stuttgarter Schule, aber auch Typographen wie J. Reichart, Hansjörg Mayer u. a. D

Vita, f., Pl. Viten [lat. = Leben], Lebensbeschreibung, (Auto)biographie, vornehml. Abriss der äußeren, aktenmäß. Lebensdaten *(curriculum vitae)*, erscheint v. a. als Bez. und Titel antiker und mal. Biographien (erstmals bei Cornelius Nepos 1. Jh. v. Chr.). – Die antike V. folgt einem von den Peripatetikern (Aristoxenos, 4. Jh. v. Chr.) entwickelten Schema der Reihung exemplar., der philosoph. Ethik entnommener Tugenden, dem z. T. auch überlieferte Daten zugeordnet werden und bei dem auch Irrtümer, anekdot. Ausschmückungen und systemat. Fälschungen einzurechnen sind. Die schemat. Tugendreihung und die rhetor. Ausgestaltung machten die antike V. zur mal. Schullektüre geeignet. Die ältesten Viten der Antike sind unpolitisch, gelten Philosophen und Schriftstellern (Sophisten-Viten); traditionsbildend wurden die Paralleldarstellungen griech. und röm. Feldherren und Staatsmänner durch Plutarch (»Bioi paralleloi«) und die Kaiser-Viten Suetons (»De v. Caesarum«, 1./2. Jh.). – Nach dem antiken Schema entwickelt das MA. die panegyr. Fürsten-V. (z. B. Einhards »V. Caroli magni«, um 830, oder die Autobiographie Kaiser Karls IV. »V. Karoli IV. ab ipso conscripta«, 1378), die stark legendar. und exemplar. ausgerichtete Heiligen- und Märtyrer-V. (z. B. die »V. S. Martini« von Sulpicius Severus, um 400, die »V. Benedicti« Gregors des Großen, 6. Jh., die anonyme »V. Altmanni episcopi Pataviensis«, um 1130, mit einer Notiz über den frühmhd. Dichter Ezzo), später auch Künstlerviten, z. B. die ↗ *Vidas* der ↗ Trobadors (evtl. von Uc de Saint-Circ, 13. Jh.), die in ihrer Verlässlichkeit ebenso angezweifelt werden wie G. Boccaccios »V. di Dante« (um 1360) oder G. Vasaris »Vite de' piu eccellenti architetti, pittori et sculptori italiani ...« (1550/58). S

Volksballade, die im Ggs. zur Kunstballade ältere, anonyme (oft zersungene) ↗ Ballade.

Volksbuch, von J. Görres (»Die teutschen Volksbücher,« 1807) eingeführter Gattungsbegriff; bezeichnet zunächst populäre, in »gemeiner prosaischer Form« verfasste Druckwerke des späten 15., 16. und 17. Jh.s, zu denen Görres auch noch Traumbücher, Glücksrad-Literatur, volksmedizin. Schriften, Wetterprophezeiungen, Bauernpraktiken, Kalender und literar. Erscheinungen der Volksfrömmigkeit zählte; später hat sich der Begriff verengt auf erzähler. fiktionale Literatur, die zwischen dem Spätma. und der frühen Barockzeit entstand und zunächst von einem höfischen, ab dem 16. Jh. von einem vorwiegend nicht-höf. Publikum rezipiert wurde. Die *Stoffe* dieser Volksbücher sind – mit wenigen Ausnahmen – nicht Erfindungen der Zeit ihrer Publikation, sondern Bearbeitungen, Sammlungen, Fortsetzungen älteren Erzählguts: ↗ Prosaauflösungen höf. und Heldenepen, Übersetzungen antiker, z. T. auch oriental. Dichtungen, Vereinigung von Geschichten unterschiedl. Herkunft unter einem eine lose Einheit stiftenden neuen Namen (z. B. Eulenspiegel). Druckausführung, Illustration, Einband, Vertriebsart, aber auch sprachl. und stilist. Eigenheiten (Parataxe, unrhetor. Mitteilungsform, Derbheiten des Ausdrucks) lassen erkennen, dass die Volksbücher in engerem Sinne mehr den geschäftl. Erfolg durch hohen Unterhaltungswert als durch didakt. Anliegen zu sichern suchten. Obwohl diese Werke vielfach auf alte, z. T. anonyme und bei vielen Völkern heim. Stofftraditionen zurückgreifen, sich kunstvoller Erzählperspektiven, individueller Kommentierungen und konstruktiver Kunstmittel der sog. gehobenen Literatur enthalten, sind sie doch weder Werke einer unpersönl. Volksseele oder Repräsentationen eines

Titelblatt des Volksbuchs von Till Eugenspiegel, 1515

Volksbuch

überhistor. Volks- oder Nationalgeistes, sondern Erzeugnisse von einzelnen, zuweilen auch namentl. bekannten Verfassern, die im 15. Jh. dem Adel (Elisabeth von Nassau, Eleonore von Österreich), dann dem Patrizierstand, später dem Bürgertum (Lehrer, Geistliche, Handwerker) angehörten. – Aus dem 15. und 16. Jh. sind etwa 75 Titel bekannt, von diesen wiederum rund 750 verschiedene Ausgaben. Die Beliebtheit der Volksbücher lässt sich z. B. aus einem Frankfurter Messkatalog von 1569 ersehen, in dem der Umsatz von 2400 Exemplaren eines Verlegers in wenigen Tagen bezeugt wird. Aus solchen Quellen und der bibliograph. Erfassung durch P. Heitz und F. J. Ritter kann geschlossen werden, dass nach zunächst stark bevorzugten Bearbeitungen höf. Stoffe (Prosa-Tristan) im 16. Jh. novellist. und schwankhafte Sammlungen vordringen, wobei das Interesse an mal. ›Sachbüchern‹ – mit einer Fülle kurioser und abenteuerl. Informationen – erhalten blieb. So stehen Werke wie der mal. »Lucidarius« in so hoher Gunst, dass noch heute ca. 70 Auflagen bekannt sind, ebenso sind die Jenseitsvisionen des »Tundalus« oder die in eine Rahmenhandlung eingepassten, ursprüngl. oriental. Novellen der »Sieben weisen Meister« (68 deutsche, dazu 8 jidd. Ausgaben bis 1687) weit verbreitet. J. Paulis Schwanksammlung »Schimpf und Ernst«, die Volksbücher der »Melusine«, des »Eulenspiegel«, »Faust«, »Griseldis« oder das »Buch der Weisheit« haben den Alexander-Roman oder den »Hürnen Seyfried« (frühester erhaltener Druck aus dem 18. Jh.) auf dem Markt übertroffen. Der Erfolg vieler Werke führte zu Nachahmungen und Fortsetzungen. Dem »Eulenspiegel« folgten »Claus Narr« (1572) und »Hans Clawert« (1587), dem »Lalebuch« die erfolgreicheren »Schildbürger« (1598), dem Faustbuch, ohnedies immer wieder bearbeitet, wurde ein »Wagnerbuch« (1593) nachgeschickt.

– In der 2. Hälfte des 18. Jh.s kam es zu einer Wiederentdeckung und Neubewertung der Volksbücher, die sich zunächst in Neuverarbeitungen der Stoffe (F. W. Zachariae: »Zwei schöne neue Märlein«, 1772; Goethe: »Faust«; später Tieck: »Haimonskinder«, 1796, »Genoveva«, 1800, »Octavianus«, 1804 u. a.), dann auch in Ausgaben niederschlugen. Doch nicht die ersten, wissenschaftl. ambitionierten Editionen von J. G. G. Büsching und F. H. von der Hagen (»Buch der Liebe« 1809 und »Narrenbuch« 1811) brachten den anhaltenden Erfolg, sondern die Bearbeitungen von G. Schwab (1836), K. Simrock (1839–66) und R. Benz (1924, Nachdr. 1956).

HW

Volksbühne, Besucherorganisation auf Vereinsbasis, die ihren Mitgliedern verbilligte regelmäß. Theaterbesuche ermöglicht. – Im Anschluss an den 1889 gegründeten Theaterverein ↗ «Freie Bühne« wurde am 29. 7. 1890 von W. Bölsche und B. Wille die »Freie V.« als Theaterverein für Arbeiter gegründet (mit der Zeitschrift »Die freie V.«), um auch dem Arbeiter den Besuch polit.-progressiver Theaterstücke zu ermöglichen. Die Freie V. schuf ein billiges Theaterabonnement für (Sonntag)-Nachmittagsvorstellungen, wobei die Karten einmal monatl. ohne Platzkategorien verlost wurden. 1892 spaltete sich die »Neue freie V.« unter Wille ab; 1919 vereinigten sich beide Vereine als »V.«. Nach dem Berliner Beispiel entstanden in ganz Deutschland ähnl. Vereine, die sich 1920 zum »Verband der Dt. V.n-Vereine« zusammenschlossen. Der Verband baute eigene Theater, mehrere davon in Berlin (berühmte Inszenierungen durch E. Piscator), unterhielt einen eigenen Bühnenverlag, Tournee- und Laienspielgruppen. 1948 wurde er neu gegründet und zählt heute mit anderen Besucherorganisationen zu den wichtigsten Faktoren, die Arbeitsweise, Spielplan und Etats der dt. Theater mitbestimmen. Die V.-idee erwuchs aus der sozialist. Arbeiterbewegung. Da sie in den 1920er Jahren kurzzeitig von extrem linken Gruppen beherrscht wurde, entstand 1919, gegründet von W. K. Gerst, im »Bühnenvolksbund« eine Gegenorganisation auf betont

Das Volksbuch vom Dr. Faustus

Volksepos, ältere Bez. für ↗ Epos, insbes. für ↗ Heldenepos wie Homers »Ilias« und »Odyssee«, den altengl. »Beowulf« oder das mhd. »Nibelungenlied«, zurückgehend auf die inzwischen weithin entkräftete ↗ Liedertheorie, nach der (im Sinne romant. Vorstellungen von Geschichte und Poesie) das V. vom ›dichtenden Volksgeist‹ selbst ›zusammengesungen‹ sein soll; heute ist die Bez. allenfalls verwendbar im Zusammenhang damit, dass die Verfasser sog. V.epen Stoffe und gelegentl. auch Formen aus langen und vielschicht. Volksüberlieferungen aufgreifen, die sie dann aber zu eigenständigen, literar. fixierten Dichtungen gestalten. Durch seine spezif. stoffl. und formale Herkunft unterscheidet sich das V. (z. B. das »Nibelungenlied« oder die ↗ »Chansons de geste«) vom ↗ höf. Roman und der ↗ Artusdichtung. RS

Volkslied, das von J. G. Herder 1773 dem engl. *popular song* nachgebildete, von G. A. Bürger, F. Nicolai, J. H. Voß, Goethe u. a. aufgegriffene und durchgesetzte Wort bezeichnete zunächst weniger eine neue Sache als vielmehr eine neue Wertung jener literar.-musikal. Gattungen, die als Gegenpositionen zur zeittyp. Gelehrten- und Individualpoesie (bes. der antikisierenden Anakreontik) verstanden wurden. Herder sah in den V.ern die »bedeutendsten Grundgesänge einer Nation«, in denen sich ethn. Eigenarten, zeitüberdauernde psych. Möglichkeiten der Menschen in Phantasie und Leidenschaft verkünden, schließl. Dokumente humaner sittl. Grundnormen und Zeugnisse einer natürl., damit auch verbindl. ästhet. Qualität. Mit der Wiederentdeckung des V.s verband sich ein poetolog. Anspruch, der die zeitgenöss. Dichtung und die der Romantik so beeinflusste, dass die Modelle der V.er nachgeahmt (C. Brentano, H. Heine), sogar gefälscht wurden (A. W. F. Zuccalmaglio). – Das V. unterscheidet sich von anderen Formen der Kunst- oder Gebrauchspoesie durch Alter und Langlebigkeit (vgl. dagegen ↗ Schlager), durch die Anonymität des Autors, eine zunächst nicht schriftl. Überlieferung und die daraus resultierende Veränderlichkeit des Textes und der Melodie (›Zersingen‹), durch die Spontaneität seines Gebrauchs und seine Gebundenheit an Gruppen oder Gemeinschaften, die nur selten sozial eindeutig bestimmbar sind. Zu den *Merkmalen* des V.s gehören: Mischung der Stilelemente (Pathos und Trivialität; Bericht und Ausdruck von Stimmung, Gefühl; Wechsel von Heiterkeit und Traurigkeit etc.), bruchstückhafte Ereigniswiedergabe, Vernachlässigung von Logik und Informationsgenauigkeit, Anspielungscharakter (Bürger: »ahndungsvoller Unzusammenhang«). Die vielfältigen Strophenformen sind meist gereimt, teilweise assonierend, reich an metr. und rhythm. Entsprechungen und Wiederholungsfiguren (denen vielfach auch melod. ident. Formteile zugeordnet sind). Neuere Forschung hat die oft unterstellte Simplizität der metr. und stroph. Bauformen widerlegt. *Erforschung des V.s:* Nachdem die im 19. Jh., bes. von der Romantik (A. v. Arnim, C. Brentano, J. Grimm, L. Uhland) vertretene Ansicht, das V. verkörpere und veranschauliche Nationalcharakter, Volksseele, überzeitl. Sittlichkeitsnormen, auch dadurch erschüttert wurde, dass man internationale Stoff- und Motivvergleiche anstellte, teilweise individuelle Verfasser (zumal bei den Volksballaden) aufspürte und auch das bislang vernachlässigte ›subkulturelle‹ erot. und obszöne Liedgut in die Betrachtung einbezog, konzentrierte sich die Forschung zunächst auf das Problem, ob das V. definiert werden könne als anonymes, d. h. kollektives Produkt oder nur als kollektiv rezipiertes Liedgut, an dem das ›Volk‹ nur insofern schöpfer. beteiligt ist, als es durch Erweiterungen, Vermischung, Parodie, Kontrafaktur, Assoziationszugaben etc. vorliegende Werke verändert (»Kunstlied im Volksmund«).

Arnim/Brentano: »Des Knaben Wunderhorn«

Volkslied

So stehen sich zwei Theorien gegenüber: Die *Rezeptionstheorie*, verfochten vom langjähr. Leiter des Deutschen Volksliedarchivs (DVA) Freiburg/Br., J. Meier, und die *Produktionstheorie*, vertreten vom Gründer der Wiener Zeitschrift »Das deutsche Volkslied«, J. Pommer. Die neuere Forschung, an der sich Volkskunde, Philologie, Sozial-, Musik- und Geschichtswissenschaft beteiligen, wendet ihr Interesse (sieht man vom Sammeln und Sichten der Volkslieder ab, von denen das Freiburger DVA rund 210000 Aufzeichnungen besitzt) auf Gattungsfragen, Probleme des Funktionswandels, des sozialen Kontextes und die Erforschung der Gründe für die Veränderlichkeit des V.s, die seine produktive Aneignung bis heute kennzeichnet. *Gruppierung und Geschichte:* Da nur für wenige seltene Arten des V.s spezif. musikal. Merkmale feststellbar sind (z. B. bei Kinderliedern und Resten ritueller Totengesänge), erfolgt die Gruppierung der V.er nach textl.-inhaltl. Gesichtspunkten. Man unterscheidet: Volksballaden (Erzähl-, Legendenlieder), histor.-polit. Lieder, ↗ Arbeitslieder, ↗ Brauchtumslieder (Weihnachts-, Neujahrslied, Martinslied, Hirten-, Wallfahrts-, Prozessionslied), Scherz- und Spottlieder, ↗ Ständelieder (der Bergleute, Schneider, Soldaten, Studenten etc.), Schnaderhüpfl, Kinderlieder, Liebes- und erot. Lieder. Fast alle diese Formen des V.s sind erst spät in konkreten Texten greifbar. Wieweit sich Verbote an Nonnen (etwa in einem Kapitulare vom Jahre 789), weltl. Lieder (cantilenae saeculares, cantica rustica) zu pflegen, auf V.er beziehen, wieweit Motive, Stilelemente und Formtypen des Minnesangs (↗ Pastorelle, ↗ Tagelied, gnom. Dichtung) sich auf V.-Traditionen beziehen lassen, wieweit populäre Lieder, wie sie gelegentl. in Chroniken (Limburger Chronik) zitiert werden, dem genuinen V. zuzurechnen sind, ob schließl. alte geistl. Lieder (»Christ ist erstanden«) V.er sind, ist umstritten. Die Überlieferung des V.s beginnt im Spätma. in handschriftl., später gedruckten Liederbüchern. Dem 15. Jh. gehören Sammlungen wie die Liederbücher von St. Blasien, Locham, Glogau, Wienhausen, Königstein, Rostock und das der Clara Hätzlerin an. Im 16. Jh. werden dann Volkslieder durch mehrstimm. Bearbeitungen (H. Isaac, C. Othmayr, L. Senfl, G. Rhau, G. Forster u. a.) für die stadtbürgerl. Kunstpflege übernommen. Daneben entstehen in dieser Zeit, v. a. auf Flugblättern, Einblattdrucken, neue oder veränderte V.er. Was heute zum V. gerechnet wird, ist weithin durch die großen Sammlungen des 19. Jh.s entschieden worden: v. a. A. v. Arnim/C. Brentano: »Des Knaben Wunderhorn« (3 Bde. 1806–8); F. K. von Erlach: »Die Volkslieder der Deutschen« (5 Bde. 1834–37); L. Uhland: »Alte hoch- und niederdeutsche Volkslieder« (2 Bde. 1844–45); L. Erk/F. M. Böhme: »Deutscher Liederhort« (3 Bde. 1893). – Obwohl die sozialen und gesellschaftl. Bedingungen für die spontane V.-pflege geschwunden sind, wurde es seit Anfang des 20. Jh.s in der Singbewegung (offenes V. singen in Chören) und in den Schulen wiederbelebt und erfreut sich bes. im Rahmen des Folklorismus, unterstützt von den Massenmedien, erneuter Wertschätzung. Seit 1928 erscheint ein Jahrbuch f. V.-Forschung. HW

Volkspoesie, wie die Begriffe ›Volkslied‹ und ›Volksdichtung‹ stammt auch der die Einzelgattungen übergreifende Terminus V. von J. G. Herder. Zunächst bezeichnete er eine dem anonymen Kunstschöpfertum der einzelnen Völker zugeschriebene Weise der dichter. Welterfassung und -vermittlung, die sich v. a. von der Gelehrten- und Individualpoesie unterschied. Je nach der Gewichtung der Unterscheidungsmerkmale und der spezif. Charakteristika konkurrierte der Begriff V. auch mit anderen terminolog. Festlegungen: Man sprach von *Urpoesie*, wenn die vermutete Altertümlichkeit betont und die V. als Relikt sonst nicht überlieferten archaischen Dichtens verstanden wurde; von *Nationalpoesie*, wenn die ethn. Besonderheiten der V. – zumal im 19. Jh. – ins Zentrum der Betrachtung und Wertung rückten; von *Naturpoesie,* wenn der V.-Begriff polem. oder beschreibend gegen die Kunstpoesie verwandt wurde oder die V. insgesamt die Qualität eines organ. gewachsenen, daher weithin nicht schriftl. überlieferten Kulturguts zuerkannt wurde. – Als *formale und inhaltl. Kriterien* gelten seit Herders bildl. Charakterisierung »Sprünge und Würfe« (1773) Gestaltungsweisen, die auf kausale Begründung, log. Richtigkeit, Erzählkontinuität, Informationsgenauigkeit und chronol. Abfolge in der ep. Geschehniswiedergabe – zugunsten eines episod. reihenden, unverbundenen Erzählens – weitgehend verzichten. Überdies ist die Form der V. gekennzeichnet durch Abwesenheit des Erzählers im Text (da er in der mündl. Vortragssituation als phys. präsent angenommen werden kann), durch eine auf Individualisierung verzichtende Personentypik und durch das Fehlen von reflektierenden, abstrahierenden und moralisierenden Momenten. Inhaltl. verweisen fast alle Gattungen der V. auf archetyp., allgemeinmenschl. Daseins- und Verhaltensformen, so dass Themen wie Familie, Liebe, Kampf, myth. Naturerfahrung, Tod, Jenseitsvorstellung im Mittelpunkt vieler volkspoet. Werke stehen. Weniger die mit den Erscheinungsformen der Volkspoesie verbundenen Fragen, ob die einzelnen Stoffe und Formen nationalen Traditionen entstammen oder universales ›Wandergut‹ sind, ob sich hier ein sozial nicht bestimmbarer allgemeiner Volksgeist ausspricht oder ob V. weithin ›gesunkenes Kulturgut‹ und damit Trivialisierung von elitärer Dichtung ist, bestimmen neueres Interesse an der V., als die Fragen nach der spezif. literar. Typik (↗ einfache Formen), der tiefenpsycholog. Entschlüsselung (bes. des Märchens), der histor. gebundenen Überlieferungs- und Veränderungsgeschichte und nach dem funktions- und sozialgeschichtl. Ort ihrer Rezeption. – Der Begriff selbst ist, da seine Bestandteile ›Volk‹ und ›Poesie‹ ihren einst normativen und wertenden Inhalt eingebüßt haben, umstritten. Einerseits wird er für veraltet gehalten, andererseits aktualisiert, indem man unter V. nicht mehr nur die herkömml. Gattungen (↗ Volkslied, ↗ Rätsel, ↗ Märchen, ↗ Sage etc.) versteht, sondern auch volkstüml. Mitteilungs- und Spielformen wie ↗ Witz, erot. und skatalog. »Volksvermögen« (P. Rühmkorf) und sich keineswegs durch hohe Altertümlichkeit auszeichnende Populärformen wie Schunkellieder, Evergreen-Schlager und ›unbürgerl.‹ Sprachwendungen (z.B. Teenager-Sprache). HW

Volksschauspiel, für ein großes Personenaufgebot (↗ Massenszenen), z. T. auch großen Ausstattungsaufwand konzipiertes volkstüml. Theaterstück (↗ Volksstück), das ein breites Publikum aller Stände erreicht, auch Bez. der Aufführung (oft durch Laienorganisationen, z. B. die mal. ↗ Passionsbruderschaften). In diesem Sinne kennen das MA. und teilweise der Barock V.e aus religiösem (↗ Oster-, ↗ Mysterien-, ↗ Mirakelspiele, ↗ Moralitäten) oder saisonalem Anlass (↗ Fastnachtsspiele); bes. Letztere verbinden bürgerl. Spielfreude bereits mit professionellen Elementen (vgl. die Aufführungen der ↗ Rederijkers und Meistersinger, die Schweizer Bürgerspiele). V. ist auch das Drama der Gegenreformation, das die reiche Bühnentradition des Barock nutzt (↗ Jesuitendrama). – Während in der Aufklärung im Norden Deutschlands das V. (als Laien- und Stegreiftheater) versiegt (1718 Spielverbot an preuß. Schulen, Gottscheds Reform 1737) und dann nur lokal als ↗ Lokal- oder Dialektstück wieder auflebt (Hamburg, Berlin, Niebergall in Darmstadt), riss im Süden die Barocktradition nicht ab (Zauberspiele, Maschinenkomödien des ↗ Wiener Volkstheaters, Oberammergauer Passionsspiele), bes. im 19. Jh. erfasste eine neue Welle des Laientheaters vorwiegend ländl. Bereiche (»Komödi-Spielen«, ↗ Bauerntheater). HR

Volksstück, von professionellen Schauspieltruppen (oder Laienorganisationen) für ein breites Publikum teils auf ↗ Wanderbühnen, teils an festen Vorstadtbühnen der Städte gespieltes volkstüml. Theaterstück; charakterist. ist die Integration literar., sinnl.-theatral. und schlicht volkstüml., auch banaler Elemente und die komödiant.-virtuose Darbietung, oft mit musikal. (Gesangsnummern), pantomim., tänzer. und Stegreif- Einlagen, ferner die gleichmäß. Anziehung auf gebildete und ungebildete Kreise. Bedeutendste Ausprägung im ↗ Wiener Volkstheater. – Bes. das südtl. V. galt immer als Modell für ein vitales Volkstheater, wie es aus sozialen, polit. oder künstler. Motiven so unterschiedl. Autoren wie G. Hauptmann, L. Anzengruber, L. Thoma, H.v. Hofmannsthal, B. Brecht (»Über das V.«, 1952) angestrebt wurde. Da Gesellschafts-, Charakter- und Sprachkritik immer zum V. gehörten, brauchte das moderne V. von Ö. v. Horváth, B. Brecht, M. L. Fleißer, H. Lautensack, F. X. Kroetz, P. Turrini, W. Bauer, W. Deichsel, F. Kusz, M. Sperr u. a. hier nur an alte Traditionen anzuknüpfen, um die Klischees des kleinbürgerl. Alltags anzuprangern.   HR

Volkstheater,
1. Sammelbegriff für volkstüml. Theaterpraxis (oft auch mit Laienschauspielern) und Theaterliteratur, die keine Bildungsschranken setzt; wird in diesem Sinne synonym mit ↗ Volksstück, ↗ Volksschauspiel, ↗ Bauerntheater, Dialekt- und ↗ Lokalstück gebraucht.
2. Bez. für ein Theaterunternehmen, das im Ggs. zum Hof- und Bürgertheater inhaltl. und finanziell von allen Schichten getragen wird; Bez. erstmals von Goethe im Ggs. zu ↗ Hoftheater gebraucht. V. setzen eine soziale Trennung des Publikums nach Bildung, Geschmack und Einkommen voraus, die dem Barocktheater Shakespeares oder Calderóns noch unbekannt war, und die sich im 18. Jh. auch im süddt. Sprachraum weniger als im norddt. (J. Ch. Gottsched) durchgesetzt hatte (vgl. ↗ Wiener Volkstheater, Volksschauspiel). Feste V. entstanden für die ↗ Wanderbühnen außerhalb des Einflussbereichs der privilegierten höf. oder bürgerl. Theater als Vorstadttheater, Markttheater *(Théâtre forain)* oder Theaterhäuser der ↗ Commedia dell'arte; Schwerpunkte solcher V. waren Wien, Paris, Venedig. – Die Idee eines V.s lag bereits der Wiener Theaterreform Josefs II. (1776, subventioniertes ↗ Nationaltheater für alle Stände) zugrunde; sie wurde in der Romantik im Gefolge der Neueinschätzung volkstüml. Elemente aufgewertet und verband sich mit dem Nationalgedanken und schließl. mit sozialpolit. und erzieher. Absichten. Dies führte zur Errichtung von V.n mit populärem Repertoire, z. T. mit Beteiligung von Laienakteuren und verbilligtem Eintritt (Freilichttheater der Heimatkunstbewegung, ↗ Volksbühne).   HR

Vollreim ↗ reiner Reim.

Volumen, n., Pl. Volumina [lat. = Gerolltes, Schriftrolle, von voluere = rollen, wälzen], seit dem 17. Jh. Fremdwort für ein ↗ Buch (Einzelband) als Teil eines mehrbänd. Werkes (Abk.: vol.); vgl. auch die scherzhafte Übersetzung ›Wälzer‹ (= unhandl., dickes Buch).   S

Vorausdeutung, konventionelles Strukturmerkmal erzählender, dramat. oder auch film. Texte. Die V. hebt momentan die erwartbare zeitl. Abfolge des dargestellten Geschehens auf und weist auf spätere, oft gegen Ende des jeweiligen Kapitels bzw. Abschnittes oder des ganzen Textes eintretende Ereignisse und Vorgänge voraus. Generell können unterschieden werden
1. *Figurenv.en*: Prophezeiungen, Visionen, Orakel oder Träume von Personen, die zur Ebene der dargestellten Welt gehören, wodurch z. T. deren psych. Situation näher charakterisiert und eine Verlaufs- oder Lösungshypothese aus der ↗ Perspektive eben dieser Figuren vorgestellt wird (z. B. Kriemhilds Falkentraum im »Nibelungenlied«).
2. *Erzählerv.en*, die einen ›allwissenden‹ (auktorialen) Erzähler voraussetzen und als Mittel der Zeitgestaltung und Vorgangsverklammerung die strukturelle Konzeption des Textes bewusst machen und in ihrer integrierenden und straffenden Funktion die ästhet. Spannung wirkungsvoll erhöhen können (z. B. H. v. Kleist: »Die Marquise von O ...«). – In vielen Texten aller histor. Epochen (von Homers »Odyssee« über das »Nibelungenlied« und F. Schillers »Geisterseher« bis zu Th. Manns »Doktor Faustus« oder P. Handkes »Wunschloses Unglück«) finden sich oft neben reinen Figuren- und Erzählerv.en die verschiedensten Formen und Zwischentypen der V., manchmal bereits zur rhetor. Formel oder zum poet. Versatzstück konventionalisiert (z. B. die ↗ Präfiguration in mal. Dramen). Die spezif. Funktionen der V.en als Elemente erzählerischer Technik sind z. B. Plausibilisierung zukünft. Geschehens; programmat. Verweis auf ein Hauptthema; Erzählerlegitimation u. a.   KH

Vormärz, neben ↗ Jungem Deutschland und ↗ Biedermeier häufig gebrauchter, jedoch nicht unproblemat. literaturgeschichtl. Epochenbegriff für eine literarhistor. Phase in der 1. Hälfte des 19. Jh.s. Als Epochenbez. datiert man den V. 1. (den Historikern folgend) gelegentl. schon ab 1815; 2. häufiger von 1830 (Julirevolution) bis 1848 (Märzrevolution in Deutschland): Dieser das Junge Deutschland einbeziehende Epochenansatz erweist sich für die neuere Forschung als praktikabler als das umgekehrte Verfahren (das seine Berechtigung u. a. von H. Hoffmann v. Fallersleben »37 Lieder für das junge Deutschland«, 1848, ableiten kann) und fasst mit V. die polit. *progressive Spielart des konservativen Biedermeier,* das mit 1815 bis 1848 ähnlich weitgreifend datiert wird. Unterdessen setzt sich 3. jedoch eine weitere Unterteilung in Junges Deutschland (ca. 1830 bis zum Verbot 1835), eine (unbenannte) Zwischenphase und den eigentlichen V. (1840 bis 1848/49) durch, v. a. aus zwei Gründen:
1. historisch kam mit der Rheinkrise 1840 erneut ein starkes Nationalgefühl auf; man verband mit der Thronbesteigung Friedrich Wilhelms von Preussen (1840 polit. Amnestie; 1841 Lockerung der Zensurbestimmungen) große polit. Hoffnungen; ferner treten seit 1840 die Jung-, bzw. Linkshegelianer auf;
2. vom Standpunkt der V.-Dichter war das Junge Deutschland eine abgeschlossene Phase, deren Vertreter man ob ihres »illusionären Liberalismus« strikt ablehnte. So findet sich von den Jungdeutschen eigentl. nur H. Heine (»Neue Gedichte«, 1844; »Deutschland. Ein Wintermärchen«, 1844) im schärferen polit. Fahrwasser des V. wieder, während (L. Börne war bereits 1837 gestorben) L. Wienbarg um 1840 verstummte, K. Gutzkow, H. Laube, Th. Mundt und G. Kühne sich zurückhielten oder auf Positionen zurückzogen, die u. a. von F. Engels scharf kritisiert wurden. Statt ihrer traten jetzt als *neue Autoren* auf: vor allem G. Herwegh (»Gedichte eines Lebendigen«, 1841/43), H. Hoffmann von Fallersleben (»Unpolitische Lieder«, 1841), F. Freiligrath (»Ein Glaubensbekenntnis«, 1844; »Ça ira«, 1846), G. Weerth (auch als Redakteur des Feuilletons der ›Neuen Rheinischen Zeitung‹), E. Dronke, L. Pfau. Ihnen zurechnen muss man den schon früher publizist. tätigen H. Harring, mit einigen Gedichten auch G. Keller, ferner R. Prutz, den (Literatur-)Historiker G. G. Gervinus und die polit. Schriftsteller und Linksphilosophen K. Marx und F. Engels, A. Ruge, W. Weitling, M. Hess u. a. Die verstreuten Stellungnahmen zur zeitgenöss. Literatur dieser Jahre von Marx und Engels können rückblickend als erste Aufgabenstellung und erste Schritte *sozialist. Literaturbetrachtung* (einer sozialist. Literaturwissenschaft) gewertet werden. Mit ihr entwickelt sich zögernd auch eine sozialist. Literatur, für die neben zunehmender Radikalisierung v. a. eine gesellschaftsperspektiv. Erweiterung bezeichnend ist, am deutlichsten vielleicht bei den Veröffentlichungen im Umkreis des schles. Weberaufstandes (1844), die zum ersten Mal den Arbeiter nachdrückl. ins Blickfeld bürgerl. Literatur rücken: Bettina v. Armins »Armenbuch«, die Gedichte Heines, Weerths, Pfaus u. a., der Bericht W. Wolffs »Das Elend und der Aufruhr in Schlesien«, das schnell verbreitete anonyme Weberlied »Das Blutgericht« (das G. Hauptmann in »Die Weber« wieder aufgreift). Es ist bezeichnend für die Epoche des V., dass seine Vertreter fast alle für kurze oder längere Zeit ins Exil (Zürich, Brüssel, Paris, London) gehen mussten (↗ Exilliteratur) und nur von dort mit ihren Veröffentlichungen wirken konnten. Diese Exilsituation führte sicherl. neben den polit. Enttäuschungen mit zur Radikalisierung der Positionen; sie ist aber wohl auch dafür mit verantwortlich, dass – mit Ausnahme der oft operativ, bzw. agitator. eingesetzten Gedichts und hastiger Revolutionskomödien – die Dichter des V. nicht die Ruhe hatten, spezif. Gattungen aus- oder in ihrem Sinne weiterzubilden, so dass ihre literar. Arbeiten fast durchgehend Programm-, Bekenntnis-, Aufruf oder Pamphletcharakter aufweisen. Als die Literatur des V. mit dem Scheitern der bürgerl. Revolution 1848/49 ihr Ende fand, war dies z. T. schon vorprogrammiert durch die Zerstrittenheit ihrer Vertreter, einem aus immer radikaleren Positionen geführten gegenseitigen »Vertilgungskrieg« (Hermand). D

Vorpostler, m. Pl. (russ. Napostovcy), russ. Schriftstellergruppierung, die den 1923 als »gefährl. Abweichung« kritisierten ↗ Proletkult ablöste, mit dem Ziel einer ideolog. reinen proletar. Literatur und Kultur, die jegl. Nonkonformismus ausschließen und alle Reste bürgerl. Literaturtradition (z.B. auch »formalist.« Experimente) ausmerzen sollte. Gruppiert um die Zeitschriften »Na postu« (= Auf Posten, 1923, daher der Name) und »Oktjabr« (= Oktober, 1924; daher auch: *Oktobergruppe*), gründeten die V. 1925 die *VAPP* (= Allruss. Assoziation proletar. Schriftsteller) bzw. *RAPP* (= Russ. Assoziation proletar. Schriftsteller), die mit der Gründung der *SSSR* (= Schriftstellerverband der UdSSR) 1932 wie alle anderen Schriftstellervereinigungen auf- bzw. abgelöst wurde. Mit den V.n, zu denen v. a. A. I. Besymenski und J. N. Libedinski zu zählen sind, beginnt auf freiwilliger Basis die zentrale Kontrolle der Literatur als Parteiliteratur und damit (innerhalb der russ. Literaturgeschichte) gleichsam die Phase der Sowjetliteratur. ↗ sozialist. Realismus. D

Vorspiel,
1. Szene, Szenenfolge oder einakt. Stück als Eröffnungsteil eines Dramas (Oper, Film etc.), gehört im Gegensatz zum ↗ Zwischen- und ↗ Nachspiel themat. und funktional als Vorbereitung des Zuschauers eng zum Hauptstück; enthält neben anderem z.B. die Vorgeschichte des dramat. Geschehens (R. Wagner, »Rheingold«), eine Charakterisierung des Milieus (B. Brecht/ K. Weill, V. zur »Dreigroschenoper«) oder des Haupthelden (F. Schiller, »Wallensteins Lager«), die Bedingungen der Haupthandlung (Goethe, »Faust«, V. auf dem Theater, J. N. Nestroy, »Lumpazivagabundus«), eine Rahmenhandlung oder Verstehenshinweis (B. Brecht, »Der kaukas. Kreidekreis«).
2. Im franz. Theater der Mitte des 19. Jh.s vom eigentl. Hauptstück themat. unabhäng., kom. Einakter zur Unterhaltung der Zuschauer bis zum (üblicherweise verspäteten) Eintreffen der adl. und großbürgerl. Besucher, nach dem erst die eigentl. Aufführung begann; in Frankr. als *Lever de rideau* (Aufziehen des Vorhangs) bez.; sie wurden auf Bestellung von bes. Spezialisten (z. B. F. Carré, E. Dupré, E. Blum) oft serienmäßig verfasst; im frz. Boulevardtheater waren oft zwei und mehr selbständ. V.e, Zwischen- und Nachspiele üblich; Ende des 19. Jh.s abgeschafft. IS

Vortizismus, m. [engl. Vorticism zu vortex = Wirbel], kurzleb. literar. Bewegung in England um den Maler und Schriftsteller Wyndham Lewis und seine Zeitschrift »Blast, review of the great English vortex« (2 Nummern 1914/15) mit einem gegen die epigonale Romantik gerichteten Erneuerungsprogramm, das versucht, Tendenzen der modernen Malerei, insbes. des Kubismus und Futurismus, für die Literatur fruchtbar zu machen. Personell z. T. ident. mit dem nachhaltiger wirkenden ↗ Imagismus (Th. E. Hulme, E. Pound, T. S. Eliot). ED

Goethe: »Faust I«

W

Wächterlied vgl. ↗ Tagelied.

Wagenbühne, auch Prozessionsbühne, eine in MA., Renaissance und Barock weitverbreitete Spielgrundlage (engl. *pageant,* span. *carro,* italien. *carro* oder *edificio*), nachweisbar zuerst in England (13. Jh.). W.n entstanden im Rahmen der seit 1264 theatral. gestalteten Fronleichnamsprozessionen (fahrbare Altäre!), evtl. auch beeinflusst von ritterl. Huldigungsaufzügen (Triumphwagen): Spielszenen wurden auf Wagen aufgebaut (oft als ↗ lebende Bilder) und diese durch die Straßen geführt; an vorbestimmten Stationen hielt der Wagen inne und die Szene wurde gespielt. Im span. Theater bildeten je drei Wagen eine Einheit; sie fuhren jeweils von drei Seiten an ein festes Podest heran, wodurch eine kleine Simultanbühne entstand. Die mal. W.n waren zumeist 6-rädrig und doppelstöckig (verhängter Umkleideraum unten, darüber die Spielfläche, oft mit Aufbauten); sie wurden zunächst von der Kirche, dann v. a. von den Zünften und Gilden der Städte (oft reich) ausgestaltet. Sie dienten dem ↗ geistl. Spiel (Prozessionsspielen wie ↗ Fronleichnamsspiel und Lauda drammatica, ↗ Mysterienspielen, ↗ Moralitäten), z. T. auch weltl. Spielen (Fastnachtspiele, ↗ Schembartlaffen). – In der Renaissance wurden W.n bes. zum Vehikel prunkvoller relig. und höf. Allegorien (Schaubilder) bei festl. Aufzügen, z. B. den italien. Maskenzügen und Trionfi, den Triumphzügen *(incomste)* der ↗ Rederijkers (weltberühmt z. B. die Wagen zum Einzug Karls V. in Brügge 1515), den franz. *entrées solennelles* (z. B. von Henri II. in Rouen, 1550). Erhalten hat sich das Prinzip der W. beim ortsungebundenen Theater, v. a. dem Straßen- und Antitheater, um Theater ans »Volk« heranzubringen (Das schiefe Theater, Straßentheater der Salzburger Festspiele). ↗ Thespiskarren, ↗ Bühne. HR

Wahlspruch, Verdeutschung Ph. von Zesens (1648) für lat. *symbolum* (Glaubensbekenntnis, Sinnbild), im Sinne eines auf Siegeln, Wappen, Emblemen u. Ä. angebrachten ↗ Sinnspruchs (↗ Motto, ↗ Devise), seit Anfang des 18. Jh.s auch allgemein für Maxime oder synonym mit Denk- oder Sinnspruch verwendet. Vgl. auch ↗ Emblem, ↗ Impresse. S

Waise, reimlose Zeile innerhalb einer gereimten Strophe; Bez. aus der Meistersingerterminologie. W.n begegnen in Minnesang und Spruchdichtung seit dem Kürenberger (Stegstrophe), häufig in der ↗ Stollen- oder Kanzonenstrophe (Waisenterzine), auch in stroph. Epik (z. B. ↗ Berner Ton), im Volkslied und später etwa im ↗ Ritornell. Reimen zwei W.n verschiedener Strophen miteinander, spricht man von ↗ Korn(reim). MS

Walther-Hildegund-Strophe, Strophenform der mhd. Epik, benannt nach ihrem Vorkommen in dem fragmentar. überlieferten Gedicht von »Walther und Hildegund« (1. Hälfte des 13. Jh.s). Abkömmling der ↗ Nibelungenstrophe, unterscheidet sich von dieser ledigl. im Anvers der 4. Langzeile, der zu einem klingenden Sechstakter erweitert ist: 6k – 4m. MS

Wanderbühne, auch: Wander- oder ↗ Straßentheater, Bez. für reisende Berufsschauspieler ohne festes Theater. *Vorläufer* sind schon die mal. ↗ Joculatores (vgl. auch ↗ Spielmann), *Prototypen* dann v. a. die ↗ engl. Komödianten

Wanderbühne

Wanderkomödiant

und ihre Nachahmer auf dem Kontinent wie J. Velten; von seiner berühmten *Bande* der »Chur-Sächs. Komödianten« (bis 1684, danach war Velten fest am Dresdner Hof) lässt sich die Entwicklung zu den *wichtigsten dt. Prinzipalen* und Truppen der W. des 18. Jh.s verfolgen: J. und C. Neuber, J. F. Schönemann, K. Ackermann, G. H. Koch, C. T. Doebbelin, Abel Seyler bis hin zu A. W. Iffland. Ende des 18. Jh.s waren diese Truppen aktiv an den Versuchen einer ↗ Nationaltheater-Gründung beteiligt (Hamburg, Mannheim), spielten regelmäß. an ↗ Hoftheatern und wurden schließl. fest in höf. oder bürgerl. geführte Theater integriert, sofern die Prinzipale nicht vorzogen, als Schauspielunternehmer selbst ein Theater kommerziell zu führen (z. B. E. Schikaneder das ›Theater an der Wien‹ in Wien). Auch im 19. und 20. Jh. ist neben dem festen Hof-, Stadt-, Staats- und Landestheater die auf eigenes Risiko gastierende Truppe nie ausgestorben. Neben dem anspruchslosen Tourneetheater stehen Tourneekonzepte internationaler Bühnen (Royal Shakespeare Touring Company) oder Stadtrand- und Regionalbespielungen durch Subventionstheater (Burgtheater, Théâtres Nationaux Populaires). Daneben trat im 20. Jh. zunehmend ein polit., künstler. und didakt. engagiertes mobiles ↗ Antitheater (The ↗ Living Theatre, The Bread and Puppet Theatre, El Teatro Campesino, The Joint Stock Company) und das Straßentheater (Rückgriff aufs Volkstheater). – Der *Stil* der W. gilt seit den engl. Komödianten als drast., effektvoll, ihr Repertoire als trivial und melodramat., aber publikumswirksam. Ihre Vitalität, Publikumsnähe und unabhängige Armut wurde zur Erneuerung literarisierten Bildungstheaters und zur Entdeckung neuer theatral. Möglichkeiten zu nutzen gesucht (P. Zadek; Spielstraßenprojekt der Münchner Olympiade 1972). – Literar. gestaltet ist die W. in Goethes »Wilhelm Meisters Lehrjahre«, aber auch in F. u. P. Schönthans »Raub der Sabinerinnen« (Theaterdirektor Striese). HR

Wappendichtung, vgl. ↗ Heroldsdichtung.

Wayang (Wajang), n. [javan. = Schatten], Bez. für javan. Theaterspiele, bes. für ↗ Schattenspiele, aber auch Tanz- und Maskenspiele. Die *Ursprünge* liegen in der Ahnenverehrung der prähinduist. Zeit; auf die Genese aus den Initiationsriten weist die noch heute übliche Trennung der männl. und weibl. Zuschauer hin. Man unterscheidet *vier charakterist. W.-Gattungen*.

1. *W. purwa* (purwa = alt) oder *W. kulit* (kulit = Leder): Seit 1000 n. Chr. in Java belegtes, nachts aufgeführtes Schattenspiel mit Lederfiguren (meist aus perforierter Büffelhaut). Der Spielführer (Dalang) bewegt die vor oder hinter einer mit Öllampen beleuchteten Leinwand erscheinenden Figuren jeweils an zwei Stäben und dirigiert die Musik (Gamelan-Musik). Die einzelnen Phasen der einem altüberlieferten Schema folgenden Handlungen (Lakon) dauern von 21 Uhr bis 6 Uhr morgens. Ein Spiel kann bis zu 144 Figuren haben. Auf Bali finden die Spiele im Freien, auf Java im Herrenhaus statt, wobei die Männer hinter dem Dalang, mit Blick auf die Figuren, die Frauen auf der Schattenspielseite sitzen. Die Themen

des in der hindujav. Periode ausgeprägten W.-Spiels stammen aus den ind. Epen »Ramayâna« und »Mahâbhârata« und stellen den Kampf des guten und des bösen Prinzips dar.
2. Das jüngere W. *gedok* (ebenfalls Lederfiguren) behandelt Themen aus der islam. Periode Javas.
3. Das W. *golek* (golek = rund, plastisch) mit vollplast., holzgeschnitzten Figuren ist in Mittel- und Westjava verbreitet; seine Themen stammen aus der islam.-arab. Geschichte. 1931 von R. Teschners Theater »Figurenspiegel« in Europa eingeführt.
4. W. *klitik* (klitik = klein, mager) oder *kruchil,* Spiel aus flachen, holzgeschnitzten Figuren mit Lederarmen. – Ferner gibt es das (heute ausgestorbene) W. *bèbèr:* ein vom Dalang über den Bildschirm gezogenes Rollbild mit aufgemalten Personen, das W. *topeng* (topeng = Masken): stumme Maskentänze, und das W. *wong* (wong = Mensch): das Menschentheater in seinen verschiedenen Ausprägungen. GG

Wechsel, spezif. Liedgattung des mhd. ↗ Minnesangs, Kombination einer Frauen- und einer Mannesstrophe, wobei die Rollenfiguren nicht miteinander (dialogisch), sondern übereinander sprechen, ihre Gefühle und Gedanken monolog. äußern. Die zweistroph. Grundstruktur kann durch zusätzl. Strophen erweitert werden, auch durch Anrede einer dritten Person, z.B. eines Boten (Botenstrophe-Botenlied); verbreitet v. a. in der 2. Hä. des 12. Jh.s (Kürenberg, Dietmar, Johansdorf, Rugge, Reinmar, Walther v. d. Vogelweide). Sonderformen sind der ↗ Tagelied-W. (Morungen) und der Lied-W. (Veldeke). – Die Bez. findet sich in der Neidhart-Hs. c (15. Jh.) für Dialoglieder; sie wurde erstmals von M. Haupt im heutigen Sinne im Unterschied zum Dialoglied (vgl. etwa Johansdorf), auch zum ↗ Wechselgesang verwendet. Gehört zu den ↗ genres objectifs. S

Wechselgesang, lyr. Gattung: i.d. Regel nicht unmittelbar aufeinander bezogene Äußerungen zweier oder mehrerer (z. T. außerhalb des poet. Textes bezeichneter) Personen zu einem bestimmten Thema (Liebe, Natur, meist hymn. gestimmt und metr. oder stroph. gleichgeordnet; nicht immer scharf zu trennen vom oft mit ep. Verbindungsstücken versehenen Dialoggedicht, das bisweilen auch als W. bez. wird. – Beispiele finden sich im AT (Hohes Lied), in der altgriech. kultgebundenen Chorlyrik, in der griech. Tragödie (↗ Amoibaion), den bukol. Gesängen Theokrits, Vergils u. a., im MA. in der spezif. Form des ↗ Wechsels, in geistl. Gesängen (Antiphon, Responsorium), auch im ↗ Volkslied in den Formen des Wettsingens; dann in der ↗ Schäferdichtung des 17. u. 18. Jh.s, weiter bei Goethe (»Wechsellied zum Tanze«, »Buch Suleika«, Schluss des »Faust«), E. Mörike (»Gesang zu zweien in der Nacht«), auch noch bei R. Dehmel (»Schöpfungsfeier«), St. George (»Brand des Tempels«), H. von Hofmannsthal (»Gesellschaft«). S

Wechselseitige Erhellung, interdisziplinäre Versuche, durch Übernahme von Methoden, Begriffen und fachspezif. Sehweisen anderer Wissenschaftszweige die jeweil. Erkenntnisbasis zu verbreitern und den Anschauungsgrad zu vergrößern, v. a. um begriffl. schwer zu Fassendes evident zu machen. Angewandt bes. bei vermuteten Parallelen zwischen Dichtung und bildender Kunst, gelegentl. auch der Musik. Solches Arbeiten mit dem Begriffsapparat verwandter Wissenschaften geht von der Hypothese aus, dass sich damit epochentyp. Denk- und Sehweisen aufdecken lassen, welche zu ähnl. kategorialen Strukturierungen von Werken bildender und sprachl. Kunst führten; in einem mehr äußerl. Sinne resultierten daraus auch die literaturhistor. Adaptionen von Epochenbezz. wie ›Romanik‹, ›Gotik‹, ›Barock‹, ›Neue Sachlichkeit‹. – Die Methode der w. E. ist v. a. mit dem Namen O. Walzels verbunden, der kunstwissenschaftl. Begriffe für die literarhistor. Stilforschung fruchtbar zu machen versuchte. Er übernahm die Begriffspaare des Kunsthistorikers H. Wölfflin für die Kunst des 16. und 17. Jh.s (linear – malerisch; flächenhaft – tiefenhaft; geschlossene – offene Form; Einheit – Vielheit; absolute – relative Klarheit), um damit den Stil der Dichtung des 16. und 17. Jh.s aufzuschließen. Ähnliches findet sich bei F. Strich für den lyr. Stil des 17. Jh.s. Th. Spoerri erweiterte die Begriffsreihe Wölfflins für die italien. Renaissance um die Gegenpositionen ›Begrenzung – Auflösung‹ und ›Gliederung – Verschmelzung‹. Den Künstevergleich als Mittel der Stilerhellung setzte dann auch M. Hauttmann für literar. und künstler. Werke und Entwicklungen im Hoch-MA ein, ferner C. Robert für die Erklärung von Parallelen zwischen griech. Vasenbildern und bestimmten Szenen bei Homer oder in der griech. Tragödie, ebenso Karl Ludwig Schneider für Beziehungen zwischen Literatur und Kunst des Expressionismus, E. Hajek für den literar. und künstler. Jugendstil oder E. Panofsky für Bezüge zwischen den bildner. und sprachl. Werken Michelangelos (gemeinsame neuplaton. Basis; gleiche Psychologie?). Neben method.-begriffl. Anleihen steht (mit dem Ziel der Verständnisvertiefung) die Suche nach stilist., strukturalen, psycholog. und geistesgeschichtl. Analogien, nach Parallelen im dichter. und gestalter. Gefühlsausdruck (Gestaltpsychologie), im Formwillen oder die Suche nach typ. Grundformen (Kunsttypologie), nach gemeinsamen prinzipiellen Entwicklungstendenzen, Geisteshaltungen (Schwietering, Halbach), vergleichbaren Gestaltungselementen (z. B. Ornamentik), stehen Fragen d. Ikonologie, der symbol. Bedeutung von Kunst und Literatur, nach inneren Korrelationen der Künste und ihren gegenseit. Abhängigkeiten von geist., polit., ökonom. und sozialen Strömungen (Lukács, Hauser, Hugo Kuhn). Die Mannigfaltigkeit der Ausgangs- und Zielpunkte, die Disparatheit der method. Ansätze und eine gewisse Diskontinuität der Untersuchungen macht die w. E. nicht unumstritten. Inwieweit Künstevergleiche über unverbindl. Analogien hinausgelangen, hängt einerseits von der speziellen Ergiebigkeit der Beispiele ab, wesentl. aber auch von der Evidenz und Überzeugungskraft der Darstellung des Interpreten. Eine gewisse Bedeutung kann die w. E. v. a. im pädagog.-didakt. Bereich gewinnen. Auch die Untersuchungen von ↗ Doppelbegabungen führen nicht immer zu stringenten Ergebnissen. Dasselbe gilt bisweilen auch für Untersuchungen zu Illustrationen von Dichtungen, vollends wenn Illustrator und literar. Werk nicht derselben Epoche angehören. Von solchen Versuchen zur Aufdeckung gemeinsamer schöpfer. Grundlagen und deren stilist. Umsetzung sind zu trennen die Übernahme musikal. Begriffe für die gleichstrukturierte Versmetrik (Akzent, Takt, Rhythmus, Kadenz), weiter die Untersuchungen gemeinsamer stoffl. und motivl. Quellen und die entsprechenden themat. Wechselbeziehungen (Bebermeyer, Stammler) und metaphor. Anleihen (wenn z. B. von der ›Farbe‹ eines Klanges, dem ›Rhythmus‹ eines Bauwerkes gesprochen wird; auch ↗ Synästhesie). S

Weiblicher Reim, zweisilbiger, aus einer Hebungs- und einer Senkungssilbe bestehender Reim: *klingen : singen.* Zur Bez. vgl. ↗ männl. Reim. S

Weihnachtsspiel, ↗ geistl. Spiel des MA.s, das sich, wie das ↗ Osterspiel, aus der Tropierung der Offiziumstexte und der szen. darstellenden Erweiterung der Festtagsliturgie entwickelte. Die drei vom Evangelium vorgegebenen Haupthandlungen der Weihnachtsliturgie – Engelsverkündigung, Hirtenprozession, Anbetung des Kindes in der Krippe – wurden durch Zusätze aus der bibl. Geschichte erweitert, z. B. durch ein ↗ Prophetenspiel mit den Weissagungen des AT.s (als Prolog), ein ↗ Dreikönigs- oder Magierspiel, ein Spiel vom Kindermord in Bethlehem (von dem zunächst die Klage der Rahel, »Ordo Rachelis«, als selbständige Szene ausgeführt wurde). Die einzelnen Szenen wurden zunächst, d. h. seit dem 11. oder frühen 12. Jh., zu den entsprechenden Festtagen aufgeführt (Hirtenspiel am 25., Kindermord am Tag der unschuldigen Kinder, 28. Dezember, Dreikönigsspiel am 6. Januar); ein die ganze Weihnachtsgeschichte umfassendes W. in *lat.* Fassung findet sich erstmals in der Benediktbeurer Handschrift (13. Jh.). Das erste *volksprachl.* W. ist das »St. Galler Spiel von der Kindheit Jesu« (Ende 13. Jh.), das szenenreichste und liturg. am wenigsten gebundene W. stammt aus Hessen (W. v. Friedberg, spätes 15. Jh.). Umfängliche W.e sind weiter aus Tirol (Eisacktaler W., 1511, Unterinntaler W., um 1600) überliefert. In volkstüml. Tradition leben bis heute Einzelszenen wie *Kindlwiegen, Krippenspiel, Hirten-* und *Dreikönigsprozessionen* nach. Eine Neubelebung erfuhren die »Oberuferer W.e« (bei Pressburg, 2. Hä. 16. Jh.) durch R. Steiner (seit 1915). Vielerorts werden neuere, z. T. aktualisierende oder religionspädagog. bestimmte W.e, vorwiegend an der Weihnachtsgeschichte Luk. 2, 1–20 orientiert, in die Liturgie der Christvesper einbezogen. Eine moderne literar. Gestaltung ist Max Mells »Wiener Kripperl von 1919« (1921).

HW

Weimarer Klassik, auch: dt. Hochklassik, eine vor allem von Goethe u. Schiller geprägte Richtung (nicht Epoche) der dt. Literatur- u. Geistesgeschichte im Übergang vom 18. zum 19. Jh., beginnend mit Goethes Italienreise (1786–88) u. zugleich Schillers Übersiedlung nach Weimar (1787, dann Jena 1788, schließl. wieder Weimar 1799), gipfelnd in der engen Freundschaft u. Zusammenarbeit beider seit 1794 bis zu Schillers Tod (1805); von großer Wirkung auf Literatur, Geistesleben, Bildungswesen, auch Politik bis ins 20. Jh. hinein. *Leitideen* der W. K. sind Harmonie u. Humanität. Beide antworten auf die komplexe Zeitsituation gegen Ende des 18. Jh.s und vertreten in Auseinandersetzung damit ein eigenes gedankl. und ästhet. Programm. Nach einer Aufbruchsphase innerhalb der ökonom., gesellschaftl. u. kulturellen Emanzipation des europ. Bürgertums, der literar. etwa der dt. ↗ Sturm u. Drang entsprach u. die polit. in der Frz. Revolution kulminiert, spiegelt die W. K. eine 1. Phase der Konsolidierung unter spezif. dt. Bedingungen. Die Aufteilung in Kleinstaaten u. der dort überall in Varianten praktizierte aufgeklärte Absolutismus fangen den revolutionären Impuls ab u. fördern das *Bestreben nach Ausgleich* zwischen herrschenden u. aufstrebenden Kräften. Daher die auf den ersten Blick polit. reaktionäre Haltung der W. K. u. ihre Diffamierung als ›Hofklassik‹. Hinzu kommt das in dieser Zeit immer wieder artikulierte Bedürfnis nach einer eigenständigen, sowohl menschenbildenden als auch mustergültigen u. in diesem Sinn klass. dt. ↗ Nationalliteratur als Ersatz für die mangelnde polit. Einheit u. Gleichberechtigung, so z. B. schon 1774 in F. G. Klopstocks Entwurf einer »dt. Gelehrtenrepublik«. Das führt zur Auseinandersetzung mit den als vorbildl. geltenden Leistungen anderer Nationalkulturen, insbes. mit dem hochbarocken frz. classicisme (↗ Klassizismus) zur Zeit Ludwigs XIV. u. auch mit dem span. Siglo d'Oro, vor allem aber zur *Orientierung an der griech.-röm. Antike* u. damit zu einer in diesem Sinn klass. Position. Auch der persönl. Reifeprozess Goethes u. Schillers und verbunden damit sowohl die Abkehr vom Sturm u. Drang als auch die Reserve gegenüber revolutionärer Veränderung tragen zur Entstehung der W. K. bei. Eine weitere dt. Besonderheit u. Voraussetzung für die W. K. ist die *Philosophie des dt. Idealismus*, vorbereitet schon bei Moses Mendelssohn u. G. E. Lessing mit ihren Konzeptionen von Toleranz u. Freiheit, entscheidend geprägt von I. Kant mit seinen drei Kritiken (Kritik der reinen Vernunft 1781, erweitert 1787, der prakt. Vernunft 1788 u. der Urteilskraft 1790), zur Zeit der W. K. jeweils selbständig fortgeführt von J. G. Fichte u. dem frühen F. W. Schelling, gegen Ende der W. K. in neue Bahnen gelenkt durch G. W. F. Hegel (seit 1807). Das für die W. K. Wesentliche am dt. Idealismus ist seine Konzentration auf den Menschen mit seinem geistigen, seel., moral. u. ästhet. Vermögen, u. zwar weniger nach Art des aufklär. Menschheitspathos (das in der Frz. Revolution auch polit. Folgen zeitigte), sondern im Sinn *allgemeiner Menschlichkeit u. Humanität*, wie sie sich gleichzeitig auch in den philosoph., ästhet. u. pädagog. Schriften J. G. Herders u. W. v. Humboldts finden. So ergeben sich eine geist. Grundhaltung, ein Stilwille, die sich ausrichten an Vorstellungen wie Klarheit, Reinheit, Maß, Vollendung, Übereinstimmung von Geist u. Gemüt, Denken, Sein, Mensch u. Natur, Individuum u. Gesellschaft, Freiheit u. Notwendigkeit, Inhalt u. Form etc., sowie an evolutionärem statt revolutionärem Denken u. Handeln, an der Vermeidung oder Bändigung von Extremen jeder Art, am Ausgleich von Gegensätzen, sei es im Kompromiss, der weithin die polit. Haltung bestimmt, sei es in der wechselseitigen Durchdringung u. Balance polarer Daseins- u. Ausdrucksweisen, wie sie in den theoret. Schriften propagiert u. in den literar. Kunstwerken der W. K. gestaltet werden. – *Die lokale Zentrierung* der W. K. auf die damals etwa 6000 Einwohner zählende Residenzstadt des Herzogtums Sachsen-Weimar ergab sich durch den sog. *Weimarer Musenhof*, begründet von der Herzogin Anna Amalia gegen Ende ihrer Regentschaft (1758–75) u. fortgeführt auch unter ihrem Sohn Karl August, Herzog seit Sept. 1775. Die prominentesten Mitglieder des Musenhofs waren zunächst Ch. M. Wieland (nach dem Erfolg seines Staatsromans »Der goldene Spiegel« 1772 als Literaturlehrer der Prinzen berufen), dann ab Nov. 1775 Goethe aufgrund seiner Freundschaft mit dem jungen Herzog, in dessen Dienst er mehrere Staatsämter übernahm, schließl. J. G. Herder (seit 1776 auf Empfehlung Goethes Hofprediger, Oberkonsistorialrat u. Generalsuperintendent in Weimar). Weiter zählten zu dem Musenhof, außer einigen Damen wie der Seelenfreundin Goethes Ch. v. Stein, der Schauspielerin Korona Schröter u. der Hofdame L. v. Göchhausen, der Prinzenerzieher u. Übersetzer antiker Werke K. L. v. Knebel, der Kammerherr H. v. Einsiedel u. der Oberstleutnant v. Seckendorff (beide als Dichter u. Komponisten dilettierend, daneben als Übersetzer latein., span. u. portugies. Literatur tätig), der Gymnasialprofessor, Roman- u. Märchenautor J. K. A. Musäus u. der Übersetzer wichtiger engl. Romane des 18. Jh.s J. J. Bode, später auch der Schweizer Maler u. Kunstschriftsteller J. H. Meyer (erst seit 1791 in Weimar, aber schon 1788 mit Goethe in Italien u. seitdem im Briefwechsel mit ihm), ferner Persönlichkeiten aus dem nahen Jena, der Universitäts-, aber auch Industrie- u. Handelsstadt des Herzogtums: neben Schiller u. zeitweise (1794–97) W. v. Humboldt vor allem noch F. J. Bertuch (herzogl. Rat u. Geheimsekretär, dann selbständiger Unternehmer u. Verleger, u. a. der »Allgemeinen Literaturzeitung«, sowie Übersetzer frz. u. span. Werke, z. B. des »Don Quijote«). Weniger ausgebildet u. zunehmend spannungsvoll waren die Beziehungen zu zwei weiteren an der Universität Jena vertretenen Tendenzen des dt. Geisteslebens um 1800: zur Frühromantik um Novalis, die Brüder Schlegel u. L. Tieck sowie zur Philosophie des Idealismus nach Kant u. vor Hegel, repräsentiert durch Fichte (der von 1794 bis zu seiner Entlassung im Lauf des Atheismusstreits, 1799, dort seine »Wissenschaftslehre« entwickelte) u. von 1798–1803 durch den auf Rat Goethes berufenen jungen Schelling, der seinerseits eng mit den Frühromantikern zusammenwirkte. In Beziehung zur W. K. traten auch *zeitweilige Besucher*, so 1788/89 K. Ph. Moritz (nach der Rückkehr aus Italien u. vor der Berufung nach Berlin), später die Hauptvertreter gegenklassischer Tendenzen: 1794/95 ein halbes Jahr lang F. Hölderlin; 1796 u. 1798–1800 Jean Paul (vor allem Herder nahestehend), schließl. im Winter 1802/03 H. v. Kleist (bei Wieland). – *Ansätze zu einer dt. Klassik* gab es mehrfach in der neueren dt. Lit., so bei den Humanisten des 16. Jh.s, bei M. Opitz Anfang des 17. Jh.s, seit Beginn des 18. Jh.s bei J. Ch. Gottsched u. seinen Gegnern mit ihren Versuchen, den frz. bzw. engl. Klassizismus einzudeutschen. Diese Ansätze verdichten sich seit Mitte des 18. Jh.s zur *Vorklassik*, die zwar noch mit anderen Tendenzen wie ↗ Aufklärung, ↗ Empfindsamkeit sowie Sturm u. Drang konkurriert, aber schon wichtige Grundlagen für die W. K. schafft, so vor allem die *Leitformel* »edle Einfalt und stille Größe« in der Schrift »Über die Nachahmung der griech. Werke in der Malerei und Bildhauerkunst« (1755) u. in der »Geschichte der Kunst des Altertums« (1764) von J. J. Winckelmann, die auf die Gleichsetzung von simplicité u. sublimité in N. Boileaus Übertragung (1674) der pseudolonginischen Schrift »Vom Erhabenen« (3. Jh. n. Chr.) zurückgeht, und die von A. F. Oeser nach Dtschld. vermittelt. hier durch Beiworte aus dem Umkreis des Pietismus modifiziert worden war. Weitere theoret. Impulse gab G. E. Lessing mit seinem »Laokoon oder über die Grenzen der Malerei und Poesie« (1766), mit der »Hamburgischen Dramaturgie« (1767–69) u. mit den philosoph.-pädagog. Spätschriften »Erziehung des Menschengeschlechts« (1780) u. den Freimaurergesprächen »Ernst und Falk«

(1778–80). *Hauptwerke* der Vorklassik sind Lessings »Nathan der Weise« (1779), der als ↗ Ideendrama in Blankversen schon die gehaltl. u. formalen Grundmerkmale des Dramas der W. K. aufweist. Auch der Übergang von freirhythm. Prosa zum Hexameter in F. G. Klopstocks »Messias« (1748–73), besonders in der Gesamtausg. von 1780, u. seine Abwandlung antiker Muster in den Oden (Gesamtausg. 1771), die sich auch bei K. W. Ramler, der Karschin, L. Hölty u. a. findet, kennzeichnen diese Vorklassik ebenso wie Ch. W. Glucks Reformopern (1762–79) u. die von Goethe in »Götter, Helden und Wieland« (1774) verspotteten Singspiel-Libretti Wielands, mehr noch dessen ↗ Verserzählungen »Musarion« (1768) u. »Oberon« (1780), sein ↗ Erziehungs- u. ↗ Staatsroman »Der goldene Spiegel« (1772) u. sein ↗ Bildungsroman »Agathon« (1766/67, vor allem in der Neufassung von 1773). Hinzu kommen vorklass. Tendenzen im ↗ Göttinger Hain, insbes. bei J. H. Voß mit seinen Hexameteridyllen u. seinen Homerübertragungen (»Odüssee« 1781, dann das Gesamtwerk 1793). In die Vorklassik fällt auch Goethes 1. Jahrzehnt in Weimar (1775–86) mit dem Engagement in Staatsgeschäften u. der Erhebung in den Adel (1782), mit der Freundschaft zu Frau v. Stein, gespiegelt in den Briefen u. Gedichten an sie (z. B. »Meine Göttin« 1780), mit dem Beginn der Arbeit an »Egmont«, »Wilhelm Meister« u. der Prosafassung von »Iphigenie«, insgesamt mit dem Übergang von subjektivem Naturerlebnis zu objektiv naturwissenschaftl. Forschung, von der Natur- u. Volksballade zur klass. ↗ Ideenballade, von den aufbegehrend freirhythm. Hymnen wie »Ganymed« u. »Prometheus« zu ausgewogener, auch formal gebändigter ↗ Gedankenlyrik wie in »Grenzen der Menschheit«, »Das Göttliche« u. vor allem »Zueignung« (1784 als Einleitung zu dem Eposfragment »Die Geheimnisse« enstanden, dann der 1. Werkausgabe von 1786/87 vorangestellt). Einen ähnlichen Weg geht auch Schiller mit der Arbeit am »Don Carlos« vom Bauerbacher Entwurf (1783) bis zur Endfassung (1785–87) als Ideendrama in Blankversen, getragen von der Toleranz- u. Humanitätsidee in der Figur des Posa u. verbunden mit der Hinwendung zur Philosophie in den Thalia-Briefen (1786). – Die W. K. oder *Hochklassik* i. e. S. setzt ein mit Goethes 1. Italienreise (Sept. 1786 – Juni 1788), von ihm selbst verstanden als Abschluss einer Lebens- und Schaffensphase. Ihre Ergebnisse sind zugleich Hauptwerke der *Frühklassik*: die Blankversfassung der »Iphigenie« (1787), in der Humanität u. Harmonie als Leitideen der W. K. besonders deutl. hervortreten, daneben der Abschluss des »Egmont« (1788) u. als weiteres Ideendrama im Sinn der W. K. »Torquato Tasso« (1790), der das Verhältnis von Künstler u. Gesellschaft thematisiert, ferner der Zyklus »Römische Elegien« (1788–90) als Zeugnis der Reise u. Belebung antiker Vorbilder, schließl., u. a. dank botan. Studien auf Sizilien, die »Metamorphose der Pflanzen« (1790), in der aufgrund der Theorie von der Ur-Pflanze die evolutionär organolog. Naturkonzeption der W. K. niedergelegt u. auf den Menschen bezogen ist. Nach der 2. Italienreise (1790) folgen noch »Venezianische Epigramme«, deren polem. Ton aber schon auf die Spätphase der W. K. verweist, in der die meisten auch publiziert wurden (1795). In die Zeit der *Hochklassik*, des Übergangs von der Früh- zur Spätklassik, fällt die 5. Publikation eines »Faust«-Fragments (1790), ferner das Tierepos »Reineke Fuchs« (1794) in 12 Hexametergesängen sowie die Umgestaltung von »Wilhelm Meisters theatralischer Sendung« in den Bildungsroman »Wilhelm Meisters Lehrjahre« (1791–1795/96), der auf dem harmon. Menschenbild der W. K. beruht, es zugleich aber durch iron. Erzählhaltung u. einen offenen Schluss relativiert. Schiller, der 1787 während Goethes Abwesenheit erst nach Weimar, 1788 nach Jena übersiedelt u. sich wegen seiner dortigen Professur vorrangig seinen histor. Schriften widmet, sucht ebenfalls die *Begegnung mit der Antike*, indem er 2 Dramen des Euripides eindeutscht u. mit dem Gedicht »Die Götter Griechenlands« (1788) eine eigene Klassik-Konzeption entwirft, ergänzt durch das philosoph. ästhet. Gedicht »Die Künstler« (1789, allseitige Harmonie im Leben nur auf dem Weg über die Kunst zu erlangen). Die *theoret. u. ästhet. Postionen* der W. K. arti-

Das Arbeitszimmer in Goethes Gartenhaus

kuliert er außerdem in den 12 »Briefen über Don Karlos« (1788) sowie in Rezensionen, positiv zu Goethes »Iphigenie« (1789), negativ zu G. A. Bürgers Gedichten (1790). Seit 1791 (nach schwerer Krankheit, Aufgabe der Professur u. finanzieller Absicherung für 3 Jahre) entwickelt Schiller, v. a. ausgehend von Kants Kritik der prakt. Vernunft u. der Urteilskraft, die Grundlagen für die *philosoph. Ästhetik der W. K.*, zunächst in Schriften über Einzelfragen wie »Über den Grund des Vergnügens an tragischen Gegenständen« (1791), »Über die tragische Kunst« (1792), »Über das Pathetische« (1793) u. »Vom Erhabenen« (1793), allgemeiner über die Schönheit in den Kalliasbriefen (1793) u. zusammenfassend in der Abhandlung »Über Anmut und Würde« (1793), die in der ↗ schönen Seele Pflicht u. Neigung, Vernunft u. Sinnlichkeit, Leidenschaft u. ihre Bändigung vereinigt u. auf die Trias des Wahren, Schönen u. Guten bezogen sieht, wobei Anmut u. Würde einander als äußere Erscheinungsformen harmonischer Menschlichkeit ergänzen. Insgesamt ist die W. K. in ihrer Hauptphase offen für andere Konzeptionen neben denen Goethes u. Schillers, seien sie verwandt oder abweichend. So entwirft K. Ph. Moritz, gleichzeitig mit Goethe in Italien, aufgrund der Gespräche mit ihm schon vor Schiller eine klassische Ästhetik in seiner Schrift »Über die bildende Nachahmung des Schönen« (1788). Herder (mit Dalberg u. 1788/89

ebenfalls in Italien) schreibt 1784–91 sein Hauptwerk, die »Ideen zur Philosophie der Geschichte der Menschheit«, die er in den »Briefen zur Beförderung der Humanität« (1793–97) u. in der Zeitschrift »Adrastea« (1801–03) weiterführt. Geschult an Platon u. vor allem an Lukian, spielt Wieland in den »Neuen Göttergesprächen« (1789–93) mit skept. Überlegenheit die Antike gegen das Christentum aus; 1794 tritt sein erneut umgearbeiteter »Agathon« unmittelbar neben Goethes Bildungsroman. Sein Nachahmer A. G. Meißner münzt mit seinen Griechenromanen (»Alkibiades«, 1781–88 u. a.) Prinzipien u. Elemente der W. K. um für die damals aufstrebende Trivial- u. Unterhaltungsliteratur. Selbst der freizügige, nicht auf die Antike, sondern auf die Renaissance zurückgreifende ↗ Künstler-Roman »Ardinghello« (1787) von J. J. W. Heinse (der schon 1780–83 Italien bereiste) wird zur Kenntnis genommen, während seine späteren Werke unbeachtet bleiben. So herrscht für 3–6 Jahre um 1790 bei aller Vielfalt eine gemeinsame Geistes- u. Ausdruckshaltung, die dazu berechtigt, von einer *Hochklassik* zu sprechen. *Spätklassik:* Diese Gemeinsamkeiten zerbrechen mit der *Einengung der W. K. auf Goethe u. Schiller*, die sich 1788 schon einmal begegnet waren u. nun 1794, nach einer Aussprache im Juli u. nach Schillers Huldigungsbrief an Goethe vom 23. 8., ihren Freundesbund schließen, zu dem allenfalls noch W. v. Humboldt in eine nähere Beziehung tritt. Am frühesten u. nachhaltigsten kommt es 1795 zum Bruch mit Herder. Hauptgrund dafür ist die *unterschiedliche Einschätzung der Frz. Revolution* u. ihrer Folgen für Politik u. Geistesleben. Wie Herder lehnt auch Wieland in seinen »Gesprächen unter vier Augen« (1798/99) die Revolution u. Napoleon nicht eindeutig ab, u. seine Spätwerke (»Agathodämon« 1799; »Aristipp« 1800–02; »Das Hexameron von Rosenhain« 1805) stehen dem inneren Kern der W. K. entsprechend fern. Goethe dagegen hatte sich schon in den Venezian. Epigrammen (1789–91) u. im »Groß-Cophta« (1787–91) sowie in den Revolutionskomödien von 1793 satir. gegen die frz. Ereignisse gewandt, dann einen anderen Ansatz in der Rahmenhandlung der »Unterhaltungen deutscher Ausgewanderter« (1794/95) versucht u. die Polemik in dem Aufsatz »Literarischer Sansculottismus« (1795) schließl. auf sein eigenes Schaffensgebiet übertragen, verbunden mit einer sehr engen Definition dessen, was ein »klassischer Nationalautor« sei. Ein ernsthafter Gegenentwurf zur Frz. Revolution in dem Trauerspiel »Das Mädchen von Oberkirch« (1795) bleibt Fragment, gelingt aber dann in den an die 9 Musen gerichteten, aber auf Tagesprobleme bezogenen 9 Hexametergesängen von »Hermann und Dorothea« (1797), freilich um den Preis des *Rückzugs aus der Zeitgeschichte* in die Idylle. Humboldt versteht das in seiner Rezension (1799) im Sinn von Autonomie der Kunst. Ähnlich empfiehlt Schiller in einem Brief an Herder (4.11.1795) dem »poetischen Geist«, dass er sich »aus dem Gebiet der wirklichen Welt zurückzieht« und »durch die griechischen Mythen ... der Verwandte ... eines idealischen Zeitalters bleibt«. Das theoretische Konzept dazu liefern seine »Briefe über die ästhetische Erziehung des Menschen« (1794/95), die entgegen der Frz. Revolution propagieren, dass der *Weg zur Politik über die Ästhetik,* der Weg zur Freiheit über die Schönheit führe u. der autonome »ästhetische Zustand« Voraussetzung für harmon. edles Menschentum sei. Auf die Literatur überträgt Schiller diese Prinzipien in der Schrift »Über naive und sentimentalische Dichtung« (1795/96), die zugleich die Goethesche u. die eigene Schaffensart als einander ergänzend darzutun sucht. Vertreten u. verteidigt werden die Ansichten dieser um Goethe u. Schiller zentrierten *Spätklassik* v. a. in *Zeitschriften,* zunächst in Schillers »Horen« (1795–97), dann in seinem Musenalmanach (1796–1800), daneben in Goethes Kunstzeitschrift »Propyläen« (1798–1800) u. später in der auf seine Anregung hin gegründeten »Jenaischen Allgemeinen Literaturzeitung« (1804–07), die Wielands, Bertuchs u. C. W. Hufelands »Allgemeine Literaturzeitung-Jena« (1785–1804) ablöst. Dagegen stehen die Zeitschriften früherer Weggenossen wie Herders »Adrastea« (1801–03), Wielands »Neuer teutscher Merkur« (1790–1810) u. sein »Attisches Museum« (1796–1803, neu 1805–09), in dem u. a. die Brüder Schlegel publizieren, sowie deren eigenes »Athenäum« (1798–1800), das Forum der Frühromantik, die zunächst zur W. K. aufblickt, bald aber eigene Wege geht. Höhepunkt des Streits der W. K. mit anderen Richtungen sind die aggressiven »Xenien« Goethes u. Schillers im Musenalmanach von 1797. Der *Balladenalmanach* von 1798 will dagegen Musterstücke dieser Gattung im Sinn der Spät-K. vorlegen, von Goethe z. B. »Der Schatzgräber«, »Die Braut von Korinth«, »Der Zauberlehrling«, von Schiller »Der Ring des Polykrates«, »Die Kraniche des Ibykus«, »Die Bürgschaft« u. a. Am konsequentesten realisiert Schiller die idealischen Konzeptionen der Spätklassik in seiner *Gedankenlyrik* von 1795/96 (»Die Ideale«, »Das Ideal und das Leben«, »Der Spaziergang«, »Die drei Worte des Glaubens« u. a.), weiter im »Lied von der Glocke« (1799) und v. a. in den *Geschichtsdramen* von der »Wallenstein«-Trilogie (1796–99) über »Maria Stuart« (1799/1800) u. »Die Jungfrau von Orleans« (1800/01) bis zu »Wilhelm Tell« (1803/04). Hierbei ergibt sich seit Schillers Übersiedlung nach Weimar (1799) auch eine enge Zusammenarbeit mit Goethe am Hoftheater, das dieser 1791 gegründet hatte u. bis 1817 leitete, dabei stets bedacht, die Prinzipien der W. K. in den eigenen Werken, aber auch in der Übernahme u. Einrichtung fremder Stücke über das Medium Bühne u. in Abwandlung der Nationaltheateridee zu popularisieren. Während sich bei Schiller Probleme mit den Grundsätzen der W. K. allenfalls in den Chorpartien der »Braut von Messina« (1802/03) u. in der Unsicherheit über die Fortführung der Fragmente »Demetrius« u. »Warbeck« abzeichnen, gerät Goethe stärker an die Grenzen der W. K. Neben einzelnen gelungenen Ansätzen in elegischem Versmaß (»Alexis und Dora«, »Euphrosyne«, »Amyntas« 1796/97) bleibt der große Wurf des Hexameterepos »Achilleis« Fragment (1798/99). Von der Dramentrilogie zum Revolutionsthema ist nur »Die natürliche Tochter« (1799–1803) vollendet, doch fällt sie in Gehalt u. Gestalt gegenüber »Iphigenie« u. »Tasso« ab. Auch die »Pandora« (1806/07), die bei aller Nähe zu einigen weiteren höf. Festspielen in antiker Aufmachung deutlich auf die Beunruhigung durch Napoleon verweist u. ein Gegenkonzept enthält, bleibt Fragment. Mit dem Beginn der Arbeit an »Wilhelm Meisters Wanderjahren« (1807) u. an der Autobiographie (1808), mit den Sonetten (1807/08), den »Wahlverwandtschaften« (1807–09) u. mit dem 1806 vollendeten »Faust I« hat Goethe den Boden der W. K. bereits verlassen. Schon F. Hölderlin gestaltet in dem Roman »Hyperion« (1797–99), in den 3 Dramenfragmenten des »Empedokles« (seit 1797) u. in seiner Griechenlandlyrik den Verlust des klass. harmon. Menschenbildes, Jean Paul entwirft im Blick auf seine eigenwilligen Romane u. in Verehrung für Herder eine weitgehend unklass. »Vorschule der Ästhetik« (1804). Am nachdrücklichsten verwirklicht Kleist in dem Jahrzehnt nach seiner sog. Kantkrise (1801) eine gegenklass. Konzeption. Wie ein Abschied von der W. K. wirken Goethes Schrift über »Winckelmann und sein Jahrhundert« (1804/05) u. sein »Epilog zu Schillers Glocke« (1805), wie ein Nachtrag die »Italienische Reise« (1816/17 u. 1829 aufgrund der Aufzeichnungen von 1786–88), der Helena-Akt im »Faust II« (vollendet 1826) u. die Publikation des Briefwechsels mit Schiller (1824), zu dem sich 1830 der Briefwechsel zwischen Schiller u. W. v. Humboldt gesellt. – Trotz aller Kontroversen u. Widerstände – im 19. Jh. nochmals durch das ↗ Junge Deutschland belebt – etabliert sich die W. K. im dt. Kulturbewusstsein als vorbildlich u. mustergültig, nicht zuletzt dank Humboldts Einfluss auf das Bildungswesen seit seiner Gründung der Berliner Universität (1810) u. bis hin zu den Versuchen, die W. K. ideologisch zu vereinnahmen, sei es bildungsbürgerlich oder sozialistisch im Sinn des sog. klassischen Erbes. Das führte zur missverständlichen Ausweitung des Begriffs W. K. von einer Tendenz- zu einer Epochenbezeichnung für die gesamte dt. Lit. zwischen 1770 u. 1830, sei es als ›Dt. Klassik‹ oder gar als ›Goethezeit‹ (H. A. Korff). Der histor. Vielfalt dieses Zeitraums nur ansatzweise gerechter werden Versuche, dt. Klassik u. Romantik unter den Leitbegriffen ›Vollendung u. Unendlichkeit‹ als komplementär zu verstehen (F. Strich) oder die vermeintl. Klassik-Legende ideologiekritisch aufzulösen. Trotz aller Kanonisierung ist die Diskussion über die W. K. immer noch offen. RS

Weinerliches Lustspiel, Lustspieltyp der dt. Aufklärung, in dem die komischen Elemente zugunsten der empfindsamen zurückgedrängt werden. Die Bez. w. L. stammt von G. E. Lessing nach frz. *comédie larmoyante*, dessen spött. krit. Nebenton er durch die dt. Übersetzung »weinerlich« ausdrückl. beibehalten wollte; die Befürworter der Gattung bezeichnen sie als »rührendes Lustspiel« (Gellert). Das w. L. entsteht unter dem Einfluss der empfindsamen Strömungen innerhalb der europäischen Aufklärung, die von England mit den empfindsamen Romanen, den ↗ Moralischen Wochenschriften und der *sentimental comedy* auf die dt. Literatur eingewirkt haben. Die in Frankreich entstandene ↗ Comédie larmoyante wird dann zum unmittelbaren Vorbild des w. L.s, das zunehmend den von J. Ch. Gottsched propagierten Typus der ›Verlach-Komödien‹ (↗ sächsische Komödie) verdrängt. Wandte sich diese u. a. an die Spottlust und die rationale Einsicht der Zuschauer, so spricht das w. L. das ›Herz‹, d. h. Empfindung und Gemüt an. Beiden gemeinsam ist die moral.-erzieher. Absicht der Aufklärung, die erst später in den ↗ Rührstücken, z. B. A. v. Kotzebues, zurücktritt. – Die Entwicklung der Komödie zur Sonderform des w. L.s im 18. Jh. entspricht dem wachsenden Selbstbewusstsein der bürgerl. Gesellschaft, die sich auf der Bühne nicht mehr komisch, sondern vor dem Hintergrund ihrer privaten Lebensgewohnheiten vorbildhaft mit ihren Tugenden und Idealen abgebildet sehen möchte. Das erste w. L., die 1745 erschienene »Betschwester« von Gellert, zeigt noch Einflüsse der sächs. Komödie. Die Titelheldin entspricht dem komischen, tadelnswerten Typ dieses Komödientyps, während nicht zufällig gerade die jungen Frauen des Stückes die neue Gefühlskultur verkörpern und sich an Hochherzigkeit überbieten. In Gellerts folgenden Stücken »Das Los in der Lotterie« (1746) und »Die zärtlichen Schwestern« (1747) ist der Übergang vollzogen, und im gepflegten Umgangston des gehobenen Bürgertums feiern die empfindsamen Tugenden ihre Triumphe auf der Bühne. Das Gattungsproblem dieser *Komödie ohne Komik* wird vor allem im formbewussten Frankreich am Beispiel der *Comédie larmoyante* heftig diskutiert (vgl. P. M. M. de Chassirons krit. »Réflexions sur le Comique-larmoyant«, 1749). In Deutschl. setzt sich Gellert auch theoret. mit seiner Verteidigungsschrift »Pro comoedia commovente« (1751) für die Erweiterung der Gattung in Anpassung an die veränderten Bedürfnisse der Gesellschaft ein, lehnt aber eine Überschreitung der Gattungsgrenzen zum Tragischen hin ausdrückl. ab. Lessing übersetzt u. veröffentlicht beide Schriften 1754 in der »Theatralischen Bibliothek« mit einer eigenen Stellungnahme, die für ein ausgewogenes Verhältnis zwischen kom. und rührenden Elementen eintritt, wie sie der »wahren Komödie« von jeher eigen gewesen seien. In der Praxis ist es aber gerade Lessing, der die Gattungsgrenzen überschreitet und das w. L. in eine neue Form der Tragödie überführt. Seine »Miß Sara Sampson« ist unter Beibehaltung vieler ›rührender‹ Elemente das erste dt. ↗ bürgerl. Trauerspiel, das dann in »Emilia Galotti« seinen ersten Höhepunkt erreicht und den bürgerl. Menschen über die enge, kleinstädt. Welt des w. L.s in die Größe trag. Perspektiven erhebt. – Eine andere, eher verflachende Entwicklung des w. L.s führt zum ↗ Rührstück. Wichtigster Vertreter des w. L.s ist Gellert, daneben J. Ch. Krüger (»Die Kandidaten«, 1747), J. E. Schlegel (»Der Triumph der guten Frauen«, 1748), Ch. F. Weiße (»Amalia«, 1765). GH

Weltchronik ↗ Chronik.

Weltgerichtsspiel, Typus des ↗ geistl. Spiels im MA., das von den Vorzeichen und den Entscheidungen des Jüngsten Gerichts handelt. Stoffl. Quellen sind Texte des AT (Daniel 7 und 12), des NT (Offenbarung 20), der apokryphen Evangelien, aber auch Schrifttum des MA.s, bes. der Traktat des Adso von Toul (Mitte 10. Jh.) über die Herkunft und Wirkungszeit des Antichrist *(De ortu et tempore Antichristi)*. Diese nicht liturg. gebundenen Spiele wurden meist am letzten Sonntag des Kirchenjahres oder dem ersten Adventssonntag, seit dem 13. Jh. auch zu anderen Zeiten aufgeführt. Das älteste Zeugnis ist der lat.-afrz. »Sponsus« (12. Jh.), eine Dramatisierung des Gleichnisses von den klugen und törichten Jungfrauen (Matth. 25). Dem Ende des 12. Jh.s gehört das bedeutendste lat. W. des MA.s, der Tegernseer »Ludus de Antichristo«, an, das sich, auf Adsos Traktat basierend, durch den Versuch einer zeitgeschichtl. Aktualisierung (Kreuzzüge, stauf. Renovatio-Politik) und einen Text auszeichnet, der reiche Angaben zur Aufführungspraxis macht. Das eschatolog. »Zehnjungfrauenspiel« (Frkr., 12. Jh., dt. erstmals 1321 in Eisenach bezeugt) und das »Rheinauer W.« (1350, in 16 Handschriften überliefert) sind die wichtigsten Zeugnisse des volkssprachl. Spiels in Deutschland, dem als Sonderform das im 15. Jh. überlieferte, wohl aber um 1353 entstandene Spiel »Des Endchrist. Vasnacht« sich anschließt. Wird im 15. Jh. vielfach das W. in den Kontext themat. umfänglicherer Spiele aufgenommen (»Künzelsauer Fronleichnamsspiel«, 1479), so sind aus dem 16. Jh. noch zwei große, z. T. mehrtägige W.e aus Chur und Luzern überliefert. W.e sind auch aus anderen europ. Ländern bezeugt: aus Frankreich »Le jour de jugement« (1340/50), aus England »The Chester Play« (um 1330), Italien »Lauda dell' Anticristo o del giudizio finale« (13. Jh.) und aus den Niederlanden. Das Thema des jüngsten Gerichts wurde später in Oratorien (Telemann, »Tag des Gerichts«, 1762) und in der Oper (C. Orff, »De temporum fine comoedia«, 1973) wieder aufgegriffen. HW

Weltliteratur,
1. allgemein: gesamte Literatur aller Völker und Zeiten;
2. im Bes. und heute vorwiegend: ↗ Kanon der nach den jeweil. ästhet. Normen als überzeitl. und allgemeingült. angesehenen literar. Werke aus dieser Gesamtliteratur; Bez. in diesem Sinne (»universelle, unvergängl. Poesie«) erstmals 1802 bei A. W. Schlegel (Berliner »Vorlesungen über schöne Literatur und Kunst«); ihre Interdependenzen sind Gegenstand der ↗ vergleichenden Literaturwissenschaft.
3. Goethe bez. mit W. (deren Epoche er erwartete, vgl. Gespräch mit Eckermann 1.1.1827) eine Funktionsform der Literatur: ↗ Nationalliteratur werde zur W., insofern sie, über die (für ihn selbstverständl.) Forderung gegenseit. Kennenlernens und Bezugnehmens hinaus, die großen Aufgaben einer gemeinsamen Welt – d. h. das naturwissenschaftl., gesellschaftl. und histor. Wissen der Zeit – umfassend und formal erhellend darzustellen vermag, um »gesellschaftl. zu wirken« (vgl. auch Paralipomena zur Gesch. d. Wissenschaften Nr. 414). IS

Weltschmerz, Bez. für existentiellen Pessimismus, insbes. für das seel. Leiden an der in ihrem Sinn bezweifelten oder negierten Welt und für die daraus folgende Resignation, durch Jean Paul (»Selina«, 1810, gedr. 1827) und bes. H. Heine (1831) zu weiterer Verbreitung gebracht. Findet sich als Haltung einzelner und als kollektives Gefühl »in immer neuer Präsenz in den Zeiten, die großen, aber enttäuschenden Veränderungsversuchen folgten« (Sengle), so schon bei Heraklit, Platon, bes. seit dem 17. Jh. in der Gegenreformation, der sog. ›Empfindsamkeit‹ (Wertherfieber), der Romantik (Jean Paul, L. Tieck, »William Lovell«, »Nachtwachen des Bonaventura«). – *Im Besonderen* wird mit W. die resignierende Gefühlskultur der Restaurationsperiode (ca. 1815–48, ↗ Biedermeier) bez., in der die Enttäuschung der nachidealist. Generation (Unsicherheit gegenüber Sinn- und Wertfragen, Zweifel an der Sicherheit und Wahrheit subjektiven Empfindens, Gefühl des Epigonentums) verstärkt wird durch die geschichtl. Situation (nationale Enttäuschung nach dem Zusammenbruch des preuß. Staates, Restauration des Adels und der Kirche, allgem. Armut und Unfreiheit, neue unüberschaubare Welt- und Gesellschaftsverhältnisse). Die Symptome reichen von ↗ Melancholie, Passivität und Resignation über nihilist. Skepsis, Überdruss an Welt und Gesellschaft (»Europamüdigkeit«) bis zu Depression, Verzweiflung und Selbstmord; neben echter Betroffenheit erscheint jedoch der W. auch als mod. Attitüde des »Zerrissen«-Seins (Gervinus: Modemisanthropie). Das Phänomen dieses W.es ist in allen Kulturbereichen der Zeit greifbar, z. B. in fast allen literar. Werken zumindest als Untertönung, insbes. bei den sogenannten *W.-poeten* (G. Büchner, Ch. D. Grabbe, N. Lenau, J. Kerner, W. Waiblinger, A. v. Platen), die auch in Formen und Themen Anschluss an die europ. pessimist. Strömung des ↗ Byronismus fanden, ferner in der Musik (H. Marschner, »Hans Heiling«, 1833; R. Wagner, »Der fliegende Holländer«, 1843) und in der Philosophie A. Schopenhauers (»Die Welt als Wille und Vorstellung«, 1819), die jedoch erst in der 2. Hälfte des 19. Jh.s wirkte (Kierkegaard, Nietzsche). Prinzipiell abgelehnt und programmat. bekämpft wird der W. von den Junghegelianern; er galt um 1850/60 als überwunden. IS

Welttheater [dt. Übers. v. lat. *Theatrum mundi*], Vorstellung der Welt als eines Theaters, auf dem die Menschen (vor Gott) ihre Rollen spielen: je nach der philosoph. oder theolog. Auffassung als Marionetten oder mit der Freiheit der Improvisation innerhalb der ihnen auferlegten Rollen. Diese Vorstellung erscheint als Vergleich oder Metapher bereits in der Antike (Platon, Horaz, Seneca) und im Urchristentum (Augustin); sie wird seit dem 12. Jh. (v. a. durch den »Policraticus« des Johannes von Salisbury, 1159) ein bis ins Barock weitverbreiteter literar. Topos *(scena vitae, mimus vitae, theatrum mundi),* so z. B. bei M. Luther (Geschichte = Puppenspiel Gottes), P. de Ronsard, W. Shakespeare (»All the world is a stage«: As you like it, II, 7, 139 ff.), bei M. de Cervantes, B. Gracián und P. Calderón, der das W. erstmals auch zum Gegenstand eines ↗ Auto sacramental macht (»El gran teatro del mundo«, entstanden 1635?, gedruckt 1675; dt. Übers. v. J. v. Eichendorff »Das große W.«, 1846): Unter der Regie der Frau Welt agieren die einzelnen Rollenträger, bis sie der Tod von der Bühne abruft und Gott ihr Spiel beurteilt. Die moderne Nachdichtung durch H. v. Hofmannsthal (»Das Salzburger große W.«, 1922) verschiebt den theozentr. Aspekt ins Sozial-Ethische. In pessimist. Literatur findet sich daneben auch die Auffassung des W.s als eines Unternehmens eines gleichgültigen, gelangweilten oder bankrotten Gottes (H. Heine). IS

Werkimmanent, auch: textimmanent [aus lat. in und manere = bleiben], Methode der Text-↗ Interpretation, die v. a. in der dt. ↗ Dichtungswissenschaft nach 1945 verbreitet war; in Ansätzen schon früher als Reaktion auf den sich oft von den Texten entfernenden Historismus und Psychologismus des 19. Jh.s (Vertreter: O. Walzel, E. Staiger, W. Kayser). Die w.e Methode konzentriert ihr Deutungsinteresse nur auf den dichter. Text, der aus sich selbst heraus verstanden werden soll. Sie wird problemat., wenn sich der Erkenntnisradius auf den Wortlaut beschränkt, ohne die von Werk zu Werk jeweils zu bestimmenden biographischen, literatur-, geistes-, sozial- und religionsgeschichtl. Einflüsse und Bedingtheiten zu berücksichtigen. Ähnl. Interpretationsmethoden finden sich auch in der frz. explication de texte (G. Lanson, L. Cazamian), dem russ. ↗ Formalismus (R. Jakobson, V. Schklowski), im ↗ New Criticism (close reading, intrinsic method: I. A. Richards, T. S. Eliot, J. G. Ransom). S

Werkkreis Literatur der Arbeitswelt, auch: Werkkreis 70; Vereinigung von Arbeitern und Angestellten, gegründet März 1970 in Köln als Sezession der ↗ Gruppe 61. Er wollte laut Programm »in örtl. Werkstätten mit Schriftstellern, Journalisten und Wissenschaftlern zusammenarbeiten. Seine Aufgabe ist die Darstellung der Situation abhängig Arbeitender, vornehml. mit sprachl. Mitteln, ... [um] die menschl. und materiell-techn. Probleme der Arbeitswelt als gesellschaftl.e bewusst zu machen. Er will dazu beitragen, die gesellschaftl. Verhältnisse im Interesse der Arbeitenden zu verändern.« – Inzwischen bestehen über 35 Werkstätten (v. a. in industriellen Ballungszentren, zu denen dann auch Grafik-Werkstätten getreten sind); anfangs 70% Arbeiter u. Angestellte, der Rest Schüler, Studenten, Journalisten, Lehrer u. a.; nach 1975 nahm der Anteil der Intellektuellen zu: 1978: 50%. Die Werkstätten sind, da sie die Texte schon im Entstehen diskutieren, an deren endgültiger Ausformung oft kollektiv beteiligt und mit verantwortlich. Die Ergebnisse der literar. Produktion werden in Werkstatt-Heften (lokal) und wurden v. a. von 1972–87 in einer Tb.-Reihe des S. Fischer-Verlags (Anthologieform in Auflagen von je 300000 Exemplaren; 1987: 50 Titel) veröffentlicht. Der eigene Arbeitsplatz, die eigene Arbeitssituation und allgemein Lebenszusammenhänge und geschichtl. Selbstverständnis der Arbeitnehmer wurden hier v. a. dokumentarisch, in Reportage- und Berichtform behandelt. Neben diese Kurzformen treten aber auch Versuche des Romans (oft als Mischform), ferner zumeist agitator. Gedichte. Kritik an den als zu pluralist. eingeschätzten Werkstätten, die Anlehnung des Werkkreises an gewerkschaftl. Organisationen hat innerhalb des Werkkreises zu einer weiteren Sezession, der DKP-nahen »Produktion Ruhrkampf« geführt, die mit eigenem Vertriebssystem an die proletar.-revolutionäre ↗ Arbeiterliteratur anzuknüpfen versucht. Seit den 90er Jahren ist das öffentl. Interesse am W. L. d. A. mehr u. mehr zurückgegangen. D

Werktreue, schillernder Begriff für die Umsetzung literar. und musikal. Werke in die Aufführungspraxis. Er berührt sowohl die Frage der Deutung eines Kunstwerks als auch die

Rolle des jeweiligen Interpreten (Regisseur, Dirigent). Hinter einer polem. Berufung auf ›W.‹ steht meist ein immobiler u. steriler Werkbegriff, eine festgelegte Meinung vom Sinngehalt eines Kunstwerkes, die sich an überkommenen Mustern orientiert und dabei Zeitbedingtheit und auch Offenheit jeder Werkdeutung negiert. Andererseits wird die Vielschichtigkeit und Vieldeutigkeit (die Komplexität) eines Kunstwerkes (die wesentl. seinen Rang bestimmen) missachtet, wenn nur *eine* (meist mod.) Tendenz oder Sinnebene als die allein gültige herausgestellt wird (wobei sich ein Regisseur gelegentl. offensichtl. vor das Werk stellt: Regietheater – ein Problem der Publicity). S

Wertung ↗ Literar. Wertung, ↗ Literaturkritik, ↗ Literar. Geschmacksbildung.

Widerspiegelungstheorie, auch: Abbildtheorie. Begriff der Erkenntnislehre des dialekt. Materialismus. Im Ggs. zur Philosophie des Idealismus, die auf der Priorität des Bewusstseins gegenüber dem Sein aufbaut, fasst der dialekt. Materialismus Erkenntnis als Widerspiegelung der Wirklichkeit auf. Diese Theorie wurde auf den philosoph. Grundlagen von K. Marx und Lenin von G. Lukács in die ästhet. und literaturwissenschaftl. Theoriediskussion eingebracht. Im Unterschied zum vulgärmarxist. Missverständnis der W. als direkter Spiegelung histor. und sozialer Situationen in der Dichtung, betont Lukács die selektive Wiedergabe sowohl der Naturwirklichkeit als auch gesellschaftl. Zustände im menschl. Bewusstsein in Form von Abstraktionen, durch die Bildung von Begriffen u. Gesetzen, wobei elementare Lebensinteressen als subjektive Auswahlprinzipien fungieren können. ↗ Sozialist. Realismus. S

Widmung, ↗ Dedikation literar. Werke in bestimmter, meist ebenfalls sprachkünstler. Form. W.en gelten einem materiellen oder geist. Förderer, einem Fürsten, Gönner oder Lehrer, auch dem führenden Kopf einer Kunstrichtung oder Gelehrtenschule (bis hin zur Künstler- und Gelehrtenw. der Gegenwart) und enthalten meist Angaben zur gedankl. oder ästhet. Programmatik sowie zu den zugrunde gelegten oder angestrebten Funktionen von Literatur. – Frühe W.en verbanden sich oft mit Formen der einleitenden Textweihe älterer, teils noch mündl. geprägter Literaturstufen (Anruf von Musen [↗ Musenanruf], Göttern oder Ahnen). – Bis heute finden sich W.en auch innerhalb anderer Beitextarten zur Werkerläuterung, z. B. in Prologen, Leseradressen, Vor- oder Nachworten. Eigene Text- oder Kunstformen der W. sind schon in der *Antike* seit dem Übergang von der röm. Republik zum Prinzipat des Augustus u. seines Kulturbeauftragten Maecenas, voll ausgebildet: *Kurzw., W.sbrief in Versen* oder *Prosa, W.sgedicht.* Immer wieder treten aufwendige, oft gekünstelte Verknüpfungen zur Ein-, aber auch Ausleitung von literar. Werken auf, in der Antike z. B. bei Horaz, im frühen MA z. B. bei Otfried von Weißenburg, in der Renaissance z. B. bei Edmund Spenser u. insgesamt im europ. *Barock.* Bis in die frühe Neuzeit u. insbes. in Hofkulturen dienten W.en u. ihre huldvolle Annahme überdies dem Urheberschutz u. der öffentl. Anerkennung samt Aussicht auf materielle oder ideelle Gegengaben. Diese Funktionen verloren sich mit dem Anwachsen der Buchproduktion bis zur Massenliteratur und dem Entstehen eines zunehmend anonymen Literaturmarkts seit dem 18. Jh. Damit ergaben sich *neue Aufgaben* für die literar. W.: 1. im Blick auf eine allgem. Idee oder menschl. Grunderfahrung, wie in Schillers »in tyrannos« zu seinem ersten Bühnenstück »Die Räuber«, oder der W. an »Freund Hein« bei M. Claudius, auch iron. »An die Vergessenheit« bei G. Ch. Lichtenberg; 2. im Widerstreben gegen die Anonymität des Buchmarkts als betont private W. an Freunde oder Angehörige, die entweder Intimes öffentlich macht oder sich durch Chiffren für wenige Eingeweihte (wie »To A. B.« bei Th. Wolfe) aller Öffentlichkeit ostentativ verweigert; 3. durch die Verselbständigung der W. zu rein poetisch literar. Gesten oder Gebilden entweder in Zwiesprache des Autors mit seinem Werk samt impliziter Leserschaft wie in Goethes »An Werther« zur »Trilogie der Leidenschaft« (1824), auch in

H. Hesses »den Morgenlandfahrern« zum »Glasperlenspiel« (1943), oder fiktionalisiert zu eigenen Kunstformen wie schon in Goethes »Zueignung« (1787; 1797), auch bei Jean Paul, besonders ausgeprägt bei A. Döblin. RS

Wiegendrucke, dt. Bez. für ↗Inkunabeln.

Wiener Gruppe, seit 1958 Bez. für eine Wiener Künstlergruppe (Autoren, Maler, Komponisten) mit bewusst avantgardist. Zielen; entwickelte sich seit 1952 aus dem »artclub« (gegr. 1946), umfasst im engeren Sinne die Autoren F. Achleitner, H. C. Artmann, K. Bayer, G. Rühm, O. Wiener, die in herausforderndem Gegensatz zur allgemeinen österreich. Kulturszene nach dem Krieg am ↗Dadaismus und ↗Surrealismus anknüpften und v. a. sprachexperimentell arbeiteten (↗abstrakte oder ↗konkrete Dichtung, ↗Konstellationen, ↗Montagen, Dialektgedichte). Theoret. Beschäftigung mit Kybernetik, Neopositivismus, Sprachphilosophie (Wittgenstein). Höhepunkte in zwei literar. Kabaretts (1958 u. 59) und in dem Band Dialektgedichte »hosn, rosn, baa« (v. Achleitner, Artmann, Rühm, 1959). Seit 1958 löste sich Artmann von der Gruppe. Die kulturpolit. Widerstände wuchsen. Nach dem Selbstmord K. Bayers (1964) Auflösung der Gruppe. DW

Wiener Volkstheater, Bez. für das spezif. Wiener Vorstadttheater vom 18. bis zur Mitte des 19. Jh.s. Sein *Repertoire* umfasste v. a. heitere oder satir. (Lokal)↗Possen, ↗Zauberstücke, ↗Singspiele, sog. Volksstücke: sie schöpften sowohl aus der barocken Bühnentradition (Schema der Haupt- und Staatsaktionen, ↗Theatermaschinerie, üppige Ausstattung, Ballette) als auch der ↗Commedia dell'arte (↗Stegreifspiel, stehende Typen wie ↗Hanswurst, Kasperl, Staberl, Gesang- und Tanzeinlagen) und integrierten auch Märchenhaftes; sie entwickelten einen komödiant.-virtuosen Stil, der Realismus, Sprachwitz, Satire, Zeit- und Gesellschaftskritik mit Sentiment, Skurrilem und Fantastischem verband. – Als *Publikum* zog es, im Ggs. zum Hoftheater, gebildete wie ungebildete Kreise an, den Hof und das Bürgertum. Die wichtigsten Repräsentanten waren J. A. Stranitzky, G. Prehauser, J. F. v. Kurz-Bernardon, Ph. Hafner, in der Blütezeit (Ende 18./Anfang 19. H.) J. A. Gleich, K. Meisl, A. Bäuerle, F. Raimund und J. Nestroy. – Die berühmtesten *Vorstadtbühnen*, in denen diese z. T. auch als Schauspieler wirkten, und deren jedes zeitweise bestimmte Präferenzen (auch Pantomimen, Ballette, Opern) hatte, waren: das *Kärntnertortheater* (1712 Eröffnung der Tradition durch Stranitzyks ↗Hanswurstiaden), das *Leopoldstädter Theater* (gegr. 1781, berühmt durch die Komiker J. Laroche als Kasperl, A. Hasenhut als ↗Thaddädl, I. Schuster als Staberl, seit 1823 F. Raimund), das *Wiedner Theater* (gegr. 1787), 1801 Neubau als *Theater an der Wien* (berühmt durch den Bühnenbildner V. Sacchetti; unter E. Schikaneder 1791 Aufführung der »Zauberflöte« Mozarts, 1805 des »Fidelio« Beethovens, seit 1831 dann neben dem Leopoldstädter Theater Hauptwirkungsstätte Nestroys und des Komikers Wenzel Scholz), das *Josefstädter Theater* (gegr. 1788, erste und letzte Wirkungsstätte Raimunds: 1834 »Der Verschwender« mit Musik von K. Kreutzer). – Das W. V. gelangte zu europ. Berühmtheit und großer Wirkung (vgl. ↗Volksstück), bis um 1850 (nach verstärkter Zensur seit Ende 1848) sentimentale Pseudovolksstücke, frz. Vaudevilles und v. a. die klass. Operette die spezif. Wiener Lokalpossen immer mehr zurückdrängten.
HR/IS

Wilamowitzianus, m., Bez. von P. Maas für einen von U. v. Wilamowitz für die griech. Tragödie nachgewiesenen Vers der Form $\cup\cup\cup\cup-\cup\cup-$, den er irrtüml. als choriamb. Dimeter deutete. Konkretere Ausprägungen in der Lyrik (Korinna, 5.?, 2./1. Jh. v. Chr.?) zeigen das Schema $-\cup-\cup-\cup\cup-$; seine Verwendung anstelle eines ↗Glykoneus weisen ihn als äol. Vers (Variante des Glykoneus?) aus. S

Wildwestroman, amerikan. Romantypus: gestaltet Ereignisse aus der Zeit der Westkolonisation der USA (1848–98) in realist.-dokumentar. Einkleidung, einfacher Sprache und Struktur, mit suggestivem äußeren Hand-

Wildwestroman

lungsablauf aus feststehenden Versatzstücken (Orte: Saloon, Prairie; Requisiten: Pferde, Rinder, Colt, Lasso; stark polarisierte Rollen: Siedler, Goldsucher, Cowboys, Indianer usw.). Diese Struktur, die ständ. Wiederholung der stoffl. Elemente, das Identifikationsangebot der Vorbildfigur (der einsame, körpergewandte, eth. autonome Held) und eine eingängige ›Westernideologie‹ erklären seine breite Resonanz und damit seine Eignung für eine (nach 1900 einsetzende) Massenproduktion innerhalb der ↗ Trivial-(↗ Schund)literatur (v. a. durch Simplifizierung, Anreicherung mit Unglaubwürdigkeiten und Brutalitäten). – *Vorläufer* sind die ethnograph. und histor. ausgerichteten Chroniken aus der Pionierzeit von J. F. Cooper, F. Bret Harte, Mark Twain. Nach den *ersten eigentl. W.en* von E. Z. C. Judson (= Ned Buntline) um die legendäre Gestalt des Buffalo Bill (1869 ff.) erlebte der W. seine Blüte um die Jh.wende mit O. W. Wister (dessen auch literar. bedeutender W. »The Virginian«, 1902, den Cowboy in der Literatur etablierte), A. Adams (u. a. »The Log of a Cowboy«, 1903), A. H. Lewis (Wolfville-Romane, 1902–1908), denen später Z. Grey, F. Faust (= Max Brand), L. L'Amour, Luke Short, J. Schaefer und viele andere folgten, die meist im Auftrag von Produktionsgesellschaften und unter mehreren Pseudonymen jeweils mehrere hundert W.e verfassten, die in Millionenauflagen in billigen Buchreihen, insbes. in Wildwest-Magazinen durch Massenvertrieb an Kiosken und in Leihbüchereien weiteste Verbreitung fanden. Sie regten ferner sog. *Wildwestshows* mit berühmten Stars an und, davon ausgehend, den Wildwestfilm oder *Western* (wegweisende Regiseure: D. W. Griffith, Th. H. Ince; bekanntester Western-›Klassiker‹: John Fords »Stage Coach«, 1939, dt. »Höllenfahrt nach Sante Fé« oder »Ringo«), der dieselbe Entwicklung zur serienmäßigen Massenproduktion durchlief (Westernserien, sog. ›Horseoperas‹ im Fernsehen, z. B. »Bonanza« von W. R. Cox). – Die am 16. 5. 1952 gegründete »Association of Western-Writers« (Zeitschrift seit 1953: »The Roundup«) versucht im Anschluss an die Bemühungen des W.-Autors E. Haycox (u. a. durch einen jährl. Preis für den besten W.) dessen Standard wieder zu heben (vgl. die W.e von Will Henry, W. D. Overholser, Todhunter Ballard, Elmer Kelton u. a.). In *Europa* wurden Amerika-, Siedler- und Indianerromane seit Coopers Lederstrumpfgeschichten (1826–45) übersetzt und nachgeahmt: in Frankreich u. a. durch G. Aimard, in England u. a. durch Th. M. Reid, in Deutschland bes. durch Ch. Sealsfield, B. Möllhausen und, mit größtem Erfolg, K. May. Erst seit etwa 1930 eroberten der spezif. W. und seine Herstellungs- und Vertriebsform den europ. Markt, z. T. als direkte Übersetzungen, z. T. als freie Nachbildung der amerikan. Muster. 1969 erreichten W.e in Heftreihen wöchentl. Auflagen von 400–500000 Stück, für die etwa 2 Millionen Leser errechnet wurden. W.e machen ungefähr 10% der wöchentl. Romanheftproduktion aus. IS

Wirkungsästhetik, Forschungsrichtung der theoret. Kunst- und bes. der Literaturwissenschaft, die nach den Bedingungen eines effektiven und gesellschaftsbezogenen Verhältnisses von Kunstwerk (Text) und seiner handlungsorientierenden *Wirkung auf den Rezipienten* (Hörer, Zuschauer, Leser) fragt. Sie grenzt sich ab von der *Produktions- oder Darstellungsästhetik,* die das Herstellungsverfahren von Kunstwerken im Bezugsfeld histor. Produktionsformen zu erforschen sucht, und von der *Rezeptionsästhetik,* deren Interesse vornehmlich der Veränderlichkeit des Kunstwerkes durch seine Verschmelzung mit jeweils histor. anders definierten Bewusstseinsprägungen und ↗ Erwartungshorizonten gilt. Die W. sucht zu begründen und empir. zu bestätigen, dass die Mitteilungsrealität des Kunstwerks (Textes) aus den in ihr verankerten Wirkungs*absichten* und -signalen sich erschließen, möglicherweise sogar vorhersagen lässt. Sie versucht so, den Stellenwert ästhet. Produkte zu erhöhen, indem sie dem Vorwurf ihres Luxuscharakters widerspricht und sie als spezif. Konkretisationen sozialen Handelns begreifbar zu machen bestrebt ist. Zur empir. Absicherung dieser Theorie, innerhalb derer die Probleme etwa des (inhaltl.) Handlungszieles und der Praxismodelle z. T. noch kontrovers diskutiert werden, werden Methoden anderer Wissenschaften (Soziologie, Kommunikationswissenschaft, Psychologie, Linguistik) in zunehmendem Maße angewandt. Rechtfertigung aus der Geschichte ergibt sich für die W. durch die wirkungsästhet. Gesichtspunkte in den ↗Poetiken namentl. des Aristoteles (Katharsis-Problem), der Aufklärung (»Rührstück«) und in B. Brechts ↗ep. Theater (»Lehrstück«). HW

Witz, 1. *ursprüngl. Bedeutung* (ahd. *wizzi*, altengl. *wit*): Wissen, Verstand, Klugheit, so noch in Mutterw., Vorw., W.bold, auch Wahnw. (= mangelnde Klugheit), Aberw. (= Unverstand), Treppenw. (= verspäteter, erst auf der Treppe sich einstellender kluger Einfall); Bedeutung im 17. Jh., als Übersetzung von frz. *esprit*: Geist, Talent zum geistreichen Formulieren (so noch heute: *W.haben*). Als *2. Bedeutung* entsteht im 18. Jh. (Goethe, C. Brentano) daneben W. = Scherz, spezif. sprachl. Form des Komischen *(einen W. machen)*, die seit dem 19. Jh. zur Hauptbedeutung wird. Als *Textsorte* gehört W. zu den ↗einfachen Formen: ein kurz umrissener Sachverhalt erhält eine überraschende, den gängigen Erwartungshorizont desavouierende Wendung durch seine unvermutete Verbindung mit einem abliegenden Gebiet, wodurch ein – scheinbar unbeabsichtigter – kom. Doppelsinn entsteht, der blitzartig die eingangs angesprochene Wertwelt (Normen, Sitten, Institutionen usw.) in Frage stellt, pervertiert, ihren geheimen Wesenskern entlarvt. Die Wirkung, ein durch das Erkennen der Funktion der Pointe ausgelöstes Lachen machen den W. zu einem sozial und psych. wichtigen Phänomen: er bietet Identifikationsmodelle, seine Aggression, seine implizite Gesellschaftskritik oder seine Erotik gewinnen Ventilfunktion: vgl. z. B. den *polit.* oder *Flüster-W.*, der v. a. in totalitären Systemen blüht, den *jüd. W.*, der durch iron. Distanz zum eigenen Geschick geist. Souveränität beweist, die W.e über einzelne Nationen *(Schotten-W.e)*, Stämme oder Städte (meist *Mundart-W.e*, z. B. die Tünnes- und Schäl-W.e Kölns), über Stände (z. B. *Professoren-W.e)*, menschl. Schwächen und Verhaltensmuster (bes. im erot. Bereich vielfach als *Tier-W.e)* oder die W.e über aktuelle Zeiterscheinungen, die oft auch W.-moden hervorbringen *(Häschen-W.e* gegen Konsumverhalten) oder sich bestimmter W.-modelle bedienen (sog. *Wander-W.e)*. Das *Prinzip des W.es* wurde seit der Antike (Platon, Aristoteles) zu erfassen versucht. Von den philos., psycholog. oder anthropolog. begründeten Theorien sind hervorzuheben die Auffassungen des W.es als überraschender Verbindung heterogener Vorstellungen, Aspekte, Kategorien, Normbereiche (I. Kant, Jean Paul, F. Th. Vischer u. a.), als paradoxer Subsumption ganz verschiedener realer Objekte (A. Schopenhauer, A. Wellek), als Abbau des durch Konventionen geforderten Hemmungsaufwandes gegenüber dem triebgesteuerten Unterbewussten (S. Freud, Th. Reik u. a.). Diesen z. T. mit der Definition des ↗Komischen oder der Theorie des Lachens nahezu ident. Theorien setzt W. Preisendanz seine Auffassung des W.es vordringl. als eines *Sprachgebildes* gegenüber: nach ihm wird der W. konstituiert durch den Aussagemodus, der auf dem Spiel mit dem »Bedeutungspotential und Bedeutungsspektrum von Wörtern und Sätzen« (↗Homonyme, ↗Amphibolie, ↗Ambiguität) basiert, auf der »Möglichkeit, Wörter und Sätze in verschiedene Kontexte einzustellen oder verschiedene Prämissen der Wort- oder Satzbedeutung anzunehmen«. Eine falsche Formulierung der Pointe kann z. B. einen W. ›töten‹, Verfasser und Rezipient eines W.es müssen Form- und Sprachempfinden besitzen. Die Art und der Grad der sprachl. Manipulation bedingt auch den geist. Anspruch eines W.es sowie seine Grenzüberschreitungen zur Zote, zum ↗Kalauer, zum ↗Wortspiel, ↗Aphorismus, ↗Apophthegma, zur ↗Anekdote, zum ↗Rätsel. Grenzfälle sind auch die surrealist. und die sog. Irrenw.e, die auf Scheinlogik oder Normvertauschungen (nicht -entlarvungen) beruhen. Seltener sind gezeichnete W.e *(Bild-W.e)*, die ebenfalls mit der sprachl. Mehrdeutigkeit arbeiten (Bildunterschrift deckt sich in den Benennungen, nicht in der Sache mit dem Bildinhalt.) IS

Wortkunst, von den Autoren und Theoretikern des ↗ Sturmkreises geprägte Bez. 1. allgem. für Dichtung, 2. speziell für ihre eigenen, auf dem Wort und seinen Elementen aufbauenden Arbeiten. D

Wortspiel, Spiel mit der Bedeutungsvariabilität, Vieldeutigkeit und Klangvielfalt der Sprache, oft Konstituens bestimmter Kleinformen wie ↗ Witz, Scherzgedicht (z. B. ↗ Echogedicht), ↗ Anekdote, ↗ Sprichwort, ↗ Aphorismus, ↗ Rätsel etc. Das W. kann kom.-witzig (Einsatz von Wortwitz) bis geistvoll-beziehungsreich (also auch unkomisch!) sein, es dient immer der Aufdeckung der Doppelbödigkeit, der Ambiguität einer Aussage; ein nur um des witzigen Effektes willen als Selbstzweck konstruiertes W. wird positiv als ↗ Bonmot, abwertend als ↗ Kalauer bezeichnet. W.e sind in der Regel unübersetzbar, weil die konstitutiven Wörter (meist ↗ Homonyme) in anderen Sprachen so nicht vorhanden sind. – Schon in der Spätantike wurde die Technik des W.s zu klassifizieren versucht; die vielfält. Arten und Unterarten lassen sich in *3 Gruppen* zusammenfassen:

1. W.e durch den *Gebrauch der Amphibolie*, der eigentl. und metaphor. Bedeutung eines Wortes, einer Phrase, eines Satzes je nach dem Kontext: »... wir haben alle braune Haar' ghabt, lauter dunkle Köpf', kein lichter Kopf zu finden« (Nestroy).

2. W.e durch ↗ *Paronomasie* (Annominatio), dem Spiel mit Wörtern desselben Stammes (wer sich auf den verlässt, ist verlassen), gleichen oder ähnlichen Klanges, die oft in paariger, gegensätzl. Setzung eine pseudoetymol. Beziehung suggerieren sollen (Alter macht weiß, aber nicht weise; Rheinstrom – Peinstrom [Schiller]).

3. W.e durch das *Spiel mit Bedeutungsnuancen, -spaltungen, – wandlungen der Wörter*, der absichtsvollen Bedeutungs- oder auch Silben- und Buchstabenverwechslung (der Punsch war der Vater des Gedankens; vgl. auch ↗ Schüttelreime), durch Wortzerlegungen (»Eifersucht ist eine Leidenschaft, die mit Eifer sucht, was Leiden schafft« [Schleiermacher]), künstl. Worttrennungen (medizynisch, [Nietzsche]), durch leichte Entstellungen (Poeta kalaureatus [S. Freud], abgeliebte Dame [Heine]), Wortzusammenziehungen (Rothschild empfing ihn famillionär [Heine]), lautähnl. Neubildungen (Zweisamkeit [Nietzsche], Hausfeind [Heine]), durch das Spiel mit der Syntax (↗ Polyptoton u. ähnl.), versetzter Betonung usw. – W.e sind einerseits charakterist. für gewisse Epochenstile (Gongorismus, Marinismus, Euphuismus, Preziosität, Meister: u. a. Calderón, Shakespeare, J. Donne, in Deutschland J. Fischart, Abraham a Santa Clara), finden sich aber auch als Stilkennzeichen bestimmter Dichter aller Epochen, so bes. bei Jean Paul, C. Brentano, H. Heine, J. Nestroy, F. Nietzsche. Auf die manierist. Tradition greifen in der Moderne G. Apollinaire, J. Prévert, H. Arp, H. M. Enzensberger zurück. Netze von irrealen, mehrsprach. W.en bestimmen die ganze sprachl. Struktur von J. Joyce's Roman »Finnegans Wake« (1939). IS

Würfeltexte, bei ihrer Herstellung werden Auswahl und Reihenfolge der Wörter zufällig mit Hilfe von Würfeln bestimmt. Zu ihrer Bewertung wichtig ist, welche Bedeutung ihre Hersteller dem Zufall beimessen (Sprachspiel, ↗ Unsinnspoesie, aber auch Sprachmystik). Eine geschichtl. oder systemat. Darstellung der W. gibt es bisher nicht, obwohl sich W. oder vergleichbare Texte u. Überlegungen schon relativ früh nachweisen lassen: im Barock ansatzweise, dann in der Romantik, vgl. z. B. L. Tieck, der in »Die verkehrte Welt« den Narren sagen lässt: »Ich schüttle die Worte zwischen den Zähnen herum und werfe sie dann dreist und gleichgültig wie Würfel heraus«. Als literar. Gesellschaftsspiel bietet das 19. Jh. Würfelalmanache (»Die Kunst, ernste und scherzhafte Glückwunschgedichte durch den Würfel zu verfertigen«, 1825 oder »Neunhundert neun und neunzig und noch etliche Almanachs-Lustspiele durch den Würfel«, 1829). Diese Spiele sinken alsbald zu Würfelspielen der Art »Wer würfelt Worte« ohne jegl. literar. Ambition ab. Dagegen kommt es seit der ↗ Literaturrevolution (im Gefolge St. Mallarmés bes. im ↗ Dadaismus) wiederholt zu einer programmat. Diskussion des Zufalls

(↗ aleator. Dichtung), in deren Tradition noch die »gewürfelten Texte« F. Kriwets (1959) oder T. Ulrichs' tautolog. »würfel« (der statt der Augen die sechs Buchstaben des Wortes w-ü-r-f-e-l enthält) stehen. D

X

Xenien, n. Pl. [gr. xenion = Gastgeschenk] 1. *Titel* des 84/85 n. Chr. entstandenen 13. Buches der Epigramme Martials, das, im Ggs. zu seinen sonst. ↗Epigrammen, vorwiegend freundschaftl. Begleitverse (meist je ein Distichon) zu (Saturnalien-)Geschenken enthält. 2. Im Rückgriff auf diese »Xenia« Martials von Goethe vorgeschlagene iron. *Bez.* für die von ihm und F. Schiller verfassten polem. Epigramme in Monodistichen gegen andere zeitgenöss. literatur- und kunstkrit. Richtungen, die sie gemäß ihrer in den »Horen« vertretenen Kunstauffassung (↗Weimarer Klassik) bekämpften. Die insgesamt 926 X., z. T. aggressiv-persönl., z. T. sentenzhaft-philosoph. gehalten, entstanden seit Ende 1795, der größte Teil erschien im Okt. 1796 in Schillers »Musenalmanach auf d. Jahr 1797« (die »friedl.«. X. gesondert u. d. T. »Tabulae votivae«) und riefen zahlreiche ebenfalls polem. *Anti-X.* hervor (X.-kampf). Die Bez. ›X.‹ für literaturkrit. Spottverse findet sich auch bei H. Heine, K. L. Immermann (vgl. dessen X. im Anhang zu Heines »Nordsee«-Reisebilder, 1827), F. Grillparzer, F. Hebbel u. a. Ausdrückl. als »zahme« X. bez. Goethe in der Ausgabe letzter Hand (1827) seine seit 1820 entstandenen besinnl. Spruchdichtungen.   IS

Z

Zahlenproportionen, Zahlensymbolik. Zahlen finden sich als Struktur- und Formelemente allenthalben in der Dichtung. Zu unterscheiden sind *ästhet.-proportionale Kategorien* wie die Wahl einer runden, harmon. oder mehrfach teilbaren oder typ. Zahl für Einteilungen, Untergruppierungen, Zyklen usw., z. B. die Zwei zur Gliederung von Versen (german. Langzeile, Alexandriner), Strophen (Stollenstrophe: Auf- und Abgesang), die Drei zur inneren oder äußeren Ordnung von Versen (Trimeter, Terzine), Strophen (Triade), Dramen (Dreiakter, Trilogie), die Sieben oder Zwölf als Kompositionsprinzip ep. Werke (vgl. das »*Hepta*meron« der Margarete von Navarra, den »Josephsroman« Th. Manns: 4 Teile aus je 7 Hauptstücken, J. Miltons »Paradise Lost«: 12 Bücher, Ch. M. Wielands »Oberon«: 12 Gesänge, W. Raabes »Hungerpastor« oder »Schüdderump«: 3-mal 12 Kapitel) usw. Nicht immer sicher zu bestimmen ist bei dieser Maßästhetik die Grenze zur bewussten Anknüpfung an die *traditionellen Symbolzahlen*, die seit der Antike in den Versuchen der sinndeutenden Erfassung des Weltganzen eine Rolle spielen: z. B. weist die Drei nach Platon (»Timaios«) auf Anfang, Mitte und Ende jeden Werkes (vgl. auch Trinität), im mal. Weltbild auch auf die Hauptreligionen Christen, Juden, Heiden, die drei Stände (Krieger, Pfaffen, Bauern, vgl. auch die allegor. Ausdeutung der ↗ Genera dicendi), die Vier auf die Weltenden u. a., die Fünf auf die fünf Weltalter, die fünf Sinne u. a., die Sieben (aus 3+4) auf die Todsünden, die Neun auf die neun Musen, neun Engelschöre, die Zwölf auf die zwölf Stämme Israels, die zwölf Apostel u. a. – Bes. in antiken und mal. Werken, aber auch in der Volksdichtung werden Zahlenkonstellationen in ausdrückl. symbol Analogie gewählt, vgl. die Drei im Märchen (3 Brüder, 3 Aufgaben, das mag. dreimal Sagen), die Zwölf im mal. Epos (12 Paladine Karls des Großen, 12 Ritter der Artusrunde, 12 Helden Dietrichs von Bern usw.). Symbol. Zahlenkompositionen traten bisweilen an die Stelle inhalt. orientierter Gliederungen, vgl. z. B. die hellenist. Einteilung der Epen Homers in 24 Gesänge (nach den 24 Buchstaben des griech. Alphabets), die Einteilung der »Evangelienharmonie« Otfrieds in 5 Bücher (nach den 5 Sinnen). Dem Aufbau von »Ezzos Gesang« in 33+1 Strophen liegt die Zahl der Lebensjahre Christi zugrunde, ebenso der Struktur der »Göttl. Komödie« Dantes (3-mal 33 Gesänge + Einleitung) oder dem »Ackermann aus Böhmen« des Johannes von Saaz (33 Kap. + Schlussgebet). In St. Georges Gedichtzyklus »Der Siebente Ring« hat die Sieben mehrfache symbol. Bezüge (Erscheinungsjahr 1907, 7. Schöpfungstag, 7 Gedichtgruppen aus jeweils einem Vielfachen von 7). Bes. in manierist. Werken sollen Zahlenbezüge geheimnisvollen Sinndeutungen dienen. – Die in der neueren Forschung v. a. für mal. Dichtungen aufgespürten, meist auf irrationalen Zahlen basierenden Aufbauschemata sind in ihrer Aussagerelevanz und Authentizität umstritten.   S

Zạni, Zanni, m. Pl., Sg. Zane, Zanne, typisierte Dienerfiguren, gehören neben ↗ Pantalone und ↗ Dottore zu den ältesten Typen der ↗ Commedia dell' arte. Da diese Personenkombination an die altröm. ↗ Atellane erinnert, hat man versucht, den *Namen* auf die *Sanniones*, altröm. Spaßmacher, zurückzuführen; richtig ist aber wohl die Herleitung von der lombardo-venezian. Kurzform *Zan* oder

Zuan für Giovanni. Man unterscheidet den verschlagenen, zuweilen auch musikal. ↗ *Brighella* (Erster Zane; zu dessen Nachfahren evtl. auch der franz. Figaro gehört) und den tölpelhaften ↗ Arlecchino (Harlekin), der, obwohl stets als 2. *Zane* bez., doch als der wahre König der Commedia dell'arte gilt. – Der 1. Zane wurde auch *Scappino, Flautino, Coviello*, der 2. Zane u. a. ↗ *Truffaldino, Pasquino, Tortellino, Pedrolino,* ↗ *Pulcinella* oder *Zaccagnino* genannt. Häufig erhielt die Figur ihren Namen von einem berühmten Interpreten; so schufen A. Naselli den *Zan Ganassa*, P. M. Cecchini den *Fritellino*, N. Barbieri den *Beltrame*, F. Gabrielli den *Scappino* oder Carlo Cantù den *Buffetto*. Der berühmteste Arlecchino war G. D. Biancolelli. Die Z. setzten die spätmal. Spielmannstradition der Bauernsatire fort. Sie sprachen Dialekt, meist bergamaskisch oder venezianisch, aber auch den anderer Regionen wie Neapel oder Mailand. Entsprechend ihrer Differenzierung gewann der geistvollere, listenreiche erste Zane Bedeutung für die stärker an Intrigenhandlung und Wortwitz orientierte Komödie Gozzis und der ↗ Comédie italienne, der burleske, groteskbewegliche zweite Zane wurde zum Zentrum von Aktionskomik und Slapstick, wie sie im Allgemeinen die italienische Komödie bevorzugte. Sein Erbe hat sich bis ins moderne italien. Volkstheater erhalten. HR

Zarzuela, f., [span. sarsuˈe:la], span. Sonderform des Musiktheaters, deren *Name* vom Zarzuelapalast im Prado, nahe Madrid, herrührt, wo sich im 17. Jh. der Infant Don Ferdinando und danach sein Bruder Philipp IV. gern zur Jagd aufhielten und zur Unterhaltung Madrider Komödiantentruppen einluden. Das erste als Z. bekannte Stück »El Jardín de Falerina« von Calderón de la Barca (1649) zeigt bereits ihre *typ. Eigenarten*: 2 Akte, regelmäßiger Wechsel von Gesang und Dialog, großart. Abenteuer und trag. Verwicklungen zwischen Heroen, Göttern und Herrschern. Während die Musik selten, oft nur bruchstückhaft überliefert ist, sind die Texte gedruckt erhalten. Zu den bekanntesten Librettisten gehörten außer Calderón Antonio Solís, José Clavijo, Antonio Zamora, zu den Komponisten J. Hidalgo, C. Patiño, Antonio Literes und J. de Nebra. In der zweiten Hälfte des 18. Jh. übernahm die Z. angesichts der enormen Popularität der italienischen Oper von dieser Stoffe, Libretti und musikal. Formen. Ramón de la Cruz, der vieles übersetzte (G. Paisiello, A.-E. M. Grétry u. a.), bereicherte die Z. auch um volkstüml. span. Themen (»Las Segadoras de Vallecas«, 1770). In enger Anlehnung an ausländ. Vorbilder entstand so eine span. Variante der Opéra comique, des Vaudevilles und des dt. Singspiels. Dennoch wurde sie von der italien. Oper verdrängt und fast völlig vergessen. Erst die als Melodrama bezeichnete Z. »Los Enredos de un curioso« leitete 1832 eine Renaissance ein. Es entwickelten sich drei Stiltypen: die *z.s parodias*, welche v. a. italien. Belcanto-Opern parodierten (ab 1846, v. a. A. Azcona), die *z. andaluza* (»La Venta del puerto o Juanillo el contrabandista«, 1846) und die *Bearbeitungen franz. Vaudevilles* und kom. Opern. Die Erweiterung der kurzen alten Form auf *drei* Akte (»Jugar con fuego«, 1851, von F. A. Barbieri und V. de la Vega) führte zur neuen Differenzierung zwischen der *z. grande* und den Kleinformen, die als ↗ *género chico* zusammengefasst wurden. Die Z.-Künstler eröffneten 1857 auf Vereinsbasis ihr eigenes *Teatro de la Z.* in Madrid, das neue Stücke förderte. Zeitweise florierte v. a. das género chico so sehr, dass 10 Madrider Theater sich darauf spezialisierten. Wichtige Namen waren T. Bretón, R. Chapí, J. Giménez. Um die Jahrhundertwende wurde die Z. grande, für die auch E. Granados und M. de Falla komponierten, wieder sehr populär. Bis heute sind Z.s in Spanien und Südamerika ausgesprochen beliebt; iberische Gesangsstars wie P. Domingo und T. Berganza haben in Z.s begonnen. HR

Zäsur, f. [lat. caedere, caesus = hauen, einschneiden], in der Verslehre ein durch ein Wortende markierter syntakt. oder metr. Einschnitt, meist in längeren Versen oder Perioden. Zu unterscheiden sind: a) *verskonstituierende (feste) Zäsuren*: eine festgelegte Z. pro Vers, z. B. in ↗ Alexandriner, ↗ Vers commun, ↗ Heroic verse; *eine* an zwei bestimmten Versstellen mögliche Z., z. B. ↗ Trimeter, ↗ Endecasillabo; *eine* oder *mehrere* festgelegte Z.en, z. B. im ↗ Hexameter, b) *frei bewegliche* Z.en, z. B. im ↗ Blankvers, im ↗ Vers libre. – In der gr.-röm. Metrik muss die durch eine Wortgrenze markierte Z. innerhalb eines ↗ Versfußes oder einer ↗ Dipodie liegen, vgl. z. B. die ↗ Hephthemimeres oder ↗ Penthemimeres im jamb. Trimeter oder daktyl. Hexameter, im Gegensatz zur ↗ Dihärese, bei der Wortende und Versfuß-(Dipodie-)ende zusammenfallen (z. B. im ↗ Pentameter); diese Unterscheidung gilt auch für die Nachbildungen antiker Verse. Z.en haben unterschiedl. Aufgaben: beim Alexandriner z. B. stellen sie zwei antithet. oder parallele Hälften einander gegenüber, in anderen Versen sorgen sie für Spannung und Abwechslung im Versfluss. Der Begriff Z. wird auch allgemein verwendet als gedankl. Einschnitt in Prosareden, Einschnitt in einem Lebenslauf, einer Entwicklung etc. S

Zäsurreim, Reim an metr. Einschnitt, 1. im Versinnern (↗ Binnenreim): a) zwischen Wörtern vor den Zäsuren *eines* Verses (Sonderform des inneren oder Binnenreims i. eng. Sinne), b) zwischen Wörtern vor den Zäsuren *zweier* Verse, z. B. ↗ Titurelstrophe, oft in der ↗ Nibelungenstrophe (z. B. Str. 1 des »Nibelungenlieds«); 2. zwischen dem Wort vor der Zäsur eines Verses und dem Versende (Sonderform des ↗ Inreims oder ↗ Mittenreims), z. B. ↗ leonin. Vers. S

Zauberspruch, archaische Literaturgattung zur mag. Abwehr von Unheil und Bedrohung, z. T. unter Beschwörung übernatürl. Mächte als Hilfe und Schutz. Z.e gehören zu den ältesten Zeugnissen geformter Sprache; sie sind geprägt durch Parallelismus, Alliteration, Reim, formelhaft knappe Sprachgebung (sog. ↗ Carmenstil); kennzeichnend sind Zwei- (manchmal Drei-)Gliedrigkeit: auf einen ›ep.‹ Teil, in dem eine Analogiehandlung berichtet oder die beschworene Situation kurz umrissen wird, folgt die eigentl. ↗ Beschwörungsformel. *Älteste german. Zeugnisse* sind die aus heidn. Zeit stammenden sog. »*Merseburger Z.e*« (Fes-sellösung und Heilszauber), aufgezeichnet im 10. Jh. Als christl. Fortbildung finden sich seit ahd. Zeit sog. *Segen,* die in Aufbau und Stil an die heidn. Z.e anknüpfen, wobei im ep. Teil auf ein bibl. Ereignis oder Faktum Bezug genommen wird, heidn. Gottheiten durch den christl. Gott oder Heilige ersetzt werden, z. B. im »*Wiener Hundesegen*«, »*Weingartner Reisesegen*«, im *Straßburger, Bamberger* oder *Trierer Blutsegen* (9., 10. Jh.) u. a.; aus dem MA. sind bes. auch Vieh- und Waffensegen bezeugt. Im Unterschied zum Gebet, das die Erfüllung einer Bitte der Gnade des Angerufenen anheimstellt, gehen Z. und Segen davon aus, dass durch das mag. Wort die Angerufenen zur Hilfe herbeigezwungen werden können. Die Tradition des Z.s und Segens lebt bis heute im Brauchtum der Völker fort (u. a. als Aufschriften auf Amuletten, Talismanen etc., vgl. Zachariassegen, Zachariaskreuze). Sammlungen von Beschwörungsformeln, Z.en, Vorschriften und Anleitungen zur Beeinflussung mag.-übernatürl. Kräfte enthalten seit dem Hellenismus bezeugte Zauberbücher. S

Zauberstück, Spielvorlage, die mit übernatürl. Personal und Zauberrequisiten arbeitet; charakterist. sind theatral. Illusionszauber und imponierende Bühnentechnik, sowie die Affinität zum naiv-spielfreud., relativ regellosen, meist auch volkstüml. Theater. – Eine der Wurzeln des europ. Theaters liegt evtl. in archaischen Zauber- und Beschwörungsritualen (Jagdzauber, Initiationsriten, Ernte- und Fruchtbarkeitstänzen, Totemismus und Kulten). Das europ. MA. kennt die Legenden- und Mirakelspiele; Elemente des Z.s verwenden die Dramatiker der Renaissance (z. B. Shakespeare in »Der Sturm«, »Der Sommernachtstraum«, »Macbeth«). Seine Hochblüte erlebt das Z. jedoch im Barock mit der Ausbildung einer perfekten Bühnentechnik (↗ Theatermaschinerie) und reicher Ausstattung: das Z. erfasste damals alle Formen des Sprechtheaters, der Oper und des Balletts; vgl. z. B. die ↗ Intermezzi, die theatral. relig. Wunder im ↗ Jesuitendrama und den span. ↗ Autos sacramentales, die Mythen- und Märchenmotive in weltl. Dramen der Zeit: im span. Barockdrama

z. B. bei Tirso de Molina (»El burlador de Sevilla«, Don-Juan-Stoff), Calderón de la Barca (»Der wundertät. Magus«) u. a.; Vergleichbares gilt für das Barocktheater Englands (Maskenspiele und Opern: z. B. H. Purcell »Dido and Aeneas«, »King Arthur«), Frankreichs (↗ Féerie) und Deutschlands. – Der europ. Rationalismus des 18. Jh.s, v. a. der Einfluss des geregelten franz. Dramas reduzierten das Z. auf das ↗ Melodrama, die Oper und das ↗ Volksstück, das v. a. – als *süddt. Z.* – im 19. Jh. in Wien zur Blüte gelangt: es schließt sich an die barocke Tradition des Z.s, die höf. Oper und volkstüml. Komödiantik an. In offener Terminologie unterschied man das *Zauberspiel* (F. Raimund, »Die gefesselte Phantasie«), das *Zaubermärchen* (Raimund, »Der Verschwender«), die *Zauberoper* (E. Schikaneder, »Die Zauberflöte«) und die *Zauberposse* (Raimund, »Der Barometermacher auf der Zauberinsel«, J. N. Nestroy, »Der böse Geist Lumpazivagabundus«). Vorgänger der beiden unbestrittenen Meister des Z.s, Raimund und Nestroy, waren J. F. v. Kurz-Bernardon (sog. Maschinenkomödien), J. A. Stranitzky, K. Meisl, J. A. Gleich, A. Bäuerle, C. Carl, bei denen sich parodist., sentimentale, kom. u. Schaueffekte in unterschiedl. Weise verbanden. – Elemente und Techniken des Z.s finden sich u. a. auch in den romantisierenden Commedia dell'arte-Stücken C. Gozzis, im romant. Drama, im Surrealismus, bis heute auch in Zaueroper und -ballett (W. Egk, »Die Zaubergeige«, I. Strawinski, »Der Feuervogel«, »Petruschka«) und v. a. im Film. HR

Zeilensprung, dt. Bez. für ↗ Enjambement.

Zeilenstil, Kongruenz von syntakt. und metr. Gliederung; kennzeichnend bes. für archaische Dichtung, v. a. die german. Stabreimdichtung. Im *strengen Z.* fallen jeweils Satz- und Vers-(Langzeilen)ende zusammen, er findet sich selten rein durchgeführt (z. B. bei Kürenberg); meist ist er gemischt mit dem *freien Z.*, in dem Satz- und Versschlüsse erst nach zwei oder mehreren Langzeilen zusammenfallen (z. B. »Hildebrandslied«, altnord. »Edda«; auch ↗ Enjambement oder Zeilensprung, ↗ Brechung). – Fällt der Satzschluss in die Mitte eines Folgeverses, spricht man von ↗ Haken- (oder Bogen-)stil. S

Zeitroman, in der dt. Lit. des 19. Jh.s entwickelter Romantypus, in dem die zeitgeschichtl. Situation des Autors, die Analyse der polit., sozialen, ökonom., kulturellen u. eth.-religiösen Verhältnisse seiner Gegenwart im Mittelpunkt stehen. Die Bez. wurde erstmals 1809 von C. Brentano geprägt für A. v. Arnims »Gräfin Dolores«. Der Z. ist stoffl.-themat. nicht eindeutig abzugrenzen vom ↗ histor. Roman, vom europ. ↗ Gesellschaftsroman oder ↗ Entwicklungsroman, stellt aber *strukturell einen neuen,* theoret. fundierten (u. a. K. Gutzkow, L. Wienbarg u. a.) erzähler. Bautyp dar: anstelle des Nacheinander einer chronolog. fortschreitenden Handlung tritt das Nebeneinander mehrerer simultan ablaufender Erzählstränge aus oft kontrastiv gereihten Augenblicks- oder Zeitbildern, in denen (meist in Gesprächsform) jeweils ein Aspekt streiflichtartig beleuchtet wird. Die Handlung wird sekundär, dient nur der stoffl. Einkleidung, ›ereignet sich‹ in den Lücken zwischen den Zeitbildern. An die Stelle einer zentralen, mehrschicht. gezeichneten Hauptfigur tritt eine Vielzahl eher eindimensional, rein funktional entworfener, in ihrer Relevanz gleichwertiger sog. *Zeittypen* als Repräsentanten bestimmter zeitgeschichtl. Strömungen, oft nach bekannten zeitgenöss. Persönlichkeiten gestaltet, wodurch sich viele Z.e zur ↗ Schlüsselliteratur stellen. Das Prinzip der Gleichzeitigkeit wird durch genaue Zeitangaben, der Anspruch auf Aktualität und Wirklichkeitstreue durch realist. Beschreibung des Details, die Vielfalt der Aspekte durch Perspektivenwechsel zu erreichen versucht. Einige Z.e enthalten über die Zeitanalyse hinaus auch Zeitkritik, z. T. auch utop. Programme (Immermann, die Z.e des Jungen Deutschland), so dass sie auch der ↗ polit. Dichtung oder der ↗ Tendenzliteratur zuzurechnen sind. Zwar bergen die Verschlüsselungen und aktuellen Anspielungen die Gefahr des Veraltens in sich; der Z. ist jedoch durch die neuen erzähltechn. Mittel von Bedeutung für die Entwicklung moderner Romanstrukturen (↗ Simultantechnik, ↗ Montage, Aufhebung der Handlung etc.). Als *Begründer des Z.s* gilt K. L. Immermann (»Epigonen«, 1836; »Münchhausen«, 1838/39), propagiert wurde er vom Jungen Deutschland (K. Gutzkow, »Die Ritter vom Geiste«, 1850/51; »Der Zauberer von Rom«, 1858/61; H. Laube, »Das junge Europa«, 1833/37), weitere Vertreter sind J. Gotthelf (»Zeitgeist u. Berner Geist«, 1851), G. Freytag (»Soll und Haben«, 1855), F. Spielhagen (»In Reih u. Glied«, 1867; »Sturmflut«, 1877), P. Heyse (»Kinder der Welt«, 1873) und Th. Fontane (»Frau Jenny Treibel«, 1892, »Die Poggenpuhls«, 1896), im 20. Jh. noch F. Werfel (»Barbara oder die Frömmigkeit«, 1929) oder R. Musil (»Der Mann ohne Eigenschaften«, 1930/34). Im Gefolge der radikalen Infragestellung traditioneller Romankonventionen seit den 60er Jahren wird der Z. von einer Mischung von Dokumentation und Fiktion abgelöst (↗ Dokumentarliteratur). IS

Zeitschrift, period. Druckwerk, das i. d. R. mindestens 4-mal jährl. erscheint. Im Gegensatz zur ↗ Zeitung ist sie nicht an unmittelbarer Aktualität orientiert, sondern – mit Ausnahme der Illustrierten – auf ein Fach- oder Sachgebiet spezialisiert; es gibt die literar., wissenschaftl., politische, berufsgebundene, humorist. u. Ä. Z.en. In den Anfängen war eine Z. kaum unterscheidbar von der Zeitung. Als ursprüngl. universell wissenschaftl. Organ im 17. Jh. konzipiert, beginnt erst im 18. Jh. eine Differenzierung in verschiedene Z.en-Typen. Das *Wort* Z. im Sinne einer period. erscheinenden Publikation ist erstmals 1751 belegt. Die *erste Z. in deutscher Sprache* wurde 1688 von Ch. Thomasius in Leipzig herausgegeben (›Monatsgespräche‹). Mit dem Erscheinen der ↗ moralischen Wochenschriften im 18. Jh. erschließt sich über das gelehrte Publikum hinaus eine breitere Leserschicht in den gebildeten Ständen. Lehrhafte und geschmacksbildende Artikel zur Verfeinerung von Kultur und Sitten bestimmten diese Z.en. Daneben nahmen ↗ literar. Z.en einen breiteren Raum ein, die oft an einzelne Dichterpersönlichkeiten gebunden waren (Wieland, Goethe, Schiller, Boie oder die Brüder Schlegel). Poetolog. und literaturkrit. Auseinandersetzungen standen im Mittelpunkt dieser Z.en. Im 19. Jh. setzte eine weitere Differenzierung ein: Kinder- und Jugend-Z., Partei-Z., Standes- und Berufs-Z. folgten. Die erste *Werkszeitschrift*, der »Schlierbacher Bote«, erschien 1888–90. Neue Erfindungen im techn. Bereich ermöglichten die Entstehung der *Illustrierten*. Parallel zur Anwendung und Perfektionierung des Maschinensatzes (↗ Zeitung) vollzog sich die Entwicklung vom Kupfer- und Stahlstich (mit dem die frühesten Illustrierten ausgestattet waren) zur Lithographie und schließl. zur Photographie, die Massenauflagen illustrierter Z.en erlaubten. Insgesamt eroberten die Z.en im 19. Jh. ein breiteres Massenpublikum und waren nicht mehr gebildeten Kreisen vorbehalten. Heute haben die Z.en alle Bereiche des Lebens erfasst, vom Essen über das Wohnen bis hin zur Freizeitgestaltung. Am meisten verbreitet sind sogen. *Publikums-Z.en* mit politischen, kulturellen und populärwissenschaftl. Themen. Auch im Bereich der Z.en hat eine wachsende Pressekonzentration eingesetzt. LS

Zeitstück, moderner Dramentypus, der zeitgeschichtl. Probleme oder Zustände vorführt; steht in der Tradition des gesellschaftskrit. Dramas seit dem 18. Jh. (Beaumarchais) und wurde in seiner spezif. Form entwickelt und theoret. begründet in der ↗ Neuen Sachlichkeit als objektives, d. h. der Wirklichkeit nachgestelltes, tatsachenorientiertes, dokumentierendes »direktes Theater«. Die erhoffte Betroffenheit des Zuschauers soll zu dessen Bewusstseinsänderung und zur Beseitigung der Missstände führen. Durch diese implizite, mehr oder weniger polit. motivierte Gesellschaftskritik ist das Z. auch der ↗ polit. Dichtung zuzurechnen. Programmat. polit. Ziele verfolgte v. a. das »polit. Theater« E. Píscators, der den traditionell-realist. Darstellungsstil des Z.s (der neue Inhalt war wichtiger als eine neue Form) durch formale Neuerungen (Simultantechnik, Simultanbühne) bereicherte: Einfluss z. B. auf F. Bruckner. – Vertreter des Z.s (häufig Antikriegs-, Erziehungs- oder Justizstücke in Prozess-, Verhörs-Form) sind bis 1933 und wieder nach dem Zweiten Weltkrieg bis etwa 1960: B. Brecht (↗Lehrstück), E. Mühsam, B. Blume, E. Toller, G. Weisenborn (»U Boot S4«, 1928), P. M. Lampel (»Revolte im Erziehungshaus«, 1929), F. Bruckner (»Krankheit der Jugend«, 1929), F. Wolf (»Cyankali«, 1929; »Prof. Mamlock«, 1933); – W. Borchert (»Draußen vor der Tür«, 1947), C. Zuckmayer (»Des Teufels General«, aufgef. 1946), L. Ahlsen oder R. Hochhuth. – Seit etwa 1960 wurde das Z. als »Imitiertheater« (M. Frisch, M. Walser) kritisiert und vom Dokumentarstück (↗Dokumentarliteratur) abgelöst, als dessen Vorstufe es durch sein Misstrauen in ästhet. Mittel betrachtet werden kann. Durch Übernahme ins Fernsehen wurde es aber zu breiter Kenntnis und oft nachträgl. Resonanz gebracht.   IS

Zeitung, f. [erstmals belegt um 1300 als *zîdunge* im Raum Köln nach mittelniederdt. *tidinge* = Nachricht, Botschaft; in dieser Bedeutung bis ins 19. Jh., dann Bez. für Nachrichtenslg. (zunächst im Pl., gegen Ende des 19. Jh. auch Sgl.)]. Vier Merkmale definieren den modernen Begriff der Z.: Öffentl. Zugänglichkeit *(Publizität)*, Zeitnähe *(Aktualität)*, regelmäßiges, mindestens zweimal wöchentl. Erscheinen *(Periodizität)* und inhaltl. Vielfalt *(Universalität)*. Die *frühesten Z.en* wurden in Deutschland zu Beginn des 17. Jh.s herausgegeben: 1609 erschien in Straßburg die »Relation Aller Fürnemmen und gedenckwürdigen Historien«, im gleichen Jahr in Wolfenbüttel der »Aviso Relation oder Zeitung«. Die *erste* bekannte *Tages-Z.* kam 1650 in Leipzig unter dem Titel »Einkommende Zeitungen« heraus; sie erschien bis 1918, zuletzt als ›Leipziger Zeitung‹. Im 18. Jh. existierten rund 200 Z.en, von denen nur wenige eine Auflage von 2000 Exemplaren erreichten. Schon früh entstanden einzelne meinungsbildende Z.en, die eine überregionale Bedeutung erlangten, darunter die ›Vossische Zeitung‹ (1617–1934), die ›Augsburger Abendzeitung‹ (1676–1934) und der ›Schwäbische Merkur‹ (1729–1943). Im 19. Jh. bereiteten stürmische technolog. Entwicklungen den Weg der Z. zur Massenpresse vor. F. Koenig konstruierte 1812 die erste mit Dampf betriebene Schnellpresse; die Rotationspresse entstand Mitte des Jh.s; die erste Lynotype wurde 1886 eingesetzt. In der 2. Hälfte des 20. Jh.s kam es zu einer weiteren Umwälzung, bedingt durch die Abschaffung des Bleisatzes, den Einsatz von Lichtsatz und die elektron. Texterfassung über Bildschirmterminals (Lesegeräte). – Seit etwa 1800 wurden die Z.en zunehmend aus Anzeigen finanziert. Gegenwärtig beträgt das Verhältnis von Anzeigen- und Verkaufseinnahmen rund 2/3 zu 1/3; damit ist für die Z. eine bedenkl. Abhängigkeit von Werbeträgern entstanden, die sich auch in der inhaltl. Gestaltung der Z. niederschlagen kann. Ein anderes, erfolgreiches Mittel der Finanzierung bzw. Auflagensteigerung war Mitte des letzten Jhdts. der sensationelle ↗Fortsetzungsroman (Eugène Sue, Alexandre Dumas), der heute für die Z. keine Bedeutung mehr hat. Nach der ersten amtl. Statistik der Bundesrepublik gab es 1975 375 Z.entitel von Hauptausgaben und 811 Titel von Nebenausgaben mit einer Gesamtauflage von 22,7 Mill. Exemplaren. Der zunehmende Prozess der Pressekonzentration hat in der Bundesrepublik dazu geführt, dass 1979 nur 122 Z.en eine selbständige Vollredaktion unterhalten. Die Konkurrenz anderer Medien, des Hörfunks und v. a. des Fernsehens, die größere Aktualität bieten können, hat den Einfluss der Z.en zurückgedrängt. In der Weltrangliste für Z.sdichte liegt die Bundesrepublik auf dem 14. Platz. Dt. Forschungsstätten (mit gr. Archiven) für das Z.swesen sind das Institut f. Z.sforschung Dortmund und das Institut f. Kommunikationswissensch. München.   LS

Zeitungslied, Gattung des sog. ↗histor. (Volks-)Liedes, berichtet in episierendem Stil von (meist) sensationellen Ereignissen. Sein Aktualitätsanspruch wird vielfach durch den werbenden Titel »Neue Zeitung« hervorgehoben. Doch gegenüber dem stärker polit. orientierten histor. Lied, das in geschichtl. Prozesse agitator., parteil. einzugreifen suchte und formal sich näher an verbreitungsfähige Volksliedtypen anschloss, zeigt das Z. eine moralisierende Tendenz. Nach einigen Andeutungen in histor. Quellen schon des 10. Jh.s kann gefolgert werden, dass solche Lieder zum Vortragsrepertoire der Fahrenden gehörten; die handschriftliche Überlieferung beginnt jedoch erst im 15. Jh. (zwei Lieder über Hostienfrevel im Wienhäuser Liederbuch, ca. 1455–1471). Seine Blütezeit erreicht das Z. mit dem Buchdruck. Bereits mit den »Wundernachrichten« von S. Brant ist die für lange Zeit herrschende *Verbreitungsform* gefunden: ↗ Flugblatt mit großlettrigem Titel und drast. Illustration. Das Z. ist bes. im 16. und 17. Jh. weit verbreitet, wird von sog. Zeitungssängern auf Märkten ausgeschrieen und gehandelt; es berichtet vornehml. von Wundergeschehnissen (Kometen, Missgeburten etc.), kriminellen Taten (Mord, Hexerei, Kirchenschändung) und ihrer Bestrafung. Seit dem 17. Jh. wird der Text von mehreren Bildern begleitet, und das Z. nähert sich dem ↗ Bänkelsang, von dem es abgelöst wird und durch den es als veränderte Gattung bis zur Institutionalisierung der Tageszeitung im 19. Jh. überlebt. HW

Zensur, f. [lat. censura = Prüfung, Beurteilung], staatl. und kirchl. Überwachung öffentl. Meinungsäußerungen. Polit. nonkonforme oder nicht genehme sozialkrit. Äußerungen in Wort und Bild werden der Kontrolle unterworfen. Histor. geht die Z. auf das röm. Amt des Censors zurück, der das staatsbürgerl. und sittl. Verhalten der Bürger überwachte. Im MA übte die kath. Kirche literar. Z. aus. Mit dem Aufkommen der Buchdruckerkunst nahm die Z. systemat. Charakter an: 1559 stellte die kath. Kirche den ↗ *Index librorum prohibitorum* auf, der alle verbotenen Schriften aufführte. Zur selben Zeit wurde erstmals eine staatl. Z. durch die Einrichtung einer kaiserl. Bücherkommission (1569) ausgeübt, die für die Einhaltung der Z.-bestimmungen auf der Frankfurter Buchmesse sorgen sollte. Eines der Ziele bürgerl. Revolutionen war die Aufhebung der Z. In England wurde sie 1694 abgeschafft, in Frankreich 1789. In Deutschland hielt sich die Z. als Instrument feudaler Bevormundung und wurde mit den Karlsbader Beschlüssen (1819) sogar verschärft. So wurde 1835 eine ganze literar. Richtung, ↗ das Junge Deutschland, unter Z. gestellt. Erst mit der Revolution von 1848 erfolgte teilweise eine Lockerung der Z. Doch wurden weiterhin literar. Werke zensiert, v. a. Theaterstücke (G. Hauptmann: »Die Weber«, 1892, oder A. Schnitzler: »Der Reigen«, 1897). Die Weimarer Reichsverfassung von 1919 verbot die Z., schränkte dieses Verbot jedoch durch die 1922 erlassenen Republikschutzgesetze zur Bewahrung der Jugend vor Schund- und Schmutzschriften und Verordnungen zur Bekämpfung polit. Ausschreitungen erhebl. ein. 1933 hob das nationalsozialist. Regime mit der »Verordnung zum Schutz von Volk und Staat« die Rechte freier Meinungsäußerung auf, die totale Gleichschaltung der Medien und die Unterdrückung jegl. Opposition erübrigte eine Z. Das Grundgesetz der BRD übernahm das Z.verbot der Weimarer Verfassung ohne deren Einschränkungen (Art. 5, Absatz 1 Satz 3 GG: »Eine Zensur findet nicht statt«). Statt der direkten staatl. Z. wurde die Sanktionierung missliebiger Meinungsäußerungen nun in privatrechtl. Form durch Selbstkontroll-Institutionen übernommen, wie etwa durch die ›Freiwillige Selbstkontrolle der Filmwirtschaft‹ oder die ›Filmbewertungsstelle Wiesbaden‹. Z.fälle in den fünfziger Jahren häuften sich im Zusammenhang mit dem KPD-Verbot, in den sechziger Jahren aufgrund von angebl. pornograph. Darstellungen, in den siebziger Jahren wegen »Verherrlichung von Gewalt«. 1976 – auf dem Hintergrund der Verfolgung der Rote-Armee-Fraktion – löste die 14. Strafrechtsreform Unruhe in der demokrat. Öffentlichkeit, bes. unter Schriftstellern aus. Die polit. Strafverschärfung erzeugte ein geistiges Klima der vorbeugenden Selbstzensur. In der ehemaligen DDR wurde seit ihrer Gründung 1949 eine umfassende staatl. gelenkte Z. ausgeübt, obwohl die erste Verfassung der DDR ausdrücklich Meinungsfreiheit und Freiheit der Kunst garantierte. Zur Durchführung der Z. wurden Institutionen und Gesetze geschaffen wie die ›Anordnung über das Genehmigungsverfahren für die Herstellung von Druck- und Vervielfältigungserzeugnissen‹ (1959). Die ›Hauptverwaltung Verlage und Buchhandel‹ im Ministerium für Kultur kontrollierte die gesamte Jahresproduktion aller Verlage. Über das ›Büro für Urheberrechte‹

sollte verhindert werden, dass verbotene Manuskripte im Westen erscheinen könnten. Die vierzigjährige Geschichte der DDR ist gekennzeichnet durch spektakuläre und leise Z.maßnahmen, Strafverfolgungen und Gefängnisstrafen in allen Bereichen der Literatur und der Kunst. Allein die zwangsweise Ausbürgerung des ↗Liedermachers Wolf Biermann 1976 hatte zur Folge, dass rund fünfzig protestierende DDR-Schriftstellerinnen und -Schriftsteller die DDR gezwungen oder freiwillig verließen, weil sie keine Möglichkeit mehr sahen, frei von Z. arbeiten zu können. Die polit. Umwälzung in der DDR im Herbst 1989, die Bildung einer demokratisch gewählten Regierung hat dazu geführt, dass offiziell alle Z.institutionen abgeschafft wurden. LS

Zeugma, n. [gr. = Joch, Zusammengefügtes, auch Syllepsis, gr. = Zusammenfassung], ↗rhetor. Figur der Worteinsparung, Sonderform der ↗Ellipse: Zuordnung eines Satzgliedes (Wortes) zu zwei (oder mehr) syntakt. oder semant. verschiedenen Satzteilen; unbeabsichtigt gesetzt als grammat. Verstoß oder Stilfehler gewertet. Man unterscheidet:
1. *syntakt. Z.* (auch Adnexio): ein Satzglied wird auf zwei (oder mehr) nach Genus, Numerus oder Kasus inkongruente Satzteile bezogen, obwohl es nur zu einem passt und eigentl. neu gesetzt werden müsste: ich gehe meinen Weg, ihr [geht] den euren, »Entzahnte Kiefern schnattern und das schlotternde Gebein« (Goethe, »An Schwager Kronos«).
2. *semant. Z.*: ein Satzglied wird auf zwei Wörter oder Satzteile bezogen, die entweder verschiedenen Sinnsphären angehören oder in eigentl. und metaphor. Bedeutung verstanden werden müssen: er *warf* die Zigarre in den Aschenbecher und einen Blick aus dem Fenster; »Er *saß* ganze Nächte und Sessel *durch*« (Jean Paul, »Siebenkäs«); wird oft in scherzhafter oder verfremdender Absicht verwendet. S

Zimmertheater, spezif. Theaterform, die erst zu Beginn des 20. Jh.s in Experimentierstudios entstand und Alternativen zur Illusionsbühne des 19. Jh.s und ihren Repräsentationsbauten entwickelte. (Die improvisierten Aufführungen in Privaträumen im 16. u. 17. Jh. wurden nicht als künstler. Alternative empfunden und werden nicht als Z. bez.). Am Anfang stehen das »Erste Studio« des Moskauer Künstlertheaters unter K. S. Stanislawski und seine Nachfolgestudios (Behelfsbühne mit wenig Versatzstücken in einem Zimmer), nachgeahmt in Osteuropa und (über M. Tschechow) sogar in New York (Group Theatre); bes. bekannt geworden sind das jüd. Habima-Theater und das armen. Studio. Seine Blüte erlebte das Z. in den 40er und 50er Jahren, da es dem Mangel an bespielbaren Theatern ebenso entsprach wie einem nüchternen Theaterstil und einem informellen Publikum (vgl. die dt. Notbühnen oder die halbprivaten Ateliertheater etwa der Pariser Existentialisten: 1944 wurde P. Picassos Stück »Wie man Wünsche am Schwanz packt« in einer Pariser Privatwohnung aufgeführt). Das 1. dt. Z. entstand 1947 in Hamburg, zunächst im Hause H. Gmelins, später in einem Patrizierhaus, wo u. a. auch Regisseure wie G. Rennert inszenierten. Weitere Z., auch Kellertheater, folgten in Berlin, Frankfurt, Wiesbaden, Düsseldorf, Bonn, Köln, München (Schwabinger Ateliertheater, 1949), aber auch kleineren Orten (z. B. L. Malipieros Torturmtheater im fränk. Dorf Sommerhausen), ebenso etwa in Mailand (Teatrangolo und Teatro San Erasmo, 1953) u. anderen Orten. Der aus der Spieldimension des Z.s entwickelte spezif. Stil findet sein Publikum bis heute bes. in Universitätsstädten, zumal sich das Z. in letzter Zeit mit Tendenzen des sog. *alternativen* oder *armen Theaters* trifft, das ebenfalls bewusst auf den Apparat der etablierten Bühnen verzichtet, eine enge Publikumsbeziehung in kleinen Räumen und einen intensiven Darstellungsstil erstrebt (charakterist. etwa die Theaterlabore von J. Grotowski und G. Tabori). Es trifft sich auch mit Trends zu neuen Bühnenformen wie der Arena- und Prozeniumsbühne und der Neigung, Spiellandschaften in eigenwilligen Stätten wie unbenutzten Kirchen, Fabrikhallen, Bahnhöfen und sogar ausgebrannten Theatern zu schaffen (London: The Warehouse, Hamburg: Malersaal; Vincennes: La Cartoucherie,

Paris: Les Bouffes du Nord), vgl. die Produktionen der Royal Shakespeare Company in Stratford (The Other Place) und London (The Warehouse, The Young Vic), von denen v. a. B. Goodbodys »Hamlet« (1975) oder T. Nunns »Macbeth« (1976) neue Dimensionen einer mim.-choreograph. und verbalen Ausdrucksintensität eröffneten. HR

Zinnespel, n.; Pl. zinnespelen, auch sinnespel, spel van sinne [niederländ. = Sinn-spiel], niederländ. Bez. für ↗ Moralität; bekanntestes Werk der Gattung: »Elckerlijc« (vor 1495); auch ↗ Rederijkers. MS

Zitat, n. [lat. citare = auf-, herbei-, anrufen], wörtl. Übernahme einer Wendung, eines Satzes, Verses oder längeren Abschnittes, auch eines mündl. Ausspruches eines anderen Autors in ein literar. Werk (oder die mündl. Rede) mit Nennung des Verfassers, oft auch der Quelle, sei es durch bes. Hinweise im Text, sei es durch Fußnoten oder Anmerkungen, im Druck meist durch graph. Auszeichnung (Anführungszeichen, Kursivdruck etc.) hervorgehoben. Die Verfasserangabe kann evtl. entfallen bei Z.en mit breitem Bekanntheitsgrad, sog. ↗ geflügelten Worten (»Die Axt im Haus erspart den Zimmermann«, Bibelsprüche); fehlt sie bei weniger bekannten Z.en, kann es sich um ↗ Plagiat handeln. Grenzfälle sind indirekte, sinngemäße Wiedergabe von Z.en (↗ Paraphrase, ↗ Anspielung) und absichtl. abgewandelte oder ungenaue Z.e (zu humorist. oder parodist.-satir. Zwecken: »Wer hat dich, du schöner Wald, *abgeholzt* so hoch da droben?«). Unterschieden werden kann zwischen nur inhaltl. relevanten und auch formal mustergült. geprägten Z.en. Die Möglichkeiten ihrer Integration in ein Werk sind so vielfält. wie ihre *Funktionen*: Z.e dienen der Bestätigung und Erläuterung eigener Aussagen, als Ausgangspunkt der Widerlegung der durch sie repräsentierten Thesen, dem Bildungsnachweis, der literar. Anspielung oder ↗ Reminiszenz, der rhetor. Ausschmückung, als Element des formalen Aufbaus (als Exposition, Zäsur, Conclusio einer Rede, Predigt o. Ä.), aus dem Zus.hang gerissen auch als Mittel polem., demagog. oder humorist.-satir. Absicht. In *dichter. Werken* können Z.e ein Stilspezifikum (Jean Paul) oder fiktionales Darstellungsmittel sein, z. B. zur Personencharakterisierung (bes. im Realismus: W. Raabe, Th. Fontane), als Leitmotive, in symbol. Funktion (Th. Mann), als Mittel der ↗ Vorausdeutung oder rezipientenorientierter Verweise auf bestimmte, auch außerfiktionale Zusammenhänge. Z.e können weiter Strukturelement sein, z. B. in den Werken von F. Rabelais, M.de Cervantes, L. Sterne, Ch. M. Wieland, E. T. A. Hoffmann, K. L. Immermann, bes. aber in modernen Werken in der Tradition der Z.-Montage (↗ Collage, vgl. auch das spätantike und mal. ↗ Cento) etwa bei K. Kraus, J. Dos Passos, J. Joyce, A. Döblin bis zu ↗ Dadaismus und ↗ konkreter Dichtung. – Z.e können als ↗ Motto, ↗ Widmung oder ↗ Titel Traditionszusammenhänge oder -gegensätze andeuten oder Schlüssel zur Interpretation sein (vgl. E. Hemingway, »The sun also rises« aus ›Prediger Salomo‹), ferner können durch sog. *Selbst-Z.e* Beziehungen einzelner Werke eines Autors untereinander sichtbar gemacht werden (Heinrich v. Morungen, H. Hesse). – Von bes. Bedeutung für die Wissenschaft sind Z.e oder Z.-sammlungen aus der Antike oder dem MA., da sie oft von verlorenen Werken Zeugnis ablegen (vgl. z. B. das Z. einer Zeile eines nicht erhaltenen Gedichtes Walthers v.d. Vogelweide bei Wolfram v. Eschenbach) oder durch Inhalt, Auswahl u. Häufigkeit Geistesrichtungen und die Wertschätzung von Autoren oder Werken dokumentieren. Z.e finden sich schon in antiker Literatur (Plato) und seit dieser Zeit bis heute in *Z.-sammlungen*, bes. zum Gebrauch für Rede, Predigt und ähnl. (vgl. Analekten, Florilegien, Kollektaneen, Anthologien, Blütenlesen oder ›Lesefrüchte‹). *In der Musik* findet sich das musikal. Zitat in ähnl. Funktionen (vgl. z. B. Don Giovanni, II, 13 v. W. A. Mozart). – Heute wird die Bez. ›Z.‹ in übertragenem Sinne auch für die Übernahme von Gestaltungsideen, z. B. in Bühneninszenierungen oder der Mode verwendet. IS

Zukunftsroman, Form des ↗ utop. Romans und der ↗ Science Fiction: spielt – ausgesprochen oder unausgesprochen – in einer für den Autor zukünft. Zeit. Als literar. Utopie schildert er v. a. die sozialen Zustände, als Science Fiction die techn. Errungenschaften kommender Gesellschaften. Die anspruchsvolleren Z.e gewinnen ihr Zukunftsbild mehr auf der Basis von Extrapolationen (Ausweitungen) zeitgenöss. Zustände; die bes. in den Science-Fiction-Heftromanen dargestellten Entwicklungen sind meist reine Phantasieprodukte oder Gegenwartsschilderungen mit pseudofuturist. Anstrich. Als *erster* Z. gilt L. S. Merciers »L'an deux mille quatre cent quarante. Rêve s'il en fut jamais« (Das Jahr 2440, der kühnste aller Träume), anonym ersch. 1770 in Amsterdam, 1771 in London. Sein Erfolg löste eine Flut von Z.en aus, die im 19. Jh. noch anschwoll. Seit den Romanen von J. Verne und H. G. Wells dominiert die Science-Fiction-Spielart.   RK

Zwillingsformel, umgangssprachl., vorgeprägte Redewendung (↗Formel) aus zwei Wörtern derselben, meist nominalen Wortart, die durch Konjunktion oder Präposition verbunden sind: *Katz und Maus, Knall auf Fall,* z. T. durch klangl. Mittel wie Alliteration *(Kind und Kegel),* Reim *(Weg und Steg)* und vielfach durch das rhythm. Modell der wachsenden Silbenzahl *(Kopf und Kragen)* verfestigt. Inhaltl. können zu Z.n sowohl ident. Wörter *(Schlag auf Schlag),* wie verwandte *(Nacht und Nebel,* ↗Tautologie) oder gegensätzl. Begriffe *(Himmel und Hölle)* gekoppelt werden. Das hohe Alter vieler Z.n, die z. T. Formeln der Rechtssprache waren, die Kürze und formale Strenge bewahren diese Redewendungen weithin vor Veränderung; andererseits erlaubt der eingängige, verbreitete und in sich variable Formtyp Neuschöpfungen bis hin zum polit. Schlagwortpaar *(Freiheit oder / statt / und Sozialismus).* – Seltener sind Drillingsformeln: *Feld, Wald und Wiese.*   HW

Zwischenakt, Zeitspanne zwischen zwei Akten einer dramat. Aufführung, oft musikal. überbrückt (Z.-musik), bis ins 19. Jh. auch durch Pantomimen, Gesangs- oder Tanzeinlagen, in Renaissance u. Barock durch selbständ. ↗Zwischenspiele (vgl. auch ↗Vorspiel [2], ↗Nachspiel).   IS

Zwischenreim ↗Schweifreim.

Zwischenspiel, szen.-dramat., tänzer. oder musikal. Einlage vor, nach oder v. a. zwischen der eigentlichen Theaterdarbietung zum Zweck inhaltl. Abwechslung oder Überbrückung techn. Schwierigkeiten wie des Kulissen- und Kostümwechsels; auch Bez. für Einlagen *(Divertissements)* im Rahmen anderer Unterhaltungen, z. B. bei Festmählern. – Je nach diesen Aufgaben und entsprechend den nationalen Theatertraditionen entstanden verschiedenartige Z.formen: Das griech. Theater kannte hauptsächl. musikal. Z.e, das röm. die getanzte Pantomime, das mal. geistl. Spiel derbe Possen oder ↗*Farcen* (Füllsel) zwischen Mysterien- und Mirakelspielen, das lat. ↗Jesuitendrama eingefügte volksprachl. *Possen,* aber auch Z.e mit allegor. Verweischarakter. Im it. Renaissancetheater wurden die ↗*Intermezzi* zu prunkvollen, Musik, Pantomime, Tanz und dramat. Handlung verquickenden theatral. Formen ausgebaut; England kannte das höf. ↗*Interlude* als unterhaltsames kurzes Stück, neben der pantomim. ↗*Dumb show* und dem schwankhaften gesungenen und getanzten ↗*Jig,* der neben gesprochenen (Pickelhering)possen auch bei den dt. Wanderbühnen beliebt wurde. Halb Singspiel mit Tanz, halb derbvolkstüml. Stücke waren die span. ↗*Entreméses* und ↗*Sainetes.* In Deutschland hat sich, nach franz. Vorbild, bes. das musikal. Z. und die Zwischenaktmusik erhalten, vgl. schon die stroph. Chorlieder zwischen den einzelnen Akten des lat. ↗Schuldramas und im ↗schles. Kunstdrama. Der Ausdruck Z. oder *Intermezzo, Entr'acte, Interlude* wird auch übertragen gebraucht für eine heitere, episod. gedachte Dramen-, Opern-, Ballett- oder Filmschöpfung (R. Strauß, »Intermezzo«, 1924; René Clair, »Entr'acte«, Stummfilm 1924).   HR

Zyklus, m. [griech. kyklos = Kreis], Corpus von Werken, die als selbständ. Einzeltexte zugleich Glieder eines größeren Ganzen bilden. In *weiterem Sinne* wird Z. oft für jede Art Sammlung von Gedichten, Erzählungen u. a. gebraucht, die über eine nur zufällige oder nach rein äußerl. Gesichtspunkten zusammengestellte Folge hinaus eine vom themat. Zusammenhang her motivierte Struktur aufweist. Im *strengeren Sinne* spricht man von Z. nur dann, wenn die Werke um ein bestimmtes Grundthema zentriert sind und dieses Grundthema unter jeweils neuem Ansatz so entfalten, dass es in seinen verschiedenen Aspekten und Perspektiven expliziert und gleichsam ›kreisförmig‹ abgeschritten wird, so dass es am Ende auf einer höheren Sinnebene den Anfang wieder aufnimmt. Das kann in sehr verdichteter oder mehr lockerer Form geschehen. Sekundär können die verschiedensten verknüpfenden Elemente hinzukommen: narrative und dialog. Formen, Spiegelungen, Wiederholungen und Abwandlungen von Motiven, Bildern, Leitworten usw. Der Z. ist nicht an eine bestimmte Gattung gebunden, tritt aber in der *Lyrik* am häufigsten auf. Sein variables Bauprinzip scheint bes. geeignet, Themen oder Themenkomplexe, die sich im einzelnen Gedicht nicht erschöpfend aussprechen lassen, lyr. zu gestalten; es erlaubt eine lyr. ›Großform‹, in der dem einzelnen Gedicht gleichwohl eine relative Autonomie erhalten bleibt. Beispiele sind Goethes späte Zyklen von den »Röm. Elegien« bis zu den »Chines.-deutschen Jahres- und Tageszeiten«, Novalis' »Hymnen an die Nacht«, H. Heines »Buch der Lieder«, St. Georges »Siebenter Ring«, R. M. Rilkes »Duineser Elegien« usw. Beispiele aus der *erzählenden Literatur* sind Zyklen von Novellen und Erzählungen (G. Kellers »Die Leute von Seldwyla«) oder zykl. Romanformen (Goethes »Wilhelm Meisters Wanderjahre«), vgl. auch ↗ ep. Z. Seltener findet sich der Z. im *Drama* (A. Schnitzlers »Anatol« oder »Reigen«, wo schon der Titel auf die zykl. Form weist). – Die Forschungsdiskussion entzündet sich weitgehend an Werken, in denen der Z. zum Problem wird wie in Goethes »West-östl. Divan«. GH

Heine: »Buch der Lieder«

Zynismus, m., Geisteshaltung, evoziert durch polit., gesellschaftl. oder geist. Macht, als Protest aus einer krit. reflektierten sozialen Unterlegenheit heraus oder verbunden mit dem Einsatz polit.-ökonom. Überlegenheit. Der Begriff geht zurück auf die antike Philosophenschule der Kyniker, deren Namen wohl von ihrem Versammlungsort, dem außerhalb der Stadtmauer von Athen gelegenen Gymnasium Kynosarges herrührt, dessen erster Namensbestandteil (Hund) dann auch symbol. verstanden wurde. Als ihr Begründer gilt Antisthenes von Athen (444–368 v. Chr.), bekanntester Vertreter ist Diogenes von Sinope (404–323 v. Chr.), dessen Übername ›Kyon‹ nach anderer Meinung der philosoph. Richtung den Namen gegeben haben soll. Die Kyniker propagierten materielle Bedürfnislosigkeit, Selbstgenügsamkeit (autarkeia), Missachtung der herkömml. Kultur und Sitte, Opposition gegen Religion und Ehe, Freiheit von Klischeevorstellungen und Tabus (atypia). Sie vertraten in aggressiv-provokanter Wendung gegen die idealist. platon. Philosophie eine prakt., atheoret. und illusionsfreie Lebenslehre. Dieser Z. fand eine adäquate literar. Ausdrucksform in der ↗ Satire, die mit dem ehemaligen Sklaven und Kyniker Menippos aus Gadara (Syrien) beginnt. Seine Erzählungen sollen mit bissigem Witz die Nichtigkeit des Daseins, auch der Philosophie entlarven. Menippos wirkte auf die Satiriker Varro, Petronius und Lukian (Saturae Menippeae, vgl. auch die frz. »Satyre ménippée«, 1593). Die moderne Bedeutung des Wortes mit den Implikationen verletzend, bissig, sarkastisch, herabsetzend bildete sich erst im 18. und 19. Jh. heraus. Z. kann ganze literar. Werke (Satiren) prägen, vgl. z. B. J. Swift, »A modest proposal for preventing the children of poor people from being a burden ...« (1729), Voltaire, »La Pucelle« (1762) oder etwa Ch. D. Grabbe, »Herzog Theodor von Gothland« (1827) und H. Heine, »Das Testament« (nach

1837, in der Tradition F. Villons). Z. findet sich auch im Werk von K. Kraus, K. Tucholsky, B. Brecht, H. Mann, weiter in ↗Dadaismus und ↗Futurismus (Tendenz zur Selbstaufhebung). Auch einzelne Wendungen können von Z. zeugen, z. B. solche Mephistos in Goethes »Faust«. Der Begriff Z. spielt in der neueren kulturkrit. Diskussion sowohl in seinem antiken Verständnis (Verweigerung gegenüber gesellschaftl. Zwängen: Aussteiger) als auch in dem seit dem 18. Jh. geläuf. Verständnis eine Rolle: Missbrauch von Macht, Umkehrung traditioneller Werte hinter (aus strateg. Gründen) beibehaltener Wortfassade (Faschismus; vgl. auch die Umdefinierung des Begriffs ›Demokratie‹ in sozialist. Staaten). S

Mitarbeiterinnen und Mitarbeiter

Irmgard Ackermann, München (IA)
Otto Bantel † (OB)
Joachim Bark, Stuttgart (JB)
Margret Brügmann, Amsterdam (MB)
Detlef Brüning, Stuttgart (DB)
Eberhard Däschler † (ED)
Hansgerd Delbrück, Wellington/New
  Zealand (HD)
Volker Deubel, München (VD)
Reinhard Döhl † (D)
Wulf-Otto Dreeßen, Stuttgart (WD)
Eva Eckstein, Stuttgart (EE)
Hans-Heino Ewers, Frankfurt (HHE)
Walter Gebhard, Bayreuth (WG)
Hans Vilmar Geppert, Augsburg (VG)
Dagmar Grenz, Hamburg (DG)
Gunter Grimm, Duisburg (GG)
Reinhold R. Grimm, Jena (RG)
Hans Haider, Stuttgart (HH)
Gisela Henckmann, München (GH)
Klaus Harro Hilzinger, Stuttgart (H)
Peter Hölzle, Stuttgart (PH)
Klaus Hübner, München (KH)
Dieter Janik, Mainz (DJ)
Rolf Kellner, Tübingen (RK)
Gerhard Köpf, München (GK)
Michael Konitzer, München (MK)

Rüdiger Krohn, Chemnitz (Kr)
Jürgen Kühnel, Siegen (K)
Bernd Lutz, Stuttgart (BL)
Günther Mahal, Knittlingen (GM)
Ulrich Müller, Salzburg (UM)
Herta-Elisabeth Renk, Eichstätt (HR)
Gisela Reske, Stuttgart (GR)
Hans-Friedrich Reske, Stuttgart (HFR)
Lerke von Saalfeld, Stuttgart (LS)
Gerhard Schäfer, Rottweil (GS)
Rose Schäfer-Maulbetsch, Tübingen (RSM)
Franz Schmidt, Weimar (FS)
Manfred Günter Scholz, Tübingen (MS)
Rainer Schönhaar, Stuttgart (RS)
Georg-Michael Schulz, Kassel (GMS)
Helga Schüppert, Stuttgart (SCH)
Günther Schweikle, Stuttgart (S)
Irmgard Schweikle † (IS)
Peter Schwind, München (PS)
Harald Steinhagen, Bonn (HS)
Hans-Hugo Steinhoff † (HST)
Jens Tismar, Stuttgart (JT)
Michael Titzmann, München (MT)
Karl Trost, Stuttgart (KT)
Helmut Weidhase, Konstanz (HW)
Dietmar Wenzelburger, Esslingen (DW)
Heiner Willenberg, Ludwigsburg (W)

Quellen

Die in diesen Bänden zusammengestellten Autorenporträts und Artikel stammen aus den folgenden Lexika:
»Metzler Lexikon Weltliteratur«, herausgegeben von Axel Ruckaberle, 2006.
»Metzler Autoren Lexikon«, herausgegeben von Bernd Lutz und Benedikt Jeßing, 3. Auflage 2004.
»Metzler Lexikon englischsprachiger Autorinnen und Autoren«, herausgegeben von Eberhard Kreutzer und Ansgar Nünning, 2002/2006.
»Metzler Lexikon amerikanischer Autoren«, herausgegeben von Bernd Engler und Kurt Müller, 2000.
»Metzler Autorinnen Lexikon«, herausgegeben von Ute Hechtfischer, Renate Hof, Inge Stephan und Flora Veit-Wild, 1998.
»Metzler Lexikon antiker Autoren«, herausgegeben von Oliver Schütze, 1997.
»Metzler Literatur Lexikon«, herausgegeben von Günther und Irmgard Schweikle, 2. Auflage 1990.
In diesen Lexika befinden sich auch weiterführende Literaturhinweise zu jedem der Artikel.

Bildquellenverzeichnis

Bibliographisches Institut & F. A. Brockhaus AG, Mannheim
Band 1: 10, 24, 27, 63, 128, 133, 147, 149, 174, 184, 198, 209, 247, 272, 291, 313, 344, 398, 455, 461, 465, 470, 505, 533, 543
Band 2: 22, 48, 75, 77, 80, 87, 94, 125, 135, 147, 184, 211, 223, 251, 281, 319, 323, 339, 343, 347, 365, 373, 401, 427, 429, 434, 439, 453, 459, 481, 489, 510, 525, 539
Band 3: 6, 7, 53, 98, 129, 137, 141, 247, 268, 279, 280, 297, 314, 333, 341, 357, 368, 422, 437, 529, 555, 565
Band 4: 25, 47, 59, 63, 81, 85, 149, 163, 189, 222, 241, 257, 285, 299, 314, 341, 383, 403, 417, 427, 439, 447, 449, 476, 481, 512, 516, 524, 529, 569, 598, 605
Band 6: 226, 428

INTERFOTO
Band 1: 8, 15, 43, 51, 65, 73, 76, 84, 99, 120, 123, 178, 190, 203, 207, 219, 249, 259, 302, 311, 316, 321, 331, 339, 348, 360, 365, 367, 375, 386, 401, 402, 415, 419, 431, 437, 441, 453, 457, 477, 500, 516, 517, 536, 541
Band 2: 7, 24, 27, 33, 47, 51, 67, 73, 85, 102, 121, 132, 138, 161, 170, 173, 186, 195, 209, 215, 217, 247, 270, 277, 287, 309, 317, 333, 345, 350, 352, 397, 409, 412, 415, 454, 476, 487, 491, 505, 515, 527, 545, 553, 574
Band 3: 13, 22, 37, 73, 107, 113, 143, 146, 154, 169, 189, 255, 259, 263, 273, 275, 287, 293, 302, 303, 324, 337, 351, 365, 367, 375, 386, 389, 405, 408, 415, 428, 439, 456, 484, 489, 501, 505, 509, 510, 521, 527, 545, 564
Band 4: 9, 35, 67, 69, 71, 83, 87, 88, 101, 118, 133, 135, 136, 141, 197, 203, 211, 234, 235, 237, 248, 264, 267, 311, 327, 335, 336, 379, 401, 415, 429, 473, 478, 507, 538, 545, 553, 575, 584, 589